RÉPERTOIRE ARCHÉOLOGIQUE

DE

LA FRANCE

PUBLIÉ

PAR ORDRE DU MINISTRE DE L'INSTRUCTION PUBLIQUE

ET SOUS LA DIRECTION

DU COMITÉ DES TRAVAUX HISTORIQUES

ET DES SOCIÉTÉS SAVANTES.

RÉPERTOIRE ARCHÉOLOGIQUE

DU

DÉPARTEMENT

DE LA SEINE-INFÉRIEURE

RÉDIGÉ SOUS LES AUSPICES

DE L'ACADÉMIE DES SCIENCES, BELLES-LETTRES ET ARTS DE ROUEN

PAR M. L'ABBÉ COCHET

CORRESPONDANT DE L'INSTITUT, MEMBRE NON RÉSIDANT DU COMITÉ DES TRAVAUX HISTORIQUES
ET DES SOCIÉTÉS SAVANTES, MEMBRE HONORAIRE DE L'ACADÉMIE DE ROUEN,
VICE-PRÉSIDENT DE LA COMMISSION DES ANTIQUAIRES DE LA SEINE-INFÉRIEURE.

PARIS

IMPRIMERIE NATIONALE.

M DCCC LXXI

RÉPERTOIRE ARCHÉOLOGIQUE
DE
LA FRANCE.

DÉPARTEMENT DE LA SEINE-INFÉRIEURE.

ARRONDISSEMENT DE DIEPPE.

CANTON DE BACQUEVILLE.

(Chef-lieu : Bacqueville.)

AUPPEGARD. *Ép. celtique.* Trois tertres énormes de forme circulaire que l'on nommait *les Mottes du Pougard*: démolies de 1777 à 1800 par Mme la duchesse de Mortemart, qui y trouva des fers de pique, des morceaux de fer rouillé qu'on prit pour des restes de marmites et un grès long d'un mètre; aujourd'hui le sol ne présente plus qu'une simple ondulation. Noël de la Morinière, qui a encore connu ces tertres, raconte que l'on y tenait une assemblée le jour de Saint-Jean et qu'on y pratiquait des jeux singuliers : il croit ces éminences celtiques (Noël, *Premier Essai sur le départ. de la Seine-Inf.* p. 199.— Idem, *Mém. de l'acad. celtique*, t. IV, p. 231-241). ‖ *Moyen âge.* Église sous le vocable de Saint-Pierre, du xvie siècle. Nef en grès percée de fenêtres ogivales garnies de verrières, couverte par un plafond en bois parfaitement travaillé. Au midi, un curieux porche en bois sculpté qui porte les dates de 1608 et de 1623. Clocher, entre chœur et nef, surmonté d'une flèche élevée, la plus haute du pays. Chœur, en grès et pierre, éclairé au sanctuaire par de belles ogives remplies de vitraux. Deux vieilles statues de saint Pierre et de saint Clément, papes et patrons de l'église. Au nord du chœur, une chapelle de la Sainte-Vierge reconstruite en 1602; au midi, celle de Saint-Jacques, où fut un ancien sépulcre décoré dans le style de la Renaissance. Les vitraux de cette église, nombreux et remarquables, sont de 1506 à 1602.

AUZOUVILLE-SUR-SAÂNE. *Moyen âge.* Appelé *Osulfi-villa* en 1073, dans le cartulaire de la Trinité-du-Mont, de Rouen. — Église en brique et silex, sous le vocable de Saint-Denis. Chœur et nef, quoique très-défigurés, de style ogival primitif. L'ancien clocher se composait de deux ouvertures à tinterelles, encore visibles sur un pignon du xie ou du xiie siècle.

AVREMESNIL. *Ép. franque.* Appelé au xie siècle *Ebrardi Mansionile*; considéré par quelques-uns comme l'ancienne *Evrardi Ecclesia*, abbaye mérovingienne donnée par les ducs de Normandie à Dudon de Saint-Quentin. Il est plus probable d'attribuer ce dernier nom au Bourg-Dun. ‖ *Moyen âge.* Église sous le vocable de Saint-Aubin, du xvie siècle, en grès, à trois nefs, composée de deux parties bien distinctes. Une inscription attribue les trois nefs à «l'an MIL V^{cc} et «VIII» (1508). Clocher, tour carrée entre chœur et nef, en tuf, roman du xie siècle, orné de cintres entre-croisés et d'une charmante tourelle circulaire pour l'escalier[1]. — Ruines du vieux château dans une ferme voisine de l'église, composées de la motte du donjon et d'épaisses murailles arasées. ‖ *Ép. Renaissance.* Dans une ferme, cheminée provenant du manoir d'Ango.

BACQUEVILLE. Formée des deux anciennes paroisses de Bacqueville et de Pierreville. — Bacqueville. *Ép. franque.* Titre d'un des trois doyennés de l'archidiaconé du Petit-Caux. ‖ *Moyen âge.* Au bord

---

[1] Cette église a été brûlée le 24 août 1864; il n'en reste que le clocher roman.

de la rivière de la Vienne était le château des Martel, dont il ne reste plus trace aujourd'hui. — Prieuré fondé vers 1131 par les Martel, châtelains de Bacqueville, et soumis en 1133 à l'abbaye de Tiron, près Chartres; de 1607 à 1762, il appartint aux Jésuites de Rouen. Aujourd'hui il ne reste qu'un pré et une fontaine, appelés *le Varvot* ou *le Mesnil-aux-Moines*. — Église sous le vocable de Saint-Pierre, du xvi° siècle, en grès. Trois nefs qui s'arrêtent au chœur. Les fondations de la tour furent posées en « l'an MIL V^{cc} et XXX et V» (1535), comme le dit une inscription, et celles de l'église en « mil V^{cc} XLVI» (1546), suivant la légende du portail. Clocher formé d'une tour carrée placée à l'angle sud du pignon de l'ouest. Le tout est en ogive des derniers temps. Buffet d'orgues en bois du temps de Henri IV, provenant de l'église Saint-Denis de Rouen. Dans la chapelle de Saint-Léonard, de curieuses peintures représentant l'histoire légendaire du sire de Bacqueville, telle que la raconte, pour l'an 1386, le père Louis Richeome dans son *Pèlerin de Lorette* (p. 336 et suiv.). — Croix de pierre. Bacqueville possède plusieurs croix en grès du xvi° siècle et du xvii°. Il en est une qui porte le nom de *Croix Mangea-là*, à laquelle se rattache la légende du sire de Bacqueville et de sa conversation avec les bergers. == PIERREVILLE. *Ép. romaine.* Traces de voie romaine : on prétend même que le village tire son nom d'une route empierrée. — Église sous le vocable de Saint-Eutrope, construite en 1768.

BIVILLE-LA-RIVIÈRE. Église sous le vocable de Saint-Pierre, construite en 1739.

BRACHY. Formée des trois anciennes paroisses de Brachy, de Saint-Ouen et du Gourel. — BRACHY. *Ép. romaine.* Comme tous les villages des bords de la Saâne, il possède beaucoup d'antiquités : on a signalé sur son territoire de fort nombreux terrassements, des tuiles, des poteries et des meules à broyer; vers 1835, on y trouva une anse d'amphore avec estampille. — Entre Brachy et Greuville, la tradition place une ancienne ville appelée *Bosvie* ou *Beauvais* : elle s'étendait, dit-on, depuis Brachy jusqu'à la *Croix de Beauvais*. ‖ *Ép. franque.* Appelé *Braciacum super fluvio Sedana* (A. Leprevost, *Mém. de la Soc. des antiq. de Norm.* t. XI, p. 7). C'est, en effet, un lieu ancien et l'un des trois doyennés de l'archidiaconé du Petit-Caux. ‖ *Moyen âge.* Église sous le vocable de Saint-Martin. Chœur en tuf avec chevet ogival du xii° siècle; jolie piscine de la même époque. Nef et clocher reconstruits depuis la chute de l'église, en 1685. == SAINT-OUEN-SUR-BRACHY. *Moyen âge.* Église sous le vocable de Saint-Ouen. Restes du xiii° siècle au portail. ‖ *Ép. Renaissance.* Bénitier et fonts sculptés au xvi°. Joli baldaquin en bois sculpté. Nef en grès du xvii°; chœur en brique du xviii°. == LE GOUREL. *Ép. romaine.* Dans la vallée de la Saâne, entre Gueures et le Gourel, beaucoup

de retranchements, de fossés et de barrages anciens. On y a recueilli des tuiles à rebords et des monnaies romaines. ‖ *Moyen âge.* Église sous le vocable de Saint-Remy, construite au xi° siècle, dont il ne reste que la base du chœur et le clocher placé au portail. A droite et à gauche de la tour, on a pratiqué deux cintres qui durent servir de tombeaux : ce sont des espèces de *monumenta arcuata* ou *arcosolia.* Nef du xvi° siècle et chœur refait en 1786. Au nord du chœur sont deux arcades de grès, seuls restes de la chapelle de Sainte-Catherine, démolie en 1830. Trois belles pierres tumulaires, avec inscriptions et personnages de 1400, 1438 et 1440.

GONNETOT. Église sous le vocable de Saint-Firmin, entièrement reconstruite de 1852 à 1861. L'ancien clocher était en grès du xvi° siècle; la vieille nef, aussi en grès, était de « MIL V^{cc} et XIIII» (1514); le clocher, de 1719.

GREUVILLE. *Ép. franque.* Appelé *Gressus* et *Gressus-villa* dans un acte de Childebert II, en 706, et dans la *Chronique de Fontenelle* en 715. ‖ *Moyen âge.* Église sous le vocable de Saint-Firmin, nef en grès du xvi° siècle; il en est de même de la croix du cimetière. Baptistère de pierre du temps de Louis XIII. Le reste est moderne.

GRUCHET-SAINT-SIMÉON. *Ép. Renaissance.* Église sous le vocable de Saint-Siméon, tout entière en grès du pays. Nef du xvi° siècle et chœur du xvii°. Baptistère en pierre sculptée du temps de Henri IV.

GUEURES. *Ép. franque.* Appelé dans les diplômes mérovingiens et carlovingiens *Moriacum, Wariaco* et *Gauriaco* (A. Leprevost, *Mém. de la Soc. des antiq. de Norm.* t. XI, p. 7 et 8). ‖ *Moyen âge.* Église sous le vocable de Saint-Pierre, en forme de croix, conservant beaucoup de débris du xii° et du xiii° siècle. Au xii° appartiennent le transept nord et la base du clocher; le xiii° revendique la fenêtre terminale du chœur. Une chapelle latérale au chœur est en grès du xvi°. La nef a été refaite en 1761.

HERMANVILLE. *Moyen âge.* Église sous le vocable de Saint-Martin, en tuf et en pierre, à une nef, du xii° et du xiii° siècle, avec cintres romans, ce qui indique la transition. Nef percée d'étroites fenêtres avec corniche à corbeaux comme au xi° siècle. Au bas sont, au côté nord, deux arcades rebouchées dont on ignore la destination. Clocher, entre chœur et nef, consistant en une belle tour carrée de la transition. Chœur ogival percé d'une très-belle fenêtre terminale au chevet. Dans le chœur est le tombeau des Masquerel, seigneurs du lieu. — Il y a tradition d'abbaye à Hermanville. — On parle aussi d'une fontaine de Saint-Martin, à présent rebouchée. Naguère encore on allumait un feu de carrefour. — Vieux château. Sur une colline qui domine le cours de la Vienne, un peu au-dessous de l'église, sont les débris du vieux château. Les murs, les tours, les écussons, les devises, paraissent remonter au xvi° siècle.—*Vieille maison en bois sculpté*, près de l'église, qu'on croit être un ancien prieuré ou abbaye. — Carreaux émaillés. En 1859, lorsque l'on construisit une chapelle à l'église d'Hermanville, on trouva un carrelage émaillé encore en place : il recouvrait la tombe d'un chevalier du xiii° siècle; les ornements, représentant ce personnage et donnant son inscription, étaient de cette époque. A côté était une sépulture du xvi° siècle, avec vase à charbon de ce temps.

LAMBERVILLE. *Ép. franque.* En juin 1859, M. l'abbé Cochet a trouvé dans le cimetière actuel, et au côté sud du clocher, un beau cercueil en pierre de Vergelé, qui a tous les caractères de l'époque franque. — A la même époque, il a exploré sur le penchant d'une côte voisine de l'église, et au bord de la Vienne, un cimetière mérovingien renfermant un bon nombre de sépultures aperçues dès 1855; on y avait trouvé alors des épées, des sabres, des lances, des boucles en bronze et des vases en terre noire. En 1859, on a recueilli, autour des corps, des vases, des couteaux, des sabres, des pierres à feu, des boucles en fer et en bronze, des agrafes ciselées, des fibules, des colliers en perles de verre et d'ambre jaune. (*Bull. mon.* t. XXI, p. 807; *Bull. de la Soc. des antiq. de Norm.* 1re année, p. 51.)

|| *Moyen âge.* Église sous le vocable de Notre-Dame, à une nef ogivale du xii° siècle. Portail en ogive primitive; additions du xvi° siècle. Clocher, entre chœur et nef, consistant en une belle tour carrée du xii° siècle et d'un très-beau style. Chœur en tuf avec fenêtres terminales et piscine de pierre. — En face de l'église est la grange dîmeresse, dite *Grange de Saint-Amand*, parce que l'église et ses dîmes appartenaient à l'abbaye de Saint-Amand de Rouen.

LAMMERVILLE. *Moyen âge.* Église sous le vocable de Notre-Dame, appartenant à l'ogive primitive du xii° siècle. Le tuf et la pierre en font l'appareil. La nef a été remaniée. Le clocher, entre chœur et nef, est une bonne tour que décorent, à l'intérieur, quatre têtes auxquelles se rattache la tradition des fondateurs. Chapelle en grès ajoutée au xvi° siècle. — Dans un bois voisin était une chapelle de Sainte-Gemme, détruite jusqu'aux fondements.

LESTANVILLE. Église dédiée à saint Jean, démolie depuis la Révolution.

LUNERAY. Formée des deux anciennes paroisses de Luneray et de Canteleu. — Luneray. *Ép. gauloise.* En 1827, on a trouvé au hameau du Ronchay une hachette en silex, qui est déposée à la bibliothèque de Dieppe. || *Ép. romaine.* La même année, le sieur Hoinville, en labourant son champ du Ronchay, découvrit un groupe de sépultures par incinération, du 1er ou du 11° siècle de notre ère, recueillies à la bibliothèque de Dieppe, où elles se trouvent actuellement. Ce groupe se composait d'un grand nombre de beaux vases, dont il existe encore cinq en terre et cinq en verre. Le principal vase de verre est une grande urne carrée à anse rayée : elle est haute de 0m,30 et large de 25, et elle contient encore des os brûlés. L'autre urne carrée qui l'accompagne montre, au fond, une croix de Saint-André. Avec ces vases se trouvait la statuette de Latone assise, en terre cuite, allaitant deux enfants. Tous ces objets céramiques avaient été enfermés dans un coffret dont la serrure et les garnitures de bronze ont été recueillies. — Au Ronchay, on a encore recueilli une monnaie en bronze de Claude, des tuiles et des briques romaines; on y voyait naguère des terrassements antiques et une enceinte circulaire. En 1864, toujours au Ronchay, mais près de Canteleu, le cantonnier, en élargissant un chemin, a trouvé une incinération romaine, composée d'une urne, d'une assiette et de quelques vases en terre grise. — D'autres découvertes d'antiquités romaines ont encore eu lieu, car en 1836 le musée de Rouen avait acquis, pour sa collection naissante : 1° une tête gauloise en terre cuite; 2° six pieds de verres antiques; 3° des fragments de gobelet en verre violet avec dessin blanc; 4° une lampe en cuivre; 5° deux lampes en terre cuite. — On assure aussi qu'entre Luneray et la Gaillarde il existe des puits fort profonds qui contiennent, dit-on, des trésors et autour desquels les fées viennent danser la nuit. (Voir Féret, *Soc. arch. de l'arrond. de Dieppe*, p. 22-24; Rouen, 1828. — Idem, *Catalog. de la bibliothèque de Dieppe*, p. 343-45. — *La Normandie souterraine*, 1re édit. p. 133; 2e édit. p. 151-152. — Guilmeth, *Descr. géog. hist. stat. et mon. des arrond.* t. IV, p. 89-95. — Deville, *Catalog. du musée d'antiq. de Rouen*, année 1845, p. 28.) || *Ép. franque.* Luneray, donné en 715 au monastère de Fontenelle, était appelé alors *Luneraco* (*Chronicon Fontanellæ*, c. ix. — A. Leprevost, *Mém. de la Soc. des antiq. de Norm.* t. XI, p. 7. — *Les églises de l'arrond. de Dieppe*, t. II, p. 473). || *Moyen âge.* L'église, sous le vocable de Saint-Remy et de Saint-Pierre, ne possède qu'un fragment du xiii° siècle: c'est la grande arcade ogivale placée au bas de la nef. || *Ép. Renaissance.* Nef en grès du xvi° siècle. Chœur construit sous Louis XIII. Clocher bâti en 1669. Dans le chœur est une pierre tumulaire de 1771, venant de l'église démolie de Canteleu. — Le prêche. Luneray est le berceau du protestantisme dans l'arrondissement de Dieppe; il s'y est glissé, dès avant 1557, par le colporteur Venable, envoyé par Calvin. Cependant les deux prêches actuels sont modernes. Celui qui fut élevé à la suite de l'édit de Nantes était octogone; il fut démoli en 1685. On en montre encore la place. — A l'extrémité sud-est de Luneray, on voit sur le bord du chemin une vieille chapelle en grès du xvii° siècle; c'est sans doute celle de

Saint-Nicolas, que la Révolution a supprimée. == CANTELEU. L'église, dédiée à saint Pierre, a été démolie vers 1810. La pierre tumulaire du chœur a été portée à Luneray en 1845.

OMONVILLE-EN-CAUX. *Moyen âge.* Appelé *Omundivilla* au xi° siècle dans le Cartulaire de l'abbaye de la Trinité ou de Sainte-Catherine-du-Mont de Rouen. — Église sous le vocable de Notre-Dame construite en tuf en grande partie, appartenant à l'ogive primitive du xii° siècle. Le clocher et le chœur étaient de ce temps; la nef avait été remaniée au xvi°.

RAINFREVILLE. *Moyen âge.* Église sous le vocable de Saint-Martin et de Saint-Lubin, reconstruite sous Louis XIV. Deux dalles tumulaires, dont une porte la date de 1599.

ROYVILLE. *Ép. Renaissance.* Église sous le vocable de Saint-Martin. Nef et clocher du xvi° siècle, chœur moderne.

SAÂNE-SAINT-JUST. *Ép. romaine.* Débris antiques, notamment la *Butte des Châtelets*, située tout auprès de l'église, où la paroisse allait en procession le jour de l'Assomption ; c'est une motte énorme, séparée de la colline par des fossés profonds. En face, sur la plaine, sont d'autres *Câtelets*, dits *Mottes de Viguemare*. On trouve au Bourg-de-Saâne des monnaies romaines. || *Moyen âge.* Église sous le vocable de Saint-Just. Chœur du xiii° siècle. Nef de 1729. Dans le chœur est une pierre tumulaire, avec personnage et inscription de « MIL CCCIII » (1303) ; elle vient du prieuré du Bourg-de-Saâne. — Le Bourg-de-Saâne. Ancien prieuré dépendant de Saint-Amand de Rouen, supprimé en 1791 et tombé en ruines depuis ; on montre encore le *Bois des Nonnettes*. — Vieux château où, au xiii° siècle, naquit Guillaume de Saâne, archidiacre et trésorier de l'église de Rouen, qui, en 1268, fonda à Paris l'ancien collége de Saâne ou des Trésoriers.

SAINT-OUEN-LE-MAUGER. Composée des deux anciennes paroisses de Saint-Ouen-le-Mauger et d'Herbouville. — SAINT-OUEN. *Moyen âge.* Église sous le vocable de Saint-Ouen, bâtie au xii° siècle, en tuf et silex. Remaniements du xviii°. Double piscine du xiii°, au bout de l'autel. Dans le chœur, deux pierres tumulaires chargées d'écussons, en partie effacés, probablement du xiii° siècle. == HERBOUVILLE. *Moyen âge.* Église sous le vocable de Saint-Nicolas, en partie ruinée. Chœur et nef du xii° siècle.

SAINTS-MARDS. *Moyen âge.* Il y a ici tradition d'un prieuré dépendant de l'abbaye de Jumièges. Un sentier porte encore le nom de *Sente de Jumièges*. — Dans le cimetière et autour de l'abbaye on trouve beaucoup de fondations et jusqu'à cinq ou six puits maçonnés. — Église sous le vocable de Saint-Médard. Nef du xi° siècle, chœur et clocher du xii° ; ce dernier, construit en tuf et percé d'ogives et de cintres de la transition, est placé au bout du chœur, chose rare. || *Ép. Renaissance.* Au xvi° siècle, on ajouta à la nef un collatéral en grès et au nord du chœur une chapelle seigneuriale. Un porche en bois est de « M CCCC LXX » (1470). Vitrail de « MIL V°° XXXI » (1531) et arbre de Jessé en partie disparu.

SASSETOT-LE-MAL-GARDÉ. *Moyen âge.* Église sous le vocable de Saint-Vaast. Chœur montrant des traces du xii° siècle, au milieu de remaniements du xviii°. Nef en grès du xvi°. Renouvelée de 1850 à 1860.

THIL-MANNEVILLE (LE). Appelé autrefois le Thil-en-Caux, *Thilia en Caleto*, ou le Thil-sur-Vienne, il est aujourd'hui nommé le Thil-Manneville, à cause du voisinage du château de Manneville. || *Moyen âge.* Église sous le vocable de Saint-Sulpice. Dans le chœur, des parties en tuf du xi° siècle. Le clocher, entre chœur et nef, garde des ogives du xiii° siècle. || *Ép. Renaissance.* Remaniements du xvi° siècle. Nef en grès, du temps de François I°°. On y remarque des dalles, presque effacées, des seigneurs du lieu. — Il y a tradition d'abbaye.

TOCQUEVILLE-EN-CAUX. *Moyen âge.* Église sous le vocable de Saint-Pierre. Dans le chœur modifié, un cintre du xi° siècle. Le clocher primitif se composait de deux ouvertures du xii° encore visibles au pignon de l'ouest. Nef reconstruite en 1781.

VÉNESTANVILLE. *Moyen âge.* Église sous le vocable de Notre-Dame. Dans le chœur, du tuf et des cintres du xi° siècle ; dans la nef, un cintre roman, et une chapelle du xvi° siècle au transept du midi, au milieu d'un renouvellement tout moderne. Refaite de 1845 à 1858. Fragment de pierre tumulaire du xiv° siècle, dans le sanctuaire. — Dans le cimetière, croix de grès de 1526.

CANTON DE BELLENCOMBRE.

(Chef-lieu : BELLENCOMBRE.)

ARDOUVAL. *Moyen âge.* Ancien prieuré de Cîteaux dépendant de l'abbaye de Bonport. — Église sous le vocable de Sainte-Marguerite, construite en 1732.

BEAUMONT-LE-HARENC. Formée des deux anciennes paroisses de Beaumont-le-Harenc et de Beuzeville-la-Giffard. — BEAUMONT. *Moyen âge.* Église sous le vocable de Saint-Pierre, du xii° et du xiii° siècle, modifiée au xviii°. On y remarque des statues en pierre du temps de saint Louis. == BEUZEVILLE-LA-GIFFARD. Église sous le vocable de Saint-Denis, moderne. Baptistère en bois du xv° siècle.

BELLENCOMBRE. Commune comprenant aujourd'hui, outre l'ancienne paroisse de ce nom, les paroisses et communes supprimées de Saint-Martin-sous-Bellencombre, de la Heuze et des Authieux-sur-Bellencombre. Ce territoire, ainsi agrandi, renferme beaucoup d'antiquités de toutes sortes ; mais jusqu'à présent il n'a pas été facile de les classer et de les déterminer

toutes. — BELLENCOMBRE. *Ép. celtique.* En 1840, on y a trouvé près du château une monnaie gauloise en bronze que possède le musée de Rouen. — Les bois montrent une grande quantité de terrassements qui proviennent pour la plupart d'anciennes ferrières, forges ou mines de fer présentement abandonnées; mais si les extractions de fer, communes dans ce canton, remontent jusqu'aux Gaulois et aux Romains, comme le démontrent les tuiles, les poteries et les médailles, elles descendent aussi jusqu'au moyen âge : on a des preuves de l'existence de forges et de mines de fer dans ce pays depuis le xiv° jusqu'au xvii° siècle. — Vers 1836, des hachettes en silex et en bronze et des monnaies gauloises ont été trouvées dans la plaine qui est voisine du château. || *Ép. romaine.* M. Guilmeth, qui nous a transmis ce dernier détail, assure que dans le même champ et à la même époque il a été rencontré des constructions romaines ; il indique, en particulier, une salle toute pavée en pierre de liais. || *Ép. franque.* On a signalé deux cimetières francs, qui sont situés sur une colline près de l'église, et l'on y trouve des ossements, des vases et des armures. — C'est sans doute à l'époque franque que l'on doit faire remonter l'origine du vieux château. Cette vieille forteresse, qui dut porter primitivement le nom de *Warinna*, est assise sur une motte énorme, encore entourée de fossés profonds. || *Moyen âge.* — *Monuments religieux.* Prieuré de Tous-les-Saints, fondé en 1130 par les châtelains de la Heuze. Église consacrée, en 1135, par Hugues d'Amiens, archevêque de Rouen. C'était une léproserie, qui était desservie par des chanoines réguliers. Supprimé et vendu à la Révolution, ce prieuré est devenu une ferme appelée *le Prioré*. Le principal monument qui subsiste est l'ancien chœur de l'église, admirable construction de pierre, en style ogival primitif, décorée d'un appareil figuré en rouge sur les murs et les voûtes. Une piscine est dans le sanctuaire. Du reste de l'édifice on ne voit que les fondations. Le pavage de la ferme, ainsi que les seuils, est formé avec les dalles tumulaires des prieurs et des châtelains de la Heuze, qui avaient dans ce chœur leur caveau sépulcral. Personnages et inscriptions presque tous effacés : l'on a reconnu les dalles de Jean de la Heuze (1306), d'un autre Jean de la Heuze (1480) et de Richard Duquesnoy (1521). — Église paroissiale sous le vocable de Saint-Pierre et Saint-Paul, située dans l'enceinte même du vieux château, romane du xi° siècle[1]. Dans le chœur est le caveau sépulcral des châtelains, que recouvre la plaque de cuivre de Jacques de Moy avec une inscription de 1519; dans la nef, un font baptismal du xii° siècle. — Dans le sanctuaire sont des sculptures de la Renaissance. La cloche fut faite l'an « Mil V°° XXXVI » (1536).
— *Monuments militaires.* Le vieux château. Cette forteresse, demeure des Warenne, conquérants de l'Angleterre, remonte au xi° siècle, avec des retouches du xvi°. Elle se compose encore d'une grande enceinte fossoyée, rempartant d'énormes murs en tuf, en pierre et en grès. Plusieurs tours rondes flanquent les murs, que domine un donjon carré, assis sur un tertre élevé. Ce château était encore entier en 1833, avec son pont, sa herse, ses portes et ses fenêtres. Il a joué un rôle militaire à toutes les époques. Quoique en ruine depuis 25 ans il est encore des plus intéressants. Ses murs ont 7 mètres d'épaisseur. — Camp Arundel, que l'on rattache à l'époque de l'invasion anglaise. — *Constructions civiles.* Dans la vallée entre Bellencombre et Saint-Martin est un carré d'épaisses maçonneries que l'on croit un ancien fourneau pour forger le fer. Le bourg est encore en partie entouré de vieux murs féodaux du moyen âge; on remarque dans son enceinte quelques maisons en bois du xvi° siècle. == SAINT-MARTIN-SOUS-BELLENCOMBRE. Église sous le vocable de Saint-Martin. Les deux pignons de l'est et de l'ouest sont du xii° siècle; le reste des murs est du xviii°. Dans le chœur sont des lambris de bois sculptés de la Renaissance. == LA HEUZE. Église sous le vocable de Notre-Dame, placée dans l'enceinte du château de ce nom, bâtisse du règne de Louis XIV. Elle renferme un saint Christophe en pierre, de 4 mètres de hauteur. — Le château ou manoir possède encore des tourelles et la forme féodale du xvi° siècle. Les fossés qui l'entourent ne sont pas comblés. == LES AUTHIEUX-SUR-BELLENCOMBRE. Église sous le vocable de Notre-Dame, appelée aussi *les Autels*, en partie démolie vers 1820; il ne reste plus que le chœur moderne et une dalle tumulaire.

BOSC-LE-HARD (LE). Formée des deux anciennes paroisses du Bosc-le-Hard et d'Augeville. — LE BOSC-LE-HARD. *Ép. romaine.* Le sol sur lequel repose le bourg est une couche de laitier de 1, 2, 3 et jusqu'à 4 mètres d'épaisseur, restes de forges et de minières antiques; on rencontre dans ce dépôt des tuiles à rebords et des monnaies romaines en bronze. Dans les terres labourées situées entre le Bosc-le-Hard et Augeville on a trouvé, en 1822, des antiquités romaines et un vase en terre contenant des monnaies romaines. Il a été question d'un vase en bronze rempli de monnaies de billon saucé; parmi ces monnaies on a reconnu des Posthume et des Gallien. || *Moyen âge.* Église sous le vocable de Saint-Jean, presqu'entièrement refaite au dernier siècle, conservant dans sa nef quelques fenêtres de la fin du xii° siècle. Dans le chœur sont des dalles tumulaires du xvi°. En 1860, on a retrouvé au nord du chœur les fondations d'un clocher du xi° siècle. C'était aussi de ce côté, et dans une ferme voisine, que se trouvait le vieux châ-

---

[1] Cette église a été totalement démolie en 1866. On a rencontré dans le chœur des poteries acoustiques de 1743.

teau. == AUGEVILLE. Église sous le vocable de Saint-Éloi. Le portail et une partie de la nef appartiennent au style roman du xi° siècle ; le reste de l'édifice est moderne.

COTTÉVRARD. *Ép. romaine.* Vers 1830, on a recueilli, notamment au hameau de Dreulles, des monnaies romaines, en grande partie de bronze ; quelques-unes étaient de Néron et de Commode, vingt-sept de Titus, le plus grand nombre de Trajan. — La tradition du pays veut qu'il y ait eu à Dreulles une ville qu'on appelle *la Cité de Dreulles.* Un vieux chemin de ce hameau porte le nom de *Chemin de César.* — Voie romaine de Cailly et de Rouen à Arques et à Dieppe. — Sur la route du Bosc-le-Hard est le *Bois de la Motte,* renfermant un tertre circulaire qui recouvrait un souterrain. Il y a à Dreulles des traditions où se mêle le nom de César. || *Moyen âge et Renaissance.* Église sous le vocable de Saint-Nicolas. Le clocher, placé au portail de l'église, est une jolie tour en pierre du xvi° siècle, provenant de l'église supprimée de Saint-Nicolas de Rouen et transportée là en 1843. Le chœur, refait au xvi°, conserve des traces de la transition du xii°. Là sont des morceaux de dalles tumulaires du xiv°, avec personnages et inscriptions. — Trois chapelles que la Révolution a supprimées.

CRESSY. *Ép. romaine.* Tuiles et poteries antiques. || *Ép. franque.* Cressy, appelé en 672 *Crisciaco, in pago Tellau* (le Talou), est donné par Childéric II à l'abbaye de Fontenelle et aliéné en 734 par Teutsinde, abbé du même monastère (*Chronic. Fontanellæ,* c. x. — Leprevost, *Mém. de la Soc. des antiq. de Norm.* t. X, p. 6). || *Moyen âge.* Au xii° siècle, il est appelé *Cressenium* et *Cresciaco* et devient un prieuré de Saint-Lô de Rouen. — Église sous le vocable de Notre-Dame, en grande partie modernisée, gardant pourtant des ogives du xii° siècle. — Du prieuré de Cressy il reste aux archives départementales de la Seine-Inférieure deux beaux cartulaires en parchemin et couverts d'ais, allant de 1235 à 1472.

CRIQUE (LA). Formée des anciennes paroisses de la Crique, des Innocents-sur-Bellencombre et de Saint-Ouen-sur-Bellencombre. — LA CRIQUE. *Moyen âge.* Église sous le vocable de la Sainte-Trinité, construite au xi° siècle, reconstruite en 1849. — Dans le carrefour est une croix de grès de 1550. == LES INNOCENTS-SUR-BELLENCOMBRE. *Moyen âge.* Église sous le vocable des Saints-Innocents. Chœur du xii° siècle et nef du xiii° : le tout a été modifié au xvi° et au xviii° siècle. == SAINT-OUEN-SUR-BELLENCOMBRE. Église sous le vocable de Saint-Ouen, démolie en 1800.

CROPUS. *Ép. romaine.* Voie romaine de Rouen à Dieppe. || *Ép. Renaissance.* Croix en grès sculpté du xvi° siècle. — Église sous le vocable de Saint-Jean, construite en 1786.

GRANDES-VENTES (LES). *Ép. gauloise.* En 1863, des terrassiers ont trouvé quatre-vingts hachettes de bronze cachées sous un tas de cailloux, dans la forêt d'Éawy, au lieu dit *la Mare du four.* Ces hachettes ont été distribuées aux musées de Caen, de Rouen, du Havre, de Dieppe, de Neufchâtel et de Saint-Germain. || *Ép. romaine.* Entre les Grandes-Ventes et Équiqueville est le hameau du Châtelet ou des Châtelets, où on trouve beaucoup de tuiles, de monnaies, de poteries et de constructions romaines. Les habitants prétendent que là fut la ville de Hesdin, dont ils croient rencontrer les ruines. || *Moyen âge.* L'ancien nom des Grandes-Ventes a été *les Ventes d'Éawy,* du nom de la forêt *de Ventis aquosis* ou Beaubecquet (de *Bello Bequeto*). — L'église sous le vocable de Notre-Dame, en forme de croix, est en grès de l'an «M V° XLV» (1545). Dans le chœur est un vitrail également du xvi° siècle. — Prieuré de Sainte-Marguerite-du-Pubel, donné en 1175 par Henri II à Saint-Laurent-en-Lyons, puis à l'abbaye de Valasse. C'est aujourd'hui une ferme.

GRIGNEUZEVILLE. Formée des anciennes paroisses de Grigneuzeville et de Louvetot. — GRIGNEUZEVILLE. Église sous le vocable de Saint-Pierre, presque entièrement remaniée au dernier siècle ; pourtant la nef garde des traces du xiii° siècle ; le chœur est du xvi°. Dans le sanctuaire sont cinq dalles tumulaires du xviii° siècle. == LOUVETOT. Église sous le vocable de Sainte-Madeleine, construite au xiii° siècle, mais défigurée au xviii°. Elle n'a d'intéressant que deux jolis contre-retables en pierre du xvii° siècle. Dalle tumulaire de 1717.

MESNIL-FOLLEMPRISE (LE). Formée de deux sections autrefois nommées l'une *le Mesnil-aux-Moines,* l'autre *la Chapelle de Follemprise.* — LE MESNIL. L'église, dédiée à saint Jean, est de 1700, avec quelques vitraux du xvi° siècle. == FOLLEMPRISE. La chapelle de Notre-Dame est sécularisée. C'est un édifice de 1538, accolé à une construction importante de 1632. Ce vieux bâtiment, aujourd'hui une ferme, fut autrefois un couvent de religieuses, Visitandines, dit-on. — Lieu appelé *le Cimetière des Huguenots :* c'est probablement un cimetière franc.

POMMERVAL ou POMMERÉVAL. *Ép. romaine.* Monnaies et tuiles romaines. || *Moyen âge.* L'église, sous le vocable de Saint-Jacques, est en grès du xvi° siècle. Elle renferme un baptistère en pierre du xiii° et des bas-reliefs en bois représentant des scènes de la Passion. — Près de l'église sont la motte, les fossés et les ruines d'un vieux château.

ROSAY. *Ép. franque.* Ce village doit être la localité nommée *Rausedo in Tellao pago,* citée dans un diplôme de Pépin le Bref délivré en 751 en faveur de l'abbaye de Saint-Denis. En 1862 on a trouvé sur une des collines des sépultures franques qui ont donné une lance et un scramasaxe. || *Moyen âge.* L'église, sous le vocable de Saint-Étienne, est une construction ogivale primitive du XII° et du XIII° siècle. Trois fenêtres éclairent encore le chevet. Le clocher, sur la croisée, a été refait au XVI° et la flèche au XVII°. Dans une chapelle est un vitrail de 1630, et dans le confessionnal se voient des sculptures du même temps. Au contre-retable, une *Adoration des Bergers*, signée *Sacquespée*.

SAINT-HELLIER. Formée des trois anciennes paroisses de Saint-Hellier, de la Frenaye et d'Orival-sous-Bellencombre. — SAINT-HELLIER. *Ép. celtique?* La fontaine où l'on plonge les enfants toute l'année, mais surtout le 16 juillet, jour où on y allumait un feu de joie. L'on assure que saint Hellier, solitaire et martyr du VI° siècle, s'y est désaltéré. ‖ *Moyen âge.* L'église, sous le vocable de Saint-Hellier, toute construite en tuf, paraît romane du XI° siècle. Le clocher, placé au midi du chœur, est tombé en 1758. Dans la nef est la pierre tumulaire d'un prêtre de «M CCC LII» (1352). == LA FRENAYE. Église sous le vocable de Saint-Sauveur, construite en 1788. == ORIVAL. *Ép. romaine.* Tout le cimetière, qui entoure l'église, est rempli de tuiles à rebords. On les trouve en faisant les fosses; M. l'abbé Cochet en a vu des tas en 1860. ‖ *Ép. franque.* En 1828 ou 1838, en faisant une fosse au côté nord de l'église, on a trouvé une sépulture franque, d'où l'on a extrait une hache francisque et un scramasaxe en fer, une agrafe de ceinturon avec sa plaque, sa contre-plaque et sa terminaison en bronze ciselé : ces objets sont au musée de Rouen depuis 1840. (*Bull. de la Soc. des antiq. de Norm.* t. I, p. 122.) ‖ *Ép. moderne.* Église sous le vocable de Saint-Paër ou Saint-Paterne, édifice en brique du XVII° siècle, tout couvert d'écussons et renfermant de vieilles statues de pierre du XVI° siècle et des carreaux émaillés du même temps. — Pèlerinage de Saint-Paterne, où viennent huit ou dix paroisses.

SÉVIS. *Moyen âge.* L'église, sous le vocable de Saint-Pierre, moderne dans son ensemble, possède un fragment de mur du XI° siècle.

CANTON DE DIEPPE.

(Chef-lieu : DIEPPE.)

DIEPPE. Comme ville, Dieppe ne date guère que du moyen âge. C'est au XII° siècle, après la conquête de l'Angleterre par les Normands, que son port prend un grand développement commercial et maritime. Ce passage des hommes et des choses, qui commence à Guillaume le Conquérant, prend un accroissement considérable sous le règne de Henri II Plantagenet. Le nom de Dieppe, qui lui vient de sa rivière (*Deppa, deep*, profond), apparaît pour la première fois au X° siècle et pour la seconde au XI° dans la charte de Gosselin, vicomte d'Arques et de Rouen, donnée en 1030 pour la fondation de l'abbaye de la Trinité-du-Mont, depuis Sainte-Catherine-lez-Rouen. Les chroniqueurs dieppois font tous remonter la fondation de leur ville à Charlemagne, qui, avec l'existence, lui aurait donné le nom de *Bertheville*, en l'honneur de sa mère ou de sa fille. Cette assertion, qui ne se produit qu'au XVI° ou au XVII° siècle, est dénuée de preuves et de monuments contemporains. Toutefois, comme séjour de l'homme, comme localité habitée et bâtie, Dieppe revendique une plus haute antiquité. ‖ *Ép. gauloise.* N'a laissé que peu de traces à Dieppe. En 1852, on a rencontré au Mont de Caux des restes de poteries grossières, et en 1869 on a recueilli à Rosendal une hachette de bronze. Il sera peut-être permis de rattacher à cette civilisation une pierre dite *Pierre du Bonheur*, qui paraît avoir existé au Pollet. La droite et la gauche de la baie sont gardées par deux monuments d'origine celtique, *le Câtelier* de Varengeville, qui passe pour être le *tombeau du petit doigt de Gargantua*, et la grande enceinte de la cité de Limes, des ruines de laquelle un historien du moyen âge prétend que Dieppe fut bâtie : «Ex ruinis Lymarum civitatis con-«dita est Deppa.» ‖ *Ép. romaine.* Mais, quittant le domaine des conjectures pour celui des monuments positifs, on peut montrer à Dieppe, de chaque côté de la vallée, deux points romains fort intéressants. — Le premier est au faubourg de la Barre, station de l'Ouest. Le pied du Mont de Caux est rempli de débris antiques, surtout au point encore appelé *la Cour aux Étuves*. Dès le siècle dernier, des découvertes de piliers et d'hypocaustes furent signalées en cet endroit et ont été consignées dans les chroniques locales et dans *le Mercure de France* de 1760; mais c'est en 1826 que fut découvert et exploré le cimetière romain de *la Cavée de Caude-côte*. M. Féret, qui fouilla ce champ de repos pour M°° la duchesse de Berry, en a reconnu l'enceinte murée et a recueilli un certain nombre d'urnes et de vases aux offrandes qui, après avoir orné longtemps le château de Rosny, sont venus prendre place dans le musée de Rouen et à la bibliothèque de Dieppe. Les monnaies de bronze accompagnant ces cinquante vases romains de Caude-côte étaient un Marc-Aurèle et deux Faustine; toutes trois furent trouvées au fond d'une urne. — Au faubourg de la Barre aboutissaient deux voies romaines : l'une venant de *Rotomagus* (Rouen) et de *Ritumagus* (Radepont), appelée aussi *le Chemin des Fées*, ce qui lui donnerait presque une origine gauloise; l'autre venant du pays de Caux, qu'elle traversait dans presque toute sa longueur, passait par ses deux villes principales, *Juliobona* (Lillebonne) et *Gravinum* (Grainville-la-Teinturière), puis se rendait à *Gesoriacum* (Boulogne) par *Augusta* (Eu). Cette voie traversait la vallée de Dieppe, alors remplie par les eaux de trois rivières et de la mer, au moyen d'un *gué* dont le nom est resté longtemps attaché à la rue d'Écosse, autrefois la *rue des Gués* ou *des Wées* (vicum Vadorum). Sur le bord de cette voie on a trouvé en 1869, dans la traverse de Janval, une balance romaine de bronze. — De l'autre côté de la vallée la voie rencontrait la station de l'Est ou du Pollet, dont les débris sont plus probants que ceux du port d'Ouest. Malgré les érosions de la mer et des eaux terrestres, il reste encore tout le long de la Retenue une suite d'habitations romaines qui n'a guère moins d'un kilomètre de longueur. La trace des habitations est parfaitement marquée avec des murs, des tuiles à rebords, des poteries rouges, noires et grises, des monnaies de bronze, et surtout des fragments d'huîtres, de moules, de patelles et de poissons de toute sorte. Depuis 1820 que l'on observe ce dépôt antique, on n'a jamais cessé d'y recueillir des débris de toute espèce; M. l'abbé Cochet y a reconnu les marques des potiers... PONT.. et ... IVIN.. et a observé au lieu dit *la Tour de Jérusalem* une couche de déblais antiques qui n'a pas moins de 6 mètres de profondeur. Cette position romaine est connue des archéologues sous le nom de *station de Bonne-Nouvelle*; elle était longée dans toute son étendue par la voie qui de Dieppe se rendait à *Cæsaromagus* (Beauvais) par Envermeu, Londinières, Épinay-Sainte-Beuve et toute la vallée de l'Eaulne. — Le cimetière de cette station ancienne était probablement au haut de la colline, sur le territoire actuel de la commune de Neuville-le-Pollet. (Voir l'article relatif à cette commune.) ‖ *Ép. franque*. Un cimetière franc a été découvert au hameau d'Épinay, aujourd'hui Saint-Pierre, en janvier 1847, lors de la confection de la tranchée du chemin de fer qui borde le chemin d'Arques; cinquante squelettes environ ont été reconnus. M. l'abbé Cochet a constaté la présence d'un cercueil en plâtre, de trois sarcophages en pierre de Vergelé et de cinq ou six vases en terre noire ayant la forme de l'époque mérovingienne; ces vases, qui sont aujourd'hui au musée de Rouen, ont été dessinés dans la *Revue de Rouen* et dans *la Normandie souterraine*. Ce cimetière est plus carlovingien que mérovingien. — En face et dans la prairie se trouve une butte en terre de forme carrée et haute de 5 à 6 mètres : on l'appelle la *Butte des Salines* ou la *Butte de Saint-Pierre*. A quelle époque remonte-t-elle? On l'ignore. — Le hameau d'Épinay, appelé *Spinetum* en 1282, possédait des salines dans le xiv° siècle : on les appelait les *Mares d'Espinoy*. ‖ *Moyen âge et Renaissance*. Dieppe, brûlée une première fois par Philippe Auguste en 1195, a été de nouveau et presque totalement incendiée par les bombes anglaises en juillet 1694, et possède peu de monuments appartenant à l'architecture religieuse, à l'architecture militaire, à l'architecture civile. == *Architecture religieuse*. — 1° Église Saint-Jacques; plan en croix : nef à collatéraux qui entourent le chœur garni de chapelles rayonnantes. Clocher sur la croisée. Érigée en paroisse le 11 novembre 1282 par une charte de Guillaume de Flavacourt, archevêque de Rouen, elle présente des spécimens de toutes les variétés de l'ogive, depuis sa formation au xii° siècle jusqu'à son extinction à la Renaissance du xvi°. Les transepts du nord et du midi appartiennent à la seconde moitié du xii° siècle; chacun d'eux est terminé par une grande rosace et par un portail dont l'un est appelé *du Rosaire* et l'autre *de Sainte-Catherine*. Le chœur, la nef et les bas côtés sont du xiii° siècle, sauf les voûtes et les galeries de la nef, qui déjà touchent au xiv°. Au chœur, les arcades basses remontent seules au xiii° siècle; les voûtes, les galeries et les travées supérieures appartiennent au xvi° le plus avancé. Le xiv° règne au grand portail, que l'on sait en effet avoir été commencé en 1300; on le reconnaît également dans les aiguilles, les galeries et les arcs-boutants de la nef, qui ne furent terminés qu'à cette époque. Enfin c'est au xiv° siècle également que fut élevée, à la jonction de la croix, la tour du clocher, que quelque événement avait détruit : ce corps carré fut surmonté au xvii° siècle d'un dôme de bois que l'on retrouve sur les anciens plans de Dieppe et qui fut consumé par le bombardement de 1694; depuis ce temps un dôme d'ardoise greffé par le xviii° siècle termine tristement ce clocher. Les chapelles qui rayonnent autour de la grande nef et du chœur ont été ajoutées au xv° siècle, sauf deux d'entre elles qui firent partie du plan primitif de l'église : ce sont celles *des Noyés* et *de la Compassion*, adhérentes aux transepts. A la Renaissance appartiennent le trésor et les quatre chapelles qui forment le rond-point de l'église : ce sont les chapelles de la Sainte-Croix, de Sainte-Marguerite, de Saint-Yves et de la Sainte-Vierge; on les dit toutes quatre reconstruites au xvi° siècle par Jean Ango. La grande tour du portail, corps carré en pierre de Caen, terminée en plate-forme, couronnée d'une balustrade à jour, haute de 47 mètres, renferme dans ses flancs une belle cloche nommée *Catherine*, fondue en 1510 et du poids de 4,000 kilogrammes. A côté de la tour et presque à ses pieds est la chapelle du Saint-Sépulcre, construite à la même époque et fermée par une magnifique balustrade de pierre. L'ancien groupe sépulcral a été détruit à la Révolution; on l'a rétabli dans le style du xvi° à l'aide d'un moulage pris sur le sépulcre d'Eu. Au côté nord de la nef est la *chapelle* ou *passage des Sibylles*, addition du xvi° siècle, où l'on voit aujourd'hui les fonts baptismaux et où l'on admirait autrefois les douze statues des Sibylles, dans des niches qui sont demeurées vides. En 1540 on acheva le chœur et on ferma les voûtes avec d'élégants pendentifs qui furent descendus en 1814. De 1530 à 1550 furent construites les chapelles de Sainte-Croix, de Sainte-Marguerite, de Saint-

Yves et de la Sainte-Vierge, ainsi que le Trésor. Ces constructions sont remarquables par leurs voûtes et leurs sculptures vraiment merveilleuses : la chapelle de la Sainte-Vierge, notamment, est une des plus riches de toute la France. Dans la chapelle de Saint-Yves, qui est celle d'Ango, on voit un curieux retable de pierre, l'oratoire et le caveau du célèbre armateur dieppois. Le *Trésor* est connu par ses délicates sculptures et par ses étranges bas-reliefs, que l'on considère comme un *ex voto* des marins dieppois : on croit y reconnaître des scènes de sauvages appartenant à la côte d'Afrique, aux Îles de la Sonde ou au Nouveau Monde. Les vitraux qui décorent cette église sont modernes et imités du XVIe siècle. Les inscriptions commémoratives de Jean Ango et de Richard Simon ont été rétablies nouvellement dans des encadrements anciens. Toutes les chapelles, ainsi que le chœur, furent autrefois fermées avec des balustrades de pierre du XVIe siècle : presque toutes furent détruites à la fin du règne de Louis XV; il n'en reste aujourd'hui qu'une ou deux. Boiseries : l'escalier qui du Trésor conduit à la *Chambre du prédicateur;* il est en chêne sculpté, dans le style de la Renaissance, et présente le portrait de François Ier. La chaire, provenant de l'église supprimée de Saint-Jean de Rouen : c'est une bonne sculpture de 1670, faite par Pierre et Michel Guerpin, menuisiers à Rouen. — 2° Ancienne église Saint-Remy, mentionnée dès 1030 dans la charte de Gosselin, vicomte d'Arques et de Rouen. Placée à l'entrée du faubourg de la Barre, sur cette pointe de coteau qui domine la ville et le port de Dieppe, il n'en reste aujourd'hui que la tour du clocher, monument de pierre du XIVe siècle, encore connu dans le pays sous le nom de *vieux Saint-Remy*. Abandonnée depuis trois siècles, cette construction religieuse s'est fondue dans la masse du château, dont elle forme une des tours, et sert de dépôt de projectiles. — 3° Église actuelle de Saint-Remy : plan en forme de croix; nef avec collatéraux garnis de chapelles rayonnantes; clochers sur la croisée et de chaque côté du portail. Fondée au sein même de la ville, dans le quartier appelé *le Port d'Ouest*, en l'année 1522, elle n'a été terminée, telle qu'elle est aujourd'hui, qu'en 1640. C'est une œuvre vaste et gigantesque, mais incohérente et appartenant à peu près à tous les styles. La partie de l'église qui appartient au XVIe siècle se compose du chœur, des allées latérales qui le contournent, des chapelles qui rayonnent autour de lui, du Trésor et de la chapelle de la Sainte-Vierge, qui est elle-même une petite église : cette partie, commencée en 1522, fut achevée en 1545. C'est encore l'ogive gothique, mais déjà mêlée à une foule de motifs de la Renaissance païenne. La chapelle de la Sainte-Vierge est purement ogivale, à peu près sans aucun mélange, tandis que le Trésor, avec ses riches sculptures, appartient à la Renaissance la plus complète et la plus avancée. Ce Trésor est une œuvre remarquable, ornée de statuettes sur colonnes que l'on prendrait volontiers pour les neuf muses ou pour des déesses païennes. Les colonnes du chœur, qui sont d'une grande beauté, se terminent par des chapiteaux de la Renaissance la plus fantastique. Ce chœur fut autrefois fermé par un magnifique jubé de pierre, sculpté, peint et doré : cette belle œuvre fut démolie en 1562 par les protestants maîtres de la ville, qui célébrèrent la *cène* dans les deux églises. Les pierres servirent à paver un abreuvoir établi au fort d'Ouest dans la prévision d'un siège; on en a retrouvé une partie en 1826 lors de la construction du théâtre. La seconde portion de l'église Saint-Remy se compose des transepts, du clocher entre chœur et nef, de la grande nef et des deux allées qui l'accompagnent, des chapelles qui les flanquent et enfin des deux tours du portail, dont une seule est terminée. Cette partie de l'église, commencée en 1605, était à peine achevée en 1640. A l'intérieur de l'édifice l'ogive règne encore, ainsi que dans les chapelles; mais les trois portails placés au pignon de l'ouest et à l'extrémité des transepts appartiennent au style *gréco-romain* qui fleurit sous Henri IV et sous Louis XIII. Ce portail, tout mutilé et tout inachevé qu'il est, ne manque pas d'une certaine grandeur et d'une certaine majesté dans les trois ordres qui le composent : dorique, ionique et corinthien. Cette église a été grandement mutilée par le bombardement de 1694; des restaurations faites avec de la brique vers 1700 la déparent entièrement. Toutes les chapelles furent autrefois fermées avec des balustrades de pierre, démolies en 1768. Dans la chapelle de la Sainte-Vierge sont les tombeaux de trois gouverneurs de la ville et du château de Dieppe : MM. de Sigognes père, mort en 1582 ; de Sigognes fils, décédé en 1611, et Philippe de Montigny, mort en 1676. Leurs statues sépulcrales en pierre et en marbre furent brisées en 1793. En 1827, on a descendu dans le caveau de M. de Montigny le cercueil d'Aymard de Chattes, gouverneur de Dieppe de 1582 à 1603, qui avait été inhumé dans la chapelle des Minimes, devenue le tribunal civil. — Les seules peintures que l'on puisse citer sont des tableaux des deux Lemarchand, peintres de Dieppe en 1679 et 1703-1726. Une de ces peintures décore un beau contre-retable en bois sculpté de 1676. Parmi ceux qui travaillèrent à ce retable on cite Vigé et Geffin Adam, sculpteurs de cette ville. Le buffet de l'orgue, entièrement en chêne, coûta 18,000 livres; il fut sculpté à Rouen de 1737 à 1740. La charpente et la boiserie sont l'œuvre de Lequeu; les jeux sont dus à Parizot et Faul. Depuis 1824 on a souvent cité dans les livres un bénitier de grès de 1571, fort peu intéressant. — 4° Les chapelles : 1. Chapelle de Saint-Nicolas de Caude-côte. Le fief de

Caude-côte (*prædium de Calde-cotta*, Mém. de la Soc. des antiq. de Norm. t. XI, p. 11) est le plus ancien point habité et connu du Dieppe historique; dès 1030, il est donné aux bénédictins de la Trinité du Mont-lez-Rouen, qui de bonne heure y établirent un prieuré. Il en est même qui pensent que ce fut de Caude-côte que partirent, sous la conduite d'Alverède, les religieux qui peuplèrent l'abbaye du Tréport, fondée en 1059 par les comtes d'Eu. Le temps a beaucoup altéré cette pieuse fondation, et dans ces derniers jours il ne restait qu'une chapelle en silex remontant tout au plus au xvi° siècle; aliénée en 1791, elle fut démolie en 1841. En 1860, M. l'abbé Cochet a fait dans cette chapelle des fouilles archéologiques : il y découvrit des sépultures renfermant des vases du xiv° et du xv° siècle et une cachette du xvi° dans laquelle se trouvaient trente-cinq pièces d'or de France, d'Espagne, de Portugal, de Suisse, d'Italie et de Hongrie. — ii. La maladrerie de Janval. La principale maladrerie de Dieppe était au hameau de Janval, dans la plaine, sur le bord de l'ancienne route de Rouen et de Paris, aujourd'hui entre les routes impériales n° 15 et n° 25. On dit que cette léproserie fut fondée au xi° siècle par Guillaume le Roux, fils du Conquérant; on prétend aussi que le comte de Mortain, fils de l'impératrice Mathilde, l'habita comme lépreux. De l'ancienne chapelle, dédiée à sainte Madeleine, il reste encore une porte et une fenêtre en pierre du xiii° siècle. Dans cette chapelle abandonnée depuis la Révolution, le célèbre Jean Knox, le réformateur de l'Écosse, prêcha en 1559 le nouvel évangile. En 1860, M. l'abbé Cochet a fouillé autour de cette chapelle de Sainte-Madeleine et a trouvé dans le cimetière des anciens lépreux des vases funéraires forés et remplis de charbon et des monnaies du xiv° siècle. L'ancienne léproserie, qui sert de ferme, présente un mur qui remonte au moins au xiv° siècle. Toute la cour de la métairie est remplie d'anciennes fondations. Un grand bâtiment, aujourd'hui à usage de grange, conserve un contre-fort du xvi° siècle et sur la porte on lit le chiffre de 1597. — iii. La léproserie de Saint-Ladre de Jérusalem. Il y avait une seconde léproserie pour la paroisse de Neuville et pour le faubourg du Pollet; elle était située le long de la Retenue, au lieu où est aujourd'hui un cabaret encore nommé la *Tour de Jérusalem*. Cette maladrerie dut être fondée au xii° siècle pour les chevaliers du Temple; elle passa ensuite à l'ordre de Saint-Jean de Jérusalem, qui y avait élevé une tour ronde que l'on appela la *Tour de la cité de Jérusalem*. En 1710, c'était une commanderie et il y avait encore des lépreux. — iv. La chapelle de Notre-Dame-de-Bonne-Nouvelle. Tout près de *la Tour de Jérusalem*, et un peu plus loin vers la vallée, était la chapelle de Notre-Dame-de-Bonne-Nouvelle, supprimée et détruite depuis longtemps,

mais dont on montre encore la place. Un vieux plan de la bataille d'Arques, publié par M. Deville, nomme cette chapelle *Saint-Aubinet*, comme diminutif de Saint-Aubin de Neuville. — v. Chapelle de Notre-Dame-des-Grèves, au Pollet, démolie en 1858. Sa fondation remonterait au xi° siècle suivant la tradition consignée dans les chroniqueurs; mais les murailles extérieures de ce modeste édifice ne trahissaient qu'une reconstruction du xvi°, encore bien défigurée par des restaurations du xviii°. Cependant, lors de la démolition, on a pu remarquer les traces d'une magnifique construction de pierre du xiv° siècle dont les restes étaient noyés dans des maçonneries plus récentes. — vi. Chapelle de Saint-Pierre d'Épinay. La chapelle de Saint-Pierre et de Saint-Firmin, au hameau d'Épinay, fut fondée en 1573 par deux frères ermites dont les noms sont restés inconnus. Fermée et aliénée par la Révolution, cette chapelle n'a vu ses murailles tomber que dans ces derniers temps. — vii. Chapelle des Minimes. Aujourd'hui transformée en tribunal civil. Construction en grès et en silex de 1583, élevée en grande partie avec les débris du vieux château de Hautot-sur-Mer, qui furent abandonnés aux religieux par le duc de Longueville et Catherine de Gonzague, son épouse. En 1603, on y inhuma le gouverneur Aymard de Chattes, bienfaiteur du monastère; en 1827, son cercueil a été transféré à Saint-Remy, dans le caveau de Philippe de Montigny. — viii. Chapelle de l'Hôtel-Dieu. Fondée en 1620 dans la rue d'Écosse et achevée en 1626, elle était destinée aux religieuses hospitalières de Saint-Augustin, dont l'institution à Dieppe remonte au moins à 1482. Abandonnée en 1860; il est probable qu'elle sera prochainement démolie. — ix. Chapelle des Carmélites. Le couvent des Carmélites fut fondé à Dieppe en 1615, dans la rue de la Barre. La chapelle, édifiée en 1688 et incendiée en 1694, fut reconstruite, en 1736, avec les matériaux d'une ancienne porte du Pollet. Le cloître en pierre est entièrement semblable à ceux du temps de Louis XIII; il est surmonté d'un joli dôme de pierre qui est une miniature de ceux du Val-de-Grâce et de l'Hôtel des Invalides. La chapelle, de la même architecture, sert aujourd'hui de temple protestant. — x. Chapelle des Carmes déchaussés. Fondée en 1675 dans la rue de la Barre, rebâtie de 1722 à 1736 après le bombardement de 1694, elle fut complètement incendiée le 15 mai 1850. — xi. Chapelle de Notre-Dame-de-Bon-Secours. Située à la montée du château, on l'appelait aussi le *Collège de Bon-Secours*, parce que dans son enceinte se réunissait une société de marins qui, probablement, avait fondé cet oratoire. La Révolution l'a supprimée et aliénée. — 5° L'ancien prêche. Au haut du faubourg de la Barre et à l'angle de deux anciens chemins, dont l'un conduit à Caude-côte et l'autre au Petit-Appeville, on montre de vieux murs arasés qui ne sont autres que les restes d'un magnifique prêche protestant détruit en 1685, à la suite de la révocation de l'édit de Nantes. Ce temple, qui avait coûté plus de 14,000 ₶, avait été bâti en 1606 par Lavollée, architecte de Rouen. Construit en briques et en bois, il avait la forme octogone et presque circulaire. Sa longueur était de 102 pieds et sa largeur de 72. Il nous en reste une vue dans les vieux plans de Dieppe. Vers 1835 on en fit une gravure sur plomb devenue très-rare. De 1685 à 1793 une croix de pierre, dite *Croix du Prêche*, indiqua la place du temple démoli[1]. == Architecture militaire. — Le château, construit sur la colline qui domine la ville et la mer, du côté de l'ouest. Il fut élevé en 1435 par la rébellion de Caux, soulevée alors contre l'occupation anglaise. Tandis que le château d'Arques était resté anglais, ainsi que le Pollet avec sa *Bastille* et ses forts, Dieppe avait secoué le joug et ne fut jamais repris; pour se défendre, il bâtit le château qui subsiste encore aujourd'hui. C'est un carré de bâtiments, flanqué de quatre tours circulaires, construit en pierre et en silex et dont l'ensemble est entouré de fossés profonds. L'architecture a perdu tout caractère distinctif. L'histoire seule témoigne de la fondation et atteste l'origine de cette masse imposante, qui ne fut jamais détruite. On montre encore une fenêtre par laquelle on prétend qu'en 1650 la duchesse de Longueville, organisatrice de la Fronde en Normandie, descendit pour se sauver à Pourville et de là en Hollande. Comme on l'a déjà dit, le XVI° siècle ajouta au château la tour du clocher de l'ancienne église de Saint-Remy. — La porte du Port-d'Ouest. Elle était placée sur les remparts du côté de la mer, à l'endroit où fut autrefois *le Port de West*, le premier port du vieux Dieppe. Elle se compose encore de deux tours circulaires en silex et en grès du XVI° siècle. Cette porte, la seule qui reste de l'ancienne enceinte fortifiée, ne conduit plus qu'aux bains et à la plage. Les deux tours, longtemps utilisées comme prisons, sont à présent transformées en un pavillon élégant. — La porte du Pont. Elle conduisait de Dieppe au Pollet, et se composait de deux belles tours rondes appareillées de pierres de taille, dans le style du XVI° siècle. Ébréchée dès le siècle dernier, elle a été complétement démolie vers 1830. Il ne reste plus d'elle qu'un souvenir dans la belle vue du port de Dieppe peinte par J. Vernet et gravée en 1765. — La tour aux Crabes. Démolie en 1841, elle était située à la jonction du quai du Hable et du quai Henri IV. Elle avait pour mission de défendre l'entrée du port et elle a été longtemps baignée par la mer, circonstance à laquelle elle doit son nom. Elle était en pierre de taille et paraissait dater du XIV° ou du XV° siècle. — Le fort Châtillon et la Bastille du Pollet. Ces deux fortifications se trouvaient autrefois dans le faubourg du Pollet et l'on y voit encore leurs restes. La première était située au mont de Neuville, au versant du vallon que suit la route impériale n° 25, conduisant de Dieppe à Eu. De cette vieille forteresse, qui fut construite ou réparée en 1589, il ne subsiste qu'une motte énorme, haute de plus de 15 mètres et large de 10 à 12; elle est entourée de fossés profonds, pratiqués à même la colline. L'ancienne Bastille, construite par les Anglais de 1435 à 1440, était placée sur la falaise du Pollet, qui domine l'entrée du port; elle faisait face à la tour aux Crabes dont nous venons de parler. De cette Bastille, défendue par Talbot et prise par le Dauphin, depuis Louis XI, le 14 août 1443, il reste encore des souterrains, des murs arasés, des fossés à demi comblés et la forme de l'enceinte, qui fut palissadée en bois. (Voir une ancienne gravure publiée par Montfaucon dans ses *Monumens de la monarchie françoise*, t. III, p. 228, pl. XLII, et reproduite en 1834, à l'aide de la lithographie, par *le Mémorial dieppois*.) En 1562, les protestants, maîtres de la ville et menacés d'un siége, se hâtèrent de remettre sur pied le vieux fort du Pollet; mais ce fut en vain : car, le 22 octobre de la même année, ils furent forcés de capituler sans avoir, pour ainsi dire, résisté. == Architecture civile. — La maison de Jean Ango. Jean Ango, armateur célèbre et vicomte de Dieppe, fit construire en 1525 sur le quai de sa ville natale cette maison, qui fut longtemps une des célébrités du pays. Bâtie en bois et en pierre dans le style le plus élégant de la Renaissance, elle était, en effet, une des merveilles de l'Europe, à tel point qu'en 1647, lorsque le cardinal Barberini, légat du pape, la visita en compagnie de Louis XIV enfant et d'Anne d'Autriche, il s'écria : «Nunquam vidi domum pulchriorem.» Cette maison, qui reçut François Ier en 1533, où mourut le commandeur de Chattes en 1603, et qui en 1614 fut donnée par le cardinal de Joyeuse au père de Bérulle pour y établir son premier collége de l'Oratoire, fut en grande partie consumée par le bombardement de 1694. Rétablie vers 1700, elle est aujourd'hui le collége communal de Dieppe. De l'hôtel splendide du XVI° siècle il ne reste plus que quelques médaillons en pierre représentant des personnages historiques ou allégoriques et quelques salles encore pavées en carrelages émaillés de la Renaissance; ces carreaux, losangés ou quadrangulaires, représentent Mercure, le dieu du commerce,

---

[1] Nous pensons qu'au XVII° siècle tous les prêches réformés de France étaient circulaires ou octogones. Nous en sommes certain pour ceux de Caen et de Quevilly, près de Rouen, et nous avons des raisons de le présumer pour ceux de Sanvic, près du Havre, de Luneray, près de Dieppe, et de Charenton, près de Paris. — Ce fut aussi une coutume générale de planter des croix sur l'emplacement des temples renversés. Cet usage nous a été révélé à Luneray, à Criquetot-l'Esneval, à Saint-Jouin, à Sanvic et à Bordeaux (Gironde). Toutes ces croix furent renversées à la révolution de 1789.

et des portraits d'homme et de femme qui peuvent être ceux d'Ango et de son épouse, gravés en creux dans la terre. — L'ancien couvent des Ursulines. Les religieuses ursulines furent installées à Dieppe en 1626, dans un hôtel de la rue d'Écosse qui datait des règnes de Louis XII et de François Ier. Dans cette maison, transformée en hôpital en 1802 et en caserne d'infanterie en 1860, on remarque encore des colonnes de bois couronnées de chapiteaux sculptés dans le goût le plus délicat de la Renaissance : elles donnent une idée de ce que fut la maison de Jean Ango. Les Ursulines elles-mêmes ont élevé le grand bâtiment qui sert aujourd'hui de caserne et au sommet duquel on remarque cinq lucarnes de pierre du plus beau style du temps de Louis XIII. Sur la rue d'Écosse une charmante porte sculptée servait d'entrée aux écoles gratuites des filles. — L'hôtel de la ville d'Anvers. Sur le quai Henri IV, au n° 49, on remarque une grande maison de pierre rebâtie après le bombardement. Ce dut être l'ancien *Hôtel de la ville d'Anvers*. Ce qui le fait croire, c'est la présence d'une enseigne parfaitement conservée et placée dans le passage qui conduit au fond de la cour. Ce bas-relief, qui est passablement grand, reproduit approximativement la grande cité commerciale des Pays-Bas. Il porte, avec le nom de la *ville d'Anvers*, la date de 1697. — Maison en bois. Dans la rue Saint-Remy, l'ancienne rue aux Juifs, au n° 54, une vieille maison en bois, ornée de pinacles et d'ogives dans le style du xve et du xvie siècle. C'est la plus vieille maison du Dieppe actuel. — L'aqueduc des fontaines. Le canal souterrain qui amène à Dieppe les eaux de Saint-Aubin, creusé de 1533 à 1558, met en communication les deux vallées de la Scie et de Dieppe. Une tradition prétend que ce tunnel, qui n'a guère moins de 1,500 mètres, est l'œuvre d'un nommé Toutain, homme du peuple hardi et ingénieux, mais qui, dit-on, s'est ruiné à l'entreprise et serait mort en prison pour dettes. — Antiquité végétale. Un poirier phénoménal planté dans l'enclos de l'ancien hôpital de Dieppe est adossé aux vieux murs de la ville, dont une porte présente le millésime de 1580[1] ; il ne compte pas moins de deux cents à deux cent cinquante ans, et produit encore dans certaines années jusqu'à 4,000 poires. M. Dubreuil l'a fait figurer dans son *Cours d'arboriculture*, et M. A. Féret l'a reproduit dans *le Mémorial dieppois* de 1834. == Collection archéologique de la bibliothèque de Dieppe. La bibliothèque publique, en attendant que la ville soit dotée d'un musée, a donné asile aux objets d'art et aux débris antiques trouvés à Dieppe et dans l'arrondissement. Les principaux sont : pour la période gauloise,

[1] Après le chêne d'Allouville et les ifs des cimetières d'Offranville et des Trois-Pierres, c'est le plus curieux végétal que nous connaissions dans notre département.

un vase de terre et autres fragments de poteries provenant de la cité de Limes ; des haches de pierre trouvées à Dieppe, à Luneray et à la cité de Limes ; un marteau de pierre venant d'Auquemesnil ou de Biville-sur-Mer ; des hachettes de bronze trouvées à Tourville-la-Chapelle ; des monnaies gauloises en bronze recueillies dans un tombeau romain de la cité de Limes ; enfin un plan en relief de l'enceinte celtique de Limes et de ses tumuli. — Pour l'époque romaine : vingt-trois vases funéraires tirés de Caude-côte, quarante et un de Neuville-le-Pollet, quelques autres sortis de Braquemont et de Saint-Martin-en-Campagne ; les urnes de terre et de verre de Luneray ; des plaquettes en os provenant des incinérations de Caude-côte ; des meules à broyer venant d'Arques, du Petit-Appeville et de Saint-Martin-en-Campagne ; un casque romain, des passoires et des miroirs en bronze, des statuettes de Vénus et de Latone en terre cuite, un assortiment de marbres et de stucs coloriés provenant de la villa de Sainte-Marguerite ; et enfin des vues coloriées et un plan en relief de cette belle habitation romaine. — Pour l'époque franque : des vases de terre et de verre de Douvrend et de Sainte-Marguerite ; des boucles, des agrafes, des pendants d'oreille, des bagues, une bague en or avec chaton en agate-onyx, des pinces à épiler, des aiguilles, des colliers, des baquets ou seaux, des fers de flèches, des lances, des haches et des sabres venant de Sainte-Marguerite et de Douvrend. — Pour le moyen âge : un cercueil en moellon et quatre croix en plomb avec formule d'absolution, venant de Bouteilles (xie et xiie siècles) ; une collection de pavés émaillés provenant de la maison d'Ango (xvie siècle) ; un fauconneau en fer trouvé en mer ; un canon en fer forgé et cerclé du xve ou du xvie siècle, venant d'Eu ; enfin des débris des bombes anglaises qui ont brûlé la ville en 1694. — L'inventaire de cette petite collection se trouve à la fin du catalogue de la bibliothèque de Dieppe, rédigé en 1857, p. 343-348.

NEUVILLE-LE-POLLET. *Ép. romaine*. Auprès de l'église, dans les jardins appartenant à Mme Levasseur et à M. V. Duval, maître maçon, M. l'abbé Cochet a découvert, en 1845, un cimetière qui a été exploré de nouveau en 1846 et en 1850. Ce cimetière à incinération, qui n'avait pas moins de 25 mètres de longueur sur 10 de largeur, devait bien remonter au Ier et au IIe siècle de notre ère. Il n'en est pas sorti moins de cinq cents vases de terre, de verre ou de bronze. Ces vases étaient partagés en soixante groupes de sépultures environ ; quelques-uns en contenaient jusqu'à quinze ou vingt. Outre les vases, on a recueilli des cuillers en argent et en bronze, des bagues en cuivre, une clochette, des clefs et des ciseaux en fer, et enfin des monnaies de bronze de Marc-Aurèle, de Commode, d'Antonin, de Faustine et d'Adrien. Sur des vases rouges on a lu les noms des potiers : Verocandi, Tocca, Anticui et Cesiani. Sur des barillets de verre on a reconnu les marques des verriers : F. Fro, Fron, Froni, Froti, Frontiniana, S. C. et Daccius F. (Voir la description et la reproduction des objets du cimetière de Neuville dans la *Revue de Rouen*, le *Bulletin monumental*, les *Mémoires de la Société des antiquaires de Normandie* et la *Normandie souterraine*.) Les vases et autres objets qui sont sortis de ces fouilles ont été déposés à la bibliothèque de Dieppe et au musée départemental de Rouen. — De 1840 à 1850, il a été trouvé dans la plaine qui sépare le village de Neuville du hameau de Puys, qui en dépend, un vase de bronze contenant environ trois cents monnaies romaines en billon, qui appartenaient presque toutes aux Césars du III° siècle. ‖ *Moyen âge et Renaissance.* Église dédiée à saint Aubin. Sans aucun doute une église existait à Neuville au XI° siècle, puisqu'en 1093 elle fut donnée au prieuré de Longueville-la-Giffart. — L'église actuelle, grande et vaste, date entièrement du XVI° siècle. Le chœur et les chapelles qui lui sont latérales appartiennent au temps de Henri II; la nef et les collatéraux sont du règne de Henri III. Une inscription, qui se lit dans la grande nef, fixe cette érection à l'an 1588. Le clocher, placé au portail, et les voûtes du chœur ne doivent pas dépasser le règne de Henri IV: on y lit, en effet, les dates de 1605 et de 1607. Il reste quelques débris de vitraux de 1586 et de 1620; le fragment le plus remarquable, donné par un bourgeois de Dieppe, représente un navire du temps de la Ligue. Quatre inscriptions couvrent les murs de cette église : deux sont de la fin du XVI° siècle et deux autres du commencement du XVII°. Les deux premières sont en vers marotiques; elles appartiennent à la construction de l'église. — La croix du cimetière, qui est en grès, porte le millésime de 1524. — Chapelle de Saint-Barthélemy, à Puys. Le hameau de Puys possédait autrefois, dans la portion qui dépend de Neuville, une chapelle dédiée à saint Barthélemy, chapelle dont l'origine nous est inconnue, mais dont le nom figure sur les anciennes cartes du diocèse de Rouen. Interdite dès 1728, elle a été complétement fermée par la Révolution. L'édifice, démoli en 1853, datait du XVI° siècle. M. l'abbé Cochet y a recueilli, pour lui et pour la bibliothèque de Dieppe, des carreaux émaillés du temps de François I⁰ʳ et de Henri II. = *Architecture civile.* — Ravissante maison de pierre et de briques construite au XVI° siècle et dont la porte, les fenêtres et la cheminée sont décorées dans le style de la Renaissance : c'est un diminutif du manoir d'Ango. Cette gentilhommière est devenue une ferme. — Les religieux de Longueville possédaient devant l'église un *hostel* construit en bois et sculpté dans le style de Henri IV. Les débris ornementés de cette maison se voient à la bibliothèque de Dieppe. — Au moyen âge, il y avait, au bas de Neuville, des salines qui furent supprimées en 1663.

CANTON D'ENVERMEU.

(Chef-lieu : ENVERMEU.)

ASSIGNY. *Moyen âge.* L'église, sous le vocable de Saint-Médard, est de style ogival primitif (XII° et XIII° siècles), avec retouches du XVI° et du XIX° siècle. Dans la nef est une chaire sculptée du XVII° siècle, venant de Saint-Jean d'Eu : on dit que Bourdaloue y a prêché son premier sermon. — A côté de l'église est un petit château à tourelles du XVI° siècle.

AUQUEMESNIL. *Ép. gauloise.* En 1863 on a recueilli une hachette de pierre. ‖ *Ép. incertaine.* Vers 1830 on a trouvé dans ce village un marteau de pierre. ‖ *Moyen âge.* Église sous le vocable de Saint-Laurent. La nef, élevée au XII° siècle, a été remaniée en 1780. La porte en bois est une sculpture du XIV° ou du XV° siècle. Le chœur et le transept sont en pierre blanche du XVI° siècle. Dans le chœur existaient, en 1847, un tabernacle en bois du XVI° siècle et une inscription en vers datée du même temps. Presqu'entièrement reconstruite de 1863 à 1869.

AVESNES. Formée des trois anciennes paroisses d'Avesnes, de Saint-Aignan et de Caudecotte. — AVESNES. *Moyen âge.* Ancien château dont on montre la place près de l'église. — Église sous le vocable de Saint-Antoine. Plan en croix; entièrement construite au XVI° siècle; voûtée et appareillée en pierre du pays. Dans le transept nord est un vitrail de 1555. A côté du chœur est une chapelle seigneuriale sous laquelle est, dit-on, un caveau sépulcral. = SAINT-AIGNAN. *Moyen âge.* Église du XVI° siècle sous le vocable de Saint-Aignan, remaniée au XVIII°. = CAUDECOTTE ou VILLY-LE-HAUT. Petite église sous le vocable de Notre-Dame, construite au XVI° siècle et raccommodée en 1760. Sous le chœur est le caveau sépulcral des seigneurs du lieu.

BAILLY-EN-RIVIÈRE. *Ép. romaine.* Beaucoup de constructions arasées, des tuiles, des poteries et des monnaies romaines. — Le chemin de Bailly à Douvrend se nomme *le Chemin des Morts.* En 1852, M. Armand, instituteur, trouva, en creusant les fondations de sa maison, une grande chaudière d'airain contenant au moins six vases en bronze, dont plusieurs étaient plaqués d'argent; ces vases, dont quelques-uns sont d'une grande beauté, ont été offerts au musée de Rouen (*Revue de Rouen*, année 1852, p. 622). ‖ *Moyen âge.* L'église, sous le vocable de Saint-Martin, grandement défigurée depuis deux cents ans, présente de l'architecture romane dans son clocher, de l'architecture de transition (XII° siècle) dans la nef et de l'ogive du XIII° siècle dans le chœur. Brûlée en 1592 dans les troubles religieux. Jolie piscine du temps de saint Louis. Dans le chœur une pierre tumulaire de 1601. — Près de l'église on montre la place et les ruines d'un ancien château qui joua son dernier rôle dans les guerres de la Ligue.

BELLENGREVILLE. Formée des anciennes paroisses de Bellengreville, d'Inerville et de Saint-Sulpice-de-Bellengrevillette. — BELLENGREVILLE. *Ép. gauloise.* Hachette en silex trouvée en 1842 au hameau de la Veauvaie. Ancienne fontaine de Saint-Germain, où l'on faisait des pèlerinages. || *Ép. romaine.* Voie romaine de Dieppe à Beauvais. || *Moyen âge.* Église sous le vocable de Saint-Germain, bâtie en 1715. L'ancienne était près de la rivière. == INERVILLE. Église du xvi° siècle, devenue une étable. — La pierre tumulaire d'un chevalier d'Inerville est à Envermeu. == SAINT-SULPICE. *Ép. romaine.* M. Guilmeth assure que dans l'ancien cimetière on a trouvé, en 1836, des poteries et des monnaies romaines, des hachettes de bronze et deux cercueils en pierre. — Église de Saint-Sulpice, datant du xvi° siècle, démolie en 1809.

BIVILLE-SUR-MER. *Ép. romaine.* On trouve des débris romains au lieu dit *le Vieux-Biville;* près de là passait la voie romaine de Lillebonne à Boulogne. Vers 1830, marteau de pierre de date et d'usage incertains, trouvé à Biville et déposé à la bibliothèque de Dieppe. || *Ép. franque.* En 1856, sur la route de Neuvillette à Biville, M. l'abbé Cochet a trouvé deux cercueils de vergelé avec squelettes et vases de l'époque franque. (Voy. *Sépult. gaul. rom. franq. et norm.* p. 434-435.) || *Moyen âge.* Église sous le vocable de Saint-Remy. Nef du xiii° siècle avec charpente de 1608. Chœur en pierre blanche, voûté et élégant, construit au xvi° siècle. Restes de vitraux de 1512, 1553 et 1561. Au côté sud, une chapelle et un collatéral ajoutés au xvi° siècle. Au nord, clocher de 1760.

BRUNVILLE. *Moyen âge.* Église sous le vocable de Saint-Pierre. Chœur et clocher modernes.

DAMPIERRE. *Moyen âge.* Église sous le vocable de Notre-Dame. Chœur et nef du xiii° siècle; remaniée au siècle dernier. Clocher, placé au portail, du xvi°. Chapelle située au côté nord du chœur datée du même temps. — Le manoir de Dampierre a conservé des fossés, des toits et un appareil de l'époque de la Ligue.

DOUVREND. Formée depuis des deux paroisses de Douvrend et d'Angreville. — DOUVREND. *Ép. romaine.* Voie de Dieppe à Beauvais. La vieille route de Bailly porte le nom de *Chemin des Morts.* — A Douvrendelle, on a reconnu les restes d'une métairie. — Vers 1815, on a recueilli dans le *Clos Blanc* quatorze ou quinze monnaies où l'on distinguait des petits bronzes de Gordien fils et de Constantin, un vase, des fibules, une bêche, une pique et plusieurs tombeaux en pierre calcaire sous forme d'auge. — Sur une des collines qui dominent Douvrend on voit, vers le sud, une enceinte retranchée d'environ quatre hectares. — En 1838, on a encore trouvé deux cuillers en bronze, aujourd'hui au musée de Rouen. || *Ép. franque.* Le roi Robert Ier cite *Douvrent* et *Angerivilla* parmi les biens de la cathédrale de Rouen, biens qui lui furent donnés ou confirmés par Charles le Chauve. — En 1838, lors de la confection de la route départementale n° 5, de Dieppe à Beauvais, on a trouvé au lieu dit *le Camp de l'arbre* un ancien cimetière mérovingien, d'où il a été extrait environ deux cents squelettes accompagnés d'armures et d'ornements de cette époque. En 1865 et 1866 M. l'abbé Cochet y fit des fouilles: il y a ouvert plus de soixante fosses, qui ont donné, outre cinquante vases de terre, des sabres, des lances, des flèches et des couteaux de fer, des boucles et des fibules en bronze, des boucles d'oreille et des bagues, des perles diverses, des monnaies communes en bronze et un quinaire en argent du vi° siècle. La bibliothèque de Dieppe possède de cette découverte une bague en or, une boule de cuivre, un cercle de seau en bronze doré, onze fers de lance, cinq haches, trois couteaux, quatre flèches, une aiguille, un plateau, des boucles et six vases en terre. — Le musée de Rouen possède un petit bronze de Claude, un beau vase de verre et deux grandes fibules, avec une épingle à cheveux en argent doré, ornées de verroteries. (Voir sur ces découvertes: A. d'Auffay, *Revue de Rouen*, année 1838, p. 109-110. — De Caumont, *Cours d'antiq. mon.* t. VI, p. 267. — Roach-Smith, *Collectanea antiqua*, vol. II, p. 167-170, pl. XLV. — L'abbé Cochet, *la Norm. souterr.* 1re édit. p. 303-319, pl. X et XV; 2° édit. p. 383-401 et pl. X, XV, XVII et XVIII. — Féret, *Catal. de la Bibl. de Dieppe*, p. 345-346.) || *Moyen âge.* L'église, dédiée à sainte Madeleine, conserve des traces du xiii° siècle dans ses transepts. Le clocher et la nef, le chœur et ses chapelles latérales ont été refaits au xvi°. En 1722, on a reconstruit en partie cette église. Dans le chœur est une inscription de la dédicace du « xiv° de may MIL V°° XXIX » (1529). Près de cette inscription sont des pierres obituaires. Sous le clocher on remarque des peintures murales de 1600. == ANGREVILLE. *Ép. romaine.* Voie de Dieppe à Beauvais. || *Moyen âge.* L'église, dédiée aux saints Innocents, a été démolie vers l'année 1800; elle possédait une curieuse *Passion* en albâtre du xv° siècle, dont on connaît quelques bas-reliefs.

ENVERMEU. La commune actuelle se compose des deux anciennes paroisses de Notre-Dame et de Saint-Laurent d'Envermeu et de deux petites communes annexées en 1823: Hybouville et Auberville-sur-Eaulne. — ENVERMEU. Devenu depuis quelques années un lieu archéologique fort renommé, fut toujours un point historique assez important, surtout à la période franque. || *Ép. romaine.* Le bourg était traversé par la voie romaine allant de Dieppe à Beauvais, par Épinay, Sainte-Beuve et la vallée de l'Eaulne. Vers 1832, en faisant la route départementale n° 5, qui va de Dieppe à Beauvais, on y trouva un certain nombre de tuiles et de poteries romaines. M. Guilmeth raconte qu'en 1836 on lui a remis des monnaies de bronze de Néron, de Faustine, d'Antonin et de Commode qui avaient été trouvées au Bois-Dangereux. M. Féret, de Dieppe, assure avoir reconnu des murailles romaines en petit appareil chaîné de briques sur l'emplacement de l'ancien prieuré de Saint-Laurent, situé sur le bord de l'Eaulne. Dans un pré placé entre l'Eaulne et la route départementale est un tertre appelé *le Câtel*, qui fit peut-être partie du vieux château d'Envermeu, dont les seigneurs ont joué un si grand rôle à l'époque normande.

|| *Ep. franque.* Un des doyennés de l'archidiaconé d'Eu[1]. Son nom apparaît au vIII° siècle. La *Chronique de Fontenelle* l'appelle *Édremou*, en 374; ce nom lui est conservé, vers 1030, dans une charte de Robert Ier, à la cathédrale de Rouen. Au xI° et au xII° siècle, Orderic Vital dit *Ébremou* et *Ébresmou*. Le monument franc le plus important d'Envermeu est son cimetière mérovingien, découvert en 1850 dans le *Champ de la tombe* et exploré par M. l'abbé Cochet pendant neuf années consécutives. Ce cimetière, qui ne contenait pas moins de huit cents fosses ou sépultures, a fourni pour le musée de Rouen et les collections de Paris, de Caen, du Havre et de Dieppe une quantité considérable de vases de terre, de verre et de bronze; des armes en fer, notamment des couteaux, des poignards, des sabres, des haches franciques, des lances, des flèches, des épées, des angons et des boucliers; des monnaies gauloises, romaines et franques, en or, en argent et en bronze; des cercueils de pierre; des objets d'ornement et des ustensiles en fer, en bronze, en argent et or, en verre, en émail, en ambre ou en silex: parmi les ornements, des épingles à cheveux, des styles à écrire, des boucles d'oreilles, des bagues, des bracelets, des colliers, des fibules, des boucles, des agrafes, des aiguilles, des ciseaux, des bourses ou aumônières. Parmi les ustensiles figuraient des coffrets, des patères, des seaux ou baquets, des pierres à affiler ou à battre le feu, des poêlons, des clefs, des chaînettes, des vrilles, des coquillages, des éperons, des mors de chevaux avec les squelettes de ces animaux. (Voir sur ces fouilles et ces découvertes un grand nombre d'ouvrages et de recueils, parmi lesquels la *Revue de Rouen*, le *Bulletin monumental*, les *Mém. de la Soc. des antiq. de Norm.*, la *Revue de l'art chrétien*, le *Précis de l'Acad. de Rouen*, etc.) || *Moyen âge.* Prieuré de Saint-Laurent, fondé au xI° siècle par les châtelains d'Envermeu et réuni par eux à l'abbaye du Bec-Hellouin, dont il ne reste plus que quelques débris, qui font aujourd'hui partie d'une ferme. La chapelle fut démolie vers 1816. On assure que dans les fondations du prieuré, voisines de la rivière, on avait reconnu des constructions romaines. — Église de Notre-Dame : plan en croix, à trois nefs; beau monument de pierre entièrement construit au xvI° siècle et dans le style ogival flamboyant. Le clocher, qui forme une tour carrée placée à l'angle nord du portail, est construit en grès à la base, en pierre de taille à la partie supérieure; on y remarque de belles fenêtres et les statues de saint Pierre, de saint Paul, de saint Jean et de saint André. Une flèche d'ardoise élégante et fine couronne cette belle tour. Les trois nefs ont des voûtes remarquables par leurs clefs. Le chœur est admirablement sculpté en dehors; il se termine par sept belles et élégantes lancettes. Sous les transepts de cette église on compte dix inscriptions tumulaires ou obituaires, en prose et en vers, du xvI° siècle. Bénitier en pierre sculptée: croix de cimetière de la Renaissance: dalle tumulaire du xvI° siècle représentant un chevalier, encastrée dans le mur en 1854; cette dalle provient de l'église supprimée d'Inerville. — Ancien château d'Envermeu. Le château des sires d'Envermeu, si puissants au xI° siècle, était situé au bord de l'Eaulne, et il n'en reste plus aujourd'hui qu'une motte appelée *le Câtel*. == HYBOUVILLE. L'église a été démolie en 1812. — Château d'Hybouville. Jolie construction de la Renaissance, dont les lucarnes en pierre sculptées sont surtout remarquables. Sur la grande porte d'entrée, en pierre et en brique, on lit le chiffre de 1635. == AUBERVILLE-SUR-EAULNE. L'église a été détruite vers 1820. — Chapelle de Brais, située au hameau de Brais, élégant monument de 1264. Elle sert aujourd'hui de grange.

FREULLEVILLE. *Moyen âge.* Église sous le vocable de Notre-Dame. Nef du xII° siècle. Chœur et clocher, en grès, du xvI°. Les transepts, bâtis au xv°, ont été modifiés au xvI°.

GLICOURT. *Moyen âge.* Église sous le vocable de Saint-Martin. Le chœur, retouché nouvellement, garde des fragments du xIII° siècle. Le xvI° siècle a construit une allée méridionale à la nef principale, qui a été refaite au xvIII° siècle. — Ancien prieuré. Près de l'église est un grand bâtiment du xvI° siècle encore décoré des armes de l'abbaye de Saint-Wandrille; on l'appelle *l'Abbaye* et on y a vu des moines. C'est un ancien prieuré donné à Fontenelle dès 1024.

GOUCHAUPRÉ. *Moyen âge.* Église sous le vocable de Saint-Jean-Baptiste, en pierre blanche et du xvI° siècle. Les autels, le bénitier et le baptistère sont en pierre et de la Renaissance. Dans le chœur, une inscription apprend que l'église fut consacrée le 9 juillet

---

[1] C'est sans doute pour cela que M. Guérard a pu croire un instant qu'Envermeu fut le chef-lieu du Talou (*Provinces et pays de France*, dans l'*Annuaire hist. de la Soc. de l'hist. de France* pour 1837, p. 138), honneur qui appartint toujours à Arques et à son château.

1553 par Étienne Paris, évêque d'Aulonne et suffragant d'Athènes : c'était un célèbre prédicateur du xvi° siècle.

INTRAVILLE. *Moyen âge.* Église sous le vocable de Saint-Séverin et de Saint-Pierre, du xvi° siècle, et possédant quelques verrières. — Dans le cimetière, joli fût de croix sculpté de la Renaissance.

GRENY. *Moyen âge.* Église sous le vocable de Sainte-Anne; restes du xiii° siècle dans la nef. Le chœur et les chapelles latérales sont du xvi°. Le clocher, au portail, est de 1646.

GUILMÉCOURT. *Moyen âge.* Il y eut autrefois deux églises : Saint-Amand et Saint-Vaast. Saint-Amand a été supprimé et démoli à la Révolution. Saint-Vaast possède un chœur du xiii° siècle. La nef, bâtie au xiii°, a été remaniée au xvi°. Le clocher, entre chœur et nef, est de 1828. Le chœur renferme un autel de pierre du temps de la Renaissance et l'inscription obituaire d'un curé du xvi° siècle en prose, en vers latins et en vers français. Dans la chapelle de Sainte-Barbe est une charmante statue de pierre du xvi° siècle représentant cette sainte. A l'entrée du chœur, dalle tumulaire du xv° siècle. — Dans le cimetière, croix de pierre de 1583 donnant les noms de ses quatorze fondateurs. — Maladrerie de Saint-Claude, depuis longtemps disparue. — Près de l'église, une motte haute de 8 mètres que l'on dit être le reste du vieux château.

IFS-SUR-LONDINIÈRES (LES). *Moyen âge.* Église sous le vocable de Saint-Barthélemy, construite en 1755. Baptistère de pierre du xiii° siècle. Bas-reliefs en albâtre du xiv° ou du xv° siècle, représentant des apôtres et des scènes de la vie de la sainte Vierge. Cloche de 1669.

MEULERS. *Moyen âge.* Église sous le vocable de Saint-Valery. Dans la nef sont des tufs et des cintres romans du xi° siècle; mais les fenêtres ont été refaites en 1715; le clocher et les transepts sont en moellons du xvi°. Le chœur est de 1626.

NOTRE-DAME-D'ALIERMONT. *Moyen âge.* Église sous le vocable de Notre-Dame-d'Aliermont; édifice à trois nefs et en croix, tout entier du xiii° siècle, sauf quelques remaniements postérieurs. Le portail est très-beau et le chœur magnifique. Les voûtes du clocher sont tombées en 1744 et celles du chœur en 1847. — Ancienne chapelle dédiée à saint Maur, depuis longtemps disparue.

PENLY. *Moyen âge.* Entre Penly et Tocqueville est le *Val-des-Comtes,* limite séparative des comtés d'Eu et d'Arques, des pays d'Ou et de Talou. ‖ Église sous le vocable de Saint-Denis, du xiii° siècle, mais plusieurs fois remaniée dans ces derniers temps. Dans le chœur une jolie piscine du xiii° siècle et plusieurs fondations et obits de prêtres du xvi° et du xvii° siècle.

RICARVILLE. Église dédiée à saint Paër, démolie vers 1840. ‖ *Ép. incertaine.* Dans la vallée était une motte en partie détruite, à la base de laquelle on remarque un cercle de pierres tuffeuses.

SAINT-AUBIN-LE-CAUF. *Ép. gauloise.* Sur les *monts Raz,* qui dominent Saint-Aubin vers le midi, est une pierre qui, dit-on, détourne la foudre. ‖ *Moyen âge.* Église sous le vocable de Saint-Aubin, primitivement construite au xiii° siècle. De ce temps il reste surtout le portail et le chevet. Des remaniements modernes ont défiguré le chœur et le clocher. Une nef latérale a été supprimée au xviii° siècle. Vieilles statues de pierre du xiii° siècle. Dans la chapelle de la Sainte-Vierge, vitrail de 1600. Dans le chœur, inscription obituaire du xvi° siècle, deux inscriptions du xviii° siècle, de la famille de Torcy, propriétaire du château, et caveau seigneurial violé et refermé. Dans cette église furent transportées, en 1785, les statues sépulcrales de Claude Groulard et de sa femme, statues de marbre transférées en 1841 au palais de justice de Rouen, placées maintenant dans la chapelle Saint-Étienne de la cathédrale de Rouen. — Château de Saint-Aubin. Murs de clôture et écuries voûtées en ogive, du temps des derniers Valois.

SAINT-JACQUES-D'ALIERMONT. *Ép. gauloise.* En 1848, on a trouvé sur les terres de M. Lemaréchal six hachettes en silex. Ce village est rempli de traditions antiques. On y parle d'un chariot chargé de trésors et tombé au fond d'une mare. ‖ *Moyen âge.* Au xiii° siècle, ce village est désigné sous le nom de *Tristis villa* (triste ville) et de nos jours on l'appelle vulgairement *Saint-James.* — Église moderne, sous le vocable de Saint-Jacques. Il ne reste rien de celle qui fut consacrée par Rigaud en 1267. — Chapelle de Saint-Remy, à présent démolie, et qui succéda à l'ermitage de Bos-Aliermont. Les habitants d'Écrémesnil, distant de 6 kilomètres, venaient s'y faire inhumer. — Sente lépreuse dite *Rue aux Malades.*

SAINT-MARTIN-EN-CAMPAGNE. *Ép. gauloise.* Parmi des débris gallo-romains on a trouvé, en 1837, plusieurs hachettes en silex, et, en 1840, une monnaie gauloise en or. Ces objets sont à Rouen, chez M. l'abbé Lecomte. ‖ *Ép. romaine.* Les débris romains abondent à Saint-Martin, surtout au hameau de Vassonville et au quartier du *Bout-de-la-Ville.* En 1830, on a recueilli un vase contenant cinquante à soixante bronzes d'Adrien, de Commode, de Trajan, de Marc-Aurèle, d'Antonin, de Crispine et de Faustine; en même temps on trouva des vases, une urne de verre et trois beaux plateaux en bronze, à présent au musée de Rouen. En 1856, on a trouvé une meule à broyer et, la même année, M. l'abbé Cochet a exploré un cimetière romain aperçu l'année précédente : il a rencontré deux groupes contenant quarante vases en verre et en terre portant deux noms de potier. Ce cimetière appartenait au ii° ou au iii° siècle de notre ère. (Voir, pour la description de cette découverte d'incinérations, l'*Athæneum français* de 1856; le *Bulletin monumental*, t. XXII, p. 95-104, et les *Sépult. gaul. rom. franç. et norm.* p. 51-68.) || *Moyen âge.* Église sous le vocable de Saint-Martin. La nef et le chœur gardent des restes du xiii° siècle, mais tout le reste a été refait au xvi° siècle : nous citerons surtout le portail de 1517, l'allée méridionale, addition commune dans ce pays, et la chapelle de Notre-Dame-des-Avoines; c'est là qu'est encastrée la dalle tumulaire du sire de Calletot, qui est de 1300 ou environ. Le tombeau du chevalier, placé dans cette chapelle, a été fouillé en 1827 et a présenté une double fosse maçonnée renfermant des vases et du charbon; cette sépulture avait été violée. Baptistère en pierre, de 1670; croix du cimetière, jolie sculpture du xvi° siècle. — Chapelle. *Voie du Val-de-la-Chapelle*, dernière trace probante de la chapelle de Notre-Dame-des-Avoines ou *des Champs-Parts*, unie à l'église en 1284. — Maladrerie de Saint-Cathald. Située entre Derchigny et Saint-Martin, elle était à l'usage de plusieurs paroisses. Détruite depuis cent ans, on en connaît encore la place, qui a été fouillée en 1842 : l'on y a trouvé des squelettes, des monnaies et des vases du moyen âge.

SAINT-NICOLAS-D'ALIERMONT. *Époque gauloise.* — En 1868, on a trouvé une hachette en pierre polie. || *Ép. romaine.* On a signalé plusieurs points, surtout au *Bout-d'Aval*, où l'on trouve des tuiles, des monnaies et des constructions romaines. Il ne serait pas impossible que la grande voie qui longe ce village fût antique, ainsi que le manoir, qui appartint plus tard aux archevêques de Rouen. || *Ép. mérovingienne.* On attribue communément à l'époque franque la grande voie de 25 à 30 mètres de largeur qui longe le plateau de l'Aliermont. Peut-être aussi nos rois francs avaient-ils un *palatium* là où fut le manoir de nos pontifes. || *Moyen âge.* Manoir des archevêques de Rouen. Au xiii° siècle, les archevêques de Rouen possédaient un manoir construit sans doute par Gaulthier de Coutances, qui obtint l'Aliermont de Richard Cœur-de-Lion en 1197, manoir qui fut visité cent cinquante fois par Eudes Rigaud (de 1248 à 1268), qui fut aliéné en 1791 et démoli en 1816. La cour où il s'élevait s'appelle encore *le Mané*. Il reste aussi quelques ogives du xiii° siècle. — Église sous le vocable de Saint-Nicolas, bâtie en pierre; plan en forme de croix. Elle fut primitivement construite au xiii° siècle; au xvi°, on ajouta une chapelle et le collatéral du sud. Le clocher, du xiii° siècle, a été défiguré en 1602 et en 1672. Le chœur est un élégant morceau d'architecture. Dans le chœur, sous le clocher et dans la nef, plus de vingt inscriptions obituaires du xvi° et du xvii° siècle. — Ancienne industrie : l'Aliermont est depuis longtemps célèbre par son horlogerie. Le plus ancien monument qui en soit connu est de «M VC XXI.»

SAINT-OUEN-SOUS-BAILLY. *Ép. antique.* M. Guilmeth signale, sur une des côtes qui dominent la vallée de la Bailly-Bec, des terrassements qui pourraient bien provenir d'un camp antique. || *Moyen âge.* Église sous le vocable de Saint-Ouen. Le clocher est roman du xi° siècle. La nef, fondée au xi°, a été remaniée dans les derniers temps. Le chœur est du xvi° siècle, ainsi que les chapelles. Saint sépulcre; dalles tumulaires; bas-reliefs en albâtre et statues du xvi° siècle. — Croix. Sur la route de Saint-Ouen à Envermeu est une vieille croix en pierre meulière ayant la forme grecque du xii° siècle. Dans le cimetière qui entoure l'église est un joli fût de croix en pierre décoré de sculptures et de bas-reliefs de la Renaissance. — Vieux château. A côté de l'église est la place du vieux château de Saint-Ouen, depuis longtemps en ruines.

SAINT-QUENTIN-AU-BOSC. *Moyen âge.* Église sous le vocable de Saint-Quentin, démolie en 1811. — En 1853, le cimetière ayant été traversé par le chemin de grande communication n° 22, d'Auffay au Tréport, on y trouva deux cercueils en plomb que M. le général de Crény a fait déposer autour de la chapelle de son château.

SAINT-VAAST-D'ÉQUIQUEVILLE. Ce village, dont l'ancien nom est Équiqueville, était partagé en deux paroisses : Saint-Pancrace et Saint-Vaast. A présent il n'y a plus que la seule église de Saint-Vaast. || *Ép. gauloise.* Dans la prairie, au bord de la Béthune, l'ancienne *Telle*, est un tertre de sable en partie détruit et qui est probablement un tumulus antique. || *Ép. romaine.* En 1851, en faisant le chemin de grande communication n° 22, d'Auffay au Tréport, on a trouvé à la côte d'Équiqueville des urnes antiques contenant des os brûlés, un bracelet et deux belles fibules de bronze que l'on croit romaines. En 1852, le musée de Rouen a acheté une cuiller en bronze et une lampe aussi en bronze, à quatre becs, venant d'Équiqueville. Depuis longtemps on y trouve des tuiles et des constructions romaines, surtout du côté des *Châtelets* des Grandes-Ventes. || *Moyen âge.* C'est à Équiqueville que Richard Ier, duc de Normandie, épousa Gonnor, fille d'un forestier. — Le chapitre de la cathédrale de Rouen posséda Saint-Vaast-d'Équiqueville dès l'époque franque. — Près de l'église est encore une vieille maison de pierre du xiii° siècle appelée *la Doyennée* ou la maison du doyen du chapitre. — Église sous le vocable de Saint-Vaast. La nef, en tuf et silex, est romane du xi° siècle; le clocher, le chœur et les transepts sont du xiii°. Une chapelle latérale au chœur est du xv°; là se trouvaient naguère de belles pierres tombales du xvi° siècle; elles sont à présent sous le pavé. — Dehors sont plusieurs pierres tombales du xiv° siècle. — Dans le chœur, boiseries sculptées de la Renaissance. — Dans le cimetière, croix en pierre de 1600. — Église de Saint-Pancrace, démolie vers 1830.

SAUCHAY. Formée des deux anciennes paroisses de Sauchay-le-Haut et de Sauchay-le-Bas, réunies en 1823. — SAUCHAY-LE-BAS. *Ép. romaine.* La voie antique qui va de Dieppe à Beauvais longe le village. — A diverses époques, vers 1838, on y a trouvé des débris romains, notamment des tuiles, des briques et des poteries. En 1837, on a recueilli également, en faisant la route départementale n° 5, trois cent cinquante monnaies en billon saussé représentant pour la plupart des Gordien, des Philippe et des Aurélien. || *Moyen âge.* Église sous le vocable de Saint-Martial, renfermant du roman primitif; mais le xvi° siècle a incrusté un portail de pierre dans un pignon en tuf du xi° siècle. Le maître-autel est une table de pierre aussi du xi° siècle. Dans la nef, une dalle tumulaire de «MIL V^{cc} XXXI (1531).» Crypte avec autel de pierre. || SAUCHAY-LE-HAUT. Église sous le vocable de Notre-Dame; édifice moderne, sauf le portail, qui est du xvi° siècle. L'autel de pierre est un curieux morceau de sculpture fait par Guillaume Chouquet vers 1470. Dans le chœur est un bas-relief de 1699. Dans la nef est une dalle tumulaire avec inscription de 1529, et dans le chœur sont des dalles de marbre du xviii° siècle. — Chapelle de Saint-Nicolas-des-Rendus. De cette chapelle, consacrée par Eudes Rigaud en 1257, il ne reste que quelques traces, ainsi que du prieuré dépendant de l'abbaye de Sery.

TOURVILLE-LA-CHAPELLE. Ce village est appelé vulgairement *Catteville-Maldéré.* || *Ép. gauloise.* En 1834, on y a trouvé trente ou quarante hachettes de bronze groupées et ensevelies dans l'argile à 5 mètres de profondeur; six sont à la bibliothèque de Dieppe et deux au musée de Rouen. || *Ép. incertaine.* En 1847, on y a trouvé une marmite en bronze à trois pieds et à une anse : au musée de Rouen. || *Moyen âge.* Église sous le vocable de Notre-Dame, à trois nefs; appartient entièrement à la transition du xii° siècle; le clocher, au portail, montre à l'intérieur quatre figures curieuses. Les piliers de la nef sont forts et intéressants, les voûtes du chœur sont élégantes. Des peintures murales ont recouvert cette église. Dans le porche, des bas-reliefs en bois du xvi° siècle. — Dans le cimetière, une croix de 1612. — Il y a ici tradition d'abbaye : c'était un prieuré de Fécamp.

CANTON D'EU.
(Chef-lieu : Eu.)

BAROMESNIL. *Moyen âge.* Église sous le vocable de Notre-Dame et de Saint-Nicolas. Le chœur est du xvi° siècle; la nef, de 1660.

CANNEHAN. *Moyen âge.* Église sous le vocable de Saint-Martin, construite en pierre au xii° siècle. De cette époque sont la nef, le clocher et le chœur; ce dernier montre des retouches du xvi°. Dans la nef, une inscription relatant une dédicace faite en «M CCCC 4XXXX et II» (1492), par l'évêque d'Hippone. Baptistère du xvii° siècle.

CRIEL. C'est un lieu ancien rempli de traditions et de débris de toutes les époques. || *Ép. gauloise.* En 1866, M. l'abbé Cochet y a recueilli une monnaie de bronze des Sénones. || *Ép. franque.* Un quartier de ce bourg, placé sous le château de Briançon, porte le nom de *Cité* ou de *Vieille-Cité*; un autre se nomme *les Salines*. Au bord de la mer sont de gros murs arasés que les cartes anciennes appellent *les Ruines*. Sur le *mont Jolibois*, lieu très-élevé, fut autrefois une église ou chapelle de Saint-Valery, dite *du Mont-Aqueux* (*ecclesiam sancti Valerii in Monte aquoso*); quelques-uns appliquent à Criel le nom de *Curborius* et de *Curborio vico* qu'on lit dans une charte de Pépin délivrée en 751. Ce qui est certain, c'est qu'à Criel, au lieu nommé *Chiffreville*, on a trouvé en 1846, en faisant le chemin de grande communication n° 16, des sépultures franques avec vases, couteaux, perles de verre, etc. De 1864 à 1867, on a exploré un beau cimetière franc, dans lequel on a trouvé des bijoux en or, des cercueils de pierre, des sabres, des couteaux, des agrafes, des fibules, etc. || *Moyen âge.* Église sous le vocable de Saint-Aubin. C'est un assez beau monument à trois nefs, avec transepts, construit en très-grande partie au xvi° siècle; cependant le transept nord et le portail de l'ouest sont du xiv°. Le clocher est une tour carrée en pierre sur les transepts, bâtis au xvi° siècle; le sanctuaire est très-élégant, ainsi que les chapelles qui l'accompagnent. Au bas du chœur est la dalle tumulaire d'un curé de 1632. Le baptistère est une jolie cuve de pierre de la Renaissance. Il y a tradition d'abbaye. — Église Saint-Valery du Mont-Aqueux, aujourd'hui le *mont Jolibois*. Cette église, du xi° siècle, a disparu depuis longtemps. — Église de Saint-Thomas-de-Cantorbéry. Fondée en 1179, supprimée et démolie en 1654. — Église de Saint-Léonard-du-Baile, située près de l'ancien château du Baile, n'existe plus depuis la Révolution. — Chapelle de Saint-Louis; chapelle de l'hôpital de Criel, bâtie vers 1700 par le duc du Maine. — Chapelle de Chantereine. Bâtie en 1775 dans le château de ce nom, qui est également moderne. — Maladrerie. Située au bas de la côte d'Assigny; on en connaît encore la place, quoique l'édifice ait disparu depuis plus d'un siècle. — Vieux château du Baile. Ses ruines se voient dans une prairie au-dessus du bourg de Criel, en remontant le cours de l'Yère. Les murs sont encore très-imposants et la trace des fossés est encore visible; cependant chaque année on démolit les uns et on comble les autres. Vers 1836, des travaux de déblai ont fait trouver des pavés émaillés du moyen âge. — Château de Briançon : construction du xvi° siècle. L'enceinte carrée est entourée de fossés profonds et munie à chaque angle de tours circulaires. En 1691, Mlle de Montpensier y installa l'hôpital de Criel, qu'elle venait de fonder, hospice qui fut augmenté par le duc du Maine, le duc de Penthièvre, et qui existe encore aujourd'hui.

CUVERVILLE-SUR-YÈRE. *Ép. romaine et franque.* Appelé *Culvertivilla* dans une charte du roi Robert Ier, qui serait une exacte reproduction d'un diplôme de Charles le Chauve. — Lieu appelé *les Vignes*, qui doit remonter à une haute antiquité. — Au hameau de *Rouge-Camp*, qui fut un ancien prieuré de l'abbaye du Tréport, on trouve des tuiles, des briques et des poteries romaines. || *Moyen âge.* Église sous le vocable de Notre-Dame : construction du XIIIe siècle, remaniée au XVIe et défigurée au XIXe, après l'incendie de 1810. Pèlerinage à Notre-Dame, où viennent dix paroisses. — Vieux château. Près de l'église sont des ruines dont les grands murs en pierre blanche indiquent le XIIIe siècle; l'enceinte, carrée, était munie de tours circulaires; on parle de souterrains, de cloches et de canons chargés d'or et d'argent, d'apparitions, etc.

ÉTALONDES. *Ep. franque.* En 1860, au hameau de *la Pipe*, tout près de la route impériale n° 25, on a trouvé dans les terres dites de *la Chapelle* un cercueil en pierre de Vergelé, avec des ossements humains, des vases de terre, un débris de scramasaxe et un grand bronze du temps des Antonins : c'était une sépulture franque du VIIe ou du VIIIe siècle. En 1861, en creusant les fondations de la nouvelle nef de l'église, on a trouvé un second cercueil de pierre de l'époque mérovingienne. || *Moyen âge.* Église sous le vocable de Notre-Dame, du XIIe et du XVIe siècle; chœur du XVIIIe, démoli en 1861. Bénitier de la Renaissance et baptistère en pierre de 1563. Dans le chœur, dalle tumulaire en marbre de Charles d'Auberville, mort en 1743.

EU. Sur l'emplacement d'une ville romaine du nom d'*Augusta*, assertion fondée sur plusieurs documents de l'époque franque et aussi sur les monuments que le sol renferme. C'est l'*Austa* ou l'*Augusta* qui se trouve dans la Vie de saint Valery, abbé du VIIe siècle (Boll. *Acta SS.* mens. apr. t. 1er, p. 16); l'*Augusta villa Ambianorum* que Thierry Ier, roi des Francs, donna à saint Salve d'Amiens, également au VIIe siècle (Had. Vales. *Notitia Galliæ*), et le titre d'*Auga* que Flodoard accorde à un château voisin de la mer en 925 (Flod. *Chronica rerum inter Franc. gest.*); enfin, au Xe siècle, le nom d'Eu est *Auga*, *Augum*, *Aucum* et *Ou* (Froland, *Mémoires concernant le comté d'Eu*, p. 7 [1]). Une des preuves qui ont été le plus reproduites,

c'est qu'il existe à côté d'Eu un village du nom d'*Aouste*, qui est presque un faubourg de la ville. || *Ép. celtique.* Deux hachettes de pierre achetées par le musée de Rouen en 1840 et trouvées avec des restes romains; plusieurs monnaies gauloises ont été découvertes par M. Estancelin dans les fouilles du *bois l'Abbé*. — Peut-être doit-on rattacher à l'existence celtique d'Eu le *Camp de Mortagne* (voir l'article INCHEVILLE), ainsi que la fontaine vénérée de Pons et la pierre du *Pas-de-Saint-Laurent*, que l'on trouve auprès de la chapelle du saint archevêque de Dublin. || *Ép. romaine.* La *rue* et la *porte de l'Empire*, noms qui décorent la porte principale et les voies romaines qui traversaient la ville ou y aboutissaient : l'une venait de Beauvais, l'autre d'Amiens, la troisième de Lillebonne et enfin la quatrième de Boulogne; ces deux dernières n'étaient autres que la grande voie militaire de *Juliobona* à *Gesoriacum*. En 1721, un ancien cimetière a été reconnu au pied du *mont Blanc*, et décrit par M. Capperon dans *le Mercure de France* de 1722. Vers 1839, il a découvert, près des moulins Packham, des tuiles à rebords, des vases en terre, une Vénus, une Latone et un moyen bronze de Néron. En 1840, M. Deville a trouvé, près de la gare d'entrepôt, des poteries antiques, des vases à reliefs et un grand bronze d'Adrien, et en 1842, il a acheté pour le musée de Rouen, comme provenant d'Eu, trois vases en verre, dont un barillet avec le nom du verrier, FRONINO. On pourrait rattacher à la station d'Eu les restes de villas antiques explorées par M. Darsy dans la vallée de la Bresle de 1845 à 1847, et peut-être aussi les sépultures romaines du Bas-Empire recueillies à Incheville en 1856. Mais, à coup sûr, il faut relier à la cité antique les monuments romains reconnus par M. Estancelin, dans le *bois l'Abbé*, en 1820 et 1821. Il signale d'abord un amphithéâtre antique qu'il n'a pas exploré; mais il a fouillé sur la crête de la colline, au bord de la route de Foucarmont, un bel édifice romain à murailles hautes et épaisses qu'il regarde comme un temple comblé de main d'homme. Les murs, en petit appareil chaîné de briques, avaient 1^m,33 d'épaisseur, une hauteur de 3 mètres et un développement de 13 mètres. Il a trouvé des débris de colonnes et des restes de corniches décorées de grandes sculptures. Sur les pavages, épais et bien conservés, il a été recueilli des tuiles, des briques, des faîtières, des étuves, des marbres, des stucs et des peintures murales, des poteries de toutes espèces, du verre, du fer, du cuivre et une lionne en bronze. Parmi les médailles, on a reconnu des pièces gauloises, des Auguste, des Tibère, des Caligula, des Néron, un Domitien, trois Titus, des Vespasien, des Trajan, des Adrien et beaucoup d'Antonins; les dernières étaient de Constantin et de Valentinien II. Enfin, les fouilles ont encore produit des épées en fer,

---

[1] Au siècle dernier (de 1722 à 1732), une discussion s'élevait dans *le Mercure de France*, au sujet du nom d'Eu; plusieurs auteurs y prirent part, entre autres MM. Capperon, d'Eu, l'abbé Lebeuf et l'abbé des Thuileries. Alors, comme aujourd'hui, le nom d'*Augusta* dominait toute la discussion.

des anneaux, des épingles à cheveux, des fibules, des clefs et une patère en bronze. — En 1833, on a de plus trouvé au *bois l'Abbé* un coq en bronze. Comme complément des découvertes de M. Estancelin, on doit ajouter le bel édifice romain déblayé par les défrichements de 1861 : ce sont plusieurs belles salles encore pavées en partie et avec des murs de 3 à 4 mètres de hauteur; aux environs on reconnaît des mouvements de terrains provenant des terrasses et des jardins. Enfin, la forêt d'Eu renferme beaucoup de points antiques, notamment *les Cateliers*, où l'on trouve des meules à broyer et des monnaies de bronze des Antonins. — En 1863, à la ferme de Beaumont, près du bois l'Abbé, la charrue a rencontré un vase en bronze contenant mille quarante monnaies d'argent : il y avait six cent soixante-neuf Posthume, puis des Trébonien Galle, des Volusien, des Gallien, des Salonina et des Salonin. — Au lieu dit *le Minon*, près de Pons, on a reconnu des incinérations romaines du IIe siècle. M. l'abbé Cochet y a recueilli des vases de terre et de verre. ‖ Ép. *franque*. Sépultures trouvées au *mont Blanc* en 1721, et squelettes avec lances et armures rencontrées autour du château d'Eu dans les travaux opérés vers 1840. — Fontaine de Saint-Valery, à Pons, où le saint abbé baptisa les païens du VIIe siècle, vénérée jusque dans les derniers temps. — Titres de doyenné et d'archidiaconé que possédait Eu depuis l'origine des divisions ecclésiastiques. ‖ *Moyen âge*. Abbaye de Notre-Dame et église de Saint-Laurent, devenue, depuis la Révolution, la seule église paroissiale de la ville, en conservant son double vocable. Au commencement du XIe siècle, les comtes d'Eu fondèrent une collégiale qui fut régularisée en 1119; elle devint alors une abbaye qui, du XIIe au XVIIIe siècle, fut unie à la Congrégation de Saint-Victor, puis de Sainte-Geneviève de Paris. Saint Laurent, archevêque de Dublin, mourut dans ce monastère le 14 novembre 1181, et l'église, qui fut rebâtie en 1186, porta le nom du saint archevêque irlandais. Du monastère, supprimé en 1791, il ne reste plus rien; mais l'église demeure tout entière. Ce grand et bel édifice, l'un des plus remarquables de la Normandie, appartient entièrement au style ogival primitif, sauf quelques reconstructions extérieures et des décorations intérieures du XVe et du XVIe siècle. L'ensemble du monument a été exécuté de 1186 à 1230. Comme toutes celles de ce temps, l'église a la forme d'une croix latine, avec clocher sur les transepts et chapelles rayonnantes autour du chœur. Pas de tours au portail, pas de chapelles le long des trois nefs, où l'on pénètre par trois portes placées au pignon de l'ouest. Ces nefs sont séparées par de hautes arcades contreventées par un arc intermédiaire et éclairées par des fenêtres en lancettes et soutenues au dehors par des contre-forts unis et de simples arcs-boutants; les voûtes ont été refaites en 1839. Les transepts appartiennent au XIIe siècle par la base et leurs chapelles suspendues; mais ils ont été remaniés au XVIe. La voûte des transepts est de 1580, ainsi que la chétive flèche en bois et plomb qui surmonte le croisillon. Le chœur, les collatéraux et les chapelles qui rayonnent autour sont l'œuvre primitive du XIIe siècle, mais grandement modifiée à la fin du XVe, après les incendies de la ville et de l'église en 1426 et 1475. Ce fut alors que l'on décora d'aiguilles, de pinacles et de balustrades très-élégantes l'abside, le chœur et une partie des transepts. Le XVIe siècle remania toutes les chapelles qui entourent le chœur; mais elles existaient depuis la fondation. Le XVIe siècle a également ajouté dans la nef deux petites chapelles qui défigurent plutôt qu'elles n'honorent l'édifice. C'est au même siècle que l'on doit les élégantes balustrades de pierre du chœur et du sanctuaire, construites de 1540 à 1580; le groupe sculpté, peint et doré du sépulcre; les verrières qui ornent le chœur et la chapelle qui sert de sacristie; puis une grande partie des inscriptions qui tapissent l'église. Belle tête de Christ du XVIe siècle qui provient de la maladrerie du Gland, ainsi que la touchante inscription en vers français qui l'accompagne. Statue de la sainte Vierge que l'on croit des frères Anguier. Inscriptions tumulaires ou obituaires : une, au pied d'une colonne de la nef, est du XIVe siècle; celle de Charles d'Artois, de 1467, dans la chapelle Saint-Laurent; celle de M. de Saint-Ouen, maire d'Eu en 1482, dans la nef; celles de Simon de Thouars, comte de Dreux en 1365, et d'Isabelle d'Artois, de 1579, et plusieurs autres du XVIe, du XVIIe et du XVIIIe siècle. Tombeaux et sépultures; la grande crypte placée sous le chœur en renferme la plus grande partie. Cette construction du XIIe siècle, large de $9^m,50$ et longue de 32 mètres, reçut d'abord le tombeau de saint Laurent, de Dublin, puis ceux des comtes d'Eu; elle compte encore aujourd'hui dix sarcophages, refaits par le duc d'Orléans en 1828, mais supportant des statues anciennes. La première est celle de saint Laurent, XIIIe siècle; la seconde, celle de Jean d'Artois, 1386; la troisième, celle d'Isabelle de Melun, sa femme, 1389; la quatrième, celle d'Isabelle d'Artois, 1479; la cinquième, celle de Charles d'Artois (enfant), 1368; la sixième, celle de Philippe d'Artois, 1397; la septième, celle de Jehanne de Saveuse, épouse de Charles d'Artois, 1448; la huitième, celle de Philippe d'Artois, 1397; la neuvième, celle d'Hélène de Melun, femme de Charles d'Artois, 1472; la dixième enfin, celle de Charles d'Artois lui-même, 1471; au milieu est une grande table de marbre indiquant la sépulture d'un Bourbon, duc d'Aumale, né en 1704, mort en 1708. Dans le chœur sont quatre colonnes de marbre du XVIIIe et du XIXe siècle, élevées à la mémoire de Catherine de Clèves, duchesse de Guise, de Charles de Bourbon, prince de Dombes, et du vertueux duc de Penthièvre. (Voir les plans et élévations de l'église d'Eu, par M. E. Viollet-le-Duc, dans le *Portefeuille de la Commission des monuments historiques.*) — Chapelle du collége ; curieux spécimen de l'architecture gréco-romaine du temps de Louis XIII. Commencée en 1622 par Catherine de Clèves, veuve du duc de Guise, elle fut terminée et dédiée en 1624, comme le dit une inscription du portail. La façade de l'ouest a un assez beau caractère. L'église a trois nefs et des transepts. Le chœur renferme les deux beaux mausolées de marbre du duc de Guise le Balafré et de Catherine de Clèves, son épouse, exécutés au commencement du xviie siècle : à Gênes, selon les uns ; en France, par Germain Pilon, selon les autres. Ils se composent de deux hauts cénotaphes recouverts de bas-reliefs représentant, l'un les batailles du duc, l'autre les vertus de la duchesse ; au-dessus de ces riches sarcophages figurent deux fois les statues des personnages, en marbre blanc. La première est couchée sur le côté, la tête dans la main : c'est l'attitude de la mort ; la seconde est agenouillée devant un prie-Dieu : c'est l'attitude de la vie. Cette chapelle possède encore la cloche municipale, portant la date de «MIL V^{cc} IIII^{xx} VII» (1587), et un élégant baptistère en pierre sculpté dans le style du xve ou du xvie siècle et provenant d'une église supprimée. — Chapelle de Saint-Laurent. C'est une modeste construction de 1698, élevée sur la côte de la Picardie, à l'endroit où saint Laurent de Dublin s'arrêta pour interroger les bergers et prophétiser sa mort. — Hôtel-Dieu et chapelle Sainte-Anne. Fondation de Mlle de Montpensier, en 1644. — Églises supprimées, au nombre de quatre : l'église Saint-Pierre, supprimée dès 1622 ; l'église Saint-Jean, rue Saint-Jean, détruite à la Révolution ; l'église Saint-Jacques, place Saint-Jacques, détruite en 1792 ; l'église de la Trinité ou de la Chaussée, au faubourg de la Chaussée, détruite à la Révolution. — Chapelles supprimées : la maladrerie du Gland ou l'hôpital Picard, au faubourg de la Chaussée ; la chapelle du couvent des Capucins, fondée en 1621 ; la chapelle du couvent des Ursulines, fondée en 1616. || *Architecture civile.* — Le château. Il ne reste rien du *castrum*, qui fut assiégé en 925, qui au xie siècle fut témoin des fiançailles de Guillaume le Conquérant, qui devint le château des comtes et en 1475 fut brûlé avec la ville tout entière. Celui qui existe aujourd'hui a été bâti en 1578 par ordre du duc de Guise, surnommé *le Balafré*, et sur les plans des frères Leroy, architectes de Beauvais, dont l'inscription tumulaire existe encore sur les murs extérieurs de l'abbaye. Ce château ou plutôt ce palais est formé de trois corps de bâtiment dont le développement n'a pas moins de 98 mètres de longueur : les briques et la pierre forment l'appareil ; les lucarnes et les cheminées en sont l'ornement, ainsi que les plombs et les épis de la toiture. — Le collége. Cette ancienne maison de Jésuites a été élevée par Catherine de Clèves, à la fin du xvie siècle (vers 1582). C'est une charmante construction où la brique et la pierre s'allient avec élégance et originalité ; on y remarque surtout les armes des puissantes maisons de Guise, de Lorraine et de Clèves. || *Architecture militaire.* — Les remparts et les tours du moyen âge. La ville d'Eu montre encore une partie de ses vieux remparts échelonnés de tours avec les portes et les poternes qui donnèrent entrée dans la ville ; on remarque surtout la *porte de l'Empire*, avec ses deux tours. Les murs et les tours, en ruines, paraissent remonter au xiiie siècle ; la partie la mieux conservée se voit au midi de la ville, depuis la porte Mathomesnil ou de l'Empire jusqu'au faubourg de la Chaussée.

FLOCQUES. *Moyen âge.* Église sous le vocable de Saint-Denis, formée de trois nefs avec transepts imperceptibles. La nef principale est du xiiie siècle, les collatéraux du xvie. Le clocher sur les transepts est du xviie siècle ; il renferme une cloche de «MIL V^{cc} XX» (1520). Le chœur est du xvie ; vitrail de 1554. On dit que cette église renferme le tombeau de Jacques Sore ou Sourie, célèbre amiral ou corsaire français du xvie siècle, qui en 1570 fit périr Ignace Azevedo et ses quarante compagnons.

INCHEVILLE. Formée des deux anciennes paroisses d'Incheville et de Gousseauville. — INCHEVILLE. *Ép. gallo-romaine.* Sur la colline qui domine Incheville, du côté du midi, est une vieille enceinte fossoyée appelée le *Camp de Mortagne*. Du côté de la plaine un rempart en terre, haut de 4 à 5 mètres et accompagné d'une douve ou fossé, règne sur une longueur de 82 mètres. La crête de la colline est parfois aussi terrassée. On prétend que dans cette enceinte il avait été trouvé des urnes remplies d'os brûlés. M. Cide assure que du côté de la forêt, on a trouvé des squelettes ; en 1847, M. l'abbé Cochet a vu extraire du succin ou ambre jaune. — Dans la vallée de la Bresle et sous Incheville, M. Darsy a fait des fouilles de 1845 à 1847, et il a trouvé de nombreuses traces de constructions romaines. — En 1856, on a trouvé au pied du Camp de Mortagne des sépultures romaines du ive et du ve siècle. M. l'abbé Cochet a fouillé ce cimetière : dans huit à dix fosses, il a recueilli trois vases de terre, deux en verre, un en bronze et un collier de vingt-cinq perles en verre et pâte de verre, un anneau en cuivre, une attache en argent et un quinaire d'argent de Magnus Maximus. Ces objets sont à Amiens, au musée Napoléon. (Voir *Sépult. gaul. rom. franq. norm.*-p. 416-34.)
|| *Moyen âge.* Église sous le vocable de Saint-Lubin : chœur du xiie siècle, nef du xviiie, cloche de «MIL V^{cc} «XXXIX» (1539). — Chapelle de Saint-Martin-au-Bos, dépendant d'un ancien prieuré donné par les comtes d'Eu à l'abbaye du Bec. Gervin, abbé de Saint-

Riquier, y a mené la vie érémitique. Une partie de la chapelle est du XII° siècle; une autre est du XVI°. == Goussenauville. *Ép. franque.* Dans une terre située au-dessus de l'église on a trouvé, de 1842 à 1848, des ossements accompagnés de lances et autres armes. || *Moyen âge.* Église sous le vocable de Saint-Léger; construite primitivement au XIII° siècle, elle a été réformée au XVII°. — Près de l'église, les ruines du vieux château. — La tradition prétend qu'en 1415 Henri V et les Anglais allant de Harfleur à Blanquetaque passèrent ici la Bresle.

LONGROY. *Ép. incertaine.* Entre Longroy et le hameau d'Épinay on a trouvé, en 1849, des ossements humains en faisant une route. || *Moyen âge.* Église sous le vocable de Saint-Clément : chœur du XII° siècle; nef du XVII° et du XVIII°. Le baptistère, en pierre, est de «l'an de grâce MIL V°° LII» (1552). Au haut de la nef sont deux remarquables retables de bois avec baldaquins sculptés du XVI° siècle. — Près de l'église et au pied du coteau sont les fondations et les ruines du château de Longroy.

MELLEVILLE. *Ép. incertaine.* Devant l'église est une motte élevée qui pourrait bien être le reste d'un vieux château. || *Moyen âge.* Église sous le vocable de Saint-Martin, rebâtie au XVII° siècle. Dans le chœur, caveau sépulcral des seigneurs. Dans le clocher, cloche de «MIL V°° XXVI» (1526).

MESNIL-RÉAUME (LE). *Moyen âge.* Église sous le vocable de Saint-Pierre: nef de 1600, chœur de 1700; entre chœur et nef est une chapelle seigneuriale du XVI° siècle.

MILLEBOSC. *Moyen âge.* Église sous le vocable de Saint-Wandrille. Dans le chœur, refait au siècle dernier, des traces du XIII° siècle; le XVI° a construit la chapelle seigneuriale, placée au nord du chœur.

MONCHY. *Moyen âge.* Tradition d'église déplacée. On dit qu'elle était construite là où est aujourd'hui la chapelle de Saint-Riquier. — Église sous le vocable de Saint-Riquier, moderne, en forme de croix; le chœur, seul, est du XVII° siècle. Devant l'autel, une dalle tumulaire de 1641. Le contre-retable, en bois, vient de l'abbaye d'Eu; c'est celui du vœu de 1636, beau travail que l'on croit des frères Anguier.

PONTS-ET-MARAIS. Commune formée des deux anciennes paroisses de Ponts et du Marais-Normand. L'église du Marais n'existe plus; celle de Ponts, sous le vocable de Saint-Valery, est en grande partie du XII° siècle. Dans le chœur est une pierre tumulaire de 1658. Au pignon de l'ouest sont deux *arcosolia* qui pourraient bien être tumulaires. — Dans le cimetière était une fontaine vénérée, dite *de Saint-Valery*, aujourd'hui rebouchée. Saint-Valery doit y avoir baptisé au VII° siècle, comme cela ressort du texte même des Bollandistes.

SAINT-MARTIN-LE-GAILLARD. Composée depuis 1823 des trois anciennes paroisses de Saint-Martin-le-Gaillard, Saint-Sulpice-sur-Yère et Auberville-sur-Yère. — Saint-Martin-le-Gaillard. *Moyen âge.* Église sous le vocable de Notre-Dame, monument fort intéressant remontant en grande partie au XIII° siècle, mais profondément modifié au XVI°. Bâtie en calcaire, elle possède trois nefs et un clocher sur les transepts. La nef, en pierre et voûtée, fut transformée au XVI° siècle, comme le montrent les inscriptions des voûtes données par chaque hameau de la paroisse de Saint-Martin : le Tot, Dracqueville et le Coudray. Dans cette nef sont de curieux chapiteaux représentant des personnages et des scènes symboliques. Le transept nord a été refait au XVI° siècle; celui du midi est du XIII°; le clocher, du XIII° et du XVI° siècle, possède dans sa tour carrée une cloche de 1599. Le chœur a été élégamment remanié à la Renaissance. Dans le chœur, dalle tumulaire de 1777. — Non loin de l'église on montre la place du vieux château, aux ruines duquel se mêle le nom de Jehan de Bethancourt, roi des Canaries et seigneur du lieu. == Saint-Sulpice-sur-Yère. Église en pierre blanche du XVI° siècle. Chœur éclairé par sept fenêtres munies de restes de verrières, de construction plus élégante que la nef. Dans la nef est un caveau sépulcral pour les seigneurs. Dans le pavage, carreaux émaillés en terre cuite, ayant servi de dalles tumulaires (XVI° siècle). Deux stalles en bois du XV° siècle provenant de l'abbaye du Tréport. == Auberville-sur-Yère. Église du XVII° siècle, autrefois sous le vocable de Saint-Ouen, devenue une maison. — Dans le carrefour, croix en tuf du XII° siècle, en forme de croix grecque.

SAINT-PIERRE-EN-VAL. *Ép. gauloise.* Dans la forêt, au *Banc de Madame*, grande fosse dans laquelle se trouve la *Pierre bise.* || *Moyen âge.* Église refaite au XVI° siècle, gardant un mur du XIII°. Sur le berceau de la nef on lit le millésime «MIL V°° et XVII» (1517). Beau contre-retable en bois sculpté, venant de Saint-Jean d'Eu; on le dit l'œuvre des frères Anguier.

SAINT-REMY-BOSC-ROCOURT. Formée des deux anciennes paroisses de Saint-Remy-en-Campagne et de Bosc-Rocourt. — Saint-Remy. *Ép. romaine.* Vers 1820, un cultivateur a recueilli dans la plaine de Saint-Remy un vase contenant cent cinquante monnaies à l'effigie d'Adrien et des Antonins. Depuis quelques années il a été trouvé dans cette même plaine un vase de pierre qui ressemble à un mortier. || *Moyen âge.* L'église a conservé des traces du XIII° siècle dans toutes ses parties. Le XVI° a remanié le chœur et il a ajouté à la grande nef le collatéral du midi. Le clocher, entre chœur et nef, est surmonté d'une haute flèche d'ardoise. == Bosc-Rocourt. *Ép. franque.* On connaît dans un bois des cercueils de pierre. || *Moyen âge.* Église sous le vocable de Sainte-Marguerite; construction en pierre et en silex du XVII° siècle.

SEPT-MEULES. *Ep. franque.* Dans les temps mérovingiens ce lieu est appelé *Septe-Molas* ou *Septem-Molas*, nom qui lui venait sans nul doute de sept moulins marchant par la rivière. En 751 il y avait à Sept-Meules un monastère de femmes dont l'abbesse, Regananne, eut une querelle avec Fulrade, abbé de Saint-Denis; Pépin, maire du palais, trancha la question. Le jugement original est conservé aux archives de l'Empire; il a été également publié par Félibien et Mabillon (voir Mabillon, *De re diplomatica*, p. 490-91; Félibien, *Hist. de l'abb. de Saint-Denis*, pièces justif. xxxiv; *Diplomata et Chartæ*, p. 78, n° xlv). Les auteurs du *Gallia christiana* (t. XI, p. 132-33) pensent que cette abbaye de femmes fut détruite par les Normands. Dans le pays, on dit que le monastère était dans une île de l'Yère, voisine de l'église. On croit en reconnaître les fondations. — Tradition d'une église déplacée. — En 1840, lorsqu'on fit la route départementale n° 10, qui va de Londinières à Eu, on trouva au pied de la côte des cercueils de plâtre et probablement de pierre de l'époque franque. — Sur Sept-Meules sont deux hameaux appelés, l'un *le Catelier*, qui doit remonter à l'époque romaine, l'autre *Corberie*, lequel pouvait être le *Curborius vicus* qui, au viii° siècle, fut l'objet d'une contestation entre les abbayes de Sept-Meules et de Saint-Denis. ‖ *Moyen âge.* Église sous le vocable de Notre-Dame : dans le chœur, reconstruit en grande partie en 1605, un mur de tuffeau du xi° siècle. Le reste de l'édifice, construit en croix, est du xvi° et du xvii° siècle. La cloche est de 1607. Le chœur présente des boiseries sculptées du temps de Louis XIII, venant de l'abbaye du Tréport. Les collatéraux de l'église sont supprimés depuis deux cents ans. — Dans une prairie est la motte qui supportait l'ancien château.

TOCQUEVILLE-SUR-CRIEL. *Ép. incertaine.* Substructions entre le village et la mer. ‖ *Moyen âge.* Au centre du village était naguère un tertre élevé, siège d'un vieux château en ruines. — Église sous le vocable de la Sainte-Trinité. Traces du xii° siècle; la nef et les transepts sont du xvi°. La tour du clocher, placée au portail, est du xvii°. Le chœur est de 1785. Dans le chœur sont deux stalles de bois du xiii° siècle venant de l'abbaye du Tréport. — Pratique superstitieuse pour les chevaux autour de cette église.

TOUFFREVILLE-SUR-CRIEL. *Moyen âge.* Église sous le vocable de Saint-Sulpice, intéressante construction du xiii° siècle. Elle se compose d'un clocher au portail et d'une nef qui eut deux collatéraux; l'allée du midi a disparu en 1821, celle du nord subsiste encore et a des voûtes du xiii° siècle. Le chœur est une élégante construction du temps de saint Louis, avec voûtes, fenêtres en lancettes et piscine.

TRÉPORT (LE). *Ép. gauloise.* En 1845, on a trouvé une hachette de pierre polie sur le mont Huon. ‖ *Ép. romaine.* Fragments de tuiles et de poteries, morceaux de vases en terre rouge et à reliefs, une pierre à affiler et un grand bronze d'Adrien, trouvés par M. A. Deville en 1840, dans la prairie, le long du canal et un peu au-dessous de la ville d'Eu. ‖ *Ép. franque.* Vers 1845, des ouvriers occupés à extraire du caillou sur les flancs de la colline que longe la nouvelle route de Criel trouvèrent une cinquantaine de corps dans des cercueils de pierre. A l'exception d'un seul, la plupart de ces corps avaient avec eux des vases qui ont disparu. On a recueilli encore un manche de couteau en os et deux pièces de monnaie. ‖ *Moyen âge.* Abbaye de Saint-Michel. Le monastère de Bénédictins fondé sur une pointe de colline du Tréport, en 1059, par les comtes d'Eu, a été supprimé à la Révolution et entièrement démoli depuis. Il existait naguères des murs du xiii° siècle, qui ont disparu. En 1840, M. Deville y a trouvé des cercueils, avec entaille pour la tête, qui doivent remonter au xi° et au xii° siècle. Cette même année, en creusant la caserne des douaniers qui remplace l'abbaye, on trouva des sépultures chrétiennes avec vases et monnaies qui furent donnés à M. Boucher de Perthes, d'Abbeville. De l'église abbatiale il reste une dalle commémorative des comtes d'Eu, dalle gravée en 1777 et à présent dans l'église paroissiale. — Église sous le vocable de Saint-Jacques, entièrement construite au xvi° siècle avec de la pierre de taille, du silex et du grès. Cette église, longue de 44 mètres, large de 19^m,60 et haute de 15 mètres, se compose de trois nefs sans transepts. Cinq arcades ogivales mettent la nef en communication avec les collatéraux. Les voûtes de la nef possèdent des clefs pendantes très-développées et très-élégantes. Le clocher, tour carrée en pierre, est placé à l'angle du sud-ouest : c'est une construction inachevée du xvi° siècle. Le porche qui précède l'église est fort élégant. Les fenêtres, bien restaurées dans le style du xvi° siècle, ont de belles verrières modernes. Balustrades de pierre renouvelées du xvi° siècle, des piscines et des socles de statues élégamment travaillées; trois ou quatre stalles de bois du xiii° siècle venant de l'abbaye; un bas-relief de la Vierge du xvi° siècle; un sépulcre en pierre du même temps et la dalle tumulaire des fondateurs de l'abbaye avec inscription de 1777. — Chapelle de Sainte-Croix-du-Bois-du-Parc ou de Flamanville. Édifice mêlé de cintres et d'ogives, probablement commencé au xi° siècle, dépendant d'un ancien prieuré fondé dès 1060, sous les murs du château d'Eu, et devenu une ferme. — Chapelle Saint-Julien, construction du xiv° et du xvi° siècle, placée à la côte sur le bord de la route départementale n° 26. C'était un ancien hôpital fondé au xiii° siècle. — Chapelle et léproserie de Saint-Nicolas, jadis situées à l'entrée du Tréport, là où est une croix en fer; il n'en reste rien. — Anciens Templiers. On montre de vieux murs sans caractères archéologiques, que l'on dit avoir été une ancienne maison de Templiers. Près de là on a rencontré, en 1865, une cachette de monnaies françaises et anglaises du xiv° et du xv° siècle. — Croix de la place, en grès, couverte de L et de fleurs de lys, portant la date de 1618. Elle fut restaurée vers 1840 par le roi Louis-Philippe. — Tour François I°°, jadis placée sur le quai, là où sont les n°° 9, 11 et 13. Elle a été démolie en 1840 ; on la dit construite par le roi François I°° et le comte d'Eu, François de Clèves. — Hôtel de ville, ancienne tour carrée qui porte le millésime de 1563, date de sa construction. — Ancienne maison en bois sculpté avec corniches et statuettes ; elle est du xvi° siècle et sert aujourd'hui de presbytère.

VILLY-VAL-DU-ROI. Formée des deux anciennes paroisses de Villy-le-Bas et de Val-du-Roi. — VILLY. *Ép. franque*. Appelé *Virtlaicum* au vii° siècle, époque où il est donné au monastère de Fontenelle par Érembert, père de saint Hartbain, guéri miraculeusement par saint Wandrille. — Dans la nef de l'église, un mur dont l'appareil et l'ouverture paraissent remonter aux temps carlovingiens. || *Moyen âge*. Église sous le vocable de Saint-Martin. Le chœur semble du xii° ou du xiii° siècle, ainsi que le transept du midi ; le transept du nord est du xvi°. La nef a du roman primitif. Une des trois cloches est de «MIL V° XXIII» (1523). — Dans la prairie sont les restes d'une forteresse. == VAL-DU-ROI. Église sous le vocable de Saint-Aquilin, moderne. Dalle tumulaire de 1637.

CANTON DE LONGUEVILLE.
(Chef-lieu : LONGUEVILLE.)

ANNEVILLE-SUR-SCIE. *Moyen âge*. Église sous le vocable de Saint-Valery. Chœur en tuf du xii° siècle ; il a été démoli en 1865. Nef et clocher en grès du xvi°. Le clocher est une énorme tour carrée placée au portail. Dans le chœur est la dalle tumulaire d'un *receveur* de Charlemesnil en 1543. Dans la nef deux inscriptions obituaires du xvii° siècle retrouvées en 1865.

BELMESNIL. *Ép. romaine*. Dans le cimetière, on a trouvé des tuiles à rebords. || *Moyen âge*. Église sous le vocable de Saint-Remy, en grès, du xvi° siècle ; plan en forme de croix. Verrières de 1573 et 1575 dans le chœur, données par les seigneurs, et dans les deux transepts, données par les curés et les chapelains. Dans le chœur sont deux caveaux ; sur l'un on lit : «Sépulture «de MM. les curés de Belmesnil, 1784 ;» sur l'autre : «Sépulture de la famille Quiefdeville de Belmesnil.» Curieux antiphonaires et graduels manuscrits du rit rouennais de 1769-1778, écrits et notés par les seigneurs.

BERTREVILLE-SAINT-OUEN. Formée des deux anciennes paroisses de Bertreville-sous-Venise et de Saint-Ouen-Prend-en-Bourse, réunies en 1823. — BERTREVILLE. *Moyen âge*. Église sous le vocable de Saint-Michel. Le chœur conserve des traces du xiii° siècle ; il a été remanié en partie en 1743. Sur le portail en grès est inscrite la date de l'an de grâce «MIL V°° XLVII» (1547). La nef, ainsi que les deux chapelles qui font transept, présente des grès et des fenêtres du xvi° siècle. Dans le chœur est la pierre tombale de Jehan de Bertreville, chevalier du xiii° siècle. Dans la chapelle de la Sainte-Vierge (transept nord) sont des boiseries de la Renaissance. Dans la chapelle de Saint-Hubert (transept sud), un petit vitrail de saint Nicolas et la pierre tumulaire de la famille Goffer, élus de l'élection d'Arques en 1633-1634. Dans la nef on voyait, il y a vingt ans, une inscription en quatre vers latins qui provenait de la chapelle de Saint-François du *bois l'Abbé*, bâtie en 1630 et démolie en 1841. — *Le Champ de la Lampe*, donné pour l'entretien de la lampe de l'église [1].

|| SAINT-OUEN-PREND-EN-BOURSE. L'ancienne église, dédiée à Saint-Ouen, fut brûlée le 20 août 1798 ; les matériaux en furent vendus en 1833 ; l'édifice devait être en grès du xvi° siècle. La porte de l'église, qui subsiste encore, et qui porte le millésime de 1540, sert d'entrée à la filature de Vaudreville, commune de Longueville. — La chapelle actuelle est de 1834.

BOIS-ROBERT (LE). *Ép. franque*. En 1860, on a trouvé à la côte de Saint-Germain, versant de la Varenne, des sépultures franques avec fibules de bronze, perles de verre et d'ambre et plaques de ceinturon en fer damasquiné ; dès 1820 on y avait trouvé des squelettes, des boucles et des armes de fer. (Voir *Bulletin monumental*, t. XXVII, p. 807 ; *Bull. de la Soc. des antiq. de Norm.* t. I°°, p. 116.) || *Moyen âge*. Église dédiée à Notre-Dame, composée d'un chœur et d'une nef. Le chœur présente un cintre et un appareil en tuf du xi° siècle. Entre chœur et nef, arcade du xv°. La nef est moderne, mais la porte est une belle boiserie sculptée du xvi° siècle. Baptistère en pierre de la Renaissance présentant sur ses huit pans les quatre Évangélistes et les quatre Docteurs de l'Église latine.

CATELIER-PELLETOT (LE). Formée en 1823 de la réunion des deux anciennes paroisses du Catelier et de Pelletot. — LE CATELIER. *Ép. romaine*. Ce village, dont le nom rappelle un *castellum* antique, est situé sur la voie romaine de Rouen à Dieppe. — Devant l'église est un tertre ou motte qui, démoli dans ces derniers temps, a donné des murs antiques. On y a trouvé, ainsi qu'aux environs, des tuiles, des poteries et des monnaies romaines. || *Moyen âge*. Église sous le vocable de Saint-Georges. Dans la nef est un cintre roman et un appareil en tuf du xii° siècle ; le reste est moderne.

---

[1] L'église de Bertreville a été démolie et reconstruite en style xv° siècle de 1860 à 1864.

= Pelletot. *Moyen âge*. Auprès de l'église est l'enceinte carrée du vieux château féodal de la famille de Pelletot. On y remarque encore d'épaisses murailles et une motte entourée de fossés remplis d'eau. — Église sous le vocable de Saint-Laurent; dans la nef, du tuf et un cintre roman du XI° siècle. Le reste date du XVIII°. Dans le chœur sont deux dalles tumulaires des sires de Pelletot: l'une de 1490, l'autre de 1560.

CENT-ACRES. *Ép. moderne*. Église du XVIII° siècle, sous le vocable de la Sainte-Trinité et de Saint-Nicolas, aujourd'hui en ruines.

CHAPELLE-DU-BOURGUAY (LA). Formée depuis 1823 des deux anciennes paroisses de la Chapelle et du Bourguay. — La Chapelle. *Ép. romaine*. Entre l'église et le château de M. de Bréauté, on a souvent trouvé des tuiles romaines. ‖ *Moyen âge*. Église sous le vocable de Saint-Pierre, reconstruite en 1835; de l'ancienne on conserve au château de M. de Bréauté des carreaux en terre cuite recouverts d'émail et l'inscription de la dédicace, qui eut lieu le 5 juillet « MIL V°° XVIII » (1518).
= Le Bourguay. L'ancienne église, sous le vocable de Saint-Georges, bâtie sur un tertre, n'existe plus depuis 1809.

CHAUSSÉE-BOIS-HULIN (LA). Le village de la Chaussée, appelé vulgairement *Cauchie*, et au XIII° siècle *Calceia*, a pris l'affixe de Bois-Hulin depuis 1823, époque de l'annexe de cette ancienne paroisse. — La Chaussée. *Ép. romaine*. Voie romaine de Rouen à Dieppe, encore ferrée, d'où le village a pris son nom; apppelée aussi *le Chemin des Fées*. Entre la Chaussée, Sainte-Foy et le Bois-Hulin la route est semée de tuiles et de poteries romaines. ‖ *Moyen âge*. Église sous le vocable de Saint-Jean-Baptiste. Chœur avec chevet du XIII° siècle; le reste a été refait en 1663. La nef en grès a été bâtie l'an « MIL V°° XIX » (1519), comme le dit l'inscription rimée du portail. — Il y a tradition d'abbaye. — La ferme qui porte ce nom dépendait de Saint-Amand de Rouen. = Le Bois-Hulin. *Moyen âge*. Église sous le vocable de Saint-Pierre. Dans la nef, un cintre roman et des modillons du XI° siècle; le reste a été refait au XVI°. Inscription de la dédicace de « MIL V°° XVII » (1517). Joli baptistère en pierre sculpté au temps de la Renaissance. Bel autel en bois récemment refait avec deux retables en bois sculpté du XVI° siècle, démontés en 1859.

CRIQUETOT-SUR-LONGUEVILLE. Formée des deux anciennes paroisses de Criquetot-sur-Longueville et de Crespeville. — Criquetot. *Moyen âge*. Église sous le vocable de Saint-Julien, composée d'un chœur et d'une nef. Traces de constructions en tuf du XII° siècle. Porte romane au midi de la nef. L'on y remarque aussi des cintres rebouchés. Le chœur fut construit en 1700. Le portail de l'ouest a été fait au XVIII° siècle. = Crespeville. Église sous le vocable de Saint-Martin et détruite vers 1800.

CROSVILLE-SUR-SCIE. Église sous le vocable de Saint-Pierre, refaite au XVIII° siècle en silex et en brique. On y remarque la dalle tumulaire d'un receveur de l'abbaye de Saint-Ouen, de 1556. Baptistère en pierre, de la Renaissance.

DÉNESTANVILLE. *Ép. romaine*. Vers 1862, en abattant un arbre à la côte Saint-Michel, on a trouvé une jolie lampe romaine en bronze, ornée d'une tête de coq et d'une tête de paon. Entrée au musée de Rouen. ‖ *Moyen âge*. Dans la vallée, sur le bord de la Scie, est une motte énorme que l'on démolit en 1861 et où l'on trouva des constructions en tuf fort importantes. La motte avait de 4 à 5 mètres de haut sur près de 100 mètres de circonférence. — Église sous le vocable de Saint-Martin, construite en tuf au XII° siècle: ogives de ce temps et quelques verrières du XIII°. La nef et le clocher ont été en partie renouvelés au XVIII°. Dans le chœur est le caveau des châtelains, dont on cite les cercueils de plomb; il reste encore un obit et une dalle tumulaire de 1556. Le baptistère, cuve octogone en pierre sculptée dans le style de la Renaissance, est un chef-d'œuvre; chacun des pans reproduit en relief une scène de la vie du Sauveur ou des saints Martin et Adrien.

HEUGLEVILLE-SUR-SCIE. *Ép. incertaine*. Dans les bois du Mont-Pinson sont les restes d'un vieux château qui existait assurément à l'époque normande (IX° siècle). — Sur la colline placée en face des Guerrots sont des remparts en terre qui paraissent les restes d'un ancien camp. Leur forme est presque circulaire. ‖ *Moyen âge*. Église sous le vocable de Saint-Aubin; quelques traces de tuf et des ogives du XII° siècle. Le chœur, la chapelle seigneuriale et une partie de la nef sont en grès du XVI° siècle; remaniements avec brique et silex en 1741. — A la côte du Bosmichel, située en face de l'église, il y eut un ermitage.

LINTOT. *Moyen âge*. Église sous le vocable de Saint-Nicolas. Chœur en grès du XVI° siècle, avec restes de verrières dans les ogives. Nef reconstruite en brique vers 1780. — Dans le cimetière, jolie croix en pierre de la Renaissance.

LONGUEVILLE. Formée des deux anciennes paroisses de Longueville et de Vaudreville. — Longueville. *Ép. romaine*. Monnaies. ‖ *Ép. franque*. Titre d'un doyenné de l'ancien archidiaconé d'Eu. ‖ *Moyen âge*. Prieuré clunisté qui porta souvent le titre d'abbaye. Fondé en 1093, il fut supprimé en 1791 et démoli vers 1816. Le bâtiment monastique qui subsiste encore est une construction de 1700, devenue une filature. De l'église du monastère, dédiée à sainte Foi, il ne reste guère que quatre pierres tumulaires transportées au musée de Rouen: la première est celle de Drogon de Trubleville (1207); la deuxième, celle de Guill. Jourdain (1303); la troisième, celle de Robert Maillart de Lamberville (1344); la quatrième, celle d'Isabelle

Seine-Inférieure.

d'Eu, vicomtesse de Longueville (1339). Quelques dalles du xvi° siècle se voient aussi dans l'église paroissiale. — Église paroissiale, sous le vocable de Saint-Pierre. Le côté nord de la nef, les deux transepts et une partie du chœur sont romans du xi° siècle. Le portail est en grès du xvi° siècle. Le sanctuaire est moderne, ainsi que le clocher, élevé sur la croisée. Inscription au portail de 1582. Onze pierres tumulaires, dont quelques-unes proviennent de l'abbaye : il y en a de 1538, 1555 et 1578; plusieurs sont frustes. Dans le chœur, carreaux émaillés du xvi° siècle représentent les têtes de Notre-Seigneur et de sa sainte Mère. Cloche de 1607. — Le château était situé à l'orient du bourg et dominait le prieuré; ses ruines couvrent encore toute la colline. C'est une grande enceinte à peu près carrée; formée avec des fossés profonds surmontés de hautes murailles en briques et silex. La chaîne des murs est munie de six à huit tours rondes ou carrées également en ruines. La brique du xv° siècle domine dans l'appareil; cependant on voit dans quelques tours le tuf du xi°. Ce château, construit par les chevaliers normands les Giffard, comtes de Longueville et de Buckingham, fut possédé par Bertrand-Duguesclin et le Bastard de Dunois-Orléans; leurs statues s'y voyaient au portail il y a deux siècles. Au nord du château est un terrassement considérable dont l'origine et la destination sont inconnues. == VAUDREVILLE. Église sous le vocable de Notre-Dame, détruite. — La chapelle de Sainte-Maleine, dépendante de la léproserie de Longueville, a également disparu. — Devant la porte d'une ferme est une dalle tumulaire de 1560 servant de seuil.

MANÉHOUVILLE. Formée des deux anciennes paroisses de Manéhouville et de Charles-Mesnil. — MANÉHOUVILLE. *Ép. incertaine*. Devant l'église est une énorme motte circulaire qui n'a pas moins de 100 mètres de circonférence. ‖ *Moyen âge*. Église sous le vocable de Notre-Dame : à une seule nef, reconstruite en grès au xvi° et au xvii° siècle. Baptistère en pierre sculptée du xiii° siècle. Dans la nef, deux dalles tumulaires de 1532 et de 1541 ; dans le chœur, une de 1631. == CHARLES-MESNIL, jadis *le Mesnil-Haquet*. Ainsi appelé depuis le xv° siècle, après une victoire remportée sur les Anglais par les Français de Charles VII conduits par Charles Desmarets. ‖ *Ép. franque*. Fontaine vénérée de Saint-Ribert, où l'on prétend que cet abbé, chorévêque du vii° siècle, a baptisé : la tradition et la géographie s'accordent sur ce point. On l'appelle *la Baignerie de Saint-Ribert*. ‖ *Moyen âge*. Vieux château érigé en marquisat en 1660. Il n'en reste plus que la motte énorme du donjon, qui sert de viaduc au chemin de fer de Dieppe; elle est couverte de maçonneries, comme le terrain qui l'environne, et elle laisse voir la base des tours rondes qui flanquaient le corps carré. Ce château existait encore au temps de Gaignière,

qui en a laissé une vue très-complète. (Voir *Procès-verbaux de la comm. des antiq. de la Seine-Inférieure*, t. II, p. 197-98.) — Ancienne collégiale sous le vocable de Sainte-Catherine, fondée par les sires d'Estouteville en 1399 et 1402. Supprimée en 1790, elle a été démolie pendant la Révolution. Il reste encore les manses des chanoines, vieilles maisons de bois du xvii° siècle.

MUCHEDENT. *Ép. incertaine*. En 1861, squelettes sans cercueils trouvés à la *côte du Moulin* en prenant du remblai; plus tard on y a reconnu des vases romains des bas-temps et des tuiles à rebords. ‖ *Moyen âge*. Église sous le vocable de Saint-Pierre, primitivement construite en tuf au xi° siècle; le xiii° a ajouté au chevet une belle ogive terminale; le xvi° a refait, au midi de la nef, la tour carrée du clocher, qui est en grès, et le xviii° a changé les fenêtres du chœur et de la nef. Le berceau de l'église est décoré de peintures de 1645-48. Dans la nef sont trois dalles tumulaires avec personnages et inscriptions de 1505, de 1550 et de 1616. Aux deux autels de Saint-Nicolas et de la Sainte-Vierge sont deux retables Renaissance formant baldaquin, sculptés sur bois et ornés de bas-reliefs.

NOTRE-DAME-DU-PARC. *Moyen âge*. Église sous le vocable de Notre-Dame. Le chevet conserve des traces du xii° siècle. Nef et clocher modernes.

SAINT-CRESPIN. *Ép. romaine*. Vers 1830, M. d'Imbleval trouva dans une terre appelée *la Queue baigneresse* des tuiles à rebords et des hachettes de pierre dont une était en serpentine. ‖ *Moyen âge*. Le chœur seul de l'église est conservé. On remarque au pignon oriental deux lancettes du xii° et du xiii° siècle.

SAINTE-FOY. *Ép. gauloise*. Hachette en pierre polie entrée au musée de Rouen en 1868. ‖ *Ép. romaine*. Appelée autrefois *Sainte-Foi-la-Giffard* ou «Sancta Fides «de Bosco» sur la voie romaine de Rouen à Dieppe (l'ancien chemin des Fées). — Dans une ferme voisine de l'église on trouve des fondations antiques que quelques-uns croient les restes de la collégiale du xi° siècle. ‖ *Moyen âge*. Église sous le vocable de Sainte-Foy ; collégiale au xi° siècle, qui fut supprimée en 1177. Le clocher, placé entre chœur et nef, est une belle tour carrée romane du xi° siècle. Le transept du midi est aussi roman; le chœur, de 1732; la nef, de 1771, ainsi que le transept nord. Tableaux de 1653 et de 1736; deux sont de Nicolas Bertin, peintre de Paris, 1667-1736. — Ancienne maladrerie de la Madeleine, dont la chapelle, en tuf du xi° siècle, subsiste encore avec son clocher.

SAINT-GERMAIN-D'ÉTABLES. Formée des deux anciennes paroisses de Notre-Dame-d'Étables et de Saint-Germain-sous-Torcy, réunies en 1823. ‖ *Ép. celtique*. Vers 1830 on a trouvé à Étables deux hachettes en silex. ‖ *Moyen âge*. Église dédiée à Notre-Dame; tuf et cintres romans dans le clocher. Le chœur et la nef sont du xvi° siècle. Au côté du midi, un collatéral a été supprimé. — Ruines et substructions dans la vallée. — Église de Saint-Germain, détruite en 1832.

SAINT-HONORÉ. *Moyen âge et ép. moderne.* Croix du cimetière, en grès, de l'an «MIL V^{cc} XL» (1540). Église en brique de 1771. Baptistère en pierre du temps de Louis XIII. Tableau du xviiie siècle provenant de l'abbaye de Saint-Ouen de Rouen.

TORCY-LE-GRAND. *Ép. incertaine.* Terrassement fossoyé appelé *le Catelier* et situé sur la côte occidentale du vallon. ‖ *Ép. franque.* Fontaine vénérée dans le bois de Torcy, au-dessus de l'église; on l'appelle *la Fontaine de Saint-Ribert*, et on assure que saint Ribert, abbé de Leuconaüs et évêque du viie siècle, y baptisa : la légende est d'accord avec la tradition. ‖ *Moyen âge.* Église sous le vocable de Saint-Ribert, construite entièrement au xvie siècle avec le grès du pays. Le clocher est une tour carrée au portail. Restes de vitraux dans le chœur. Dans le sanctuaire, belle dalle tumulaire en ardoise de Jean d'Étouteville, seigneur de Blainville et de Torcy, capitaine du château de Dieppe, décédé le 19 novembre 1449. Dans la sacristie, belle croix du xve siècle en cuivre émaillé de Limoges. — Dans une île de la Varenne et tout près de l'église sont les ruines du vieux château, dont les tours, en grès et en briques rouges, paraissent remonter au xve et au xvie siècle. Henri IV y coucha en septembre 1589, quelques jours avant la bataille d'Arques.

TORCY-LE-PETIT. *Moyen âge.* Église sous le vocable de Saint-Denis. La nef est du xiiie siècle. Le clocher, placé au portail, est en grès et du xvie. Le chœur en silex et brique est de 1779. Dans l'église sont trois autels de pierre probablement du xvie siècle, quelques boiseries de la Renaissance et trois inscriptions tumulaires ou obituaires du xviie.

CANTON D'OFFRANVILLE.

(Chef-lieu : OFFRANVILLE.)

AMBRUMESNIL. *Moyen âge.* Formée depuis 1823 des paroisses d'Ambrumesnil et de Ribeuf. — AMBRUMESNIL, parfois appelé *le Brumesnil*. Église sous le vocable de Saint-Martin, refaite entièrement au xvie siècle, donnée au xiie siècle à l'abbaye de Bondeville, près de Rouen. Dans les deux nefs on lit les dates de «l'an cinq cens cinquante et quatre», de «l'an MIL V^{cc} LXI» et de 1571. Il y avait autrefois des verrières : l'une d'elles, exécutée en «l'an cinq cens XXXI», orne le cabinet de feu M. d'Aubermesnil; ce cabinet est, du reste, entièrement décoré avec des boiseries, des vitraux et des bas-reliefs provenant des églises d'alentour. Dans le chœur de l'église on voit des fleurs bordant les fenêtres et portant les dates de 1656 et de 1657. = RIBEUF. *Moyen âge.* Prieuré dépendant au xiiie siècle de l'abbaye de Tiron, près de Chartres. L'ancienne église, sous le vocable de Saint-Pierre, était en tuf du xie siècle : fermée à la Révolution, elle a été vendue vers 1820. Le chœur, la nef et le clocher ont été démolis. Il ne reste plus qu'une petite chapelle, installée dans l'ancien porche.

ANCOURT. *Ép. gauloise.* En 1867, lors de la confection d'une route nouvelle, on a trouvé des squelettes et des urnes gauloises renfermant des os brûlés du Ier siècle. ‖ *Ép. romaine.* En latin *Aencuria*, et dans les anciens titres *Aiencort*, *Encourt* et *Élencourt*, vieux village situé sur la voie romaine qui conduit de Dieppe à Beauvais, que les anciens appellent encore *le Chemin des Romains*. — Vers 1834, quand on fit la route départementale n° 5, de Dieppe à Beauvais, on a trouvé des tuiles à rebords, des terres noires et des poteries antiques; fréquemment on recueille des monnaies romaines que l'on appelle des *sous à la Vierge*. Dans le cimetière qui entoure l'église on a souvent vu des vases gallo-romains. En 1835, M. l'abbé Cochet en a connu qui provenaient de ces anciennes sépultures. Les derniers aperçus le furent en 1843. ‖ *Ép. incertaine.* Deux mottes qu'il est difficile de classer. La première est au haut de la côte dite *le Mont d'Ancourt*, à quelques pas de la route de Dieppe; ce tertre, isolé dans un champ et entamé par la charrue, a servi de base à une potence au moyen âge. La seconde motte, beaucoup plus considérable que la première, est dans la vallée et au bout de l'église, dont elle n'est séparée que par un chemin. Cette butte ronde est considérable et fort élevée; un fossé profond l'entoure de tous côtés. Ce fut peut-être une motte féodale. ‖ *Moyen âge.* Église sous le vocable de Saint-Saturnin, appartenant jadis à l'abbaye de Fécamp, dont on voit encore dans le sanctuaire l'écusson aux trois mitres, sculpté sur pierre. Le clocher, placé au côté nord du chœur, est en silex et en pierre du xiiie siècle. Le chœur et les trois nefs du xvie. ‖ *Ép. Renaissance.* Grand portail. Le chœur possède de belles fenêtres en pierre de taille; trois de ces fenêtres sont garnies de verrières, les plus intéressantes que l'on puisse voir dans ces contrées : elles représentent au côté nord la passion du Sauveur, au fond du sanctuaire le crucifiement, au côté du midi les actes de saint Saturnin de Toulouse. Ces vitraux ont été restaurés en 1857. La chapelle méridionale possède aussi quatre autres verrières inférieures aux premières et en moins bon état : l'une d'elles représente un arbre de Jessé; une autre, exécutée en 1522, est consacrée à la naissance de Jésus-Christ. Les deux dernières sont occupées par des images de saints. M. Vitet a cru lire le nom du verrier Bardoux dans ces mots : *Bardolx Pavigerius*. Bénitier en grès du xvie siècle et joli baptistère de pierre de la même époque. Dans le cimetière, le fossoyeur rencontre parfois des cercueils en moellon du moyen âge et des vases

4.

à eau bénite et à encens. — Dans la cour d'une ferme qui se trouve entre l'église d'Ancourt et le Pont-Trancard, on remarque d'énormes murs en ruines et un tertre élevé qui dut supporter un donjon. Ce sont les restes d'un ancien château qui paraît avoir duré jusqu'au xvi° siècle. — Le Pont-Trancard. Le château du Pont-Trancard, dans une île formée par l'Eaulne, est entièrement moderne; mais on sait qu'en 1472 un ancien château fort existant au même lieu résista aux Bourguignons de Charles le Téméraire, dans la pointe qu'ils poussèrent jusqu'à Arques et sous les murs de Dieppe. — Les travaux d'une route neuve exécutés en 1867 ont révélé près de l'église un ancien château du moyen âge dont on voit encore les murs élevés [1].

ARQUES. Formée des deux anciennes paroisses d'Arques et d'Archelles. — ARQUES. Point archéologique fort intéressant. Il eut à toutes les époques une importance marquée. ‖ *Ép. préhistorique.* En 1863 on a recueilli à la côte de Gruchet un silex taillé semblable à ceux d'Abbeville et de Saint-Acheul. ‖ *Ép. romaine.* La domination romaine paraît avoir préféré, pour ses établissements, le coteau d'Archelles à celui d'Arques. C'est au pied de la forêt d'Arques, appelée au moyen âge *Haia Archiarum*, sur la pointe de la colline qui porte le châtelet d'Archelles et la maladrerie de Saint-Étienne, et presque au lieu où fut livrée la bataille de 1589, que l'on rencontre les débris romains les plus nombreux. Dès 1840, à l'époque où l'on traça sur le coteau d'Archelles le chemin de grande communication n° 1er, de Dieppe à Gisors, on trouva une couche épaisse de terre noire, entièrement remplie de charbons, de cendres, d'ossements, de tuiles à rebords, de tufs, de poteries antiques et de monnaies romaines en bronze de plusieurs époques. M. Condor, l'agent voyer qui conduisait les travaux, recueillit, pour la bibliothèque de Dieppe, plusieurs objets antiques, entre autres un chandelier ou pied de lampe en bronze et une lance du même métal, tirée de la rivière d'Arques. En 1853, les découvertes furent plus considérables et plus abondantes. Le sieur Turle, maçon d'Arques, construisant à Archelles une petite maison, trouva un monument antique composé de grandes pierres de tuf et de Vergelé dont il se fit comme une carrière, car il tira de la terre assez de matériaux pour élever une maison; toutes ces pierres étaient taillées et plusieurs présentaient des moulures, et jusqu'à des feuilles d'eau imbriquées, décoration commune au temps de Constantin, ainsi que des soudures de plomb, des agrafes de fer. Outre les pierres, le sieur Turle a découvert une voie cailloutée de 3 mètres de largeur et une foule de débris en fer, en poterie, en tuiles de toutes sortes, avec des monnaies de bronze du haut et du bas Empire. M. Jean, juge à Dieppe, y a recueilli des Posthume et des Tétricus. A diverses époques, M. Chapelle, menuisier d'Arques, a ramassé à Archelles des poteries à reliefs, des meules à broyer en poudingue et en lave d'Auvergne, et différents débris qu'il a donnés à la bibliothèque de Dieppe. Du côté d'Arques, on signale moins d'antiquités romaines; cependant M. Chapelle a vu des masses de tuiles à rebords dans une prairie appartenant à Mme d'Évequemont et placée à l'entrée du bourg. Quelques auteurs ont émis l'opinion que le château d'Arques pourrait être assis sur un *castrum* romain. Le système, il est vrai, est le même que chez les anciens. Ce qui est plus certain, c'est qu'une voie romaine traverse le bourg d'Arques; elle y est encore connue sous les noms très-significatifs de *chaussée* et de *rue de Rome*. De quel côté se dirigeait-elle? nous l'ignorons; cependant nous pensons qu'elle allait vers Beauvais. ‖ *Ép. franque.* Un tiers de sol d'or du viie ou du viiie siècle, trouvé vers 1835 et déposé à la bibliothèque de Dieppe. — En 750, appelé *Arcas* dans un diplôme de Pépin délivré à la grande abbaye de Saint-Denis; au xie siècle, appelé par Gosselin *Villam Arches* et *Villam de Archis*. (*Mém. de la Soc. des antiq. de Norm.* t. XI, p. 11 et 13). ‖ *Ép. normande et anglo-normande* (912-1203). Le vieux château et son donjon, où le xie siècle apparaît avec tous ses traits caractéristiques. Précédemment, un château ou une forteresse quelconque dut exister à Arques en 944, car Flodoard parle de sa garnison; cependant la fondation de la citadelle d'Arques est attribuée par Robert Wace et Guillaume de Jumièges à Guillaume, comte de Talou, qui l'aurait élevée de 1040 à 1053. La tour carrée du donjon est le monument le plus certain de cette période, et peut-être est-elle la seule construction du célèbre rebelle qui « fit desus Arches une tur. » Ses cintres romans et son appareil de tuf démontrent clairement cette époque. Le reste du château, qui forme une chaîne de murs échelonnés de tours rondes ou carrées, pourrait avoir une origine plus ancienne; mais les revêtements en silex et en briques rouges ne dénotent que des constructions du xiiie, du xve et du xvie siècle. A partir du xviie on laissa le château tomber. Dès cette époque, les Bernardines d'Arques y prirent des pierres pour leur couvent et, au siècle suivant, les particuliers et les gentilshommes de la contrée en enlevèrent pour leurs maisons et pour leurs châteaux; on peut vraiment dire que le bourg d'Arques est bâti avec les ruines du vieux castel. Des fossés larges et profonds de plusieurs mètres, accompagnés d'un rejet de terre, entouraient ce château et l'entourent encore. Deux portes donnaient entrée dans sa formidable enceinte : la porte principale, qui s'ouvre au nord, et la porte de Longueville ou de Secours, qui s'ouvre au midi; cette dernière a conservé jusqu'à ce jour les piles de

---

[1] Une loi du 18 juin 1868 a réuni la commune d'Ancourt au canton de Dieppe.

pierre de son pont. Outre la construction principale, qu'entoure un mur bosselé de tours, nous citerons encore, comme dépendance du château d'Arques, la vieille enceinte murée appelée *le Bel* ou *le Baile*. Cette enceinte, aujourd'hui couverte de chaumières, est encore entourée des épaisses murailles qui l'environnaient autrefois. On pénètre dans le Baile par deux portes en ruines, dont l'une se nomme la *porte du Baile* et l'autre la *porte de Martigny*. Cette enceinte, parfaitement détachée du château, était destinée à recevoir les populations en temps de guerre. Le château d'Arques, vendu comme propriété nationale en 1793, puis propriété de M. Jules Reiset, qui en a conservé les ruines avec le plus grand soin, appartient à l'État depuis l'année 1868. (Voir l'excellente *Histoire du château d'Arques*, par M. Deville, et le *Dictionnaire d'architecture* de M. Viollet-le-Duc.) ‖ *Ép. Renaissance.* Église sous le vocable de Notre-Dame. Ancienne propriété de l'abbaye de Saint-Wandrille, à laquelle elle avait été donnée du temps des Francs, et plus tard restituée par les Normands convertis; toutefois, le monument actuel est tout entier du XVIe siècle. La précédente église avait été brûlée avec le bourg en 1472 par Charles le Téméraire. De cet incendie et de cette invasion bourguignonne il reste encore un souvenir dans le nom de la *rue des Bourguignons*. L'église actuelle paraît avoir été commencée en 1515 par Nicolas Bédiou, maître maçon, qui en aura peut-être donné le plan. Le chœur et les transepts furent l'œuvre de la première moitié du XVIe siècle: aussi sont-ils d'une grande élévation et d'une grande hardiesse architecturale. Les trois nefs, en pierre comme le reste de l'édifice, furent construites depuis 1572 jusqu'en 1583, époque où le charpentier Boitout posa le lambris de chêne qui en forme le berceau. Le porche et le portail, œuvres du XVIe siècle, ont été supprimés en 1780 pour un cintre des plus mauvais. Le clocher, corps carré en pierre, fut placé à l'angle nord du grand portail et élevé de 1605 à 1633; cependant il est en style ogival du XVIe siècle. Le toit en coin aigu qui le couronne était autrefois surmonté d'une fleur de lis en plomb avec un pot à anse aussi en plomb, destinés à indiquer le privilége des poids et mesures, qui était un des anciens droits du bourg d'Arques, capitale du comté de Talou. Jubé de pierre, charmante construction de la Renaissance, placé entre le chœur et la nef, et qui reflète les deux styles qui se partagent le XVIe siècle. Les colonnes qui le décorent sont d'une grande pureté; la balustrade qui le couronne et l'escalier qui conduit à la plate-forme sont de la plus grande élégance. Restes de vitraux qui décorent le chœur et les chapelles, niches dans le chœur, retables en pierre qui accompagnent le maître-autel et les deux autels latéraux; pierres tumulaires, dont une est celle de l'architecte Nicolas Bédiou et l'autre de Louis Mollart, archer morte-paye du château mort en 1626[1]. Fondations gravées sur pierre au XVIe et au XVIIe siècle, et lambris de bois sculpté qui tapissent les chapelles de la Sainte-Vierge et de Saint-Nicolas: le sculpteur de ces charmantes boiseries est le nommé Raudin, qui a lui-même gravé son nom sur son œuvre. Statues de pierre du XVIe siècle, qui présentent un véritable intérêt de composition, de sculpture et de couleur; entre autres, les images de saint Roch, de saint Michel, de saint Antoine, etc. et une Trinité sur albâtre qui peut remonter au XVe siècle. Dans la chapelle Saint-Nicolas, on montre la place où l'on dit que Henri IV s'est agenouillé après la bataille d'Arques, afin de rendre grâces à Dieu de sa victoire. En sa qualité de huguenot il ne put être reçu dans le chœur, et la tradition dit que, pendant que les catholiques chantèrent un *Te Deum* dans le sanctuaire, les réformés chantèrent des psaumes dans la chapelle de Saint-Nicolas. Un buste de Henri IV placé dans une niche et une inscription commémorative du combat d'Arques, placée là sous Louis XIII, semblent témoigner de ce fait curieux. — Les croix. Dans le cimetière est une intéressante croix de pierre du XVIIe siècle. A l'entrée du bourg, du côté de Dieppe, un pied de croix en grès, portant le millésime de 1535 et venant de l'église supprimée de Bouteilles. — Les chapelles. Arques compta autrefois quatre chapelles, dont il ne reste plus une seule. — Chapelle de Sainte-Wilgeforte ou de Saint-Dignefort, à l'entrée du bourg, tout près du Calvaire actuel. En 1705, les Bollandistes s'en sont occupés quand ils rédigèrent, au 19 juillet, les actes de sainte Wilgeforte. Supprimée à la Révolution, elle ne fut démolie qu'en 1850: elle était en pierre et paraissait du XIIe siècle. Un contre-fort et deux lancettes trahissaient l'ogive primitive. — Chapelle de l'hôpital de Saint-Julien, située sur le bord de la rue de Rome; on en montre encore un débris transformé en chaumière. En 1222, Saint-Julien était l'Hôtel-Dieu d'Arques. Simple chapelle en 1610, elle fut, en 1694, réunie à l'hôpital de Dieppe. — Chapelle de Sainte-Austreberthe-du-Château, située dans le château; elle était qualifiée de *Chapelle royale*, comme le château lui-même. — Chapelle de Saint-Étienne-de-la-Maladrerie, située sous la forêt à la pointe du coteau qui sépare les vallées de l'Eaulne et de la Béthune. Au XVe siècle, c'était un prieuré desservi par des chanoines réguliers sécularisés. Dès le XVIIe siècle, elle fut transformée en grange: en 1694, elle fut réunie à l'hôpital de Dieppe. Toutefois, en 1708, les Jésuites y possédaient des revenus et le titre de prieuré ne s'est éteint qu'à la Révolution. Aujourd'hui hospice et chapelle ne sont plus qu'une métairie. C'est autour de cette maladrerie que fut

---

[1] Encastrées dans les murs du transept nord en 1855 par les soins de M. l'abbé Cochet.

livrée la bataille du 21 septembre 1589. — Le couvent des Bernardines, fondé vers 1636 par les de Guiran, seigneurs de Dampierre. L'abbaye est devenue une habitation privée, de même que la chapelle, autrefois dédiée à Notre-Dame et à saint Joseph. Cette maison était fille de celle de Saint-Aubin, près de Gournay, issue de Bival, près de Neufchâtel. — *Antiquités civiles.* Les rues d'Arques. Quelques-unes portent des noms historiques : telles sont la rue de Rome et la rue de la Chaussée, le Bout-de-la-Ville et le carrefour du Bel, la rue Lombardie et la rue des Bourguignons. — Les maisons. Arques fut autrefois un centre administratif important. Sous l'ancien régime il y avait une sénéchaussée, une maîtrise des eaux et forêts, un bailliage royal, une vicomté renfermant quatre-vingt-douze paroisses et une élection qui en contenait deux cent vingt-trois. Toutes ces puissances ont laissé à Arques de vieilles maisons qui sont généralement du xvi° et du xvii° siècle. Vers 1850, fut démolie l'ancienne sénéchaussée, qui était fort curieuse. Près de l'église est une maison en pierre, de 1618, qui porte une inscription latine passablement énigmatique. La grande maison occupée par un forgeron est un vaste hôtel du xvi° siècle, avec cheminées ornées, croisées de pierre et pignons à escalier comme en Flandre et en Picardie. Dans la maison habitée par M. Auzanet, construction du temps de Louis XV, est né, le 12 septembre 1777, Henri-Marie Ducrotay de Blainville, mort en 1850 professeur d'histoire naturelle à Paris. == Archelles. *Moyen âge.* L'église. Archelles ou le Petit-Arques, est, comme église, comme village et comme château, un diminutif et comme un reflet du bourg et de la grande forteresse. Ce qui prouve que ce n'est qu'un démembrement de la capitale du Talou, c'est que le curé d'Arques fut toujours patron présentateur de la cure de Saint-Clément d'Archelles. L'église d'Archelles ou d'Arquettes (*de Arculis* ou *de Archellis*) existait comme chapelle en 1122, et comme paroisse sous le roi saint Louis. Fermée en 1791, elle a été démolie vers 1815. Il n'en reste que quelques débris relégués au moulin et au manoir d'Archelles, excepté la pierre tombale d'Alexandre de Rassent, gouverneur d'Arques, qui se trouve à présent dans les ruines du château, qu'il gouverna jusqu'en 1688. Un fait extraordinaire et célèbre dans ce pays se rattache à l'église : c'est la guérison merveilleuse opérée le 14 juin 1770 sur Mlle de Rassent, qui porta toute sa vie le nom de *Miraculée d'Archelles.* — Manoir ou château, charmante construction en brique rouge et en pierre blanche du xvi° siècle. Les tours rondes, les fenêtres, les portes, les corniches, le corps avancé, les tourelles, les fossés et les ponts font de ce châtelet une des plus jolies choses de la contrée. — Le champ de bataille. Le 21 septembre 1589, Henri de Bourbon, roi de Navarre, depuis Henri IV, y vainquit Mayenne et ses ligueurs. Une colonne commémorative en granit, élevée en 1827 sous les auspices de Mme la duchesse de Berry, indique la place du combat : c'est une pointe de coteau aride et nue qui sépare les vallées de l'Eaulne et de la Béthune. Le plus vieux témoin qui ait survécu est la ferme désolée de la maladrerie de Saint-Étienne, autour de laquelle se passa la lutte acharnée où sept cents ligueurs perdirent la vie.

AUBERMESNIL-BEAUMAIS. Composée de deux sections : Aubermesnil et Beaumais, qui furent deux anciennes paroisses. — Aubermesnil ou Obermesnil. *Moyen âge.* L'église, dédiée à saint Paul, possède un clocher du xii° siècle, placé au portail. La nef et le chœur, construits en tuf et en silex, doivent être du xiii° siècle. Au xvii°, les anciennes fenêtres ont été bouchées pour faire place à de nouvelles. Une litre seigneuriale entoure encore les murs extérieurs. Le baptistère est une cuve en pierre du xiii° siècle. Dans la nef est une inscription de 1528. == Beaumais ou Beaumetz. L'église, dédiée à saint Laurent, a été en partie démolie vers 1825, après la suppression de la commune en 1823. On a conservé le chœur, construit en silex au xiii° siècle, et le clocher, qui pourrait bien être du même temps ; on y a joint le portail de l'ancienne nef, qui est du xvi° siècle.

BELLEVILLE-SUR-MER. *Ép. incertaine.* Dans un petit vallon qui conduit à la mer, et que l'on appelle *le Fond de Belleville,* on trouve, au penchant de la colline, une butte de terre en forme de cône tronqué entourée d'un fossé largement creusé : ce tertre s'appelle *la Torniole.* Il a été fouillé en 1827 par M. Féret, de Dieppe, qui y a trouvé les restes carbonisés d'une cuiller en bois, des fragments de poterie grossière et une espèce de perle hémisphérique ornée de traits qui ressemblent à des caractères magiques, que M. Féret croit être un amulette et M. le comte Guillaume de Wurtemberg un fuseau. Ces objets, que M. Féret suppose saxons, sans preuves, sont déposés à la bibliothèque de Dieppe. || *Moyen âge.* L'église, dédiée à Notre-Dame, fut donnée au prieuré d'Envermeu et passa ainsi à l'abbaye du Bec ; elle fut construite au xiii° siècle et elle possède de cette époque le clocher, entre chœur et nef, dont les arcades sont formées avec de belles colonnes ornées de chapiteaux à crossettes. Les arcades rebouchées de la nef peuvent être du même temps. Vers 1730 on supprima les collatéraux ou bas côtés. Cette opération a donné à l'église une apparence moderne au dehors. Le chœur est du dernier siècle[1].

BERNEVAL-LE-GRAND. *Ép. franque et normande.* Berneval, appelé *Britennevalle* par Dagobert Ier, Pépin

---

[1] Depuis le 18 juin 1868, Belleville-sur-Mer appartient au canton de Dieppe.

le Bref et Charlemagne; *Brinevallis* par Louis le Débonnaire et *Bertinevallis* par Charles le Chauve, est un des plus anciens points historiques de la côte. Donné à l'abbaye de Saint-Denis en France par son royal fondateur, ce village lui fut restitué par Pépin le Bref et confirmé à trois différentes reprises par Charlemagne, Louis le Débonnaire et Charles le Chauve. Confisqué par les premiers pirates, il fut rendu par Rollon le jour même de son baptême. Usurpé de nouveau au xe siècle par un évêque nommé Aillemundus, il fut restitué à Gozlin, abbé de Saint-Denis, par Richard Ier, le 18 mars 968, dans une assemblée de princes et de prélats tenue à Gisors en présence de Hugues Capet, duc des Français. A partir de ce moment l'abbaye de Saint-Denis garda l'église de Notre-Dame de Berneval jusqu'en 1790; elle conserva la terre jusqu'en 1284, époque où elle fut vendue avec la baronnie. || *Moyen âge.* Une belle charte normande de Guillaume le Bastard, antérieure à la conquête d'Angleterre, et dans laquelle figure le célèbre *Dapifer*. Cette charte, d'une magnifique écriture, est précieusement conservée chez Me Marcel, notaire au Havre, qui la tient du chartrier de Valmont. — Église sous le vocable de Notre-Dame, en forme de croix, appartenant en grande partie au xiiie siècle. La seule addition qu'on y remarque est du xvie : c'est une allée latérale au midi, chose à peu près générale dans toutes les églises de l'arrondissement de Dieppe, surtout au bord de la mer. Le clocher, composé d'une tour carrée en silex, du xiiie siècle, n'est pas entre chœur et nef, suivant la coutume, mais sur le transept méridional; il se termine en bâtière, terminaison commune dans les diocèses de Bayeux et de Coutances, mais rare dans celui de Rouen.—Chapelle du Petit-Berneval. Dans le vallon du Petit-Berneval, gorge étroite qui conduit à la mer, sont quelques habitations de pêcheurs et une chapelle dédiée à Notre-Dame-de-Liesse et reconstruite vers 1830; elle a remplacé une ancienne chapelle de Saint-Nicolas, lieu de pèlerinage fréquenté surtout par les jeunes filles à marier. Cette gorge maritime est sans doute l'ancienne pêcherie dont il est fait mention dans les diplômes de l'abbaye de Saint-Denis. On dit que ce fut autrefois un petit port pour les pêcheurs et que de là partit, en 1402, Bertin de Berneval pour suivre Jehan de Béthancourt à la conquête des Canaries. — Le château ou manoir de Berneval, dont il est parlé dans les chartes anciennes, est aujourd'hui détruit; mais le laboureur en trouve dans les champs les traces encore existantes. Ce castel était situé au lieu appelé *les Quarante-Acres*, entre Berneval et Saint-Martin-en-Campagne [1].

BOURG-DUN (LE). Formée des anciennes paroisses du Bourg-Dun, de Flainville et de Saint-Denis-du-Val. — Le Bourg-Dun dut être toujours un point important, qui a pris son nom de sa rivière ou qui le lui a donné. || *Ép. gauloise.* En 1858, un berger trouva, entre Saint-Aubin et le Bourg-Dun, une belle monnaie en or de la cité des Bajocasses. Elle est entrée dans la collection de M. de Saulcy. || *Ép. romaine.* Un beau Valentinien en or, trouvé vers 1844. Vase antique contenant environ trois cents monnaies à l'effigie des Césars du iiie siècle, déterré en 1847 par un berger avec sa houlette. || *Moyen âge.* Ce lieu est appelé *Dunum* au viiie siècle dans la Chronique de Fontenelle. Au temps des Francs un monastère s'y établit; il est désigné sous le nom d'Évrard-Église, *Evrardi Ecclesia* ou *Ebrardi Ecclesia*. Enfin l'église elle-même est appelée *Abbatia*. Le peuple a conservé à son vieux *moutier* le nom d'abbaye. — L'église, dont relevaient sans doute les annexes de la Chapelle-sur-Dun, de Sotteville-sur-Mer et de Saint-Nicolas de Veules, fut donnée en 997 par le duc de Normandie, Richard II, à Dudon, chanoine de Saint-Quentin en Vermandois et historien de la Normandie. Le bénéfice alors s'appelait *l'abbaye.* Le 8 septembre 1015, l'acte de donation à la collégiale de Saint-Quentin fut renouvelé solennellement dans la cathédrale de Rouen par le duc Richard, en présence de Gonnor sa mère et de Judith son épouse, de l'archevêque et des évêques de la province. Depuis ce temps les quatre églises, devenues plus tard des paroisses, étaient restées la propriété des chanoines de Saint-Quentin. — Église dédiée à Notre-Dame, à trois nefs avec transepts. Le style roman règne dans le transept et le bas côté du nord. Ici l'appareil est en tuf, la corniche est ornée de figures grimaçantes et les ouvertures sont étroites. Le roman de transition, uni à l'ogive primitive, se voit dans la grande nef, dont les colonnes sont couronnées de chapiteaux romans des mieux caractérisés et du plus grand intérêt, ainsi que dans le chœur. Entre le chœur et la nef se trouve le clocher, corps carré entièrement en pierre, appartenant au xiiie siècle. Une balustrade couronne la tour, et une flèche d'ardoise, du temps de Louis XIII, la surmonte. Le xive siècle a marqué son passage par la construction d'une allée collatérale au midi de la nef et surtout par l'addition d'une chapelle de la Sainte-Vierge placée au côté sud du chœur. Enfin le xvie s'est signalé par l'édification du transept du midi, qui fut autrefois une chapelle du Saint-Sépulcre et qui reste décoré dans ses voûtes et dans sa structure de toutes les richesses architecturales de cette époque. Le peuple dit cette chapelle construite par la main des fées et ajoute que derrière le confessionnal est la place d'une pierre qu'elles ont oublié de placer et que nul architecte n'a pu y mettre depuis. || *Ép. Renaissance.* La Renaissance de 1542 a décoré la porte latérale du pignon de l'ouest, comme elle

---

[1] La loi du 18 juin 1868 a réuni Berneval-le-Grand au canton de Dieppe.

avait ornementé le manoir d'Ango et le trésor de Saint-Remy de Dieppe. Le grand portail a été refait en 1776. En 1850, cette église a été classée parmi les monuments historiques du département. (Voir une vue extérieure de l'édifice dans les *Églises de l'arr. de Dieppe*.) — Chapelles dont il ne reste plus aucune trace : 1° chapelle de Saint-Gilles, réunie en 1695 à l'hôpital de Grainville-la-Teinturière; 2° chapelle de Saint-Jean du Dun, propriété de l'abbaye de Saint-Ouen de Rouen, dont elle fut un prieuré; 3° chapelle de la Madeleine des Bellengues, existante en 1519 et déjà détruite en 1718; 4° chapelle de Saint-Remy, qui existait en 1528 et dont il ne restait plus que le souvenir en 1740. — Événements remarquables. En 1562, les protestants de Dieppe ravagèrent le Bourg-Dun et pillèrent son église. En 1589, le 8 juin, un combat singulier fut livré près du Bourg-Dun aux Ligueurs cauchois de Fontaine-Martel par le commandeur de Chattes et les royalistes de Dieppe. Les ligueurs furent défaits et battirent en retraite jusqu'à Cany. Un de leurs blessés alla mourir à Harfleur le 1er juillet suivant. On retrouve sa pierre tumulaire dans l'église de cette commune. A propos des savantes discussions qui, au XVIIIe siècle, eurent lieu dans *le Mercure de France* sur le mot *Dunum*, l'abbé Lebeuf dit qu'il a passé le Dun le 7 septembre 1717. = FLAINVILLE. *Moyen âge*. Ancien manoir possédant une charmante chapelle du XIVe siècle, fondée en 1323 en l'honneur de saint Julien par Estout de Gruchet, seigneur de Flainville, qui donna cet oratoire aux moines de Fécamp. On y remarque une belle fenêtre terminale, des voûtes élégantes et des murailles encore couvertes de peintures murales qui pourraient bien dater du XIVe siècle. — L'ancienne église, sous le vocable de Saint-Denis, fut construite sous Louis XVI et démolie à la Révolution. = SAINT-DENIS-DU-VAL. *Moyen âge*. Ancienne paroisse que la Révolution a supprimée. L'église primitive se trouvait placée dans un vallon où elle fut probablement ruinée par le combat du 8 juin 1589. En 1790, elle avait été transférée au hameau de Flainville, où M. de Choiseul-Gouffier, seigneur du lieu, l'avait fait rebâtir. Mais elle fut démolie dès 1791. Il n'en reste que le souvenir, consacré par une foire de Saint-Denis qui se tient le 10 octobre.

BRAQUEMONT. Point le plus ancien peut-être de l'arrondissement de Dieppe, puisqu'il possède la *Cité de Limes*, enceinte gallo-belge, l'une des principales de ce département. ‖ *Période gauloise*. Grande enceinte fortifiée de Braquemont, portant, il est vrai, le titre de *Camp de César*, mais qui est mieux désignée dans les écrits et dans la tradition sous le nom de *Limes* ou de *Cité de Limes*. Le nom de *Limes* apparaît dès le XIVe siècle, dans Mathieu Pâris, et en 1466, sur une pierre tumulaire de Martin-Église, où Regnault Orel est déclaré « curé de Limmes et doïen d'Envermeu. » Depuis deux cent cinquante ans les géographes, dans leurs cartes comme dans leurs livres, ont donné tour à tour à cette enceinte les appellations de *Câtel*, *Camp de César*, de *Camp des Romains*, de *Limes*, de *Cité de Limes* et même de *Cité d'Olyme*. Ce vaste camp, qui contient encore 55 hectares de superficie, en renferma beaucoup plus autrefois. Une partie est tombée et tombe tous les jours à la mer. Sa forme est à peu près celle d'un triangle, dont un côté est irrégulier. D'une part, il est protégé par la mer et par une falaise de près de soixante mètres de hauteur; de l'autre, par le vallon de Puys. Il ne touche à la terre de Braquemont que par la partie la plus étroite, et là il est défendu par un énorme rempart, haut de 15 mètres et élevé entre deux fossés très-profonds. Du côté de Puys, la crête est également fossoyée, mais le rejet des terres est moins élevé et le fossé moins profond. Le milieu du camp est coupé dans toute sa longueur par un petit vallon naturel, qui autrefois aboutissait au rivage et qui aujourd'hui se trouve un peu plus élevé par suite de la chute des terres. Trois entrées donnent accès dans l'intérieur : l'une communique à la plaine, les deux autres à la vallée. Deux d'entre elles ont longtemps livré passage à la route royale qui allait de Dieppe à Eu; là passait aussi probablement la voie militaire qui conduisait de Lillebonne à Boulogne. Enfin dans l'enceinte on remarque un rejet de terre formant fossé et qui, coupé de place en place, semble une suite de petits tertres. Les archéologues ont appliqué à ces tertres le nom de *tumuli*. Le premier travail connu sur la *Cité de Limes* est celui de l'abbé de Fontenu, lu en 1731 et en 1732 à l'Académie des inscriptions et belles-lettres et imprimé en 1736 dans les Mémoires de la même académie, t. X, p. 403-35; il est intitulé : *Dissertations sur quelques camps connus en France sous le nom de* «*Camps de César.*» Au moment de sa publication, ce mémoire devint l'objet d'une polémique scientifique qui dura cent cinquante ans sans apporter cependant beaucoup de lumières à la question. Les divers écrits qui contiennent cette polémique sont : 1° une lettre sur Limes adressée par M. Lecat, médecin de Rouen, à M. de la Faye, lettre qui parut dans le *Journal de Verdun* de 1737, p. 252 : on y parle de puits existant au bord de la mer et on cite une bague d'or avec grosse pierre fine trouvée en 1713; 2° une autre lettre de M. Pasquier de Wardanché, ancien curé de Sainte-Agathe d'Aliermont, intitulée : *Lettre au P. B. J. sur l'ancienne cité de Limes, près Dieppe, en haute Normandie*, qui parut dans le tome III des *Mémoires de Trévoux*, août 1751, p. 1906-1909 : il y est question de la tombe et de l'inscription de Regnault Orel à Martin-Église; on y voit aussi que M. Lecat, de Rouen, avait déjà dessiné le précieux monument, qui servait de pierre d'autel; 3° un travail de dom Toussaint Duplessis, moine de Saint-Germain-des-Prés, qui fut inséré dans le tome IV des *Mémoires de Trévoux*, décembre 1751, p. 2644 à 2656; il a pour titre : *Lettre du P. T. Duplessis sur la prétendue cité de Limes, près Dieppe*. Enfin, l'année suivante, parut encore dans les *Mémoires de Trévoux*, t. II, p. 940-952, avril 1752, un travail de M. Lecat, qui était adressé à M. Pasquier de Wardanché; il est intitulé : *Lettre sur la prétendue cité de Limes*. Le même M. Lecat avait, dès l'année précédente, soumis des *Observations sur la prétendue cité de Limes ou camp de César, près Dieppe*, à la naissante académie de Rouen, qui les conserva dans ses archives et qui en fit paraître l'analyse dans le tome II de son *Précis*, p. 166-168. En 1825, M. Hyacinthe Langlois lut, à la séance publique de la Société d'émulation de Rouen, une notice sur Limes et sur les recherches que venait d'y pratiquer M. Féret, de Dieppe; ce mémoire, de dix-huit pages in-8°, accompagné de deux planches, est intitulé : *Du camp de César ou Cité de Limes, monument voisin de la ville de Dieppe, par P. J. Féret*; Rouen, Baudry, 1825. L'année suivante (1826), M. Féret publiait lui-même dans les Mémoires de la Société des antiquaires de Normandie le résultat de ses fouilles et de ses études. Son travail, qui contient cent une pages, a pour titre : *Recherches sur le camp de César ou Cité de Limes, monument voisin de la ville de Dieppe, d'après sa position, son mode de défense et les fouilles qu'on y a pratiquées*. A partir de ce moment, plusieurs écrivains, et M. Féret lui-même, ont parlé de la Cité de Limes à diverses reprises et dans différents ouvrages. (L. Vitet, *Histoire de Dieppe*, partie IV°, ch. I°°. — P. J. Féret, *Souscription pour la recherche et la découverte des antiquités dans l'arrondissement de Dieppe*, in-8° de 18 pages; Rouen, 1826. — Idem, *Société arch. de l'arrond. de Dieppe*, in-8° de 31 pages; Rouen, 1828.— Guilmeth, *Descript. géogr. hist. stat. et mon. des arrond.* t. IV, p. 150-160. — L'abbé Cochet, *les Églises de l'arrond. de Dieppe*, t. II, p. 143-46. — J. Reynaud, *le Magasin pittoresque*, avec une vue, t. XVII, année 1849, p. 172-75. — Féret, *Hist. des bains de Dieppe*, p. 85-88. — Bordier et Charton, *Hist. de France d'après les monuments*, avec une vue, t. I°°, p. 14-15. — L'abbé Cochet, *Guide du Baigneur*, édit. 1860, p. 253-268.) Tous ceux qui ont écrit sur cet ancien monument n'ont pas adopté les idées émises par M. Féret, mais chacun les a respectées, sauf M. Fallue, auteur d'un mémoire intitulé : *Mémoire sur les travaux militaires antiques des bords de la Seine et sur ceux de la rive Saxonique*, in-8° de 150 pages, Caen, 1835, et *Mém. de la Soc. des antiq. de Norm.* t. IX, p. 180-327. A présent cette vieille enceinte figure en tête des monuments historiques et nationaux de la France. Enfin, un beau plan en relief, exécuté en 1858 par M. Amédée Féret et déposé par lui à la bibliothèque de Dieppe, indique les fouilles et les découvertes avec la plus grande exactitude. MM. Féret frères les ont commencées eux-mêmes, à leurs propres frais, vers 1822, et les ont continuées ainsi jusqu'en 1825. A partir de l'arrivée de M°° la duchesse de Berry à Dieppe, ces fouilles furent entreprises par souscription et sous les auspices de la Société archéologique de Dieppe : nous citerons parmi les plus fructueuses les campagnes de 1826 et de 1827, qui malheureusement furent les dernières. Le récit en a été donné par M. Féret dans les deux opuscules que nous avons cités plus haut. Trois points ont été étudiés par l'explorateur dieppois : les petits tertres, qu'il appelle *tumuli*; les cavités cachées dans les fossés intérieurs, que l'on désigne sous le nom de *tuguria*, et enfin le territoire voisin de la falaise, nommé *les Catelets, le Catel* ou *le Catelier*: c'est là qu'il a découvert un monument et un tombeau romain. Les tertres de gazon, que M. Féret regarde comme des *tombels* primitifs, et qui rappellent, en effet, les sépultures des Germains de Tacite, contenaient des charbons de bois, des débris de vases gaulois, des tuiles, des anneaux de cuivre, des restes de fer, des coquillages et surtout des ossements d'animaux. M. de Blainville, consulté sur ces ossements, les reconnut pour des restes de chevreuils, de renards, de chiens, de bœufs, de moutons et de sangliers. La poterie, dont un bel échantillon existe à la bibliothèque de Dieppe, est de cette pâte noire et brune qui caractérise partout la céramique primitive. Elle ressemble aux poteries antiques du Vauvray, de Cocherel et du Vaudreuil (Eure), de Fontenay-le-Marmion (Calvados), de Port-le-Grand (Somme), de Bouelles et de Moulineaux (Seine-Inférieure). M. Féret croit que ces tertres un peu informes, et qui ressemblent à un fossé découpé, constituaient autrefois le cimetière des premiers Celtes, habitants de la Gaule Belgique. Cette attribution demanderait peut-être une démonstration plus complète et mieux établie. Pendant les années 1826 et 1827, M. Féret rechercha et crut trouver dans les fossés intérieurs les habitations et les demeures de ceux qu'il présumait inhumés dans les *tombels*. Plusieurs *tuguria* furent fouillés et leur enceinte fut rétablie au moyen de l'étude. Les maisons des anciens Gaulois étaient généralement circulaires, construites en pierre sèche et légèrement enfoncées dans le sol. M. Féret estime que celles de la Cité de Limes, plus oblongues qu'on ne le croit communément, étaient fabriquées avec du bois, de la craie, des pierres sèches et de la bauge. Les murs de bauge et les constructions en bois ont traversé dans les Gaules l'ère des Romains et le moyen âge pour arriver jusqu'à nous. C'est de la fouille des *tuguria* que proviennent peut-être les sept haches de silex que conserve la bibliothèque de Dieppe. Ces pièces, trouvées à différents états de formation, ont fait supposer à M. Féret qu'il y avait eu à Limes une fabrique de ces ustensiles primitifs. La dernière découverte de M. Féret dans la Cité de Limes est un petit édifice romain ayant la forme d'un carré long et ressemblant assez à un temple ou à une *cella* antique. Ce qui suggère pour cet édifice l'idée d'un temple ou d'un tombeau, c'est qu'au milieu des débris qui remplissaient l'enceinte ravagée, M. Féret a trouvé des têtes éparses et un squelette entier, posé encore comme l'avait été le défunt lui-même par des mains religieuses. La tête était à l'occident, les pieds à l'orient, les bras joints sur la poitrine. Deux médailles furent trouvées sur le squelette : l'une vers la cuisse; l'autre, près de la tête, semblait être tombée de la bouche. La première était de Constantin le Jeune (340); la seconde, de Flavius Constans (350). Près du squelette on a rencontré, à plus d'un mètre au-dessous des fondations, un casque en bronze qui pouvait bien se rattacher à sa dépouille mortelle. Non loin de lui se trouvaient cinq passoires en bronze, provenant peut-être de l'équipement d'un soldat en campagne. M. Féret pense que ce cadavre pourrait bien être celui d'un officier de la milice impériale au temps de Gratien (382), le dernier empereur dont on rencontre la monnaie de bronze dans nos contrées. Dans l'intérieur et autour de l'édifice on a trouvé une suite de soixante et douze monnaies romaines, allant depuis Auguste jusqu'à Flavius Valens (378). On a recueilli également vingt-quatre monnaies gauloises en bronze, dont une présente un coq et l'autre l'aigle de la cité de *Lexovii* (Lisieux). De cet ensemble de découvertes on croit devoir conclure que l'enceinte de Limes, élevée par les Gaulois indépendants, fut réoccupée par les Romains à l'époque des invasions barbares. Il reste à consigner ici une tradition plus celtique que romaine. Le peuple attribue la Cité de Limes aux fées. Il montre sur les gazons de la côte des ronds de verdure qu'il appelle *les Danses des Fées*. Il dit qu'à la pleine lune de septembre elles viennent chaque année ouvrir à Limes une foire annuelle et brillante. Enfin, pour y arriver, elles auraient construit en une nuit une voie qui porte leur nom. C'est en effet *Chemin des Fées* que l'on appelle celui qui va de Dieppe à Rouen. ‖ *Ép. romaine.* Édifice et sépulture d'un guerrier du Bas-Empire, avec son trésor et son équipement, trouvés dans la Cité de Limes et indiqués plus haut. — Dans la plaine qui sépare Braquemont de Grèges et de Graincourt, à 400 mètres au nord de la borne militaire qui limitait la garnison de Dieppe en 1771, M. Féret a trouvé en 1827 des maisons romaines avec leurs dépendances agricoles. Parmi les débris sortis de cette fouille et placés à la bibliothèque de Dieppe, nous citerons des vases en terre noire, des restes de poteries de toutes couleurs, des meules à broyer, des clous, des hameçons, des tuiles à rebords, des tuiles convexes et une *Latone* en terre cuite. Tout à côté s'est rencontrée une sépulture renfermant plusieurs vases en terre noire et une urne en verre contenant, avec des os brûlés, une monnaie d'Antonin le Pieux. ‖ *Ép. franque.* De cette époque Braquemont ne peut produire que des titres écrits, et dans ces titres on ne lit que le nom du village et sa donation au chapitre de la cathédrale de Rouen. Cette donation eut lieu sous Charles le Chauve, probablement en même temps que celles de Grèges, de Martin-Église, de Clais et de Londinières. Le titre original paraît perdu. La plus ancienne copie que l'on possède est une charte du duc Robert Ier conservée dans un cartulaire de la cathédrale et publiée par les auteurs de la *Gallia christiana* : on y nomme ce village *Branchemont, villa Brachemontis* et *villa Brachemont*. Braquemont constituait trois prébendes pour le chapitre de Rouen, prébendes qui ont duré jusqu'à la Révolution. Le titulaire de la seconde s'appelait *le chanoine prébendé* de Braquemont et il présentait à la cure comme seigneur patron. ‖ *Moyen âge.* L'église, sous le vocable de Notre-Dame, aussi vieille que la monarchie française par sa fondation et son origine, n'a rien gardé de ces temps reculés. La nef et le clocher sont deux masses de silex qui ne laissent voir que le travail du XVIIe ou du XVIIIe siècle. Le chœur seul a conservé quelques ogives du XVIe; sa charpente ornée est de 1623. Sur les fonts de Braquemont fut baptisé, le 16 octobre 1789, Louis-François Robin, évêque de Bayeux de 1836 à 1856. Dans le cimetière qui entoure l'église, on a trouvé en 1859 un cercueil en moellon contenant un corps avec deux ou trois *pichets* encore remplis de charbon de bois. Ces vases, vernissés et forés, paraissent appartenir au XIVe siècle, comme ceux d'Étran, de Bouteilles, de Janval et de Martin-Église. — Coutumes anciennes. On conserve encore à Braquemont, à Belleville, à Grèges et dans quelques villages environnants la coutume des *Brandons*, disparue presque partout ailleurs dans ce diocèse : cet usage consiste à allumer des feux dans les champs le soir du premier dimanche de carême, appelé autrefois *le Dimanche des Brandons*. Cette coutume, qui fut universelle, paraît remonter à une très-haute antiquité [1].

COLMESNIL-MANNEVILLE. *Moyen âge.* Église sous le vocable de Saint-Georges, construite en tuf au XIe siècle; il n'en reste que le cintre du portail et quelques contre-forts de la nef. En 1699 et 1700, les châtelains de Manneville la reconstruisirent dans sa presque totalité et en changèrent le plan. — Le château de Manneville. Le surnom de Manneville, donné à la commune de Colmesnil, vient de ce que sur son territoire se trouvait

---

[1] Par la loi du 18 juin 1868, Braquemont a été réuni au canton de Dieppe.

l'ancien château de Manneville, érigé en comté en 1668. Ce vieux castel, dont les deux derniers titulaires furent gouverneurs de Dieppe (1684-1751), a été vendu vers 1850. L'ancienne chapelle avait été détruite vers 1810. Le 22 avril 1719, Claude d'Aubigné, archevêque de Rouen, fut atteint dans ce château d'une grave maladie qui le conduisit rapidement au tombeau (23 avril 1719).

DERCHIGNY-GRAINCOURT. Formée des deux anciennes paroisses de Graincourt et de Derchigny, réunies depuis 1823. — GRAINCOURT. *Ép. romaine.* Appelée *Greencourt* au XIII° siècle; elle est située dans une plaine où se rencontrent des tuiles à rebords, des médailles romaines et des constructions antiques, notamment dans les terres possédées par la famille Varin de Saint-Ouen. En 1774 et en 1817, on a trouvé, au bord du grand chemin, des habitations romaines. || *Moyen âge.* Église sous le vocable de Saint-Valery, construite au XI° siècle. Il n'en reste plus aujourd'hui que quelques pierres tuffeuses, un double chapiteau roman qui sert de bénitier et une jolie porte latérale au chœur, dont le cintre est orné de billettes et le tympan décoré de filets. Le reste de l'église a conservé quelques traces du XVI° siècle. Le baptistère, en pierre, est orné de sculptures du temps de François I°°. En 1841, existait dans cette église une inscription de 1417 qui a disparu. — A Wargemont, qui est le château actuel de Graincourt, se trouvait autrefois une chapelle de Saint-Denis, fondée en 1284, aujourd'hui détruite. == DERCHIGNY. On rencontre ce nom écrit de diverses manières : *Arsigny, Erchéni, Dersigny, Dersignei, Ersigny* et *Berchégny.* || *Ép. romaine.* En 1853, un cultivateur, en labourant une terre de M. de Clercy, située au bord de la route impériale n° 25, aux environs de l'ancienne maladrerie de Saint-Catald, trouva un vase en terre rempli de huit cents monnaies romaines en bronze, grand, moyen et petit module. Ces pièces, assez mal conservées, étaient toutes frappées à l'effigie d'empereurs du III° et du IV° siècle. Nous y avons reconnu les types et les noms de Dioclétien, de Maximien-Hercule, de Constance-Chlore, de Maximin-Galère, de Lucinius, de Maximin-Daïa et de Constantin le Grand. || *Moyen âge.* En 1760, l'ancienne église dédiée à saint Martin, ayant été interdite par l'archevêque de Rouen, fut démolie et rasée jusqu'aux fondements. On transporta les terres du cimetière jusque dans les avenues du château, où fut bâtie la nouvelle. Les extractions furent poussées si avant, que la place de l'ancienne église est aujourd'hui occupée par une mare. L'église neuve a été élevée en 1763 et 1764 par les soins de M. de Clieu, le fils de celui qui importa le café aux Antilles françaises. Elle possède un bel autel de marbre, sculpté à Gênes sur la demande de la famille de Clieu[1].

[1] La loi du 18 juin 1868 a réuni cette commune au canton de Dieppe.

GRÈGES. *Ép. romaine.* Grèges, dont le nom, suivant Duplessis, semble indiquer une croix, est un vieux village situé au milieu d'une plaine où l'on a, en fouillant, rencontré plusieurs fois des constructions romaines. M. Féret les a explorées, notamment en 1827 et en 1828. || *Ép. franque.* Grèges est appelée *Gregium* dans une charte donnée par Charles le Chauve à Notre-Dame de Rouen. || *Moyen âge.* Église donnée de très-bonne heure au chapitre de Rouen, ainsi que ses voisines de Braquemont et de Martin-Église. L'édifice actuel, sous le vocable de Sainte-Madeleine, reconstruit au XVI° siècle, a été souvent réparé depuis. Baptistère en pierre, sculpté du temps de François I°°, et tombe de Pierre de Blanc-Baston, seigneur de Grèges sous Henri IV ou Louis XIII. Cette église fut pillée par les protestants de Dieppe en 1562. Le 10 mai 1589, le commandeur de Chattes battait dans la plaine de Grèges les ligueurs cauchois de Fontaine-Martel[1].

HAUTOT-SUR-MER. Composée des anciennes paroisses de Hautot, Petit-Appeville et Pourville. — HAUTOT. Souvent désignée sous les noms de *Hautot* ou *Hotot-sur-Mer* ou *sur-Dieppe.* || *Ép. franque.* En 1843, M. l'abbé Cochet a vu extraire d'un verger un cercueil en pierre du pays que l'on doit reporter à l'époque franque, soit mérovingienne, soit carlovingienne. Cette sépulture était placée en dehors des cours, du côté de la mer. || *Moyen âge.* Dans le bois, placé entre le village et la vallée de la Scie, on voit des pans de murs encore élevés, des terrassements considérables et des fossés non encore comblés : ce sont les restes du vieux château de Hautot-sur-Mer, qui eut autrefois autorité sur les bouches de la Scie et même sur une portion de la ville de Dieppe. Les chroniqueurs dieppois disent que ce château fut élevé par Charlemagne. Il tombe en ruines depuis des siècles, et, dès 1583, le duc de Longueville, son propriétaire, en abandonna les pierres aux Minimes de Dieppe. Au XIII° siècle, le château et sa châtellenie entrèrent, par mariage, dans la maison d'Estouteville : aussi les archives en sont-elles au chartrier du château de Valmont. Le château de Hautot-sur-Mer renfermait une chapelle dédiée à saint Georges. — Église sous le vocable de Saint-Remy, en forme de croix, à trois nefs. Le chœur et le transept nord remontent au XIII° siècle. Une belle fenêtre du temps de saint Louis termine le sanctuaire. La nef et ses collatéraux, ainsi que le transept du midi, ont été construits avec des grès au XVI° siècle. Le travail fut achevé en 1549. Toutefois l'allée latérale au nord ne fut complétée qu'en 1576. Le clocher, aussi en grès, a été construit en 1580, au pignon occidental de l'église, à l'angle sud du portail. Dans le chœur, l'on a encastré en 1855 deux inscriptions tumulaires du XVI° et du XVII° siècle, provenant de l'église

[1] Depuis le 18 juin 1868, cette commune fait partie du canton de Dieppe.

alors abandonnée du Petit-Appeville. — Dans le cimetière qui l'entoure, on trouve des cercueils en moellon qui peuvent remonter du xi⁰ au xiii⁰ siècle. On y recueille aussi des vases funéraires du xvi⁰. La croix est de *mil cinc cens vint*. — Au bord de la route impériale n° 25, du Havre à Lille, est une curieuse croix de grès du xvi⁰ siècle, restaurée en 1652 et en 1855; elle est connue sous le nom de *Croix à la Dame*. = LE PETIT-APPEVILLE. Assis sur les bords de la Scie; c'était une paroisse avant la Révolution. || *Ép. romaine*. Voie romaine qui allait de Lillebonne à Dieppe; les silex se reconnaissent encore dans la *Cavée des Fontaines*. M. l'abbé Cochet a trouvé sur le bord de cette voie une meule à broyer en poudingue, aujourd'hui à la bibliothèque de Dieppe. || *Moyen âge*. L'église, sous le vocable de Saint-Remy, n'était encore qu'une chapelle au xi⁰ siècle. C'est ainsi qu'elle est désignée dans la charte de 1030, qui la donne à l'abbaye de la Trinité du Mont-lez-Rouen : *Capellam de Appavilla*. La nef et le chœur ont été reconstruits au xviii⁰ siècle; mais le clocher, qui surmonte le portail, est un corps carré en grès du xvi⁰. Il reste encore dans l'église quelques inscriptions du siècle dernier. Les plus anciennes ont été transportées à Hautot en 1855. La même année furent vendus les fonts baptismaux, cuve octogone en pierre sculptée du xvi⁰ siècle. Habilement restauré, ce baptistère orne à présent l'église de Routes (canton de Doudeville). La croix de grès du cimetière est de 1510. — Au bord de l'ancienne route royale, détournée sous Louis XVI, on montre une vieille maison de bois appelée *la Cohue* : c'est là qu'on tenait les plaids et qu'on rendait la justice au nom des châtelains de Hautot. = POURVILLE. *Ép. romaine. Pourville, Pouhierville* ou *Portville*. Située au bord de la mer et à l'embouchure de la Scie; tire son nom de l'ancien port du rivage. On y trouve beaucoup de tuiles romaines et des murailles antiques, surtout dans l'ancien presbytère, dans l'ancienne église et dans le jardin des douaniers. Vers 1844, une chute de rochers a fait voir sous la falaise du nord, en face du corps de garde, quatre-vingts médailles d'or des Césars du iv⁰ et du v⁰ siècle, dont un Honorius. En décembre 1861, on trouva encore dix-huit monnaies d'or de Valentinien I⁰ʳ, de Valens, de Théodose, d'Arcadius et d'Honorius. || *Ép. franque*. Sur la côte de l'ouest, près du chemin qui conduit à Varengeville, est un champ appelé *la Terre de l'église*. M. Féret y a trouvé, vers 1830, cinq cercueils en pierre de Vergelé. En 1861, M. l'abbé Cochet a fouillé ce sol et y a trouvé un cimetière franc. || *Moyen âge*. L'église, dédiée d'abord à saint Pierre, puis à saint Thomas de Cantorbéry, n'est plus qu'un monceau de ruines. (Voir une jolie reproduction dans les *Voyages pittoresques et romantiques dans l'ancienne France*.) Les pêcheurs prétendent, mais à tort, que saint Thomas Becket, chassé d'Angleterre par Henri II, a débarqué à Pourville. On assure que Jacques de Molay, grand maître des Templiers, y descendit en 1305, en revenant d'Orient. Le principal monument est une belle croix en grès, haute de 4 mètres. Le fût, en spirale, est d'un seul morceau; il est orné de fleurs et de coquilles. On lit au pied : «L'an de grâce mil V⁰⁰ qua-«rante, le XX⁰ jour de mars» (1540). C'est la croix de l'ancien cimetière, qui, en 1860, a été mise au bord du chemin. (Voir une reproduction dans les *Voyages pittoresques et romantiques dans l'ancienne France*.) — Le 2 novembre 1582, M. de Sigognes père, gouverneur de Dieppe depuis 1563, blessé par son cheval en traversant la Scie, un peu au-dessous du village, fut rapporté mourant au château de Dieppe, où il expira trois jours après, le 5 novembre 1582. Dans la nuit du 8 février 1650, la célèbre duchesse de Longueville tomba aussi dans la Scie, qu'elle traversait sur un pont improvisé. Recueillie par le curé de Pourville, qui, dans son modeste presbytère, la traita le mieux qu'il put, elle et les gens de sa suite, elle s'embarqua pour l'étranger sur une galiote qui l'attendait en rade. Comme la duchesse de Longueville était châtelaine de Hautot, elle légua au curé de Pourville une pension viagère de 200 livres et à la cure une rente annuelle de 200 fagots à prendre sur ses bois de Hautot.

LONGUEIL. *Moyen âge*. La paroisse de Saint-Pierre de Longueil était partagée en deux portions dès le xii⁰ siècle. — Église sous le vocable de Saint-Pierre, à deux nefs, construite au xi⁰ siècle, presque entièrement refaite au xvi⁰. Le chœur, le clocher et les transepts ont été construits en grès «l'an M V⁰⁰ XXXI.» Des restes de vitraux se remarquent dans les chapelles, et dans l'abside à trois pans sont trois fenêtres garnies de verrières données au xvi⁰ siècle par les châtelains du lieu. La nef du nord est en grès et de 1551; celle du midi, la principale, est en silex et brique et de 1764. Seulement on a conservé dans la corniche des modillons tuffeux du xi⁰ siècle. Les fonts baptismaux, en pierre, sont un joli travail de sculpture du xv⁰ siècle. Le fabuliste Henri Richer y fut baptisé en 1685. Le prêtre David Asseline, chroniqueur dieppois, dont le manuscrit, daté de 1682, est déposé à la bibliothèque de Dieppe, fut inhumé dans le chœur en 1703. Sur le penchant de la colline qui encaisse au nord la rivière de Saâne, on voit d'anciens terrassements profondément fossoyés et encore couverts de vieux murs dont deux pans s'élèvent assez haut : c'est le vieux château qui, au xiv⁰ siècle, fut possédé par la famille Martel, dont deux membres moururent à Poitiers et à Azincourt, dont quelques-uns furent gouverneurs de Caen et de Pontoise et dont un fonda une chapelle à Saint-Jacques de Dieppe. Les maisons données par les châtelains portent les lettres suivantes : S.S D.L (Saint-Sauveur de Longueil). — Chapelle de Saint-Nicolas de Griserue ou de Blainville. On suppose que ce fut l'ancien prieuré qui dépendait de l'abbaye du Bec et que Eudes Rigaud visita sous saint Louis. Cette chapelle a été supprimée à la Révolution. Il reste encore, dans une cour voisine de l'église, de vieilles constructions que l'on peut croire être aussi des débris du prieuré.

MARTIGNY. *Ép. romaine.* En 1865, lorsque l'on traça la route départementale n° 41, on trouva dans les terres appelées *les Maladreries* de nombreuses tuiles à rebords. || *Moyen âge.* Martigny, en latin *Martineium*, paraît dater de l'époque franque, comme une dépendance du château d'Arques. Il a dû être donné à l'abbaye de Saint-Wandrille dès les temps mérovingiens. En tout cas, il lui fut restitué en 1024 par le duc Richard II. Un hameau porte ici le nom de Saint-Wandrille, comme on voit à Gonneville-les-Hameaux et à Saint-Waast-Dieppedalle la *Côte de Saint-Wandrille.* — L'église, sous le vocable de Saint-Martin, fut consacrée par l'archevêque Eudes Rigaud, le 14 des calendes d'août 1266. De cette époque il ne reste que quelques traces, spécialement la rosace du portail. Le XVI° siècle a restauré le chœur et la nef et refait le clocher. Sur les murs extérieurs règne encore la litre seigneuriale. Le baptistère, jolie cuve de pierre du XVI° siècle, présente les armes des seigneurs patrons, avec leur devise : *Espoir en Dieu*, 1569.

MARTIN-ÉGLISE. Formée des deux anciennes paroisses de Martin-Église et d'Étran. — MARTIN-ÉGLISE. Appelée *Martini Ecclesia* au IX° et au X° siècle, cette paroisse paraît devoir son nom et son origine à l'époque mérovingienne, si dévote envers saint Martin. En 1829, on lui donna le nom de Saint-Martin-Église. Un décret impérial de ces dernières années lui a enlevé le titre de Saint et lui a rendu son ancien nom. || *Ép. gauloise.* Avant les Francs, ce lieu était habité. On y a découvert en 1847 un statère gaulois en or, qui a été acheté par M. Jean, de Dieppe. (*Revue de Rouen*, année 1848, p. 57.) || *Ép. romaine.* La voie romaine de Dieppe à Beauvais passait par ce village, ainsi que la vieille route d'Arques à Eu, probablement antique. On y a trouvé des tuiles à rebords, et dans le cimetière, en 1857, un quinaire d'argent de Constantin le Grand. || *Ép. franque.* Dans le cimetière, l'on a recueilli à diverses reprises, de 1846 à 1860, des vases funéraires de l'époque franque, des perles d'ambre et de verre, restes des colliers de ce temps, et des débris d'armes tels que lances, sabres et épées. — La terre de Martin-Église, avec son moulin, son église et ses dîmes, fut donnée au chapitre de Rouen le 7 mars 875 par l'archevêque Riculphe. Cette donation fut confirmée d'abord par Charles le Chauve et ensuite par le roi Robert Ier et Guillaume le Conquérant en 1080. || *Moyen âge.* De l'église donnée au IX° siècle il ne reste plus rien. Quant à l'édifice actuel sous le vocable de Saint-Martin, il contient les traces de trois époques : au XII° siècle se rapporte le pignon de l'ouest, avec ses contre-forts et sa porte, le côté nord de la nef, avec ses cintres étroits et une ouverture carrée qui passe pour avoir été un confessionnal ; au XIII° siècle doit appartenir le chevet, avec ses trois ogives terminales rebouchées ; enfin le XVI° a refait en grès la chapelle de la Sainte-Vierge, au midi du chœur, ainsi qu'une allée latérale, qui fut supprimée en 1651. Statue de pierre représentant la sainte Vierge, image que M. Vitet attribue au XIV° ou au XV° siècle. Quelques dalles tumulaires encastrées dans les murs, parmi lesquelles celle de messire Regnault Orel, décédé en 1466, et qui est déclaré « curé de Limmes et doïen d'Envermeu. » Cette belle pierre, encastrée depuis trente ans dans la muraille de la nef, servait de pierre d'autel au siècle dernier, comme la plupart de ses pareilles. (Gravée en 1845 en Angleterre par T. King.) La question de savoir à quelle paroisse se rapporte cette appellation de *Limmes* a fait l'objet de plusieurs discussions et mémoires. Cependant on peut dire que la chose n'est pas encore jugée. — Dans le cimetière est une croix de grès dont le pied porte la date de 1535. Dans le même cimetière, où l'on rencontre des vases francs, on a trouvé aussi des cercueils en moellon du XII° siècle et des vases à charbon et à eau bénite du XIV°, du XV° et du XVI°. — Fief de Pallecheul ou de Pallecheux, vieille gentilhommière, devenue une ferme. Cette construction du XVI° siècle était, au temps de la Réforme, la propriété d'une famille Roquigny, qui se fit protestante et qui, de 1577 à 1585, ouvrit un prêche dans sa maison conformément à un édit de Henri III. Un membre de cette famille fut gouverneur de Neufchâtel, au temps de la Ligue [1].

= ÉTRAN. Depuis 1823, l'ancienne paroisse d'Étran n'est plus qu'un hameau situé sur la voie antique qui allait de Dieppe à Beauvais. || *Ép. romaine.* Dans la ferme principale on trouve parfois des tuiles à rebords. || *Moyen âge.* Église sous le vocable de Saint-Pierre, romane du XI° siècle dans sa nef et dans son clocher. Chœur ajouté au XVI°, qui primitivement consistait en une abside qui suivait immédiatement le clocher, comme à Yainville près Jumiéges et à New-Haven en Angleterre. (Reproduite, en 1830, par M. Jaime dans deux jolies lithographies coloriées.) Démolie en 1831. — En 1859 et en 1860, M. l'abbé Cochet a fouillé l'église et le cimetière d'Étran : il y a découvert vingt cercueils en moellon du XI° au XIII° siècle. Dix-huit étaient placés dans le parvis. Dans l'intérieur, on a trouvé d'abord des carrelages émaillés du XIV° siècle et quatre pierres tumulaires du XVI° ; puis des cercueils en bois et en maçonnerie du XIV° au XVII° siècle. Une

---

[1] Depuis la loi du 18 juin 1868, Martin-Église fait partie du canton de Dieppe.

grande quantité de monnaies du moyen âge en argent et en cuivre et des vases à charbon du xiv° et du xv° siècle ont été recueillis. — Au haut de la côte d'Étran, au hameau de Thibermont, se trouvait, avant la Révolution, une chapelle de Saint-Léonard, dont l'origine n'est pas connue. Elle apparaît en 1652; en 1668, elle est la propriété des Bénédictines de Dieppe; en 1739, elle passe aux religieuses d'Ernemont de Rouen, et est supprimée et démolie à la Révolution.

OFFRANVILLE. *Moyen âge.* Appelée *Wulfrainvilla*, *Oulfranville*, *Ouffranville*, *Offrainville* et *Lefranville*. Église sous le vocable de Saint-Ouen, à trois nefs avec transepts, construite au xvi° siècle. Commencée en 1517, elle a été complètement terminée en 1616. L'ogive règne dans tout le monument. Le chœur, finissant en abside à trois pans, est éclairé de belles fenêtres, autrefois garnies de vitraux, dont il reste encore de précieux fragments. Les transepts qui séparent le chœur de la nef ont une grande élévation. Le clocher, composé d'une tour carrée en grès, est placé à l'ouest de l'église, mais à l'angle sud du portail. Dans l'appareil de l'édifice le grès domine; cependant dans le chœur et les transepts il entre beaucoup de pierres de taille. — L'ancienne chapelle de Sainte-Barbe, qui sert aujourd'hui de sacristie, fut élevée entre 1531 et 1533; elle est remarquable par ses belles verrières, dont une représente la *Création* et la *Chute de l'homme*. Dans toute cette église, on remarque aux clefs de voûte, aux chapiteaux, sur les murs et dans les verrières, un grand nombre de dates et d'armoiries des familles nobles qui habitèrent Offranville. Les archives de la fabrique, qui sont nombreuses et bien conservées, donnent le détail de la construction de l'église, année par année, pendant un siècle entier. Le chœur et les chapelles, et même le dehors de l'église, possèdent des inscriptions du xvi°, du xvii° et du xviii° siècle. La plus remarquable est la fondation de M° Jehan Véron, docteur en Sorbonne, conseiller du roi et curé d'Offranville de 1590 à 1620, fondateur du collège du lieu et bienfaiteur de l'hôpital général de Dieppe. — M. Guilmeth cite à Offranville une motte ou vigie en terre. On connaît encore, entre Offranville et le Neuf-Mesnil, le point où, le 30 mai 1589, eut lieu un combat meurtrier entre les royalistes dieppois, commandés par Ruffosse, et les ligueurs cauchois, conduits par Fontaine Martel. — If du cimetière, qui a près de 7 mètres de circonférence et qui compte plusieurs siècles. C'est, avec celui des Trois-Pierres, le plus curieux du diocèse de Rouen.

OUVILLE-LA-RIVIÈRE. *Ép. romaine.* Des antiquités romaines ont été vues près du château d'Ouville et dans le bois qui entoure la chapelle ruinée de Sainte-Apolline. || *Ép. franque.* En avril 1854, des ouvriers occupés à planter des arbres à la côte du Beuzeval, hameau de Tous-les-Mesnils, découvrirent un cercueil en pierre de Vergelé, contenant les restes d'une jeune fille ayant une fibule de bronze et des boucles d'oreilles avec pendants d'or. En juillet 1854, M. l'abbé Cochet fouilla autour du sarcophage et découvrit un cimetière mérovingien contenant environ cent fosses et autant de squelettes violés ou intacts. Il recueillit dans cette fouille des scramasaxes, des couteaux et un grand nombre de boucles et d'agrafes en fer, toutes damasquinées, qui sont au musée départemental de Rouen. (Voir le récit de cette fouille et la gravure de plusieurs des objets qu'elle a fournis dans les *Sépultures gauloises, romaines, franques et normandes,* p. 131-156.) || *Moyen âge.* Église sous le vocable de Saint-Gilles, à une seule nef avec transepts, construite en tuf au xi° siècle. De cette époque il ne reste plus que le corps carré du clocher, montrant, entre chœur et nef, sa corniche de têtes grimaçantes. Les arcades intérieures ont été refaites au xvi° siècle. Le chœur est aussi du xvi°, ainsi que le transept du midi. La nef semble du xvii°. Le transept nord, qui est moderne, remplace une chapelle de Saint-Louis, fondée en 1344. Dans la chapelle de la Sainte-Vierge est une belle contre-table en bois à colonnes torses, style Louis XIII, provenant des anciens Capucins de Dieppe. — Dans le bois d'Ouville on montre la place d'une ancienne chapelle de Sainte-Apolline. — Au hameau de Tous-les-Mesnils, situé dans la plaine, est un manoir en brique du temps de Henri IV, auquel on a joint une chapelle sous le règne de Louis XVI. — Dans le carrefour de ce hameau est une croix de grès sur le pied de laquelle on lit : «L'an de grâce MIL V^{cc} et LX» (1560). — Le château actuel, tout entouré d'eau, est moderne; mais il remplace un castel fortifié, où les catholiques et les protestants luttèrent en 1562 et où les royalistes combattirent les ligueurs en 1589.

QUIBERVILLE-SUR-MER. *Moyen âge.* Église sous le vocable de Saint-Valery, construite à la fin du xii° siècle; mais ce qui reste de cette époque a été bien modifié par les reconstructions des derniers temps. Le baptistère est une cuve octogone du xiii° siècle décorée d'ogives. Dans le chœur est la pierre tumulaire d'un prêtre de «MIL CCC LX et III.» Les habitants de Quiberville ou Guiberville disent qu'ils voulurent construire l'église dans le *fond* près de la *Grande Mare*. Mais, comme à Varengeville, ce que l'on y bâtissait le jour était porté la nuit près de la falaise, à l'endroit où est l'église actuelle. — Dans le cimetière on trouve beaucoup de cercueils de pierre du xii° ou du xiii° siècle. M. l'abbé Cochet a recueilli en 1846 une croix en plomb portant une formule d'absolution qu'il croit du xii° ou du xiii° siècle. — On prétend que le village était autrefois dans la terre des *Huit-Acres*. Au carrefour de ce village est une croix de grès qui porte sur le pied la date «MV^{cc} XLI» et sur l'image celle de 1602.

ROUX-MESNIL-BOUTEILLES. Composée, depuis 1823, des deux anciennes paroisses de Roux-Mesnil et de Bouteilles. — Roux-Mesnil. *Ép. incertaine.* Dans la plaine où est situé ce village on trouve des fondations dont quelques-unes paraissent fort anciennes. || *Moyen âge.* Église sous le vocable de Saint-Denis, détruite en 1839. C'était une construction du XVIe siècle greffée sur des fondements tuffeux du XIe. Le maître-autel était en pierre, comme au XIIe siècle. Dans des fouilles faites en 1858 dans le cimetière et dans l'église, M. l'abbé Cochet a trouvé plusieurs carreaux émaillés du XVIe siècle et un cercueil en moellon, avec entaille pour la tête, placé devant le portail selon une pieuse coutume du XIIe. — Dans le village est un joli manoir en brique et en pierre du temps de la Renaissance. = Bouteilles. Aujourd'hui simple hameau; ce fut autrefois un centre industriel fort important. || *Ép. romaine.* Dans la ferme de M. Clément, *rue de Bouteilles*, on a découvert des tuiles à rebords en creusant un puits. Il y en avait jusqu'à la profondeur de 4 et 5 mètres. Dans la prairie qui entourait l'église, M. l'abbé Cochet a recueilli en 1857 des tuiles à rebords à 3 mètres de profondeur. Enfin, au fond du *Val de Bouteilles*, M. Lemaître, cultivateur, a rencontré vers 1806 une très-belle urne en verre bleu remplie d'os brûlés et concassés. || *Ép. franque.* Anciennes salines de Bouteilles, peut-être d'origine romaine, dont une partie fut donnée en 672 à l'abbaye de Fontenelle, avec l'église paroissiale elle-même. || *Moyen âge.* L'église, sous le vocable de Saint-Aubin, démolie vers 1816, était romane du XIe siècle, construite en tuf, avec abside circulaire au chevet. Le clocher était sur les transepts, entre le chœur et la nef. M. l'abbé Cochet a reconnu le plan de cette église dans des fouilles faites de 1855 à 1858. Ces mêmes fouilles ont révélé beaucoup de carrelages émaillés dont l'église avait été autrefois pavée. Sur le pignon de ce vieil édifice était placé un loup de pierre, connu dans le pays sous le nom de *Loup de Bouteilles*. On racontait à ce propos l'histoire d'un loup qui, poursuivant un agneau jusque dans l'église, y avait été pris, parce que l'agneau, en sortant, aurait refermé la porte. Captif dans le temple, le loup y aurait été assommé. Des légendes semblables se retrouvent à Jumiéges, à Chalonnes-sur-Loire et ailleurs. L'établissement du chemin de grande communication n° 1er, de Dieppe à Gisors, qui eut lieu en 1842 à travers le cimetière et l'église arasée de Bouteilles, y fit découvrir plusieurs cercueils de pierre et quatre croix de plomb sur lesquelles étaient gravées des formules d'absolution, aujourd'hui à la bibliothèque de Dieppe. De 1855 à 1858, M. l'abbé Cochet pratiqua dans le cimetière et dans l'église quatre fouilles successives qui lui ont révélé environ quarante cercueils en moellon du XIe et du XIIe siècle, ayant presque tous une entaille carrée ou circulaire pour la tête. Ces cercueils étaient rangés, pour la plupart, soit au portail de l'église, soit sous la gouttière au côté du midi. Onze de ces cercueils contenaient des croix de plomb placées sur la poitrine des morts. Ces plaques de métal, toutes découpées en forme de croix de Malte, contenaient pour la plupart des formules d'absolution, des oraisons et même des formules de confession; elles sont déposées au musée départemental de Rouen. (Voir les dissertations et les mémoires de l'auteur qui ont paru dans les recueils de Caen, de Rouen, de Paris et de Londres.) Outre les tombeaux et les croix, le cimetière a donné, entiers ou par morceaux, plus de deux cents vases en terre cuite forés, noircis par le feu et contenant du charbon de bois. Quelques-uns de ces vases ont renfermé de l'eau bénite, mais la plupart ont servi de cassolettes pour brûler de l'encens autour du corps du défunt et ont été ensuite jetés dans la fosse. Ils appartiennent au XIIIe, au XIVe, au XVe et quelques-uns même au XVIe siècle. — Les salines. Les prairies que l'on nomme *les Salés* sont les derniers restes des anciennes salines de ce village, fort importantes du XIe au XIVe siècle, et qui, connues dès l'époque franque, n'ont entièrement disparu qu'au XVIIe siècle. Presque toutes les abbayes de Normandie possédaient des salines à Bouteilles. Celle de Beaubec en avait plus que toutes les autres. Ces droits et ces propriétés sont décrits dans un cartulaire du XIVe siècle, possédé par M. de Blangermont, de Martigny près Arques. L'archevêque de Rouen, seigneur de Bouteilles depuis 1197, en vertu de l'échange d'Andelys avec Richard Cœur-de-Lion, possédait en propriété la plus grande partie de ces salines et avait, en outre, des droits sur toutes. Ces droits sont consignés dans la *Coutume de Bouteilles* insérée au Cueilloir ou Coutumier de 1396, qui est à la bibliothèque publique de Dieppe et dont une copie existe aux archives départementales. — Le prieuré ou la Moinerie. C'était une colonie de moines cisterciens de Beaubec; elle exista du XIIe siècle jusqu'au XIVe, au lieu appelé autrefois *Bernesault*. Aujourd'hui ce point se nomme *la Moinerie*. De ce prieuré de Bernesault il ne reste, en dehors du souvenir et des titres écrits, qu'une très-vieille et épaisse muraille, couverte de lierre et placée au bord de la route qui conduit de Dieppe à Arques, entre Bouteilles et Machonville. — La croix de la Moinerie. Tout auprès de cette vieille muraille s'élève une croix en pierre meulière du XIIe siècle. Cette croix a la forme de la croix grecque ou plutôt de la croix de Malte. Renversée et déplacée en 1841 par les travaux de la voirie, elle a été relevée en 1855 par les soins de M. l'abbé Cochet et assise en face de son ancienne place. Elle porte le nom de *Croix de la Moinerie* et pourrait bien se rattacher au prieuré de Bernesault. En abattant la berge sur laquelle elle était élevée, on a trouvé, en 1841, des squelettes, sans aucun signe pour déterminer la date des sépultures. — Maisons. L'une est celle de la *Cohue* ou de la *Justice*: c'était là que se rendait la justice et que se tenaient les plaids pour les archevêques de Rouen. Cette maison, du xvi° siècle, présente des moulures de pierre, un écusson effacé et une cheminée décorée de sculptures. L'autre habitation est une gentilhommière possédée par M. Nicole et appelée dans ses titres *Haqueménouville* : c'est une construction en grès et en caillou noir du temps de Henri III ou de Henri IV. Au xvii° siècle, cette maison appartenait aux Jésuites de Dieppe, qui la possédèrent jusqu'en 1762. — Vignoble au xiv° siècle, près du bois de Bernesault.

SAINT-AUBIN-SUR-SCIE. *Ép. franque.* Au bas de la côte de Saint-Aubin, rectifiée en 1846 pour la route impériale n° 27, de Rouen à Dieppe, on a trouvé un cimetière franc, qui fut entièrement gaspillé par les terrassiers. On y a rencontré des vases et des armes, mais on n'a pu recueillir de ces épaves qu'une épée en fer tout à fait mérovingienne. Dans cette même côte, M. l'abbé Cochet a reconnu un four à chaux tout rempli de tuiles à rebords qu'il suppose de l'époque romaine ou mérovingienne. Enfin en 1853, au lieu dit *le Hamelet*, et toujours sur le bord de la route impériale n° 27, on a découvert un cimetière franc, où le même explorateur a reconnu neuf ou dix fosses contenant des vases de terre placés aux pieds des morts, puis des couteaux, des boucles et des plaques de ceinturon en fer damasquiné, le scramasaxe d'un soldat, et, au cou d'une femme, un collier de perles de verre de cinquante-quatre grains et une perle d'ambre auprès de la tête. || *Moyen âge.* L'église, sous le vocable de Saint-Aubin, fut d'abord construite au xii° siècle. De cette époque il reste l'appareil en tuf du chœur, les contre-forts plats qui le soutiennent, trois ogives terminales qui éclairent le chevet et une jolie piscine à double lancette placée du côté de l'épître. Les deux nefs et le portail avec sa rose sont en grès du xvi°. Autour de l'église, des murs arasés indiquent des allées et des chapelles disparues. A l'intérieur, on remarque le baptistère de pierre, venant de Sauqueville, ainsi que la croix de cette ancienne collégiale. Ce sont deux élégantes sculptures du xvi° siècle. — Sur cette commune se trouvait la baronnie du *Jardin*, dont la forteresse est démolie depuis longtemps. Les chroniqueurs dieppois la font remonter jusqu'à Charlemagne. En 1030, Renaud, vicomte d'Arques, donna cette baronnie à l'abbaye de Fécamp, qui la posséda jusqu'à la Révolution. Les gens du pays appelaient ce hameau *le Gardin*. A présent ils le nomment *les Vertus*. Ce dernier nom lui vient d'une chapelle dédiée à Notre-Dame-des-Vertus, fondée le 25 mai 1657 par David Valle, bourgeois de Dieppe. Ce modeste oratoire, donné alors à l'abbaye de Fécamp, est à présent une propriété particulière. C'est une simple construction en brique du xvii° siècle, sans aucun caractère. En 1659 et en 1718, la paroisse d'Offranville y fit, pour des maladies contagieuses, des vœux qu'elle acquitte encore le 1er mai de chaque année. A l'entrée du verger où est la chapelle se voit un pied de croix en grès, sur lequel on lit : «1657, X de N. D. des Vertus.» Près de la chapelle se tint, de 1756 à 1762, un camp qui est désigné dans le pays et dans les chroniques dieppoises sous le nom de *Camp des Vertus*. Dix à douze régiments y séjournèrent tour à tour. On n'en connaît plus la place.

SAINT-DENIS-D'ACLON. *Moyen âge.* La première église de Saint-Denis-d'Aclon ou d'Haquelon fut bâtie en tuf, au xii° siècle. Il reste encore de ce temps le chœur avec ses ogives primitives et la partie basse du clocher. Le reste de la tour a été refait en 1774. La nef et les transepts ont été également reconstruits sous Louis XVI.

SAINTE-MARGUERITE-SUR-MER. Formée de l'ancienne paroisse de Sainte-Marguerite et d'une partie de celle de Blanc-Mesnil. — SAINTE-MARGUERITE. *Ép. romaine.* Anciennement appelée *Caprimont* ou *Sainte-Marguerite-de-Caprimont*, est un des points de la Seine-Inférieure les plus riches en antiquités romaines. Sa *villa*, exhumée dès 1820 par la charrue du laboureur, a été signalée à l'attention de la Commission des antiquités et des archéologues par M. Sollicoffre, de 1821 à 1830. Les fouilles de M. Féret, de Dieppe, de 1840 à 1847, l'ont fait reconnaître comme l'une des plus intéressantes du nord de la France. Elle présente dans sa partie centrale une galerie carrée, soutenue par des colonnes circulaires. Autour de la cour fermée règne une suite de galeries et d'appartements dont plusieurs étaient chauffés avec des hypocaustes et pavés en mosaïque. (Voir un plan de la *villa* publié par M. de Caumont dans son *Bulletin monumental*, t. IX, p. 92-97.) Après l'habitation principale, on découvrit les dépendances suivantes : des jardins clos de murs, une fontaine avec son bassin carré et ses conduits en bois, un édifice circulaire destiné à des bains, un bel et long portique pavé et lambrissé en mosaïque pouvant servir à la promenade et à la conversation, et enfin un petit temple carré avec son enceinte murée. Tous ces édifices occupaient une colline isolée appelée *la Butte de Nolent*, en vue de la mer et au fond d'une baie magnifique. Dans le jardin de la villa on trouva en 1840 des sépultures franques ou saxonnes où les squelettes étaient accompagnés de vases déposés aux pieds et sur le corps, de sabres, de boucles, de couteaux, de fibules, de ciseaux, de bagues et de colliers en perles de verre. Les objets provenant de ces sépultures, les marbres, les stucs et autres débris produits par les fouilles de Sainte-Marguerite sont déposés à la bibliothèque de Dieppe, où se trouvent également quatre belles vues coloriées de la villa, ainsi qu'un plan en relief de ces ruines curieuses. Le plan et les vues sont l'œuvre de M. Amédée Féret. — Belle urne en verre bleu, contenant des os brûlés, trouvée près du château de M. de la Tour. Des masses de tuiles et de poteries se rencontrent sur l'espace d'un kilomètre, depuis la *Butte de Nolent* jusqu'au corps de garde des douanes et à l'ancienne batterie. ‖ *Ép. franque.* Un peu au-dessus de cette batterie, dans une terre qui appartient à la fabrique et tout au bord de la falaise, est un cimetière franc-mérovingien découvert par M. Sollicoffre en 1822. On y trouva alors des cercueils de pierre, des boucles, des fibules, des sabres, des couteaux et des médailles d'Antonin et de Lucille. Fouillé en 1840 par M. Féret, il donna divers débris et des cercueils en pierre de Vergelé, dont un a été apporté à Dieppe. ‖ *Moyen âge.* Église sous le vocable de Sainte-Marguerite, construite au xi° siècle. Il reste de la construction primitive la muraille du côté nord de la nef et l'abside circulaire qui termine le chœur. Quoique le chœur soit en grès du xvi° siècle, l'abside cependant est restée en pierre tuffeuse, percée de petits soupiraux en guise de fenêtres et couronnée d'une corniche à têtes grimaçantes. L'appareil extérieur est décoré de cintres aveugles et entre-croisés qui produisent l'ogive primitive. Ce mur a été restauré par M. Féret en 1827 et par M. l'abbé Cochet en 1853, avec les secours de l'Empereur. Cette abside renferme un autel de pierre du xii° siècle, le plus vieux et le plus beau du diocèse de Rouen : c'est un massif de pierre surmonté d'une table et orné sur le devant de cinq colonnes romanes, dont les chapiteaux sont décorés de feuilles, d'enroulements et d'entrelacs, primitivement couverts de peintures qui étaient entièrement effacées lorsque M. l'abbé Cochet l'a fait réparer en 1850. (Voir une gravure de cet autel dans *les Églises de l'arrondissement de Dieppe*, t. II, p. 57-64, et dans le *Cours d'antiquités monumentales* de M. de Caumont, t. VII.) ‖ Le reste de l'église appartient au xvi° siècle. L'allée latérale au midi, construite en grès, fut ajoutée en 1528, comme le porte une inscription. Baptistère de pierre, octogone, sculpté dans le style de la Renaissance, dont les huit faces présentent des actes de la vie des Saints, et surtout de celle de sainte Marguerite. — Colombier en pierre et en brique qui orne la cour du château de M. de la Tour : construction élégante qui paraît dater du règne de Henri III. = BLANC-MESNIL. Ancienne paroisse supprimée comme commune en 1823 et partagée entre Varengeville et Sainte-Marguerite. L'église, placée dans la plaine, comme le village, était dédiée à saint Martin. Fermée à la Révolution, elle tombait en ruines quand elle a été vendue et démolie en 1824. On dit que l'église primitive était située dans un petit val, où l'on voit aujourd'hui un buisson qui s'appelle encore *le Cimetière de Saint-Martin* et qui figure comme chapelle ruinée sur la carte du diocèse de Rouen de 1715. — Monument civil : le phare d'Ailly élevé en 1775 par les soins de la Chambre de commerce de Rouen ou plutôt de Normandie[1], tour quadrangulaire, construite à grandes assises de pierres taillées à facettes et décorées de modillons et de frontons arrondis un peu dans le style Pompadour.

SAUQUEVILLE. *Moyen âge.* Collégiale sous le vocable de Notre-Dame, fondée par Jourdain de Sauqueville et confirmée par Gauthier de Coutances, archevêque de Rouen, le 17 janvier 1201. Cette église possédait des terres en Normandie et en Angleterre. Elle fut plusieurs fois visitée par Eudes Rigaud, de 1251 à 1261, et probablement par saint Louis en avril 1257. Supprimée en 1791, elle fut démolie en 1825, et l'on construisit une fabrique avec ses matériaux. On dit qu'elle était monumentale et du xiii° siècle. Le baptistère et la croix de pierre, qui sont du xvi° siècle, se voient encore dans l'église de Saint-Aubin-sur-Scie. Un assez bon nombre de débris ont été conservés au château de Miromesnil et à Écorchebeuf dans le pavillon de M. Reiset. La dalle de marbre d'Aymard de Manneville, décédé en 1617, existait chez un maçon de Dieppe. Les dalles de Jacques et de Joseph de Manneville, décédés l'un en 1636, l'autre en 1729, sont aujourd'hui au musée de Rouen. — Ancien cimetière, que traverse, depuis 1847, le chemin de fer de Dieppe.

TOURVILLE-SUR-ARQUES. *Moyen âge.* Église sous le vocable de Saint-Martin, donnée au xi° siècle à l'abbaye de Saint-Georges de Boscherville et confirmée à ce monastère en 1131 par Innocent II. Il ne reste rien de cet édifice primitif. Église actuelle, entièrement en grès, datant du xvi° et du xvii° siècle. Le clocher et le côté sud de la nef sont de 1527 ; le côté nord est de 1666. Joli bénitier en pierre du temps de François Ier, sculpté et posé sur une maçonnerie également décorée : il vient de l'église supprimée de Beaumais. Baptistère en pierre et couvert d'élégantes sculptures du xvi° siècle : il vient de l'église supprimée de Saint-Ouen-Prend-en-Bourse (canton de Longueville). Longtemps ce baptistère a servi de loge à chien dans une auberge de Sauqueville. Dans la chapelle du midi, une belle clef de voûte décorée des attributs de la Passion et un joli lambris en bois qui doit dater du temps de François Ier. On y remarque une image de la Trinité à trois faces.

---

[1] Les deux phares de la Hève furent élevés à la même époque et par la même corporation. Avant l'établissement du phare d'Ailly, Dieppe avait, à l'entrée de son port, une lanterne déjà existante en 1372 et élevée sans doute par les archevêques de Rouen. Elle était située au bout de la rue de la Lanterne, qui lui doit son nom. En 1848, l'on a démoli la base de cette tour, qui était ronde et bien appareillée. Pendant plusieurs siècles elle avait été enveloppée dans une motte de terre appelée *la Butte du Moulin à vent*. Au Havre, l'ancien phare s'appelait *la Tour des Castillans* et se trouve mentionné dès 1462.

Dans le chœur, qui est modernisé, fut inhumé sans pompe, le 7 juillet 1796, Huc de Miromesnil, ancien garde des sceaux de Louis XVI, décédé en son château de Miromesnil. — Le château de Miromesnil, sur lequel l'un des derniers gardes des sceaux de Louis XVI a jeté une récente illustration, est une belle construction du XVI° et du XVII° siècle. La façade méridionale, construite en brique et encore accompagnée de deux tours rondes, paraît appartenir à la fin du XVI° siècle, tandis que la façade septentrionale, construite en pierre de taille, est une œuvre magistrale du temps de Louis XIII. La chapelle, dédiée à saint Antoine, est placée dans les avenues du château et dépend de la commune de Saint-Aubin : c'est une construction du XVI° siècle, terminée par un vitrail de 1583 représentant la Compassion. Quatre belles statues de pierre, peintes et dorées, décorent le sanctuaire.

VARENGEVILLE-SUR-MER. *Ép. gauloise.* Sur la falaise la plus avancée s'élève une énorme butte en terre dont la forme un peu allongée ressemble assez à une fosse de nos cimetières. Le peuple, qui symbolise tout, dit que c'est la «tombe du petit doigt de Gargantua.» Le nom que porte ce tertre antique est celui de *Catelier*, nom que l'on retrouve à Veulettes, près Cany, et sur plusieurs points de la Seine-Inférieure. Comme à Veulettes, le Catelier de Varengeville n'est que le reste d'un ancien camp tombé à la mer, dont cette butte formait en partie le rempart. || *Moyen âge.* L'église, sous le vocable de Saint-Valery, fut donnée en 1035 à l'abbaye de Conches, donation qui fut confirmée par Henri II en 1150 et par Grégoire IX en 1235. De l'église primitive il reste une muraille romane en tuf, au côté nord de la nef et au transept septentrional. Le clocher, entre chœur et nef, appartient au XIII° siècle. L'allée latérale au midi, une partie de la nef et le transept sud ont été refaits en grès «l'an MIL V°° XLVIII.» Sur une des colonnes on remarque une figure à trois têtes, image grossière de la Trinité. Dans la nef est encastrée une pierre tumulaire avec inscription en vers, de 1634. Cette église est bâtie au bord de la falaise et à l'extrémité du village. Une tradition prétend que c'est le saint abbé de Leuconaüs qui a voulu qu'elle fût placée là. Les habitants désiraient la voir au milieu de la paroisse; mais ce que l'on y construisait le jour était porté la nuit sur le rivage, où elle est aujourd'hui. La tradition du pays prétend encore que cette église fut autrefois une abbaye et que les moines avaient leur demeure à l'entour. Ce qui peut jusqu'à un certain point confirmer cette tradition, c'est que le cimetière est rempli de décombres et de fondations et que l'on y trouve aussi beaucoup de cercueils de pierre. — Ancienne grange dîmeresse des moines de Conches, appelée *la Grange de Conches.* — Au milieu de Varengeville, dans un carrefour appelé *la Place de l'Épine*, est une chapelle de Saint-Jérôme, construite en grès vers 1640 et sécularisée à la Révolution. Une inscription sur marbre, relative aux fondateurs et qui se voyait autrefois dans cette chapelle, est à présent dans l'église de Varengeville. — Manoir d'Ango, armateur dieppois, qui fut le Jacques Cœur de la Normandie et qui reçut François Ier et les ambassadeurs du roi de Portugal, devenu aujourd'hui une ferme. L'ensemble des constructions, élevées de 1530 à 1542, forme un carré parfait, jadis entouré de fossés remplis d'eau. Deux grandes portes en grès introduisaient dans la cour intérieure, qui fut pavée et qui renferme un colombier en pierre et en brique. Le corps de logis principal, très-reconnaissable à sa construction de pierre et à sa belle architecture, entièrement de la Renaissance, renferme une galerie ouverte, encore décorée de peintures murales de 1542; une grande galerie fermée qui la surmonte; un large escalier de pierre; une tourelle qui a vue sur la mer, et les salles, dont les cheminées sont richement ornementées et dont les souches décorent les toits de tuile. La cuisine du fermier, qui est peut-être celle d'Ango, les écuries et les bergeries actuelles, ont été sculptées et décorées en 1542, dans le style le plus élégant de la Renaissance; des grilles de fer et des restes des jardins complètent l'ensemble. (Voir les vues du manoir d'Ango dans les *Voyages pittoresques et romantiques dans l'ancienne France*, par MM. Nodier, Taylor et de Cailleux, et dans une foule de recueils.)

CANTON DE TÔTES.

(Chef-lieu : Tôtes.)

ANGLESQUEVILLE-SUR-SÂANE. *Moyen âge.* Appelée sans doute *Anglica Villa*, en 1059, dans la charte de Raoul de Varenne et d'Emma, son épouse, à l'abbaye de la Sainte-Trinité de Rouen. Église sous le vocable de Saint-Wandrille, fondée au XI° siècle. Il ne reste de la construction primitive que quelques contre-forts plats de la nef. Le chœur et le clocher sont neufs.

AUFFAY. *Moyen âge. Isnelville, Isnelli Villa* avant le XI° et le XII° siècle, où prévalent en latin les noms d'*Altafagus* ou *Altifagus*. Le sol renferme de nombreux et abondants débris; d'anciennes constructions se montrent partout, dont jusqu'à présent l'on n'a pu préciser la nature. Le prieuré, fondé par Richard d'Heugleville en 1060, avec le bourg lui-même, fut d'abord une collégiale de chanoines réguliers. En 1067, Gilbert d'Auffay donna la maison à l'abbaye de Saint-Évroul, qui y envoya des moines. Ce prieuré dura jusqu'à la fin du XVI° siècle, mais le titre subsista jusqu'à la Révolution. Aujourd'hui il ne reste plus que la maison du prieur, devenue le presbytère, encore appelée *la Prieurée*. On y remarque une cheminée sculptée du XVI° siècle. En 1861, des fouilles faites pour la sacristie ont montré l'ancien cloître, placé au nord de l'église. Il s'y est rencontré des carrelages émaillés, des sépultures et des dalles tumulaires du xiv° siècle. — L'ancienne église prieurale, aujourd'hui paroissiale, sous le vocable de Notre-Dame, a trois nefs avec transepts. Clocher, entre chœur et nef, et les deux transepts, romans du xi° siècle, mais retouchés au xvi°. Nef avec ses collatéraux, belle construction en pierre du règne de saint Louis, remarquable surtout par les colonnes des travées et une belle galerie aveugle à l'intérieur. Chapelle de la Sainte-Vierge, au midi du chœur, du xiv° siècle. Chœur voûté avec abside et chapelle de Notre-Dame-de-Pitié, qui est au nord, du xvi° siècle. Portail, en grès, rebâti sous Henri IV et Louis XIII. Verrières du xvi° siècle, notamment dans le chœur, représentant des scènes de la vie et de la Passion du Sauveur. Inscriptions obituaires et tumulaires de 1494, de 1513 et de 1601. Magnifique dalle tumulaire de 1346, encastrée en 1861. Cette église, en partie détruite par un incendie en 1867, est maintenant en reconstruction. Des Magots du xvii° siècle, appelés *Auzou Bénard* et *Paquet Civière* et placés contre le flanc méridional de la nef, sonnaient les heures. — Le vieux château des barons d'Auffay, fondation du xi° siècle, était situé au pied de la colline orientale, du côté du *Bosmelet*. Il en restait naguère des fossés profonds et des murailles d'une grande épaisseur. Aujourd'hui il ne subsiste plus qu'une motte énorme, sur laquelle on a assis une habitation moderne. — La chapelle du Bosmelet (de *Boscomerlet*), qui existait au xiii° siècle, n'est plus aujourd'hui qu'une construction moderne. — Ancienne chapelle du *Clos Jaquet*, édifice du siècle dernier, sécularisée depuis cinquante ans. — On a trouvé, à diverses reprises, beaucoup d'ossements et de débris dans le *Clos Jaquet*, où fut autrefois la léproserie de ce nom. — Au hameau de Sainte-Catherine fut autrefois un prieuré de ce nom.

BEAUNAY. *Ép. incertaine*. Près de l'église et au penchant de la colline une motte en terre entourée de fossés profonds. La tradition prétend que c'est la base d'une ancienne forteresse. ǁ *Ép. franque*. Cercueil de plâtre, long de 2 mètres et large d'environ 50 centimètres, trouvé dans le cimetière en 1840. Il a été enfoui de nouveau. ǁ *Moyen âge*. Église sous le vocable de Saint-Pierre. Le clocher, placé au portail, est une tour carrée du xii° siècle, percée de cintres et d'ogives. La nef et le chœur sont du xiii° siècle. Les transepts et une allée latérale ont disparu. Dans le chœur sont plusieurs dalles tumulaires, dont deux du xiv° siècle. Dans le sanctuaire se lit une fondation de 1620. — On dit que l'ancien château était situé au bord de la plaine, sur la colline qui avoisine l'église. Le château actuel, assis aux sources de la Vienne, rebâti en partie en 1775, conserve des portions du xvi° siècle, notamment une chapelle ornée de devises.

BELLEVILLE-EN-CAUX. *Moyen âge*. Église sous le vocable de Saint-Wandrille, primitivement construite au xi° et au xii° siècle, mais considérablement modifiée au siècle dernier. Deux inscriptions sculptées sur bois apprennent que la *carpenterie* de la nef «fut faicte l'an MIL CCCC et X» (1410) et qu'en «l'an V°° LXVIII (1568) fut faict le chancel.»

BERTRIMONT. *Ép. incertaine*. Près de l'église on voit dans une ferme une motte en terre, remparée de silex; on l'appelle *la Ferté* (*Firmitas*). ǁ *Moyen âge*. Église sous le vocable de Saint-Pierre. Le chœur est en grès, du xvi° siècle. La nef et le clocher sont de 1700. — Chapelle de Saint-Étienne du Bos-Guyon, aujourd'hui détruite. — En 1867, on a trouvé dans une mare un vase de terre contenant 280 *blancs au soleil* de Louis XI et de Charles VII.

BIVILLE-LA-BAIGNARDE. *Ép. celtique?* Surnommée *la Baignarde* à cause d'une mare révérée où l'on venait se baigner toute l'année, et surtout le 19 juin, jour de Saint-Onuphre. La mare est comblée depuis longtemps, mais le *feu de Saint-Onuphre* a duré jusqu'en 1859. ǁ *Moyen âge*. Église sous le vocable de Saint-Paër. Nef et clocher en grès du xvi° siècle; chœur du xviii°. Pierres tumulaires du xv° siècle. Fragments de vitraux.

BRACQUETUIT. *Moyen âge*. Église sous le vocable de Sainte-Marguerite, renfermant beaucoup de traces du xii° siècle au milieu de réparations modernes. Dans l'abside, refaite en 1686, une jolie piscine, à double cuvette, du xiii° siècle. Au portail, un Christ habillé et en pierre, probablement du xii° siècle. Dans la nef et le chœur des dalles tumulaires du xvi° siècle. La cloche, fondue en 1646, a eu pour parrain M. Godard de Belbœuf et pour marraine Marie de Bourbon, duchesse de Longueville et d'Estouteville, l'héroïne de la Fronde.

CALLEVILLE-LES-DEUX-ÉGLISES. *Ép. franque*. Les auteurs du *Gallia christiana* (nova) placent, ou au moins soupçonnent, à Calleville, un ancien monastère détruit par les Normands. Le fait est qu'ils en signalent un dans leur livre (*Gall. christ.* t. XI, p. 131) et sur leur carte de la province de Rouen, dressée par Nolin en 1767. Peut-être se sont-ils fondés sur les dénominations de *Grand* et de *Petit Montier* que l'on trouve à Calleville. ǁ *Moyen âge*. En effet il y eut, au moyen âge et jusqu'à la Révolution, deux églises de ces noms, séparées seulement par le grand chemin. Toutes deux étaient dédiées à saint Paër, évêque de Chartres. La tradition prétend qu'elles avaient été fondées par deux sœurs qui étaient riches, pieuses et rivales. Le *Petit-Montier* a été démoli en 1808; le *Grand-Montier* seul a été conservé : c'est un édifice moderne, sans intérêt comme sans caractère. Contre-table en bois du xvii° siècle.

ÉTAIMPUIS. Formée des deux anciennes paroisses d'Étaimpuis et de Biennais. — ÉTAIMPUIS. Appelée, dans les vieux titres, de *Extincto Puteo*. Source du *Cachefétu*, dont les apparitions irrégulières sont la terreur de la contrée. — L'église actuelle, sous le vocable de Saint-Martin, est moderne; elle ne renferme d'ancien qu'une image en pierre de saint Martin à cheval et une grande inscription obituaire du xvi° siècle. En 1858, en démolissant une vieille maison en bois du xvi° siècle, on a trouvé un exemplaire des psaumes de David traduits par Cl. Marot et Th. de Bèze, imprimé en 1560 et caché vers cette époque. (*Revue des Soc. sav.*, t. V, p. 542.) == BIENNAIS. *Ép. celtique*. On trouve dans une ferme une source révérée connue sous le nom de *Fontaine de Sainte-Clotilde*. || *Moyen âge*. L'église, dédiée à saint Martin, est du xvii° siècle, sauf un fragment du xiv°, au bas de la nef. Dans le chœur, pierres tumulaires du xiii° siècle.

EURVILLE. *Moyen âge*. Ancienne église prieurale, sous le vocable de Saint-Pierre, dépendant du Tréport. Sur les murs chancelants restent des croix de consécration du xvi° siècle. L'édifice est défiguré.

FONTELAYE (LA). *Moyen âge*. Église sous le vocable de Saint-Martin, refaite au xvi° siècle et remaniée au xviii°. — Petit château en brique du temps de Henri IV et de Louis XIII.

FRESNAY-LE-LONG. Formée des deux anciennes paroisses de Fresnay-le-Long et de Leuilly. — FRESNAY-LE-LONG. *Moyen âge*. Église sous le vocable de Saint-Nicolas, construite au xii° siècle, comme le prouvent l'appareil en feuilles de fougère et les ogives primitives du chœur et du portail. Des remaniements l'ont altérée au siècle dernier. Au midi est une chapelle du xvi° siècle, dédiée à la *Passion du Sauveur* et ornée au dedans comme au dehors de médaillons et de sculptures sur pierre représentant les scènes ou les attributs de la Passion. Baptistère en pierre, du xii° siècle, orné de têtes symboliques. Dans le chœur, pierre tumulaire des Bailleuls, seigneurs patrons, et, dans le sanctuaire, pierre gravée d'un curé décédé en 1584. == LEUILLY. Église sous le vocable de Saint-Pierre, démolie en 1820; il reste, dans le cimetière, le baptistère du xiii° siècle.

GONNEVILLE-LES-HAMEAUX. *Moyen âge*. Gonneville et ses hameaux, tels que Carcuit, le Mesnil, Caumont, la Vallée, sont mentionnés par les ducs de Normandie dès 948 et 1024. — Église sous le vocable de Saint-Valery, possédant encore quelques pierres tuffeuses du xi° siècle. Clocher en grès reconstruit entre chœur et nef en «MIL V°° LIX» (1559), ainsi que la chapelle de la *Passion*, qui forme le transept nord. Nef de 1737 et chœur de 1765. Dans le chœur est une pierre tumulaire à triples personnages avec inscription de 1547.

IMBLEVILLE. *Ép. romaine*. Des tuiles et des monnaies. || *Ép. franque*. On a trouvé, en 1840 dans un vase de terre, soixante-cinq deniers oboles d'argent de Charles le Chauve : dix-huit avaient été frappées à Rouen, le reste à Quentowic, Amiens, Saint-Denis, Reims, Soissons, Attigny, Senlis, Tours, etc. || *Moyen âge*. Église sous le vocable de Saint-Jean. Le xii° siècle a fait le chœur, dont il reste l'appareil au dehors et une double piscine au dedans, ainsi que le grand portail, qui est ogival. Nef consacrée le 18 mai 1522, ainsi que le clocher, au portail; tour en grès du xvi° siècle. Ce clocher soutint un siége, en 1563, contre les protestants. On y voit des traces de balles et de boulets. Dans le chœur, deux belles dalles tumulaires et seigneuriales, l'une de 1290, l'autre de 1304, gravées de personnages, avec inscriptions et armoiries. — Croix du cimetière en grès, avec l'écusson de Philippe de Dampierre, qui la donna en «MIL V°° X» (1510). — Château muni de ses tourelles, de son pont, de sa herse, avec la place d'une inscription qui déclarait que, «l'an de grâce 1491, noble homme messire Janon de Dampierre, chevalier seigneur de Biville-la-Baignarde et autres seigneuries, fit édifier cette maison.» En 1686, il y avait au château une chapelle de Notre-Dame.

MONTREUIL-EN-CAUX. *Ép. romaine*. Dans les taillis de Montreuil sont des terrassements, restes de forges et de ferrières. || *Ép. franque*. Appelée *Monasteriolum* par Charles le Chauve. — Cercueils de plâtre exhumés en 1840 et en 1846 dans le cimetière paroissial et dans une ferme voisine de l'église. || *Moyen âge*. Église sous le vocable de Saint-Antoine et de Saint-Sulpice. Quelques contre-forts en tuf du xii° siècle au milieu des reconstructions du xvii°.

SAINT-DENIS-SUR-SCIE. *Moyen âge*. Église dont la nef et le chœur possèdent encore des arcades cintrées et des fenêtres ogivales qui doivent remonter au xii° siècle. Le clocher, à l'entrée de l'église, a été reconstruit en 1612, comme le dit une inscription. Retable en albâtre du xiv° ou du xv° siècle, représentant la *Passion du Sauveur*. Il fut démonté avant la Révolution; les fragments en furent vendus en 1835 au musée d'antiquités de Rouen (*Catalogue du musée*, p. 47, 1845). — Chapelle de l'ancienne léproserie de Saint-Nicolas, au hameau de Beuville, devenue une simple habitation.

SAINTE-GENEVIÈVE-DU-PETIT-BEAUNAY. *Moyen âge*. L'église, au milieu de retouches modernes, montre encore des restes du xi° et du xii° siècle : notamment le clocher, placé au pignon occidental. Il se compose d'un campanile roman pour tinterelle, unique dans le département. Dans le chœur est une pierre tumulaire du xv° siècle.

SAINT-MACLOU-DE-FOLLEVILLE. Formée des anciennes paroisses de Saint-Maclou et de la Pierre.— SAINT-MACLOU. *Ép. romaine*. Nombreux débris antiques de constructions, de tuiles et de poteries, notamment dans les fermes du *Breuil* et de la *Rivière*. — Tradition d'une ancienne ville qui se serait appelée *Forteville*. — Les laboureurs disent en rencontrer les fondations. — Les bois contiennent des scories de fer. — On croit reconnaître une voie antique allant vers Pavilly. — Dans l'enceinte du château de la Pierre est une motte entourée de fossés. ‖ *Moyen âge*. Église sous le vocable de Saint-Maclou, bâtie au xie et au xiie siècle. Le chœur présente des tufs et des cintres romans ; la nef a des ogives du xiie siècle. Beaucoup de retouches y ont été faites au xvie et au xviiie siècle. ‖ *Ép. Renaissance*. Chaire et banc seigneurial en bois élégamment sculpté. = LA PIERRE. L'église, sous le vocable de Saint-Pierre, n'existe plus, ainsi que l'ancien prieuré de Saint-Thomas-sur-Scie. — Château en brique du temps des derniers Valois, qui ne manque ni de style, ni de caractère.

SAINT-PIERRE-BÉNOUVILLE. Formée des trois anciennes paroisses de Bénouville-sur-Sâane, de la Chapelle de Bénouville et de Dracqueville. — BÉNOUVILLE-SUR-SÂANE. *Moyen âge*. Église sous le vocable de Saint-Pierre. La nef en grès, du xvie siècle, renferme quelques débris de vitraux de ce temps. Le chœur a été refait en 1833. = LA CHAPELLE. L'église, sous le vocable de Saint-Pierre, est démolie depuis la Révolution. — DRACQUEVILLE. L'église, sous le vocable de Saint-Étienne, renferme des tufs, des cintres et des ogives du xiie siècle, mais les fenêtres ont été refaites sous Louis XVI. La charpente, qui est curieuse, a été construite « l'an MIL V^{cc} et XVIII » (1518). Entre chœur et nef sont de curieux bas-reliefs en bois du xvie siècle provenant d'une ancienne *Passion*.

SAINT-VAAST-DU-VAL. *Moyen âge*. Église sous le vocable de Saint-Vaast. Chœur de la fin du xiie siècle, comme le prouvent les deux lancettes du chevet. Nef bâtie « l'an de grâce MIL V^{cc} et IX » (1509). Clocher au portail, tour en grès de « l'an de grâce MIL V^{cc} et XI » (1511).

SAINT-VICTOR-L'ABBAYE. *Ép. romaine*. Tuiles trouvées vers 1850, en faisant le chemin de grande communication n° 3. Tuiles et poteries découvertes en 1840, à la ferme du *Breuil*. ‖ *Moyen âge*. Motte circulaire très-élevée placée au bout de l'église, dans l'enceinte de l'ancienne abbaye. En 1650, les mottes de Saint-Victor couvraient plus de 4 acres de terrain : restes, peut-être, du vieux château des Mortemer, châtelains de Saint-Victor, au xie siècle? — L'abbaye. Le prieuré de Saint-Victor-en-Caux fut fondé en 1051 par le prêtre Tormord et les Mortemer, châtelains du lieu. En 1074, Guillaume le Conquérant l'éleva à la dignité d'abbaye, qui dura jusqu'à la Révolution. Il ne reste que l'église, la salle capitulaire et la statue de Guillaume le Conquérant. — Salle capitulaire, charmant morceau du xiiie siècle dont les voûtes sont supportées par deux rangs de colonnes de la plus grande élégance : voûtes et colonnes décorées de peintures. Une porte et deux fenêtres ouvrent sur l'ancien cloître, qui n'existe plus. Eudes Rigaud, archevêque de Rouen, prêcha dans cette salle en 1268. — Statue de Guillaume le Conquérant, en pierre, encore décorée des peintures du temps, exécutée au xiiie siècle, debout dans une niche au midi de l'église. La tête est diadémée ; les cheveux sont roulés et courts ; la main droite tient un sceptre brisé ; au côté gauche est l'épée dont le baudrier ceint le personnage ; les pieds sont éperonnés ; la robe est longue. — L'église abbatiale, du xiiie siècle, a été démolie en 1752. Elle avait trois nefs et cinq chapelles ; comptait 40 mètres de long sur 30 de large et 22 de hauteur. Le clocher, large de 7 mètres, avait 30 mètres d'élévation. A présent, il ne reste que quelques arcades de pierre du xiiie siècle, noyées dans une maçonnerie en brique. Le clocher a été reconstruit au portail en 1755. Dans le chœur est une dalle tumulaire d'abbé du xiiie siècle et l'inscription encadrée de l'abbé de Circassis (1599-1618).

THIÉDEVILLE-SUR-SÂANE. *Ép. romaine*. La tradition du pays veut qu'il y ait eu autrefois une ville antique appelée *la Ville de Thiède* : ce qui justifie jusqu'à un certain point cette assertion populaire, c'est qu'il y a beaucoup de constructions et de débris romains au lieu dit *les Terres-Noires*. On y rencontre des puits, des monnaies, des ossements, des poteries et des tuiles en quantité. Les briques à rebords sont tellement abondantes que, de 1830 à 1835, on en a fait commerce pour la fabrication du ciment. Vases en terre rouge et grands bronzes d'Adrien. (E. Gaillard, *Recherches archéologiques*, p. 11 et 12. — *La Normandie souterr.*, 1re édit., p. 132 ; 2e édit., p. 150. — *Sépult. gaul. rom. franq. et norm.*, p. 155.) ‖ *Moyen âge*. L'église, sous le vocable de Saint-Nicaise, appartient au xie siècle par sa construction primitive, mais elle a été complètement défigurée dans les deux derniers siècles.

TÔTES. Formée des deux anciennes paroisses de Tôtes et de Bonnetot. — TÔTES. *Ép. franque*. Peut-être ce lieu, appelé *Tostes* au siècle dernier, est-il le *Toscarias* donné en 672, par Childéric II, à l'abbaye de Fontenelle? En 734, le même *Toscarias* avait été aliéné par l'abbé Teutsinde en faveur du comte Rathaire. Enfin en 1030, Gosselin, vicomte d'Arques, donna une partie du village de Tôtes « *Villa quæ dicitur Totes* » à l'abbaye de la Trinité-du-Mont de Rouen. (A. Leprevost, *Mém. de la Soc. des antiq. de Norm.*, t. XI, p. 6, 7 et 11.) ‖ *Moyen âge*. L'ancienne église de Tôtes, sous le vocable de Saint-Martin, a été démolie en 1849. Il y avait quelques traces du xiiie siècle et une inscription en vers, sculptée sur bois, de 1510, qui doit être conservée dans la charpente du nouveau clocher. Dans les fondations on a trouvé une statue équestre en pierre de saint Martin de Tours. Cette sculpture, du xv° siècle, est conservée. — Il ne reste plus rien du château de Tôtes, où, le 7 mars 1589, Villars, gouverneur du Havre; et de Chastes, gouverneur de Dieppe, eurent une entrevue qui décida du rôle de ces villes pendant la Ligue. = BONNETOT. L'église, dédiée à saint Paër, est démolie depuis 1800.

VARNEVILLE - BRETTEVILLE. Formée par la réunion des deux communes de Varneville et de Bretteville. — VARNEVILLE. *Ép. romaine.* Plusieurs voies antiques se croisant, l'une qui allait de Pavilly (*Pauliacum*) à Envermeu (*Edremau*), et le *chemin des Fées*, allant de Rouen au Bel-d'Arques et à la Cité de Limes. Dans le quartier du *Fond de la ville* on trouve beaucoup de tuiles. Vers 1840, on y a rencontré deux cercueils de pierre en forme d'auge. Une tradition prétend qu'au lieu dit *la Ville-à-Guets* ou *la Ville-aux-Guets* il existait une ville destinée à garder la contrée. Dans le cimetière qui entoure l'église il y a aussi beaucoup de tuiles à rebords. On trouve des puits, des maçonneries, des briques à rebords et des meules à broyer autour du *Camp de la Bouteillerie*. || *Ép. incertaine.* Enceinte fossoyée que l'on appelle dans le pays le *Camp de la Bouteillerie*. M. César Marette l'avait décrite en 1838. Cette enceinte, couverte de bois, peut contenir un hectare et demi. La plate-forme, circulaire, est entourée de deux douves ou fossés. Ces fossés ont encore 4 mètres de profondeur. (César Marette, *le Camp de la Bouteillerie à Varneville-les-Grès*, in-12 de 23 pages; Rouen, 1838. — *Les Églises de l'arrond. de Dieppe*, t. II, p. 526-29.) || *Moyen âge.* Église sous le vocable de Saint-Vincent et de Saint-Médard. Le chœur est un joli monument du xiii° siècle, sauf les fenêtres, refaites sous Louis XV. La nef est en grès du xvi° siècle. Le clocher est moderne. Dalle tumulaire avec inscription et personnages de «MIL V°° XXXVI» (1536). Sacristie ou *vestiaire* construit en 1650. — Le vieux château était près de l'église; on n'en montre que la place. = BRETTEVILLE-DU-PETIT-CAUX. Église sous le vocable de Saint-Ouen. On y trouve une inscription sur bois de 1579. Le reste est du xviii° siècle.

VARVANNES. *Moyen âge.* L'église, sous le vocable de Saint-Sulpice, a été rebâtie en 1845. — Le château conserve quelques fragments du xvi° siècle. Vers 1830, on a trouvé dans une de ses caves trois figurines en terre cuite vernissées de vert, probablement du moyen âge.

VASSONVILLE. *Moyen âge.* L'église, sous le vocable de Saint-Pierre, renferme çà et là des traces du xi° siècle; mais, comme le dit une vieille inscription, «l'an MIL V°° XII» (1512), au «mois de may, fust faitte la nef de ceste église», et elle «fut dédiée l'an MIL V°° XII, le xii° jour de juing.» Le chœur a été remanié en partie en 1776.

ARRONDISSEMENT DU HAVRE.

CANTON DE BOLBEC.

(Chef-lieu : BOLBEC.)

BERNIÈRES. *Moyen âge.* Appelée *Beuzemouchel* jusqu'au siècle dernier. — L'église aurait été déplacée, l'ancienne étant au *Vau Roger*. L'église actuelle aurait dépendu d'une léproserie dont on prétend que les bâtiments se rencontrent encore au nord de l'édifice. Près d'elle est une mare qu'on appelle *la Mare aux Galeux*. — Église sous le vocable de Saint-Quentin et de Saint-Jean, en tuf, construite au xi° siècle. Le clocher, entre chœur et nef, est une construction curieuse. Le chœur, voûté au xvi° siècle, se termine en abside semi-circulaire. Les caveaux, pillés à la Révolution, renfermaient des cercueils en plomb. Jusqu'en 1839 on allumait à Bernières des feux de carrefour à la Saint-Jean.

BEUZEVILLE-LA-GRENIER. *Ép. romaine.* Voie romaine de Lillebonne à Étretat, mentionnée au xii° siècle sous le nom de *Chaussée*. || *Moyen âge.* Église sous le vocable de Saint-Martin. Clocher, entre chœur et nef, du xi° siècle. Nef et chœur du xvi° siècle et de bonne architecture. Chapelle seigneuriale contiguë au chœur, servant de sacristie, chef-d'œuvre de 1600 ou environ; bénitier creusé dans une colonne sculptée du xvi° siècle. Les caveaux ont été violés à la Révolution. Pierres tumulaires, et à l'extérieur deux inscriptions tumulaires et obituaires du xvi° siècle.

BEUZEVILLETTE. *Moyen âge.* Église sous le vocable de Saint-Étienne et de Saint-Aubin. Nef et clocher de la transition du XII° siècle : tous deux retouchés au siècle dernier. Chœur en pierre blanche, du XVI° siècle. A côté est une chapelle seigneuriale du XVII°. — Croix de carrefour en pierre, du XIII° siècle.

BOLBEC. *Ép. gauloise.* La rivière de Bolbec avait été autrefois bouchée avec des balles de laine, tradition qui paraît se rattacher au culte des eaux, sources et fontaines. || *Ép. romaine.* Voie romaine allant de Lillebonne à Étretat et à Fécamp. En traçant un chemin à *Roncherolles*, vers 1840, on trouva plusieurs vases funéraires, notamment une belle urne en plomb couverte d'ornements en relief, remplie d'os brûlés, donnée au musée de Rouen par M. Jacques Fauquet, maire de Bolbec. (Voir Roach Smith : *Collectanea antiqua*, vol. III, p. 62, et *la Normandie souterraine*, 2° édit. p. 140.) En 1847-48, au fond de la *Vallée de Fontaine*, dans un petit bois appartenant à M. Lemaître-Lavotte, manufacturier à Bolbec, les ouvriers ont trouvé une centaine de groupes de sépultures par incinération, des trois premiers siècles, contenues dans des urnes de terre et de verre, avec des vases aux offrandes en terre et en verre et des objets en bronze, en os, en émail et en terre cuite. La plupart des pièces ont été dispersées. Il y en a à Rouen, chez M. l'abbé Somménil, et au Havre, chez M. Platel, architecte de la ville, qui consistent en onze vases, une statuette de Vénus, un médaillon de Bacchus, des perles de verre, des fibules de bronze émaillé et les débris d'un beau plateau en verre colorié. || *Moyen âge.* Vieux château de *Fontaine-Martel*, masse importante encore, entourée de ses fossés profonds et surmontée de la motte de son donjon. Les murs épais qui l'entourent remontent peut-être à l'époque franque ou à l'époque romaine. — Entre le château de Fontaine-Martel et le cimetière romain se voit encore, près d'un ancien *vivier* rebouché, une chapelle de Saint-Martin, construite en tuf au XI° siècle. — Ancien prieuré du *Val-aux-Grès* ou du *Val-aux-Malades*, dans le vallon de ce nom, au bord de la route départementale n° 9, qui va de Bolbec à Goderville. C'est une ancienne léproserie du XII° siècle qui a été reconstruite au XVII° et en 1754; aujourd'hui habitation privée conservant son caractère monastique. || *Ép. moderne.* La ville de Bolbec, ayant été brûlée le 14 juillet 1765, n'a rien conservé d'ancien. Le prieuré de Saint-Michel, possédé par les abbayes de Fécamp et de Bernay, a disparu. — L'église actuelle, dédiée au chef des anges, a été construite de 1774 à 1781, sur les plans de M. Patte, architecte de Paris. — Statue en marbre blanc du XVIII° siècle, qui représente le *Temps* et qui surmonte une fontaine à laquelle elle a donné son nom.

BOLLEVILLE. Formée des deux anciennes paroisses de Bolleville et Guillerville. — BOLLEVILLE. *Moyen âge.* Église sous le vocable de Saint-Pierre. Le chœur appartient au style ogival primitif. Il fut consacré par Eudes Rigaud, le 16 août 1248. La nef, en pierre, est du XVI° siècle. Elle possède des restes de verrières. Le clocher, au portail, est une tour du XVIII° siècle. L'ancien était un corps carré roman, entre chœur et nef. — Le célèbre critique Richard Simon a été curé de Bolleville de 1681 à 1692. == GUILLERVILLE. *Ép. romaine.* Constructions et meules à broyer trouvées en 1841. || *Moyen âge.* L'église, dédiée à saint Léger, a été démolie en 1825.

GRUCHET-LE-VALASSE. *Ép. romaine.* Voie romaine qui de Lillebonne allait à la mer, soit à Étretat, soit à Fécamp. || *Moyen âge.* Église sous le vocable de Saint-Thomas de Cantorbéry. Construction du XVI° siècle, sauf quelques traces du XV° siècle qui se voient encore au côté nord de la nef. — Ancienne abbaye du Valasse, bâtie vers 1157, par Valeran, comte de Meulan, et par l'impératrice Mathilde, supprimée en 1790 et vendue en 1791. En 1810, la belle église fut démolie et quelques-uns de ses débris subsistent encore. Généralement ils appartiennent au XVI° siècle. Les bâtiments conventuels et monastiques, reconstruits sous Louis XIV, sont parfaitement conservés. Ils gardent du XII° siècle de belles salles soutenues au milieu par un rang de colonnes romanes. Cette partie du monument, devenue une remise, est un beau morceau d'architecture de transition. On y remarque une vaste cheminée et des pierres tumulaires du XIII° siècle. Dans le parc du Valasse, deux tourelles aiguës en pierre qui doivent remonter au XII° et au XIII° siècle; une pierre tumulaire servant de seuil à la maison du portier. Dalle de Pierre Boutren, abbé, mort en 1546, encastrée maintenant dans l'église de Gruchet. Riche croix processionnelle du XII° siècle, conservée au musée de Rouen. Cette croix, que l'on croit avoir été donnée par Mathilde elle-même, est en bois d'ébène revêtu d'une feuille d'argent doré, décorée de filigranes très-délicats, enrichie de brillants, de cristaux colorés et de pierres précieuses. Au centre est une petite croix de même travail, mais en or, entourant une petite relique de la vraie croix. Au revers, la croix centrale est remplacée par une frappé en argent du XV° siècle. Les filigranes qui l'entourent sont plus simples.

LANQUETOT. *Ép. incertaine.* Le peuple prétend que l'on voit près de *l'Épine* une dame blanche. Il assure aussi qu'aux environs du château on voyait autrefois une bête blanche et un cheval sans tête. || *Ép. romaine.* A *l'Épine* on a trouvé, en élargissant le chemin qui conduit à la station de Nointot, des vases en terre rouge et une monnaie du Bas-Empire. || *Moyen âge.* Église sous le vocable de Saint-Aubin. Le clocher, entre chœur et nef, est en tuf roman du XI° siècle. Le chœur, originairement roman, a été modifié en 1769. La nef est en grande partie une reconstruction du XVI° siècle.

— Près de la porte latérale est une longue inscription obituaire et seigneuriale de 1455, relative à la famille de Thomas Bazin, évêque de Lisieux et historien de Charles VII.

LINTOT. *Ép. romaine.* Voie romaine allant de Lillebonne (*Juliobona*) à Grainville (*Gravinum*). || *Moyen âge.* Église sous le vocable de Saint-Samson, avec transepts, construite au XIIe siècle. Clocher remarquable. Chœur et nef profondément modifiés au XVIe et au XVIIe siècle. Le chevet du chœur possède une assez belle fenêtre avec verrière du temps de Henri IV.

NOINTOT. *Moyen âge.* Il y a tradition d'église transférée. L'église actuelle, sous le vocable de Saint-Sauveur, est moderne et date seulement de 1741. — Dans le cimetière est la base d'une croix de pierre du XVIIe siècle.

PARC-D'ANXTOT (LE). Formée des deux anciennes paroisses du Parc et d'Anxtot. — LE PARC. *Moyen âge.* Appelée au moyen âge *Parcus.* — L'église actuelle, sous le vocable de Saint-Blaise, est une bonne construction en pierre blanche du XVIe siècle. Le chœur a du style et du caractère. Sur la charpente de la nef on lit le *Salveregina,* l'*Ave regina* et le millésime de « Vcc XLI » (1541). = ANXTOT. Appelée au moyen âge *Ansoltot.* Mentionné dès 1050 par le duc Guillaume, a perdu son église, dédiée à saint Léger.

RAFFETOT. *Moyen âge.* Église sous le vocable de Sainte-Anne. Le chœur est une élégante construction en pierre du XVIe siècle. Entre le chœur et la nef, un clocher du XIIIe. La nef, au milieu de constructions modernes, présente quelques débris du XVIe siècle. La chapelle seigneuriale, placée au côté nord, est une construction du temps de Louis XIII ou de Henri IV, recouvrant un caveau sépulcral. Sur le vitrail on lit la date de 1607. Sous le clocher est une inscription tumulaire de 1510. Baptistère en pierre, orné de sujets sculptés en l'année 1607. Dans l'église on remarque des médaillons sculptés sur bois représentant les apôtres. — Le château, belle construction du temps de Louis XIV, a servi de prison pendant la Révolution.

ROUVILLE. Formée des deux anciennes paroisses de Rouville et de Bielleville. — ROUVILLE. *Moyen âge.* L'église, sous le vocable de Saint-Hermès, garde quelques traces du XIe siècle, mais la majeure partie du chœur et de la nef a été refaite dans ces derniers temps. Le clocher, au milieu de l'église, est un corps carré du XVIe siècle, surmonté d'une aiguille de pierre du XVIIe. Le baptistère est sculpté dans le style de la Renaissance. = BIELLEVILLE. Surnommée parfois *la Palleterie* ou *la Pailleterie. Ép. gauloise ou romaine.* Terrassements sous le nom de *Mottes d'Hallebosc* ou de *Parc d'Hallebosc.* En 1844, il restait deux tertres d'une grandeur inégale; tous deux réunis formaient un camp hexagone de 321 pas de circonférence, entouré de fossés de 7 mètres de profondeur. La butte principale avait 35 mètres de hauteur et jouait le rôle du donjon dans un château. Quand on a détruit ces mottes, en 1856, on a trouvé un bon nombre de vases antiques, des objets en fer oxydé et un grès taillé que l'on crut être un tombeau. Il y avait des cendres et du charbon dans le sol et au milieu un puits appelé *le Puits du Diable.* || *Moyen âge.* Église sous le vocable de Saint-Pierre. Nef romane du XIe siècle. Clocher du XVIIe et chœur du XVIIIe. Le baptistère est une cuve curieuse du XIIe siècle.

SAINT-JEAN-DE-LA-NEUVILLE. *Moyen âge.* Église sous le vocable de Saint-Jean. Clocher en pierre du XVIe siècle. Chœur, aussi en pierre, de 1600. Nef paraissant moderne, avec quelques traces de la Renaissance. Dans le chœur, huit jolies stalles en bois sculpté provenant de l'abbaye de Montivilliers; probablement de 1518.

TROUVILLE-EN-CAUX. Formée des deux anciennes paroisses de Trouville et d'Aliquerville. — TROUVILLE. *Ép. romaine.* Voie romaine de *Juliobona* (Lillebonne) à *Gravinum* (Grainville-la-Teinturière). (*Mém. de la Soc. des antiq. de Norm.,* t. XIV, p. 160, et t. XXIV, p. 336. — E. Gaillard, *Recherches archéol.,* p. 10.) Lorsque M. le président Caillot de Coquereaumont, sous Louis XVI, fit abattre le tumulus qui bordait la voie antique, il trouva un grand nombre de vases contenant des os brûlés, que les ouvriers détruisirent, parce qu'ils les regardaient comme des œuvres de sorcellerie. (E. Gaillard, *Précis analytique de l'Académie de Rouen,* année 1836, p. 155.) En 1857, M. Fleury, maire de Rouen, trouva un grand nombre de vases funéraires, dont beaucoup furent détruits par les ouvriers. Cependant il en sauva huit en terre et en verre. Il y avait des urnes et des vases aux offrandes, mais la pièce la plus importante était une belle coupe de verre représentant en relief les courses du cirque; au-dessus des quadriges était une inscription illisible. Cette belle coupe a été décrite et reproduite à Londres dans les *Proceedings of the Society of antiquaries of London,* 2d series, vol. I, p. 45-48; — à Caen, dans le *Bull. de la Soc. des antiq. de Norm.,* 1re année, 1860, p. 146-150; — à Chambéry, dans le *Bull. de la Soc. savoisienne d'hist. et d'archéol.,* 1860-61, p. 26, — et enfin à Paris, dans le *Bull. du Comité de la langue, de l'hist. et des arts de la France,* t. IV, p. 325-27. || *Moyen âge.* Église sous le vocable de Notre-Dame, entièrement du XIIIe siècle. Elle a été dédiée par Eudes Rigaud, archevêque de Rouen, le 7 des calendes de mai 1252. Le chœur, le clocher et le baptistère sont intacts; la nef seule a été défigurée au siècle dernier. Dans le cimetière est une croix de pierre du XVIIe siècle. = ALIQUERVILLE OU ARQUÉVILLE. *Moyen âge.* Petite église sous le vocable de Saint-Pierre, dont la nef romane a été défigurée depuis cent ans. Le chœur est du XVIe siècle et le clocher moderne.

CANTON DE CRIQUETOT-LESNEVAL.

(Chef-lieu : Criquetot-Lesneval.)

ANGERVILLE-L'ORCHER. *Moyen âge.* Église sous le vocable de Notre-Dame. Nef du xi° siècle, avec ses ouvertures agrandies au xvii°, sauf le portail, qui est un beau cintre roman, orné de billettes, de frettes, de dents de scie, etc. Clocher entre chœur et nef, tour carrée en pierre de style roman du xii° siècle. Chœur voûté et percé d'ogives, décoré au pignon d'une statue représentant un pape, flanqué au côté nord d'une jolie chapelle : constructions du xiv° siècle. Fonts baptismaux de la même époque.

ANGLESQUEVILLE - LESNEVAL. *Ép. romaine.* Vases antiques contenant des incinérations, trouvés en 1833 par M. Aubry-Bailleul dans son verger. Il y avait des urnes grises, des trépieds, des vases rouges, etc., dont plusieurs sont au musée de Rouen ; deux meules à broyer en poudingue trouvées en 1861. || *Moyen âge.* L'église, sous le vocable de Saint-Martin, est moderne dans son clocher et dans sa nef ; mais le chœur montre au chevet deux jolies lancettes du xiii° siècle et quelques traces du xi°.

BEAUREPAIRE. *Moyen âge.* Dans un bois voisin de l'église sont des ruines nommées *le Vieux Château*, où l'on voit des terrassements, un puits et un chemin pavé. — L'église, sous le vocable de Saint-Thomas de Cantorbéry, a été reconstruite vers 1760, l'ancienne ayant été interdite en 1754.

BÉNOUVILLE-SUR-MER. *Ép. celtique.* Peut-être pourrait-on attribuer à l'époque gauloise les remparts en terre qui séparent les deux communes d'Étretat et de Bénouville, remparts que l'on appelle de temps immémorial *les Fossés de Bénouville*. A ces retranchements se rattachent des traditions de femmes blanches et de chevaux qui courent se jeter du haut de la falaise. || *Ép. romaine.* Dans le vallon de la *Vévigne*, la *Ravine* de la Pentecôte de 1806 a révélé de bien anciennes murailles. Un quartier de Bénouville s'appelle *le Bout de la ville*, ce qui est souvent l'indice d'une villa romaine. || *Moyen âge.* L'église, sous le vocable de Sainte-Anne, est en grande partie romane du xi° siècle. Elle se terminait par une abside de ce temps. Elle a été remaniée sous Louis XV, et est très-mutilée de nos jours. On y remarque une fondation obituaire de 1732. — Dans la ferme de Décultot, une maison en ruines qui avait une cheminée romane existait encore en 1851. — Le château, reconstruit sous Louis XV, a perdu son caractère féodal.

BORDEAUX - SAINT - CLAIR. Formée des deux anciennes paroisses de Bordeaux-en-Caux et de Saint-Clair-sur-Étretat. — Bordeaux-en-Caux. Appelée *Bordelli* au xiii° siècle. *Ép. romaine.* La voie romaine de Lillebonne à Étretat a été reconnue sur plusieurs points. En 1840, on a trouvé dans un fossé de la grande rue une grande urne grise contenant une urne de verre pleine d'os brûlés et accompagnée de vases de terre et de verre. En 1842 M. l'abbé Cochet fouilla dans le Grand-Val, près du bois des Loges, le *Château-Gaillard*, qu'il avait sondé dès 1840, et y découvrit une construction composée de quatre appartements, dont l'un avec hypocauste, et, au milieu des ruines, des tuiles, des poteries, des verreries, avec monnaies de bronze du Haut-Empire. En 1843, dans la plaine qui incline vers le Petit-Val, il explora une villa soupçonnée dès 1834. On y avait, en effet, trouvé des monnaies antiques, entre autres un Néron en bronze et une consulaire en argent au nom de Dossen, de la famille Rubria. La villa qu'il y découvrit avait 100 mètres de longueur et était composée d'une galerie de 19 colonnes de pierre, de couloirs, de salles, de jardins, etc. Il a rencontré des Néron, des Trajan, des Faustine. (Voir, sur ces fouilles, les ouvrages indiqués à la bibliographie départementale.) || *Ép. franque.* Une opinion veut que Childemarque, première abbesse de Fécamp, ait été tirée d'un ermitage de Bordeaux-en-Caux. Vers 1830, des cercueils en tuf et en plâtre ont été trouvés à *Épivent*, dans une ferme où fut autrefois la chapelle de *Saint-Germain d'Épivent* ou *de Villerville*. En 1840, M. l'abbé Cochet y a reconnu des cercueils en tuf, dont un contenait une épée. || *Moyen âge.* On assure qu'au xii° siècle Bordeaux possédait des chanoines formant collégiale. — L'église, sous le vocable de Saint-Martin, a la forme d'une croix ; nef du xii° siècle, ainsi que l'ogive du portail ; toutefois les piliers du clocher ont été refaits à la Renaissance ; le reste est moderne. — La chapelle de Saint-Germain d'Épivent, à présent détruite, était située au hameau d'*Épivent*, autrefois *Villerville*. Vers 1170, elle fut donnée par l'impératrice Mathilde au prieuré de Bonne-Nouvelle de Rouen. == **Saint-Clair-sur-Étretat.** *Ép. romaine.* Voie romaine de Lillebonne à Étretat, au hameau appelé *les Fosses*, et la *rue Perreuse*. || *Moyen âge.* Le portail de l'église, sous le vocable de Saint-Clair, est du xii° siècle, ainsi que le baptistère en pierre. Le clocher est de « l'an MIL V°° « XXXV » (1535) ; le reste de l'église est moderne. — Chapelle de Saint-Nicolas de la Chantrerie, aujourd'hui détruite et dépendant d'une léproserie commune aux paroisses de Saint-Clair et d'Étretat.

CRIQUETOT-LESNEVAL. *Ép. antique, probablement romaine.* Près de l'église et au milieu du bourg est un tertre élevé de main d'homme, au pied duquel on a trouvé des écailles d'huîtres, des tuiles à rebords et des monnaies de bronze. On dit qu'autrefois il y avait deux autres mottes semblables : l'une à la *Malebrèque*, détruite vers 1818 ; l'autre au hameau de l'*Écluse*. Dans un petit bois connu sous le nom d'*Azélonde* est un camp entouré de fossés appelé *le Camp d'Azélonde*. On dit que ce camp fut occupé en 1563 par Charles IX, quand

Seine-Inférieure.

il vint assiéger le Havre, livré aux Anglais. ‖ *Moyen âge.* Église sous le vocable de Notre-Dame. Le clocher est un corps carré roman du xi° siècle, ainsi que l'ancien sanctuaire, qui sert de porche; tous deux ont été remaniés au xvi° siècle. L'ancienne église, démolie en 1848, était une construction du xi° et du xvi° siècle. Du xvi° il reste encore deux chapelles servant autrefois de transepts. Aux archives sont deux curieux registres du xviii° siècle relatifs à l'état civil. — L'ancien château est remplacé par une maison particulière. — Au xvi° et au xvii° siècle, le protestantisme avait fait de grands progrès. Il y avait un prêche détruit en 1685. Les hameaux du *Canot*, du *Prêche* et du *Ministre* furent les principaux foyers de la nouvelle doctrine.

CUVERVILLE-SUR-ÉTRETAT. *Ép. romaine.* Sur la ferme des *Catelets* l'on trouve, dit-on, des débris antiques. Monnaies de bronze du Haut-Empire. ‖ *Moyen âge.* L'église, sous le vocable de la Sainte-Vierge, a une nef du xvi° siècle, dont les collatéraux ont disparu. Le transept du nord est de la même époque; celui du midi est moderne, ainsi que le chœur et le clocher. On raconte qu'il y avait autrefois une chapelle de Notre-Dame-des-Bois dont l'emplacement est inconnu. — Le château a été renouvelé au siècle dernier. Il possède encore deux canons du xvi° siècle.

ÉTRETAT. *Ép. romaine.* Terme où aboutissait une voie romaine venant de Lillebonne; il paraît avoir pris son nom de cette chaussée. On trouve des tuiles romaines dans le cimetière actuel, des poteries auprès de la *Côte Saint-Clair*, des monnaies antiques dans les *Verguies*, sur la plage et par tout le rivage. En 1823, il a été recueilli des monnaies antiques en creusant le canal, et en 1834, beaucoup d'objets romains ont été aperçus dans la citerne de l'*Hôtel Blanquet*. En 1830, on a aperçu dans l'ancien presbytère une villa romaine avec baptistère, canaux, aqueducs, conduits en plomb, pavage, etc., que M. l'abbé Cochet a mis au jour en 1835 et en 1842. Au milieu des débris, il a recueilli des monnaies de bronze d'Adrien, de Trajan, de Vespasien. En 1850 et 1852, il a fouillé, à la *Côte-du-Mont*, un aqueduc antique de 2,000 mètres de longueur; en 1855, au *Bois des Haulles*, un cimetière à incinération avec urnes et vases aux libations. Vers 1840, des urnes en verre bleu ont été trouvées près de la chapelle de *Saint-Nicolas*, l'ancienne léproserie. ‖ *Ép. franque.* Le cimetière de la Côte-du-Mont, qui recouvre des ruines romaines, est connu depuis 1799 et 1807, où il a donné des sépultures et des armes; il en a donné encore en 1822 et en 1830. M. l'abbé Cochet l'a fouillé en 1835, et en 1850, M. le comte d'Escherny en a fini l'examen. A ces différentes époques il a fourni des vases, des sabres, des boucles et des plaques en cuivre et en fer damasquiné. — La chapelle dite *de Saint-Valery*, à présent démolie, était construite au milieu du cimetière avec des débris romains. Il en reste deux chapiteaux en pierre que l'on croit du x° siècle. ‖ *Ép. incertaine.* Broc en bronze trouvé en 1833 dans une chaudière de cuivre toute remplie d'ustensiles en fer; le *Puits-Givet*, dans le vallon de Cateuil, et les constructions qui furent trouvées tout auprès, en 1831, lorsqu'on fit la route du Havre; les légendes qui entourent la *Fontaine d'Olive*, la construction de l'église et la disparition de la rivière. On connaît aussi dans le *Clos-Saint* des sépultures dont on ne saurait assigner la date. ‖ *Moyen âge.* Église sous le vocable de Notre-Dame, à trois nefs, avec transepts. C'est un bel édifice, construit en pierre du pays. La nef est romane du xi° siècle, ainsi que les deux déambulatoires, qui en sont séparés par des colonnes rondes et courtes, et le portail. Le haut de la nef est ogival de transition. Le chœur et les transepts, tous voûtés, appartiennent à l'ogive du xiii° siècle. Le clocher, sur la croisée, est une belle tour carrée avec lanterne du xiii° siècle. L'escalier des cloches forme un vignot charmant. La flèche, en plomb, fut brûlée en 1748. L'arcade du crucifix s'appuie sur deux bas-reliefs. En 1840, on a trouvé sous le clocher des bas-reliefs en pierre du xiv° siècle, provenant d'une *Passion*. — Chapelle et léproserie de Saint-Nicolas du Grand-Val. Cette fondation, du xii° siècle, était commune aux paroisses d'Étretat et de Saint-Clair. Elle était placée dans le Grand-Val. Réunis à l'hôpital du Havre en 1694, la chapelle et l'hôpital ont disparu depuis. C'est maintenant la *Ferme de la Chapelle*. — Autrefois la vallée d'Étretat était barrée par une épaisse muraille dont on voit encore les restes. On communiquait à la plage par la porte de la Mer. Les retranchements en terre qui recouvrent ces murs arasés avaient été élevés pendant la guerre de Sept-Ans. La tour ronde qui protége le littoral doit dater du temps de Henri IV; elle existait déjà sous Louis XIV. — On appelle *Fort de Fréfossé* de vieilles et nombreuses murailles que l'on voit sur la falaise d'aval au-dessus de la *Porte* et du *Trou à l'Homme*. La grotte de la *Chambre aux demoiselles*, taillée dans un pic de falaise, fit autrefois partie de cette forteresse. Vers l'ouest est une plate-forme fossoyée et entourée de remparts en terre qui paraît un ancien camp. Ce fort fut armé de canons, car le musée de Rouen possède une couleuvrine en fer de deux mille kilogrammes qui en provient. Cette arme, marquée d'un H et d'une salamandre couronnée, armes du Havre et de François Ier, provient probablement de la fonderie de canons du Havre ou de Graville.

FONGUEUSEMARE. *Ép. romaine.* En 1849, M. Pied-Noël, défrichant les bois de Fongueusemare, a montré une série de fondations romaines encore accompagnées de tuiles, de poteries et de meules à broyer. ‖ *Moyen âge.* L'église, sous le vocable de Notre-Dame, est en ruines depuis 1800. On y reconnaît encore de belles fenêtres à meneaux et un élégant appareil de pierre du xvi⁰ siècle. L'autel est de ce temps. — Fongueusemare se compose surtout de quatre fermes qui, au xii⁰ siècle, furent données à l'abbaye du Valasse. Les moines y ont construit de belles granges, dont deux subsistent encore. Elles se composent de trois magnifiques nefs séparées par de belles colonnes de pierre du xiii⁰ siècle. C'est une splendide construction rurale. — Dans la plaine qui entoure la ferme du Parc est une épine dite *l'Épine de Froidure*. C'est là que fut tenu en 1674 le camp dit *de l'Épine* ou *de Froidure*. Le gouververneur du Havre y passa une revue des 12,000 hommes armés que renfermait son gouvernement.

GONNEVILLE-LA-MALET. Formée des deux anciennes paroisses de Gonneville et d'Écultot. — GONNEVILLE. *Moyen âge.* L'église, sous le vocable de Saint-Pierre, a été reconstruite en 1831; elle renferme un baptistère en pierre du xii⁰ siècle et deux statues du xvii⁰, provenant de l'ancienne église démolie et transférée en 1831. — A côté du marché on montre la place où fut l'ancien château des Malet. ⸺ ÉCULTOT. L'église, sous le vocable de la Sainte-Vierge, fut démolie vers 1800.

HERMEVILLE. *Moyen âge.* L'église, sous le vocable de Saint-Pierre, récemment reconstruite, garde au chevet deux fenêtres et une inscription du xvii⁰ siècle. — Élégante croix de cimetière en pierre, du temps de Louis XII ou de François Iᵉʳ.

HEUQUEVILLE. *Moyen âge.* Église sous le vocable de Saint-Pierre. La nef est du xvi⁰ siècle. Le chœur et le clocher sont modernes. — A côté de l'église sont les restes d'un vieux château dont la motte élevée subsiste encore.

PIERREFIQUES. *Ép. gauloise.* Le nom de *Petra fixa*, donné à ce village, semble indiquer des monuments druidiques. En effet, l'on a cru reconnaître en 1820, à la *Torniole*, un ancien dolmen qui sert de marche au Calvaire d'Étretat. Au lieu dit *le Vauchel* sont des terrassements considérables que l'on assure être le tombeau de grands seigneurs enterrés avec leur argent. || *Ép. franque.* En 1850, on a trouvé à la *Torniole* un cercueil en pierre du pays, probablement carlovingien, long de 1ᵐ,60, profond et large de 45 à 55 centimètres, contenant des ossements déjà bouleversés et une bague en bronze. || *Moyen âge.* L'église, sous le vocable de Saint-Jean-Baptiste, a possédé des transepts et des collatéraux, à présent disparus. La nef présente des arcades du xvi⁰ siècle. Chœur refait dernièrement.

POTERIE (LA). *Ép. gauloise.* Hache en silex recueillie dans les champs. || *Ép. romaine.* Le nom de ce village indique une ancienne fabrication céramique. En effet, on a trouvé en 1835, au hameau de la *Porie*, une grande quantité de débris de poteries rouges an-tiques. || *Moyen âge.* Église sous le vocable de Saint-Martin. La nef présente, au côté nord, une corniche qui date du xii⁰ siècle. Le chœur conserve une ogive du xvii⁰ siècle. Le midi de la nef a été refait en 1698. Le chœur date de 1777 et le clocher de 1824. — En 1835, l'on a encore reconnu les vieilles et épaisses murailles de la chapelle de Saint-André, au hameau de Teuville, qu'on prétend avoir appartenu aux Templiers. — Le *Champ excommunié*, marqué sur les cartes géographiques. On assure qu'il y avait été trouvé des cercueils.

SAINT-JOUIN-SUR-MER. Formée des anciennes paroisses de Saint-Jouin et de Bruneval. — SAINT-JOUIN. *Ép. romaine.* Vers 1832, on a trouvé au hameau de Beaumesnil, dans un fossé, cinq vases en argent dédiés à Mercure, renfermés dans une chaudière d'airain. Les ouvriers les ont vendus 1,800 francs à un orfèvre de Bolbec, qui a lu clairement sur l'un d'eux, autour d'un Mercure ailé et doré : DEO. MERCVRIO. Ils pesaient 18 marcs et ont été détruits. En 1850, dans le même hameau de Beaumesnil, il a été rencontré des urnes en terre grise remplies d'os brûlés. Il y avait aussi des vases rouges pour les libations. A ce même Beaumesnil on rencontre beaucoup de fondations. Sur une motte, appelée *le Château de Grémont*, on voit un puits creusé dans le flanc de la colline. Aux *Quatre-Fermes* on a trouvé deux meules à broyer en poudingue. || *Moyen âge.* Église sous le vocable de Saint-Jouin. On raconte que ce patron serait un corps saint trouvé en mer par les pêcheurs dans le cours du mois de «juin». Sanctuaire construit en pierre, élevé à la fin du xiii⁰ siècle ou au commencement du xiv⁰. La nef avec ses collatéraux porte le millésime de 1589 et doit dater de la fin du xvi⁰ siècle. Le clocher, placé au portail, fut construit en 1753 ; il remplace une tour que l'on dit avoir été abattue par le canon de la flotte anglaise, en 1694. Sous la falaise sont d'anciennes carrières rebouchées en très-grand nombre. — Au hameau de la *Maladrerie* on trouve beaucoup de ruines et de débris de l'ancienne léproserie de Sainte-Marguerite. A cette Maladrerie on doit rattacher la *Sente lépreuse*, qui allait, dit-on, de Tancarville à Saint-Jouin. Au hameau d'*Écrépintot* fut un prêche protestant que remplaça en 1685 une croix de pierre, dite *Croix du prêche*. ⸺ BRUNEVAL. *Ép. romaine.* Le vallon de Bruneval ou Berneval est rempli de débris et de traditions antiques. On parle de trésors cachés et de canons chargés d'or et d'argent. Vers la mer sont des murs appelés *les Forts* et qui barraient la vallée. Dans les *crans* qui occupent le fond du vallon on trouve des charbons, des tuiles à rebords, des murs et de beaux vases rouges à reliefs. En 1833, on a trouvé un bel *aureus* de Claude, qui est entré au musée départemental. En 1842 et 1850, on a rencontré des meules à broyer et des vases antiques. || *Moyen âge.* L'ancienne église, sous le vocable de la Sainte-Vierge, est démolie depuis 1840. A cette époque, on apporta au Havre l'ancien baptistère en pierre sculptée, qui paraît du xvi° siècle; il est à présent au musée de cette ville. Dans l'église de Bruneval il y avait tradition d'un corps merveilleux du nom de saint Paul.

SAINTE-MARIE-AU-BOSC. *Moyen âge*. Église sous le vocable de Sainte-Marie. Une tradition prétend que cette église, alors située dans la forêt de Fécamp, fut donnée à l'abbaye de Montivilliers par Guillaume le Conquérant, pour une coupe d'or. On est tenté d'y rapporter un texte trouvé par M. Léopold Delisle, qui parle d'une église dédiée à la sainte Vierge, placée dans une grande forêt, bâtie, dit-on, par les Grecs et propre à des ermites. (Mss de la Bibliothèque impériale, n° 248, du *fonds de saint Victor*, et n° 831, du *fonds de la Sorbonne*.) Toutefois il est certain que dans le pays on fête sainte Marie Égyptienne. Le clocher, avec les chapelles qui l'accompagnent, est une construction en pierre romano-ogivale du xii° siècle. Autel de pierre de ce temps. La nef est détruite. Le chœur est de 1780 ou à peu près. On dit l'église bâtie sur carrière et on assure qu'autour sont de nombreuses constructions.

SAINT-MARTIN-DU-BEC. Érigée en commune en 1868. || *Moyen âge*. Appelée autrefois *le Bec-Crespin*, de la célèbre famille de ce nom, et, plus anciennement, *le Bec-Vauquelin* (Beccum Vauquelini) et *le Bec-de-Mortemer* (Beccum Moritaniæ). — L'église, sous le vocable de Saint-Martin, est située sur une colline. Ce modeste édifice garde dans le chœur un cintre du xii° siècle et des ogives du xvi°. La nef a été refaite vers 1620. Dans le chœur est le beau mausolée de pierre des Romé de Fresquienne, sieurs du Bec-Crespin et présidents au parlement de Rouen. C'est une belle sculpture du temps de Henri IV, mutilée à la Révolution. On dit qu'en 1793, le caveau ayant été ouvert, les cercueils de plomb furent enlevés. Le baptistère est une belle cuve en pierre du xii° siècle. — Le château, encore entouré de ses fossés remplis d'eau, est une élégante construction de pierre blanche et de caillou noir formant marqueterie. Un avant-corps, composé de deux tours entre lesquelles tombait la herse, servait d'entrée à ce manoir féodal et militaire du xvi° siècle.

TILLEUL (LE). *Ép. gauloise*. Dans le vallon d'Antifer on a trouvé, en 1842, dix-huit hachettes en bronze, dont quelques-unes étaient dorées, renfermées dans une chaudière de cuivre. Plusieurs sont au musée départemental de Rouen. || *Ép. romaine*. Dans le Grand-Val d'Étretat, en 1780, au lieu dit *la Haye-au-Curé*, on trouva un *dolium* contenant une urne en verre bleu remplie d'os brûlés. En 1855, au hameau du *Vauchel*, en faisant un chemin, on trouva des vases et des incinérations. M. l'abbé Cochet y pratiqua une fouille et constata la présence d'un cimetière romain des trois premiers siècles. (Voir *Sépultures gaul., rom., franq. et norm.*, p. 41, 45 et 48.) || *Ép. franque*. Vers 1830, on a trouvé au hameau de la *Sauvagère* un cercueil en pierre renfermant un squelette encore armé. || *Moyen âge*. Église sous le vocable de Saint-Martin. Le chœur est une jolie construction en pierre du xvi° siècle; il possède encore des restes de vitraux de cette époque; l'un représente le Crucifiement, l'autre la vie et la mort de saint Martin, la troisième la légende de saint Hubert. Au côté nord est la chapelle seigneuriale, servant de sacristie; cette construction est de 1601. Le clocher, au portail, peut dater de 1700. La nef est de 1780 ou environ. — Léproserie et chapelle de la Sainte-Vierge, devenues une ferme. — Ancien château de Fréfossé, avec fort, garenne et parlement, démoli en 1776 pour faire place au pavillon actuel.

TURRETOT. Formée des deux anciennes paroisses de Turretot et d'Écuquetot. — Turretot. *Moyen âge*. Église sous le vocable de Saint-Martin. Le chœur est une construction remarquable du xiii° siècle. La nef et le clocher sont modernes. Dans le sanctuaire sont une piscine et une porte latérale décorée de trois têtes curieuses et symboliques. = Écuquetot. *Ép. romaine*. En 1834, il a été trouvé dans un champ un curieux édifice dont les murailles formaient un carré long que l'on prit pour un temple ou une *cella*. Au milieu des tuiles et des poteries antiques il fut recueilli plusieurs monnaies du Haut-Empire. Des Trajan et des Adrien en proviennent. En 1859, on y a encore ramassé un grand bronze du premier siècle et un fond de barillet de verre portant la marque de la fabrique frontinienne S. C. F. M. Guilmeth assure que vers 1825 il a été trouvé dans le *Bois du Bec* des urnes contenant des os brûlés et concassés. || *Moyen âge*. Église sous le vocable de Saint-Martin. Nef romane du xii° siècle; le reste est moderne.

VERGETOT-COUDRAY. Formée des deux anciennes paroisses de Vergetot et du Coudray. — Vergetot. *Moyen âge*. L'église, sous le vocable de Saint-Pierre, fut construite en 1787. Elle renferme une inscription sur marbre de 1638, de Pierre Delacourt, prédicateur célèbre qui a laissé un manuscrit à l'abbaye de Graville, manuscrit qui est présentement à la bibliothèque de Rouen. = Le Coudray. L'église, sous le vocable de Saint-Martin, a été démolie en 1828.

VILLAINVILLE. *Ép. franque*. Dans une ferme située au *Vauchel* on a trouvé, en 1852, des squelettes avec épées, poignards et monnaies; c'étaient probablement des sépultures franques. || *Moyen âge*. Église sous le vocable de Saint-Jacques. Le portail est un charmant plein cintre du xi° siècle, orné de billettes, de frettes et de zigzags. Entre le chœur et la nef est une ogive du xvi° siècle. Le reste de l'église date de 1772-1784.

CANTON DE FÉCAMP.

(Chef-lieu : FÉCAMP.)

CRIQUEBEUF. *Ép. incertaine.* Dans le *Fond des Vals* la tradition dit qu'il y a une cloche remplie d'argent. ‖ *Moyen âge.* Église sous le vocable de Saint-Martin. Elle est en partie moderne et sans grand caractère; elle a été modifiée en 1769. Le clocher, sur le transept nord, était autrefois à la jonction de la croix : c'est une tour en pierre du xvie siècle, surmontée d'une flèche en pierre du xviie siècle. Autour de l'église il y a beaucoup de murs, restes de constructions disparues. — Dans une ferme voisine de l'église sont les ruines d'un vieux château féodal, dont on voit encore la motte, les fossés et les épaisses murailles couvertes de lierre. — *La Sente lépreuse,* chemin haussé qui allait de la maladrerie du Val-Babeuf à la mer.

ÉPREVILLE. *Moyen âge.* L'église, sous le vocable de Saint-Denis, a été renouvelée dans son clocher et dans sa nef, qui est du xviie siècle. Dans la nef, une inscription tumulaire de 1578. — Chapelle de Saint-André d'Étanville, depuis longtemps détruite.

FÉCAMP. *Ép. gauloise.* Grande enceinte nommée *le Camp de César, le Camp du Canada* ou simplement *le Canada.* Cette enceinte est placée au midi de Fécamp, à la pointe des rivières de Ganzeville et de Valmont, et isolée de la plaine par une coupure énorme accompagnée d'un rejet de terre très-élevé. Son étendue égale, si elle ne la dépasse, celle de la *Cité de Limes.* Du reste *Limes* et le *Canada* ont les plus grands rapports. Au siècle dernier, un religieux de Fécamp avait envoyé une description du *Canada* à dom Tassin, qui la communiqua à l'Académie des inscriptions. — Hachette de bronze trouvée en 1859 et deux monnaies gauloises en or entrées au musée de Rouen en 1839. — Fontaine vénérée sous le nom de *Fontaine du précieux sang,* où la légende créée au xvie siècle prétend que l'on trouva au viie siècle le sang du Sauveur des hommes; enfin le *Trou à la Monnaie,* placé sur la *Côte de la Vierge* et auquel se rattache une tradition de trésor caché. ‖ *Ép. romaine.* Voie antique venant de Lillebonne et se dirigeant ensuite sur Cany, *Gravinum* et Boulogne. A la fin du dernier siècle, en établissant des fours à chaux et en faisant la nouvelle route, aujourd'hui impériale, on avait découvert des cercueils de pierre et des monnaies romaines. On a trouvé en 1839 un Lucius Vérus en or qui est au musée de Rouen, une meule à broyer à *Renéville,* des constructions à la *Vicomté,* des débris au *Bail* et à peu près partout. On dit les jardins de la rue de Mer remplis de débris anciens. Deux cimetières ont été découverts : l'un en 1852, à Saint-Léonard, où l'on a rencontré un bon nombre d'urnes et de vases funéraires; le second a été aperçu au Val-aux-Vaches en 1848. Les ateliers nationaux y ont recueilli une certaine quantité de vases. En 1852, M. l'abbé Cochet a exploré le Val-aux-Vaches et la côte le long de la grande route qui conduit de Fécamp à Dieppe. Il y a rencontré des incinérations romaines composées d'urnes, de vases de verre et de terre avec cinq noms de potier, des miroirs, des fibules et des monnaies en bronze et une tablette à écrire. (Voir *la Normandie souterraine,* 1re édition, p. 89-96; 2e édition, p. 97-109, pl. v.) Les objets provenant de cette fouille sont au musée des antiquités de Rouen. ‖ *Ép. franque et normande* (viie à xie siècle). Légende de la découverte du *Précieux sang* sous un saule merveilleux, de sa translation et de la construction de l'abbaye; du duc *Anségise et son cerf miraculeux,* de la mutilation des religieuses par la crainte des Normands, du *Pas de l'ange,* du couteau de la Trinité, etc. Au viie siècle, Waninge, comte de Caux, fonde à Fécamp une abbaye de femmes que saint Ouen vient bénir. — Tombeau, corps et inscription funéraire du prince Robert, fils du duc Richard Ier, décédé en 942 et inhumé dans la chapelle des Vierges de l'abbaye. Ce curieux monument épigraphique, trouvé le 7 novembre 1710, fut réinhumé le 4 décembre 1710, mais il nous a été conservé dans les *Mémoires de l'Académie des inscriptions et belles-lettres,* t. II, p. 256-259, année 1716, et dans le *Bulletin du Comité de la langue de l'histoire et des arts de la France,* t. III, p. 154-156. ‖ *Moyen âge.* — *Monuments religieux.* — Abbaye ou église de la Sainte-Trinité, à trois nefs, avec transepts, fondée au xie siècle, rebâtie au xiie et achevée en 1200, remaniée au xive. Longueur totale, 130 mètres; largeur de la nef et des collatéraux, 16 mètres; hauteur des voûtes de la nef, 23 mètres; largeur du chœur et de ses chapelles, 25 mètres; longueur des transepts, 43 mètres; élévation totale du clocher, 63 mètres. Plan en croix latine. Grande nef avec collatéraux et sans chapelles, du xiie siècle, construite en calcaire bleu des carrières de Pétreval, aux environs de Fécamp, avec contre-forts et arcs-boutants d'une grande simplicité. Portail latéral au midi, avec son porche, du xiiie siècle. Clocher entre le chœur et la nef; tour carrée formant lanterne à l'intérieur et terminée au sommet par un toit carré. Avant 1460, elle était surmontée d'une flèche en plomb qu'un ouragan a renversée. Les deux transepts forment à présent deux chapelles; à l'extrémité de celui du midi est une addition du xiiie siècle, où sont aujourd'hui les fonts baptismaux, mais où furent autrefois les tombeaux des deux Richard, ducs de Normandie. Chœur composé de cinq travées de chaque côté, du xiie siècle au nord, sauf un reste roman du xie, et du xive au midi, de 1300 à 1305. Au midi sont cinq chapelles du xive siècle et une sacristie du xvie; au nord, trois chapelles du xiie et deux chapelles absidales en style roman du xie siècle, restes de l'église primitive. La chapelle de la Sainte-Vierge, grande comme une église, a une première travée du xiv° siècle ; le reste est une addition du xv°; les aiguilles, clochetons et contre-forts qui la décorent à l'extérieur sont très-élégants. Les fenêtres qui l'éclairent sont garnies de verrières, dont la *plus grande partie est du xv° et du xvi° siècle, mais dont une seule est du xiv°*. Sous cette chapelle est une crypte du xii° siècle. Couverture de tout l'édifice en plomb. Portail actuel de 1696, addition de style grec des plus malheureuses, flanquée de la base de deux tours de 1200, démolies en 1687. Dans la chapelle des Sacrés-Cœurs, bas-reliefs romans du xi° siècle, du plus haut intérêt : ils représentent des scènes de la vie du Sauveur; et proviennent probablement du tombeau de Guillaume de Ros, fondateur de l'église (1082-1107). Dans la chapelle de Saint-Nicolas, dalle tumulaire d'un abbé du xiii° siècle : c'est peut-être celle de Richard Ier (1220-1223). Dans la chapelle du Saint-Sacrement, le beau mausolée de Thomas de Saint-Benoist (abbé de 1298 à 1307), sculpté au xiv° siècle et mutilé à la Révolution. Dans la chapelle de Saint-André, le double cénotaphe des abbés Guillaume et Robert de Putot (1297 et 1326), représentés couchés sur leurs mausolées, crosse en main et mitre en tête, magnifique travail couvert d'élégantes sculptures du xiv° siècle. Dans la chapelle du Trépassement de la sainte Vierge, un dais ou tabernacle de pierre sculpté au xv° siècle. On le dit l'œuvre de l'abbé Gilles de Duremont (1423-1444). Sous ce reliquaire se voit la pierre dite *du Pas de l'ange*, morceau de grès présentant comme l'empreinte d'un pas humain. La tradition veut que cette pierre ait reçu le pas de l'ange qui, au x° siècle, vint nommer l'abbaye de Fécamp. Il est plus probable que cette empreinte date de la formation du grès lui-même. || *Ép. Renaissance.* Restes du jubé de pierre élevé par Robert Chardon (1494-1510) et démoli vers 1804. Des fragments existent encore à l'entrée du chœur. Des bas-reliefs, avec de nombreux débris, se voient dans une maison bâtie rue de la Voûte par un nommé Morillon. Les balustrades de pierre du chœur ont disparu vers 1679, mais les élégantes clôtures de la Renaissance, œuvre d'Antoine Bohier, qui ferment les chapelles, existent encore. Le Trépassement de la sainte Vierge, admirable groupe de pierre que l'on attribue à Robert Chardon. Le Trépassement de saint Benoît, qui faisait pendant dans le transept nord, a disparu ; il ne reste que quelques groupes encore très-remarquables de ce morceau attribué au sculpteur Saniths. Le pavage du chœur et du sanctuaire, de même que le dallage des nefs, est encore un beau travail. Reliquaires de marbre, avec les statues qui décorent le sanctuaire et surmontent les autels de marbre, chefs-d'œuvre exécutés par les ordres d'Antoine Bohier, abbé de 1492 à 1516 ; reliquaire du précieux sang sculpté en marbre blanc ; verrières qui décorent l'abside du chœur et le transept du midi ; buffet d'orgue venant de l'abbaye de Montivilliers, sculpté, dit-on, en 1585.

|| *Ép. moderne.* Les deux autels de marbre du sanctuaire, le baldaquin qui les couronne, les pilastres de marbre qui tapissent les colonnes, œuvre de Defrance, architecte rouennais ; l'horloge qui marque les lunaisons et les marées, construite en 1667 par Antoine Baysse, de Rouen ; le tombeau du bienheureux Guillaume, de Dijon, élevé en 1680 dans la chapelle de Sainte-Madeleine ; la clôture en bois des stalles du chœur, devenue le lambris de la chapelle de la Sainte-Vierge, menuiserie et sculptures fort admirées ; les quatre stalles du chœur, seuls restes de cette riche clôture ; la contre-table en bois et marbre, décorée de colonnes torses, de la chapelle de la Sainte-Vierge et quelques contre-tables de chapelles en bois, marbre ou plâtre, du temps de Louis XIII ; dans le transept sud, une inscription de 1661 relatant l'arrivée à Fécamp de la congrégation de Saint-Maur. — Avant la Révolution, Fécamp possédait, outre l'abbaye, des couvents et des chapelles, dix églises paroissiales dont il ne reste plus que celles de Saint-Étienne et de Saint-Léonard, cette dernière séparée de la ville. Les églises des paroisses supprimées sont : Saint-Ouen, Saint-Léger, Saint-Fromond, Saint-Thomas, Saint-Benoît, Sainte-Croix, Saint-Nicolas et Saint-Valery. — Église de Saint-Étienne. Cette église, incomplète et inachevée, appartient entièrement au xvi° siècle ; elle est l'œuvre d'Antoine Bohier. La nef, qui n'a jamais été finie, n'offre qu'un tronçon de tous les temps. Le clocher est une tour carrée en pierre, tronquée après 1562, époque où elle servit de batterie de canons. Les transepts sont larges et vastes ; sur celui du midi s'ouvre le portail principal, dont le tympan est décoré d'un bas-relief représentant le martyre de saint Étienne. Le chœur, accompagné de collatéraux modernes, est soutenu par de belles colonnes rondes de la Renaissance, qui portent le millésime de 1578. Le sanctuaire est élégant et orné de sculptures. Contre le portail, un bénitier en pierre du xvi° siècle. Dans la chapelle de la Sainte-Vierge, une niche élégante, plusieurs inscriptions tumulaires et obituaires du xvi° et du xvii° siècle, encastrées soit à l'intérieur, soit à l'extérieur. — Chapelle de Notre-Dame-de-Salut. Sur la côte nord de Fécamp, appelée *Côte de la Vierge*, au milieu de l'enceinte et des ruines de l'ancienne forteresse de Bourg-Baudoin, est l'ancienne chapelle dédiée à Notre-Dame-de-Salut. Depuis longtemps la nef a disparu. Le clocher, placé à l'entrée, est une tour romane bâtie en tuf au xi° siècle. La chapelle actuelle, formée de l'ancien chœur, est une construction en pierre de la fin du xiii° siècle ou du commencement du xiv°. Contre-table du temps de Louis XIII. Pèlerinage célèbre surtout pour les marins de la côte ; autrefois c'était le titre d'un prieuré de Notre-

Dame du Bourg-Baudoin. — Ancienne église Saint-Ouen, au bord du chemin qui conduit à Ganzeville, devenue une maison particulière depuis la Révolution. On y remarque encore des murs en tuf et des cintres romans du xie siècle. On croit cette église un souvenir de la présence de saint Ouen de Rouen, quand il consacra l'abbaye au viie siècle. — Église Saint-Léger, autrefois placée rues Saint-Léger et du Sépulcre; elle était voisine du château de Saint-Léger, démoli vers 1780, où l'on dit que le saint évêque d'Autun avait été enfermé, lors de son exil à Fécamp, par Ébroïn, au viie siècle. — Église Saint-Fromond, évêque de Coutances, place du Bail; il n'en reste plus rien. — Église Saint-Thomas, place du Bail; elle était voisine de Saint-Fromond. En 1822, on a déraciné jusqu'aux fondations des deux églises. — Église Saint-Benoît, située hors de la ville, dans le quartier Saint-Benoît; il n'en reste plus rien aujourd'hui. — Il en est de même de Sainte-Croix, rue Sainte-Croix; de Saint-Nicolas, dans la rue et le quartier Saint-Nicolas, et de Saint-Valery, dans le quartier Saint-Valery. — Anciens couvents. Les Capucins, établis en 1681 au lieu dit *le Carrel*, près de Saint-Étienne. Ce couvent ne subsiste plus aujourd'hui. Naguère restait encore le nom de Capucins donné à la rue et à l'enclos où fut ce couvent, mais aujourd'hui cette rue se nomme rue *Charles-Leborgne*. La chapelle, dédiée en 1669 par l'évêque de Finibor, en Irlande, a également disparu. — Les Annonciades. Couvent de femmes établi à Fécamp en 1648. Ces religieuses, d'institution moderne, venaient de Lorraine et de Paris. Leur maison n'existe plus, ni leur chapelle; mais leur enclos se voit toujours sur les rues de la Barricade et des Moulins-au-Roi. — Anciennes chapelles. Chapelle de Saint-Jacques du Sépulcre. Elle était située au haut de la côte dite *de Saint-Jacques*, dans une grande ferme qui porte encore ce nom. La chapelle, qui est ancienne, sert de grange à la métairie. — Chapelle de Notre-Dame-de-Grâce sur la côte ouest de Fécamp, près du cimetière actuel; il n'en reste plus trace aujourd'hui. — Chapelle et maladrerie de Saint-Martin, placées près du Bail; depuis longtemps disparues. — Chapelle de l'hôpital de Saint-Antoine et de Sainte-Anne. Cette fondation hospitalière remonte à 1150. La chapelle, qui est de ce temps, a été renouvelée en 1701; mais, depuis 1850, elle est abandonnée pour une nouvelle construction en style roman. — L'ancienne abbaye. De l'ancienne abbaye de Fécamp, dont le plan, dressé en 1687 pour le *Monasticon gallicanum* de dom Germain, donne l'idée d'une ville entourée de remparts, il ne reste aujourd'hui que des tronçons épars qui disparaissent chaque jour. Vers 1856, le chemin de fer a fait disparaître, au bord de la rue du Bail, un élégant édifice du xiie ou xiiie siècle, qui ressemblait à une chapelle et qui fit partie de l'ancienne abbatiale. Dans la rue Neuve-du-Marché il reste une usine où l'on reconnaît des contre-forts et des ogives du xiie siècle, des cintres et des couloirs romans et un appareil en tuf qui paraît remonter au xe et au xie siècle. L'hôtel de ville et les tribunaux de Fécamp sont installés depuis quelques années dans le cloître des Bénédictins, reconstruit en pierre de taille de 1683 à 1702. == *Monuments militaires*. — L'ancien château des ducs de Normandie était situé en face de l'église de la Sainte-Trinité de Fécamp, où fut autrefois l'abbatiale et où se trouve aujourd'hui le presbytère. Dans le jardin du presbytère on reconnaît les énormes fossés qui le protégeaient, les épaisses murailles qui le fermaient et les tours qui le défendaient. Ce château, abandonné par les ducs de Normandie, fut enclavé plus tard dans l'enceinte fortifiée de l'abbaye. Les constructions que l'on remarque aujourd'hui datent du xiie, du xiiie et du xive siècle. — Le Fort-Baudoin ou le Bourg-Baudoin. Sur la côte nord de Fécamp, appelée tour à tour *le Heurt*, *le Cap Fugnet* ou *la Côte de la Vierge*, sur le flanc occidental de la colline, des lignes de retranchements entourent la chapelle de la ferme, qui fut un prieuré, et le phare qui remplace le Bourg-Baudoin; une ligne de fossés profonds isolait cette plate-forme de la plaine et enfermait une forteresse. L'origine de ce fort ne nous est pas connue, mais il était en bon état au xvie siècle, puisqu'il fut pris par le maréchal de Biron sur les ligueurs et repris par Bois-Rosé à l'aide d'une escalade demeurée célèbre. Henri IV le fit démanteler en 1595. En 1835, quand on fonda le phare actuel, on trouva une belle cave en moellon, avec des monnaies de Louis XIII. — Le barrage littoral et la tour de la Vicomté. Comme toutes les vallées de la haute Normandie, celle de Fécamp était barrée par d'épaisses murailles dont nous ignorons l'origine, mais dont les traces sont encore très-visibles sur le rivage, notamment aux Corderies de la Vicomté, aux Bains et au Batifol. Auprès du port était, avant 1855, une vieille tour carrée en ruines, que l'on nommait *la Vicomté*, parce que sans doute elle avait servi à percevoir la coutume fiscale, mais que nous rattachons à ce système de fortifications, ainsi que les vieilles constructions de la Batterie du Batifol. La tour de la Vicomté a disparu depuis quelques années. == *Architecture civile*. — Le vieux marché, placé au cœur de la cité, semble une ville dans une autre ville : c'est une enceinte close de murs, dans laquelle on ne pénètre que par deux portes ogivales en pierre du xiiie siècle. Ce marché était la propriété et le privilège des moines de l'abbaye. — La maison de Saint-Waninge. On appelle ainsi une ferme située au bout de la Retenue, au bord de la route départementale n° 20, qui va de Fécamp à Valmont. L'entrée, qui fait partie du bâtiment du fermier, est en pierre et date du xiiie siècle. — L'abbaye des Religieuses. On donne ce nom à un ensemble de vieux bâtiments situés rue Queue-de-Renard, à la jonction de la route impériale n° 25 et de la route départementale n° 20. Ces murs anciens et épais sont une construction du moyen âge, sans caractère qui permette de les dater. — Maison Morillon, rue de la Voûte, construite vers 1825 par M. Morillon, maçon, qui, ayant démoli le jubé de l'abbaye vers 1804, l'a décorée avec les débris de ce chef-d'œuvre du XVI° siècle, où l'on remarque des bas-reliefs d'une élégance extrême. — Maison en bois du temps de Henri IV, à l'angle de la rue Arquaise et de la rue de la Barricade. — Maison rue de Mer, du XVI° siècle, flanquée de deux tourelles en pierre. — Ferme de l'Épinay, sur la route de Fécamp à Valmont, maison de campagne des moines de Fécamp, et où sont des eaux minérales. Les bâtiments ruraux et la clôture murée avec tourelles semblent du XVI° siècle. — Auberge du *Grand Cerf*, précédemment de *la Fleur de Lis*. Cette vieille auberge en bois, située en face de l'abbaye et propriété des moines, donne l'idée, par ses galeries en bois et par sa construction, des hôtelleries du XVI° et du XVII° siècle. — Découvertes archéologiques. En 1856, en construisant une brasserie dans la rue aux Juifs, on trouva un squelette inhumé debout; c'était probablement celui d'un juif. — En 1830, en fouillant au midi de l'abbaye, on découvrit de nombreuses sépultures avec des coquilles pèlerines percées de deux trous et placées sur les cadavres. — En 1861, en creusant une cave rue des Forts, on trouva trois rangs de cercueils en moellon du XII° siècle, des vases à charbon du XIII°, avec quelques corps et de nouvelles coquilles pèlerines percées comme les autres de deux trous au talon. On croit ces sépultures chrétiennes du XI° au XIII° siècle.

FROBERVILLE. *Ép. incertaine. Les Mottes*, où l'on dit que des buttes ont été détruites; on raconte également que l'église a été transférée et qu'elle était autrefois à la *Mare-Blonde*. ǁ *Moyen âge.* Église sous le vocable de Sainte-Hélène, aujourd'hui abandonnée pour une neuve. Les arcades de la nef sont des ogives du XIII° siècle. Le reste date du XVII° et du XVIII° siècle. — Chapelle de la léproserie du Val-Baheuf transformée en ferme, dont le pavage renferme encore quelques dalles. — Chapelle de Saint-Éloi de Maupertus ou Maupertuis, élégante construction du XIV° siècle, supprimée à la Révolution; ce n'est plus qu'une grange.

GANZEVILLE. *Ép. incertaine.* Tradition d'église déplacée qui aurait été autrefois au hameau de la *Porte-de-Pierre*. ǁ *Moyen âge.* Église sous le vocable de Saint-Remy. Nef construite en tuf avec cintres du XI° siècle, mais moderne dans l'ensemble, à l'exception du clocher, tour carrée en pierre placée au portail et surmontée d'une flèche de pierre du XVII° siècle. Dans le chœur, quelques dalles tumulaires. Baptistère en pierre du XIII° siècle; dès 1844, dans le cimetière. Croix de cimetière en pierre du XVI° siècle, ornée de quatre statuettes logées dans des niches. — Près de l'église et dans un îlot formé par la rivière, était le vieux château, transformé en manoir depuis 1604. Le seul débris qui existe est une tour circulaire en tuf, tombant en ruines; on l'appelle *la Prison de guerre*. Traditions curieuses.

GERVILLE. *Moyen âge.* Église sous le vocable de Saint-Michel, moderne dans sa nef, présente dans son chœur des traces du XIII° siècle. Le clocher actuel, qui est récent, remplace une tour et une flèche de pierre du XVII° siècle, renversée par le vent en 1833. En 1840, on a détruit un baptistère du XIII° siècle.

LOGES (LES). *Ép. romaine.* Voie romaine de Lillebonne à Étretat. En 1815, on a vu détruire son pavage. — En 1849, en défrichant une partie du bois des Loges, on trouva des constructions antiques, des poteries romaines, des meules à broyer en poudingue, etc. — En 1851, en pratiquant un chemin dans le bois des Loges, on découvrit des vases funéraires gallo-romains, entre autres une belle urne en verre contenant des os brûlés renfermée dans un vase en terre et un *dolium* rougeâtre. A la suite de cette découverte M. l'abbé Cochet fit des fouilles en août 1851 et reconnut un cimetière romain de 16 mètres de long sur 8 mètres de large. Il en tira cent vingt vases, dont cinquante contenaient des os brûlés, l'un portant le nom du potier Daminus. Parmi ces vases se trouvaient trois *dolium*, deux barillets en verre avec noms de verriers, une clochette et un anneau en bronze, une cuiller en argent. Les objets provenant de cette fouille sont au musée de Rouen. Ils ont été reproduits dans la *Revue de Rouen* de 1851, p. 385-394; dans le *Bulletin monumental* de M. de Caumont, t. XXIII, p. 5-16; dans les *Mém. de la Soc. des antiq. de Norm.* t. XIX, p. 303-312; et dans la *Norm. souterr.* 1re édit. p. 77-85, 2e édit. p. 87-96, pl. IV. ǁ *Ép. franque.* Quelques-uns ont pensé que Childemarque, première abbesse de Fécamp, au VII° siècle, aurait eu une solitude aux *Loges* et que c'est là que saint Waninge serait venu la chercher. ǁ *Moyen âge.* Église sous le vocable de la Sainte-Vierge, construite en grande partie au XVI° siècle en silex et en moellon, en croix latine, avec clocher sur les transepts. Les parties les plus importantes sont la nef et le transept du midi. Fonts baptismaux en pierre du XIII° siècle. Contre-table, belle boiserie du XVII°. — Croix de pierre du XVI° siècle, dont le fût est décoré au sommet de quatre jolies statues de pierre. Elle est placée au bord du chemin qui conduit à Gerville. — Chapelle de Sainte-Marguerite de Bezancourt, n'existant plus depuis longtemps; c'était probablement la chapelle du château. — Le vieux château, depuis longtemps réuni à la châtellenie de Valmont, montre encore ses fossés ainsi qu'une portion des murailles, où M. l'abbé Cochet a reconnu des cintres romans du XI° siècle. Vers 1848, on a découvert toute une salle pavée de carreaux émaillés. Vers 1850, on trouva dans les fossés le coin en fer d'un faux monnayeur à la marque de Louis XIII. — En 1845, on a rencontré dans le bois des Loges une chaudière en bronze contenant trois chandeliers et trois cuillers en cuivre : ces cuillers étaient marquées d'une fleur de lis.

MANIQUERVILLE. *Ép. romaine.* Voie de Lillebonne à Étretat près de la châtellenie de Thiboutot. — Derrière l'église était une motte considérable détruite en 1861, où l'on aurait rencontré des constructions romaines. ‖ *Moyen âge.* L'église, sous le vocable de Saint-Martin, est moderne, sauf quelques portions du XVIᵉ siècle. Baptistère en pierre du XIIIᵉ siècle. Dans la nef, plusieurs dalles tumulaires et seigneuriales en partie effacées. — Le château de Thiboutot, dont l'origine connue remonte à 1107, fut pris par les Anglais en 1418 et érigé en marquisat en 1720 ; aujourd'hui détruit. On assure qu'il était voisin de l'église et que la motte qui vient de disparaître en était le dernier vestige. (Voir sur ce château le grand *Dictionnaire historique* de Moréri, art. *Thiboutot.*)

SAINT-LÉONARD. *Ép. romaine.* Voie romaine de Lillebonne à Fécamp. En 1852, on a trouvé dans une briqueterie des caisses en terre cuite remplies de cendres, de charbons, de terre noire et de vases funéraires anciens : incinérations romaines dont il a été remis à M. l'abbé Cochet plusieurs urnes et vases aux offrandes. ‖ *Ép. franque.* Cercueils de pierre rencontrés il y a plus de cinquante ans dans le vallon de Vaucotte. On dit qu'ils contenaient des armes. ‖ *Ép. incertaine.* Dans l'enceinte du bois des Hogues, qui faisait partie de la ville de Fécamp, se voient des fosses nombreuses et de grande profondeur. Entre ces fosses, dont quelques-unes sont remplies d'eau, existent des buttes couvertes de poudingue ferrugineux. On remarque dans les terrains quantité de charbons et des traces de feu. On appelle ces buttes *les Faisières* ou *Ferrières* : ce sont probablement d'anciennes mines de fer, de vieilles extractions de poudingue pour les meules à broyer des Gaulois, des Romains ou des Francs. ‖ *Moyen âge.* Église sous le vocable de Saint-Léonard, une des dix paroisses de Fécamp en 1789. Plan en forme de croix. Clocher en style roman du XIᵉ siècle ; il a été remanié. Nef montrant des traces du XIIIᵉ siècle et une rose du XIVᵉ. Transept du midi du XVIᵉ. Le reste a été refait en 1835. — Le château des Hogues, construit en pierre de taille par Guillaume de Putot, abbé de Fécamp de 1284 à 1296, fut assis dans la forêt des Hogues, donnée par Henri II à Henri de Sully, abbé de Fécamp en 1162. Ce château formait un carré long ayant à chaque angle une tourelle circulaire. Il était entouré de fossés profonds qui subsistent encore. Ses ruines ont été en grande partie démolies depuis 1840 ; il reste peu de chose de cette curieuse forteresse, à laquelle se rattachent plusieurs traditions. Suivant une de ces traditions, elle fit deux cents ans la guerre au château des Loges, son voisin.

TOURVILLE-IGNEAUVILLE. Formée des trois anciennes paroisses et communes de Tourville-sur-Fécamp, d'Igneauville et de Mesmoulins, fusionnées en 1823. Église construite en 1853, dans le style roman, pour remplacer celles des trois sections, qui sont démolies. — TOURVILLE-SUR-FÉCAMP. *Moyen âge.* Église sous le vocable de Saint-Martin, construite en 1710, démolie vers 1854. En 1844, il y existait une croix de pierre du XVIᵉ siècle. = IGNEAUVILLE. Église sous le vocable de Saint-Pierre, datant du XVIIIᵉ siècle et de 1828 ; démolie vers 1854. = MESMOULINS. Église sous le vocable de Saint-Pierre, détruite à la Révolution. — Le vieux château en tuf, du XIᵉ siècle, a été en partie démoli en 1869 et remplacé par des granges ; dans un de ses souterrains voûtés on a trouvé des outils en fer, un christ et un ostensoir en cuivre du XVᵉ siècle. — Manoir ou château des Ifs. Le château actuel, en brique et pierre, est une élégante construction du temps de François Iᵉʳ et de Henri IV. Il est flanqué de deux tourelles circulaires assez remarquables. Des épis et des girouettes représentant la salamandre surmontent le toit. (Dessiné par M. Paul Vasselin dans la *Revue de Rouen*, année 1843, 2ᵉ semestre, p. 221 et pl.)

VATTETOT-SUR-MER. *Ép. incertaine.* Fosses faisières ou ferrières semblables à celles du bois des Hogues. On assure que l'une de ces fosses, qui est une vaste mare appelée *la Mahaise*, s'étant asséchée un jour, a été trouvée remplie d'ustensiles de toute sorte. Sur les buttes on rencontre du charbon et du poudingue ferrugineux. ‖ *Moyen âge.* Église sous le vocable de Saint-Pierre, ancien prieuré dépendant de la Madeleine de Rouen. Elle ne présente d'intéressant et de monumental que le clocher, tour carrée en pierre placée sur la croisée et élevée dans le style de la transition du XIIᵉ siècle. Ce corps carré est surmonté d'une flèche octogone en pierre probablement du XIVᵉ siècle. Le reste est moderne.

YPORT. Détachée de Criquebeuf, vers 1840, pour former une commune et une paroisse. ‖ *Ép. gauloise.* Hachette de bronze trouvée dans les derniers défrichements du bois des Hogues. ‖ *Ép. incertaine.* D'anciens ouvrages et des cartes géographiques écrivent *Icport*. C'est à tort néanmoins que quelques personnes ont voulu voir dans cette localité l'*Itius portus* de César. Rien ne justifie cette assertion. — On cite à Yport deux anciens cimetières qu'on ne pourrait dater. L'un est situé à la Trénégale, sur la côte d'Amont : on l'appelle *la Terre de l'église* ou *le Cimetière des Anglais*. Les squelettes qu'on y trouve sont sans cercueil. Le second cimetière est dans la cavée de la Ruottière, qui va vers Étretat. On dit y avoir recueilli des auges de pierre qui servirent à faire des *bailles*. — Dans tout le vallon d'Yport on rencontre des débris de murs, des pavages, des vases, etc. On parle d'un barrage en maçonnerie au bord de la mer. || *Moyen âge.* La tradition prétend qu'il y eut une ancienne chapelle à Yport, au bord de la falaise sur la côte d'amont. L'église actuelle date de 1838.

CANTON DE GODERVILLE.
(Chef-lieu : Goderville.)

ANGERVILLE-BAILLEUL. *Moyen âge.* Église sous le vocable de Saint-Médard. Le chœur présente une belle fenêtre du xiii° siècle. La nef est moderne. Le clocher, au portail, est une tour carrée du xvi° siècle avec une flèche de pierre du xvii°. Dans le chœur est une dalle de marbre noir recouvrant un caveau, sur laquelle on lit : « Tombeau de Messieurs de Bailleul, seigneurs et patrons de cette paroisse. » Vitrail de 1615 dans une fenêtre du chœur : *Trinité* en albâtre venant de Fécamp. Dans la sacristie, peinture sur bois du xvi° siècle représentant les apôtres, avec les articles du symbole. — Le château est une belle et splendide construction en pierre blanche du xvi° et du xvii° siècle.

ANNOUVILLE-VILMÉNIL. Formée des deux anciennes paroisses d'Annouville et de Vilménil. — Annouville. *Moyen âge.* Église sous le vocable de Saint-Germain. Restes du xiii° siècle et une fenêtre terminale du xvi° dans le chœur. Nef moderne. Clocher, au portail, du xvi° siècle dans sa base, surmonté d'une flèche de pierre du xvii°. Dans le chœur, pierre tumulaire du xvi° siècle. = Vilménil. *Moyen âge.* L'église, sous le vocable de Saint-Germain, a été vendue et démolie en 1834.

AUBERVILLE-LA-RENAULT. *Ép. incertaine.* Motte ou vigie en terre. — Rivière de Grainville disparue et traces d'anciens moulins d'où seraient nés des procès. || *Moyen âge.* Église sous le vocable de Sainte-Hélène. Nef avec restes du xiii° siècle. Chœur en pierre du xvi°. Clocher du portail fait au xvii°. La flèche de pierre qui le couronnait a disparu depuis 1844.

BEC-DE-MORTAGNE. Commune formée des deux anciennes paroisses du Bec-de-Mortagne et de Baigneville, fusionnées vers 1823. — Le Bec-de-Mortagne. *Ép. incertaine.* Sur une colline et dans un bois dit *le Bois de Notre-Dame* ou *de la Vieille-Tour*, est une motte énorme, fossoyée du côté de la plaine par une douve de 25 mètres de profondeur, qui est appelée *la Vieille-Tour*. On a cru y reconnaître des traces de maçonnerie. Des souterrains communiqueraient, dit-on, avec le *Vieux châtel*, ruine encore imposante, de forme carrée, assise dans le vallon, et qui dut être le château du moyen âge. On parle de fées et de fantômes errant la nuit sur ces débris. || *Moyen âge.* Église sous le vocable de Saint-Martin. Chœur terminé en abside, en style roman du xi° siècle. Nef également romane en partie, mais refaite au xiv° et

au xvi° siècle. Le clocher, placé sur le portail, est une tour carrée en grès de la Renaissance. On dit qu'il existe un caveau sépulcral sous cette église. — Léproserie et chapelle de Saint-Jacques entièrement détruites. = Baigneville. *Ép. franque.* En 1856 ou 1857, en travaillant dans l'ancien cimetière, on a trouvé un cercueil de pierre avec des armes et des ornements de bronze. || *Moyen âge.* Église dédiée à saint Germain, démolie vers 1810.

BÉNARVILLE. *Moyen âge.* L'église, sous le vocable de Saint-Germain et de Saint-Nicolas, renferme dans le chœur une piscine du xiii° siècle, et au pignon du portail des tintercelles du xii°. Le reste du bâtiment est moderne, sauf deux statues de pierre attribuées au xvi° siècle.

BORNAMBUSC. *Ép. romaine.* Fragment de voie d'après M. E. Gaillard. Motte circulaire qui était au bord du grand chemin qui conduit de Bornambusc à Goderville, détruite vers 1830. || *Moyen âge.* L'église, sous le vocable de Saint-Laurent, présente dans le chœur des traces du xiii° siècle, et dans la nef tout un côté du xvi°. Le reste est moderne. Deux dalles de chevaliers du xiv° et du xvi° siècle, dans le chœur. — Dans le cimetière était naguère une jolie croix de pierre de 1606.

BRÉAUTÉ. Formée des deux anciennes paroisses de Bréauté et du Herteley. — Bréauté. *Ép. romaine.* Voie romaine de Lillebonne à Étretat au hameau de la *Cauchie*. — Motte ou vigie qui aurait été abattue vers 1830. — En avril 1856, on découvrit au hameau de *Givoust* un cimetière romain à incinération. Une cinquantaine de vases en terre et en verre ont été recueillis; quatre d'entre eux, parmi lesquels on remarque une belle urne de verre remplie d'os brûlés, sont déposés au musée du Havre. Au mois de juillet suivant, M. l'abbé Cochet y a fait des fouilles et trouvé encore plusieurs urnes en terre avec des ossements incinérés. || *Moyen âge.* Église sous le vocable de Saint-Georges, romane du xi° au xii° siècle. Voussure de la porte ornée de frettes et de zigzags encadrant un tympan chargé d'animaux en relief. Le clocher, entre chœur et nef, roman à sa base, appartient au xvii° siècle pour son sommet. Baptistère en pierre du xii° ou du xiii° siècle. Chapelle de léproserie commune aux paroisses de Bréauté et de Vattetot, aujourd'hui détruite. = Le Herteley. L'église, sous le vocable de Notre-Dame, a été démolie en 1831.

BRETTEVILLE-LA-CHAUSSÉE. *Ép. romaine.* Ainsi surnommée de l'ancienne voie romaine de Lillebonne à Étretat et à Fécamp, encore visible aux hameaux de la *Grande* et de la *Petite-Chaussée*. Tertre de forme allongée placé dans un bois, reconnu en 1834 et subsistant encore dans le voisinage du *bourg* ou du *carreau*. Un fossé profond environne un terre-plein ou enceinte à l'extrémité de laquelle s'élève une motte circulaire de 25 mètres de hauteur; M. l'abbé Cochet y a remarqué des murailles. Second tertre démoli par la culture vers 1844; on assure n'y avoir rien trouvé. ‖ *Moyen âge.* Église sous le vocable de Notre-Dame, à trois nefs. Le clocher, entre chœur et nef, est une tour romane du xi° siècle. Le chœur est un élégant spécimen du xiii° siècle. La nef, moins importante, est un triple vaisseau du xvi° siècle (vers 1535). Dans une chapelle du transept bâtie en 1721, une pierre tumulaire de 1631.

DAUBEUF-SERVILLE. Formée des deux anciennes paroisses de Daubeuf-le-Sec et de Serville. — DAUBEUF-LE-SEC. *Ép. incertaine.* Une tradition prétend que la rivière de Fécamp prenait autrefois sa source à Daubeuf et qu'elle a disparu pour châtier les habitants du lieu d'avoir chassé des fontaines les paysans de la plaine, altérés par une grande sécheresse. (E. Marchand, *Des eaux potables*, p. 124-164.) ‖ *Ép. franque.* En 1866, au hameau de Rochefort, sur le bord d'un ancien chemin, on a trouvé un cercueil en pierre de Pétreval contenant un squelette avec couteau en fer et une fiole en verre noir. ‖ *Moyen âge.* L'église, sous le vocable de la Sainte-Vierge, est moderne, sauf la voûte du chœur et l'arcade du crucifix, qui paraissent du xii° siècle. == SERVILLE. Le château, qui appartient à M. le maréchal Regnault-de-Saint-Jean-d'Angely, est une construction rajeunie du xvi° siècle, qui possédait encore un oriel en pierre il y a douze ans. L'entrée de la cour est flanquée de deux grosses tours, avec meurtrières, sur lesquelles on lit, en caractères du xvi° siècle, plusieurs sentences extraites du droit romain. (De Glanville, *Promenade archéologique de Rouen à Fécamp*, p. 115.) — L'église, sous le vocable de Saint-Laurent, est une construction moderne devenue la chapelle du château. La cloche est de 1564.

ÉCRAINVILLE. Formée des deux anciennes paroisses d'Écrainville et de Tennemare. — ÉCRAINVILLE. *Ép. incertaine.* Le 5 juin 1770, des ouvriers cherchant des cailloux pour la route royale du Havre à Lille ont rencontré au *Val-Miellé*, dans un lieu appelé *Maucomble*, une ancienne carrière ou marnière, large de 10 à 12 mètres et haute de 2ᵐ,35, remplie de squelettes humains au nombre de cent cinquante environ. On n'a rien trouvé avec eux, si ce n'est une boucle et une clef en fer. Cette carrière a été dessinée et décrite en 1778 par M. l'abbé Dicquemare, du Havre, qui l'a visitée au moment de sa découverte. (Voir son appréciation dans le *Journal de physique* de l'abbé Rozier. Octobre 1779, t. XIV, p. 302, avec une planche.) Rebouchée alors, après avoir reçu la visite de plus de six mille personnes, elle fut ouverte de nouveau en 1837. M. l'abbé Cochet y a pénétré en 1850: elle contient encore des ossements. (Voir *la Normandie souterraine*, 1ʳᵉ édition, p. 347-450; 2° édition, p. 441-445.) La boucle en fer trouvée en 1770 porterait à attribuer cette crypte à l'époque franque et peut-être au temps des invasions normandes. ‖ *Moyen âge.* Église sous le vocable de Saint-Denis, à trois nefs, construite du xi° au xii° siècle. Clocher, entre chœur et nef, portail et arcades du nord de la nef, de la construction primitive; arcades du sud remaniées au xvi° siècle et transformées en ogives. Les murs extérieurs du vaisseau sont récents; les deux transepts du xvi° siècle. Le chœur est de 1780. — Ancienne chapelle du nom de *Canteleu* ou *Canteloup*, dont on ignore jusqu'à la trace. — Léproserie du Val-Miellé, également méconnaissable. — Vieille auberge du xvii° siècle, établie au Val-Miellé sur l'ancien grand chemin du Havre à Fécamp. == TENNEMARE. L'église, sous le vocable de Saint-Nicolas, a été démolie en 1839.

GODERVILLE. Formée des deux anciennes paroisses de Goderville et de Cretot. — GODERVILLE. *Ép. romaine.* Voie romaine de Lillebonne à Étretat non loin du château, au lieu dit *la Fosse-au-Prêcheux*. ‖ *Moyen âge.* Ancienne église sous le vocable de Sᵗᵉ-Madeleine, construction assez grossière du xvi° et du xvii° siècle; le clocher seul renfermait des traces du xiii°; démoli en 1865. L'église actuelle vient d'être bâtie en pierre dans le style roman du xii° siècle. Quatre anges en marbre blanc, jolies sculptures du xvi° siècle provenant de l'abbaye de Fécamp. — En creusant sur la place publique, on a trouvé, en 1844, des sépultures chrétiennes avec vases à encens. — Non loin de la nouvelle église est le vieux château, construction en pierre, brique et caillou, du xvi° siècle. Une partie des fossés existe encore. — *Épistolier* et *Évangélier* de l'abbaye de Fécamp, manuscrits illustrés du xvii° siècle, et un beau vase hispano-moresque du xv° siècle, qui servait au lavement des pieds, le jeudi saint, dans le grand monastère de Fécamp; chez M. le docteur Robin, médecin à Goderville. == CRETOT. *Ép. incertaine.* Motte circulaire entourée de fossés et couverte d'arbres très-élevés. C'est peut-être la ferté féodale sur laquelle s'appuyaient les sires de Cretot, grands bouteillers héréditaires de la Normandie. — En 1832 ou 1833, lorsqu'on démolit l'ancienne église, on trouva dans le sol des tuiles à rebords et des cercueils en auge. ‖ *Moyen âge.* L'église, autrefois sous le vocable de Sainte-Hélène et dans les derniers temps sous celui de Saint-Jacques, fut démolie vers 1833. On en retira deux bas-reliefs en pierre du xvi° siècle, que le docteur Robin a donnés au musée du Havre, vers 1844.

GONFREVILLE-CAILLOT. *Ép. incertaine.* Près de l'église, motte circulaire entourée de fossés. ‖ *Moyen âge.* Église sous le vocable de Saint-Maur: le chœur est du xvii°, le clocher du xviii° et la nef de 1777. Baptistère en pierre du xiii° siècle.

GRAINVILLE-IMOVILLE. Formée des deux anciennes paroisses de Grainville-l'Alouette et d'Imoville, fusionnées en 1823. — GRAINVILLE-L'ALOUETTE. *Ép. ro-*

maine. En 1755; M. Du Boccage de Bléville, du Havre, à la suite de découvertes réitérées faites par la charrue, exécuta une fouille, qui donna, en une seule journée, plus de cent cinquante vases antiques. La terre où les unes furent trouvées s'appelle encore *la Terre à pots* ou *la Pièce à pots*. C'était un cimetière romain à incinération des trois premiers siècles de notre ère. (Voir les *Sépultures gauloises, romaines, franques et normandes*, p. 69, 93.) Vers 1830, on recueillit encore une belle urne romaine en terre grise cachée dans le fossé d'une ferme. || *Ép. incertaine.* La tradition du pays assure qu'il y avait une rivière à Grainville, qu'elle prenait sa source sous l'église, qu'elle y faisait marcher un moulin et allait ensuite se jeter dans la mer à Étretat. Les cartes géographiques du xvi° et du xvii° siècle figurent encore cette rivière disparue. La tradition attribue cette disparition à une bohémienne. (Voir *Étretat et ses environs*, p. 24, 25; l'*Étretat souterrain*, p. 6.) || *Moyen âge.* L'église, dédiée à saint Pierre, a été démolie en 1835. Chapiteaux du xiii° siècle. Le baptistère, en pierre, orné de sculptures, était de la Renaissance. Une dalle tumulaire des seigneurs, de 1738, a été transférée à Imoville. == IMOVILLE. Église sous le vocable de Saint-Vigor et de la Sainte-Vierge : construction de 1774 et de 1856.

HOUQUETOT. *Moyen âge.* Église sous le vocable de Saint-Aubin : construction romane du xi° siècle. Le clocher, entre chœur et nef, est un corps carré roman comme ceux d'Étainhus et de Virville. Le chœur se termine par une abside circulaire dont la corniche est ornée de têtes grimaçantes. Les voûtes intérieures sont basses et sous arceaux. Si les fenêtres du chœur et de la nef sont petites et étroites, celles du clocher sont larges et ornées.

MANNEVILLE-LE-GOUPIL. *Ép. romaine.* En 1858, on a découvert, au lieu appelé *Chambray*, un cimetière romain renfermant des incinérations des trois premiers siècles. Il n'a pas été trouvé moins de quarante à cinquante vases, dont beaucoup ont été cassés. M. l'abbé Cochet en a recueilli de six à huit, et Mlles Saint-Pierre, du Havre, en possèdent autant. Parmi ces derniers vases se voit une belle urne en verre remplie d'os brûlés, avec eau d'interposition. Au fond de l'urne sont des lettres et des figures en relief. En 1861, M. l'abbé Cochet a fouillé *Chambray* et y a trouvé une urne grise couverte d'un plateau noir et contenant des os brûlés, une coupe en verre, trois palets en os et trois monnaies de bronze du Haut-Empire. || *Moyen âge.* Église sous le vocable de Notre-Dame. Beau chœur; chapelle seigneuriale qui sert de sacristie en pierre blanche du xvi° siècle. Nef et clocher, placé au portail, de 1770. On dit que l'ancienne église était dans un champ où l'on trouve des constructions. — Ancien presbytère construit en bois couvert de sculptures et de reliefs. On lisait sur une imposte : «Curatus de Sancta-Margareta, xvi° jour de juillet MIL IV° XXXIII» (1433); démolie en 1832. — Ancienne léproserie de Manneville et de Virville, détruite.

MENTHEVILLE. *Ép. gauloise.* En 1842, deux hachettes de pierre ont été trouvées aux environs de *Pétreval*. || *Moyen âge.* Église sous le vocable de Notre-Dame. Clocher, placé à l'entrée, composé d'une tour et d'une flèche en pierre de la fin du xvii° siècle. Le reste est moderne. — Deux maisons en pierre portant des inscriptions du xvi° siècle : l'une est de 1526.

MIRVILLE. *Ép. romaine.* De 1814 à 1820, on a trouvé à la fontaine de Mirville un grand nombre de statuettes en terre cuite représentant Vénus Anadyomène debout, et Latone assise dans un fauteuil, tenant un ou deux enfants dans ses bras. Les musées de Rouen et de Caen possèdent de ces statuettes, *ex-voto* jetés par les païens dans une fontaine vénérée. (Voir les mémoires de MM. de Mirville et Rever sur cette découverte dans les *Mém. de la Soc. des antiq. de Norm.* t. Ier, p. 4, et t. III, p. 36.) || *Ép. incertaine.* Non loin de l'église est une motte circulaire en terre assise au milieu d'une prairie. Une ancienne tradition prétend que l'église de Mirville a été transférée et qu'elle était autrefois au lieu dit *le Vieux-Cimetière*. En labourant on y trouve encore des fondations. || *Moyen âge.* Église sous le vocable de Saint-Quentin. Chœur du xiii° siècle, présentant, au midi, un *arco-solium* qui révèle un tombeau de ce temps. Belle fenêtre du xvi° siècle au portail; nef moderne. Au pied du baptistère est une dalle de «MIL V° XXX» (1530), qui relate la donation d'une croix de cimetière. Dans le chœur, deux statues du xvi° siècle représentant saint Cosme et saint Damien en costume de docteur de la faculté de Paris. — Près de l'église était le château, dont il reste encore une construction du xvi° siècle.

SAINT-MACLOU-LA-BRIÈRE. *Moyen âge et ép. incertaine.* Une tradition prétend que l'église a été transférée et qu'elle était autrefois au lieu dit *la Pointe* ou au fond de la *Vallette*. Les chroniques de Normandie racontent qu'en 990, le prêtre Isaac, curé de Saint-Maclou, vit le vin du calice se changer en sang, et que c'est là l'origine du précieux sang de Fécamp. Église actuelle sous le vocable de Saint-Maclou. Nef et chœur en pierre et silex du xvii° siècle; clocher, au portail, construit par Desmare de 1760 à 1770.

SAINT-SAUVEUR-D'ÉMALLEVILLE. Formée des deux anciennes paroisses d'Émalleville et de Saint-Sauveur-la-Campagne. — ÉMALLEVILLE. *Moyen âge.* Église sous le vocable de Saint-Martin. Portail roman du xi° siècle; clocher de 1668; nef et chœur de 1760. == SAINT-SAUVEUR-LA-CAMPAGNE. *Ép. franque.* Ce village, appelé *Sancti Salvatoris in Campania* en 1340, doit être le même qui, au ix° siècle, est nommé *Villa Cam-*

pania in pago Caletensi, dans le récit des miracles de saint Wandrille. ‖ *Moyen âge.* L'église, sous le vocable de Saint-Laurent, est modernisée et renferme dans le chœur des restes du xiiie siècle.

SAUSSEUSEMARE. *Ép. romaine.* Voie romaine de Lillebonne à Étretat. ‖ *Moyen âge.* Église sous le vocable de Saint-Étienne, entièrement refaite au xviie et au xviiie siècle. Vers 1651, la tour placée entre chœur et nef en tombant écrasa le chœur. Lors de la reconstruction, le clocher fut transporté au portail. Baptistère en pierre, qui pourrait bien remonter au xiie siècle.

TOCQUEVILLE-LES-MURS. *Moyen âge.* L'église, sous le vocable de Saint-Germain, paraît du xiie siècle. La nef et le clocher, construits en pierre, sont de la fin du xvie ou du commencement du xviie siècle. Le clocher est une tour carrée placée au portail et que couronne une flèche de pierre.

VATTETOT-SOUS-BEAUMONT. *Moyen âge.* Église sous le vocable de Notre-Dame. Le chœur conserve des traces du xiiie siècle, au milieu de retouches de 1641. La nef, en pierre blanche, est du xviie siècle. Dans la charpente, des bossets en bois représentent les apôtres. Le baptistère en pierre, du xiie siècle, est orné de personnages.

VIRVILLE. *Ép. ancienne.* Motte ou vigie. ‖ *Moyen âge.* Église sous le vocable de Saint-Aubin, construite en tuf au xiie siècle. Cintres étroits et têtes grimaçantes sous la corniche. Abside circulaire. Tour carrée romane, entre chœur et nef.

CANTONS DU HAVRE (Nord, Sud et Est).

(Chef-lieu : LE HAVRE.)

BLÉVILLE. *Moyen âge.* Église sous le vocable de Saint-Jean-Baptiste. Chœur et clocher, entre chœur et nef, romans du xiie siècle. Nef avec collatéraux du xvie siècle, ainsi que la chapelle du côté nord du chœur. François Ier visita cette église le 6 juillet 1545. — Dans une ferme voisine de l'église sont les restes du vieux château; on en distingue encore les terrassements, les fossés et les épaisses murailles arasées. — Ancienne chapelle de Sainte-Adresse ou de Saint-Andrieu. C'est peut-être la même qui est ordinairement appelée la *Chapelle de Soubretonne*, d'un hameau qui porte ce nom.

GRAVILLE-SAINTE-HONORINE. *Ép. romaine.* Les antiquités romaines de Graville, jointes au nom de *Crétin* que portait l'ancien château, ont fait penser à quelques-uns d'y placer le *Caracotinum* des anciens; mais cette opinion, peu suivie autrefois, est aujourd'hui abandonnée. Ces antiquités ont été découvertes à Tourneville en 1750 (voyez LE HAVRE), sur la côte et sur la *Butte-aux-Sarrasins*, tertre situé vers la mer, dans la plaine. En 1839 et 1840, en établissant un pavillon sur la côte, dans le bois de la Hallate, l'on trouva des incinérations romaines. En 1861, on a rencontré un cimetière romain au haut de la *rue Montmirail* : plus de cent vases, comprenant des urnes, des vases aux offrandes, des fioles de verre et jusqu'à des *dolium*, se sont présentés et ont été brisés, à l'exception de quelques-uns, conservés au musée-bibliothèque du Havre. (L'abbé Lecomte, *Recueil des public. de la Soc. havr. d'étud. div.*, 26e année, p. 35, 36, 37, 38.) — Vieille butte en terre dite *la Vieille-Tour*, au nord-ouest de l'église, sur le penchant de la côte, dans le bois de la Hallate. — Cercueil de sainte Honorine, martyrisée le 27 février 303, à Mélamare, sur la voie romaine de Lillebonne à *Caracotinum*. Son corps, jeté à la Seine, échoua sur le rivage de Graville, où il fut inhumé par les chrétiens du lieu. Ce cercueil de pierre, présentant tous les caractères du ive et du ve siècle, a été retrouvé en 1867 dans une chapelle nord de l'église paroissiale. M. Pinel, du Havre, parle, dans ses *Essais*, d'urnes sépulcrales trouvées dans le cimetière et dans l'église. Il doit s'agir de vases funéraires du moyen âge. ‖ *Ép. franque.* Vers 840, les clercs établis autour du tombeau de sainte Honorine brisèrent le sarcophage du côté de la tête et emportèrent le corps précieux de la sainte jusqu'à Conflans, près de Paris, lieu qui prit plus tard le surnom de *Sainte-Honorine*. Le sarcophage laissé à Graville est resté l'objet de la vénération des peuples, et celui qu'on a découvert en 1867 a été mutilé à l'une de ses extrémités. Il est percé d'un trou circulaire par où les pèlerins passaient autrefois leur tête. — Le lieu dit *la Butte-aux-Sarrasins*, dans la plaine de Graville, aurait été le théâtre des entrevues de deux chefs de peuples : la première fois en 842, entre Lothaire, fils de Louis le Débonnaire, et les Normands, qu'il avait appelés à son secours contre ses frères Charles le Chauve et Louis de Bavière ; la seconde fois vers 944, entre Lothaire, roi de France, et Richard Ier, duc de Normandie. Enfin, plusieurs ont cherché à appliquer à Graville et à sa *fosse* ces expressions de *Giraldi fossa* et de *Fossa Giraldi*, dont se servent les anciens annalistes pour exprimer le lieu où hivernèrent les Normands de la Seine, en 807, 808, 809, 842 et 855. MM. Bonamy et l'abbé Lebeuf, de l'ancienne académie, tenaient pour Jeufosse. ‖ *Ép. incertaine.* En 1869, le propriétaire du château, ayant fait percer des passages sous le donjon, à 4 mètres du sol actuel, a rencontré une vingtaine de squelettes de tout âge et de tout sexe inhumés très-irrégulièrement; comme ils n'avaient avec eux aucun objet d'art, il n'a pas été possible de leur assigner de date. On présume qu'ils sont du ixe au xe siècle. ‖ *Moyen âge.* Église prieurale existant au ixe siècle sous le vocable de Saint-Étienne, desservie par des clercs. — L'église actuelle, dédiée à sainte Honorine, prieurale seulement depuis 1203, a été construite en grande partie au xi° siècle. Elle a la forme d'une croix et est romane dans la nef, dans les collatéraux, dans les transepts, dans le clocher, placé entre chœur et nef, et dans la tour carrée placée à l'angle nord du portail et dont un tronçon reste encore. Le chœur et les chapelles latérales doivent appartenir à la transition du xii° siècle. Le sanctuaire est dû tout entier à l'ogive primitive, probablement de 1200. L'église a 50 mètres de long et 13 de large. La longueur des transepts est de 23 mètres. La hauteur du chœur et de la nef, prise sous voûte, est de 20 mètres. Le clocher a 33 mètres d'élévation. Bas-reliefs romans décorent les chapiteaux de la nef, modillons des corniches, zodiaque sculpté sur le pignon du transept septentrional. Près du sarcophage de sainte Honorine était une statuette grossière de saint Christophe, que l'on a prise pour un Jupiter tonnant. Une grande dalle tumulaire en ardoise, qui était autrefois dans le milieu du chœur, est la tombe de Guillaume Mallet, le fondateur de l'abbaye, et de son épouse, exécutée au xiv° siècle seulement. Dans le transept nord est une belle contre-table en bois du temps de Louis XIV. — La croix du cimetière, du xiii° ou du xiv° siècle, a été peinte, gravée et dessinée partout, jusque dans les décors de « Robert le Diable. » — Le bâtiment de l'abbaye, comme presque tous les autres en Normandie, a été refait au xviii° siècle; d'ailleurs, il fut la proie d'un incendie en 1787. Cependant, dans la partie inférieure de la maison monastique qui sert aujourd'hui de presbytère, de mairie et d'écoles, on remarque des portions du xiii° siècle. — Le vieux château des Mallet, sires de Graville, est au pied de l'abbaye. Les fossés en sont encore profonds et reconnaissables. Des murs épais, percés d'ogives primitives, se voient autour de l'enceinte carrée où fut assise cette forteresse, dont les eaux de la mer ou de la Seine baignèrent longtemps le pied. On prétend que les navires s'amarraient aux murailles. — Le vieux château de Crétin, entre Graville et Harfleur, n'a été démoli que vers 1780; quelques antiquaires ont voulu y voir l'ancien *Castrum* romain de *Caracotinum*. — Maisons du Halleur et du Sauveur, auprès du château et au bord d'un fossé profond, existantes au xvi° et au xvii° siècle. — La fontaine de Graville, avec ses réservoirs, ses bassins et son château d'eau, paraît un curieux monument du xvii° siècle. — Ancienne chapelle de Notre-Dame-des-Neiges, fondée primitivement, en 1294, au manoir de *la Quesnée* et soumise à l'abbaye de Graville. Il reste encore de cette époque quelques pierres taillées et des dalles tumulaires entrées dans l'appareil. En 1622, la chapelle fut donnée aux Capucins du Havre, qui y établirent un hospice avec chapelle dédiée à Notre-Dame-des-Neiges. Le lieu qui s'appelait autrefois *la Quesnée* ou *les Perrés* a pris le nom des *Neiges*. L'édifice actuel, qui sert de grange, est du xiii° siècle. En 1676, on a trouvé, dans la chapelle et autour, des pierres tumulaires du xiv° et du xv° siècle; on a compté jusqu'à quatorze tombeaux.

HAVRE (LE). Depuis le décret du 9 juillet 1852, la ville du Havre, création du xvi° siècle, a réuni à son enceinte primitive toute la ville d'Ingouville, l'ancienne commune de Leure et une portion importante des communes de Sanvic et de Graville. ∥ *Ép. antéhistorique*. En 1666, lorsque l'on creusa le canal *Vauban*, qui va du Havre à Harfleur, dans le banc d'alluvion sur lequel le Havre est assis, on trouva une quille de nef d'environ 80 pieds de long, dans la plaine alors dépendant de Graville. (Pinel, *Essais archéolog. histor. et phys. sur les environs du Havre*, p. 42. — Frissard, *Histoire du port du Havre*, p. 19.) De 1788 à 1800, en creusant le *Bassin de la Barre*, on découvrit, à 3 ou 4 mètres de profondeur dans la vase, une pirogue de 40 pieds de long, faite d'un seul arbre, très-bien conservée et contenant encore un squelette humain. (Pinel, *Essais archéol.* p. 48, 49. — Frissard, *Hist. du port, etc.* p. 18, 20. — L'abbé Lecomte, *Recueil des publications de la Soc. havr. d'études div.* 26° année, p. 35.) Une grande quantité d'arbres résineux furent rencontrés lorsque l'on établit les remparts et les fossés qui entourèrent la ville sous Louis XVI et Napoléon Ier, et lorsque l'on creusa le bassin de la Barre, le bassin Vauban et le bassin de Leure. ∥ *Ép. romaine*. Meules à broyer en poudingue trouvées vers 1750 dans les marais qui entourent le Havre, et dont M. Du Boccage de Bléville nous a gardé le souvenir. Vers 1850, trois autres meules à broyer en poudingue ont été rencontrées sur le territoire de Leure. (L'abbé Lecomte, *Recueil des public. de la Soc. havr.* 26° année, p. 32.) Sur tout le territoire de Leure, il y a tradition d'une ancienne ville qu'on nomme *Collinbes*, *Collinges* ou *Coulimbes*. Près de Leure, mais sur le territoire actuel de Graville, on a trouvé des antiquités romaines au lieu dit *la Butte-aux-Sarrasins*. (Voir GRAVILLE-SAINTE-HONORINE.) En 1839, lorsque l'on bâtit, sur la côte d'Ingouville, le pavillon de M. Koch, M. Certain découvrit un cimetière romain par incinération. Les urnes et les vases de terre qui en sortirent sont à présent au musée du Havre. Ils ont été dessinés et décrits dans l'ouvrage intitulé : *Le Havre et son arrondissement, canton d'Ingouville*, p. 3. Au hameau de Tourneville (autrefois de Graville), fut découvert, en 1750, un squelette romain enseveli sous 5 mètres de terre. M. le duc d'Harcourt, qui fit cette trouvaille, en tira plusieurs vases, entre autres une jolie fiole de verre que le comte de Caylus a gravée et décrite dans son *Recueil d'antiq. égypt. étrusq. grecq. et rom.* t. Ier, p. 193, pl. LXXX, fig. 9, IV. ∥ *Renaissance*. — *Architecture religieuse*. — 1° *Église Notre-Dame*. Elle a remplacé, en 1574, la vieille chapelle en bois dédiée par les marins à Notre-Dame-de-Grâce. Elle a, pour ainsi dire, donné son nom à la ville, longtemps appelée *le Havre-de-Grâce*. Nicolas Duchemin fit le plan et conduisit l'œuvre de cette église, toute construite en pierre de taille. Elle a trois nefs et des transepts imperceptibles au dedans, plus sensibles au dehors. Seize chapelles, huit de chaque côté, rayonnent autour des bas côtés, sur toute la longueur de l'église. Des colonnes rondes, renforcées de pilastres ioniques, supportent les arcades cintrées de la nef et du chœur. Les fenêtres, aussi en cintre, sont garnies du réseau des derniers temps de l'ogive. Les balustrades ont quelque chose de plus ogival, surtout celles qui forment les lettres de l'*Ave Maria*. Le clocher, tour carrée un peu tronquée et massive qui a été reléguée au côté sud du portail, pourrait être antérieur à l'église et dater de 1540, à peu près. Le portail, élevé de 1605 à 1638, est entièrement gréco-romain, comme les monuments de cette époque. Cette église n'a point été achevée dans son chevet oriental; elle se termine brusquement par une chapelle provisoire. Elle a 80 mètres de long sur 28 de large; la hauteur des voûtes, du pavé à la clef, est de 14 mètres. Le buffet de l'orgue, daté de 1630, a été donné par le cardinal de Richelieu dont il porte les armes. Il n'existe qu'une seule inscription, encastrée dans un pilier de la nef : c'est celle de Nicolas Duchemin, son architecte, «qui fonda le bâtiment de ce temple, en 1574, et continua iceluy jusqu'à son décès, arrivé le mardy 5 de may 1598.» — 2° Église Saint-François, toute en pierre de taille. François Ier l'avait fondée en 1542, d'après le projet de Hiéronimo Bellarmato, qui, en 1541, donna le plan du quartier des *Barres*. Le vaisseau est triple et accompagné de huit chapelles, quatre de chaque côté; sans transepts. Le chœur fut ajouté hâtivement et sans goût vers le milieu du XVIIe (1665-1672). Avant 1841, le clocher était une masse de silex noir accolée au portail. Le style général de l'église est croisé de celui de la Renaissance et du gréco-romain qui le suivit. Il y a quelques réminiscences du style ogival (1542 à 1681). — 3° L'église Saint-Michel, construite en brique et en silex, n'est devenue paroissiale que depuis 1823. Auparavant c'était la chapelle d'un couvent de Pénitents, dédiée à saint Joseph. Fondée en 1661, elle gardait quelques traces de l'ogive, mais n'avait rien de monumental. Les additions et les remaniements que l'on n'a cessé de lui faire subir depuis 1839 l'ont défigurée et rendue sans caractère. L'ancien couvent des Pénitents est devenu le presbytère. Dans le cloître, à présent disparu, on voyait en 1840 plusieurs inscriptions latines indiquant la tombe des anciens religieux. — 4° Église Notre-Dame-de-Bon-Secours, placée sur la côte, abandonnée en 1823 et devenue chapelle de Notre-Dame-de-Bon-Secours en 1838. C'était l'ancienne église paroissiale d'Ingouville, titulaire, jusqu'en 1789, des églises Notre-Dame et Saint-François du Havre, qui n'étaient que ses annexes. Elle est en pierre de taille, à une nef de style ogival, ayant son clocher au portail; ne renferme que quelques détails d'architecture et doit dater de 1480 à 1550. — 5° Église Saint-Nicolas (ancienne église de Leure), reconstruite en style roman dans les années 1856, 1857 et 1858. L'ancienne était peu intéressante; elle ne contenait qu'un bénitier creusé dans un chapiteau roman, une dalle tumulaire du XIVe siècle et un modillon du XIIe. Il ne restait rien de l'église dédiée par Eudes Rigaud le 22 avril 1268; mais, en 1856 et 1857, en démolissant l'ancienne église et en fondant la nouvelle, on a trouvé beaucoup de carrelages émaillés du XIIIe, du XIVe et du XVIe siècle; des chapiteaux et des fûts de colonnes du XIIIe siècle; des débris de bas-reliefs du XVe et du XVIe du siècle, paraissant provenir d'anciens retables en pierre, peints et dorés; des sépultures, et avec elles des vases à encens du XIIIe au XIVe siècle, formant plus de deux mille fragments dont quelques-uns ont été recueillis pour le musée du Havre, d'autres pour le musée de Rouen. La découverte la plus importante a été celle de dalles tumulaires, entières ou en morceaux, provenant de sépultures du XIIIe, du XIVe et du XVIe siècle. Il a été reconnu une douzaine de dalles différentes, entières ou fragmentées; toutes étaient en pierre ou en schiste, gravées avec inscriptions. On y a lu les noms de Pierre Bérenguier, de Guillaume Du Moustier, de Guillaume Paré et de Guillaume de Grosmesnil, tous marins et armateurs du port de Leure, avec les dates de 1315, de 1379 et enfin de 1540. Toutes ces dalles ont été recueillies par la ville du Havre, dans son musée-bibliothèque. (*Mémoires de la Société des Antiquaires de Normandie*, t. XXII, p. 388-398; t. XXIV, p. 1 à 15). — 6° Église Sainte-Marie-Graville, bâtie en style gréco-romain, en 1839-1840, sur les plans de M. Frissard, ingénieur. — 7° Église Saint-Vincent-de-Paul, construite en style roman, de 1849 à 1859, sur les plans de M. l'abbé Robert. — Chapelles et couvents. 1° Chapelle de Saint-Roch. Construite en 1587 pour le service du cimetière des pestiférés, elle a servi jusqu'en ces derniers temps pour le cimetière de la ville du Havre. — 2° Chapelle de Saint-Sauveur-des-Capucins, couvent fondé en 1590, dans le quartier *Percanville* (aujourd'hui Saint-François). Supprimé en 1790, il a été démoli vers 1827 pour faire place à l'entrepôt actuel. — 3° Chapelle du séminaire Saint-Charles, dans la *rue de la Communauté*. Elle fut fondée en 1660 pour un séminaire ou plutôt une communauté de prêtres qui a disparu dès le milieu du dernier siècle. Elle n'existe plus. — 4° Chapelle et couvent des Ursulines. Les premières Ursulines furent établies au Havre en 1633-40, au lieu appelé *l'Îlot*; leur maison a disparu. Installées *rue de la Mailleraye* en 1822, elles ont été transférées de nouveau sur la *Côte d'Ingouville*, où elles ont un monastère et une chapelle modernes. En 1864, lorsqu'on creusa les fondements de la gendarmerie, on trouva bon nombre de corps d'Ursulines sur lesquels étaient des inscriptions en plomb du xviii° siècle. — 5° Chapelle de Saint-Jean-de-l'Hôpital. L'hôpital général du Havre et la chapelle dédiée à saint Jean-Baptiste sont une fondation de Louis XIV, en 1669. Tous deux existent encore au bas de la côte d'Ingouville == *Architecture militaire*. — La tour de François Ier a été démolie en 1861, pour l'agrandissement du port du Havre : c'était une tour ronde en pierre de taille, munie de pointes de diamants dans son appareil et terminée par une plate-forme garnie de canons. A la base étaient des cachots souterrains et sous-marins, où furent enfermés des prisonniers, notamment dans les troubles de la Ligue et de la Fronde ; on lisait leurs signatures sur les murs. Cette tour fut bâtie en 1532, par François Ier, pour *garder l'entrée du port, qu'une chaîne de fer barrait pendant la nuit*. — Tour du Vidame, en face de la tour de François Ier, sur l'autre jetée, élevée vers 1550 par Louis de Vendôme, vidame de Chartres et gouverneur du Havre. Elle fut démolie vers la fin du dernier siècle. Une chaîne de fer partant de cette tour barrait l'entrée du port. — La citadelle, détruite en 1867, n'était plus qu'un tronçon de la magnifique forteresse construite sous Louis XIII, vers 1628, par les soins du cardinal de Richelieu. Il restait encore de ce temps deux bastions en pierre et brique et quelques bâtiments qui servaient d'arsenal, de manutention et de pavillons d'état-major. On y voyait aussi le cachot qui, en 1650, du temps de Mazarin, servit de prison aux princes de Condé, de Conti et au duc de Longueville : on l'appelait encore *la Prison des Princes*. — Porte d'Ingouville, construite par Richelieu au lieu où est aujourd'hui la *place Richelieu*. Elle fut démolie vers 1789 ; on en a des dessins et des gravures. — Porte Royale, construite en pierre sous Louis XVI, en 1788, et décorée de trophées militaires ; détruite vers 1855. Elle a été souvent gravée et décrite. == *Architecture maritime*. — Comme spécimen d'un port du xiv° et du xv° siècle, dans le quartier de Leure, d'énormes murailles chaînées de tours qui font saillie sur l'herbe des prés ; elles ressemblent beaucoup à celles du *Port aux Galères* de Harfleur. Outre une série de murs épais, on remarque, à la distance de 100 mètres, des tours carrées disposées pour la défense. — Comme spécimen d'un des plus anciens bassins fermés de la France, le *Bassin du Roi* ou *Vieux bassin*. Il date de 1669 ; c'était l'époque où les Hollandais venaient, dit-on, d'inventer les ports fermés. — L'arsenal, fondé en 1669. Il renfermait chapelle, écoles, bureaux et tout le service de la marine. == *Architecture civile*. — Maison n° 19 de la *rue du Grand-Croissant* la plus vieille du Havre. La porte de cette demeure est une ogive en bois sculpté, décorée dans le style de 1550 et sur laquelle est gravée en lettres gothiques l'inscription suivante : *Initium sapientiæ timor Domini.* — Ancienne *Maison du passeur, rue de la Crique*, à l'encoignure de la *rue Royale*. Vieille maison en bois sculpté à l'angle de laquelle était représenté sur un poteau un homme ramant dans un canot. Les gens du quartier y voyaient la personnification symbolique du Havre. C'était une enseigne indiquant que là demeurait le batelier qui passait du quartier Notre-Dame au quartier Saint-François ou des *Barres*, avant l'établissement du pont Notre-Dame, en 1669. Il est regrettable que l'on n'ait pas conservé cette vieille enseigne sculptée. — Le Logis du roi. Sur la place François Ier, à l'extrémité des *rues d'Estimauville* et *Fontaine-des-Viviers*, exista, jusqu'en 1844, le premier hôtel de ville du Havre, connu sous le nom de *Logis du roi*. Ce bâtiment modeste avait été construit en bois, vers 1555, par Du Chilou, gouverneur du Havre. Il ne renfermait de remarquable qu'une salle, dont le pavage et les cheminées étaient décorés de carreaux de faïence émaillée : on l'appelait pour cela *la Salle faïencée*. Il a fait place au musée-bibliothèque, belle construction en style grec devant laquelle on a inauguré, en 1852, les statues de bronze de Bernardin de Saint-Pierre et de Casimir Delavigne. — Le musée-bibliothèque. 1° La bibliothèque. La bibliothèque du Havre se compose d'environ trente mille volumes et de quelques manuscrits provenant de l'abbaye de Saint-Wandrille, et surtout de celle de Fécamp. On y remarque spécialement le *Majus chronicon Fontanellæ*, petit in-folio, en partie sur vélin, écrit en beaux caractères, avec initiales coloriées et deux peintures représentant saint Wulfran, de Sens, et saint Ansbert, de Rouen. Des parties de ce manuscrit datent du viii° et du ix° siècle ; quelques-unes descendent jusqu'au xvi°. Ce curieux manuscrit, l'un des plus remarquables de la Normandie, a été étudié par tous les savants de la France et de l'Europe. 2° Le musée. Vases, armes et costumes venant de l'Afrique, de l'Amérique, de la Chine et de l'Océanie : trophées d'armes de sauvages offrant un grand intérêt de comparaison avec celles des Gaulois. Antiquités nationales et locales : pour l'époque gauloise, quelques hachettes en bronze provenant de Harfleur et de Gonfreville-l'Orcher ; pour l'époque romaine, un *dolium*, des urnes en terre et en verre et des vases de verre trouvés à Lillebonne en 1856 ; une urne en terre grise ; une urne en verre et deux vases aux libations, en verre, trouvés à Bréauté en 1856 ; des urnes et des vases funéraires trouvés à Ingouville en 1839 ; quelques vases cinéraires en terre ou en verre, trouvés à Graville en 1861 ; des tuiles, des étuves, des restes de vases et des mortiers romains, recueillis à Sainte-Adresse en 1845; des vases funéraires, urnes et autres, provenant des fouilles de Fécamp en 1852, de Lillebonne en 1853, et d'Étretat en 1855; des meules à broyer trouvées sur différents points de l'arrondissement; pour l'époque franque, des haches, des scramasaxes, des couteaux, des lances, des boucles et des plaques en fer, des plaques de ceinturons, des fibules, des anneaux en bronze, des perles de verre, des vases en terre et plusieurs autres objets, provenant des fouilles d'Envermeu et de Londinières; un cercueil en pierre tiré du cimetière mérovingien d'Envermeu; pour le moyen âge, bon nombre de pierres tumulaires avec gravures et inscriptions du XIIIe et du XIVe siècle, et portant les noms de Bérenguier, de Paré, de Du Moustier et de Grosmesnil, extraits de l'ancienne église de Leure; une inscription tumulaire de 1540, provenant aussi de Leure; l'inscription des trois Raulin (1599), autrefois dans l'église de Notre-Dame du Havre et rencontrée vers 1857 dans les démolitions de la *Fontaine des Viviers*; le baptistère de pierre de Bruneval (arrondissement du Havre), apporté en 1841; les bas-reliefs de l'église de Cretot (près de Goderville), donnés en 1844 (ces monuments sont du XVIe siècle); la cheminée en bois garni de faïence de l'ancien *Logis du roi*, construite sous Charles IX; deux croix du moyen âge venant de Montivilliers; un bas-relief en albâtre (XVe siècle), des vases funéraires de Leure (XIVe siècle), des carrelages émaillés, etc. — Médailles et monnaies. Une réunion de plus de six mille médailles et monnaies antiques et modernes, françaises et étrangères, collection de peu de valeur.

SAINTE-ADRESSE. Cette commune porte ce nom depuis 1719 environ; il lui vient d'un fief ou d'une chapelle de Saint-André ou Saint-Andrieu, sise sur Bléville. Auparavant ce lieu se nommait Chef-de-Caux, *Caput Caleti*, ou Saint-Denis-Chef-de-Caux, nom qui vient évidemment du promontoire de la Hève, appelé autrefois Chef-de-Caux, *Caput Caleti*. ‖ *Ép. gauloise.* Une hache en grès poli trouvée en 1843 dans le *Bois de Sainte-Adresse*, et deux hachettes de bronze provenant des éboulements de la Hève en 1864, appartenant à M. Toussaint, du Havre. ‖ *Ép. romaine.* Tuiles à rebords, poteries antiques, vases romains et même une baignoire ou baptistère que la municipalité du Havre a fait enlever en 1845 pour son musée, reconnus sur le bord de la mer en 1840 par M. l'abbé Cochet. (*Revue de Rouen*, année 1845, 1er semestre, p. 320-21; 2e semestre, p. 128-30.) Poteries anciennes et *mortier* en terre rouge, étuves et tuiles à rebords, également au musée du Havre. Une prétendue inscription romaine trouvée à la Hève en 1805, et relatée dans le *Moniteur universel* du 11 thermidor an XIII, a été reconnue fausse par M. Léon Renier. — Tradition qui prétend que saint Denis de Paris ayant été martyrisé à Montmartre, sa tête fut jetée à la Seine et échoua sur les grèves de l'embouchure. Les deux paroisses de Sanvic et du Chef-de-Caux se seraient disputé et partagé la relique. De là la dédicace des deux églises à saint Denis de Paris. ‖ *Moyen âge.* Une tradition plus sûre et mieux prouvée veut que le village et l'église du Chef-de-Caux fussent autrefois sur le *Banc de l'Éclat*, à 1200 mètres de la plage. Une charte de Charles V, de 1373, autorise les habitants du Chef-de-Caux à rebâtir leur église, *chue en mer*. (De Fréville, *Mém. sur le commerce marit. de Rouen*, t. Ier, p. 81-83; t. II, p. 142.) L'église actuelle de Sainte-Adresse, dédiée à saint Denis, est moderne, sauf le clocher en pierre, qui est une construction inachevée du XVIe siècle. — Manoir de Vitanval, au fond du vallon de Sainte-Adresse, gentilhommière du XVIe siècle. — Phares de la Hève, sur le cap fertile en objets géologiques. Construits vers 1774, par les soins de la chambre de commerce de Normandie, ils remplacent l'ancienne *Tour des Castillans*, élevée par le commerce de Harfleur en 1364.

SANVIC. *Moyen âge.* L'église, dédiée à saint Denis, vient d'être démolie en 1861. Son clocher était une tour romane carrée du XIe siècle. Le chœur et les chapelles latérales offraient quelques restes du XIIIe siècle. En ce moment on reconstruit une église neuve en style roman. Une tradition prétend que cette église se partagea avec celle de Saint-Denis-Chef-de-Caux la tête de saint Denis, martyr de Paris, échouée sur la grève. — Le prêche bâti par les réformés du Havre, après l'édit de Nantes, fut détruit en 1685. La croix qui le remplaça porta longtemps le nom de *Croix du prêche*.

CANTON DE LILLEBONNE.

(Chef-lieu : LILLEBONNE.)

AUBERVILLE-LA-CAMPAGNE. *Ép. romaine.* Voie conduisant de *Juliobona* à *Rotomagus*. Vers 1820, on trouva au bord de ce vieux chemin le cercueil en pierre d'un enfant, contenant, avec le squelette, des vases et des ornements parmi lesquels on remarqua des perles provenant d'un collier. Ce tombeau, qui était peut-être franc, était placé non loin d'une ancienne chapelle de Saint-Amateur. ‖ *Moyen âge.* L'église, dédiée à saint Jean et généralement modernisée, n'offre que quelques débris du XIIIe siècle dans son portail. — Chapelle de Saint-Amateur ou de Saint-Amator. Elle était sur le bord de la route départementale, l'ancienne voie romaine; détruite depuis longtemps; elle est remplacée par une forge; c'était une ancienne léproserie.

FRESNAYE (LA). *Ép. romaine.* Voie de *Juliobona* (Lillebonne) à *Rotomagus* (Rouen). ‖ *Moyen âge.* L'église est dédiée à saint Jacques; la nef est en pierre et du xvi⁰ siècle. Le clocher, à l'entrée de l'église, est récent. Le chœur est de 1762. Dans le chœur est une inscription tumulaire de 1579.

GRAND-CAMP. Formée des deux anciennes paroisses de Grand-Camp et de Saint-Sylvestre. — GRAND-CAMP. *Moyen âge.* L'église, dédiée à saint Michel, date entièrement du xvii⁰ siècle; on y lit les millésimes de 1635 et 1648. Pierre tumulaire de 1643.—Dans le cimetière on trouve d'anciennes murailles. == SAINT-SYLVESTRE. *Moyen âge.* Le chœur de l'église est du xiii⁰ siècle. La nef est moderne.

LILLEBONNE. Formée des anciennes communes de Lillebonne et du Mesnil. — LILLEBONNE. *Ép. gauloise.* Plusieurs auteurs ont pensé qu'avant la conquête romaine Lillebonne était *Caletum* ou Cité des Calètes. Aussi ils attribuent à cette ville des monnaies gauloises portant les légendes KAL, KALET, KALEDU, KALETU. Sur la foi d'auteurs du moyen âge, ils pensent que cette ville fut détruite par César. Le comte de Caylus a recueilli de son temps la tradition populaire qui fait de Lillebonne la *Cité Calète* (*Recueil d'antiquités*, t. VI, p. 393). Cependant, on pourrait placer avec autant de raison *Kaletum* ou la Cité des Calètes sur le mont *Caledu* ou *Calidois*, qui domine Caudebec et où se trouvent beaucoup d'antiquités. Parmi les objets connus ou désignés comme gaulois, on a trouvé à Lillebonne quelques médailles celtiques. || *Ép. romaine.* Lillebonne est le *Juliobona* des Romains. Ce fait, contesté au xvii⁰ siècle, ne l'était plus au xviii⁰. Trois auteurs anciens seulement parlent de Lillebonne : le géographe Ptolémée, l'Itinéraire d'Antonin et la Carte ou Table Théodosienne. Cette cité est appelée par le premier Ἰουλιόβονα; par les deux autres, *Juliobona* et *Luliobona*. L'identité de la colonie romaine avec la ville actuelle se tire moins encore de la ressemblance du nom, que des nombreux monuments antiques qui sont sortis de son sol. — 1° Le théâtre romain. Il était connu dès le siècle dernier : le comte de Caylus en a donné un plan dans son *Recueil d'antiquités*, t. VI, pl. cxxvi et cxxvii, p. 393-396. A cette époque, on ne voyait que de grossières murailles, auxquelles on donna le nom de *Roquelle*. De 1810 à 1816, l'industrie privée en déblaya une partie; en 1818, le département de la Seine-Inférieure l'acheta et le fit fouiller. Depuis 1820 jusqu'en 1840, MM. Rever, Gaillard et Deville l'ont mis, à l'aide de fouilles successives, dans l'état où il se trouve aujourd'hui. Ce théâtre, adossé à une colline, tournait le dos au couchant. Sa longueur connue est de 150 mètres; sa profondeur, de 80 à 90 mètres; le pourtour du grand corridor circulaire est de 108 mètres de longueur; la place qu'il occupe est de 80 ares de terrain. Il est bâti de tuf de petit appareil chaîné de briques rouges et plates. Dans toute sa circonférence il est muni de contre-forts saillants; il se compose de trois cavées, *summa*, *media* et *ima cavea*. On compte huit loges et sept vomitoires. Les deux grands passages sont magnifiques et devaient être voûtés. On estime qu'il pouvait contenir trois mille personnes. On remarque encore quelques-uns des sièges de pierre, nommés *bisellia*, où s'asseyaient les spectateurs. Au temps des invasions, ce théâtre dut servir de citadelle ou de défense. C'est alors qu'on boucha les grands passages avec les masses de pierre de taille qu'on y remarque et qu'on installa sur la scène même des baignoires et des puits dont l'existence surprend. — 2° Les bains, en face du théâtre, de l'autre côté de la route départementale, au pied même du vieux château. Cet établissement, aujourd'hui complétement détruit, a été fouillé en 1827, 1828 et 1829, par M. E. Gaillard, qui en a publié le plan et la description dans son *Mémoire sur le Balnéaire romain de Lillebonne*, in-8° de 51 pages avec 5 pl., et dans les *Mém. de la Soc. des antiq. de Norm.*, t. IX. L'espace fouillé n'avait pas moins de 30 mètres de long sur 20 de large. C'est dans une des salles de ce balnéaire que, le 31 mai 1828, fut trouvée la statue de marbre blanc dont on parlera plus bas. — 3° Aqueduc en maçonnerie, dont la largeur totale est de 0^m,68 et la hauteur de 0^m,87, découvert et reconnu par M. Rever en 1816, qui conduisait l'eau aux bains publics; décrit par MM. Rever et E. Gaillard (*Mém. sur les ruines de Lillebonne*, p. 51-55). — 4° Les statues et statuettes. Statue de bronze doré de 1^m,94 (6 pieds) de hauteur, découverte le 24 juillet 1823, dans une argilière, à 800 mètres du bourg et au-dessus du château, à un mètre de profondeur; la jambe droite et le bras droit sont fracturés. Les uns en font un Bacchus, d'autres un Apollon, quelques-uns un Antinoüs. Cette statue, longtemps en Angleterre, est actuellement au musée du Louvre. Elle a été analysée, figurée et décrite par M. Rever, dans son mémoire intitulé : *Description de la statue de bronze doré*, etc. in-8° de 58 pages avec planches; Évreux, 1823 et 1824. Statue en marbre blanc de Paros, haute de 1^m,50 et pesant 1,000 kilogrammes; malheureusement la tête manque. Cette belle image, aujourd'hui au musée départemental de Rouen, a été trouvée dans le balnéaire le 31 juillet 1828. M. Gaillard, qui la découvrit, l'attribue à Faustine, femme d'Antonin le Pieux, dans un mémoire intitulé : *Notice sur une statue pédestre en marbre blanc*, etc. in-8° de 46 pages; Rouen, 1829. Tronçons, têtes et pieds au nombre de quatre ou cinq, dont deux ou trois conservés à la mairie, trouvés de 1825 à 1835, jambes en marbre. En 1846, on découvrit chez M. Lemaître une tête en bronze provenant d'une statue, de 1^m,50. Les statuettes connues sont toutes en bronze : ce sont, en 1823, deux Lares accompagnant Bacchus ou Apollon; en 1832, deux statuettes de Midas et d'Hercule; en 1840, un Hercule; en 1841, un gladiateur décrit par

MM. Deville et de Boutteville. Ces images sont au musée de Rouen. — 5° Le Castrum ou Castellum. Au pied de la colline où fut construit plus tard le vieux château des ducs de Normandie, les Romains avaient établi un *Castrum* dont les fossés et les murailles ont subsisté longtemps. C'est là que se trouvait la *porte Césarine*, construite avec des débris présentant des traces de sculpture et d'inscriptions. Du mur romain de Lillebonne on a tiré les pierres tumulaires et les inscriptions que conserve le musée de Rouen, et qui ont été reproduites par M. Lambert, de Bayeux, dans la *Notice sur le Balnéaire*, et par Roach Smith, dans ses *Collectanea antiqua*, vol. III, p. 73-90, pl. xvii à xxv. Des dessins s'en trouvent dans les cartons de la Commission des antiquités départementales. — 6° Mosaïques, habitations, villas. Le sol de Lillebonne est littéralement rempli de constructions antiques; cependant, dans cette longue série de découvertes qui a eu lieu depuis 1816, l'on doit citer parmi les plus remarquables : les mosaïques magnifiques trouvées dans la fabrique de MM. Lévesque en 1819 et en 1836; la mosaïque de la *rue de Gouberville*, en 1819; la villa de M. Davois, au Catillon, en 1820 ; la grande habitation de la fabrique de M. Lemaître, vue dès 1820; les solides constructions de la route d'Alvimare, aperçues en 1852 et décrites par M. l'abbé Cochet dans l'*Athœneum français* de 1853, p. 750 ; la magnifique villa trouvée en 1854, par M. Duval, dans le cimetière, dans l'église et le presbytère de Saint-Denis (l'*Athœneum français*, du 30 juillet 1853), et la grande et belle villa explorée en 1864, par M. l'abbé Cochet, dans le parc de M. Alfred Lemaistre. — 7° Les inscriptions tumulaires. Elles proviennent des démolitions du *Castrum*, des bains et du théâtre. La première connue fut trouvée en 1705 ; elle fut signalée par Galland à l'Académie des inscriptions et belles-lettres (t. Ier, p. 293), puis citée par l'abbé Belley, Caylus, Gaignières, Duplessis et autres ; elle est perdue. Les autres ont été découvertes dans notre siècle, de 1816 à 1840; toutes ou presque toutes sont au musée de Rouen et figurent sur les catalogues de cet établissement, publiés par M. Deville en 1834, 1840 et 1845, et par M. l'abbé Cochet en 1868. Une partie a été publiée par M. Rever, une autre par MM. Gaillard et Deville. M. Roach Smith les a données à peu près toutes dans ses *Collectanea antiqua*, vol. III, et M. l'abbé Cochet, dans sa *Normandie souterraine*. — 8° Sculptures en marbre, médailles et autres objets d'antiquité, réunis au musée départemental, consistant en moulures, corniches, bas-reliefs tuiles, briques, tuyaux, poteries, portant treize noms de potiers au moins, lingot de plomb portant la marque impériale de Septime Sévère, meules à broyer de tout genre, deux marmites en bronze, épingles en os et en bronze, fibules de bronze de toutes les espèces, lampes et ustensiles de tout genre. Les médailles, surtout celles de bronze, se sont montrées avec une profusion étonnante. Plusieurs collections, notamment celles de MM. Lechaptois et Pigné, des musées de Rouen et du Havre, en possèdent un grand nombre, et, dans Lillebonne comme aux environs, chacun en conserve. M. Rever, seul, en avait réuni cent soixante en deux années de fouilles. — 9° Sépultures, cimetières, urnes, tombeaux. Le principal cimetière de *Juliobona* fut placé sur la route du Mesnil, sur les collines du Toupin et du Catillon. De 1815 à 1840, M. Davois de Quinquerville tira de ses herbages toute une collection de vases et d'objets antiques, que sa famille vendit au musée de Rouen. En 1853, M. l'abbé Cochet a fouillé le Mesnil et le Catillon, et en a retiré cent dix vases, entrés dans les musées de Rouen et du Havre. (Voir le chapitre X de *la Normandie souterraine*.) Un autre cimetière se trouvait sur la côte de Folleville, au bord de la voie qui conduisait à Harfleur ; il a été reconnu en 1860 et décrit par le même auteur. (Voir *Bulletin de la Soc. des antiq. de Norm.* t. Ier, p. 261-266.) Les objets qui en proviennent sont chez M. Fauquet, au château de Folleville. La pièce principale est un double miroir en bronze, à l'image de Néron. En 1807, on trouva des sépultures antiques à la côte de la Fresnaye, au bord de la voie de Rouen. Une nouvelle découverte eut lieu en 1858; les objets sont au musée du Havre. Enfin des cercueils de pierre ont été trouvés non loin du château; ils sont restés longtemps dans les fossés. La plus belle de toutes les sépultures est celle qui fut trouvée le 26 octobre 1864, au bord de la voie romaine allant à Rouen. A 2^m,50 de profondeur on découvrit une cavité d'un mètre de côté, fermée par une lourde dalle de pierre et profonde de 0^m,60. Elle renfermait trente objets fort intéressants, parmi lesquels une urne ronde en verre contenant les os brûlés d'un adulte, enveloppée dans un étui cylindrique en plomb; six vases de verre, dont un renfermait une matière brune et visqueuse que les chimistes ont reconnue être de la chair musculaire; un autre, de verre noir, en forme de dauphin à écailles dorées; deux vases de terre de forme ordinaire ; dix bronzes comprenant deux strigiles, deux plateaux et deux aiguières ; un *præfericulum* en forme de buste humain, qui avait contenu de l'huile; quatre pièces en argent, deux cuillers, une petite et une grande ; une coupe décorée d'ornements en creux et un beau plateau ovale dont les bords sont décorés de motifs en relief; enfin une éponge et une coquille de la Méditerranée. — 10° Voies romaines. Cinq voies romaines principales sortaient de Lillebonne : la première allait à Rouen par *Lotum* (Caudebec) ; la seconde conduisait à l'embouchure de la Seine, à *Caracotinum* (Harfleur) ; la troisième traversait la Seine à Petitville, pour gagner *Breviodurum* et *Noviomagus* ; la quatrième

9.

allait à Boulogne par *Gravinum* (Grainville-la-Teinturière); la cinquième, enfin, menait à la mer, à Étretat et à Fécamp. (Voir les *Mém. de la Soc. des antiq. de Norm.* t. XIV, p. 150-169, et t. XXIV, p. 319-360.)
|| *Ép. franque et normande*. Appelée *Juliobona* et deux fois mentionnée par les historiens : en 650, au concile de Châlons, pour un évêque de son nom, et en 734, pour l'enlèvement des pierres du *Castrum* par les moines de Saint-Wandrille, afin de construire l'église Saint-Michel de Fontenelle. Chapiteaux et antéfixes provenant de l'église Saint-Denis démolie en 1823 et 1853; il a été également rencontré au parvis de cette église, en 1854, une douzaine de sarcophages en pierre de Saint-Leu; en 1839, on a trouvé un denier d'argent de Charlemagne, et en 1840, un denier de Richard II, frappé à Rouen; ces deux pièces sont dans le musée départemental. || *Moyen âge*. Le château, situé sur la pointe d'une colline, là où fut jadis le *Castrum* romain. Une partie de ses fossés subsiste encore, mais de son enceinte il ne reste que la trace, une tour ronde bien conservée et la moitié d'une tour octogone dont la vue est d'un grand effet. Ces constructions paraissent du XII° et du XIII° siècle. C'est dans ce château que fut décidée la conquête de l'Angleterre, dans une assemblée de barons, d'évêques et d'abbés tenue vers 1065; Guillaume le Conquérant y réunit deux conciles : l'un en 1070, l'autre en 1080, et Henri II y tint une assemblée en 1162. — Église Notre-Dame, à trois nefs; construction du XVI° siècle, qui fut dédiée, le 23 avril 1517, par Toussaint Varin, archevêque de Thessalonique. Le clocher, placé à l'angle de la nef, est une belle *tour carrée* en pierre, surmontée d'une élégante flèche octogone de 55 mètres de hauteur, aussi en pierre et décorée avec élégance. Portail décoré de niches, qui paraît n'avoir été terminé que vers 1605. Le chœur, tout en pierre, est éclairé par sept fenêtres ogivales, dont quelques-unes ont gardé des verrières du XVI° siècle. C'est une œuvre assez élégante; les vitraux reproduisent la *Vie de saint Jean-Baptiste* et la *Messe de saint Grégoire*. — L'église Saint-Denis, la première de la ville, avait été construite sur un édifice romain; supprimée à la Révolution, elle fut vendue et démolie en 1823; quand on en arracha les fondements, de 1853 à 1858, on trouva des chapiteaux mérovingiens et des cercueils de l'époque franque. — Chapelle de Saint-Léonard, dépendant d'une ancienne léproserie située au bord de la route qui va de Lillebonne à Caudebec, au penchant de la colline; détruite depuis un siècle. = LE MESNIL-SOUS-LILLEBONNE. *Ép. romaine*. La voie romaine qui de Lillebonne allait à la Seine, pour de là se rendre à *Breviodurum* et à *Noviomagus*, longeait les côtes et la paroisse du Mesnil. Au lieu dit *le Catillon*, se trouvait le principal cimetière romain de *Juliobona*, où fut découverte en 1705 l'inscription de *Magnini Senecionis*. M. Davois y a recueilli en partie la belle collection d'antiquités qui fut vendue au musée de Rouen en 1840. Dès 1836, le musée acquit, comme provenant du Mesnil, une cuiller en bronze, une urne en terre, des vases en terre rouge, deux perles bleues et une urne en plomb. En 1850, M. Duval y trouva quatre ou cinq jolies fibules de bronze. Enfin, en 1853, M. l'abbé Cochet y a fait des fouilles, décrites dans le chapitre VI de *la Normandie souterraine*, pl. VI. || *Moyen âge*. L'église, dédiée à sainte Anne, possède des traces du XII° siècle, mais elle a été refaite au XVI°, époque à laquelle appartiennent le portail et la fenêtre qui le surmonte. — Croix du cimetière en pierre, du XIII° ou du XIV° siècle. — Chapelles des Saints-Anges gardiens et de Saint-Julien, aujourd'hui détruites. — Manoir du Catillon, conservant des traces du XVI° et du XVII° siècle.

MÉLAMARE. *Ép. romaine*. Passage de la voie romaine de Lillebonne à Harfleur. On dit que ce fut sur le bord de cette voie, à la *Côte de Sainte-Honorine*, que fut massacrée, le 27 février 303, sainte Honorine, vierge et martyre. — Motte à Mélamare? || *Moyen âge*. L'église, dédiée à saint Jacques et à sainte Anne, garde dans sa nef des vestiges du XII° siècle. Le clocher, entre chœur et nef, fut rebâti au XIII° siècle et remanié au XVI°. Le chœur est neuf. — Chapelle de Sainte-Honorine. Dans le vallon de Sainte-Honorine, au bord de l'ancienne voie, est une chapelle dédiée à cette sainte, élevée, dit-on, sur le lieu de son martyre : c'est une construction du XIII° et du XVI° siècle, aujourd'hui sécularisée. Dans les éboulements voisins de la chapelle, M. l'abbé Cochet a, en 1865, reconnu une poterie du XIII° ou du XIV° siècle.

NORVILLE. *Moyen âge*. L'église, dédiée à saint Martin, est un des plus intéressants monuments de l'arrondissement du Havre, surtout à cause de son clocher, flèche de pierre d'une rare élégance. Le chœur est du XII° siècle; la nef est du XVI°, ainsi que les deux collatéraux, construits et voûtés en pierre de taille. Le clocher, entre chœur et nef, paraît du XV° siècle, de même que les deux transepts. La flèche octogone, en pierre, qui surmonte le corps carré, est découpée à jour et ceinte de trois couronnes à fleurons comme celle de Caudebec. Cet édifice est classé parmi les monuments historiques du département.

NOTRE-DAME-DE-GRAVENCHON. Formée des deux anciennes paroisses de Notre-Dame et de Saint-Georges-de-Gravenchon. — NOTRE-DAME. *Ép. incertaine*. Motte ou tumulus. || *Ép. romaine*. Voie romaine qui de Lillebonne allait à *Noviomagus* et à *Breviodurum*. Médaille trouvée en 1856 près du château. — Construction carrée et débris romains reconnus dans le bois de la Salle vers 1862. || *Moyen âge*. Église sous le patronage de Notre-Dame. La nef a un portail ogival et des détails du XII° siècle. Des arcades, rebouchées, indiquent des collatéraux disparus. Le clocher, au transept sud, est une tour carrée du XII° siècle, surmontée d'une flèche de pierre du XVII°. Le chœur, reconstruit vers 1830, garde une fenêtre terminale du XIII° siècle. — Ancienne chapelle du château, supprimée et détruite depuis plus d'un siècle. — Place du castel des anciens comtes de Boulogne. == Saint-Georges-de-Gravenchon. L'église, dédiée à saint Georges, a été démolie vers 1825. Elle était du XIII° siècle.

PETITVILLE. *Ép. romaine.* Voie romaine qui de Lillebonne conduisait à Évreux, à Dreux, à Lisieux et au Mans, traversait la Seine au hameau du *Bac*, dont le péage fut donné par Robert Courte-Heuse aux chanoines de Rouen. Pour cette raison, le lieu s'appelle aujourd'hui *le Chapitre*. || *Moyen âge.* L'ancienne église, dédiée à saint Martin, avait une nef du XI° siècle, un chœur de 1611 avec des vitraux et un clocher du XVIII°. Elle a été démolie en 1857 et remplacée par un nouvel édifice de style roman.

SAINT-ANTOINE-LA-FORÊT. *Ép. romaine.* Voie romaine de Lillebonne à Harfleur. || *Moyen âge.* Église sous le vocable de Saint-Antoine, romane du XI° ou du XII° siècle, surtout dans son portail et dans ses modillons. Le chœur est moderne.

SAINT-JEAN-DE-FOLLEVILLE. Formée des deux anciennes paroisses de Saint-Jean et de Radicatel. — Saint-Jean. *Ép. romaine.* Voie romaine allant de *Juliobona* (Lillebonne) à *Caracotinum* (Harfleur). Sur le bord de cette voie, à l'endroit où elle monte la côte en sortant de Lillebonne, on a trouvé en 1860 des murs antiques et de nombreuses sépultures à incinération des deux premiers siècles. Quoique les ouvriers aient brisé une partie des vases, quatorze objets curieux ont été sauvés et conservés chez M. A. Fauquet, au château de Folleville, entre autres un *dolium*, des urnes, des vases aux offrandes en terre et en verre, cinq fioles en verre, deux fibules en bronze émaillé et un double miroir en bronze étamé renfermé dans une boîte sur les deux couvercles de laquelle est enchâssée une monnaie de Néron. (Voir *Bull. de la Soc. des antiq. de Norm.* 1860, p. 261-66, et *la Picardie*, 3° année, janvier 1861, p. 39 et suiv.) En 1839, on a recueilli sur la côte un beau vase en bronze, haut de 24 centimètres, déposé au musée de Rouen. En 1842, M. Friboulet a trouvé une villa, avec mosaïques, crépis coloriés, vases, tuiles et monnaies, au lieu dit *le Champ aux Tuiles*. M. E. Gaillard cite un *Catelier* à l'entrée de la vallée et des tours à pressoir dans le bois des Castellans. (*Recherches archéol.* p. 5.) || *Moyen âge.* L'église, sous le vocable de Saint-Jean, présente dans la nef des restes du XIII° siècle; le chœur est du XVII°. Le reste est moderne. == Radicatel. *Ép. romaine.* Au XIII° siècle, ce lieu est appelé *Ratier Castel*. Le mot *castel* ou *catel*, qui entre dans sa composition, indique un monument antique; il y a en effet un *Catelier* voisin d'une villa romaine. || *Moyen âge.* L'église, dédiée à Notre-Dame, possède des traces du XIII° siècle; la nef est du XVI° et le chœur du XVIII°; reste de verrière de 1606.

SAINT-MAURICE-D'ÉTELAN. *Ép. romaine.* En 1852, au lieu dit *les Maisons des douaniers*, on a trouvé, sur la pente d'un coteau, des incinérations situées à 40 centimètres du sol. Elles se composaient d'un grand *dolium* en terre cuite, d'une urne en plomb remplie d'os brûlés, d'une urne carrée en verre également pleine d'os brûlés, et enfin de vases aux offrandes en terre et en verre. Les neuf vases extraits de cette fouille ont été recueillis par M. Bettencourt, régisseur du château d'Ételan. || *Ép. incertaine.* On parle d'une translation d'église; on dit que l'ancienne était dans le *Bois Vallois*. || *Moyen âge.* L'église, sous le vocable de Saint-Maurice, appartient entièrement à la fin du XV° siècle ou au commencement du XVI°. Elle est complétement bâtie en pierre blanche du pays. Le clocher, à l'angle nord-ouest de la nef, est une tour carrée surmontée d'une flèche octogone, jadis décorée de trois couronnes. La nef est éclairée par des fenêtres flamboyantes, ainsi que le chœur, qui a conservé ses voûtes et ses verrières. Dalles tumulaires effacées. — Le château, construit à la fin du XV° siècle par la famille Picard, qui joua un rôle dans les finances royales, est une des belles demeures de la Normandie féodale. Construit en pierre et décoré dans le style ogival le plus avancé, il appartient à l'architecture du château de Clères, de l'hôtel du Bourgtheroude et du palais de justice de Rouen. Les parties les plus élégantes sont les lucarnes et les gargouilles. Dans l'intérieur sont des peintures et des tapisseries du XVII° siècle. La chapelle, dédiée à sainte Madeleine, est un édifice élégant du XV° et du XVI° siècle. Toutes les fenêtres sont garnies de verrières du temps. Le pavage se compose de carreaux vernissés reproduisant partout des piques, armes parlantes des Picard d'Ételan, ses fondateurs. Le bénitier, l'autel et la piscine sont en pierre sculptée. Des peintures murales décorent ce sanctuaire. Les lambris sont en bois sculpté, ainsi que le lutrin et le banc seigneurial, tous du XVI° siècle.

SAINT-NICOLAS-DE-LA-TAILLE. *Ép. gauloise.* Au bord de la Seine et au milieu d'un bois taillis, l'antique enceinte de *Boudeville*, qui porte dans le pays le nom de *Catelier*, et que M. Fallue décrit comme un camp antique. (Fallue, *Mém. de la Soc. des antiq. de Norm.*, t. IX, p. 188-192, pl. v.) On donne à cette enceinte une contenance de 150 hectares; M. Gaillard la dit protégée par trois fossés (*Recherches archéol.*, p. 6, 7, 8); M. Fallue, par deux seulement; du côté de la Seine et de Tancarville, les vallons sont sa seule défense. Le camp de *Boudeville* est de la famille de ceux de *Lîmes*, du *Canada*, de *Sandouville*, de *Varen-*

greville-sur-Duclair, etc. || *Ép. incertaine.* En 1846, on a trouvé une marmite en bronze, déposée au musée de Rouen. || *Ép. romaine.* Monnaie de bronze de Néron, entrée au musée de Rouen. || *Moyen âge.* L'église, sous le vocable de Saint-Nicolas, a été rebâtie presque en entier de 1734 à 1761 ; cependant il reste encore un transept sud du xvie siècle et un transept nord du xviie. Beau retable en bois de 1666.

TRINITÉ-DU-MONT (LA). *Ép. romaine.* Voie de *Juliobona* (Lillebonne) à *Gravinum* (Grainville-la-Teinturière). || *Moyen âge.* L'église, dédiée à la sainte Trinité, est en pierre blanche et date du xvie et du xviie siècle. La nef, avec ses arcades cintrées de la Renaissance, a été consacrée le 17 juillet 1511, comme le dit une inscription. Le chœur a été construit en 1685. — Le pied de la croix de pierre du cimetière porte la date de 1523.

TRIQUERVILLE. *Ép. incertaine.* Près de l'église était autrefois une fontaine vénérée ; le jour de Saint-Jean on y allumait des feux. || *Ép. romaine.* Dans un champ appelé *Labie* on trouve beaucoup de tuiles à rebords, restes probables d'une villa romaine. || *Moyen âge.* L'église, dédiée à saint Jean, présente un portail du xiie siècle; cependant la nef, en pierre blanche, fut refaite au xvie et consacrée le 11 juillet 1530 par Nicolas de Coquin-Villiers, évêque de Véria, ainsi que le disait une inscription disparue. Le chœur est moderne. Dalle tumulaire de 1718. — Ancien château disparu.

CANTON DE MONTIVILLIERS.
(Chef-lieu : Montivilliers.)

CAUVILLE. Formée des trois anciennes paroisses de Cauville, de Buglise et de Raimbertot. — CAUVILLE. *Ép. romaine.* En 1844, un laboureur trouva, au bord du chemin du Havre à Étretat, un *dolium* en terre cuite, haut de 0^m,61 et large de 0^m,52. Ce *dolium*, fermé avec un plateau rouge, renfermait une urne carrée en verre pleine d'os brûlés. A côté de l'urne étaient deux vases pour les offrandes. Ces objets sont au musée d'antiquités de Rouen. (Deville, *Revue de Rouen*, année 1845, 2e sem. p. 59, et *Catalogue du Musée départemental*, 1845, p. 73.—*La Norm. souterr.* 1re édit. p. 125; 2e édit. p. 143-144.) || *Moyen âge.* L'église, dédiée à saint Martin, possède un clocher roman dans sa base et moderne à son sommet. Le chœur, assez monumental, semble du xive siècle. Quelques fragments de verrières en décorent les fenêtres. La nef est moderne. Dans le chœur est une dalle tumulaire du xve siècle. = BUGLISE. *Ép. romaine.* En 1833, on a trouvé une meule à broyer en poudingue. || *Moyen âge.* L'église, dédiée à saint Pierre, offre un chevet du xiiie siècle. Le reste du chœur est moderne. La nef est du xvie siècle et le clocher a été ajouté au portail au xviiie. = RAIMBERTOT. *Moyen âge.* L'église, dédiée à saint Pierre, a été démolie dans les premières années de ce siècle.

ÉPOUVILLE. *Ép. romaine.* Au hameau de la Payennière on a trouvé une meule à broyer en poudingue ; elle est à la bibliothèque de Montivilliers. Vase en bronze avec anse de fer, trouvé en 1858. Motte. || *Moyen âge.* L'église, dédiée à saint Denis, a une nef romane du xiie siècle. Les trente-six modillons de la corniche méridionale sont très-curieux. Le clocher, entre chœur et nef, appartient à la transition du xiie siècle. Le chœur est du xiiie siècle. Les transepts ont disparu. Près de la chaire est une jolie piscine du xvie siècle. Le baptistère est du xiie. — Deniers d'argent du ixe et du xe siècle.

FONTAINE-LA-MALLET. *Ép. romaine.* Vases découverts par un torrent vers 1820. || *Moyen âge.* L'église est dédiée à saint Valery. La nef et le clocher qui la sépare du chœur sont de style roman du xie siècle. Les chapiteaux du clocher sont remarquables par leurs sculptures symboliques. La nef posséda un collatéral disparu. Le chœur est neuf, mais à droite et à gauche du clocher sont des chapelles du xvie siècle.

FONTENAY (LE). *Ép. romaine.* En 1854 et en 1855, en construisant une maison d'école, on a trouvé des incinérations gallo-romaines. Une fouille faite pour la bibliothèque de Montivilliers lui a rapporté des étuves, des tuiles à rebords, une urne en terre grise contenant cinq vases de terre, des coupes, des assiettes, des fragments de poteries rouges, une monnaie consulaire en argent portant d'un côté la légende Q. CURTI et de l'autre NASIA, et neuf pièces impériales en bronze, six Néron, un Antonin et un Dioclétien. || *Moyen âge.* L'église, dédiée à saint Michel, présente un clocher du xie siècle, placé entre chœur et nef. La nef a des restes romans et des reconstructions du xvie, surtout au midi et au portail. Le chœur est du xviiie siècle. Au midi de l'église est une chapelle seigneuriale du xvie siècle, sous laquelle doit exister un caveau sépulcral. — Gentilhommières du Tot et de la Clignarderie. Manoirs avec colombiers construits au xvie siècle. Le dernier surtout est intéressant.

GONFREVILLE-L'ORCHER. Formée des deux anciennes paroisses de Gonfreville et de Notre-Dame-de-Gournay. — GONFREVILLE-L'ORCHER. *Ép. gauloise.* Hachettes en bronze trouvées à deux reprises différentes : la première fois en 1845; on en recueillit au moins six, dont quelques-unes sont au musée du Havre; la seconde fois en 1859 : il y en avait trente-neuf empilées les unes sur les autres, avec un moule en bronze. La première était à fleur du sol. Cette dernière découverte eut lieu au *Camp Dolent*, où se trouve une motte ou butte dite *du Catelier*. || *Ép. romaine.* Voie romaine de *Juliobona* (Lillebonne) à *Caracotinum*

(Harfleur). — Vers 1830, un peu au-dessous de la butte du Catelier, et au bord du chemin qui va de Harfleur à Orcher, on a trouvé un vase en terre grise contenant trente monnaies romaines en argent et en bronze. La seule qui soit conservée était de l'empereur Néron. M. Fallue assure que, dans l'enclos du prieuré de Saint-Dignefort, il a reconnu des traces d'une villa romaine. ‖ *Moyen âge.* Église dédiée à saint Erconvald, démolie et reconstruite depuis 1862. Le clocher, entre chœur et nef, se composait d'un corps carré roman du xi° siècle, avec chapiteaux romans fort curieux, surmonté d'une flèche en pierre du xvii°. La nef était un intéressant travail de la transition du xii° siècle. Le chœur, en pierre, était du xvi°, ainsi qu'une chapelle bâtie au midi du clocher. Dans le chœur on remarquait une piscine et des pierres tumulaires à demi effacées. Fonts baptismaux du xvi° siècle, ainsi qu'une statue de la sainte Vierge [1]. — Le prieuré et la chapelle de Saint-Dignefort, fondés au xiii° siècle par Guillaume d'Angerville, seigneur d'Auvricher ou d'Orcher, se nommèrent d'abord Sainte-Marie-au-Port-de-Harfleur. Ils dépendaient des moines de Graville. Depuis la Révolution, ils sont devenus une ferme et un pavillon. La chapelle conserve des parties du xiii° siècle et d'autres du xvi°. Il y a encore un autel ou retable, des statues et des peintures murales. — Chapelle de Notre-Dame-des-Bois, fondée en 1340 par Pierre Lemarchand, en souvenir de l'amiral Nicolas Béhuchet, tué à la bataille navale de l'Écluse. Elle est démolie depuis la Révolution. — Château d'Orcher. A ce château, qui domine la Seine, était attaché le titre de maréchal héréditat de Normandie. La construction actuelle ne remonte qu'au xvii° siècle. — Sous la falaise que commande le château, et non loin d'une célèbre fontaine pétrifiante, est le lieu nommé *le Figuier-d'Orcher,* qui figure sur les cartes et dans les lois maritimes comme le point de séparation de la Seine d'avec la mer. — Selon quelques-uns, il y eut des vignobles à Orcher. = NOTRE-DAME-DE-GOURNAY. Cette ancienne paroisse avait, dès le xiii° siècle, une église ou chapelle dédiée à Notre-Dame-de-la-Consolation. Celle qui subsiste encore est une construction du xvii° siècle, en forme de croix grecque. On y remarque quatre confessionnaux du xvii° siècle. On dit qu'elle possédait les cas réservés. Aujourd'hui c'est encore un but de pèlerinage. — Manoir de Bévilliers ou Bainvilliers, sur la côte de Harfleur, au bord de la grande route qui conduit à Gainneville. Cette élégante construction de la Renaissance, où la brique s'allie si bien avec la pierre, est devenue une ferme. (Gravé dans *la Normandie pittoresque.*)

GAINNEVILLE. *Ép. romaine.* Voie antique allant de Lillebonne à Harfleur. Monnaies romaines. ‖ *Moyen âge.* L'église est dédiée à saint Pierre. Le chœur est en grande partie du xiii° siècle; il renferme la pierre tumulaire d'un chevalier du xiv°. La nef et la tour du clocher, placée sur le transept sud, sont des reconstructions du xvi° siècle. Le corps, carré, est surmonté d'une belle flèche octogone en pierre, élevée au xvii°. Au côté nord de la nef, à côté d'arcades rebouchées, une inscription gravée sur pierre indique que cette église a été consacrée par Toussaint Varin, archevêque de Thessalonique, « le xv° jour de juillet de l'an MIL V° et XVI » (1516).

HARFLEUR. *Ép. romaine.* Depuis 1840, on y fixe généralement le *Caracotinum* de l'Itinéraire d'Antonin. Le motif de cette détermination des savants c'est d'abord la distance assez concordante entre les sept lieues ou 28 kilomètres qui séparent Lillebonne de Harfleur et les dix milles romains ou lieues gauloises qui séparaient *Juliobona* de *Caracotinum.* Outre cela, il faut mettre en première ligne les antiquités romaines que l'on y trouve souvent, mais surtout celles que M. Fallue y a rencontrées dans ses fouilles de 1839. Ces découvertes consistent en fondations d'édifices antiques reconnus sur les collines de Harfleur, notamment à la côte de Saint-Aubin, au mont Caber, au prieuré de Saint-Dignefort, et jusque dans le fond du vallon. Les objets que M. Fallue a recueillis consistaient en un petit bouc en bronze, en tuiles, en poteries de toute forme et de toute couleur, surtout en poteries à reliefs; deux vases rouges portaient les marques VN-DO... et O MINVI. (Voir les *Mémoires de la Soc. des antiq. de Norm.* t. XII, p. 122-127 et pl.; et la *Revue archéologique,* année 1856-57, t. XIV, p. 561-565 et pl. cccxx.) Déjà auparavant M. Viau, de Harfleur, avait recueilli des médailles romaines et des poteries antiques; il en avait reconnu jusque dans le clos des Galères, à plusieurs mètres de profondeur. Vers 1820, M. Pinel, du Havre, vit des tombeaux de pierre au mont Caber. Le siècle dernier y en avait également reconnu. A cette époque, une cave s'effondra à la côte des Buquets, et l'on raconte qu'elle était remplie de vases rouges et gris, tels que plats, assiettes, écuelles, bols, amphores; il y avait aussi des ustensiles de fer et de cuivre. En 1846, en traçant le chemin de fer du Havre, on a trouvé diverses antiquités, notamment un dépôt d'objets de bronze où se voyait, au milieu de hachettes, une petite statuette de Diane haute de 0^m,08. Douze de ces hachettes furent achetées par un coutelier du Havre, qui en donna une au musée de cette ville. — Une tradition curieuse, qui paraît se rattacher aux derniers temps de l'Empire romain et aux invasions franques ou saxonnes, prétend qu'en 412 Arthur, roi de la Grande-Bretagne, descendit à Harfleur pour combattre Lucius, général romain, qu'il défit près de Paris. Puis Arthur revint à Harfleur et y acheva une enceinte flanquée de

---

[1] L'église de Gonfreville a été démolie et reconstruite depuis 1862.

tours que les Romains avaient laissée imparfaite. (Letellier, *Recherches histor. sur Harfleur*, in-8° de 10 pages, 1786.) Déjà au siècle précédent Delamotte, dans les *Antiquités de la ville de Harfleur* (in-8° de 216 pages; le Havre, 1677), avait parlé d'une muraille de 1,900 pieds de longueur. || *Ép. franque.* Ces dernières traditions et les tombeaux de pierre du mont Caber pourraient se rapporter à cette époque. || *Moyen âge.* Église Saint-Martin, à trois nefs jadis flanquées de chapelles aujourd'hui disparues. Fort large, mais peu longue, elle n'a jamais été achevée et elle a été rétrécie en 1806. L'édifice, construit en pierre de taille au XVIe siècle mais dans le style ogival, est voûté dans toute son étendue. Chacune des nefs se termine par une large fenêtre flamboyante; celle de la nef centrale appartenant encore au style rayonnant du XIVe siècle. Au côté nord règne un rang d'élégantes chapelles, dont quelques fenêtres sont de grandes dimensions. Les deux parties monumentales sont le portail latéral du nord, formant un porche élégant orné des plus délicates sculptures, et le clocher; celui-ci, placé à l'angle du nord-ouest, se compose d'une tour carrée surmontée d'une flèche octogone en pierre de la plus grande élégance, haute de 83 mètres. Les fenêtres, les clochetons, les aiguilles, les crochets qui le décorent en font une œuvre d'une élégance extrême. Les habitants de la ville et du pays de Caux prétendent, à tort, que c'est l'œuvre des Anglais. Tour et pyramide doivent dater, d'après leur style, de 1480 à 1520, époque où aucun Anglais n'habitait la Normandie. Le grand portail de l'ouest et la chapelle qui l'accompagne ont été construits de 1631 à 1635, par Jean Lebosqué, maçon du Havre. On voit sur le portail les armes de Harfleur, du cardinal de Richelieu et de Louis XIII. Niches de pierre fort élégantes, bénitiers et baptistère de pierre sculptés au XVIe siècle. Grandes dalles de pierre ou d'ardoise, effacées ou renversées en grand nombre. Cependant il en reste plusieurs qui sont fort remarquables. Une des plus belles pierres tumulaires de l'arrondissement est la dalle qui sert de marchepied au maître-autel; elle est de 1499 et a été reproduite dans *la Normandie pittoresque*, t. Ier. Outre un fragment du XIIIe siècle, il en est un bon nombre du XVIe : celle d'un diacre dans le chœur; celle de Jean de Ingelheim, mort au siège du Havre en 1563; celle de messire Agard, de Cavaillon, décédé en 1589 par suite de blessures reçues au combat du Bourgdun, et d'autres dont quelques-unes sont encastrées dans les murs. Le buffet de l'orgue est une curieuse boiserie sculptée, du temps de Henri III; la contre-table est un grand morceau de huchérie donné en 1633 par MM. de Cuverville. Une ancienne peinture représentait un *gigantesque saint Christophe*, qui a disparu. La vieille cloche de 1524, qui, jusqu'à la Révolution, sonna chaque jour cent quatre coups en souvenir des cent quatre habitants qui, au XVe siècle, délivrèrent Harfleur des Anglais. — Couvent des Billettes ou frères de la Charité de Notre-Dame, fondé vers 1300, près du port aux Galères. Ces religieux desservaient l'ancien hôpital placé devant l'église. Les Billettes cédèrent la place aux Augustins en 1630, et ceux-ci furent remplacés par les Capucins en 1655. — Couvent et chapelle des Capucins de 1641 à 1655. Ces religieux y sont restés jusqu'à la Révolution. Leur établissement, situé dans la rue actuelle des Capucins, a été complètement détruit, ainsi que la chapelle, en 1812. — Chapelle de Saint-Aubin, placée sur la côte de ce nom; mentionnée dès 1035 dans la charte de fondation de l'abbaye de Montivilliers, elle subsistait encore en 1633. En 1770, on en connaissait encore la place. — Chapelle et maladrerie de Saint-Éloi, située au bas de la côte de ce nom, appelée autrefois *le Mont Caber* ou *la Côte du Calvaire*. La voie romaine passait auprès. Vers 1840, on a vu les restes de la chapelle et de la maladrerie depuis longtemps disparues. — Chapelle de Notre-Dame-de-la-Fontaine, près de la porte de Montivilliers, là où existe encore une petite fontaine. Elle fut détruite vers 1360. — Chapelle de Sainte-Anne de Champ-Fleuri, située dans le cimetière de Harfleur, construite en bois en 1518; elle a disparu entièrement en 1855. — Le Calvaire planté en 1753 par les pères Capucins en souvenir d'une mission qui fit grand bruit. Son érection fut approuvée par Benoît XIV. Le mont Caber, où il fut placé, a pris le nom de *Côte du Calvaire.* — Le château de Harfleur, propriété de M. le comte de la Bédoyère, qui l'a fait réparer avec grand soin par M. Viollet-le-Duc, est une charmante et élégante demeure en brique et pierre, construite en style gréco-romain, avec souvenirs de la Renaissance. L'intérieur, avec les cheminées, est encore plus remarquable que les façades avec leurs colonnes, leurs pilastres, leurs fenêtres et leurs lucarnes. Il fut construit après 1653, par Pierre Costé de Saint-Supplix, venu à Harfleur en 1633 seulement. — Les fortifications, les murs, les fossés, les tours. La ville de Harfleur, clef de la France du moyen âge du côté de la Normandie, conserve encore le système de fortifications qu'elle opposa aux Anglais de Henri V en 1415, et aux Français de Charles VII en 1449. Quoique ébréchées et en partie démantelées par Louis XIII, de 1621 à 1635, elles n'en sont pas moins importantes; elles offrent presque l'intégrité de leur enceinte, sauf les deux portes de Leure et de Montivilliers, disparues depuis moins d'un siècle. Les murs et les fossés sont surtout visibles et imposants du côté d'Orcher et à la côte du Calvaire. Là les douves ont conservé 20 mètres de profondeur sur les 35 qu'elles avaient autrefois. Les murs, de pierre, sont d'une épaisseur considérable et ils sont échelonnés de tours souvent rondes et parfois carrées. On en porte le nombre total à quarante, et l'on pourrait donner les noms de la plupart d'entre elles d'après les comptes de la vicomté de Montivilliers et des visites qui y furent faites en 1475, 1484, 1488 et 1536, documents conservés aux archives municipales. On citera les tours du Cygne, du Serpent, du Limaçon, du Mulot, du Lyon, de la Grue, de la Cicogne, du Pot d'estain, du Portail aux Cerfs, du Moulin, du Pont aux Chaînes, du Clos aux Galères, de la Trahison, par où pénétra Henri V en 1415. — Anciennes portes. Il y en avait trois, garnies de tours rondes en pierre : la porte de Leure, qui conduisait au Havre; la porte de Montivilliers, qui menait à Montivilliers et au littoral du pays de Caux, et la porte de Rouen, appelée aussi *Caltinant* ou *Calletinant*, qui conduisait à Rouen et au pays de Caux. Cette dernière seule existe encore. — Le Clos et la Tour des Galères. Le port, dont l'enceinte murée est encore visible, s'appelait au moyen âge *le Clos aux Galères*. Il était protégé par une grande tour ronde appelée *la Tour des Galères*, dont les restes ont été fouillés en 1839, aux frais de la Société française. L'entrée en était défendue par deux tours dites *du Pont aux Chaînes*, à cause de la chaîne qui, allant de l'une à l'autre, défendait l'entrée et la sortie ainsi qu'au Havre, à la Rochelle et partout. — Anciennes rues. La rue des Os-Rangés, où furent les charniers; la rue du Vieil-Hôpital, où fut l'hospice des Billettes; la rue d'Espagne ou rue des Caraques, en souvenir des navires espagnols et portugais qui fréquentaient le port au XIV° et au XV° siècle; la Pescherie, près de la porte de Rouen, en mémoire de l'ancien *échoux;* enfin le Clos aux Galères, dernier souvenir du port de Harfleur. — Vieilles maisons ou hôtels. L'hôtel de ville actuel, construction en pierre du XVI° siècle, dont l'escalier doit dater de 1489 à 1510; le vieil hôtel de la Rose, dit aussi *de la Rose blanche*, dans la rue Bas-de-Lorge. L'escalier et les portes, en pierre, sont de la Renaissance. Maison en bois dans la rue du Coq, percée d'une porte en ogive décorée de chardons. — Fauconneau ou petite couleuvrine qui porte en relief le nom de HARFLEV, conservée dans l'hôtel de ville. Cette pièce, en fonte de fer, fut coulée à Paris en 1491, par Chierville, maître ouvrier de fonte, et a coûté en tout 247 livres. — Usages anciens. La Scie, instituée au XVI° siècle par Charles Cossé, maréchal de France, et qui a duré jusqu'en 1789. Cet usage consistait à porter, le mardi gras, une scie de bois et des bâtons friseurs au gouverneur du Havre. Il a été repris en 1824 et en 1825, mais n'a subsisté que peu d'années. Sonnerie le 4 novembre de chaque année, et jadis, tous les jours, au moment de l'*Angelus*, de cent quatre coups de cloche en souvenir des cent quatre habitants de Harfleur qui en 1435 délivrèrent la ville des Anglais. — Ancienne fabrique d'acier établie en 1718 par le célèbre Law et le Régent. Vaste bâtiment qui est devenu une grande raffinerie de sucre. — Découvertes archéologiques. Vers 1850, on a recueilli dans une des tours sept cents boulets de pierre de tous les calibres. En 1858, M. de la Bédoyère, faisant démolir une portion de remparts voisine de la porte de Montivilliers, trouva dans l'appareil des fragments de dalles tumulaires qui paraissaient remonter à une haute antiquité. En 1861, on a retiré du fond même de la rivière des dalles tumulaires avec inscriptions du XIII° et du XIV° siècle, placées là en 1473 avec la permission de l'autorité d'alors.

MANÉGLISE. *Moyen âge*. Église dédiée à saint Germain. La nef, le clocher et le chœur, qui se suivent, sont tout d'une pièce et d'un seul style, le roman cintré du XI° et du XII° siècle. Le portail seul est une ogive de transition. Les chapiteaux des colonnes de la nef sont d'un grand intérêt symbolique. Au-dessus des arcades règne une très-belle galerie aveugle qu'interrompent des fenestrelles rebouchées. Les déambulatoires de la nef ont été réformés au XVII° siècle, et alors on en a relevé les murs comme à Étretat. Le clocher est une tour carrée fort intéressante. Les transepts qui devaient exister ont disparu. Au midi du chœur on a ajouté en 1553 une grande chapelle en pierre blanche, ainsi que le constate une inscription. Il y a tradition d'abbaye. — Tradition. Au hameau du Crucifix était une ancienne croix de pierre élevée, dit-on, il y a deux siècles, en souvenir d'un christ trouvé en labourant, christ qui aurait rendu du sang.

MANNEVILLETTE. *Ép. gauloise*. Statère d'or trouvé en 1857 et conservé dans la bibliothèque de Montivilliers. ‖ *Moyen âge*. L'église, dédiée à Notre-Dame, est intéressante. Le clocher, entre chœur et nef, est une belle tour cintrée du XI° siècle. La nef est du XVI°, ainsi que le chœur. Outre le baptistère du XVI° siècle, on remarque plusieurs statues de pierre du même temps.

MONTIVILLIERS. *Ép. gauloise*. Hachette en bronze trouvée en 1836, aujourd'hui déposée au musée de Rouen. Trois petits coins en bronze recueillis par M. Bouvoisin, peintre. Monnaie en bronze trouvée près de Colmoulins en 1854, conservée à la bibliothèque de Montivilliers. Petite hachette de serpentine trouvée par M. Lechevrel en 1867. Bateau de 15 à 20 pieds de quille, exhumé en 1780 des fossés comblés de la Bergue? Ancienne pierre entourée de légendes, de contes et de traditions, laquelle existait autrefois dans un carrefour du hameau de Colmoulins? Ce monolithe de grès, nommé *la Pierre grise*, a disparu depuis plusieurs années. ‖ *Ép. romaine*. Chaussée qui conduisait à Harfleur, détruite en 1415 par les Anglais, qui assiégeaient cette dernière ville. Fibule et épée trouvées, dit-on, à Montivilliers, et acquises en 1835 par M. Deville pour le musée de Rouen. ‖ *Ép. franque et normande*. Cercueils de pierre de Vergelé trouvés en 1867 dans la rue aux Juifs et déposés à la bibliothèque. Boucles et agrafes de bronze trouvées en 1835. — En 682, saint Philbert, de Jumiéges, disciple de saint Colomban, fonda à Montivilliers, appelée alors *Villare*, un monastère de femmes. Waratton, maire du palais, lui donna le terrain et dota le monastère, qui dura jusqu'à l'invasion des Normands au IX° siècle. En 831, Anségise, de Fontenelle, lui donna par testament une livre d'argent. On attribue la destruction de ce monastère à Hastings, en 850. On pense qu'au X° siècle une collégiale de chanoines réguliers fut établie par les ducs Richard, de Normandie. || *Moyen âge.* L'abbaye fut fondée en 1035 par Robert le Magnifique, duc de Normandie. La première abbesse fut Béatrix, de la même famille. Ce monastère de religieuses a duré jusqu'en 1791. On sait que c'était une abbaye royale très-puissante, jouissant du privilége de l'exemption sur seize paroisses. L'abbesse avait ses chanoines, ses vicaires généraux, son doyen, son official, enfin toutes les institutions qui entourent un évêque. De cette grande fondation il reste l'église abbatiale, devenue la seule paroisse de la ville depuis la Révolution. Cette grande et belle église, dédiée à Notre-Dame, est de deux styles d'architecture : l'architecture cintrée du XI° siècle et l'architecture ogivale du XVI°. Il n'y a que des morceaux du XII°, du XIV° et du XVII°. Au style roman du XI° appartiennent la nef et le collatéral du midi, le grand portail et la tour carrée placée à l'angle du nord-ouest; du même style sont les deux transepts et le clocher central, le chœur et ses deux collatéraux et la chapelle de la Sainte-Vierge, qui forme chevet. Le XII° siècle a terminé la tour du portail et probablement la flèche octogone en pierre qui le surmonte. Au XIV° appartient la grande fenêtre rayonnante qui surmonte le portail de l'ouest. De 1509 à 1513, il a refait le collatéral du nord, ancienne église paroissiale de Saint-Sauveur, et les six élégantes chapelles qui le flanquent, avec le portail du nord, son porche et sa belle porte en bois sculpté. Ce même siècle a refait les meneaux des fenêtres des transepts et de la chapelle de la Sainte-Vierge. Il a construit aussi l'élégante tribune de l'escalier de l'orgue. Du XVII° siècle on ne peut citer que la voûte qui masque la lanterne, grossière addition de 1648; le caveau sépulcral des religieuses, dans le transept du midi, et celui des abbesses, dans le chœur. Le XIX° a mutilé, en les recouvrant de mortier, les chapiteaux romans de la nef, qui sont à personnages. (Voir les *Voyages pittor. et romant. dans l'anc. France, haute Normandie*, t. I°, pl. LXI, LXII, LXIII.) Inscription de 1625; autel en marbre de 1617; beau retable de 1605; peinture murale du XVI° siècle, et quelques morceaux de dalles tumulaires du XIV° et du XVI° siècle. En avril 1862, on a trouvé dans le chœur le caveau des trois abbesses du nom de L'Hospital (XVII° siècle) et en août 1860, sous le tran-

sept du midi, un caveau du XVII° siècle contenant les ossements d'un certain nombre de religieuses, dont les noms étaient inscrits sur des ardoises. Une douzaine de ces ardoises présentent des noms et des dates du XVIII° siècle. On les conserve au presbytère de Montivilliers. — L'ancienne abbaye, entourée de murs, était une ville dans une autre ville; un plan dressé en l'an XII et conservé à la mairie montre l'enceinte monastique avec toutes les dépendances qu'elle renfermait. On y reconnaît l'église abbatiale, le cloître, le chapitre, les cellules, les dortoirs, le réfectoire, les cuisines, la buanderie, l'infirmerie, le pressoir, les celliers, les granges, les cours, les basses-cours, les jardins, l'orangerie, le colombier, les fontaines, les écuries, les ermitages, les logements des prêtres et du Capucin. Tout cela est transformé en collège, en écoles, en brasserie, en boutiques, etc. On reconnaît encore des constructions du XIII° siècle, notamment les anciennes prisons de l'officialité et de la haute justice. — L'église Saint-Germain, située sur les remparts au nord-ouest de la ville, est en grande partie démolie. Devenue l'atelier d'un charron, elle conserve une fenêtre du XIV° siècle et une autre du XVI°. — L'église Sainte-Croix, située près des fossés au sud de la ville, est démolie depuis la Révolution. — Le cimetière, connu depuis trois siècles sous le nom de *Brise-Garet*, renferme, du côté de l'ouest, un long cloître du XVI° siècle, qui dut servir de charnier. Ce cloître, construit en pierre et en bois, de 1582 à 1602, offre des sculptures et des décors dont tous les motifs ont trait à la mort et semblent empruntés à la *Danse macabre*. C'est un diminutif de l'aître de Saint-Maclou de Rouen. Dans ce cloître est une dalle tumulaire de la fin du XVI° siècle. A l'extrémité septentrionale est la chapelle des Morts ou de Saint-Lazare. Sur un bas-relief de 1614 figure la résurrection du Lazare. Cette chapelle renferme l'épitaphe latine avec vers latins d'un enfant adoptif de M. Langevin, décédé en 1614. Dans le cimetière est une jolie croix de pierre sculptée au Havre en 1589, par Pierre Lalbitre, et donnée par M. de Beuriot. Cette charmante pyramide a été mutilée dans son sommet par la Révolution. — Léproserie et chapelle de Saint-Gilles, depuis longtemps n'existant plus. — L'hôpital et la chapelle de Saint-Jean renferment des constructions du XVI° siècle. — Anciennes fortifications, murs, fossés, portes et tours. Dans presque tout son pourtour, mais notamment du sud au nord-est, en passant par l'ouest, la ville conserve encore ses fossés profonds, ses remparts de pierre de taille échelonnés de tours rondes ou carrées qui présentent toujours les caractères du XIV° et du XVI° siècle. Les portes de Brise-Garet, allant vers Fécamp; du Chef-de-Caux, menant à Sainte-Adresse et à la mer, et enfin du Châtel ou de Harfleur, conduisant à cette dernière ville, ont été naguère démolies. On connaît aussi l'emplacement de l'ancien château Royer ou Gohier. — Le musée-bibliothèque, formé depuis quelques années, a recueilli les débris antiques trouvés dans le canton; entre autres : deux monnaies gauloises en or venant de Rolleville et de Mannevillette; sept monnaies gauloises en bronze, dont une provient de Colmoulins et les six autres de Saint-Martin-du-Manoir; une meule à broyer en poudingue sortie d'Épouville; des tuiles à rebords, des étuves, des urnes grises, des vases en terre rouge et noire, des vases de verre, des monnaies de bronze du Haut-Empire et une consulaire en argent, le tout exhumé du Fontenay. — Manoir de Reaulté ou Réauté, gentilhommière construite en pierre blanche, en silex noir et en bois sculpté dans le style de la Renaissance. On y remarque des statuettes de saints et une cheminée curieuse. — Anciennes salines dans les prairies voisines de Harfleur, dont seize furent données en 1035, par un duc de Normandie, à la naissante abbaye de Montivilliers. — La côte de la Justice, au nord-ouest de Montivilliers, au bord du chemin de Rouelles. C'est là que se trouvaient encore en 1789 les fourches patibulaires de la haute justice. — Rues et vieilles maisons en bois du xvi° siècle. Il y en a une notamment dans le Quartier-Noble, une autre dans la rue Assiquet, nommée *le Logis du roi*, parce que Charles VII y a logé. Le plus grand nombre se trouve dans la rue aux Cornes et dans la rue Sainte-Catherine. Là plusieurs offrent des images et des porches à piliers. Les rues qui rappellent des souvenirs sont la rue du Tripot, où se tenaient autrefois les jeux, surtout le jeu de paume; la rue aux Cornes, habitée par les hommes de loi et de justice; la rue des Mégissiers, qui rappelle une industrie; la rue de la Vieille-Cohue, où se tenait le bailliage; la rue de la Géole ou de Geôle, où était la prison; et enfin la rue aux Juifs, dernier souvenir de ces célèbres banquiers du moyen âge qui, au xii° siècle, prêtaient de l'argent au roi anglo-normand Jean sans Terre.

NOTRE-DAME-DU-BEC. *Ép. incertaine.* Dans la vallée du Bec et auprès de l'église Notre-Dame est une motte circulaire en terre. || *Moyen âge.* L'église, sous le vocable de Notre-Dame, est moderne, sauf, au côté nord, de grandes arcades rebouchées, probablement du xvi° siècle. Dans le chœur sont deux dalles tumulaires de chevaliers du xv° ou du xvi° siècle.

OCTEVILLE. Formée des trois anciennes paroisses d'Octeville, de Saint-Barthélemy et de Saint-Supplix. — OCTEVILLE. *Moyen âge.* Église dédiée à saint Martin. La nef, primitivement du xiii° siècle, a subi des remaniements au xvi° et au xviii°. Le clocher, entre chœur et nef, est aussi du xiii°, mais avec fortes retouches du xvi°. Les deux transepts remontent également au temps de saint Louis, mais les deux chapelles qui suivent sont postérieures. Celle du midi est du xiv° siècle et celle du nord du xvi°. Le chœur présente les mêmes caractères que le clocher. = SAINT-BARTHÉLEMY. Église sous le vocable de Saint-Barthélemy, détruite à la Révolution.= SAINT-SUPPLIX. Église sous le vocable de Saint-Sulpice, détruite en partie vers 1800, dont la démolition a été achevée vers 1830. On trouva alors dans les fondements une inscription commémorative de la première pierre posée en 1654 par les dames de L'Hospital, abbesses de Montivilliers, conservée chez M. Dupont, médecin à Saint-Jouin.

ROLLEVILLE. *Ép. gauloise.* Monnaie en or trouvée en 1856, à présent à la bibliothèque de Montivilliers. || *Ép. incertaine.* Fontaine de Sainte-Clotilde, où l'on vient encore plonger les enfants toute l'année, mais surtout au mois de juin. || *Moyen âge.* Tradition d'ancienne abbaye. — L'église, dédiée à saint Hilaire, ne présente d'un peu ancien que les arcades qui séparent la nef des collatéraux : elles paraissent de la Renaissance. Le chœur est moderne, de même que le clocher placé au portail. Le baptistère, en pierre, pourrait être du xiii° siècle. — Gentilhommière du xvi° siècle, avec son colombier, près de l'église.

ROUELLES. *Moyen âge.* Église dédiée à saint Julien. Portail du xii° siècle. Nef de style ogival primitif. Le chœur est du xvi°. Le clocher, accolé au côté nord du portail, est une bâtisse moderne. Au midi est un porche en bois de la Renaissance. Tombeau du xvi° siècle.

SAINT-MARTIN-DU-MANOIR. *Ép. gauloise.* Six monnaies gauloises en bronze trouvées en 1855, dont deux sont à la bibliothèque de Montivilliers. || *Moyen âge.* L'église est sous le vocable du saint évêque de Tours. Le chœur est du xii° ou du xiii° siècle. Le baptistère est du même temps. La nef est moderne, ainsi que le clocher placé au midi, entre le chœur et la nef. En face est une chapelle du xvi° siècle, formant transept septentrional. La chaire, en bois sculpté, paraît du xvii° siècle. — Ancien château, près de l'église, dont il ne reste plus que la place et quelques constructions du xvi° et du xvii° siècle.

CANTON DE SAINT-ROMAIN-DE-COLBOSC.

(Chef-lieu : SAINT-ROMAIN-DE-COLBOSC.)

CERLANGUE (LA). Formée de trois anciennes paroisses de la Cerlangue, Saint-Jean-d'Abbetot et Saint-Jean-des-Essarts. — LA CERLANGUE. *Ép. romaine.* Dolium antique contenant des vases cinéraires et quelques autres urnes gallo-romaines, trouvé en 1833, au hameau du *Claque*, par M. Yon, cultivateur. Ce *dolium*, qui est au musée de Rouen, a été décrit par M. Deville. (Voir *Notice sur quelques dolium antiques*, p. 3, et *Précis analyt. de l'Acad. de Rouen*, année 1842, p. 325. — *La Norm. souterr.* 2° édit. p. 143.) || *Ép. franque.* Vase de terre contenant 2 ou 300 monnaies d'argent de Charlemagne, trouvé en 1814 au hameau de Babylone. ‖ *Moyen âge.* Église dédiée à saint Léonard. Le chœur paraît du xiii° siècle. Flèche de pierre fort remarquable, ainsi que la tour carrée qui la supporte : elle est l'œuvre du xvi° siècle. La nef, en pierre blanche, avec fenêtres à meneaux, est de la même époque. Une double piscine décore le sanctuaire. == Saint-Jean-d'Abbetot. *Moyen âge.* La petite église fut bâtie et dédiée dans la première moitié du xi° siècle, avant 1050, époque de la consécration de Saint-Georges de Boscherville. De cette période éloignée il reste encore le chœur avec son abside circulaire, la crypte qu'il surmonte et le clocher, tour carrée romane percée de cintres. Les transepts qui le flanquaient ne sont plus. Le chœur se compose de deux travées voûtées et se termine par une abside circulaire. L'appareil est en pierre du pays, et un goût exquis a présidé à cette construction. Autour règnent des sièges de pierre surmontés d'arcades cintrées noyées dans le mur. Dans les entre-colonnements des sièges sont peints les treize apôtres, et dans le cul-de-four, au-dessus de l'autel, est le *Christ bénissant,* accompagné des symboles évangéliques. Ces peintures sont du xii° ou du xiii° siècle. Sous le clocher sont d'autres peintures du xvi° siècle, représentant le *Ciel,* le *Jugement,* le *Pèsement des âmes,* puis *Saint Martin, Sainte Catherine, Sainte Anne, Sainte Marguerite.* Le maître-autel, en pierre, ainsi que son retable, appartiennent au xvi° siècle, de même que deux petits autels de pierre placés à l'entrée du chœur. Dans le sanctuaire existent des carreaux émaillés du xvi° siècle. Sous le chœur est la crypte, œuvre du xi° siècle comme lui, et d'une étendue égale. Trois fenêtres éclairent l'autel de pierre placé dans cette chapelle souterraine. D'anciennes peintures représentant des scènes de la vie des saints décorent les voûtes. Ces peintures, qui peuvent remonter les unes au xi° ou au xii° siècle, d'autres au xvi°, ont été restaurées en 1856 par M. Anatole Dauvergne. La nef, quoique très-modernisée, conserve une corniche du xiii° siècle. Cette église, menacée de démolition en 1835 par le conseil municipal de la Cerlangue, a été classée en 1837 comme monument historique départemental. — Saint-Jean-des-Essarts. L'église, sous le vocable de Saint-Jean, fut démolie à la Révolution.

ÉPRÉTOT. *Moyen âge.* Église dédiée à saint Pierre. Le chœur est de la transition du xii° siècle. La nef, quoique modernisée, conserve quelques traces d'architecture romane. Le clocher, au milieu de l'église, est une construction en pierre blanche du xvi° siècle; les transepts n'ont pas de caractère. Une piscine décore le sanctuaire.

ÉTAINHUS. Formée des deux anciennes paroisses d'Étainhus et de Pretot-la-Taille. — Étainhus. *Moyen âge.* L'église, dédiée à saint Jacques, est une construction romane du xi° ou du xii° siècle. On remarque surtout le portail et l'abside circulaire. C'est une église monostyle, chose assez rare. — Pretot-la-Taille. *Ép. incertaine.* Vigie ou motte antique. ‖ *Moyen âge.* L'église, dédiée à saint Pierre, est en partie démolie. Le chœur, qui subsiste encore, est moderne.

GOMMERVILLE. *Moyen âge.* Église dédiée à saint Martin. Le clocher, placé entre chœur et nef, est une intéressante construction cintrée du xii° siècle. Le transept du midi appartient à l'ogive primitive. La nef est du xviii° siècle et le chœur porte la date de 1825. — La chapelle de la Sainte-Vierge, au manoir de *Rames,* ne subsiste plus. — Le château de Filières est une belle construction en pierre du temps de Louis XV.

GRAIMBOUVILLE. *Ép. romaine.* Un *aureus* de Tibère pesant 8 grammes et ayant traces de surfrappes, trouvé en 1862 sur sa taupinière. ‖ *Moyen âge.* L'église, dédiée à saint Pierre, est un intéressant édifice roman du xi° siècle. Le chœur, qui se termine en abside circulaire, est surtout remarquable par les corbeaux de la corniche, formés de personnages tenant des instruments de musique. — Le château de Goustimesnil, splendide construction en brique et en pierre du temps de Louis XIII ou de Henri IV. Cette maison a peut-être appartenu à Goustimesnil de Boisrosé, le héros de Fécamp au temps de la Ligue.

OUDALLE. *Ép. romaine.* M. Fallue parle de fragments de vases et d'ossements romains trouvés sur le flanc du vallon qui descend de Sandouville. (*Mém. de la Soc. des antiq. de Norm.* t. IX, p. 279.) ‖ *Ép. incertaine.* On a parlé de barrages à l'entrée de la vallée, du côté de la Seine. (Pinel, *Essais hist. archéolog. et physiq. sur les environs du Havre.*) M. Gaillard signale sur un des coteaux un terrassement isolé de la colline à l'aide d'une tranchée profonde. (*Recherches archéolog.* p. 5.) Enfin il y a une tradition de la translation de l'église, à présent sur la plaine, et qui, autrefois, aurait été dans la vallée; une pierre tumulaire en indique encore l'emplacement. ‖ *Moyen âge.* L'église, dédiée à saint Pierre, a été construite en 1771. — Sur la route qui conduit à Beaucamp est une jolie croix de pierre sculptée dans le style du xvi° siècle.

REMUÉE (LA). Formée des deux anciennes paroisses de la Remuée et de l'Oiselière. — La Remuée. *Ép. romaine.* Voie romaine allant de *Juliobona* (Lillebonne) à *Caracotinum* (Harfleur), mentionnée dès le xii° siècle. ‖ *Moyen âge.* Église dédiée à Notre-Dame. Les murs de la nef ont des traces du xiii° siècle. Le chœur a été refait au xvi° et le clocher en 1767. — Dans le cimetière est une jolie croix de pierre du xvii° siècle. == L'Oiselière. Église dédiée à saint Thomas de Cantorbéry. Le chœur, qui était roman, a été détruit en 1842. Il reste encore le vieil autel de pierre. La nef, seule partie conservée, n'a rien d'ancien.

ROGERVILLE. *Ép. franque.* En mars 1868, un cultivateur a trouvé, en labourant, un cercueil en pierre long de 1^m,70 et large de 0^m,50. || *Moyen âge.* L'église, dédiée à saint Michel, conserve quelques restes de construction romane, surtout sous le clocher, refait, ainsi que la nef et le chœur, au xvie siècle. La flèche de pierre qui surmonte le clocher est du xviie. Dans la nef, une inscription indique que « l'an MIL V^{cs} et XVI, le treizième jour de juillet, fust ceste église de Rogerville dédiée par Me Toussaint Varin, évêque. » Dans le chœur est une pierre tumulaire du xive siècle [1].

SAINNEVILLE-SUR-SEINE. *Ép. romaine. Aureus* d'Adrien trouvé vers 1864. || *Ép. franque.* Quelques-uns croient voir dans Sainneville le *Sennan* ou *Sennau* donné à l'abbaye de Fontenelle en 698 par saint Bénigne. (Leprevost, *Mém. de la Soc. des antiq. de Norm.* t. XI, p. 13.) || *Moyen âge.* L'église, dédiée à saint Maclou, appartient au style roman du xie ou du xiie siècle. Les chapiteaux sont curieux. Le clocher, entre nef et chœur, est également roman, excepté dans son sommet, où il a été refait au xviie siècle. Le chœur a été rebâti au xvie siècle, ainsi qu'un des transepts.

SAINT-AUBIN-ROUTOT. Formée des trois anciennes paroisses de Saint-Aubin-des-Cercueils ou de la Botte, de Beaucamp et de Routot. — Saint-Aubin. || *Ép. romaine.* Voie romaine de Lillebonne à Harfleur. M. Gaillard parle aussi de débris romains. || *Ép. franque.* Autrefois surnommée *des Cercueils*, *des Sarqueux* ou *de Sarcophagny* : au xiiie siècle, on l'appelle *Sanctus Albinus de Sarquelet.* Cette qualification lui venait des nombreux cercueils de pierre que l'on trouve en ce lieu, tant dans le cimetière qui entoure l'église que sur l'emplacement d'une motte aujourd'hui détruite. L'abbé Belley a connu ces cercueils et en a entretenu l'Académie des inscriptions en 1744. (*Mém. de l'Acad. des inscript. et belles-lettres,* t. XIX, p. 653.) M. Pinel, du Havre, les a connus en 1820 et en a parlé à la Commission des antiquités. C'étaient des cercueils de vergelé, longs de 1^m,88, larges de 0^m,50 à la tête et de 0^m,28 aux pieds; leur profondeur était d'environ 0^m,20 ; ils étaient vides, mais bien orientés. (*Mém. de la Soc. des antiq. de Norm.* t. XIV, p. 156, et t. XXIV, p. 321-322.— *Les Églises de l'arrond. du Havre,* t. II, p. 319-320.) || *Moyen âge.* L'église, sous le vocable de Saint-Aubin, a été construite en style roman, de 1852 à 1860. L'ancienne ne renfermait que des traces du xvie siècle. — Dans le cimetière on a extrait des tombeaux en moellon du xie au xiiie siècle très-probablement. = Beaucamp. *Ép. romaine.* Près de l'ancienne église, démolie en 1852, se trouve une motte circulaire et spacieuse quoique peu élevée. On assure dans le pays y avoir trouvé des débris romains. La tradition locale prétend que ce fut un camp romain, dont les soldats étaient enterrés dans les cercueils de Saint-Aubin. || *Moyen âge.* L'église, dédiée à saint Étienne, a été démolie en 1852 ; elle datait du xviiie siècle. = Routot. L'église, dédiée à saint Martin, a été supprimée et démolie à la Révolution.

SAINT-EUSTACHE-LA-FORÊT. *Moyen âge.* L'église, sous le vocable de Saint-Eustache, est un remarquable monument du xvie siècle. Le chœur et la nef sont surtout de cette époque. Une partie du clocher seulement date du xiiie siècle. L'appareil est formé de pierre blanche et de caillou noir. Le berceau de la nef est une boiserie portant une inscription curieuse de 1535. — Chapelle du Val-d'Arques, au midi. Élégante piscine dans le sanctuaire.

SAINT-GILLES-DE-LA-NEUVILLE. *Moyen âge.* On dit qu'il n'y avait autrefois pour Saint-Gilles et Saint-Jean-de-la-Neuville qu'une église, dont on montre la place. L'église actuelle a un portail ogival primitif. La nef renferme, avec des traces du xiiie siècle, toute une corniche romane à têtes grimaçantes; mais elle a été grandement remaniée au xvie et au xviie siècle. Le clocher, entre chœur et nef, a été reconstruit en 1786. Le chœur est de 1741. Au côté nord du chœur est une charmante chapelle du xviie siècle. — Au bout de l'église on montre les restes d'une ancienne chapelle qui aurait été une léproserie.

SAINT-LAURENT-DE-BRÉVEDENT. *Moyen âge.* L'église, sous le vocable de Saint-Laurent, est romane dans sa nef, dont les arcades alternées de cintres et d'ogives indiquent la transition. Le clocher, entre chœur et nef, est un corps carré en pierre de style roman du xiie siècle. Le chœur est moderne. En démolissant le chœur en 1866, on a trouvé trois cœurs en plomb du xviie siècle, l'un d'eux était celui de Du Mé d'Aplemont, chef d'escadre sous les rois Louis XIII et Louis XIV. Ils ont été replacés dans la nouvelle église en 1868.

SAINT-ROMAIN-DE-COLBOSC. Formée des trois anciennes paroisses de Saint-Romain, de Grosmesnil et de Saint-Michel-du-Haisel, réunies en 1823. — Saint-Romain. *Ép. romaine.* Voie romaine de *Juliobona* (Lillebonne) à *Caracotinum* (Harfleur), passant au hameau de Saint-Michel-du-Haisel, où elle est bien conservée et très-reconnaissable. || *Ép. franque.* Titre d'un des trois doyennés de l'archidiaconé du Grand-Caux. Ruines d'une vieille forteresse nommée *le Catiau-Robert*, situées entre Grosmesnil et Saint-Michel. || *Moyen âge.* L'église, sous le vocable de Saint-Romain a été renouvelée en 1843, sauf le clocher, qui est de 1780. L'ancien édifice renfermait des portions du xie et du xive siècle. Dans le cimetière qui entoure l'église est une jolie croix de pierre de 1528. Elle vient de la paroisse supprimée de Grosmesnil. — La chapelle de la léproserie, dédiée à sainte Madeleine et à sainte Véronique, construction

---

[1] L'église de Rogerville a été rebâtie depuis 1862.

romane du xii° siècle ayant conservé des peintures murales, sert aujourd'hui de grange. == GROSMESNIL. Église dédiée à Notre-Dame et démolie vers 1800. == SAINT-MICHEL-DU-HAISEL. Église sous le vocable de Saint-Michel, démolie vers 1825.

SAINT-VIGOR-D'IMONVILLE. *Moyen âge.* L'église, sous le vocable de Saint-Vigor, est romane du xi° siècle et ogivale du xvi°. Le chœur, terminé en abside circulaire, est précédé d'une tour carrée en style cintré du xi° ou du xii° siècle. Les deux transepts sont du même temps. Celui du midi renferme toutefois quelques ogives du xiii°. La nef et les deux collatéraux sont une belle construction du xvi° siècle. — L'ancien prieuré du Val-Hullin, dépendant de l'abbaye de Valmont, est devenu une caserne de douaniers : il était situé à la descente de Seine, près d'une vaste carrière d'où sont sortis, dit-on, les matériaux de toutes les églises du pays.

SAINT-VINCENT-CRASMESNIL. Formée des deux anciennes paroisses de Saint-Vincent et de Crasmesnil. — SAINT-VINCENT. Autrefois appelée *Obermare* ou *Saint-Vincent-d'Obermare.* || *Moyen âge.* L'église, sous le vocable de Saint-Vincent, a été remaniée dans les deux derniers siècles. Portail du xii° siècle et fenêtre du xiii° au côté nord de la nef. De ce côté on remarque une curieuse ouverture du xiii° siècle qui pouvait être un ancien confessionnal. Autel et contre-table en pierre de 1605. Statues de saint Côme et de saint Damien, du même temps. — La léproserie de Saint-Marc, commune aux paroisses de Saint-Vincent, de Saint-Vigor et de la Cerlangue, n'existe plus. == CRASMESNIL. Église dédiée à saint Martin, démolie en 1810.

SANDOUVILLE. *Ép. gauloise.* Petite monnaie gauloise en or du poids d'un gramme et demi, trouvée en 1858 et possédée aujourd'hui par M. Délié, de Manéglise, qui l'a décrite dans le *Bulletin de la Soc. des antiq. de Norm.* année 1861, t. I°°, p. 439-443. || *Ép. antique.* Camp de Sandouville ou Camp de César. Cette antique enceinte ne contient pas moins de 145 hectares selon M. Gaillard, 500 acres selon d'autres. Elle est défendue au couchant par la Seine et les falaises; au nord et au midi par les vallons d'Oudales et de Mortemer. Le seul côté de l'est, par où elle communique à la plaine, est muni de gigantesques remparts en terre de 15 à 20 mètres de hauteur, absolument comme le Haguedick, près de Cherbourg, comme le Canada, près de Fécamp, et la Cité de Limes, près de Dieppe. Outre ces retranchements qui défendaient l'entrée du camp, l'enceinte était encore fossoyée sur la crête des vallons d'Oudales et de Mortemer. Ce camp est un des plus curieux de la Normandie; quelques-uns en font le *Constantia Castra* de Constance Chlore dont parle Ammien Marcellin. M. Fallue l'a dessiné et décrit dans ses *Travaux militaires antiques des bords de la Seine et de la rive saxonique,* p. 3-13, et *Mémoires de la Soc. des antiq. de Norm.* t. IX. Jusqu'à présent on n'a cité de découvertes curieuses dans son enceinte que d'anciens puits et un tombeau trouvé en 1785 par M. de Sandouville; il contenait un guerrier avec lance et autres armes. Sur le versant d'Oudales, du côté des Fontaines, on a recueilli des poteries antiques et des urnes romaines. || *Moyen âge.* L'église, dédiée à saint Aubin, est généralement moderne. Elle a gardé un fragment du xii° siècle au pignon de l'ouest et quelques restes du xvi° au côté du midi.

TANCARVILLE. *Ép. gauloise.* Rocher de *Pierre gante,* placé en face du château. Cette pierre naturelle, qui a la forme d'un grand parasol, passe pour avoir servi de siège à un géant qui lavait ses pieds dans la Seine. (Deville, *Hist. du château de Tancarville,* p. 36-38.—Fallue, *Mém. de la Soc. des antiq. de Norm.* t. X, p. 131.) || *Ép. romaine.* Vases de terre, fioles de verre, cendres et charbons annonçant des sépultures antiques, trouvés auprès des Fontaines vers 1832. (Fallue, *Mém. de la Soc. des antiq. de Norm.* t. IX, p. 299. — *La Norm. souterr.* 2° édit. p. 145.) Statuette d'Hercule gaulois en bronze, trouvée en 1838 et déposée au musée de Rouen. Sa hauteur est de 0^m,15. Elle a été publiée par M. Jorand. || *Ép. incertaine.* Sous le château on trouvait autrefois, après les grandes marées, des objets de toute sorte, tels que boucles, chaînettes, clous, poids monétaires, épingles, boucles d'oreilles, etc. (Deville, *Hist. du château de Tancarville,* p. 78-79.) || *Moyen âge.* L'église, dédiée à saint Michel, est entièrement moderne. — Le château en ruines occupe une pointe de coteau qui regarde la Seine du côté du couchant et du midi. Son enceinte, qui est triangulaire, est défendue, vers le fleuve, par la falaise abrupte, du côté du village par le vallon, et vers la plaine par une énorme coupure ou fossé. Outre une chaîne d'épaisses murailles qui n'a pas moins de 500 mètres de circonférence, le château compte environ dix tours circulaires ou carrées et un gigantesque donjon assis sur une motte énorme et dominant l'ensemble de la forteresse. Outre quelques parties du xi° siècle, la masse des constructions paraît dater du xiii° siècle; il y a quelques parties du xvi°. Des peintures murales du xiv° et du xv° siècle décorent encore les divers étages de la tour carrée. La chapelle de Saint-Michel, dédiée par Eudes Rigaud en 1267, présente des ogives, des arcades et des voûtes de cette curieuse époque. Souterrains, cachots des tours du portail, grand puits, pierre d'acquit où les pêcheurs et les habitants de Tancarville venaient payer leurs droits, deux couleuvrines en fer dans la *Tour de l'Aigle,* probablement du xv° ou du xvi° siècle. Le château neuf a été construit de 1709 à 1717 par Louis de la Tour d'Auvergne, et non par le financier Law. (Voir l'*Histoire du château et des sires de Tancarville,* avec planches, par M. Achille Deville; et les

Voyages pittoresques et romant. dans l'anc. France, de Taylor et Nodier, t. Ier.)

TROIS-PIERRES (LES). Le nom de ce lieu, appelé *Tres-Petræ* dès le XIIIe siècle, rappelle des pierres druidiques, des pierres terminales ou des bornes milliaires. ‖ *Moyen âge*. L'église, dédiée à saint Pierre, est du XIIIe siècle pour le fond, mais remaniée grandement au XVIIe et au XVIIIe. Près du chœur, du XIIIe siècle, est une chapelle seigneuriale de 1684.— Dans le cimetière est un if plusieurs fois séculaire, qui a plus de 8 mètres de circonférence. En 1856, on y a établi une chapelle.

ARRONDISSEMENT DE NEUFCHÂTEL.

CANTON D'ARGUEIL.

(Chef-lieu : Argueil.)

ARGUEIL. *Ép. franque.* Colline du Mont-Sauveur, sur laquelle fut probablement une église au Xe et au XIe siècle. M. Guilmeth assure que, vers 1830, on recueillit sur cette colline des vases et des armes en fer. ‖ *Moyen âge*. Le château, construit en très-grande partie en pierre blanche, est un carré long avec tourelles rondes aux angles, absolument comme au XIIIe siècle; mais le style qui apparaît le plus est celui du XVIe. Les fenêtres de pierre et les tourelles en encorbellement indiquent cette époque; mais le XVIIe siècle a fait à cet édifice des retouches malheureuses. — L'église, dédiée à saint Maurice, en très-grande partie moderne, présente seulement des parties du XVIe siècle au chœur, et des portions du XVIIe dans la chapelle du midi. La nef est du XVIIIe; on y remarque quelques sculptures sur bois du XVIIIe siècle, venant de l'ancienne abbaye de Bellosanne.

BEAUVOIR-EN-LYONS. *Moyen âge*. Château voisin de l'église et sur la crête de la haute colline qui domine la grande vallée de Bray. Il en reste encore des fossés profonds, une motte qui porta le donjon, un ancien puits, des murs et des souterrains que l'on rencontre dans les terrassements. La tradition parle d'un souterrain allant jusqu'à la Feuillie. — L'église, dédiée à saint Nicolas, était une construction du XIIIe siècle, dont il ne reste plus que quelques traces dans la nef. Le reste du vaisseau a été refait au XVIIIe. Le portail et le porche datent de 1761. Le chœur et les transepts ont été refaits en 1862, dans le style du XIIIe siècle; ils remplacent un chœur de cette époque. Le baptistère, en pierre, est du XVIIe siècle. — Prieuré au hameau de Saint-Laurent-en-Lyons, fondé en 1151 ou 1152 par Hugues de Gournay, secondé par le duc-roi Henri Plantagenet; il subsista jusqu'à la Révolution. Il en reste encore de nombreux bâtiments, notamment l'ancienne chapelle, qui est construite en style roman. Les autres bâtiments appartiennent à l'ogive primitive du XIIe ou du XIIIe siècle. On y a trouvé récemment des carreaux émaillés. Les religieux prétendaient posséder le corps de Philippe de Marigny, archevêque de Sens et frère d'Enguerrand. Ce prieuré de chanoines réguliers fut supprimé en 1775 et uni au séminaire Saint-Nicaise de Rouen. Le chartrier ayant été violé et ses titres livrés à l'abandon par des soldats royalistes qui assiégeaient Rouen en 1592, cette maison manque d'archives anciennes. Cependant, au dépôt départemental de la Seine-Inférieure, il reste encore quatre registres et deux liasses allant de 1697 à 1774. — Ancienne verrerie des Routieux, qui peut être considérée comme la première en date du département, où il y en eut beaucoup : celle-ci existait au XVe et au XVIe siècle. ‖ *Ép. incertaine.* Dans la portion de la forêt de Lyons qui couvre le territoire de Beauvoir, on trouve quantité de puits et de mares pavés, ce qui prouve un déplacement de population.

BOISGAUTIER. L'église, dédiée à saint Georges, ne subsiste plus : elle a été démolie vers 1820.

BOS-CASSELIN. *Moyen âge*. L'église, dédiée à saint Firmin, montre des traces du XIIIe siècle dans le chœur. La nef, du XVIIIe siècle, présente une fenêtre de pierre de 1600. Le portail est de 1720. Le lutrin, en bois, est du XVIe siècle.

BOULAY (LE). *Moyen âge*. L'église, dédiée à saint Martin, date du XVIIe et du XVIIIe siècle, sauf le chevet du chœur, qui est du XIIIe. Dans le pavage du chœur est une dalle tumulaire illisible. La contre-table et l'autel, belle boiserie du XVIIIe siècle, ont été refaits au Boulay, «du règne de M. Gomets, curé dv dit liev.» Au côté méridional du chœur est une plaque de marbre sur laquelle est gravée la longue et touchante inscription de la fondation d'une école par M. Bonissent, bourgeois de Paris, faite le 1er septembre 1767.

BRUQUEDALLE. *Moyen âge*. L'église, dédiée à saint Jean-Baptiste, a été entièrement reconstruite en

1773. Le baptistère et le bénitier en bois portent la même date.

CHAPELLE-SAINT-OUEN (LA). *Moyen âge.* L'église, sous le vocable de Saint-Ouen, au milieu des reconstructions du xviii° siècle, a conservé une fenêtre du xiii° siècle, une porte et quelques débris du xvi°. Douze croix de consécration, avec porte-cierge en fer. Groupe de saint Georges terrassant un dragon. Au côté méridional du chœur, on a construit en 1639 une charmante petite chapelle seigneuriale, qui fut une sépulture. On y remarque une contre-table et des lambris de chêne du xvii° siècle. Une plaque de marbre noir indique la sépulture de messire François de Théovulfe? «chevalier, lequel a fait faire ceste chapelle telle qu'elle est,» et, de plus, a fait une fondation obituaire en 1633. Il est décédé le 21 février 1646. Sa femme, Geneviève de Vimont, dame de Beaumont, près de Buchy, y est enterrée près de lui sous une dalle tumulaire faite en carreaux de terre cuite émaillée. Sur cette tombe, longue de 1ᵐ,20 sur 0ᵐ,60 de large, on voit une figure humaine et une bordure de fleurs de lis.

CROISY-LA-HAYE. Formée des deux anciennes paroisses de Croisy-sur-Andelle et de la Haye-en-Lyons.— CROISY. *Moyen âge.* L'église construite en 1261 est détruite. L'église actuelle, dédiée à Notre-Dame, paraît du xvii° siècle. Au chevet était autrefois une belle fenêtre flamboyante de ce temps. La tour du clocher, placée à l'angle nord du portail, doit appartenir au milieu du xvii° siècle. Des fenêtres de cette église portent la date de 1771. Dans le chœur se trouve la dalle tumulaire de Jehan de Villette et de sa femme. On y lit la date de 1504. Au bas de la nef est la fondation obituaire d'un prêtre de 1686. — Une tradition prétend que Croisy fut un ancien prieuré de Longueville dont les moines avaient habité une maison voisine de l'église. — Chapelle de Saint-Alexandre, qui n'existe plus. = LA HAYE-EN-LYONS. *Moyen âge.* Au xi° et au xii° siècle, la Haye était la paroisse de Croisy-sur-Andelle. Depuis saint Louis, elle est devenue simple succursale. L'église ancienne ayant été brûlée en 1808, l'église actuelle date de ce temps. Elle est dédiée à saint Pierre et à saint Paul.

FEUILLIE (LA). *Ép. gauloise.* Hachette de bronze conservée dans le musée de Rouen. ǁ *Ép. romaine.* Médailles. M. Potin de la Mairie croit que le hameau de Lalonde-Corcel (Landa du Calceio) doit son nom à une vieille chaussée allant de Rouen à Gournay. ǁ *Moyen âge.* L'église, dédiée à saint Eustache, se compose d'une nef, de deux transepts, d'un chœur et de deux chapelles latérales au chœur. Construite en brique et pierre, elle doit appartenir à la fin du xvi° siècle et au commencement du xvii°. La nef, en brique rouge, de 1600 à 1620, est peu importante; mais le chœur, les transepts et les chapelles ont de belles fenêtres à meneaux de pierre, avec voûtes et pendentifs. Le clocher est une haute flèche d'ardoise de 1600 ou environ. — Croix de cimetière en pierre, du temps de Henri IV, où sont sculptés les quatre évangélistes. — Château situé dans le bourg, ancien manoir royal où Philippe le Bel fonda une chapelle en 1293. Il en reste quelques murs de brique du xvi° siècle : on y a trouvé des souterrains, des caves voûtées en pierre et des pavés émaillés du moyen âge. — Château de Matebrune, qui a été démoli vers 1830.

FRY. *Moyen âge.* Constructions enterrées dans le cimetière, ce qui ferait croire à une église plus importante. Dédiée à saint Martin, l'église actuelle montre dans le chœur, construit en pierre, des contre-forts et d'élégantes ogives du xiii° siècle. Dans la nef il y a aussi trace du xiii° siècle, mais avec fenêtres du xviii°. Le porche est de 1740. Le baptistère, en pierre, est orné de sculptures du xvi° siècle. Quatre vases acoustiques du xvi° siècle, trouvés dans le chœur en 1851 : l'un d'eux est au musée de Rouen. Au haut de la nef est une dalle tumulaire de 1570 à 1580. A l'entrée du chœur sont les tombes de deux curés de Fry : l'une est celle de M. Lebrument, curé au xviii° siècle; l'autre, mieux conservée, appartient à Pierre Le Couteulx, curé de Fry et de Mesangueville et doyen de Bray, mort en 1718. L'inscription est en latin. Trois anciennes statues de la Renaissance et une contre-table en bois à colonnes torses donnée en 1648 par messire François Caron, chanoine de Gournay, curé de Fry et de Mesangueville.

HALLOTIÈRE (LA). *Moyen âge.* L'église, dédiée à Notre-Dame et construite en 1720, renferme un lutrin en bois et à pivot du xvi° siècle.

HODENG-HODENGER. Formée de la réunion des deux anciennes paroisses de Hodeng-en-Bray et de Hodenger ou Hodengel (Petit Hodeng). — HODENG. *Moyen âge.* L'église, dédiée à saint Denis, offre des traces du xiii° siècle; mais le midi de la nef a été refait sous François Iᵉʳ, et le nord sous Louis XIV. Cette nef est recouverte d'un beau berceau en bois, avec poutres sculptées du xvi° siècle; elle est précédée d'un joli porche en bois du même temps. Les poutres qui le soutiennent sont ornées de six statues de saints et de saintes. Le chœur, en brique, est du temps de Louis XIV. Baptistère en pierre du xiii° siècle, de forme octogonale, orné de croix grecques et de huit têtes humaines. = HODENGER. *Moyen âge.* L'église, dédiée à Notre-Dame, a la forme d'une croix : la nef appartient pour le fond au xi° siècle, comme le prouvent les deux cintres du nord et du midi. Plusieurs fenêtres ont été refaites au xvii°. Des deux transepts, celui du nord appartient au xiii° siècle, et celui du midi au xvii°. Le chœur est du xviii°. Inscription tumulaire de 1746.

MESANGUEVILLE. *Moyen âge.* Autrefois succursale

de Fry; ses curés portaient à la fois les deux titres. — Église dédiée à saint Nicolas, du XIIIᵉ siècle. Les fenêtres de la nef ont été agrandies au XVIIᵉ. Le chœur est une construction du temps de Louis XIII qui, toutefois, présente au chevet une belle fenêtre du XVIᵉ siècle. Au midi de la nef est un porche en bois de la Renaissance. Baptistère de pierre, cuve octogone où l'on remarque huit têtes d'hommes placées aux angles. Dalle tumulaire effacée; inscription tumulaire et obituaire de 1628, relative aux seigneurs du lieu. A l'extérieur de l'église est une belle et longue inscription du XVIᵉ siècle.

MESNIL-LIEUBRAY (LE). *Ép. gauloise.* Hachette en pierre recueillie sur le bord de la forêt de Lyons et offerte en 1845 au musée de la Société des antiquaires de Normandie par M. Vitet, médecin à Argueil. || *Moyen âge.* Château situé près de l'église, démoli vers 1840. — L'église, dédiée à sainte Geneviève, construite d'abord au XIIIᵉ siècle, comme l'indiquent certaines parties, a été très-modifiée au XVIIᵉ. A l'entrée du chœur est une dalle tumulaire de la fin du XVIᵉ siècle, sur laquelle sont gravés un châtelain et une châtelaine. Dans le chœur on lit, sur un petit marbre noir, l'inscription tumulaire de Barthélemy de Coville, seigneur du lieu, maître de camp de cavalerie, décédé au château du Mesnil-Lieubray le 10 août 1750. — Château du XVᵉ siècle, que l'on dit avoir été bâti et habité par la reine Blanche, au hameau de Normanville (gravé en Angleterre dans le *Record*, de M. Daniel Gurney). Il est en brique et pierre et a conservé toute sa physionomie ancienne. Le plan en est irrégulier; mais les fenêtres, en ogive, sont presque toutes décorées de moulures et d'encadrements. L'escalier, qui fait saillie sur le corps de l'édifice, est percé d'une porte surmontée d'un bas-relief et de fenestrelles très-ornées. Des tours rondes font saillie sur les murs. Dans la cour est un vieux colombier en pierre et brique du XVIᵉ siècle.

MORVILLE. *Moyen âge.* L'église, dédiée à saint Ouen, est moderne pour le fond. Le chœur porte la date de 1774. La nef paraît du même temps, sauf le pignon de l'ouest, qui conserve des traces du XIIIᵉ siècle. La tour du clocher, placée au midi de l'église, doit être du XVIIIᵉ siècle. Le baptistère et le bénitier sont du temps de Louis XVI.

NOLLEVAL. Formée des deux anciennes paroisses de Nolleval et de Montagny. — NOLLEVAL. *Moyen âge.* Scories abondantes de fer, restes de forges disparues. — Près de l'église était un château qui a été démoli. L'église, dédiée à saint Pierre, est peu intéressante. Elle renferme au portail deux ogives du XIIIᵉ siècle; le clocher, en bois et ardoise, est du XVIᵉ; la nef et le chœur, du XIIIᵉ et du XVIIᵉ. || *Ép. incertaine.* Fontaine de Sainte-Anne, près de l'église; on y fait la procession, et le peuple y vient toute l'année pour les fièvres. — MONTAGNY. *Moyen âge.* L'église, dédiée à saint Jacques, a été démolie en 1832. Il ne reste plus que le chœur ou plutôt le sanctuaire, qui forme chapelle. C'est une jolie construction du XIIIᵉ siècle. Dans le cimetière sont de vieilles images de pierre, dont une représente la chaire de saint Pierre.

SAINT-LUCIEN. *Moyen âge.* Église sous le vocable de Saint-Lucien. Dans la nef, qui est du XIᵉ siècle, on remarque un appareil à feuilles de fougères et un joli portail cintré décoré d'étoiles et de dents de scie, porté sur des colonnes à chapiteaux curieux. Le chœur, du XIIIᵉ siècle, possède au chevet deux lancettes surmontées d'une rose. Au côté méridional du chœur, un seigneur du XVIᵉ siècle a placé une chapelle carrée, dont les arcades et les colonnes sont en style de la Renaissance. Le clocher, entre chœur et nef, est une flèche d'ardoise du XVIᵉ siècle. La charpente qui la soutient offre les attributs de la Passion. La contre-table, à colonnes torses, est une belle réminiscence du XVIIᵉ siècle. Auparavant le retable était orné de peintures du XVIᵉ siècle, dont il reste encore quelques panneaux dans l'église. Le baptistère, en pierre, est du XVIᵉ siècle, et le bénitier, aussi en pierre, est de 1650. Dans le chœur est la dalle tumulaire de messire de Biville, maréchal de camp des armées du roi, décédé le 23 février 1659.

SIGY. *Ép. romaine.* Des débris romains abondants, tels que tuiles à rebords, poteries rouges, meules à broyer, moulures en pierre de liais dans le sol de l'église, du presbytère et de l'école. Fouilles dans l'église en 1863. Joli vase en verre bleu avec filets d'émail blanc, trouvé dans le jardin de l'école en 1864. || *Ép. franque.* Les mêmes terrains ont donné des sépultures franques. En 1855, on a trouvé autour de l'église une belle auge en pierre de Vergelé, visitée et reconnue en 1858 par M. l'abbé Cochet. Vases et sabres mérovingiens trouvés dans le cimetière. En 1854, en bâtissant une maison près de l'école, on a rencontré des corps inhumés avec des vases, des boucles, couteaux et armes. En 1858, en construisant l'école des filles, on a recueilli des vases, des armes et deux belles fibules de bronze, recouvertes d'une plaque d'or estampé. En 1863, le même endroit a fourni un vase franc, un grand couteau et deux haches franques. || *Moyen âge.* De 1040 à 1060, Hugues de la Ferté, de la famille des Hugues de Gournay, fonda une abbaye de Bénédictins, qui devint plus tard un prieuré sous le vocable de Saint-Martin et qui a subsisté jusqu'à la Révolution. Les bâtiments monastiques, fort négligés dans ces derniers temps, avoisinent l'église et sont devenus une ferme. — L'église, sous le vocable de Notre-Dame, garde trace de son ancienne importance. Le chœur, qui appartient à l'ogive primitive du XIIᵉ et du XIIIᵉ siècle, est classé comme monument historique. Il est terminé par une abside à sept pans percée de lancettes aiguës et soutenue par de vigoureux

Seine-Inférieure.

contre-forts. Les voûtes primitives, tombées depuis longtemps, sont remplacées par huit arceaux de bois du xviii° siècle, qui s'appuient sur des faisceaux d'élégantes colonnettes. A droite et à gauche du chœur sont des chapelles du xiii° siècle. Dans celle du nord fut inhumé, en 1282, Nicolas de Beauvais, deuxième abbé de Saint-Ouen de Rouen. Celle du sud sert de sacristie. Le clocher, de date récente, est sur le transept sud, dont la base remonte au xv° siècle. La nef fut primitivement construite au xiii° siècle, comme le prouvent le grand portail et une fenêtre. La charpente et le berceau appartiennent au xvi°. (Voir la la gravure dans le *Record*, de M. Daniel Gurney, et dans la *Revue de Rouen*, année 1852.) Il ne reste plus rien aujourd'hui des reliques de saint Vulgain, apôtre de la Morinie au vii° siècle, dont Hugues de la Ferté était allé saisir la châsse jusqu'à Lens, en Artois. — Beau cartulaire déposé aux archives de la Seine-Inférieure et intitulé *Cartulaire du prieuré de Sigy* : c'est un petit in-4° sur papier, de cent et une feuilles, composé en 1486, contenant cent quatre-vingts pièces allant de 1169 à 1467. Registre et liasse de pièces dans laquelle se trouvent cinq chartes ou titres sur parchemin allant de 1227 à 1788, conservés aux mêmes archives.

CANTON D'AUMALE.

(Chef-lieu : AUMALE.)

AUBÉGUIMONT. *Ép. romaine.* Tuiles romaines à la Mare-Close. || *Moyen âge.* L'église, dédiée à sainte Catherine et à sainte Marguerite, a été primitivement construite au xii° et au xiii° siècle. La nef a conservé son appareil en silex, ainsi que le chœur, orné au chevet d'un grand cintre encadrant trois fenêtres romanes accolées. Cette belle ouverture a été rebouchée au xvii° siècle pour le placement d'une contre-table. Dans la nef, le xvi° siècle a ouvert une fenêtre et a posé le berceau, dont la corniche et les poutres sont en bois sculpté. Tout le reste a été modifié au xviii° siècle.

AUMALE. Ville d'une grande importance au moyen âge. Siège d'un comté déjà célèbre sous les ducs-rois, érigé en duché-pairie en 1547, et qui compte parmi ses maîtres les plus grandes familles de France. Titre d'un doyenné comprenant vingt-trois paroisses, du xiii° au xviii° siècle; d'une haute justice, d'un bailliage, d'une vicomté et de toutes les juridictions de l'ancien régime. Le musée de Neufchâtel et la collection de M. de Belleval, au Bois-Robin, renferment beaucoup de débris antiques recueillis dans la plaine de *Dijeon*, qui fut peut-être l'Aumale des Gallo-Romains, mais qui aujourd'hui fait partie du département de la Somme, tandis que le cimetière mérovingien de Fleuzy-sur-Aumale dépend à présent du département de l'Oise. Cependant une hachette en grès poli a été trouvée au Bois de la Couture en 1869. || *Moyen âge.* Abbaye (voir SAINTE-MARGUERITE). — Ancien château fondé au x° siècle par Guérinfroy, comte d'Aumale, sur la crête de la colline qui dominait le bourg, alors situé vers l'abbaye. Cette forteresse subsista jusqu'au xv° ou au xvi° siècle. Il est probable que son principal destructeur fut Charles le Téméraire, qui la brûla, ainsi que la ville, en 1472. Elle avait soutenu des sièges en 1089, en 1119, en 1172, en 1189, en 1193 et en 1196. Les restes en furent abandonnés aux Pénitents en 1649. Aujourd'hui on en reconnaît encore les profondes tranchées aux terrassements qui ondulent sous le bois de la Garenne et sous les fermes de la Motte et du Petit-Bailly. On parle de souterrains communiquant au loin. Le château fut transféré au xvi° siècle auprès de la ville actuelle, là où l'on en montre encore les restes, au haut de la rue du Vieux-Bourg. Celui-là était assis sur un tertre placé en vallée et au bas des collines. Commencé en 1558 par les ducs d'Aumale de la maison de Lorraine, il fut construit avec la plus grande activité. Il a été en grande partie démoli en 1793, à l'exception de deux bâtiments en brique du xviii° siècle. On y reconnaît aussi des fossés profonds et d'énormes mouvements de terrain. — Hôpital Saint-Nicolas, remontant au xii° siècle et, en 1189, desservi par des frères. Il reparaît en 1340, mais n'existe plus aujourd'hui. L'hôpital actuel, situé près de l'église, a été reconstruit en 1694 par les soins du prince de Dombes, duc du Maine et d'Aumale. — Il ne reste plus rien de la léproserie de Saint-Lazare, dont un faubourg a gardé le nom. Le cimetière actuel en occupe l'emplacement. Les champs voisins s'appellent *les Terres de la Maladrerie*. — Couvent de Dominicaines établi en 1549 pour l'instruction des jeunes filles. Ces religieuses venaient d'Étaples. Réformées un moment par Jacques Gallemant, en 1612, elles ont duré jusqu'à la Révolution. Il ne reste que très-peu de chose de leur maison, devenu un magasin de vin de la rue Longue. — Collège établi en 1594 par Jacques Gallemant, le célèbre curé d'Aumale, qui fut un des plus zélés propagateurs de l'ordre du Carmel en France. Cette maison, dont la chapelle était dédiée à saint Julien, se trouvait au bord de la rivière, qui l'inonda en 1770. Elle y est restée jusqu'en 1817, époque où elle fut transférée dans le couvent des anciens Pénitents. — Couvent de Pénitents qui, de 1642 à 1649, s'installèrent rue d'Auchy, où est aujourd'hui le collège; entièrement détruit. — Chapelle de Notre-Dame-des-Anges, construite en 1658 avec les débris du château de Guérinfroy; détruite. — Enceinte murée, commencée au xiv° siècle, mutilée en 1472 et tombant en ruine au xvi° siècle. Les ducs d'Aumale de la maison de Lorraine relevèrent les remparts de 1546 à 1549 et les accrurent du fort de Romescamp, placé à l'entrée du Petit-Mail. Au xviii° siècle, la clôture murée se reconnaissait encore; mais on n'en voit plus trace aujourd'hui.— Les portes n'ont disparu que depuis la Révolution. La porte des Chambres ou du Château fut abattue en 1794. La porte du Talou ou de la Longue-Rue, que Jeanne Leclerc ouvrit pour Henri IV le 4 ou le 5 février 1592, a été démolie en 1811; enfin la porte d'Auchy ou de Sainte-Marguerite n'a été détruite qu'en 1837. Les débris ont servi à construire la porte du collége actuel. — Église Saint-Pierre, autrefois la seconde, mais à présent la première et à peu près la seule de la ville, commencée en 1508 et terminée en 1610. L'édifice a 56 mètres de longueur, 16 de largeur et 25 de hauteur sous les transepts. La tour compte 38 mètres du pavé au coq. L'église se compose d'une nef et de deux collatéraux, d'un chœur et de transepts, et enfin d'un clocher placé au portail. Ce clocher, à l'ouest, forme porche devant la nef. L'ouverture principale en est faite avec une ogive en accolade décorée de crochets et d'une riche voussure. Le mur qui surmonte est couvert de panneaux simulés en pierre, au-dessus desquels règne une balustrade du xviie siècle, ornée des figures des douze apôtres dans des niches. On croit que cette décoration provient de l'ancien jubé démoli en 1737. Plus haut est un encadrement destiné à l'horloge, laquelle a été reléguée au sommet de la tour. Les fenêtres sont géminées et décorées avec élégance. De vigoureux contre-forts chargés de statues et terminés en aiguille soutiennent cette tour, que couronne une balustrade du xvie siècle et que surmonte une flèche d'ardoise lourde et écrasée. Au nord est la chapelle du Saint-Sépulcre, qui garde encore deux statues et de curieuses peintures. Au midi, au contraire, il y a une tourelle octogone, qui renfermait l'escalier des cloches. La grosse cloche date de 1762. La nef est basse et d'un mauvais style. Elle se compose de cinq travées ogivales soutenues par de grosses colonnes rondes. Les voûtes n'ont été exécutées que dans les collatéraux. L'architecture, ogivale au dedans, est à peu près gréco-romaine au dehors. Les deux portes latérales placées au nord et au midi, et qui portent les dates de 1607 et de 1608, sont à frontons brisés, d'ordre corinthien. Le portail du midi, le plus élégant des deux, présente les armes de la maison de Lorraine : c'est l'écu de Claude II, père de Charles de Lorraine, un des plus fougueux ligueurs. Le chœur, avec ses deux transepts et les chapelles latérales au chœur, est muni au dehors de hardis contre-forts que terminent d'élégantes aiguilles et orné de corniches et de gargouilles sous forme de chimères. Au dedans on admire les voûtes hardies posées sur nervures et enrichies de pendentifs. Dans le chœur on compte dix clefs de voûte, offrant des statues de saints et d'apôtres. L'extrémité de chaque transept est percée de hautes et larges fenêtres d'un effet grandiose. Le chœur se termine en abside à trois pans. Dans les fenêtres du chœur et des transepts on remarque des verrières, dont plusieurs sont incomplètes. On y distingue pourtant encore les figures de saint Pierre, de saint Jacques, de sainte Barbe et de leurs donateurs à genoux. Dans le chœur est un caveau sépulcral où l'on enterra, en 1699, une fille du duc du Maine, et en 1708, le cœur du duc d'Aumale, fils du duc du Maine. L'autel du Saint-Sacrement, venant de l'ancien couvent des Dominicaines ; le buffet d'orgues, provenant de l'abbaye de Sery, près de Blangy ; les boiseries du chœur, qui furent celles de l'abbaye ; la contre-table du maître-autel, travail de 1737 ; tableaux sur toile. Le jubé qui fermait le chœur et les balustrades dont étaient closes les chapelles ont été enlevés en 1738. Dans la sacristie est un rôle ou *rotulus* sur parchemin du xvie siècle, contenant toutes les fondations de l'ancienne église. Sur le mur extérieur de l'église, au côté du nord, on lit une inscription de 1546 relatant la dédicace du cimetière Saint-Pierre et demandant une prière pour les âmes dont les corps y reposent. — Hôtel de ville en brique et pierre appartenant au xvie et au xviie siècle, portant les armes de la cité au temps de la maison de Lorraine. Le xvie siècle revendique une tourelle hexagone, qui renferme un escalier, et le vieux bâtiment du midi, où l'on voit des fenêtres et trois ou quatre anciennes portes. Le reste appartient au xviie siècle. Bien qu'Aumale soit une très-vieille commune remontant jusqu'au xiie siècle, les archives de l'hôtel de ville ne contiennent que quelques pièces du xiiie siècle. Le plus grand nombre est du xive, surtout de 1316 à 1385. Ces dernières pièces concernent les comtes d'Aumale, les de Ponthieu, les d'Artois, les Vendôme, les d'Harcourt, etc. Pour l'année 1359, on voit une lettre de Charles, duc de Normandie, remettant à Jean de Ponthieu et à ses enfants la peine par eux encourue pour avoir tenu le parti du roi de Navarre. Il y a encore d'autres pièces de Jean, duc de Normandie, depuis Charles V. — L'ancien bailliage, situé rue des Halles ou rue d'Auchy, tout près du collége actuel, renferme le prétoire et la vieille prison. La construction, en brique et pierre, annonce le temps de François Ier. Le prétoire se compose d'une grande salle, où l'on remarque quelques peintures et des inscriptions latines et françaises du xviie siècle. La plupart sont extraites de la sainte Écriture et ont trait à la justice. Sur une poutre en bois on remarque une longue inscription française écrite par six Réformés de Dieppe, qui furent emprisonnés pour cause de religion le 19 décembre 1685. La prison se compose de trois parties bien distinctes. La première, qui est la prison ordinaire et préventive, consiste en une grande salle toute enveloppée à l'intérieur de barreaux de fer qui tapissent les murs et forment comme une cage gigantesque. La seconde partie, nommée *les Cachots*, consiste en deux ou trois cages de bois faites avec des barreaux, où un homme a peine à tenir debout. Le prisonnier était attaché avec des anneaux de fer qui subsistent encore. Des serrures et des verrous énormes fermaient cet appartement. Enfin la troisième partie, située sous le prétoire, était un caveau souterrain présentant deux culs de basse-fosse, où l'on mettait les condamnés à mort. Ces caves, parfaitement appareillées en pierre de taille, n'admettaient pour tout mobilier qu'un trou pour les besoins naturels et des anneaux de fer pour attacher le condamné. La chapelle, élevée de 1670 à 1679, a disparu. — Vieilles maisons. A l'angle de la rue de l'Hôtel-de-Ville et de la rue de la Contrescarpe, une maison en brique rouge avec niche de pierre du XVI⁰ siècle que remplit une statue de saint Yves venant de la chapelle démolie de la prison. Dans la rue des Chambres, une maison en briques de différentes couleurs formant des losanges, avec ouvertures de 1600. Dans la rue des Tanneurs, une jolie maison en brique de 1560 à 1580; on y remarque deux charmantes corniches, une porte, des fenêtres et une niche du XVI⁰ siècle; l'image représente sans doute saint Jean-Baptiste. Dans la rue Louis-Philippe, anciennement rue des Moulins, près du pont, une jolie maison de bois de 1600 ou environ. Dans la rue du Vieux-Bourg, une belle maison en brique et pierre du temps de Louis XIV. Dans la rue de l'Église, quatre maisons remarquables : trois ressemblent à celle de la rue des Moulins et doivent dater, comme elle, du temps de Henri IV; une dernière est en bois à ressauts et à colonnes sculptées de la Renaissance. — Le pont Henri IV, près duquel on voit deux colonnes de brique élevées en 1811, en souvenir du 4 février 1592, que le Béarnais appelait lui-même *la Journée d'Aumale*, et que l'histoire nomme à juste titre *l'Erreur d'Aumale*. Le roi de Navarre y fut blessé par les soldats de Farnèse et il y eût été pris, sans le courage héroïque de Jeanne Leclerc, qui ouvrit la porte au roi et la ferma pour les ennemis. — On se souvient aussi d'un ermitage et d'une chapelle de Sainte-Austreberte qui existaient au bois de la Quintaine, appelé aujourd'hui *le Bois de la Cantine*; et qui ont subsisté jusqu'en 1789. Aujourd'hui on en montre à peine la trace dans le *Bosquet de l'Hermitage*. — Le château du Bois-Robin, élevé au XVIII⁰ siècle, posséda une chapelle construite en 1716. M. de Belleval y a réuni une collection d'antiquités de tous les âges, provenant de Dijeon et de plusieurs localités environnantes. Dans le jardin est une belle dalle tumulaire tirée d'une église de Picardie. — Deux dalles tumulaires du XVI⁰ siècle provenant de l'église d'Haudricourt, dans le jardin d'une maison de la rue du Petit-Mail. — Eaux minérales découvertes le 3 juillet 1755 par dom Malou, religieux de l'abbaye d'Aumale. M. Marteau les fit connaître par une brochure imprimée à Paris en 1759. Vers 1760, le duc de Penthièvre y fit construire un beau bassin de 53 pieds de long sur 14 de large. Les eaux, divisées en trois sources, portèrent les noms de *Bourbonne*, de *Savary* et de *Malou*. Aujourd'hui l'établissement a presque disparu sous l'herbe. || *Ép. incertaine.* Enceinte fossoyée qui ressemble à un petit camp, sur la ferme de la Motte.

BEAUFRESNE. *Moyen âge.* L'église, dédiée à saint Pierre, est du XVIII⁰ siècle et porte, sur les murs, la date de 1787. — Près de l'église est un manoir en brique rouge avec fenêtres de pierre qui doit remonter au temps de François I⁰ʳ. — En 1740, un *Mémoire concernant la paroisse de Beaufresne* a été publié à Paris à propos des fiefs de cette paroisse.

CONTEVILLE. *Ép. romaine.* Voie romaine de Dieppe à Beauvais; tuiles à rebords trouvées à plusieurs reprises. || *Moyen âge.* L'église, dédiée à saint Nicolas, a été construite en 1776. — Vers le XV⁰ siècle, il y eut une ancienne verrerie qui porta le nom de *Candos*. — Le hameau de Neuville-Gouvion possédait autrefois une chapelle, qui fut démolie vers 1789. || *Ép. incertaine.* Le territoire a possédé plusieurs mottes. Aux limites sud-est de la commune, vers Gaillefontaine et Criquiers, il en exista une, aujourd'hui détruite. C'est de ce village que commence le terrassement connu sous le nom de *Fossé du Roi* (*Fossata Regis*), qui, long de 12 kilomètres, traverse Ronchois, Illois, le Mesnil-David et Sainte-Beuve, pour finir à Rétonval. Ce retranchement prend naissance à une motte très-élevée, qui porte le nom de *Catel* ou *Château*. Cette motte, dont le diamètre n'a pas moins de 30 mètres au sommet, montre l'ouverture d'un puits très-bien conservé. En 1861, M. de Hardhentun la fouilla et y découvrit des ferrements et des tuiles à rebords.

CRIQUIERS. *Ép. romaine.* Voie romaine allant de Dieppe à Beauvais et passant au hameau de *Pierrement*. M. Mathon pense qu'une voie antique se dirigeant de Rouen vers Amiens, traversait également ce village. Ce qui est certain, c'est que la principale rue porte le nom de *Chaussée Brunehaut*. On raconte, à ce sujet, une légende diabolique qui doit remonter à une très-haute antiquité. — Débris romains à la section des Authieux. — Au hameau du Bos des-Puits (*Boscum putrorum*), possédé jadis par l'abbaye de Beaubec, on rencontre beaucoup de débris. La tradition locale prétend qu'il a existé là une ville détruite pendant les guerres de France et d'Angleterre. — Au dépôt des archives départementales de la Seine-Inférieure existe une pièce de 1782, sur laquelle on lit qu'en faisant des fouilles au Bois-des-Puits, «où étaient une chapelle et un ci-«metière avant l'érection de la paroisse de Criquiers, «en 1304, on découvrit les marches de fondation d'un «bâtiment de 40 pieds de longueur sur 30 de largeur, «des tuiles très-antiques par la forme, sans pouvoir «dire quel genre de bâtiment existait jadis dans les «communes. On découvrit aussi plusieurs ossements de

« corps humains en plusieurs endroits. » || *Moyen âge.* L'église, dédiée à Notre-Dame, est en brique et silex. Elle a été construite en 1671 et en 1866. Dans l'ancien chœur on voyait, en 1843, l'inscription tumulaire, sur marbre blanc, de Martial Dufour, chanoine et vicaire général de Beauvais, mort à Criquiers en 1745. — Le hameau des Authieux possédait une chapelle, détruite vers 1830 seulement. — Il y avait aussi une chapelle au hameau d'Hadencourt ou Adancourt, où la tradition prétend qu'il a existé une maison de Templiers. Il paraît plus certain que ce fut une dépendance de Beaubec. — Enfin le Pierrement posséda un prieuré, dépendant de Bival, qui fut brûlé par Charles le Téméraire. || *Ép. incertaine.* Il existait autrefois un grand fossé entre Criquiers et Formerie : on l'appelait *le Fossé Castresse*; les anciens titres disaient *Fossa Castrensis.*

ELLECOURT. *Moyen âge.* Église dédiée à Notre-Dame. La nef a été reconstruite en 1862 et 1863, dans le style du xvie siècle. Le chœur seul a été conservé; il est du règne de François Ier, à en juger par ses poutres sculptées et la belle ogive qui le termine. Les verrières que décrit M. Pape et qui étaient dans la nef, où l'on voyait une *Transfiguration* et une *Naissance de Jésus-Christ*, probablement du xvie siècle, n'existent plus.

HAUDRICOURT. Formée des deux anciennes paroisses de Haudricourt et de Villers-sur-Aumale. — HAUDRICOURT. *Ép. franque.* Cercueils en pierre et en plâtre, sur le penchant d'une colline, au lieu dit *le Camp Varnier*, trouvés depuis 1840. || *Moyen âge.* L'église, dédiée à saint Jean et à saint Martin, doit remonter, pour le fond, au xie et au xiie siècle. Dans l'appareil de la nef, qui est en forme d'arête de poisson, on remarque des tuiles antiques. Le pignon de l'ouest est percé d'une porte et d'une fenêtre romanes. Au chevet, un grand cintre encadre trois ogives inégales, emblème de la Trinité. Le reste de l'église a été refait au xviie et au xviiie siècle. La sacristie, du dernier siècle, passe pour avoir été une ancienne chapelle seigneuriale. — Au hameau de Ronpied est une chapelle seigneuriale construite en 1606 et où l'on voit les dalles tumulaires des fondateurs. — Ferme de Bretagne ou de la Bretagne, où Henri IV pansa la blessure reçue devant Aumale le 4 février 1592. Dans cette ferme existait une chapelle au xviiie siècle. == VILLERS-SUR-AUMALE. *Ép. franque.* Trois ou quatre cercueils en pierre de Vergelé trouvés dans un champ sur la route de Gaillefontaine. || *Moyen âge.* Église dédiée à Notre-Dame. Nef du xviie et du xviiie siècle, flanquée au midi d'une chapelle seigneuriale, ornée d'une corniche sculptée et garnie d'une belle fenêtre ogivale à meneaux, avec verrière représentant le *Jugement dernier.* Le chœur, construit au xvie siècle, en pierre blanche, remplacée par de la brique en certains endroits, est éclairé par cinq fenêtres à un meneau, dont trois sont au chevet. Deux contiennent des verrières. Au midi est une *Annonciation* au bas de laquelle on voit les donateurs conduits par leurs saints patrons. Au nord sont la *Naissance de Jésus-Christ*, l'*Adoration des Bergers* et les emblèmes mystiques de la Vierge Marie. Au bas est le donateur, M. Philippe Féret, curé du lieu en 1546. Corniche en bois sculpté et restes d'un baldaquin placé sur l'autel pour porter des rideaux et une suspension du saint sacrement. — Dans l'église furent inhumés le seigneur de Fontaines et sa femme. Leurs dalles tumulaires, qui sont fort belles, ont été enlevées à la Révolution et déposées dans un jardin à Aumale. On peut en lire les inscriptions, mais les deux dates manquent.

ILLOIS. Formée des trois anciennes paroisses de Illois, Coupigny et le Mesnil-David. — ILLOIS. *Ép. romaine.* Tuiles à rebords et deux meules à broyer en poudingue recueillies dans les environs du Fossé du Roi. M. Mathon a su que, vers 1850, on avait trouvé, à 0^m,66 du sol, douze vases romains en terre fine, qui ont été brisés. || *Moyen âge.* L'église, dédiée à saint Aubin, a été reconstruite en 1845 et 1861. Il ne reste d'ancien que la muraille du côté nord de la nef, dont l'appareil est du xiiie siècle, et une fenêtre du xviie. — Dans le cimetière est une croix de pierre dont quelques parties seulement sont de 1600 ou environ. — Le château de MM. de Sarcus remonte au xviie siècle. || *Ép. incertaine.* Illois est traversée par le fameux retranchement connu au moyen âge sous le nom de *Fossé du Roi*, et appelé dans un acte de 1314 *Fossata Regis.* Ce retranchement, long de 12 kilomètres, a 8 mètres d'épaisseur à la base et 3 ou 4 au sommet. (Voir CONTEVILLE.) == COUPIGNY. *Moyen âge.* L'église, dédiée à Notre-Dame, remonte au xvie et au xviie siècle. La charpente de la nef présente des poutres et des sablières sculptées du xvie siècle. Les autels possèdent des baldaquins en bois de la Renaissance. — Dans le cimetière est une croix de pierre de la même époque. == LE MESNIL-DAVID. *Ép. gauloise.* Statère en or et hache en pierre polie trouvés dans un jardin en 1869. || *Ép. romaine.* Deux meules à broyer en poudingue trouvées entre le Mesnil-David et Neuville-Gouvion. || *Moyen âge.* L'église, dédiée à saint Germain, date, en grande partie, de Louis XVI. La nef seulement présente une maçonnerie du temps de Louis XIV. Le baptistère, en pierre, est du xvie siècle.

MARQUES. Formée par les deux anciennes paroisses de Marques et de Barques. — MARQUES. *Moyen âge.* L'église, dédiée à saint Aubin, appartient au xvie siècle dans son entier. Elle a été d'abord construite en pierre blanche du pays, puis restaurée avec de la brique rouge au xviie et xviiie siècle. Le porche est une charmante construction en pierre du temps de François Ier. Le chœur, bas et petit, est du même temps. La nef, éclairée par six fenêtres ogivales, offre dans toute sa longueur des poutres transversales et une corniche en bois sculpté des plus intéressantes. Des rameaux de vigne y sont interrompus par des représentations de saint Pierre, de saint Paul, des anges et par des têtes humaines. Une inscription, qui règne sur toute la longueur, nous apprend que « en l'an mil V^{cc} et XVIII (1518), fust l'église feste et le comble mis. » == BARQUES. *Moyen âge.* L'église, dédiée à saint Lucien, est en brique et de 1700 environ. Le chœur a été refait en 1848. Autel, retable et tabernacle en bois sculpté, du temps de Louis XIII. Le tabernacle est circulaire et pivotant.

NULLEMONT. *Moyen âge.* L'église, dédiée à saint Pierre et à saint Nicolas, appartient au XIIIe et au XVIe siècle. Le chœur a conservé de cette époque l'appareil en biset et imitant la feuille de fougère, les trois ogives terminales, rebouchées ici comme partout. La nef a été refaite au XVIe siècle avec la pierre blanche du pays, remplacée en grande partie avec de la brique. Elle garde de ce temps la porte et une fenêtre au midi. Il reste aussi une belle charpente reposant sur une double sablière formant corniche intérieure. Sur cette corniche court une vigne chargée de raisins ainsi qu'une inscription donnant les noms des curés, vicaires et donateurs. Sur une poutre transversale on lit : « Ce fut faist l'an de grâce mil V^{cc} et quarante » (1540). Double piscine qui est très-caractérisée, et précieux baptistère en pierre, cuve ronde soutenue par quatre faisceaux de trois colonnettes. Image de saint Léonard, accompagnée de chaînes, menottes et forces en fer, objet d'un pèlerinage.

RONCHOIS. Formée des deux anciennes paroisses de Ronchois et d'Ormesnil-en-Bray. — RONCHOIS. *Moyen âge.* L'église, dédiée à saint Jean, a été reconstruite en style roman en 1853 et 1862. Baptistère en pierre du XIIIe siècle, composé d'une cuve ronde cantonnée de quatre colonnettes. — ORMESNIL. *Moyen âge.* L'église, dédiée à la sainte Trinité, en brique et silex, ne remonte qu'au XVIIe et au XVIIIe siècle. La contre-table avec tabernacle en bois sculpté du XVIIe siècle est ornée de trois jolies peintures sur bois représentant, sur une toute petite échelle, la *Cène*, le *Serpent d'airain* et la *Manne dans le désert.*

SAINTE-MARGUERITE-D'AUCHY ou LEZ-AUMALE. *Ép. franque.* Ruines de château dans le bois de Boitel, auxquelles le peuple donne le nom de *Château Hubauld.* On rattache ces débris à l'existence du gallo-romain *Hubaldus* qui, en 490, martyrisa, sur les bords de la Bresle, l'évêque saint Germain l'Écossais ou de la Roue. M. Semichon, dans son *Histoire de la ville d'Aumale,* t. 1er, p. 239, dit que « dans le bois de Boi- « tel, au triège appelé *Dieu-le-Père,* il existe, sur un « plateau au-dessus de l'ouest de la Bresle, un paralle- « logramme formant une éminence qui occupe une sur- « face de 75 à 80 ares, entourée de fossés; ces fossés « peuvent avoir de 14 à 16 mètres de large. On dit que « cette éminence était l'emplacement d'un château ap- « pelé *le Château Hubaut.* » ‖ *Moyen âge.* Restes de l'ancienne abbaye d'Auchy, plus connue sous le nom d'*Abbaye d'Aumale.* Ce monastère fut fondé en 996 ou 1000 par Guérinfroy, comte d'Aumale, qui y plaça six chanoines réguliers et en fit une collégiale. Cet état de choses dura jusqu'en 1120, époque à laquelle le comte Étienne, fils d'Adelize, y introduisit des Bénédictins venus de Beauvais. Il fit ériger le prieuré en abbaye vers 1130. Ce monastère a subsisté jusqu'à la Révolution. Il a compté quarante abbés, dont vingt-cinq réguliers et quinze commandataires. Plusieurs d'entre eux appartenaient à la célèbre famille parlementaire des Le Roux de Tilly et du Bourgtheroulde. L'abbaye, bien des fois brûlée et démolie depuis l'incendie de Philippe-Auguste, en 1196, a été incessamment détruite depuis 1791, époque de son complet délaissement. L'église abbatiale et le cloître ont entièrement disparu. En 1859, lors d'un enlèvement considérable de terres, M. l'abbé Cochet a reconnu des colonnes et des chapelles du XIIIe siècle. Le logement des moines, qui subsiste encore en partie et qui est devenu une habitation séculière, n'est qu'une construction du XVIIIe siècle. C'est l'œuvre des Bénédictins réformés de la congrégation de Saint-Maur, introduite en 1704 avec l'aide du duc d'Aumale, qui était alors le duc du Maine. C'est vers 1834 seulement que l'on a détruit la curieuse porte du monastère, construite au XVIe siècle par l'abbé Le Roux de Tilly et Claude de Lorraine, de Guise et comte d'Aumale. Cette belle porte, flanquée de deux tours, était décorée de médaillons, de culs-de-lampe, de bas-reliefs, d'armoiries, de guirlandes, de fleurs et de fruits. Les médaillons représentaient François 1er et les personnages de son siècle. Des devises latines rappelaient le roi chevalier et la salamandre. (Voir le *Voyage romantique et pittoresque dans l'ancienne Normandie,* de Taylor et Nodier.) Le logis abbatial, construit par le même abbé et accompagné de quatre tours, a complétement disparu. Déjà, en 1840, il n'existait plus qu'une seule des tours. Cette abbaye possédait des caveaux où l'on descendit, notamment, quinze princes de la maison de Guise et de Nemours. Leurs cercueils de plomb ont été enlevés et leurs ossements dispersés. Dans les travaux de déblai opérés en 1859 dans le terrain de l'église et du cimetière de l'abbaye, il a été rencontré un grand nombre de sépultures chrétiennes. La plupart renfermaient des vases à charbon, dont plusieurs sont entrés au musée de Neufchâtel. Ces vases, percés de trous, avant comme après la cuisson, allaient du XIIIe au XVIe siècle. — Deux registres ou volumes manuscrits et vingt et une liasses ou cartons, contenant soixante-deux chartes ou titres sur parchemin de 1115 à 1789, conservés au dépôt départemental des archives. — L'église, dédiée à sainte Marguerite, est une construction moderne qui remplace l'église Saint-Martin d'Auchy, qui fut autrefois la première paroisse d'Aumale. — Chapelle au hameau de Morienne, mentionnée dès le VII° siècle. La chapelle actuelle ne date que de 1732. — Chapelle située au hameau du Cardonnoy, remontant au XIII° siècle et ayant été visitée par Eudes Rigaud, sous saint Louis. Son nom de Cardonnoy lui vient de ce qu'une image de la Vierge, trouvée par un moine d'Auchy dans une touffe de chardons et portée par lui dans son abbaye, étant constamment revenue dans ses chardons, il fallut lui construire une chapelle sur le coteau. L'édifice qui reste se compose d'une nef et d'un chœur et remonte au XIII° siècle, auquel appartient le côté nord de la nef et du chœur, ainsi que la belle fenêtre ogivale à trois compartiments surmontés d'un trèfle qui ferme le chevet. Au midi du sanctuaire est une double piscine du temps de saint Louis. Le côté méridional de la nef et l'entrée ont été refaits au XVII° siècle, peut-être en 1659. Le plafond est de 1693. Cette chapelle, lieu de pèlerinage très-fréquenté, possède une piscine du XVI° siècle et un canon d'autel en argent du XVII°.

VIEUX-ROUEN (LE). Formée des deux anciennes paroisses du Vieux-Rouen et de Bouaffles. — LE VIEUX-ROUEN. *Ép. romaine.* Une tradition locale affirme que l'église remplace un temple de Jupiter. Les vieux murs que recouvre cette église semblent donner raison à cette tradition. Sépultures, tuiles à rebords, poteries et médailles romaines trouvées, il y a quelques années, en établissant la route de Foucarmont à Liomer; vase romain rencontré en 1846 près de la maladrerie du Canivet. ‖ *Ép. franque.* Appelée *Vetus Rothomagus* dans une vie de saint Germain l'Écossais écrite au X° siècle. A cette époque, il possédait un château muni de tours, connu sous le nom de *Hubauld*, seigneur païen qui, au V° siècle, selon les uns, au VII°, selon les autres, mit à mort l'apôtre des rives de la Bresle. On montre encore aujourd'hui, dans le bois de Brétizel, les ruines d'une forteresse que les gens du pays appellent *le Château Hubauld*. Le lieu où le saint évêque fut martyrisé est contigu au Vieux-Rouen. On y voit son tombeau, objet de la vénération des peuples. ‖ *Moyen âge.* L'église, dédiée à Notre-Dame, bien que défigurée par le temps, présente des traces du XII°, du XIII°, du XVI° et du XVII° siècle. Au XII° appartiennent certaines parties de la nef et du chœur, surtout les trois fenêtres en plein cintre et ornées de dents de scie, rebouchées, qui terminent le chevet. Les fenêtres du chœur ont été modifiées au XVII° et au XVIII° siècle. La nef a été rebâtie en biset au XIII° et en moellon au XVI°. Le clocher, au portail, est une addition du XVI° siècle terminée au XVII°. Il fut d'abord construit en pierre blanche; puis, ayant été brûlé et détruit, il fut restauré avec de la brique au XVII° siècle. La sacristie semble être une ancienne chapelle seigneuriale du XVI° siècle. Au dehors on remarque, sculptés, un calice, des flèches croisées, un dauphin et les trois fleurs de lis de France. — Le château actuel est une construction en brique et pierre du XVI° et du XVII° siècle. Une tradition veut qu'on y ait emprisonné une comtesse d'Aumale. — Le vieux château se trouve au hameau de Brétizel. C'est une tour du XII° siècle, de forme polygonale, construite en pierre et en silex. Les murs en sont encore très-élevés et les fossés ne sont pas comblés. Ce doit être le château de Mateputenam, construit en 1119 par Henri Beauclerc contre Étienne, comte d'Aumale, et Havoise, son épouse, qui tenaient le parti de Guillaume Cliton. — Au hameau du Canivet existait une ancienne léproserie dont on montre encore la place. ＝ BOUAFFLES. *Moyen âge.* L'église, dédiée à saint Jean-Baptiste, a des parties du XII° et du XIII° siècle. Tels sont les pignons de l'est et de l'ouest, où l'on trouve le silex et le moellon anciens. Le chevet est percé de deux cintres du XII° siècle, rebouchés. La nef et le reste de l'église sont du XVI° siècle, dont on peut citer l'arcade intérieure qui sépare le chœur de la nef et la corniche du berceau, où l'on voit une vigne sculptée au XVII°. Au dehors, les habitants écrivent sur le moellon des murs les noms des morts inhumés près de l'église. On y lit les dates de 1666, 1692, 1703, 1715, 1730, 1751, 1761, 1764, 1774 et 1798. — Ancienne chapelle de Sailli ou de Notre-Dame-de-Ressenroy, qui existait dès 1341 et qui sert aujourd'hui de cellier à une ferme. — On cite une autre chapelle de Notre-Dame-de-Saint-Remy qui n'existe plus.

CANTON DE BLANGY.

(Chef-lieu : BLANGY.)

AUBERMESNIL-LES-ÉRABLES. *Ép. gauloise.* Fabrique d'instruments de pierre, comme aux Marettes de Londinières, *signalée par un ancien curé d'Aubermesnil*, entre les hameaux des Buleux et des Érables, sur un terrain tout couvert de hachettes en silex à l'état de rebut et de formation. Hachette de pierre polie dans la collection de M. de Girancourt, à Varimpré. Hachette en bronze recueillie en 1856, au hameau des Érables. Découverte d'une monnaie gauloise. ‖ *Ép. romaine.* Poteries romaines trouvées en démolissant le vieux château. Meules à broyer. Bronzes de Constantin, de Julie Mammée et de Posthume père, conservés à Foucarmont, chez M. Parisy. ‖ *Ép. franque.* Cercueil de pierre, ossements, vase et scramasaxe trouvés en 1852. Denier d'argent de Louis le Débonnaire, recueilli en 1857. Cimetière franc reconnu, sur une colline, par M. l'abbé Cochet en 1869 : une douzaine de corps, avec des couteaux, des vases, un scramasaxe, des haches, des lances, des boucles en fer et en bronze et deux fibules ansées en bronze liées ensemble par une chaînette du même métal, recueillies en 1869. ‖ *Moyen âge.* L'église, dédiée à Notre-Dame, renferme quelques traces du xi° et du xiii° siècle, telles que le mur nord de la nef et le chevet du chœur. Le reste est récent, sauf le chœur, qui paraît appartenir à la fin du xvi° siècle. Le clocher, au portail, a été construit en 1724. Les chapelles, formant transepts, sont plus récentes encore. Les stalles semblent du xvi° siècle. — Chapelle de Sainte-Barbe, au hameau des Érables, qui a disparu; elle était desservie par les moines de Foucarmont, ainsi que celles des Fretils, des Essarts, des Ventes-Mézengères, des Jeunes et des Vieilles Landes, etc. — Manoir du xvi° siècle détruit dans ces derniers temps. — Dans beaucoup de jardins et de cours on trouve des perles jaunes et bleues, des scories vitreuses et des fuseaux allongés, restes de fabrications du xvi° et du xvii° siècle qui se pratiquaient dans les maisons mêmes du village. Ces perles servaient à faire des chapelets, des rosaires, des colliers, des rassades pour la traite des noirs, etc. — Moulin à vent détruit, qui a sa légende.

BAZINVAL. *Moyen âge.* L'église, dédiée à saint Martin, qui offre dans les murs de la nef quelques tufs romains, est entièrement modernisée dans son ensemble. Il faut en excepter une charmante chapelle du xvi° siècle, construite au midi de la nef avec de la pierre blanche du pays. Cette chapelle, probablement seigneuriale, est éclairée par une belle fenêtre à trois compartiments. — Au haut de la côte, vers Guerville, est une chapelle construite en 1790. ‖ *Ép. incertaine.* Sur le bord de la forêt d'Eu, au-dessus du hameau de Sceaux, on voit des restes de cave au lieu dit *les Cateliers*.

BLANGY. *Période préhistorique.* Station préhistorique ou des premiers âges celtiques trouvée au lieu dit *le Campigny*, par M. E. Morgan, en 1869. Au milieu de cendres, de charbons et de poteries grossières il a recueilli deux cent quatre-vingts silex taillés. Ces silex se composaient de couteaux, gouges, racloirs, lances, flèches, marteaux, etc. qu'il conserve dans son château. ‖ *Ép. gauloise.* Hache en silex trouvée dans le *Bois du Détroit* en 1867, et déposée chez M. de Bommy. ‖ *Ép. romaine.* Métairie semblable à celle de Gamaches, dans une prairie de la vallée de la Bresle, à la *Planche-du-Lieutenant*, trouvée en 1859. Restes de murailles, tuiles à rebords et poteries en grand nombre rencontrés à 0m,50 du sol, ainsi que cinq ou six bronzes de Néron, d'Adrien, de Faustine, de Tétricus et de Constantin. Tuiles à rebords, fragments de poterie et monnaies de bronze reconnus dans les marais par M. de Bommy, en 1863. Les fouilles pratiquées pour l'établissement d'une scierie ont fait voir plusieurs meules à broyer en poudingue. Un fragment de poterie rouge portant la marque du potier : OF MACI, recueilli près du Moulin-aux-Armures par M. de Bommy, en 1864. — Intaille antique reproduisant un personnage et un oiseau, trouvée dans la prairie. — Voie romaine allant de Beauvais à Eu. — Urnes cinéraires et lampe en terre cuite signalées par M. A. Deville. ‖ *Ép. franque.* Charles le Chauve mentionne Blangy dans une charte délivrée à l'abbaye de Saint-Denis en 843 ou 845. — Cimetière mérovingien trouvé en 1862 au lieu dit *le Camp Comtois*, hameau du Petit-Fontaine. Des terrassiers, en plantant des arbres, trouvèrent deux haches de fer, six vases de terre, une coupe et un bol de verre. M. l'abbé Cochet, dans la fouille qu'il y pratiqua la même année, constata la présence d'un grand nombre de fosses, dont plusieurs avaient été violées. Elles donnèrent cependant une hache, une lance en fer, trois vases de terre, une coupe de verre et une pince à épiler en bronze. — Cercueil de pierre des temps mérovingiens trouvé en 1866 au hameau de Grémontmesnil.

‖ *Moyen âge.* Blangy fut toujours un bourg très-important, qui eut autrefois le nom et les priviléges de ville. Il était jadis entouré de murs et de fossés. Des murailles il reste encore quelques fragments en brique rouge et deux tours, dont l'une est ronde et l'autre carrée. Les fossés sont à demi comblés. On dit que les fortifications de Blangy ont été démantelées par Charles le Téméraire lorsqu'il brûla la ville. Des trois portes il ne reste plus que la porte de Rouen. La porte d'Amiens avait disparu dès 1695, et la porte de Dieppe a été démolie en 1849. — Le château, détruit par Henri IV, est reconnaissable à des terrassements très-importants au bout de la rue du Jeu-de-Paume, au lieu dit à présent *le Ménage*. On parle de souterrains aperçus dans ce quartier. — Ancien hôtel de ville dont on ne voit plus la trace. — 1° Église Saint-Ouen, supprimée dans le cours du xvii° siècle. Elle était située à quelques centaines de mètres du bourg, sur le bord de la route départementale n° 32, dont le tracé a mis à nu le cimetière, encore rempli d'ossements. — 2° Église Saint-Denis, démolie à la Révolution. Elle était dans le quartier qui porte encore son nom, dans le voisinage de l'ancien château; on dit qu'elle était importante. Le cimetière subsiste encore, et on y inhumait il y a peu d'années. — 3° Église Notre-Dame, qui date presque entièrement du xiii° siècle. C'est un édifice en croix, à trois nefs et construit soigneusement avec la pierre du pays, remplacée en grande partie par la brique moderne. La façade de la nef, assez imposante, est percée de trois portes, dont la principale est ornée d'une belle voussure sur colonnettes du xiv° siècle. La petite porte du nord est de la même époque, mais celle du sud appartient au xvi°. L'ensemble des pignons est surmonté de deux petites tours carrées de la fin du xvi° siècle. Les fenêtres des bas côtés sont du xiv° siècle, mais celles de la nef sont du xvi°. Les transepts, le clocher, qui sert de chœur, et le sanctuaire qui le suit, doivent remonter au xiii₈ siècle. Les transepts ont des voûtes du xvi₈ siècle. La tour du clocher a été refaite au xvii₈. Il est probable que cette église aura soutenu un siége au temps de la Ligue, car le pignon du transept méridional est tout criblé de balles. De chaque côté du chœur sont des chapelles du xvi₈ siècle : l'une est dédiée à saint Laurent, l'autre renferme un saint Sépulcre. En travaillant à cette chapelle, vers 1864, on a trouvé une pierre d'autel en schiste ou ardoise, sur laquelle était gravée une inscription attestant que cette chapelle avait été dédiée aux cinq plaies de Jésus-Christ par l'évêque de Véria (Nicolas de Coquinvilliers, religieux augustin de Rouen, évêque de Véria *in partibus*, décédé en 1531). Pierre tumulaire et obituaire d'un prêtre représenté à genoux devant la sainte Vierge, encastrée dans le mur du collatéral nord. L'inscription occupe cinq ou six lignes, et celle-ci est presque illisible : « Cy-devant gist Frère Ricart Masquerel, « en son vivant curé des églises de... décédé en mil « cccc IIII XX et VII (1487) le XXVIII j₈ʳ d'avril. » Le fondateur était prieur-curé de Blangy, chanoine d'Eu ou de Séry. — Très-jolie maison en bois sculpté du xvi₈ siècle, en face de l'église. Les sculptures de l'architrave sont en style de la Renaissance. — Deux jolies constructions du xvi₈ siècle : l'une est le manoir de Fontaine, bâti de brique rouge et de pierre blanche, muni d'une jolie tour ronde du xvi₈ siècle ; l'autre est le château de Hatteneaux, situé sur les bords de la Bresle, entre Monchaux et Blangy. L'appareil, en brique et pierre, est du xvi₈ siècle. On y remarque quatre tourelles en encorbellement qui garnissent les angles. — Hospice fondé et construit par les soins de Mˡˡᵉ de Montpensier. Elle le fit desservir par les Filles de la Charité de Saint-Vincent-de-Paul, qui tenaient aussi les écoles pour les pauvres du pays. — Une inscription placée au pont de Bouttencourt, sur la Bresle, indique le niveau qu'atteignit une inondation le 22 janvier 1759. — Le camp d'où Henri IV a dicté une lettre missive le 9 mars 1591 était peut-être au Camp Comtois, qui fut autrefois très-mouvementé. || *Ép. incertaine.* Au pied de la côte de Gremontmesnil, près du hameau de Petit-Fontaine, il existe, dans un taillis, un tertre circulaire très-élevé appelé *la Motte*. — Dans le bois du Détroit M. l'abbé Decorde signale des monticules faits de main d'homme. — M. de Bommy possède un morceau de verre dans lequel est gravé un joli portrait de femme. Il l'a recueilli sur un tas de cailloux.

CAMPNEUSEVILLE. Formée des deux anciennes paroisses de Campneuseville et de Mouchy-le-Preux. — Campneuseville. *Moyen âge.* L'église, qui a été dédiée à Notre-Dame et à saint Maur, date entièrement du xvi₈ siècle, sauf les collatéraux, ajoutés de 1825 à 1830. Le chœur et les deux bras de croix, construits d'abord en pierre blanche, ont été réparés avec de la brique rouge, qui les enveloppe. La nef, bâtie en bois, a gardé ses colonnes et ses poutres transversales. Sur l'une d'elles on lit : « Che có(m)ble fut fait à nouvel l'á(n) M Vᶜᵉ XXVII » (1527). — Près de l'église est un manoir en brique rouge du xvii₈ siècle. == Mouchy-le-Preux ou le Perreux. *Ép. romaine.* Tuiles et poteries. || *Moyen âge.* L'église a été détruite vers 1837. — La verrerie de Varimpré fonda au Val-au-Bourg, en 1623, une succursale qui cessa d'exister dès avant 1672.

CAULE-SAINTE-BEUVE (LE). Formée des trois anciennes paroisses du Caule, des Ventes-Mares-Mesangères et de Sainte-Beuve-aux-Champs. — Le Caule. *Moyen âge.* L'église, dédiée à saint Jean, est peu monumentale. Le chœur, en brique rouge, est du xvi₈ ou du xvii₈ siècle. La nef, en brique, est de 1822. Le clocher, au portail, est une construction du dernier siècle. Au fond est un beau retable en bois à colonnes torses, de 1650 ou environ ; il vient, dit-on, des anciens Pénitents de Neufchâtel. — Ancienne verrerie fondée en 1634, et nouvelle en 1830, qui ont duré fort peu de temps toutes deux. == Les Ventes-Mares-Mesangères. *Ép. romaine.* Tuiles à rebords. || *Moyen âge.* L'église, dédiée à saint Éloi, en brique rouge, est du xvii₈ siècle. == Sainte-Beuve-aux-Champs. *Moyen âge.* L'église, sous le vocable de Sainte-Beuve, garde dans la nef et dans le chœur quelques traces du xi₈ siècle. Le reste de l'église a été refait au xvii₈ et au xviii₈ siècle.

DANCOURT. Formée des deux anciennes paroisses de Dancourt et de Saint-Remy-en-Rivière. — Dancourt. *Ép. romaine.* Tuiles à rebords dans la plaine située en face de l'église, à l'opposé de la forêt d'Eu. || *Ép. franque.* Cercueil en pierre de Vergelé orienté est et ouest et plus étroit aux pieds qu'à la tête, probablement mérovingien, trouvé en 1862, en creusant les fondations du nouveau portail. || *Moyen âge.* L'église, dédiée à saint Aubin, ne conserve d'ancien que deux petites fenêtres romanes du xi₈ siècle, placées au côté méridional de la nef. Le reste de la nef a été reconstruit en 1713 et en 1862. Le chœur date de 1850. Baptistère, cuve en pierre de taille, décoré de feuilles de chardon entablées et d'ornements en creux du xvi₈ siècle. Devant le portail est un pied de croix en pierre, qui n'est autre chose que le baptistère renversé de l'église supprimée de Saint-Remy-en-Rivière. Sous l'écusson du donateur est une inscription où l'on distingue la date « mil cccc LXXVII » (1477). Dalles tumulaires armoriées provenant de l'ancienne église de Saint-Remy-en-Rivière, servant de marches à la croix et de seuil à l'église. — La haute justice de Dancourt se rendait au hameau du Bolard. || *Ép. incertaine.* Une motte se trouve au lieu dit *le Bolard*, près de la Rivière. == Saint-Remy-en-Rivière. *Ép. gauloise.* Vases gaulois par la forme et la terre, trouvés en février 1865, en comblant une marnière située dans la plaine, vers Preuseville. M. l'abbé Decorde y a pratiqué un sondage et a également rencontré quelques poteries celtiques, dont un spécimen est déposé au musée de Rouen. || *Ép. romaine.* Vase de terre contenant cinq cents monnaies romaines du III° siècle, qui, presque toutes, ont été dispersées et perdues, trouvé vers 1860, en traçant dans la forêt d'Eu le chemin de grande communication n° 14, de Neufchâtel à Gamaches, au poteau Saint-Remy. M. Parisy, de Foucarmont, a seul recueilli des Philippe et des Posthume. Tuiles à rebords et anciennes constructions. || *Moyen âge.* L'église, sous le vocable de Saint-Remy, a été démolie en 1820. Les dalles tumulaires des seigneurs et le baptistère ont été transportés à Dancourt. — A la ferme dite *le Logis* on voit les armoiries sculptées sur pierre des anciens châtelains. — Près de là est une butte appelée *la Motte.* — Au hameau de Bethencourt existe une chapelle de Notre-Dame et de Saint-Remy.

ESSARTS-VARIMPRÉ (LES). *Ép. gauloise.* Hachette en silex trouvée à la Belloye en 1852, au hameau de la Quesnoye. Hache de bronze plate et de forme arrondie à son extrémité la plus large, recueillie en 1864 dans la forêt d'Eu, au poteau Duhême. En 1865, dans la basse forêt d'Eu, au triège de Varimpré, en pratiquant une fouille sur un terrassement qui avait la forme ovoïde d'un *tugurium*, M. de Girancourt et M. l'abbé Cochet ont trouvé dans l'argile, à 1m,30 du sol, une belle sépulture gauloise à incinération. Les os brûlés d'un adulte avaient été primitivement déposés dans une caisse en bois qui avait disparu. Près de ces os étaient dix vases de terre dont deux avaient la forme ollaire de nos pots à feu. L'un des deux était très-grand. Les autres objets étaient des pièces de métal telles que hache, couteau et forces en fer, une fibule à ressort, aussi en fer, et une marmite en bronze avec cercle et anse en fer. Enfin, tout à côté de ce dépôt était une meule à broyer en grès avec réceptacle en pierre meulière. C'était probablement la sépulture d'un Gaulois, soldat indigène au temps de la conquête. || *Ép. romaine.* En 1865, au triège des Essarts, M. de Girancourt et M. l'abbé Cochet ont fouillé un tertre ou motte placé dans la forêt. Ils n'y ont trouvé que deux vases romains brisés, qui pouvaient être cinéraires. En 1865, 1866 et 1868, les mêmes explorateurs ont interrogé quatre fosses circulaires comme on en rencontre beaucoup dans la forêt d'Eu. Ils ont trouvé, dans trois d'entre elles, une quantité de charbon de bois, des tuiles à rebords et des poteries romaines. En 1868, en faisant des terrassements dans l'enceinte de son château de Varimpré, M. de Girancourt a découvert des tuiles à rebords et des faîtières. || *Moyen âge.* Église dédiée à saint Mathurin. Il ne reste que la nef, qui est du XVIII° siècle. Le chœur a été démoli en 1834. — Au hameau des Essarts il y eut autrefois une chapelle sise dans le Pré-Capelle. — Verrerie établie en 1582. — Une chapelle en bois, sous le vocable de Saint-Roch, fut construite en 1742 pour le service de la verrerie. On y plaça une belle contre-table de 1700 ou environ, venant de l'ancien château de Folny. Au XVIII° siècle, la chapelle de Varimpré devint l'objet d'une contestation entre les habitants du hameau et les moines de Foucarmont. Un *Mémoire* sur ce sujet fut imprimé à Paris en 1741. || *Ép. incertaine.* Au commencement de ce siècle on aurait détruit une motte sur les Essarts, dans la direction de Villers et de Foucarmont. En 1796, lors de l'établissement de la route, aujourd'hui impériale n° 28, de Rouen à Saint-Omer, on a rencontré des squelettes à la côte de Varimpré. — Mare dite *de Saint-Germain*, sur le bord de la basse forêt d'Eu. On raconte que saint Germain y désaltéra son cheval lorsqu'il se dirigeait vers la Picardie. S'agit-il de saint Germain d'Auxerre, l'apôtre de la Grande-Bretagne, ou de saint Germain l'Écossais, son disciple, martyrisé vers 490 sur les bords de la Bresle? Des fouilles faites par M. l'abbé Cochet, en 1869, autour de cette mare, ont fait découvrir beaucoup de tuiles à rebords.

FALLENCOURT. *Ép. gauloise.* Haches en silex trouvées aux hameaux de Puchervin et des Vastines. — Monnaie en or acquise en 1846 par le musée de Rouen. || *Ép. romaine.* Tuiles à rebords et médailles romaines trouvées dans le Val-Jacob, à Puchervin et à la Haute-Marderie ou Maladrerie. Pièces marquées à la louve, trouvées en 1830 au pied de la motte du Bois-Sourd. || *Moyen âge.* Des deux églises du XI° siècle, qui formaient deux paroisses, il n'en reste plus qu'une. Cette église est une construction intéressante du XVI° siècle, entièrement en pierre blanche du pays, remplacée depuis trois cents ans, notamment en 1851, par des placages de brique rouge. Le clocher, placé au portail, a été remanié au XVIII° siècle, par suite d'un grave accident. Le chœur, bien conservé, est percé au chevet de fenêtres d'un bon dessin. Dans une des fenêtres de cette église est une verrière représentant saint Nicolas. Près des fonts est une inscription gravée sur marbre blanc relatant une fondation obituaire de 1737, en faveur de Claude Bertin, sculpteur ordinaire du roi, et de Nicolas Bertin son frère, peintre du roi. Au chevet de l'église est la dalle tumulaire d'Anne de Canouville, épouse d'Ézéchias de Mondion, chevalier, décédée en 1585. Sa tombe et un caveau sépulcral sont dans le chœur de Fallencourt. Cette pierre a été enlevée en 1846; à cette époque on trouva le corps de la défunte accompagné de deux vases en grès remplis de poussière aromatique. — La seconde église était au hameau de Puchervin; elle est depuis longtemps supprimée et démolie ; on n'en montre que la place et celle du cimetière. — Ferme de la Haute-Marderie, construction en brique portant la date de 1572 tracée sur des barres de fer. ‖ *Ép. incertaine.* Motte ou tertre entouré de fossés et présentant un puits au milieu. — Une tradition assure qu'à Puchervin, au hameau de la Hétrée, il exista un couvent, et que dans la mare on a caché une cloche d'argent.

FOUCARMONT. *Ép. gauloise.* Hachettes en silex ; hache polie en silex trouvée en 1846 ; hache de grès noir rencontrée en 1861, ainsi qu'une hache en silex, au hameau du Haut-Fromentel, conservées dans la collection de M. Parisy, de Foucarmont ; autre hache de silex recueillie en 1862, au musée de Neufchâtel. Débris de poteries rencontrés au Font-Théodore, près de la chapelle de l'Épinette et même au cœur du bourg, chez M. Parisy. ‖ *Ép. romaine.* Poteries rouges en terre dite *de Samos*, meules à broyer en poudingue et une en silex, tuiles à rebords, tuiles convexes ; poteries grises, blanches et noires ; un style ; des perles de verre et surtout des monnaies de bronze d'Agrippa, d'Antonin, de Gordien, de Posthume et de Constant, conservés chez M. Parisy. Les lieux où l'on a fait ces découvertes sont les Cateliers, le Camp-du-Bourg, le Font-Théodore, la chapelle de l'Épinette, la rue du Four, l'ancienne abbaye et, par-dessus tout, les terres labourées de l'abbaye qui vont vers Preuseville. Là, en 1850, on a rencontré d'importantes constructions antiques, des médailles, des tuiles, des poteries et des verroteries de toute sorte. En 1853, en drainant l'enceinte de l'ancienne abbaye, on trouva des monnaies de bronze et une statuette de bronze représentant le dieu Pan. ‖ *Ép. franque.* Ancien doyenné, l'un des six de l'archidiaconé d'Eu, qui, au siècle dernier, comptait encore cinquante-six paroisses. Sépultures qui ont donné des perles, un sabre et une plaque de ceinturon, trouvées en 1858 au lieu dit *les Cateliers.* Fosses taillées dans la craie, dont quelques-unes contenaient des vases en terre noire, des couteaux et un scramasaxe, trouvées au même lieu en 1862. Nouvelles armes et nouvelle plaque de ceinturon trouvées en 1869, lors de la reconstruction de l'église. M. de Girancourt y a recueilli une plaque de bronze découpée qui représente un quadrupède enlacé par un serpent, vraie pièce burgonde comme celles de Bel-Air et de Charnay. On pourrait peut-être attribuer à l'époque franque non-seulement la dénomination de *Camp-Théodorick* donnée à un quartier du bourg, mais jusqu'au nom de Foucarmont, que le peuple prétend venir du géant Foucard qui aurait été le père ou le parrain du bourg. Il est de croyance populaire qu'en 1796, lorsque l'on traça dans le bourg la route, aujourd'hui impériale n° 28, on trouva son cercueil, son épée et ses grands ossements. Cette légende sert de thème à un roman de geste intitulé : *Histoire plaisante et récréative faisant mention des prouesses et vaillances du noble Sypéris de Vinevaulx et de ses dix-sept fils.* L'histoire commence à l'an 632 et l'on y voit comment ledit géant fut occis par le gentil Sypéris de Vinevaulx, dont le nom est celui d'une partie de la forêt d'Eu. Ce roman, que l'on croit composé par un moine de Foucarmont au XII° siècle, est conservé en manuscrit à la Bibliothèque impériale et a été imprimé en 1780 dans un recueil intitulé : *Mélanges tirés d'une grande bibliothèque*, t. II, p. 207-222. ‖ *Moyen âge.* Foucarmont fut au moyen âge un bourg de quelque importance, ayant des halles, une haute justice, une prison, une léproserie, un hôpital, des chapelles, une église et une abbaye. L'église paroissiale, dédiée à saint Martin, a été en grande partie construite au XVI° siècle. De cette époque il reste encore le clocher, placé au portail et construit en moellon. Brûlé et frappé par la foudre, il a été réparé avec de la brique en 1724, en 1736 et en 1804. La nef et les collatéraux offrent des arcades du XVI° siècle et des murs de tous les temps. Les deux transepts doivent dater du XVI° et du XVII° siècle. Quant au chœur, il a été construit en brique et silex en 1829. Stalles, statues, maître-autel et buffet d'orgue de 1660, provenant de l'ancienne abbaye. — Chapelles qui firent service de succursales : l'une, au Haut-Fromentel, a complétement disparu ; l'autre, qui porte le nom de Notre-Dame-de-l'Épinette, parce qu'elle remplace une épine où l'on avait placé une statue de la sainte Vierge qui, étant devenue très-vénérée, ne voulut jamais rester dans l'église où on l'avait transportée, est dans le vallon, au bord de la rivière. C'est une élégante construction du XVI° siècle, en pierre blanche du pays, sauf pour le clocher, qui est en brique. Le chœur a disparu depuis longtemps ; mais la nef, transformée en grange, offre quatre belles fenêtres ogivales. — Abbaye fondée en 1130 par Henri I°r, comte d'Eu, qui y embrassa la vie monastique, ainsi que Jean, son fils. Les premiers moines venaient de Savigny en Normandie, qui s'affilia à l'ordre de Cîteaux par la voie de Clairvaux, et entraîna la nouvelle abbaye à sa suite. Ce fut comme abbaye cistercienne que celle-ci devint la mère de Lieu-Dieu-sur-Bresle, monastère situé près de Gamaches. Foucarmont compta quarante-deux abbés, tant réguliers que commandataires. L'abbaye fut ruinée trois fois, et trois fois elle sortit de ses ruines. Sa dernière restauration eut lieu de 1625 à 1638. Mais sa chute à la Révolution française fut si profonde, qu'il ne reste aujourd'hui ni église, ni cloître, ni monastère. Tous les bâtiments monastiques ont été démolis pour servir à la construction d'une auberge et des maisons du bourg. Les communs seuls ont été conservés. Ce sont : la grange en moellon, du XVI° siècle ; le moulin, de 1738 ; le pressoir, les écuries ; la porte en brique de l'abbatiale, qui porte un écusson ; la salle de billard, transformée en cellier; le jardin potager et le vivier, tout rempli de joncs et de glaïeuls. Au XVIII° siècle, les religieux prétendaient posséder, dans le chœur de leur abbaye, les restes et les tombes de dix-huit princes et princesses de la maison des comtes d'Eu, leurs fondateurs. On y voyait encore, au pied du sanctuaire, les statues sépulcrales du fondateur Henri I°", comte d'Eu, mort en 1139, et de Jean I°", son fils, décédé en 1170. Les moines de Foucarmont ne savaient plus les noms des autres en 1740; mais on cite Henri II, comte d'Eu, mort vers 1193, et ses deux enfants, Raoul et Guy, morts en bas âge; sa femme Mathilde de Longueville, fille du célèbre Guillaume Le Mareschal, décédée en 1207 ou 1217; Raoul d'Issoudun et de Lusignan, en 1217; Jehanne de Bourgogne, première épouse de Raoul II d'Issoudun, 1224; Yolande de Dreux, deuxième femme de Raoul d'Issoudun, vers 1240; Raoul II d'Issoudun, comte d'Eu, 1250; Marie de Lusignan, 1260; Jean I°", comte de Brienne, 1294. (Sa tombe était de cuivre, ainsi que celle de sa mère, Marie de Lusignan. On y voyait en relief les portraits des ancêtres des deux personnages.) Jean II de Brienne, 1302; Jeanne de Coucy et de Nesle, sa femme, 1331; Raoul III de Brienne, 1345. De tous ces mausolées, de toutes ces dalles, de toutes ces tombes, il ne reste plus que le souvenir. On dit qu'en 1791, au moment de la vente de l'abbaye, le duc de Penthièvre réclama les restes de Henri et de Jean, ses vénérés ancêtres au comté d'Eu. Un procès-verbal, dressé le 4 et le 5 janvier 1792, constate leur exhumation. On ignore ce que sont devenus ces précieux cercueils. — Le dépôt départemental de la Seine-Inférieure possède trente registres ou volumes, deux plans, quatre cent cinquante liasses, qui ne contiennent pas moins de cinq mille deux cent cinq chartes ou titres sur parchemin. Tous ces actes vont du XII° siècle à 1790. — Fontaine vénérée de Saint-Martin, autrefois nommée *le Font-Théodore*, où l'abbaye fut construite. — Halles élevées par le prince de Dombes au milieu du XVIII° siècle.

GUERVILLE. *Ép. romaine.* Tuiles à rebords et meules à broyer, vestiges d'anciennes habitations. || *Moyen âge.* Vieux château entouré d'eau et flanqué de tourelles, qui fut entièrement démoli au commencement du XVII° siècle. Aujourd'hui des maisons en occupent la place; mais aux alentours on remarque des buttes, des terrassements et des restes de murailles. — L'église, dédiée à saint Gilles, est entièrement récente. — Vignobles dont on montre encore la place sur la *Côte de la Vigne*. — Au hameau de Babeau-sur-Guerville est la verrerie de la Grande-Vallée, dite aussi *de la Vicogne*, du nom de ses fondateurs. Elle y fut transportée en 1769 des *Essartis*, commune de Réalcamp, et précédemment de Saint-Riquier, du Caule et de Flamets.

HODENG-AU-BOSC. Formée des deux anciennes paroisses de Hodeng-au-Bosc et de Guimerville. — HODENG. *Ép. franque.* Appelée *Hosdinium* en 734, d'après une charte de Teutsinde, abbé de Fontenelle. Cercueil de pierre renfermant un squelette avec scramasaxe, trouvé sur le Mont-aux-Prêtres, au lieu dit *le Vieux-Cimetière*, en 1852. Depuis ce temps on a encore aperçu d'autres sépultures. || *Moyen âge.* L'église, dédiée à saint Martin, est une modeste construction en brique rouge, dont il ne reste d'un peu caractérisé que le chœur, du XVI° siècle, terminé par une abside à trois pans avec fenêtres de pierre, et une chapelle sculptée, de 1600 ou environ. La charpente de la nef, beaucoup plus simple, doit dater du XVII° siècle. Sur le pignon de l'ouest et à l'entrée de l'église se trouve le clocher, simple campanile ou *campenar*, comme on l'appelle dans ce pays. Ce campanile, en brique rouge, est du XVII° siècle; c'est le plus moderne que nous connaissions. == GUIMERVILLE. *Ép. romaine.* Briques et poteries antiques, ossements et tombeaux. || *Moyen âge.* L'église, sous le vocable de Saint-Sauveur, n'a de bien ancien que le chœur, qui est du XVI° siècle. Il est éclairé par deux belles fenêtres du même temps, dont l'une est au côté de l'évangile et l'autre au chevet. Cette dernière possède des fragments de vitraux peints. Le berceau en bois sculpté, du XVI° siècle, est soutenu par une corniche dont les bossets représentent les quatre attributs évangéliques. Ce qui reste de vieux dans la nef est du XVII°. — Belle statue funèbre en pierre de taille, du XVI° siècle, d'une femme dont les mains sont jointes et les pieds posent sur un lévrier, soutenue par une dalle également en pierre. La tête et les pieds sont mutilés. L'inscription placée sous la dalle, et badigeonnée comme le mausolée lui-même, laisse lire sur trois lignes tracées au XVI° ces quelques mots: « Cy (ou icy) gist damoiselle Anthoinette de Bien-« court, laquelle décéda... » (1537, selon M. Decorde). On assure que l'on fait toucher du pain à cette image. — Verrerie du Courval, fondée en 1623 selon les uns, en 1653 selon les autres. De 1671 à 1717 il dut y avoir une seconde verrerie. L'établissement principal a été gravé par M. Estancelin en 1765.

LANDES VIEILLES ET NEUVES (LES). *Ép. gauloise.* Hachette en silex poli trouvée aux Vieilles-Landes en 1868. || *Moyen âge.* Les Landes formaient autrefois deux paroisses, dont l'une s'appelait les Vieilles-Landes et l'autre les Landes-Jeunes ou Neuves. Ces deux sections ont conservé chacune leur église. Celle des Vieilles-Landes, dédiée à sainte Marguerite, n'est qu'une chapelle couverte en paille. Celle des Jeunes-Landes, dédiée à saint Lambert, est en brique rouge dans la nef et en galandage dans le chœur. Le côté nord de la nef date du XVII° siècle; le côté du midi, du XVI°. Charpente dont la corniche est ornée d'une vigne chargée de feuilles et de raisins. Sur la première poutre on lit la date: « l'an mil V° et XXXI » (1531).

MONCHAUX-SORENG. Formée des trois anciennes paroisses de Monchaux, de Soreng et d'Épinoy. — MONCHAUX. *Ép. romaine.* Monnaies trouvées en 1827 dans les ruines du château. || *Ép. franque.* M. de Bommy affirme que le château de Monchaux existait dès le VIIe siècle. || *Moyen âge.* La tradition du pays prétend que Monchaux fut une ville close de murs. Ce fut une châtellenie et un bourg industriel important. Les restes du château sont encore imposants. De la pointe du coteau où ils sont assis ils dominent l'église et le bourg. Un fossé profond, coupure énorme, sépare l'enceinte du reste de la colline. Une motte gigantesque y indique la place de la tour du donjon, autour duquel on reconnaît encore des restes de murs et des tronçons de tours. En 1658, on voyait encore la porte d'entrée et les quatre tourelles fort hautes «basties de pierres de grez,» ainsi que la chapelle du château. Aujourd'hui on ne trouve plus que des caves, des souterrains, etc. de ce château que possédèrent les d'Artois, que prirent les Anglais du XIVe et du XVe siècle et que brûlèrent les Bourguignons de 1472. — L'église dédiée à saint Martin, placée au bas de l'ancien château, appartient à deux époques : le XIIIe et le XVIe siècle. Au XIIIe il faut attribuer le chœur et le clocher placé entre chœur et nef, construits en pierre de taille. Tous deux, toutefois, ont subi de graves altérations. Le clocher est caractérisé par sa corniche et ses arcades; le chœur, par les lancettes du côté nord et les arcades ogivales, que le XVIIe siècle a retouchées. On ignore à quoi aboutissaient des ouvertures refermées du chœur et des transepts. Le XVIe siècle a doté le clocher d'une tourelle d'escalier. Les transepts, en pierre blanche, comme le reste de l'église, appartiennent pour le fond au XVIe siècle; mais celui du nord a été modifié au XVIIIe. Le berceau en bois du transept méridional est une charpente décorée de sculptures, où l'on remarque, parmi les bossets, les apôtres saint Pierre et saint Paul. La nef, qui appartient au temps de François Ier, est éclairée par sept fenêtres, dont trois au nord et quatre au midi. Celles du midi ont gardé des restes de verrières sur lesquels on distingue une *Entrée de Jésus dans Jérusalem*, *Jésus chassant les marchands du temple*, une *Notre-Dame des Douleurs* et une *Procession du saint sacrement*, où M. Lebeuf croit reconnaître, sous le dais du prêtre qui porte l'ostensoir, Charles d'Artois, Philippe de Bourgogne, et Jean de Bourbon, comte d'Eu. Un évêque, ou un abbé, assiste aussi à cette procession. Baptistère en pierre du XVIe siècle, entouré de feuillages et d'une vigne dont les colombes mangent les fruits. La pierre est surmontée d'un couvercle en bois sculpté du même temps. — Anciennes manufactures de draps renommées. — Hôpital fondé en 1392 par Philippe d'Artois et Mlle de Dreux, sa sœur, sur les recommandations d'Isabelle de Melun, veuve de Jean d'Artois, décédée à Monchaux le 20 décembre 1389. == SORENG. *Moyen âge.* L'église, dédiée à saint Martin, appartient à deux styles distincts : à l'ogive primitive et à l'ogive flamboyante. Le portail est un cintre orné du XIIe siècle. Au temps de saint Louis appartenait aussi l'ancien baptistère de pierre, cuve ronde cantonnée de colonnes et récemment mise au rebut. Le clocher, au portail, dut être un ancien campanile surmontant le pignon. Le XVIe siècle a fait le côté nord de la nef, et au midi, entre le chœur et la nef, il a ajouté une charmante petite chapelle seigneuriale voûtée et en pierre blanche. Deux fenêtres l'éclairent et l'une des deux présente une charmante image du roi saint Louis portant le sceptre et la couronne d'épines. Dans un angle de la verrière on lit : «Messire Loys Geet a donné ce «paneau l'an M V[cc] XXVIII» (1528). — Dalles tumulaires du XVIIe siècle, faites avec des carrelages en terre cuite émaillée. — Chapelle de Saint-Millefort. == ÉPINOY ou ÉPINAY. *Moyen âge.* L'église, dédiée à saint Remy, a été démolie au commencement de ce siècle. La cloche est à Soreng.

NESLE-NORMANDEUSE. Formée des deux anciennes paroisses de Nesle-Normandeuse et de Bourbelle. — NESLE. *Ép. gauloise.* Deux belles hachettes en silex, dont une est à Abbeville et l'autre à Foucarmont. || *Ép. romaine.* Tuiles à rebords, suivant M. Deville. || *Ép. franque.* En 1866, une extraction de cailloux a fait rencontrer un cimetière mérovingien. A côté de plusieurs squelettes on a recueilli une épée, une lance, une boucle et deux vases. || *Moyen âge.* L'église, dédiée à saint Lambert, est assez récente. La nef, en moellon, est de 1674. Le chœur, en brique, est du XVIIe siècle. La sacristie date de 1779. Le baptistère, en pierre, est un assez joli morceau de 1674. — Verrerie de Romesnil, fondée en 1776-80. — Le château qu'habite le gentilhomme verrier a été construit comme rendez-vous de chasse par le prince de Dombes, comte d'Eu, en l'année 1750 (gravé par M. Estancelin). || *Ép. incertaine.* Sur un des coteaux qui dominent la vallée de la Bresle on remarque, entre Nesle et Blangy, une enceinte circulaire terrassée et fossoyée comme celle de Brémont, à Vatierville, et celle de Cornemesnil, à Bouelles. == BOURBELLE. *Moyen âge.* L'église, dédiée à saint Remy, a été démolie vers 1830. || *Ép. incertaine.* Tradition d'une ancienne ville bâtie autour de l'église démolie, où l'on rencontre beaucoup de débris.

PIERRECOURT. *Moyen âge.* Motte et place d'un ancien château situé devant l'église. Une tranchée ouverte pour une route en fit voir les épaisses murailles depuis longtemps arasées. On assure qu'un fossé séparait autrefois l'église du château et qu'un pont-levis les unissait. Il existe encore un grand puits près duquel est un trou pratiqué par les chercheurs d'un trésor caché dans une cloche. — L'église, dédiée à saint Pierre, est du xvi° siècle en grande partie, et bâtie en brique rouge et noire formant des losanges et des damiers. La nef est éclairée par deux fenêtres au nord et trois au midi, appareillées en moellon. Trois d'entre elles ont des meneaux, et une des verrières. Le clocher, tour carrée en brique et très-courte placée au portail, est du xvii° siècle. Le chœur, terminé par une abside à trois pans, possède cinq fenêtres, dont celle du chevet est rebouchée. Une d'elles a conservé des restes de vitraux. A l'extrémité du chœur on lit la date 1678 ou 1658, qui, si elle se rapporte à la construction, indiquerait une excellente imitation du xvi° siècle. A l'entrée du chœur on voyait en 1850, réunis sous un banc, des carreaux en terre cuite du xvii° siècle, communs dans le pays, ayant recouvert une sépulture. On reconnaissait une tête humaine et deux commencements d'inscriptions : « Cy gist » et « Icy gist. » Ils avaient dû recouvrir le caveau seigneurial, probablement placé sous le chœur. — Ancienne chapelle qui aurait existé au hameau de la Biette; disparue. — Hameau de la Vigne, où il y eut autrefois un ancien vignoble.

RÉALCAMP. *Ép. romaine.* Bronze de Trajan recueilli dans le jardin du presbytère. Monnaie d'Adrien, au Camp-des-Malades, au milieu de tuiles à rebords. Tuiles, meules à broyer, poteries et verroteries, aux Essartis, au Grand-Marché et au Bout-de-la-Ville. ‖ *Moyen âge.* Église dédiée à saint Christophe, en croix, primitivement construite au xvi° siècle en moellon, que la brique rouge a remplacé, excepté dans le chœur. Dans l'intérieur de la nef on remarque une corniche en bois sculpté représentant une vigne chargée de feuilles, de fruits et d'animaux. La charpente ayant été réparée par suite d'incendie, on lit sur une poutre transversale ces mots: « Fait par les habitants en 1686. » Le bénitier est une ancienne mesure de pierre. Les stalles en chêne, du xviii° siècle, proviennent de l'ancienne abbaye de Foucarmont. — Au xvii° siècle, verrerie au hameau des Essartis, abandonnée vers 1769.

RÉTONVAL. *Ép. romaine.* Tuiles et briques romaines. Deux grands bronzes de Vespasien, au lieu dit *la Mare-des-Jardins*, recueillis vers 1853. ‖ *Moyen âge.* L'église, dédiée à saint Laurent, fut construite au xvi° siècle, avec la pierre blanche du pays, qui y a moins souffert qu'ailleurs et n'offre que peu de reprises en brique rouge. Le clocher, placé au portail, est une tour carrée ajoutée à la fin du xvi° siècle. La nef, moderne au midi, remonte au temps de François Ier pour le côté nord. Le chœur est entièrement de ce temps, ainsi qu'une chapelle placée au midi de la nef. Cette chapelle, dédiée au patron du pays, fut fondée par un curé de Rétonval, décédé en 1619. Le berceau de la nef repose sur une double corniche sculptée, sur laquelle courent une vigne et des animaux. Bénitier formé d'une ancienne mesure de pierre. Sur la porte de la sacristie sont deux inscriptions obituaires sur marbre du xviii° siècle. Jolie statue de sainte Barbe du xvi° siècle et contre-table en bois du maître-autel. — Verrerie fondée vers 1800, en remplacement de l'une des plus anciennes du pays. — Au lieu dit *le Grand-Val* ou *la Vieille-Verrerie* un établissement fut fondé en 1475 et en 1493. Il a été transféré au Val-d'Aulnoy ou d'Annoy en 1657. ‖ *Ép. incertaine.* Une tradition locale veut que le village fût autrefois situé aux Cateliers, où l'on découvre souvent des puits et des constructions. On attribue ce déplacement à un incendie. Les vieillards prétendent également que l'église a été transférée, et qu'elle était autrefois sur la côte, auprès du chemin qui conduit à Saint-Léger-aux-Bois.

RICHEMONT. *Ép. gauloise.* Hachette en silex recueillie aux Cateliers par M. Parisy. ‖ *Ép. romaine.* Tuiles à rebords en grand nombre. Tradition de ville détruite. ‖ *Moyen âge.* L'église, dédiée à saint Michel, appartient pour le fond au xiii° siècle, avec des retouches du xvi° et des mutilations du xvii° et du xviii°. Le xiii° a fait la nef et le chœur, et le xvi° a ajouté les deux transepts ou bras de croix. La nef et le chœur sont appareillés en silex, sauf les remaniements en brique rouge. Dans les transepts domine le moellon du pays. Du xiii°, bien caractérisé, il reste le portail ogival et la fenêtre terminale, partagée en deux compartiments surmontés de trèfles et de roses. La charpente en bois sculpté qui règne par toute l'église repose sur une double corniche sculptée d'une vigne et d'animaux. Sur une poutre transversale et ornée on lit : « En l'an de grâce M V^{cc} XLI (1541) fust faict le présent comble de l'église, etc. » — Au carrefour nommé *le Poteau-de-l'Ermitage* il y a tradition d'ermite, et l'on voit encore des traces de fossés qui sembleraient indiquer les restes de sa cellule. On y venait en procession, et le peuple y jette encore des pièces de monnaie. ‖ *Ép. incertaine.* On assure qu'aux Cateliers existait une motte avec un puits au milieu, qui a disparu en 1830. Dans la déclaration du comté d'Eu en 1658, on voit figurer Richemont comme un village où il y a des ruines et où il ne reste plus que de petits buissons.

RIEUX. *Ép. gauloise.* Hache en silex trouvée près de la petite rivière desséchée qui a donné son nom à la localité. ‖ *Ép. romaine.* Tuiles à rebords que l'on rencontre un peu partout, notamment dans les prairies arrosées par la Bresle, au Cornet et à la Mare-Pavée. Trésor composé de monnaies d'or, recueilli, dit-on, par M. Desjobert, ancien député. Chandelier de bronze, à la Mare-Pavée, rencontré en 1828; pile de monnaies de bronze du Haut-Empire, recueillie au Cornet; plusieurs meules à broyer trouvées à Rieux. ‖ *Moyen âge.* L'église, dédiée à saint Martin et à saint Barthélemy, appartient, pour l'ensemble, au xvi° siècle. Elle est en croix et fut construite en pierre blanche. Des modifications ultérieures l'ont altérée. Sur les murs de la nef on remarque encore la litre armoriée et des croix de consécration. Le transept nord est voûté, et celui du midi couvert par un berceau en bois sculpté du xvie siècle. Le chœur, qui fut aussi couvert par un berceau, a gardé ses fenêtres du xvie siècle. L'ogive terminale est garnie de menaux et de restes de verrières du xviie siècle. Au bas du chœur est une dalle tumulaire représentant un personnage du xvie siècle ou du commencement du xviie, gentilhomme attaché à la maison de Bourbon du château d'Eu. — Vieux château en face de l'église, construit en brique rouge, du xviie siècle. — Deux verreries, dont la plus ancienne et la plus célèbre est celle du Cornet, fondée en 1728 et supprimée en 1810. En 1768, M. Estancelin l'a gravée dans sa *Collection de cartes de la forêt d'Eu*.

SAINT-LÉGER-AUX-BOIS. *Ép. romaine*. Tuiles. ‖ *Moyen âge*. Une vieille tradition prétend que l'église primitive était au Mesnil-Allard, où l'on trouve les restes d'anciennes constructions. On assure que la cloche y est restée cachée avec de l'argent. — L'église actuelle, sous le vocable du saint évêque d'Autun, placée au milieu du bourg et presque dans l'enceinte d'un vieux château, fut entièrement construite au xvie siècle avec la pierre blanche de ce pays, complétement revêtue aujourd'hui de brique rouge au dehors, tandis qu'au dedans elle n'offre que du moellon blanc. Il n'est resté dans les murs extérieurs que quelques pierres gardant des croix de consécration. Cette église a la forme d'une croix, dont le clocher, avec sa flèche aiguë, surmonte la croisée. L'intérieur de la nef est éclairé par six fenêtres, dont trois de chaque côté. La brique a remplacé des ogives de pierre. Dans cette nef on remarque huit contre-forts octogones destinés à soutenir des voûtes qui ne furent jamais faites. Les arceaux d'attente attestent, dit-on, la mésintelligence qui se mit autrefois entre le seigneur et les habitants. Au pourtour de cette nef règne une guirlande de feuillages sculptés formant corniche, interrompue de socles de statues, dont quatre sont remarquables. Le berceau, en bois, porte la date de 1751, qui est probablement aussi celle du portail, construit en brique. Une galerie sculptée conduit au clocher. Les deux transepts et le clocher voûtés sur nervures, d'où descendent de longues clefs pendantes, sont éclairés par deux fenêtres à trois compartiments surmontés d'un *oculus* qui imite une boucle. Une piscine indique, dans chacun d'eux, la place de l'ancien autel. Le chœur, terminé par une abside à trois pans, est fermé par une voûte à deux travées, dont une possède un beau cul-de-lampe. Il est éclairé par cinq fenêtres flamboyantes, dont les compartiments possédaient autrefois des verrières. Au côté méridional du chœur se trouve aujourd'hui la sacristie, qui fut autrefois une chapelle seigneuriale. C'est cette *chapelle à feu*, c'est-à-dire sépulcrale, que, dans un aveu de 1738, Jérôme de Mailly déclare avoir été bâtie et édifiée par Jacques de Bailleul et Adrien de Mailly, son gendre. En effet, sur une grande pierre qui surmonte la porte de la sacristie actuelle on lit une longue inscription, composée de cinq strophes rimées de neuf vers chacune, en l'honneur de Jacques de Bailleul, seigneur de Saint-Léger, décédé le 15 septembre 1510, lequel a construit la chapelle et fondé des messes. Son *scherclud* (cercueil), descendu dans le caveau, y reposa jusqu'à ce que la Révolution française vint enlever les coffres de plomb qui s'y trouvaient. On raconte que le corps d'une jeune fille s'était parfaitement conservé. Bénitier formé d'une double mesure de grès. — Près de l'église était le château des Bailleul et des Mailly, lequel n'existe plus. Il n'en reste qu'une maison de ferme du xvie siècle et une haute tour en brique rouge que l'on nomme la *Tour des Mailly*. Cette tour, très-élevée et d'un diamètre de 15 mètres, est à trois étages couronnés par des machicoulis simulés, où l'on accède par un charmant escalier placé dans une tourelle qui y est accolée. Les murs ont 2^m,50 d'épaisseur. Soixante-huit marches conduisent à la plate-forme, où est la porte du Guet et d'où l'on jouit d'un point de vue magnifique.

SAINT-MARTIN-AUX-BOIS. *Ép. franque*. Deux ou trois cercueils de pierre, qui pourraient bien remonter à l'époque franque, ont été découverts en 1864, en abattant de vieux ormes qui étaient devant l'église Saint-Martin. ‖ *Moyen âge*. L'église, sous le vocable de Saint-Martin, est généralement récente par son appareil, qui dénote surtout le xviie et le xviiie siècle. Il n'y a d'un peu ancien que la corniche intérieure de la nef, qui est de bois sculpté au xvie siècle. On y voit, comme partout dans ce pays, une vigne sculptée chargée de fruits et d'oiseaux et entrecoupée de têtes ou bossets saillants. — En labourant dans la propriété de M. de Mommer, on trouve souvent d'anciennes murailles. — Au lieu dit *le Grand-Marché* il y eut autrefois une verrerie, l'une des plus anciennes du pays. Elle existait dès 1429, et ne disparut qu'en 1781. M. Estancelin en a donné une gravure.

SAINT-RIQUIER-EN-RIVIÈRE. *Ép. romaine*. Belle bague d'argent portant enchâssé un denier d'argent de Macrin (218), trouvée près de l'église par un terrassier, en 1863; grand nombre de monnaies romaines rencontrées avant 1850, près de la verrerie du Val-d'Aulnoy; pièces d'or, dont un *aureus* de Néron entré au musée d'antiquités de Rouen, recueillies dans un champ. M. l'abbé Decorde dit aussi que l'on a trouvé des armes dont il est malaisé de fixer la date. ‖ *Ép. franque*. Sabres, lances et ossements trouvés en 1822 dans un monticule voisin de l'église? ‖ *Moyen âge*. L'église, sous le vocable de Saint-Riquier, doit remonter au xie siècle. Dans la nef on remarque, sur tout le côté du midi, du silex appareillé en feuilles de fougères, des contre-forts en tuf, une porte cintrée refermée, mais élégante, et une curieuse corniche en têtes grimaçantes et pierres doubles. Le côté nord de la nef est de 1800. Le pignon de l'ouest offre des contre-forts et une porte du XIIIe siècle. Le chœur, primitivement roman, présente une fenêtre terminale du XIIIe et du XVIIe siècle. Le midi est du XIe et du XVIe. Le nord est en tuf. Dans une fenêtre on trouve un vitrail représentant saint Nicolas. — Ruines d'un « chasteau fort fermé de fossez et ponts-levis des- « moly par les guerres » vers 1650. On y voit des puits et des caves, boulets, pièces espagnoles, fers de chevaux et débris d'anciennes verreries trouvés à différentes reprises, surtout à la ferme de Dérisencourt, où était un vieux château. — Chapelles : 1° de Saint-Sylvestre, au hameau de ce nom, qui subsista comme prieuré jusqu'au XVIe siècle et comme chapelle jusqu'en 1705; 2° au Val-d'Aulnoy : de Notre-Dame, pour les habitants du hameau, et de la Trinité pour la verrerie. La cloche de cette dernière, portant la date de 1774, existe encore. — La verrerie du Val-d'Aulnoy, précédemment Val-Dannoy, fut fondée vers 1657; elle venait de Rétonval, où elle avait été établie en 1475. Elle a existé jusqu'en 1780. M. Estancelin en a donné une gravure. La verrerie actuelle date de 1815-1822.

VILLERS-SOUS-FOUCARMONT. *Ép. gauloise.* Deux hachettes en silex recueillies à la Quesnoye. ‖ *Ép. romaine.* Meule à broyer en poudingue trouvée vers 1850. ‖ *Moyen âge.* L'église, dédiée à saint Vincent, a été considérablement modifiée dans ces derniers temps. Elle ne remonte pas au delà du XVIe siècle. Avant ses remaniements, l'édifice était presque tout entier de cette époque. Cette église, en pierre blanche, a gardé les croix de son ancienne consécration. Le clocher, au portail, est une tour en moellon que la brique a défigurée sous Louis XV. La nef paraît du XVIIe siècle. Le transept nord appartient au XVIe; mais celui du midi a été refait en 1850, pour recevoir dans son caveau sépulcral les tombes de M. et de Mme de Villers, ses restaurateurs. Dans le chœur on remarque une jolie fenêtre du règne de François Ier. Cette église a été brûlée le 15 décembre 1756. Elle renferme encore trois dalles tumulaires, dont une est celle d'un curé de Villers décédé en 1775. La seconde appartient à des époux morts à la fin du XVIe siècle. La troisième enfin est celle de Pierre de Fautereau, baron de Villers-lez-Foucarmont, décédé le 8 juillet 1546, et de Michelle de Juvencourt, son épouse, décédée le 7 février 1556. — Château près de l'église, qui est modernisé. — Manoir en brique avec tourelles, du XVIIe siècle, au hameau de la Quesnoye. Ce château possède une chapelle dans laquelle est une dalle tumulaire commémorative de 1779. On assure qu'un souterrain conduisait du château de la Quesnoye à celui de Villers.

CANTON DE FORGES-LES-EAUX.

(Chef-lieu : Forges-les-Eaux.)

BEAUBEC-LA-ROSIÈRE. Formée des deux anciennes paroisses de Beaubec et de la Rosière. — Beaubec. *Moyen âge.* Beaubec était partagée en deux parties, dont l'une était le village et s'appelait Beaubec-la-Ville, l'autre était le monastère et se nommait Beaubec-l'Abbaye. L'église de Beaubec-la-Ville, précédée d'une très-belle place appelée *la Prêle*, est dédiée à la Trinité. Elle se compose d'une nef, d'un clocher et d'un chœur, qui se suivent. Le clocher est à plein cintre, avec ornements romans appartenant au XIe siècle. Par son appareil, ses contre-forts et ses fenêtres, la nef est du XIIe siècle. Le chœur, très-petit, est du XIIIe; il possède une piscine avec sa crédence et ses doubles cuvettes. En 1843, dans des retouches au clocher, on découvrit plusieurs pièces d'or qui étaient des *écus à la couronne* du règne de Louis XI. Groupe de pierre du XVIIe siècle, représentant la sainte Trinité, et une intéressante fondation de 1689. — Croix en pierre et très-élevée devant l'église, qui vient, dit-on, de l'abbaye. Elle se compose d'une base et d'un fût formé de colonnes et chapiteaux du XIIIe siècle. — L'abbaye, fille de Savigny en Normandie, naquit en 1128 et passa avec sa mère à l'ordre de Cîteaux en 1147. Elle reconnaît pour fondateur Guillaume de Fécamp et Hugues II, châtelain de Gournay, qui y fut inhumé. Réduite en cendres en 1383, elle a été restaurée à partir de 1450 jusqu'à deux ou trois siècles plus tard. L'abbatiale fut faite en 1580, le clocher en 1618, le portail de l'église en 1730, le cloître et le dortoir en 1740. Beaubec compta quarante-sept abbés, dont trente et un réguliers et seize commandataires. Elle eut pour fille l'abbaye de Lannoy ou de Briostel, au diocèse de Beauvais. Supprimé à la Révolution, ce monastère a été dépouillé, vendu et détruit. On a fait table rase de l'église, dédiée à saint Laurent, du cloître, des bâtiments, des jardins, des étangs, etc. dont on ne montre plus que la place. Du monastère il ne subsiste plus que le colombier, la ferme, le parloir, l'ouvroir, le four, l'infirmerie, la grande porte construite sous Louis XVI, la chapelle de Sainte-Ursule, belle église abandonnée, qui date du XIIIe et du XIVe siècle. On lit en effet sur son pignon cette inscription laissée par les derniers moines : « Bâtie en 1266 et réparée en 1780. » A cette dernière époque on refit le plafond de la nef. Les murs latéraux sont peu importants et ont été souvent remaniés; mais les deux pignons sont splendides. Celui de l'est, qui forme chevet, est percé d'une magnifique fenêtre de la fin du XIIIe siècle, qui a gardé ses quatre meneaux de pierre et ses trois roses rondes de remplissage. Le pignon de l'ouest présente une grande et belle porte en ogive dont le tympan seul a disparu. Au-dessus est une rosace rayonnante du xiv° siècle, surmontée d'une niche où se trouvait sans doute sainte Ursule et où l'on voit aujourd'hui une statue sépulcrale du xiii° siècle. C'est une figure de femme dont les pieds posent sur un chien ; une main est sur la poitrine, tandis que l'autre soutient la robe. Le menton et le front sont encadrés dans une bandelette. La dalle tumulaire de Honfroy, médecin originaire de Neufchâtel, et la statue de Thomas de Fréauville, évêque de Bayeux, qui était inhumé dans le sanctuaire, ont disparu. Du tombeau sculpté et colorié de ce dernier il ne reste plus que le curieux dessin de la collection Gaignières. Le dépôt des archives départementales de la Seine-Inférieure conserve deux registres, un plan et soixante-quatre liasses contenant huit cent cinquante chartes ou titres sur parchemin. Le tout va de 1200 à 1785. == LA ROSIÈRE. *Ép. romaine.* Trente-quatre vases antiques, dont plusieurs étaient des urnes, trouvés au hameau de Vimel, sous un poirier, en février 1859, avec des verroteries, une petite hache en fer et un joujou d'enfant sous forme de colombe en terre cuite. Au mois de juin de la même année, M. l'abbé Cochet pratiqua une fouille au Vimel et découvrit un cimetière romain à incinération. Il y constata la présence de cent quarante vases antiques disposés par groupes de sépultures. Une centaine de ces vases étaient cinéraires; les autres étaient pour les offrandes. Généralement l'urne avait la forme d'*olla* ou pot au feu. Les autres étaient des assiettes et de petits pots. Il s'est trouvé une perle en émail bleu de forme côtelée, deux ou trois monnaies de bronze du Haut-Empire placées au fond d'une urne, une chaînette en fer et des clous provenant d'une caisse funèbre. Tous ces objets ont été déposés au musée d'antiquités de Rouen et à la bibliothèque de Neufchâtel. || *Moyen âge.* Le nom de *Rosière* indique que ce village fut autrefois rempli de roseaux. Des tourbières s'y trouvent en effet où l'on rencontre d'énormes troncs d'arbres, dont plusieurs sont encore debout. Le plus grand nombre est couché et gît parfois à 4 ou 5 mètres au-dessous du sol. — Église sous le vocable de Saint-Ouen et de Saint-Barthélemy, construite en grès ferrugineux au xii° et au xiii° siècle. L'ogive primitive y domine. On remarque, dans les vieux murs, des blocs de ciment romain provenant d'édifices antiques. La nef a beaucoup de caractère ; mais le chœur est moderne. La chaire, sans abat-voix, est une tribune en bois du xvi° siècle. Verrières détruites et croix processionnelle en cuivre émaillé du xii° siècle, aujourd'hui aliénée. — Anciens droits de haute justice dont on montre encore le lieu sur *la Ferme de la Potence.* Les deux sceaux (grand et petit) de la vicomté de Gaillefontaine, réunis par une chaîne d'argent, ont été trouvés sous un arbre en 1856.

Ils sont aux armes de Louis II, comte de Dunois et duc de Longueville, de 1524 à 1537, et au nom du vicomte J. Bellet : conservés au musée de Neufchâtel. || *Ép. incertaine.* Tradition de deux églises transférées et tradition de ville détruite. Sur le *Mont Grippon*, qui domine la Rosière, et l'un des points les plus élevés de la vallée de Bray, M. Guilmeth assure avoir vu une motte et une enceinte fossoyée. Suivant une tradition populaire, la colline doit son nom à un général Grippon qui a livré une bataille en cet endroit. Un ancien mémoire de l'abbaye de Beaubec parle d'un *Château Grippon* comme existant au xi° siècle. Des titres de 1400 à 1500 l'appellent *Grippont-Castel.* Une chronique, un peu fabuleuse, en attribue l'érection au duc Grippon, ambassadeur de Clotaire, roi des Francs, auprès de Maurice, empereur de Constantinople, en 588.

BEAUSAULT. *Ép. franque.* Sépultures mérovingiennes placées dans des fosses de craie, trouvées en 1851 au hameau de la Fontaine-du-Puits. Plusieurs objets d'art sortis de ce cimetière sont entrés au musée de Neufchâtel ; entre autres, deux vases en terre noire et une curieuse fibule de bronze de forme ansée, plus scandinave que franque. Vers la même époque on découvrit aussi, dans le même champ, deux cercueils de pierre. Un troisième a été reconnu en 1867. || *Moyen âge.* Ruines d'un vieux château formant une grande enceinte de murailles encore fort élevées, échelonnée de tours rondes et carrées, dont le plan et les murs indiquent clairement le xiii° siècle. Dans une des tours on montre des oubliettes, et dans une autre un souterrain qui allait, dit-on, jusqu'au *Moulin de la Prieurée.* Des fossés profonds, encore remplis d'eau, entourent cette curieuse forteresse dont l'entrée et le donjon sont encore très-reconnaissables. — Prieuré sous le vocable de Saint-Maur, dépendant de l'abbaye du Bec, construit du temps de saint Louis ; car Eude Rigaud, qui le visita quatorze ou quinze fois, parle en 1268 d'une maison neuve, *novam domum.* On en montre encore un bâtiment du xiii° siècle, devenu aujourd'hui une simple habitation rurale. Le *Moulin du Prieuré* est au hameau de *Tout-Près.* — L'église, dédiée à saint Germain, devait être romane dans sa nef, démolie en 1865. Le clocher, placé alors entre chœur et nef, est devenu le portail. C'est une construction du xii° siècle, à en juger par les ogives qui supportent la tour. Le chœur, devenu la nef, est une construction grossière du xiii° siècle, dont les fenêtres ont été refaites au xviii°. Le berceau en bois est du xvi° ou du xvii° siècle. Dans le nouveau sanctuaire, où elle sert de marche, est la dalle tumulaire de Jean Biville, dit *de Burette,* maître de forges de Beausault, décédé le 24 septembre 1520, et de ses deux filles, décédées en octobre 1515 ou 1520. Cette inscription est la dernière trace des forges de Beausault, où l'industrie métallurgique fleurit au xvi° et au xvii° siècle. Dans le chœur se trouve l'inscription tumulaire et obituaire d'un curé de 1612. Coffre du trésor et balustrades en bois du XVIIe siècle. — Anciennes chapelles. Celle de Saint-Louis, qui existait en 1611, a disparu; celle de Graltenoix remonte au XIe siècle, avec retouches de 1743. Un tableau sur bois donne l'inscription tumulaire d'Antoinette de Nouvion, décédée en 1507.

BELLIÈRE (LA). *Moyen âge.* Église dédiée à saint Laurent, martyr. Construite en pierre du pays, elle a été élevée au XIIe et au XIIIe siècle. Malgré des modifications récentes, elle a conservé au pignon de l'ouest un antéfixe du XIIe siècle. Jolie statue en pierre de sainte Barbe et bas-reliefs en bois provenant d'une ancienne *Passion* du XVIe siècle. Dans le chœur est gravée, sur une petite pierre carrée, l'inscription tumulaire de Charles Monsure, curé de la Bellière, mort en 1727.

COMPAINVILLE. *Moyen âge.* Église dédiée à saint Pierre et à saint Marc; elle est en pierre du pays et date du XIIe et du XIIIe siècle, mais elle a subi des modifications et des remaniements en 1745. La tour du clocher est placée au côté méridional, à la hauteur du chevet. La base appartient au XIIIe siècle, le sommet au XVIIe et au XIXe siècle. La foudre a frappé ce clocher en 1680 et en 1807.

FERTÉ-SAINT-SAMSON (LA). Formée des deux anciennes paroisses de la Ferté-en-Bray et de Saint-Samson. — LA FERTÉ. *Moyen âge.* Appelée d'abord la Ferté-en-Bray, puis de son nom actuel, à cause de sa forteresse considérable, qui appartint pendant plusieurs siècles aux vaillantes familles des Hues de Gournay. Cette forteresse apparaît dans l'histoire vers l'an 1000 seulement, lorsque Turold y apporta le corps de saint Vulgain, qu'il avait volé à Lens; elle était située sur un tertre inexpugnable semi-naturel, semi-artificiel, qui subsiste encore aujourd'hui, entouré de coupures énormes faites de main d'homme. Le plateau de la motte a près de 100 mètres de diamètre; la profondeur du *vallum* est de 40 à 50 mètres. Ce tertre domine tout le pays de Bray, depuis Neufchâtel jusqu'à Beauvais. Ce château fut assiégé par Philippe Ier, par Henri Ier, par Henri II Plantagenet en 1151 et par Philippe-Auguste en 1203. Un de ses derniers propriétaires fut la célèbre duchesse de Longueville, dont le nom se lit sur la cloche de l'église. De cette redoutable forteresse, démolie pièce par pièce, il ne reste aujourd'hui que d'énormes mouvements de terrains couverts d'herbes, que le peuple appelle *la Côte des Châteaux.* De 983 à 996, Gautier de Gournay fonda, près de son château, une collégiale qui dura jusqu'en 1047 et dont les religieux furent alors transportés à Sigy. Ses patrons devaient être saint Pierre et saint Paul, sous le vocable desquels l'église est placée. De l'édifice du Xe siècle il ne subsiste plus que l'abside circulaire qui termine l'église actuelle et un appareil irrégulier, véritable *opus incertum*, que l'on remarque au côté méridional de la nef. Le reste de l'église a été refait de 1580 à 1610. A l'intérieur elle offre trois nefs séparées par des poutres, et une charpente grossière. Dans la chapelle nord, une inscription tumulaire et obituaire de 1588 à 1592. Dans la chapelle sud, deux inscriptions tumulaires de 1610 à 1624. Le bourg est le type d'un bourg normand du moyen âge. On croit y remarquer encore trace d'une enceinte murée. Haute justice d'où relevaient cinquante-cinq paroisses du pays de Bray; aussi existe-il encore le tribunal, la prison, la maison du lieutenant criminel, le tertre où l'on brûlait et le Mont-à-Fourques ou Montaux-Fourches, où était la potence. == SAINT-SAMSON. *Moyen âge.* L'église de Saint-Samson fut toujours une succursale de la Ferté. L'édifice actuel est de deux époques : la nef, avec le portail et les fenêtres, appartient au XIIIe siècle; le chœur ne date que du XVIe. Le baptistère, octogone, est décoré de colonnettes remontant presque au temps de saint Louis.

FORGES-LES-EAUX. *Ép. incertaine, présumée gauloise.* Grande enceinte fossoyée, d'environ 700 mètres de longueur, à 1 kilomètre du bourg, au sein de la forêt de Bray, au triage des Minières; le creux des fossés a 4 mètres de profondeur sur une très-grande largeur. La coupure et le retranchement sont surtout visibles d'un côté; de l'autre, l'enceinte était protégée par des marais. ‖ *Ép. romaine.* Tuiles à rebords et poteries antiques, souvent au milieu de scories de fer, sur tout le territoire, dont les mines, les terres et les eaux minérales étaient connues et exploitées au temps des Romains. Le nom du lieu témoigne de l'existence de forges antiques, qui ont laissé leur souvenir aux lieux dits *les Minières, les Ferrières, les Forgettes, le Bout-d'Enfer,* etc. Le terrain y est recouvert d'une croûte de scories de fer et de monceaux de minerai, mêlés avec des tuiles à rebords, des tuyaux en terre cuite vitrifiés et des monnaies, parmi lesquelles on cite des Auguste, des Néron, des Trajan, des Antonins, des Domitien, des Lucile, des Gordien, des Tétricus et des Constance. Petite montagne de scories de fer mélangées de tuiles antiques derrière la place de l'ancienne église. — La voie romaine qui allait de Rouen à Amiens traversait Forges, suivant M. de la Mairie, et passait ensuite par le Pierrement et Criquiers. — Rue des Fées, sur le compte de laquelle le public raconte de curieuses histoires, citée par M. l'abbé Decorde. — Butte du Donjon, placée dans le bois de ce nom, en face de la source des eaux minérales et à peu de distance de la route impériale n° 15, qui va de Paris à Dieppe; elle est parfaitement ronde et compte 60 pieds de diamètre; le terrassement a 10 pieds d'épaisseur; le fossé en a 18 de large, et sa profondeur actuelle est de 7 pieds; mais il a été comblé vers 1832. Le donjon et les terrains environnants, sondés par M. Fernel, avocat à Neufchâtel, ont donné une grande quantité de tuiles à rebords, dont plusieurs sont au musée de Neufchâtel. Cet explorateur assure que des habitations antiques s'étaient groupées autour de cet établissement, surtout du côté de l'avenue des Capucins. M. l'abbé Cochet y a encore reconnu des tuiles et des poteries en 1865. — Tuiles à rebords trouvées au sein de la forêt, au lieu dit le Fayel. || Moyen âge. L'église, dédiée à saint Éloi et à saint Nicolas, était romane à plein cintre, avec appareil en arêtes de poisson; elle a été démolie en 1824. La place qu'elle occupait est devenue le marché au Beurre. L'église actuelle est une construction de 1825. — Chapelle de Saint-Éloi, qui est moderne, mais d'origine ancienne; c'était l'église des forgerons et des ouvriers en fer, dont l'industrie était considérable. En 1501, le principal établissement fut transféré à Beausault. — Castel assiégé et pris par le duc de Clarence en octobre 1418. — Couvent de Capucins fondé en 1630, dont le salon servit de salle de spectacle au roi Louis XIII. Plus tard il devint un salon de conversation et de jeu pour les baigneurs et les buveurs d'eau. La maison, qui subsiste encore, est devenue une école de frères de la Doctrine chrétienne. — Eaux minérales ferrugineuses. Une tradition prétend que la reine Blanche d'Évreux, veuve de Philippe de Valois, est venue en prendre dès le xive siècle. Ce qui paraît constant, c'est que ces eaux furent découvertes en 1573 par le chevalier de la Varenne. Dès lors on appela la source la Fontaine de Jouvence. En 1578 elle était captée dans un petit bassin en brique de 4 pieds de longueur sur 2 ou 3 de largeur. Au commencement du xviie siècle elle jouissait d'une grande célébrité. En 1631, Gabriel Dumoulin, dans son Histoire de Normandie, constate qu'il y avait foule de malades. Cousinot dit la même chose en 1632. Cette même année Louis XIII vint prendre les eaux avec la reine Anne d'Autriche et le cardinal de Richelieu. La cour arriva le 21 juin et repartit le 13 juillet. Le roi avait envoyé son fontainier Fronchini pour préparer les sources. Ce fut lui, sans doute, qui les distribua en trois bassins de grès comme elles sont aujourd'hui. La plus petite est appelée la Royale, la plus forte la Cardinale et la moyenne la Reinette. Depuis cette époque, nombre de personnages de distinction ont pris ou visité les eaux de Forges. On cite, dans le nombre, Mlle de Montpensier, en 1661; la duchesse de Bourbon, en 1734 ou 1740; le dauphin et la dauphine, en 1749; la duchesse de Chartres, en 1772; les duchesses d'Angoulême et de Berry, Napoléon Ier et le roi Louis-Philippe, Voltaire, Buffon, Marivaux, Mmes de Sévigné, du Deffant et de Genlis. Depuis des siècles, ces eaux ont eu leurs poëtes et leurs historiens, parmi lesquels J. Cousinot, en 1632; La Rouvière, en 1659; Linand, en 1696; Marteau de Grandvilliers, en 1756, et MM. Cisseville père et fils, en 1805 et 1846.

FOSSÉ (LE). Moyen âge. Tradition d'église transférée. L'église actuelle, dédiée à saint Pierre et à saint Paul, a des parties du xiiie siècle avec retouches du xvie. Elle a été souvent réparée au xviie et au xviiie siècle. La partie la plus monumentale est le berceau en bois avec poutres et corniches sculptées, exécuté, dit-on, en 1515. || Ép. incertaine. Source appelée la Fontaine Saint-Pierre, dans un herbage voisin de l'église. On y allumait un feu la veille des fêtes de Saint-Jean et de Saint-Pierre.

GAILLEFONTAINE. Formée des trois anciennes paroisses de Gaillefontaine, de Saint-Maurice et de Noyers. — GAILLEFONTAINE. Ép. franque. Un vase en terre contenant soixante pièces d'argent, qui toutes portaient la légende Karlus Francorum Rex, trouvé vers 1850. || Moyen âge. Château construit en 1050, d'après une charte de Guillaume le Conquérant. De cette forteresse, qui joua un rôle dans l'histoire, il reste une triple enceinte formée par d'énormes fossés et hérissée de tronçons de murailles. Comme tous les châteaux normands, celui-ci occupait le flanc de la colline, dont le donjon couronnait le sommet. Les fossés, dans l'enceinte, ont encore près de 30 mètres de profondeur. Les murs des tours ont une épaisseur gigantesque. La motte du donjon a bien 40 mètres de hauteur et 50 de circonférence. La tradition du pays parle de souterrains allant jusqu'à la chapelle Saint-Christophe et d'une ancienne chapelle dite de la Reine-Blanche (Blanche d'Évreux). — L'église, dédiée à la sainte Vierge, située au bord de l'Epte, paraît tout entière du xiiie siècle; elle dut avoir primitivement la forme d'une croix. Le chevet présente deux lancettes et une rose du xiiie siècle. Le clocher, placé sur le transept nord, est une tour carrée à base du xiiie et à sommet du xviiie. Le transept du midi est du temps de saint Louis. La nef est peut-être de la même époque, peut-être aussi du temps de François Ier. Le pignon occidental est du xvie siècle, sauf la porte, qui est de 1800. Les vantaux viennent de Beaubec. Dans le chœur est une piscine du temps de Philippe le Bel. La contre-table, belle menuiserie à colonnes torses du siècle de Louis XIII, provient de l'ancienne abbaye de Saint-Aubin, près de Gournay. Titre seigneurial vu en 1842. Les fragments d'une ancienne Passion signalés par M. Decorde, et les deux inscriptions tumulaires de la chapelle Saint-Roch, dont l'une était de 1557 et l'autre de 1575, sont détruits. — Chapelle de Saint-Christophe, au bas du château, sur la route de Gournay, dépendant de l'ancienne léproserie; c'est une construction en pierre du pays, datant du xiiie siècle, que termine une remarquable fenêtre à double lancette : devenue une propriété particulière. — Abbaye de Clair-Ruissel, fondée au Val de la Bataille vers le milieu du xiie siècle, par Hugues IV de Gournay et Mélisende, sa femme. Elle fut soumise à la maison de Fontevrault, dont elle suivit les règles. Ce monastère dura jusqu'à la Révolution; mais il fut toujours pauvre. L'église a disparu; mais les bâtiments claustraux subsistent toujours. On reconnaît parfaitement le vieux cloître en bois du XVIIe siècle. Tous les bâtiments paraissent du temps de Louis XIII, malgré quelques traces de l'époque de saint Louis. La ferme, contiguë au monastère, est de 1668. On a conservé les murs de clôture de l'enceinte, ainsi que les portes majestueuses du monastère. Des peintures, des inscriptions et des dates gardent, avec la tradition, la mémoire des religieuses. Le grand et le petit sceau en argent de la vicomté de Gaillefontaine ont été trouvés sous un arbre, à la Rosière, en 1856. Ils sont aux armes de Louis II, duc de Dunois-Longueville (1524-1537): actuellement au musée de Neufchâtel. = SAINT-MAURICE. *Moyen âge.* Église sous le vocable de Saint-Maurice; construction du XIe siècle, en pierre du pays, à laquelle on a ajouté un chevet en 1760. Au côté méridional du chœur est une chapelle du XIIIe siècle, probablement seigneuriale, qui sert de sacristie. Calvaire en bois, qui paraît du XIVe siècle, au bas de l'église. Contre-table du temps de Louis XIII, dans le chœur. = NOYERS. *Moyen âge.* Église dédiée à saint Jean-Baptiste, construite en pierre du pays. La nef est du XIIe siècle et le chœur du XIIIe. Au chevet sont trois fenêtres accolées, emblème trinitaire. Berceau en bois du XVIe siècle, et baptistère en pierre du XIIIe, cantonné de colonnes avec chapiteaux à feuilles lancéolées, comme au XIIe siècle.

GRUMESNIL. *Moyen âge.* Église dédiée à saint Pierre, avec parties du XIIIe siècle dans la nef et du XVIe dans le chœur; remaniée au XVIIIe. Le clocher, tour carrée placée au portail, est XIIIe siècle à la base et XVIIe au sommet. Le baptistère, en pierre, du XIIIe siècle, est formé d'une cuve ronde cantonnée de quatre colonnettes élégantes, qui en sont détachées. Contre-table en bois à colonnes corinthiennes de l'époque de Louis XV, venant d'une des églises de Gournay, Saint-Pierre ou Notre-Dame. — Chapelle de Saint-Pierre-Mi-Chès-Camps. Le cimetière n'est pas autour de l'église, mais à 2 kilomètres, au milieu de la campagne et au versant d'un coteau, suivant la coutume mérovingienne, autour d'une chapelle dédiée à saint Pierre et pour cela appelée *Saint-Pierre-Mi-Chès-Camps* (au milieu de ces champs). C'est une véritable église, faite avec la pierre du pays et remontant au XIe et au XIIIe siècle. La nef est romane et le chœur, voûté, est ogival. Deux autels de pierre du XIIIe ou du XVIe siècle, à l'entrée du chœur. Le pavage fut autrefois en carreaux vernis, dont il ne reste que quelques traces. On y retrouve aussi quelques fragments de dalles tumulaires en terre cuite du XVIe siècle.

HAUCOURT. Formée des deux anciennes paroisses de Haucourt et de Ville-Dieu-la-Montagne. — HAUCOURT. *Moyen âge.* Église dédiée à saint Léonard; elle a été construite primitivement au XIIe et au XIIIe siècle avec la pierre du pays; mais elle a été très-modifiée au XVIe et au XVIIe siècle. Le XVIe siècle a ajouté à la nef deux collatéraux en brique rouge. Baptistère formé d'une belle cuve de pierre du XIIIe siècle, que quatre colonnes supportent en cantonnant un fût central. Dalle funéraire de l'un des Mailly. La sacristie est dans une ancienne chapelle seigneuriale placée au midi, qui communiquait avec le château au moyen d'une porte spéciale. Elle recouvre un caveau. — Château brûlé par Charles le Téméraire; manoir en brique du XVIe et du XVIIe siècle, d'une grande hauteur, et possédé jadis par la famille de Mailly, dont il porte le nom. — Hameau de Pierrement, où il y eut une chapelle prieurale dédiée à saint Denis, brûlée par les Bourguignons en 1472, rétablie depuis et démolie après la Révolution. = VILLE-DIEU-LA-MONTAGNE. *Moyen âge.* Ancienne maison de Templiers, qui devint une commanderie de Malte, dont le nom a été conservé par la ferme qui la remplace. On y voit encore une construction hexagone en brique et pierre du XVIe siècle, qui devait être la salle des chevaliers. — L'église, dédiée à saint Jean-Baptiste, est une construction du XIIe et du XIIIe siècle. Le clocher, classé comme monument historique, est une belle tour carrée romane, construite en tuf entre nef et chœur, percée de huit cintres élégants au-dessus de quatre arcades ogivales. La nef est également romane, avec une rose du XIIIe siècle au pignon de l'ouest. Le chœur, du XIIe ou du XIIIe siècle, a conservé ses fenêtres, une piscine à double cuvette et les arcades pratiquées dans le mur pour servir de sièges aux célébrants et aux assistants. Le berceau, en bois, est du XVIe siècle. Dans le chœur sont des carreaux ayant servi de dalles tumulaires à Cuel, greffier de la commanderie de Ville-Dieu en 1632. Le baptistère en pierre, de forme octogone, recouvert d'arcades trilobées, peut remonter au XIVe siècle. Statues en pierre de saint Côme et de saint Damien, représentés en costume de docteur en médecine de la faculté de Paris.

HAUSSEZ. Formée des deux anciennes paroisses de Haussez et de Courcelles-Rançon. — HAUSSEZ. *Ép. gauloise.* Beau bracelet d'or en forme de torque, de 0m,25 de circonférence, pesant 80 grammes et valant 280 fr. de métal, trouvé en 1857 et vendu à Paris. || *Moyen âge.* Église dédiée à Notre-Dame; elle date, pour le fond, du XIIe et du XIIIe siècle; mais elle a été beaucoup modifiée au XVIe et au XVIIe. La nef est appareillée en arête de poisson du XIIe siècle; mais le haut a été reconstruit sous Louis XIV; le chœur montre des ogives du XIIIe, et l'abside, à trois pans, a été refaite sous François Ier ou Henri II; il possède encore, de ce temps, des fragments de verrières et une charpente sculptée. Parmi les sculptures on reconnaît six statues d'apôtres. Le clocher, placé en saillie au midi de l'église, est une tour carrée ancienne, mais reconstruite au XVIIIe siècle. Dans la nef sont les inscriptions tumulaires et obituaires de deux prêtres de la paroisse : l'un est Charles de Vuanconssains, décédé après quarante-cinq ans de cure; l'autre est M. Antoine de la Boulle, son frère, décédé en 1655. Porche soutenu par des colonnes de pierre. — Ancien château au sud de l'église, qui en 1830 appartenait encore à M. le baron d'Haussez, ancien ministre. ═ COURCELLES-RANÇON. *Moyen âge.* Église dédiée à saint Valery, type de l'église rurale du xie et du xiie siècle, composée exclusivement d'un chœur et d'une nef. Appareil en arêtes de poisson mêlées avec quelques tuiles à rebords. Petites fenêtres en plein cintre. Belle pierre tumulaire du xviiie siècle, appliquée contre le mur de la nef. On y lit la fondation d'une école par Pierre Laisné, natif de Courcelles, mort le 22 septembre 1724, qui avait fait fortune à Paris.

LONGMESNIL. *Moyen âge.* Église dédiée à saint Martin, construite du xiie au xiiie siècle, en pierre du pays. La tour carrée du clocher, placée au nord de la nef, est de la construction primitive; mais le berceau, les fenêtres et les corniches de l'église ont été refaits en 1754. — Deux croix de pierre du xiie siècle sur le mur du cimetière.

MAUQUENCHY. *Ép. romaine.* Croyance populaire d'une ancienne ville du nom de Rouen. — Nombreuses ruines antiques au hameau de Liffremont, où l'on trouve souvent des monnaies consulaires et impériales, dont un Sextus Pompée conservé au musée de Neufchâtel. — Dans un des contre-forts de l'église est une base de colonne en marbre blanc, probablement antique. ‖ *Moyen âge.* L'église, dédiée à saint Martin, est romane du xie siècle dans la nef. Le chœur conserve des contre-forts et des fenêtres en pierre du xiiie siècle. Au xviiie siècle on boucha les petites fenêtres de la nef pour en ouvrir de grandes, appareillées en brique. A cette même époque on refit également le portail. Dans le chœur est gravée une fondation pour l'entretien de la lampe, datée de 1686.

MESNIL-MAUGER (LE). Formée des trois anciennes paroisses du Mesnil-Mauger, de Louvicamp et de Trefforest. — LE MESNIL-MAUGER. *Moyen âge.* Église dédiée à Notre-Dame; elle n'a gardé d'ancien que la nef, dont l'appareil en feuilles de fougères, formé du grès rouge et ferrugineux du pays de Bray, indique le xie siècle. Le clocher, au portail, a été construit entre 1722 et 1724. En 1860, M. l'abbé Cochet y a fait encastrer la statue sépulcrale d'une grande dame du xiiie siècle, provenant de l'église démolie de Louvicamp, dont elle occupait le milieu du chœur. Le chœur date de 1739. On assure qu'il y avait autrefois deux chapelles dont on a perdu les traces. ═ LOUVICAMP. *Moyen âge.* L'église, dédiée à saint Jean-Baptiste, a été démolie en 1832; il n'en reste plus que la statue de pierre du xiiie siècle d'une dame autrefois inhumée dans le chœur, encastrée aujourd'hui dans l'église du Mesnil-Mauger. ═ TREFFOREST. *Ép. romaine.* Tuiles à rebords, meules à broyer et moulures antiques dans le cimetière et même encastrées dans les murs de l'ancienne église. ‖ *Moyen âge.* L'église, dédiée à saint Maur, tombait en ruine quand elle a été achetée, vers 1840, par M. de Trefforest, qui l'a entièrement restaurée dans le style du xiiie siècle. L'ancienne nef, dont il reste les murs, devait dater au moins du xie siècle. Dans sa construction on reconnaît des tuiles à rebords, des meules à broyer et des moulures en pierre de liais. — Fontaine vénérée au bas du cimetière. — Deux vases de bronze présumés du xive ou du xve siècle, trouvés sous la chapelle, au bord de la Bethune en 1864.

POMMEREUX. *Moyen âge.* Église dédiée à saint Pierre et à saint Paul, construite en pierre du pays de Bray, au xiie et au xiiie siècle. La charpente, qui se compose de deux beaux berceaux de chêne sculpté, date du xvie siècle. Le mobilier, fort intéressant, se compose d'un lutrin hexagone en bois, portant la date de 1544; de bancs-stalles du xvie siècle, placés le long des murs du chœur; de la contre-table principale, œuvre délicieuse du temps de Louis XIII, ornée de colonnes corinthiennes creuses et à jour. De chaque côté du chœur sont deux jolis autels sculptés, découpés à jour et surmontés de baldaquins. L'un d'eux renferme un très-vieux tableau du *Rosaire.*

RONCHEROLLES-EN-BRAY. *Ép. gauloise.* Monnaie en or, trouvée en 1842, conservée au musée de Rouen. ‖ *Ép. romaine.* Murs, pierres taillées, tuiles, poteries et monnaies trouvées partout, mais surtout au hameau de Liffremont, situé sur la plaine. Les ruines antiques y sont si nombreuses que les paysans l'appellent *le Vieux-Rouen.* — De grands et beaux édifices ont été détruits dans un taillis en 1866. L'un d'eux paraissait être un fort et l'autre un temple. — Autel en pierre de Vergelé, trouvé par un cultivateur en 1846, dans un champ rempli des plus belles constructions. Cet autel, haut de $1^m,04$ et large de $0^m,40$, est sculpté sur trois de ses faces. Sur l'une, Vénus tient d'une main un miroir et de l'autre une mèche de cheveux. A ses pieds est un enfant qui lui présente un peigne. A droite et à gauche sont les images de Mars et d'Hercule. — Vomer en fer de charrue romaine (reproduit dans la *Revue de la Normandie* de 1867, p. 165). — Monnaies impériales en or, en argent et en bronze, en quantité considérable, de Néron, Trajan, Nerva, Adrien, Sabine, Antonin, Domitien et Faustine. — Ossements, murailles et débris près d'une épine que l'on voit dans la plaine, dans la direction de Mauquenchy. — Une voie romaine aurait passé au hameau de Liffremont. ‖ *Moyen âge.* Église dédiée à saint Pierre et à saint Paul. L'époque romane n'a laissé dans ce monument qu'une porte rebouchée; le xvie siècle lui a légué le clocher, entre chœur et nef, dont la flèche en hache doit dater de 1600. De grandes arcades ogivales soutiennent sa tour carrée, dont la charpente sculptée forme berceau. La nef et le chœur sont des constructions du xvii° et du xviii° siècle. Dans le clocher est une inscription du xvi° siècle. Au milieu du chœur est la dalle tumulaire d'Étienne de Grébauval, curé du lieu, décédé en 1747. Dans la sacristie est un joli tabernacle en bois du xvii° siècle. M. l'abbé Delamarre, curé de Roncherolles, a écrit récemment l'*Histoire de la paroisse et de la commune de Roncherolles-en-Bray*, in-8° de 356 pages; Rouen, 1865. — Chapelle de Saint-Gilles, au hameau du Mesnil, reconstruite en 1761 : but de pèlerinage. || *Ép. incertaine.* Enceinte antique de forme carrée et butte circulaire nommée *la Motte-au-Leu*, où l'on voit de grandes pierres et des entrées de souterrains.

ROUVRAY-CATILLON. Formée des deux anciennes paroisses de Rouvray et de Catillon. — Rouvray. *Ép. romaine.* Poteries trouvées en construisant la mairie et l'école en 1855. — Une meule à broyer en poudingue découverte en 1863. — Fossés et motte dans le *Bois de Rouvray* où, en 1838, on a trouvé des tuiles à rebords et des monnaies romaines. || *Moyen âge.* Vieux château remplacé par une construction du xvii° siècle. — L'église, dédiée à saint Martin, possédait une nef romane démolie en 1837. Le chœur actuel a été construit en 1727. || *Ép. incertaine.* Fontaine vénérée de *Saint-Samson*, dans un bois. On y vient en pèlerinage. La chapelle est moderne. — On a signalé un camp à M. Deville dans la direction du Bosc-Édeline. = Catillon. *Moyen âge.* L'église est dédiée à la sainte Vierge. La nef a été démolie en 1838. Le chœur, construction de 1720, reste seul avec un autel de pierre et la belle dalle tumulaire d'Élis Martel, fille de Guillaume Martel, sire de Basqueville, morte en 1293. Cette dalle, semée d'écussons, présente l'image d'une grande dame couchée mains jointes et encadrée dans une superbe ogive du xiii° siècle.

SAINT-MICHEL-D'HALESCOURT. *Moyen âge.* Tradition d'église transférée : de la vallée on l'aurait transportée sur la hauteur. L'église actuelle, sous le vocable de Saint-Michel, composée d'une nef, d'un clocher et d'un chœur, est en pierre du pays. La nef, par son portail, ses fenêtres et son appareil, semble appartenir au xii° siècle. Le clocher et le chœur sont du xiii° et sont recouverts de voûtes qui semblent de la même époque; mais ce dernier a reçu des modifications au xvi° et au xviii° siècle. Selon M. Decorde, l'église aurait été consacrée de nouveau le 7 mars 1522, par Jean Des Pleurs, évêque de l'ordre de Saint-François et vicaire général de Beauvais. La contre-table est une sculpture du temps de Louis XIII. Dans le chœur est la dalle tumulaire d'une dame de Sarcus, du xvi° siècle.

SAUMONT-LA-POTERIE. Formée des deux anciennes paroisses de Saumont-la-Poterie et d'Abancourt. — Saumont-la-Poterie. *Ép. romaine.* Tuiles trouvées en 1839. || *Moyen âge.* L'église, dédiée à saint Denis, paraît appartenir, pour le fond, au xvi° siècle, mais avec beaucoup de retouches modernes. La nef date de 1630 et de 1749. Le berceau du chœur est formé par une charpente sculptée du xvi° siècle. Chapelle seigneuriale du xvi° siècle, à présent sécularisée, au midi du chœur. Trous qui révèlent l'existence de poteries acoustiques. A l'entrée du chœur est une dalle tumulaire de 1580 ou environ. La contre-table est une belle boiserie Louis XIII. — Ancien château, jadis près de l'église. || *Ép. incertaine.* Tradition de fabrique de pots au hameau de la *Poterie.* — Pont appelé le *Pont-de-Coq*, auquel se rattache une légende un peu diabolique. = Abancourt. *Moyen âge.* Église dédiée à Notre-Dame, démolie vers 1812; elle avait une belle contre-table du temps de Louis XIII.

SERQUEUX. *Ép. romaine.* Tuiles et poteries trouvées auprès du pont, lors de l'établissement du chemin de fer de Rouen à Amiens, en 1864. || *Ép. franque.* Appelée dans les anciens titres *Sarqueux* et *Sarcophagii*, nom qui doit lui venir de la présence de sarcophages fréquents à l'époque mérovingienne. || *Moyen âge.* L'église, dédiée à saint Martin, renferme dans le chœur des traces du xvi° siècle. Le reste est du xvii° et du xviii°. Berceau avec poutres et charpente sculptées dans le style du xvi°. Au portail est une inscription latine de 1770, indiquant que M. Labbey, curé, a fait les murs, Binet le comble, et Deslandes la tour.

THIL-RIBERPRÉ (LE). Formée des deux anciennes paroisses du Thil-en-Bray et de Riberpré, réunies vers 1824. — Le Thil. *Moyen âge.* L'église, dédiée à Notre-Dame, appartient au xiii° siècle. Le clocher, formant un corps carré, est placé à l'entrée. Le fond de la nef a été très-modifié au xviii° siècle dans ses portes, ses fenêtres et ses corniches. Le chœur est intact, ainsi que l'autel, qui se compose d'une dalle de pierre posée sur une maçonnerie. La contre-table en bois, à colonnes cannelées, de 1700 ou environ, vient de l'ancienne abbaye de Clair-Ruissel, près de Gaillefontaine. = Riberpré. *Moyen âge.* L'église, dédiée à saint Gilles, ancienne succursale du Thil, a été démolie au commencement de ce siècle; elle renfermait un admirable tombeau du xvii° siècle, dont Gaignières a conservé le dessin, représentant, sous une arcade, une statue de femme couchée sur le dos, les mains jointes et la tête sur un oreiller. L'inscription, gravée sur une tablette, indiquait madame Claude de Montigny, épouse de Nicolas de Mouy, seigneur de Riberpré, morte le 2 juillet 1627. Ce monument, qui devait être de marbre, a été détruit avec l'église.

CANTON DE GOURNAY.

(Chef-lieu : GOURNAY.)

AVESNES-EN-BRAY. *Ép. franque.* Cercueil en pierre de Vergelé qui, dit-on, ne contenait que des ossements, découvert au triége du *Camp-Vaquier* en 1866, et reconnu pour appartenir à l'époque mérovingienne par M. l'abbé Cochet, qui pratiqua une fouille où l'on mit au jour trois rangs de sépultures étagées dans le sens de la colline. Douze fosses placées à 0^m,60 du sol ont donné cinq vases placés aux pieds, un sabre, un couteau, des chainettes, des boucles et des plaques de ceinturons en fer, dont plusieurs étaient damasquinées. On a aussi recueilli des perles de verre formant bracelet, une fibule en bronze et une autre en or et argent, avec verroteries rouges et filigranes, une bague en bronze et deux boucles d'oreilles du même métal avec pendants en argent doré. Tous ces objets sont entrés au musée de Rouen. — Huit à dix tombeaux de pierre, rencontrés en 1682 dans un labour nommé *le Clos-aux-Anglais*, situé au hameau du Cottentray. || *Moyen âge.* L'église, dédiée à saint Martin, est assez récente, sauf deux contre-forts du XIIIe siècle que l'on voit dans la nef. La nef, construite sous Louis XV, a encore quelques traces du XVIe. Le chœur a été construit en 1771. Jolie statue en pierre du XVIe siècle représentant sainte Barbe.

BEZANCOURT. *Ép. gauloise.* Monument connu sous le nom de *Pierre-qui-Tourne*, sur les limites de Bezancourt et de Bezu-la-Forêt, assez près d'un village appelé *la Fontaine-Lehoux* ou *la Fontaine-du-Houx*. En 1868, un garde forestier a dérangé cette pierre pour en fouiller le terrain. — Hachette de bronze, flèche et poignard de bronze, torques et un ornement de cheval, trouvés dans la forêt de Lyons, au triége du *Catelier*, non loin de la Feuillie. || *Ép. romaine.* Tuiles à rebords, monnaies de bronze, dont un Gordien, et d'argent, dont un Auguste, et petit cerf en bronze haut de 0^m,09, trouvés au lieu dit *le Catelier*, où il existe, dit-on, des puits rebouchés. || *Ép. franque.* Sépultures avec vases, boucles et anneaux de cuivre, trouvées à la Fontaine-du-Houx en 1842. || *Renaissance.* L'église, dédiée à saint Aubin, du XVIe et du XVIIe siècle, a été remaniée au XVIIIe. Le chœur a été construit en grès et en silex en 1600 ou environ, ainsi que la chapelle seigneuriale placée au midi. La nef, en brique et cailloux, peut dater du XVIe ou du XVIIe siècle. Les entraits de sa charpente sont intéressants. La contre-table, belle boiserie sculptée du XVIIe siècle, provient des anciens Capucins de Gournay. Dans la chapelle de la Sainte-Vierge, la contre-table à colonnes torses est du temps de Louis XIV. Dans la nef, on lit l'inscription obituaire d'un curé de Bezancourt de 1661. — Ancien château, qui n'est plus aujourd'hui qu'une gentilhommerie en brique du XVIIe siècle, près de l'église. — Verrerie du *Landel*, qui porta autrefois le nom de *la Haye*, l'une des plus anciennes du pays; quelques-uns la font remonter jusqu'à 1365. On a des preuves régulières de son existence à partir de 1644. — Chapelle de Saint-Antoine, qui dépendait peut-être de la verrerie détruite à la Révolution, au hameau du Landel. || *Ép. incertaine.* Puits public sur le *Carreau*, où de temps en temps l'eau monte de manière qu'il s'établit une fontaine courante. C'est sans doute la source intermittente de la *Lévrière*. Sa présence, dit-on dans le pays, est un signe de cherté.

BOSCHYONS. *Ép. romaine.* Tuiles à rebords trouvées en 1850. || *Moyen âge.* L'église, dédiée à saint Michel, doit dater, dans son ensemble, du XIIe et du XIIIe siècle. La nef présente un portail ogival et des contre-forts du XIIIe siècle. Le reste du vaisseau a été remanié à une époque assez rapprochée de nous. Le clocher, entre chœur et nef, est une tour carrée du XIIe siècle. Quatre arcades aiguës le soutiennent au dedans, tandis que la tour carrée est percée de cintres romans de la transition. Le chœur, voûté ainsi que les deux transepts, est du XIIe siècle pour le fond; mais les deux chapelles qui l'accompagnent doivent dater de Louis XIII ou de Louis XIV. Au dedans et au dehors sont les écus des seigneurs patrons. Dalles tumulaires sciées par morceaux reconnues en 1851. — Croix de cimetière dont la base sculptée doit dater de la Renaissance. Sur deux côtés on voit deux saints personnages sculptés en haut relief. Sur deux autres faces sont des écussons, dont l'un appartient à une demoiselle et l'autre à un abbé ou à une abbesse. Sur le fût on lit la date de 1749. — L'important hameau des Carreaux a été rendu à Boschyons en 1827. Pendant deux siècles il avait fait partie de Gournay : depuis que le curé de Notre-Dame s'était dévoué en 1630 pour en secourir les pestiférés. || *Ép. incertaine.* Pierres que l'on croit apportées, placées dans la plaine et rangées en cercle.

BRÉMONTIER-MERVAL. Formée des trois anciennes paroisses de Brémontier, de Merval et de Bellozane.
— **BRÉMONTIER.** *Ép. gauloise.* Hache en silex. || *Ép. franque.* Duplessis conjecture que saint Guitmar, abbé de Jumièges et de Saint-Riquier, mort en 750, a été enterré dans la collégiale de Brémontier (*de Braii monasterium*). || *Moyen âge.* Anciennes fondations découvertes autour de l'église, confirmant une tradition, recueillie par plusieurs auteurs, d'après laquelle il y aurait eu à Brémontier des chanoines, transférés à Gournay au XIIe siècle. — Église dédiée à saint Martin. Le chœur, construit en 1733, présente les voûtes plates de ce temps. Aux clefs sont des écussons et des devises. La nef, modernisée au dehors, offre au dedans un remarquable berceau en bois du XVIe siècle. Les poutres sont écaillées comme des serpents, et sur le fond sont des étoiles, des fleurs, des croix, des écussons et des attributs; les murs ont été recouverts, à diverses reprises, de peintures murales

disparues. Fonts baptismaux en pierre du XIII° siècle, formés d'une cuve cantonnée de quatre colonnes rondes. Bas-reliefs en bois sculpté du XVIII° siècle et divers meubles et ornements venant de l'ancienne abbaye de Bellozane, apportés par M. Delamare, bibliothécaire de Bellozane, qui est mort curé de Clères vers 1840. Dans la nef sont quatre groupes provenant probablement d'un *Jugement dernier* : ce sont la *Religion*, la *Mort*, la *Résurrection* et le *Ciel*. Aux petits autels, placés près des transepts, les bas-reliefs montrent un saint évêque (saint Norbert, sans doute) et une *Assomption* qui porte la date de 1730. Dans le chœur et dans le sanctuaire sont des bas-reliefs, espèce de grands tableaux de bois représentant les scènes de la Passion : au côté de l'évangile, c'est *Jésus élevé en croix* et *Jésus descendu de la croix*; au côté de l'épître, on voit *Jésus mis au tombeau* et *Jésus ressuscité*. Dans le sanctuaire, des anges soutiennent les attributs de la Passion ; puis figurent les vertus théologales et cardinales, la *Foi*, la *Charité*, la *Force*, la *Justice*, la *Prudence* et la *Patience*. La chaire, les stalles et l'arc du crucifix proviennent également de l'abbaye de Bellozane. = MERVAL. *Moyen âge.* L'église, dédiée à saint Léonard, aujourd'hui très-délaissée, présente dans sa nef quelques traces du XIII° siècle; mais l'ensemble du vaisseau a été reconstruit au XVII° siècle. Le chœur, qui doit dater de 1624, recouvre un caveau dont la Révolution a enlevé les cercueils de plomb. Deux dalles funéraires sont restées : l'une est du XVI° siècle et l'autre du XVII°. Au dehors de l'église sont la litre et les croix de consécration ; au dedans, un bas-relief de saint Léonard, diacre, et une double mesure de pierre servant de bénitier. — Château immense et grandiose, en brique et stuc, élevé en 1629 par Louis Panier, de même construction que le chœur de l'église. Il est accompagné de communs portant la date de 1630, et d'un colombier de 1629. = BELLOZANE. *Moyen âge.* De 1195 à 1198, Hugues de Gournay fonda, dans la forêt de Bray et au bord du ruisseau de Bellozane, une abbaye de Prémontrés, sous le vocable de Notre-Dame; elle prit bientôt le nom du lieu de sa fondation et elle subsista jusqu'en 1790. Les religieux qui la peuplèrent venaient de l'Île-Dieu, abbaye voisine, assise sur les bords de l'Andelle. L'abbaye se trouvait comme une île au milieu d'étangs, parmi lesquels on cite l'*Étang de Bray*, qui avait 900 arpents, et l'*Étang du Mont Louvet*, qui en comptait 1,500, qu'elle contribua à dessécher, en même temps qu'elle opérait le défrichement des forêts. Pendant les six siècles de sa durée elle a compté trente-cinq abbés, parmi lesquels on en distingue trois qui ont brillé dans les lettres. Ces abbés, qui vécurent successivement au XVI° siècle, de 1544 à 1564, sont Vatable, Amyot et Ronsard. L'abbaye, bien que protégée par Henri V, lors de l'invasion anglaise, n'en était pas moins tombée en ruine au XV°

et au XVI° siècle; elle ne se releva qu'au XVII°. Le prieur, Henri Blavette, la fit refleurir sous Louis XIV, et l'abbé Urbain Robinet sous Louis XV. Pillée et vendue de 1791 à 1793, elle fut entièrement démolie à la fin du dernier siècle et au commencement de celui-ci. Les seules épaves qui en soient restées se voient dans les églises voisines, notamment à Argueil, à Sainte-Marguerite et à Brémontier. Un château l'a remplacée en 1827. En creusant les fondations on a rencontré des dalles tumulaires, des caveaux et des sépultures monastiques. En 1844 existait encore un saule plusieurs fois séculaire qui avait près de 5 mètres de circonférence, et sous lequel s'embarquait, au XIV° siècle, la reine Blanche d'Évreux, quand elle allait en *barquette* de Forges à Gournay. Liasse de titres de l'abbaye, déposée aux archives départementales, et allant de 1236 à 1786. — L'église paroissiale, dédiée à sainte Marguerite, qui subsiste encore comme chapelle du château, avait été construite par les religieux à la fin du XVII° siècle; elle a été décorée par eux dans le cours du XVIII°. On y remarque la chaire, le lutrin et trois bas-reliefs, qui sont de bonnes sculptures modernes. Dans le chœur est un caveau creusé en 1838. En 1868, on a trouvé une cachette renfermant plusieurs pièces d'or ou du XIV° siècle. Elle était dans un vase de terre qui a été brisé.

CUY-SAINT-FIACRE. *Moyen âge.* Église dédiée à saint Martin; elle appartient, en majeure partie, au XII° siècle. Dans l'appareil extérieur on remarque des arêtes de poisson. Les arcades qui soutiennent le clocher sont des ogives primitives. La voûte seulement paraît du XVI° siècle. La tour, ayant été ébranlée en 1492 et en 1533, reçut des réparations à ces deux époques. Le haut des murs de la nef a été refait vers 1650 ; le chœur doit être du XVI° siècle. Baptistère en pierre dont le bas est du XIII° siècle, tandis que le haut est moderne. Dans le sanctuaire, au côté de l'évangile, est une ouverture qui fut un ancien sacraire. Sous le clocher est une dalle tumulaire du XVI° siècle, autrefois dans le chœur. — Belle croix de cimetière en pierre, haute de 6 mètres. A sa base, qui est carrée, on voit sculptée l'histoire d'Adam et d'Ève. Sur le fût sont des armoiries et des instruments de la Passion. Au sommet sont les images du Sauveur, de la sainte Vierge, de saint Jean et de saint Martin. — La cloche est de 1700, mais elle en remplace une de 1576. — Les archives de l'église, qui se composent de cinq volumes, vont de 1538 à 1693. — Ancien prieuré bénédictin de Saint-Fiacre, dépendant de Saint-Faron de Meaux. Il apparaît pour la première fois en 1240, pour durer jusqu'à la Révolution. Il était près d'une haute colline appelée *le Mont Louvet* ou *les Monts Louvets*. Il est devenu une ferme. La chapelle, lieu de pèlerinage pour les jardiniers, qui n'a pas de caractère, a été transformée en grange, où sont restées les statues des saints. L'étang du *Mont*

Louvet, d'une étendue considérable au XII° siècle, mais depuis longtemps desséché, alimentait un moulin qui forgea du fer au moyen âge et dont on montre encore les restes. || *Ép. incertaine.* Fontaine Saint-Martin, que l'on visitait pour la guérison des fièvres intermittentes.

DAMPIERRE-EN-BRAY. Formée des anciennes paroisses de Dampierre et de Beuvreuil. — DAMPIERRE. *Ép. romaine.* Tradition d'une ancienne ville, née sans doute des découvertes nombreuses que l'on a faites dans tous les temps. — Monnaies trouvées en 1822 dans un champ appelé *le Champ-des-Morts*, et situé au hameau de la Vieuville. Une taupe ayant ramené à la surface des deniers d'argent, on fit des recherches et on découvrit un vase de bronze contenant environ six mille pièces qui, partagées entre le taupier et le cultivateur, furent portées à Rouen, à Neufchâtel et ailleurs. Dix-neuf sont entrées au musée départemental, quelques-unes sont à la bibliothèque de Neufchâtel. M. l'abbé Jacquemet, curé de Dampierre en 1827, en recueillit encore deux cent vingt. Dans la suite qu'il s'est procurée se trouvaient sept Gordien, trois Philippe père, une Otacile, deux Philippe fils, quatre Dèce, un Étruscille, deux Hostilien, deux Trébonien-Galle, quatre Volusien, huit Valérien, une Julia-Donna, un Maximien, douze Gallien, neuf Salonin, sept Valérien et cent quarante-trois Posthume à soixante-neuf revers différents. Ces monnaies étaient en argent, en bronze et en billon saucé. Malheureusement le vase n'a pas été conservé. — Monnaies en argent et en bronze recueillies dans le cimetière paroissial par M. Jacquemet : celles d'argent sont de César, d'Auguste, de Herennius Etruscus et de Posthume; celles de bronze, d'Adrien, d'Antonin, d'Aurélien, de Tétricus, de Gallien et de Probus. Sur tout le sol de la commune on a recueilli des poteries et des tuiles à rebords. Deux vases en bronze : un plateau et un pot en forme de bouilloire, trouvés au lieu dit *le Cimetière*, en 1822. Tuiles, débris de poterie en grand nombre et ossements aperçus en 1843 près de la rivière qui vient du *Moulin-de-Bray*. Ossements et briques rencontrés dans la cour et dans le jardin du presbytère. Tuiles et pierres d'appareil qui indiquent de belles habitations antiques, trouvées à fleur du sol dans un herbage. *Dolium* en terre cuite renfermant une urne en verre remplie d'os brûlés, trouvé dans un herbage en 1853. Énorme quantité de tuiles à rebords, de poteries antiques et des murailles en tuf, qui doivent provenir d'une *villa*, aperçus en 1867 et 1868 par M. l'abbé Cochet au hameau de Campuley, au lieu dit *les Bouleaux*, dans la coupe d'un chemin qui conduit à Ménerval. || *Ép. franque.* Belle plaque de ceinturon en bronze, découverte en 1845 dans le cimetière qui entoure l'église, et conservée par M. Jacquemet, curé de Limesy. Cercueils de pierre ou de plâtre, qui contenaient un scramasaxe et un vase franc, trouvés au même lieu en 1867.

On pourrait peut-être attribuer à l'époque franque-mérovingienne, ou plutôt carlovingienne, la tradition qui veut qu'au *Pont-Rouge*, sur la route de Gournay à Forges, on ait vu, pendant plusieurs siècles, des bracelets et des chaînes d'or suspendus à un arbre que l'on saluait avec respect. || *Moyen âge.* Église dédiée à saint Pierre. Le clocher, entre chœur et nef, tour carrée romane de l'époque de la transition, est porté sur des arcades ogivales, tandis que ses fenêtres sont romanes. Un seul côté (celui du nord) a gardé ses ouvertures primitives; les trois autres, celles de l'est, du sud et de l'ouest, ont été refaites au XVII° siècle. Toutefois la corniche a conservé ses vieux modillons. La nef et les deux transepts, appartiennent au XVI° siècle pour le fond, ont éprouvé des remaniements ultérieurs. Porche en bois du XVI° siècle. Le chœur, du XVI° siècle, est recouvert par un berceau en bois vraiment admirable, formé de poutres et de lambris sculptés et peints avec grand soin. On y remarque des médaillons en bois représentant le soleil, la lune, les étoiles, les apôtres, des croix, des lis, des images, des châtelains et des châtelaines. Une longue inscription sculptée dit que «L'AN 1504, le «15 octobre, cest œuvre feust achevée.» Trois dalles tumulaires, dont une entièrement effacée; la deuxième, du XVI° siècle, présente des têtes, des mains et des pieds en marbre blanc; la troisième offre une longue inscription en prose et en vers; c'est la tombe de Marin de Franconville, seigneur du lieu, mort en 1642, et de Jane Lemarcher, décédée en 1633. Chaire en bois sculpté, du XVII° siècle, provenant de l'ancienne abbaye de Saint-Aubin, près de Gournay. Fondation de lampe datée de 1666. — Croix de cimetière, en pierre, du XVI° siècle. — Au manoir de Marigny était une chapelle seigneuriale, disparue comme l'ancienne maladrerie située au hameau de la Vieuville. — Manoir de Rambures avec son colombier, auprès de l'église. == BEUVREUIL. *Moyen âge.* Église dédiée à saint Pierre, construite d'abord au XI° siècle, dont elle a gardé l'appareil en feuilles de fougère; elle a été retouchée par le XVI° siècle, qui refit le sanctuaire et le berceau du chœur, et par le XVII°, qui remania, ou à peu près, toutes les ouvertures. Porche en bois garni de briques émaillées de vert et de jaune, du XVI° siècle. Baptistère en pierre, dont la base avec ses colonnes sont du XIII° siècle, tandis que la cuve a été retaillée au XVII°. Bénitier de pierre, œuvre charmante de la Renaissance. Autel de pierre du même temps, placé à l'entrée du chœur. Tombeau logé dans le mur septentrional du chœur, à 2 mètres au-dessus du sol. Sous une arcade cintrée on avait placé les images sépulcrales d'un châtelain et d'une châtelaine de la fin du XVI° siècle; tous deux étaient agenouillés sur un coussin de pierre et devant un prie-Dieu, qui existent encore. L'homme avait ses gantelets et son casque placés à terre auprès de lui. Ces belles images, ayant été brisées à la Révolution, il n'en reste que des fragments. Dans le fond de la niche sont peints deux personnages, également agenouillés. Des peintures, des banderolles, des inscriptions et des armoiries complètent cette décoration funèbre. — Vieux château dit *le Château des Huguenots*, transformé en ferme, près de l'église. Ce château, construit en pierre du pays, au xiii° siècle, se compose d'un corps carré long, flanqué à chacun de ses quatre angles d'une tourelle circulaire placée en encorbellement sur des contre-forts énormes. Les façades, comme les pignons, sont soutenues par des contre-forts gigantesques; ceux de chaque bout renferment deux cheminées circulaires, dont une est double. Ce grand et austère bâtiment est encore éclairé par des fenêtres ogivales, dont une a gardé ses meneaux de pierre. A droite et à gauche de ce castel sont de vieux bâtiments en ruine, qui remontent également au xiii° siècle. Il s'y rattache des traditions et des légendes mystérieuses.

DOUDEAUVILLE. *Moyen âge.* Comprise dans les *Conquêts Hue de Gournay et spéciautez du Beauvoisis.* — L'église, autrefois dédiée à saint Aubin, l'est aujourd'hui à saint Étienne; elle est presque entièrement moderne. La nef est du xviii° siècle, sauf le portail, qui est du xvi°. Le clocher, placé au côté nord du chœur, est du même temps, ainsi que le chœur. Restes de verrières, deux bas-reliefs provenant d'une ancienne *Passion* du moyen âge, plusieurs inscriptions sur pierre, contenant des fondations faites en 1648 et 1654. Deux charmants autels en bois, avec retables et baldaquins de la Renaissance. — Sainte Clotilde est ici l'objet d'un si grand pèlerinage, qu'on lui a élevé, sur la route, une chapelle particulière.

ELBEUF-EN-BRAY. *Ép. gauloise.* Hachette en silex trouvée en 1831 et conservée au musée de Neufchâtel. || *Ép. romaine.* Tuiles à rebords et monnaies de Gordien et de Tétricus. || *Moyen âge.* L'église, dédiée à saint Pierre, fut construite avec de la pierre du pays, dans le grand mouvement du xii° et du xiii° siècle. De cette époque il reste, dans l'appareil de la nef, des feuilles de fougère et des contre-forts. Les transepts ont également gardé des contre-forts plats. Le chœur offre de plus des voûtes soutenues par des colonnettes du temps de saint Louis. Le xvii° siècle a fait le berceau de la nef, et le xviii° a refait le portail et presque toutes les fenêtres. — Croix de pierre du cimetière, du xvii° siècle. — Grand château construit vers 1730, ayant, dit le peuple, autant de fenêtres qu'il y a de jours à l'an; démoli en 1793. — Petit château construit en 1504; jolie construction en brique rouge avec tourelles et fossés remplis d'eau. — Nombreux étangs desséchés.

ERNEMONT-LA-VILLETTE. Formée des deux anciennes paroisses d'Ernemont et de Launay. — ERNEMONT. *Moyen âge.* Église dédiée à saint Martin, montrant dans sa nef une trace du xi° siècle, et dans le chœur des indices du xiii°; construction récente de brique et silex pour le reste. On lit au portail la date de 1628; dans la nef est celle de 1766. Inscription tumulaire de 1784. — Croix de cimetière en pierre, dont le fût est une colonne cannelée du xvii° siècle. Sur sa base octogone sont gravées deux inscriptions tumulaires du xviii° siècle : l'une est de Jean Mignot, curé d'Ernemont et chanoine de Gournay, mort en 1764; l'autre est celle de sa mère, décédée en 1766. = LAUNAY. *Moyen âge.* Église dédiée à saint Vincent, construction en bauge et en bois du siècle dernier. Tout près d'elle est le château, qui est du même temps.

FERRIÈRES. *Ép. gauloise.* Ce lieu paraît tirer son nom des ferrières ou mines de fer si communes dans ce pays au moyen âge et aux temps gaulois et romains. || *Moyen âge.* Ferrières faisait partie des *Conquêts Hue de Gournay et spéciautez du Beauvoisis.* Les vingt-quatre villages connus sous ce nom relevaient du sénéchal de Ferrières. — L'église, dédiée à saint Martin, a été en grande partie renouvelée en 1864. A cette époque, on construisit le clocher, la nef et les deux transepts en style roman. Le chœur seul a été épargné; il est en pierre du pays et remonte au xvi° siècle. La partie démolie de l'ancienne église de Ferrières était romane du xi° et du xii° siècle; dans la nef, toutefois, il y avait des fenêtres du xiii°. Tableau du *Rosaire*, du xvii° siècle, dont le donateur est un prêtre. En 1860, il existait dans cette église deux dalles tumulaires qui ont disparu : l'une était de 1763 et l'autre de 1786. — Au hameau de Laudencourt était un château entouré d'eau, qui a été démoli en 1832. La chapelle de ce manoir avait disparu dès 1792. — Près de Laudencourt est le hameau des Épinets, où Lahire battit le comte d'Arundel sous Charles VII. Au château naquit, au xv° siècle, Henri Pothin de Ferrières, archevêque de Philadelphie, coadjuteur de Georges d'Amboise, qui bénit et fit construire la Tour de Beurre à la cathédrale de Rouen.

GANCOURT-SAINT-ÉTIENNE. Formée des trois anciennes paroisses de Saint-Martin-de-Gancourt, de Saint-Étienne-des-Prés et de Bouricourt. — GANCOURT. *Moyen âge.* Compris dans les *Conquêts Hue de Gournay et spéciautez du Beauvoisis.* Ce n'était d'abord qu'un hameau dépendant de Saint-Étienne; mais les guerres ayant ruiné cette dernière paroisse, on y construisit une église. La première avait été élevée au xvii° siècle, la seconde en 1727; celle-ci n'ayant pas duré, on la reconstruisit complétement en 1776; enfin cette dernière ne tenait plus en 1841, quand on la rebâtit avec les démolitions de la nef de Saint-Étienne. De l'église du xviii° siècle il ne reste que le mur nord de la nef. L'église, primitivement dédiée à saint Martin, l'est aujourd'hui à saint Étienne. On inhume les morts autour de l'ancienne église Saint-Étienne. == SAINT-ÉTIENNE-DES-PRÉS. *Ép. franque.* Cercueil de pierre recouvert d'une dalle d'un seul morceau, trouvé en 1840, lors de la démolition de la nef de la vieille église Saint-Étienne, la plus ancienne du pays. Dans le sarcophage on n'a rencontré que des ossements. La tête était aux pieds, ce qui s'observe beaucoup à l'époque franque, époque probable de cette sépulture. Un caractère spécial à la période mérovingienne, c'est que le cimetière servait à plusieurs paroisses, et que l'on y apportait les morts de très-loin, par exemple, des paroisses de Beauvoir et d'Escames, en Picardie, situées à 8 et 10 kilomètres. Dans ce cimetière, d'une vaste étendue et clos de murs fort anciens, une place était réservée à chaque paroisse, dont les limites étaient marquées par des croix de pierre. Il en reste plusieurs, du XIIᵉ siècle, fichées enterre et en forme de croix de Malte. || *Moyen âge.* L'église, sous le vocable de Saint-Étienne, a perdu sa nef et son clocher, qui étaient en style roman, démolis en 1840; il n'est resté que le chœur, qui sert de chapelle. Il est en pierre du pays et paraît remonter au XIIᵉ siècle. Des carrelages rouges du XIIIᵉ siècle décorent les murs. Dalle tumulaire présentant deux personnages gravés en creux : l'un d'eux est Pierre Tillard, seigneur du lieu, décédé en 1530; l'autre est Jeanne Leterne, décédée en 1564. — Grande ferme féodale, qui peut remonter au XVIᵉ siècle. — Des habitations nombreuses ont dû autrefois entourer l'église, car dans les terres labourées qui l'environnent la charrue rencontre des tuiles et des charbons qui annoncent un déplacement de population. == BOUTICOURT. *Moyen âge.* L'église, dédiée à saint Médard, bien que plusieurs fois remaniée, garde des traces du XIIᵉ siècle. Inscriptions tumulaires et obituaires du XVIIᵉ et du XVIIIᵉ siècle sur les murs.

GOURNAY-EN-BRAY. Formée des quatre anciennes paroisses de Gournay, d'Alges, de Saint-Clair et de Saint-Aubin-en-Bray. — GOURNAY. *Ép. gauloise.* Monnaie d'or trouvée en 1868. — *Carrefour de la Rouge-Pierre*, qui se rattache peut-être à une tradition celtique. || *Ép. romaine.* Traces probables d'une voie dans la *Chaussée de Ferrières* et la *Chaussée Cantemêle*. — *Jardin de la Salle*, près de l'ancien chapitre de Saint-Hildevert, dont le nom semble indiquer des restes antiques. || *Ép. franque.* Squelette (peut-être un soldat franc) près duquel était une lance, trouvé à la *Porte Cantemêle*, lorsque l'on détruisit une tourelle, en 1859. || *Moyen âge.* Gournay fut d'abord une forteresse destinée à garder les frontières de la Normandie contre la Picardie, le Beauvaisis et la France. Aussi son premier château fut immense. Au Xᵉ siècle cette citadelle, entourée d'un triple fossé et munie d'un donjon appelé *la Tour Hue*, couvrait la moitié de ce qui fut la ville au moyen âge. Celle-ci, formée des demeures groupées à l'abri du château, ne communiquait avec lui que par une porte appelée *la Porte de l'Horloge*. Fondu plus tard sous un seul nom, l'ensemble fut environné d'une ceinture de fortifications qui ne faisait défaut qu'au nord-est, où deux grands marais, connus sous le nom de *Grand* et de *Plat-Vivier*, formaient des défenses naturelles. Le reste était clos de murs épais en pierre de taille, garnis de tours rondes au nombre de vingt, le tout entouré de fossés larges et profonds. Ces fossés et huit à dix de ces tours subsistent encore, du moins en partie, depuis la tour du Catel (l'hôtel de ville actuel) jusqu'au pont des Planquettes. Deux, qui sont assez bien conservées, sont d'une architecture qui indique le XIIIᵉ ou le XIVᵉ siècle. A cette époque quatre portes, flanquées de tours et de ponts-levis, laissaient pénétrer dans la ville. C'étaient la porte de Ferrières, la porte Ibert, la porte Cantemêle et la porte de Notre-Dame, qui ont duré jusqu'en 1700. La seule qui ait subsisté, mais transformée au XVIIIᵉ siècle, est la porte Ibert ou de Paris, qui, aujourd'hui sur une place de la ville, montre encore ses deux pavillons et ses deux grands piliers de brique et de pierre, qui furent élevés en 1781; ils portaient les armes des Montmorency, que 1792 a effacées. Les chaussées de Ferrières et de Cantemêle étaient précédées d'une tour énorme qui faisait tête de pont. Le château de Gournay eut pour premiers seigneurs les Hues ou Hugues, qui conquirent vingt-quatre villages en Beauvoisis, appelés *les Conquêts Hue de Gournay et spéciautez du Beauvoisis*, dont ils obtinrent la confirmation de la part des rois de France. En Angleterre, le vieil Hue de Gournay, si vaillant à la bataille de Hastings, obtint le comté de Norfolk, où ses descendants vivent encore. La terre et châtellenie de Gournay a compté trente-deux seigneurs depuis Rollon jusqu'à Louis XVI. Le château et la ville furent assiégés et pris tour à tour par Louis VII et Henri II en 1160; par Philippe-Auguste en 1202; par les Anglais en 1419; par Mayenne en 1589 et par Biron en 1591. — Collégiale de Saint-Hildevert, fondée vers 990 et supprimée en 1790. — L'église, tout à la fois collégiale et paroissiale, a été surtout construite depuis le commencement du XIᵉ siècle jusqu'à la fin du XIIᵉ. La longueur totale de l'édifice est de 48 mètres et sa largeur de 19. La longueur des transepts est de 27 mètres et leur largeur de 8. La façade de l'ouest, qui appartient tout entière à l'ogive naissante du XIIᵉ siècle, se compose d'un portail qui s'abrite sous une charmante voussure formant porche, et de deux tours percées, à leur base, de portes semblables. Au-dessus de chacune d'elles sont trois ogives égales, triple emblème de la Trinité. Les tours, qui n'ont jamais été achevées, sont courtes et sans corniche, couvertes par un toit carré en charpente et ardoise, dont la duchesse de Longueville donna le bois, de 1650 à 1660. La nef, longue de 28 mètres, se composé d'un vaisseau principal, que six arcades mettent en communication avec des collatéraux étroits et peu élevés. Cinq de ces arcades sont cintrées; une seule est en arc aigu : c'est celle du bas de l'église, où le style ogival a fait une très-jolie galerie que cache le buffet de l'orgue. Les voûtes, addition du XII° siècle, reposent sur des piliers carrés et montrent, sur chacune de leurs faces, une forte colonne ronde dont le chapiteau présente tous les ornements de la période franque : ce sont des damiers, des entre-lacs, des serpents, des dents de scie, des cônes, des fers de lance, des croix de Saint-André et des personnages. Les deux transepts appartenaient au style ogival, sauf la croisée. Cependant le transept nord a conservé deux cintres romans et une abside circulaire du XI° siècle; mais les voûtes et les chapiteaux des colonnes appartiennent au XII°. Cette chapelle, dédiée à la sainte Vierge, était, avant la Révolution, toute la paroisse de Saint-Hildevert. Là étaient le baptistère et l'autel où le vicaire perpétuel célébrait pour le peuple. Le reste de l'église appartenait aux chanoines. Le transept sud est éclairé par une belle ogive du XIII° et du XIV° siècle, de la même époque que celle qui termine le chœur. Sur la croisée s'élevait, au XVI° siècle, un clocher en bois surmonté d'une flèche en plomb, détruite en 1617; cette flèche fut remplacée par une lanterne qui disparut en 1649. Le chœur, long de 14 mètres, se compose de trois travées du X° et du XI° siècle, qui posent sur des colonnes dont les chapiteaux symboliques ont pour principal emblème deux paons ou colombes qui boivent dans un calice, sujet qui se retrouve dans les catacombes de Rome. La partie romane doit remonter au commencement du XI° siècle et avoir été construite par Hugues I°°, pour recevoir les reliques de saint Hildevert, évêque de Meaux. L'église dut beaucoup souffrir de la guerre allumée sur les bords de l'Epte, au milieu du XII° siècle, entre Louis le Jeune et Henri II. Ce fut après ces troubles que l'on avait élevé toute la partie qui, vers 1202, fut consacrée par Gauthier de Coutances, archevêque de Rouen. De l'église primitive il reste les cinq colonnes carrées de chaque côté de la nef et les arcades cintrées qu'elles supportent; les murailles des bas côtés avec les pilastres et les colonnes rondes qui les garnissent; les trois arcades qui mettent la nef et les bas côtés en communication avec les transepts; les deux voûtes sans arceaux de la chapelle du Sacré-Cœur de Marie; le mur et les deux pilastres du côté sud de cette chapelle; les deux arcades cintrées qui communiquent avec le chœur; une colonne et le pilastre qui termine la chapelle du Sacré-Cœur de Jésus. Le XII° et le XIII° siècle ont greffé sur ces débris du XI° le portail et les deux tours, les voûtes de la nef et des bas côtés, les deux transepts, le clocher, la chapelle des fonts, celle de la Sainte-Vierge, le chœur, la chapelle du Sacré-Cœur de Jésus, la première voûte de la chapelle du Sacré-Cœur de Marie et la première arcade qui la met en communication avec le chœur. Débris des nombreuses dalles tumulaires qui formaient le pavé de l'église. Ces dernières ont été sciées, il y a environ quarante ans, pour former les marches de l'autel. Une d'elles recouvrait peut-être le cœur de Blanche d'Évreux, qui, morte en 1398, légua son cœur à Saint-Hildevert de Gournay. Dans le sanctuaire, on voyait, en 1851, abritant le maître-autel, quatre colonnes en marbre, d'ordre composite, venant de l'abbaye de Clair-Ruissel, maintenant au château de Gaillefontaine. Au-dessus des stalles, deux bas-reliefs en bois sculpté représentant l'*Assomption* et une *Descente de croix*, œuvre du XVIII° siècle venant de l'abbaye de Bellozane. La chaire et le banc d'œuvre ont été faits par Bradel, en 1730, et donnés par la famille Lepetit. Le buffet d'orgues, belle boiserie de 1538, vient de l'église supprimée de Notre-Dame de Gournay. L'église, primitivement dédiée à saint Étienne, n'a pris le nom de Saint-Hildevert qu'à partir du XI° siècle, les reliques de l'évêque de Meaux étant arrivées le 29 mai 990. Les Hugues de Gournay, après leur avoir fait subir l'épreuve du feu, les conservèrent chez eux et les enfermèrent dans une châsse d'argent. Des rois et des pontifes vénérèrent ces reliques : entre autres Jean sans Terre, saint Louis, la reine Blanche, qui les enferma dans une châsse d'or, Louis XIII, Hubert, archevêque de Cantorbéry, et Eudes Rigaud, archevêque de Rouen. — Chapelle de Notre-Dame-des-Bois, fondée au XII° siècle, transformée vers 1230 en une belle église paroissiale, dont il ne reste qu'un dessin publié par M. Daniel Gurney, dans son *Record*, et une description donnée par Nicolas Cordier. Ce chroniqueur local dit qu'elle était en pierre, voûtée partout, garnie de bons arcs-boutants et ornée de vingt-quatre piliers à l'intérieur. Sur la croisée s'élevait une tour de pierre surmontée d'une flèche en plomb, ce qui donnait au clocher une hauteur de 160 pieds. Cette flèche était accompagnée de quatre clochetons hauts de 25 pieds et munis d'une guérite où un guetteur veillait la nuit, répétant d'heure en heure l'invitation de prier pour les trépassés. Le jubé fut démoli en 1722. La chapelle elle-même, vendue en 1792, fut détruite peu de temps après. — L'hôpital, mentionné dès 1128 et 1180, était desservi par des frères et des sœurs, lorsque Rigaud le visita au milieu du XIII° siècle. Rasé dans l'intérêt de la défense lors du siège de 1592, il fut rebâti en 1667, au lieu dit *le Barbacene*, là où il se trouve aujourd'hui; il s'appela alors *le Bureau des pauvres*, nom qu'il a donné à la rue, aujourd'hui appelée *Rue de l'Hospice*. — La léproserie, également connue dès 1128, fut démolie en 1550. Sa chapelle, dédiée à sainte Madeleine, n'eut sa nef démolie qu'en 1781; mais il reste le chœur qui, par ses ouvertures cintrées et son appareil en silex, indique une construction romane du xi° ou du xii° siècle. Ce quartier s'appelle encore *les Malades* ou *la Ferme des malades*. — Près de là est la fontaine de Jouvence, source minérale connue dès 1685. — Les Capucins, établis de 1642 à 1658. Leur maison, brûlée en 1661, fut achevée de rebâtir en 1702. La chapelle a été bénite en 1671. Ce couvent subsiste encore sur la place d'Armes : il est devenu la gendarmerie, la prison et le tribunal de commerce. C'est une grande construction de style monastique, dont les bâtiments forment un carré. — Les Cordelières, arrivées en 1522, s'installèrent à l'hôpital comme servantes des pauvres et y restèrent jusqu'en 1592. Elles se réfugièrent dans la chapelle de Saint-Julien, située près de Saint-Hildevert, et qui était, sans doute, la chapelle du château. De 1625 à 1628 elles fondèrent une nouvelle maison au faubourg de Rouen, où, n'étant plus hospitalières, mais purement contemplatives, elles restèrent jusqu'à la Révolution. Leur maison, vendue en 1792, se voit encore sur la route. Les bâtiments claustraux sont devenus des maisons d'ouvriers. La chapelle sert d'écurie. — Les Ursulines, venues de Gisors en 1626-1628, après avoir habité divers points, se fixèrent rue de Beauvais, près de la porte de Paris. Leur maison, vendue à la Révolution, est devenue la place Bourbon, l'hôtel de l'*Écu de France* et les auberges du *Lion d'or* et du *Cheval noir*. De leur chapelle il existe encore le berceau en bois de chêne. Cet établissement a laissé au dépôt départemental une liasse d'archives allant de 1681 à 1754. — Les Filles de Saint-Joseph ou de la Congrégation, établies entre les années 1625 et 1631, dans la rue des Moulins, près de Saint-Hildevert. Cette maison s'affilia en 1653 à la congrégation des Augustines du P. Fourrier de Mattaincourt, et fut canoniquement supprimée vers 1755. De cette institution il reste aux archives départementales une liasse de papiers allant de 1719 à 1754. — Cimetière du vieil hôpital, où se trouvait encore, en 1738, une croix en pierre, sur laquelle étaient sculptés six personnages en bas-reliefs. Dans ce champ se trouvait aussi une chapelle bénite en 1577 et aujourd'hui disparue. — Cimetière dit *des Pestiférés*, qui fut complètement abandonné en 1657. Sans aucun doute il avait servi dans les pestes si nombreuses du xvi° et du xvii° siècle, notamment dans les années 1581, 1583, 1587 et 1588, 1623 et 1650. — Fontaine publique de la place Royale : pyramide hexagone en pierre terminée par un globe que surmontait une couronne. Elle a été élevée entre 1780 et 1782. Sur chacune des quatre faces de la base on lit une inscription sur marbre noir rappelant l'historique de la fontaine et les noms des hommes qui ont contribué à sa confection, parmi lesquels celui de M. Thiroux de Crosne, intendant de la généralité de Rouen. == ALGES. *Moyen âge.* L'église, dédiée à saint Ouen, remontant au xi° siècle, dit-on, a été supprimée à la Révolution ; il n'en reste plus la moindre trace. == SAINT-CLAIR. *Moyen âge.* L'église, sous le vocable de Saint-Clair, a été supprimée et vendue en 1792. Démolie quelques années après, elle a été remplacée par une chapelle en 1829. == SAINT-AUBIN-EN-BRAY ou SUR-GOURNAY. *Moyen âge.* La paroisse, du xi° et du xii° siècle, fut, à partir de 1200, fusionnée avec l'abbaye de Bernardines que fonda en ce lieu Hugues III de Gournay. Les religieuses, au nombre de treize, venaient de Bival, abbaye de l'ordre de Cîteaux. Rigaud visita souvent cette maison au xiii° siècle. On connaît les noms de vingt-quatre prieures. Ce couvent était surtout destiné à l'éducation des jeunes filles. Supprimé et vendu en 1792, il a été successivement démoli dans son cloître, son monastère et son église. Aujourd'hui ce n'est plus qu'une ferme composée de bâtiments construits au xvii° siècle. — Le pensionnat, du xviii° siècle, est devenu une maison où l'on reconnaît encore la grande porte, le puits et les murs de clôture, qui remontent au moins au xvi° siècle. De ce monastère il existe aux archives départementales trois liasses contenant des titres allant de 1237 à 1757.

MÉNERVAL. *Ép. franque.* Cercueil de pierre d'une seule pièce, brisé par le fossoyeur qui l'a découvert. *Moyen âge.* L'église, dédiée à Notre-Dame, une des plus importantes et des plus monumentales du pays, a la forme d'une croix. Le chœur, qui est beaucoup plus large que la nef, paraît une addition du xiii°, ou plutôt du xvi° siècle. Les deux premières fenêtres sont bien des ogives du temps de saint Louis ; mais celles du fond semblent appartenir au temps de François Ier. En tout cas, leur remplissage date du xvi° siècle. Sur l'une des fenêtres est un écusson surmonté d'une crosse. Le clocher, entre chœur et nef, est une tour carrée du xii° siècle soutenue au dedans par des ogives primitives et ornée au dehors de cintres romans accolés. La corniche a disparu ; puis, au côté nord, le mur, qui avait été mutilé par le tonnerre dans les premières années de ce siècle, a été restauré avec de la brique rouge. Comme l'église avait déjà souffert au xvi°, et peut-être au xiii° siècle, elle fut munie, aux quatre angles, de contre-forts d'une puissance énorme. Les deux transepts sont insignifiants. Le portail, appareil en arête de poisson, est percé d'une porte en ogive, ornée de dents de scie et d'autres motifs romans. La partie haute des murs de la nef, refaite dans ces derniers temps, présente encore quelques fenêtres primitives, qui ont été rebouchées en 1841 et remplacées par de grandes ogives dans le style du xvi° siècle. Le berceau du chœur, en chêne et très-beau, est soutenu par deux poutres élégamment travaillées ; sur une d'elles on lit cette inscription singulière : « L'an XVI « cent (1600) fust livrée cette œuvre présente. » La contre-table du maître-autel, ornée de colonnes torses, est une belle sculpture du xvii° siècle. Sur le tabernacle est une grossière statue de Notre-Dame de Bamonlié, fort en vénération dans le pays. On est porté à croire qu'elle provient d'une ancienne église (Basmontier), qui existait autrefois dans le cimetière et qui aura disparu. — Chapelle de Notre-Dame-du-Vivier ou des Viviers, ainsi surnommée à cause d'un seigneur du nom de Des Viviers, au hameau de Campuley; aujourd'hui détruite.

MOLAGNIES. *Moyen âge*. L'église, dédiée à saint Manvieu, garde des vestiges du XIII° siècle; mais ils sont noyés au milieu de remaniements modernes. — Ancien manoir ogival, qui doit remonter au moins au XV° siècle, situé près de l'église. Outre la grand'porte en pierre, on y remarque une cave voûtée qui va jusque sous l'église, et dans une chambre des carreaux vernissés du moyen âge. — Croix expiatoire d'un assassinat, édifiée au XVIII° siècle au hameau de Humermont. || *Ép. incertaine.* Quatre fosses, à peu près carrées, dont chaque ouverture était recouverte d'une grande dalle de pierre contenant, dit-on, des ossements et des objets en fer, trouvées sous le pavage de la maison du fermier du manoir, au hameau de Humermont, en 1850. Une porte, qui donnait entrée dans une cave placée sous la cuisine, fut découverte en même temps.

MONT-ROTY. *Ép. gauloise*. Deux hachettes polies en grès noir. || *Moyen âge*. L'église, dédiée à sainte Madeleine, présente une nef construite en 1753. Le chœur et les transepts ont été élevés en 1858. Statuette de saint Jean-du-Temple, objet d'un pèlerinage. — Ancienne maison de Templiers au hameau de Repentigny, qui fut surnommé *Repentigny-le-Temple*. Supprimée, comme toutes les autres, au XIV° siècle, elle passa à l'ordre de Malte, qui l'a possédée jusqu'à la Révolution. Dans les derniers temps elle dépendait de la commanderie de Villedieu. La chapelle de Saint-Jean, objet d'un grand pèlerinage où venaient plus de sept cents paroisses, dit-on, n'a été démolie complétement que de 1851 à 1857. — La grange, fondée par Étienne, abbé de Mortemer, pour y remiser le produit des sept charrues qu'il installa dans ces landes incultes, n'existe plus.

NEUFMARCHÉ. Formée des deux anciennes paroisses de Neufmarché et de Wardes. — NEUFMARCHÉ. *Ép. romaine*. Monnaies recueillies au hameau de Campadon ou Compadan. Tuiles à rebords à la côte de Sainte-Hélène, et voie qui de Lyons allait à Espaubourg (Oise). || *Moyen âge*. Neufmarché était limitrophe de France et de Normandie : de là sans doute le nom de *Marche*; le titre de *Neuf* aura été ajouté au temps de la reconstruction du château par les marquis normands. Ce château apparaît dès le temps de Guillaume et il a pour gouverneurs Turquetil et Geoffroy de Neufmarché, Gérald le sénéchal et Hugues de Grentemesnil, l'un des plus grands seigneurs anglo-normands.

Vers 1115, Henri Ier, dit *Beauclerc*, reconstruisit à neuf la forteresse et en donna la garde à Guillaume de Roumare. En 1160, l'année même où le château fut pris par les Français de Louis VII et rendu aux Anglo-Normands de Henri II, un concile fut tenu dans ses murs. Tous les évêques, abbés et barons anglo-normands furent convoqués par le roi Henri II pour se prononcer entre les papes Alexandre III et Victor III. L'assemblée se déclara en faveur d'Alexandre, qui sortit triomphant de la lutte. En 1193, Neufmarché redevint français pour toujours, excepté pendant les deux invasions anglaises, heureusement temporaires, d'Édouard III, en 1346, et de Henri V, en 1419. Le magnifique château construit par les Anglo-Normands du XII° siècle n'est plus qu'une ruine, qui sert de carrière de matériaux pour les routes et le chemin de fer. Les murs et les tronçons des tours ont gardé l'appareil de pierre du XII° siècle. En 1740, Duplessis reconnut et parcourut la *belle place d'Armes*, aujourd'hui une prairie, un labour et des jardins. Il vit les trois portes, défendues chacune par trois tours. — Les seigneurs normands de Neufmarché, à l'imitation de tous leurs collègues, construisirent près de leur château une collégiale pour quatre chanoines réguliers. Cette fondation eut lieu au commencement du XI° siècle. Mais, à la fin du même siècle, les choses se modifièrent: Hugues de Grentemesnil donna la maison à l'abbaye d'Ouche ou de Saint-Évrould, qui y envoya des moines bénédictins. En 1128, le prieuré était complet et régulier pour sept religieux. Au XIII° siècle, Eudes Rigaud visita souvent le prieuré et l'église. La maison des religieux était située au nord de l'église. C'est aujourd'hui une ferme contiguë au monument et qui le gêne comme toujours. L'un des derniers prieurs de Neufmarché est Michel-Antoine Boudrand, auteur d'un dictionnaire géographique, mort en ce lieu en 1740. — L'église, dédiée à saint Pierre, fut longtemps prieurale et paroissiale. C'est un très-curieux édifice roman remontant probablement au XII° siècle, qui n'a rien de normand dans sa physionomie, étant élevé et très-clair. Le plan est une croix latine. Le chevet se termine par une abside circulaire, probablement la *cancellum* mentionnée par Orderic Vital. Le chœur et les transepts ont un caractère très-élevé. Ces derniers sont percés de quatre fenêtres cintrées, dont deux sont rebouchées. Au côté nord on voit encore l'entrée et le regard des moines. Le clocher, entre chœur et nef, est soutenu par quatre cintres romans, qui s'appuient sur des pilastres plutôt que sur des colonnes. La nef a été entièrement refaite au midi, en 1867 et 1868. Le côté nord, resté ancien, n'a que trois fenêtres en assez mauvais état. Le portail, très-mutilé, est flanqué de colonnettes, dont les chapiteaux sculptés de sujets, notamment de colombes buvant dans un calice, supportent une voussure à plein cintre décorée de feuillages et de motifs romans. Le tympan représente un homme qui met sa main dans la gueule d'un lion, image probablement de Samson, au-dessus est l'*Agnus Dei*. Les registres de la fabrique remontent jusqu'en 1696. Une confrérie de charité, érigée en 1530, possède un registre allant de 1665 à 1695. — Une seconde église, connue sous le nom de Saint-Aubin de Corval ou de Courval, supprimée dès 1660, fut démolie presque immédiatement. En 1678, elle fut remplacée par une chapelle dédiée à la sainte Vierge, qui était la chapelle du manoir de Corval. — Léproserie de la Madeleine. Réunie à l'hôpital de Gournay en 1695, elle tombait en ruine en 1740. Il n'en reste plus que la place dans la rue de la Madeleine. — Hôpital Saint-Louis, existant au xv° siècle, qui a disparu depuis longtemps. — Vieilles maisons du xiii° siècle. — Pont des Montels, construit en pierre, avec quatre arches, au hameau des Boulards. — Terrassements et restes du camp anglais de 1419. — Verrerie fondée en 1687 dans un hameau qui porte encore le nom de Verrerie-Neuve. == WARDES. *Ép. franque.* De l'an 500 à 540, pendant qu'il administrait les deux évêchés d'Arras et de Beauvais, saint Waast vint à Wardes et engagea le seigneur du lieu à bâtir un hôpital et une église, dont lui-même fit la dédicace. A la fin du vi° ou du vii° siècle naquit au château de Wardes, de Rigobert et d'Age, seigneurs du lieu, l'illustre Saint-Germer, qui fut fondateur et abbé des monastères de Pentale et de Flay. Cette dernière abbaye a porté le nom du saint et le pays le conserve encore. Le château est une intéressante construction en brique et pierre du milieu du xvii° siècle, jadis entouré de fossés aujourd'hui presque comblés. De l'ancien château, habité par les Bec-Crespin, marquis de Wardes, on trouve dans les fouilles des blocs de marbre, et, dans des greniers et des celliers, des dorures et des peintures du xvi° siècle. — L'église, dédiée à saint Pierre, n'existe plus. Abandonnée à la Révolution, elle tombait en ruine quand elle fut vendue et démolie en 1827.

CANTON DE LONDINIÈRES.

(Chef-lieu : LONDINIÈRES.)

BAILLEUL-NEUVILLE. Formée des deux anciennes paroisses de Bailleul-sur-Éaulne et de Neuville. — BAILLEUL-SUR-ÉAULNE. *Ép. romaine.* Tuiles et poteries, suivant M. Guilmeth. || *Moyen âge.* Église dédiée à saint Waast. Le clocher, tour carrée romane placée à l'entrée, est appareillé en arête de poisson et percé de cintres rebouchés. C'est une construction rustique du xi° siècle, un peu défigurée. La nef, qui doit être du xiii° siècle, présente encore deux rangs d'arcades ogivales, qui ont été rebouchées, mais qui semblent indiquer l'existence d'anciens collatéraux, supprimés vers 1660, car les fenêtres sont de ce temps. Au côté nord, à la seconde arcade, existe une maçonnerie en silex du xi° ou du xii° siècle. Là est une ouverture carrée longue qui dut être un ancien confessionnal. Le chœur est un beau morceau du xiii° siècle, éclairé par d'élégantes fenêtres sur les côtés et surtout au chevet. Au midi du sanctuaire se trouve une piscine et au nord un ancien sacraire. Dans une des fenêtres du chœur est un vitrail représentant deux personnages en prière, qui sont Jean de Bailleul, roi d'Écosse, et son épouse Marguerite d'Angleterre. Ils ont près d'eux la croix de Saint-André, armes de l'Écosse. Leur tombeau était autrefois au milieu du chœur, élevé sur une maçonnerie de 60 centimètres de hauteur. En 1720, un curé de Bailleul le plaça le long du mur au côté de l'évangile. Vers 1851, M. Mathon l'a fait lever de terre et appliquer contre le mur de la nef. Cette dalle de schiste, longue de 2^m,66 et large de 1^m,35, représentait deux personnages, un homme et une femme, encadrés dans une double ogive. La femme, mieux conservée, a la tête couverte et les mains jointes. Une croix de Saint-André est sur ses jambes. L'inscription, recueillie en 1820, était déjà incomplète : elle indiquait la mort de Jehan de Bailleul en 1321 ou 1329, et celle de Jehanne, sa femme, sœur du roi Édouard, en 1303. Vers 1730, on inhuma M. de Bosc-Geffroy dans le cercueil de Jean de Bailleul, qui est en pierre. Bénitier formé d'une ancienne mesure de pierre, qui était quadruple. Cloche de 1657. — Château des seigneurs de Bailleul-sur-Éaulne, près de l'église. C'est là que s'était retiré Jehan Bailleul, après avoir porté quelque temps la couronne d'Écosse. Vers 1862, on a trouvé de nombreux carreaux émaillés provenant du castel du moyen âge. == NEUVILLE. *Ép. gauloise.* Hachette en silex trouvée au *Mont-Jean* en défrichant un bois. || *Ép. romaine.* Joli vase rouge trouvé en 1853 ou 1863 au lieu dit *les Carrières*, conservé au musée de Neufchâtel. Fragments de tuiles à rebords et de poteries reconnus par M. l'abbé Cochet. Un sondage de quelques heures a donné un joli vase rouge, des tuiles et des poteries. Un nouveau sondage, en 1855, a fourni une charmante coupe. || *Moyen âge.* L'église, dédiée à Notre-Dame, appartient à deux périodes : à l'ogive primitive et à l'ogive flamboyante. La nef et une partie du chœur sont du xiii° siècle. Le sanctuaire et l'arcade du crucifix sont du xvi°. Autrefois le clocher était à l'intérieur et placé sur le pignon de l'ouest. Le chœur possède une voûte et une piscine du xiii° siècle. La contre-table est de 1700 environ. Dans le chœur sont deux dalles du xvi° siècle, très-effacées. En haut de la nef est une dalle tumulaire sur laquelle est figurée une femme couchée, voilée et mains jointes. L'inscription, en partie effacée, laisse à peine lire des noms et la date de 1607.

BAILLOLET. *Ép. romaine.* Tuiles trouvées dans un herbage en 1840. Maçonnerie en pierre et silex.

épaisse de 0^m,80 et formant un carré de 5 mètres dans tous les sens, écouverte sous un tas de cailloux, dans les défrichements d'un bois voisin de la *Croix des trois Frères*, en 1862. Dans un des angles de cette construction se trouvait un dépôt de hachettes en silex à peine dégrossies et ébauchées. Parmi les débris de cette ruine antique, M. Mathon a reconnu des vases romains, dont un est déposé au musée de Neufchâtel. || *Ép. franque*. Cimetière mérovingien de *Bailloletum*, découvert par M. Dupont en abattant un épaulement de terre, en 1853; il renferme des squelettes humains accompagnés de vases, de sabres, de couteaux et de boucles en fer. || *Moyen âge*. L'église, dédiée à saint Martin, est en très-grande partie du xvie siècle. Le chœur, dont le chevet et le mur du midi présentent de jolis échiquiers en pierre blanche et en brique rouge et noire, trois arcades de la nef, qui communiquent avec le collatéral du nord, sont de cette époque. Le reste est moderne. Inscription de 1513, qui atteste que Jehanne Godard, veuve de Laurent Godard, a donné ses biens à cette église, à la construction de laquelle elle a probablement contribué. Bas-relief en bois dans le chœur, de 1600 environ, représentant saint Hubert et son cerf.

BOSC-GEFFROY. *Ép. gauloise*. Deux hachettes en silex trouvées l'une au hameau des Callenges, l'autre à celui de Callengeville. || *Ép. romaine*. Tuiles à rebords et constructions que l'on dit provenir d'un ancien château, trouvées dans le champ du *Moulin*. — Monnaie de bronze du Haut-Empire, trouvée en 1859 près de la motte appelée *la Tour*. — Ferrements, tuiles à rebords et monnaies impériales, recueillis au hameau de la Coudroie. || *Moyen âge*. L'église, dédiée à saint Laurent, est du xvie siècle. Entièrement construite en moellon dans le principe, elle a été raccommodée avec de la brique rouge au xviie et au xviiie siècle. Elle a la forme d'une croix, avec le clocher sur la croisée. Le chœur, terminé en abside à trois pans, est couvert par une voûte dont des anges, porteurs des instruments de la Passion, soutiennent les nervures. L'arcade du crucifix est très-ornée. La nef, du xviie et du xviiie siècle, est plus basse que le chœur et loin d'être monumentale.
|| *Ép. incertaine*. Motte de terre presque circulaire et entourée d'un fossé, au carrefour du *Puits commun*. Sa hauteur, prise du fond du fossé, est de 5 à 6 mètres. Dans sa plus grande largeur, le diamètre a 50 mètres. On la nomme *la Tour* et l'on dit qu'on s'y est battu. — Une motte semblable, détruite il y a quelques années, existait au hameau de Hambures. — Pied d'une lampe en bronze trouvé en 1862 au hameau du Coudroy.

BURES. Formée des deux anciennes paroisses de Bures et de Burettes. — BURES. *Ép. romaine*. Monnaies, tuiles et poteries, ainsi que de la verroterie antique signalée par M. A. Deville. || *Ép. franque*. Bures dut être un lieu important à cette époque, puisqu'au xiiie siècle c'était encore un des sept doyennés de l'archidiaconé d'Eu. || *Moyen âge*. Château qui fut toujours la propriété de nos premiers ducs, qui, au xe et au xie siècle, en faisaient un repos de chasse. On croit en reconnaître l'emplacement dans la *Ferme de la Cour*. — Siége d'un prieuré dépendant du Bec-Hellouin, que Rigaud visita plusieurs fois au xiiie siècle. Il est probable que c'était là une fondation et une donation des ducs de Normandie. On croit que les moines étaient établis près de l'église, dans la rue Sous-le-Moustier. — L'église, dédiée à saint Aignan, construite au xiie et au xiiie siècle, est classée comme monument historique. La nef et le portail appartiennent à l'ogive primitive. Au bas de la nef, vers le nord, on remarque deux cintres rebouchés d'arcades qui communiquaient avec un baptistère ou des chapelles disparues. Une tradition prétend que là était la chapelle des ducs de Normandie. Le clocher, entre chœur et nef, est un beau corps carré ogival soutenu par quatre arcades pointues du meilleur style. Les piliers sont flanqués de colonnettes dont les chapiteaux sont ornés de crosses. Au dehors, la tour n'a gardé intacts que les côtés est et nord. Les murs du sud et de l'ouest, mutilés par le temps, ont été réparés avec de la brique rouge en 1783. Une flèche en ardoise, de forme octogone, couronne la tour. Le coq s'élève à 60 mètres du sol. Les transepts sont du xiie siècle. Le chœur appartient, dans tous ses éléments, au style ogival entièrement développé. Cependant dans son mur septentrional est une inscription du xiie siècle qui déclare que l'église a été consacrée en 1168 par Rotrou de Warvick, archevêque de Rouen : « Anno ab Incarnatione Domini « M C LXVIII, dedicata est hæc ecclesia a Rotrodo « Rotom. archiepiscopo xi kal. junii, etc. » La fenêtre du chevet est une grande ogive encadrant quatre compartiments, avec remplissage de roses. Des arcades, qui ont été détruites, devaient accompagner des siéges de pierre qui ont disparu, ainsi que la piscine et le jubé. Sépulcre composé de trois personnages de grandeur naturelle, en pierre, du xvie siècle dans le transept nord. Il est renfermé dans une double arcade que tapissent les écussons des donateurs. Bas-relief du xvie siècle, derrière l'autel, représentant l'assomption de la sainte Vierge. Statue de pierre de saint Étienne et bas-relief qui en décore le socle. Couvercle des fonts baptismaux, pyramide de bois découpée à jour, qui dut surmonter un tabernacle du xvie siècle. Cloche de 1791, en remplacement d'une de 1507, qui venait d'Hesdin, dit-on, et qui aurait été donnée par Henri IV à Gabrielle d'Estrées. — Pied de croix en grès de 1557, au haut du bourg. — Magnifique manoir de la Renaissance, en face de l'église, remarquable par ses cheminées de pierre, par ses fenêtres, ses ferronneries et ses sculptures sur bois. Démoli en 1866 et transporté, dans ses débris les plus intéressants, à Gaillefontaine. Le peuple appelait ce manoir seigneurial *la Maison du général Desmarets*. Charles Desmarets, capitaine de Dieppe au xv° siècle, qui conquit cette ville sur les Anglais en 1433, partit en effet du château de Bures pour livrer l'assaut décisif. — Maison de brique, que M. Decorde attribue au xv° ou au xvi° siècle. — Manoir de *Tourpes*, vieille demeure féodale, devenue une ferme, mais où l'on reconnaît encore la chapelle, la galerie et des lambris sculptés du xvi° siècle. Une tradition locale rapporte que ce manoir fut habité par Gabrielle d'Estrées, qui y recevait souvent la visite de Henri IV. On prétend même que ce fut à la demande de Gabrielle que ce prince donna à l'église de Bures les cloches de la ville d'Hesdin, prise par lui. Ce qui est certain, c'est que Henri IV s'est battu dans le bourg de Bures et aux environs en 1592. On cite même quatre engagements de royaux et de ligueurs à Bures et aux environs. Bures, autrefois lieu important, portait le titre de *bourg* et avait une haute justice, dont on montre encore la cour et les potences. ‖ *Ép. incertaine.* Motte circulaire entourée de fossés, et qui n'a pas moins de 10 à 12 mètres de hauteur, dans la cour de l'ancien *Hostel du général Desmarets*. Chandelier de bronze possédé par le musée de Rouen. ⸗ Burettes. L'église a été démolie en 1815.

CLAIS. *Ép. gauloise.* Hache en silex. ‖ *Ép. romaine.* Tuiles à rebords. Voie antique de Dieppe à Beauvais. ‖ *Ép. franque.* Donnée au chapitre de Rouen par l'archevêque Riculfe, de 872 à 876. — Sépultures trouvées à Bonnerue en 1850, en démolissant une butte, où l'on reconnut un grand nombre de squelettes. ‖ *Moyen âge.* Église dédiée à saint Martin. Le chœur et les clocher qui le précède appartiennent au xi° et au xii° siècle. Dans l'appareil extérieur on voit du tuf et trois fenêtres terminales rebouchées. A l'intérieur on trouve des chapiteaux romans fantastiques et à personnages. La nef est moderne. Deux inscriptions tumulaires : l'une de Jehan Vallogne, marchand et laboureur de Clées, décédé en 1517; l'autre, de Jehan Nellon ou Villain, curé de Clais, mort en 1540. Sur cette dalle le personnage est représenté vêtu de la chasuble et accompagné d'un calice et d'un chandelier. — Deux chapelles : l'une à Hamburcs, sert aujourd'hui de grange; l'autre, à Fresnoy-en-Val, est à présent démolie.

CROIXDALLE. *Ép. romaine.* Restes d'une *villa* trouvés en traçant le chemin de grande communication de Londinières aux Grandes-Ventes, au haut de la côte. Ces restes consistaient en maçonneries et substructions très-reconnaissables, en tuiles à rebords, en meules à broyer et en poteries. — Meules en poudingue et monnaies de Trajan et de Commode dans les bois de M. Lelong. On en a rencontré également du côté de la verrerie du Hellet. ‖ *Moyen âge.* L'église, dédiée à saint Étienne, est moderne dans la nef, mais le chevet en pierre blanche est du xiii° siècle. Il est percé de trois fenêtres ogivales à deux compartiments. C'est tout ce qui reste de l'église construite par les archevêques de Rouen et consacrée par Eudes Rigaud, au temps de saint Louis. La cloche est de 1646. — Verrerie du Hellet, établie en 1656 et supprimée vers 1800. ‖ *Ép. incertaine.* Non loin de l'église, où l'on honore particulièrement saint Fiacre, il existe une mare qui porte le nom de ce solitaire. Le peuple prétend que saint Fiacre l'a creusée lui-même d'un seul coup de louchet, et les pèlerins y affluent toute l'année.

FRÉAUVILLE. *Ép. gauloise.* Atelier d'outils de pierre au hameau des Marettes, dont une partie est comprise dans la commune de Londinières. On y trouve de nombreux fragments de silex taillés ayant formé des haches, des couteaux, des flèches et autres instruments. ‖ *Ép. romaine.* Tuiles et poteries, dont plusieurs en terre rouge, à la ferme de la *Motte* et au bord de la rivière. ‖ *Moyen âge.* L'église, dédiée à saint Pierre, possède un chœur voûté du xii° siècle, dont les fenêtres ont été refaites au xvi°. La cloche est de 1501. — Nombreux carreaux émaillés du xiii° et du xiv° siècle, trouvés il y a quelques années dans le cimetière. — Le village a donné son nom à Thomas de Fréauville, évêque de Bayeux en 1233, et inhumé à Beaubec en 1236; et à Nicolas de Fréauville, jacobin de Rouen, confesseur de Philippe le Bel, mort archevêque de Lyon en 1325. Son cœur fut inhumé aux Jacobins de Rouen.

FRESNOY-FOLNY. Formée des trois anciennes paroisses de Fresnoy, de Folny et de Bailly-en-Campagne. — Fresnoy. *Ép. gauloise.* Une hachette en silex trouvée en 1862. ‖ *Ép. romaine.* Une *villa* existe au hameau de Touffre-Écales. On y a rencontré des tuiles, des poteries, des monnaies de bronze, des constructions arasées, des canaux et des conduits en terre cuite. — A Doumesnil on trouve aussi beaucoup de tuiles à rebords. — Un caillou trouvé à Étrimont en 1866, près de Bailly-en-Campagne, formait une tirelire renfermant douze deniers en argent, de Trajan et de Vespasien. ‖ *Moyen âge.* L'église, dédiée à Notre-Dame, est aujourd'hui renouvelée. Autrefois elle présentait dans sa nef des fenêtres du xii° siècle et un appareil en feuilles de fougère. Le chœur a été reconstruit en 1823, avec les démolitions de l'église de Bailly-en-Campagne. Dans ce chœur renouvelé, on a conservé deux inscriptions tumulaires et obituaires venant de Bailly. La principale, de $1^m,40$ de hauteur sur 1 mètre de largeur, est la fondation de Louis Fizelier, prêtre docteur en droit, trésorier de l'église Saint-Paul de Paris, faite le 23 octobre 1658. L'autre est celle de Jacques Brugland, et date du 11 janvier 1557. — Magnifique dalle du xiv° siècle, qui était dans le chœur et qui provenait de l'ancienne chapelle de Touffre-Écales, encastrée dans le transept nord par les soins de M. l'abbé Cochet en 1853. Cette pierre est celle de Jehan Lemonier, sire de

Touffre-Écales, qui trépassa l'an 1303. Le personnage, vêtu de la robe longue des bourgeois, est encadré dans une belle ogive; ses pieds reposent sur un lévrier, sa tête nue est accompagnée d'anges céroféraires; quatre écussons, jadis émaillés, décorent cette dalle. == FOLNY. *Moyen âge.* L'église, dédiée à saint Martin, est moderne. Joli bas-relief représentant le martyre de sainte Barbe, daté de 1514. == BAILLY-EN-CAMPAGNE. *Moyen âge.* L'église, dédiée à saint Servais, a été détruite en 1822. La route départementale n° 10 passe dessus. En démolissant l'église, on a trouvé la pierre sépulcrale de Jean de Crény, écuyer de la reine au XVII° siècle, qui a été transportée dans l'église de Fresnoy.

GRANDCOURT. Formée des anciennes paroisses de Grandcourt, la Pierre-sur-Yère, Deville, Pierrepont et Écotigny. — GRANDCOURT. *Ép. gauloise.* Haches en silex, polies et ébauchées, trouvées en 1863 et 1868 dans le tertre qui entoure l'église et que l'on nomme *la Motte du charron*, et conservées au musée de Rouen. — Instruments en os et en silex recueillis dans la forêt d'Eu, au triège de Sainte-Catherine. || *Ép. romaine.* Quantité considérable de débris reconnus en 1863 par M. l'abbé Cochet dans la *Motte du charron*. Déjà M. Dergny y avait recueilli des tuiles à rebords. — Autres débris, en grand nombre, rencontrés dans un tertre placé jadis au bord de l'Yère, démoli pour le passage de la route départementale n° 32. — Amphores et autres débris antiques au *Mont Dion*, trouvés lors de la démolition d'un monticule. — Constructions romaines mises au jour au *Mont Gosselin* par M. l'abbé Decorde en 1861. || *Ép. franque.* Cimetière mérovingien autour de l'église et notamment dans la *Motte du charron*. Depuis plusieurs années on y a rencontré des vases et des armes. En 1863 on a recueilli deux plaques de ceinturon en bronze; en 1864, 1866 et 1868 des vases en terre, une boucle en bronze et deux lances en fer. Toutes ces pièces sont entrées au musée de Rouen. || *Moyen âge.* Vieux château situé sur le bord de l'Yère, reconnaissable à des mouvements de terrain et à de vieux murs qui subsistent encore. La motte de son donjon, qui existait en 1850, a été démolie pour le passage de la route départementale n° 32. — Un château plus ancien se voyait près de l'église, sur la *Motte du charron*, antérieurement à 1503. — L'église, dédiée à saint Martin, présente des tufs du XI° siècle et des traces du XIII°. Les arcades de la nef sont du XIII° ou du XVI°. Le reste de ce vaisseau est du XVIII°. Le clocher, entre chœur et nef, est du XVII°. Les deux transepts ont été construits en 1853. A l'entrée du chœur, où il y trace du XVI° siècle, on lit l'inscription commémorative de la dédicace, qui fut faite le 16 juin 1482 par Robert Clément, évêque d'Hippone et religieux augustin de Rouen. — Verrerie au hameau de Sainte-Catherine en 1776, aujourd'hui disparue. == LA PIERRE-SUR-YÈRE. *Moyen âge.* L'église, dédiée à saint Pierre, a été démolie vers 1810. == DEVILLE. *Moyen âge.* Ancienne baronnie, dont le château et l'église, dédiée à saint Waast, ont disparu vers 1800. == PIERREPONT. *Moyen âge.* L'église, dédiée à saint Wandrille, et située au bord de l'Yère, garde une belle arcade de pierre du XVI° siècle. Le chœur a été démoli en 1835 ou en 1843. Le reste du bâtiment est moderne. Dans la nef est encastrée une inscription rimée du XVI° siècle, relative à la dédicace qui eut lieu en 1510 et fut faite par l'archevêque de Thessalonique, messire Toussaint Varin. — Château aujourd'hui disparu. == ÉCOTIGNY. *Ép. romaine.* Deux bronzes de Faustine trouvés vers 1860. || *Moyen âge.* Vieux château avec fossés, tourelles et pont-levis. On voyait sur le mur une inscription de 1645. Le château a été détruit en 1850, ainsi que l'*Arbre du baron*; mais les souterrains sont demeurés célèbres. — L'église, jadis dédiée à Notre-Dame, sert aujourd'hui de grange. Elle fut bâtie en silex au XIII° siècle. Son clocher, placé au portail, semblerait roman. Dans la nef sont des retouches du XVI° siècle. — Au lieu dit *la Croix d'Écotigny*, où l'on dit qu'il y eut une léproserie, on a trouvé des sépultures.

LONDINIÈRES. Formée des deux anciennes paroisses de Londinières et de Boissay. — LONDINIÈRES. *Ép. gauloise.* Atelier d'instruments en silex, du temps de la pierre polie, sur le territoire des Marettes. Les fragments de hachettes, rebuts ou ébauches, à peine préparés pour la plupart, qui en sont sortis, sont innombrables. Les pièces polies sont presque toutes cassées. Outre les ébauches, on rencontre aussi des *nucleus*, des gouges, des couteaux et des pointes de flèches. Haches de pierre lisses et polies trouvées dans le bourg et conservées au musée de Neufchâtel. Poignard en bronze recueilli en 1851 par M. Havard et conservé au musée de Rouen. || *Ép. romaine.* Voie antique de Dieppe à Beauvais. — Tuiles, poteries, médailles et murailles, sur tout le territoire, notamment dans le bourg, au *Pré-des-Préaux;* à Épinay, sur les bords de l'Éaulne, comme sur ceux de la Héanne. — Petit lion en bronze recueilli dans le cimetière en 1836 et acquis par le musée de Rouen. — Restes de *villa* sur le territoire des Fosses, où M. Cahingt a recueilli fréquemment des vases en terre et de beaux fragments, qui sont à Neufchâtel. — Le musée de Neufchâtel possède un Domitien en or et une suite de bronzes impériaux qui en proviennent. || *Ép. franque.* Cimetière mérovingien des plus importants, placé au pied du *Mont Blanc*, au bord de la route départementale n° 10, et autour du cimetière actuel. Ce fut en 1825, en creusant les fondations des murs du cimetière, qu'on en eut la première connaissance. En 1847 et 1850, en 1852 et en 1865, M. l'abbé Cochet y pratiqua quatre fouilles consécutives, qui lui permirent de l'explorer à peu près dans son entier. Il n'a pas moins de 70 à 75 mètres dans tous les sens. On en a extrait quatre cent vingt-cinq squelettes de tout âge, de tout sexe, de toute condition, qui étaient orientés est et ouest; les fosses allaient du nord au sud. Parfois il y avait plusieurs corps l'un sur l'autre; quelques-uns avaient été assis; la plupart étaient habillés. Plusieurs inhumations avaient été violées. M. l'abbé Cochet a recueilli cent cinquante vases en terre et dix en verre, tous placés aux pieds; dix à douze haches trouvées aux pieds; vingt sabres, trois épées sur les côtés; deux boucliers et des couteaux sans nombre. Le fer était encore représenté par soixante-quinze lances, presque toutes près de la tête; par des boucles de ceinturon, des plaques et des contre-plaques damasquinées, des anneaux, des alènes et des pointes de flèches. Le bronze constituait des boucles de ceinturons et de lanières, des plaques ciselées pour la ceinture, des fibules ornées de verroteries coloriées, des boutons, des anneaux, des bagues, des bracelets, des boucles d'oreilles, des aiguilles, des chaînettes et des pinces à épiler. Enfin, il a trouvé des pierres à feu et des pierres à affiler, des perles de verre ou de pâte de verre pour colliers et bracelets, et aussi des perles plates ou hémisphériques d'un usage inconnu. Il s'est trouvé parfois des fibules antiques décorées d'émail et quatre monnaies romaines, dont une de Tétricus. (Voir sur tous ces objets, déposés en très-grande partie au musée des antiquités de Rouen, les différents ouvrages de M. l'abbé Cochet, où ils sont reproduits.) || *Moyen âge.* L'église, dédiée à saint Pierre, a la forme d'une croix latine. Le chœur, par sa voûte, date du xiii° siècle, ainsi que le transept du nord, mais il a été retouché ultérieurement. Le clocher, entre chœur et nef, a été construit en 1548 et donné par Binet Maussieu et ses enfants, comme l'indique une ancienne inscription. Le corps, carré, fut refait en 1693. Le transept du midi est du xvi° siècle. Deux chapelles latérales au chœur sont de 1600 ou environ. La nef, ayant croulé pendant l'hiver de 1683, fut reconstruite en 1684 et 1685 pour la somme de 6,559 livres. Dalles tumulaires et inscriptions obituaires du xiv° et du xvi° siècle. Tombe sciée portant la date M CCC LXIII. Dans le chœur est l'obit de Thomas Mouilliard, vicaire, décédé en 1542. Dans la chapelle de la Sainte-Vierge est l'obit d'Anthoine Troche, sergent, du 1ᵉʳ septembre 1625. Sous le clocher sont les trois inscriptions tumulaires et obituaires de Thomas Maussieu, vicaire, en 1513; de Pierre Levasseur, en 1657, et de Guillaume Maussieu, recteur du lieu pendant quarante-deux ans, décédé le 20 décembre 1661. — Londinières, donnée au chapitre de Rouen en 875, resta sa propriété et sa prébende jusqu'à la Révolution. — Lieu nommé *le Gibet*, reste de la haute justice du chapitre, et *Grange des dîmes.* — Cercueil en plâtre et caveau près de la nef, trouvés dans le cimetière en 1844, où l'on a recueilli des vases à charbon et à eau bénite. = Boissay. *Ép. romaine.* Restes antiques abondants au hameau de Boisselet, où des poteries et des armes en fer auraient été trouvées en 1820. — Pendant bien des années M. Cahingt a recueilli, au bord de la route départementale n° 5, des poteries rouges, noires et blanches, dont beaucoup sont déposées à Neufchâtel. *Moyen âge.* L'église, dédiée à saint Mélaine, a été reconstruite de 1708 à 1758, sauf pour quelques parties en pierre tuffeuse et pour une porte en pierre de la Renaissance. Le chœur a été démoli en 1826. En 1743, on voyait dans le sanctuaire une très-ancienne verrière représentant saint Mélaine, évêque et patron de la paroisse au xvi° siècle. Les seigneurs de Boissay embrassèrent la réforme et établirent dans l'enceinte de leur château un prêche et un cimetière. Un ministre venait de Dieppe. Une tradition prétend que la paroisse, qui était devenue réformée, se convertit vers 1697, à la suite d'un grand orage.

PREUSEVILLE. Formée des deux anciennes paroisses de Preuseville et d'Hesmy. — Preuseville. *Ép. gauloise.* Hachette en silex trouvée en 1861. || *Ép. romaine.* Charbon et tuiles à rebords dans les terres qui entourent le cimetière. — Col de vase, six cuillers d'argent, une chaîne et deux anneaux en or, trouvés par un berger, dans un labour, en 1840. — Monnaies, maçonneries, ferrailles et tuiles à rebords, à Coquereaumont. — Anciennes fondations aux approches d'un petit bois sur le chemin de la Leuqueue. — *Villa* trouvée en 1850, en traçant le grand chemin qui conduit à Foucarmont. Les champs étaient remplis de murailles, de meules à broyer, d'ossements humains, de défenses de sangliers, de tuiles à rebords, de clous, de poteries rouges et noires. || *Moyen âge.* Église dédiée à saint Jean-Baptiste. La nef date du xviii° siècle. Le chœur a été construit en 1842. = Hesmy. *Ép. franque.* Au ix° siècle, une femme d'Hesmy fut guérie par l'invocation de saint Wandrille, au monastère duquel saint Wandon avait donné le fief d'Hesmy en 696. || *Moyen âge.* L'église, dédiée à Notre-Dame, fut d'abord construite au xiii° siècle, qui y a laissé des traces. Mais la nef a été remaniée. Le chœur paraît moderne; toutefois il contient une piscine du xvi° siècle. Au midi du chœur est une chapelle de pierre du xvi° siècle, sans doute seigneuriale. Croix processionnelle en cuivre émaillé du xiv° ou du xv° siècle.

PUISENVAL. *Moyen âge.* L'église, dédiée à saint Nicolas, fut construite au xi° siècle. Il reste encore des tufs, des contre-forts et des fenêtres de ce temps. Le clocher, au côté nord de l'église, est une tour carrée du xi° ou du xii° siècle. Le reste de l'église est du xviii°. Belle dalle tumulaire du xvi° siècle d'un prêtre vêtu de la planète, antique; les mains, la tête et les pieds étaient en marbre. Autour on lit l'inscription «de Jehan Le-«brasseur, curé de Puisenval, décédé en 15..»

SAINTE-AGATHE-D'ALIERMONT. *Ép. romaine.*

15.

Tuiles à rebords trouvées en 1836 du côté de Lasseneuse, et en 1850 du côté de la Preuse. || *Moyen âge.* L'église, sous le vocable de Sainte-Agathe, et du XIII° siècle, fut consacrée le 24 août 1267 par Eudes Rigaud, archevêque de Rouen. Elle est construite en silex et en pierre du pays, terminée par une abside à trois pans et percée de douze fenêtres en ogive primitive. Dans le sanctuaire est une délicieuse piscine à double cuvette dont l'encadrement, formé par une double lancette et surmonté d'une rose, est orné de colonnettes et de chapiteaux élégants. Baptistère en pierre de la Renaissance. Le clocher, refait au XVI° siècle, a été remanié vers 1710. La cloche, de 1584, a été donnée par les paroissiens. Inscription tumulaire et obituaire d'un laboureur de 1656, dans la nef.

SAINT-PIERRE-DES-JONQUIÈRES ou **LES JONQUIÈRES**. *Moyen âge.* Formée des trois anciennes paroisses de la Trinité-des-Jonquières, de Saint-Pierre-des-Jonquières et de Parfondeval, fusionnées en 1823. — LA TRINITÉ. L'église a été démolie en 1834. = SAINT-PIERRE. L'église, qui ne se trouve séparée de sa voisine que de la largeur du chemin, est une construction du XVII° et du XVIII° siècle. = PARFONDEVAL. *Ép. franque.* Cimetière mérovingien découvert en 1844, lors de l'établissement de la route départementale n° 30. En enlevant des terres, on rencontra des sépultures accompagnées de tuiles à rebords, de vases en terre, d'agrafes en bronze, d'une lance en fer et de deux haches de fer d'une forme étrange : le tout fut déposé au musée de Neufchâtel. La vue de ces objets décida M. l'abbé Cochet à pratiquer à Parfondeval une fouille méthodique en 1851. Il y constata la présence d'environ cent cinquante corps rangés par lignes de cinq à vingt fosses par rang, où il recueillit trente vases de terre, trois sabres, trois haches, douze couteaux, deux ciseaux, une alène, cinq anneaux, trois boucles et plusieurs plaques damasquinées, le tout en fer; des boucles de ceinturon, des boucles d'oreilles, des styles et des fibules en bronze, un peigne en os, une boucle d'oreille en argent, une plaque d'argent et deux admirables fibules rondes en or et argent, décorées de verroteries rouges et de filigranes d'or. Ces objets ont été transportés au musée de Rouen. (Voir *la Normandie souterraine*, où ils sont représentés.) || *Moyen âge.* Dans la cour du château, qui est du XVIII° siècle, se trouvait l'église dédiée à saint Pierre, dont une partie a été démolie en 1824 et le reste est devenu une habitation.

SAINT-VALERY-SOUS-BURES. Formée des trois anciennes paroisses de Saint-Valery, d'Osmoy et de Maintru. — SAINT-VALERY. *Ép. gauloise.* Hachette en bronze, hache en pierre ébauchée et fragment de hache polie, trouvés au hameau de la Valouine en 1863. || *Ép. romaine.* Monnaie de Gordien III, en argent, donnée en 1848 au musée de Neufchâtel. || *Moyen âge.* L'église, sous le vocable de Saint-Valery, n'existe plus. Construite au XVI° siècle, elle possédait un chœur monumental en pierre de taille. Elle fut démolie en 1866, après avoir servi de grange pendant trente-cinq ans. A l'entrée du chœur on voyait une magnifique *Passion* sculptée sur bois, avec une vingtaine de personnages fort intéressants. Le tout a été vendu à vil prix vers 1830. Croix de cimetière dont il n'existe plus que la base et le fût en grès couvert d'ornements, au milieu desquels on distingue les lis, des croix, des coquilles, des dauphins, une coupe, des raisins, et surtout les instruments de la Passion, tels que le flambeau, le marteau, les clous, le coq, la tunique, etc. La base, de forme octogone, est également décorée de lis, de lions, de syrènes, de dauphins et de fleurs. Outre le nom de Jacques Fournel, qui doit être celui du donateur, on y lit la date de la donation, 1550. = OSMOY. *Ép. romaine.* Petit bronze de Maxence trouvé en 1831. Meule à broyer en poudingue. Squelettes accompagnés de vases et monnaie d'or, trouvés de 1840 à 1852 sur le bord du chemin de grande communication n° 1, de Dieppe à Gisors. M. l'abbé Cochet a remarqué dans la coupe du terrain des urnes remplies d'os brûlés. || *Moyen âge.* L'église, dédiée à Notre-Dame, jadis en forme de croix, appartient à deux styles bien tranchés : le plein cintre roman et l'ogive des derniers temps. Le grand portail est un très-beau cintre roman construit en pierre blanche du pays, et, à cause de cela, très-altéré. On y reconnaît parfaitement les dents de scie, les billettes et les frettes du XI° siècle. La nef, également ancienne, possède des ogives, et a dû être remaniée. Le clocher, entre chœur et nef, est roman. La tour, carrée, portée sur quatre arcades cintrées, est percée de fenêtres circulaires bien caractérisées. Sous une des arcades on lit, en cinq lignes, l'inscription suivante, qui n'a pas été achevée : ANNO : AB : INCARNATIONE : DNI : M° : C° LXX° DEDICATA (EST :) HEC : ECCLESIA : VI° : KAL : MAII : IN : HONORE : ... Le chœur est du XIII° siècle, mais les voûtes ont été faites au XVI°. Les chapiteaux sont décorés d'animaux et de chimères de style byzantin. En 1740, on supprima le transept nord; au transept sud, du XVI° siècle, on a ajouté, dans la direction du chœur, une chapelle en pierre avec voûtes, clefs pendantes et fenêtres ornées. Baptistère en pierre du XIII° siècle, reconnaissable aux chapiteaux qui le décorent, malgré une chemise de plâtre moderne. Sur la porte de la sacristie on lit l'inscription tumulaire de «Loys Bourgoyse, natif et curé de céans», mort en 1597. C'est sans doute le parent de ce prêtre qui, trésorier en 1613, a fait restaurer la tour du clocher. — Grange des dîmes, près de l'église. = MAINTRU. *Moyen âge.* L'église, dédiée à saint Léger et à saint Martin, est moderne; cependant on trouve dans la nef et au portail quelques traces du

XIII° siècle. Sur les murs sont des croix de consécration et des armoiries, restes de litre féodale. Dalle funéraire du XVII° siècle. — Manoir de la *Valouine*, construit en 1602 par les sires de Ricarville, possédant encore sa tourelle, son perron, son escalier, orné de colonnes de pierre, et l'ancienne chapelle.

SMERMESNIL. Formée des quatre anciennes paroisses de Smermesnil, de Lignemare, et de la Leuqueue. — SMERMESNIL. *Ép. romaine.* Tuiles à rebords et poteries en terre rouge dans le cimetière et autour de l'église. || *Moyen âge.* L'ancienne église, dédiée à sainte Madeleine et démolie en 1867, contenait quelques parties du XVI° siècle. On a conservé dans la moderne les deux transepts voûtés de la Renaissance. Dans la nef ancienne existaient plusieurs pierres gravées, qui ont été replacées dans la nouvelle. On y lit des obits de 1622, 1624 et 1625. Ce dernier, daté du 10 février et fait par Adrien Pottier, était le plus important. Baptistère en pierre avec colonnettes et feuillages sculptés du XIII° siècle. — La veille de la Saint-Jean on allume un feu de joie qu'on appelle le *feu d'or.* — Pierres tumulaires venant de l'ancienne abbaye de Foucarmont, servant de seuil et de perron au château. Sur l'une d'elles on lit la date MIL CC XCI (1291). — Chapelle, aujourd'hui détruite, au hameau d'Écaquelonde. = LIGNEMARE. *Moyen âge.* L'église, dédiée à saint Martin, paraît dater du XVII° et du XVIII° siècle; cependant le chevet peut être du XIII°. Le maître-autel est formé d'une dalle de pierre. Au milieu du chœur est une tombe en schiste; devant l'autel de la sainte Vierge, une dalle tumulaire du XVI° siècle, et dans le mur de la nef, l'inscription tumulaire et obituaire de Jean et Anthoine dits *Vénambre*, portant la date du 8 janvier 1581. — Dans le cimetière est la moitié d'une ancienne pierre d'autel de 1297, portant l'inscription de sa consécration. = LA LEUQUEUE. *Moyen âge.* L'église, dédiée à saint Jean-Baptiste, est du XVI° siècle.

WANCHY-CAPVAL. Formée des deux anciennes paroisses de Wanchy et de Capval. — WANCHY. *Ép. gauloise.* Hachette en pierre polie trouvée au *Mont Landrin* en 1860. || *Ép. romaine.* Voie allant de Dieppe à Beauvais. || *Moyen âge.* Motte qui dut être la base d'un château dans la vallée de l'Éaulne, près du pont de Wanchy. Il y a quelques années, on y a trouvé des carreaux émaillés du moyen âge. — Prieuré dépendant de Saint-Ouen de Rouen, établi au XIII° siècle autour de l'église. — L'église, dédiée à saint Pierre, fut primitivement construite au XI° et au XII° siècle. Des tufs, un appareil à feuilles de fougère et des ouvertures encore visibles l'indiquent assez. Dans les murs sont deux cintres romans rebouchés qui signalent des chapelles supprimées. Le clocher est un corps carré roman qui date du XI° siècle, mais qui a été modifié. Le portail est de la Renaissance, ainsi que le porche. La nef est du XVI° ou du XVII° siècle. — Croix romane en tuf du XI° ou du XII° siècle, dans le cimetière; la forme en est grecque, le fût se compose de quatre colonnes rondes cantonnées. — Il y avait autrefois trois chapelles : celle de Fumechon, celle de Bretel et celle de Malvoisine. = CAPVAL. *Moyen âge.* L'église, dédiée à saint Mélaine, appartient en grande partie au XI° et au XII° siècle par ses fenêtres étroites et cintrées et sa porte ogivale. Fondation obituaire du 20 septembre 1649. Deux jolies sculptures sur bois de la Renaissance. L'inscription de la cloche porte la date de 1749.

CANTON DE NEUFCHÂTEL.
(Chef-lieu : NEUFCHÂTEL.)

AUVILLIERS. *Ép. romaine.* Tuiles à rebords, en grand nombre, trouvées en 1834 en creusant un fossé à la côte dite *le Mont-à-Caillot*, qui descend d'Auvilliers à Mortemer. Tuiles et poteries reconnues par M. Deville. || *Moyen âge.* L'église, dédiée à saint Jean-Baptiste, a la forme d'une croix et appartient entièrement au siècle dernier, probablement à l'année 1732, date qu'on lit sur le plafond. Dans une chapelle est un bas-relief représentant saint Hubert et son cerf mystérieux. — Château dont l'entrée en brique rouge date du XVI° et du XVII° siècle, près de l'église. — Léproserie dont on montre encore la place. || *Ép. incertaine.* Motte signalée par M. A. Deville.

BOUELLES. *Ép. gauloise.* Vases découverts de 1842 à 1854 dans la *Briqueterie du Hallais*, voisine de la *Maison rouge*, au bord de la route impériale n° 29, attribués à l'époque gauloise, mais à des temps voisins et même contemporains de la conquête romaine. Pendant douze ans, des briquetiers n'ont cessé de rencontrer, à 60 centimètres du sol, des groupes de vases funéraires enveloppés dans une couche de cendres et de charbon. Ces groupes, placés à 2 mètres de distance les uns des autres, se composaient de quatre à cinq vases réunis ensemble. Plusieurs avaient la forme d'une écuelle; d'autres ressemblaient à l'*olla*. En juillet 1854, on découvrit une urne ressemblant à une soupière, ayant couvercle et contenant des os brûlés, des perles d'os, des perles de silex et des rondelles en fer. Près du vase se trouvait une grande épée en fer, longue de 0^m,80 et large de 4 à 5, avec fourreau en métal. Le tout au musée de Neufchâtel. || *Ép. romaine.* Débris de vases et restes de veroterries trouvés parmi les groupes cinéraires. Tuiles à rebords dans les terres voisines de la route impériale. || *Moyen âge.* L'église, dédiée à saint Martin, fut d'abord construite au XI° et au XII° siècle, dont il reste des traces dans le mur nord, au grand portail et dans une arcade rebouchée. Le reste est l'œuvre du XVI° et du XVIII° siècle. Au XVI° siècle appartient surtout le berceau en bois, soutenu par des têtes et des ornements sculptés, et décoré de peintures formant des monogrammes qui peuvent dater de 1640. Clocher à tinterelles du xi⁰ siècle sur le portail. Statues de pierre du xvi⁰ et du xvii⁰ siècle, parmi lesquelles sainte Barbe, sainte Catherine et la sainte Vierge, dont l'enfant Jésus tient un oiseau. Grande et belle statue de la Vierge venant de Beaubec. — Charmante croix de cimetière de 1600 ou environ. Elle se compose d'une colonne cannelée et ornée de lierre sculpté et d'une base carrée sur laquelle on voit en haut-relief les quatre évangélistes. — L'ancien château, récemment délaissé, date du xvi⁰ et du xvii⁰ siècle. On y remarque trois tours en briques rouges et blanches, un colombier appareillé en marqueterie, et l'entrée d'un souterrain. || *Ép. incertaine.* Motte circulaire, haute de 4 à 5 mètres et de 100 mètres de circonférence au moins, dans un taillis sur la *Côte de Cornemesnil*, près du hameau de ce nom. Elle est entourée d'un fossé profond fait de main d'homme. Au milieu de ce terrassement on a trouvé une muraille carrée, détruite dans ces derniers temps. On dirait l'assiette d'un ancien château.

BULLY. *Ép. préhistorique.* Hache en silex trouvée dans un ravin, qui ressemble beaucoup à celles de Saint-Acheul. || *Ép. gauloise.* Hachette en silex recueillie en 1851. Haches en silex trouvées aux environs du *Château du Flot.* — Monnaie en potin, appartenant à la Gaule Belgique, rencontrée au lieu dit *les Grouelles*, en 1848. || *Ép. romaine.* Tuiles à rebords trouvées au hameau de Bourgtin en 1855, et postérieurement avec des fragments de poterie auprès d'une fontaine. — Fondations, meules à bras, tuiles à rebords, restes de vases de terre ou de verre dans les environs du *Château du Flot.* || *Moyen âge.* L'église, dédiée à saint Éloi, appartient à deux époques principales : le siècle de saint Louis et le siècle de François Iᵉʳ, dont le raccordement ne choque pas la vue. Le chœur et les deux chapelles qui l'accompagnent, à droite et à gauche, sont du style ogival primitif du xiii⁰ siècle, ainsi que leurs voûtes. Le chevet, à trois pans, est éclairé par trois lancettes primitives ; seulement les deux chapelles ont eu leurs fenêtres refaites au xvi⁰ siècle. Le reste de l'église, c'est-à-dire le clocher, les transepts, la nef et les collatéraux, a été construit en pierre et en grès au xvi⁰ siècle. Les voûtes, appareillées avec grand soin, sont souvent enrichies de clefs pendantes ou décorées d'armoiries, de dauphins, de syrènes et d'un saint Éloi, patron de l'église, etc. Les transepts sont percés par de grandes fenêtres munies de meneaux et de roses flamboyantes. Le transept du midi, remarquable par la rosace qui le termine, garde des restes de verrières où l'on distingue des actes de la vie de saint Julien le Batelier et la date «MIL Vᶜ XXXV» (1535). On y voyait autrefois la vie de saint Éloi. Le transept nord présente aussi des restes de verrières. Huit fenêtres éclairent chaque collatéral,

que des arcades avec colonnes rondes mettent en communication avec la nef. Au bas de ce vaisseau on lit cette inscription : «L'an de grâce mil cinq cents xxiii, le xiii⁰ jour d'avril après Pasques, Nicolas de Coquinvilliers, par la permission de Dieu, évêque de Véria, consacra et bénit cette nef.» Un beau porche en bois, décoré de jolies sculptures et de statues, qui portait sur un listel l'inscription «l'an de grâce 1527 fut fait ce porche,» est émoli depuis 1847. Saint-Sépulcre du xvi⁰ siècle, composé de six personnages de pierre. Dans le transept nord, la Vierge tient son fils dans ses bras, et elle est accompagnée de sainte Madeleine, de saint Jean et de deux anges. — Château autrefois près de l'église, dont on ne connaît plus que la place. Il fut longtemps occupé par une famille de l'Estendart, célèbre dans le pays. Plusieurs des l'Estendart furent gouverneurs de Neufchâtel, et on possède encore l'oraison funèbre de l'un d'eux, prononcée dans l'église Notre-Dame de Neufchâtel le 6 septembre 1694. Un de ces seigneurs transporta son château vers 1700 au hameau de Martincamp. Le chancelier Maupeou posséda ce château, qui a disparu à son tour à la fin de ce même siècle. — Château du Flot, construction en brique et pierre de la Renaissance, à un seul étage. Deux côtés, le nord et l'est, sont sans ornement ; mais le pignon de l'ouest et la façade du midi sont très-décorés. La façade se compose de deux portes cintrées d'ordre dorique et de deux fenêtres carrées en pierre blanche, se détachant sur des murs en brique nuancée, avec cartouches de pierre, dont quelques-unes font saillie. Une corniche en briques moulées règne autour du premier étage. Les fenêtres de cet étage sont en pierre et d'ordre ionique. Le tout est couronné de deux lucarnes ornées de bas-reliefs. Un de ces bas-reliefs présente des navires voguant sur les flots agités de la mer, allusion au propriétaire du château, qui se nommait Pharamond Du Flot. Le pignon de l'ouest est décoré de pilastres doriques, ioniques et corinthiens. L'ornementation, faite en briques moulées, est des plus intéressantes : on y lit la date de 1560. À l'intérieur, trois belles cheminées de pierre à cariatides surmontées de linteaux et de trumeaux des mieux sculptés. La cour ou courtil, encore entourée de murs, présente un puits, une grande porte et des communs fort beaux. Sur une fenêtre de la cuisine, on lit, gravée à la pointe, l'inscription suivante : «En l'an de (grâce) iiiixx et huit (1588?) le logis de céans fust feste par Toussaint Sonbret et de Lovis Legoix et Caterine Bellon, dame de Ménerval. Priez Dieu pour eulx.» — Ancienne verrerie existant en 1594, et probablement antérieure de plus d'un siècle. Supprimée depuis longtemps.

ESCLAVELLES. *Ép. gauloise.* Dépôt de monnaies en or qui fut vendu 12,000 francs vers 1803, cité par M. Lambert dans son second *Essai sur la numismatique gauloise.* || *Ép. romaine.* Antiquités et médailles trouvées en grand nombre au hameau de Morimont et conservées au musée de Neufchâtel, entre autres un vase en terre noire contenant trois cent quatre-vingts monnaies d'Antonin, de Faustine, de Marc-Aurèle, de Trajan, d'Adrien, de Commode et de Septime-Sévère, découvert en 1835, et quatre cent trente-huit monnaies de bronze du Haut-Empire renfermées dans un vase, découvertes la même année. (Voir l'*Écho du monde savant* du 19 juin 1835.) La plus curieuse de toutes ces monnaies est un grand bronze de Géta, pièce très-rare. — Tuiles à rebords remarquées en 1853, près de la route impériale n° 29, en telle quantité qu'on a cru à l'existence d'une briqueterie antique. Meule à broyer recueillie aux *Hayons* en 1864. || *Moyen âge.* L'église, dédiée à Notre-Dame, est pleine de retouches modernes, dont les plus importantes sont de 1712. On y reconnaît un fragment d'appareil du xi° siècle et des fragments du xvi°. Des menottes et des chaînes de fer, instruments de l'ancienne justice, étaient suspendues jadis à la contretable de l'autel. On prétendait que ces fers provenaient d'un ancien seigneur revenu de la croisade et qui avait rapporté l'attirail de sa captivité chez les Turcs. Ces pièces intéressantes sont à présent gardées dans une armoire. — Le château, situé près de l'église, remonte au xvi° siècle. C'est un corps carré en brique, présentant à l'extrémité des tours circulaires. Du côté de la façade, un mur s'avançait pour former la tour et était flanqué de tours rondes dont on a démoli la dernière en 1863. Des épis en plomb ornent le toit; des carreaux émaillés pavaient les salles que décorent encore des peintures et du cuir doré. — Le presbytère, construit en 1712, est une œuvre d'art. — Église ou chapelle avec service paroissial, existant, dit-on, au hameau des Sorengs; disparue depuis longtemps. — Deux *ribaudins* en bronze, charmants canons octogones du xvi° siècle, trouvés dans l'enceinte du château des Hayons en 1864. — Au manoir des Hayons existait une chapelle aujourd'hui sécularisée.

FESQUES. *Ép. gauloise.* Monnaies trouvées à la *Côte de Gaubourg*, près du *Val-aux-Moines*, vers 1825 et signalées par MM. Fernel, Deville et Lambert. — Hache en silex et hache en bronze trouvées au hameau de la Vieuville par M. Boulenger, en 1858. || *Ép. romaine.* Boucles d'oreilles et épingles à tête d'ivoire, anneaux en cuivre creux, monnaies en grand et moyen bronze, tuiles et poteries, recueillis sur la *Côte de Gaubourg* et à peu de distance de la route impériale n° 28, sur un espace de trois hectares. En septembre 1832, M. Fernel y pratiqua des sondages et découvrit des débris de tout genre. Les habitants rattachent à ces ruines une tradition d'abbaye. — Urne romaine, meules à broyer et tuiles à rebords, trouvées au hameau de la Vieuville par M. Boulenger, en creusant des fondations, en 1854. || *Moyen âge.* L'église, dédiée à saint Martin, appartient à plusieurs époques. La nef, en brique, est de 1760. Le chœur montre au nord le xii° siècle, comme le prouvent deux fenêtres et l'arcade qui communique avec la nef, au chevet le xvi°, au midi le xviii°. La sacristie remplace une ancienne chapelle. Sous un autel de bois de 1700 est un autel en maçonnerie de 1550. Carreaux en terre cuite de 1600 ayant servi de dalles tumulaires. Contre-table en chêne de 1690 à 1700.

FLAMETS-FRÉTILS. Formée des quatre anciennes paroisses de Flamets, de Frétils, de Sausseuzemare et de Port-Mort. — FLAMETS. *Moyen âge.* Église dédiée à saint Pierre. La nef, construite en silex, peut remonter au xii° ou au xiii° siècle. Le reste est moderne. Chaire de saint Pierre du xii° siècle; vieux coffre en bois ayant servi de trésor, stalles, contre-table et tabernacle de l'ancienne abbaye de Bival (xvii° siècle). — Très-ancienne verrerie, l'une des premières du comté d'Eu, depuis longtemps abandonnée. == FRÉTILS. *Moyen âge.* Église ou plutôt chapelle dédiée à saint Laurent, construction du xviii° siècle en bois et brique rouge, édifiée au milieu d'une ferme qui fut un prieuré de l'abbaye de Foucarmont. || *Ép. incertaine.* Le célèbre terrassement connu au moyen âge sous le nom de *Fossé du Roy* devait longer Frétils. Vers 1130, Henri Ier approuve la donation faite par Guillaume de Frétils (de Fretiaco) à l'abbaye de Foucarmont, de terres placées près du *Fossé du Roy* (ad Fossatum Regis). == SAUSSEUZEMARE-EN-BRAY. *Moyen âge.* L'église, dédiée à saint Valery, est moderne : la nef date de 1751 et le chœur de 1778. Statue de saint Valery, du xvi° siècle, et ancienne statue de sainte Anne. == PORT-MORT. *Moyen âge.* Chapelle dédiée à Notre-Dame, située un peu au-dessus des sources de l'Éaulne. C'est une construction romane du xi° et du xii° siècle. Le long des murs intérieurs on remarque des *rilles* ou bancs de pierre, restes de la coutume de prier debout. La porte a été faite en 1763, et le clocher, en aissante, est de 1775. Le nom de Port-Mort, donné à cette chapelle, indique qu'elle fut construite au bord d'un étang dont il y a tradition dans le pays et qui allait sans doute jusqu'à Mortemer. — Tradition d'ermites et d'ermitages.

FRESLES. *Ép. franque.* Sarcophage en pierre d'un seul morceau, trouvé en 1833 dans un champ dépendant de la ferme de *Beau-Soleil*. || *Moyen âge.* Église dédiée à Notre-Dame, appartenant à l'ogive du xiii° siècle, avec ses transepts et son chœur : ce dernier, éclairé par cinq ogives primitives, possède des voûtes anciennes. Celle du clocher s'appuie sur quatre têtes de pierre, dont deux représentent un jeune couple et deux un couple de vieillards. Peintures murales existant en 1847, surtout au clocher et dans les deux transepts. Piscine du xiii° siècle. Dans le chœur, trois vieilles statues de sainte Madeleine, de sainte Marguerite et de la Trinité

Cette dernière vient de la chapelle de l'ancien manoir de Fresles. Pied de lutrin en bois sculpté, dans le style de la Renaissance. Carreaux émaillés ayant formé des dalles tumulaires. Sur une de ces tombes, on lit le commencement d'une inscription du xvi° siècle. Tableau de saint François d'Assise et des scènes de la vie de Jésus-Christ, peintures fort anciennes. Admirable *Passion* en bois du xv° ou du xvi° siècle, en forme de triptyque à volets mobiles, ancien retable du maître-autel. Instrument de paix du xv° siècle formé avec un cuivre émaillé du xiii° siècle, trouvé dans la nef en 1860 et déposé au musée d'antiquités de Rouen. Inscription obituaire de Jean Mauger, de 1585, au-dessus de la porte de la sacristie. — Ancien manoir détruit qui possédait une chapelle et avait droit de haute justice. — Autrefois le curé de Fresles desservait une maison de Pommeval, à la suite d'une peste, dit-on. ‖ *Ép. incertaine.* Monticule boisé qui porte le nom de *Pas de Gargantua* ou *Pas du cheval de Gargantua.* On dit que ce cheval faisait des pas de sept lieues. On pense que c'est le même endroit qui est appelé le *Mont Gargan* dans un acte de 1337 conservé au Trésor des chartes.

GRAVAL. *Ép. gauloise.* Hachette en silex trouvée en 1837, conservée au musée de Neufchâtel. ‖ *Ép. franque.* Cercueil de pierre d'un seul morceau, trouvé vers 1814; il contenait un squelette, un sabre ou épée et une boucle de ceinturon en bronze. ‖ *Moyen âge.* L'église, dédiée à saint Pierre, est entièrement du xviii° siècle, probablement de 1747. — Au siècle dernier, il existait une haute justice dont la cohue et les prisons étaient près de l'église. — *Bois de la Vigne,* souvenir de vignobles du moyen âge.

LUCY. *Ép. gauloise.* Statères recueillis en grand nombre à la *Queue-du-Mont* en 1827. Les orfévres qui les fondirent en obtinrent un marc d'or. Statère trouvé au *Manet* ou *Maneret* en 1837. Statère recueilli à la *Queue-du-Mont* en 1840. ‖ *Ép. romaine.* Les terres de la *Queue-du-Mont* sont mêlées à des débris antiques.— Une charte d'un archevêque de Rouen de 1217 mentionne le passage d'une voie antique par Lucy (Luciacum). ‖ *Ép. franque.* Squelettes accompagnés de vases et d'armures trouvés, dans un champ par M. de Suzement en 1844. — Cimetière mérovingien rencontré au même lieu par suite de fouilles méthodiques pratiquées par M. l'abbé Cochet en 1851. On découvrit trente squelettes déposés dans des fosses de craie. Aux pieds des morts, orientés est et ouest, étaient des vases en terre noire ou grise; à la ceinture se trouvaient des couteaux et des boucles; sur la poitrine reposaient des fibules, un style en bronze, des monnaies romaines frustes; trois fers de lances placés près de la tête ont été recueillis. La découverte la plus importante a été une plaque de ceinturon en bronze sous laquelle étaient placés cinq triens d'or, allant de 640 à 700, sur lesquels on lisait les noms des monétaires *Alemundus, Berebodes, Domnigizile* et *Ado* ou *Adon.* Les villes où avaient été frappées ces pièces étaient Burdigala (Bordeaux), Turonu (Tours), *Vatunacum,* Douvre et Anse. Ces monnaies et la plupart des objets provenant de la fouille de Lucy sont entrés au musée de Rouen. (Voir une notice de M. Thomas et de M. l'abbé Cochet sur ces cinq monnaies d'or.) ‖ *Moyen âge.* Église dédiée à Notre-Dame. Le chœur, démoli il y a quelques années seulement, était du xiii° siècle. Au midi du chœur est une chapelle en moellon du xvi° siècle. La nef est du xviii° siècle. Au portail on remarque une jolie suite de statues en pierre sculptée du xvi° siècle. Vases à charbon du xiii° siècle et chapelet en verre bleu du xvii°, trouvés en reconstruisant le chœur.

MASSY. Formée des deux anciennes paroisses de Massy et de Brémontier. — MASSY. *Ép. romaine.* Tuiles trouvées en certaine quantité au hameau du Quesnay, en pratiquant un drainage dans une prairie en 1860. ‖ *Ép. franque.* Cercueils de plâtre trouvés en traçant une route dans le cimetière en 1864. ‖ *Moyen âge.* L'église, dédiée à saint Pierre, présente comme spécimens de l'architecture romane l'arcade qui met le chœur en communication avec la nef, la fenêtre terminale cintrée qui encadre des lancettes du xii° siècle et l'appareil de la nef. Cette église ayant été brûlée, on peut attribuer à cet accident les retouches modernes et le portail de 1727. Bas-relief représentant l'assomption de la sainte Vierge, placé au sommet du pignon de la chapelle de la Vierge, construite en 1816. Stalles, chaire et lambris provenant de l'ancienne église de Saint-Jacques de Neufchâtel. — Vases à charbon du xiii° siècle, trouvés en 1864, en traçant une route, le long du cimetière. = BRÉMONTIER. *Ép. romaine.* Fabrique de tuiles et de poterie, selon M. de la Mairie, à cause de l'abondance des débris qu'on y rencontre. ‖ *Ép. franque.* Fief de *Vintlana* ou Vintlane, qui, vers la fin du vii° siècle, fut donné à saint Wandrille par Waratton, maire du palais, où le saint abbé bâtit un oratoire et plaça des moines, selon le Bénédictin Du Plessis, qui se fonde sur le nom de *Montier,* que porte encore le pays, sur le voisinage d'un ruisseau, sur le vocable de Saint-Pierre resté à l'église, et sur la possession de plusieurs terres et églises dans ce pays par l'abbaye de Saint-Wandrille. Cette opinion, très-probable, était sans doute traditionnelle chez les Bénédictins, car la carte du *Gallia christiana,* dressée en 1767 par Nolin, sous les yeux de la congrégation de Saint-Maur, place *Vintlana* sur la Béthune, près de Neufchâtel. ‖ *Moyen âge.* L'église, dédiée à saint Pierre, est romane à la base de la nef, où l'on voit un appareil en feuilles de fougère. Le chœur appartient au xiii° siècle par sa piscine et sa fenêtre terminale rebouchée. La partie haute de la nef avec les fenêtres est du xvi° siècle. Carreaux émaillés du xvi° siècle dans le chœur. Deux petits autels de la Sainte-Vierge et de Saint-Nicolas, où l'on voit de curieux bas-reliefs représentant la vie du saint évêque de Myre, du xvi° siècle.

MÉNONVAL ou MÉNOUVAL. *Ép. gauloise.* Hache en silex conservée au musée de Neufchâtel. || *Ép. romaine.* Tuiles à rebords rencontrées au lieu dit *Trémont, Hautremont* ou *Hautrimont*, en 1860. Meule à broyer en poudingue recueillie en 1864. || *Moyen âge.* Église dédiée à saint Nicolas. La nef est moderne, sauf le mur du nord, qui pourrait être du xiii° siècle. Le chœur, également récent, présente au chevet une belle fenêtre de pierre du xv° ou du xvi° siècle. — Vieux château, auquel se rattache une histoire romanesque, situé près de l'église.

MESNIÈRES. *Ép. romaine.* Ferme des *Murailles*, à la limite extrême de Mesnières, vers Bures et Fresles, ainsi appelée à cause de ses substructions antiques. M. l'abbé Decorde y pratiqua une fouille en 1862 et y reconnut des carreaux en terre cuite, des piliers de brique, des tuiles à rebords et des murs courant dans tous les sens. Dans les champs qui entourent le château de Mesnières on trouve souvent des tuiles à rebords. || *Ép. franque.* Sépultures mérovingiennes avec des armes rencontrées à diverses reprises dans le parc du château de Mesnières, soit en abattant des arbres, soit en creusant les fondations de la nouvelle chapelle. Hache trouvée au château, en 1855; au musée de Neufchâtel. Squelettes et sabres en fer trouvés dans un herbage. Sabre franc recueilli en 1860 dans une fosse ovoïde avec des détritus de toutes les époques. || *Moyen âge.* L'église, dédiée à saint Pierre et à saint Paul, faite de pièces et de morceaux, garde dans sa nef, refaite au xvii° et au xviii° siècle, des damiers romans du xi°. Au côté nord est un collatéral terminé par une chapelle du xiii° siècle, à chevet polygonal, dédiée à la Vierge. Le clocher, placé entre chœur et nef, ce qui prouve l'antiquité de l'église, a été détruit, sauf son escalier, et remplacé par un clocher moderne sans caractère, placé au portail. La cloche actuelle est de 1751. Le chœur, originairement du xiii° siècle, a été refait en 1618. C'est à cette époque que l'on fit la jolie arcade de style ionique, sur colonnes cannelées, qui le met en communication avec la chapelle de la Sainte-Vierge. Chapelle Saint-Hubert sur le flanc méridional, construite au xvi° siècle par les seigneurs, qui y avaient leur banc et leur caveau sépulcral. Leurs tombeaux en plomb furent violés et enlevés à la Révolution. On n'a épargné que leurs dalles tumulaires, dont plusieurs toutefois ont été dispersées soit au portail de l'église, soit au presbytère. Une seule est restée en place : elle reproduit deux belles et grandes figures, qui sont celles de Louis de Boissay, mort en 1504, et d'Hélène Jullien de Marville, son épouse, morte en 1515. Dans la nef est la dalle tumulaire, en grande partie effacée, de Peronnelle de Lamberville, décédée vers 1260. *Ecce Homo* dans la chapelle de la Vierge, remplaçant une statue seigneuriale et tumulaire agenouillée. C'était évidemment la sépulture d'un seigneur de Mesnières au xvii° siècle. Son attitude de prière a fait croire au peuple qu'il faisait pénitence du meurtre du curé, commis dans un accès de colère. Cette église, assise dans les avenues du château, garde encore la porte seigneuriale que la Révolution a fait boucher en 1791. La veille de la fête de Saint-Pierre, patron de l'église, on allume encore un feu de carrefour. — Chapelle de Saint-Amador ou Amateur sur la côte de ce nom, et chapelle de Miromesnil; toutes deux disparues. — Deux grands vases en terre blanche avec raies de sanguine du xii° ou du xiii° siècle, trouvés en 1860 et conservés au musée de Neufchâtel. — Château : admirable construction du xvi° siècle, dans le style de la Renaissance, entièrement en pierre blanche du pays. Il se compose d'un corps carré long, flanqué à chaque angle d'une tour circulaire munie de machicoulis et terminée par un toit aigu. On pénètre dans le château par un perron de vingt-cinq marches, qui conduit à une galerie dite *Galerie des Cerfs*, ainsi appelée parce que l'on y voit six cerfs de pierre sculptés et sortant des murs. Les principaux appartements portent les noms de *Henri IV*, de *Galerie Henri IV*, de *Chambre des quatre tambours*, d'*Oubliettes*, etc. Dans une des tours, celle du nord, est la chapelle, élégante construction de la Renaissance, couverte de belles voûtes et qui fut pavée de carreaux émaillés. Elle est éclairée par cinq fenêtres, dont plusieurs ont conservé des verrières, pour la plupart mutilées. On y reconnaît encore Jésus en croix et la Résurrection ou Jésus-Christ aux enfers, la guérison de l'hydropique et le char d'Élie emporté dans les cieux, la Transfiguration et la Trinité. Six admirables statues de grandeur plus que naturelle décorent le sanctuaire : ce sont celles du Sauveur du monde, de son saint précurseur et des quatre évangélistes. Cette chapelle, que l'on pourrait attribuer à Laurent et à Charles de Boissay, aurait été dédiée le 4 avril 1545 par l'évêque d'Hippone, suffragant et vicaire général du cardinal Georges d'Amboise II, suivant une inscription que M. Mathon dit y avoir vue en 1822 et qui serait conforme à la tradition. D'un autre côté, M. de la Mairie affirme que la dédicace aurait été faite le 4 avril 1499 par Henri Potin, évêque de Philadelphie et suffragant de Rouen. Inscriptions du xvi° siècle. Dans la chapelle neuve qui sert aux élèves et aux orphelins instruits dans le château, on voit de belles boiseries sculptées du xvii° siècle, venant de l'ancienne abbaye de Préaux, près de Pont-Audemer. Ce château, construit pour être une forteresse, était autrefois entouré d'eau, dans de gigantesques fossés qui se voient encore. Les ligueurs le prirent et le saccagèrent de 1589 à 1592. A la Révolution française, il servit de prison d'État : on y renferma les nobles et les prêtres de la contrée, qui s'y trouvèrent réunis au nombre de deux cents personnes. En 1835, il est devenu un orphelinat et une maison d'éducation. Les jardins en étaient magnifiques, ainsi que les avenues, dessinées par Le Nôtre.

MORTEMER-SUR-EAULNE. *Ép. gauloise.* Hachette en silex gris et hachette en serpentine, entrées au musée de Neufchâtel. Fragment de hachette conservé par M. Joly dans sa collection du château. Monnaies en or trouvées sur le plateau qui domine le château normand. L'une d'elles est au musée de Rouen. Gros poudingue appelé *la Pierre*, sur la côte du château, qui pourrait être une pierre vénérée. || *Ép. romaine.* Monnaies trouvées à diverses reprises. On a également rencontré des vases cinéraires en 1835. En 1839, on a recueilli un grand bronze de Clodius Albinus. || *Moyen âge.* Mortemer posséda autrefois deux églises : l'une dédiée à Notre-Dame, et l'autre à saint Martin. L'église Notre-Dame est détruite depuis déjà plusieurs siècles, et l'on en montre encore le cimetière dans un herbage situé rue Notre-Dame. La croix et le baptistère seraient longtemps restés sur place, au dire des vieillards. — L'église Saint-Martin subsiste seule aujourd'hui; elle a été construite vers 1750. Le baptistère, cuve en pierre du XIII° siècle, est orné à chacun des quatre angles d'un faisceau de trois colonnettes. — Ferme du Prieuré, autour de l'église, dernier vestige d'un prieuré de l'ordre de Cluny, visité en 1255 et en 1266 par Rigaud, qui y trouva quatre religieux. Les archives départementales en possèdent un plan et une liasse de pièces allant de 1234 à 1772. — Château, siége de l'illustre maison de Mortemer, si célèbre en Angleterre et en Normandie. Des murs épais en pierre, portant les caractères du XII° et du XIII° siècle, subsistent encore sur de gigantesques mouvements de terrain, mottes et fossés, que domine le donjon. M. Joly, propriétaire, a formé sur place une petite collection comprenant des fers de flèche, des éperons, des clefs, des boucles, une lance, des monnaies et une portion de chaudière en cuivre, trouvés dans les ruines. M. Joly a offert au musée de Rouen plusieurs objets provenant de ses fouilles. — Terrassement énorme près du château, dont on ne peut déterminer ni la forme ni le but, et qui doit remonter à une haute antiquité. Une tour ronde, qu'il croyait antique et bien antérieure au château, a été signalée par M. Mathon. — Tradition de ville, à cause des ruines romaines d'Épinay. — Lieu probable de la bataille de 1055, entre les Français et les Normands.

NESLE-HODENG. Formée des deux anciennes paroisses de Nesle et de Hodeng. — NESLE. *Ép. romaine.* Tuiles à rebords, près de l'église. || *Ép. franque.* Anciennes poteries attribuées à l'époque franque, déposées au musée de Neufchâtel en 1862. — Cimetière découvert en 1868 sur la route qui conduit de Nesle à Bouelles, dans un champ appelé *le Paradis*, tout près d'un carrefour où se trouve un calvaire. A peine entrevu à cette époque, il a donné depuis huit à dix sépultures, dont plusieurs ont fourni des vases de terre, des couteaux en fer, deux lances, une hache francisque, des perles de verre, une fibule et un collier de bronze, ainsi qu'un beau plateau de bronze avec oreillons. Ce cimetière a été fouillé en octobre 1869 par M. l'abbé Cochet, qui y a reconnu dix rangées de fosses ayant reçu de quinze à vingt-deux corps, toutes orientées du nord au sud, tandis que les fosses le sont de l'est à l'ouest. Sur deux cents sépultures, les deux tiers environ avaient été violées. Ont été recueillis : quarante vases de terre rouge, noire ou blanche, déposés aux pieds des morts; deux coupes de verre, de forme allongée et sans pied; parmi les objets de fer : trente-quatre couteaux, dont deux avec garniture d'argent; quinze boucles, un poignard, huit haches, quinze lances, un fauchard, un bouclier, quatre flèches, deux vrilles, quatre fermoirs de bourse et les cercles d'un seau de bois; parmi les objets de bronze : huit boucles de lanière, dix boucles de ceinturon, des clous ou ornements de ceinturon, deux bagues, huit fibules décorées de verroteries, cinq monnaies, dont une d'Adrien et trois de Tétricus; l'une d'elles était percée et l'autre coupée; parmi les objets d'argent : un style et une fibule plaquée d'or, une bague et une petite monnaie de Théodebert (534 à 548) frappée avec le type impérial; parmi ceux d'or : un anneau dont le chaton est gravé d'une croix, sept boules de collier, une épingle à cheveux avec tête en lapis-lazuli, un style et deux magnifiques fibules circulaires décorées de grenats et de filigranes, un tiers de sol d'Anastase (518) d'une excellente conservation. Des bracelets et des colliers de verroterie, de jais et d'ambre, et de grosses perles de jais et d'ambre se sont ajoutés aux fruits de cette fouille qui ont été déposés au musée de Rouen. || *Moyen âge.* L'église, dédiée à saint Pierre, appartient entièrement à l'ogive primitive du XII° et du XIII° siècle. Elle est en pierre ferrugineuse du pays de Bray. Le clocher, au portail, est une tour carrée de ce temps. La nef qui suit a des ogives du XIII° siècle. Le chœur se termine par une superbe fenêtre ogivale à quatre compartiments surmontés d'une rose à quatre feuilles. Sur l'un des côtés du chœur est une chapelle en style ogival primitif, dont la fenêtre terminale est occupée par un groupe de sculpture sur pierre représentant un acte de la vie de saint Eustache. Le baptistère est une cuve ronde en pierre, avec colonnes sculptées du XIII° siècle. Chaire de Saint-Pierre du XV° ou du XVI° siècle. Jolie dalle tumulaire dans le chœur, sur laquelle est gravé un prêtre mains jointes et vêtu de la planète antique, qui est Jehan Nollant, curé du lieu vers le xv° siècle. — Devant l'église est une charmante croix de pierre du xvi° siècle. Elle se compose d'une colonne corinthienne, dont le chapiteau offre trois écussons effacés. — Ancien hôpital du nom de Saint-Eustache. — Ancienne abbaye de Bival, monastère de femmes de l'ordre de Cîteaux, fondé vers 1140 par les seigneurs du lieu. Ce fut d'abord un simple prieuré soumis à la direction des moines de Beaubec, également Cisterciens ; mais en 1175 l'archevêque de Rouen prit les religieuses sous sa protection et les confia à la direction des moines de Foucarmont. La maison alors devint une abbaye, qui, au xiii° siècle, compta jusqu'à trente-trois religieuses et qui fut mère des abbayes cisterciennes ou bernardines de Bondeville, de Saint-Saëns, de Neufchâtel, d'Yvetot et d'Arques. Après avoir beaucoup souffert des guerres du xv° siècle et des troubles du xvi°, elle fut entièrement supprimée en 1791. Quelques années après on démolissait l'église, construite en pierre, dont la tour renfermait deux cloches. Les stalles furent enlevées et le tabernacle porté à Flamets. Une partie du cloître, construit en bois, existait encore en 1846. La salle capitulaire est devenue un cellier et le bâtiment monastique une grange. On ne voit plus que quelques statues de bois de Notre-Dame, de sainte Madeleine et de saint Bernard. L'horloge et le puits subsistent encore. De toutes les constructions monastiques on a fait deux corps de ferme où l'on distingue parfaitement les vieux murs de clôture et les granges dîmeresses, avec leurs ogives et leurs contre-forts du xii° siècle. — Un plan et trois liasses de pièces allant de 1226 à 1770 sont conservés aux archives départementales. = Hodeng. *Moyen âge.* Église dédiée à saint Denis. La nef et le chœur sont modernes ; mais le clocher, placé à côté du chœur, est une construction romane faite avec la pierre du pays. Deux inscriptions relatent des fondations de 1770 et de 1606. Cette dernière demande qu'on sonne les deux cloches matin et soir pendant deux heures.

NEUFCHÂTEL-EN-BRAY. Formée de la ville de Neufchâtel et de l'ancienne paroisse de Saint-Vincent-de-Nogent. — Neufchâtel. Anciennement nommée Drincourt, Driencourt, Driencort et Lincourt. Elle a reçu au xii° siècle seulement son nom actuel, qui n'avait pas encore entièrement prévalu au xiv°. Driencourt alors possédait un tout petit château en bois placé au bord de la Béthune, assez près de l'église Saint-Pierre. En 1074, ce château reçut Robert Courte-Heuse, un instant révolté contre son père. Le nom de Driencourt apparaît dans l'histoire dès 944, quand les habitants de ce bourg prirent parti pour le jeune Richard I°' contre le roi de France Louis d'Outremer, et qu'ils s'unirent aux habitants de Rouen pour le faire prisonnier dans les murs mêmes de la métropole. || *Ép. gauloise.* Trois monnaies en bronze portant, l'une le nom de VIRICI, et l'autre celui de RATVMA avec celui de SVTICOS, qui indique une monnaie de Rouen et des Vélocasses : conservées au musée de Rouen. Quart de statère d'or trouvé au hameau du Bout-du-Monde en 1866. Dix ou onze monnaies, dont une offre le nom d'ATISIOS, au musée de Neufchâtel. — Quatre haches de pierre polie trouvées sur l'emplacement du prieuré de Saint-Thomas-le-Martyr, sur la *Côte de Saint-Antoine*, lors de la rectification de la route, et sur d'autres points. — Cinq haches de silex entières ou fragmentées, trouvées en 1868. — Couteaux et flèche en silex recueillis à la *Côte de Saint-Antoine* par M. Mathon. || *Ép. romaine.* Tuiles à rebords aperçues au pont qui conduit vers Rouen, à 2 mètres au-dessous de la rivière, en 1838 ; dans l'enceinte du prieuré-hôpital de Saint-Thomas, en 1850 ; et enfin, en 1863, sur le plateau qui domine la ferme de Saint-Antoine. Monnaies recueillies à différentes époques et sur divers points : Faustine en bronze au *Pont de Rouen*, en 1838 ; monnaie impériale sur le plateau de Saint-Antoine, en 1862 ; grand bronze d'Antonin près du château, en 1863. Meule à broyer en poudingue recueillie au *Mont Ricard* en 1860. Onze monnaies d'argent, quatorze grands bronzes et trois petits bronzes, acquis par le musée de Rouen en 1836. || *Ép. franque.* Le doyenné de Driencourt comptait quarante-cinq paroisses au xiii° siècle et cinquante-trois au xviii°. — Cimetière mérovingien trouvé près du calvaire qui borde la route départementale n° 5, de 1850 à 1852. Les premiers travaux ont donné une centaine de corps : quelques crânes sont au musée de Neufchâtel. Ce même musée a recueilli, dans cette circonstance, vingt vases en terre grise, noire et blanche, des sabres, des couteaux, des fers de lance, des boucles, des plaques de ceinturon en bronze ciselé et en fer damasquiné. Il possède aussi un bouton en bronze encadrant un verre coloré en bleu, et une trousse composée d'un cure-oreille, d'un cure-dent et d'une petite passoire, le tout en bronze. Une fouille pratiquée par M. l'abbé Cochet en 1855 a donné un vase de terre, une clef en fer, des boucles en bronze, des perles en verre et en pâte de verre. Enfin, en 1863 et 1864, de nouvelles constructions ayant été faites dans ce cimetière, on a trouvé une douzaine de squelettes, dont plusieurs étaient accompagnés de vases, de haches, de lances et de couteaux en fer, de boucles, de fibules et autres ornements de bronze. || *Moyen âge.* Château construit par Henri I°', dit Beauclerc, en 1106, dans le haut du bourg, qui en a pris son nom nouveau. Sa vaste enceinte fossoyée et palissadée se reconnaît encore aux profondes ondulations du terrain. A peine terminé, ce puissant castel prit une part active aux guerres du xii° siècle. En 1201 et 1204, il fut assiégé, pris et repris par Jean sans Terre et Philippe-Auguste. En 1419, les Anglais s'en emparèrent, et en 1449 les Français le reprirent. Charles le Téméraire le brûla en

1472, et le duc de Parme l'assiégea en 1592. Ce fut sa fin, car Henri IV le fit démanteler en 1596. De 1614 à 1616, Louis XIII en donna les pierres aux Pénitents de Neufchâtel. Aujourd'hui le donjon est devenu une promenade publique, où, récemment, en plantant des arbres, on a trouvé des carreaux émaillés du XIII° siècle. On admire encore l'immense profondeur du fossé qui isole la motte de l'enceinte. — Église Notre-Dame, monument de pierre qui garde les traces de plusieurs architectures, dont la plus belle est celle du XIII° siècle. D'après l'histoire, que confirme l'archéologie, la première construction de Notre-Dame remonterait à 1130. De cette période restait le clocher, tour romane placée entre chœur et nef, supportée par quatre arcs en plein cintre qui ont été modifiés en 1865. La muraille extérieure, en tuf, percée de cintres romans, existe encore. Le chœur est une splendide construction du XIII° siècle. Voûté sur arcades ogivales que supportent des colonnes rondes, il est accompagné de deux collatéraux formant chapelles. L'abside, à trois pans, est éclairée par trois étages de fenêtres. Au premier sont des ogives à doubles lancettes, avec remplissage formé par trois trèfles. Au second sont des ogives simples percées derrière une galerie formée d'ogives portées sur des colonnettes, qui se prolonge sur les côtés du chœur, où elle est aveugle. Le troisième étage est formé de longues ogives à doubles lancettes, surmontées de trèfles qui éclairent également les côtés du chœur. Les voûtes renouvelées ne datent que de 1864. Les deux transepts portent une date différente. Celui du nord, petit et obscur, appartient au XIII° siècle, reconnaissable à ses voûtes, à ses fenêtres, mais surtout au portail rebouché qui le termine. Le transept du midi, grossièrement construit en grès, présente sept fenêtres de la fin du XV° ou du commencement du XVI° siècle. La nef, avec ses deux collatéraux, peut appartenir pour le fond au XIII° siècle; mais elle a été tellement modifiée au XVII°, qu'elle doit être considérée comme de ce temps. Elle se compose de quatre travées ogivales, dont les arcades sont supportées par des colonnes rondes comme celles du chœur. Ses fenêtres sont arrondies dans leur forme et dans leur réseau. Le grand portail est formé par une arcade ogivale encadrant d'abord un tympan à jour, puis une voussure tapissée de feuilles de vigne et décorée de six niches renfermant autant de statues assises, mais mutilées. A droite et à gauche étaient des statues dont les niches sont restées vides. Au-dessus du portail est une rosace flamboyante encadrée dans un grand réseau de panneaux de pierre tapissant des murs surchargés de sculptures. Le clocher, placé au portail, est une jolie tour en pierre du style le plus orné du XVI° siècle. Elle n'a pas été terminée et est surmontée d'une flèche octogone en ardoise. Des contre-forts hardis et élancés la soutiennent, ainsi que deux tourelles destinées à des escaliers. Saint Sépulcre logé dans le mur oriental du transept sud et composé de cinq statues d'une belle expression, en pierre peinte et dorée. Sur la frange de l'une d'elles on lit : L'AN M CCCC XXXX ET XI (ou XV) FUT FAICT SE SEPULCRE (1491). — L'église Saint-Pierre, la plus ancienne et la seule jusqu'au XIII° siècle, était située au bas de la ville, assez près de la rivière, dans la rue qui porte encore le nom de rue Saint-Pierre. Supprimée à la Révolution, elle a été en partie démolie au commencement de ce siècle. Il en reste encore l'abside et un collatéral, qui remontent au XVI° siècle. Dans les assises les plus profondes de la nef on a trouvé une statuette en fer ou en potin. — Église Saint-Jacques, située petite rue Saint-Jacques. Elle ne devait pas être ancienne, car la chronique locale assure qu'en 1591 elle fut démolie par Pallecheul, gouverneur du château, sous prétexte qu'elle gênait la forteresse dont elle était voisine. Supprimée à la Révolution, elle a été démolie au commencement de ce siècle. On en a tiré une inscription funéraire rimée du XVI° siècle, qui est maintenant au musée de Neufchâtel. Cette église possédait autrefois de bons tableaux, parmi lesquels on cite une *Nativité* du Bassan et une *Circoncision* de Jean Boulogne. M. Horcholles, curé de Saint-Jacques, a été en relation avec saint Vincent de Paul, car on a deux lettres du saint adressées à ce curé. — Abbaye des Bernardines, filles de Bival, installées en 1652 dans le prieuré-hôpital de Saint-Thomas-le-Martyr, fondé au XII° siècle par Robert le Bourguignon, peu de temps, sans doute, après la mort et la canonisation de Thomas Becket, et desservi d'abord par des chanoines réguliers. Les religieuses, Bernardines au début, suivirent bientôt une autre règle, et alors appelées Bénédictines, durèrent jusqu'à la Révolution. La chapelle a possédé longtemps le tombeau du fondateur, dont la tête seule existe aujourd'hui à la bibliothèque. L'abbaye est occupée actuellement par l'hôtel de ville, les écoles des Frères et la gendarmerie. Dans les divers travaux faits à la gendarmerie et aux écoles on a trouvé des bases de colonnes, des moulures et des sculptures de pierre, des croix et des médailles portatives, une médaille dite *de Saint-Benoît*, des vases funéraires chrétiens forés et remplis de charbon, qui vont du XIII° au XVI° siècle; enfin, une bague d'argent avec devise : le tout conservé au musée de Neufchâtel. De cette maison il reste aux archives départementales un plan et quatre liasses de pièces, dont trente-deux sont par chemin. Le tout va de 1217 à 1789. — Prieuré de Sainte-Radegonde, de l'ordre de Saint-Benoît, au hameau du Mesnil, dans une prairie voisine de la Béthune. C'est aujourd'hui une ferme, dont le cellier est installé dans l'ancienne chapelle. — Les Pénitents, établis dès 1389 dans le voisinage de Quièvrecourt, au bord de la rivière. Une nouvelle église fut construite par eux et dédiée en 1526. Les assemblées provinciales de l'élection de Neufchâtel s'y tinrent en 1787. Ce monastère ayant beaucoup souffert des guerres de la Ligue, les religieux le rebâtirent, vers 1616, avec les débris du vieux château accordés par le roi. Leur maison a été transformée en une habitation particulière, qui porte toujours le nom de *Pénitents*. — Les Cordelières ou religieuses du tiers ordre de Saint-François arrivèrent à Neufchâtel en 1507. Leur couvent, établi sur la paroisse Notre-Dame, a disparu. Il ne reste d'elles qu'une liasse de titres aux archives de la Seine-Inférieure. — Maladrerie de Saint-Jean-Baptiste, jadis près de la porte des Fontaines, qui s'appela plus tard *la Porte de la Chaussée*. — Chapelle et ermitage au haut de la *Côte de Saint-Antoine*, connus sous le nom de *Saint-Antoine-la-Montagne* et dont la fondation remontait jusqu'au XIIe siècle. Il n'en reste plus que des bâtiments ruraux sans caractère; mais on y trouve beaucoup de sépultures. — Chapelle Sainte-Anne, qui fut détruite, dit-on, au XVIIe siècle, et dont on montre la place dans l'auberge des *Trois-Étoiles*. — Maisons de bois, mais en petit nombre. La plus importante est du XVIe siècle; elle appartient à M. de Boutteville, et est située en face de la gendarmerie. Sur la frise on lit le verset d'un psaume : *Nisi Dominus ædificaverit domum*. L'intérieur était pavé avec des carreaux verts et blancs. Dans la Grande-Rue, au côté gauche, maison appartenant à Mlle Chabrolle, que l'on appelle *la Chapelle des Templiers*. En face de l'église Notre-Dame, au coin de la rue du Pot-d'Étain, maison fort ancienne que l'on croit un édifice religieux transformé en habitation. Dans la rue des Fontaines, près de l'ancienne porte de ce nom, est l'auberge de l'*Écu de France*, qui passe pour avoir été une chapelle ou bâtiment des Templiers. Dans la rue Barbe, une maison que l'on dit avoir été habitée par la reine Blanche d'Évreux. || *Ép. incertaine*. Enceinte fossoyée appelée *Nobray*, qui ressemble à un ancien camp, auprès de l'auberge de la *Grâce de Dieu*. = SAINT-VINCENT-DE-NOGENT. *Ép. gauloise*. Sépulture découverte en face de l'ancienne église Saint-Vincent, en novembre 1869, sur le tracé du chemin de fer de Paris à Dieppe. Cette sépulture se composait de quatre ou cinq beaux vases en terre grossière et épaisse ayant forme de vases à fleurs, comme ceux de Moulineaux. L'un d'eux est un grand bol épais, comme les vases de Bouelles. Le bord est décoré d'un cordon saillant formant une grecque. Déposés au musée de Rouen. || *Ép. romaine*. Tuiles à rebords et chapiteau antique de pierre trouvés en 1834, lorsqu'on détourna la rivière pour construire un moulin. || *Ép. franque*. Cimetière franc trouvé par M. Levarlet en bâtissant une maison sur le bord de la route, en 1838. Les vases de terre, les clous, les boucles et les anneaux de bronze qui en sont sortis ont été déposés au musée de Neufchâtel. L'un des vases contenait un denier d'argent de Dioclétien. Dix-huit squelettes inhumés dans la craie, presque tous accompagnés d'un vase, trouvés au bord du même chemin par M. Beaurain en 1824. L'un d'eux présentait un denier de Domitien foré au-dessus du buste. || *Moyen âge*. Nommée *Novientum* au XIe siècle. — Baronnie et église : l'une supprimée et l'autre démolie à la Révolution. On montre encore la place de l'église dans l'ancien cimetière qui borde la route.

NEUVILLE-FERRIÈRES. *Ép. gauloise*. Hache en silex fort polie trouvée dans le bois de la *Hatrelle*, sur la côte qui regarde Brémontier, et conservée dans le musée de Neufchâtel. || *Ép. romaine*. Soixante-cinq médailles consulaires trouvées par un laboureur en 1761. Elles appartenaient aux familles Julia, Pompeia, Cassia, Marcia, etc. Ces pièces, aujourd'hui perdues, étaient enfermées dans une tirelire en silex bouchée avec du ciment. || *Ép. franque*. Belle fibule en bronze, décorée de verroteries, trouvée dans le jardin du presbytère en 1840. Squelettes au nombre d'une dizaine, accompagnés de boucles, de vases et de couteaux, trouvés en creusant la cave d'une maison voisine de l'église, en 1863. Cercueils de pierre, contenant des corps avec sabres et lances de fer, trouvés sur la place publique dès 1810 et 1811. || *Moyen âge*. Église dédiée à la sainte Vierge. Le clocher, placé au portail, est une tour carrée qui peut être ancienne pour le fond, mais dont la majeure partie ne remonte pas au delà du XVIIe siècle. La nef, construite en grès rouge du pays de Bray, renferme des portions du XIIIe siècle. Le chœur, entièrement du XIIIe siècle, possède encore ses voûtes, ses fenêtres et ses colonnes; mais au midi on remarque deux arcades rebouchées, qui semblent indiquer une chapelle disparue. Chapelle de 1767 au nord de la nef. Belle dalle de marbre portant l'inscription tumulaire et obituaire de Louis-Armand Baudon, seigneur du lieu, fondateur d'une école de filles, décédé le 23 mai 1731 : encastrée dans le mur nord du chœur. Le presbytère présente un pignon du XIIIe siècle et une cheminée du XVIe. — L'ancien château est encore entouré de murs plusieurs fois séculaires; deux portes du XIIIe siècle, une grande et une petite, y donnaient accès. Toutes ces vieilles constructions sont en grès noir ou rouge du pays. — Chapelle de Saint-Eutrope au *Quesnay* ou *Quesnel*. Chapelle de la Trinité au manoir de Houpillières et chapelle de Sainte-Madeleine dans la ferme de Damvilliers. Toutes trois disparues.

QUIÈVRECOURT. *Ép. romaine*. Vases en terre de toute espèce, notamment en terre rouge, à la source ferrugineuse du *Cramaillon*. || *Ép. franque*. Saint Ribert, disciple de saint Valery et évêque régionnaire, a évangélisé le pays au VIIe siècle, suivant une tradition locale. || *Moyen âge*. L'église, dédiée à saint Ribert, appartient pour le fond au XIIe et au XIIIe siècle; mais elle a été remaniée dans ces derniers temps. La nef, percée de fenêtres cintrées, doit appartenir au XI° ou au XII° siècle. Elle a possédé autrefois des collatéraux dont les arcades, visibles au côté nord, ont dû être retouchées au XVIII° siècle. Le clocher, entre chœur et nef, est soutenu par des arcades ogivales du XII° ou du XIII° siècle. Au dehors, il a conservé ses lancettes aux côtés est et nord; mais il a été refait au sud et à l'ouest, peut-être en 1677, quand la foudre fut tombée sur l'église. Le chœur, les deux chapelles latérales qui l'accompagnent, et les deux transepts, qui ont conservé longtemps tout leur caractère, sont du XIII° siècle. — Débris de verrières, contre-tables du XVII° siècle, socles de statues bien sculptés, coffre de Trésor fort ancien, jolie boiserie du XVI° siècle encadrant la vie de saint Ribert, patron de la paroisse, écrite en caractères gothiques.

SAINTE-BEUVE-EN-RIVIÈRE. Formée des deux anciennes paroisses de Sainte-Beuve et d'Épinay. — SAINTE-BEUVE. *Ép. gauloise.* Vases, que les ouvriers brisèrent, trouvés en 1860 à la *Mare des Cendriers*, lieu dit renfermé dans la basse forêt d'Eu. Des fouilles exécutées en cet endroit par M. l'abbé Cochet en 1863 amenèrent la découverte de deux groupes de sépultures à incinération. L'un se composait de quatre vases en terre grossière; l'autre consistait en une seule coupe surmontant un dépôt d'ossements incinérés et déposés dans le sol, sans doute dans une caisse de bois. Quelques autres vases ont également été vus dans la tranchée. || *Ép. romaine.* Beau chapiteau de marbre blanc servant de bénitier dans l'église et provenant sans aucun doute des ruines romaines d'Épinay. || *Moyen âge.* L'église, sous le vocable de Sainte-Beuve, est un monument de pierre en forme de croix à branches presque égales. L'ensemble date du XII° et du XIII° siècle, avec légères additions du XVI°. Le portail est une arcade en tuf du XII° siècle; la nef est de la même époque. Le clocher, placé au centre, est soutenu par quatre arcades ogivales de l'époque primitive. Le corps carré qui s'élève au-dessus offre des ogives du XIII° siècle, au milieu de raccommodages en brique rouge. Le transept du midi est ancien et date de l'origine de l'église; mais celui du nord est du XVI° siècle. Le chœur, qui est du XIII° siècle, a subi quelques retouches au XVI°. Ainsi, son collatéral nord a été ajouté à cette époque. Celui du midi a disparu. Dans la chapelle du transept nord, restes d'une *Passion* en bois sculpté du XV° ou du XVI° siècle, consistant en quelques bas-reliefs, avec le couronnement qui surmonte le tabernacle actuel. Huit statuettes d'apôtres du XVI° siècle, portant avec elles l'article du symbole qui leur est attribué. — Croix de pierre de la Renaissance dans le cimetière. == ÉPINAY. Ce hameau, situé aux sources de l'Éaulne, renferme une telle quantité de monuments antiques, que l'opinion publique y place une ville disparue, que la tradition appelle *le Vieux-Neufchâtel*.

|| *Ép. gauloise.* Monnaies anépigraphes citées par M. Deville, une monnaie de bronze avec la légende ATISIO, et une autre de la ville de Rouen avec les noms de SVTICOS et de RATUMACOS. Onze monnaies en bronze conservées au musée de Neufchâtel. Quatre pièces en potin décrites et reproduites dans son *Second Essai* par M. Lambert, qui les attribue à la première Celtique. Cinq monnaies de bronze, parmi lesquelles se trouve le type VIRICIV. || *Ép. romaine.* Quatre mille monnaies de bronze environ, trouvées vers 1809, selon M. Mathon, dans des vases qui furent brisés. Elles appartenaient aux empereurs Auguste, Tibère, Néron, Vespasien, Domitien, Trajan, Adrien, Ælius, Antonin, Marc-Aurèle, Lucius Vérus, Commode, Septime Sévère, Géta, Caracalla, Maximien, les deux Philippe et les impératrices Sabine, Faustine mère et fille, Lucile, Julia Domna, Julia Severa et Julia Mammæa, et ont été recueillies par les musées de Rouen et de Neufchâtel. A partir de 1824 surtout, l'attention s'est portée sur les antiquités d'Épinay, grâce aux efforts tentés par MM. Fernel, avocat, Mathon, bibliothécaire, et Cartier, sous-préfet de Neufchâtel. Le 10 avril 1824, la commission d'antiquités reçut, pour le musée départemental, un beau plat en bronze, ainsi qu'un vase trouvé avec des médailles du II° et du III° siècle. En 1840, la Société des Antiquaires de Normandie publia une note de M. Fernel où il est rapporté que, le 8 mai 1832, dans une pièce de terre nommée *les Champs des Tombeaux*, on a trouvé des tuiles romaines, un style bien conservé, de la poterie rouge à reliefs et un fragment de coupe en verre. Une meule en poudingue fut recueillie dans un autre champ où M. Fernel fit des fouilles en 1833. Il rencontra des poteries noires, des ossements d'animaux, des bois de cerfs, des os d'aurochs, des ossements humains, des monnaies de bronze du haut Empire et un trépied en cuivre, brisé. Les débris antiques se trouvent sur un espace de plus de 2 kilomètres, et l'on assure que le propriétaire des terres s'est enrichi avec les monnaies d'or antiques qu'il y a trouvées en abondance. Des monnaies romaines en or, en argent et en bronze, des poteries rouges avec marques de fabricant, telles que : COS... et MANSVETIO, sont entrées au musée de Rouen. Deux bustes de Silène en bronze, hauts de 0^m,075, et une fort belle statuette du même métal et de 0^m,14 de hauteur, représentant Mercure ailé et couronné de roses assis sur un rocher. Les yeux sont incrustés d'argent. Ces trois figurines, trouvées en 1842 par M. Desquinemare près d'une muraille antique où étaient pratiquées des niches laraires, ont été acquises par le musée de Rouen en 1846, au prix de 250 francs. Canal et cubes de mosaïque pavant un appartement signalés par M. Desquinemare. Des fouilles exécutées par M. A. Deville ne rapportèrent que quelques débris et des noms de potiers. Ferrures qui semblent avoir été destinées à garnir des portes

antiques, recueillies surtout en 1830 et en 1831. Suite de tuiles à rebords alternées de tuiles convexes qui semblent se raccorder entre elles. Meules à broyer en poudingue. Parmi des poteries en grand nombre, un fragment de vase rouge offrant le nom de MISSI ; deux fonds de soucoupe qui répètent le nom de SEVERI, et un autre qui donne celui de CACAVA, déjà apparu dans la forêt de Maulévrier. Plat en terre noire à couverte ardoisée, au fond duquel on lit trois fois l'estampille de MEDI. Une belle passoire en terre blanche, ustensile très-rare en cette matière. Une tablette à écrire en schiste, malheureusement mutilée. Cinq clefs et plusieurs styles en fer au milieu de clous de toutes sortes et de toutes dimensions. Une patère un peu brisée, une jolie anse et une charmante clef de coffret, le tout en bronze, et deux médailles de Constantin fourrées en or. Quatre ou cinq plaquettes d'os carrées, triangulaires ou lozangées, ornées sur la surface de doubles cercles gravés en creux, fréquentes dans les stations romaines, et ayant été brûlées, sont conservées dans le musée de Neufchâtel. La Commission des Antiquités possède dans ses cartons de beaux dessins coloriés des statuettes d'Épinay. || *Moyen âge.* Église autrefois dédiée à Notre-Dame, bâtisse du xviie siècle, et aujourd'hui à usage de grange.

SAINT-GERMAIN-SUR-ÉAULNE. *Ép. romaine.* Débris de tuiles et de poteries trouvés à plusieurs reprises non loin des bords de l'Éaulne, sur la ferme de Tréhaumont, de 1825 à 1861. Au milieu de ces divers débris antiques on a remarqué des marbres et un bronze de Marc-Aurèle. || *Moyen âge.* L'église, sous le vocable de Saint-Germain, garde du xie siècle un cintre roman orné de zigzags. La nef, le chœur et les transepts doivent dater du xviie siècle, peut-être de 1680, comme les bordures peintes qui décorent les fenêtres. Le clocher est un corps carré du siècle dernier. La contre-table est une boiserie sculptée du xviie siècle. — Château construit sous Louis XV, dans le voisinage de l'église. Une porte ou corps avancé muni de tourelles aux angles, construction probable du xvie siècle, a été conservée.

SAINT-MARTIN-L'ORTIER. Formée des deux anciennes paroisses de Saint-Martin-l'Ortier et d'Aulage. — SAINT-MARTIN. *Ép. romaine.* Tuiles à rebords, constructions et débris anciens en abondance dans le cimetière et dans les terrains environnants, sur un espace de deux hectares. Des tuiles, des mortiers et des meules à broyer se trouvent employés comme matériaux dans les murs de l'église actuelle. Belles tuiles à rebords conservées dans le musée de Neufchâtel. Autres restes antiques reconnus sur un autre point de la commune par M. Mathon en 1832. || *Moyen âge.* Église sous le vocable de Saint-Martin. Posée sur un tertre probablement antique, elle dut être construite primitivement au xie siècle, au moyen de matériaux antiques trouvés sur place. La nef a subi des remaniements en 1638, époque où l'on fit le berceau. Le chœur est moderne. Au midi de l'église, le xviie siècle a soudé une chapelle ogivale en brique. Une autre chapelle placée au nord a disparu dans ces derniers temps. La contre-table est une belle menuiserie à colonnes torses, probablement de 1639, époque où l'archidiacre d'Eu ordonne que le «tabernacle soit placé sur l'autel.» Cloche de Saint-Martin de 1778 ; cloche d'Aulage de 1572. Encensoir en cuivre du xvie siècle. Grand nombre de fers à cheval cloués sur la porte de l'église par les pèlerins pour appeler la protection de saint Martin sur leurs chevaux. == AULAGE. *Ép. gauloise.* Hachette en silex trouvée en 1812, et entrée au musée de Neufchâtel. || *Ép. romaine.* Nombreuses tuiles à rebords au lieu dit *la Briqueterie*, auprès du bois nommé *la Queue du Hellet*. || *Moyen âge.* Le château et l'église ont disparu tous deux. L'église, dédiée à Notre-Dame, a été démolie au commencement de ce siècle. La cloche, datée de 1572, est à Saint-Martin-l'Ortier.

SAINT-SAIRE. *Ép. gauloise.* Monnaie trouvée en 1838 et acquise par le musée de Rouen. Hachette de pierre polie recueillie par M. Courtin, de Neufchâtel, en 1868. || *Ép. romaine.* Monnaies en or, argent et bronze trouvées en 1838. Sépultures à incinération, composées de vases en terre et en verre, trouvées vers la même époque, où l'on a recueilli encore un gobelet en verre, un style en argent et une broche du même métal décorée de pierres fines. Tuiles au *Mesnil-Sagot*. || *Ép. franque.* Saint Saire ou saint Salve, natif d'*Augusta* (Ouste), devenu au viie siècle évêque d'Amiens, selon les uns, évêque d'Alby, selon les autres, se retira à Saint-Saire pour s'y sanctifier, suivant une tradition locale recueillie par les agiographes. Son ermitage, placé au lieu même où est l'église, serait devenu un monastère après sa mort. On assure aussi que Saint-Saire avait pris son nom de la sépulture de l'évêque, placée dans la crypte à côté d'un puits vénéré qui le rappelle toujours. Ce qui est certain, c'est qu'à Saint-Saire-en-Bray il exista un monastère auquel Anségise, abbé de Fontenelle, fit un legs dans son célèbre testament de 831 ou 833. Ce monastère fut détruit par les Normands du ixe siècle. Au ixe siècle Iola donna au chapitre de Notre-Dame de Rouen une prébende et des biens qu'il a gardés jusqu'en 1789. || *Moyen âge.* L'église, sous le vocable de Saint-Saire, en forme de croix, possède trois nefs et des chapelles latérales au chœur. La porte est un cintre roman décoré dans le goût du xie siècle. La nef, qui a gardé des parties anciennes appareillées en tuf, appartient au xvie et au xviie siècle. La tour du clocher, placée en avant de l'église, construite comme elle avec le grès noir ou ferrugineux de la vallée de Bray, peut remonter au xiie siècle, comme elle peut descendre au xvie, le caractère n'en étant pas très-accusé. Les transepts, le chœur et les deux chapelles qui le flanquent paraissent appartenir au xvii°siècle, avec retouches plus modernes. La construction de ces dernières est attribuée à la famille des Boulainvilliers, seigneurs de Saint-Saire au xvii° et au xviii° siècle. La chapelle placée au nord, dédiée à Notre-Dame-de-Liesse, était la chapelle seigneuriale, et conserve encore plusieurs dalles et inscriptions tumulaires, parmi lesquelles celles de Marie de Presteval, ou de Prestreval, décédée en 1609; de Samuel de Boulainvilliers, mort en 1648; de François de Boulainvilliers, décédé en 1697; de Jean de Boulainvilliers, maistre de camp d'un régiment de cavalerie, tué devant Arras le 24 juillet 1654, avec des stances sur la mort qui ne comptent pas moins de seize vers. Verrière de 1665 reproduisant des écussons, et sur une banderole ces mots, qui dénotent les hautes prétentions nobiliaires des Boulainvilliers : «Geysa, roi de Hongrie.» Statue de pierre de Notre-Dame, qui remonte peut-être au xv° siècle, et inscription tumulaire et obituaire d'un aumônier de Samuel de Boulainvilliers, décédé en 1666, dans le transept du nord, dédié à la sainte Vierge. Le chœur posséda autrefois des stalles, des boiseries et des coffres du moyen âge, qui ont disparu en 1779. Il n'y reste plus que quelques verrières du xiv° siècle, représentant saint Saire et les châtelains donateurs. — La crypte, qui doit être une église primitive construite sur l'emplacement de la cellule de saint Saire, possède un puits qui porte le nom du saint. Elle fut transformée en chapelle tumulaire au xvi° et au xvii° siècle. La structure actuelle n'indique guère que le xvi° siècle. L'autel est encore une table de pierre. Son pavage renferme des losanges de pierre, sur lesquels on lit les noms de Jean de Boulainvilliers, 1655; de Gaston-Jean-Baptiste de Boulainvilliers, 1673; de Marguerite de Pardieu, 1675; de Suzanne de Manneville, 1685; de Marie-Anne Harault, 1696; et sur une pierre plus grande, l'inscription tumulaire de Claude-François de Sesmaisons, décédé le 6 février 1779. Enfin, sur le mur, un morceau de cuivre découpé en forme de cœur indique le lieu où repose, depuis 1722, le cœur de Henri de Boulainvilliers, l'historien, auteur de quatre ouvrages historiques sur la France. — Le château, séjour de tant de personnages importants et célèbres, situé près de l'église, a été détruit de 1816 à 1820. ‖ *Ép. incertaine.* Beaucoup de squelettes, auxquels on ne peut attribuer une date, ont été trouvés en 1771, en creusant la cave qui est sous le four du presbytère actuel.

VATIERVILLE. *Ép. gauloise.* Médaille en or trouvée en 1848, conservée au musée de Rouen. ‖ *Moyen âge.* Église dédiée à saint Pierre. Clocher, tour romane entre chœur et nef, ornée de cintres croisés formant des ogives sur son massif carré construit en tuf. Au-dessus sont des fenêtres à plein cintre surmontées d'une corniche.

Nef moderne, chœur assez mal caractérisé, pouvant appartenir au xvi° et au xvii° siècle. Au côté méridional du chœur est une chapelle seigneuriale du xiv° siècle, éclairée par une belle fenêtre. Carreaux émaillés et bas-reliefs en bois du xvi° siècle, provenant d'une ancienne *Passion.* Suivant une tradition, le curé célébrait avec bottes et éperons, et cheval sellé à la porte. ‖ *Ép. incertaine.* Terrassement circulaire dit *la Butte aux Anglais,* élevé de 3 à 4 mètres au-dessus du sol et entouré d'un fossé profond de 2 mètres, au hameau de Brémont, sur le bord de la basse forêt d'Eu. La circonférence de cette motte prise au fond du *vallum* est d'environ 100 mètres; son diamètre en a plus de 30. M. l'abbé Cochet y fit une tranchée en 1863 et n'y rencontra que du charbon de bois. — Enceinte à peu près carrée que les gens du pays appellent *le Couvent,* signalée par M. Mathon au même hameau de Brémont. Les murs, épais d'environ 2 mètres, se composent d'une maçonnerie en pierre sèche, ayant 60 mètres de long sur 30 de large.

CANTON DE SAINT-SAËNS.

(Chef-lieu : Saint-Saëns.)

BOSC-BÉRENGER. *Moyen âge.* Église dédiée à la sainte Trinité. La nef, en silex, du xi° siècle, a été retouchée au xviii°. Chœur en pierre, du xvi° siècle, avec quelques débris de verrières et des statues de la même époque. Pierre tumulaire du président de la Bucaille et de sa femme (1712) dans le chœur. Leurs tombeaux, en plomb, ont été violés à la Révolution. Belle dalle tumulaire d'un seigneur du Bosc-Bérenger, datée de 1439 et encastrée dans la nef en 1868. Inscription obituaire de 1644. — Cave et murs que l'on croit être les restes d'une léproserie, trouvés sur le chemin qui conduit à Critot. — *Terres de l'abbé,* dernière trace de la propriété de l'abbaye de Jumiéges, qui possédait l'église depuis 1081.

BOSC-MESNIL. Formée des deux anciennes paroisses de Bosc-Mesnil et de Perduville. — Bosc-Mesnil. *Moyen âge.* Église dédiée à saint Ouen. Le chœur en pierre blanche, avec voûtes, piscine et fenêtre terminale, doit dater de 1600 à 1620. La nef, en brique et silex, est de 1760 à 1780. Il est probable qu'elle a été construite par M. Varengue, curé de cette paroisse, décédé en 1776, dont la dalle tumulaire est dans le chœur. = Perduville. *Ép. romaine.* Grand vase contenant des monnaies d'argent en grand nombre, trouvé vers 1780. Le musée de Neufchâtel en possède plusieurs échantillons. ‖ *Moyen âge.* L'église, dédiée à Notre-Dame, se compose d'une nef en silex, du xi° siècle, avec porte en pierre du xvi°. Le chœur renferme aussi des traces du xi°, du xiii° et du xvi° siècle.

BRADIANCOURT. *Moyen âge.* L'église, dédiée à saint Martin, a été construite en style roman en 1861.

De l'ancienne il ne reste qu'un bas-relief en pierre du xv⁰ ou du xvi⁰ siècle, représentant saint Martin à cheval à la porte d'Amiens. Squelettes d'un homme, d'une femme et d'un enfant, trouvés dans le chœur de l'ancienne église.

CRITOT. *Moyen âge.* L'église, dédiée à saint Martin, appartient aux deux derniers siècles, mais le portail est de 1782. Statue de sainte Catherine en pierre, du xvi⁰ siècle. Autel en pierre, baptistère en pierre, du xiii⁰ siècle, mais mutilé au xvii⁰. Dalle tumulaire d'un curé du xvi⁰ siècle dans le chœur.

FONTAINE-EN-BRAY. *Ép. franque.* Squelette accompagné d'une épée de fer, trouvé dans un cercueil de Vergelé, à la *Fontaine au Mogne*, en 1860. ǁ *Ép. incertaine.* Tradition d'église transférée. Elle était, dit-on, sur la *Côte de Fontaine*, dite parfois *Côte de Saint-Wandrille*, parce qu'elle était possédée par cette abbaye. ǁ *Moyen âge.* L'église, dédiée à saint Sulpice, conserve dans la nef des traces du xi⁰ siècle, telles que des fenêtres étroites et un appareil en feuilles de fougère. Le reste est moderne. Peintures du temps de Louis XIII sur le plafond de la nef. Petits autels du xvi⁰ siècle, autrefois surmontés de baldaquins en bois sculpté, qui se trouvent à présent dans la sacristie. Deux dalles tumulaires du xvi⁰ et du xvii⁰ siècle, un peu effacées. Deux statues de pierre de la Renaissance. Débris d'une belle croix en pierre, du xvi⁰ siècle, dans le cimetière. Le fût, formé par une colonne corinthienne, porte les noms des donateurs. Les croisillons se terminent par des chapiteaux corinthiens.

MATHONVILLE. *Ép. incertaine.* Squelettes humains trouvés au lieu dit *le Bos-Robinet* vers 1844. ǁ *Moyen âge.* L'église, dédiée à saint Vaast, date du xi⁰ siècle. Elle a été fortement retouchée dans ses murs, mais la porte, admirablement conservée, est abritée par quatre voussures décorées de dents de scie, de doubles zigzags de têtes de béliers, de têtes de clous, de têtes humaines, de fleurs et de guirlandes. Dans l'église, plusieurs statues de pierre, du xvi⁰ siècle.

MAUCOMBLE. *Ép. incertaine.* Bois du Deffends, où durent exister d'anciennes fortifications. ǁ *Moyen âge.* L'église, dédiée à saint Ouen, présente dans le chœur des restes du xiii⁰ siècle. La nef, en brique, silex et pierre, est de la fin du xvi⁰ siècle. — Ancienne verrerie dont on montre l'emplacement.

MONTÉROLLIER. *Ép. romaine.* Édifice assez important trouvé sur la ferme de Bellevue en 1863. M. l'abbé Cochet a dégagé cet édifice, long de 12 mètres, dont les murs avaient 0ᵐ,65 d'épaisseur. Dans les débris il a rencontré des tufs et des pierres taillées, des tuiles à rebords, de la poterie, des monnaies et un fragment d'inscription sur vergelé. Une monnaie consulaire en argent, de Sextus Pompée, avait été découverte antérieurement et recueillie par le musée de Neufchâtel. ǁ *Ép. franque.* Plusieurs sépultures mérovingiennes trouvées en 1863 au milieu des ruines romaines de Bellevue. Elles ont donné des vases, des sabres, des plaques de ceinturon en fer et en bronze, des boucles, des couteaux, etc. Plusieurs auteurs ont cru que le monastère de Varenna ou Varinna, où saint Ribert fut enterré au vii⁰ siècle, avait existé à Montérollier, qui est situé aux sources de la rivière de Varenne. Le nom de ce village qui, au xi⁰ siècle, était celui de *Monasterium Hoolerii* ou *Adolerii*, semble indiquer l'existence d'une très-ancienne église. ǁ *Moyen âge.* Tertre élevé, entouré d'un fossé circulaire, autrefois remparé de murailles, dans la ferme du *Mont-Hognet*. Le diamètre de la motte a 50 mètres et sa circonférence 150. La profondeur des fossés est de 4 à 5 mètres. C'est peut-être l'ancien château d'Osberne et d'Ansfrède, qui portèrent leurs biens à l'abbaye de Saint-Wandrille quand ils s'y firent moines en 1024. On parle aussi d'un autre château dans le bois des Châteaux. — Troisième château près de l'église. Il en reste des murs arasés et une tourelle en brique du xvi⁰ siècle. — L'église, dédiée à Notre-Dame, a la forme d'une croix. Le clocher, placé au côté oriental, paraît de 1700. Le reste de l'édifice semble avoir été construit de 1690 à 1700, sauf quelques modifications faites en 1747 et en 1818. Toutefois dans la nef on remarque de belles poutres en bois sculptées dans le style Louis XIII. Cette église fut brûlée en 1693, ainsi que l'atteste une médaille en cuivre, récemment trouvée dans le clocher. Cette médaille, large de 0ᵐ,08, a été frappée au nom de Leroux de Tilly, restaurateur du monument. Assomption de Jean Jouvenet datée de 1713, dans le chœur. Tombeau en marbre avec inscription du xviii⁰ siècle, et près du clocher une inscription sur cuivre de 1762. — Belle croix en grès et pierre, haute de 4 mètres, dans le cimetière. C'est un travail élégant mais mutilé du xvi⁰ siècle. — Chapelle de Saint-Désiré, aujourd'hui démolie.

NEUF-BOSC (LE). *Moyen âge.* Tertre circulaire qui fut autrefois le siége d'une tour ou d'une forteresse, dans un taillis nommé *le Bois du vieux Château*. L'élévation du tertre est de 3 mètres; sa circonférence de 120 et son diamètre de 40. Il est environné de fossés profonds de 4 à 5 mètres. En 1843, on a démoli les épaisses murailles de cette tour. — Église dédiée à saint Jean et à saint Nicolas. Chœur avec traces du xi⁰ siècle, retouché au xviii⁰. Nef du xvi⁰ et du xvii⁰ siècle. Poutres sculptées du xvi⁰ siècle. Porche remarquable en bois sculpté du xvi⁰ siècle. Dalle tumulaire d'un curé mort en 1760, dans le chœur. Obit d'un autre curé fondé en 1667, appliqué contre le mur.

ROCQUEMONT. Formée des deux anciennes paroisses de Rocquemont et de Beaumont-Beuze-Mouchel. — ROCQUEMONT. *Moyen âge.* Église dédiée à Notre-Dame. La nef, construite au xi⁰ siècle, a gardé de cette époque de petites fenêtres rebouchées et une porte cintrée ornée de zigzags. Le chœur, en pierre, remonte à la transition du xiiᵉ siècle. Curieuse charpente sculptée «l'an mil cinq cens trente-deux.» Le baptistère, de forme octogone, doit dater du xiiiᵉ siècle. C'est là que fut régénéré, le 30 mars 1728, Jean-François Godescard, le traducteur de la *Vie des Saints* d'Alban Butler. Il était né au hameau du Fresneau, dans une maison qu'on montre encore. == BEAUMONT-BEUZE-MOUCHEL. *Ép. incertaine.* Tertre nommé la *Motte du grand parc* sur le tracé du chemin de fer de Rouen à Amiens, aujourd'hui disparu. || *Moyen âge.* Église dédiée à saint Arnould et à saint Clair. La nef est du xviᵉ siècle et le chœur du xviiᵉ. L'autel en pierre pourrait dater du temps de la nef.

SAINTE-GENEVIÈVE-EN-BRAY. *Ép. romaine.* Tuiles à rebords trouvées à plusieurs reprises, au hameau du Carouge, de 1840 à 1850. || *Ép. franque.* Cercueils de pierre trouvés au siècle dernier au hameau du Carouge, sur le bord du vieux *Chemin des Mareyeux*, qui conduisait de Dieppe à Paris. Ces sépultures, qui sont des auges en pierre de Vergelé, ont été reconnues par M. l'abbé Cochet en 1863. Celles que l'on a ouvertes contenaient des ossements et des armes. || *Moyen âge.* L'église, sous le vocable de Sainte-Geneviève, a perdu son caractère ancien à force de remaniements. Le pignon oriental qui la termine est du xiiiᵉ siècle, ainsi que le clocher, placé au côté nord de l'église et surmonté d'une flèche en ardoise du xviiᵉ; mais le pignon occidental, ainsi que le porche en bois sont du xviᵉ. Tombes en carreaux émaillés du xviᵉ et du xviiᵉ siècle. Dalle tumulaire du xiiiᵉ siècle au seuil de la porte. Un marbre noir, placé dans la nef, conserve la mémoire du seigneur du lieu, Vincent Strozzy, de l'ancienne famille florentine des Strozzi, et de son fils, décédé le 28 novembre 1600. || *Ép. incertaine.* Terrassements qui ressemblent à des fortifications, appelés *le Camp de la côte du Carouge.* — Tradition de translation d'église, qui était autrefois au *Carouge*, là où sont les tombeaux.

SAINT-MARTIN-OMONVILLE. Formée des trois anciennes paroisses de Saint-Martin, d'Omonville et de la Prée. — SAINT-MARTIN. *Ép. romaine.* Monnaies du Haut-Empire trouvées au hameau de Bréquigny en 1857. On cite dans le nombre Auguste, Faustine, Lucius Verus et Didia Clara. Objets antiques trouvés sur les hameaux de Mauray et de la Salle. || *Moyen âge.* Église sous le vocable de Saint-Martin. L'ancienne, démolie vers 1850, était romane du xiᵉ et du xiiᵉ siècle. La porte était fermée par un cintre orné de zigzags et de dents de scie. Le clocher, entre chœur et nef, était une tour carrée de l'époque du plein cintre. Toutefois une partie de l'église avait été refaite au xvᵉ siècle, car on a conservé dans la nouvelle l'inscription commémorative de la dédicace qui fut faite le 28 janvier 1476 par l'évêque d'Hippone, suffragant et vicaire général du cardinal d'Estoutteville. Dalles tumulaires dans le chœur et dans les transepts, notamment celle d'un curé de 1542. Le baptistère, en pierre, de 1744, porte les armes et les insignes de l'abbesse de Fontaine Guérard. Dans la nef, on a conservé deux bas-reliefs en marbre ou albâtre du xvᵉ siècle, provenant d'une ancienne *Passion.* == OMONVILLE. *Ép. incertaine.* Squelettes humains trouvés à diverses reprises en terrassant autour du château. — Terrassements que l'on appelle *le Fort*, et auxquels se rattachent des traditions de guerre, en face la ferme du Fontenil, sur le coteau qui est vers Mauray. || *Moyen âge.* L'église, dédiée à saint Vincent, et située près de la rivière de Varenne, a disparu au commencement de ce siècle. — Croix de cimetière. == LA PRÉE. *Moyen âge.* Église dédiée à saint Martin. Chœur du xiiiᵉ siècle, remanié au xviiiᵉ. Nef en brique et silex construite en 1700. Deux jolis retables en bois sculpté de la Renaissance à l'entrée du chœur. Dalles tumulaires un peu effacées dans le chœur. — Dans l'église de Saint-Saëns on voyait la dalle tumulaire des seigneurs de la Prée (xviiiᵉ siècle).

SAINT-SAËNS. *Ép. gauloise.* Monnaies décrites par M. Lambert dans ses ouvrages. Poteries et hachettes en silex rencontrées sur différents points, notamment au Mesnil-Besnard. Quelques-unes sont entrées au musée de Neufchâtel. || *Ép. romaine.* Tuiles à rebords recueillies en abondance du côté de l'Abbaye, au bord du chemin de grande communication nº 38, qui va de Saint-Saëns à Nolléval, au *Catelier* et autour de l'ancienne verrerie du Lihu. Bronzes du Haut-Empire ramassés au *Lihu*, à l'*Abbaye* et au *Catelier*. Débris de constructions constatés par MM. Gaillard, Deville et Guilmeth. Hipposandale de fer recueillie dans des défrichements pratiqués au *Bois de l'Abbaye* en 1861, et donnée au musée de Rouen par M. Chevraux, de Boscmesnil. Meules à broyer en poudingue à l'état d'ébauches et de rebuts trouvées dans les bois de l'Abbaye et dans ceux de M. d'Haussez, au milieu de fosses énormes et de mouvements de terrain considérables formés par d'anciennes carrières. — Anciennes forges qui ne remontent peut-être pas à l'époque romaine. — Substructions de cinq ou six maisons dans la forêt d'Éawy, près du *Lihu*, au triège de la *Sallendrière*, autour de la *Mare verte*, sous des ondulations de terrain, fouillées en 1869 par M. l'abbé Cochet. La première n'a donné que des murs interrompus et une construction en partie détruite. Les deux autres, plus importantes, ont montré des murs construits en moellon du pays, taillé en petit appareil, assemblé avec le plus grand soin aux angles. Leur épaisseur varie de 0ᵐ,90 à 1 mètre, et leur hauteur actuelle de 0ᵐ,50 à 1ᵐ,20. La longueur d'une des maisons est de 20 mètres et sa largeur de 8 mètres. Le toit s'était affaissé sur son aire en béton battu, car elle était recouverte de tuiles à rebords et de faîtières. La seconde maison, qui mesure 19 mètres sur 9 et sur laquelle le toit s'était également affaissé, était bâtie aux angles avec de petites tuiles carrées, au milieu desquelles huit ou dix soupiraux, sans doute pour le dégagement de la fumée, avaient été ménagés au pignon et aux angles du nord et de l'ouest. Un petit vase de bronze, des vases de terre et des poids en grès de forme ovale ont été recueillis dans ces fouilles. Les poids, qui montrent des attaches pour des anneaux de fer qui ont disparu, pèsent de 15^k,050 à 7^k,750. Ce dernier porte la lettre numérale X avec traces des chiffres XV qui ont disparu. ‖ *Ép. franque.* En 670 ou 675 Sidonius, moine de Jumiéges et disciple de saint Philbert, fonda un monastère d'hommes au lieu dit *le Camp-Soudain* ou *le Camp-Souverain*. Il fut aidé par Thierry Ier, par saint Ouen de Rouen et par saint Leufroy, qui fut son compagnon jusqu'en 686. Saint Saëns mourut le 14 novembre 689 ou 695, et fut inhumé dans son église. Son monastère fut détruit par les Normands du IXe siècle. De sa fondation et de son passage il reste des traditions et des monuments qui sont la ferme du *Camp-Souverain*, la *Mare du puits merveilleux* et la *Fontaine du bienheureux saint Saëns* sur la colline du *Catelier*, qui est le but d'un pèlerinage très-fréquenté. En 731, saint Landon ou Laudon, abbé de Fontenelle, gouverna comme prieur «cella Sancti Sidonii.» — Cercueils de plâtre qui probablement remontaient à l'époque franque, reconnus par MM. A. Deville et Guilmeth. ‖ *Moyen âge.* Château fort sur la colline qui porte le nom du *Catelier*, dont les terrassements n'ont pas complétement disparu. Guillaume Cliton y fut enfermé en 1106 et échappa aux poursuites des gens de Henri Beauclerc. Au XVIIe siècle il en existait encore de vieilles murailles avec mottes et fossés. — Château au hameau de la Butte, dans la prairie de la Salle, dont en 1626 et en 1777 on montrait la place. — Au XIe siècle, les seigneurs de Saint-Saëns fondèrent près de leur château une collégiale de chanoines réguliers qui, au XIIe siècle, devint un prieuré bénédictin soumis à l'abbaye de Fontenelle. Ce prieuré dura jusqu'à la Révolution. Le bâtiment principal qui existe encore près l'église est du XVIe siècle. L'église est devenue paroissiale. Sur le seuil de la maison est la dalle tumulaire d'une prieure du XVIe siècle. Au commencement du XIIe siècle, une abbaye de femmes de l'ordre de Cîteaux fut fondée au *Camp-Souverain*, à la place de l'ancien monastère de Saint-Saëns. En 1167, l'impératrice Mathilde la reconstruisit dans la vallée de la Varenne, où sont aujourd'hui les bâtiments de l'ancienne abbaye. Visitée par Eudes Rigaud, elle fut ravagée par les Anglais au XVe siècle et brûlée par les Bourguignons en 1472. Les bâtiments actuels furent construits de 1629 à 1692 par des abbesses illustres, parmi lesquelles on compte Anne Letellier et Madeleine Colbert de Saint-Puange. Supprimé en 1791, ce monastère est devenu une tannerie importante. — Neuf liasses contenant sept cent quinze chartes ou titres sur parchemin, allant de 1225 à 1789, et relatifs à cette abbaye, existent aux archives départementales. Une liasse de titres de l'ancien prieuré du *Camp-Souverain*, allant du XIIe siècle à 1657, se trouve au même dépôt. — L'église, sous le vocable de Saint-Saëns, anciennement prieurale, est bâtie en croix et possède, outre ses transepts, une chapelle parallèle au chœur, qui fut l'ancienne église paroissiale. Le clocher, entre chœur et nef, est une belle tour romane du XIe siècle, surmontée d'une flèche d'ardoise du XVIe. Le chœur et les deux transepts sont romans du XIIe siècle. La nef est du XIIIe siècle. Chapelle latérale au chœur, du XIVe siècle. Verrières du XIVe et du XVIe siècle. Celles du XIVe siècle représentent la légende de saint Louis, roi de France : son enfance, sa charité pour les pauvres, son départ pour la croisade, sa captivité en Égypte et sa mort devant Tunis. Il expire sur un navire chargé de chevaliers et qui porte des canons sur son pont et dans ses hunes. De naïves inscriptions rimées accompagnent ces tableaux. Celles du XVIe siècle reproduisent des scènes de la Passion et des actes de la vie du Sauveur. Il y avait autrefois des verrières du XVe siècle, où l'on voyait les Douglas, célèbres Écossais, châtelains de Saint-Saëns. Reliquaire en bois et argent en forme de bras, renfermant des reliques de saint Saëns, dans la sacristie. Dalles tumulaires et inscriptions. Dans le chœur, on voyait naguère la tombe d'une abbesse du XIVe siècle et la pierre de MM. de la Prée, seigneurs patrons du village de ce nom. Sous le clocher est l'inscription commémorative d'une dédicace de l'église faite le 6 mai 1467 par Michel, évêque de Margue ou Mégare, vicaire général du cardinal d'Estouteville. Dans le transept du midi, inscription tumulaire et commémorative de Charles de Valdietz, curé de Saint-Saëns, mort le 6 août 1628, au service des pestiférés de la paroisse. Trois inscriptions obituaires de 1618 et de 1625 dans la nef et dans la chapelle de la Vierge. Trois belles contre-tables en pierre du XVIIe siècle. — Corporations de drapiers, de cardeurs et de foulonniers, qui avaient donné à l'église une verrière qui subsistait encore en 1802. — Forges dont les mines se voient encore, ainsi que d'immenses dépôts de scories qui attestent l'existence d'anciens fourneaux dans la rue des Forges, la rue d'Enfer et le moulin de la Fonte. En 1322, les usines de Saint-Saëns comptaient cinq cents ouvriers forgerons ou maîtres. — Fabriques de poteries révélées par un épi de colombier fabriqué à Saint-Saëns en 1729 pour M. de Limoges, marquis de Saint-Saëns. — Au XVIe siècle il dut y avoir une poterne au *Camp-Tillou*. — La verrerie du *Lihu*, fondée en 1629, n'a cessé d'exister que depuis 1802. — Deux anciennes chapelles : celle de Saint-Martinet, qui était, dit-on, une ancienne léproserie, dans la vallée, sur le chemin de Bellencombre. Le bâtiment, sécularisé, est du XVIIe siècle. La seconde est celle de Saint-Louis, au Mesnil-Besnard. Construite en 1679, elle ne sert plus aujourd'hui. D'après les archives de Jumiéges, le Mesnil-Besnard aurait été autrefois une paroisse. — Sources sacrées de Saint-Martinet, près de l'ancienne chapelle de ce nom, et de Sainte-Marguerite, près l'abbaye des Bernardines et de Saint-Saëns, sur la colline du *Catelier*. — *Côte du petit Jeudi*, ainsi appelée parce qu'on y tenait le marché du jeudi en temps de peste. Il y a aussi le *Camp-Auger*, le *Camp-Tillou* et le *Camp-Arundel*, dont on ignore les origines.

SOMMERY. *Ép. gauloise*. Deux hachettes de pierre polie trouvées en 1852 et en 1859, et entrées au musée de Neufchâtel. Monnaie en potin recueillie en 1860. Vases gaulois servant d'urnes cinéraires, trouvés près de l'église en 1867. || *Ép. romaine*. Groupe de monnaies romaines trouvé vers 1780, lorsque l'on traçait la route impériale n° 15, de Dieppe à Paris. Dom Bodin, auteur d'une histoire de Neufchâtel et alors procureur à l'abbaye de Beaubec, en recueillit la plus grande partie. — Tuiles à rebords et murs antiques au hameau de Tôles. || *Ép. franque*. Deux ou trois cimetières francs. Le premier, situé aux *Grands-Monts*, au bord de la route n° 33 qui va de Buchy à Senarpont, n'a pas été exploré complétement. Toutefois, en 1859, M. l'abbé Cochet y a trouvé des ossements, des sabres et des couteaux de fer, des boucles et autres ornements en bronze. Le second, beaucoup plus important, se trouve au lieu dit *le Paradis*, sur le bord du grand chemin qui conduit de la station à Neufchâtel. Aperçu pour la première fois en 1866, lors de la fondation d'une maison, il a été fouillé en 1867 et en 1868. On n'a pas compté moins de cent fosses alignées et orientées; toutes ont donné des squelettes entiers ou bouleversés qu'accompagnaient des vases, des sabres, des épées et des couteaux en fer, des boucles et des plaques de ceinturon en fer et en bronze, des fibules en bronze, argent et or, des colliers et des bracelets en perles de verre et d'ambre, des monnaies gauloises et romaines, percées ou enchâssées, des styles, des haches et des lances de toutes proportions: un seul cercueil en pierre de Vergelé a été rencontré. Le troisième cimetière a été reconnu en 1865 au hameau du Vieux-Bled par les ouvriers qui travaillaient au chemin de fer d'Amiens. Ils y ont trouvé un squelette, un vase et un sabre. || *Moyen âge*. Église dédiée à saint Waast. Le clocher, placé au portail, est une tour carrée du XIIIe siècle, construite avec le grès ferrugineux du pays de Bray. Elle se termine par une flèche du temps de Louis XIII. Tout le reste de l'édifice appartient aux deux derniers siècles.

VENTES-SAINT-REMY (LES). *Ép. romaine*. Maison découverte dans la forêt d'Éawy, au triége du *Camp-Souverain*, le long de la voie nommée *le Chemin des Limousins* et fouillée par M. l'abbé Cochet en 1869. Le corps principal, long de 15^m,30, large de 8^m,80, enceint de murs épais d'un mètre et s'élevant à 1^m,30, était encombré de matériaux, moellons, mortier, tuiles et faîtières, mêlés à des cendres et à des charbons. Une perle côtelée en verre bleu, une épingle à cheveux de bronze, dont la tête était revêtue d'une feuille d'or, un ornement de bronze incrusté d'argent, y ont été recueillis. || *Ép. franque*. Trente squelettes trouvés inhumés dans l'enceinte de la maison romaine et régulièrement orientés, appartenant peut-être à la période carlovingienne. Trois sabres ou scramasaxes, dont l'un était coupé par le milieu, des agrafes de fer plaqué et damasquiné, une plaque de ceinturon avec sa contre-plaque, quatre vases de terre noire, une coupe de verre verdâtre, ont été recueillis entre les jambes ou aux pieds des squelettes. — Cercueils de pierre contenant des ossements et des objets d'art découverts sur la *Côte de l'Épinette* vers 1840. || *Moyen âge*. Église dédiée à saint Remy, construite en style roman, de 1847 à 1849. Elle remplace une église en bois du XVIe siècle. — Caveau dans le cimetière, où fut inhumé en novembre 1854 le baron d'Haussez, ancien ministre de la marine de Charles X, signataire des ordonnances du 25 juillet 1830.

ARRONDISSEMENT DE ROUEN.

CANTON DE BOOS.

(Chef-lieu : Boos.)

AMFREVILLE-LA-MIVOIE. *Ép. romaine*. Objets de bronze et monnaies dont plusieurs étaient en or, trouvés au lieu dit *le Clos-Madame*, en 1806, dans un trou couvert d'une pierre, à l'extrémité de l'avenue du château de M. de Neuvillette. Monnaies antiques pesant 2,700 kilogrammes, trouvées en 1862. Six de ces pièces, achetées par M. le curé, portaient les noms d'Antonin et des deux Faustine. || *Ép. franque.* Sépultures anciennes, franques très-probablement, trouvées à plusieurs reprises. On en cite aux *Rouges-Fosses* et aux *Mal-Franques*. Mais les principales ont été rencontrées au *Mont Haguet*. Deux ou trois cercueils de pierre, plus étroits aux pieds qu'à la tête et contenant des os et des sabres de fer, y ont été découverts en 1846 et 1849. Des vases provenant de sépultures ont été recueillis sur les flancs du *Mont Haguet*. || *Ép. incertaine.* On raconte que l'église fut d'abord commencée sur le mont Saint-Julien, mais que la nuit la maçonnerie était transportée sur le mont Saint-Remy, où elle est aujourd'hui. || *Moyen âge.* L'église, dédiée à saint Remy, présente des traces imperceptibles du xi° siècle. Après, la partie la plus ancienne date de 1600 à 1650. La nef est moderne et sans caractère.

AUTHIEUX-PORT-SAINT-OUEN (LES). *Moyen âge.* Église dédiée à saint Saturnin. Le chœur, d'abord construit au xiii° siècle, comme le prouvent l'appareil, la corniche et les lancettes, a été remanié sous Louis XV. L'arcade du crucifix est aussi du xiii° siècle. La nef est une charmante construction du xvi° siècle, possédant de chaque côté quatre fenêtres à trois compartiments, toutes remplies de verrières. Ces verrières, fort bonnes par elles-mêmes, sont de plus intéressantes par la reproduction des images et des groupes de donateurs. On y voit toute la paroisse du xvi° siècle, les gentilshommes et les vilains, les bourgeois et les manants, les conseillers et les laboureurs. Ces vitraux représentent : 1° saint Pierre et saint Michel; 2° saint Saturnin, saint Nicolas et sainte Marie; 3° sainte Anne et sainte Cécile; 4° saint Laurent, martyr, et sainte Gertrude; 5° sainte Barbe, saint Sébastien et sainte Catherine; 6° Noël et l'Assomption; 7° l'Annonciation; 8° saint Jean l'Évangéliste et l'Adoration des mages. Le baptistère doit remonter à 1600. Dans le cimetière on remarque, sur la tourelle du clocher, la date de 1722, et l'inscription rimée d'un tombeau qui doit être du xvi° siècle. — Prieuré ou chapelle de la Madeleine, dépendant de l'abbaye de Bon-Port, et ancien hôpital, encore connu en 1469 et en 1499, au hameau de Port-Saint-Ouen; aujourd'hui détruits. || *Ép. incertaine.* Grotte longue de 300 mètres, creusée dans le flanc de la colline, à l'entrée d'un petit vallon au hameau du Port-Saint-Ouen, ouverte en 1758 et en 1810, et découverte par des terrassiers en 1864.

BELBEUF. Formée des deux anciennes paroisses de Belbeuf et du Becquet. — BELBEUF. *Ép. gauloise.* Pierre druidique, à ce qu'on assure. || *Moyen âge.* Église dédiée à Notre-Dame. La nef est en pierre et du xvi° siècle. Les fenêtres, garnies de meneaux, sont élégantes; dans ces derniers temps, elles ont reçu des verrières en style du xiii° siècle. Des poutres ornées soutiennent la charpente. Le chœur est de 1756. Belle cuve baptismale en pierre du xiii° siècle, posée sur quatre colonnettes et ornée aux quatre angles de têtes saillantes, et, sur deux faces, de feuillages sculptés. L'autel, en marbre, de style Louis XV, provient de Saint-Laurent de Rouen. — Le château est une construction de 1765 ou environ. Il est entouré de belles avenues de hêtres plantées en 1646. Le colombier, en pierre et brique, doit dater de 1580 à 1600. — Chapelle de Saint-Adrien-la-Roquette, propriété de M. le marquis de Belbeuf, sénateur, taillée dans la craie sur le flanc des escarpements qui bordent la Seine. — Autrefois et dès le xiii° siècle, les roches de Saint-Adrien étaient le séjour d'ermites dont on voit encore les grottes taillées dans la craie. La chapelle elle-même est peut-être un ancien ermitage; un moment elle a été un prieuré. Ce qui y reste d'objets d'art indique le xvii° siècle. On lit sur un des bancs de confrérie la date de 1651. La contre-table, les colonnes torses et à glanes d'oignons indiquent la même date. Inscription tumulaire d'un prieur du xvii° siècle. C'est un lieu de pèlerinage encore très-fréquenté, mais qui le fut bien davantage au xvii° siècle, lors des terribles pestes qui affligèrent Rouen et toute la contrée. C'est de là qu'elle a pris sa naissance et son développement. (Voir une notice de M. le marquis de Belbeuf dans le *Bulletin de la Société des Antiquaires de Normandie*, t. Ier, p. 475 à 508.) == LE BECQUET. *Moyen âge.* L'église, dédiée à saint Crespin, a été démolie en 1827. Il reste encore le cimetière et la croix.

BLOSSEVILLE-BONSECOURS. *Ép. romaine.* Monnaie de Dioclétien trouvée au faubourg d'Eauplet en 1836. Tuiles à rebords recueillies en grande quantité près de l'église en 1846. || *Ép. franque.* Terrassement considérable que le peuple appelle *Thuringe*, au nord-ouest de l'église, sur une colline qui regarde Rouen. Ce retranchement est accompagné d'un fossé profond, qui se reconnaît aisément sur le plateau et sur le flanc de la colline. C'est le reste d'un ancien camp qui figure en entier sur de vieux plans de Rouen. Suivant les chroniqueurs normands, le château de Thuringe aurait été occupé au viii° siècle par le terrible Robert le Diable, fils du duc Auber. A l'époque franque, peut-être même à l'époque romaine, il dut exister un *catelier* ou château sur la côte du mont Sainte-Catherine, que Gosselin le Vicomte, dans sa fondation de l'abbaye de la Trinité du Mont, mentionne ainsi : «Partem de Castellario que «nostræ emptioni vicina est.» Nous croyons qu'il faut y voir le camp de Sainte-Catherine occupé par Henri IV en 1592 et qui aurait déjà existé à une période aussi reculée. Tous les jours la culture démolit les terrassements et comble les fossés de cette vieille enceinte. || *Moyen âge.* La nouvelle église de Notre-Dame de Bonsecours est une belle construction en pierre dans le style ogival primitif, commencée en 1840 et terminée avant 1850. L'ancienne chapelle, démolie en 1842, était un petit édifice du xvi° siècle. (Voir une notice publiée en 1846 dans la *Revue de Rouen*.) Dans la nouvelle église il ne reste plus d'ancien que l'image vénérée de Notre-Dame, laquelle est en bois et pourrait dater du xvi⁰ siècle. Le pèlerinage à Notre-Dame de Bonsecours remonte à plusieurs siècles et est toujours très-fréquenté par les habitants de Rouen, du diocèse et même du reste de la Normandie. Il est probable qu'il a surtout pris faveur après la destruction de l'abbaye de Sainte-Catherine en 1597.

BOOS. Formée des deux anciennes paroisses de Boos et de Franquevillette, fusionnées en 1824. — Boos. *Ép. gauloise*. Hachette en silex trouvée dans le bois de Boos en 1863. ‖ *Ép. incertaine*. Dans le même bois se voient les restes d'un ancien château fort, composés d'une motte, ainsi que d'un puits. Le chemin d'alentour a conservé le nom de *Chemin du Puits*. ‖ *Moyen âge*. A côté de l'église, manoir des religieuses de Saint-Amand de Rouen, devenu une ferme et un pavillon. La clôture consiste en murs de briques de différentes couleurs formant des compartiments losangés, comme au xvi⁰ siècle. Le manoir, dont une partie est du xvii⁰ siècle, appartient au xiii⁰ dans la portion en pierre et silex munie de contre-forts, et dont les portes en ogive, les fenêtres à doubles lancettes et les cheminées sont du temps de saint Louis. Les murs ont gardé leur carrelage, et le berceau en bois est une jolie charpente fort ancienne. Dans la cour est une margelle de puits qui doit remonter au xiii⁰ siècle, mais qui a été retravaillée au xvi⁰. Colombier du xvi⁰ siècle, construit en pierre et en briques de plusieurs couleurs sur un plan octogone avec corniche derrière. — Rez-de-chaussée en damier percé d'une porte sculptée dans le style de la Renaissance. — Premier étage, au-dessus d'un bandeau à moulures prismatiques, décoré de nervures saillantes formant des arcatures remplies de panneaux de brique colorée. — Carreaux de terre cuite émaillés représentant des bustes et des ornements sous la corniche. (Voir *Congrès archéologique de France*, t. XXIII.) — Église dédiée à saint Sauveur. Il y a quelques traces, à peine saisissables, du xiii⁰ siècle. L'ensemble a été refait au xvi⁰ et au xvii⁰ siècle, dont l'œuvre a été altérée dans des temps postérieurs. Six stalles du chœur, ravissant travail de la Renaissance, montrent sculptés sur leurs miséricordes : la Samaritaine, un moissonneur, un monnayeur, un couple à cheval, etc. Elles passent pour venir de l'église démolie de Franquevillette. Portraits de cinq religieux venant des anciens couvents de Rouen. L'un d'eux représente Paul René de Becdelièvre, carme déchaussé, mort à Dieppe à l'âge de 62 ans. = FRANQUEVILLETTE. *Ép. incertaine*. Fossés limitant la forêt du Longboël, qui existait jadis, suivant M. Gaillard. Cette assertion est basée sur une information faite au parlement de Normandie en 1633. ‖ *Moyen âge*. L'église, dédiée à Notre-Dame, servit de grange jusqu'en 1825, époque de sa démolition. Elle possédait de jolies stalles de la Renaissance, qui sont dans l'église de Boos. Le cimetière a été conservé.

FRESNE-LE-PLAN. *Moyen âge*. Église dédiée à saint Pierre et à saint Paul. On y trouve un peu du xiii⁰ siècle; mais le reste est moderne. La nef doit dater de 1760 à 1770. Le chœur est de 1780. Six ou sept dalles en pierre de liais, la plupart effacées. Cependant dans le chœur on lit l'inscription rimée d'un curé mort en 1552. Une autre est celle d'un vicaire décédé en 1720.

GOUY. *Ép. incertaine*. Camp signalé à la Commission d'antiquités en 1826 par M. de Saulcy, aujourd'hui membre du Sénat et de l'Institut, et visité par M. l'abbé Cochet en 1864. Il est entouré d'un retranchement et de deux fossés. On l'appelle *la Côte d'Incarville*. Quelques-uns attribuent ce camp à Henri IV. Dans une terre appartenant à la fabrique, on montre un cercle fossoyé où l'on dit que fut une batterie de six canons dressée par Henri IV. — *Côte de la Vigne* et *Fossés de la Vigne*, enceinte carrée de 6,000 mètres, suivant M. A. Deville. ‖ *Ép. franque*. Hache et angon en fer trouvés, dit-on, sur le plateau du Plessis. ‖ *Moyen âge*. L'église, dédiée à saint Pierre et à saint Paul, présente un peu de l'architecture de tous les temps. Le chœur fut d'abord bâti au xii⁰ siècle. Il en garde des feuilles de fougère. L'arcade du crucifix est de ce temps, ainsi que le portail. Le porche et le pignon de l'ouest sont du xvi⁰ siècle. Les murs du chœur et de la nef ont été remaniés au xvii⁰ et au xviii⁰ siècle, surtout dans leurs ouvertures. Dans le chœur est un petit vitrail daté de 1599 représentant une *Résurrection* et l'ecclésiastique qui l'a donné. Dans la nef se trouve une inscription tumulaire et obituaire de 1501.

MESNIL-ESNARD (LE). *Ép. incertaine*. Petite statuette de bronze. Squelette dont aucun objet ne déterminait la date, trouvé en 1828. ‖ *Moyen âge*. L'église, dédiée à Notre-Dame, conserve dans le chœur des contre-forts du xiii⁰ siècle. Le reste de cette portion de l'église est du xvii⁰ siècle. La nef, avec son collatéral nord, a été construite en 1632; le collatéral du midi a été ajouté en 1835. Le clocher, au côté droit du chœur, ne remonte pas au delà de François I⁰ʳ, mais quelques parties sont plus récentes. La forme en est octogonale, chose rare.

MESNIL-RAOUL (LE). *Ép. romaine*. Voie romaine allant de Rouen à Radepont. Une cuiller en bronze, entrée au musée de Rouen, y a été trouvée en 1835. ‖ *Moyen âge*. L'église, dédiée à saint Jean, présente dans sa nef les traces de quatre siècles bien marqués. Le xi⁰ a fait le cintre du portail et une partie de l'appareil des murs, et le xiii⁰ les contre-forts; le xvi⁰ a charpenté les poutres ornées de guivres, d'instruments de la Passion, et des écussons des donateurs en « L'AN M V⁰ XXI » (1521); enfin le xviii⁰ a refait la maçonnerie et agrandi les fenêtres. Le chœur est moderne.

MONTMAIN (LE). *Ép. gauloise*. Pierre druidique,

autrefois dans les bois, à ce qu'on assure. || *Ép. romaine.* Voie romaine de Rouen à Paris par Darnetal. || *Moyen âge.* Terrassements et anciens murs confirmant la tradition d'un château dans une cour sise au hameau de la Haute-Motte. — L'église, dédiée à saint Nicolas, ne remonte pas au delà du XVII° siècle. C'est une pauvre maçonnerie en silex et brique. — La *Grange de Beaulieu*, grange dîmière du prieur de Beaulieu.

NEUVILLE-CHAMP-D'OISEL (LA). Assis sur les défrichements de la forêt du Long-Boël, ce village se compose principalement d'une rue qui fut autrefois une voie antique, comme l'indique encore son nom de chaussée, et qui conduisait de Rouen à Paris par Radepont. || *Ép. gauloise.* Trois haches en silex recueillies, l'une au *Brulin*, les deux autres au *Clos-Chapitre*, en 1863 et en 1864. || *Ép. romaine.* Monnaies en grand nombre. Les noms de *Chaussée* et de *Chemin du Roy* attestent le passage d'une voie antique, qui du reste a été reconnue en 1830 au *Clos-Chapitre*. Des tuiles à rebords se trouvent à peu près partout. On en a recueilli surtout à la *Mare des Corps saints*, au *Parquet* et au *Clos-Madame*. Tirelire en pierre remplie de pièces antiques, trouvée en 1830. Carrés de murailles découverts en défrichant les bois du *Parquet* en 1864. || *Ép. franque.* Inhumations mérovingiennes avec vases aux pieds, reconnues dans les défrichements d'un bois en 1861. || *Moyen âge.* Église sous le vocable de Notre-Dame, dont la nef, du XIII° siècle, est d'une bonne architecture. Les piliers de l'intérieur et les arcades ont du caractère. L'ancien clocher était à l'entrée du chœur, ainsi que l'indiquent des piliers flanqués de colonnettes. Le chœur, également du XIII° siècle pour le fond, a été remanié au XVI° et déformé au XVII° et au XVIII°. Les stalles, au nombre de cinquante-cinq, sont en chêne et du XVIII° siècle. Elles proviennent de l'hospice Saint-Jacques des Andelys. Le baptistère, en pierre, a été retaillé au XVII° siècle, mais il doit dater du XIII°. Dans le chœur est un beau tableau de *Jésus apparaissant à saint Pierre*, peint par Sacquespée, de Rouen, en 1667. — Jolie croix de pierre de la Renaissance au carrefour des deux grands chemins. — Deux grandes mares que l'on dit avoir été données par Enguerrand de Marigny, jadis seigneur du lieu. — Ancienne chapelle de Saint-Augustin, devenue une étable, au hameau de la Chapelle-de-Saint-Augustin. — Ancienne léproserie au triège de la Maladrerie. — On appelle *Clos-Chapitre* un lieu ayant appartenu au chapitre de Rouen, décimateur de la paroisse. C'est là qu'il tenait ses plaids. On a trouvé auprès dix saluts d'or de Henri V et de Henri VI.

NOTRE-DAME-DE-FRANQUEVILLE. *Moyen âge.* Église sous le vocable de Notre-Dame. Au milieu de réfections modernes on distingue encore, dans la maçonnerie, des traces du XI° siècle. Une autre partie de l'édifice remonte au XVII° seulement. Une dalle tumulaire du XIII°, qui existait en 1844 au seuil de cette église, n'a plus été retrouvée en 1865.

QUÉVREVILLE-LA-POTERIE. *Ép. franque.* Sépultures anciennes rencontrées dans un taillis appelé *la Vente de Thémare*, vers la fin de 1863, par les ouvriers du service vicinal occupés à tracer le chemin de communication n° 13, de Grand-Couronne à Forges. Des vases accompagnaient les squelettes. Une vingtaine de corps, ayant près d'eux des vases francs, furent trouvés en 1864. M. de Girancourt et M. l'abbé Cochet pratiquèrent une fouille en mars 1864 et rencontrèrent deux corps avec des vases aux pieds, et, sur la poitrine, deux fibules ansées en bronze liées par une chaînette de même métal. Squelette accompagné d'un grand bronze de Posthume, trouvé sur la colline qui fait face à la *Vente-de-Thémare*. Quinaire en or d'Anastase recueilli en 1867 et possédé par le musée de Rouen. || *Moyen âge.* L'église, dédiée à Notre-Dame, remonte au XI° siècle, mais elle a été complétement défigurée au XVI° et au XVII°. Au midi du chœur est une chapelle que l'on croit être celle des moines de Saint-Ouen, dont la ferme voisine passe pour avoir été l'ancien prieuré. Descente de croix, bas-relief en bois du XVI° siècle et deux statues de saint Antoine et de sainte Anne.

SAINT-AUBIN-CELLOVILLE. Autrefois nommée Saint-Aubin-la-Campagne, elle a pris l'affixe de Celloville depuis la réunion de cette ancienne paroisse en 1823. — SAINT-AUBIN. *Ép. incertaine.* L'existence d'un camp fut signalée à la Commission des antiquités en 1832 par le maire de Saint-Aubin-Celloville. || *Ép. romaine.* Meules à broyer, dont une est au musée de Rouen. || *Moyen âge.* Église sous le vocable de Saint-Aubin. La nef primitive datait du XI° siècle; mais, au XVI° et au XVII°, on a refait les contre-forts et les fenêtres. La grande porte date de 1704 ou de 1780. Le chœur est moderne, ayant été construit en style roman de 1862 à 1863. Baptistère du XIII° siècle, retaillé au XVII°. La croix de pierre du cimetière fut érigée en 1608 et restaurée en 1852. == CELLOVILLE ou SELOVILLE. *Moyen âge.* L'église, dédiée à saint Pierre, est moderne. Elle conserve un vitrail de 1613. Au siècle dernier, cette paroisse eut deux curés célèbres comme médecins, MM. Delarue et Sury. Le portrait de M. Delarue a été reproduit par la gravure.

SAINT-AUBIN-ÉPINAY. Formée des deux anciennes paroisses de Saint-Aubin-la-Rivière et d'Épinay-sur-Aubette, réunies en 1823. — SAINT-AUBIN. *Ép. gauloise.* Hachette en silex. || *Ép. franque.* Cercueils de pierre contenant des corps, des vases et des armes, découverts en 1832 dans le bois près du chemin qui conduit à Saint-Jacques. Sépultures franques trouvées à la côte de Saint-Aubin en 1863 en ouvrant le chemin de grande communication n° 7, de Darnetal à Senarpont. || *Moyen âge.* L'église, sous le vocable de Saint-Aubin, a été refaite à neuf et en style roman de 1849 à 1853. Il n'en reste plus que le baptistère qui est au musée de Rouen. C'est une cuve de pierre de forme carrée, garnie de petites colonnettes qui indiquent parfaitement le XIIIe siècle. == ÉPINAY-SUR-AUDETTE. *Moyen âge.* L'église, dédiée à la sainte Vierge, est une construction sans caractère qui remonte au plus au XVIIe siècle.

SAINT-PIERRE-DE-FRANQUEVILLE. *Moyen âge.* Église sous le vocable de Saint-Pierre, entièrement construite au XVIIe et au XVIIIe siècle. Le clocher, élevé au portail, est de 1855. Inscription obituaire et sépulcrale, probablement du XVIIe siècle, dans la nef. Dans le chœur, dalle de marbre de Toussaint Quenet, chevalier seigneur du lieu, conseiller au parlement, mort en 1710. Chaire en bois sculpté, du temps de Louis XIV, provenant, dit-on, des Andelys. La contre-table, à colonnes torses, et les autres boiseries portent la date de 1652. Le baptistère est une assez jolie sculpture sur pierre du même temps. C'est sur ce baptistère qu'a été régénéré, en 1703, l'abbé Saas, célèbre bibliographe normand. Grand triptyque représentant l'adoration des mages, la messe de saint Grégoire, avec costumes du temps de la Ligue, et les docteurs de l'Église. — Château du XVIIe siècle qui ne manque pas de caractère.

YMARE. *Ép. incertaine.* Table de pierre, posée sur deux autres placées de champ, sur les limites d'Ymare et de Pîtres, près d'un carrefour où se croisent plusieurs chemins. On assure que ceux qui passent dessous guérissent de la fièvre et de la morsure des chiens enragés. Cette croyance ferait supposer que cette pierre en remplace une plus ancienne. || *Moyen âge.* L'église, dédiée à saint Aubin et à sainte Anne, n'est pas antérieure au XVIIe siècle. Le portail même est de 1767. Cependant près de ce portail est une inscription gravée sur pierre au siècle précédent. Bas-relief en albâtre ou en marbre du XIVe ou du XVe siècle. — Dans le cimetière est une croix de pierre de 1657 portant une inscription rimée de cette époque.

CANTON DE BUCHY.

(Chef-lieu : BUCHY.)

BIERVILLE. *Moyen âge.* Jolie croix de pierre dans le cimetière, haute de 6 ou 7 mètres et pouvant dater de 1610 à 1620. — L'église, dédiée à saint Pierre et à saint Paul, est du XVIIIe siècle.

BLAINVILLE-CREVON. Formée des trois anciennes paroisses de Blainville, de Crevon et de Saint-Arnould-sur-Ry, fusionnées en 1826. — BLAINVILLE. *Moyen âge.* Le vieux château, longtemps connu sous le nom de *Château d'Ac,* n'existe plus depuis un siècle et demi; mais il en reste d'excellents dessins dans la collection Gaignières. Quelques-uns ont été gravés dans l'*Histoire du château et des sires de Blainville,* par M. Bouquet. — Sur le penchant d'une des deux collines qui entourent Blainville sont les fondations des épaisses murailles qui ont formé les tours et les fossés profonds qui enceignaient autrefois la forteresse des Manquenchy, des Estouteville, des d'Allègre et des Colbert. — L'église paroissiale de *Saint-Germain,* qui était importante, est également disparue. Abandonnée à la Révolution, elle est tombée en ruines et a été démolie vers 1810. Une dalle tumulaire, qui en provient sans doute, vient d'être trouvée dans la démolition du presbytère. Elle est du XIIIe siècle et a recouvert un Mouton, sire de Blainville. — L'ancienne collégiale, devenue l'église paroissiale, commencée en janvier 1488 par Jean d'Estouteville, a été dédiée sous le vocable de Saint-Michel, le 29 septembre 1491, par l'archevêque Robert Croixmare. L'édifice est en forme de croix à branches presque égales. Il a 30 mètres de long sur 8 de large; mais les deux croisillons ont 20 mètres. L'appareil des murs est en grès et silex formant damier. Les fenêtres, les portes et les contre-forts sont seuls en pierre blanche. Le grand portail est élégant et ouvré. Les fenêtres sont garnies de réseaux flamboyants, celles des transepts ayant jusqu'à trois meneaux. La flèche élancée sur le chevet est décorée d'une balustrade en plomb. La nef est pavée de belles dalles de pierre. Chaque transept renferme une chapelle avec une piscine. La chapelle du midi conserve encore son autel de pierre. Le chœur, à abside polygonale à trois pans, est voûté sur nervures prismatiques avec clefs chargées d'écussons et éclairé par sept fenêtres flamboyantes garnies de restes de verrières. Jolie piscine dans le chœur. Charmante porte de sacristie. Stalles des chanoines, au nombre de quarante-deux, dont les miséricordes sont sculptées avec grande originalité et abritées sous un dais continu, œuvre de hucherie du XVe siècle. Peintures : le Christ en croix, accompagné de saint Jean et de sa sainte mère; au-dessus de la mise au tombeau et des figures de saints : saint Jean-Baptiste, sainte Anne, sainte Geneviève, saint Jacques le Majeur, etc. Statue en pierre de saint Michel, patron de la collégiale, vêtu comme les chevaliers du XVIe siècle. Trois belles dalles tumulaires du chœur ont été sciées en 1836 pour daller la nef. Un beau retable en bois sculpté dans le style du XVe siècle, enlevé en 1833, est aujourd'hui la propriété de la famille de Bellegarde, à Rouen. Il représente la *Passion.* — Cinq chapelles, qui toutes sont disparues, étaient celles de Sainte-Catherine, de Saint-Étienne, de Saint-Jacques, de Saint-Jean-Baptiste, de Notre-Dame-de-la-Délivrande. Cette dernière était située au hameau de Maillommais. == CREVON. *Moyen âge.* L'église, dédiée à saint Pierre, a été détruite au commencement de ce siècle. == SAINT-ARNOULD-SUR-RY. L'église, sous le vocable de Saint-Arnould, a été démolie en 1830. Elle avait été aliénée avec le cimetière en 1829.

BOIS-GUILBERT (LE). *Moyen âge.* Église dédiée à saint Pierre. Chevet offrant quelques détails du XIIIe siècle. Tour du clocher placée au côté nord entre la nef et le chœur, du XVIe siècle, ainsi que la chapelle qui en occupe la base. Le reste ne remonte guère qu'au XVIIe siècle.

BOIS-HÉROULT (LE). *Ép. Renaissance.* L'église, dédiée à Notre-Dame, ne contient d'ancien que deux contre-forts, une corniche en bois sculpté du XVIe siècle et un joli petit porche, également en bois, du XVIe siècle, qui a été transformé en chapelle des fonts. Le reste de l'église est du XVIIIe et du XIXe siècle. Dans le mur sud de la nef est une inscription gravée sur pierre, relatant une fondation de 1545. — On a transporté récemment dans le cimetière la dalle tumulaire d'un seigneur de 1735, précédemment dans le chœur.

BOISSAY. *Moyen âge.* Église dédiée à saint Martin. Dans l'édifice, renouvelé au XVIIe et au XVIIIe siècle, il existe quelques débris du XIIIe, tels que le portail, les contre-forts, l'arcade du crucifix, reste d'un ancien clocher placé entre chœur et nef. Le baptistère, en pierre, est une ancienne cuve du temps de saint Louis, retaillée sous Louis XIV. Le bénitier de grès porte la date de 1578. Jolie statue de sainte Barbe, en pierre, du XVIe siècle. || *Ép. incertaine.* Tradition d'église transférée. On dit qu'elle était au haut d'une côte.

BOSC-BORDEL (LE). *Ép. romaine.* Poteries grises et tuiles à rebords trouvées pendant la confection du chemin de grande communication n° 7, de Buchy à Senarpont, dans la traverse d'Esquincmare. || *Moyen âge.* Église dédiée à saint Jean-Baptiste. Elle se compose d'une nef et d'un chœur, entièrement du XIIIe siècle. La contre-table, en bois sculpté, date de 1639. || *Ép. Renaissance.* Porche en bois très-richement sculpté, soutenu par des poutres ornées et décoré des statues de saint Nicolas, de saint Michel, de saint Jean, de saint Sébastien, de sainte Anne, de sainte Catherine, etc. Sur le fronton de la porte on voit un *Jugement dernier*, où sont figurés Notre-Seigneur, la Vierge, le paradis, l'enfer, les démons avec leur chaudière et le nocher Caron qui passe les morts dans sa barque. Ce porche est classé comme monument historique.

BOSC-ÉDELINE (LE). *Ép. gauloise.* Statère d'or, selon M. Ed. Lambert. Silex creux contenant plus de quarante monnaies gauloises, mais bombées comme des boutons et présentant des croissants et des chevaux, trouvé vers 1820 par un cultivateur, selon M. Guilmeth. || *Moyen âge.* L'église, dédiée à la Sainte-Trinité, a conservé, au chevet, un fragment du XIIIe siècle. Pour le reste, elle est du XVIIe et du XVIIIe siècle. La contre-table présente une singulière image de la Trinité, patronne de cette ancienne paroisse.

BOSC-ROGER (LE). *Ép. Renaissance.* L'église, dédiée à Notre-Dame, offre quelques détails du XVIe siècle, notamment le portail. Le reste de l'église appartient au XVIe et au XVIIe siècle. Dans le chœur, un fragment de peinture du XVIe et des pavés émaillés représentant Mercure et Janus. Contre-tables du temps de Henri III et de Louis XIII, tableaux des deux derniers siècles, et dalle tumulaire d'enfant de 1600 ou environ. Autour des deux chapelles latérales sont des carreaux émaillés, où l'on remarque des têtes d'homme et de femme, des génies, des dragons et autres fantaisies du XVIe siècle, gravés en creux. — Jolie croix de cimetière sculptée en 1629. — Au hameau de la Frenaye était une chapelle de Saint-Christophe, détruite à la Révolution.

BUCHY. *Moyen âge.* L'église, dédiée à Notre-Dame, a été entièrement construite dans sa nef et dans son clocher pendant les années 1860, 1862 et 1863. Mais le chœur, construit en moellon du pays, avec lequel on s'est raccordé, appartient au style de la Renaissance et remonte au XVIe siècle. Ce chœur, terminé par une abside à trois pans, est accompagné de deux chapelles latérales, qui aujourd'hui terminent les bas côtés. Les contre-forts, élégamment sculptés, sont amortis par des candélabres. Les fenêtres, à plusieurs meneaux, sont de style flamboyant. Les voûtes sont construites avec élégance. Les verrières du chœur présentent au fond la Résurrection ; au côté de l'évangile sont l'Incarnation, la Naissance et l'Épiphanie du Sauveur ; au côté de l'épître, la Pentecôte, l'Ascension ou l'Assomption ; les donateurs occupent le bas ; au haut est la date de 1551. Les verrières de la chapelle du nord, dédiée à la sainte Vierge, représentent la Vision de l'Apocalypse, la Bête à sept têtes, la Grande Babylone, avec les portraits des donateurs. Celles de la chapelle du sud, dédiée à saint Joseph, figurent, en grisailles datées de 1554, des scènes de la Passion, telles que le baiser de Judas, la flagellation, la chute sous la croix et le crucifiement. A côté est un magnifique *Jugement dernier*, surmonté d'une *Trinité*. — Il y avait autrefois une chapelle au hameau de la Loge ou de la Grande-Loge.

CATENAY (LE). *Moyen âge.* L'église, dédiée à Notre-Dame, a été fort retouchée au XVIIe et au XVIIIe siècle ; mais malgré cela elle garde des traces du XIIIe, notamment dans deux portes rebouchées. Le clocher, avec sa haute flèche d'ardoise et son énorme charpente qui remplit la nef, date du XVIe siècle, ainsi que le berceau de la nef, quelques verrières, l'arcade du crucifix en bois sculpté et peint, deux charmants autels à baldaquin décorés de bas-reliefs et de sculptures à jour, dont l'un renferme quatre bas-reliefs en albâtre du XVe siècle. Chœur de 1750, conservant des croix de consécration. Fondation sur marbre noir de Guillaume Folenfant, curé en 1746.

ERNEMONT-SUR-BUCHY. Autrefois Ernemont-des-Essourds et plus anciennement *Ernoldi Mons.* *Ép. incertaine.* Tradition d'église transférée. On assure qu'elle était dans les terres appelées *les Tuilettes*. || *Ép. Renaissance*. Dans la direction de Buchy est un manoir sur lequel on lit l'inscription, tracée avec de la brique : « 1597. VIVE LE ROY HENRY IIII. » — L'église, dédiée à saint Martin, a quelques parties du xvii° siècle; mais, généralement, elle paraît avoir été reconstruite de 1700 à 1710. Dans le chœur est l'inscription du fondateur, M. Barthélemy de Saint-Ouen d'Ernemont, seigneur du lieu, décédé le 21 mai 1710. — A côté de cette église se trouve un charmant hôpital pour les pauvres et pour les malades, fondé au xvii° siècle par la famille de Saint-Ouen d'Ernemont. C'est là qu'a commencé la congrégation des religieuses dites *des Capotes* ou *d'Ernemont*, dont le centre est à Rouen depuis 1710 ou 1720. — Château en brique construit de 1750 à 1775.

ESTOUTTEVILLE-ÉCALLES. Formée des trois anciennes paroisses d'Estoutteville-sur-Buchy, d'Écalles et de Saint-Martin-du-Plessis. — ESTOUTTEVILLE. *Moyen âge*. L'église, dédiée à la Sainte-Trinité, est généralement moderne, ayant été reconstruite vers 1760. Cependant on y remarque au midi une porte romane et au nord un appareil du xi° siècle. Les entraits et la corniche du berceau de la nef portent des sculptures du xvi° siècle. Les stalles en chêne, charmante création de la Renaissance, montrent sur leurs miséricordes un moissonneur, un boulanger, un harpiste, des anges, etc. On pense qu'elles viennent d'un ancien couvent de Rouen. == ÉCALLES. *Moyen âge*. Église dédiée à saint Sulpice. Le chevet présente deux ogives du xiii° siècle. Le reste du chœur est du xviii°. La nef doit dater du xvi° et du xvii° siècle. Dans le chœur, entraits sculptés du temps de François I°°. == SAINT-MARTIN-DU-PLESSIS. *Ép. incertaine*. Terrassement circulaire imitant le *Grand-Bel*, qui est sur Sainte-Croix, et appelé à cause de cela le *Petit-Bel*. || *Moyen âge*. L'église, sous le vocable de Saint-Martin, est du xvii° et du xviii° siècle.

HÉRONCHELLES. Formée des deux anciennes paroisses de Héronchelles et du Chef-de-l'Eau. — HÉRONCHELLES. *Ép. franque*. Cimetière franc trouvé en 1864 sur le bord du chemin de grande communication n° 46, de Buchy à Vascœuil. On en a extrait sept têtes et une fibule en forme de double croix. Cette fibule est chez M. de Saulcy, sénateur. || *Ép. Renaissance*. Le manoir, voisin de l'église, est une charmante construction en brique rouge losangée et en pierre blanche dans le style de la Renaissance. Une tourelle octogone caractérise cet élégant castel. — L'église, dédiée à sainte Geneviève et à saint Nicolas, doit dater du xvii° et du xviii° siècle. Mais dans le sanctuaire on remarque deux ou trois dalles tumulaires du xvi° siècle (1541). == LE CHEF-DE-L'EAU. *Ép. moderne*. Église dédiée à sainte Geneviève. Dans le chœur est la dalle tumulaire d'un curé de 1592. Quant à l'église, elle a été entièrement reconstruite de 1770 à 1780.

LONGUERUE. *Ép. Renaissance*. L'église, dédiée à Notre-Dame, est une construction du xvi° et du xvii° siècle, avec traces du xviii° dans le chœur. Caveau seigneurial des Dufour de Longuerue, dont l'inscription tumulaire se trouve au haut de la nef sur une pierre, et dans le chœur sur un marbre. Le célèbre abbé de Longuerue était de ce village. On conserve son portrait dans le château du lieu et son souvenir n'est pas perdu dans le pays.

MORGNY-LA-POMMERAYE. Formée des trois anciennes paroisses de Morgny, de la Pommeraye et de Vimont. — MORGNY. *Ép. franque*. Cercueils de pierre en grand nombre trouvés au lieu dit *la Côte aux Morts*, près du château de Mondétour, par M. de Morgny en 1850, en défrichant un bois. Chacun des cercueils que l'on brisa contenait des corps et un certain nombre d'objets en terre et en verre, que l'on négligea de recueillir. || *Ép. Renaissance*. L'église, dédiée à Notre-Dame, paraît entièrement de 1650 à 1705, sauf des additions plus modernes encore. On y voit deux statues de pierre du xvii° siècle. L'une est celle de sainte Anne, venant de l'ancienne église de la Pommeraye, détruite depuis la Révolution. L'autre est celle de sainte Madeleine, provenant de l'ancienne église de Vimont, qui est aujourd'hui transformée en grange. Dans le chœur, on lit sur une pierre cette inscription du xviii° siècle : « Tombeau de Messieurs les prêtres et curés de Morgny. » == LA POMMERAYE. *Moyen âge*. L'église, dédiée à sainte Anne, a été démolie au commencement de ce siècle. == VIMONT. *Moyen âge*. L'église, dédiée à sainte Madeleine, est devenue une grange. C'est une construction du xvii° siècle.

PIERREVAL. *Moyen âge*. Appelée dans les chartes du xi° siècle *Petræ vallis*. Elle possède une petite église dédiée à saint Martin, dont le fond est du xiii° siècle, mais qui a subi de nombreux remaniements au xviii°.

REBETS. *Ép. franque*. Deux cercueils de pierre trouvés vers 1860, lors de la construction de l'église. L'un contenait un couteau et une boucle de ceinturon, l'autre renfermait deux jeunes sujets de treize à quatorze ans, accompagnés de perles et de vases noirs. — Quatre cercueils trouvés en 1864 en labourant un champ de M. d'Arboval. L'un était en pierre de Saint-Leu, les autres en pierre du pays. Un ou deux seulement renfermaient des ossements, mais des restes humains gisaient autour des autres. || *Moyen âge*. L'église, dédiée à saint Denis, a été construite en 1860, mais on a su conserver l'ancien grand portail, qui est un cintre roman orné de zigzags. Le porche en pierre qui précède l'église et soutient le clocher est une charmante construction de la Renaissance, portant la date de 1547. Porte en bois sculpté du xvi° siècle, ainsi que le baptistère en pierre et le bénitier en grès sur lequel est gravé le nom de RE|BE|S. ‖ *Ép. incertaine.* Enceinte circulaire entourée de retranchements.

SAINT-AIGNAN-SUR-RY. *Moyen âge.* Église sous le vocable de Saint-Aignan. Le clocher, placé au côté nord du chœur et de la nef, est une tour du XII° et du XIII° siècle. Le chœur est du XIII° siècle, remanié au XVI°. La nef est du XVIII°. A l'entrée du chœur est une dalle tumulaire du XIII° siècle, et dans le mur est encastré un marbre relatant une fondation de 1646.

SAINTE-CROIX-SUR-BUCHY. Formée des deux anciennes paroisses de Sainte-Croix et des Authieux-sur-Buchy. — SAINTE-CROIX. *Ép. incertaine.* Terrassements considérables qui ont une forme circulaire, à la naissance d'un vallon. Ce sont des retranchements élevés, accompagnés de fossés profonds. La hauteur des fortifications était de 12 à 15 mètres. Un corps avancé se remarque du côté du midi. Dans le pays on nomme ce terrassement important *le Grand-Bel* ou *le Château du Bel*. Ce nom peut venir d'un ancien château aussi bien que d'un petit camp. ‖ *Ép. romaine.* Tuiles à rebords trouvées, dit-on, au *Bel*. ‖ *Ép. Renaissance.* L'église, sous le vocable de Sainte-Croix, a été reconstruite vers 1735. Cependant on a respecté quelques parties de la fin du XVI° siècle, telles que le transept du midi et le mur nord de la nef. Jolie statue de pierre de saint Adrien, habillé comme un guerrier du temps de la Ligue. — Vieil if et croix de grès du XVII° siècle dans le cimetière. — Croix dite *la Croix du loup*, élevée à l'endroit où un loup mangea un homme. On assure qu'un loup est gravé sur le pied de la croix. = LES AUTHIEUX-SUR-BUCHY. *Moyen âge.* Église dédiée à saint Médard et à saint Godard. Fenêtres du XIII° siècle. Le reste de l'édifice est du XVII° et du XVIII°. Cuve baptismale en pierre du XVI° siècle, et lutrin du même temps.

SAINT-GERMAIN-DES-ESSOURDS. Formée des trois anciennes paroisses de Saint-Germain-des-Essourds, de Salmonville-la-Rivière et de Fontaine-Châtel. — SAINT-GERMAIN. *Ép. Renaissance.* Jolie croix de cimetière en pierre, haute de 5 mètres, qui peut dater de Henri III. — L'église, sous le vocable de Saint-Germain, est moderne. Elle a été entièrement reconstruite depuis cent ans. Dans le pavage on remarque des restes de dalles tumulaires du XVII° et du XVIII° siècle. = SALMONVILLE-LA-RIVIÈRE. *Moyen âge.* L'église, dédiée à saint Denis, a été démolie en 1815. = FONTAINE-CHÂTEL. *Moyen âge.* L'ancienne église était dédiée à saint Sulpice. Il ne reste plus aujourd'hui que le chœur, qui forme une chapelle dédiée à sainte Austreberte. C'est une construction du XVII° siècle. — Source révérée sous le nom de Sainte-Austreberte.

VIEUX-MANOIR (LE). Formée des deux anciennes paroisses du Vieux-Manoir et de Saint-Aubin-sur-Cailly. — LE VIEUX-MANOIR. *Ép. franque.* Deux écrivains contemporains de Charles le Chauve, Joseph et Iléric, racontent deux miracles dont furent favorisés le roi Charles et ses sujets dans un palais nommé *Vetus-Domus*, *Vetera-Domus* et *Veteres-Domos*, situé près de Rouen. Des écrivains du siècle dernier, MM. Clérot, de Rouen, et l'abbé Lebœuf, ont cherché l'emplacement de ce palais carlovingien, et l'un d'eux a proposé le Vieux-Manoir ou Cailly. Le nom de Vieux-Manoir semble en effet une traduction littérale et naturelle de *Vetera-Domus*. Mais jusqu'à présent on n'a pas trouvé de ruines antiques au Vieux-Manoir, tandis qu'elles abondent à Cailly et à Saint-André-sur-Cailly [1]. Seulement il y a près de l'église une grande place nommée *le Parquet*, où dut être autrefois un manoir. ‖ *Ép. Renaissance.* L'église, dédiée à Notre-Dame, présente une nef construite vers la fin du XVI° siècle en marqueterie de grès et de silex. Le chœur est une construction en brique de 1788. Un boulet de pierre est encastré dans le mur méridional de la nef. A l'entrée du chœur se trouve la dalle tumulaire de deux frères Turgis, décédés en 1514. = SAINT-AUBIN-SUR-CAILLY. Église sous le vocable de Saint-Aubin, démolie au commencement de ce siècle.

CANTON DE CLÈRES.

(Chef-lieu : CLÈRES.)

ANCEAUMEVILLE. *Ép. franque.* Deux cercueils en pierre de Vergelé trouvés en 1851 sur une côte voisine de la tranchée du chemin de fer de Dieppe. Ils ne contenaient que des ossements, mais à côté étaient des restes de vases, qui semblent francs. (*Revue de Rouen*, année 1851, p. 191.) ‖ *Ép. Renaissance.* Église dédiée à la sainte Vierge et à saint Martin. La nef renferme des parties du XVI° siècle. Le chœur, en grès et en silex, est de 1600. Le portail et le pignon sont de 1781. Le baptistère, en pierre, est une cuve du XIII° siècle, retaillée sous Louis XIV. L'église possède un pèlerinage de saint Gilles. Devant le portail est la dalle d'un curé décédé en 1723.

AUTHIEUX-RATIÉVILLE (LES). Formée des deux anciennes paroisses des Authieux et de Ratiéville. — LES AUTHIEUX, autrefois appelés *les Autels* ou *les Authieux-sur-Clères*. *Ép. franque.* Quatre cercueils en pierre de Saint-Leu, contenant chacun deux corps, trouvés en 1857 sur la *Côte des Fredeaux*. Ces tombeaux, comme ceux de Gouville, étaient plus étroits aux pieds qu'à la tête. Vers le même temps, on en découvrait trois ou quatre semblables au hameau de Cressieussemare. ‖ *Ép. Renaissance.* L'église, dédiée à saint Thomas de Cantorbéry, est du XVII° siècle. Deux retables en bois avec baldaquin du XVI° siècle. Charmante chapelle seigneuriale et sépulcrale de 1666. On y trouve un

---

[1] M. l'abbé Lebeurier place ce palais de *Vetera-Domus* à Pîtres. (*Annuaire du département de l'Eure pour 1867*, p. 87-88.)

obit de 1651. == RATIÉVILLE. L'église, dédiée à saint Gervais et à saint Protais, a été démolie à la Révolution.

BOCASSE-VAL-MARTIN (LE). Formée des deux anciennes paroisses du Bocasse et du Val-Martin. — LE BOCASSE. *Ép. Renaissance.* L'église, dédiée à Notre-Dame, est du XVI° siècle. Une longue inscription dans la nef dit qu'elle fut commencée en 1521 et terminée en 1528. Dans le chœur, deux bas-reliefs en bois sculpté, du XVI° siècle, ayant fait partie d'un retable qui n'existe plus. == LE VAL-MARTIN. *Ép. romaine. Chemin ferré* et *Chemin des fées.* Monnaie de Romulus, fils de Maxence. || *Moyen âge.* Église dédiée à saint Georges. Chœur du XII° siècle, très-altéré. Nef en grès et porche du XVI° siècle. Verrière du même temps. — Manoir en grès du XVII° siècle.

BOS-GUERARD-SAINT-ADRIEN (LE). *Ép. romaine.* Tuiles à rebords trouvées en 1854 au lieu dit *le Caminau.* Jolie clef de bronze, au musée de Neufchâtel. || *Ép. Renaissance.* L'église, dédiée à saint Pierre et à saint Paul, ne remonte qu'au XVI° siècle. Le damier du portail et une fenêtre du chevet l'attestent, ainsi que la tour du clocher, au côté nord. A l'entrée du chœur est une belle dalle de pierre de 1529, présentant les images du châtelain et de la châtelaine. — Château du Bos-Theroulde, au hameau de ce nom, construit probablement de 1616 à 1632. — Chapelle de Saint-Adrien, au même lieu, construction qui semble du XVIII° siècle, objet d'un pèlerinage renommé, où les paroisses du Bos-Guerard, du Mont-Cauvaire, de Fontaine-le-Bourg et de Saint-Georges-sur-Vivier viennent en procession pendant la semaine de l'Ascension, en souvenir d'anciennes pestes. — Manoir du Plessis, au hameau du même nom, construction en brique qui doit dater de 1632. On y voit une chapelle de Notre-Dame et un colombier du XVI° siècle. — Chapelles au Bois-Gonnor, à Pimont et au Bosc-Isambert. — Très-joli manoir à appareil en marqueterie formant losanges, construit vers 1612, au Bosc-Isambert.

CAILLY. *Ép. gauloise.* Monnaies, dont plusieurs portaient le nom de Togirix, trouvées en 1821 et interprétées par M. Lambert, de Bayeux. Monnaies en potin et en bronze à l'image du sanglier, acquises en 1836 et 1837 par le musée de Rouen. || *Ép. romaine.* Cailly fut une station romaine à laquelle il faut rattacher Saint-André, son annexe. Les monuments antiques sont si communs à Cailly, que l'on en trouve chaque année et sur plusieurs points. Les constructions y sont également si nombreuses qu'on les y rencontre à chaque pas. On signale spécialement le vieux château du moyen âge que l'on nomme *le Capitole.* Des voies antiques y passaient venant de Rouen, de Dieppe, de Radepont et d'Amiens. En 1821, on trouva au hameau du Ménillet, à la côte dite *des Hétraux,* un vrai trésor, qui a été dessiné par M. Langlois et décrit par M. Lévy dans les *Bulletins de la Société d'émulation de Rouen* (année 1822, p. 35). Il se composait de vingt-sept pièces d'or de Vespasien, d'Ælius César, de Commode, de Lucius Verus, de Marc-Aurèle et de Faustine, sa mère. Avec ces pièces était un joli collier d'or, long de 0^m,27 et composé de trente-six amandes d'or, bombées d'un côté, plates de l'autre. Près de ce dépôt étaient des bronzes de Nerva, d'Adrien, des restes de vases à reliefs, un petit cheval en terre blanche, un petit vase de bronze de forme quadrangulaire et une balance romaine en bronze avec ses crochets, qui est aujourd'hui au musée de Rouen. — En 1858, en traçant le chemin de grande communication n° 44, de Cailly à Pavilly, on découvrit, dans la direction de Saint-Germain, un cimetière à incinération des trois premiers siècles. Malheureusement les objets en provenant furent dispersés. En 1861, M. l'abbé Cochet racheta à des habitants de Cailly six à huit vases trouvés dans ce cimetière. Ce sont des urnes pour les os brûlés et de petits vases pour les offrandes. — *Dolium* rempli d'os brûlés, recueilli en 1865 par M. de Glanville. || *Ép. franque.* Un des huit doyennés du grand archidiaconé de Rouen. Au VII° siècle, saint Leufroy ayant quitté saint Saëns et le monastère de Varenne pour fonder celui de la Croix, passa par Cailly et y logea chez un nommé Bertran. — Il serait possible que les monnaies mérovingiennes qui portent les noms de COLLENO et de COLLIACO VICO se rapportassent à Cailly. || *Moyen âge.* L'église, dédiée à saint Martin, a la forme d'une croix latine, avec clocher sur les transepts. Une portion date de l'époque romane, mais il n'en reste de bien accusé que l'abside. La tour carrée du clocher, construite en pierre blanche, date du XIII° siècle, ainsi que la nef, avec addition du XVII°, et un portail de 1770. Elle a été brûlée plusieurs fois. Dalles tumulaires du XVI° siècle, notamment celle de François de Mailloc, baron de Cailly. Bas-reliefs et contre-tables du XVII° siècle, dont plusieurs proviennent des églises de Gouville et de Saint-Germain-sous-Cailly. Caveau seigneurial qui a été visité à la Révolution. On dit qu'on y a trouvé seize cercueils de plomb, notamment celui de Mlle de Caumartin. Chapelles supprimées, dont une aurait appartenu à la famille de Joyeuse. — Butte énorme portant des murs auxquels on a donné le nom de *Vieux-Château.* || *Ép. incertaine.* Souterrain nommé *la Cave au Diable,* qui aurait un kilomètre de long. On assure qu'il va jusqu'au Bois-Bleu. — Monnaies d'argent dont on n'a pu donner la date, trouvées sur la côte du Floquet.

CLAVILLE-MOTTEVILLE. Formée des deux anciennes paroisses de Claville et de Gouville. — CLAVILLE. *Ép. gauloise.* Hache de pierre trouvée vers 1830, conservée au musée de Rouen. || *Moyen âge.* L'église, dédiée à saint Martin et à sainte Marguerite, est une construction du XVI° siècle. Toutefois dans le chœur est une double cuvette du XIII°. Retables et statues du XVII°.

Ancien baptistère du XIIIe, aujourd'hui dans le cimetière. — Croix de cimetière en grès de 1550. — Le château de la famille de Motteville a été construit au XVIIIe siècle. == GOUVILLE. *Ép. franque.* Trois cercueils en pierre de Vergelé, trouvés en 1861 en défrichant un champ situé à la *Côte aux Prêtres*, près de l'église démolie. Ils contenaient des squelettes et des vases noirs; aux pieds, se trouvaient une chainette de cuivre, des perles d'ambre et de pâte de verre. (Voir une note de M. l'abbé Cochet insérée dans la *Revue de la Normandie* de janvier 1863.) || *Moyen âge.* L'église, dédiée à saint Martin, a été démolie vers 1820. Deux contre-tables sculptées ont été transportées dans l'église de Claville-Motteville.

CLÈRES. Formée des trois anciennes paroisses de Clères, du Tot et de Cordelleville, fusionnées en 1822. — CLÈRES. *Ép. gauloise.* Hachette en silex trouvée en 1831. Hachette de bronze possédée par le musée de Rouen. || *Ép. romaine.* Meule à broyer, figurines en terre cuite, monnaies d'argent et de bronze, à ce qu'on assure. || *Ép. franque.* Cercueils de pierre trouvés en 1838 à la *Côte du Gibet.* C'est peut-être de là que provient un vase mérovingien du musée de Rouen, indiqué comme venant de Clères. || *Moyen âge.* L'église, dédiée à saint Waast et à saint Nicolas, a été défigurée en 1823, lorsque l'on construisit le chœur actuel. Ce chœur nouveau a remplacé l'ancien portail et l'on entre aujourd'hui par l'ancien chœur. La porte en plein cintre transférée semble être du XIe siècle, mais le reste de la nef actuelle est du XVIe et du XVIIe siècle. Dans le mur, l'inscription tumulaire de Guillaume Mongnier, seigneur de Bermonville et capitaine de Clères, décédé le 26 novembre 1506, «après avoir fait plusieurs saincts «voyages de Rome, de Jérusalem et de Saint-Jacques «en Galice.» Au côté nord de la nef, qui était autrefois le chœur, est une chapelle seigneuriale du XVIe et du XVIIe siècle couverte par un joli berceau en bois, ornée d'un autel de pierre et de plusieurs statues de pierre; au-dessous est le caveau sépulcral des barons de Clères. Une dalle tumulaire porte la longue inscription latine d'un baron de Clères décédé en 1626. — Ancien château fort, jadis entouré de fossés énormes coupés à même la colline, et donjon bâti sur une motte très-élevée. Communs construits en pans de bois au XVIe siècle, dans le style gothique, sur des caves voûtées en berceau sur arcs-doubleaux qui semblent du XIIIe siècle. A côté, château du XVe au XVIe siècle, entièrement restauré par M. le comte de Béarn. La partie ancienne se compose d'un corps de logis comprenant l'entrée voûtée; les fenêtres, les cheminées et surtout les lucarnes ont le plus grand caractère. Il renferme une jolie chambre lambrissée, peinte et carrelée dans le style de la Renaissance. Ce château, où l'on dit que Henri IV a couché, appartint autrefois à Fontaine-Martel, le chef de la ligue cauchoise. — Chapelle dédiée à saint Sylvestre, aujourd'hui abandonnée et convertie en grange, dans le vallon qui conduit vers Cailly et le Bosc-le-Hard. Cette vieille construction en silex, couverte en chaume, semble du XIIIe siècle. C'était autrefois un prieuré dépendant de l'abbaye de Tiron. == LE TOT. *Moyen âge.* Église dédiée à la sainte Vierge, gardant des traces du XVIe siècle. == CORDELLEVILLE. *Moyen âge.* L'église, dédiée à saint Sauveur, a vu son chœur disparaître vers 1824. Il ne reste plus que la nef, construite en grande partie en grès et silex du XVIe et du XVIIe siècle. Cependant on y remarque deux ou trois fenestrelles romanes. Cette nef a 7 mètres de long sur 5 de large.

ESLETTES. *Ép. romaine.* Pierre portant l'inscription MAR.VIC (Marti victori) recueillie à la *Côte des Alleurs* vers 1815. Petit godet de verre irisé trouvé au hameau du Bout-de-la-Ville en 1846. — Cimetière découvert en 1847, lors de la confection du chemin de fer de Dieppe. Parmi les objets sortis du cimetière d'Eslettes et entrés au musée de Rouen, se trouvent des monnaies de bronze d'Adrien et de Maximien, un tube en os, l'anse de fer d'un coffret, une urne de verre pomiforme, un vase de verre de forme carrée et deux barillets de verre marqués FRO et FRONT S.C. enfin une belle épée en fer, avec fourreau de métal, ployée en deux. || *Ép. franque.* Le même cimetière, étudié par M. Deville, contenait des sépultures franques. Elles consistaient en douze cercueils de pierre de Vergelé. Chacun d'eux renfermait deux corps avec des vases en terre placés aux pieds. Une coupe de verre, une hache, deux sabres, trois lances, des couteaux, des boucles et des plaques de ceinturon en fer, recueillis pour le musée de Rouen. (Voir les dessins de M. A. Deville dans les cartons de la Commission d'antiquités.) || *Moyen âge.* L'église, dédiée à saint Ouen et à saint Remy, ne subsiste plus; elle a été démolie depuis la Révolution.

ESTEVILLE. Formée des deux anciennes paroisses d'Esteville et de Touffreville. — ESTEVILLE. Autrefois succursale de Touffreville. *Moyen âge.* L'église, dédiée à sainte Clotilde, est une construction de la fin du XIIIe siècle ou du commencement du XVIIe. La nef en silex alterné de grès forme une marqueterie assez curieuse. — Château qui doit remonter au XVIIe siècle, près de l'église. == TOUFFREVILLE. *Moyen âge.* L'église, dédiée à saint Sulpice, bâtie probablement au XIIIe siècle, a été reconstruite au XVIe, comme le prouvent l'appareil de grès et une inscription qui relate la dédicace faite le 10 mai 1589. Piscine du XIIIe siècle. Retable en chêne sculpté et doré, du XVIe siècle, représentant tout le drame de la Passion conservé intact.

FONTAINE-LE-BOURG. Formée des deux anciennes paroisses et communes de Fontaine-le-Bourg et de Tendos, fusionnées par ordonnance royale du 24 décembre

1823. — FONTAINE-LE-BOURG. *Ép. romaine.* Meule à broyer et débris. On parle du passage d'une voie antique et de tombeaux en pierre. || *Ép. franque.* Ancien cimetière franc, où l'on a trouvé un squelette avec un couteau et des quinaires d'argent; il a été remplacé par le cimetière actuel. || *Moyen âge.* La baronnie de Fontaine-le-Bourg dépendait de l'abbaye de Fécamp. Murs, tours et vieux bâtiments de l'ancien château, dont l'architecture indique le xvi° siècle, dans la vallée et près de l'église. — Église dédiée à Notre-Dame. Abside circulaire ornée à l'intérieur de colonnes de pierre, remontant au moins au xi° siècle. La nef et le clocher ne doivent guère dater que du xvi° siècle. Le chœur a été refait en 1855. Baptistère du xiii° siècle. — Le long des murs de l'ancien cimetière est une vieille fontaine de pierre qui doit remonter au moins à 1600. Elle se termine par un groupe représentant une *Mater dolorosa.* — Sur les collines qui entourent Fontaine on trouve beaucoup de petits boulets, reste des guerres de la Ligue. || *Ép. incertaine.* Fragments de colonnes et de mosaïques recueillis, dit-on, dans l'ancien cimetière. ⹀ TENDOS. *Moyen âge.* L'église, dédiée à Notre-Dame, a été détruite en partie en 1793. Le chœur et la sacristie ont été démolis en 1834.

FRICHEMESNIL. Formée des deux anciennes paroisses de Frichemesnil et d'Ormesnil-sur-Cailly, fusionnées par ordonnance royale du 30 juillet 1823. — FRICHEMESNIL. *Moyen âge.* L'église, dédiée à saint Jean et à saint Nicolas, a des parties du xiii° siècle, notamment le pignon de l'ouest. Mais le reste de l'édifice a été refait au xvi° et au xvii° siècle. Contre-table en bois du xvii° siècle, ainsi que la chaire, qui peut remonter à Henri IV. Dans la nef est une dalle tumulaire du temps de Louis XIII et une belle inscription sur marbre noir du règne de Louis XIV, sur la sépulture de Robert Auber, «conseiller du roy et es lu de l'élection de Rouen,» de sa femme et de ses deux filles. ⹀ ORMESNIL. L'église, dédiée à saint Pierre, a été démolie vers 1815.

GRUGNY. *Moyen âge.* L'église, dédiée à sainte Avoye ou sainte Hedwige, remonte par son ensemble au xiii° siècle; mais elle a été profondément modifiée au xvii° et au xviii° siècle. Litre seigneuriale et croix de consécration. Pèlerinage de Sainte-Avoye très-fréquenté.

HOUSSAYE-BÉRENGER (LA). *Ép. romaine.* Puits, mares, meules à broyer et diverses antiquités dans les bois. || *Moyen âge.* L'église, dédiée à saint Pierre, offre des traces du xii° siècle. Le chœur est moderne. Au milieu de murs en grès du xvii° siècle, porte en bois de 1515. Inscription tumulaire d'un curé du xvi° ou du xvii° siècle. — Croix de cimetière en grès du même temps.

MONT-CAUVAIRE. *Ép. romaine.* Meule à broyer et monnaie de Néron, conservés au musée de Rouen. || *Ép. franque.* Cimetière découvert dans un défrichement pratiqué en 1846 à la *Côte du Tot.* Il en a été extrait plusieurs corps et des cercueils de pierre. Ces sépultures ont donné douze vases en terre, treize sabres, sept couteaux, huit boucles de ceinturon en fer, trois en bronze, des agrafes, des plaques ciselées, deux fibules, des perles de verre et de pâte de verre, conservés dans la collection de M. Lepel-Cointet, à l'abbaye de Jumiéges. || *Moyen âge.* Le nom de ce village vient probablement d'un calvaire dont M. Feret de Neuville assurait avoir connu le tertre. Fouillé vers 1815, il aurait donné un ducat en or de Venise. — L'église, dédiée à saint Martin, renferme des parties du xvi° siècle au milieu de nombreux remaniements modernes. Belle dalle tumulaire de 1533, destinée à un bourgeois de Rouen décédé en 1502. || *Ép. incertaine.* Enceinte fossoyée sur la *Côte des Châteaux,* en face du Tot, que les gens du pays croient un camp romain et à laquelle ils donnent le nom de *Catel.*

MONVILLE. *Ép. romaine.* Monnaies romaines, fragments de poteries rouges et beau vase de cuivre contenant des os brûlés et des anneaux de cuivre et de silex, découverts par M. le baron de Monville en 1817. || *Ép. franque.* Tombeaux de pierre d'un seul morceau contenant trois corps, signalés en 1822 par M. le baron de Monville. Cercueils de pierre à la *Côte du Bosguerard,* trouvés en 1838 dans un bois et au bord de la vieille route. Sarcophages en pierre de Saint-Leu trouvés en 1858 dans les fondements de la nouvelle nef de l'église. Dans le sol étaient des vases, des sabres, des couteaux, des haches de fer, des boucles de fer et de bronze. || *Moyen âge.* L'église, dédiée à Notre-Dame, conserve au clocher des tufs qui doivent remonter au xi° siècle. Le chœur, construit en grès et pierre, est un assez joli monument du xvi° siècle. Nef moderne. Les sept fenêtres qui éclairent le chœur possèdent une vitrerie coloriée portant les dates de 1527 et de 1529. On y remarque les vies de Notre-Seigneur et de saint Jean, les saints et les saintes honorés dans la contrée. Belle inscription sur pierre, jadis placée dans le porche, aujourd'hui sur le mur de la sacristie. Cette inscription tumulaire, formée de seize vers français, est celle de Pierre Choinet «médecin astrologien du roy très-chrétien,» décédé en 1476. — Le vieux château, autrefois placé au milieu de la vallée, sur le cours même de la rivière, a été démoli définitivement en 1789.

QUINCAMPOIX. Formée des deux anciennes paroisses de Quincampoix et de Saint-Nicolas-du-Vertbois, réunies vers 1823. — QUINCAMPOIX. *Ép. romaine.* Dolium en terre cuite contenant une urne carrée en verre, au fond de laquelle était marquée en relief la lettre D trouvé au hameau de Crèvecœur en janvier 1865, dans les défrichements d'un bois. Cette urne était remplie d'os brûlés. || *Moyen âge.* Église dédiée à sainte Marguerite. L'ancien édifice a été démoli en 1865. Il se composait de quelques parties du xvi° siècle noyées dans une maçonnerie du xviii°. Le baptistère est une cuve de pierre du xiii° siècle, retaillée sous Louis XIV. — Croix du cimetière, en pierre, pouvant dater de 1560 à 1580. On remarque à la base les instruments et attributs de la Passion. = Saint-Nicolas-du-Vertbois. L'église, sous le vocable de Saint-Nicolas, a été démolie. Le cimetière même est aliéné.

RUE-SAINT-PIERRE (LA). *Ép. Renaissance.* L'église, sous le vocable de Saint-Pierre, date du xvi° et du xvii° siècle. La partie la mieux caractérisée de la première époque consiste en trois poutres transversales de la nef, qui toutes trois présentent en relief le millésime de 1534. Sur une poutre il est en chiffres romains; sur l'autre, en chiffres arabes; sur la troisième, en écriture. Le chœur et le portail sont modernes. — Chapelle de Notre-Dame-de-la-Consolation, jadis au manoir du Mesnil-Godefroy.

SAINT-ANDRÉ-SUR-CAILLY. Formée des trois anciennes paroisses de Saint-André-sur-Cailly, de Pibeuf et de Saint-Jean-sur-Cailly. — Saint-André-sur-Cailly. *Ép. gauloise.* Cent vingt pièces en bronze recueillies en 1848, que M. Lambert a expliquées et dont il a publié quatorze exemplaires; vingt-cinq monnaies du même métal acquises en 1850 par le musée de Rouen; quarante pièces environ de potin à la marque du sanglier, vues en 1863 par M. l'abbé Cochet. Outre les pièces de bronze, une monnaie d'argent à l'inscription ATEVLA VLATOS fut acquise par M. A. Deville pour le musée de Rouen. || *Ép. romaine.* Les antiquités romaines sont nombreuses à Saint-André. Des monnaies y sont trouvées chaque jour et tout le monde en possède. On signale surtout les découvertes de 1714 et de 1847. Il existe aussi tradition de ville détruite. En 1810, M. l'abbé Baston, de Rouen, découvrit une villa, des mosaïques et des tombeaux en pierre. En 1817, MM. de Kergariou et Leprevost firent des fouilles et trouvèrent un grand mur long de 200 mètres, ainsi qu'une belle mosaïque. On a cité des plaques d'airain, des tablettes de marbre, etc. En 1842, des déblais opérés sur une butte firent découvrir des pavés blancs et des canaux en terre cuite. En 1848, M. de Valori, propriétaire du château, trouva dans un bosquet de son jardin un bel édifice romain, muni de colonnes, d'hypocauste, de salles pavées, de dalles de liais, de canaux, d'inscriptions, etc. que M. l'abbé Cochet a visité en 1863. En 1862, dans le *Champ de la Butte,* tout rempli de restes antiques, on a découvert un magnifique hypocauste. En 1864, on a recueilli dans un labour un pavé de marbre gravé en creux représentant Mercure avec son caducée. — Théâtre romain au hameau du Boutlevé ou du Boullevey, dans la ferme du château. M. l'abbé Cochet a commencé l'exploration archéologique de ce théâtre en juin 1870. Au moment où ce *Répertoire* est sous presse la précinction tout entière a été reconnue; elle a 150 mètres de pourtour. Les murs, épais de 1^m,30, sont en silex et en tuf de petit appareil. Les deux *podium* de l'entrée ont été mis à jour : d'un pilier à l'autre, l'ouverture est de 79 mètres. A chaque mur d'entrée on a reconnu un grand *cuneus* ou loge, accompagné d'un vomitoire. La cavée supérieure semble tout d'une pièce. On devait entrer et sortir par le milieu de la précinction. Ce théâtre, adossé à l'est, s'ouvrait à l'ouest. En faisant les fouilles on a rencontré, dans un vomitoire, un cercueil franc en pierre de Vergelé. On a recueilli des plaques de marbre et des monnaies de bronze de Néron, de Domitien, d'Antonin et de Marc-Aurèle. || *Ép. franque.* Cercueils de pierre contenant plusieurs têtes et un petit pot, trouvés en 1810 par M. l'abbé Baston contre les murs romains de la villa. || *Moyen âge.* L'église, sous le vocable de Saint-André, bien que modernisée, garde quelques traces anciennes. Au chœur il y a un contre-fort en tuf du xi° siècle. Au clocher et au chevet sont des contre-forts et des fenêtres du xiii°. La nef paraît du xvi°. Le pignon de l'ouest et le portail sont modernes. Inscription tumulaire de 1532 dans la nef. Devant la porte et servant de seuil est une dalle du xiii° siècle. — Croix de cimetière en pierre, du xvi° siècle. On voit sculptés sur la base les attributs de la Passion. = Pibeuf ou Pubeuf. *Moyen âge.* L'église, dédiée à saint Sauveur, a été démolie vers 1800. = Saint-Jean-sur-Cailly. *Moyen âge.* Église sous le vocable de Saint-Jean, démolie en 1822.

SAINT-GEORGES-SUR-FONTAINE. *Moyen âge.* L'église, placée sous le vocable de Saint-Georges, est généralement récente. Il faut en excepter quelques ogives du xvi° siècle.

SAINT-GERMAIN-SOUS-CAILLY. *Moyen âge.* Église sous le vocable de Saint-Germain, démolie à la Révolution. — Dans la vallée et au bord de la Cailly on voit encore l'enceinte fossoyée d'un vieux château du xiii° siècle. Des pans de murs assez élevés témoignent de l'importance de cette forteresse disparue. — Le château actuel, placé au pied de la colline, est une construction en brique du xvii° et du xviii° siècle.

SIERVILLE. *Moyen âge.* Église dédiée à saint Philbert. Chœur présentant quelques traces du xi° siècle, mais appartenant au style ogival primitif du xii° siècle, ainsi que le portail et le clocher. Ce dernier est une tour percée de fenêtres ogivales et placée entre chœur et nef. Le reste de l'édifice, dans la nef et le chœur, sont des retouches du dernier siècle. Baptistère de forme octogone en pierre sculptée du xv° siècle. Bénitier de pierre et Christ au tombeau, placés au bas de la nef, du xvi° siècle. — Épaisses murailles en biset, avec de belles ouvertures ogivales du xiii° siècle, qu'on dit être les restes d'une prison, dans une cour voisine du presbytère. Sierville était, en effet, une baronnie importante dépendant de l'abbaye de Fécamp. Aux archives du département on voit des masses de pièces provenant de cette baronnie. — Grange dîmeresse à trois nefs séparées par de belles colonnes de pierre, brûlée en 1860 et démolie en 1863. — Chapelle du XVII° ou du XVIII° siècle au hameau de la Meilleraye, sur le bord du chemin de Pavilly. — Papiers en grand nombre provenant de la baronnie, aux archives départementales.

YQUEBEUF. Formée des deux anciennes communes et paroisses d'Yquebeuf et de Collemare. — YQUEBEUF. *Ép. gauloise.* Monnaies, d'après M. Deville. || *Ép. romaine.* Bracelet d'or et monnaies d'or d'Adrien, d'après le même antiquaire. || *Ép. moderne.* L'église, dédiée à saint Étienne, a été construite en 1769. — COLLEMARE. *Moyen âge.* Église dédiée à saint Laurent, diacre et martyr. Il ne reste plus que le chœur. La nef et le clocher ont disparu dans ce siècle. Au fond du sanctuaire on remarque deux fenêtres et une rose du XIII° siècle. Le reste est une construction en brique, silex et grès du XVII° et du XVIII° siècle.

CANTON DE DARNETAL.

(Chef-lieu : DARNETAL.)

AUZOUVILLE-SUR-RY. *Moyen âge.* Église dédiée à la sainte Vierge. Le chœur est en silex et pierre avec modillons romans du XI° siècle. Les fenêtres ont été refaites au XVII°. La nef, en brique et caillou, date de 1740. Six belles dalles tumulaires transportées en 1830, par M. Quesnel, de l'abbaye de l'Isle-Dieu, fondée en 1187 par Rénauld de Pavilly et transformée par M. Quesnel en filature. Quatre de ces pierres, richement gravées, ont été placées dans le chœur et deux dans la nef. Toutes, à l'exception d'une seule, qui est du XVI° siècle, paraissent appartenir au XIII° et au XIV° siècle. La plupart sont relatives aux sires de Vascueil, châtelains de Beauvais. Sur deux d'entre elles on lit les noms de Guillaume, châtelain de Beauvais, seigneur de Vascueil et de Saint-Denis-le-Thiboust, mort le 3 juin 1296, et d'Éléonore Crespin, son épouse; de Guillaume de Beauvais, mort en 1329, et de Jeanne d'Estoutteville.

BOIS-D'ENNEBOURG (LE). *Ép. moderne.* L'église, dédiée à saint Martin, est en brique et du XVIII° siècle. Le baptistère, en pierre, a été retaillé au XVII° siècle; mais pour le fond il doit appartenir au XIII°, d'après les quatre têtes restées aux angles.

BOIS-GUILLAUME (LE). *Ép. gauloise.* Flèche en pierre trouvée en 1870 dans le quartier de Sainte-Venisse. Monnaies de bronze recueillies vers 1825 au hameau de Bois-l'Abbé. On cite dans le nombre celle qui porte la légende GERMAN INDVTILLII. (*Mém. de la Soc. des antiq. de Norm.* de 1825.) Monnaie en or trouvée en 1869 vers la nouvelle église de Notre-Dame-des-Anges. Elle est entrée au musée de Rouen. || *Ép. romaine.* Monnaies des Antonins, en or et en argent, découvertes en 1850 dans le quartier nommé *la Californie.* || *Moyen âge.* L'église, dédiée à la sainte Trinité, conserve au chevet trois lancettes du XIII° siècle. Le reste du chœur est de 1600 ou environ. Le clocher, placé entre chœur et nef, est une tour carrée du XVI° siècle commencée avec des proportions assez importantes, mais non achevée. A droite et à gauche de la tour sont deux chapelles formant transept. La nef est une élégante construction de pierre du XVI° siècle, percée d'une porte en ogive fort gracieuse et de fenêtres de bon goût. Deux jolies piscines de pierre découpées avec grâce dans les transepts. — Ancienne léproserie avec chapelle de Sainte-Venisse ou Véronique, qui n'existe plus. — Ancien manoir de *Bihorel* possédé par les moines de Saint-Ouen, devenu une ferme gardant dans ses murs des traces du moyen âge. — Ancien manoir bien conservé que l'on nomme *le Colombier,* sur la route impériale n° 28, de Rouen à Neufchâtel, au quatrième kilomètre. L'ensemble de cette construction de pierre, devenue une ferme, semble avoir été une habitation du XIII° siècle, que le XVI°, puis le XVII°, ont remaniée. Les pignons, les cheminées et les deux portes d'entrée conservent encore beaucoup de caractère.

BOIS-L'ÉVÊQUE (LE). *Moyen âge.* L'église, autrefois dédiée à sainte Barbe et aujourd'hui à la sainte Vierge, est une construction en silex et brique sans grand caractère, entièrement renouvelée dans notre siècle. Toutefois on conserve, encastré dans les murs intérieurs du chœur, un ancien retable du XV° ou du XVI° siècle, bas-relief très-remarquable représentant la Passion sculptée sur pierre. Dans la nef est une belle inscription sur marbre noir, encadrée dans une sculpture du temps de Louis XIV. Cette inscription est la fondation obituaire de Jean Deshayes, chanoine des quinze marcs de Rouen, faite en 1661. Ce chanoine, étant mort en 1677, a été inhumé dans l'église du Bois-l'Évêque, en face de son inscription. — Prieuré de Beaulieu fondé en 1200. C'était une maison de chanoines réguliers venus de Saint-Lô de Rouen. Le fondateur était Jean, châtelain de Préaux, qui y fut inhumé sous une dalle de schiste présentant une épée en saillie. Cette maison fut supprimée canoniquement en 1772, et l'église, beau monument du XIII° siècle, dédiée à Notre-Dame, fut démolie pour aider à reconstruire l'église de Préaux. C'est là que les dalles tumulaires des fondateurs et des bienfaiteurs ont été transportées plus tard. Le monastère, supprimé, fut donné au séminaire de Rouen en 1772 et aliéné par la Révolution en 1793. Il en reste toute la clôture murée et de nombreux bâtiments monastiques, devenus une ferme. On remarque l'habitation des chanoines, partie en pierre du XIII° siècle, partie en bois du XVI° et en brique du XVIII°. La maison du prieur présente de belles fenêtres de pierre avec meneaux du XVI° siècle. Mais les parties les plus intéressantes sont un bout du cloître en bois remontant au XIII° siècle et surtout la salle capitulaire, restée complète mais transformée en grange. Elle rappelle celles de Saint-Georges de Bocherville et de Saint-Victor-en-Caux. Elle est en pierre, voûtée et terminée en abside triangulaire qu'éclairaient des lancettes aiguës. La porte qui donne sur le cloître est une ouverture en anse de panier. Elle se trouve entre deux ogives que partagent des colonnes de pierre. Ces ouvertures n'ont jamais été vitrées comme à Bocherville et à Saint-Victor. A côté du chapitre était la chapelle des fondateurs, dite *de Préaux* ou *de Sainte-Austreberte*, dont il reste des murs et des arceaux. En mai 1870, M. l'abbé Cochet a fouillé cette chapelle et y a trouvé deux fosses maçonnées du XIII° et du XIV° siècle. Ces fosses, violées depuis longtemps, contenaient des ossements. L'une d'elles était double. Elle a donné deux têtes et une douzaine de vases à charbon du XIV° siècle. Tout porte à croire que c'est la sépulture de Jean de Préaux, mort en 1303, et de Catherine Mallet, sa femme, décédée en 1331. Quelques sondages pratiqués dans la salle capitulaire ont donné un vase du XIII° siècle et un fragment d'inscription du XIV°.

DARNETAL. *Ép. gauloise.* Le lieu dit *la Table de pierre*, au-dessus de la côte de Saint-Jacques? A l'époque féodale, cette pierre servait à recevoir les plaids et les hommages des vassaux. ‖ *Ép. romaine.* Voies conduisant de Rouen à Paris et à Beauvais. Cercueils de plomb, accompagnés de vases de terre, trouvés en juillet et octobre 1865 sur le bord d'une de ces voies. Trois urnes en terre grise de forme ollaire trouvées avec un bronze de Posthume dans les mêmes terrains par M. J. M. Thaurin, en 1866. ‖ *Ép. normande.* Station dans le quartier de Longpaon, appelé alors *Longum Pedanum* ou *Longe Petentis Villa*, pour les reliques de saint Ouen ramenées de la Flandre le 1er février 918. Rollon et Francon vinrent y chercher ces reliques pour les porter sur leurs épaules. Pendaison au même lieu, par ordre de Rollon, d'un paysan et de sa femme, qui avaient simulé le vol d'un soc de fer de charrue. Sur la *Côte du Roule* on montre la *Butte du Roule*, la *Cave* et le *Château du Roule*. ‖ *Moyen âge.* L'église de Saint-Pierre de Carville ne remonte pas au delà du XVI° siècle. La partie la plus monumentale est la tour du clocher, à présent isolée du corps de l'édifice, soit par la chute de la nef tombée de vétusté, soit par suite d'un incendie occasionné par la foudre. Cette tour, construite en 1512 et 1514, sur un plan carré, avec contre-forts en saillie, est en pierre de taille couverte de sculptures sobres et du style du temps. La base est assez nue; la décoration ne commence qu'à la hauteur des niches qui abritent les statues des douze apôtres. La corniche, formée de belles feuilles ouvertes et supportant une balustrade, est très-mutilée. Elle est munie aux angles de quelques doubles aiguilles bien amoindries. A la base est une porte d'escalier surmontée d'une inscription effacée. Une légende prétend que, pendant le siége de Rouen de 1592, Henri IV monta plusieurs fois jusqu'au sommet de cette tour, et qu'un jour qu'il y était soit à dîner, soit à observer, un boulet dont on montre encore la trace tomba près de lui et faillit le tuer. L'église actuelle, un tronçon de celle du XVI° siècle, construite en pierre, avait trois nefs et un chœur. Le chevet a conservé le caractère du temps de François Ier, mais le corps de l'édifice a dû subir de grandes modifications sous Louis XIV, car nous voyons que vers 1707 on dépensa 22,000 livres produites en grande partie par une loterie autorisée. Du reste, à cette époque, on se conforma très-bien à l'ancien style. Les fenêtres avec leurs meneaux, les piliers avec leurs prismes, les voûtes avec leurs arceaux, tout dénote le genre de la Renaissance bien observé. Le portail seul fait tache, et on y reconnaît aisément le style du règne de Louis XVI ou de la fin de Louis XV (1770-1780). — L'église de Longpaon est dédiée à saint Ouen, évêque de Rouen, parce que le corps du saint pontife y reposa en 918. Le monument actuel est entièrement du XVI° siècle, sauf le chœur, qui, étant resté incomplet, a été terminé dans un style parfaitement concordant de 1855 à 1860. Elle est à trois nefs couvertes de berceaux en bois sculpté et peint, sans transepts, mais avec deux charmants portails latéraux. Un de ces portails, celui du midi, pouvait s'appeler portail des sibylles, à cause des statues de ces prophétesses sculptées dans la voussure. La façade fut autrefois précédée d'un porche très-orné qui a disparu; elle n'en reste pas moins très-décorée, surtout dans sa grande porte ogivale, partagée en deux par un trumeau et dont la voussure est chargée de niches et de statuettes. Les deux vantaux, en bois sculpté, portent les dates de 1627 et 1648. Le clocher est placé à l'angle nord-est du portail, situé au nord, le chœur étant au sud. La tour, bâtie sur un plan carré, avec contre-forts, haute d'environ 30 mètres, est construite en pierre et dans un style qui se rapporte assez au XVII° siècle. Ses fenêtres ont presque toutes été grossièrement rebouchées. Sur les faces du nord et de l'est est sculpté sur pierre un paon à queue épanouie précédé du mot : LONG, rébus que l'on considère comme les armes parlantes de la paroisse. Cette église renfermait autrefois beaucoup de verrières du XVI° et du XVII° siècle, représentant notamment les apôtres et les saintes femmes de l'Évangile, la légende de Job, la construction et la dédicace du temple ou de l'église elle-même, la vie de la sainte Vierge, celle de saint Ouen, patron de la paroisse. Dans le chœur existaient deux douzaines de pierres tumulaires, presque toutes mutilées et effacées. La mieux conservée était celle d'un bourgeois et d'une bourgeoise, portant les dates de 1580 et de 1587. — Chapelle de Saint-Gilles de Répainville, jadis succursale de Saint-Hilaire de Rouen, située dans la rue

Saint-Gilles, qui en a conservé le nom. Elle est aujourd'hui démolie, mais on en montre encore la place au n° 16; au n° 15 était l'ancien presbytère. Des jardins et des maisons se sont élevés sur l'ancien cimetière, où l'on trouve encore des ossements.

ELBEUF-SUR-ANDELLE. *Ép. moderne.* L'église, dédiée à saint Pierre et à saint Paul, a été complètement reconstruite en 1845. C'est une bâtisse en silex et brique sans aucun caractère.

ÉPREVILLE-MARTAINVILLE. Formée des deux anciennes paroisses d'Épreville-sur-Ry et de Martainville. — ÉPREVILLE. *Moyen âge.* L'église, dédiée à saint Ouen, est une charmante construction en brique rouge avec quelques ouvertures de pierre du milieu du XVIIe siècle. Elle est encore entourée de sa litre seigneuriale. Le baptistère est une cuve du XIIIe siècle, retaillée sous Louis XIV. ⸗ MARTAINVILLE. *Moyen âge.* Le château, encore entouré d'une enceinte de murs de brique du XVIe siècle flanquée de quatre tours rondes qui, avec des fossés, durent faire partie de son système de défense. Le manoir, bâti sur un carré long, flanqué à chaque angle d'une grosse tour circulaire, est en brique et pierre. Il se compose de deux étages à fenêtres à croisées, surmontés de lucarnes à pignon accompagné de deux clochetons, et de hautes cheminées en briques de diverses nuances, travaillées avec beaucoup de soin. A l'est il y en a trois, et deux seulement à l'ouest; les deux dernières sont plus ornementées que les trois autres. Sur le milieu d'une des façades fait saillie une tourelle à pans pour l'escalier. Au milieu de la façade opposée s'ouvre la porte, au-dessous d'une tourelle en encorbellement à deux étages, dont le premier renferme la chapelle, terminée par une corniche à machicoulis. La porte en bois qui introduit dans le château est une pièce de hucherie du XVIe siècle. Le vestibule est formé de cinq travées voûtées de pierre du XVIe siècle; sur les cinq clefs sont sculptés des instruments et attributs de la Passion. A la cheminée de la cuisine pend une crémaillère en fer du XVIe siècle, très-soigneusement travaillée. Sur un cartouche de pierre de la façade méridionale on voit le millésime de 1485 en chiffres arabes. Cette date doit avoir été gravée au XVIIe siècle, probablement en 1662, lorsqu'on fit l'addition du pignon de l'ouest. L'ensemble du château ne peut être que du XVIe siècle. D'après les recherches de M. de Glanville, il fut construit par une famille Lepelletier, anoblie en 1570, laquelle avait acquis le fonds de la famille Peloque. Dans une des salles on voit les portraits des anciens seigneurs de la terre; dans une autre est un plan terrier du XVIIe siècle; ailleurs sont des tapisseries d'Aubusson et des glaces de Venise. (Publiée par M. Sauvageot dans ses *Palais et châteaux de France*[1], et par M. de Caumont

[1] Voir, dans le même ouvrage, le château des Ifs et le château d'Angerville.

dans le tome XXIII de ses *Congrès archéologiques de France*.) ‖ *Ép. moderne.* L'église, dédiée à Notre-Dame, est en grès et silex, mais les portes et les fenêtres sont en pierre. La forme des fenêtres est aiguë, bien que l'église appartienne au XVIIe siècle, comme le prouve l'inscription suivante placée au portail : CONSECR. I OCTOB. 1670. Contre-table en bois de 1666 dans le chœur. Deux jolies châsses du XVIIe siècle. Sur les murs on lit les fondations de Henri Dergny, prêtre, en 1681, et de Louis de Martinville, chevalier, en 1683. On remarque encore dans l'église le socle d'une statue de Notre-Dame-de-la-Paix. Sur ce socle on lit : « Cette « église, bâtie par messire Louis de Martinville, cheva-« lier, seigneur, patron honoraire de la paroisse, fut « dédiée, sous le titre de Notre-Dame-de-la-Paix, à saint « Joseph, son époux, le 1er octobre 1670. » Puis viennent les noms du curé, du vicaire et des trésoriers. La date de la construction est 1666.

FONTAINE-SUR-VIVIER. *Ép. romaine.* Bronze d'Auguste trouvé en 1818. ‖ *Moyen âge.* L'église, dédiée à saint Martin, a été démolie en 1847 et relevée la même année en style ogival du XIIIe siècle.

GRAINVILLE-SUR-RY. *Moyen âge.* L'église, dédiée à saint Pierre et à saint Paul, renferme dans la nef et au portail des détails du XIe et du XIIe siècle. Le portail actuel est du XVIIe siècle. Le reste est plus moderne encore. Dans l'église se trouve la dalle tumulaire d'un curé de Grainville et de Salmonville-la-Sauvage, décédé en 1770.

HÉRON (LE). *Ép. incertaine.* Butte ou motte signalée en 1832 par M. de Stabenrath à la Commission des antiquités. ‖ *Moyen âge.* L'église, dédiée à Notre-Dame et à saint Gilles, appartient à la belle période romane du XIIe siècle, avec remaniements dans la nef au XVIIe et au XVIIIe siècle. La porte est encadrée par des colonnettes supportant une voussure. Le clocher, tour carrée placée entre chœur et nef, est percé sur chaque face de doubles ouvertures malheureusement rebouchées. Rose et aiguilles, qui ne sont pas sans valeur, au pignon de l'ouest. Bas-relief du XVIe siècle dans la nef. — Le château, voisin de l'église, est une grande masse architecturale du XVIIIe siècle. — Manoir de Malvoisine dans la vallée de l'Andelle, tout entouré d'eau et de fossés, semblant être du temps de Henri IV ou de Louis XIII. Sur le mur de clôture, percé d'une porte élevée, sont échelonnées cinq tours circulaires.

ISNEAUVILLE. *Ép. franque.* Tombeaux en pierre avec vases et ossements, trouvés vers 1825 sur la côte près de l'église et de la nouvelle école. On a compté cinq ou six cercueils contenant des boucles, des sabres et des vases. — Trois sarcophages de pierre, placés côte à côte, trouvés en 1814 à l'entrée du bois de la Muette, vers Houppeville, dans une carrière à cailloux. Tous renfermaient des corps, notamment celui d'un guerrier et celui d'un jeune homme. On a tiré de l'un de ces sarcophages un sabre en fer et deux vases en terre. ‖ *Moyen âge.* L'église, dédiée à saint Germain, est un beau monument du xvɪ° siècle, à une seule nef. Elle est extérieurement bâtie en pierre de taille, sauf au clocher, qui est une ancienne construction du xɪɪɪ° siècle placée entre chœur et nef, modifiée à la base au xvɪ° siècle et refaite en brique au sommet sous Louis XVI. Le pignon occidental, en silex et pierre, est percé d'une porte ornée d'un fronton qui semble de la fin du xvɪ° siècle, tandis que la nef et le chœur paraissent du commencement. Les fenêtres à meneaux, jadis munies de verrières, en gardent encore quelques débris, où l'on reconnaît le *Sacrifice d'Abraham* et le *Jugement de Salomon*. Le chœur, construit en pierre et terminé en abside à trois pans, est éclairé par de belles fenêtres à trois compartiments garnies de verrières datées de 1553, dont il ne reste plus qu'un *Arbre de Jessé*, une *Prédication de Notre-Seigneur monté dans une barque*, une *Annonciation* et la *Naissance du Sauveur*. La charpente est du xvɪ° siècle, reconnaissable à ses poutres ornées de dragons et d'instruments de la Passion (1535). Inscription rimée d'un curé mort en 1757, dans le cimetière, derrière le chœur. — Ancien et curieux château du xvɪ° siècle, appelé aujourd'hui *les Cinq-Bonnets*, à cause des magots coiffés qui le décorent, mais qui autrefois portait un autre nom.

PRÉAUX. *Ép. romaine.* Nombreux débris au hameau du Bout-de-la-Ville. ‖ *Moyen âge.* Restes imposants de l'ancien château, dont les seigneurs firent en 1200 la collégiale de Beaulieu, qui fut supprimée vers 1772. — L'église est dédiée à Notre-Dame. Elle a été reconstruite en brique rouge en 1776 avec les débris de l'église prieurale de Beaulieu et complétée en 1836. Dans le chœur sont deux inscriptions relatant des fondations : l'une, sur marbre, est de 1685 ; l'autre, sur cuivre, date de 1734. Stalles en bois sculpté du xvɪ° siècle de l'ancienne collégiale de Beaulieu. Elles présentent sur leurs miséricordes une gargouille, le fort Samson, un ange, un homme, Adam et Ève dans le paradis terrestre. Dalles de pierre qui pavent la nef et qui proviennent de l'ancien prieuré de Beaulieu, où elles couvraient autrefois les restes des châtelains de Préaux inhumés dans le chapitre ou dans l'église et d'où on les a apportées après la reconstruction de l'église et la suppression de la collégiale. Il en existe dix, dont cinq seulement sont encore remarquables. La première est celle de Richard Foubert, de 1290 ; la deuxième, longue de 2^m,17, est illisible ; la troisième, longue de 2^m,96, est celle de Robert de Préaux, archidiacre de Rouen, mort en 1341 ; la quatrième est celle de Jeanne Malet, dame de Préaux, morte en 1330 ; la cinquième et la sixième sont effacées ; la septième, un peu fruste, indique le xɪv° siècle ; la huitième, longue

de 3^m,25 et large de 1^m,58, est très-belle ; c'est celle de Robert de la Chapelle, bourgeois de Rouen, décédé en 1330, et d'Isabelle, sa femme, décédée en 1310 ; la neuvième, sciée en trois, est celle d'un chevalier du xɪɪɪ° siècle ; la dixième enfin est presque usée.

RONCHEROLLES-SUR-VIVIER. *Ép. moderne.* Église dédiée à la sainte Trinité. Elle a été en partie refaite en 1850 ; malgré cela, elle a conservé quelques portions du xvɪɪ° et du xvɪɪɪ° siècle. Petit vitrail du xvɪ° siècle et tableau représentant saint Romain, de Rouen, de la même époque.

RY. *Ép. franque.* Ce bourg, dont le nom est tiré de son ruisseau même, dut exister vers l'époque franque, puisqu'il est le titre de l'un des huit doyennés du grand archidiaconé dont Rouen était le centre. En 1740, le doyenné de Ry comptait encore trente-deux paroisses. ‖ *Moyen âge.* Église dédiée à saint Sulpice. Le clocher, entre chœur et nef, est une construction du xɪɪ° siècle, reconnaissable à ses cintres et à sa corniche, qui est très-curieuse. La nef est du xvɪɪ° siècle en partie, sauf le pignon de l'ouest, qui offre des ogives du temps de saint Louis. Les transepts sont du xvɪ° siècle et présentent des poutres sculptées et des inscriptions de ce temps. Porche en bois, placé au portail du midi et orné de statues et de reliefs. On remarque au dehors les statues de sainte Véronique, de saint Matthieu, de saint Jacques-le-Majeur et de saint Barthélemy. A l'intérieur sont celles de saint Pierre et de saint Philippe, de saint Jean et de saint Sulpice. Une partie des motifs de décoration ont été empruntés aux instruments de la Passion et aux fins dernières de l'homme. Ce porche est un vrai chef-d'œuvre de la Renaissance et un modèle du genre. Dans le chœur de l'église est une belle dalle du xɪv° siècle, dont l'inscription est étrange. En 1844, il y existait une dalle du xvɪ° siècle, qui a disparu. L'autel est décoré de boiseries sculptées du xvɪ° siècle.

SAINT-DENIS-LE-THIBOULT. *Ép. romaine.* Beau *dolium* en terre cuite renfermant une urne en verre de forme carrée, haute de 0^m,32, contenant les os brûlés d'un adulte, trouvé dans une prairie en 1835 ; déposé au musée départemental d'antiquités. A côté du *dolium* on a rencontré une autre urne en terre qui a été brisée par les ouvriers. Il est probable qu'il y a là un cimetière à incinération. ‖ *Moyen âge.* Restes d'un vieux château placé presque en face de l'église. — Grands murs dans la vallée qui paraissent remonter au xɪɪɪ° siècle. — Motte de 150 pieds de circonférence, au milieu de laquelle est un puits maçonné, sur le penchant d'une colline. — De l'autre côté de la rivière est une tour en ruine appelée *la Houssaye.* Tour ronde de 5 mètres de circonférence, démolie en 1843 : on l'appelait *Malesaises* ou *le Vaudichon.* Cercueils en pierre trouvés en 1838 par M. L. Quesnel, de Rouen, en faisant reconstruire son château. — Dans l'enceinte de l'ancien château était une chapelle, aujourd'hui détruite, où l'on a trouvé un chapiteau du xiii° siècle. — L'église paroissiale, sous le vocable de Saint-Denis, fut primitivement construite au xiii° siècle, mais elle a été récemment défigurée. Les poutres de l'intérieur ont conservé des sculptures et des peintures du xvi° siècle. Des écussons décorent le porche et le portail. Trois dalles effacées à l'entrée du chœur. Inscription obituaire d'un curé du xvi° siècle. — Ancienne chapelle de Saint-Laurian, démolie de 1830 à 1840 par M. le baron Boullenger, qui a trouvé alors beaucoup d'ossements, et aussi lorsqu'il a reconstruit la nouvelle.

SAINT-JACQUES-SUR-DARNETAL. Formée des deux anciennes paroisses et communes de Saint-Jacques-sur-Darnetal et de Quévreville-la-Milon, fusionnées en 1825. — SAINT-JACQUES. *Ép. moderne.* Église sous le vocable de Saint-Jacques. Elle a été démolie en 1853, et une nouvelle a été reconstruite alors en style roman. — Croix du cimetière en pierre et du xvi° siècle. (Reproduite en 1860 dans le tome XXIII, p. 525, des *Congrès archéologiques de France.*) == QUÉVREVILLE-LA-MILON. *Moyen âge.* L'église, dédiée à Notre-Dame, est tombée d'elle-même en 1794 pendant une fête décadaire. Les matériaux en furent vendus en l'an XII. Le presbytère fut aliéné en 1806. En 1828, on a construit une chapelle sur l'emplacement de l'ancienne église.

SAINT-LÉGER-DU-BOURG-DENIS. *Moyen âge.* L'église, sous le vocable de Saint-Léger, appartient pour le fond au xvi° siècle; elle fut construite en pierre. Le clocher, au bas de l'édifice, est une tour carrée dont la base seulement a conservé son caractère. La nef a gardé au dehors des traces marquées de sa primitive architecture, ainsi que le chœur, dont l'abside est à trois pans. L'intérieur a été complétement déformé en 1837. A cette époque, on vendit les verrières au musée de Rouen pour la somme de 250 francs. Belle dalle tumulaire d'un habitant de Saint-Léger-du-Bourg-Denis et de sa femme, de 1589, près de la porte. — Croix de pierre de la Renaissance dans le cimetière. — Autrefois il y avait une chapelle de Sainte-Marguerite, qui a été transférée dans l'église. Elle continue d'être un lieu de pèlerinage pour les femmes enceintes de Rouen. — Dans le château existait autrefois une chapelle de Saint-Jérôme.

SAINT-MARTIN-SUR-VIVIER. *Moyen âge.* La source de la rivière de Robec, *Fluviolum Rodobech*, qui a pu donner ou emprunter son nom à l'*Idole de Roth*. — L'église actuelle, sous le vocable de Saint-Martin, est neuve et construite en style roman. L'ancienne avait des parties du xi° siècle. Les voûtes de la nef et du chœur avaient été ajoutées au xvii° siècle, ainsi que le clocher placé au portail. Dans la nef était une verrière de saint Nicolas, datée de 1624.

SERVAVILLE-SALMONVILLE. Formée des deux anciennes paroisses de Servaville et de Salmonville-la-Sauvage. — SERVAVILLE. *Moyen âge.* Autrefois surnommée Servaville-sur-Ry. — L'église, dédiée à saint Clément, fut primitivement bâtie au xiii° siècle. On en voit des traces au nord de la nef. Le clocher actuel est du xvi° siècle. Le reste appartient au xviii°. — Dans le cimetière est une croix de pierre de 1600 ou environ. == SALMONVILLE. *Moyen âge.* L'église, dédiée à saint Pierre, a été démolie depuis la Révolution. On en montre encore la place auprès du pavillon du colonel de Booz.

VIEUX-RUE (LA). *Moyen âge.* L'église, dédiée à saint Martin et composée d'une nef et d'un chœur, appartient au xiii° siècle, avec des remaniements du xvii°. Le portail est du xvi° siècle, ainsi que le joli porche en bois qui le précède, raccommodé en 1752. Piscine et deux portes du temps de saint Louis, dans le chœur. Baptistère en pierre du même temps, cuve polygone assez irrégulière, qui présente sur ses trois faces principales une suite de personnages non encore expliqués. — Trois épines anciennes qui forment la limite des anciens dîmages de Préaux, de Morgny et de Servaville.

CANTON DE DUCLAIR.

(Chef-lieu : DUCLAIR.)

AMBOURVILLE. *Moyen âge.* Église dédiée à saint Remy, à saint Cosme et à saint Damien. La nef, couverte par un berceau de bois, est entièrement du xvi° siècle, quoiqu'elle ait été souvent mutilée plus tard. Elle garde encore deux débris de verrières représentant saint Remy, saint Cosme et saint Damien. Le chœur, primitivement du xvi° siècle, a été refait à la fin du siècle dernier. Dalles tumulaires et inscriptions dans le chœur. Dalle circulaire d'un enfant, du xvi° siècle, dont l'inscription est presque effacée. Grande dalle d'une dame d'Ambourville, décédée en 1681. Inscription sur marbre encastrée dans le mur nord du chœur, relatant la fondation faite en 1626, par Robert de Balzac, seigneur de Montaigu et d'Ambourville. Retable en bois, très-vermoulu, du commencement du xvi° siècle, représentant la Passion, dans la sacristie. — Jolie croix de pierre du xvi° siècle dans le cimetière. — Le château, vieille construction de pierre du xiii° siècle, qui a conservé quelques ouvertures et sa charpente, que l'on dit une ancienne maison de Templiers. La tourelle de l'escalier est de la fin du xv° siècle. L'entrée de la serrure est un écu aux armes des Mallet de Grasville.

ANNEVILLE-SUR-SEINE. *Ép. romaine.* Substructions et tuiles à rebords rencontrées près du village vers 1848, lorsque l'on fit le chemin de grande communication qui conduit au Bourgachard. En face de ces débris on voit dans les champs un tertre d'une certaine élévation, sur lequel on trouve des fragments de marbre et de tuiles à rebords. En 1860, on y recueillit une

pièce d'or de Trébonien Galle. || *Moyen âge.* Église dédiée à Notre-Dame et à saint Jean, à une seule nef, des premières années du xvi° siècle. Nef couverte par un berceau ogival sur charpente apparente et éclairée par huit fenêtres à réseau. Portail percé d'une double porte en arc surbaissé sous un arc en plein cintre encadrant une rosace. Clocher entre nef et chœur, supporté par quatre arcs surbaissés à moulures prismatiques, flanqué latéralement de deux petits transepts rudimentaires. Tour percée sur chaque face d'une baie en arc aigu, séparée en deux par un meneau central. Flèche d'ardoise. Chœur terminé par une abside à trois pans, voûté sur nervures prismatiques avec clefs pendantes de la Renaissance, éclairé par sept fenêtres à meneaux et à réseau flamboyant. Deux piscines, l'une dans le chœur, l'autre dans le mur sud de la nef, près de l'autel élevé à son extrémité. Petite armoire pour la réserve eucharistique avec sa porte sculptée, dans le mur du chevet. Verrière du xvi° siècle représentant la Crucifixion dans la maîtresse vitre du chœur et fragments dans les autres fenêtres. Autel du xviii° siècle, en menuiserie sculptée et dorée, portant cinq grandes statues de terre cuite dorée, représentant la Vierge entre deux anges adorateurs, saint Jean-Baptiste et sainte Véronique. La main de la Vierge soutient une couronne qui servait à la suspension de la réserve eucharistique. Croix processionnelle en argent de la confrérie de la Charité, achetée par cette confrérie en 1663. (Publiée par la *Gazette des Beaux-Arts*, t. X.) Litre funèbre extérieure aux armes des Mouret, sieurs Dupont. — Croix de cimetière de la Renaissance. — Manoir du *Grand-Hôtel*, au bord de la Seine, petit château en brique et pierre du xvii° siècle, portant les armes des Mouret, jadis accolé à une ancienne construction du xiv° siècle, qui possédait une cheminée extérieure, aujourd'hui disparue. — Chapelle de Notre-Dame-de-Bon-Port attenante au château et de même époque, avec litre aux armes des Mouret. Plaque de cuivre de la fondation, en 1662, renouvelée en 1717, de rentes pour les pauvres, encore payées aujourd'hui. — Colombier du même temps. — *Manoir Brescy,* modeste habitation en pans de bois qui doit dater du commencement du xvi° siècle, avec puits à margelle de pierre armoriée. — *La Cheminée-Tournante,* petit château du xvii° siècle, au bord de la Seine, ainsi nommé à cause d'une girouette qui dominait une cheminée, portant les armes de Mouchard, conseiller au parlement, et remplaçant une maison en pans de bois avec escalier à tourelle, du xvi° siècle, aujourd'hui démolie.
|| *Ép. incertaine.* Lieu dit *le Cimetière des Huguenots,* voisin de l'église. On y a trouvé des ossements lors de la construction de la maison d'école. (Voir, pour l'histoire d'Anneville, les mémoires publiés par M. Mouret, sieur Dupont, à propos de ses démêlés avec M. de Brescy et l'abbaye de Jumiéges.)

BARDOUVILLE. *Moyen âge.* L'église, sous le vocable de Saint-Michel, appartient au xi° et au xiii° siècle. La nef, du xi°, a conservé quelques parties anciennes, mais a été refaite dans le même style en 1853. Elle est couverte par un berceau de bois. Le chœur, voûté en berceau, est flanqué de deux petites chapelles voûtées en demi-berceau qui communiquent avec lui par des arcades portées sur des piliers massifs et très-courts, du xiii° siècle. La fenêtre terminale du sanctuaire est une magnifique ogive à trois compartiments, du xiv° siècle. — Pied de croix du xvi° siècle dans le cimetière.

BERVILLE-SUR-SEINE. *Moyen âge.* L'église, dédiée à saint Lubin, est un intéressant monument du xvi° siècle, à une seule nef, à chevet carré. La nef, qui montre à son pignon une belle rosace à douze rayons, et qui est éclairée latéralement par des fenêtres à réseau, est construite en damier ou échiquier composé de carrés en brique rouge et en pierre blanche. Les fenêtres gardent les restes des verrières dont elles furent remplies. On y reconnaît les traces de la *Pêche miraculeuse,* de saint Jean-Baptiste, de saint Lubin, de sainte Anne, de saint Joachim, de la sainte Vierge, etc. Le chœur est une construction d'époque un peu antérieure, en pierre du pays. Les solins de l'ancienne nef se voient encore sur le mur qui domine l'arc marquant l'entrée du chœur. Un petit clocher en bois, avec épi en plomb, s'élevait au-dessus de la charpente du chœur. L'ensemble est éclairé par cinq belles fenêtres jadis garnies de vitraux de couleur et dont il reste un Christ en croix avec sa mère et saint Jean, sainte Anne, saint Denis, etc. Trois autels de pierre, appuyés contre le mur du chevet, portent des croix de consécration. Élégante piscine du xvi° siècle et carreaux incrustés représentant une ancre. Sur les marches du sanctuaire est une inscription obituaire du xvi° siècle; et parmi les pavés on remarque une belle dalle tumulaire de 1612. Litre funèbre intérieure et extérieure aux armes des Brèvedent de Sahurs. Inscription latine effacée, de vingt-cinq lignes, remontant au xvi° siècle, au-dessous d'une image disparue. Un clocher en pierre et brique construit contre le pignon d'entrée, en remplacement d'un petit porche en pans de bois, cache cette inscription. — Croix de pierre du xv° ou du xvi° siècle à la base, dans le cimetière. — Manoir en bois avec escalier extérieur. Une fenêtre en bois à réseau flamboyant éclaire, au premier étage, une chapelle abandonnée dont la couverture est ornée d'un épi en plomb, au bord de la Seine. — Chapelle abandonnée, du xvii° siècle, dépendante d'une maison voisine. Sur le montant de la porte, à 1 ^{m},10 environ au-dessus du seuil, est la marque d'une inondation de 1740. Autre maison avec une belle cheminée dont le manteau en plâtre, décoré de statues, doit dater du commencement du xvii° siècle.

DUCLAIR. Formée des deux anciennes paroisses

de Duclair et du Vaurouy. — Duclair. *Ép. gauloise.* Hache en silex et hache en serpentine. || *Ép. romaine.* Monnaies trouvées à différentes reprises, surtout aux environs de l'église. Un Commode conservé au musée de Rouen. Fondations qui décèlent des constructions importantes dans les jardins qui entourent l'église. Quatre ou cinq colonnes monolithes en marbre rouge ou gris employées dans la construction de l'église. Ces colonnes supportent des chapiteaux romans et cantonnent les piliers qui supportent ou avoisinent le clocher. Leur hauteur varie de 1^m,80 à 2^m,10; leur diamètre est de 0^m,35. Ce sont de très-belles pièces provenant de quelque édifice antique. Deux de ces colonnes sont encore couronnées de chapiteaux corinthiens de marbre blanc sculptés dans le style romain des bas temps, dont l'abaque est interrompu par un petit disque portant une croix grecque. (Dessinées par M. A. Darcel, dans les *Congrès archéologiques de France, séances de 1860*, p. 602, 603.) || *Ép. franque.* Il se pourrait que les colonnes et les chapiteaux ci-dessus provinssent de l'ancienne abbaye de Duclair, qui existait du temps de saint Ouen, de saint Wandrille et de saint Philbert, et qui fut détruite par les Normands du ixe siècle. En 671, un partage fait par saint Ouen, de Rouen, entre saint Philbert, de Jumiéges, et saint Lambert, de Fontenelle, nous révèle l'existence de l'église et de l'abbaye de Duclair. Les parties n'ayant pas été satisfaites de ce partage, on en fit un nouveau, et l'église de Duclair profita de plusieurs excédants. Au ixe siècle, les reliques de saint Riquier, de Centule, guérirent miraculeusement un enfant de Duclair. — Squelette d'un soldat franc avec son sabre et le reste de son équipement, trouvé dans les travaux d'un chemin en 1864. || *Ép. incertaine.* Le *Catel*, sur la côte du cimetière actuel. || *Moyen âge.* Église dédiée à saint Denis, à trois nefs d'égale hauteur et à chevet carré. Clocher à l'entrée du chœur, porté sur quatre piliers cantonnés de colonnes, parmi lesquelles sont les deux en marbre de l'époque romaine, avec base à crochets; les autres sont du xie siècle, ainsi que les arcades ornées de dents de scie et de frettes crénelées, etc. qui portent une voûte sur nervures en boudin. La tour, percée sur chaque face de deux fenêtres, à archivolte décorée de zigzags, subdivisée en deux par une colonnette, est couronnée par une corniche à modillons grimaçants. Une flèche de charpente la surmonte. La nef centrale communiquait avec les bas côtés par deux arcades en plein cintre, sans moulures, portant sur des pieds-droits cantonnés de colonnes antiques de marbre à chapiteaux du xviie siècle. Les nefs latérales ayant été prolongées, on a percé de nouvelles ouvertures dans le même style, en laissant subsister de petites fenêtres en lancette qui devaient jadis éclairer cette nef, alors unique. Le chœur appartient, par ses arcades et par sa fenêtre terminale, au commencement du xive siècle. Il est couvert par un berceau de bois substitué à des voûtes dont il existe encore les arcs formerets. Les deux nefs latérales, voûtées en berceau sur charpente, appartiennent toutes deux au xvie siècle. Portail latéral de la Renaissance. Les fenêtres des collatéraux, qui, chose remarquable, n'ont pas de meneaux ni de réseau et paraissent n'en avoir jamais reçu, renferment une suite de verrières bien mutilées, mais qui ne sont pas sans valeur. L'une d'elles représente le martyre et la légende de saint Denis, de Paris. De fort belles statues en pierre du xiiie siècle, qui pour la plupart représentent les apôtres, sont placées sur des consoles, le long des murs des nefs latérales. Dalles tumulaires frustes ou mutilées, où l'on reconnaît encore le xiiie siècle. Au bas de la nef, on lit sur pierre l'inscription de «Maistre Jean «Capelle, vicomte, tabellion receveur de messieurs de Jumiéges, mort en 1650.» Dalle de liais avec inscription obituaire et tumulaire de 1740, sous le clocher. Six inscriptions tumulaires des moines de Jumiéges, provenant de l'ancien cloître et allant de 1661 à 1739, autour de l'église. (Voir la *Note sur des inscriptions tumulaires de moines de la congrégation de Saint-Maur, autrefois à Jumiéges, à présent à Duclair, à Vatteville*, etc. in-8°, par M. l'abbé Cochet. Rouen, 1864.) — Trèsbelle cave en pierre avec voûtes et colonnes du xiiie siècle, sous le presbytère. — Château du Taillis, au hameau de Saint-Paul, ancienne propriété des Dufay du Taillis, baillis de Rouen, construction de la fin de la Renaissance. Dans le jardin est conservée la dalle tumulaire de Guillaume Defors, abbé de Jumiéges, qui gouverna le monastère de 1247 à 1248. Cette pierre, remarquable par la croix sculptée qui la décore, a été trouvée avec d'autres, vers 1839, dans l'ancienne chapelle de la léproserie transférée de Jumiéges au mont Davilette ou côte Saint-Paul. L'hospice, aujourd'hui détruit, dura jusqu'à la fin de la maladie de la lèpre, et la chapelle subsista jusqu'à la Révolution. (Voir Jumiéges.) — Sceau du xive siècle en alliage de plomb et étain, sur lequel on lisait : S : LEPROSARIAE : DI : NICOLAI : G, trouvé dans la même fouille, suivant M. J. M. Thaurin. Marmites en fonte trouvées en 1852, et restes d'un four à potier du xiie ou du xiiie siècle. (*Journal de Rouen* du 29 juillet 1863.) Un tuyau de terre cuite enveloppé d'une épaisse chape de ciment, qui longe la côte derrière Duclair, à 3 mètres environ au-dessus du niveau de la rivière de Sainte-Austreberte, passe pour avoir conduit les eaux à la léproserie de Saint-Paul, au-dessus du bourg de Duclair. — *Manoir de la Cour-du-Mont.* Sa chapelle, dédiée à sainte Austreberte, est aujourd'hui transformée en fournil. C'est une construction du xviie siècle, qui a gardé un autel de pierre plus ancien. Dans le manoir sont un cellier et des bâtiments du xiiie siècle. Les moines de Jumiéges y tenaient leurs plaids. — Chapelle de la Trinité au Mesnil-Varin, disparue. == LE VAUROUY. *Moyen âge.* L'église, dédiée à la sainte Vierge, est moderne; l'ancienne a disparu en 1864. Dans la nouvelle on a conservé les inscriptions tumulaires et obituaires de 1778 et 1786. — Le château, qui est voisin, est une construction de Louis XV ou de Louis XVI. On y conserve une inscription obituaire de 1760, venant de l'église. Il y a aussi un registre terrier de la seigneurie du Vaurouy, de 1781 à 1787. — Un curé du Vaurouy, du xviii° siècle, a rédigé sur les registres de l'église un journal des faits locaux de 1636 à 1767. Il a été publié en 1868 par M. Paul Baudry. (*Revue de la Normandie*, 1868.)

ÉPINAY-SUR-DUCLAIR. *Moyen âge.* L'église, dédiée à saint Martin, a été brûlée en 1814 ou 1815. La nef a été refaite en 1817, ainsi qu'une partie du chœur, dont une portion remonte au xvi° siècle, ainsi que le portail, le porche et le clocher, qui subsistent. Ce clocher, en pierre blanche, est une œuvre de la fin du xvi° siècle, comme le prouvent les pilastres et la tourelle de l'escalier. Le porche en pierre, avec pilastres et bancs, est une œuvre charmante de la Renaissance. La porte, à deux vantaux, est sculptée dans le même style. On y remarque le *Martyre de saint Étienne* et *saint Martin à la porte d'Amiens*. Au-dessous sont représentés des fers de cheval, allusion à la dévotion populaire qui invoque saint Martin dans la maladie des chevaux et lui offre les fers de ces animaux. — Belle croix de pierre du xvi° siècle dans le cimetière. Il n'en reste que le pied, haut de 3^m,40 et présentant sur chaque face carrée des niches vides parfaitement sculptées.

HÉNOUVILLE. *Ép. gauloise.* Dix monnaies gauloises, bombées et lisses d'un côté, présentant un cheval du côté concave et renfermées dans une tirelire en silex, trouvées par un cantonnier en 1860. || *Ép. romaine.* Murs chaînés de briques, au bord de la route départementale n° 4, au hameau de la Caboterie, dans la coupe du chemin. Depuis un siècle on trouve des murs de pierre dans ce hameau. Une tradition, peu justifiable, prétend qu'en 1775 on y a vu des anneaux de fer pour attacher les navires. Urne de verre pomiforme, toute remplie d'os brûlés, trouvée par un laboureur en 1845. || *Ép. franque.* Deux cercueils, dont un en pierre de taille et l'autre en plâtre gâché, trouvés par un laboureur au hameau de la Caboterie, le 30 mars 1775. Ils contenaient chacun un corps ayant un vase noir aux pieds. Outre le vase, le sarcophage de pierre donna une bague en or et deux plaques de ceinturon en fer damasquiné et décorées de clous de cuivre. (Voir une note de l'Académie de Rouen dans les *Petites affiches de haute et basse Normandie* du 24 novembre 1775, et une première annonce du 7 avril de la même année.) || *Moyen âge.* L'église, dédiée à saint Michel, a été construite en pierre au xvi° siècle. Nef à charpente apparente, éclairée par cinq belles fenêtres de style encore gothique, précédée d'un clocher formant porche et éclairé de deux étages de fenêtres à réseau flamboyant. La tour est terminée par un dôme à huit pans, de forme campanulée, orné de crochets sur les arêtes et terminé aujourd'hui par une calotte de plomb. Chœur moderne, du style de la nef. Fonts baptismaux formés d'une cuve octogone flanquée de quatre colonnes et posée sur un massif central également flanqué de colonnes, à l'imitation du xiii° siècle. Fondation et dalle tumulaire en marbre noir de l'abbé Legendre, curé d'Hénouville, mort à la fin du xvii° siècle, encastrées dans le chœur en 1858 et à l'entrée de l'église en 1869. L'abbé Legendre, auteur d'un *Traité sur les arbres fruitiers*, était intendant des jardins de Louis XIII. Il avait établi un vignoble dans un lieu que l'on montre encore et que le roi Louis XIII lui avait donné au bord de la forêt de Roumare. — Pied de croix de cimetière sculpté d'attributs funèbres, du xvi° siècle. — Vieux presbytère de pierre portant sur le linteau de la porte d'un colombier la date de 1632. P. Corneille, ami de l'abbé Legendre, l'a célébré sous le titre : *le Presbytère d'Hénouville*, à *Tyrcis* (in-12. Rouen, 1642). — Ancien manoir construit en pans de bois, aujourd'hui transformé en maison de ferme, possédant une grande cheminée en pierre sculptée de la fin du xvi° siècle. — Château du Bellay, grande construction de brique et pierre élevée en 1630 par Jean Du Resnel, conseiller du roi, aujourd'hui abandonné. (Voir dans la *Revue de Normandie*, t. VII, p. 117, le *Château du Bellay*, par M. l'abbé Faye, curé d'Hénouville.)

HEURTAUVILLE. Hartauville ou Heurtauville, ancienne section de Jumièges, située de l'autre côté de la Seine, a été érigée en commune le 4 septembre 1868. *Ép. gauloise.* Onze hachettes de bronze trouvées en 1830 dans la tourbe, à 3 mètres de profondeur. Hache de bronze, vase de bronze de forme circulaire, bout de lame d'épée en bronze et javelot bien conservé du même métal, trouvés en 1835. La plus grande partie de ces objets sont entrés au musée départemental de Rouen. || *Ép. romaine.* Plaque en plomb affectant la forme d'un hausse-col, trouvée en 1835. Cette pièce, qui présente en relief trois poissons ou dauphins qui semblent nager, a été acquise pour le musée de Rouen. Ce lieu tout marécageux était autrefois connu sous le nom de *Harelle*. Il fut donné aux moines de Jumièges en 1024 par le duc Richard II. De bonne heure une chapelle fut élevée en cet endroit pour satisfaire la piété des marins qui remontaient ou descendaient le fleuve. Plus tard on appela cet oratoire *la Chapelle du bout du vent*. On commença à y faire le service divin parce que quinze personnes du hameau s'étaient noyées en traversant la Seine pour aller à l'église de Jumièges. || *Ép. moderne.* L'église actuelle, dédiée à saint Simon et à saint Jude, fut construite en pierre par les moines de Jumiéges en 1730, date inscrite sur la porte, par suite d'une délibération du 15 août 1727. Au-dessus de la porte est une jolie sculpture du xvie siècle, espèce de balustrade provenant des démolitions de l'abbaye. — Chapelle de Saint-Philbert-du-Torp, au bord de la forêt de Brotonne, jadis sous le patronage de saint Waast. Rollon y aurait déposé le corps de sainte Hermantrude. Donnée aux moines de Jumiéges par Robert, comte de Meulan, en 1183, sous la condition d'y entretenir deux religieux; démolie par ordre de l'archevêque de Rouen, lors de la construction de la chapelle actuelle.

JUMIÉGES. *Ép. gauloise.* Fosses nombreuses dans les bois, surtout du côté du Mesnil. Dans l'une, que l'on nomme la *Fosse Piquet,* «sont, dit-on, cachées des «cloches?» — Excavations peut-être naturelles dans la côte qui borde la presqu'île, et que les habitants appellent *Trous de fer* ou *Trous fumeux,* à cause des vapeurs qui paraissent en sortir en hiver? Quelques-unes passent pour renfermer des trésors. — Long terrassement de l'isthme qui isole toute la presqu'île, composé d'un creux et d'un rejet de terre que les temps n'ont pu combler ni abattre. (Voir YAINVILLE.) — Bateau chargé de bois rencontré à 5 mètres de profondeur dans la vase du hameau de Canihout? ‖ *Ép. romaine.* Traces d'un camp, dit-on, dans les bois. Dans la vie de saint Philbert on rapporte que ce saint abbé fonda son monastère dans un lieu où les anciens avaient établi un *castrum*: «Ibidem castrum condiderant antiqui.» — Vers 1857, en abattant un chêne dans le bois de Jumiéges, on trouva un vase contenant des bronzes, dont quelques-uns sont entrés dans la collection de M. Lepel-Cointet, de Jumiéges. ‖ *Ép. franque.* Le nom de Jumiéges se trouve dans les *Actes des saints de l'ordre de Saint-Benoît* recueillis par Mabillon (t. II, p. 816-25) et dans les *Annales* de cet ordre célèbre, collections puisées aux sources contemporaines, on trouve «Gemeticum in «pago Rotomagensi.» Des triens mérovingiens frappés à Jumiéges portent GEMELIACO et GEMEDICO CAL (Caletorum?). Une donation de Charles le Chauve à l'église de Rouen porte «Gemiriato.» Dudon de Saint-Quentin écrit «Gemegias et Gimeias.» (*De Mor. et Act. Norman.* lib. II et III.) Guillaume de Jumiéges écrit lui-même «Gemmeticum.» C'est aussi l'orthographe d'Orderic Vital. (*Hist. ecclesiast.* lib. II, c. 1; lib. V, c. IX.) — Abbaye. On ne sait au juste en quelle année fut fondée l'abbaye de Jumiéges; les uns placent cette fondation sous Dagobert Ier, dès 638; d'autres sous Clovis II, en 654; quelques-uns descendent jusqu'à Clotaire III, en 660; mais le plus grand nombre se déterminent avec raison pour 654. Ce fut dans les ruines d'un établissement romain que saint Philbert assit son monastère. Suivant une coutume cénobitique il éleva trois églises : une au nord, à saint Denis et à saint Germain; une au midi, à saint Pierre, avec chapelle à saint Martin; celle du milieu à Notre-Dame. Il construisit ensuite un ensemble de bâtiments monastiques dont les dortoirs avaient 290 pieds de long sur 50 de large. Le tout était entouré de murs chaînés de petites tours. On assure qu'il y avait neuf cents religieux à Jumiéges sous le successeur de saint Philbert. Un jour il en périt quatre cent soixante-deux en quelques heures; la chronique affirme qu'ils furent inhumés dans des cercueils de pierre. L'abbaye fut détruite par les Normands en 840 et 841. Plusieurs fois encore elle fut brûlée ou rançonnée de 851 à 876. Relevée de ses ruines en 928, par Guillaume Longue-Épée, elle a duré jusqu'en 1790. Pendant onze cent vingt-six ans d'existence elle a compté quatre-vingt-deux abbés, tant réguliers que commendataires. Cinq d'entre eux sont inscrits au nombre des saints : saint Philbert, saint Aichaire, saint Hugues, saint Thierry, saint Gontard. Trois moines ou abbés montèrent sur des siéges épiscopaux : saint Eucher à Orléans, saint Hugues à Rouen, Robert Champart à Londres et à Cantorbéry. Parmi les cammendataires nous signalerons les d'Amboise, les Bourbon, les Harlay, les Lorraine. Parmi les hôtes et visiteurs célèbres de cette maison, on cite sainte Austreberte, saint Saëns, saint Sturme, abbé de Fulde, en Allemagne; Tassillon, duc de Bavière, qui y mourut; les ducs Rollon, Guillaume Longue-Épée, Richard II et Guillaume le Bâtard, les rois de France Charles VII et Charles IX, les rois d'Angleterre Édouard le Confesseur, qui fut élevé à Jumiéges; Harold, son successeur, qui y prêta serment à Guillaume, et enfin Jean-Casimir, ex-roi de Pologne. — Triens et deniers francs portant les légendes suivantes : GEMEDICO CAL. — ✚ SCO FILBER = ✚ GEM...M. — GRIMBER.VM. = ✚ GEMELIACO. — AVSONIVS MON ✚ = GEMELIACO F. NECTARIUS M. Quelques-unes de ces pièces se trouvent à la Bibliothèque impériale; toutes ont été décrites par Bonteroue, Cartier, Conbrouse et M. A. de Longpérier. — Fragment de la partie des ruines qui porte le nom d'église Saint-Pierre, consistant : 1° en un pignon occidental percé d'une grande porte cintrée entre deux massifs en saillie, base possible de deux petites tours qui contenaient des escaliers dont les premières marches subsistent encore, auxquels on accède de l'intérieur par une porte cintrée placée de chaque côté de l'entrée; une baie cintrée, depuis longtemps bouchée, est reconnaissable au-dessus de l'entrée; 2° en un pan de mur au nord, percé au rez-de-chaussée de deux arcades en plein cintre portant sur des piliers carrés, et au premier étage de deux arcs en plein cintre correspondants, chacun étant subdivisé en deux arcs portés sur une colonne monolithe, galbée, à base, à chapiteau et à abaque très-évasés. Ces arcatures devaient donner le jour à des galeries où l'on arrivait par les escaliers des tours. Des disques creux ornent le tympan des arcs inférieurs, le mur du pignon et une partie du mur latéral du sud; ils portaient des bustes peints de style grec dont on reconnaît les traces. Le mur du pignon était également orné de sujets qui doivent avoir été recouverts successivement de deux autres couches de peintures décoratives. Ce fragment peut remonter à la reconstruction de Guillaume Longue-Épée, au x° siècle. (Voir *les Congrès archéologiques*, t. XXIII: note et dessin de M. Alfred Darcel.) || *Moyen âge*. L'église Notre-Dame, à trois nefs, plan en croix. Charole et chapelles rayonnantes autour du chœur. D'après les données de l'histoire, la grande nef de Jumiéges aurait été commencée en 1040 par l'abbé Robert II, dit *Champart*, et consacrée le 1ᵉʳ juillet 1067 par l'archevêque Maurille, en présence de Guillaume le Conquérant et de quatre évêques normands. Ce qui en reste ne dément point ces assertions. Le grand portail se compose d'un avant-corps en saillie sur le pignon et de deux tours carrées en alignement avec ce dernier. L'avant-corps est percé au rez-de-chaussée d'une grande arcade sans moulures, dont l'archivolte porte sur des colonnes jumelées à chapiteau lisse, et de deux étages de trois fenêtres sans ornements. Au-dessus règne la corniche, portée sur des modillons en extrémité de poutre et ornée de billettes. En arrière s'élève le pignon. Les deux tours, percées à la base d'un grand arc aveugle, sont carrées et presque sans ouvertures jusqu'au niveau du pignon, où elles sont décorées d'un premier rang de petites arcatures aveugles et d'un second rang d'ouvertures accompagnées de colonnes; la tour du sud est, de plus, munie de colonnes d'angle. Au-dessus le plan change: celui de la tour du nord est à moitié polygone, à moitié circulaire; celui de la tour du sud est octogone. Deux étages de fenêtres, à archivolte lisse portée sur colonnes à chapiteau cubique sans feuilles, les décorent sous la corniche portée par des modillons. Des flèches de charpente recouvertes d'ardoise les surmontaient et ont été détruites, l'une vers 1830, l'autre vers 1840. Quelques archéologues croient que la base des tours appartient à une reconstruction du xiᵉ siècle. Deux escaliers de deux cent quatorze marches conduisent au niveau de la corniche, qui est à 52 mètres au-dessus du sol, selon Duplessis. Un porche voûté en berceau donne accès à l'église par une large porte en plein cintre qui se trouve à l'aplomb d'une tribune qui occupe toute la profondeur de l'avant-corps et de chaque tour et qui est ouverte sur toute la largeur de la nef par une arcade voûtée en berceau, laquelle porte le pignon. Les trois fenêtres du premier étage de la façade éclairent cette tribune. Au-dessus règne une deuxième tribune qui communique par trois arcs ouverts dans le pignon avec une chambre éclairée par les trois fenêtres du deuxième étage. La nef, jusqu'à la croisée, se compose de quatre doubles travées, un pilier carré flanqué de quatre colonnes alternant avec une colonne ronde portant des arcs en plein cintre sans moulures, mais à doubles claveaux, l'inférieur étant en retraite. Les bas côtés, larges de 3ᵐ,40, sont voûtés d'arête sur arc-doubleau très-large et portent des galeries voûtées de même qui prenaient jour sur la nef par de grands arcs correspondant à ceux du rez-de-chaussée, subdivisés en plusieurs arcatures intérieures qui sont détruites. Le bas côté sud n'existe plus. La claire-voie est formée de huit fenêtres de chaque côté, à l'aplomb de chaque arcade. La toiture, couverte de plomb, a été démolie en 1794, ainsi que la charpente; la nef est aujourd'hui entièrement à jour, elle semble avoir été voûtée au xivᵉ siècle; mais plusieurs des colonnes, qui, partant du fond, montent jusqu'au niveau inférieur des fenêtres, au droit des piliers de la nef, possèdent des bases romanes, bien que leur chapiteau soit gothique et à deux rangs de feuilles et qu'elles aient été en partie profilées en moellon recouvert de plâtre, avec accompagnement de deux colonnettes latérales pour porter les arcs formerets. Une trace d'un arc ogive et d'un formeret existe encore sur le chapiteau de la dernière colonne au nord. Des vides dans les murs, au niveau des chapiteaux, dans l'entre-deux des fenêtres et dans les angles, semblent indiquer la suppression de consoles destinées à supporter la retombée du faisceau des arêtes intermédiaires. La tradition veut que ces vides marquent la place de figures d'évangélistes qui auraient été emportées en Angleterre. Les colonnes primitives, qui ne montent que de deux en deux travées, semblent donc avoir dans l'origine porté un arc-doubleau allégeant une charpente apparente. La nef est arrêtée à l'est par un grand arc en plein cintre sans moulures, porté par une colonne engagée et soutenant le pan ouest de la tour centrale, le seul subsistant, lequel bute au nord contre la tourelle ronde d'un escalier. Ce mur porte le solin de la dernière toiture, qui cachait en partie deux ouvertures, et montre au-dessous la trace du solin de la toiture romane, plus surbaissé, et peut-être un troisième solin encore plus surbaissé, à moins que ce ne soit la trace d'une charpente encastrée dans ce mur. Au-dessus des deux ouvertures inférieures règne un deuxième étage de trois ouvertures subdivisées par une colonne centrale au-dessous de la corniche, portée par des modillons unis ou en damier. D'après Duplessis, la tour centrale avait 41 mètres de hauteur. Elle supportait anciennement une flèche de plomb d'une hauteur démesurée, que Gabriel Leveneur, abbé commendataire, a fait descendre en 1557. Les deux murs ouest des transepts appartiennent à la construction primitive, qui subsistent encore, portent, au niveau de la corniche des bas côtés, une galerie formée d'arcatures lisses sur pieds-droits carrés. Tout le reste, qui est en ruine, appartient à la fin du xiii⁰ siècle et au xiv⁰ siècle. Les colonnes, disposées par assises et encastrées dans la construction du xi⁰ siècle, recouvrent des colonnes courtes qui indiquent qu'une arcature basse devait régner au-dessous des grands arcs latéraux de la tour centrale. Des traces de peinture se voient sur les chapiteaux de la nef, notamment sur celui de la dernière colonne du sud-est, où les trois figures des prophètes Daniel, Moïse et Jérémie ont été exécutées au xii⁰ siècle, au milieu d'ornements feuillagés polychromes. De même sur le mur intérieur de la tour on voit des traces d'une composition où Hyacinthe Langlois a cru reconnaître une *Résurrection*, ainsi que des rinceaux et des colonnes de feuillage en ocre rouge. Des peintures décoratives du xvi⁰ siècle subsistent encore dans certaines parties des bas côtés de la nef. Dans le transept nord, dédié à la sainte Vierge, était autrefois le mausolée qui recouvrait le cœur d'Agnès Sorel. Dans le transept sud sont entassés des fûts de colonnes, des aiguilles, des socles, des dais, des statues et autres épaves de la grande abbaye. Du chœur, terminé circulairement, il ne reste plus que les soubassements des colonnes. Cette portion de la grande église est la plus mutilée. C'est sans doute celle que vit élever Eudes Rigaud dans le cours de ses visites de 1248 à 1268. De la chapelle de la Sainte-Vierge, terminée par une abside polygone et qui devait dater du xiv⁰ siècle, on ne distingue plus, le long des murs de soubassement, que les bases des faisceaux des colonnettes qui soutenaient les voûtes, les bancs de pierre qui régnaient le long des murs et les peintures rouges qui les décorèrent. Le chœur et la chapelle de la Vierge mesurent 33ᵐ,60. Si au nord les chapelles sont à peu près arasées, au midi trois d'entre elles sont parfaitement conservées jusqu'aux voûtes. Chacune d'elles renferme la place de l'autel, une piscine et une fenêtre à réseau. Les voûtes, les moulures et les clefs, les colonnettes et leurs chapiteaux indiquent la fin du xiii⁰ siècle ou le commencement du xiv⁰. Ces chapelles passent, à tort, pour être l'œuvre des abbés Guillaume IV et Guillaume V (de 1238 à 1248). Des débris de toute espèce jonchent le sol du chœur, des transepts et des chapelles. Dans la première des chapelles, dont les nervures sont fermées par une clef élégante, on voit sur les murs des peintures décoratives du xvii⁰ siècle, où figurent des anges adorateurs. Dans la deuxième chapelle est peinte une *Annonciation* faisant face à l'*Ange gardien*. Dans la troisième figurent saint Pierre et saint Paul et un religieux agenouillé. — Église Saint-Pierre. Cette seconde église, parallèle à la première, dédiée à Notre-Dame et placée au midi, communiquait avec elle par une galerie voûtée partant du transept et passant derrière la salle capitulaire. (Voir à l'*Époque franque* pour la partie carlovingienne de cette église.) Au-dessus du mur d'entrée primitif s'élève un pignon percé d'une ouverture du xiv⁰ siècle, à réseau. Le mur nord, au delà de la partie du x⁰ siècle, est percé de quatre arcades du xiv⁰ siècle communiquant avec un bas côté voûté sur nervure et couvert en terrasse. Au-dessus s'ouvrent trois fenêtres à réseau. Le mur sud, au delà d'une partie qui peut appartenir à la construction primitive, est percé de quatre arcades ogives, basses, chanfreinées, qui communiquaient avec un bas côté dont on ne reconnaît plus la trace et dont il est difficile d'analyser la construction. Trois fenêtres à réseau sont percées au-dessus. Entre la troisième et la quatrième arcade, au nord, est jeté un arc-doubleau qui porte un pignon percé d'une fenêtre à réseau. La partie de l'église comprise entre les deux pignons de l'ouest et de l'est n'était couverte que par un berceau en charpente. Les quatre travées au delà et le chevet polygone dont on aperçoit les soubassements devaient être voûtées sur nervures. Dans le mur sud, vis-à-vis de la quatrième travée du nord s'ouvre la chapelle de Saint-Philibert, élevée, dit-on, sur l'emplacement de la cellule du saint à qui elle est dédiée, et qui abritait le tombeau des « Énervés. » Cette chapelle, ainsi que le bas côté et la galerie de communication avec l'église de Notre-Dame, sont remplis de débris de colonnes, de clefs de voûte, de statues, de mesures dîmières en grès, etc. appartenant à toutes les époques. — Salle capitulaire, au sud de l'église Notre-Dame, au-dessous de la communication avec l'église Saint-Pierre. Composée d'une grande travée dont la voûte sur nervures surbaissées était portée sur des faisceaux de colonnettes du xiii⁰ siècle, et d'une abside circulaire dont la voûte reposait sur nervures portées sur des consoles arasées à la naissance des voûtes. — Salle des *Gardes de Charles VII*. Longueur, 35ᵐ,80; largeur, 11 mètres; hauteur sous clef, 7ᵐ,30. Soudée au pied de la tour du sud, à angle droit avec l'église, composée aujourd'hui de six travées voûtées sur nervures à boudin du xii⁰ au xiii⁰ siècle, portant sur des faisceaux de trois colonnes à chapiteau garni de larges feuilles retournées en dessus. Une fenêtre cintrée est ouverte sous chaque arc. Ces fenêtres semblent antérieures à la construction intérieure, qui aura utilisé un ancien mur roman et qui montre du reste dans ses nervures des remaniements d'époque postérieure. Plusieurs de ces fenêtres sont carrées sous un arc trilobé orné de billettes, de zigzags, etc. avec tête sculptée dans le tympan intérieur. La corniche est également romane. Un porche, dont la corniche est formée d'arcs ogives subdivisés en deux, portant sur consoles, fait saillie à l'ouest et donne accès dans la salle par un grand arc surbaissé dont les deux rangs de claveaux sont appareillés avec pénétration de l'un dans l'autre. (Voir *les Congrès archéologiques*, t. XXIII.) Les voûtes sont à des degrés différents de ruine. Au sud s'étendaient les bâtiments claustraux entourant un cloître qui donnait accès à l'église Saint-Pierrre, à la salle capitulaire et, latéralement, à la grande église. Le tout est ruiné et arasé ; une partie du cloître a, dit-on, été transportée en Angleterre. Une suite de caves profondes et voûtées règne sous cette salle des Gardes, sous le chapitre, sous l'église Saint-Pierre et la chapelle Saint-Philbert, et même sous les jardins. On en compte jusqu'à vingt-huit. Une de ces caves porte le nom de *Salle d'inquisition*. Elle est du XIII° siècle. Des piliers séparent les deux allées souterraines, qui forment comme des galeries. On parle même d'un souterrain qui irait jusqu'au manoir du Mesnil-sous-Jumiéges. — Logement de portier et communs, devenus, au moyen d'additions dans le style du XIV° siècle, le logement de M. Lepel-Cointet, l'intelligent et libéral propriétaire des ruines. La partie ancienne de ce bâtiment est percée de deux passages juxtaposés, composés chacun de deux travées sur nervures. On y accède, sur chaque façade, par un arc ogive plus grand pour l'une que pour l'autre. Une fenêtre à croisée est ouverte au-dessus ; un arc surbaissé porte la corniche et une galerie. Une tourelle d'escalier prismatique s'élève à l'intérieur près de la grande entrée. — Maison des hôtes. De l'autre côté de la rue, petite maison du XIII° siècle, composée d'une cave au rez-de-chaussée et d'un premier étage éclairé de petites fenêtres carrées, où l'on avait accès par un escalier extérieur, contre le pignon, démoli vers 1865. — Murs de clôture du parc entourant les bâtiments claustraux, en grande partie du XIV° au XV° siècle, garnis de contre-forts, avec chaperon en pierre. — Maison abbatiale. Construction de 1660 à 1670, élevée par les Harlay. — Grand puits des moines et restes de la juridiction judiciaire, tels que l'ancien pilori, consistant en un poteau de fer avec anneau du même métal. — *Tombeaux, sépultures et objets d'art.* Sur les ruines du sanctuaire, inscription du siècle dernier qui rappelle la place où fut la sépulture de Robert Champart, évêque de Londres et archevêque de Cantorbéry, abbé de Jumiéges, où il mourut le 26 mai 1052 [1]. Le cercueil de Robert, exhumé vers 1834, montre l'entaille pour la tête si commune au XI° siècle. D'autres cercueils du XII° et du XIII° siècle se voient dans la salle capitulaire et sur les ruines. Un des tombeaux de la salle capitulaire a une entaille circulaire pour la tête. Les deux autres tombes des ruines sont plus étroites aux pieds qu'à la tête. Dans la salle capitulaire M. Deville a compté onze tombeaux d'abbés. Le 22 octobre 1834, MM. Deville, Taylor et Casimir Caumont y exhumèrent deux abbés ayant encore leurs crosses de cuivre, des restes de vêtements sacerdotaux, des bottines de cuir et d'autres ornements. Les corps étaient enfermés dans des cercueils composés de pierres plates en plusieurs morceaux, comme les sarcophages du XII° ou du XIII° siècle. Pendant longtemps ces curieuses sépultures ont été conservées sous verre dans les caveaux souterrains de l'abbaye ; mais depuis les objets qui y furent trouvés ont été réunis chez M. Lepel-Cointet. Cette collection, précieuse pour l'étude du moyen âge, se compose principalement des objets suivants : six crosses d'abbés du XI° au XIII° siècle, trois en plomb et trois en cuivre doré ; quatre bouterolles, dont deux en fer, une en plomb et l'autre en cuivre. Une des crosses de plomb est attribuée à Thierry II, abbé de 1014 à 1028. Les crosses de cuivre, enroulées avec beaucoup de goût, paraissent toutes appartenir au XIII° siècle. Vases provenant des fouilles de l'abbaye et presque tous de sépultures. L'un est un calice en plomb inhumé avec un abbé. Les autres sont en terre, du XIII° au XVI° siècle. Une foule de fragments proviennent de ces cassolettes à charbon usitées dans les funérailles chrétiennes du moyen âge. Quelques-unes ont gardé à l'intérieur des traces du feu qui y brûla. La terre de plusieurs est blanche et fine, la forme élégante, la décoration riche et recherchée ; le vernis est rouge, jaune ou vert, mais toujours brillant. Fermoirs, boucles, styles, fourchettes de fer, dites *fourchettes des moines*. Bouteille de verre marquée aux armes de l'abbaye [1]. Les deux travées de la petite entrée de l'abbaye sont transformées en un musée lapidaire, où sont déposés une foule de débris tels que chapiteaux, colonnes, clefs de voûte, statues, bas-reliefs mutilés, fragments d'inscriptions, d'effigies et de dalles tumulaires. Les deux effigies tumulaires des « Énervés, » statues du XIII° siècle qui recouvraient, dit-on, la sépulture de deux fils de Clovis abandonnés, suivant la légende, au courant de la Seine après avoir été mutilés, et qui furent recueillis à Jumiéges. La dalle de marbre qui recouvrait le cénotaphe d'Agnès Sorel et supportait son image est longue de 2^m,36 et large de 1^m,10. Sur trois côtés de la tranche on lit, admirablement gravée en caractères du XV° siècle, l'inscription suivante : « Cy gist noble damoiselle Agnès « Seurelle, en son vivant dame de Beaulté, de Roque- « ferrière, d'Issoudun, et de Vernon-sur-Seine, piteuse « entre tou(tes) gens) et qui largement aumosnoit de ses « biens aux eglyses et pouures, laquelle trespassa (le

---

[1] Robert Champart avait rapporté un *missel* et un *pontifical* anglo-saxons écrits dans l'abbaye de Newminster, à Winchester, de 980 à 990, conservés à la bibliothèque de Rouen.

[1] Le cabinet archéologique de M. Lepel-Cointet renferme des antiquités gauloises qui se composent de dix hachettes de bronze recueillies en Normandie, de coins en bronze trouvés à Quétreville (Manche), d'un bracelet, d'une boucle en bronze et d'un poisson en ambre jaune ; d'antiquités romaines comprenant principalement sept fioles en verre, six épingles en os, neuf fibules de bronze, des petites cuillers, des vases et une série de monnaies impériales ; d'antiquités franques qui proviennent en bronze pour la plus grande partie du cimetière du Tot, entre Clères et le Mont-Cauvaire, exploré en 1846, et consistant en douze vases de terre, trois sabres, sept couteaux et huit boucles de ceinturon en fer, trois boucles de bronze, trois agrafes avec plaques, deux fibules de bronze et des perles de verre et de pâte de verre. (Voir CLÈRES et LE MONT-CAUVAIRE.)

«neuvième jour de février) en l'an de grâce M. CCCC. «et XLIX. Prie(z Dieu pour elle). Dalle en pierre de Nicolas Leroux, cinquante-neuvième abbé de Jumiéges, qui gouverna le monastère de 1419 à 1431 et fut un des juges de Jeanne d'Arc. Sur sa dalle, admirablement décorée et gravée, il est représenté mains jointes et en costume de prélat. D'après l'inscription, très-lisible, il est mort le 17 juin 1431. Superbe dalle de marbre noir, jadis encastrée dans les murs de la grande église, de M. Pierre Leguerchois, célèbre procureur général du parlement de Normandie, l'un des bienfaiteurs du monastère, qu'il aimait beaucoup, décédé le 2 février 1692 [1]. Belle dalle tumulaire de «Guillaume de Limes, «escuyer, sieur des Vieux, décédé en 1498, et de Allix «de Courcy, son épouse,» provenant de l'église des Vieux, dans une ferme voisine de l'abbaye. Cette dalle, longue de 2^m,27, large de 1^m,26 et épaisse de 0^m,10, représente couchés sur le dos un châtelain et une châtelaine richement costumés et encadrés. — Église paroissiale. L'église paroissiale, primitivement dédiée à saint André, est, depuis le XIIe siècle, sous le vocable de Saint-Valentin, qui, invoqué au XIIe siècle pour délivrer Jumiéges d'une invasion de mulots et de rats, força ceux-ci à se précipiter dans la Seine. Nef à collatéraux du XIe au XIIe siècle, en petit appareil. Portail à petites ouvertures en plein cintre, sans colonnes ni moulures, surmonté d'un campanile plat. Ouvertures latérales étroites et simples. Nef séparée des bas côtés par des piliers carrés, non voûtée. A la Renaissance, de 1539 à 1578, dates inscrites sur un contre-fort et sur un chapiteau du chœur, on entreprit une magnifique reconstruction du chœur, qui n'a point été achevée. Un clocher fut commencé à l'extrémité de la nef. Le chœur fut entouré d'arcades cintrées qui portent sur des colonnes rondes d'ordre dorique. Huit chapelles, dont plusieurs sont à deux arcades, rayonnent autour du chœur, éclairées par de larges fenêtres à plusieurs meneaux, aujourd'hui délabrées. Les voûtes du chœur et de la charole, dont les arrachements seuls existent, sont remplacées par des charpentes et des berceaux de bois. Plusieurs des chapelles occupées par des confréries ont gardé leurs autels de pierre et des fragments de verrières, principalement la *Mort de la sainte Vierge* et une *Vision de l'Apocalypse*, portant la date de 1576. Un vitrail de la sacristie est de 1529. Dans le pavage existent quelques dalles et fragments de dalles tumulaires : l'un est du XIIIe siècle et l'autre du XVIe. Ce dernier provient de la tombe de «Pierre Lerouge, prestre «natif de Jumiéges et en son vivant curé de Saint-«Jehan d'Abletot.» A l'entrée même de la sacristie est la pierre tumulaire de «Raoulin Levesque, qui tres-«passa l'an mil V^{cc} XL» (1540). — Chapelle de la *Mère de Dieu*, située dans le bois, sur la route de Duclair. Elle porte la date de 1787; mais elle put remplacer l'ancienne chapelle de Sainte-Austreberte, qui était aussi dans un bois. Ce qui nous le fait croire, c'est que près de là est le *Chêne à l'âne*, auquel se rattache la légende du *Loup vert*. Cette chapelle de la *Mère de Dieu* est un lieu de pèlerinage très-fréquenté par les gens du pays qui ont la fièvre intermittente. En entrant ou en sortant de la chapelle, ils ont soin de «nouer leurs fièvres» aux genêts des taillis. — Chapelle de Saint-Amateur, qui porte aussi le nom de *Maître-Jean-Justice*. On ignore jusqu'au lieu où elle était située. — Chapelle de la Maladrerie, qui fut dédiée à saint Michel, puis à saint Nicolas et à saint Julien. La première léproserie de Jumiéges fut placée à l'entrée du bourg actuel, sur la route d'Yainville. On montre encore la place du cimetière et de la chapelle dédiée à saint Michel. De temps en temps on y rencontre des murailles, des ossements et des vases funéraires. C'est là qu'avait été inhumé en 1248 l'abbé Guillaume Defors, qui «aimait les pauvres et qui les «servait.» En 1338, la léproserie fut transférée au *Mont Davillette*, nommé aussi *la Côte Saint-Paul*, sur le territoire de Duclair. On y transporta aussi le corps et la dalle tumulaire de Guillaume Defors. Dans les actes et les documents anciens, cette chapelle porte tour à tour les noms de Saint-Nicolas, de Saint-Paul, de Saint-Julien, du *Mont Davillette* et du *Bout-du-Bois*. (Voir Duclair.) — Lieux dits *la Vignoble*, *la Couture*, *le Courtil*, *le Port*, *la Vicomté*, *l'Épinette*, *la Pierrette*, *la Malebrèque* et *le Bout-de-la-Ville*. — Quatre cartulaires, dont deux du XIIIe siècle, un du XIVe et le dernier du XVIIe. — Seize plans terriers, seize registres ou volumes et cent quarante-sept liasses ou cartons où l'on remarque plus de deux mille chartes ou pièces sur parchemin, série d'actes du IXe siècle à 1790, conservés aux archives départementales.

MAUNY. *Ép. romaine.* Maison au lieu dit *le Catelier*,

---

[1] Des pierres tumulaires, aujourd'hui sciées en plusieurs morceaux, forment l'escalier d'une maison de Caudebec, située route d'Yvetot, n°s 25 et 27. L'une d'elles laisse lire l'inscription en quatre vers léonins de Jehan du Tot, quarante-septième abbé de Jumiéges, qu'il gouverna de 1286 à 1299. Toutes ces dalles sont richement ornées et gravées en creux. Elles ont généralement 2^m,50 de longueur sur une largeur de 1^m,10. Toutes doivent recevoir un abbé dans son costume de prélat. Plusieurs durent recevoir des incrustations de plomb ou de pâte colorée. Une autre dalle d'abbé de Jumiéges existe à Caudebec, dans une maison de la rue de la Vicomté, n° 1. Le cloître de Jumiéges ayant reçu les religieux de la congrégation de Saint-Maur qui décédèrent à l'abbaye de 1624 à 1790, une simple inscription gravée sur pierre donnait le mois et l'année. Deux d'entre elles se trouvent à présent dans la ferme des Cateliers, à Vatteville; quatre sont à Caudebec, dans une maison de la place Saint-Pierre et dans une autre de la route d'Yvetot, n° 19; six autres se voient à Duclair, derrière l'église de ce bourg. (Voir sur ces dernières une notice de M. l'abbé Cochet, dans la *Revue des Sociétés savantes*, 3e série, t. III, p. 616-621, et dans la *Revue de la Normandie*, t. II, p. 153-360 ; et sur les premières, une notice de M. Guéroult de Caudebec, qui a paru dans les *Mémoires lus à la Sorbonne en 1863*, et dans le *Bulletin de la Soc. des antiq. de Normandie*, t. III, p. 276-284.)

suivant M. Gaillard. ‖ *Ép. franque.* Cercueils de pierre et squelettes sans cercueil, trouvés dans les défrichements d'une colline au *Val-des-Leux*, en 1851. On croit que ces corps étaient accompagnés d'objets d'art et on assure dans le pays que le fermier s'est enrichi rapidement. ‖ *Ép. incertaine.* Puits dans la forêt de Mauny reconnus par M. Gaillard. ‖ *Moyen âge.* L'église, dédiée à saint Jean et à saint Martin, est une construction du xviie siècle sans aucun caractère. Dalles qui ont dû être tumulaires, dans le pavage. On dit qu'une d'elles ayant été levée récemment recouvrait un corps avec inscription sur cuivre de 1736. Dalle tumulaire de Jehan Testu, mort en 1507 chapelain de Saint-Nicolas de Beaulieu. — Chapelle de Saint-Nicolas, à Beaulieu, au bord de la Seine, construction de 1700 ou environ, aujourd'hui sécularisée. — Le château de Mauny, dont la terre fut érigée en baronnie en 1464, est une construction du xviiie siècle. — Ferme appelée *la Cohue*, entre la croix de Mauny et l'église, renfermant une vieille maison connue sous le nom de *Bâtiment de la juridiction.* — Carrières du *Val-des-Leux,* d'où sont sorties presque toutes les pierres des églises de Rouen et des bords de la Seine au xvie siècle.

MESNIL-SOUS-JUMIÉGES (LE). *Moyen âge.* L'église, dédiée à saint Philbert, qui était du xvie siècle, a été presque entièrement renouvelée de 1858 à 1862. La nef conservée est de 1710. Bas-relief en pierre daté de 1507, représentant la mort et le couronnement de la sainte Vierge, encastré dans le mur nord. Belle statue de pierre de la sainte Vierge du temps de Henri IV. Ancien baptistère et bénitier de pierre du xiiie siècle, l'un dans le cimetière, l'autre dans le presbytère. — *Manoir d'Agnès Sorel,* construction de pierre du xiiie siècle, qui n'avait pas été élevée pour la femme célèbre qui lui a donné son nom. Ce manoir, bien défiguré aujourd'hui, consiste encore en deux corps de bâtiment formant angle droit, dont l'un sert de grange et l'autre de maison de fermier. Dans le premier bâtiment, l'entrée principale est formée de deux portes ogives du xiiie siècle, dont une grande pour les voitures et l'autre petite pour les piétons; des fenêtres carrées à croisées de pierre avec bancs dans leurs embrasures et de vastes cheminées dont les foyers sont faits avec de la tuile artistement ménagée. Dans la partie devenue la maison du fermier, des pignons percés d'ogives, une pièce recouverte par une magnifique charpente, qui fut la chapelle. On y voit, en effet, une jolie piscine de pierre à double cuvette, une crédence encadrée de tores et de colonnettes; en face, le tabernacle ou *sacraire* et le banc seigneurial dans l'embrasement du mur. Toute cette partie vient d'être profondément altérée. Un petit bâtiment placé en face présente trois archières en forme de croix de Malte.

QUEVILLON. *Ép. franque.* Squelettes au nombre d'une vingtaine trouvés en 1858 en plantant des arbres à la *Côte du Moulin.* Sépultures trouvées en 1851 en creusant les fondations de l'école. Suite de sépultures creusées dans la craie d'un coteau, trouvées en 1820 à la *Haie-de-Soquence.* ‖ *Ép. incertaine.* Puits aux Anglais dans le vallon qui va du château de la Rivière-Bourdet à Canteleu. Le *Puits Éperon* dans la forêt de Roumare. Murs arasés qui semblent les restes d'un parc ou d'une garenne, sur la *Côte du Moulin.* Ossements humains trouvés en 1854 au lieu connu sous le nom de *Bellastre.* ‖ *Moyen âge.* L'église, dédiée à saint Martin, n'est pas ancienne. Le chœur a été construit vers 1820 avec une chapelle sépulcrale pour les habitants du château de la *Rivière-Bourdet.* Farin assure dans son *Histoire de Rouen* (t. II, p. 43-44) que dans le chœur de cette église on voyait le tombeau de messire Étienne Bourdet, chevalier, mort en 1283. On disait qu'il avait été tué sur le pont de Rouen. La nef est une construction de 1600 et de 1780. Le baptistère et le bénitier semblent du xvie siècle. — La croix du cimetière, jadis décorée d'écussons et de millésimes effacés, est une jolie colonne corinthienne en pierre de 1600 ou environ. — Le château de Quevillon porte le nom de *la Rivière-Bourdet,* d'un ancien propriétaire et d'un bras de rivière qui est voisin. C'est une construction du xviie siècle, œuvre des Maignard de Bernières, en pierre blanche, ayant de jolis frontons décorés des armes des châtelains. Les dernières placées sont celles des Choiseul-Gouffier et des Fitz-James. On remarque de belles cheminées, des œils-de-bœuf et de jolis épis en plomb. Ce château est célèbre par le séjour qu'y fit Voltaire, par les lettres qu'il y écrivit et les ouvrages qu'il y composa. — Colombier contemporain du château, construit en 1668.

SAINTE-MARGUERITE-SUR-DUCLAIR. *Ép. gauloise.* Hache de silex trouvée en 1852. ‖ *Moyen âge.* L'église, sous le vocable de Sainte-Marguerite, est construite en pierre blanche du pays. Le clocher, à l'angle nord de la façade, est une tour carrée du xvie siècle, percée de plusieurs fenêtres à meneaux et à réseau flamboyant. L'ensemble de l'église se compose de deux nefs, dont une renferme le chœur et l'autre la chapelle de la Sainte-Vierge. Les deux allées communiquent entre elles par des arcades cintrées du xviie siècle. L'allée du nord semble du xvie siècle, et celle du midi du temps de Henri IV. La chapelle de la Sainte-Vierge, plus remarquable que le chœur, renferme de belles ogives flamboyantes qui possédèrent autrefois des verrières. La mieux conservée est de 1510 et montre les images de la sainte Vierge, de saint Pierre, de saint Antoine, de sainte Anne, de sainte Barbe et de sainte Catherine. Statues d'apôtres et de saints du xiiie siècle, qui doivent provenir des abbayes supprimées de Jumièges ou de Frontenelle. Dalle tumulaire du xiiie siècle et deux inscriptions obituaires appliquées sur les murs. L'une est la fondation de Pierre Pasquier, curé de cette paroisse en 1535; l'autre celle de Jean Creste, arpenteur, décédé le 3 avril 1669. L'entrée de l'église est précédée d'un porche de pierre de 1772. — Croix de pierre du xvi° siècle, replacée en 1856, au lieu dit *les Planitres*. — Ancien manoir du xvi° siècle près de l'église. Les murs de clôture, antérieurs à la Ligue, sont munis de meurtrières formées de boules de pierre percées d'un trou pour le passage du canon du fusil et mobiles dans une cavité circulaire. — Quelques historiens ont prétendu que ce fut à Sainte-Marguerite-sur-Jumièges que Harold jura fidélité à Guillaume le Bâtard.

SAINT-MARTIN-DE-BOSCHERVILLE. *Ép. romaine*. Vases antiques renfermant des os brûlés, trouvés par M. Curmer à une certaine profondeur, vers 1850. A côté des urnes était un javelot en fer. || *Ép. franque*. Le nom de Saint-Georges fut le titre de l'un des huit doyennés du grand archidiaconé de Rouen. Il est probable que ce titre venait de plus loin que l'époque normande. || *Moyen âge*. L'église paroissiale de Saint-Martin, dont le nom est resté à la commune, a disparu depuis la Révolution. Avec elle a disparu le beau mausolée de marbre noir de l'abbé d'Orléans-Longueville, fils de la célèbre duchesse de Longueville, mort à l'abbaye en 1694 et inhumé dans l'église paroissiale après un procès qui dura près d'une année. — L'abbaye de Saint-Georges fut fondée entre 1050 et 1060 par Raoul de Tancarville, chambellan et gouverneur du duc Guillaume, qui devint plus tard roi d'Angleterre. Ce monastère fut d'abord confié à des chanoines réguliers, qui y restèrent jusqu'en 1114. A cette époque il passa entre les mains des Bénédictins, qui y demeurèrent jusqu'à la Révolution. Cette maison de Boscherville, qui a duré sept cent trente ans, a compté trente-trois abbés réguliers ou commendataires. L'église abbatiale, devenue paroissiale à la Révolution, est à trois nefs terminées chacune par une abside, avec transepts terminés également par une abside, dans le sens des trois autres. Dédiée antérieurement à l'année 1066, elle présente, sauf quelques détails, une grande unité de style. Longueur totale, 66 mètres; largeur, 20 mètres; hauteur de la voûte, 19^m,60; longueur des bras de la croix, 91^m,60, largeur des bas côtés, 8^m,60; hauteur du clocher, 60 mètres. La façade, d'une grande simplicité, est percée d'une grande porte à quatre rangs de voussures ornées de frettes, de zigzags, de dents de scie, de têtes, etc., portant sur des colonnes à chapiteaux historiés. Deux arcades simulées l'accompagnent. Deux rangs d'ouvertures, composés de trois fenêtres cintrées, d'une grandeur à peu près égale, s'ouvrent au-dessus, surmontés par le pignon. Deux tourelles carrées, légèrement en saillie, encadrent cette partie centrale. Une lanterne percée de quatre arcades ogivales et surmontée d'une aiguille hexagone en pierre flanquée de quatre clochetons, termine chacune de ces tourelles et est une addition du xii° siècle, la seule qu'ad mette cette église. Les pignons rampants des deux collatéraux sont ornés de deux cintres aveugles que surmonte une fenêtre romane. A l'extérieur, les bas côtés sont percés de huit fenêtres cintrées romanes entre des contreforts décorés de deux colonnes d'angle et sous une corniche très-saillante supportée par des modillons en forme de têtes d'hommes et d'animaux grimaçants. Quelques-unes des fenêtres de la nef ont été refaites au xiii° siècle et sont en arc aigu. Il en a été de même de quelques-uns des contre-forts. L'ancienne corniche, sous le grand comble, a été enlevée. Aux transepts on retrouve des contre-forts aplatis ornés de colonnes d'angle et une corniche supportée par des figures grimaçantes, ainsi qu'au chevet, qui présente trois absides apparentes; celles qui terminent les bas côtés, quoique circulaires à l'intérieur, étaient carrées à l'extérieur. Le chœur, terminé en abside circulaire, est orné au rez-de-chaussée d'arcades aveugles, au premier étage d'un rang de fenêtres cintrées et d'un deuxième rang de fenêtres ornées de colonnes à chapiteaux carrés. L'un des chapiteaux de l'arcature basse représente un monnayeur frappant d'un marteau un flan placé sur un tas. Le clocher, qui s'élève sur la croisée, est une tour carrée présentant sur chaque face un premier rang de six cintres aveugles et un second rang de trois grands cintres subdivisés chacun en deux petits. La corniche est en pierre plate ou sculptée. A l'angle nord est une tourelle circulaire contenant l'escalier. Une flèche en charpente couverte d'ardoise surmonte le tout. La nef principale est mise en communication avec les collatéraux par huit arcades cintrées. Les piliers carrés sont flanqués de quatre colonnettes, celle de la nef montant jusqu'à la grande voûte. Les chapiteaux sont ornés de têtes, d'entrelacs, de griffons, etc. Au-dessus règne dans tout le pourtour une galerie dont les cintres portent sur des colonnettes et encadrent des ouvertures rectangulaires qui donnaient jour sous les combles en appentis des bas côtés. Aujourd'hui ces ouvertures sont bouchées. Au même niveau une galerie règne dans l'épaisseur du mur de façade derrière les premières fenêtres. Les voûtes sur nervures sont postérieures à la construction primitive, et semblent des premiers temps de la période ogivale. Ainsi les colonnes qui partent du sol de la nef et portent les arcs-doubleaux montent de deux en deux derrière les voûtes jusqu'à la corniche. Elles ont été coupées au niveau des chapiteaux du xi° siècle des colonnes intermédiaires; un chapiteau du xiii° siècle y a été lancé avec deux corbeaux latéraux. Deux corbeaux ont été également lancés contre les chapiteaux du xi°. Le tout pour supporter les retombées des arcs-doubleaux et des ogives des voûtes. Il n'y a point de formerets. La disposition primitive présentait donc des colonnes de deux en deux d'inégale hauteur et supportait peut-être une charpente apparente soutenue par un arc en maçonnerie alternant avec une ferme à entrait. Il y a des peintures d'ornement en ocre rouge pour marquer les claveaux du grand arc sous le clocher. Les voûtes des bas côtés sont d'arête sans nervures ni formerets et doivent appartenir à la construction primitive. Le clocher est soutenu par quatre belles arcades cintrées ornées de dents de scie et de frettes circulaires. Des peintures fleuronnées du XIII° siècle en ocre rouge marquent les claveaux de l'arc triomphal. La voûte, sur huit nervures qui aboutissent à une clef annulaire pour le passage des cloches et portent sur huit têtes d'homme, se ferme au-dessus de la lanterne. Les deux transepts, sans bas côtés, sont ornés au premier étage d'une galerie de passage au niveau de la galerie de la nef, et d'arcatures encadrant des fenêtres au niveau de la claire-voie. Les voûtes, sur nervures, coupent ces arcatures et indiquent un changement du plan primitif, qui ne comportait qu'une charpente. Une tribune, supportée par deux travées de voûtes d'arête portant sur une grosse colonne, occupe chaque transept. Un bas-relief incrusté au-dessus de chaque colonne représente d'un côté un évêque assis, de l'autre deux cavaliers en costume du XI° siècle combattant. Le chœur, assez petit, comme il se construisait communément au XI° siècle, se compose de deux travées couvertes par deux voûtes d'arête communiquant par deux arcades avec les bas côtés, d'une troisième travée couverte en berceau, et d'une abside circulaire voûtée en demi-coupole sur nervures demi-cylindriques. La galerie des transepts se prolonge dans le chœur et passe dans l'abside derrière des colonnes qui, au niveau du second rang de fenêtres, séparent celles-ci et supportent les tores de la demi-coupole absidale. Piscine avec crédence du XIII° siècle au côté de l'épître. Piscines semblables dans les transepts. Des anciennes verrières il ne reste plus qu'une *Conception* qui porte la date de 1599, dans la fenêtre du chevet. Un autel de pierre et des peintures qui pourraient bien dater du XII° siècle occupent l'absidale de chaque bas côté. Un ton rosé qui colore à l'intérieur la pierre de tout l'édifice peut faire supposer d'anciennes peintures, que l'on peut encore observer dans le transept du sud, où la *décoration polychrome du XII° siècle*, notamment sur le chapiteau lisse de la colonne qui porte la tribune et sur les clefs de voûte simulées, se combine avec d'autres décorations du XVII° siècle. Deux chapiteaux provenant de l'ancien cloître du XIII° siècle, démoli au XVI°. On voit sur l'un des scènes de la vie du Sauveur et de la sainte Vierge : l'Annonciation, la Visitation, la naissance de Jésus-Christ, l'adoration des mages, le massacre des Innocents et la présentation au temple; sur l'autre est un chœur de musiciens jouant de la viole, de la rote, de la flûte, de la lyre, du psaltérion, du violon, des grelots, du carillon, etc. (Au musée départemental d'antiquités, à Rouen.) Deux pierres décorées de bas-reliefs de la fin du XIII° siècle sur chaque face, représentant des scènes de la Passion et provenant sans doute d'une ancienne clôture du chœur, trouvées en 1869 sous le massif de l'autel. (Voir une notice de M. A. Darcel dans le *Bull. de la Comm. d'antiq.* t. I, p. 295-301; et M. Deville, *Notice sur des chapiteaux de l'abbaye de Saint-Georges de Boscherville*, in-8° de 4 pages avec 2 pl. Rouen, 1826.) Dans le chœur sont inhumés les fondateurs. On se souvient de deux statues de chevaliers couchés dans le sanctuaire. En 1826, une fouille pratiquée sous l'arcade indiquée par la tradition fit trouver une fosse de maçonnerie longue de 2 mètres, large de 0^m,66 et haute d'autant. Cette caisse était pleine d'ossements, de cuir tanné et de restes d'un cercueil de bois. Il y avait aussi un fer d'épée. Les murs étaient recouverts de peintures représentant des anges tenant des torches et Jésus-Christ portant l'âme dans son sein. A côté, une fosse pareille, séparée de la première par une cloison en plâtre, contenait aussi des ossements d'homme et des restes du cuir qui avait enveloppé le corps. Les peintures décoratives, du XIII° siècle comme les fosses, étaient accompagnées des armes des Tancarville. On pense que c'étaient les sépultures de Raoul IV (1275) et de Guillaume V (1283). Dalle tumulaire de marbre noir d'Antoine Leroux, dix-neuvième abbé du monastère (1506-1535), figuré en costume pontifical, retrouvée en 1826. La cloche, qui est du XVI° siècle, porte le nom de l'abbé Antoine Leroux. (Voir les vues données par dom Germain dans le *Monasticum Gallicanum*, par les auteurs des *Voyages romantiques et pittoresques dans l'ancienne France*, H. N. t. II, et enfin la monographie publiée par M. Deville en 1827, sous le titre d'*Essai historique et descriptif sur l'église et l'abbaye de Saint-Georges de Boscherville, près Rouen*, in-f° de 113 pages et 11 planches.) Salle capitulaire en style roman, construite par l'abbé Victor de 1157 à 1200, surmontée d'une construction de 1690. Aliénée en 1792, comme le reste du monastère, elle a été rachetée en 1822 par le conseil général de la Seine-Inférieure, qui l'a classée et l'entretient comme un de ses monuments historiques. La porte d'entrée en plein cintre, dont l'archivolte très-ornée est supportée par des colonnes, est accompagnée de deux fenêtres de même ouverture et de même style. A trois des colonnettes sont adossés des personnages : l'un représente saint Benoît portant ces mots sur une banderolle : *Fili suscipe disciplinam;* le second semble une femme à longs cheveux hérissés, se coupant la gorge et portant l'image de deux poignards sur sa robe, avec cette inscription sur une banderolle : *Ego mors hominem jugulo;* le troisième porte une discipline avec ces mots : *Vita beata vocor*. Plusieurs des chapiteaux sont historiés ou allégoriques : sur l'un on voit Daniel dans la fosse aux lions; et sur l'autre l'arche promenée sous les murs de Jéricho. Quatre autres représentent : ici, un roi sommeillant, près duquel veillent des hommes armés; là, un saint Hubert agenouillé devant un cerf, etc. La salle est voûtée de trois travées par arcs-doubleaux et sur nervures, portant sur consoles placées au niveau d'une corniche d'une grande richesse. Trois fenêtres en arc aigu l'éclairent au fond. L'ancien cloître, dont cinq ou six piliers du XIV° siècle viennent d'être démolis, paraît avoir été en bois, comme celui de Beaulieu. Dans ce cloître ou dans le chapitre était inhumé Guillaume de Tancarville, dont la tombe saillante était décorée d'une épée. Cette pierre a disparu ainsi que le pavage, composé de carreaux émaillés du XIII° siècle. Les murs de clôture de l'ancienne enceinte monastique présentent des caractères de l'architecture du XI°, du XIII° et du XVI° siècle. — Maison de Templiers et chapelle de Saint-Gorgon, au hameau de Genetey, au bord de la forêt de Roumare, devenues une propriété particulière. La maison, qui est à présent une ferme, est une construction en pierre blanche du XIII° siècle. Les fenêtres et les cheminées ont conservé tout le caractère du temps. L'escalier est renfermé dans une tourelle carrée formant éperon derrière la demeure. Une cave supérieurement voûtée descend sous cette habitation toute chevaleresque. La chapelle de Saint-Gorgon, autrefois célèbre par une «assemblée» où se rendait tout le peuple de Rouen et où l'on vendait encore, au commencement de ce siècle, des représentations d'organes sexuels d'homme et de femme en verre émaillé, que les filles et les garçons portaient suspendues à un ruban, est une construction du XVI° siècle, dont la charpente est ornée de sculptures et surtout de peintures. C'est d'abord la statue de saint Gorgon en costume de chevalier, puis les images de saint Laurent, de saint Vincent, diacre, de saint Georges et de saint Martin à cheval, les litanies de la sainte Vierge avec leurs divers emblèmes, les douze apôtres et les douze sibylles accompagnées des phrases prophétiques qui leur sont attribuées. Toutes ces peintures, qui n'ont d'autre mérite que leur originalité, ont été exécutées de 1611 à 1613. — Au château de Genetey, construit par M. de Lilli vers 1620 et démoli vers 1820, il existait un écho célèbre, mentionné par Duplessis (*Descr. géogr. et hist. de la haute Norm.* t. II, p. 277), vanté par Vigneul Marville dans ses *Mélanges d'histoire et de littérature* (t. Ier, p. 219), et décrit par dom Quenel dans les *Mémoires de l'Académie des sciences* (supplément, t. X, p. 287). Cet écho, œuvre de M. de Lilli, n'existe plus; il devait provenir de vases acoustiques placés dans les murs de clôture. Un de ces vases a été recueilli pour le musée de Rouen. — Sept registres ou volumes et cinquante-quatre portefeuilles ou cartons contenant neuf cent cinquante pièces sur parchemin du XII° siècle à 1782, et concernant l'abbaye de Boscherville, sont conservés aux archives départementales.

SAINT-PAËR. Formée des trois anciennes paroisses de Saint-Paër, des Vieux et de l'Aunay. — SAINT-PAËR. *Moyen âge.* Église sous le vocable de Saint-Paër. Cintre roman du XI° siècle dans la chapelle nord du chœur. Nef foncièrement ogivale, du XIII° siècle, en grande partie transformée et remaniée au XVII° siècle. Chœur en entier du temps de saint Louis, terminé au chevet par une belle fenêtre rayonnante. Le clocher, entre chœur et nef, est une tour tronquée du XVI° siècle voûtée sur nervures portées par des culs-de-lampe, et flanquée de petits transepts du même temps. A droite et à gauche du chœur sont des chapelles du siècle de François Ier. Nef couverte par un berceau en bois dont les poutres transversales sont sculptées de dragons très-remarquables. Porte décorée dans le style de la Renaissance, précédée d'un porche en pierre du même temps. De 1696 à 1706, le célèbre abbé de Vertot, curé de Saint-Paër, résida au presbytère, où il fit et signa de nombreux actes de son ministère, au temps où il publiait ses *Révolutions de Suède et de Portugal.* = LES VIEUX. *Ép. romaine.* Voie de Lillebonne à Rouen, y traversant la rivière d'Austreberte. L'ancien gué, appelé au moyen âge *Vada, les Wées, les Wéez, les Wis* ou *les Wifs*, a donné son nom au village. || *Moyen âge.* L'église, dédiée à la Trinité, a été aliénée et démolie à la Révolution. Il en reste une belle dalle tumulaire de 1481, qui se voit aujourd'hui dans une ferme de Jumièges voisine de l'ancienne abbaye. Cette pierre, qui a 2^m,27 de long sur 1^m,26 de large, montre gravée en creux l'image d'un châtelain et d'une châtelaine. || *Ép. incertaine.* M. Houel, dans les *Annales des Cauchois* (t. Ier, p. 37), signale un chêne énorme appelé *l'Arbre des fées*. = L'AUNAY. *Moyen âge.* Paroisse supprimée par la Révolution et commune annexée à Saint-Paër en 1823. L'église, dédiée à Notre-Dame, bâtie dans les avenues du château, dut exister dès le XVI° siècle, dont elle renferme des traces. Mais elle fut rebâtie en 1660 et décorée en 1753. Sur le baptistère de pierre, qui est du temps de Louis XIV, on voit le chiffre des Le Cornier de Cideville, famille dont un des membres est demeuré célèbre pour avoir été l'ami de Voltaire. Dans le château qui est voisin on montre la chambre qu'aurait habitée Voltaire, suivant une tradition peu justifiée.

SAINT-PIERRE-DE-VARENGEVILLE. Formée des deux anciennes paroisses de Saint-Pierre et de Notre-Dame de Varengeville. L'agglomération totale était autrefois connue sous le nom de *Varengeville-la-Chaussée* et de *Varengeville-sur-Duclair*. Aujourd'hui elle a pris le nom de Saint-Pierre-de-Varengeville. La paroisse et la commune de Notre-Dame ont été supprimées en 1823 et l'église démolie la même année. || *Ep. gauloise.*

Roches naturelles mais légendaires connues sous le nom de *Chaire* ou de *Chaise de Gargantua*, placées sur le penchant de la colline qui borde la Seine. (Voir la *Normandie romanesque et merveilleuse* de Mlle A. Bosquet, p. 193.) Dans une charte du xiie siècle ces pierres portent le nom de *Curia gigantis*. — Vaste enceinte fortifiée sur les coteaux qui bordent la Seine et que cachent les bois de Varengeville. Ce camp est défendu du côté de la plaine par un triple fossé; le *vallum* est profond et le retranchement très-élevé. Vers l'ouest un seul retranchement borde le vallon de l'*Asnerie*, et, du côté de la Seine, la seule défense est l'abrupt naturel de la falaise. On assure que ce camp contenait deux cents acres. Les gens du pays l'appellent *les Portes de la ville*, *le Catelier* ou *la Ville des Cateliers*. || *Ép. romaine.* Voie antique allant de Rouen à Lillebonne; les traces en subsistent encore, reconnaissables à de gros silex rouges. Monnaie de bronze d'Antonin. Un Néron trouvé dans un défrichement en 1862, au milieu de poteries et de murs antiques. Meule à broyer rencontrée au hameau de la Fontaine; au musée de Rouen. Lampe de terre trouvée au même lieu. || *Moyen âge.* L'église, sous le vocable de Saint-Pierre, possédait des parties romanes bien caractérisées. Les fenêtres avaient été refaites en 1784. Le pignon occidental, le joli porche de pierre qui le précédait et la porte en bois étaient de la Renaissance. Sur le mur, à l'intérieur, était un dessin de carrelage du xvie siècle. Deux inscriptions sur marbre noir : l'une est la fondation d'un curé, au xviie siècle; l'autre, l'inscription tumulaire d'un chevalier de Saint-Jean-de-Jérusalem, mort en 1673. L'église a été entièrement refaite à partir de 1861, dans le style roman. — Jolie croix de pierre dans le cimetière, composée d'une colonne corinthienne cannelée qui peut dater du temps de Louis XIII. — Chapelle de Saint-Gilles, placée dans le bois, oratoire du xviie et du xviiie siècle, objet d'un pèlerinage. — Chapelle de Sainte-Anne, au hameau de la Fontaine, construite dans la salle d'un ancien château fort dont il reste encore des murailles en pierre très-épaisses et l'encorbellement avec une tourelle. Elle a été restaurée il y a une dizaine d'années.

TRAIT (LE). *Ép. romaine.* Débris d'un vase romain trouvé en 1827 en arrachant un arbre dans la forêt du Trait, conservé dans la collection de M. Lepel-Cointet, de Jumiéges. Ce vase contenait cinq cent quarante-six monnaies en bronze et en billon du iie et du iiie siècle. || *Moyen âge.* Restes d'un vieux château construit sur un tertre élevé et dont les murs ont encore de 3 à 4 mètres de hauteur, en face de l'église, entre la route départementale et la Seine. Ces ruines peuvent remonter au xiie siècle. — L'église, dédiée à saint Nicolas, se compose de deux nefs en pierre du xvie siècle. Le chœur primitif était du xiiie siècle, comme le prouve la fenêtre terminale. Au côté du midi de la nef est une charmante porte du xvie siècle : de ce même côté est un Saint-Sépulcre qui paraît du même temps. Les fenêtres étaient garnies autrefois de verrières qui n'existent plus. Deux fragments de retables en marbre ou en albâtre, provenant d'une *Passion* du xve ou du xvie siècle, dans le chœur. Vieux banc de bois sur lequel on lit : « L'an de « grâce mil cinq cents trente six les Bourgeois de la « Berge ont faict parfaire cete assis, etc. » D'après une charte de 1150, l'église du Trait n'était encore qu'une chapelle non baptismale. Les habitants devaient porter leurs enfants à Jumiéges pour les y faire baptiser, et eux-mêmes devaient y faire leurs pâques.

VILLERS-ÉCALLES. Formée des deux anciennes paroisses de Villers-Chambellan et d'Écalles-sur-Villers, réunies vers 1823. — VILLERS-CHAMBELLAN. *Ép. romaine.* Squelette entier inhumé à un mètre de profondeur, trouvé au penchant d'une colline en 1865. Il était accompagné de plusieurs objets dont quelques-uns furent brisés. On sauva un vase de terre, une jolie coupe de cristal blanc, une fiole à parfums en verre et une petite cuiller en os, qui ont été offerts au musée de Rouen. Cette sépulture semble du ive ou du ve siècle. — *Dolium* en terre rempli d'os brûlés, probablement du iie au iiie siècle, trouvé au même lieu en janvier 1866. || *Moyen âge.* Ce château existait dès le xie siècle, car Orderic Vital raconte qu'un chambellan, sire de Tancarville, fut assiégé dans son château de Villers par Étienne de Blois, en 1137. On voit encore sur le penchant de la colline la motte et les fossés de cette majestueuse forteresse, dessinée au xviie siècle par Gaignières et publiée par M. L. de Glanville ainsi que par M. l'abbé Cochet. — L'église, située dans la vallée, fut démolie en 1831. || *Ép. incertaine.* Cercueils de pierre, au nombre d'une douzaine environ, sur lesquels on manque de renseignements, trouvés vers 1836, pendant la confection de la route départementale n° 31, de Duclair à Barentin, sur l'emplacement de l'ancien chœur de l'église. == ÉCALLES-SUR-VILLERS. *Moyen âge.* L'église, dédiée à saint Jean, a été en grande partie renouvelée en 1863. La nef de l'ancienne église était en tuf et de style roman. Le chœur qui reste est du xiiie siècle. Une belle fenêtre l'éclairait autrefois et il était orné d'une piscine du temps de saint Louis. Ouverture servant d'ancien confessionnal. Belle dalle tumulaire en pierre de liais venant de l'église démolie de Villers, placée du côté de l'épître. Elle porte l'inscription funèbre de messire Charles de Gouel, chevalier, châtelain de Villers, décédé vers le commencement du xviie siècle. Inscription sur marbre noir de la fondation de « Cardin « Remy, mareschal de la paroisse de Saint-Jean-d'Es- « calles-sur-Villers, faite le 11 avril 1649, » dans la nef. Baptistère en pierre sculpté dans le style de l'époque de Louis XIV, mais peut-être du xiiie siècle. — Croix du cimetière de 1664.

Seine-Inférieure.

YAINVILLE. *Ép. incertaine.* Commencement du terrassement considérable connu sous le nom de *Fossé de Saint-Philbert.* Ce fossé, qui va d'Yainville au *Taillis*, isolait autrefois la presqu'île, qu'il enfermait comme dans un camp retranché. Il est d'une date antérieure au xi° siècle, puisque l'église d'Yainville, qui est de ce temps, est construite dessus. Une partie a été coupée en 1862, en traçant la route départementale n° 40, de Duclair au Landin. On a remarqué alors des masses noires et charbonnées. Précédemment on y avait recueilli une hache en fer. Ossements et vases trouvés près de l'église, mais qu'il est impossible de dater. || *Moyen âge.* L'église, dédiée à saint André, est un monument de l'architecture romane du xi° siècle, composé d'une nef qui, quoique restaurée en 1845, a gardé encore les caractères de cette époque; d'un clocher, grosse tour carrée des plus primitives, qui sert aujourd'hui de chœur; et d'une abside semi-circulaire où est un autel de pierre contemporain de l'édifice. Cette église est entièrement semblable à celle de Newhaven, en Sussex (Angleterre). (Voir la gravure des deux églises sœurs dans les *Sussex archæological collections*, vol. IX, p. 92.) — Vase noir rempli de charbon, provenant probablement d'une sépulture du xiii° siècle, trouvé dans le cimetière en 1854. — Restes d'un ancien canal commencé par Vauban pour couper l'isthme qui joint à la terre la presqu'île de Jumiéges. Ce canal, encore reconnaissable au *Taillis*, avait 500 mètres de longueur environ.

YVILLE. *Ép. romaine.* Enceinte fortifiée reconnue en 1833 par M. Gaillard, et appelée par lui un camp romain, parce que soixante monnaies romaines y ont été trouvées et achetées par M. le marquis de Gasville. || *Moyen âge.* Église dédiée à saint Léger et à saint Louis. Le clocher, entre chœur et nef, est de la transition du xii° siècle. On y voit le cintre allié à l'ogive. Le sommet a été refait au xviii° siècle. La nef et le chœur, couverts en charpente, appartiennent pour l'ensemble au xii° siècle, mais profondément remaniés au xvi° et au xviii° siècle. Piscine et verrière. Dans le mur nord du chœur est *l'inscription sur marbre du cœur de l'épouse de messire Charles-Jean de Gasville*, décédée en 1759. — Caveau sépulcral des anciens seigneurs dans le cimetière. Charmante croix de cimetière du xiii° siècle. — Le château, appartenant à M. le marquis de Gasville et voisin de l'église, est une construction du xviii° siècle, d'un grand caractère. — Ancien manoir, curieuse maison de bois du xv° siècle, ayant conservé toutes ses distributions et toute sa physionomie. (Publiée par M. A. Darcel dans l'*Architecture du v° au xv° siècle*, de M. Gailhabaud.) Les bâtiments de ferme qui l'entourent doivent être de la même époque.

CANTON D'ELBEUF.

(Chef-lieu : ELBEUF.)

CAUDEBEC-LEZ-ELBEUF. L'*Uggate* des anciens itinéraires. (Voir les *Sépultures gauloises, romaines, franques et normandes*, de M. l'abbé Cochet, p. 35-121.) || *Ép. gauloise.* Les monuments gaulois sont presque toujours mêlés à des débris romains. Monnaies en or, mais surtout en bronze. Sur deux d'entre elles on a lu : LEXIOVATIS, qui indique l'atelier lexovien, et GERMANV INDVTILLII, légende attribuée à Induciomar, chef des Trévires. Hachettes de bronze et haches de pierre. — Cimetière celtique contemporain de César, rencontré dans la rue Alfred en 1864 et exploré par M. l'abbé Cochet en décembre 1865. On y a trouvé vingt-cinq urnes, dont huit ou dix de type celtique, c'est-à-dire en forme de pot à fleurs, exécutées en terre grossière et mal cuite, et seize de type romain, travaillées au tour, en terre choisie. Des miroirs en métal, des fibules en bronze, une hache en fer, etc. accompagnaient les urnes romaines, tandis que les urnes gauloises ne contenaient que des fibules en fer, avec des ossements brûlés. || *Ép. romaine.* Depuis plus de cent ans, et surtout depuis trente, on ne cesse de découvrir à Caudebec des masses de débris romains. Les plus belles et les plus importantes constructions ont été aperçues près de l'église; mais les quartiers de la *Vignette*, de la *Mare-aux-Bœufs*, du *Bout-du-Gard* et du *Bout-de-la-Ville* en sont surtout remplis. M. Lalun, de Louviers, s'est monté un petit musée de 1840 à 1844. Il a recueilli six meules en poudingue, trois hipposandales, soixante morceaux de poterie, des fragments d'inscription, une plaque de bronze estampée d'une figure de femme et un seau en bronze tiré du fonds d'un puits. Les historiens d'Elbeuf ont enregistré des découvertes de spatules, d'épingles à cheveux, de tubes en os, de styles, de bagues, d'anneaux, de statuettes en terre cuite et en bronze, telles que Latone, Vénus, Mars, Minerve et Mercure. Des milliers de vases et de tuiles sont sortis du sol, et on y a vu la série des empereurs dans une suite de cent soixante-dix-sept monnaies. En 1846, dans la rue Le Riche, on trouva un beau bassin maçonné et cimenté, au milieu de puits très-nombreux. La même année, on a rencontré dans un vase huit mille monnaies de billon de Gallien, de Gordien, des Philippe, etc. Six mille huit cents étaient des Posthume. Une Cornélia Supera a été vendue 500 francs. M. Gustave Grandin possède, entre plusieurs objets, une statuette de bronze représentant une esclave assise à terre et travaillant des tissus. Deux inscriptions, l'une sur pierre, l'autre sur marbre, en l'honneur d'Adrien. Les vases de terre rouge ou autres ont donné les noms de potiers suivants : CINNAMI, GRACILIS, ASSVTA, LOGIRNI, DAMINIM, LVGETOF, OF M...WOI, SV...IVIIN, CRACISAF, OF

NATVG..., OF MASCIT, DOCCIVS, ...BVS.FE, VOTOF, ALBVS, PRVOCI, GOIIVI, CASSIGNETI, ...VLICCI M, DVRIV ou BVRIV. Sur des amphores on a lu : ...LII, MEL, Q IMF. — Un édifice antique long de 5^m,25 et large de 2^m,50 fut fouillé par M. l'abbé Cochet en 1864 dans la rue Revel, non loin du cimetière gaulois. Un escalier descendait dans une salle dont les murs étaient percés de onze niches pour des urnes ou des statuettes. Quatre colonnes soutenaient le plafond, qui a dû être décoré de marbres et de peintures. Un couloir fermé par une porte ou grille en fer forgé donnait accès dans cet édifice souterrain, qui doit être un tombeau, une *cella* ou petit temple. Au milieu de débris de toutes sortes il s'est rencontré un fragment de statuette, reste de dieu. Le feu avait dévoré cette construction, qui a donné des monnaies d'Antonin et de Gordien III. — La voie allant de Rouen à Paris traversait Caudebec, l'ancien *Uggate*, et était bordée de sépultures romaines et franques aux environs de la fabrique de M. Pelletier-Samson. On suppose que *Uggate* fut détruite par les Saxons dès la fin du IIIe siècle. La dernière pièce trouvée est de Gratien, et la Table de Théodose ne mentionne plus cette ville. — Lieu dit *la Fosse-aux-Moules*, tout rempli de vases romains mêlés à des cendres, à des ossements d'animaux, à des coquillages, à des ustensiles de fer, etc. ‖ *Ép. franque.* Un cimetière a dû exister au bord de la rue de Louviers, ancienne voie romaine, et aux environs de la rue Alfred. En 1821, on trouva douze cercueils de pierre et de plâtre dans l'enclos de M. Pelletier. En 1838, on en découvrit de nouveaux. En 1846 et en 1860, on rencontra d'autres sépultures avec vases, ornements et deux scramasaxes. Plusieurs ont été aperçues en 1832 et plus tard dans l'enclos du presbytère et dans la rue de l'Église. En 1855, lors de l'établissement du gaz dans la rue de l'Église, on rencontra sept ou huit sarcophages presque tous en pierre de Vergelé. Généralement ils étaient en deux morceaux avec couvercle en toit. Plusieurs avaient été réoccupés au moyen âge, mais quelques-uns ont donné des pièces caractéristiques de leur période. La plus riche de ces sépultures a fourni une boucle en bronze, un anneau de cuivre denté, des perles en pâte de verre, un cure-oreille, un cure-dent et une paire de jolies fibules rondes recouvertes d'une feuille d'or garnie de filigrane et décorée de verroteries rouges sur paillons.— Le creusement d'un aqueduc en 1868 a encore amené la découverte de cercueils francs. Dans les tranchées pratiquées autour de l'église M. l'abbé Cochet a compté onze cercueils en pierre de Vergelé ou de Caumont, qui presque tous avaient été réoccupés au moyen âge. Outre les cercueils de pierre, on a constaté la présence de quatre sarcophages en plâtre coulé. Le plus bel objet franc sorti de ces tombes est un beau bracelet d'argent semblable, pour la forme, à celui de Childéric Ier. (*Bull. de la Commiss. des antiq.*

de la Seine-Inférieure, t. Ier, p. 255-259.) ‖ *Moyen âge.* L'église, dédiée à Notre-Dame, fut primitivement romane. L'abside circulaire et le clocher, placé au midi du chœur, subsistent seuls. Sa tour carrée, en pierre du pays, a conservé ses ouvertures cintrées, excepté au sommet, où l'on voit des ogives primitives avec des remplissages du XVIe siècle. Le corps de l'église est entièrement du XVIe, sauf le portail, qui est moderne. Les deux murs latéraux, la seule chose qui ait du caractère, sont construits avec élégance, percés d'ogives à réseau intérieur et munis de contre-forts dont quelques-uns sont ornés de doubles niches pour des statues qui ont disparu. A l'extérieur, il n'existe plus qu'un seul collatéral, celui du sud ; le bas côté nord a disparu depuis près de deux siècles. Quelques débris de verrières, des croix de consécration et les dates 1540, 1542 et 1543.

CLÉON. *Moyen âge.* Église dédiée à saint Martin, en forme de croix, construction du XVIe et du XVIIe siècle. Le clocher qui surmonte le transept nord est une tour carrée inachevée. La nef et les transepts sont de 1530 ou environ ; le chœur pourrait bien dater de 1600, comme le berceau de la nef, qui est soigné et décoré de peintures. Restes de verrières portant la date de 1537. — Vases à charbon et à encens du XIVe et du XVe siècle, recueillis en 1864 dans le cimetière. Cercueil de pierre trouvé la même année, impossible à dater. — Manoir du Basset, construction du XVIIe siècle, où fut autrefois une chapelle, au bord de la Seine.

ELBEUF. La ville d'Elbeuf appartenait autrefois à deux pays et à deux évêchés différents. La paroisse de Saint-Étienne était du diocèse de Rouen et du pays des Vélocasses ; la paroisse de Saint-Jean, au contraire, relevait de l'évêché d'Évreux et du pays des Aulerques-Éburoviques. L'église et la paroisse Saint-Jean paraissent être une création du moyen âge. Dans les temps reculés son territoire a dû faire partie de la ville romaine d'*Uggate*, à laquelle a succédé le Caudebec des Normands. — *Ép. gauloise.* Hache en silex recueillie rue de l'Hospice en 1846. Monnaie en argent et monnaie en or acquises en 1843 et en 1846 par le musée de Rouen. ‖ *Ép. romaine.* Voie de Paris à Rouen par *Mediolanum* (Évreux) et *Uggate* (Caudebec). C'est sans doute ce qui a engagé plusieurs auteurs à placer *Uggate* à Elbeuf. De ce nombre sont dom Bouquet, MM. Licquet et E. Gaillard. — Monnaies de bronze et vases de terre et de verre trouvés dans la rue Royale en 1838 et en 1839 par M. Join-Lambert. Un *dolium* renfermait une urne carrée en verre. Trois Dioclétien, dont un en argent, recueillis en 1823. Bel *aureus* de Nerva-Trajan rencontré en 1864. ‖ *Ép. franque.* Douze cercueils de pierre contenant des ossements humains, trouvés lors de la démolition, en 1820, de la chapelle Saint-Auct. Avec eux étaient des couteaux, des sabres, un vase de terre et des chaînettes de cuivre. Une cinquantaine de cercueils furent reconnus avec des vases, des agrafes, des sabres, etc. On assure y avoir rencontré une monnaie romaine en argent et un bronze d'Antonin le Pieux. ‖ *Moyen âge.* Église Saint-Jean, à trois nefs, construction en pierre dont les parties les plus anciennes remontent à peine au xvi° siècle, tandis que la majeure partie ne date que du xviii°. Ce qu'il y a de plus antique est le chœur, les deux collatéraux et le clocher, placé au bas du collatéral sud. Le chœur et les deux chapelles contiguës ont conservé leurs fenêtres, leurs contre-forts et les corniches ornées du temps de François I°. Quant au clocher, c'est une tour carrée, dont la base est élégante et décorée, mais qui n'a pas été achevée et se termine brusquement par un toit de pierre fort aplati, de 1600 ou environ. Le grand portail est de 1708, ainsi que la grande nef qui le suit, avec ses deux collatéraux. Une partie pourtant ne date guère que de 1774. Dans les fenêtres anciennes subsistent plusieurs verrières du xvi° siècle. Dans les fenêtres renouvelées des nefs on a su conserver plusieurs vitraux du même temps, provenant évidemment des parties démolies de l'église. On y remarque un *Arbre de Jessé* et des scènes de la Passion du Sauveur. — Les morceaux du moyen âge les plus anciens que l'on connaisse à Elbeuf sont deux statuettes de pierre du xii° siècle, venant sans doute de quelque église de cette ville, placées depuis dans une maison particulière et aujourd'hui recueillies dans le musée d'Elbeuf. — L'église Saint-Étienne, à trois nefs d'égale longueur, placée sur la pointe d'une colline, près de l'ancien château, a été entièrement construite sous François I°, puisqu'elle fut dédiée le 3 mai 1540. Le clocher, insignifiant, a été relégué au portail. Le chœur et les deux chapelles qui l'accompagnent sont munis de contre-forts très-ornés, dont quatre à l'abside portent des statues d'apôtres, tels que saint Pierre, saint André, etc. Les fenêtres, très-élevées, sont remplies par un réseau. Les colonnes intérieures, octogones et terminées par des fleurons qui ressemblent à des couronnes ducales, portent de belles voûtes ornées de pendentifs. Les nefs ont des berceaux de bois du xvii° siècle. Le buffet de l'orgue, belle boiserie de la Renaissance, vient, dit-on, d'une des églises supprimées de Rouen (Saint-Étienne-des-Tonneliers?), ainsi que le porte-christ et les lambris du chœur, superbes sculptures en chêne du xviii° siècle. Bas-relief de 1763 dans la chapelle des fonts. Fonts en marbre ainsi que les deux autels latéraux, datant de 1740 à 1750; donnés, à ce qu'on assure, par les ducs d'Elbeuf, qui les auraient fait faire avec des marbres venus d'Herculanum, dont ils firent les premières fouilles en 1713. Verrières très-remarquables du xvi° siècle, surtout dans le chœur : 1° au chevet, vie d'un saint évêque, que l'on croit saint Godard, de Rouen; vie et martyre de saint Étienne, le patron; 2° au côté de l'évangile : histoire ou légende du chef de saint Jean-Baptiste; 3° au côté de l'épître : invention de la croix, exaltation de la sainte croix. — Chapelle de la Sainte-Vierge (collatéral nord); au chevet : 1° le trépas de la sainte Vierge, son assomption, son couronnement dans le ciel; 2° au côté de l'épître : sainte Anne, la Vierge mère, saintes femmes de la famille de la sainte Vierge et apôtres; 3° au côté de l'évangile : nativité de Notre-Seigneur, adoration des mages, circoncision, présentation; 4° arbre de Jessé, visitation, baptême de Notre-Seigneur par saint Jean, décollation de saint Jean; 5° intérieur de la maison de Nazareth; 6° sainte Catherine, saint Maurice, sainte Barbe. — Chapelle Saint-Louis (collatéral du sud) : 1° au fond de l'abside, vie de saint Nicolas; 2° au côté de l'évangile, vie de saint Pierre; 3° au côté de l'épître, vie de saint Roch; 4° vie de saint Sébastien; 5° vie de saint Eustache ou de saint Hubert; 6° symbole des apôtres. Plusieurs de ces verrières portent les dates de 1523, 1540 et 1556 et le nom de leurs donateurs. La verrière de saint Roch, donnée par la confrérie des tisserands d'Elbeuf, montre au bas des drapiers, des tisserands et des fabricants du xvi° siècle exerçant leur état en costume de travail. M. Guilmeth cite dans cette église une fondation de 1517. — Chapelle de Saint-Auct, supprimée à la Révolution, démolie en 1820; le plus ancien monument peut-être de la ville. — L'ancien château des ducs d'Elbeuf est entièrement ruiné; ce qui porte aujourd'hui ce nom est une construction du xviii° siècle. Elbeuf, érigé en comté dès 1338, devint un marquisat, puis un duché-pairie en 1581, en faveur de Charles de Lorraine. Le duché d'Elbeuf, qui a duré jusqu'à la Révolution, a laissé aux archives départementales six registres allant de 1402 à 1588. — Prieuré de Bénédictines suivant les constitutions du Val-de-Grâce de Paris, établi en 1640. Transporté en 1645 à Rouen, quartier Bouvreuil. Remplacé en 1648 par un couvent d'Ursulines, qui subsista jusqu'en 1790. Les bâtiments du monastère ont disparu, mais le souvenir s'en garde et on en montre la place dans la rue du Couvent. Le dépôt des archives conserve de ces religieuses deux volumes et trois liasses allant de 1648 à 1786.

FRENEUSE. *Moyen âge.* L'église, dédiée à Notre-Dame, en forme de croix, appartient entièrement au xvi° siècle, sauf les fenêtres du chœur et de la nef, qui ont été refaites sous Henri IV. La charpente et le berceau portent la date de 1735. Sur le bras septentrional est le clocher, tour carrée en pierre commencée sur un plan grandiose, mais restée tronquée et inachevée, parce que, suivant une tradition, le bateau chargé de pierres venant de Vernon a coulé en Seine devant l'abbaye de Bon-Port. D'après l'inscription commémorative qui est sur les murs, cette église a été dédiée en 1526 par Nicolas de la Coquinvilliers, évêque de Véria *in partibus*. Plusieurs de ses tableaux proviennent des couvents du voisinage, entre autres le portrait de Mme la marquise d'Harcourt, ambassadrice en Espagne en 1699, représentée en sainte Marguerite, portrait donné par elle au monastère. — La *Côte* et le *Château de la Vigne*, souvenir des anciens vignobles du moyen âge, qui ont subsisté jusqu'à la fin du dernier siècle. — En 1866, on a démoli les restes d'une ancienne chapelle Saint-Jacques, placée sur une colline qui domine l'église. On y a rencontré une dalle tumulaire, des carreaux émaillés et un moule de pierre du xvie siècle. (*Bull. de la Commiss. des antiq.* t. Ier, p. 15.)

LONDE (LA). *Ép. romaine.* Meules à broyer. ‖ *Moyen âge.* L'église, dédiée à Notre-Dame et construite en pierre, renferme des parties du xie, du xiie et du xvie siècle. Abside circulaire du xie siècle qui a gardé à l'intérieur des colonnes garnissant les murs. Chœur conservant des traces du xiie siècle, quoique retouché au xviiie. Tour du clocher au côté nord de la nef. Nef, collatéral du nord et transept septentrional du xvie siècle. Côté sud souvent remanié, notamment sous Henri IV et sous Louis XVI. Grand portail du dernier siècle. Pierres tumulaires sciées en plusieurs morceaux. Au dehors sont encastrés dans les murs des bas-reliefs de la Renaissance. — Dans le cimetière est une belle croix de pierre en style de la Renaissance (1560 à 1580). — Le château des marquis de la Londe, en partie démoli à la Révolution, est tout voisin de l'église, qui semble avoir été enclavée dans son domaine. Tout ce qui en reste indique le xviie siècle. La partie la plus remarquable échappée à la destruction est la grande porte d'entrée, belle arcade accompagnée d'un corps avancé dans le style Louis XIII. Sur la corniche on voit les lettres A B entrelacées. Cette porte rappelle beaucoup celle de Sommesnil et doit en être contemporaine. — La terre de la Londe fut érigée en baronnie par Louis XII et en marquisat par Louis XIII en 1616.

ORIVAL. *Ép. romaine.* Voie de Rouen à Paris par *Uggate*. ‖ *Ép. franque.* Sépultures placées dans la craie et sur le bord de la forêt de la Londe, trouvées en 1861 au *Roule-Edwin*. Une d'elles a donné un scramasaxe. Quinze squelettes couchés dans la craie, trouvés en 1862. Deux fosses seulement ont fourni un sabre en fer et une belle plaque de ceinturon en cuivre ciselé. ‖ *Moyen âge.* Château de *Roche-Orival* construit de 1199 à 1203 par Jean sans Terre sur un des rochers qui bastionnent le cours de la Seine. Ce château, auquel le duc-roi vint quatre-vingt-quatre fois pendant sa construction, fut détruit par son fondateur même en 1203 ou 1204. Il n'est pas impossible qu'il ait été rebâti. Aujourd'hui c'est une ruine où l'on n'accède qu'à travers plusieurs coupures ou retranchements destinés à isoler la citadelle. Certaines constructions indiquent le xiiie siècle par leur appareil. Ce château, qui porte aujourd'hui le nom de *Château Fouet*, était encore important au siècle dernier. M. Rondeaux de Sétry en a laissé une bonne description. En 1620, un marquis de la Londe voulut le relever de ses ruines : le Parlement s'y opposa, sans doute parce qu'un baron de la Londe, s'y étant retranché, pillait Elbeuf, ainsi qu'avaient fait en 1339 une bande d'Anglais qui s'y étaient installés. Un vase de bronze et une croix de cuivre qui en provenaient ont été achetés en 1846 par M. Deville pour le musée. — L'église, dédiée à saint Georges, est en grande partie engagée sous la roche et taillée dans la colline. Cette excavation doit dater en majeure partie du xvie siècle, époque de la construction du reste de l'église, c'est-à-dire du chœur terminé par une abside à trois pans et des parties hautes des bas côtés. — Grottes qui portent le nom d'*Ermitages*, occupées jadis par des ermites que les marquis de la Londe pourvoyaient. — Chapelle de Sainte-Marguerite, située sur la route d'Elbeuf; aujourd'hui disparue. — Vieille construction du temps de Louis XIV qu'on appelle *l'Audience*, souvenir des plaids et de la haute justice. — Au quartier nommé *le Nouveau-Monde* on prétend montrer des tranchées que commencèrent autrefois les Anglais pour creuser un canal afin de détourner le cours de la Seine et d'assécher Rouen.

SAINT-AUBIN-JOUXTE-BOULENG. *Moyen âge.* L'église actuelle, sous le vocable de Saint-Aubin, est moderne et a été construite en style ogival du xiiie siècle, de 1844 à 1846 et de 1863 à 1864. Il ne reste plus à l'entrée que le clocher, qui est du xvie siècle. C'est une base de pierre surmontée d'une flèche d'ardoise. L'ancienne église avait des parties du xiiie siècle, mais l'ensemble datait du xvie et du xviie. Des verrières portant les dates de 1546 et de 1626 représentaient saint Aubin, saint Pierre, saint Nicolas, saint Paul, saint Romain, saint Hubert et la parabole du bon Samaritain. La chaire était une belle boiserie de 1640. — Ancienne chapelle de Saint-Gilles, au milieu du prieuré de ce nom, entre l'église et la Seine, presque au bord du fleuve. Ce prieuré, dont on voit trace dès le xiie siècle, dépendait d'abord de l'abbaye de Saint-Ouen de Rouen ; puis, plus tard, il fut annexé au noviciat des Jésuites de la même ville. Il ne reste que les communs et des caves du xiiie et du xvie siècle. La chapelle, construite en pierre de taille, remonte au xiiie siècle en beaucoup de ses parties : tels sont le chœur, la piscine et quelques fenêtres. La nef et le portail appartiennent au xvie siècle, ainsi que le berceau en plâtre, remarquable par les peintures et les monogrammes qui le décorent. Aujourd'hui la chapelle est sécularisée. — Sépultures et tombeaux maçonnés en pierre et silex, trouvés à plusieurs reprises autour de cette chapelle. — Les archives du prieuré de Saint-Gilles, à Saint-Aubin-Jouxte-Boulleng, sont au dépôt départemental, où elles constituent deux liasses contenant plus de cent pièces sur parchemin, de 1475 à 1787.

SAINT-PIERRE-LEZ-ELBEUF. Nouvelle commune formée en grande partie du territoire de Caudebec et de l'ancienne commune de Saint-Pierre-de-Liéroult, récemment détachée du département de l'Eure. — *Ép. incertaine.* Marmite en bronze à trois pieds trouvée en 1861. (Voir la notice de M. l'abbé Cochet.) || *Moyen âge.* Lieu dit *la Bretesque*, en souvenir probablement d'une fortification. — L'église de Saint-Pierre-de-Liéroult, qui dépend de cette commune, a été renouvelée en style roman en 1854 et 1855. — L'église Saint-Louis a été bâtie de 1853 à 1863 dans le style du XIII° siècle. — Chapelle de Saint-Nicolas-du-Bec, appartenant autrefois à la léproserie de Caudebec. Elle est surnommée *du Bec* parce qu'elle dépendait de l'abbaye du Bec-Hellouin. Construite d'abord au XIII° siècle, elle a été rebâtie au XVII°. C'est aujourd'hui un lieu de pèlerinage.

SOTTEVILLE-SOUS-LE-VAL. *Moyen âge.* L'église, dédiée à saint Baudèle, est une construction du XI° et du XII° siècle, dont il ne reste guère que l'appareil en feuilles de fougère et en arête de poisson. Les fenêtres ont été agrandies au XVIII° siècle. — Croix de pierre dans le cimetière qui semble dater du XII° siècle. — Belles colonnes de pierre avec chapiteaux, du XIII° siècle, près de l'église et à l'entrée de plusieurs cours particulières. Ce sont des débris provenant de l'abbaye de Bon-Port, qui est en face.

TOURVILLE-LA-RIVIÈRE. *Ép. romaine.* Important cimetière des derniers temps, découvert en 1842, en perçant le tunnel du chemin de fer. Les objets qui y furent trouvés, négligés pour la plupart, arrivèrent en petit nombre au musée de Rouen. Pendant vingt ans, des éboulements et des enlèvements de sable successifs ne cessèrent de révéler l'existence de sépultures antiques, parmi lesquelles un ou plusieurs cercueils en plomb et des masses de quinaires de cuivre du temps de Posthume et de Tétricus. Un terrassier du pays chercha pour lui-même et trouva un grand nombre de sépultures accompagnées de vases de terre et de verre et d'objets de métal, dont il fit commerce et qui furent acquis par M. de Girancourt, qui les possède et qui les a publiés. M. de Girancourt et M. l'abbé Cochet ont fait des fouilles en 1862 et ont constaté que ce cimetière ne mesurait pas moins de 200 mètres de longueur et 150 de largeur. Il était tout entier à inhumation et devait remonter au IV° et au V° siècle de notre ère. Souvent les morts avaient été mis dans des cercueils de bois et accompagnés de vases de terre et de verre. Les vases de verre surtout étaient nombreux et ils se composaient de fioles et de coupes. Une de ces coupes contenait une pile de vingt quinaires de bronze de Posthume et de Tétricus. Un mort tenait dans sa main trois monnaies de Gallien, de Claude le Gothique et de Constantin le Jeune. Une femme avait au poignet un bracelet de verre. Il s'est trouvé un vase en fer et même une urne remplie d'os brûlés, ce qui indiquerait un peu l'âge de l'incinération. Il y avait environ cent cinquante à deux cents corps dans ce cimetière, dont les épaves ont été recueillies par M. de Girancourt. (Voir la *Notice sur des sépultures romaines du IV° et du V° siècle trouvées à Tourville-la-Rivière*, in-8° de 13 pages avec gravures. Rouen, 1863.) || *Ép. franque.* Cercueil de pierre contenant un squelette trouvé dans un labour, en 1857, sur la *Côte de la Callouette*, sise au col de Tourville, en face du cimetière romain. || *Moyen âge.* Église dédiée à saint Martin, en forme de croix. Fenêtre romane au côté nord de la nef. Sur les transepts est jetée une tour de pierre du XVI° siècle qui n'a pas été terminée, mais dont les arcades de la Renaissance ne manquent pas d'un certain mérite. Le reste de la nef et des bras de croix est du XVII° et du XVIII° siècle. Le chœur a été reconstruit en 1832. Tableaux intéressants, entre autres un de 1662, signé JOVVENET INV. ET PINXIT. — Jolie croix de pierre dans le cimetière, du temps de Louis XIII. — Masure nommée *la Cour de l'Hôpital*. — Deux piliers à l'entrée d'une ferme formés avec deux colonnes de pierre du XIII° siècle, venant de Bon-Port.

CANTON DU GRAND-COURONNE.

(Chef-lieu : LE GRAND-COURONNE.)

BOUILLE (LA). *Ép. gauloise.* Épée de bronze pêchée en 1862 dans la Seine, entre la Bouille et Caumont, et entrée au musée de Rouen. La lame est épaisse de 0^m,01, large de 0^m,65. Hachette en silex trouvée en 1867 par M. le maire de la Bouille. || *Moyen âge.* L'église, dédiée à sainte Madeleine, est le tronçon d'un grand édifice commencé au XVI° siècle. De cette époque il ne reste guère que le chœur et le clocher. Le chœur a conservé, mais très-altérés, ses longs piliers, ses grandes arcades, ses gargouilles, ses contre-forts couverts de sculptures. Le clocher a été terminé en 1864 et 1865. Quelques fenêtres ont gardé des débris de verrières : une Crucifixion placée au chevet et Notre-Dame-du-Rosaire dans la chapelle de ce nom, où le rosaire fut institué en 1712. La dalle tumulaire de Guillaume de Thuseil, bourgeois de la Bouille, décédé en 1580, fut trouvée en 1846, en dépavant cette chapelle. Un historien assure que le 20 juillet 1423 Jean de la Rochetaillée, archevêque de Rouen, et le marquis d'Étampes, baron de Mauny et seigneur de la Bouille, posèrent la première pierre d'une église qui n'est pas celle d'aujourd'hui. — Le port de la Bouille est mentionné dès 1311. En 1477, le comte de Warwick, ambassadeur d'Angleterre près de Louis XI, y aborda en allant à Rouen. On assure que le corps d'Arthur de Bretagne, jeté à la Seine, y échoua en mai 1203 et y fut inhumé. On affirme également que Blanche de Castille fit un pèlerinage à l'église de la Bouille. —

Deux vieilles halles en bois qui remontaient au xv° siècle ont été détruites, l'une en 1850, l'autre en 1860. — Ancien grenier à sel déjà en usage en 1562, au bas de la côte du Bourg-Achard. — *Prétoire* et *audience* du marquis d'Étampes, seigneur de la Bouille, au haut de la côte. — Le service des coches d'eau, dits *bateaux de Bouille*, qui conduisaient à Rouen, existait dès 1595; il n'a cessé qu'en 1830, époque où il a été remplacé par les bateaux à vapeur. — Demeure du xvII° siècle, nommée *l'Ermitage*, sur le coteau qui domine l'ancien cimetière. Là vivait un ermite dont le souvenir s'est conservé. — Fragment de l'*Hôtel Saint-Michel* où logea, en 1639, le chancelier Seguier quand, à l'occasion des troubles de Rouen et de Normandie, il se retira à la Bouille. Sur une poutre du xvI° siècle est encore sculptée l'image de saint Michel. — *Rue qui campait* et place nommée *le Champ de bataille*, en souvenir d'un combat qui eut lieu entre le duc d'Harcourt, les habitants de la Bouille et de Moulineaux, et l'arrière garde du duc de Longueville, qui entretenait la Fronde en Normandie. Ce combat eut lieu en mars 1649. On l'appela *la grande affaire de la Bouille*, *l'occasion de la Bouille*, ou *la guerre de Moulineaux*.

GRAND-COURONNE (LE). *Ép. romaine.* Voie antique de Rouen à Brionne, à Lisieux et à Bayeux. || *Ép. franque.* Cercueils de pierre qui renfermaient des ossements humains, découverts en 1815 sur la grande place située en face de la mairie. L'un de ces sarcophages a donné une lance en fer et un style en bronze, qui a été offert en 1832 au musée de Rouen par M. Pinard de Bois-Hébert. || *Moyen âge.* Appelée *Corolm* et *Torhulmum* dans des actes normands du xI° siècle. — L'église, dédiée à saint Martin, peut être considérée du xIII° siècle à peu près tout entière; car à cette époque appartiennent le chœur, éclairé par des fenêtres à doubles lancettes; le clocher, placé entre chœur et nef, tour carrée avec ouvertures et corniche du temps de saint Louis; le portail et la rose qui le surmonte. Le reste paraît avoir été refait il y a peu de temps. La sacristie porte la date de 1678. Croix de consécration sur les murs et restes de verrières du xIII° siècle dans le chœur. — Manoir royal qui a été brûlé par Charles VII. — Ancienne maladrerie et restes d'un prieuré bénédictin au hameau de l'Essart. — Tableau décorant la salle du conseil municipal, qui rappelle le don de la prairie communale fait aux habitants par la reine ou l'impératrice Mathilde.

GRAND-QUEVILLY (LE). *Moyen âge.* Église dédiée à saint Pierre, construite en pierre et du xvI° siècle; plan en croix. Le clocher, entre chœur et nef, est une tour carrée de la Renaissance qui n'a jamais été terminée. L'escalier des cloches est placé au nord dans une tour hexagone d'un bon effet. Le chœur a été reconstruit en 1851. — Prêche célèbre construit en 1600 et 1601, après la publication de l'édit de Nantes, par les réformés de Rouen, et qui dura jusqu'à la révocation de l'édit en 1685. A cette époque, il fut rasé par arrêt du parlement. On en montre seulement la place. Ce temple, œuvre de Gigonday, était un très-beau bâtiment de forme dodécaèdre. Il avait 66 pieds de haut, 270 de pourtour et pouvait contenir onze mille personnes. (Voir l'ouvrage de Le Gendre, *Histoire du protestantisme*.) Il y avait alors dans le temple de Quevilly une belle bibliothèque, dont les livres furent confisqués et réunis à la bibliothèque des Jésuites de Rouen, et une imprimerie d'où la réforme faisait sortir beaucoup d'ouvrages de polémique et de propagande. — Château du xvIII° siècle encore occupé par les descendants de Pierre de Becdelièvre, premier président de la Cour des comptes, aides et finances de Normandie, en faveur duquel il fut érigé en marquisat en mai 1654. — Guillaume le Bâtard était à chasser dans son parc de Quevilly quand il apprit la mort d'Édouard le Confesseur et la trahison de Harold.

HAUTOT-SUR-SEINE. *Moyen âge.* Église dédiée à saint Antoine et à saint Thibauld. La nef est moderne, mais le chœur est une jolie construction de pierre du xvI° siècle. Dans les fenêtres sont quelques débris de verrières, entre autres un reste de grisaille et la représentation d'un Templier du xIII° siècle. Cette image vient sans doute de la chapelle de Sainte-Vaubourg. Sur les murs sont des croix de consécration.

MOULINEAUX. *Ép. gauloise.* Cimetière du temps de la conquête ou du premier siècle de notre ère, découvert en septembre 1855, en comblant les fossés du château de Robert le Diable. Il y avait des inhumations et des incinérations. Les ouvriers rencontrèrent au moins une trentaine de vases, dont quelques-uns contenaient encore des os brûlés. Une douzaine furent sauvés par les habitants du pays. Ils sont en terre grossière, de forme simple et affectent généralement le type du pot à fleurs, qui est essentiellement celtique. Il y avait aussi des bols ou écuelles. Avec les urnes il a été recueilli une lance en fer, des épées en fer repliées dans et avec leurs fourreaux de métal, des fibules de fer, des bois de cerfs et jusqu'à des cercles de fer. Ces vases sont entrés dans le musée de Rouen. || *Ép. romaine.* Vases romains dans le cimetière antique du château de Robert le Diable. On y a trouvé une urne grise en forme de pot au feu et, une tetine ou gottelfe assez commune dans nos contrées.

|| *Ép. franque.* Armes de fer et vases de terre de type franc, qui proviennent d'un cimetière mérovingien, conservés à Elbeuf. || *Moyen âge.* Le château de Robert le Diable, qui joue un grand rôle dans nos traditions, nos romans de chevalerie et nos vieilles chroniques, n'est plus qu'une grande enceinte fossoyée, occupant le sommet de la colline et commandant le cours de la Seine. D'immenses fossés s'y voyaient encore il y a quelques années enseignant des murs énormes dont l'appareil

parait révéler le XIII° siècle. A présent les fossés sont en partie comblés et les murs en partie ensevelis. De graves historiens attribuent l'origine du château et son surnom infernal à Robert Courte-Heuse, duc de Normandie de 1087 à 1096, et qui mourut captif en 1134. Ce qui est très-certain c'est que Jean sans Terre fit construire, rééditier ou réparer le château de Moulineaux pendant les années 1202 et 1203. Il vint quinze fois à Moulineaux, qu'il détruisit quand il eut perdu la Normandie. — Église dédiée à saint Jacques le Majeur, ancienne chapelle royale et paroissiale, à une seule nef et entièrement du XIII° siècle. Chœur à chevet polygone et nef voûtés sur nervures. Campanile pour les tintrelles sur le pignon. L'édifice est en pierre blanche du bassin de la Seine. Les contre-forts, la corniche, les lancettes indiquent toutes 1200 à 1250. Des verrières du XIII° siècle il ne reste plus que le vitrail terminal encadré de lis et de tours de Castille, au bas duquel sont les trois donateurs. On croit y reconnaître saint Louis, Marguerite de Provence, sa femme, et Blanche de Castille, sa mère. Carrelages du XIII° siècle et pavés émaillés du même temps. Le baptistère actuel est encore celui que dut bénir, vers 1240, Pierre de Collemieu quand il érigea cette église en église baptismale. Jubé en bois sculpté dans le style de la Renaissance, donné, dit-on, à la paroisse par la famille de Carados, riches bourgeois de Rouen. Il est porté en encorbellement sur une claire-voie de bois, de style encore gothique, qui forme l'entrée du chœur. La partie qui regarde le sanctuaire est décorée de médaillons et d'arabesques de la Renaissance; la partie qui fait face à la nef est ornée de fenestrages d'un joli gothique fleuri. Traces d'appareil peint au XIII° siècle dans les ébrasements des fenêtres et images des douze apôtres peintes au XVII° siècle sur les murs de la nef. — *Logis* ou manoir des Caradas ou Carados, nobles Espagnols qui étaient devenus, au XVI° siècle, d'importants personnages de la ville de Rouen. Ce curieux *logis* du XVI° siècle a disparu en grande partie, mais il en reste encore la chapelle, jolie création de la Renaissance, bien sculptée et encore couverte de peintures et d'inscriptions commémoratives.

OISSEL. *Ép. gauloise.* Belle épée en bronze pêchée dans la Seine en 1853; au musée de Rouen. || *Ép. franque.* Grand nombre de sarcophages de pierre trouvés dans la rue Saint-Vandrille, reste de l'ancien fief de l'abbaye de Saint-Vandrille. Dès 1774, M. d'Ambournay découvrit des cercueils en plâtre et en pierre. M. Rondeaux de Sétry rédigea sur eux un mémoire resté manuscrit. Aucun objet d'art n'accompagnait les corps que renfermaient ces tombes. Noël de la Morinière parle de sépultures trouvées en 1785. M. Hyacinthe Langlois en connut aussi en 1820, et enfin on en a encore découvert en 1854. En 1862, au lieu dit *le Becquet*, près de *la Côte du Moulin*, il s'est montré, dans un labour, cinq ou six sarcophages de plâtre qui déjà avaient été violés. On y a cependant recueilli un sabre et une coupe de verre. — Au siècle dernier, et aussi un peu dans celui-ci, une question intéressante s'est élevée au sujet d'Oissel et de son île. Quelques savants ont cru y voir l'île d'*Oscelle* ou d'*Oscellus* mentionnée dans les auteurs du IX° siècle comme une station très-fréquentée par les pirates normands et où ils auraient hiverné, notamment en 851, 858, 861 et 863. La question fut soulevée en 1744 par l'abbé Lebeuf devant l'Académie des inscriptions et belles-lettres. Le savant chanoine tenait pour Oscelle, près de Bougival; il trouva un contradicteur dans M. Bonamy, qui prit parti pour Oissel. L'abbé Lebeuf répondit et les choses en restèrent là. (Voy. *Mém. de l'Acad. des inscrip. et bell. lett.* t. XX, p. 91-108, 109-133, 134-149.) De nos jours, la question a été reprise par M. Auguste Leprévost, qui tient aussi pour Oscelle, près de Bougival. M. Depping, dans ses *Expéditions des Normands*, incline pour Oissel. En se reportant aux textes contemporains et à certains faits historiques, on peut opter pour Oissel. Loup de Ferrières semble indiquer l'île d'Oscel, près de Meudon. || *Moyen âge.* Château fort des ducs de Normandie, où probablement Guillaume le Conquérant tint en 1082 un concile pour décider la question du fer rouge et de l'épreuve du feu entre l'abbé de Fontenelle et l'archevêque de Rouen. En 1432, ce manoir s'appelait encore *la Prison* et *le Parc du roi nostre sire*. On en connaît encore la place. Prieuré au triége de ce nom, possédé par l'abbaye de Fontenelle ou de Saint-Vandrille. — L'église, dédiée à saint Martin, a été démolie et en grande partie reconstruite de 1852 à 1864. Aujourd'hui la nef et le clocher sont de jolies constructions dans le style ogival primitif. Ils remplacent une nef insignifiante de 1600 et un clocher entre chœur et nef de 1529 à 1550. Il ne reste plus que le chœur, retravaillé au XVII° siècle, mais où subsistent des traces de l'architecture romane. Ce chœur va bientôt disparaître. — *Manoir de la chapelle*, construction du XVI° siècle, où l'on dit que Henri IV a couché. Dans l'enclos est une admirable pyramide de pierre, de la Renaissance, soutenue par quatre colonnes et haute de 8 mètres, qui couvre la margelle d'un puits.

PETIT-COURONNE (LE). *Ép. gauloise.* Pierre levée, connue sous le nom de *Pierre d'État*, sur le bord de la forêt de Rouvray, au fond d'un petit vallon. La forme en est irrégulière. Ce menhir mesure $2^m,25$ de hauteur. Sa largeur à la base est de $2^m,40$; au sommet de $1^m,30$. Son épaisseur varie de $0^m,40$ à $0^m,50$. Il y a cinquante ans, il existait une seconde pierre à côté de celle-ci. Elle a été enlevée en 1838 pour former le tombeau de l'antiquaire Hyacinthe Langlois, dans le cimetière monumental de Rouen. || *Ép. incertaine.* Anciens puits sur les collines qui dominent le bassin de la Seine et que recouvre la forêt de Rouvray. On cite surtout le puits Hébert, le puits Masson, le puits Guillemet. Squelettes anciens, dont on n'a pu déterminer la date, sur la côte où exista le moulin. || *Ép. romaine.* Instruments aratoires et monnaies de Trajan, d'Adrien, d'Antonin et de Marc-Aurèle, ramenés à la surface dans une fouille faite dans la forêt de Rouvray en 1760, suivant Noël de la Morinière, dans ses *Essais*. || *Ép. moderne.* L'église, dédiée à saint Aubin, était autrefois voisine du vieil if du cimetière. L'édifice actuel est une construction en pierre, silex et brique du milieu du xvii° siècle. Il a la forme d'une croix avec abside à trois pans. Le clocher, placé au portail, est une aiguille en bois revêtue d'ardoise. Il est contemporain de l'église. Dans la nef est encastrée une inscription sur pierre contenant la fondation de Charles Lucet, bourgeois de Rouen, natif de cette paroisse, faite en MDCL. Au bas de la pierre figure le défunt entouré de larmes et des attributs de la mort. Dans le chœur on voit un pied de lutrin en bois sculpté du xvi° siècle et des stalles en chêne, avec miséricordes sculptées, au xviii°. Elles viennent des anciens Chartreux de Rouen. La chaire est une sculpture du xviii° siècle. — Vieille maison en bois achetée en 1608 par le père du grand Corneille, et vendue en 1686 par l'aîné de ses fils. Le corps de la maison est celui-là même que posséda le grand tragique français. Les lucarnes, l'escalier et les cheminées sont du temps, ainsi que le jardin encore entouré de ses murs. Le cabinet de travail des deux Corneille, placé au-dessus de la porte d'entrée, est détruit, il n'en existe que des pilastres de pierre de 1610. Achetée par le département de la Seine-Inférieure comme monument historique en 1868. Lithographiée dans la *Revue de la Normandie* en 1864 et reproduite par la gravure dans les *Œuvres* de P. Corneille éditées par Marty-Laveaux. — Pierres fleurdelisées servant de limites dans la forêt de Rouvray.

PETIT-QUEVILLY (LE). *Ép. romaine. Aureus* de Justin rencontré en 1828 dans le parc des Chartreux. Bronze d'Alexandre Sévère recueilli en 1836, et denier d'argent de Titus en 1862. || *Ép. Renaissance.* L'église, dédiée à saint Pierre, est en pierre de taille et entièrement construite au xvi° siècle. Elle se compose simplement d'un chœur et d'une nef, que l'on vient de rallonger en 1863. Des croix peintes sur les murs indiquent une consécration qu'atteste du reste une inscription de la nef. Cette consécration fut faite le 1ᵉʳ octobre 1509 par messire Toussaint Varin, archevêque de Thessalonique et religieux de Rouen. Une piscine et deux bas-reliefs en marbre ou en albâtre provenant d'une ancienne *Passion* du xiv° ou du xv° siècle. — Chapelle de Saint-Julien-des-Chartreux ou des Bruyères. Le roi anglo-normand Henri II fonda, en 1183, le prieuré-maladrerie de Saint-Julien dans son parc de Quevilly. Il le destinait aux filles nobles qui seraient atteintes de la lèpre. Cet hospice fut longtemps connu sous le nom de *Salle aux puelles* ou *aux pucelles*. Cette institution dura jusqu'à la fin de la contagion de la lèpre. En 1620 les religieux du Mont-Sainte-Catherine s'y établirent pour un demi-siècle. Vers 1667 les Chartreux s'y installèrent et y résidèrent jusqu'à la Révolution. De tous ces établissements monastiques il ne reste plus que la chapelle, charmante construction romane de la fin du xii° siècle. Elle se compose d'une nef et d'un chœur sans transepts ni bas côtés, voûtés sur nervures. Longueur, 24 mètres; largeur, 9 mètres. Le chœur est terminé par une abside circulaire, dont les ouvertures sont toutes en plein cintre. A l'intérieur les murs sont décorés d'une suite d'arcades. Peintures décoratives du xii° et du xiii° siècle sur les voûtes, sur les arceaux et sur les colonnes. (Voir les descriptions de MM. Deville et Leprevost et les dessins de M. H. Langlois dans les archives et les cartons de la Commission des antiquités.) Le dépôt des archives départementales conserve sur ce prieuré une liasse et trois chartes allant de 1183 à 1766. — Les Chartreux de Rouen s'installèrent sur cette paroisse de 1667 à 1680. Ils y venaient du prieuré de la Rose, autrefois dans le quartier Saint-Hilaire de Rouen. Leur maison est devenue une usine, l'habitation d'une foule de petits ménages installés dans des constructions du xvii° siècle, et une ferme où l'on reconnaît le cloître et une douzaine de cellules bien conditionnées. Le bâtiment paraît avoir été construit de 1770 à 1780. La galerie du cloître a disparu, mais il reste encore une portion du bâtiment. Les archives des Chartreux, allant du xiv° siècle à 1789, comptent trente-trois registres, cent dix-sept liasses et deux mille soixante-quinze actes sur parchemin. — Les protestants de Rouen tenaient leurs assemblées au Petit-Quevilly. On ferma leurs prêches en 1691.

SAHURS. *Ép. romaine.* Vases de terre conservés à Elbeuf. || *Moyen âge.* L'église, dédiée à saint Sauveur, fut primitivement construite au xi° siècle. Il reste de ce temps un chevet circulaire et une partie de la nef et du chœur, fort reconnaissables à leurs fenêtres romanes. Dans les murs on remarque des arcades qui communiquaient avec des collatéraux disparus. Le xvi° siècle a commencé la nef et n'en a fait que la partie inférieure. Retables en bois du xvii° siècle. — Le château de Sahurs, démoli en 1781, appartenait aux Brévedent, qui avaient dans le chœur leur caveau sépulcral. — L'ancien manoir de Soquence est devenu une ferme. La chapelle en a disparu. — Chapelle de Notre-Dame-de-la-Paix, au hameau de Marbeuf ou du Marais, délicieuse construction de pierre, attribuée à Louis de Brézé, sénéchal de Normandie et époux de Diane de Poitiers, qui l'aurait élevée vers 1525. Terminée par un chevet à trois pans, elle n'est composée que de deux travées très-élégamment voûtées. Les fenêtres ont encore leurs meneaux, mais elles ont perdu leurs verrières. Jolie piscine, lambris du xvıe siècle, dalles formant pavage et recouvrant un caveau sépulcral. En 1635 cette chapelle, alors dédiée à Notre-Dame-de-la-Paix, prit le nom du *Vœu* à cause d'un vœu qu'y fit Anne d'Autriche : la reine avait promis de donner à cette chapelle une statue d'argent s'il lui naissait un fils. L'image devait être du poids de l'enfant. Elle eut Louis XIV et en 1638 elle fit porter à la chapelle une image pesant vingt-quatre marcs, sur laquelle était cette inscription commémorative : *Beate Marie Salhutiensi de Pace dictæ*. Cette image y est restée jusqu'à la Révolution. Depuis cette époque la chapelle est devenue un lieu de pèlerinage très-fréquenté et de dévotion révéré du voisinage. (Voir une brochure in-4° de 102 pages intitulée : *Le vœu de la reyne ou la fondation de la chapelle de Nostre-Dame-de-la-Paix, size à Sahurs*; Rouen, Laurent Maury, 1639; voir aussi *le Mercure de Gaillon.*) Une double porte et un joli portique du xvıe siècle donnent accès au manoir détruit dont dépendait cette chapelle. || *Ép. incertaine.* Dans le cimetière, cercueils de pierre brisés par le fossoyeur.

SAINT-ÉTIENNE-DU-ROUVRAY. *Ép. gauloise.* Pierres druidiques signalées dans la forêt de Rouvray. || *Ép. romaine.* Monnaies trouvées près des manoirs de la Chapelle et de Hannivel, comprenant des Auguste, des Claude Ier, des Dioclétien et des Posthume, ainsi qu'une pièce consulaire en argent. — Voie antique. || *Ép. franque.* Sépultures franques découvertes en grand nombre depuis cinquante ans dans le cimetière, la place et les jardins qui entourent l'église et la mairie. En 1817 et en 1850, en faisant les fondations soit de maisons, soit de l'école, on a trouvé des sarcophages en pierre. Sarcophages en pierre de Vergelé et d'une forme mérovingienne rencontrés dans le cimetière en 1863. En 1865, en creusant une cave, on a trouvé des cercueils et des inhumations franques ayant des vases noirs aux pieds, et à la ceinture des plaques de ceinturon en bronze décorées de croix. || *Ép. Renaissance.* L'église, sous le vocable de Saint-Étienne, appartient au xvıe siècle. La nef est un bon travail en pierre du pays, avec des fenêtres du temps. La charpente et le berceau sont de 1637. Le clocher, aussi en pierre, est placé au portail et il forme porche; c'est une tour carrée du temps de Henri III ou de Henri IV, restée inachevée et qui est assez élégante. Le chœur est moderne. Dans la nef, deux élégantes piscines sculptées avec soin. Restes de verrières; quelques curieux tableaux du xvııe siècle. — Le manoir fut brûlé en 1418 par des partisans, qui le savaient rempli d'Anglais. — Chartreuse, dit-on, dans un des bâtiments du château actuel de la famille Rondeaux. Il reste, en effet, sur les murs des inscriptions qui indiquent le passage de religieux en cet endroit. — Croix de la *Bonnelieue*, plantée en 1571 près du manoir de Hannivel, encore intéressant. La famille de ce nom, qui a donné des religieuses et des prêtres, avait un caveau dans le chœur au xvııe siècle. En 1663 on y inhuma la femme d'un Langlois de Motteville, premier président de la cour des comptes de Normandie. || *Ép. incertaine.* Fossés et terrassements nommés *le Fossé Roger* et *le Fossé Guillaume.* Ces noms viennent-ils d'anciens Normands?

SAINT-PIERRE-DE-MANNEVILLE. *Ép. romaine.* Voie antique nommée *la Viette.* Monnaies romaines sur ses bords. || *Moyen âge.* L'église, sous le vocable de Saint-Pierre, est entièrement du xvıe siècle. Le chœur est insignifiant; la nef est belle et importante. Son berceau est une bonne charpente du xvıe siècle. La porte est élégante et décorée de sculptures. Le vaisseau est éclairé par six fenêtres à compartiments, dont quelques-unes renfermaient des verrières. Il n'en reste qu'un petit nombre de fragments : un Arbre de Jessé; un saint Clément, pape; une Conversion de saint Paul et une Adoration des bergers. Dans la nef est une naïve peinture de 1600, représentant le jugement de Notre-Seigneur par Pilate.

SOTTEVILLE-LEZ-ROUEN. *Temps préhistoriques.* Hachettes grossièrement ébauchées trouvées dans des sablières, au musée d'antiquités de Rouen. || *Ép. gauloise.* Hachette en silex rencontrée dans l'asile de Quatre-Mares en 1858. || *Ép. romaine.* Cercueil en plomb entouré de tuiles à rebords. Il contenait un squelette avec deux anneaux de bronze et deux bracelets en jais trouvés en 1842 pendant les travaux d'établissement du chemin de fer, dans le voisinage du cimetière. — Maçonneries antiques, et dans le mur même, une monnaie en plomb de Flavius Vespasianus, trouvées en 1852. Au milieu des poteries on recueillit des bronzes de Trajan, d'Adrien et d'Antonin. — Voie antique. — Trois cercueils, dont deux en pierre et un en plomb enveloppé dans une bière de bois, découverts à Quatre-Mares en 1843. Un des cercueils en pierre contenait un homme et l'autre, doublé d'une enveloppe de plomb, une femme. Il montrait aux pieds des vases en terre et en verre, deux monnaies de Constantin, trois épingles à cheveux et un fuseau en ivoire, un bracelet en jais et une semelle de cuir doré. Plusieurs de ces objets étaient renfermés dans une boîte en osier revêtue de cuir et fermant à l'aide d'une serrure. Le cercueil en plomb, enveloppé de bois, contenait une fiole de verre, un bracelet de jais et une monnaie de Tétricus. Tous ces objets, soigneusement recueillis par M. Deville, ont été déposés au musée départemental. — Meule à broyer et poterie rouge sur laquelle on lit le nom de MOXIUS. || *Ép. franque.* Scramasaxe en fer trouvé en pleine terre au hameau de Quatre-Mares et acquis par le musée de Rouen en 1846. || *Moyen âge.* Denier d'argent de Richard Ier, duc de Normandie au xe siècle, au musée de Rouen. — *Ép. moderne.* L'église, dédiée à Notre-Dame, est complétement renouvelée depuis 1861. C'est un bel édifice en style ogival primitif, remarquable surtout par la haute flèche de pierre qui le précède. L'église dont la démolition a été achevée en 1863 était une œuvre insignifiante du xvii° siècle. La charpente du chœur était de 1640. Dans le pignon du chœur il a été trouvé plusieurs vases de grès placés là comme poteries acoustiques probablement au xvi° siècle. — Couvent de Capucins établi vers 1600, qui dura jusqu'à la Révolution. Il reste encore quelques bâtiments qui ont le caractère des constructions du xvii° siècle.

VAL-DE-LA-HAYE (LE). *Ép. gauloise.* Haches de bronze, dont un spécimen est au musée de Rouen, trouvées dans la forêt de Roumare, au lieu dit *la Cavée-de-Biessart*. ‖ *Ép. incertaine.* Marmite en bronze à trois pieds recueillie en 1847, au musée de Rouen. ‖ *Moyen âge.* L'église, dédiée à saint Jean, présente, au côté nord de la nef, des lancettes du xiii° siècle. Au côté sud les ouvertures ont été refaites au xvii°. Le chœur, en pierre blanche, a été reconstruit au xvi°, il est terminé par une belle fenêtre à compartiments. Baptistère en pierre, du xvi° siècle, et jolie statue de sainte Barbe, de 1600 ou environ. — Commanderie qui portait le nom de *Sainte-Vaubourg*. D'abord fondée vers 1130 par des Templiers, elle leur fut confirmée en 1137 et 1140. Plus tard elle appartint à l'ordre de Malte. Aliénée à la Révolution, elle est devenue un château et deux fermes. La chapelle, consacrée par Rigaud en 1264, a disparu. La clôture murée existe encore, ainsi qu'une enceinte de bâtiments, où l'on distingue surtout une magnifique grange du xiii° siècle. Les pignons sont en pierre et l'intérieur est partagé en trois nefs par des piliers de bois. Les archives de la commanderie se composent de dix registres et de vingt-sept liasses contenant cinq cents actes sur parchemin qui vont du xiv° siècle à 1780, au dépôt départemental. — Dans la forêt voisine, que l'on nomme encore *le Bois de la Commanderie*, on voit des bornes de pierre portant les armes du commandeur. — C'est au Val-de-la-Haye que les restes mortels de Napoléon Ier ont touché pour la première fois la terre de France, le 9 décembre 1840. En souvenir de ce fait mémorable on a élevé, par souscription, une colonne de pierre qui fut inaugurée le 15 août 1844. Un aigle la surmonte et sur les anneaux de bronze qui la décorent sont gravés les noms des plus grandes batailles de l'Empire.

CANTON DE MAROMME.
(Chef-lieu : Maromme.)

BONDEVILLE ou NOTRE-DAME-DE-BONDEVILLE. *Ép. gauloise.* Hachette de pierre recueillie vers 1850. ‖ *Moyen âge.* Prieuré fondé vers 1154 par Richard de Rouvres et Mathilde sa femme, élevé à la dignité d'abbaye de l'ordre de Cîteaux en 1657. Cette abbaye fut supprimée en 1790 et vendue 30,000 livres vers 1791. Transformée en filature, elle conservait encore en 1844 ses principaux bâtiments monastiques. L'église, devenue une sécherie; la salle capitulaire, affectée au service de la charretterie, avaient gardé des traces du xiii° siècle. On y reconnaissait encore çà et là des parties de constructions anciennes au milieu des rééditications de 1649, de 1665 et même de 1780 après l'incendie de 1778. Les murs de clôture existent encore, mais ébréchés. Les dalles tumulaires ont disparu, à l'exception de celle de Louis Lenormand de Beaumont, abbé de Beaupré, en Picardie, décédé le 16 avril 1656. Il était parent de la première abbesse, Françoise Lenormand de Beaumont, morte en 1695.—Église paroissiale de Saint-Denis, supprimée et détruite vers 1808. — Église de Notre-Dame, moderne et sans caractère, du xvii° siècle. Pierre tumulaire d'un conseiller du roi mort en 1502.

CANTELEU. *Ép. romaine.* Butte couverte de halliers, au sommet de la colline boisée qui domine Bapaume et Déville, fouillée par M. de Glanville en 1853. On y a trouvé une construction carrée de 10 mètres de face, dont les murs épais de 1^m,60 étaient recouverts de crépis coloriés. Dans l'intérieur étaient des monnaies en argent de Maximien et de Constantin. ‖ *Ép. franque.* Des corps et un vase noir de type franc ont été découverts dans cette ruine. Cercueils de pierre contenant des ossements humains, trouvés en 1863 sur le versant vers la Seine, sur la propriété de M. Prat. ‖ *Moyen âge.* L'église, dédiée à saint Martin, présente deux époques : d'abord le xiii° siècle dans le chœur, qui fut remanié sous Louis XV et qui vient d'être remplacé par un nouveau à chevet carré avec transepts, de même style que la nef. La nef est un beau monument de pierre de style gothique du temps de François Ier, couvert par un berceau de bois enlevé en 1844. Le clocher, formant porche, est une tour carrée munie de contreforts sur les angles et ouverte au-dessus du faîte de baies à meneaux, qui est restée inachevée. Deux jolies piscines du xvi° siècle. Une chapelle seigneuriale avait été élevée au sud du chœur, vers 1630, par les Langlois, sires de Cour-Moulins et de Canteleu, dont la Révolution viola les tombes. Restes de verrières, du xvi° siècle : *l'Arbre de Jessé*, la *Passion*, le *Crucifiement*, etc.; saint Fiacre, saint Paphnuce, saint Michel, saint Martin, etc. — Couvent de Pénitents connu sous le nom de *Sainte-Barbe*. Fondé en 1472, au hameau de Croisset, ce couvent a duré jusqu'en 1790. La première église, taillée dans le roc, a été réconciliée le 12 mai 1605 par l'évêque de Damas *in partibus*. La deuxième fut dédiée le 17 avril 1732 par M. Leblanc, évêque de Joppé *in partibus*. Il reste encore une maison importante construite vers 1670, continuée en 1690 et en 1700, avec un cloître très-reconnaissable et la chapelle. La contre-table est une sculpture de 1670, et l'autel en chêne, de 1740, passe pour venir de la chapelle des Langlois, dans l'église paroissiale. Les caveaux des fondateurs, dont Farin donne les inscriptions, se trouvent, dit-on, sous l'autel. Aujourd'hui pensionnat tenu par des religieuses. — Plusieurs anciens manoirs du xvi° et du xvii° siècle, dont quelques-uns ont conservé leurs grandes portes et leurs colombiers, sur les bords de la Seine, dans la traverse de Croisset et de Dieppedalle.

DÉVILLE. *Ép. franque.* Cercueil de pierre contenant un squelette, trouvé en 1844 dans la tranchée pendant l'établissement du chemin de fer de Rouen au Havre.— Étang appelé *la Mare de Saint-Romain*, où l'on dit que les grenouilles ne peuvent vivre, dans l'ancien manoir des archevêques de Rouen. Le manoir et la tradition doivent remonter aux temps mérovingiens. Le nom de *Bois-l'Évêque*, donné à un taillis qui domine Déville, semble indiquer une possession antérieure au viii° siècle, époque où les évêques métropolitains de Rouen prirent le nom d'archevêques. — Fontaine de Saint-Siméon, où l'on se rend en pèlerinage. Peut-être ce nom vient-il du célèbre solitaire Siméon, mort à Trèves au xi° siècle, et qui vint du Liban à Rouen vers l'an 1030. || *Moyen âge.* Église dédiée à saint Pierre, munie au chevet de contreforts du xiii° siècle, avec additions nombreuses du xvi° et du xvii° siècle. Restes de verrières qui existaient en 1855 et ne s'y voient plus : c'était un saint Michel, de 1587; un saint Adrien, de 1601; et une *Présentation de Jésus au temple*. — Jolie croix de cimetière en pierre et du xvi° siècle. — Manoir des anciens archevêques, aujourd'hui la propriété de Mme Néron, où l'on reconnaît des traces du xiii° et du xvi° siècle. Ce manoir, donné par les rois, à ce que l'on croit, aurait eu saint Romain pour premier possesseur. Eudes Rigaud l'habitait plus souvent que Rouen. De 1248 à 1268 il y vint deux cent soixante-deux fois. Il fit des ordinations dans sa chapelle, dont on montre les restes consistant en carreaux émaillés et en sculptures. En 1306, Guillaume de Flavacourt y tint un concile. Georges d'Amboise le fit embellir en 1500 et en 1501. — Marteau de fer de la fameuse cloche de Rouen dite *Georges d'Amboise*, fondue en 1501, fêlée en 1786 et brisée en 1793, contre la porte d'une ancienne fonderie de cloches établie sur le *Pavé de Déville*. — Dans une maison de campagne de ce village, Voltaire écrivit la *Mort de César* en 1731.

HOULME (LE). *Ép. moderne.* L'église, dédiée à saint Georges, n'a rien d'ancien, ayant été reconstruite en 1823 et en 1828.

HOUPPEVILLE. *Ép. incertaine.* Tombeaux dont on ne saurait facilement donner la date, trouvés en 1822 dans la *forêt Verte*. Puits et restes de murailles dans la même forêt, notamment au lieu dit *la Barrette*. Puits, vieux murs et terrassements au triége de la *Grosse-Butte*; on croit que ce sont les restes d'un vieux château. || *Moyen âge.* Église dédiée à Notre-Dame, dont l'ensemble ne dépasse pas le xvi° siècle. La nef et le clocher qui la précède ont été souvent remaniés. Le chœur, bâti en pierre blanche, est éclairé par sept belles ogives à réseau, toutes garnies de verrières en général bien conservées, plus originales par la composition que remarquables par l'exécution. Elles représentent : 1° au chevet, *Jésus en croix* accompagné de la Madeleine, de la sainte Vierge et de saint Jean; 2° au côté de l'épître, les *Apôtres entourant le Sauveur*, espèce d'arbre apostolique; 3° au côté de l'évangile, la *Mort de la Vierge Marie*; 4° en descendant du côté de l'évangile, le *Jugement dernier* (1545); 5° au bas du chœur du même côté, le *Paradis terrestre* (1544); 6° du côté de l'épître, saint Christophe, sainte Barbe et saint Roch, saint Sébastien; 7° la *Résurrection générale*. Croix de consécration, sur les murs. Trois dalles tumulaires effacées, dans le pavage du chœur. Lambris de 1600 ou environ. Fondation d'un conseiller du roi, lieutenant de la vicomté de Rouen en 1589, dans les archives; et un décret de Sa Majesté l'empereur et roi, daté de Moscou le 21 septembre 1812.

MALAUNAY. Formée de trois anciennes paroisses, dont une seule a survécu. *Moyen âge.* Église dédiée à saint Nicolas. La nef a conservé des traces de l'architecture du xii° siècle, mais les ouvertures et l'appareil ont été modifiés. Le chœur garde une abside à trois pans du xvi° siècle. Le clocher, en brique et tuile, a été ajouté au portail en 1785 et donné au curé par une personne qu'il avait soignée. Deux dalles tumulaires du xvi° siècle, dont une est celle d'un curé. — Église Saint-Maurice, voisine de celle de Saint-Nicolas et placée au bord de la grande route de Dieppe. Supprimée à la Révolution, elle a été vendue et détruite vers 1848. — Église Notre-Dame-des-Champs, placée au pied d'une colline, là où est aujourd'hui l'embranchement du chemin de fer, démolie en 1836. Le cimetière en est conservé.

MAROMME. *Ép. romaine.* Voie de Rouen à Lillebonne, depuis la *Côte de Saint-Aignan* jusqu'à la *Côte de la Mayne*, gagnant la Vaupalière. || *Moyen âge.* L'église, dédiée à saint Martin, démolie en 1854 et 1867, conservait quelques traces du xiii° siècle dans le chœur; le reste offrait peu de caractère. Elle a été reconstruite dans le style du xiii° siècle. — Moulin à poudre, supprimé en 1834, qu'une inscription placée sur la porte semblerait attribuer à Henri IV, si elle n'était la même qu'on lit à l'Arsenal de Paris :

Etna hæc Henrico vulcania tela ministrat,
Tela gigantæos debellatura furores.

Dans ce moulin naquit, le 6 novembre 1794, le maréchal Pelissier, duc de Malakoff. — Les bois de la *Valette* étaient autrefois célèbres par les brigandages qui s'y commettaient.

MONTIGNY. *Moyen âge.* Église dédiée à saint Ouen. Chœur du xvi° et du xvii° siècle. La nef date du xvi° siècle; une partie est en pierre de taille. Les fenêtres, qui ne sont pas sans mérite, renferment des verrières du temps de Charles IX et de Henri IV, entre autres celles qui représentent saint Ouen, de Rouen, et saint Mathurin, de 1570 et 1571, saint Roch et saint Nicolas, de 1571, saint Jean prêchant dans le désert, saint Pierre, saint Paul et sainte Anne, de 1613. Dans le chœur sont neuf magnifiques médaillons de la Renaissance, représentant les travaux des mois de janvier, février, mars, avril, mai, juin, août, septembre, octobre. Il manque juillet, novembre et décembre, enlevés depuis le commencement de ce siècle. — Le château voisin de l'église est une construction du temps de Louis XV, qui garde des parties losangées en brique de l'époque de Henri IV et de Louis XIII.

MONT-SAINT-AIGNAN. Formée des deux anciennes paroisses de Saint-Aignan et du Mont-aux-Malades. — **Saint-Aignan.** *Moyen âge.* Église sous le vocable de Saint-Aignan. Le côté méridional, le portail et le clocher, construits en pierre à l'époque de la Renaissance, sont restés inachevés. Le grand portail est surmonté d'une rose et flanqué de contre-forts sculptés. La tour carrée située à l'angle nord-ouest, commencée avec magnificence, n'a pas été terminée. La tourelle octogone de son escalier est remarquable. Une jolie petite porte placée au midi est peut-être un tombeau du temps de François Ier. Le côté nord de la nef est moderne, ainsi que le chœur. Deux obits gravés sur marbre, dans le pavage : ce sont ceux d'un gentilhomme et d'un laboureur. — Prairie communale dite *la Pelouse aux ânes*, que l'on assure être un don de la reine Blanche, mère de saint Louis, qui serait venue se baigner dans la *Mare aux Galeux*, voisine de cette prairie. = **Le Mont-aux-Malades.** *Ép. gauloise.* Deux hachettes de pierre trouvées au hameau du Bosc en 1861; entrées au musée de Rouen. ǁ *Ép. romaine.* Voie de Rouen à Lillebonne, appelée le *Chemin du Roy*, *Quemin le Roy*, *Cheminum regis*, *Keminum domini regis* dans des actes du xiii° siècle. Monnaies romaines du Haut et du Bas-Empire, Adriens, Antonins, tuiles à rebords et constructions citées par M. J. M. Thaurin. ǁ *Moyen âge.* Léproserie qui prit le nom de *Mont-des-Lépreux* ou *des Malades*, fondée vers 1119 par dix-neuf paroisses de Rouen sur le mont Saint-Jacques. Cet hôpital fut desservi par des chanoines réguliers. — Henri II, pour expier le meurtre de saint Thomas de Cantorbéry, construisit en 1176 une église dédiée au saint archevêque et développa la fondation première. Ce prieuré dura jusqu'en 1790, où l'église devint paroissiale. C'est une construction romane, à trois nefs, dont les cintres sont surtout visibles à l'intérieur dans les arcades de la nef et du chœur et dans les petites fenêtres qui les surmontent. Le xiv° siècle a réédifié le chevet en remplaçant l'abside par un sanctuaire éclairé par trois fenêtres, dont celle du milieu est un chef-d'œuvre. D'autres parties furent refaites dans les bas côtés. Le xvi° siècle construisit en pierre et voûta la chapelle de la Sainte-Vierge, puis il refit le portail et le pignon de l'ouest. Deux belles dalles tumulaires du xiii° et du xiv° siècle, encastrées dans les murs : l'une de Mme Meheust, femme de Lorens le chambellan, morte en 1293; l'autre de Laurent Lebas et de sa femme, bourgeois de Harfleur, décédés en 1389 et représentés tous deux dans un navire qui flotte sur la mer. Pierres tumulaires des chanoines génovéfains, du xvii° et du xviii° siècle, encastrées dans le mur en 1864. La maison des chanoines, vendue en 1792, est devenue en 1819 un séminaire diocésain. C'est une construction du xvii° siècle, qui a conservé en partie son ancien caractère. Parmi les prieurs célèbres on cite Nicolas, du Mont-aux-Malades, qui correspondait avec saint Thomas de Cantorbéry. (Voir l'*Histoire du prieuré du Mont-aux-Malades*, publiée par M. l'abbé Langlois en 1851.) — Église Saint-Gilles, construite au xii° siècle par Roscelin, chancelier du roi Henri II. Elle a duré jusqu'au xvii° siècle. A peine en voit-on la place. — Ancienne église paroissiale de Saint-Jacques, du xi° siècle, ayant conservé tout son caractère; délaissée à la Révolution et transformée en atelier de menuiserie. — Derrière l'église, ferme du prieuré, où l'on trouve une belle cave du xiii° siècle. — Cercueils de pierre avec entaille pour la tête, dans lesquels on assure avoir trouvé des cierges de cire, découverts derrière l'église du prieuré en 1842.

NOTRE-DAME-DE-BONDEVILLE. Voir BONDEVILLE.

PISSY-POVILLE. Formée des deux anciennes paroisses de Pissy et de Poville. — **Pissy.** *Moyen âge.* L'église, dédiée à saint Martin, renferme des parties du xiii° siècle. Le reste a été remanié au xvi° et au xvii° siècle. Une belle fenêtre du xvi° siècle éclaire le chevet. Le baptistère en pierre, retaillé au xvii° siècle, doit dater du xiii°. Dalles tumulaires du xvi° siècle, dans la nef. La principale est celle de Guillaume Challangue, décédé le 29 août 1533. — Terrine en grès du xv° ou du xvi° siècle trouvée dans le cimetière, en creusant une fosse en 1850. — Pied de la croix au hameau de la Croix-Rompue. — Château de M. de Triquerville, manoir du xvi° siècle ayant encore sa prison et sa cohue en bois. — *Chemin d'Arques*, qui allait de Duclair à Arques. = **Poville.** *Ép. romaine.* Villa d'une certaine importance, dont les ruines se voient dans un champ, derrière le presbytère devenu une ferme depuis la Révolution. On y découvre des débris de tufs, de tuiles à rebords, de plaques de ciment rouge, de poteries, et des monnaies de bronze. M. Deville y avait reconnu dès 1837 des poteries, des monnaies de bronze, ainsi que des vases provenant sans doute d'incinérations. || *Moyen âge.* L'église, dédiée à saint Pierre et à saint Paul, est détruite depuis la Révolution. On en connaît seulement la place. Elle possédait des verrières du xiv° siècle, des pierres tumulaires et des inscriptions seigneuriales de 1326 et de 1528. Farin, qui l'a connue sous Louis XIV, a laissé sur elle des renseignements dans son *Histoire de Rouen.* — L'abbé Nicolle, confesseur de Louis XVIII et fondateur du collége Sainte-Barbe, à Paris, naquit à Poville le 4 avril 1758.

ROUMARE. Formée des deux anciennes paroisses de Roumare et de Saint-Thomas-la-Chaussée. — ROUMARE. *Ép. gauloise.* Dépôt de hachettes de bronze, dont l'alliage a été analysé par M. Girardin, de Rouen, trouvé dans la forêt en 1845. || *Ép. romaine.* Statuette de Mercure en terre cuite, trouvée dans la forêt et conservée au musée de Rouen. || *Ép. franque.* Le nom de cette localité provient probablement du Franc Rotmarus, qui possédait le pays au vii° siècle, quand saint Wandrille vint fonder le monastère de Fontenelle. || *Moyen âge.* Ce fut à un arbre de la forêt de Roumare que Rollon fit suspendre les bracelets et les chaînes d'or qui furent respectés par les Normands du x° siècle. Un chêne connu sous le nom de *Chêne à Leu* passe pour être un témoin de cette tradition. — L'église, dédiée à Notre-Dame, fut primitivement romane du xi° au xii° siècle. De cette époque reculée il reste encore la tour carrée du clocher ornée d'un double rang de cintres romans et quelques vestiges dans la nef, au milieu de reconstructions du xvi° siècle et de remaniements plus modernes encore. Le chœur est récent, mais les chapelles formant transept doivent être du xv° siècle. La contre-table en bois est du temps de Louis XIV. — Le château est une bonne construction de la fin du xvi° ou du commencement du xvii° siècle. La chapelle, de 1756, a été desservie au moment de la Révolution par M. d'Anfernet de Bures, mort martyr pour la foi sur le Vieux-Marché de Rouen, le 7 septembre 1794. Une inscription commémorative de ce fait a été placée dans l'église de Roumare en 1865. == SAINT-THOMAS-LA-CHAUSSÉE. *Ép. romaine.* Voie de Rouen à Lillebonne, d'où le surnom de *Chaussée* donné à la paroisse. Dans les actes du xii° et du xiii° siècle, ce lieu est appelé *Calcia* et *la Chauchée.* || *Moyen âge.* L'église, dédiée à saint Thomas, a été détruite depuis la Révolution. — Une chapelle fondée en 1358 n'existait plus dès 1740.

SAINT-JEAN-DU-CARDONNAY. *Moyen âge.* L'église, sous le vocable de Saint-Jean, est presque entièrement romane du xii° siècle. La nef a gardé ses modillons grimaçants de l'époque romane. Le clocher, entre chœur et nef, a vu retailler ses arcades au xvii° siècle, et dès le xvi° on l'avait doté d'une voûte charmante. Les fenêtres ont été généralement déformées au xviii° siècle. Le porche est du xvii° siècle, mais la grande porte n'est que de 1822. Bel encadrement de pierre, de 1661, d'une plaque de marbre noir portant une longue inscription de M. d'Herbouville, châtelain du lieu qui a fait plusieurs fondations datées du 25 juin 1661, encastré dans le mur nord du chœur. — Base et débris d'une belle croix hosannaire de la Renaissance, dans le cimetière. — Château en partie construit sous Louis XIII et en partie à une époque postérieure. Une tradition veut que Henri IV y ait logé. — Chapelle de 1820.

VAUPALIÈRE (LA). *Ép. romaine.* Voie de Rouen à Lillebonne. || *Ép. franque.* Position probable de *Paldriacus,* où s'arrêtèrent au vii° siècle les restes mortels de saint Ansbert, lorsqu'on les rapporta du Hainaut à Fontenelle. Le corps du saint y opéra des miracles, et Berthold et Radamaste, seigneurs du lieu, plantèrent une croix et se firent moines de Fontenelle. || *Moyen âge.* L'église, dédiée à saint Léonard, composée d'une nef, d'un clocher et d'un chœur, est romane dans son entier, sauf quelques modifications ultérieures du xvi° siècle. Porche en bois et baptistère en pierre. Deux belles dalles tumulaires des sires de la Chapelle, seigneurs du lieu à la fin du xiv° siècle, présentant deux images chacune gravées au xv° siècle, dans les murs de la nef. — Dans le cimetière a été inhumé en 1859 l'antiquaire Auguste Leprevost, décédé au château du Parquet. — Manoir entouré de murs en brique et pierre avec pavillons en saillie près de l'entrée, du xvii° siècle.

CANTON DE PAVILLY.

(Chef-lieu : PAVILLY.)

BARENTIN. *Ép. romaine.* Murs appareillés en tuf entourés de tuiles à rebords et de poteries antiques, trouvés sur la côte de Rouen en 1863, lors de la rectification de la route impériale du côté de Rouen. — Cimetière romain à incinération trouvé en 1838 sur la *Côte de l'Église.* Il se composait de vases de terre et de verre, dont quelques-uns contenaient des os brûlés, des fibules de bronze et d'argent, et de quelques autres objets; remis au musée de Rouen par M. Lalizel. Une fouille faite par M. Deville donna six vases de terre, trois vases de verre et une tablette de marbre qui servait pour écrire; entrés au musée de Rouen. — Second cimetière romain découvert en 1857 dans le bois de la Forterelle, assez près de la ligne du chemin de fer. — Constructions antiques qui furent détruites, et vases nombreux qui furent brisés par les ouvriers dans un défrichement opéré au bas de la *Côte du Catillon.* Sept ou huit des plus solides et des mieux conservés, communiqués par M. Lame, avocat à Bondeville, à M. l'abbé Cochet, furent reconnus comme vases romains provenant d'incinérations. — Fouille opérée à la Forterelle, du 9 au 23 juin 1858 par M. l'abbé Cochet, qui y trouva deux cent quarante vases répartis entre quatre-vingt-huit groupes de sépultures. Ces vases consistaient en treize *dolium* contenant des vases de terre et de verre, en urnes en terre grise sous forme d'*olla* ou de pot au feu, en cruches rougeâtres, en flacons, barillets, bols, coupes, plateaux de terre et de verre. Ils étaient accompagnés de fibules en bronze émaillé, d'anneaux de cuivre, d'une clochette en fer, de miroirs étamés et de bronzes du Haut-Empire. Ces fouilles ayant été continuées en 1862 et 1863 par M. Lemarié, avocat à Rouen, on rencontra beaucoup de vases de terre et de verre qui ont été brisés, des monnaies de bronze et deux statuettes en terre blanche représentant Latone et Vénus Anadyomène. Ces deux cimetières de Barentin doivent appartenir au 1er et au IIe siècle de l'ère chrétienne. || *Ép. franque.* Sépultures dont il est resté un beau scramasaxe en fer, trouvées en 1847, lors de la confection du chemin de fer, sur la côte voisine de la chapelle de Saint-Hellier. || *Moyen âge.* L'église, dédiée à saint Martin, est une seule nef construite en silex. Chevet circulaire garni de contre-forts plats, surmonté d'une corniche carrée soutenue par des modillons à tête humaine. Porte occidentale en plein cintre, accompagnée de deux colonnes à chapiteau lisse supportant une double archivolte en plein cintre à boudins. Fenêtres refaites en brique. Croix surmontant le clocher en fer à fleurons du XVIIe siècle. Démolie depuis 1868 et remplacée par une grande église de style roman. — Chapelle de Saint-Hellier, qui a tous les caractères du XVIe siècle, sauf le chevet, qui paraît plus ancien. Elle est toujours l'objet d'un pèlerinage et on y allume un feu de joie le 16 juillet, jour de la fête du saint patron.

BEAUTOT. *Ép. incertaine.* Chemin des Fées. || *Moyen âge.* Église dédiée à saint André. Primitivement romane. Le clocher, placé jadis entre chœur et nef, est maintenant au portail, l'ancien chœur roman, abandonné en 1764 et transformé en porche, ayant été démoli récemment. Les transepts ont disparu. La nef est du XVIIe siècle, et le chœur, construit à l'ouest, date de 1764. Dalle tumulaire du XIIIe siècle, dans le chœur. Statue de pierre de la sainte Vierge, de 1600 ou environ.

BETTEVILLE. *Moyen âge.* Église dédiée à saint Ouen, peu intéressante. Au nord du chœur sont quelques traces du XIIIe siècle; mais le reste est du XVIe et de 1700. La nef a des fragments du XVIIe et du XVIIIe siècle. Le clocher, placé au portail, date de 1860. — Ancien manoir dépendant autrefois de l'abbaye de Saint-Wandrille, dont l'enceinte carrée est formée par d'anciens bâtiments, la plupart en pierre et du XIIIe siècle, avec additions du XVIe. La chapelle, qui sert aujourd'hui de grange, est une charmante construction en pierre, conservant encore un rang de fenêtres ogivales et rayonnantes. — Un autre bâtiment rural contigu à cette église offre un beau pignon du XIIIe siècle. — Manoir de Biville, ancienne ferme de Saint-Wandrille, dont il reste une superbe grange du XIIIe siècle, à trois nefs avec colonnes formées de grosses poutres de chêne.

BLACQUEVILLE. *Moyen âge.* Église dédiée à Notre-Dame, édifiée au XVIe siècle, rebâtie presque en totalité à partir de 1830. Il reste encore du XVIe siècle le côté méridional de la nef et la partie terminale du chœur. Dalle en pierre de liais, longue de 2m,20 et large de 1 mètre, servant de marche au sanctuaire, qui montre dans un riche encadrement gothique une figure de femme noble. Cette dalle doit dater de 1484. Trois inscriptions tumulaires et obituaires du XVIe siècle, dans le chœur. Pied du lutrin, jolie sculpture sur bois de la Renaissance. — Pied de croix du XVIe siècle dans le cimetière.

BOUVILLE. Formée des deux anciennes paroisses de Bouville et des Ifs. — BOUVILLE. *Moyen âge.* Église dédiée à Notre-Dame et à sainte Anne. Clocher entre chœur et nef, tour carrée appartenant à l'ogive primitive de la fin du XIIe ou du commencement du XIIIe siècle, porté sur arcades ogivales et percé d'ouïes en arc aigu. Chapelles du XIIIe siècle à droite et à gauche du chœur. Chœur insignifiant défiguré par deux arcades basses de 1650 ou environ. Nef, belle construction en pierre du XVIe siècle, éclairée par huit belles fenêtres et couverte par une charpente du même temps, dont les entraits sont décorés de dragons, d'armoiries et de monogrammes. Joli porche en pierre de la Renaissance, précédant la nef. Porte en bois sculpté, bénitier de pierre de 1600, et inscription de fondation de Noël Biset de 1664. Dans la nef, caveau sépulcral qu'une grande dalle indique, dans la chapelle du sud. Porte-Christ et contre-table des deux chapelles, magnifiques sculptures sur bois du XVIIIe siècle. — Joli pied de croix de la Renaissance, sculpté sur ses quatre faces, dans le cimetière. — Restes d'un parc et d'un château du XVIe siècle autour du cimetière. — Chapelle de Saint-André, aujourd'hui détruite. — Vieille auberge en bois du XVIe siècle. = LES IFS-SUR-CAUDEBEC. *Moyen âge.* L'église, dédiée à sainte Croix, a été vendue et démolie en 1861; il n'en restait guère que le chœur, dont les débris indiquaient le XVIe siècle.

BUTOT. *Ép. romaine.* Monnaie. || *Ép. Renaissance.* Église dédiée à saint Wulfran, en silex et en grès du XVIIe et du XVIIIe siècle. Statues de pierre et petit vitrail du XVIe siècle. *Mater dolorosa* encastrée dans le mur du midi, donnée par Guillaume Le Boursier et sa femme, inhumés devant en 1572 et 1577. — Belle croix de cimetière en grès, haute de 8 mètres, dont le fût est décoré de dauphins, de têtes d'homme, de coquilles, de poissons, de croissants, de fleurs de lis, de monogrammes et surtout des instruments de la Passion. Elle porte au bas l'inscription : « Ceste ✝ a été fête du trésor de céans. M. Vce LX (1560). »

CARVILLE-LA-FOLLETIÈRE. Autrefois nommée Carville-sous-la-Forestière. *Moyen âge.* Église dédiée à saint Germain, isolée et très-loin des maisons. C'est un édifice modeste qui, par l'ensemble, ne dépasse pas le xvi° siècle, encore les deux siècles ultérieurs y ont-ils grandement travaillé. La seule partie ancienne est une chapelle formant éperon au nord de l'église, entre chœur et nef, qui paraît remonter au xiii° siècle.

CROIXMARE. *Moyen âge.* Vieux château qui fut le berceau de la famille dont est sorti Robert de Croixmare, archevêque de Rouen, à la fin du xv° siècle (1482-94). — Vestiges du xiv° et du xvi° siècle sur un tertre entouré de fossés, transformés en ferme. — Église dédiée à saint Aubin. Chœur du xiii° siècle, ainsi que le clocher relégué au portail; ils ont été remaniés ultérieurement. Nef du xvi° siècle, sans caractère bien tranché. Deux grandes dalles de pierre du xiii° siècle, malheureusement bien effacées, «de Guillaume de Croixmare, che-«valier, qui trespassa l'an de grâce M L CC et IV» et «d'icelle dame Marcelle de Croixmare, jadis dame de «Croixmare qui trespassa l'an de grâce,» dans le chœur, où la tradition prétend qu'il existe un caveau seigneurial. — Bâtiment du xvii° siècle au bout de l'église et au-dessus de la sacristie actuelle, probablement l'ancien *Trésor de Croix-mare.* Ce trésor avait le privilége de conférer à son trésorier le droit de siéger au parlement de Normandie. Il possédait une bibliothèque assez importante, dont plusieurs livres existent dans les grands dépôts de Rouen. Elle était sans doute dans l'appartement du bout de l'église. — Château de Beauvoir, construit en 1738, qui possédait une chapelle de Notre-Dame. — Vieille auberge en bois du xvii° siècle, qui porte le nom de *la Belle-Maison.*

ÉCALLES-ALIX. *Moyen âge.* Église dédiée à saint Martin. De la construction primitive du xii° siècle, il ne reste que le clocher, tour carrée jadis placée entre chœur et nef, aujourd'hui reléguée à l'extrémité orientale de l'église et servant de sacristie. C'est un corps carré de la transition du xii° siècle, dont les arcades sont des ogives primitives et les fenêtres des cintres romans. La corniche est portée sur des têtes grimaçantes. Le chœur a été reconstruit en 1763, la nef en 1768. Ancien autel de pierre du xii° siècle, dont les colonnettes romanes qui supportaient la table étaient reléguées au bout de la sacristie en 1860.

ÉMANVILLE. *Moyen âge.* Église dédiée à saint Vaast. Clocher roman, tour carrée du xii° siècle, placée entre chœur et nef. Chœur avec traces du xiii° siècle, retouché au xvi°. Nef du xii° siècle par ses murs, avec fenêtres refaites en 1664. Deux piscines et deux autels de pierre, qui pourraient bien remonter au xii° siècle, dans le haut de la nef. Piscine du xiii° siècle dans le chœur. Contre-table en bois de 1660 ou environ. Vieille cuve baptismale en pierre, du xiii° siècle, récemment enlevée. — Chapelle Saint-Pierre au hameau de la Recrue, aujourd'hui détruite.

FOLLETIÈRE (LA). Autrefois nommée la Forestière. L'église, dédiée à saint Vincent, a été démolie vers 1828.

FRESQUIENNE. *Moyen âge.* Église dédiée à la sainte Vierge, entièrement du xv° et du xvi° siècle. Nef en grès et silex, précédée d'un porche en bois de 1492. Chœur insignifiant. Clocher, entre chœur et nef, accompagné de deux petites chapelles formant transepts, œuvre élégante de la Renaissance, décorée de colonnes et de pilastres portant des voûtes sur nervures, et garnie de contre-forts. Une inscription en reporte la date à l'année 1577. Baptistère en pierre sculptée du xvii° siècle. Piscines et autels de pierre remarquables dans les petites chapelles des transepts, dont les murs sont couverts de jolis lambris de bois sculpté du xvi° siècle. Curieux retable en bois représentant la *Passion*, du xv° siècle, sous le porche. — Ancien château près de l'église, démoli vers 1834; la chapelle reste et sert de bûcher.

FRÉVILLE. *Ép. romaine.* Anciennes voies présumées romaines. ‖ *Moyen âge.* Église dédiée à saint Martin. Entièrement romane, sauf une partie du chœur complétée en 1856 et 1857, dans le même style. Ancienne nef à collatéraux dont les cintres ont été rebouchés, percée d'ouvertures en plein cintre, dont plusieurs ont été remaniées à partir du xvi° siècle. Contre-forts plats. Corniche à modillons en forme de têtes grimaçantes. Clocher placé au portail, chose très-rare pendant la période romane; construit en pierre du pays, décoré d'un rang de cintres aveugles, surmonté d'ouvertures cintrées, sous une corniche à têtes grimaçantes. — Manoir du xvi° siècle. Croix de pierre sur la route de Caudebec, dont le croisillon du xvii° siècle provient de l'ancien cimetière des Ifs, dont l'église a été démolie en 1861. — Le célèbre abbé de Vertot, l'auteur des *Révolutions romaines*, a été prieur-curé de Fréville en 1694. Plusieurs actes de cette année sont signés de sa main.

GOUPILLIÈRES. Formée des deux anciennes paroisses de Goupillières et de Renfeugères. — GOUPILLIÈRES. *Moyen âge.* L'église, dédiée à saint Pierre, a été démolie depuis la Révolution. — Joli pied et portion de fût de croix de pierre de la Renaissance, dans l'ancien cimetière. Sur les faces du piédestal sont sculptés les instruments de la Passion, avec une longue inscription de 1550, date de la croix. = RENFEUGÈRES. *Moyen âge.* L'église, dédiée à saint Jean-Baptiste, est de 1775. Dalle tumulaire d'un seigneur du lieu, mort en 1778, dans le chœur. — Château du xviii° siècle.

GUEUTTEVILLE. *Ép. romaine.* Coupe en terre cuite trouvée dans le parc du château. ‖ *Moyen âge.* Église dédiée à la sainte Vierge. Nef et clocher du xiii° siècle.

Chœur roman et terminé en abside, démoli en 1850. — Château du xviiie siècle.

LIMÉSY. *Ép. gauloise.* Hachettes de silex recueillies en 1852, en 1859 et en 1861 par M. le curé. Monnaies celtiques d'argent trouvées en grand nombre, en 1820, dans le *Champ-du-Trésor.* Trente-quatre sont devenues la propriété de M. Lambert, de Bayeux, qui les a décrites. (Voir l'*Essai sur la numismatique gauloise du nord-ouest de la France*, 1re partie.) On lit sur le plus grand nombre les noms de SOLIMA, ATEVLA VLATOS, TOGIRIX et SANTONOS TOGIRIX. ‖ *Ép. romaine.* Meules à broyer en poudingue, monnaies d'argent et de bronze consulaires et impériales. Quatorze deniers d'argent trouvés en 1823. — Tradition d'une ancienne ville qui aurait porté le nom de *Limoux* ou *Limouse.* On assure que dans le *Champ-du-Trésor* est caché le trésor de quatre rois. Débris romains dans le *Champ-du-Trésor.* Les travaux exécutés pour une route, en 1848, y ont fait rencontrer des tuiles et d'autres débris romains. Une fouille pratiquée en 1863 par M. l'abbé Cochet y a montré une muraille antique très-épaisse. ‖ *Ép. franque.* Cercueils en pierre contenant des corps et des objets en fer, trouvés sur la ferme de M. Leclerc, pendant la confection de la route départementale de Pavilly à Veules. Une tradition d'abbaye s'attache à cette terre, indice de débris antiques. ‖ *Moyen âge.* Église dédiée à saint Martin. Primitivement construction romane du xie ou du xiie siècle. Il en reste le clocher, tour carrée sur le côté méridional, et quelques vestiges dans la nef, retouchée au xvie et au xviie siècle. Chœur construit en 1847. Ce village a beaucoup souffert d'incendies en 1562, 1786 et 1787. — Sépultures chrétiennes avec vases à encens très-remarquables, trouvées devant le portail en 1859. Ces vases, ornés de lentilles et de pastillages, vernissés en rouge, devaient être jaunes; ils appartiennent probablement au xive et au xve siècle. — Ancien château dont les terrassements sont encore visibles, au hameau de Brunville. La chapelle sert d'étable. — Château d'Étémare, du temps de Louis XIII. — Chapelle de la Compassion, au hameau de Jainville, détruite en 1843. — Chapelles de Notre-Dame-de-la-Délivrance, au hameau de Franbosc, et de Saint-Adrien, au château de Faltebon, détruites.

MESNIL-PANNEVILLE (LE). Formée des quatre anciennes paroisses du Mesnil-Durécu, de Panneville, de Cidetot et de Hardouville. — LE MESNIL-DURÉCU. L'église, dédiée à Notre-Dame, a été construite en style roman, il y a quelques années seulement. ═ PANNEVILLE. *Moyen âge.* L'ancienne église, dédiée à saint Sulpice, a été démolie vers 1780. Celle qui lui succéda, devenue la chapelle du château, renferme une belle dalle représentant un chevalier que l'inscription dit être Jehan d'Esmalleville, seigneur de Calletot, mort le 9 mai 1511. — Commanderie de Saint-Antoine de Gratmont, au point le plus élevé du département. — Commanderie de l'ordre de Malte au xvie siècle, peut-être même maison de Templiers. Bénéfice de l'ordre de Saint-Lazare et du Mont-Carmel en 1760. La chapelle, encore l'objet d'un pèlerinage fréquenté, construite à la fin du xiie siècle, a reçu de nombreuses additions au xvie siècle. Elle possède beaucoup de statues, dont plusieurs en pierre sont anciennes et reposent sur des socles très-intéressants; tels sont les socles et les images de la sainte Vierge et de saint Antoine. Bas-reliefs représentant des scènes de chevalerie. Inscription tumulaire gravée en caractères du xve siècle, dans le sanctuaire, « de Fs. P. Potier dit *Conflans,* frère « prestre de l'ordre de chevalerie de Saint-Ladre de Jé-« rusalem, commandeur de céans et de la Londe-d'Aron, « en son vivant, et vicaire général de noble et puissant « seigneur F. J. Desmares, chevalier grand maître gé-« néral de toute la-dessus dite chevalerie deçà et delà la « mer, commandeur de la maîtrise conventuelle de Bour-« gny (Brégy) près Orléans, qui trespassa l'an mil IIIe, « etc. » — Château, belle construction en brique et pierre de 1700 ou environ. ═ SIDETOT OU CIDETOT. *Moyen âge.* Église dédiée à saint Nicolas, détruite à la Révolution. On y a trouvé un caveau renfermant des cercueils en plomb. — Château aujourd'hui démoli, au hameau du Brun-Château ou Brun-Catel. ═ HARDOUVILLE. *Moyen âge.* Église dédiée à saint Sulpice, construction primitivement du xiiie siècle, dont il reste surtout un joli clocher à tinterelles en pierre et en silex, remaniée au xvie siècle et surtout au xviie et au xviiie. Inscriptions tumulaires des deux derniers siècles, dans le chœur. — Base et débris de fût d'une belle croix de cimetière de la Renaissance, qui portait une inscription gravée. — Manoir de Hardouville, près de l'église, construction du temps de Henri IV et de Louis XIV. — Fossés, terrassements, murs et grand puits où l'eau abonde parfois, débris d'un vieux château et vieux chemin ferré, au hameau de Baignaupuits.

MONT-DE-L'IF (LE). *Moyen âge.* Église dédiée à la Trinité. Elle appartient à l'ensemble à l'ogive primitive de la fin du xiie siècle ou du commencement du xiiie. Le clocher ancien, pignon à tinterelles, du xiiie siècle, a été réformé au xviie. Les fenêtres ont été élargies au xviie siècle. Baptistère de pierre du xiiie siècle et deux petites contre-tables à baldaquins sculptés du xvie. Contre-table du xviie siècle. Statues de donateurs à genoux, à l'autel de la Vierge. Dalles tumulaires de Jean Galley et de son épouse, morts vers 1555, bienfaiteurs de l'église et donateurs de la croix du cimetière. Ces deux dalles forment le pied de l'autel. — La croix du cimetière, haute de 5 mètres, est un joli morceau de pierre sculpté de 1553. Le fût est décoré de têtes sur des fémurs en sautoir. Une inscription indique la date et le donateur.

PAVILLY. *Ép. gauloise.* Deux hachettes de pierre trouvées en 1861. Monnaies en argent, en bronze et en potin, entrées au musée de Rouen. ‖ *Ép. romaine.* Pièces du Haut et du Bas-Empire. — Voies de Rouen à Fécamp et de Duclair à Saint-Saëns, Arques et Dieppe. ‖ *Ép. franque.* Monastère de femmes fondé en 662 ou 664 par saint Philibert, abbé de Jumiéges, à *Pauliacum* ou *Pauliacus*, sur un terrain que lui avait cédé un seigneur franc nommé Amalbert. Aure ou Aurée, fille de ce dernier, y fit profession vers 663 et y mourut en odeur de sainteté. La première abbesse fut sainte Austreberte, fille de sainte Framechilde, qui vint du monastère de Port-le-Grand, sur la Somme. Sainte Austreberte fit bâtir trois églises : l'une dédiée à la sainte Vierge, l'autre à saint Pierre et la troisième à saint Martin. Elle mourut le 10 février 703 ou 704 et fut inhumée dans l'église Saint-Pierre. Son tombeau fut levé par saint Hugues, archevêque de Rouen au VIII° siècle, sur la révélation d'un ange. Le premier monastère ayant été détruit par les Normands du IX° siècle, on en construisit un nouveau en 1090, pour quatre religieux bénédictins : celui-ci dura jusqu'en 1717. — Un des doyennés du grand archidiaconé de Rouen. — Trois cercueils de pierre de Saint-Leu découverts en 1850 devant le portail de l'église paroissiale, dont deux étaient pris sous les fondations de l'église, qui est du XI° siècle. Triens portant l'inscription PAVLIACO VICO. ‖ *Moyen âge.* Église dédiée à Notre-Dame. Plan en croix. Trois nefs. Chevet carré. La nef est composée de six travées sur piliers carrés massifs, cantonnés de colonnes romanes supportant des arcs en plein cintre sans moulure. La croisée, les deux transepts et le clocher, sur la croisée, voûtés sur nervures, sont du XIII° siècle primitif. Des fenêtres à un meneau surmonté d'un *oculus* éclairent les transepts, dont la corniche, faite de calcaire très-grossier, se compose d'arcs aigus subdivisés sur modillons. La tour du clocher, très-basse, repose sur quatre colonnes. Le chœur est formé de deux travées communiquant par des arcades sur colonnes avec deux collatéraux d'égale largeur, le tout terminé par un mur droit, voûté sur nervures reposant sur des consoles. Le chœur est éclairé par la fenêtre du chevet et par celles des bas côtés, qui sont sans meneaux. Une arcature sur colonnes garnit les murs inférieurs de ces collatéraux, qui tombent au milieu des fenêtres orientales des transepts qui ont été rebouchées. Deux piliers de la nef ont été refaits au XV° siècle; les murs ont été surélevés pour recevoir une charpente apparente, et le portail a été refait. Une inscription de la nef constate que Robert Clément, religieux augustin de Rouen et évêque d'Hipponence, accompagné du prieur de Pavilly, dédia l'église le 3 octobre 1473. Le XVII° siècle a retaillé et réformé les arcades du chœur, le haut du clocher et le transept du nord. Enfin le XVIII° siècle a refait en brique les deux collatéraux de la nef, les stalles et bon nombre d'inscriptions. Sous le chœur, caveau fermé par une dalle de marbre, qu'on croit être celui des Leroux d'Esneval. Quatre inscriptions gravées sur marbre et encastrées dans la pierre ou le marbre garnissent les murs du chœur. Ce sont celles : 1° de Robert d'Esneval, ambassadeur en Portugal et en Pologne, mort en 1693 ; 2° de Marie-Marthe Lemarchand, épouse de Claude-Robert Leroux, baron d'Esneval, morte le 6 juin 1768; 3° de Robert-Esprit Leroux d'Esneval, mort le 3 août 1751 ; 4° de Marie-Françoise de Morant, baronne de Fontenay, épouse d'Esprit Leroux d'Esneval, morte le 26 mars 1750. Deux dalles tumulaires frustes, sous le clocher. Pierre tumulaire dans la chapelle placée au nord du chœur, et sur le mur inscription de Robert et de Jean Leroux d'Esneval, décédés, l'un le 20 juin 1478, l'autre le 14 juin 1498, inhumés d'abord chez les Dominicains de Rouen, d'où ils furent transférés en 1782. Cœur de marbre portant une inscription qui constate la présence du cœur de Robert Leroux d'Esneval, ambassadeur en Pologne et en Portugal (1693). Deux inscriptions seigneuriales : l'une à la mémoire d'André de Tournebut, inhumé dans le chœur en 1658 ; et l'autre en souvenir de Mme Clérel de Rampen, épouse de M. Leroux d'Acquigny d'Esneval, morte en 1753. Reliquaires de sainte Austreberte et de sainte Julienne, dans le chœur. Croix de consécration sur les murs extérieurs. — Chapelle de l'ancien prieuré bénédictin de Sainte-Austreberte fondé au XI° siècle par les seigneurs de Pavilly, construction de l'époque de la transition du XII° siècle, abandonnée à la Révolution, sécularisée en 1806 et transformée en maisons d'habitation et en ateliers. Elle a été rachetée en 1860 et rendue au culte. La tradition prétend qu'elle dépendait du monastère de Sainte-Austreberte et que la sainte abbesse y fut inhumée. — Hôpital de construction récente, qui a remplacé une ancienne léproserie. Statue sépulcrale du XIII° siècle d'un ancien seigneur de Pavilly, qu'on dit être Amalbert, fondateur de la léproserie ou du monastère. ‖ *Ép. incertaine.* Fontaine sacrée près de l'église de l'ancien prieuré.

SAINTE-AUSTREBERTE. *Ép. incertaine.* Fontaine vénérée de sainte Austreberte, abbesse de Pavilly au VII° siècle, sous l'église paroissiale. On y vient en pèlerinage toute l'année, mais surtout le lundi de la Pentecôte, où l'on y allume des feux de joie. Une tradition prétend que les religieuses de Pavilly y lavaient le linge des moines de Jumiéges. Une autre tradition assure qu'un ange y est descendu visiblement. ‖ *Moyen âge.* L'église, sous le vocable de Sainte-Austreberte, garde à son chevet un fragment roman du XI° ou du XII° siècle. Le reste du chœur a été refait au XVI° siècle, surtout la belle fenêtre terminale. Les deux transepts sont du XVI° siècle et ont de belles fenêtres de ce temps. La nef, peu intéressante, doit dater du même siècle. — Pied de croix de cimetière en pierre, sculpté dans le style de la Renaissance, base octogone portant deux rangs de bas-reliefs. Au premier rang sont des scènes de la *Passion du Sauveur* : 1° le *Jardin des Oliviers*; 2° le *Baiser de Judas*; 3° la *Flagellation*; 4° l'*Ecce homo*; 5° le *Portement de croix*; 6° la *Descente de la croix*; 7° la *Mise au tombeau*; 8° la *Descente aux enfers*; 9° la *Résurrection*. Au second sont : 1° *Saint Luc peignant la sainte Vierge*; 2° le *Noli me tangere*; 3° *Saint Marc et son lion*; 4° le *Christ apparaissant à sa mère*; 5° *Saint Jean dans l'île de Patmos*; 6° *Apparition à saint Thomas*; 7° *Saint Matthieu*; 8° les *Disciples d'Emmaüs*. Ce monument, d'un grand intérêt, est malheureusement très-usé et très-mutilé. — Vieille construction du xiii° ou du xiv° siècle, près de la fontaine.

SAINT-OUEN-DU-BREUIL. *Ép. incertaine.* Dans les bois, terrassements ressemblant à un ancien camp, à ce que l'on dit. ‖ *Moyen âge.* Église sous le vocable de Saint-Ouen, construite au xiii° siècle, remaniée au xvii°. Chapelle en brique et silex de 1700 ou environ, au côté nord. Inscription obituaire de 1648, dans le mur de la nef. Cercueils de pierre du xii° et du xiii° siècle trouvés au bas de la nef, vers le nord, en 1850 et 1860. — Chapelle et manoir jadis au hameau de Maltot.

CANTONS DE ROUEN.

(Chef-lieu : Rouen.)

ROUEN. Sur les monnaies des Vélocasses, Rouen porte le nom de *Ratuma* et de *Ratumacos*. A l'époque romaine, on trouve *Rotomagus* dans Ptolémée, *Rotomagum* et *Rotomago* dans l'Itinéraire d'Antonin, *Rothomagus* sur la Table Théodosienne, *Rotomagi* dans Ammien Marcellin, *Rotomago* dans la *Notice des dignités de l'Empire*, et enfin *Rotomagum* dans une lettre de saint Paulin de Nole. Au temps des Francs, ce nom présente de nombreuses variantes, soit dans les auteurs, soit sur les monnaies. Il faut lire, depuis le vi° siècle jusqu'au x° : Rothomagum, Rothomo, Rotomagum, Rodomas, Rothomagæ civitas, Rothomo porto, Rotomago urbe, Rodomo civitate, Rodomo, Rotomam et Rotomagus; les monnaies, plus variées encore, portent les titres de : Rotomo, Rodomi, Rotomum, Rotomaci, Rodomagum, Rotomagus, Roumacus, Rothomagus, Rotumacus, etc. Pendant la période normande, ce nom, altéré encore davantage, se lit : Rotomagus, Rodomus, Rodomo, Rotomo, Rotoneus, Rottom et Romo. Sur les monnaies : Rotomalis, Rotomagus, Rotomo, Rotomoio, Rotoma, Rotomag, Rotom-Civitas. Au xii° et au xiii° siècle, au moment où la langue française se forme, Wace écrit, dans le *Roman de Rou*, Raen, Roen et presque toujours Roem. Il va jusqu'à dire : Roen eut nom Rotuma. Les *Grans chroniques de Saint-Denis* écrivent Roën, Roem, Rouem, et enfin Rouan. A l'orthographe près, c'est bien le nom actuel. — *Ép. gauloise.* Haches au nombre de quatre, dont deux en silex et deux en bronze. Vases en plus grand nombre, dont deux seulement sont bien conservés, provenant en grande partie d'un cimetière placé rue Impériale, près de la Gendarmerie et de la Caisse d'épargne. Vase et hachette en serpentine, rencontrés rue Saint-Nicolas en 1870, par M. J. M. Thaurin. Monnaies au nombre de huit, dont une en *electrum*, quatre en potin et le reste en bronze. Quelques-unes portent la légende : *Germanu Indutillii*. Conservés dans le musée rouennais de M. J. M. Thaurin. Belle épée de bronze trouvée dans la Seine en 1860; actuellement au musée départemental. Monnaies des Vélocasses, répandues dans tout le pays, avec les légendes : *Ratuma*, *Ratumacos*, *Eliocati* ou *Veliocati*, et enfin le nom du chef Suticos. ‖ *Ép. romaine.* — *L'enceinte de la cité.* Comme toutes les grandes villes de la Gaule, *Rotomagus* se divisait en deux parties, la cité, dont le nom ne s'est pas perpétué, et les faubourgs. L'enceinte était carrée. Du côté du midi, la ville avait pour défense les murs construits sur la berge de la Seine, qui devait couler à la place de la rue des Charrettes, dans l'alignement des églises Saint-Éloi, Saint-Vincent, des Cordeliers, Saint-Martin-du-Pont et Saint-Denis-de-la-Vieille-Tour. On cite même comme existant alors les trois îles de la Roquette, Saint-Clément et Saint-Éloi, qui se seraient ensuite soudées à la terre ferme. A l'orient, les murs étaient baignés par la rivière de Robec. Ils commençaient à la Place-Eau de Robec ou porte Saint-Léonard, et descendaient par les rues du Père-Adam et des Prêtresses, ligne presque représentée aujourd'hui par la rue Impériale. Au septentrion, l'enceinte partait de la rue du Petit-Mouton, suivait la rue Géricault, ancienne rue de l'Aumône, et celle des Fossés Louis VIII jusqu'à la Poterne. Dans ce quartier, la cité possédait, outre les murs, trois fossés qui ont subsisté jusqu'à Philippe-Auguste. A l'occident, le ruisseau de la Renelle ou fontaine de Gaalor longeait l'enceinte par les rues de la Renelle, de la Poterne, du Tambour et des Belles-Femmes, que remplace à peu de chose près la rue de Jeanne-d'Arc. Des tours rondes ou carrées étaient échelonnées le long des murs, dont on retrouve encore les bases à 5, 6 et 7 mètres au-dessous du sol actuel. Les quatre portes principales étaient la porte Cauchoise ou Massacre, là où s'élève aujourd'hui la Grosse-Horloge; la porte Orientale ou de Martainville, près de l'église Saint-Maclou; la porte de la Roquette ou du Pont, donnant sur la Seine et au bas de la rue Grand-Pont; la porte Beauvoisine ou de Sainte-Apolline, au carrefour de la Crosse ou des Carmes. Les portes moins importantes étaient la porte Saint-Léonard, près des boucheries Saint-Ouen; la porte de la Poterne, près de la rue de ce nom, et la porte aux Fèvres ou du Quai,

près de l'église Saint-André-aux-Fèvres. (Voir les Mémoires de MM. Rondeaux de Sétry, Gosseaume, Licquet, Chéruel, Richard et Fallue.) — *Les voies.* Voie de Rome, qui se rendait à la capitale du monde par *Ritumagus* (Radepont), *Petromantalum* (Magny), *Lutetia* (Paris), *Augustobona* (Troyes), *Agedicum* (Sens) et *Lugdunum* (Lyon). Elle quittait Rouen par la porte Orientale ou de Robec, longeait la chaussée devenue la rue Martainville, passait par le Nid-de-Chien, Carville et le Mont-Main. — Voie de la Mer, prolongement en sens inverse de la première, conduisant à l'embouchure de la Seine par *Lotum* (Caudebec-en-Caux), *Juliobona* (Lillebonne) et *Caracotinum* (Harfleur). Après avoir traversé Rouen par la Grande-Rue, nom qui se retrouve dans presque toutes les anciennes villes, elle en sortait par la porte Massacre ou Cauchoise, continuait la rue de la Grosse-Horloge, où on l'a récemment retrouvée, traversait le Vieux-Marché, longeait les rues Cauchoise et Saint-Gervais, toutes bordées de sépultures, pour gravir enfin la côte du *Mont-aux-Malades*, où des cercueils se montrent tous les jours. — Seconde voie de Rome par Paris, suivant la rive gauche de la Seine et passant par *Uggate* (Caudebec-lez-Elbeuf) et *Mediolanum* (Évreux). Elle sortait de Rouen par la rue Grand-Pont, la porte de la Roquette, traversait la Seine sur le pont de bois qui précéda le pont de pierre du XII° siècle, et dont l'existence, révélée par les auteurs carlovingiens, ne saurait être révoquée en doute pour l'époque romaine. — Voie de la basse Normandie, sortant aussi de Rouen par le pont de la Seine et le faubourg d'Émendreville, aujourd'hui Saint-Sever. Par elle la métropole communiquait avec les cités de *Crociatonum* et d'*Alauna*, par *Augustodurum* (Bayeux), *Arægenus* (Vieux), *Noviomagus* (Lisieux) et *Breviodurum* (Brionne ou Pont-Audemer). Cette voie bifurquait près de l'église Saint-Sever et passait par le Grand-Couronne et Moulineaux, où les anciennes sépultures ne manquent pas. — Voie de Beauvais par Ry et Neuf-Marché. On a supposé qu'elle sortait de Rouen par la porte Beauvoisine, à cause même du nom de la rue; mais il est présumable qu'elle quittait la cité antique par la porte Saint-Léonard ou de Saint-Ouen, qu'elle longeait la rue des Faulx, la rue Saint-Hilaire, où l'on trouve des urnes à ossements romaines, et enfin le bourg de Darnetal ou de Longpaon. C'est la route que dut suivre le corps de saint Ouen, quand il rentra à Rouen sous nos premiers ducs. — Voie de Picardie, sortant par la porte de Sainte-Apolline, au carrefour de la Crosse. Elle servait pour la Picardie et pour cette portion du Beauvoisis qui prit le nom de pays de Bray. Connue sous le nom d'*Aubo-Voie* (Alba Via) dans toute la traverse du faubourg romain, l'antique *suburbium*, elle était alors bordée d'urnes à ossements et de squelettes. Elle montait la côte par Bihorel pour se diriger, par le Boisguillaume, Isneauville et Quincampoix, sur la station romaine de Cailly et de Saint-André. Là elle devait se bifurquer pour se diriger, d'un côté vers Dieppe et la mer par le *Chemin des fées*; de l'autre vers Amiens et Boulogne par Neufchâtel et la station romaine d'Épinay. — Des chemins secondaires pouvaient exister qui conduisaient : l'un à Paris, par Gany et les Andelys, la route que suivit saint Nicaise; l'autre à Oissel, par Saint-Étienne, Quatre-Mares et Sotteville, localités remplies de sépultures; un troisième à *Duroclarum* (Duclair) et à *Gemeticum* (Jumiéges), par la rue du Renard, toute bordée de tombeaux romains, par Bapaume, Canteleu et la forêt de Roumare. Ces voies, reconnues depuis quelques années sous les rues de la Grosse-Horloge, des Carmes, Beauvoisine et de l'Hôpital, sont formées d'un véritable béton composé de cailloux cassés du volume de grosses noix et enveloppé de laitier ou mâchefer mêlé à des parcelles de cuivre et à des os d'animal, mélange qui forme un mastic plus dur qu'une maçonnerie et que la pioche ne peut entamer. — *Épigraphie.* Borne milliaire qui, en 1668, était conservée chez M. Bigot, doyen de la Cour des Aides, «homme curieux et intelligent de «l'antiquité,» au rapport de Farin. Elle avait été trouvée environ trente ans auparavant (vers 1640) et envoyée à Rouen. Mais aucun auteur contemporain n'en indique la provenance, que M. Lambert revendique aujourd'hui pour Bayeux ou les environs. Cette pierre, qui était cylindrique comme toutes celles de son espèce, avait de 3 à 4 pieds de haut. Ce n'était pas le piédestal d'une statue, comme on le croyait à Rouen au XVII° siècle, mais une simple borne milliaire dressée au temps de Tétricus, portant l'inscription : C. PESVBIO TETRICO NOBILISSIMO CÆS.P.F.A.L.I; c'est-à-dire : «Caio Pesubio Tetrico, nobilissimo Cæsari, Pio, «Felici, Augusto; Leuca prima,» ou, comme le veut M. E. Lambert : «Augustoduro (Bayeux), Leuca prima.» Perdue aujourd'hui. — Inscription de quatre ou cinq mots latins en lettres onciales, environ de la même grandeur que celles de l'inscription qui est dans le cimetière d'Angers, sur l'un des trois cercueils de pierre trouvés dans le cimetière de Saint-Gervais vers 1660, lors de la construction du mur qui le ferme au nord, suivant Lebrun-Desmarettes. — Inscriptions découvertes à la fin du XVII° siècle, suivant Servin dans son *Histoire de Rouen.* — Sarcophage trouvé dans la rue Roulland, sur la côte de Saint-Gervais, en 1833, long de 2^m,44, large de 0^m,68 et haut de 0^m,65, ne présentant aucune décoration, sauf sur la face extérieure ces quelques mots malheureusement incomplets : .....
EVERINI EVERI FILI, ce que M. Deville complète et traduit ainsi : «Aux dieux mânes d'Everinus, fils d'Eve«rus.» — Cippe carré, haut de 2 mètres et large de 0^m,77, employé, au IV° siècle, dans la muraille militaire de *Rotomagus*, où il a été retrouvé en 1839, sur

la place des Carmes, à l'angle de la rue Géricault, dans cette partie qui a pris le nom de rue des Arsins. Sur un côté est figuré l'*ascia*, sur l'autre est tracée en beaux caractères l'inscription suivante :

DM.M
CASSIOLÆ
PATERNVS
MAR.POSVIT.

Les cendres étaient enfermées dans une niche carrée creusée dans la pierre au-dessous de l'inscription, et cachées derrière une dalle maintenue par des crampons de fer, dont la trace existe encore. Conservé au musée d'antiquités. Deux vases trouvés en 1826 dans un tombeau de la rue du Renard, portant les mots : AVE et MISCE. — Noms des potiers inscrits sur des vases et des fragments de vases, en outre de ceux que M. J. M. Thaurin a recueillis au nombre de deux cents environ : CINNAN..., VIMIF, CLIVAILAO, MOCXINO, PARNI, CACABIOF, MASCITOM, CINNATIM, PRIMVSF., OF. MICA ou MICAR, CU..., OF. SEVERPVD, ...RRICCOI.M, CRACISAF, LUPPAF, OFMACCAR, IIVIN, SA..., MOX..., NATIN., MOXIUS, PATERCLINI OF, BURDO. — Cachet d'oculiste trouvé en 1863 par M. J. M. Thaurin. — Trois anses d'amphore portant une inscription moulée en relief, en partie effacée, où l'on peut lire : C.IMIL? C.M...SS.? P MIS.SVP.? que l'on croit provenir de Rouen, et appartenant au musée d'antiquités. — Anse d'amphore portant l'inscription : M...SSI DIOR? à M. Paul Baudry. — *Cimetières et sépultures*. L'inhumation romaine se partage en deux modes : celle des ossements provenant d'incinérations ; celle des corps. Le premier mode, qui paraît le plus ancien, se montre dans les faubourgs et aux portes de la cité, tandis que le second s'étend jusqu'au pied des collines. — Vases en terre et en verre, deux monnaies romaines et ossements, dont un flacon de verre parfaitement conservé, au musée départemental, trouvés en 1823 en creusant une cave rue Saint-Hilaire, n° 102, le long de l'ancienne voie de Beauvais. — Urnes de plusieurs sortes et cruches renfermant des ossements brûlés, recueillis le long de l'Aube-Voie, dans l'ancien couvent de Saint-Louis, par M. J. M. Thaurin. — Vases de terre et de verre accompagnés de monnaies, notamment un Héliogabale, trouvés dans le même cimetière en 1840, rue Beauvoisine, n° 50. — Poteries et verreries, dont un flacon de verre contenait encore du liquide, rencontrées avec des monnaies du Haut-Empire. — Cimetière romain du IV° et du V° siècle trouvé rue d'Ernemont, dans l'enclos du couvent, en 1852. — Le long de l'Aube-Voie, à 0^m,50 ou 0^m,60 du sol, on a reconnu, au milieu de tuiles à rebords et de moyens bronzes romains, douze ou quinze squelettes sans sépulture, et huit cercueils en plomb orientés est et ouest, dont trois grands, deux moyens et trois petits, ayant été enterrés dans des coffres de bois dont on retrouva les clous. Ils contenaient des ossements d'hommes, de femmes et d'enfants. Un de ces cercueils offrait cinq médaillons en plomb et l'autre treize ; tous représentaient des têtes de Méduse. Une croix de Saint-André était tracée à la pointe vers la tête de l'un des trois enfants. Conservés au musée d'antiquités. — Squelette humain inhumé dans un coffre de bois, ayant près de la tête une fiole de verre qui contenait un petit bronze de Tétricus ou de Victorinus, trouvé en août 1860 rue Impériale, au nord de la Gendarmerie, dans un terrain dépendant du cimetière Saint-Louis. — Cimetière très-important le long de la voie de la Mer, dans le quartier de Cauchoise et sur la côte de Saint-Gervais. — Poteries et verreries, parmi lesquelles un vase en forme de barillet, rencontrées en 1840 sur le boulevard Cauchoise, au nord de la Préfecture. — Fragments de vase en terre cuite trouvés sur l'emplacement de la porte Cauchoise.— *Olla* en terre grise rencontrée rue Porte-aux-Rats, en décembre 1862. Ce vase, en forme de pot au feu, conservé par M. Thaurin, est le type de l'urne cinéraire des Calètes et des Vélocasses. — Cercueils sous forme d'auge, vides, quoique fermés d'un couvercle aplati, trouvés à Saint-Gervais en 1781, lorsque, par suite de la déclaration de Louis XVI, on commença à inhumer en dehors des villes. — Tombeaux de pierre découverts près du cimetière Saint-Gervais, signalés par M. Périaux à l'académie de Rouen en 1806. — Tombeaux de pierre en grand nombre, qui se voyaient autour de la crypte de Saint-Gervais et de l'emplacement du château des ducs, signalés par M. Aug. Le Prevost en 1813. — Squelette aux pieds duquel était un vase blanc très-mince, trouvé à 3 mètres du sol, dans la rue Saint-André-hors-la-Ville, près de la rue Saint-Maur, en 1825. Dans les jambes du mort était une pile de vingt-sept quinaires en bronze, très-minces et agglomérés. Ces pièces étaient du Bas-Empire et presque toutes de Constantin le Jeune ; quelques-unes portaient le nom de *Constantinopolis*. Il est probable que la sépulture était du IV° siècle. — Plusieurs cercueils, dont un renfermait un squelette qui, parmi les ossements de ses mâchoires, possédait cinquante quinaires en bronze, deux de Tétricus, trouvé rue du Renard, n° 20, en 1826. — Cercueils en plomb qui furent jugés, avec raison, appartenir au IV° siècle de notre ère, trouvés en 1827 et en 1828, lors de la construction de la maison qui, dans cette même rue du Renard, est voisine du n° 20. L'un d'eux, conservé au musée de Rouen, était le tombeau d'un enfant, renfermant des vases, des perles, des colliers, des bracelets, des monnaies de Julie Mammée, des deux Posthume et de Tétricus. (Voir la description et le dessin de ces sépultures par H. Langlois.) — Cercueils de pierre et un cercueil en plomb, contenant des ossements, découverts vers 1830, dit M. de la Quérière, dans la cour de l'ancien pres-

bytère de Saint-Gervais, aliéné à la Révolution. — Cercueil en plomb renfermant les ossements d'une femme, avec des monnaies de Tétricus et deux vases de verre, l'un à la tête et l'autre aux pieds, trouvé rue Saint-Gervais en 1831. — Deux tombeaux en pierre avec couvercle demi-cylindrique rencontrés au n° 12 de la rue Roulland, en 1833. La face de l'un est décorée de deux têtes, de boucliers et d'enseignes entrelacées. L'autre porte seulement cette inscription incomplète :
...EVERINI EVERI FILI.
Ces deux grandes auges, longues de 2ᵐ,11 à 2ᵐ,44, sont larges de 0ᵐ,68 à 0ᵐ,74 et hautes de 0ᵐ,60 à 0ᵐ,65. — Deux sarcophages placés l'un à côté de l'autre, trouvés rue Roulland, n° 12, en 1837. L'un est en marbre rouge, l'autre en pierre de Vergelé, tous deux d'un seul morceau, creusés en auge et fermés par des dalles. Le cercueil de marbre, long de 2 mètres et large de 0ᵐ,72, provient des carrières de Thorigny (Calvados). Il contenait une femme ayant des fioles de verre de chaque côté de la tête, et des gobelets blancs et fins au-dessous du crâne ainsi que près des hanches. Le cercueil de pierre, de 1 mètre de long seulement et recouvert de dessins, en renfermait un autre en plomb orné de nœuds et de bâtons brisés. Il contenait le corps d'un enfant. M. Deville attribue ces sépultures au iv° ou au v° siècle. Près d'eux ont été recueillis un flacon de verre à cou de cygne et des épingles en os. — Sarcophage de pierre trouvé à 2 mètres de profondeur, dans la rue Louis-Auber, en juillet 1841. Il contenait le squelette d'un homme, avec une fiole de verre à parfums. A côté de lui étaient deux sarcophages en plomb accompagnés de clous en fer indiquant une enveloppe de bois. Comme le précédent, ils étaient orientés est et ouest. (Voir le dessin du cercueil de pierre dans les archives de la Commission des antiquités.) — Mur romain, probablement du temps de saint Victrice, fondé sur des sarcophages de pierre, trouvé en 1846 dans les fondations de l'extrémité occidentale de l'aile droite de l'église Saint-Pierre. — Cercueils de pierre aux abords de la même église, coupés en 1863 pour l'installation des conduites de gaz. — Deux cercueils de pierre, qui paraissent antiques, le long de la chaussée de la rue Taburet, contiguë à la rampe Saint-Gervais, et qui annoncent que la nécropole s'étendait de ce côté. — Deux sarcophages de pierre entièrement vides trouvés dans la même rue en 1864. — Sépultures trouvées pendant les travaux de déblai opérés dans le *Clos de Campuley*, près de la rue de la Maladrerie, de 1861 à 1864. Là, les corps avaient été mis en terre dans des cercueils de bois dont on retrouve les longs clous, les pentures et les couplets des couvercles. — Un sarcophage en pierre et une monnaie d'argent de Caracalla découverts, suivant M. Thaurin, près de ces vestiges de bières, semblent les rattacher à l'époque antique. — Cercueils en bois, en pierre et en plomb trouvés à Sotteville et à Quatre-Mares en 1842 et en 1843 bordant une ancienne voie. (Voir l'article SOTTEVILLE, la *Normandie souterraine*, la *Revue de Rouen* et les *Notices* de M. Deville.) — *Monnaies.* On ne saurait douter que Rouen n'ait possédé un atelier monétaire à l'époque romaine, surtout pendant les trois derniers siècles que cette cité était érigée en métropole; mais, jusqu'à présent, on ne connaît aucune pièce portant le différent de Rouen. Les monnaies de bronze sont, comme partout, les plus communes. Elles se rencontrent sous toutes les formes : grand, moyen ou petit module. Les quinaires sont également abondants; il s'en est présenté plusieurs dépôts, notamment dans les sépultures. Les monnaies d'argent s'y trouvent assez fréquemment, surtout les pièces altérées et à bas titre des tyrans gaulois du iii° siècle. L'or y est fort rare. Les monnaies des empereurs et des impératrices sorties du sol de Rouen donnent les noms suivants, rangés chronologiquement : Auguste, Claude, Néron, Vespasien, Domitien, Trajan, Plotine, Adrien, Antonin, Faustine, Lucius Verus (un médaillon en or), Marc-Aurèle, Commode, Septime Sévère, Julia Domna, Géta, Caracalla, Héliogabale ou Élagabale, Alexandre Sévère, Sallustia Orbiana, Gordien III, Philippe père et fils, Otacille, Trajan-Dèce, Étruscille, Herennius Etruscus, Trébonien-Galle, Volusien, Valérien, Gallien, Posthume, Victorin, Tétricus père et fils, Quintillus, Aurélien, Dioclétien, Maximien, Carausius (287-293), Constance-Chlore, Constantin le Grand, Crispus, Gratien, Justin (518-527) (sol d'or aux Chartreux). Ceux dont les noms reviennent le plus souvent sont, pour le très-haut Empire : Adrien, Trajan, Antonin, Faustine et Marc-Aurèle; pour le temps des guerres intestines du iii° siècle : les Gordien, les Gallien, les Volusien et les Valérien. Enfin, comme dans le reste de la Gaule, aucune image n'est plus prodiguée que celles des Posthume, des Philippe et des Tétricus, qui ont dû habiter Rouen et y posséder un important atelier monétaire. Les monnaies de Constantin, de ses fils et de leurs successeurs du iv° siècle sont également communes. Mais la période qui va de Commode (192) à Gordien (238) en fournit peu. La série impériale s'arrête à Gratien; les Césars qui suivent ayant à peine régné sur ces contrées, leurs monnaies de bronze ne s'y trouvent plus, bien que l'on rencontre leur or, qui était une marchandise. Les monnaies de Carausius, usurpateur gaulois qui, en 287, revêtit la pourpre dans la Bretagne, et régna quelques années sur les deux rives de la Manche, se trouvent en plusieurs dépôts. Les points sur lesquels ont été recueillis les principaux groupes monétaires sont : la rue des Carmes, où l'on en compta quatre-vingts en 1789; la rue Saint-André, où l'on remua une pile de vingt-sept quinaires de bronze en 1825; la rue du Renard, où des tombeaux présentèrent, en 1827 et en 1828, des monnaies éparses et

des bronzes percés? la rue Beauvoisine, en 1840 et en 1848; l'abbaye de Saint-Amand, qui donna en 1858 trente-six pièces d'argent, des bronzes en 1856 et trois cents bronzes en 1846; la rue de l'École, en 1847; la place de l'Hôtel-de-Ville, en 1853 et en 1861; et le Vieux-Marché, en 1861; la rue Jeanne-d'Arc, qui fournit en 1864 un vase de métal contenant quarante-trois belles monnaies, dont quatre en bronze et trente-neuf en argent, toutes parfaitement conservées. La série commençait à Trajan (117) pour finir à Volusien (254), époque probable de l'enfouissement du trésor. Plusieurs de ces pièces appartenaient à des impératrices, et quelques-unes d'entre elles étaient rares, telles que Plotine et Sallustia Barbia Orbiana. Avec ce trésor monétaire se trouvait un joli miroir en argent encore poli et muni d'une anse fort élégante. — *Documents historiques et monuments archéologiques.* Les documents historiques nous apprennent peu de chose sur le Rouen gallo-romain. Ptolémée donne seulement le nom de la cité des Vélocasses. La *Notice des dignités de l'Empire* place dans cette ville le préfet du corps des soldats Ursariens. Rouen, converti au christianisme dans le cours du IIIe siècle, devient le siége de l'évêque métropolitain de la seconde Lyonnaise. Avitien, son second évêque, assiste au concile d'Arles en 314; Eusèbe, son quatrième pontife, au concile de Cologne en 346. Saint Victrice, ami de saint Martin de Tours et de saint Paulin de Nole, dont les lettres montrent Rouen rempli de monastères et d'églises, nous apprend, dans son traité *De la gloire des saints* (De laude sanctorum), qu'il construisit l'église de Saint-Gervais et de Saint-Protais. La crypte de Saint-Gervais, primitivement un *martyrium*, est un parallélogramme terminé par un demi-cercle, long de 11^m,40, large de 5^m,25 et haut de 5^m,30 sous une voûte en berceau. Elle est construite en un petit appareil chaîné de briques qui, en grande partie, disparut au moyen âge. A droite et à gauche du *presbyterium* sont des ouvertures carrées, espèces d'armoires ou *sacraires*, et de chaque côté de l'entrée, deux *arcosolia* en plein cintre où étaient placés les tombeaux de saint Mellon et de saint Avitien, premiers évêques de Rouen. L'ouverture percée dans l'abside est postérieure à la construction. On pénétrait autrefois dans cette crypte par un passage voûté en tuf qui venait du chœur. Cette entrée a été bouchée et détournée en 1680. Au-dessus s'élève l'abside de l'église, flanquée de quatre contre-forts en forme de colonnes surmontées de chapiteaux. L'un est corinthien, l'autre figure un aigle aux aigles éployées; les deux derniers sont d'ordre toscan; ils portent avec eux leur astragale. == La Cité. — *Place de la Cathédrale, ancien parvis.* Mur en brique et pierre signalé à 7 mèt. de profondeur, sous la tour de Beurre, par M. de la Quérière, en février 1829, lorsque l'on creusait les fondations d'un contre-fort destiné à consolider le portail.

Monnaies de Néron et de Domitien recueillies parmi des débris de murs par M. Deville, à 20 mètres de profondeur, à la base de la même tour. Restes de fondations antiques trouvés en septembre 1830, lorsqu'on établit, au côté nord du portail, un contre-fort symétrique près de la tour Saint-Romain. — *Rue Saint-Romain, enclave de l'archevêché.* Tuiles, briques et petit bronze du Bas-Empire, portant le nom de *Constantinopolis*, recueillis à 8 mètres de profondeur, en 1825, pendant qu'on creusait le puits du paratonnerre de la flèche de pierre. — *Passage Saint-Herbland, angle des rues des Carmes et de la Grosse-Horloge.* Murs appareillés de pierre et chaînés de briques, percés d'ouvertures en brique, trouvés à une profondeur de 6 mètres, en 1828, dans les fondations de l'hôtel Saint-Herbland. (Dessiné par M. H. Langlois pour les archives de la Commission des antiquités.) — *Rue de la Grosse-Horloge, n° 14.* Débris d'architecture, tuiles à rebords, plates ou convexes, mortiers et monnaies frustes, trouvés en 1861 dans les fondations d'une maison. — *Rue Massacre, près de la rue de la Grosse-Horloge.* Débris recueillis en 1812. — *Rue Saint-Étienne-des-Tonneliers, n°s 14 et 15.* Hypocauste placé au sud d'une construction, signalé en 1822 par M. de la Quérière à une profondeur de 4 mèt. Une portion fut détruite, mais une grande partie passe sous la rue et n'a pas été entamée. Second hypocauste dans la direction de l'ouest, avec conduit en ciment et en terre cuite, briques et grandes dalles de pavage. Cinquante ou soixante monnaies, parmi lesquelles on distinguait un Gallien en argent et deux Constantin en bronze recueillis au milieu des déblais. L'opinion qui veut que le sol de Saint-Étienne-des-Tonneliers ait été autrefois une île ou sous les eaux, et qu'il n'ait été réuni à la terre ferme qu'au temps des premiers ducs, recevrait ici un premier démenti. — *Rue Impériale, précédemment rue des Prêtresses.* Très-belle construction signalée par M. l'abbé Cochet au printemps de 1846, lors de la confection de la nouvelle rue Impériale, aux abords de l'ancienne rue des Prêtresses, au niveau des eaux de Robec et à 2 ou 3 mètres du sol; c'était une maison particulière, dont on reconnut une salle longue de 4^m,15 et large de 3^m,85. Ses murailles, hautes d'environ 2 mètres, étaient encore décorées de peintures bien conservées représentant des lambris et des panneaux de marbre simulés. Le pavage se composait de carreaux en terre cuite de 0^m,60 de long sur 0^m,40 de large et 0^m,05 d'épaisseur, reposant sur les piliers d'un hypocauste. Des conduits sortaient du calorifère et garnissaient les murs. M. Deville attribue cette maison au IIIe siècle de notre ère. Les matières colorantes analysées par M. J. Girardin ont été reconnues pour avoir été appliquées à la cire. (Quatre belles planches peintes en couleur par M. Deville, et représentant les murs, le pavage, le chauffoir et les peintures de cette curieuse habitation, existent dans les archives de la Commission des antiquités.) — *Rue Impériale, aux abords de la rue Saint-Nicolas.* Fondations d'une habitation, avec des tuiles et des poteries reconnues au bord du ruisseau de Robec. Tuiles à rebords trouvées en 1861 entre la rue Saint-Nicolas et la rue Saint-Romain. — *Rue Saint-Nicolas, en face de la rue de la Croix-de-Fer.* Murs et vases rencontrés en 1870. Ce lieu, voisin de l'église, était l'ancien collége de Darnetal. — *Rue de la Chaîne, en face de la rue Neuve-Saint-Amand.* Tuiles et briques signalés en 1829, par M. de la Quérière, dans le jardin de l'ancienne abbaye de Saint-Amand. Tuiles à rebords, grandes briques et conduits de chaleur extraits en présence de M. J. M. Thaurin, en 1858, au n° 6 *bis* de la même rue. — *Rue Impériale, hôtel Saint-Amand.* Trente-six monnaies en argent et en billon des Philippe, de Gordien père, de Trébonien-Galle, de Trajan-Dèce, de Volusien, d'Héliogabale, d'Hérennius, d'Otacille et d'Étruscille, rencontrées en 1858 et entrées au musée de Rouen. — *Impasse Saint-Amand.* Grandes et belles briques et mur épais d'un mètre, composé de fortes pierres alternées d'assises de brique, trouvé en juillet 1848, en creusant un puits, à 5 mètres de profondeur. — *Rue Impériale, près de Saint-Amand.* Vases, tuiles, poteries à reliefs, bronze d'Antonin, d'Adrien et de Tétricus, trouvés en 1856. — *Rue Impériale, près de la rue du Petit-Loup.* Muraille se prolongeant sous l'enceinte de l'abbaye de Saint-Amand, aperçue en 1846. Un vase de terre, trouvé près de ce mur, contenait trois cents monnaies de bronze de Gallien, de Victorin, de Tétricus et surtout de Carausius. — *Rue de la Boucherie-Saint-Ouen.* Murs, claveaux et briques trouvés en 1834, en établissant un aqueduc. — *Place des Carmes.* A différentes reprises, cette place s'est montrée féconde en découvertes. Fondations en briques d'une très-grande épaisseur, supportant la façade de la maison n° 31, construite en 1818. Fragment de colonne gigantesque trouvé près de là. Crépis coloriés et épais mortiers rencontrés vers 1830 et recueillis par M. Jean Rondeaux. Épaisse muraille que l'on considère comme l'ancienne enceinte militaire de *Rotomagus*, dont la base était faite avec de fortes pierres sculptées provenant d'anciens édifices, notamment de tombeaux, trouvée en 1839 dans la direction de la rue des Arsins pendant la démolition d'un bâtiment conventuel. C'est là que se trouvait le cippe funéraire de Cassiola. (Voir les *Sépultures*.) On recueillit dans cette fouille une quantité considérable de pierres taillées, de tuiles à rebords, de poteries de toute sorte, de monnaies de bronze du Haut comme du Bas-Empire. Statuette de Mercure trouvée le 5 septembre 1839. Cette figurine de bronze montre le dieu du commerce vêtu de la clamyde et la bourse à la main, debout sur son piédestal aussi en bronze et de forme hexagone. Acquise en 1854 par le musée de Rouen, pour la somme de 500 francs, de M. Thaurin, qui l'avait sauvée. — *Rue des Carmes, n° 85.* Forte muraille greffée sur une plus ancienne encore et qui courait dans le sens de la rue, trouvée en 1789 par M. de Torcy, architecte, à 6 mètres de profondeur. C'était un mur en petit appareil chaîné de briques. La porte, haute de 3 mètres, était à 10 pieds de profondeur. A 20 pieds se voyait une salle pavée en pierre de Chiquart, du bassin de Paris. Ce mur se prolongeait sous l'hôtel de France. Sur son tracé, M. de Torcy crut reconnaître la forme de deux tourelles. Un autre mur, placé à 7 mètres du sol, se dirigeait vers Saint-Lô. Cette maçonnerie avait 1^m,50 d'épaisseur. Un troisième mur, enseveli à la même profondeur, paraissait se diriger également vers l'hôtel de France. On remarqua, encore en place, une grille de fer maillé d'environ 2 mètres de largeur. Au milieu de ces ruines, on distingua un cube en pierre de Saint-Leu, qui était sculpté, et où l'on crut reconnaître l'image d'une croix. Il s'y trouvait aussi des charbons en abondance et du blé brûlé, restes d'un vaste incendie; une couche très-épaisse de côtes de cheval, sans autres ossements du même animal; un vase en terre et des épingles en ivoire. (Voir le mémoire de M. de Torcy, imprimé en 1818 par l'académie de Rouen.) — Ancienne abbaye de Saint-Lô, centre important de débris antiques, emplacement, à ce qu'assure la tradition, de l'ancien temple de Roth, dont les autels furent renversés par saint Mellon. Suite d'appartements et fragments d'inscriptions trouvés au milieu d'un amas de tuiles et de poteries antiques, en 1817, dans des fouilles pratiquées sous l'administration de M. de Kergarion, et signalés par M. de la Quérière. Aqueduc et murs coloriés, dont M. Jean Rondeaux a conservé les crépis, trouvés en 1818. Paille brûlée et ossements de cheval trouvés à 5 mètres de profondeur, en 1820. Belles constructions antiques se reliant à celles qui furent trouvées en 1789 dans la rue des Carmes, suivant M. Licquet, qui les a vues en 1824. Cercueil de pierre au milieu de sarcophages de plâtre, découvert en 1847 dans l'école normale, qui a remplacé le monastère. Grandes et belles tuiles épaisses de 0^m,40, larges de 0^m,32 et longues de 0^m,42, extraites, en février 1848, de la rue Saint-Lô, n° 26, à l'angle d'un mur soigneusement travaillé, suivant M. A. Deville. — *Rue Socrate, n°^{s} 13 et 15.* Squelette d'un homme, accompagné d'une lance et d'un casque, et squelettes d'un cheval et d'un cerf, trouvés vers 1825 dans les fondations. — *Même rue, n° 26, à l'encoignure de la rue des Fossés-Louis VIII.* Murs couverts de peinture et vases dans une demeure adossée à la muraille militaire, reconnus en avril 1863. — *Rue des Fossés-Louis VIII.* Restes de colonnes et de murailles solides et épaisses, restes probables de l'enceinte militaire, vus en 1851 par A. Pottier. — *Rue Saint-Lô et rue Boudin.* Voie pavée, à 5 mètres du sol, avec débris de vases et de monnaies trouvés en 1844, lors de l'achèvement du palais de justice. M. Deville a laissé le récit de ces découvertes. == SUBURBIUM OU FAUBOURGS DE LA CITÉ. — *Quartier Saint-Maclou*. — *Rue Malpalu*. Fragment de gobelet en verre bleu trouvé en 1840 et déposé au musée. — *Rue d'Amiens, près de l'ancienne rue Pigeon*. Piliers d'un hypocauste et tuiles à rebords en grand nombre trouvés en 1860 dans les fondations d'une maison. Autres restes d'un hypocauste, au n° 19, trouvés en 1858. Statuette en bronze, monnaie de bronze de Lucille, fondations de murs et hachette en silex recueillis en 1858. Nombreux débris constatés en 1854 dans la rue Pigeon. — *Rue du Chemin-Neuf, au pied de la côte Sainte-Catherine*. Pied de vase en verre blanc très-irisé recueilli vers 1840. Tuiles, poteries et mortiers, avec monnaies de Marc-Aurèle en grand nombre, déterrés en 1864 près du cimetière du mont Gargan. — *Côte Sainte-Catherine*. Tuiles trouvées en 1838 près de l'ancien fort; bronze de Posthume, en 1841; tuiles et monnaies impériales en bronze et en billon, en 1852. — *Rue Saint-Hilaire, n° 102, à l'hôtel Saint-François*. Vases et monnaies trouvés en 1823. (Voir *Sépultures*.) — *Quartier Saint-Ouen ou Beauvoisine*. — *Place et jardin de l'Hôtel-de-Ville*. Tuiles et poteries signalées par M. E. de la Quérière dans les excavations nécessitées pour la plantation des mâts de jalonnement de la rue Impériale. Meules à broyer trouvées sur la place en 1835. Deux meules à broyer rencontrées près du pavillon nord de l'hôtel de ville par M. Deville en 1847 et placées au musée d'antiquités. Poteries en grand nombre rencontrées en 1853 dans la construction d'un aqueduc. M. J. M. Thaurin y recueillit vingt noms ou marques de potiers sur des vases de terre rouge. Monnaies de bronze de Domitien, de Trajan, d'Adrien, de Faustine, de Julia-Domna et de Posthume découvertes dans la rue des Murs-Saint-Ouen, de 1861 à 1863. Poteries, vases rouges, épingles en os recueillis sur la place de l'Hôtel-de-Ville par M. Paul Baudry. Constructions bien conservées, avec poteries rouges et noires, à l'angle de la rue de la Cigogne; tuiles à rebords, défenses de sanglier et objets en os, rue de la Perle, reconnus en 1862 par M. P. Baudry. Tuiles à rebords dans la rue des Faux, en 1834, et traces d'une voie antique et poteries romaines de toute couleur, monnaies en bronze de grand et de petit module, à 4 mètres du sol, dans la même rue. Amulette de bronze et monnaies antiques recueillies dans le *Clos des Marqueurs*, près de Saint-Nicaise. Tuiles à rebords et autres débris, en 1836, dans l'hôtel de la recette générale, rue de la Seille, et vase en terre grise avec fragments de verre blanc dans la même rue, en 1840. — *Rue et place Beauvoisine*. Ancienne voie; poteries et monnaies appartenant à des cimetières par incinération des premiers siècles, au n° 50, en 1840, et paquet de monnaies en argent et en billon du IV° siècle, de Philippe, Gordien, Trajan-Dèce, Otacille, Étruscille, Herennius, Trébonien-Galle, Volusien et Gallien, en 1858. Poteries, verreries et bronzes qui devaient provenir de sépultures, sur la place Beauvoisine. Monnaies sur les hauteurs de Bihorel. — *Quartier Bouvreuil, sur l'emplacement du château de Philippe-Auguste*. Muraille en petit appareil chaîné de briques, reconnue dès 1838 dans l'enclos des dames Ursulines. Elle descendait jusqu'à 7 mètres de profondeur et courait est et ouest. (Voir le dessin dans les archives de la Commission des antiquités.) Muraille construite sur pilotis et prenant naissance à 8 mètres du sol, au pied du donjon. Là passaient les eaux de la fontaine de Gaalor, devenue plus tard le ruisseau de la Renelle. Débris en grand nombre exhumés en 1841, lorsque l'on perça la rue Alain-Blanchard et que l'on démolit la tour Bigot. On trouva un puits tout rempli de tuiles et de poteries, un vase en terre grise, un moyen bronze de Commode et un vase rouge à reliefs représentant une femme nue dans la pose de la Vénus de Médicis. Murailles en moellon chaîné de grandes briques, à l'entrée de la rue Jeanne-d'Arc, à la hauteur de la rue Morand, en 1862. Amphores brisées recueillies entre la rue Morand et la place Solférino. Monnaies de Néron et d'autres empereurs, vues en juin 1862 au bas de la rue Bouvreuil, tout près de la rue Saint-Laurent. Tuiles, poteries et monnaies, conduit d'eau en pierre et base de colonne qui est entrée au musée, trouvés en 1862 dans l'ancien presbytère de Saint-Laurent, rue de l'Hôtel-de-Ville. Goulot d'amphore, tuile faîtière et fragments de creuset recueillis en 1840 dans la rue du Coquet. Constructions antiques et débris divers reconnus dans la rue Saint-Laurent. Mur antique de 3 à 4 pieds d'épaisseur, se prolongeant vers la rue Bouvreuil, au n° 3 de la rue de l'École, découvert en 1810. Ce mur était composé d'assises de carreaux en terre cuite, d'un pied en carré, maçonnées à bain de mortier. On en démolit 3 mètres. Mur épais de 0^m,66 et appareillé de moellon à chaînes de briques trouvé en 1831, au n° 14 *bis*, à l'angle de la petite rue Saint-Laurent. Auprès se trouvaient des monnaies d'argent et de bronze. Monnaies de bronze du III° siècle trouvées même rue et auprès de la petite rue Saint-Laurent, en 1847, et vendues à M. de la Quérière. Mur en petit appareil chaîné de briques, au n° 27 de la rue Saint-Patrice. Meule, poteries et tuiles près de l'ancienne église mérovingienne de Saint-Martin, sur son emplacement même. Monnaies de bronze, tuiles à rebords et poteries rouges au même lieu, en 1864, par M. l'abbé Cochet. — *Quartier de la rue des Bons-Enfants, voisin de la rue Jeanne-d'Arc*. Constructions en 1861 et en 1862. Trois puits entre les rues Percière et de la Renelle. Meules à broyer, poteries et monnaies de Vespasien; en face de la rue Dinanderie.

Pilotis en bois de chêne, environné de débris, en face de l'hôtel Fromentin, près de l'ancienne Renelle. Mur tout entouré de poteries apparu aux approches de la rue Saint-Lô, à 3 mètres de profondeur. — *Quartier de l'ancienne église Saint-Jean.* Voie antique dans le voisinage de la rue Massacre, ainsi qu'une pièce de Trajan-Dèce. Poteries à reliefs en terre rouge et lampe portant en saillie le nom de CRESCES, au Marché-Neuf, en 1862. Monnaies de bronze sous l'église Saint-Jean. Poteries de toute couleur, dans le cimetière où il s'est rencontré des boules de verre, des épingles en métal, des lampes et surtout un beau pendant d'oreilles en or, imitant un poisson, probablement du IVe ou du Ve siècle. Masses de débris antiques, hypocauste et salle découverts en 1864, lors des fouilles faites pour fonder des maisons de la rue Jeanne-d'Arc situées entre les rues Rollon et Guillaume-le-Conquérant. Monnaies, poteries, épingles antiques, belle lampe avec un nom et un sujet en relief, acquise par M. Thaurin, vers la rue de la Grosse-Horloge. — *Rue de la Grosse-Horloge.* Plusieurs couches de voie antique composées de mâchefer, dans la traverse de la rue. Le long de la voie, on a constaté la présence, à 3 mètres du sol, de murs romains avec leurs crépis coloriés de rouge et de bleu, des conduits de chaleur et des fragments de poterie. En juin 1862, M. Thaurin y a recueilli une statuette en terre cuite représentant l'Abondance. Le 19 juillet de la même année, il y a été trouvé un grand vase de bronze de la capacité de 5 à 6 décilitres. Les monnaies reconnues dans ces débris sont de Néron, de Vespasien, de Titus, de Domitien et des Antonins. — *Quartier Saint-André.* Piliers d'hypocauste, avec de la poterie et une monnaie gauloise, entre la rue de la Grosse-Horloge et la rue aux Ours. Peintures murales et conduits de chaleur devant la tour Saint-André-aux-Fèvres. Assises de chemin, médailles, poteries rouges et meules à broyer, à 5 ou 6 mètres du sol, à l'angle de la rue aux Ours. — *Quartier Saint-Vincent.* Fragment de poterie rouge avec nom de fabricant, ramassé en 1862 à l'encoignure de la rue Saint-Vincent, autrefois surnommé *sur Rive*, et moyen bronze de Maximien, en 1863. Fond de barillet de verre, avec la marque (P) ROMEOEVS F (RONTIN?) recueilli près de l'église par M. J. M. Thaurin, au milieu d'une foule de débris. — *Quartier Saint-Éloi.* Petite tête de femme en marbre blanc, aujourd'hui déposée au musée d'antiquités, rue Saint-Éloi. L'on croit que ce quartier était sous l'eau à cette époque. — *Quartier du Vieux-Marché.* Tronçon de voie antique, tuiles à rebords, stucs coloriés, chapiteau de colonne en pierre et poteries de toute sorte, découverts en 1861, à l'entrée de la rue Sainte-Croix-des-Pelletiers. On y remarquait surtout de beaux restes de vases rouges à reliefs qui, outre une grande variété de sujets, ont fourni à M. Thaurin les noms de trente-cinq à quarante potiers romains. Des bronzes de Domitien, de Trajan, d'Adrien, d'Antonin, de Marc-Aurèle, de Vérus et de Commode étaient mêlés à ces débris. Médaillon en or de l'empereur Vérus, recueilli dans la rue de Lémery, en 1840. — *Quartier Saint-Gervais.* Grande nécropole de Rotomagus. Vases de terre et de verre, que tout porte à supposer avoir été des sépultures, trouvés en 1848, lors de la fondation d'une maison du boulevard Cauchoise, au nord du jardin de la préfecture. Fragments de vases en terre cuite reconnus sur l'emplacement de l'ancienne porte Cauchoise, provenant peut-être de sépultures par incinération, ainsi que des monnaies impériales et une statuette d'Hercule en bronze trouvées en 1838 en creusant une fosse dans la rue Stanislas-Girardin. Voûtes et caves entières reconnues, dès le XVIIe siècle, dans le cimetière Saint-Gervais, dont Farin et Lebrun-Desmarettes nous ont gardé le souvenir et dont l'origine n'est peut-être point funéraire. Fondations qui pourraient se rattacher à des édifices antiques autant qu'à l'ancien prieuré de Saint-Gervais, reconnues vers 1837, lorsque l'on construisit l'aile septentrionale de l'église Saint-Gervais. Chapiteau provenant de cette fouille, conservé au musée. Murs en petit appareil chaîné de briques, reconnus en 1846 par MM. Deville et Cochet, au bas de l'église Saint-Gervais, et provenant sans doute de l'église primitive bâtie par saint Victrice. L'assise de ces murailles sur des tombeaux antiques semble démontrer leur origine religieuse. — *Quartier Saint-Sever.* Monnaie d'or de Justin recueillie aux Chartreux, commune du Petit-Quevilly. Chaussée reconnue en 1840 dans le jardin de M. A. Pottier, rue des Emmurés. Il a été recueilli dans la même tranchée des monnaies de Constance et divers débris antiques. || *Ép. franque.* Deux tiers de sol d'or frappés à Rouen, trouvés en 1846. Sur l'un d'eux on lisait le nom de BERT (CHA) MNIO. Triens sortis des ateliers monétaires de Rouen et cités par les numismates avec les noms suivants : PECCANE, WIZOLENUS, CINOALD, ..A...NEM, TMISVSSVDIT (Bouteroue), MELRITO (Leblanc), ANOALDO ou AIGVALDO, BAVDACHARIVS, BERTCHRAMNO, CHAGNOALDO, CNILOAC, DESIDERID, ERNEBERTO, SILLON M, SAVELONE MONETA, TAVDOLINUS, WIZOLEVS et WLZOLENVS (M. Cartier), MELETO, PECANEM, ANCOALDO, PONAR. TOAL, M ACOALDOMO, VERRICHILAMO (collection Le Carpentier). Deniers carlovingiens trouvés en 1837, en 1861 et en 1865. Le premier est de Charles le Chauve et a été frappé à Rouen. Les deux autres, recueillis rue Jeanne-d'Arc, sont de Louis le Débonnaire, et ont été frappés à Avignon. Jusqu'à ce jour on ne connaît de l'atelier carlovingien de Rouen que des pièces d'argent de Charlemagne, de Louis le Débonnaire et de Charles le Chauve. Il est certain que cet atelier avait une grande importance, puisqu'il est mentionné dans le célèbre édit de Pîtres. || *Ép. normande.* Deniers d'argent de Guillaume Longue-Épée, de Richard Ier, de Richard II, de Robert le Magnifique, et enfin de son fils Guillaume le Conquérant. Pile de monnaies normandes en argent du xe ou du xie siècle trouvée en 1847 dans l'enceinte de l'ancienne abbaye de Saint-Lô. Achetée d'abord par M. Thomas, elle a été ensuite acquise par la ville de Rouen. Cercueil en pierre contenant un homme et un enfant, rencontré en 1847 dans l'enclave de l'ancienne abbaye de Saint-Lô. (Voir un dessin de M. Deville dans les archives de la Commission des antiquités.) Cercueils de pierre dans la rue Tabouret, près du cimetière Saint-Gervais? Plusieurs sarcophages de la nécropole de Saint-Gervais? Hache et épée en fer, boucles et agrafes de bronze trouvées près de la crypte Saint-Gervais, possédées par M. Louis Leclerc. Cercueils de pierre de Vergelé contenant des squelettes accompagnés de vases, de sabres, de couteaux et de haches de fer, de boucles et de fibules de bronze, rencontrés en 1861 dans la rue d'Elbeuf et à peu de distance de la *Mare du Parc*. Cercueil de saint Romain, évêque de Rouen, mort en 639, en marbre rouge provenant des carrières de Thorigny (Calvados), maintenant sous le maître-autel de l'église Saint-Romain de Rouen. C'est peut-être un sarcophage antique que l'on aura utilisé au viie siècle. Vieux mur que l'on croit un débris de la prison où fut enfermé saint Philbert en 674, rue de la Poterne, dans la maison qui porte le n° 26 et qui fut l'ancien hôtel de Jumièges. Agrafe de ceinturon en bronze trouvée en creusant une cave, en 1838, dans l'ancien presbytère de Saint-Ouen, contre le flanc sud de l'église; donnée au musée. Dix cercueils en pierre de Saint-Leu, de Vergelé et de la Roche visités par M. l'abbé Cochet, dans le cimetière Saint-Gervais, en 1869 et 1870. L'un d'eux avait pour couvercle une colonne antique cannelée et rudentée. Deux d'entre eux sont au musée d'antiquités. (*Bull. de la Comm. des antiq. de la Seine-Inférieure*, t. Ier, p. 400.) — Principaux événements des temps mérovingiens et carlovingiens: Fondation de l'abbaye des Saints-Apôtres par sainte Clotilde en 524. Assassinat de l'évêque Prétextat en 585. Destruction des temples païens et comblement du grand amphithéâtre par saint Romain vers 630. Seconde fondation du monastère des Saints-Apôtres en 638 par saint Ouen, qui, plus tard, lui donna son nom. Visites des rois Sigebert, Chilpéric Ier et Pepin le Bref, des empereurs Charlemagne et Louis le Débonnaire. Conciles de Rouen tenus en 584, 656, 689, 824, 900 et 992. Arrivée des Normands conduits par Ogier le Danois en 841. Descente de Rollon à la porte de la Roquette en 876. Prise de possession de la Neustrie. Captivité du roi Louis d'Outre-Mer en 945. Baptême de Rollon en 912, et de saint Olave, roi de Norwége, en 1013; enfin arrivée du moine Siméon et fondation du monastère du mont Sainte-Catherine en 1030. = Lieux dits. — *Fontaine de Saint-Filleul*, rue du Renard, en souvenir du baptême administré aux idolâtres par saint Flave. *Fontaine de Saint-Marcou*, souvenir du passage des reliques de ce saint à Saint-Sever. *Pré de la Bataille*, en mémoire de la victoire gagnée vers 931 par Guillaume Longue-Épée contre Riulf, comte du Cotentin, et la *Rouge-Mare*, où Othon, empereur d'Allemagne, fut battu en 953 par le duc Richard sans Peur. || *Moyen âge et ép. de la Renaissance.* — § Ier. Abbayes, prieurés, couvents et communautés. — Abbaye de Saint-Ouen. Certains auteurs attribuent à saint Denis, de Paris (iiie siècle), la fondation du monastère des Saints-Apôtres dans un faubourg de Rouen. Ce qui paraît plus vraisemblable, c'est que cette fondation serait l'œuvre de saint Victrice (393-417), qui établit à Rouen plusieurs monastères de femmes. Ce qui semble encore assez bien établi, c'est que sainte Clotilde l'aurait restauré de 524 à 530. Enfin comme monastère d'hommes et de l'ordre de Saint-Benoît, l'abbaye doit sa naissance à saint Ouen, qui la constitua sur de nouvelles bases en 630 ou 638. Le saint évêque de Rouen y ayant été inhumé, elle prit, à partir du xie siècle, le nom de son fondateur. Détruite par les Normands en 841, elle fut rétablie par la piété des ducs. Consacrée de nouveau en 1126, elle n'a gardé de cette époque romane que l'abside circulaire qui porte le nom de *Chambre-aux-Clercs*. Brûlée en 1136 et en 1248, elle se releva chaque fois de ses ruines. Le monastère, demeuré dans les faubourgs jusqu'au xiiie siècle, occupait le jardin et l'église connue sous le nom de Saint-Ouen, la place et le terrain de l'hôtel de ville. De vieux murs en marquent encore l'enceinte çà et là. Supprimée en 1791, l'abbaye fut cédée à la ville en 1803. Vers 1810, on démolit l'abbatiale, admirable édifice du xvie siècle, où logèrent les rois de France. Le cloître, qui formait carré sur la place, avec l'abbatiale, l'église et les dortoirs, fut abattu à la même époque, sauf la partie accolée à l'église, construction du xve siècle. Dans la galerie basse de la mairie, on reconnaît le cloître du xviie siècle. De toute l'abbaye il ne reste que le bâtiment de l'hôtel de ville, dont le dessin est dû à M. Defrance, et l'achèvement à M. Lebrument. Ce dernier est l'auteur des deux escaliers que l'on y admire. Ce qui subsiste servait de dortoir et de réfectoire. La façade sur le jardin est de l'époque de Louis XV. La façade sur la place, avec ses trois corps avancés, a été remaniée de 1825 à 1829. — Abbaye de Saint-Amand, dans la rue et sur la place du même nom. Cette abbaye fut fondée en 1030 par Emmeline, femme de Gosselin, vicomte de Rouen et d'Arques, sur l'emplacement d'une église de Saint-Amand et de Saint-Léonard. On pense que le saint évêque de Tongres et d'Utrecht y célébra sur un autel qui lui fut plus tard consacré.

L'église et l'abbaye, du xi° siècle, furent brûlées en 1126 et en 1248. L'église abbatiale fut rebâtie en 1254, ainsi que le monastère. Il reste encore, rue Saint-Amand, n° 8, un pignon dont les contre-forts, l'appareil et les ogives indiquent parfaitement le xiii° siècle. Ce qui reste des bâtiments monastiques est du xvi° et du xvii° siècle. La partie la plus remarquable est une façade en bois sculpté assez élégante du temps de François Iᵉʳ. Dans les appartements sont des peintures et des sculptures du xvii° siècle. La porte d'entrée qui est dans la rue Saint-Amand doit être aussi du temps de Louis XIV. Les boiseries du xv° siècle qui lambrissaient la chambre de l'abbesse Thomasse Daniel ont été enlevées en 1828 et transportées en Angleterre. La jolie tourelle à encorbellement de Marie d'Annebault (1533) a été enlevée en 1855 par M. Grimaux et rééditiée dans une maison de la rue Bouquet, ainsi que la chambre de Guillemette d'Assy (1518), avec sa belle cheminée. Cette abbaye royale, qui a duré jusqu'en 1791, a compté quarante-trois abbesses, lesquelles avaient le privilège de donner l'anneau aux archevêques de Rouen lorsqu'ils prenaient possession de leur siége, et de recevoir leur corps dans leur église quand on les transportait de Saint-Ouen à la cathédrale. La crosse en cuivre doré d'une abbesse du xiv° siècle a été trouvée dans son tombeau sous l'alignement de la rue Impériale, en 1856. Conservée au musée d'antiquités. — Abbaye de Sainte-Catherine-du-Mont[1]. Ce monastère fut fondé en 1030 par Gosselin, vicomte de Rouen et d'Arques. Il porta d'abord le nom de Sainte-Trinité-du-Mont-de-Rouen, puis celui de Sainte-Catherine. Ce dernier nom lui vint des reliques de la célèbre martyre d'Alexandrie. La châsse qui les contenait fut apportée à Rouen vers 1030 par Siméon, moine du Sinaï, et placée dans ce monastère. La première église fut construite en 1030; la deuxième en 1107. Celle qui fut détruite en 1598 était romane et en croix. Une tour carrée s'élevait au centre; les voûtes étaient basses, les fenêtres étroites, les murs épais et ornés de peintures. En 1312, Enguerrand de Marigny fit un bel escalier de pierre pour monter de Rouen à l'abbaye, qui était fortifiée comme une citadelle. Les biens de l'abbaye, régulièrement supprimée sous Henri IV, furent réunis à la Chartreuse de Bourbon-lez-Gaillon. Cloître, église et bâtiments furent détruits en 1598. Une tradition de trésors cachés subsiste pour l'abbaye et la chapelle de Saint-Michel. En 1851, des fouilles y furent faites par des spéculateurs qui y rencontrèrent plusieurs tombeaux de pierre jadis enfermés dans l'église abbatiale. On y reconnut celui du chevalier Picard, mort au siège de 1591-1592. — Abbaye de Sainte-Claire ou Clarisses, rue Saint-Hilaire, n°ˢ 64 et 66, et aussi dans une rue percée sur l'établissement même et qui porte le nom de rue Sainte-Claire. Cette communauté fut établie par Jehan d'Estoutteville, de 1481 à 1485. L'église fut bâtie vers cette époque. Elle est devenue un atelier de tissage et occupe les n°ˢ 2 et 4 de la rue Sainte-Claire, tandis que le couvent occupe le n° 9 de la même rue. L'église est une bonne construction en pierre avec belles fenêtres ogivales du xv° siècle. Le monastère est un bâtiment de pierre du même temps. On y pénètre par une belle porte du xv° siècle. — Abbaye de Sainte-Brigitte. Ancienne maison de religieuses anglaises de l'ordre de Saint-Augustin. Chassées de leur patrie par la reine Élisabeth, elles se réfugièrent à Rouen en 1580 et s'y établirent près de Saint-Lô. Trop ardentes pour la Ligue, elles furent supprimées sous Henri IV. — Abbaye des Gravelines ou dames anglaises, rue de Joyeuse, n° 4, et au haut de la rue de Maulévrier. C'était une abbaye de Clarisses ou de Cordelières de la réforme de sainte Colette. Elle était surtout composée de dames anglaises qui, chassées de leur patrie, étaient venues s'établir à Gravelines (Flandre). Les guerres fréquentes entre la France et l'Espagne les ayant forcées de venir à Rouen, elles y furent connues sous le nom de la ville qu'elles avaient quittée. Le nom de Gravelines resta à la maison voisine des remparts où elles s'établirent en 1644. Reconnues par la reine mère en 1650, elles fondèrent en 1651 leur chapelle, qui fut consacrée par l'évêque de Finibor en 1667. Chapelle et monastère ont le cachet du xvii° siècle, mais sans mérite architectural. De nombreuses dalles tumulaires, avec inscriptions anglaises, forment le pavé de la chapelle. Supprimée et vendue en 1792, cette maison fut achetée par un négociant de Rouen qui, vers 1820, la céda aux religieuses de la Visitation, qui en ont fait leur premier monastère. = Prieurés. — Prieuré de Saint-Michel-du-Mont-Gargan, élevé en souvenir de l'apparition de l'archange Saint-Michel sur le mont Gargan, communiqua le nom de mont Gargan à la colline tout entière. Une partie seulement le garde aujourd'hui. On croit ce prieuré contemporain de l'abbaye du Mont-Saint-Michel au péril de la mer (viii° siècle). Toutefois il est mentionné au x° siècle par un des ducs Richard. Cette maison, soumise à l'abbaye de Saint-Ouen, fut supprimée au xvi° siècle. Devenue simple chapelle au xvii° et au xviii° siècle, elle fut aliénée à la Révolution et détruite au commencement de ce siècle. — Prieuré de Saint-Gervais, donné en 1020 à l'abbaye de Fécamp par le duc Richard II. Après le xiii° siècle, il n'y eut plus que des prieurs sans religieux. Guillaume le Conquérant y mourut en 1087. — Prieuré de Bonne-Nouvelle, fondé en 1063 par Guillaume le Bâtard et surnommé *de Bonne-Nouvelle* par la reine Mathilde, qui y résidait lorsqu'elle apprit la victoire d'Hastings. Soumis à l'abbaye du Bec en 1092, ce prieuré en dépendit pendant sept cents

---

[1] Cette abbaye dépend à présent de la commune de Blosseville-Bonsecours.

ans. Les murs de clôture, en pierre, sont du xiii° et du xvi° siècle. Le monastère est une assez belle construction de 1700 à 1720. On y reconnaît trace du cloître. L'église, dont la majeure partie subsiste, a été déformée pour l'installation d'un quartier de cavalerie. Au chevet on remarque une ogive du xiii° siècle. Il reste sur les côtés quatre contre-forts de ce temps. Le clocher, placé au centre de l'édifice, et trois chapelles du côté nord sont abattus. Le pignon de l'ouest, fondé en 1655, et qui porte la date de 1656, est décoré de colonnes ioniques et de pilastres corinthiens, portant un fronton rempli par un bas-relief représentant l'*Annonciation*. Entre les colonnes de la base, des niches renfermaient les statues de saint Benoît et de saint Maur. Le réseau de la fenêtre qui surmonte est une belle fleur de lis. Enfin la porte en chêne est une œuvre du xviii° siècle. Le sommet du pignon a été abattu en 1825. Les restes de Henri Ier furent inhumés à Bonne-Nouvelle en 1135. On assure que l'impératrice Mathilde y reposa un peu en 1167. Arthur de Bretagne y fut enterré en 1203. — Prieuré de Saint-Lô, rue Saint-Lô, n° 22, aujourd'hui l'école normale primaire de la Seine-Inférieure. L'église Saint-Lô porta d'abord le nom de Saint-Sauveur ou de la Trinité. En 914, Théodoric, évêque de Coutances, chassé de son siége par les hommes du Nord, se réfugia à Rouen avec le corps de saint Lô. Rollon et Francon donnèrent au pontife réfugié l'église de Saint-Sauveur, où il déposa les saintes reliques. Bientôt cette église prit le nom du saint évêque de Coutances. De 914 à 1056 elle devint la cathédrale du siége de Coutances à cause de la résidence des évêques jusqu'au temps de Guillaume. Depuis elle resta toujours dans leur exemption. En 1144, un évêque de Coutances fonda une collégiale de chanoines réguliers sous la conduite d'un prieur. L'église était tout à la fois prieurale et paroissiale. Cet état de choses dura jusqu'à la Révolution. Dans l'église furent inhumés deux évêques de Coutances, en 1370 et en 1444. Aliénés à la Révolution, les bâtiments monastiques ont disparu ou changé de face pour devenir une école normale en 1822 ou environ. (Voir *Églises*.) — Prieuré de Sainte-Madeleine, rue de la Madeleine, rue du Bac et place de la Calende. Dans l'hôpital de la Madeleine qui, comme Hôtel-Dieu, remonte jusqu'aux premiers temps du christianisme, fut établie en 1154 une collégiale de chanoines réguliers pour le service des malades. Au xiii° siècle, on adjoignit à ces religieux, pour le service intérieur, des chanoinesses que nous y trouvons constituées dès 1296. Elles ont subsisté jusqu'à la Révolution. — Prieuré de Templiers. En 1160, les Templiers s'établirent à Rouen, où ils fondèrent deux maisons, l'une près des Cordeliers, là où est aujourd'hui la maison dite *des Consuls* (bourse et chambre de commerce). La rue de la Bourse a remplacé la rue du Temple. En 1173, Henri II donna aux Templiers son parc de Sainte-Waubourg. Au xiii° siècle, ils se construisirent une maison dans la rue des Ermites, près de Saint-Martin-sur-Renelle. Cette maison, qui subsistait encore en 1740, a complétement disparu aujourd'hui. — Prieuré de Grand-Mont ou Grammont, transformé en poudrière, près des abattoirs, sur la limite de Sotteville. Ce fut d'abord un prieuré de religieux de l'ordre de Grand-Mont, fondé vers 1156 par le duc-roi Henri II. Ce monastère prit le nom de Notre-Dame-du-Parc, parce qu'il était dans le parc royal de Quevilly et de Rouvray. Détruit en partie par les Navarrais au xiv° siècle, et au xvi° siècle par la Ligue, il fut restauré au temps de Henri IV. La chapelle qui reste se termine en abside circulaire et montre des traces du xii° siècle. Les bâtiments monastiques sont du xvii° siècle. La grande porte en fer est du xviii° siècle. Sur le mur extérieur de la chapelle sont trois lignes indiquant le niveau des inondations de la Seine en 1648, 1651 et 1740. Çà et là on trouve quelques dalles tumulaires et quelques inscriptions du xv° et du xvii° siècle. On ne sait plus où gît Geoffroy, archevêque d'York, fils naturel de Henri II, inhumé à Grammont. — Les Emmurées. Monastère de Dominicaines fondé au faubourg Saint-Sever par saint Louis et Eudes Rigaud en 1263. Auprès était un prieuré de Dominicains pour le service de la maison. Ce monastère eut beaucoup à souffrir en 1384, 1418, 1562 et 1591. Chaque fois il se releva de ses ruines. Les dernières constructions datent de 1666. L'enclos des Emmurées était autrefois fort vaste. On en a pris une partie pour faire le marché aux bestiaux; on y a, en outre, ouvert la rue qui longe l'église, et enfin on a transformé le monastère et son église en une caserne de cavalerie. Le couvent formait autrefois un carré de bâtiments dont il ne reste plus que les côtés est et nord, qui pourraient bien être du xvii° siècle. L'église est un long bâtiment soutenu de contre-forts au midi et percé d'ogives, probablement du xv° siècle. Il n'est pas impossible que cet édifice soit celui qui fut consacré le 11 juillet 1479 par Robert Clément, évêque d'Hippone. Le chœur se termine en abside à trois pans, et sur le toit de la nef s'élève une élégante flèche hexagone en bois couvert d'ardoise. Au nord de l'église existait un élégant cloître du xv° ou du xvi° siècle. Deux de ses côtés ont disparu presque entièrement. Chacun des deux qui restent se compose de six travées dont les arcades sont garnies de meneaux. Leurs piles sont flanquées de contre-forts et elles abritent des niches, des statues, un magnifique *lavabo* en pierre, le puits de Saint-Marcouf où l'on puise de l'eau mystérieuse, et enfin une longue série d'inscriptions tumulaires relatant la mort des religieuses emmurées ou leur déposition dans ce cloître depuis 1460 jusqu'en 1789. Sur ce cloître s'ouvrent trois portes, entrée probable de l'ancienne salle capitulaire, qui renferme de nombreuses inscriptions. — Les Dominicains ou Jacobins, aujourd'hui l'hôtel de la préfecture, rue Fontenelle : c'était déjà avant la Révolution l'hôtel de l'intendance. Les Dominicains, établis d'abord à Saint-Matthieu, vers 1228, s'installèrent dans leur nouveau monastère en 1247 par la faveur de saint Louis et d'Eudes Rigaud, qui consacra leur église en 1269. Cette église, transformée plus tard en magasin et récemment démolie, était un édifice du xiii° siècle, ainsi que le cloître y attenant, couvert par un berceau de charpente refait au xvii° siècle et orné de sculptures et de peintures. Elle était terminée par un chevet dont la fenêtre du pignon, qui donnait sur la rue Fontenelle, était garnie d'un réseau formé de deux vastes ogives accolées, subdivisées chacune par trois meneaux surmontés de trois roses à six feuilles, le remplissage au-dessus étant formé par une grande rose. Des fenêtres existaient seulement à l'ouest, tandis qu'à l'est était le cloître à deux rangs d'arcades. Ce cloître, quoique très-défiguré, montrait cependant les traces de ses arcades et de ses voûtes. Deux inscriptions tumulaires du xiii° et du xiv° siècle (1280 et 1340) dans le cloître. Le cœur du cardinal Nicolas de Fréauville fut déposé dans l'église en 1326, ainsi que le corps de plusieurs évêques *in partibus* du xv° et du xvi° siècle, religieux de la maison. La construction d'une partie de la préfecture, en 1869, a fait découvrir dans l'église des Dominicains deux jolies dalles tumulaires d'enfants, du xiii° siècle, et plusieurs fragments de dalles de 1260 et de 1336, des vases funéraires du moyen âge et six inscriptions sur plomb de 1619 à 1621. Tous ces monuments sont entrés au musée d'antiquités de Rouen. — Les Cordeliers, rue des Cordeliers, n°° 2, 4 et 6, et rue Nationale, n° 4. Fondés en 1246, dans le quartier nommé *de Donjon*, par Eudes Rigaud et saint Louis. Leur église, bâtie à la place de celle de Saint-Clément, fut consacrée en 1249. Ce vaste monastère allait de la rue des Cordeliers à celle des Charrettes, puis remontait par la rue des Iroquois et la petite rue Nationale. Vers 1792, la rue Nationale fut percée à travers son enceinte. L'ancienne chapelle, devenue un entrepôt de vins et un magasin de décors pour le théâtre, subsiste principalement. C'est un magnifique vaisseau du xiii° siècle, dont les fenêtres sont parfaitement conservées sur les côtés. Le chevet, placé dans une cour de carrossier, rue des Charrettes, n° 48, est éclairé par une haute et belle fenêtre du xiii° siècle. Deux arcades encadrent trois lancettes surmontées par trois *oculus*. La contre-table, du xviii° siècle, est dans l'église de Saint-Vivien. — Les Carmes, dits *Grands-Carmes*, rue et place des Carmes, rue de la Chaîne et rue Neuve-des-Arsins. Les Carmes, introduits à Rouen dès 1260, s'installèrent d'abord au faubourg Saint-Sever. En 1336, Pierre Roger, depuis pape sous le nom de Clément VI, leur donna la chapelle de Sainte-Apolline et un terrain près de la porte Beauvoisine. Le célèbre Bedford fut un de leurs plus grands bienfaiteurs (1428). Ce fut lui sans doute qui fit reconstruire l'église, laquelle avait une nef avec berceau en bois, un clocher élevé et un beau portail. On y voyait la sépulture de Thomas Netter, dit *Waldensis*, théologien célèbre, mort en 1430. En 1502, Henri Potin de Ferrières, archevêque de Philadelphie, y fut inhumé. Les quatre premiers présidents du parlement de Rouen, du nom de Faucon de Ris, y furent enterrés en 1628, 1647, 1663 et 1691. Église et monastère ont totalement disparu pour former ce que l'on appelle la place des Carmes. — Les Béguines, rue des Béguines, n° 16, en face de l'ancienne église de Saint-Vigor. D'abord établies par saint Louis, dans la rue Saint-Éloi, les Béguines furent transférées sur leur emplacement actuel en 1466. En 1631, Louis XIII et le pape donnèrent leur maison à des Bénédictines qui, en 1676, se transportèrent sur la place de la Rougemare. On leur donna alors le nom de Saint-Louis. En 1853, l'église, devenue un magasin de carrosserie, fut démolie en partie. On y remarquait des murs de pierre et un berceau orné du xvii° siècle. — Les Filles-Dieu, rue du Vieux-Palais, n° 3. C'était une maison de chanoinesses régulières, qui commença au xiii° siècle et fut constituée en 1345. L'ensemble de ce couvent était une curieuse construction du xiii° et du xiv° siècle, en grande partie démolie en 1850. Ce qui reste est une maison de commerce et un magasin de liquides. On y retrouve des ogives, des restes de chapelle, des fenêtres du temps de saint Louis et de Philippe le Bel. — Les Augustins ou Grands-Augustins, rue Malpalu et rue des Grands-Augustins. Les Augustins commencèrent à Rouen avec le xiv° siècle. Établis d'abord à Bihorel, ils ne tardèrent pas à s'installer rue Malpalu, dans un ancien couvent de Sachets, que leur accorda Philippe le Bel. Il reste encore de ce monastère leur maison devenue une auberge pour les voitures connue sous le nom d'*Hôtel des Augustins*. Cette maison, où l'on remarque les arcades du cloître, fut construite au xviii° siècle. La chapelle subsiste presque entière ; le bas a été transformé en magasin de vins, et le haut en salle de réunion pour la Société d'émulation chrétienne. C'est un vaste vaisseau rectangulaire du xiv° siècle, à chevet droit, percé d'une grande fenêtre à six meneaux. Il est divisé en dix travées marquées par des corbeaux saillants formés par des demi-figures de personnages destinées à porter les entraits de la charpente, aujourd'hui remplacée par un comble plat en bois et en fer. Sur le mur sud, six des travées sont percées de grandes fenêtres presque jointives, en arc surbaissé portant extérieurement la corniche et encadrant un réseau rayonnant. Les quatre dernières sont aveugles, mais percées à leur extrémité inférieure de grandes ogives, aujourd'hui bouchées, qui devaient communiquer soit avec des chapelles, soit avec les bâtiments claustraux. Au nord, les trois premières travées sont semblables à celles du midi, puis viennent trois travées aveugles et lisses; dans les quatre dernières s'ouvrent des fenêtres en plein cintre, de dimensions irrégulières et de la fin du xiv° siècle. Une porte percée dans le pignon occidental est précédée d'un porche en pierre ajouté au xvii° siècle, formé d'une arcade en plein cintre entre deux colonnes accostées de deux hautes consoles peu prononcées, et surmonté d'une niche accompagnée de deux consoles très-accentuées; le tout inachevé. Au-dessus on voit apparaître dans le pignon du xiv° siècle l'extrémité d'une grande fenêtre à réseau rayonnant et une petite fenêtre abritée par un arc saillant porté sur consoles; le tout encadré par deux tourelles circulaires à toit conique de pierre. Dans cette chapelle furent inhumés plusieurs religieux évêques, suffragants et vicaires généraux des archevêques de Rouen. Ce sont : Matthieu Sylvèstre, évêque d'Hippone en 1424; Jean Fabri, évêque de Démétriade en 1453; Robert Clément, évêque d'Hippone en 1489; Nicolas de Coquinvilliers, évêque de Véria en 1532; Jehan de la Massonnaye, évêque d'Hippone en 1554. On croit aussi à l'inhumation de Jean Lesley, évêque de Ross, en Écosse, mort à Bruxelles en 1596, célèbre légat et artisan de la Ligue à Rouen. — Les Sachets ou frères de la Pénitence de Jésus-Christ étaient établis rue Malpalu, là où est la chapelle des Augustins. Ils disparurent de Rouen en 1309. — Les Billettes, ancien couvent de religieux hospitaliers fondé pour treize pauvres et qui existait à Rouen au xiv° siècle. Il commença en 1323 et paraît avoir pris fin en 1392. Il était placé rue Saint-Antoine. — Les Antonins ou Saint-Antoine, rue Saint-Antoine, entre le Marché-Neuf et la rue Senécaux. Ce couvent, semi-religieux et semi-militaire, fut établi à Rouen en 1392 et dura jusqu'en 1785, où il fut supprimé. C'était un hôpital pour recueillir les «malades «et affolez de la maladie de mon dyt seigneur saint «Antoine.» La maison et la rue n'existent plus. — Les Chartreux. Les Chartreux ont eu deux établissements à Rouen. Le premier fut fondé sur le fief du *Nid-de-Chien*, près le Pavé-Saint-Hilaire, aujourd'hui nommé *la Route de Darnetal*. Ce couvent, qui porta le nom de *la Rose*, fut fondé en 1384 par l'archevêque Guillaume de l'Estranges, qui y fut inhumé en 1389. La maison, terminée en 1392, fut abandonnée de 1667 à 1682. De la Chartreuse de *la Rose* il reste, dans la rue de la Petite-Chartreuse, des murs de clôture en pierre et une porte ogivale du xvi° siècle. L'enclos, devenu aujourd'hui une sécherie, présente de vieux bâtiments, des traces de cloître. Une niche, une statue de pierre et une dalle tumulaire du xiv° siècle, qui est probablement celle de Guillaume de l'Estranges. Le second établissement des Chartreux se fit sur la paroisse du Petit-Quevilly, dans le quartier dit de *Saint-Julien*. (Voir LE PETIT-QUEVILLY.) — Les Célestins, rue Eau-de-Robec, n°° 11 et 15, au bout de la rue des Célestins. Les Célestins furent appelés à Rouen par le duc de Bedford en 1430 et installés définitivement au lieu dit *Joyeux-Repos*, palais de Bedford. Leur première chapelle, construite en bois en 1445, fut remplacée vers 1490 et dédiée par Georges d'Amboise. Dans cette église étaient des sépultures remarquables, notamment celles de Groulard et de sa femme (1599-1607). Le monastère et l'église, supprimés vers 1785, ont été réunis à l'hospice général ou vendus à des particuliers. Dans l'ancienne église on fait les écoles de l'hospice. L'édifice était une belle construction de la fin du xv° siècle. La maison en retour d'équerre est un bâtiment en pierre du xvi° et du xvii° siècle. — Les Capucins, rue des Capucins, n° 57. Les Capucins arrivèrent à Rouen en 1582 et s'installèrent au pied du mont Sainte-Catherine. Chassés par les travaux du siége en 1591-1592, ils se réfugièrent au Vieux-Château, puis à Sotteville en 1602. Une colonie de Sotteville fonda le couvent de Rouen en 1612-1616, dans un vaste terrain de la paroisse Saint-Vivien. On a morcelé ce terrain à la Révolution pour y élever des habitations. Les principaux bâtiments qui appartiennent à la reconstruction du xvii° siècle subsistent encore et sont occupés par les petites sœurs des Pauvres. La chapelle, dédiée en 1658, a disparu; il ne reste rien du Calvaire célèbre que les Capucins y avaient au xviii° siècle. — Les Jésuites. Collége et noviciat : 1° le collége, rue du Grand-Maulévrier, n°° 6 et 8. La Compagnie de Jésus, reçue en France en 1561, pénétra à Rouen dès 1569 par la prédication du célèbre père Possevin. De ce moment le cardinal Charles Ier de Bourbon songea à fixer ces religieux dans sa ville épiscopale pour l'enseignement et la prédication. Secondé par Charles IX, il pressa les autorités rouennaises en 1570 et en 1575. Enfin lui-même acheta en 1583 l'hôtel du Grand-Maulévrier, où il installa les religieux. Exilés en 1595, ceux-ci revinrent en 1603 et ouvrirent des écoles qui durèrent jusqu'en 1762, époque de la suppression de l'ordre. (Voir *Colléges*.) La chapelle, que l'on prendrait pour une église, eut sa première pierre posée en 1614 par la reine Marie de Médicis. En 1615, le roi Louis XIII accorda les pierres du château Gaillard, aux Andelys, pour sa construction. La première bénédiction en fut faite le 24 août 1631. Toutefois elle ne fut achevée qu'au commencement du xviii° siècle, et la dédicace en fut faite le 21 décembre 1704 par l'archevêque Nicolas Colbert. Cette église est à une seule nef, sur plan en croix, les absides étant terminées latéralement par trois pans, comme le chevet. La nef se compose de trois travées, dont les larges pieds-droits sont ornés de deux pilastres corinthiens soutenant un lourd entablement qui encadre une grande arcade et supporte une voûte sur nervures d'après le système ogival. Les pilastres partent du dessus de solides consoles décorées d'une tête de chérubin, destinées sans doute à porter des statues. Des figures d'anges s'appuient sur l'archivolte des arcades, accostant soit des cartouches, soit des figures. La première arcade est aveugle; la seconde donne accès dans une chapelle, et la troisième dans un collatéral qui communique par une arcade semblable avec les transepts et est couvert par une tribune. Des piliers décorés d'un seul pilastre corinthien supportent la croisée. Le chœur se compose d'une travée avec collatéraux, semblable à celle qui précède les transepts, et d'un chevet à trois pans éclairé par deux étages de fenêtres en arc aigu et à réseau, de même que les absides latérales des transepts et leurs collatéraux. La nef est éclairée par des fenêtres en arc aigu percées sous les formerets de la voûte, et par une fenêtre en plein cintre percée sur la porte d'entrée. A l'extérieur, des contre-forts ornés à leur base de lourds motifs d'architecture encadrant une niche sont terminés par des consoles et flanquent les murs et les arêtes des absides au droit des arcs-doubleaux de l'intérieur. La façade, élevée au-dessus d'un haut perron, est décorée au centre de deux colonnes doriques cannelées et rudentées sur des dés très-hauts, supportant un lourd entablement qui se prolonge en retraite sur le reste de la façade, où il est soutenu par deux pilastres de même style. Entre les deux colonnes s'ouvre la porte d'entrée. Entre chaque colonne et le pilastre adjacent, une niche renferme une statue : celle de Charlemagne d'un côté, celle de saint Louis de l'autre. Le second ordre, formé de pilastres ioniques, encadre une fenêtre et deux niches contenant les statues de saint Ignace et de saint François Xavier, et supporte un fronton où rayonne une gloire entourée de têtes de chérubins. Dans un caveau fut déposé en 1655 M. Poirrier d'Amfreville, président au parlement de Normandie. Dans un autre caveau aperçu en 1844 repose sur un lit de fer le cercueil de plomb de Gilles du Fay, inhumé au noviciat en 1666 et transporté aux Jésuites en 1763. 2° Le noviciat, à l'angle des rues du Gril et d'Amiens. Le bâtiment du noviciat fut commencé en 1605 et l'église achevée en 1620; elle était dédiée à la Sainte-Trinité. En 1762, il devint une maison de force et de correction connue sous le nom de *Bicêtre* ou *Winchestre*. A présent, c'est une caserne d'infanterie. Il reste trois corps de bâtiment construits en pierre. Celui du nord est formé par la chapelle, qui présente à l'ouest une porte et une fenêtre de 1610 à 1620. Elle est en croix et couverte par trois ou quatre travées de voûtes et ornée de belles corniches. C'est un élégant débris du xvii° siècle. Les autres constructions sont du xviii° siècle. — Les Minimes, rue des Minimes et rue Bourg-l'Abbé, n°° 10 et 12. Les Minimes s'installèrent définitivement à Rouen et derrière l'abbaye de Saint-Ouen en 1600. Ils y commencèrent une grande chapelle qui subsiste encore et appartient aux dames du Saint-Sacrement qui, vers 1804, ont acquis cette communauté. Cette construction appartient au style hybride du temps de Henri IV et de Louis XIII, où quelques ogives et des fenêtres à meneaux se trouvent combinées avec l'architecture gréco-romaine, qui prédomine. On y remarque encore quelques verrières où se lit le millésime de 1610. L'église, toutefois, ne fut terminée et dédiée qu'en 1656. Au xvii° siècle, beaucoup de personnes distinguées de Rouen se firent inhumer aux Minimes. — Les Carmélites, rue des Carmélites, n° 16. L'ordre du Carmel, de la réforme de sainte Thérèse, arriva à Rouen en 1609 et s'établit en 1614, près de la porte Beauvoisine, dans la rue qui porte son nom. L'église, achevée en 1627, fut dédiée en 1651 par l'évêque de Memphis. Au pied de l'autel fut inhumé, le 10 juillet 1634, Jean de Quintanadoine, sieur de Brétigny, prêtre espagnol, introducteur du Carmel en France et mort dans la maison de Rouen en odeur de sainteté. L'église et la maison des Carmélites furent démolies vers 1810 pour le percement de la rue Dulong et la fondation de l'hôtel des Carmélites. — Les Pénitents, rue Saint-Hilaire, n°° 48 et 50. Ce couvent s'étendait de la rue Saint-Hilaire aux rues de la Rose, du Mont et des Pénitents. Il fut fondé en 1611 et l'église commencée en 1612. Ces religieux venaient de Croisset. Il ne reste plus de leur monastère qu'une seule belle porte en pierre, qui a le caractère du xvi° siècle, et une curieuse fontaine à dauphins du xvii°. La *Passion* du Sauveur et la fable *le Loup et l'Agneau*, représentées de grandeur naturelle et en coquillages, sont détruites. Tout récemment cette maison était occupée par les filles repenties du Bon-Pasteur. — Les Feuillants, entre la rue des Bons-Enfants, la rue Fontenelle et la rue de l'Hôtel-de-Ville. Cette communauté commença à Rouen en 1611 et fut installée en 1616 dans l'ancien collège des Bons-Enfants. En 1621, la maison d'Ectot-l'Auber fut réunie à celle de Rouen. L'église fut reconstruite en 1646, comme en témoignent quatre premières pierres gravées et posées par les présidents du parlement de Normandie, retrouvées en 1865 et recueillies par M. J. M. Thaurin dans sa collection. (Voir la *Revue de la Normandie*, t. V, p. 180-182.) Chapelle et monastère disparurent presque entièrement dès 1792 pour le percement de la rue de Lémery, dont une partie vient de prendre le nom de rue Fontenelle. — Les Ursulines, rue des Capucins, n° 27. Les Ursulines, arrivées à Rouen en 1619, s'installèrent en 1653 dans leur nouvelle résidence, où elles trouvèrent pour 8,664 livres de pièces d'or dans une cachette. Elles construisirent de grands bâtiments qui subsistent encore et qui sont occupés par des religieuses du même ordre. Les anciennes religieuses avaient dans leur maison plus de quarante oratoires en l'honneur de la sainte Vierge. Elles ont fondé le couvent du Havre en 1627, celui de la Nouvelle-Orléans en 1726. — Les

Carmes déchaussés, rue du Champ-des-Oiseaux, nos 15 et 17. Établis à Rouen, quartier Bouvreuil, en 1624, les Carmes déchaussés se logèrent définitivement à Bouvreuil en 1638. Leur première église, bâtie en 1643 par les soins du duc de Longueville, fut démolie en 1678. La nouvelle, fondée en 1679, fut bénite en 1687 par l'archevêque Colbert et élevée aux frais des Becdelièvre, seigneurs de Quevilly, Hocqueville et Cany. Le chœur fut décoré par eux en 1730. Ils y reposent dans un caveau placé sous le chœur. (Voir l'église Saint-Romain.) Du couvent il ne reste que la portion du nord, devenue presbytère. On y reconnaît six arcades de pierre qui ouvraient au midi; l'architecture est celle du xviie siècle. — Les Augustins déchaussés ou Petits-Pères, anciennement les Pères-de-la-Mort, place du Champ-de-Mars, n° 8. C'est aujourd'hui un atelier de tissage. La chapelle, le dortoir et l'ensemble du couvent sont une construction en pierre du xviie siècle. On y remarque un balcon en fer du xviiie siècle et un épi en plomb du xviie. Les Pères-de-la-Mort ou religieux de Saint-Paul, ermite, s'y établirent en 1624 et cédèrent la place aux Augustins déchaussés en 1631. — Les Visitandines (premier monastère), entre la rue Beauvoisine et la rue Impériale, dans l'ancienne rue Poussin, aujourd'hui enclave Sainte-Marie. Ce monastère est devenu l'école de dessin, le musée d'antiquités et la galerie d'histoire naturelle. Projeté dès 1627, ce couvent ne s'établit à Rouen qu'en 1630. Les premières constructions furent provisoires. Les bâtiments actuels qui n'ont pas subi d'altérations datent de 1680 à 1691. L'église du monastère ne fut terminée qu'au siècle suivant. Elle a disparu, mais une plaque d'étain conservée au musée d'antiquités dit que la première pierre du chœur fut posée le 6 août 1711 et que l'architecte fut le frère Pierre Caumont, religieux dominicain de Rouen. Les bâtiments du monastère sont en pierre et stuc, recouverts de toits fort élevés, comme cela se pratiquait au xviie siècle. Sur trois côtés règne un cloître avec arcades cintrées et voûtes de pierre sur nervures. C'est dans ce cloître qu'ont été installées, de 1831 à 1869, les galeries du musée d'antiquités et de la collection céramique. — Les Visitandines (second monastère), rue des Capucins, n° 8, à l'angle de la rue Sainte-Geneviève-du-Mont, dont elles occupent tout le côté nord. Cette maison, colonie du premier monastère de la Visitation, commencée en 1642, fut achevée en 1673. Elle est encore occupée par des Visitandines. Il reste de l'ancien couvent les côtés est, nord et ouest, qui sont en pierre et fort élevés. La construction a la physionomie du xviie siècle. — Les Annonciades, rue du Mont, nos 14 et 16. Les Annonciades arrivèrent à Rouen en 1644 et furent installées au *Fief-du-Mont* par Me Cantel pour ses deux filles, d'où elles prirent le nom de *Cantelles*. Il y a encore près de là la rue des Cantelles. Il reste peu de chose de ce couvent du xviie siècle, qui est devenu le Bon-Pasteur et une maison particulière. — Bénédictines de Bellefonds, rue Beauvoisine, nos 153 à 161. C'était un couvent de Bénédictines, ainsi appelé à cause du fondateur, le marquis de Bellefonds, et de la première prieure, Mme de Bellefonds, abbesse de la Trinité de Caen. Les constructions commencèrent de 1644 à 1649, et l'église fut bâtie entre 1674 et 1677. Il reste encore aujourd'hui trois côtés des bâtiments construits en pierre. Les côtés est et ouest sont du xviie siècle, et le côté nord du xviiie. Cadran solaire en pierre. Transformé en une maison et une classe de frères des Écoles chrétiennes. — Les filles de Saint-Joseph, rue Poisson, n° 28. Ce couvent de religieuses, avec orphelinat et pensionnaires, a été établi en 1664. Les bâtiments sont du xviie et du xviiie siècle. Depuis 1825, le même institut est rentré en possession de cet ancien couvent. — Le refuge, rue Saint-Hilaire, nos 53 à 67. Cette maison de religieuses fut fondée en 1645 pour recevoir les filles repenties. Elle dura jusqu'à la Révolution. L'ensemble des bâtiments est devenu une forge et une ferronnerie. On y retrouve encore la disposition des dortoirs et les devises pieuses qui y furent tracées au xviie et au xviiie siècle. — Saint-François, rue Saint-Hilaire, n° 124. Ancien couvent de femmes hospitalières venues de Louviers à Rouen en 1645 et installées en 1661. L'église, devenue paroisse en 1791, est transformée en une école mutuelle de garçons. Ce bâtiment, reconstruit au commencement du xviiie siècle, est décoré de pilastres ioniques et composites, et de groupes d'anges. — Le Val-de-Grâce. Maison de religieuses pour l'instruction de la jeunesse établie de 1645 à 1648 au faubourg Bouvreuil, près des Carmes déchaussés, rue du Champ-des-Oiseaux. C'est à peu près le lieu où fut établi plus tard l'hospice des Vieux-Prêtres. — Le Précieux-Sang. Religieuses du tiers ordre de Saint-Dominique venues d'Aumale, établies à Rouen en 1658 entre Saint-Gervais et Saint-André-Hors-Ville. Leur maison cessa d'exister en 1740. — Les Mathurins ou Trinitaires, rue des Flandres. Les Mathurins s'établirent à Rouen en 1661 et bâtirent en 1669 une église que la Révolution a démolie. En 1732, ils fondèrent un hôpital pour les captifs rachetés des mains des infidèles. — Les Crépines ou prieuré de Saint-Hilaire, rue d'Elbeuf, n° 45, faubourg Saint-Sever. Maison de religieuses bénédictines sorties de Saint-Amand et appelées *Crépines*, du nom de leur fondatrice Marie Crépin. Elle porta aussi le nom de *Prieuré de Saint-Hilaire*, parce que ces religieuses furent établies au faubourg Saint-Hilaire de 1662 jusqu'en 1666 qu'elles vinrent s'installer dans le faubourg Saint-Sever. Il ne reste plus que de vieux bâtiments sans caractère et la grande porte en pierre sur laquelle on lit cette inscription en partie effacée : (PRI) EVRÉ DE (St) HILAIRE, 1732. — Les sœurs de la Providence, rue de l'Épée. Les sœurs de la Providence furent fondées en 1666 par le père Barré, minime de Rouen, pour tenir les écoles gratuites et charitables des jeunes filles. Elles ont demeuré rue de l'Épée, d'où leur maison a disparu. Depuis 1824, elles ont occupé les anciens Récollets, qu'elles ont quittés vers 1856 pour leur maison actuelle. Quelques-unes d'entre elles allèrent à Saint-Cyr sous les ordres de Mme de Maintenon. — La congrégation ou les filles de Notre-Dame, rue des Arpents, n° 102. Maison fondée en 1648 par Catherine Lefebvre. La chapelle fut bénite la même année par Pierre Lecamus, évêque de Belley. Ce couvent a été supprimé en 1743. La chapelle n'existe plus, mais la maison subsiste encore en partie dans la rue des Arpents. On y remarque une porte cochère, des pilastres et une porte en bois du xvii° siècle. — Les sœurs grises, rue Coupe-Gorge. Maison établie en 1669 pour l'éducation des jeunes filles. Leur fondateur était le père Montaigne, Eudiste. — Les Nouvelles-Catholiques, rue Étoupée, n° 33. Maison fondée de 1668 à 1674 pour recevoir les jeunes filles hérétiques qui rentraient au sein du catholicisme. Leur église, construite en 1723, fut démolie en 1824. C'était une maison séculière. — Saint-Louis, place de la Rougemare, n° 2. Ce couvent de Bénédictines occupait tout le terrain où fut bâtie la Gendarmerie impériale. Il allait de la rue Impériale à la rue Dulong, puis à celle du Vert-Buisson, et enfin à la place de la Rougemare. Commencé ici en 1676, il fut en partie reconstruit en 1750. Le carré du cloître et des bâtiments, qui se reconnaît parfaitement, indique la fin du xvii° siècle. La façade du côté de la Rougemare se compose de deux jolis frontons en pierre sculptés dans le style de Louis XV. Cette partie de l'édifice ou de la chapelle semble dater de 1786, dont on lit le millésime sur les pavés. — L'Oratoire ou les prêtres de l'Oratoire, rue des Arsins, n° 1, et angle de la rue de l'Hôpital. La communauté des prêtres de l'Oratoire arriva à Rouen au xvii° siècle. L'église fut élevée en 1658 avec l'aide du célèbre P. Lamy. Le portail, qui existait encore en 1810, a été démoli, ainsi qu'une partie de la maison des Oratoriens. — Le Saint-Sacrement ou les filles du Saint-Sacrement, rue Morand, n° 6. Les filles du Saint-Sacrement, arrivées à Rouen en 1680, se sont installées en 1685 dans l'hôtel Mathan, construit au commencement du xvii° siècle sur l'emplacement du Vieux-Château. Cet hôtel est très-beau et a le caractère du temps de Louis XIII. La chapelle fut élevée et bénite en 1689. Brûlée en 1738, elle a été rétablie dans le style du xviii° siècle. Ses fenêtres sont garnies de grisailles et de figures d'apôtres grandes et petites du xiii° siècle, qui doivent venir d'églises supprimées. Aujourd'hui couvent des Ursulines, dites aussi Ursulines d'Elbeuf ou Dames Cousin, parce qu'elles y furent installées en 1805 par Mme Cousin, d'Elbeuf. — Saint-Yon ou les frères des Écoles chrétiennes, rue Saint-Julien, aujourd'hui maison d'aliénés dite Asile Saint-Yon. C'est là qu'a commencé en 1705 l'institut des frères des Écoles chrétiennes, dont le vénérable J. B. de la Salle avait jeté les fondements à Reims dès 1679. La maison, commencée par l'abbé de la Salle et continuée par ses successeurs, est un corps de bâtiment en pierre de taille, formant carré à l'entrée. Derrière cette première construction est un bâtiment plus considérable élevé de 1710 à 1720. La chapelle, commencée en 1728, est un bel édifice placé au nord; elle est en croix avec dôme et campanile sur la croisée. La façade est ornée de deux rangs de colonnes d'ordre dorique et ionique. Les frères l'ont construite eux-mêmes de 1728 à 1734. Le 16 juillet de cette dernière année, le vénérable abbé de la Salle y fut transporté de l'église Saint-Sever, où il reposait depuis 1719. Il est resté au pied du maître-autel jusqu'à son exhumation vers 1838. — Les sœurs des Écoles chrétiennes, les Capotes ou les filles d'Ernemont. Fondées d'abord à Ernemont-sur-Buchy, les sœurs d'Ernemont sont venues à Rouen vers 1710, où elles se sont installées près de la porte Beauvoisine, dans une rue à laquelle elles ont donné le nom d'Ernemont. Leur chapelle fut bâtie en 1729. Elles occupent encore leur maison, qu'elles ont beaucoup développée et agrandie. — Communauté de Saint-Patrice, rue et passage Saint-Patrice. Cette communauté de prêtres, aujourd'hui le presbytère et le couvent des Carmélites, fut fondée sous Louis XIV par Pierre Chrétien, curé de Saint-Patrice, mort en 1663. Là demeuraient tous les prêtres de la paroisse. Cette communauté entourait l'église. — Le Bon-Pasteur, rue de la Cigogne-du-Mont et impasse Pilavoine. Ce couvent s'établit à Rouen en 1698, d'abord dans la rue du Grand-Maulévrier, puis à Saint-Sever, et enfin il se fixa dans son local actuel. Les bâtiments qui restent se composent de deux corps, dont un, en pierre, pourrait remonter au xvii° siècle, tandis que l'autre, en brique, est du xviii°. Ils sont occupés par les orphelines de Mlle Prévot. == § II. Églises. — 1° *Églises supprimées et démolies.* — Saint-Sauveur, sur le Vieux-Marché, église isolée, formée d'une nef et de bas côtés, avec clocher en bois et ardoise. Des vitres peintes en garnissaient les fenêtres. Parmi ses sépultures elle renfermait celle du père et de la mère des deux Corneille. Ce fut la croix de Saint-Sauveur qui servit à Jeanne d'Arc sur son bûcher. Supprimée comme paroisse en 1791, cette église fut démolie en 1795. On en a revu les fondations en 1866-1867. — Saint-Martin-du-Pont, au bas de la rue du Grand-Pont, où est aujourd'hui la cour Martin. Cette église, construite d'abord sur une île nommée *la Roquette*, prit ensuite le nom du *Pont*, après la construction du pont de pierre par l'impératrice Mathilde. Elle avait trois nefs, un beau portail du xvi⁰ siècle et un élégant clocher construit en 1544. Supprimée en 1791, elle fut démolie vers 1800. — Saint-Cande-le-Vieux, place Gaillardbois, entre les rues du Bac et de la Savonnerie. Cette église, collégiale et paroissiale, relevait de l'exemption de l'évêché de Lisieux. Ce fut d'abord la chapelle des ducs de Normandie, dont le château, nommé *la Vieille-Tour*, était voisin. L'église se composait de trois nefs voûtées, avait un clocher de pierre, qui était probablement du xvi⁰ siècle, et des verrières renommées. — Saint-Pierre-le-Portier, à l'angle de la rue Fontenelle et de la rue de Crosne. Cette église, placée près de l'ancienne porte Cauchoise, avait été reconstruite en 1531 et terminée en 1573. Elle avait trois nefs et de belles verrières. Supprimée et démolie pendant la Révolution, elle a fait place aux n°⁵ 39 et 41 de la rue Fontenelle. — Notre-Dame-de-la-Ronde, rue de la Grosse-Horloge, à l'endroit où commence la rue Thouret. Elle était collégiale et paroissiale. C'était une belle construction de la fin du xv⁰ siècle ou du commencement du xvi⁰. On y remarquait surtout le portail, où l'on voyait en relief la mort et l'assomption de la sainte Vierge. La tour du clocher se terminait par une élégante pyramide de pierre. Supprimée en 1791, elle fut démolie en 1798 pour l'ouverture de la rue Thouret. — Saint-Amand, rue et place de ce nom, au bout de la rue de la Chaîne. Église paroissiale composée d'une nef et d'un collatéral surmontés d'un petit clocher d'ardoise. Supprimée en 1791, elle fut progressivement démolie. En 1820, il en restait encore quelques murs. — Saint-Nicolas, rue Saint-Nicolas, sur l'emplacement de l'hôtel de ce nom. Cette belle église avait été construite de 1503 à 1533. Elle se composait de trois nefs à sept travées, non compris l'abside du chœur. Elle était surnommée *le Peinteur* à cause des magnifiques verrières qui la décoraient, qui ont été achetées en 1802 et transportées en Angleterre. On en retrouve aujourd'hui dans la cathédrale d'York. Leurs calques existent aux archives départementales. Cette église fut complétement démolie en 1840. Son clocher de pierre fut acheté par M. de Grosmesnil, transporté en 1842 et reconstruit sur l'église de Cottevard (canton de Bellencombre). — Saint-Herbland, à l'angle des rues des Carmes et de la Grosse-Horloge, sur l'emplacement de l'hôtel et du passage Saint-Herbland. C'était une fort belle église à trois nefs, voûtée en pierre. Elle avait été reconstruite de 1483 à 1500. Les arcades étaient nombreuses et élégantes, les clefs de voûte étaient sculptées et dorées; de belles verrières décoraient l'édifice, que surmontait un joli clocher en bois revêtu de plomb. Supprimée en 1791, elle fut entièrement démolie en 1824, après avoir servi longtemps de remise aux messageries. — Saint-Michel, rue de la Grosse-Horloge, près du Vieux-Marché, et de la place de la Pucelle, sur l'emplacement de l'hôtel Saint-Michel. Cette église, qui contenait quatre nefs, avait été construite à la fin du xv⁰ siècle et au commencement du xvi⁰. La construction en était généralement élégante. Le clocher, très-élevé, fut abattu par l'ouragan de 1683 et réparé en 1706. Supprimée en 1791, l'église fut en partie détruite en 1795. A cette époque, on abattit le clocher et le portail. Le reste fut entièrement démoli en 1833. Quelques vitraux ont été transportés dans la chapelle du château d'Anneville (canton de Duclair). En 1596, la princesse de Condé fit abjuration dans cette église, en présence de toute la cour et du légat du pape. — Saint-Pierre-l'Honoré, rue des Bons-Enfants, n° 39. Cette église, d'abord chapelle Saint-Clair, avait été reconstruite au xvi⁰ siècle. Elle avait trois nefs, avec des voûtes et des culs-de-lampe. La tour du clocher n'était pas élevée. Des verrières la décoraient. Supprimée en 1791, elle fut démolie en 1841. — Saint-André-hors-Ville, rue Saint-André, n° 2, et rue Saint-Gervais, n° 30. L'église, autrefois dans la ville, fut transportée au faubourg Cauchoise vers le xiii⁰ siècle. Détruite par les Bourguignons en 1472, elle fut rebâtie au xvi⁰ siècle, mais fort simplement. Supprimée en 1791, elle fut promptement transformée en une construction civile. — Saint-Jean, rue Jeanne-d'Arc, en face du Marché-Neuf, tout près de la rue Rollon. D'abord chapelle connue sous le nom de Saint-Jean-des-Prés. Construite à la fin du xv⁰ siècle et dans la première moitié du xvi⁰, elle devint une des belles églises paroissiales de Rouen. Elle avait trois nefs et un beau clocher. Elle était surtout remarquable par de belles verrières qui, en 1802, furent achetées et transportées en Angleterre. Le vitrail le plus célèbre était celui de la *Conception* ou plutôt du prêtre Théophile qui, tombé dans la Seine, fut sauvé par la Vierge Marie. Conservée comme église paroissiale en 1791, elle ne fut supprimée qu'au Concordat. Dépouillée vers 1816, on en fit alors un bazar qui porta le nom de *Galerie Saint-Jean*. On a achevé de la démolir en 1863, lors du percement de la rue Jeanne-d'Arc. — Saint-Martin-sur-Renelle, entre la rue Sénécaux, la rue Ganterie et la rue de la Renelle. Cette église existait dès 576, lorsque Mérovée et Brunehaut y cherchèrent un refuge contre la colère de Chilpéric. Elle était alors en bois et sur les murs de la cité. La dernière église avait été entièrement construite au xvi⁰ siècle. La nef et ses collatéraux étaient d'une hauteur ordinaire; mais le chœur était élevé et d'une élégance rare. Les colonnes, les arcades, les fenêtres et les galeries étaient belles et fort soignées. Le clocher avait une flèche haute et jolie. Les verrières du chœur étaient remarquables. Elles ont été transportées dans l'église Saint-Romain. Supprimée en 1791, elle a subi des mutilations successives en 1816 et en 1836. Elle fut entièrement démolie en 1861 pour le percement de la rue Jeanne-d'Arc. — Saint-Lô, rue Socrate, n° 8, et rue Saint-Lô, n° 22. Cette

église était prieurale et paroissiale. On prétend qu'elle fut d'abord élevée par saint Mellon, sur l'emplacement du temple de Roth. Au temps de Rollon, elle portait le nom de Saint-Sauveur. Brûlée en 1118, foudroyée en 1316, ruinée en 1440, elle fut rebâtie au XVI° siècle avec élégance et somptuosité. La dédicace eut lieu en 1553, comme le relate une inscription commémorative. Une partie de l'église fut démolie en 1797 et une autre en 1818. Il en reste une suite de murs du XVI° siècle dans la cour de l'école normale primaire, ainsi que rue Socrate, n° 8, et un joli portail du XIV° siècle, rue Saint-Lô, n° 22, qui sert d'entrée à l'établissement. —
2° *Églises supprimées, non démolies.* — Saint-Vigor, rue des Béguines, n° 11, et rue de Fontenelle prolongée. C'était une église du XVI° siècle, à trois nefs et en pierre de taille. Elle possédait de belles verrières que Leviel a décrites. Il reste encore de chaque côté de la nef cinq arcades ogivales. Supprimée en 1791, elle a vu son chevet disparaître vers 1800 et son clocher en 1828. Le tronçon qui subsiste sert de magasin de sabots. — Sainte-Marie-la-Petite, à l'angle de la rue des Bons-Enfants, n° 73, et de la rue de la Prison, n°° 35 et 37. Cette église, qui n'a qu'une nef, avec chevet à trois pans plus étroit que la nef, appartient entièrement au XVI° siècle gothique. Le flanc méridional, qui est intact, montre sept travées marquées par des contre-forts et percées de fenêtres à réseau. On aperçoit le sommet de l'arc d'une porte sur le flanc nord, couvert de constructions modernes. Le clocher, au portail, est une tour carrée sans élévation, qui souffrit du canon de Henri IV, en 1592. Aussi elle paraît avoir été reconstruite vers 1600. Cette église avait aussi des verrières. Supprimée en 1791, elle est devenue un magasin de liquides. Dans sa partie haute se réunissait une société chorale. — Saint-Denis, rue Saint-Denis, derrière les n°° 17 à 29. Cette église, une des plus belles de Rouen, était composée d'une nef haute de 30 mètres et de deux collatéraux avec chapelles. Elle possédait des verrières remarquables, deux portails et deux clochers. Supprimée et vendue en 1791, elle a été défigurée dès 1793. De la nef on a fait un magasin de liquides, et des collatéraux des maisons d'habitation. — Saint-Cande-le-Jeune, rue aux Ours, n°° 24 et 26. Cette église a été construite sur la place où eut lieu un duel judiciaire en 1047. Elle était d'abord une chapelle du nom de Saint-Victor. Les reliques de saint Cande y ayant été apportées, elle changea de nom. Entièrement reconstruite au XVI° siècle, elle était très-élevée et avait des transepts qui ont disparu en 1824. La tour carrée du clocher, placée à l'angle nord du portail, subsiste encore et est une belle construction du XVI° siècle. Supprimée comme paroisse en 1791, cette église a été souvent mutilée et déformée. Aujourd'hui c'est une distillerie. Au dehors, l'église ne se reconnaît plus. Les verrières étaient belles et renommées, surtout celles qui représentaient les reliques de saint Cande sauvées du feu des hérétiques. — Saint-André-aux-Fèvres ou de la Ville, rue aux Ours, n° 81, à l'angle de la rue aux Ours et de la rue Jeanne-d'Arc. Cette belle église, à trois nefs, appartenait au XVI° siècle. Elle avait de remarquables verrières et une belle rosace au portail. Construite de 1487 à 1526, elle avait été terminée en 1555. Les portes, en bois sculpté, étaient uniques dans leur genre. Cette belle église a été complétement démolie en 1861 pour le percement de la rue Jeanne-d'Arc. Les portes en ont été conservées et portées à Saint-Sever. Le clocher seul est resté. C'est une fort belle tour carrée, nue à la base, mais très-ornée au sommet. Elle était autrefois surmontée d'une aiguille découpée à jour, qui a été renversée par le coup de vent de 1683 et dont le plan a été retrouvé à Rome et publié récemment par M. de la Quérière. Elle se termine aujourd'hui par une plate forme entourée d'une balustrade flanquée de petites aiguilles. Les murs qui la supportent sont garnis de niches encore remplies de statues. La Ville a dépensé la somme de 70,000 francs pour la restaurer. Parmi les anciennes verrières, celle de l'*Assomption* a été portée à l'abbaye de Saint-Denis. La *Transfiguration* est ailleurs. Les figures colossales de la Force, de la Tempérance, de la Justice, de la Charité et de la Prudence sont en Angleterre. — Saint-Pierre-du-Châtel, rue Nationale, n° 43, petite rue Nationale et angle de la rue aux Ours. Cette église a pris son nom du voisinage du château de Rouen bâti par Rollon et dont elle fut probablement la chapelle. Telle qu'elle est, elle a été entièrement reconstruite au XVI° siècle par les soins, dit-on, de Guillaume Lechandelier, dont les armes parlantes s'y voient encore. Le vaisseau se compose d'une nef et d'un collatéral au midi couverts par un berceau de bois. Au bout du collatéral est une sacristie de 1600. L'abside est éclairée par trois fenêtres. La grande porte présente des bas-reliefs du XVI° siècle. La tour, placée à l'angle nord-ouest du portail, est garnie de contre-forts, percée de fenêtres et décorée de niches qui abritent huit grandes statues. Les nombreuses verrières ont disparu, achetées par des amateurs. Supprimée en 1791, elle sert à présent de magasin de plomb. — Sainte-Croix-des-Pelletiers, rue Sainte-Croix-des-Pelletiers, n° 56. Cette église, qui n'était qu'une chapelle dédiée à Notre-Dame, a reçu son nom des pelletiers ou des fourreurs qui habitaient ce quartier. Reconstruite au commencement du XVI° siècle, elle a été dédiée en 1533. Vers 1669, on ajouta autour du chœur quatre chapelles, dont deux grandes et deux petites. Elles furent dédiées par l'évêque de Finibor. L'une d'elles, élevée par un riche Espagnol, prit le nom de Notre-Dame-de-la-Guadeloupe. Cette vaste et grande église montrait un berceau en bois peint. Le clocher a

disparu, ainsi que les verrières. Le tout existait encore en 1818. Supprimée en 1791, cette église a reçu un plancher dans toute sa longueur à hauteur d'étage, et sert d'entrepôt de vins. — Saint-Étienne-des-Tonneliers, à l'angle de la rue Saint-Étienne-des-Tonneliers et de la rue des Iroquois, aujourd'hui rue Jacques Lelieur. Cette église, qui existait dès 1063, a été entièrement rebâtie de 1491 à 1533. Elle était à trois nefs. Trois hautes fenêtres décoraient l'abside, et six grandes ogives éclairaient chaque côté du vaisseau principal. Les murs extérieurs sont richement décorés de sculptures. On distingue surtout les portes, dont la principale fut donnée par un particulier en 1530. Sur un des piliers intérieurs on lit l'inscription de la dédicace qui eût lieu le 2 octobre 1523 ou 1533. Supprimée en 1791. Le clocher a été en partie démoli vers 1840. L'église elle-même a été grandement défigurée à l'intérieur, pour être transformée en magasin et en maisons. Aujourd'hui c'est un atelier et un dépôt de bâches et de toiles à bâches. — Saint-Georges ou le Saint-Sépulcre, rue Saint-Georges, rue de la Vicomté et place de la Pucelle. Ce fut d'abord une chapelle dont la fondation remonte au xɪᵉ siècle. Son origine paraît due à la chute d'une sainte hostie portée à un grand personnage qui aura construit la chapelle, comme le témoignaient une curieuse verrière et une pierre des marches de l'autel. La chapelle romane fut rebâtie en 1354 et transformée en une collégiale de quatre prébendes. La façade appartient au xɪvᵉ siècle. Elle se compose d'un mur à pignon garni de quatre contre-forts encadrant au centre une porte au-dessous d'une fenêtre à réseau flamboyant, et sur les côtés deux fenêtres qui ont cela de particulier qu'elles forment un demi-arc aigu, comme si elles étaient inscrites sous un arc-boutant. Celle du côté nord est entièrement modernisée. La nef, du xvᵉ siècle, est basse et d'un intérêt médiocre, sauf sa porte latérale en ogive flanquée de deux petits pinacles portés sur des culs-de-lampe. La tour du clocher, placée au midi, a été démolie. Le chœur, plus élevé que la nef, et provenant d'une construction du xvɪᵉ siècle, est à abside polygone éclairée par trois élégantes fenêtres. Supprimée à la Révolution, elle est devenue une écurie et une remise à fiacres. — Saint-Laurent, entre les rues de l'Hôtel-de-Ville, du Cimetière-Saint-Laurent, de l'École et Boutard. La construction de cette belle église a duré un siècle. Commencée en 1444 sur les plans de maître Denis Gal, «maistre mâchon,» elle fut complètement terminée en 1554. Jean Chevalier fut chargé de l'œuvre de la verrerie. Cardinot Lepelletier fit les épis de plomb en 1470. La belle tour, à peine commencée en 1490, fut terminée en 1501. En 1502, on fit entre chœur et nef un magnifique jubé ou pupitre en pierre, dont le plan fut donné par Jacques Leprévost. Les sculptures et les statues furent l'œuvre de Jehan Theroulde de 1515 à 1524. Ce chef-d'œuvre fut démoli en 1690. (*Bull. mon.* t. XX, p. 577-579.) Plan rectangulaire, sauf un pan coupé à la base, au nord. Nef centrale à chevet polygone, flanquée de deux bas côtés, avec addition sur le flanc du collatéral nord, à l'est. Extérieur : portail formant porche, surmonté d'un fronton aigu se combinant avec une balustrade, flanqué au nord d'une tourelle d'escalier placée en retrait, et au sud d'une tour carrée. Celle-ci, flanquée de contre-forts sur les angles, est percée d'une fenêtre au rez-de-chaussée et au premier étage, qui monte jusqu'au niveau des combles. Les deux étages au-dessus sont percés de grandes fenêtres au-dessous de la balustrade de la plate-forme d'où naît l'aiguille octogone qui se relie par des arcs-boutants garnis d'arcatures avec les aiguilles d'angle de la tour et forme un enchevêtrement difficile à analyser d'arcs, de meneaux et de pinacles. Cette tour est haute de 37ᵐ,50, et son aiguille, qui était élevée de 13 mètres, a été en partie renversée par les tempêtes de 1520, de 1638 et de 1683. Le côté sud est formé, en outre de la travée qu'occupe la tour, de sept travées marquées par des contre-forts carrés, surmontés de la balustrade des bas côtés et de gargouilles qui déversent l'eau du comble qui couvre chaque travée des bas côtés. Des fenêtres à réseau s'ouvrent dans chaque travée. Une porte est percée dans la quatrième. Ce bas côté se termine par un pan coupé au chevet. Des fenêtres éclairent la nef centrale, qui est munie d'arcs-boutants. Le côté nord n'est formé que de six travées, les deux du bas étant occupées par un long pan coupé. Les deux dernières, à l'est, ont reçu une addition latérale de deux chapelles, d'inégale hauteur et d'inégale importance, celle qui forme chevet étant à pan coupé sur l'angle et dépassant le mur terminal du bas côté adjacent. Intérieur : nef centrale de huit travées terminée par un chevet à trois pans, voûtée sur nervures se profilant jusqu'au sol sur les piliers et communiquant par des arcs ogives aigus avec les bas côtés, également voûtés sur nervures, avec clefs ornées. Pas de galerie dans la nef. Cette église, supprimée en 1791, fut le siège d'une société populaire en 1794, et vendue en 1803. Aujourd'hui elle est occupée par un loueur de voitures, et est divisée par une foule de cloisons et de planches qui en rendent l'étude difficile. — 3° *Églises conservées.* — Saint-Hilaire. Cette église, située dans le faubourg de ce nom, fut entièrement ruinée par les calvinistes en 1562. Relevée sous Henri IV dans le style le plus simple, elle fut allongée en 1837 et garnie de collatéraux. Le chœur est pavé de dalles tumulaires du xvᵉ, du xvɪᵉ et du xvɪɪᵉ siècle. Dans la nef sont aussi quelques pierres tumulaires où on lit les dates de 1470, 1496, 1587 et 1660. Dans le mur nord du chœur est une inscription de 1578. De cette paroisse relevait, comme succursale, la chapelle baptismale de Saint-Gilles de Répainville, dont on montre les traces, ainsi que celles de son cimetière dans la rue Saint-Gilles, près de Darnetal. — Saint-Paul. Cette église, située dans un des faubourgs, sur l'ancien cours Dauphin, entre la Seine et le mont Sainte-Catherine, fut élevée, suivant une tradition, sur un temple d'Adonis ou de Vénus. Dès le xi° siècle, elle fut donnée à l'abbaye de Montivilliers, qui y établit un prieuré de femmes, lequel a duré jusqu'à 1650. De 1827 à 1829 l'église de Saint-Paul fut reconstruite à neuf, mais à côté de l'ancienne, réservée comme sacristie. La portion conservée consiste dans l'ancien chœur, accompagné de ses deux collatéraux, tous trois romans du xi° siècle et terminés en abside circulaire. Les fenêtres ont été refaites au xvii° siècle. Mais les corbeaux de la corniche subsistent encore. — Saint-Gervais. Église située au faubourg de ce nom, appelé aussi faubourg Cauchoise, au pied de la côte du Mont-aux-Malades. Elle est connue dès le xi° siècle, où elle apparaît comme une possession et un prieuré de l'abbaye de Fécamp. Ce prieuré dura jusqu'au xv° siècle. Guillaume le Conquérant y est mort le 9 septembre 1087. Cette église, de l'exemption de Fécamp, mutilée pendant des troubles civils et religieux de 1560 et de 1562 et le siège de 1592, fut reconstruite sous Henri IV et Louis XIII. Elle n'avait qu'une nef avec un seul collatéral sans caractère, auquel en 1838 on en ajouta un second au nord. Complétée en 1846, elle a été de nouveau démolie en 1869 et elle vient d'être entièrement refaite dans le style roman, avec trois nefs et clocher sur l'entrée. Verrière du xvi° siècle. (Voir, pour la crypte, *Époque romaine*.) — Saint-Sever. Église située dans le faubourg de ce nom, anciennement nommé Émendreville. L'église et le quartier changèrent de nom après avoir reçu en 990 les reliques de saint Sever, évêque d'Avranches. L'ancienne église de Saint-Sever, qui a été démolie en 1857 pour faire place à la nouvelle, était une pauvre construction du xvi° siècle. Elle avait été dédiée le 27 janvier 1538, comme le prouve une inscription conservée dans l'église moderne. Cette dernière, élevée dans le style de la Renaissance (de 1858 à 1861), renferme l'inscription tumulaire du vénérable Jean-Baptiste de la Salle, fondateur des frères des Écoles chrétiennes, qui reposa dans l'ancienne église de 1719 à 1735. — Sainte-Madeleine. Ancienne chapelle de l'Hôtel-Dieu, devenue église paroissiale depuis 1791 et le Concordat. Construite au commencement du règne de Louis XVI, sous la direction de Lebrument, architecte, elle fut dédiée par le cardinal de la Rochefoucauld le 7 avril 1781. Plan rectangulaire dans lequel est inscrite une croix. Portail précédé d'un porche formé par quatre colonnes corinthiennes soutenant un entablement et un fronton. Porte carrée surmontée d'un bas-relief représentant la Charité, par Jadoule. A l'intérieur, un vestibule fermé par des colonnes corinthiennes qui supportent la tribune de l'orgue. Nef de trois travées de colonnes architravées et supportant un mur percé de fenêtres. Chœur également de trois travées. Entre la nef et le chœur, la croisée dont la coupole est supportée par quatre piliers. Nef, chœur et transepts voûtés en berceau. Bas côtés couverts par des plafonds portant sur des soffites et percés de fenêtres carrées. Tableaux : *Jésus et l'aveugle de Jéricho*; *Jésus et le paralytique*, par Vincent; l'*Assomption*, par Pierre; la *Conversion de saint Paul*, par Restout. — Saint-Romain, dans le faubourg Bouvreuil, près de la gare du chemin de fer. Cette église, érigée en paroisse d'abord en 1791, puis en 1802, était l'ancienne chapelle des Carmes déchaussés. Fondée en 1676, elle fut dédiée en 1687 par l'archevêque Colbert. On y mit la dernière main en 1730. Façade formée de deux étages ornés de pilastres doriques, percée au rez-de-chaussée d'une porte cintrée entre deux niches, et d'un *oculus* au premier, accosté de deux consoles. Un fronton courbe surmonte le tout. L'intérieur est un parallélogramme inscrivant une croix. La nef est formée de deux travées, ainsi que le chœur terminé par une abside circulaire. Des pilastres ioniques portant un lourd entablement, dont la frise est ornée de rinceaux, décorent les pieds-droits des arcs en plein cintre des bas côtés. Une voûte en berceau pénétrée par les arcs des fenêtres, avec arcs-doubleaux, couvre la nef; une coupole surbaissée surmonte la croisée. Les bas côtés sont couverts par des plafonds portés sur pendentifs. Vitraux provenant des églises supprimées de Saint-Maur, de Saint-Étienne-des-Tonneliers et de Saint-Martin-sur-Renelle. On y distingue particulièrement une *Transfiguration*, une *Sainte famille*, l'*Histoire d'Adam*, *Sainte Geneviève*, le *Jugement et la mort de saint Étienne*, la *Cène*, la *Passion*, le *Mauvais riche*, *Jésus renversant les tables des changeurs*, *Job sur son fumier*, *Tobie ensevelissant les morts*, la *Résurrection de Lazare*. Tombeau de saint Romain sous l'autel; c'est un sarcophage de marbre rouge remontant au moins au vii° siècle, s'il n'appartient pas à l'époque romaine; la caisse en fer vitrée dans laquelle il est emprisonné en empêche l'étude. Couvercle des fonts baptismaux provenant de l'église de Saint-Étienne-des-Tonneliers; dôme en bois de chêne divisé par six arêtes encadrant des bas-reliefs de la Renaissance représentant des scènes de la Passion, et surmonté par un édicule abritant la *Résurrection*. Sous le chœur est le caveau des Becdelièvre, fondateurs de l'église. — Saint-Éloi. Église à une nef, avec bas côtés, terminée par une abside à trois pans dépassant les bas côtés, du xvi° siècle, dans le style gothique. Façade occidentale percée d'une porte en arc surbaissé à moulures prismatiques sous un arc aigu, dont le tympan est orné d'une arcature aveugle et d'une rose à réseau étoilé de la Renaissance. Pignon nu. A gauche s'élève la tour, occupant une travée du bas côté nord, en style gothique au rez-de-chaussée et en style de la Renaissance au premier étage, surmontée d'un clocher couvert d'ardoise par-dessus la corniche. Une fenêtre ogivale éclaire le bas du collatéral sud. Les façades latérales, formées de sept travées au nord et de huit au sud, sont percées de portes à la quatrième travée qui forme une légère saillie, le contre-fort entre la quatrième et la cinquième étant développé en tourelle d'escalier. Les balustrades du grand comble et celles des bas côtés couverts en terrasse sont en partie enlevées, ainsi que les arcs-boutants, dont quatre manquent au nord et trois au sud. Le chevet est percé de deux rangs de fenêtres, dont celles du rez-de-chaussée sont bouchées. A l'intérieur, des colonnes, cannelées après coup, supportent les arcades aiguës à moulures prismatiques qui font communiquer la nef avec les collatéraux. Pas de galerie entre les arcs et la claire-voie. Voûtes sur nervures ornées de clefs pendantes. Sacristie basse à l'extrémité de chaque bas côté flanquant le chevet. Elle est du XVIIe siècle. Tombeau du XVIe siècle formé de deux colonnes sur consoles supportant un entablement, dans le mur extérieur sud occupant le soubassement de la cinquième travée. On y lit encore cette étrange inscription :

Icy gist ung corps sans âme,
Priez Dieu qu'il en ait l'âme.

Quoique cette église soit devenue un temple protestant depuis le Concordat, elle renferme encore un bel orgue du XVIIIe siècle et un autel de marbre du même temps. Elle contient aussi des dalles tumulaires du XVIe et du XVIIe siècle, dont quelques-unes ont des inscriptions. Dans le chœur est un ancien puits rebouché vers 1700. On y puisait de l'eau avec une chaîne de fer, ce qui a donné lieu au proverbe : «Froid comme la corde du «puits de Saint-Éloi.» Cette église Saint-Éloi possédait de belles verrières, nous citerons notamment l'*Histoire du juif et de l'hostie*, aussi nommée *le Miracle des Billettes*. Cette série de six tableaux, du XVIe siècle, est au musée d'antiquités depuis 1832. (*Catalogue du musée d'antiquités de Rouen*, p. 32 et 33, édit. 1868.) — Saint-Nicaise, rues Saint-Nicaise, de l'Aître-Saint-Nicaise et Poisson. Église à trois nefs d'égale hauteur couvertes en berceau de charpente; celle du centre à chevet polygone. Plan rectangulaire. Le pignon de la nef centrale est percé d'une porte sans caractère que surmonte une lancette à meneau central surmonté d'un *oculus*, chanfreinée, de la fin du XIIIe siècle. La nef, sans jours, couverte par un berceau surbaissé du XVIIIe siècle, percé de deux lucarnes au nord, se compose de quatre travées de colonnes cylindriques, sans caractère, supportant des arcs ogives à voussoirs carrés. Le mur qui les surmonte porte encore dans les nefs latérales une moulure saillante et au-dessus de corbeaux destinés à porter des charpentes, indices de bas côtés en appentis. Au delà de la quatrième travée, plus haute que les trois premières, commence le chœur, construction grandiose dans le style gothique du XVIe siècle et inachevée. Ce chœur se compose de trois travées sur colonnes cylindriques à chapiteau décoré de motifs d'architecture, portant des arcs aigus à moulures prismatiques. Au-dessus règne la claire-voie, au niveau de l'arrachement des nervures qui n'ont point été achevées. Le chevet à trois pans était éclairé d'un premier étage d'une claire-voie aujourd'hui aveugle et d'un étage de fenêtres au niveau de la claire-voie. Un plafond couvre le tout. Les deux nefs latérales, couvertes en berceau jusqu'au niveau du chœur et éclairées de fenêtres dans leur pignon et sur leurs côtés, qui semblent plus anciennes au sud qu'au nord, s'arrêtent au niveau du chœur, où commence un autre système de construction, voûtée sur nervures, plus basse que le chœur. Deux sacristies basses flanquent le chevet de chaque côté, derrière les nefs latérales. A l'extérieur, ce chevet, qui s'élève à une grande hauteur, est très-délabré, ainsi que tout le reste de la construction. Quelques fragments de vitraux dessinés avec un grand caractère portent la date de 1555. Le buffet de l'orgue, posé en 1634, la contre-table, exécutée en 1662, sont décorés de sculptures. La chaire est du XVIIe siècle et les stalles du XVIIIe. — Saint-Godard, place Saint-Godard, rues Boutard, de l'École et du Cimetière-Saint-Laurent. Cette église, construite d'abord dans un faubourg de la cité, servit de sépulture à saint Godard en 525, et à saint Romain en 644. Le tombeau de ce dernier resta longtemps dans une crypte, d'où il fut enlevé en 1802 pour être transféré dans l'église qui porte son nom. Le corps du saint en avait été enlevé dès 1090 et transporté à la cathédrale. L'église actuelle, du XVIe siècle, longue de 71 mètres sur 20 mètres de large, est formée de trois nefs d'égale hauteur, d'une architecture fort simple, communiquant entre elles par huit hautes arcades ogivales portant sur des piliers à moulures prismatiques. La nef centrale est terminée par une abside à trois pans qui dépasse les nefs latérales, terminées par un mur droit percé d'une grande fenêtre. Des berceaux en bois avec entraits couvrent les trois nefs. Dans la façade occidentale s'ouvre une porte en arc surbaissé garnie de vantaux ornés de draperies plissées, au-dessous d'un arc aigu dont le tympan est percé d'un réseau. Une grande fenêtre s'ouvre au-dessus et remplit tout le pignon. Au nord s'élève la tour, percée d'une seule ouverture sur chaque face au-dessus du faîte et occupant la moitié d'une travée de la nef du nord. Un demi-pignon percé d'une fenêtre éclaire l'autre moitié de cette travée. Du côté opposé une grande fenêtre éclaire le pied de la nef du sud. A l'extérieur, des contre-forts d'angle marquent les travées. La troisième est occupée par une porte sous une fenêtre qu'entoure une voussure garnie de dais. Sacristie basse contre le mur oriental de la nef du nord. Comme toujours, elle est du xviiᵉ siècle. Les deux fenêtres ouvertes chacune dans le mur oriental de chaque nef latérale, qui ont 11ᵐ,60 de haut sur 4 mètres de large, renferment deux splendides verrières représentant l'arbre de Jessé, avec la date de 1535, et la vie de saint Romain, évêque de Rouen, avec le millésime de 1555. Les autres ont été détruites en 1791 et en 1802. Le clocher, court et massif, est une tour de pierre de 1612 placée à l'angle nord du portail. Tombeau de marbre noir, sur lequel sont agenouillées les deux statues de marbre blanc de Charles et de Pierre de Becdelièvre, marquis d'Hocqueville et de Quevilly, présidents au parlement de Normandie, et inhumés au temps de Louis XIV. Sous la chapelle de Saint-Romain est une crypte qui fut autrefois la sépulture du grand évêque de ce nom. Sa construction paraît remonter au xviᵉ siècle. Longtemps ce fut un lieu de pèlerinage. Farin, prieur du Val et auteur d'une *Histoire de la ville de Rouen*, publiée en 1668, fut prêtre matriculier de Saint-Godard. — Saint-Vivien, rues Saint-Vivien et de la Gerbe-d'Orge. D'abord simple chapelle placée dans un marais et au bord de la voie antique de Beauvais, comprise dans l'enceinte de la ville au xiiiᵉ siècle. Église à trois nefs d'égale hauteur. Plan rectangulaire : chevet carré, avec annexe au sud, et clocher sur le côté, au nord, du xvᵉ au xviᵉ siècle. Le pignon de la nef centrale, précédé d'un porche bas du xvᵉ siècle, est percé d'une grande fenêtre qui semble de la fin du xivᵉ. La nef est formée de neuf travées sur hautes colonnes circulaires dont le chapiteau est garni de feuilles frisées sous un abaque octogone. Les arcades ogives la font communiquer avec les nefs latérales. Une voûte sur nervures portant sur des consoles la surmonte, éclairée sous les formerets par des fenêtres basses dont la partie inférieure est aveugle. Aucune modification ne marque l'entrée du chœur. Le grand retable de l'autel doit cacher la fenêtre du chevet. La nef du nord, éclairée à l'ouest par une fenêtre, est couverte par un berceau en arc aigu de 1636, sur entraits portant sur des consoles jusqu'à la sixième travée, où elle est divisée en deux parties égales suivant la longueur. Celle qui longe le chœur forme un haut collatéral de quatre travées voûtées sur nervures, correspondant à une travée sur piliers portant le clocher et à une grande chapelle de trois travées sur nervures, portant sur deux colonnes rondes, comme celles de la nef. Des fenêtres étroites, à réseau flamboyant, éclairent chaque travée, même celle du clocher. Le chevet est percé d'une fenêtre dans le collatéral. La nef du sud, éclairée dans le pignon par une immense fenêtre à réseau flamboyant, est percée sur le côté et au chevet de grandes fenêtres de même. Elle est voûtée par un berceau en arc aigu à entraits

sur consoles. Dans le haut, une grande chapelle correspondant à deux travées fait saillie et communique avec la nef par deux arcades sur colonnes circulaires. Elle est voûtée sur nervures. Au-dessous s'ouvre une petite chapelle dont l'arcade est à pendentif. Extérieurement, cette chapelle est surmontée d'une chambre qui est l'ancien trésor. La tour du clocher, qui s'élève au droit du mur nord, est éclairée latéralement de trois étages de fenêtres ogives, et d'un seul étage au-dessus du faîte, sur les trois autres côtés. Une flèche octogone de pierre, sans clochetons et sans ornements, la surmonte. Un mur bas de cimetière, orné d'os en sautoir sculptés près d'une entrée, existe encore au sud. Cette église possédait un orgue dès 1515. L'orgue actuel a été placé au portail et augmenté en 1661. La grande contre-table de marbre qui termine l'église est du xviiiᵉ siècle. Elle provient des anciens Cordeliers. — Saint-Patrice, rue et passage Saint-Patrice. Église construite en 1535 à la place d'un édifice du xiiiᵉ siècle, à trois nefs d'égale hauteur, celle du centre terminée par un chevet à trois pans, avec addition au sud d'une chapelle latérale de la Passion, terminée également par un chevet à trois pans, et au nord d'une autre chapelle à chevet carré. Le portail occidental est percé d'une porte moderne sous une grande fenêtre à réseau, bouchée. Tour à gauche, occupant une travée de la nef latérale, formée d'un premier étage gothique et d'un deuxième étage de la Renaissance surmonté d'un toit d'ardoise. Mur latéral du sud, garni de contre-forts sortant d'un soubassement continu et très-saillant. Porte latérale occupant la troisième travée, séparée en deux par un trumeau et surmontée d'une rose. Fenêtres en arc aigu, avec réseau gothique. Corniche décorée d'oves. A l'intérieur, colonnes cylindriques à chapiteau, portant des arcs aigus à moulures prismatiques faisant communiquer les sept travées de la nef centrale avec les nefs latérales, et celles-ci avec les chapelles latérales, qui occupent chacune trois travées. Nef centrale couverte en berceau de bois, dans lequel s'ouvrent des fenêtres en lucarnes. Nefs latérales et chapelles voûtées sur nervures. Nombreux et magnifiques vitraux. Chapelle de la Passion au sud : 1° grisailles de 1624 et de 1625, représentant Jésus enfant, la sainte Vierge, saint Jean et saint Jacques ; 2° les trois fenêtres suivantes ne renferment que des attributs de la Passion à laquelle cette chapelle était consacrée, et qui reste comme le souvenir d'une confrérie de la Passion ; 3° la *Miséricorde* ; la *Justice et la Vérité s'embrassant*, l'*Esprit saint*, *Moïse à genoux* ; 4° un fragment de l'*Histoire d'Abraham et de Moïse* ; 5° la *Femme adultère* (1549) venant de Saint-Godard, magnifique peinture sur verre ; 6° la *Visitation*, la *Compassion* et un fragment de l'*Histoire de Job* ; 7° l'*Annonciation*, la *Nativité de Notre-Seigneur* et l'*Adoration des mages* ; 8° *Vie de saint Jean-Baptiste*. Nef du nord : 1° *Légende* de Job (1570); 2° *Légende de saint Patrice*, apôtre de l'Irlande et patron de l'église; 3° *Martyre de sainte Barbe* (1540); 4° la *Nativité* et l'*Annonciation* (1538); 5° *Légende de saint Eustache* (1543); 6° *Vie de saint Louis* (1583). Chapelle de la Sainte-Vierge : *Légende de saint Fiacre*, *Légende de saint Faron de Meaux* (1540), *Triomphe de la loi de grâce ou de la religion chrétienne*. On attribue ce chef-d'œuvre à Jean Cousin. Les trois fenêtres du sanctuaire reproduisent les principaux traits de la passion du Sauveur. Le crucifiement occupe la fenêtre centrale. Dans la chapelle de Saint-Joseph est un caveau contenant six cercueils de plomb de la famille de Bonneval. Dans la chapelle de la Sainte-Vierge se trouve un autre caveau voûté contenant sept cercueils de plomb et une foule d'ossements provenant de l'ancien cimetière. Les stalles et l'orgue furent donnés par M. Chrétien, curé, vers 1660. Les lambris des chapelles, qui sont du XVIe siècle, proviennent de l'ancienne église de Saint-Éloi. La chaire, du temps de Henri III, vient de Saint-Lô. Un grand baldaquin, accompagné d'anges et de draperies, le tout de bois doré, couvre le sanctuaire. Dalles de pierre et de marbre contenant des inscriptions tumulaires et des fondations. Sur le mur méridional de la nef on lit encore sur une plaque de tôle ou de fer-blanc cette inscription, qui peint toute une époque : « Loix et actes de l'autorité publique. » On reconnaît ici une épave des terribles années 1794 et 1795. Dans le cimetière Saint-Patrice, on jouait en 1498 et dans les années suivantes le *Mystère de la passion du Sauveur*. Plus tard, la Confrérie de la Passion établit dans l'église un puy de ce nom. — **Saint-Vincent**, rues Jeanne-d'Arc, de la Vicomté, de Saint-Vincent et Fleurus-du-Vivier. Mentionnée dès 1169 sous le nom de Saint-Vincent-sur-Rive, parce qu'elle était au bord de la Seine. C'est à cette position qu'elle dut le privilége des poids et mesures et des droits sur le sel ainsi que sur les navires chargés de cette denrée, qui a duré jusqu'au siècle dernier. Il existe encore près de la sacristie et contre l'église un vieux bâtiment qui se rattache à ce droit féodal. L'église actuelle, une des plus jolies de la ville de Rouen, date entièrement du XVIe siècle. Commencée en 1511, sur les plans de Me Guillaume Touchet, qui conduisit les travaux jusqu'en 1530 et finit le chœur, elle fut dédiée en 1556, avant d'être entièrement achevée. L'édifice n'est même pas encore terminé aujourd'hui. La tour du clocher, entre chœur et nef, fut élevée en 1669 seulement. Église à une nef accompagnée de deux collatéraux entourant le chœur, et flanquée latéralement de grandes chapelles. Extérieur : Portail occidental précédé d'un porche à côtés brisés, percé sur chacune de ses trois faces d'une arcade aiguë, surmonté d'une balustrade et couvert en terrasse. Porte surbaissée, moderne, sous un tympan représentant le jugement dernier. Fenêtre au-dessus de la terrasse et pignon. Murs des bas côtés terminés horizontalement, percés chacun d'une fenêtre. Chapelles latérales plus élevées que les bas côtés et cachant le toit de ceux-ci. Pas d'arcs-boutants. Murs latéraux garnis de contre-forts à arête saillante. Dans la troisième travée, porte à trumeau portant deux arcs surbaissés sous un arc aigu à moulures, dont le tympan est en réseau à jour. Sur le flanc sud, la voussure est ornée de culs-de-lampe et de niches et fait saillie sur le nu du mur des bas côtés et du pignon qui masque un transept ainsi qu'un changement de construction. Tour du clocher sur la croisée, ornée d'un premier étage de fenêtres aveugles, d'un second étage d'ouïes à réseau flamboyant, sous une corniche et une balustrade. Les chapelles du nord sont terminées par un chevet à trois pans; celles du sud par un mur droit, derrière lequel s'élève la sacristie. Le chevet, à cinq pans, est marqué par une légère saillie absidale, rectangulaire. Le chœur, beaucoup plus élevé que la nef, est éclairé au chevet par trois rangs de fenêtres, celles du rez-de-chaussée, la galerie et la claire-voie. Il est soutenu par des arcs-boutants qui sont à deux volées latéralement, au droit des chapelles, qui au sud sont soutenues par des contre-forts à arête saillante, garnis de deux niches avec dais, sur chacun de leurs pans coupés, et portent deux à deux des frontons qui pénètrent les balustrades surmontant les corniches. Les deux chapelles de la nef sont modernes. Intérieur : Nef composée de deux travées portées sur des piliers à moulures prismatiques, se profilant depuis le sol jusque sous la voûte à nervures. Arcades en arc aigu à moulures prismatiques, dont les retombées se croisent avec celles des piliers. Fenêtres au-dessus des arcades. Bas côtés voûtés sur nervures qui se profilent verticalement sur les murs des chapelles latérales, qui forment comme des nefs. Croisée sur piliers à moulures prismatiques, accompagnée de deux transepts qui ne font point saillie sur les côtés. Chœur formé de deux travées et sanctuaire de deux autres, le tout porté sur colonnes cylindriques à base et à chapiteaux remaniés au XVIIIe siècle. Le bas côté du chœur, étant plus élevé que celui de la nef, est cependant terminé sur le transept par un arc-doubleau à la même hauteur que celui de la nef, mais portant un mur percé d'une fenêtre ogive qui donne dans ce bas côté. Au-dessus des arcades règne une galerie à jour, au-dessous des fenêtres de la claire-voie. Vitraux nombreux et très-remarquables. A partir du portail nord, la première fenêtre contient la légende de saint Jean-Baptiste; la deuxième fenêtre, la légende de saint Pierre. Les trois fenêtres de l'abside nord (chapelle Saint-Nicolas) renferment la légende de saint Antoine de Padoue, les images des saints Jacques, Vincent, Nicolas, Jean-Baptiste et de sainte Anne, et enfin un vitrail mystique et allégorique montrant la Vieillesse, la Richesse, les Pauvres, l'Aumône, la Pitié, etc. Au chevet, dans le collatéral nord, les deux fenêtres contiennent la vie de Notre-Seigneur et sa passion. La fenêtre absidale renferme le crucifiement. Les deux fenêtres du collatéral, au sud, représentent : la première, les mystères qui suivirent la mort et la résurrection du Sauveur, et la deuxième, le martyre de saint Vincent. Dans la chapelle du sud, est retracée la vie de la sainte Vierge, qui occupe deux fenêtres, celle du chevet et celle du côté. La troisième représente les vertus théologales et cardinales : Foi, Espérance, Charité, Tempérance, Prudence et Force. Les deux fenêtres qui surmontent les portes latérales présentent le jugement dernier au midi, et les attributs de la Passion au nord (1586). La fenêtre percée au bas du collatéral méridional représente la sainte Vierge et quelques apôtres, d'après une composition d'Albert Durer. Dans les chapelles du nord sont un arbre de Jessé, les fragments d'une *Annonciation*, des saints et des saintes, tels que saint Jean, saint Pierre, saint Jacques, saint Michel, sainte Catherine. Dalles tumulaires : presque toutes effacées. Il ne reste que celle de Godefroy du Réaume, maire et capitaine de Rouen, mort en 1378, provenant de Saint-André-aux-Fèvres. Elle est encastrée dans le mur. Les tombeaux des Caradas, de la famille Méry, et deux autres du xv° et du xvi° siècle, sont encore assez bien marqués. Des bancs et des lambris en bois sculpté du xvi° siècle dans la chapelle de Saint-Nicolas et dans la chapelle de la Vierge. (Publiées dans l'*Art architectural* de E. Rouyer et A. Darcel.) Stalles de 1725 et orgue de 1767. Autel surmonté d'une gloire, avec des statues de saint Vincent, diacre, soutenant au bout de la palme de martyr la réserve eucharistique, statues d'anges, médaillons et ornements de style rocaille en bois et plâtre accrochés aux colonnes, exécutés sur les dessins de Defrance et dorés par Leprince, de 1736 à 1750. Anciennes tapisseries de haute lisse, en grand nombre, aujourd'hui disparues. — Saint-Maclou et son cimetière. Chapelle dès le x° siècle, située dans un marais nommé *Mala palus*, d'où est venu à la rue qui conduit à la Seine le nom de *Malpalu*, qu'elle porte encore. Elle était située à la porte orientale de Rouen, mais en dehors de la cité et de l'enceinte romaine et normande. Elle fit partie de la ville lors du premier agrandissement de 1203, et encore mieux après le second de 1253. Elle fut alors érigée en paroisse par le roi saint Louis. Incendiée en 1200, 1201 et 1253, elle resta dans un piteux état jusqu'en 1432, époque où la fabrique songea à son agrandissement. Un plan et un projet furent demandés à Pierre Robin, maître maçon de Rouen. Bâtie en pierre de Vernon, elle fut élevée par les dons des paroissiens et les aumônes des fidèles sollicités depuis 1437 jusqu'en 1520 à l'aide de reliques et d'indulgences accordées par le cardinal d'Estoutteville en 1453, et par les cardinaux de Rome en 1500. Pierre Dufour et Jean de Pardrieu, sieur d'Ouville, son gendre, contribuèrent beaucoup à la construction de l'église. En récompense, on leur accorda la sépulture dans la chapelle de la Sainte-Vierge en 1464 et 1466. En 1445, une supplique fut adressée au duc d'York. Les travaux furent poussés très-activement dès le xv° siècle ; le gros œuvre était achevé vers 1478 ; on travaillait aux combles en 1480. Le clocher fut terminé en 1520 par une flèche en bois de 33 mètres de hauteur. Cette flèche élégante et gracieuse, ébranlée par l'ouragan de 1706, menaçait ruine. Tout d'abord elle fut descendue en partie en 1735, puis elle le fut tout à fait en 1794. Remplacée longtemps par un humble toit d'ardoise, elle vient d'y voir substituer définitivement, en 1868, une charmante flèche de pierre en style du xvi° siècle. La dédicace de l'église eut lieu le 25 juin 1521. Plan en croix, à branches presque égales. Nef accompagnée de collatéraux flanqués chacun de trois chapelles, se prolongeant autour du chœur flanqué de huit chapelles. Clocher sur la croisée. Longueur, 50 mètres; largeur, 25 mètres ; hauteur de la lanterne, du pavé à la voûte, 50 mètres ; de la tour des cloches, 5 mètres ; de la nouvelle flèche, 33 mètres : soit hauteur totale, 88 mètres. Au bout du transept sud, le xvii° siècle a ajouté une mauvaise chapelle en bois qui porte le nom du *Divin-Cœur*. La façade occidentale est formée de cinq travées correspondant aux cinq divisions intérieures : la nef, ses deux collatéraux et les chapelles qui y accèdent. Elle est précédée d'un porche à trois pans, percé de cinq arcs aigus ; celui du milieu vis-à-vis de la porte centrale et sur un plan parallèle, les deux autres de chaque côté et sur un plan oblique ; le premier donnant accès à la porte du bas côté, le dernier correspondant au mur plein des chapelles. Chaque arc porte sur des piles ornées, avec consoles et dais, contre-forts, aiguilles à crochets, etc. et est surmonté d'un haut fronton garni d'un réseau à jour se combinant avec une claire-voie qui entoure la terrasse qui couvre le porche. Au-dessus et en arrière monte le pignon percé d'une immense fenêtre, terminée en rose, abritée sous un haut fronton à jour, et encadrée par deux tourelles octogones à toit aigu garni de crochets. Des arcs-boutants, supportant les conduites d'eau des combles portées sur une arcature à jour et ornées de crochets, accompagnent le pignon de chaque côté. A côté de la croix de pierre qui termine un des pignons de la façade, on remarque à droite et à gauche deux vases de pierre imitant des fioles d'huile. Ceci rappelle qu'autrefois l'église de Saint-Maclou possédait le privilége des saintes huiles et le droit de les distribuer à tout le diocèse de Rouen. Cette concession datait de 1514 et avait été accordée par Georges d'Amboise II, à l'occasion de l'incendie de la flèche de la cathédrale. Saint-Maclou, du reste, était appelé *la Fille aînée des archevêques de Rouen*, et son curé était de droit doyen de la chrétienté. Une fontaine de pierre dans le style de la Renaissance, composée de deux enfants pissants accostés à un cartouche accompagné de fruits, etc. aujourd'hui mutilée, a été incrustée dans l'angle nord de la façade. (Dessinée et gravée par H. Langlois.) La porte centrale, ornée de voussures portant des figures d'anges, est décorée sur son tympan d'un bas-relief représentant la résurrection et le jugement dernier. Les tympans des portes latérales sont évidés en réseau à jour et garnis de verrières. Les portes, de bois sculpté, sont attribuées à Jean Goujon, dont la coopération à l'achèvement de Saint-Maclou est constatée par un reçu relatif à d'autres travaux. Projetées en 1520, elles furent achevées en 1560. La grande porte est formée de deux vantaux divisés horizontalement chacun en deux parties. Dans la partie inférieure est une porte de service dont le cartouche central porte un mascaron de bronze, le tout encadré par des moulures saillantes. Les deux dormants sont ornés de pentes de fruits, que surmonte une niche avec statue. Au-dessus règne une corniche. La partie supérieure est ornée d'un médaillon circulaire encadré dans un carré et porté par quatre figures de ronde bosse. Des niches abritant des statues et des cartouches accompagnent latéralement ce motif principal. Une figure de Dieu le père surmonte chaque médaillon. L'un des vantaux figure la loi ancienne, *Lex vetus*; l'autre la loi nouvelle, *Lex gratiæ*. Les deux médaillons du haut résument les deux Testaments. Sur l'un est la Circoncision, et sur l'autre le Baptême. Le médaillon de la *Circoncision* est soutenu par saint Grégoire, saint Jérôme, saint Augustin et saint Ambroise, qu'accompagnent à droite et à gauche Énoch et Élie. Celui du *Baptême* est porté par les quatre évangélistes, escortés à droite et à gauche par Moïse et Gédéon. Dans les niches de la partie inférieure et encadrant les petites portes sont les figures allégoriques de la Paix, de la Justice, de la Foi et de la Charité. La seconde porte de la façade de l'ouest, dite *des Fonts*, offre à peu près la même disposition et est sculptée au dedans et au dehors Elle est consacrée à la parabole du Bon Pasteur. Au-dedans, c'est le sens matériel: dans le médaillon le berger défend le troupeau et le mercenaire fuit; mais au dehors c'est le sens allégorique: c'est Jésus-Christ lui-même qui prend soin du bercail et lutte contre ses ennemis, qui sont les hérésies. Il est secondé par un pape, un roi, un prélat, etc. Le médaillon est soutenu par quatre personnages allégoriques en haut relief; leur intervalle laisse voir en très-bas relief trois figures allégoriques des saisons, dont deux rappellent les nymphes de Jean Goujon. Dans les quatre niches du haut et du bas sont Melchisédech et Aaron, saint Pierre et saint Paul. Sur les côtés les murs de la nef sont soutenus par deux rangs de contre-forts à deux volées. L'extrémité du transept nord, encadrée par deux tourelles octogones saillantes, est percée d'une porte dont le tympan à jour et garni de vitraux est surmonté d'un haut fronton ajouré. Au-dessus règne une galerie à jour, au-dessous d'une rose. Les vantaux sculptés offrent à peu près les mêmes dispositions que ceux des deux autres portes. Les panneaux inférieurs sont entourés de grotesques, et une colonne corinthienne couverte d'un cep de vigne, portant une statue de la Vierge sous un dais, figurant un trumeau central, couvre la feuillure. L'intérieur retrace la parabole de l'Enfant prodigue et du Bon Pasteur. Les médaillons extérieurs représentent, l'un l'arche d'alliance, l'autre la mort de la Vierge. La figure de Dieu le père surmonte le premier, celle de Dieu le fils le second. Après les transepts et deux travées se développent les quatre chapelles du chevet, terminées par des murs à trois pans qui dépassent quelque peu la largeur des nefs et du chœur. La tour du clocher, élevée sur la croisée, est percée de deux fenêtres sur chaque face et surmontée d'une flèche moderne dans le style du monument, qui se relie au moyen des arcs-boutants de sa base avec les quatre tourelles d'angle de la tour. A l'intérieur, les trois travées de la nef communiquent avec les bas côtés par de grandes arcades aiguës, portant sur des piliers formés de faisceaux de moulures prismatiques qui partant du sol se profilent sur les arcs, sur les formerets, sur les arcs-doubleaux et les arcs ogives sans intermédiaire de chapiteaux. Au-dessus des arcades latérales règne une galerie aveugle. Au-dessus est la claire-voie. La lanterne de la tour est décorée à sa base d'une galerie sur corniche saillante qui, dans les angles, est en encorbellement formant comme des pendentifs. Une arcature aveugle garnit les murs au-dessous de la claire-voie qui est formée de deux fenêtres sur chaque face. La voûte est établie sur huit nervures rayonnant autour d'une clef annulaire pour le passage des cloches, décorée dans le style de la Renaissance. Les transepts, nus au-dessus des fenêtres des tympans des portes, sont percés d'une galerie à jour à un niveau intermédiaire entre les galeries aveugles latérales et la claire-voie. Au-dessus règne une galerie en encorbellement, où l'on arrive par les escaliers des tourelles extérieures. Les roses s'arrondissent au-dessus. Le chœur est composé de deux travées, et le sanctuaire d'un rond-point soutenu par cinq piliers, dont l'un est dans l'axe. Les chapelles latérales, soit de la nef, soit du chœur, soit du chevet, correspondent aux arcades. Il y a de chaque côté trois chapelles dans la nef, deux au chœur, la première au sud après le transept étant divisée en deux étages, celle qui suit présentant un petit pan coupé pour se raccorder avec les chapelles du chevet, qui sont au nombre de quatre et bâties sur un plan hexagone. En entrant par la porte des Fonts, nous trouvons les chapelles des Fonts, de Saint-Clair, de Sainte-Marguerite, de Sainte-Cécile, de Saint-Pierre, de Notre-Dame-de-

Pitié, de la Sainte-Vierge, de Notre-Dame-de-Liesse ou des Trépassés, de Sainte-Clotilde et Saint-Nicolas, du Crucifix, de M. le Curé ou du Bon-Pasteur, de Saint-Alexis et Saint-Roch, de Saint-Maclou, de l'Annonciation, de Sainte-Reine ou de Sainte-Radegonde. Au-dessus de la chapelle de M. le Curé est la Chambre du Trésor, qui remonte au xvi° siècle. Les verrières, du xv° et du xvi° siècle, sont presque toutes à personnages encadrés dans de somptueuses niches figurées du xv° siècle. Les sujets, en petit nombre, sont relatifs à la vie de la sainte Vierge. Le Crucifiement est au chevet, et un magnifique arbre de Jessé au transept du nord. Les principaux verriers sont : Gabriel Havene, en 1521; Michel Besoche, en 1535; Pierre Anquetil, en 1541; Soyer, en 1564; Guillaume Vignon, en 1565, qui a fait le vitrail de la *Passion*; Matthieu et Michel Évrard, en 1574; Guillaume Levieil, en 1584, et Jean Jouvenet, en 1696. L'escalier de l'orgue, tourelle de pierre découpée à jour, suivant le style gothique flamboyant, fut commencé en 1518 et terminé en 1519; c'est probablement l'œuvre de Pierre Gringoire, «maistre machon de Rouen,» que les registres de la fabrique montrent travaillant au pupitre ou degré de l'orgue. Le buffet de l'orgue, belle sculpture de la Renaissance, est l'œuvre de Nicolas Castille, huchier de Rouen, de 1518 à 1521. Des images et des statues ont été faites par Nicolas Quesnel. Les deux colonnes corinthiennes en marbre noir qui le supportent sont l'œuvre de Jean Goujon, qui déjà avait donné le dessin de la peinture de l'orgue, peinture exécutée par Jacques de Séez. L'ancien jubé de pierre, œuvre de Jean Goujon, qui fermait le chœur et soutenait le crucifix, démoli en 1727, a été remplacé par un porte-christ décoré des instruments de la Passion, exécuté par Cahais en 1758 et peint par Leprince. Les clôtures de bois des chapelles furent enlevées en 1716 et remplacées par des grilles de fer. Les lambris des chapelles furent exécutés de 1710 à 1725. Les boiseries et les quatre beaux confessionnaux de la chapelle de Notre-Dame-de-Pitié furent sculptés en 1745. Une horloge existait dès 1490. En 1697, elle fut transférée au portail, où elle se trouve. La chaire fut exécutée en 1621 par Pierre et Michel Duvivier, menuisiers; Guillaume Barré sculpta sur les faces la parabole du Semeur. Le chœur a été pavé par Chapelle, marbrier, sous la conduite de Defrance, architecte, en 1727. Les stalles ont été faites en 1726 par Le Carpentier. La sacristie a été construite en 1737. Le maître-autel, la contre-table, la gloire, au centre de laquelle un ange porte un pavillon pour la réserve eucharistique, et les ornements qui enveloppent les piliers du chœur, dessinés par Defrance, furent exécutés par Cahais, sculpteur, et par Leprince, peintre décorateur, en 1775. Il ne reste rien des nombreuses sépultures qui pavaient ou décoraient cette église aux trois derniers siècles. Farin, l'historien de Rouen au xvii° siècle, cite vingt-quatre inscriptions tumulaires et obituaires en vers et en prose, qui vont de 1460 à 1661. Le trésor posséda autrefois un petit modèle de l'église, avec son ancienne flèche de bois, exécuté en pâte de papier et en bois, œuvre d'un prêtre de la paroisse, qui avait consacré vingt années à ce travail de patience. On croit qu'il fut exécuté vers 1520, avant la pose des portes. Il a été vendu en 1835 par la fabrique de Saint-Maclou, au profit des pauvres de la paroisse, à l'administration municipale, qui l'a déposé au musée d'antiquités. La paroisse et l'église Saint-Maclou ont donné aux archives départementales des registres de fabrique allant depuis 1432 jusqu'en 1789 et un magnifique cartulaire in-folio et sur parchemin, composé de quatre cent cinquante-neuf feuillets et contenant plus de trois cents pièces allant de 1407 à 1629, manuscrit remarquable par le luxe des arabesques, des fleurs et des feuillages, et de plus enrichi de trois dessins du xvi° siècle. — Le cimetière de l'Aître. Il est impossible de séparer l'église Saint-Maclou de son cimetière, connu sous le nom de *l'Aître*. Cet ancien dortoir paroissial est placé à 50 mètres de l'église, entre la rue Martainville et la rue du Chaudron. On y pénètre par un passage situé au n° 188 de la rue Martainville. Au fond de la cour on lit sur la porte en capitales : CLOITRE DE SAINT MACLOV. Ce cimetière de l'Aître forme un carré irrégulier long de 48 mètres et large de 32. Il sert aujourd'hui d'école municipale pour les filles pauvres du quartier et de logement pour les sœurs qui tiennent les classes gratuites. Ce fut à la fin du xiv° siècle et au commencement du xv° que l'on transporta en cet endroit le cimetière paroissial de Saint-Maclou, celui de l'église devenant insuffisant. Petit d'abord, il grandit avec le temps à l'aide de donations charitables qui eurent lieu au xv° et au xvi° siècle. Au temps de François Ier, il avait acquis son complet développement. Il a servi jusqu'en 1782, époque où, conformément à l'édit de 1776, les cimetières de Rouen furent transportés hors de la ville. Il se composait de quatre galeries dont une seule, celle de l'ouest, existe dans son état primitif. Les autres ont été fermées pour servir d'écoles. Trois de ces galeries ont été construites de 1526 à 1529. L'une d'elles renfermait l'autel des Trépassés. La quatrième, qui est restée inachevée, a été élevée en 1640 par la confrérie de Saint-Michel, qui y avait sa chapelle et son autel. La galerie principale est celle du côté de l'ouest, qui est encore dallée et sert de passage pour aller d'une rue à l'autre. On remarque sur les murs des pierres gravées avec inscriptions mutilées. Cette galerie compte onze colonnes de pierre en forme de candélabres, posées sur un socle carré et couronnées des chapiteaux fantaisistes de la Renaissance. La partie inférieure est cannelée, et sur le milieu de la colonne saillissent des groupes sculptés à même la pierre. Ces groupes forment la suite d'une danse macabre. Ordinairement le groupe se compose de deux personnages dont un est habituellement la Mort qui saisit le Vif. Le squelette s'empare d'un personnage puissant, paré et plein de vie. La série commence par Adam et Ève, père et mère de la mort par le péché. Après eux viennent un empereur, un roi, un connétable, un duc ou comte, un courtisan, un grand seigneur, etc. Comme on le voit cette galerie est consacrée à la puissance temporelle. La galerie du côté nord est adossée à la rue du Chaudron. On remarque de ce côté des murs de pierre soutenus par des contre-forts et percés d'une porte élégante du XVIe siècle. Elle offre sept colonnes semblables aux précédentes, cannelées à leur partie inférieure et surmontées comme elles de chapiteaux de la Renaissance. Elle présente en saillie des groupes où l'on voit des femmes belles et parées aux prises avec la Mort. M. Hyacinthe Langlois y a reconnu des sibylles et des vertus chrétiennes personnifiées. Dans la première catégorie il signale l'Agrippine et l'Hellespontique; dans la seconde, la Justice et la Force. La hauteur de ces statuettes varie de 0^m,40 à 0^m,60. La galerie de l'est compte dix colonnes entièrement semblables aux précédentes. Cette partie de la danse macabre est consacrée à la puissance spirituelle. Elle fait face à la puissance temporelle. Dans la galerie orientale, la Mort, poursuivant le cours de ses rigueurs, entraîne avec elle un pape ou patriarche tenant sa double croix, un cardinal légat, un évêque, un prélat, un abbé et un moine que l'on croit être un Chartreux. La galerie du midi se compose de six colonnes de pierre à chapiteaux corinthiens, dont le fût est interrompu par des cubes de pierre saillants qui n'ont jamais été sculptés. Les chapiteaux des trois galeries offrent dans ce lieu de tristesse et de mort les plus riantes images de la vie, des femmes, des sirènes, des cariatides, des cupidons et autres génies fantastiques. Les colonnes des quatre galeries portent une construction en bois s'élevant à la hauteur d'un étage et reposant sur une double architrave en chêne dont les sculptures sont parfaitement appropriées à la destination de l'édifice. Ces bâtiments de bois devaient être des reliquaires où l'on mettait primitivement les ossements des morts provenant du creusement des fosses. Cet usage d'ossuaires, commun en Bretagne, était autrefois général en Normandie. Aussi sur ces architraves on voit les divers ossements qui composent le corps humain : le crâne, le fémur, les tibias, les côtes, les mâchoires, etc.; puis viennent les ustensiles usités dans les funérailles : la bière, la croix, les torches, le seau à l'eau bénite, le goupillon, la croisière, etc.; et enfin les outils nécessaires au fossoyeur, tels que la pioche, le louchet et la bêche. Quelques poutres transversales sont ornées de médaillons funèbres, parmi lesquels on distingue des triples crânes encadrés dans une couronne d'immortelles. Les artistes qui, de 1526 à 1529, ont coopéré à cette belle œuvre sont, pour la maçonnerie, Guillaume Trubert, Guillaume Ridel, Jean Louvel et Nicolas Canu; pour la sculpture, Denis Lesselin, Adam Lesselin et Gauthier Leprevost. Denis Lesselin a sculpté à lui seul vingt-quatre figures dans un style élégant et plein de mouvement. La peinture des groupes a été faite par Robert Collas et Jean de Séez. (M. Langlois, *Essai historique, philosophique et pittoresque sur la danse des morts*, t. Ier, p. 1 à 60, pl. 1 à VI. L'abbé Lacroix, *Histoire de l'église et paroisse de Saint-Maclou*, p. 124, 130.) — Église Saint-Ouen[1]. Une première et belle église avait été commencée, en l'honneur de saint Ouen, en 1046, par l'abbé Nicolas, de Normandie. Terminée en 1126 par les soins de l'abbé Guillaume Ier, elle avait été dédiée le 26 octobre par l'archevêque Geoffroy. Brûlée en 1136 et incendiée de nouveau en 1248, il n'en reste qu'une abside circulaire à deux étages, contre le transept du nord, connue sous le nom de *Chambre aux Clercs*. Chaque étage, voûté en cul-de-four, est éclairé par une fenêtre romane flanquée de colonnes, et montre latéralement des traces d'arcatures. Le sol de l'abside du rez-de-chaussée se trouve à 1 mètre environ au-dessous de celui du pavage de l'église actuelle. Celle-ci fut commencée le 25 mai 1318 par Jean Roussel Marc-d'Argent, vingt-troisième abbé du monastère, qui y travailla vingt-un ans, jusqu'à sa mort, arrivée en 1339. Il fut aidé dans son œuvre par Charles, comte de Valois, prince de la maison de France. On assure que l'abbé Marc-d'Argent et le prince consacrèrent à leur œuvre une somme de 63,936 livres, ce qui ferait plus de 5,000,000 de francs de notre monnaie. Au moment de sa mort, l'abbé Marc-d'Argent avait, comme le dit son inscription tumulaire, élevé le chœur, les chapelles, les quatre piliers de la tour centrale et une grande partie des transepts : «Fecit chorum et capellas, et pillaria «turris, et magnam partem crucis.» L'abbé Arnault Dubreuil poursuivit l'œuvre avec activité, à l'aide de 3,000 livres qu'il avait obtenues de Charles V en 1369. Les transepts ne furent vraiment terminés qu'en 1439-1441, lorsque l'abbé Jean Richard fit achever la tour des cloches et terminer les deux transepts. La nef fut commencée et continuée de 1464 à 1483, sous le cardinal d'Estoutteville. Ce grand prélat en fit la moitié et éleva, en 1475, un magnifique jubé, qui, mutilé en 1562, fut démoli en 1791. La nef fut terminée par Antoine Bohier, abbé de Saint-Ouen, de 1491 à 1515. Il ne laissa à faire que le portail avec ses deux tours, qui fut entrepris par le cardinal Cibo. Celui-ci, ayant quitté Rouen en 1545, laissa le tout inachevé, les deux

---

[1] Pour l'histoire du monastère, voir le paragraphe intitulé : *Abbayes, prieurés, couvents, communautés*.

tours ne s'élevant, l'une qu'à 17 mètres, l'autre qu'à 13 mètres du sol. L'église fut achevée en 1846 aux frais de l'État. Après la dispersion des religieux en 1790, Saint-Ouen devint en 1791 une des dix-huit églises paroissiales érigées à Rouen par suite de la constitution civile du clergé. Fermée à la fin de 1793, elle fut transformée en forge où furent fabriquées des piques et d'autres armes destinées aux républicains. Rendue un moment au culte catholique en 1795, elle devint un temple décadaire de 1797 à 1800. En 1800, elle fut donnée aux prêtres soumissionnaires, mais non constitutionnels pour y faire leurs offices. Enfin, au Concordat de 1802, elle devint église paroissiale. L'église, bâtie en croix, est à une nef avec collatéraux en retour de chaque côté des transepts et contournant le chœur, où rayonnent onze chapelles. Sa longueur est de 137 mètres sur 26 de largeur et 33 de hauteur du pavé à la voûte. Une tour centrale, haute de 82 mètres, s'élève sur la croisée. Deux autres tours flanquent la façade extérieure. La façade, en partie moderne, dans le style du XIV° siècle, est percée à la base d'une grande porte à trumeau, dont l'ébrasement est décoré des statues des douze apôtres. Au-dessus s'élève un fronton à jour. Une galerie vitrée surmontée d'une rose, le tout inscrit dans un grand arc aigu, éclaire la nef et est couronnée d'une galerie de onze statues abritées dans des niches à jour. Cette partie est ancienne. Le pignon orné porte l'image de saint Ouen. Deux tours carrées à la base, octogones au sommet et surmontées d'aiguilles, percées à jour, entièrement modernes, flanquent cette partie centrale. Une porte est percée sur chacune des deux faces non engagées des tours, et donne accès à un vestibule établi dans leur rez-de-chaussée [1]. La nef, à l'extérieur, est percée d'un premier rang de huit fenêtres à quatre meneaux et à réseau flamboyant qui éclairent les bas côtés. Le mur du collatéral se termine par une corniche garnie de feuillages qui porte une galerie et des gargouilles accompagnant les contre-forts qui montent pour recevoir les arcs-boutants des grandes voûtes et sont terminés par des aiguilles à crochets. Comme ils présentent un angle en saillie, ils sont décorés, sur chaque face biaise, d'une niche abritant une statue,

seulement au midi. Dans la cinquième travée méridionale s'ouvre un élégant petit portail du XVI° siècle, que l'on appelait autrefois *la Porte de la Cirerie*, à cause des boutiques de ciriers qui y étaient établies. Sur le côté nord règne un tronçon de l'ancien cloître de l'abbaye. Ce cloître, bâti par Antoine Bohier au XVI° siècle, a été restauré lors des travaux de 1850; il se compose de huit travées éclairées chacune par une grande fenêtre à réseau flamboyant et surmontées d'une corniche, d'une galerie et de huit contre-forts à aiguilles traversés par des gargouilles. Le mur de la grande nef est percé sur chaque côté d'une galerie à jour éclairant la galerie intérieure, et au-dessus de dix grandes fenêtres semblables à celles des collatéraux. Il est terminé par une corniche ornée de feuillages portant une galerie interrompue par neuf petits contre-forts couronnés d'aiguilles et escortés de gargouilles. Les transepts, qui appartiennent à la construction du XIV° siècle, étant accompagnés de bas côtés, sont construits suivant le même système que la nef, sauf que le style rayonnant y est exclusivement employé. Le contre-fort d'angle est posé obliquement et abrite une statue à sa partie inférieure. Il reçoit les deux arcs-boutants de la nef et du transept les plus voisins de la croisée. Chacun des pignons est encadré sur l'angle par deux tourelles élancées. Il est percé d'une grande rose et couvert d'un réseau figurant de grandes fenêtres aveugles. La partie inférieure du transept du nord est cachée par les bâtiments de l'hôtel de ville (ancien dortoir); celle du transept du sud est ornée, au-dessus de la rose, d'une série de niches abritant des statues que l'on croit représenter les principaux bienfaiteurs du monastère : le roi Clotaire Ier, les ducs Richard Ier et Richard II, l'impératrice Mathilde, Charles de Valois, Philippe le Long et sa femme. Au rez-de-chaussée, en avant de la porte, s'élève un porche percé au rez-de-chaussée d'un arc aigu dont la voussure est garnie de crochets intérieurs très-saillants. L'intérieur, élevé sur un plan hexagone irrégulier formé des trois côtés d'un rectangle et des trois côtés d'un polygone, est éclairé latéralement par deux hautes fenêtres étroites. Sa voûte est divisée en six travées par des nervures qui forment à leur point de rencontre deux longs pendentifs. Au fond s'ouvre la porte à trumeau, dont le large ébrasement est garni de quatre niches vides, et la voussure de quatorze statues assises. Sur le trumeau est une belle statue de saint Ouen, dont le socle est couvert de bas-reliefs représentant la vie du saint évêque. Le tympan est rempli par trois grands bas-reliefs représentant la mort de la Vierge, sa mise au tombeau, son assomption et son couronnement. Cette profusion d'images a fait donner à cette porte le nom de *Portail des Marmousets*. Au-dessus est jolie chambre servant aujourd'hui de bibliothèque paroissiale, mais qui fut autrefois le chartrier. Sur la croisée,

---

[1] Les deux tours inachevées, qui ont été démolies pour être remplacées par les tours modernes, se présentaient d'angle au pied de chaque collatéral. Elles devaient être réunies à leur base par un porche à trois arcs, et être terminées à leur sommet par une couronne, comme la tour centrale. Le dessin de cette façade, que possédait M. l'abbé Mac-Cartan, curé de Saint-Ouen lors de l'achèvement de l'église, resté ignoré de tous ceux qui se sont occupés des divers projets de cet achèvement, n'a été connu qu'après la mort de ce prêtre et après l'accomplissement de l'œuvre. Conservé à la bibliothèque de Rouen, il a été gravé par les soins de M. Alfred Ramé dans les *Annales archéologiques*. Une gravure exécutée au XVII° siècle, et d'une façon peu intelligible, d'après le même dessin, sans doute, est publiée dans l'*Histoire de l'abbaye de Saint-Ouen*, par dom Pommeraye.

entre chœur et nef, s'élève la tour haute de 82 mètres. La partie basse, qui appartient à la fin du xiv⁰ siècle ou au commencement du xv⁰, est quadrangulaire, tandis que le sommet, qui doit dater de la fin du xv⁰ siècle ou du commencement du xvi⁰, est octogone, flanqué de quatre tourelles d'escalier. La partie quadrangulaire, qui contient le beffroi des cloches, est garnie d'un premier rang de fenêtres aveugles à réseau rayonnant, puis d'un second rang de deux longues fenêtres à jour et surmontées de frontons sur chaque face. La partie octogone est percée de huit fenêtres à réseau à jour et soutenue par des arcs-boutants portant sur les tourelles : le tout est surmonté d'un réseau aveugle au-dessous de la balustrade interrompue par seize aiguilles formant comme un diadème. Les tourelles d'escalier, d'abord carrées, puis octogones, sont terminées en dôme garni de crochets. Dans la tour, restaurée en 1699, 1700, 1775 et 1850, résonnèrent autrefois huit cloches; la Révolution n'a laissé subsister que celle de l'horloge, du poids de 4,000 kilogrammes, fondue vers 1700 par Jean Aubert de Lisieux, et nommée *Saint-Ouen* par M. de Montholon, premier président du parlement de Normandie. Depuis 1802 on y a introduit *Marie*, apportée de Jumiéges, fondue par les Chauvel en 1666 et nommée par Msgr de Harlay, archevêque de Rouen. Le chœur, haut comme la nef, se compose des mêmes éléments, à la seule différence qu'il appartient au style rayonnant du xiv⁰ siècle. Sur chaque face il compte trois grandes fenêtres et cinq au chevet. Comme à la nef, le mur est surmonté d'une corniche et d'une balustrade entrecoupée d'aiguilles. Deux étages d'arcs-boutants à deux volées le soutiennent, et vont déverser les eaux au delà des murs des chapelles par les chenaux creusés sur leur échine, traversant les piles intermédiaires et celles qui dominent les contre-forts pour aboutir à des gargouilles. Onze chapelles bâties sur plan polygone rayonnent autour du chœur et des collatéraux couverts de terrasses que cachent les toits aigus de ces chapelles percées et décorées comme le comble central. La sacristie, placée contre le transept sud, couvre la base des deux premières chapelles et est divisée en quatre travées par des contre-forts terminés par des aiguilles, encadrant des fenêtres à croisée, mais à réseau flamboyant du xv⁰ siècle. Intérieur : la nef, longue de 77 mètres et large de 20 avec les collatéraux, se compose de dix travées de 5 mètres chacune, soutenues par neuf piliers formés par des faisceaux de dix colonnettes du xv⁰ siècle, sauf à la dernière travée, contre la croisée, qui appartient entièrement au xiv⁰ siècle, l'avant-dernière étant des deux époques par ses supports. Chaque pilier présente vers la nef deux consoles abritées de niches actuellement vides et qui, probablement, l'ont toujours été [1]. Au premier étage règne une grande galerie

[1] Les vues intérieures de Saint-Ouen, publiées au xvii⁰ siècle

à jour vitrée au dehors au-dessous des hautes fenêtres. Une magnifique rose est percée dans le mur de façade. Les voûtes sur nervures portent sur leurs clefs les armes de l'abbé Bohier, qui les a sans doute terminées. La croisée, de même hauteur que la nef et le chœur, est sans lanterne et offre seulement une clef annulaire pour le passage des cloches. Les transepts sont garnis de collatéraux transformés en chapelles, sauf celui du nord-ouest. Il donne accès au sommet du cloître, qui est devenu une chapelle du Saint-Sépulcre. Le transept du nord est formé de deux travées et demie : la demi-travée qui touche le mur du nord étant séparée de celle qui l'avoisine par des piliers plus forts qui portent un solide arc doubleau dont on ne s'explique pas la destination. Le transept du sud n'est que de deux travées. Même système de construction et même style que dans la première travée de la nef. Le mur du transept sud, en arrière du portail des Marmousets, est décoré de quatre hauts frontons, dont deux surmontent les deux baies de la porte. Leurs rampants, garnis de crochets, abritent des réseaux, sont accompagnés de pinacles et montent presque jusqu'à la galerie à jour que domine la rose. Le chœur est formé de trois travées, et le sanctuaire de cinq, beaucoup plus étroites. Une galerie à claire-voie et un fenestrage semblable à celui des transepts surmontent les arcades. Les onze chapelles sont placées cinq de chaque côté, et celle de la Sainte-Vierge au chevet. Toutes, bâties d'un seul jet, sont munies d'une piscine avec crédence. Quelques-unes ont gardé des pierres tumulaires. Les quatre qui entourent le sanctuaire sont sur plan hexagone et voûtées sur six nervures rayonnant autour de la clef. Bâties sur un plan carré, les autres n'en ont que quatre. Leurs murs de séparation sont ornés de réseaux ressemblant à de belles fenêtres aveugles. La première au nord, la chapelle des Fonts, autrefois de Saint-Martial, renferma jadis une ancienne horloge dans le genre de celle de Strasbourg, qui a disparu en 1780. La deuxième est celle de Saint-Joseph, précédemment de Sainte-Cécile et auparavant de Saint-Éloi. Dans son pavage sont trois dalles tumulaires du xiv⁰ au xvi⁰ siècle. Dans les murs sont encastrées deux magnifiques tombes, dont l'une est celle d'un architecte inconnu du xiii⁰ ou du xiv⁰ siècle; l'autre est celle d'Alexandre de Berneval, « maistre des œuvres de machonnerie de cette église, » décédé en 1440. Près de lui est figurée l'image de Berneval, son fils et son élève, dont on a omis de graver l'inscription. Tous deux sont représentés traçant une des roses du transept. La troisième chapelle est celle de Sainte-Cécile, précédemment de Saint-Étienne. Elle renferme dans son pavage trois belles dalles d'abbés : Nicolas de Goderville (1273), Jean d'Auteuil (1302) et Jean

par dom Pommeraye, ne montrent pas de statues. M. Gilbert affirme pourtant qu'en 1794 on aurait abattu les douze apôtres placés dans les niches de la nef.

Lemercher ou Lemoncher (1392). La quatrième est celle de Saint-Matthieu; la cinquième, celle du Sacré-Cœur, autrefois de Saint-Jean; la sixième, celle de la Sainte-Vierge, longue de 15 mètres et large de 10, composée de quatre travées, dont deux aveugles, et terminée par une abside à trois pans. Elle renferme un certain nombre de dalles tumulaires du xv° et du xvi° siècle. La plus belle est celle de Jean Morelet, bailly d'Eu et de Longueville (1421), et de sa femme (1430). On ne trouve plus la pierre de Jean Tallebot, fils du célèbre maréchal de France et d'Angleterre, mort en 1438 « ès années de « puérilité. » Deux arcades sépulcrales, dont une, celle du nord, avait été consacrée par Marc-d'Argent à l'abbé Nicolas de Normandie, le fondateur de la basilique du xi° siècle, qui avait réservé celle du sud pour lui-même, ont été retrouvées en 1866 derrière le placage des murs. Toutes les sculptures et décorations avaient disparu, et il ne restait sous l'arc du tombeau de Nicolas qu'une peinture murale de la fin du xvi° siècle, représentant la résurrection ou jugement dernier. Ces deux tombeaux viennent d'être restaurés dans le style du xiv° siècle, à l'aide des fragments retrouvés [1]. La septième chapelle est celle de Saint-André; la huitième, celle de Saint-Barthélemy; la neuvième, celle de Saint-Nicaise; la dixième, celle de Saint-Michel, et la onzième, celle de Saint-Ouen et de Saint-Romain. On y trouve une dalle tumulaire du xvi° siècle et deux inscriptions du xvii°. Des verrières du xiv°, du xv° et du xvi° siècle garnissent les fenêtres. Les hautes fenêtres du chœur, de la nef et des transepts renferment une suite non interrompue de grands personnages fortement accusés, sans encadrement. Au côté nord, la série commence à Adam pour finir à Jésus-Christ. Ce sont les patriarches, les prophètes et les rois de Juda, qui aboutissent au Messie. Dans chaque fenêtre, entre deux patriarches et deux prophètes, est une sibylle. Au chevet de l'église est le Calvaire, Jésus en croix, fin de l'ancienne alliance et commencement de la nouvelle. Aussi le côté sud est-il consacré à des personnages du Nouveau Testament. Ce sont d'abord les apôtres et les évangélistes, puis les martyrs, les pontifes et les abbés célèbres de l'ordre de Saint-Benoît. La rose du midi représente des rois de Juda assis sur des trônes d'or et rayonnant autour d'un centre commun qui est Dieu. Celle du nord ne présente guère que des anges et des archanges. Enfin celle de l'ouest ou du grand portail n'offre que des verres de couleur semés de fleurs de lis. Les fenêtres des chapelles sont décorées de quelques figures du xiv° et du xv° siècle, encadrées par des pinacles sur un fond de grisailles souvent fort important. Les fenêtres des bas côtés de la nef renferment des sujets dont beaucoup

ont été restaurés. Dans le chœur, peintures représentant des anges musiciens et porteurs des instruments de la Passion, exécutées en grisaille, au xiv° siècle, dans les tympans extérieurs des arcades, et traces de peinture rouge sur la corbeille des chapiteaux. Les dalles tumulaires sont mentionnées par Farin au nombre de quarante-sept au xvii° siècle, où elles étaient presque toutes dans les chapelles. La collection de Gaignières en reproduit trente, tant de l'église que du cloître et du chapitre. Aujourd'hui il en reste à peine une douzaine, dont quatre sont au musée départemental. Le magnifique jubé de pierre que le cardinal d'Estouteville avait élevé à l'entrée du chœur en 1462, mutilé par les calvinistes en 1562, restauré en 1655 par le prieur dom Guillaume Coterel, a été démoli en 1791, lors de la transformation de l'abbaye en paroisse. (Voir une gravure bien insuffisante dans l'*Histoire de l'abbaye de Saint-Ouen*, par dom Pommeraye.) Le buffet de l'orgue, placé en 1630 par le prieur Guillaume Coterel, est surmonté des trois statues du Sauveur, de David et de sainte Cécile, et soutenu par deux colonnes cannelées en pierre d'ordre corinthien. Les armoires et les boiseries de la sacristie doivent dater de la même époque. Les soixante et seize stalles du chœur sont du xvii° siècle. Autour du sanctuaire sont deux portes et cinq grilles en fer forgé, d'une fort belle exécution, qui portent l'inscription : «Fait et fini (en) juin 1747.» C'est probablement l'œuvre de Lefriand. Dans le pavage de la nef on remarque encore la place des enclumes et des marteaux de la forge qui y fut établie pendant la Révolution. Il dut y en avoir au moins vingt-cinq en pleine activité. C'est à la fumée de ces ateliers qu'on doit la teinte noire des pierres de l'église. On avait écrit sur sa façade :

C'est ici que se forge, au bruit de cent marteaux,
Le fer qui des tyrans doit creuser les tombeaux.

Le 30 septembre 1558, Henri II fit à Saint-Ouen une distribution des colliers de l'ordre de Saint-Michel; et le 18 octobre 1596, Henri IV y reçut le cordon de l'ordre de la Jarretière. Dès le 7 juillet 1456 on avait prononcé, dans l'église ou autour, la sentence de réhabilitation de Jeanne d'Arc. — Notre-Dame-de-Rouen ou la cathédrale. La cathédrale actuelle paraît être la cinquième depuis l'introduction du christianisme à Rouen et dans la seconde Lyonnaise. La première semble avoir été construite à la fin du iii° siècle par saint Mellon sur la maison de Précordius, là où est l'église d'aujourd'hui. Cette confession fut remplacée au temps de saint Victrice par une basilique constantinienne. Cette dernière, renversée par les Normands au ix° siècle, fut relevée au x° par les premiers ducs. Enfin une métropole romane vraiment belle s'éleva au xi° siècle, par le double concours des archevêques Robert et Maurille. Cette dernière fut consacrée le 1er octobre de l'année 1063, en

---

[1] L'académie de Rouen avait fait placer en 1840 sur le mur méridional de la chapelle de la Vierge une inscription commémorative en l'honneur de l'abbé Marc-d'Argent.

ARRONDISSEMENT DE ROUEN.

présence de Guillaume le Conquérant. Enfin, un incendie qui consuma la ville, en l'an 1200, n'épargna pas la cathédrale, qui, à l'exception de la base de la tour Saint-Romain, fut rebâtie tout entière dans les vingt premières années du xiii° siècle. Le maître de l'œuvre fut Ingelram ou Enguerrand, qui fut aussi chargé de relever la grande abbaye du Bec. Plan en croix. Nef accompagnée de collatéraux et flanquée de chapelles. Transepts à collatéraux, avec chapelles à abside polygone. Chœur et sanctuaire entourés d'une charole donnant accès dans trois chapelles polygones. Sept tours : une sur la croisée, deux flanquant la façade, deux à chaque portail des transepts. Longueur totale, 135 mètres environ, se partageant ainsi : nef, 70 mètres; chœur, 34 mètres; chapelle de la Vierge, 31 mètres. Hauteur sous voûte de la nef, 28 mètres, et des collatéraux, 14. Largeur totale des trois nefs : 31 mètres; largeur suivant les transepts, 54^m,30. Largeur des collatéraux, 3^m,30. Hauteur de la lanterne, 51 mètres. L'église a sept portes et cent trente fenêtres. — *Extérieur.* Le grand portail, long de 56 mètres, haut de 75, est percé de trois portes et encadré entre deux tours : celle du nord, dite *de Saint-Romain*; celle du sud, appelée *Tour de Beurre.* Les trois portes remontaient au xiii° siècle; mais, en 1499, des lézardes et des fissures s'étant manifestées au centre de l'édifice, on prit le 6 décembre une consultation de cinq architectes ou maîtres maçons. La démolition de la porte centrale fut décidée, et Roullant Leroux, l'architecte du palais de justice, fit le plan de la porte actuelle. Commencée en 1507, l'opération ne fut complétée qu'en 1530. Les cardinaux d'Amboise en firent presque tous les frais, surtout le premier. Desolbeaux, Theroulde et autres imagiers firent les statues des prophètes, des sibylles, des évêques, des anges et des chérubins. La porte, carrée, à tympan plein, s'ouvre au fond d'un ébrasement formé par sept montants, trois grands creusés en niches, aujourd'hui vides, supportant chacun une voussure ornée de statues, et quatre petits alternant avec eux et chargés de petites statues, le tout reposant sur un soubassement, où des groupes de petits personnages se mêlent aux motifs d'architecture. Un arbre de Jessé, sculpté par Pierre Desolbeaux, orne le tympan. Quatre prophètes debout accompagnent Jessé couché, du sein duquel sort l'arbre dont les branches portent les rois de Juda et Marie au sommet. Les deux vantaux, sculptés dans le style de la Renaissance, sont de Colin Castille. De chaque côté de la porte se dressent deux contre-forts en forme de pyramide triangulaire, se présentant par l'angle, de même style que la porte. Au-dessus d'un soubassement orné, trois niches vides sur chaque face, douze en tout, se trouvent au niveau de celles de l'ébrasement. Elles ont sans doute été privées de leurs statues par les calvinistes en 1562. Au-dessus est un second rang de douze niches dont les statues ont été décapitées. Plus haut encore s'élèvent des panneaux d'architecture, et en retraite sont trois niches sur chaque contre-fort, abritant de grandes statues, à la base des aiguilles d'amortissement. Une galerie à jour, passant par-dessus l'arc de la porte, relie les deux contre-forts au niveau des dernières statues et se combine avec le haut fronton ajouré qui domine la porte et dépasse de beaucoup cette galerie, portant au sommet une niche en relief et amorti par une figure d'ange. La galerie borde une terrasse dont deux gargouilles déversent les eaux près de chaque contre-fort. Le mur en retraite est percé d'une galerie vitrée surmontée d'une rose encadrée par un arc aigu. Dans l'intervalle compris entre le sommet des deux arcs est assise une figure de la Vierge accompagnée de deux anges adorateurs. Au-dessus, le pignon orné de la nef centrale qui s'élève encore en retraite est caché par une claire-voie dont les arcs ornés de dais de deux en deux devaient abriter des statues. Cette galerie bute contre deux massifs pleins qui s'élèvent en arrière des pyramides-contre-forts du xvi° siècle et appartiennent à la fin du xiii° siècle. Les deux portes latérales percées à l'entrée de chaque collatéral sont à linteau, sous voussure en arc aigu protégée par un arc en plein cintre à voussoirs lisses et en saillie. Elles sont du commencement du xiii°. siècle. Le champ entre les deux arcs est décoré de ciselures qui ont dû servir de fond à des figures d'anges probablement peintes. Les ébrasements des portes sont composés d'un soubassement très-orné, au-dessous de colonnes ciselées qui supportent quatre voussures, deux de feuillages très-vigoureux alternant avec deux autres gravées de dessins géométriques très-profonds. De vigoureux rinceaux décorent les pieds-droits des portes, dont les linteaux ont dû être remaniés. Le tympan de la porte du nord est divisé en deux registres séparés par une arcature. Le registre inférieur représente trois scènes de la légende de saint Jean-Baptiste : le festin d'Hérode; saint Jean décapité en prison; la fille d'Hérodiade portant la tête du saint. Une *Résurrection* occupe le second registre. Le tympan de la porte du sud, également divisé en deux registres, représente au bas le martyre de saint Étienne, au sommet Jésus dans sa gloire. Vantaux garnis de leurs ferrures du xiii° siècle. Deux pyramides semblables à celles qui encadrent la porte centrale ont été élevées par Alavoine en 1827, l'une au nord de la porte Saint-Jean, l'autre au sud de la porte Saint-Étienne. Elles n'ont reçu aucun ravalement ni aucune sculpture. Au-dessus des arcs en plein cintre qui abritent les portes règne une arcature aveugle du xiii° siècle. Au nord, elle est surmontée de deux rangs de niches garnies de statues qui semblent du xiv° siècle, au-dessous d'un troisième rang ajouté au xv°. Au sud, une arcature aveugle du xiv° siècle est surmontée de deux rangs de statues

Seine-Inférieure.

27

du même siècle. En arrière, l'ossature de la façade se compose de chaque côté de deux massifs carrés, l'un derrière le contre-fort correspondant de la porte centrale, l'autre contre la tour adjacente, couverts chacun par un panneau d'architecture et séparés par un mur plein couvert par un autre panneau dont le sommet est à claire-voie. Le style des trois panneaux du sud et du panneau qui décore le massif du nord, contre la nef, est rayonnant; mais celui des deux autres panneaux du nord, contre la tour Saint-Romain, est flamboyant. Ces retouches, du xv° siècle, ont été faites de 1407 à 1430 par Jehan Salvart, Jehan Lebrun et Jehan Lescot, qui ont couronné de tourelles octogones à jour les quatre massifs. Trois ont été renversées le 25 juin 1683 par un ouragan. Celle qui touche à la tour Saint-Romain a été conservée. Celle qui avoisine la tour de Beurre a été réédifiée par Alavoine en 1828. — Tour Saint-Romain. Haute de 75 mètres, elle est placée à l'angle nord-ouest du grand portail et passe pour remplacer une tourelle du vii° siècle. Romane à sa base, ornée d'arcatures en plein cintre, elle appartient à la transition du xii° siècle par les trois étages supérieurs percés sur chaque face de deux ogives obtuses. Sur le flanc oriental de la tour monte une tourelle quadrangulaire jusqu'au niveau de ces quatre étages, au-dessus desquels le plan est légèrement modifié, les piles des deux baies percées sur cette face tombant en porte à faux sur les inférieures. Le sixième étage appartient au xv° siècle le plus orné, et a été construit de 1465 à 1470 par Guillaume Pontif, maître des œuvres de Notre-Dame. Il est formé de quatre baies géminées sur chaque face, flanquées de contre-forts à clochetons et abritées sous des frontons combinés avec la balustrade. Un toit très-élevé en hache, décoré de soleils de plomb doré et portant deux croix en guise de poinçons, surmonte la galerie depuis 1567. Dans cette partie neuve sont logées les cloches. Il y en avait onze sous Louis XIV, mais en 1686 on les réduisit à huit; on les nommait : *Thibault, Nicolas, Guillaume, la Petite Marie, le Grand* et *le Petit Saint-Benoît, Complies, Jean de Luz, la Romaine, le Régent* et *Marie d'Estoutteville*. En 1686, Jean Aubert, de Lisieux, fondit quatre d'entre elles pour former le gros bourdon, que l'on appela aussi *la Quatr'une, la Réunie* et *la d'Estoutteville*. Cette dernière, du poids de 6,000 kilogrammes, échappa seule à la Révolution. Fêlée en 1845, elle a été refondue vers 1850 et pèse aujourd'hui 9,000 kilogrammes. En 1825, on ajouta la *Caroline*, nommée par la duchesse de Berry, et dès 1810 le cardinal Cambacérès avait rapporté la *Petite Marie*, fondue en 1771, et *Jean-Baptiste*, fondue en 1785. On monte au beffroi par un escalier en bois sculpté du xvi° siècle. — Tour de Beurre. Élevée à l'angle sud-ouest du grand portail. Haute de 75 mètres. Longtemps dite *de Georges d'Amboise*, parce qu'elle renfermait l'énorme cloche de ce nom. Elle porte le nom de *Tour de Beurre*, surtout depuis la Révolution, parce qu'elle fut élevée en partie avec les offrandes et les aumônes faites pour les *lacticines*, en d'autres termes pour la permission de manger en carême le beurre et autres produits du lait. La bulle donnée par Innocent VIII en 1484, à la demande de l'archevêque Robert de Croixmare et de Henri Potin de Ferrières, archevêque de Philadelphie, eut pour résultat de la faire fonder en 1487 sur les plans de Guillaume Pontif. Malgré deux tassements qui se manifestèrent au début, elle fut achevée en 1507, sous l'épiscopat de Georges d'Amboise Ier, par Jacques et Roullant Leroux. Elle se compose de trois parties, formant six étages. La première partie au-dessus d'un soubassement lisse est, sur chaque face, percée d'un étage de deux fenêtres qui éclairent une chapelle intérieure, et ornée de deux étages de deux fenêtres aveugles séparées par des contre-forts. Le tout est terminé par une galerie. La seconde partie, également carrée, en retraite sur l'ensemble de l'édifice, est percée, sur chaque face, de deux hautes fenêtres à deux étages surmontées de pignons découpés, qui se combinent avec une galerie. Enfin, la troisième partie, qui forme le sixième étage, est octogone et flanquée de trois contre-forts, un au centre de chaque face et un à chaque angle. Ces contre-forts sont décorés de niches abritant des statues. Ces images, que l'on ne peut aisément apprécier, doivent appartenir aux deux Testaments. On y reconnaît Adam et Ève, saint Étienne et Moïse; puis des rois, des sibylles et des prophètes. C'était dans cette tour que se trouvait, avant 1793, la cloche connue sous le nom de *Georges d'Amboise*, que l'on disait la plus belle du royaume. Elle fut fondue sur le parvis de la métropole, le 2 août 1501, par Jean Lemachon, fondeur de Chartres, qui mourut le 26 du même mois et qui fut inhumé dans le bas de la grande nef. Cette cloche pesait 36,634 livres, et son battant en fer 1,838 livres[1]. Elle mesurait 10 mètres de circonférence; elle avait 4^m,30 de hauteur et 0^m,22 d'épaisseur. Fêlée le 26 juin 1786, le jour de l'entrée de Louis XVI à Rouen, elle a été mise en pièces en 1793. Ses débris furent transformés en canons dans la fonderie de Romilly. Quelques fragments transportés à l'hôtel des Monnaies de Paris ont servi à faire des médailles devenues très-rares. Millin en a gravé quelques-unes et le musée de Rouen en conserve, avec des morceaux de métal. Le bas de la tour de Beurre est consacré à une chapelle dédiée le 14 mai 1496. Elle fut autrefois paroissiale et connue sous le nom de *Saint-Étienne-la-Grande-Église*. Cette chapelle, longtemps négligée, a été complètement restaurée en 1864. On y remarquait

---

[1] La majeure partie de ce battant subsiste encore devant la porte d'une ancienne fonderie de cloches à Déville.

un retable en terre cuite daté de 1584, qui avait été mutilé à la Révolution et qui a disparu en 1863, une piscine et une niche abritant la statue de saint Étienne, du xvie siècle. Les fenêtres renferment des verrières de la fin du xve siècle, où l'on reconnaît encore dix apôtres, une *Ascension*, une *Pêche miraculeuse* et l'*Apparition de Jésus à Madeleine*. — Au nord, le soubassement des chapelles de la nef montre des fragments de colonnes et de nervures du cloître des chanoines, dont la partie longeant le transept du nord existe encore et forme une série de grandes arcades fermées par un réseau du xiiie siècle. Dans la septième travée se trouve une porte fort simple dont les vantaux sont encore munis de leurs ferrures du xiiie siècle. Au-dessus du soubassement sont percées les fenêtres des chapelles, à trois meneaux et à réseau rayonnant de la fin du xiiie siècle, surmontées de frontons triangulaires munis de crochets et supportant un ange, se combinant avec la balustrade dont est entourée la terrasse qui couvre les chapelles. Les contre-forts plats qui les divisent en neuf travées sont terminés par des édicules sous lesquels sont abritées les statues alternées d'un roi et d'un pontife, et qui cachent un massif assez fort d'où s'élancent de vigoureux arcs-boutants d'une seule volée et du commencement du xiiie siècle, qui soutiennent la grande nef couverte en plomb. Les murs, percés de fenêtres à voussures profondes, sont couronnés d'une galerie ornée de petites aiguilles. Le transept en retour est formé de deux travées de même style, butant contre une tour carrée percée d'une grande baie qui en occupe toute la hauteur et que subdivise une colonne centrale. Le côté sud de la nef présente, à peu de chose près, les mêmes détails que celui du nord; mais les fenêtres de la nef centrale sont en plein cintre, quoique du xive siècle, et ouvertes sous un arc qui supporte une corniche à feuilles entablées du xiiie siècle, soutenant une balustrade du xvie siècle, mais de style gothique. Le soubassement est percé d'une porte dite *des Maçons*. Son ébrasement est orné de trois fines colonnettes, à chapiteaux garnis de crosses, qui soutiennent trois voussures ornées de statues assises, actuellement restaurées. Sur le tympan est sculptée une *Présentation de Jésus-Christ au Temple* du xiiie siècle le plus pur. — Portail de la Calende, à l'extrémité du transept méridional. Élevé sur plusieurs degrés. Porte rectangulaire à deux vantaux séparés par un trumeau, ouverte au fond d'un ébrasement dont chacun des pieds-droits renferme trois niches isolées par des moulures saillantes qui se prolongent et séparent trois voussures en arc aigu. Vantaux munis de leurs ferrures du xiiie siècle. Le fronton qui surmonte la porte, à jour et à réseau rayonnant, est coupé par la galerie d'une terrasse; en arrière est une galerie à jour surmontée d'une rose, sous le pignon accompagné de deux aiguilles; cet ensemble est encadré par deux massifs carrés en saillie, flanqués de contre-forts d'angle et terminés en aiguille. Le soubassement général est orné de bas-reliefs encadrés dans des quatrilobes, représentant des sujets de l'Ancien Testament et de la légende des saints, ainsi que des animaux fantastiques. Un des bas-reliefs relatifs à la légende de Joseph, représentant le grand pannetier pendu, a donné prétexte à la légende d'un accapareur de blé pendu, dont les biens confisqués auraient servi à la construction du portail. Au-dessus les niches, au nombre de dix-neuf, une sur le trumeau, trois dans chaque ébrasement et deux sur chaque face des massifs, abritent les statues du Christ, des apôtres et de saints. Les voussures de l'ébrasement renferment : la première, les anges; la seconde, les apôtres; la dernière, les martyrs assis sous des dais qui servent de socles aux figures qui les surmontent. Le tympan est divisé en trois registres, où quelques scènes de la Passion sont représentées avec un certain désordre. Premier registre : la descente aux enfers, la résurrection, l'apparition à la Madeleine, l'ascension, la Pentecôte. Deuxième registre : le jardin des Olives, saint Pierre frappant Malchus, la flagellation, Jésus portant la croix. Troisième registre : la crucifixion. Sur chaque face des massifs d'encadrement règne un second rang de statues sous des panneaux d'architecture terminés en fronton. Au-dessus s'élèvent deux étages en retraite, le premier orné d'une statue sur chaque face flanquée de contre-forts d'angle. Sur le pignon au-dessus de la rose est représenté, avec un fort relief, le couronnement de la Vierge par Jésus-Christ, entre deux anges, dont les figures sont abritées par des dais. Ce portail est encadré entre deux tours quadrangulaires, percées à la base d'une fenêtre éclairant chacun des bas côtés du transept. Celle de l'est a été refaite au xvie siècle en style flamboyant; celle de l'ouest vient d'être rétablie en lancette, sans réseau. Au-dessus s'ouvre un immense arc aigu, divisé en deux par une colonne centrale. Une terrasse sans balustrade termine la tour[1]. — Portail des Libraires, à l'extrémité du transept nord. On y arrive par une longue cour occupée pendant des siècles par les libraires, relieurs ou boursiers, et fermée par une porte du xve siècle dont les deux baies en anse de panier sont séparées par un trumeau ou pilier couvert de sculptures. Cette double porte, surmontée d'une fort belle galerie à jour, est soutenue par des contre-forts couronnés d'aiguilles. Les vantaux de bois, sculptés dans le style du xve siècle, doivent être l'œuvre de Lefrançois et de l'Ostellier, qui fermèrent l'œuvre de la

---

[1] Ce portail, qui doit avoir été construit par Jehan Davy, passe pour être dû à la générosité d'un bourgeois enrichi de Harfleur, nommé Gorrien ; ce qui en rejetterait l'édification assez avant dans le xive siècle pour qu'il soit permis de douter de l'exactitude du fait, lorsque l'on compare le style du portail de la Calende avec celui du portail des Libraires, qui est de 1380.

librairie en 1479. Pour le travail de la pierre, cet avant-corps est l'œuvre de maistre Guillaume Pontif, qui l'exécuta de 1464 à 1484. A droite de la cour s'élève un joli bâtiment du xv° siècle, qui sert aujourd'hui aux cours de la faculté de théologie. Cette librairie est attribuée à Guillaume Pontif, qui l'exécuta de 1477 à 1479. A gauche est une construction du xiii° et du xiv° siècle, qui dépendait de l'ancien manoir épiscopal. Dans les derniers temps, cette partie était affectée aux prisons de l'officialité. Ces deux constructions, ornées de deux rangs de statues sur les murs qui avoisinent le portail, encadrent son ébrasement orné sur le soubassement d'une série de médaillons en bas-relief encadrés dans des quatrilobes jointifs. Les motifs représentés sont empruntés à l'antiquité, aux bestiaires, à la Bible et aux travaux des mois. Au-dessus, chaque pied-droit est orné de trois niches que séparent des moulures saillantes qui se profilent jusque sous la voussure, séparée ainsi en trois rangs ornés de statues assises. Sous la voussure intérieure sont des figures d'anges tenant des couronnes; sous l'intermédiaire, les apôtres et les évangélistes; sous la plus extérieure, des pontifes et des martyrs. La porte rectangulaire est divisée en deux par un trumeau et ses vantaux sont encore garnis d'une traverse sculptée de têtes du xiv° siècle et de ses ferrures en fer forgé du même temps. Les ferrures d'un des vantaux sont brisées et à charnière pour l'établissement d'une poterne de service. Le tympan représente le jugement dernier, qui n'a pas été achevé dans la partie supérieure; les deux zones renfermant la résurrection générale et la séparation des bons et des méchants ayant été seules mises en place. Au-dessus de l'ébrasement s'élance un haut fronton évidé de style rayonnant, amorti par une statue de saint Michel et coupé en son milieu par la balustrade d'une terrasse. En arrière, une galerie à jour est surmontée d'une grande rose, au-dessous du pignon. Deux tours carrées, percées sur chaque face de grandes ogives subdivisées en deux par une colonne centrale et terminées par une terrasse au-dessus de la corniche, accompagnent ce portail, exécuté du temps de l'archevêque Guillaume de Flavacourt, probablement par Jehan Davy, de 1280 à 1300. Le portail des Libraires servait à l'entrée des personnages inférieurs aux rois et aux princes. — Tour centrale et flèche. La tour centrale, placée sur la croisée, est quadrangulaire et de trois styles différents. Le premier étage, sans ouvertures, est orné d'une arcature du xiii° siècle. Le second étage, qui appartient encore au xiv° siècle pour le fond, a été modifié au xv° siècle par l'ouverture de deux longues fenêtres à réseau flamboyant et par l'ornementation des contre-forts d'angle qui partent de l'étage inférieur. Cette réforme doit être l'œuvre de Jehan Salvart, de 1479 à 1480. Enfin le troisième étage, qui est le plus orné, est une addition du xvi° siècle. Il est percé sur chaque face de quatre fenêtres abritées sous des frontons aigus séparés par des contre-forts à arête saillante, et flanqués sur les angles d'autres contre-forts massifs très-ornés et décorés de statues. Après l'incendie de l'aiguille de plomb du xiii° siècle, arrivé le 4 octobre 1514, et pour préparer une assise convenable à la flèche nouvelle, maistre Roullant Leroux jugea à propos de surélever la tour de 36 pieds. Cette opération eut lieu en 1517, presque malgré le chapitre, l'architecte alléguant qu'il agissait pour la somptuosité et la beauté de l'église. Il fut soutenu en cela par Martin Desperrois, maître charpentier de l'église. Les galeries de pierre n'ont été posées que de 1540 à 1547. Roullant Leroux alla jusqu'à proposer au chapitre de bâtir une flèche en pierre. En 1523 s'ouvrit la discussion pour l'adoption du plan d'une flèche en bois dans la forme antique. Ce fut le plan de Robert Becquet qui prévalut. Toutefois les bases de la flèche ne furent posées qu'en 1544; enfin l'œuvre était achevée en 1550. La nouvelle aiguille coûta 7,000 livres; il entra dans sa composition trois mille quatre cent soixante et dix pièces de bois. La croix de fer, qui subsiste encore au musée des antiquités de Rouen, pesait 1,853 livres. Pour monter à cette flèche, haute de 396 pieds, il y avait cinq cent soixante et onze marches, dont trois cent cinquante-neuf de pierre et deux cent douze de bois. Elle renfermait cinq cloches, que 1793 a cassées et qui, remplacées après le Concordat, ont été fondues en 1822, dans l'incendie du 15 septembre, causé par la foudre. La flèche nouvelle, projetée dès 1824, en fonte de fer, a été commencée en 1827. Elle doit peser 600,000 kilogrammes et atteindre la hauteur de 150 mètres. Ce sera la plus haute flèche du monde. — Chœur et chapelles qui l'entourent. A l'est du portail de la Calende est la chapelle du Saint-Esprit, ouverte dans le transept méridional et parallèle au chœur. La balustrade de son toit est pleine, en plan incliné et ornée d'imbrications. Au delà de son chevet fait saillie le massif rectangulaire de l'ancien trésor, percé au premier étage seulement de cinq fenêtres : trois sur le flanc, une à chaque extrémité, en arc aigu subdivisé par une colonne centrale portant un réseau. La corniche de feuilles entablées porte une balustrade semblable à celle de la chapelle du transept et de la chapelle semi-circulaire ouverte dans le bas côté du chœur, qui s'arrondit au delà du trésor. Au-dessus de ces trois constructions du xiii° siècle primitif s'élèvent les combles du chœur, soutenus par des arcs-boutants à une seule volée qui portent sur de profonds massifs décorés d'arcatures aveugles. La claire-voie a été refaite par Jehan Salvart en 1431, ainsi que la balustrade ornée d'aiguilles à crochets qui entoure le toit. La chapelle de la Sainte-Vierge a été élevée en 1302. Celle de 1214, qui n'avait qu'une seule travée, étant trouvée trop petite, fut abattue et transformée en une petite église de trois travées, dont les deux premières sont aveugles, terminées par un chevet à cinq pans. Les premières fenêtres sont divisées en quatre compartiments; les cinq du chevet sont à trois compartiments surmontés d'un réseau rayonnant. De chaque fenêtre s'élève un fronton aigu ajouré qui se marie avec la galerie et est surmonté d'un ange. Les contre-forts lisses sont terminés par un édicule à aiguille abritant une statue d'évêque. La charpente et la toiture en plomb datent de 1538 et sont dues à la générosité de Georges d'Amboise II. Il y fut employé 60 milliers de plomb. La statue de la Vierge qui surmonte le poinçon du chevet est l'œuvre de Nicolas Quesnel, imagier à Rouen en 1540. — Intérieur. La nef communique avec les collatéraux par onze arcades de 3 mètres d'ouverture, soutenues par des piliers de 8 mètres de tour formés d'un massif central cantonné de vingt colonnettes dont la plupart sont isolées. Celles qui montent jusqu'à la naissance des nervures de la voûte sont interrompues par des couronnes de feuillages au niveau des chapiteaux de celles qui portent les archivoltes des arcades. Chacune de celles-ci est surmontée d'une seconde arcade dont les pieds-droits, formés de faisceaux de colonnettes, reposent sur les tympans extérieurs de l'arcade inférieure[1]. Au-dessus règne une galerie aveugle. Dans les sept premières travées, la galerie, contemporaine de la construction primitive, est ouverte sous un arc surbaissé qui supporte la claire-voie. Une balustrade formée d'arcs sur colonnettes la borde, et une corniche, également formée de petites arcatures, règne au-dessus de l'arc, sous la moulure qui marque l'étage de la claire-voie. Dans les quatre dernières travées, vers la croisée, la galerie a été décorée au commencement du xv° siècle. Quatre arcades la ferment sur la nef, combinées avec une balustrade et correspondant avec les divisions des fenêtres de la claire-voie, qui ont été refaites à la même époque dans toute la nef. Ces fenêtres sont divisées en quatre compartiments surmontés de trois *oculus* distribués et décorés suivant le système rayonnant. Ces travaux furent exécutés par Jehan Salvart, de 1434 à 1436, suivant les comptes de la fabrique. Les voûtes sont du xiii° siècle, sauf six d'entre elles, qui ont été renouvelées en 1843. C'est à la clef de l'une de ces voûtes que l'on a trouvé l'inscription : *Durandus me fecit*, qui a paru donner le nom de l'un des architectes. Les bas côtés ont 5 mètres de largeur et 14 mètres de hauteur sous voûte. Un passage pour faire communiquer entre elles les plates-formes des arcades inférieures de la nef a été établi en arrière des piliers, dans les bas côtés. Il se compose d'une dalle placée en encorbellement, soutenue par cinq corbeaux en forme de chapiteau et supportant elle-même cinq colonnettes qui forment comme une balustrade. Leurs chapiteaux sont reliés par un abaque commun et supportent les nervures de la voûte des bas côtés. Seize chapelles qui flanquent la nef ont chacune 3^m,30 de profondeur. (Voir *Chapelles.*) — Lanterne et transepts. La lanterne, haute de 50 mètres du pavé à la voûte, appartient pour le fond au xiii° siècle. Elle porte sur quatre gros piliers cantonnés chacun de trente et une colonnettes et dont le tour n'est pas moindre de 13 mètres. Au-dessus des arcs-doubleaux règne une galerie de hautes lancettes du xiii° siècle, surmontée d'une claire-voie du xv° siècle. Au centre de la galerie, vers la nef, est une potence destinée à suspendre une lampe d'argent de 74 marcs donnée par le corps de Ville à la suite d'un vœu fait pendant la peste de 1637. Les transepts, longs de 50 mètres sur une largeur de 8^m,30, sont accompagnés de bas côtés et se composent chacun de trois travées, dont une correspond aux collatéraux de la nef. Celle du milieu, plus grande que les deux autres, donne accès, du côté du chœur, dans une chapelle qui y est parallèle. Les murs latéraux des bas côtés des transepts sont ornés d'une arcature datant de la construction primitive, qui règne d'ailleurs contre les murs du pourtour du chœur. Au-dessus s'ouvrent les fenêtres qui éclairent ces bas côtés. La galerie qui, au-dessus des arcades, règne au niveau de celle de la nef, est fermée par une claire-voie de lancettes aiguës au-dessous des fenêtres à quatre compartiments qui ont été remaniées au xv° siècle. Les pignons du sud et du nord ont reçu ultérieurement une décoration particulière qui semble appartenir au xiv° siècle. Quatre grands frontons aigus du xiv° siècle couvrent le plein des murs et abritent neuf niches remplies de statues du xiv° ou du xv° siècle. Au-dessus règne une haute et superbe galerie à jour en style rayonnant, au-dessous de la rose qu'elle accompagne. Cette partie, exécutée de 1280 à 1300, est l'œuvre de Jehan Davy. — Chœur. Le chœur, long de 36 mètres et large de 12, est formé de cinq travées précédant un sanctuaire à cinq pans; le tout porté par quatorze colonnes cylindriques à chapiteau garni de feuilles recourbées imitant l'achante corinthienne. Autrefois elles étaient ornées de couronnes d'étain doré sur fond d'azur. La galerie ogivale, contemporaine de la construction primitive, est semblable à celle des transepts. Les grandes fenêtres qui la surmontent, refaites au xv° siècle, ont été presque toutes agrandies de 1430 à 1433 par Jehan Salvart. La vitrerie décorative, qui est très-maigre, est l'œuvre de Jehan de Senlis. Le faisceau des nervures des voûtes de chaque travée repose sur une colonne descendant au-dessous de la galerie, où elle est portée par une tête humaine. Le sanctuaire, aujourd'hui fermé par une

---

[1] Une disposition semblable existe dans la nef de l'église d'Eu (1181 à 1226). Elle semble avoir pour objet de contreventer les piliers, qui sans cela eussent eu trop d'élévation avant de parvenir aux voûtes des bas côtés.

balustrade de fer, était autrefois clos de balustres ou *carolles* de cuivre exécutées de 1534 à 1541 par Guillaume Leboucher, fondeur, et détruites en 1793, malgré les plus énergiques protestations des habitants de Rouen. La charole en contre-bas du chœur, dont les colonnes reposent sur un soubassement continu, est garnie d'une arcature portant sur un banc le long de son mur de clôture. Un passage règne au-dessus au niveau de sa claire-voie. La première travée communique du sol à la voûte avec le collatéral du transept. La seconde prend jour sur la chapelle du transept par un grand arc subdivisé par une colonne centrale. Les trois travées suivantes sont aveugles au sud, étant adossées au trésor. Au nord, une seule de ces travées est aveugle, au droit de la sacristie. La sixième travée s'ouvre sur une chapelle semi-circulaire datant de la construction primitive. Deux travées, de chaque côté, percées de fenêtres sans réseau, comme toutes celles de cette partie, séparent ces chapelles de celle de l'abside. De belles verrières légendaires du XIII° siècle garnissent les fenêtres du pourtour du chœur. Il y en a trois du côté nord et deux du côté sud. L'une d'elles présente l'histoire de saint Julien le Pauvre ou l'Hospitalier, donnée par les mareyeurs et les poissonniers de Rouen. (Reproduite dans l'*Essai sur la peinture sur verre*, pl. 1°, par Hyacinthe Langlois.) Les autres sujets représentent la vie de saint Sever, la passion de Jésus-Christ et l'histoire du patriarche Joseph. — Chapelles. La chapelle absidale ou de la Vierge, longue de 23 mètres, large de 8 et haute de 19. Elle est formée de trois grandes travées, d'une demi-travée et d'une abside à trois pans, et est éclairée par quatre grandes fenêtres à réseau rayonnant et cinq petites, la première travée étant aveugle. Toutes sont remplies de verrières du XIV° et du XV° siècle, qui représentent la suite des vingt-quatre archevêques de Rouen, que l'Église honore comme saints. Ceux de l'abside sont neufs et ceux du midi doivent dater de 1485. Cette chapelle fut commencée en 1302 et terminée dans les vingt premières années du XIV° siècle. Le retable, élevé au XVII° siècle et cachant une partie des fenêtres du chevet, renferme un tableau de Philippe de Champaigne, l'*Adoration des bergers*. Chapelle de Saint-Barthélemy, devenue le vestiaire des chanoines, ouverte au sud sur le pourtour du chœur. Elle est polygone à cinq pans, ornée d'une arcature au-dessous de la claire-voie formée de cinq lancettes, avec passage au-dessus de l'arcature du soubassement. Les deux lancettes latérales sont subdivisées en deux arcs par une colonne isolée, en avant du plan du vitrage, et alignée avec celles qui font saillie sur les murs séparatifs des trois autres lancettes, qui portent les nervures de la voûte. Une des fenêtres est garnie d'un vitrail légendaire du XIII° siècle. Clôture de pierre formée de cinq travées séparées par des montants ornés de niches et de statues; quatre sont à claire-voie et la cinquième est remplie par une porte de fer également à claire-voie. (Publiée dans les *Monuments anciens et modernes*, de M. J. Gailhabaud.) Elle a été construite de 1479 à 1484 par maistre Guillaume Pontif, grâce à la libéralité de Philippe de la Rose, archidiacre de Rouen. Chapelle du Saint-Esprit, ouverte dans la première travée du transept sud, parallèlement au chœur, formée d'une travée et d'une abside à cinq pans, appartenant à la construction primitive, éclairée sur le pourtour du chœur par une grande baie, et au sud par des fenêtres en lancettes. Elle garde un fragment de verrière du XIII° siècle, représentant le martyre de saint Laurent, et une verrière du XVI° siècle, où l'on voit la sainte Vierge et saint Jean-Baptiste. Chapelle du Grand-Saint-Romain, dans le bas côté de la troisième travée orientale du transept, éclairée à l'orient et au sud par deux fenêtres du XVI° siècle remplies de magnifiques verrières représentant la vie de saint Romain, dont chaque acte est figuré par une vertu. L'autel est surmonté d'un beau retable en bois à colonnes torses, du temps de Louis XIII. Chapelle des Brianchons dans le bas côté de la travée occidentale correspondante du même transept, aujourd'hui complétement disparue. Chapelles du pourtour de la nef, au sud. Première travée, contre le transept : chapelle du Petit-Saint-Romain, où se trouve le tombeau de Rollon. La fenêtre, comme celle de toutes les chapelles de la nef, est de la fin du XIII° siècle. Les verrières qui la décorent sont du XVI° siècle. La partie coloriée représente la vie de saint Romain ; la partie en grisaille reproduit des scènes de la Passion. Deuxième travée : chapelle de Sainte-Marguerite, grande verrière à sujets du XVI° siècle. Troisième travée : portail des Maçons. Quatrième travée : chapelle de Sainte-Catherine et de Saint-Brice. La fenêtre possède quatre personnages du XV° siècle, qui sont la sainte Vierge, saint Nicolas, sainte Catherine et saint Jean-Baptiste. Cinquième travée : chapelle de Sainte-Colombe et des Saints-Innocents. Dans la fenêtre sont quatre groupes du XVI° siècle. Sixième travée : chapelle de la Chaire de Saint-Pierre. La fenêtre, qui n'a que trois compartiments contient trois personnages du XVI° siècle. Septième travée : chapelle de Saint-Léonard, dont la fenêtre offre quatre personnages du XVI° siècle : la sainte Vierge, saint Léonard, saint André et saint Jean l'Évangéliste. Huitième travée : chapelle de Saint-Eustache, dont la fenêtre à trois compartiments présente trois petites images du XVI° siècle : saint Pierre, saint Paul, saint André. Les deux dernières travées de la nef correspondent à la tour de Beurre, qui renferme la chapelle de Saint-Étienne de la grande église, jadis paroissiale, récemment restaurée dans le style du XV° siècle. Chapelles du côté nord de la nef. Toutes sont du même temps que les précédentes; seulement, dans presque toutes, l'enlèvement de lambris modernes a fait voir des piscines de 1300 ou environ. La première travée de la nef correspond à la tour de Saint-Romain. Deuxième travée : chapelle de Saint-Mellon. Troisième travée : chapelle de Sainte-Agathe. Quatrième travée : chapelle de Saint-Jean de la nef ou des *Belles-Verrières*, ainsi nommée à cause de quatre magnifiques panneaux du xiii° siècle représentant une suite de sujets dont quelques-uns sont la vie de saint Jean et la légende de saint Nicolas. Au bas de chaque panneau est un remplissage du xvi° siècle. Cinquième travée : chapelle de « Saint-Sever de la nef». Sa fenêtre possède aussi des vitraux du xiii° siècle représentant la vie de saint Sever ; des sujets du xvi° siècle se voient à la partie inférieure. Sixième travée : chapelle de Saint-Julien. Dans la fenêtre sont quatre personnages du xvi° siècle : saint Julien, saint Nicolas, saint Romain et sainte Gudule. Septième travée : chapelle de Saint-Éloi. Dans la fenêtre sont : saint Éloi, saint Jean-Baptiste, saint Romain et un saint diacre (saint Mathurin?). Huitième travée : le portail du Cloître ou des Chanoines. Neuvième travée : chapelle de Saint-Nicolas. La fenêtre renferme trois personnages du xvi° siècle : saint Nicolas, sainte Madeleine, sainte Marguerite. Dixième travée : chapelle de Sainte-Anne, où se trouve le tombeau de Guillaume Longue-Épée. Dans la fenêtre on voit quatre personnages du xvi° siècle : sainte Anne, sainte Barbe, sainte Austreberte et un saint évêque. La onzième travée de la nef correspond au bas côté du transept nord. Chapelle de Saint-Sever dans la troisième travée orientale du transept nord, éclairée par des grisailles du xiii° siècle. Chapelle de Saint-Jean-des-Fonts, ainsi appelée parce qu'elle renfermait autrefois les fonts de la métropole. A présent elle est consacrée à la commémoration des fidèles défunts. Elle correspond à la chapelle du Saint-Esprit du transept sud, est bâtie sur le même plan et appartient au même système. Elle renferme une très-belle piscine du xiii° siècle et est éclairée par des lancettes aiguës qui possèdent de belles grisailles du xiii° siècle. Chapelle de Saint-Pierre et de Saint-Paul dans le pourtour du chœur, semblable à celle du côté sud. Cinq lancettes, dont trois bouchées, sont destinées à l'éclairer. — Jubé. A l'entrée du chœur, on avait construit un beau jubé de pierre, parfaitement concordant avec le style de l'église. Il n'en reste plus que les quatre vantaux de deux portes à claire-voie en fer conservées au musée départemental d'antiquités. (Gravées dans les *Monuments anciens et modernes*, de M. J. Gailhabaud.) Ce jubé avait été décoré à l'envi par le moyen âge. En 1351, le chanoine F. Letourneur y avait placé une statue en albâtre de la Vierge, qui fut vendue en 1774. En 1442 on avait joint à l'autel de la Vierge un autel de Sainte-Cécile, où se réunissait une confrérie de musiciens et du pui de Sainte-Cécile. Brisé par les hérétiques en 1562, ce jubé fut doré et enrichi d'un crucifix en 1639 par MM. Brice. Le corps de Ville fit exécuter l'*Autel du Vœu* en 1637 pour obtenir la cessation d'une peste qui durait depuis vingt ans. En 1772 ce jubé fut démoli, et remplacé de 1774 à 1777 par celui qui existe aujourd'hui. C'est l'œuvre de M. Carpentier, architecte, aidé de M. Couture. Il se compose de deux rangs de six colonnes ioniques de marbre blanc soutenant un entablement à deux faces formant tribune, en marbre blanc plaqué de cipolin, surmonté d'une balustrade de cuivre séparée, au droit des colonnes, par des dés supportant des cassolettes de marbre. Un crucifix, œuvre de Clodion, jadis accompagné des figures de la Vierge et de saint Jean, le surmonte. L'autel du Vœu et l'autel de Sainte-Cécile sont placés sous le jubé, de chaque côté de l'entrée du chœur. Les bas-reliefs et la statue du premier ont été exécutés par Lecomte, ceux du second par Clodion [1]. (Voir, sur les deux jubés : 1° le *Mémoire historique sur les marbres employés à la décoration de l'entrée du chœur de l'église métropolitaine de Rouen*, par l'abbé Terrisse, in-4° de 26 pages; Rouen, 1777; 2° les *Notes historiques et descriptives sur les jubés de l'église métropolitaine de Rouen*, par l'abbé Langlois, in-8° de 20 pages; Rouen, 1851.) — Stalles. Le chœur est meublé de quatre-vingt-six stalles sur deux rangs occupant trois travées : quarante-quatre du côté de l'évangile et quarante-deux du côté de l'épître. Deux stalles (ce qui en portait le nombre à quatre-vingt-huit) ont été supprimées en 1804 par le cardinal Cambacérès pour asseoir le trône archiépiscopal actuel. Elles sont privées de leurs dossiers, enlevés en 1791. Les miséricordes sculptées représentent à peu près toutes les professions de Rouen au moyen âge, ainsi que les costumes et les instruments de l'époque. On y voit un pédagogue entouré de ses enfants; des sculpteurs travaillant des stalles, des statues et des portes; des cardeurs, des épinceurs et des tondeurs de drap, des cordonniers, des galochiers, des barbiers, des émouleurs, un casseur de bois, un berger, un porcher, une poissonnière, un marchand de charbon, une moissonneuse, des vendangeurs, une sage-femme, un chirurgien, mais surtout des musiciens de toute espèce jouant d'instruments variés; puis des traits de l'Écriture sainte ou de l'histoire profane, et enfin des animaux fabuleux et chimériques, tels que des sirènes, des griffons, des gargouilles et autres monstres créés par le moyen âge. Ces stalles sont dues à la générosité du cardinal d'Es-

---

[1] Le marbre cipolin qui forme les marches, les gradins et les tables des autels, les revêtements du jubé, provient des colonnes des temples de l'ancienne *Leptis Magna*, en Afrique. Ces colonnes, apportées en France par ordre de Colbert afin de décorer le palais de Trianon, ont servi à orner les églises de Notre-Dame de Rouen, de Saint-Bénigne de Dijon, de Saint-Germain-des Prés et de Saint-Sulpice de Paris.

toutteville, qui les a fait exécuter de 1457 à 1469. Les quatre-vingt-huit stalles ont coûté 6,961 livres, et la chaire archiépiscopale 712 livres, ce qui fait un total de 7,673 livres. Cette chaire était un chef-d'œuvre de hucherie. La Révolution l'a démolie en 1793, à cause du nom de *trône* qu'elle portait. Le maître huchier qui a donné le plan des stalles et qui a le plus contribué à son exécution est Philippot Viart. Il fut aidé par dix-sept sculpteurs venus d'Auxerre, d'Amiens, d'Arras, de Lille, de Tournay, de Bruxelles et autres villes de la Flandre. Parmi les artistes les plus éminents on cite Pol Mosselman, Hennequin, d'Anvers, et Nicolas Le Chevalier, d'Andely. (Voir *les Stalles de la cathédrale de Rouen*, œuvre posthume de Hyacinthe Langlois, publiée par Richard et A. Deville, in-8° de 221 pages, orné de 13 planches.) — Orgue. L'orgue, du XIV° siècle, remplacé en 1493 par l'archevêque Robert de Croixmare, fut refait de nouveau de 1515 à 1518, après l'achèvement du grand portail. En 1660 le chapitre le fit réparer et agrandir, mais la violence de l'ouragan du 25 juin 1683 le détruisit en partie. On le répara en 1693. Enfin en 1760 on établit le buffet, à peu près tel qu'il est aujourd'hui. On y remarque en effet deux époques, le XVII° et surtout le XVIII° siècle. — Bibliothèque et son escalier. Le chapitre de Rouen posséda de bonne heure, au moyen âge, une bibliothèque qui fut publique. Dès 1424 il fit élever pour elle le bâtiment qui surmonte le cloître, longe la cour des Libraires et aujourd'hui sert encore de bibliothèque et de faculté de théologie. Pour conduire à cette bibliothèque le cardinal d'Estoutteville fit construire, de 1478 à 1480, un escalier contre le mur du transept nord de la cathédrale. On l'appelait autrefois *le Degré de la Librairie*. Cet escalier, bâti sur un plan rectangulaire, est formé de quatre volées, deux en façade, deux au fond. La porte d'entrée, en anse de panier, est percée dans un massif orné de panneaux, à l'extrémité de la première volée qui porte sur un mur plein décoré d'arcatures. D'un palier part la seconde volée contre le mur du fond, qui aboutit à un palier dont la face surmonte la porte d'entrée. La troisième volée, parallèle à la première, porte à son extrémité supérieure sur des piles correspondant au premier palier, que surmonte un nouveau palier d'où part la quatrième volée, qui aboutit au fond à la porte. Le plan en a été donné par Guillaume Pontif, aidé dans son œuvre par les sculpteurs Desvignes et Chennevière. Cet escalier coûta 636 livres. — Châsses. Le trésor de la cathédrale ne possède plus aujourd'hui qu'une seule châsse : celle des Apôtres, qui a remplacé, à partir de la fin du XVI° siècle, dans la cérémonie de la délivrance d'un prisonnier le jour de l'Ascension, la châsse de saint Romain, connue au moyen âge sous le nom de *fierte*, détruite par les calvinistes en 1562. C'est un édicule de cuivre doré, du XIII° siècle, décoré de trois arcades sous fronton sur chaque face et d'une arcade à chaque extrémité, entre des contre-forts à pinacles. L'arcade centrale abrite d'un côté la figure debout du Christ, de l'autre celle de la Vierge. Chacune des deux autres arcades abrite deux statues d'apôtres. L'on avait ajouté, au XVIII° siècle, sur le faîte, une figure de saint Romain délivrant le prisonnier qui l'aida à vaincre la Gargouille. Cette partie a été refaite dans le style du XIII° siècle, quand le reste de la châsse a été restauré en 1867. Longueur, 0^m,80; largeur, 0^m,40; hauteur, 0^m,55. (Gravée dans l'*Histoire du privilége de la fierte Saint-Romain*.) La châsse de saint Sever, qui est de la fin du XII° siècle, a la forme d'un édicule avec transepts. Sa longueur est de 1^m,06, sa largeur de 0^m,48 et sa hauteur de 0^m,62. Elle est en bois de chêne revêtu de lames de cuivre estampé, doré et argenté, avec fronton à l'extrémité de chaque bras de la croix, qui est orné d'une statue d'évêque. Des inscriptions du XII° siècle courent sur le soubassement et sur la corniche. L'une d'elles indique que le donateur est Drogon de Trubleville, chanoine de Rouen, qui fut employé dans des missions par le roi Richard Cœur de Lion. Cette châsse, qui a perdu ses reliques dès 1562, était sortie de la cathédrale dès 1780. Elle est entrée au musée d'antiquités de Rouen en 1835. — Tombeaux. Dans la chapelle de la Vierge, tombeau de Pierre de Brézé, grand sénéchal de Normandie, tué à la bataille de Montlhéry, en 1465, et de Jeanne du Bec-Crespin, son épouse. Ce tombeau, élevé entre 1488 et 1492, se compose d'un massif bas protégé par une arcade, dans le style gothique. Sur le massif étaient couchées deux statues qui furent enlevées en 1769. Le sarcophage et les arcades sont semés de monogrammes formés des deux initiales P. B. liées ensemble. Le tout a 6^m,66 de hauteur, 1^m,66 de longueur et 1^m,33. de profondeur. Tombeau de Louis de Brézé, grand sénéchal et gouverneur de Normandie, mort à Anet en 1531, érigé par Diane de Poitiers, sa veuve. Hauteur, 7^m,66; largeur, 3^m,30. Il se compose d'un motif d'architecture dans le style de la Renaissance, en albâtre et en marbre noir alternés. Le sarcophage en marbre noir cannelé porte une statue d'albâtre de 1^m,60 de longueur, représentant Brézé nu et dépouillé sur un linceul; le bras droit pend le long du corps et le bras gauche est reployé sur la poitrine. Derrière cette image de Brézé mort était celle de Brézé vivant, portant ses insignes, tels que la couronne de comte et le collier de l'ordre de Saint-Michel. Cette statue a été enlevée en 1793. Au-dessus du cénotaphe et sur le mur du fond sont deux inscriptions qui rappellent la vie et les titres de Brézé, mort le 20 juillet 1531. A chaque bout du sarcophage s'élèvent, en avant-corps, deux colonnes accouplées, d'ordre corinthien, auxquelles correspondent, en arrière-corps, des pilastres semblables. Dans l'intervalle compris entre les deux pilastres et les deux colonnes sont, vers la tête, la figure de Diane en habits de deuil, agenouillée et en prière; aux pieds, la sainte Vierge tenant l'enfant Jésus dans ses bras, œuvre probable de Nicolas Quesnel, imagier de Rouen en 1540. Au-dessus de l'entablement qui termine le premier ordre s'ouvre une arcade encadrant la statue équestre de Brézé couvert de son armure. De chaque côté de l'arcade se dressent deux cariatides d'albâtre, de 1^m,66 de haut, au droit des colonnes inférieures, qui supportent l'entablement au moyen de corbeilles chargées de fruits qu'elles portent sur leurs têtes. Elles symbolisent la Victoire, la Foi, la Prudence et la Gloire, et portent des devises. Au-dessus de l'entablement, le couronnement est composé d'une niche à consoles renfermant une figure de femme assise, accompagnée des vertus de Louis de Brézé. A chaque extrémité de l'entablement se dresse une chèvre debout et tenant un écusson portant le chiffre L. B. enlacé de palmes. Ce tombeau, exécuté de 1535 à 1544 par les soins de Diane de Poitiers, passe pour être l'œuvre de Jean Goujon ou de Jean Cousin. (Gravé dans l'*Art architectural* de E. Royer et Alf. Darcel.) Tombeau des cardinaux d'Amboise. Ce mausolée, d'albâtre et de marbre, se compose d'un haut cénotaphe sur lequel sont agenouillées, dans l'attitude de la prière, deux statues de cardinaux que protége un riche baldaquin surchargé de sculptures. Le cénotaphe ou sarcophage, placé entre deux pilastres corinthiens, est décoré de sept pilastres plus petits que recouvrent des arabesques terminés par des figures de moines en prière. Entre ces sept pilastres s'arrondissent six niches à caissons, où sont assises six statues d'un mètre de hauteur, représentant les vertus théologales et cardinales, dont les attributs trahiraient les noms s'ils n'existaient pas : «Fides, Caritas, Prudencia, Temperencia, Fortitudo, Justicia.» Sur le sarcophage pose une table de marbre noir, épaisse de 0^m,18, large de 2^m,16 et longue de 5^m,80. La tranche du marbre porte gravés deux distiques latins[1]. L'une des deux statues agenouillées représente Georges d'Amboise Ier, archevêque de Rouen, ministre de Louis XII, vice-roi de Lombardie, légat du pape en France, décédé à Lyon le 25 mai 1510. Il est en manteau de cardinal, à genoux, tête nue, mains jointes, la face tournée vers l'autel. La statue et le coussin sont en albâtre. D'abord cette image était seule et au milieu; mais, plus tard, Georges II d'Amboise, neveu du grand cardinal et auteur du monument, s'y fit placer en costume d'archevêque. Ayant été nommé cardinal en 1545, il fit faire une autre statue vêtue des insignes de sa nouvelle dignité. Le fond du baldaquin en encorbellement est chargé d'ornements et de sculptures. Dans la partie inférieure sont des pilastres, plus simples que ceux du soubassement. Sur les panneaux étaient les armoiries des personnages, que la Révolution a effacées. Au-dessus se voient six images de haut relief, au milieu desquelles est un bas-relief d'un mètre dans tous les sens, qui représente saint Georges, le patron des deux cardinaux, terrassant le dragon. Les six statues sont celles d'un saint évêque, de la sainte Vierge, de saint Jean-Baptiste, de saint Romain, d'un religieux et d'un archevêque bénissant. A chaque extrémité du baldaquin s'élèvent, comme pour le soutenir, deux piliers formant contre-fort. Ces piliers portent des statuettes d'archevêques dans des niches élégamment travaillées. Au-dessous étaient les images de l'Espérance et de la Virginité. Le ciel du baldaquin s'arrondit en une riche voussure à caissons, d'où descendent trois pendentifs à jour. Le tout était autrefois peint et doré. Le couronnement est divisé par des pilastres encadrant treize niches, six grandes et sept petites. Dans les six niches principales sont assis, deux à deux, les douze apôtres, reconnaissables à leurs attributs. Les niches intermédiaires sont occupées par des prophètes et des sibylles, alliées suivant un usage commun à la Renaissance. Les prophètes sont Daniel, Ozée, Roboam et Moïse; les sibylles sont Simérie, Europe et Agrippe. D'élégants candélabres à jour, au centre desquels sont placées des figurines alternant avec des pinacles délicatement travaillés, accompagnés d'anges tenant à la main des cartouches qui portent le nom de Georges d'Amboise, servent de couronnement. Ce mausolée, élevé de 1520 à 1525, coûta environ 7,000 livres. Le plan en est dû à Roullant Leroux, maître des œuvres de «machonnerie» de la cathédrale. Les statuaires, sculpteurs et imagiers qui le décorèrent sont Pierre Desolbeaux, Regnaulet, Thérouyn et André Leflament. La tête de la statue de Georges d'Amboise II fut faite par Jean Goujon, en 1541-1542. Au pied du mausolée est un caveau où reposèrent les deux d'Amboise, Charles de la Rochefoucauld-Randan, mort en 1598, l'archevêque François de Harlay, mort en 1653, et l'archevêque d'Aubigné, mort en 1719. La Révolution a pillé ces tombeaux. A ces tombeaux l'époque moderne vient d'ajouter celui du cardinal prince de Croy, mort archevêque de Rouen le 1er janvier 1844. Ce tombeau de pierre, en style du XIVe siècle, a été élevé au cardinal par son successeur, aux frais du clergé de son diocèse, sur les plans de M. Barthélemy, architecte de la cathédrale. La collection Gaignières, formée vers 1700, nous montre la chapelle, dont le pavage est encore formé avec des dalles effacées et dont les murs étaient autrefois tapissés de mausolées, telle qu'elle était sous Louis XIV. Au bas de la chapelle étaient les magnifiques mausolées des archevêques Eudes Rigaud, Guillaume de Flavacourt, Raoul

---

[1] On ignore où se trouvait le dialogue poétique entre un voyageur et la France, à propos de la mort du cardinal légat, que signale dom Pommeraye. On ne retrouve pas non plus une élégie relative aux deux cardinaux.

Roussel, Robert de Croixmare et Gilles Deschamps, dit *le Cardinal de Coutances*. Tous ces admirables cénotaphes, qui couvraient les murs de leurs décorations du xiv° et du xv° siècle, ont été enlevés en 1769 pour le seul plaisir de dégager la chapelle. — Dans le mur du pourtour du chœur. Au nord, tombeau de Maurice, archevêque de Rouen, qui gouverna le diocèse de 1231 à 1235. C'est un *arcosolium* dont l'arc, soutenu par des colonnettes petites et écrasées, porte dans la gorge qui le décore des anges céroféraires et thuriféraires. Le sarcophage, décoré d'un bas-relief présentant neuf personnages évangéliques et apostoliques, porte la statue pontificale couchée sur le dos. La tête est coiffée d'une mitre basse. Le vêtement inférieur se compose d'une aube brodée au-dessous de la tunique que dépassent les deux extrémités de l'étole. La chasuble est relevée par les deux mains coisées sur la poitrine; le manipule est suspendu au bras gauche, et le *pallium*, signe de la dignité archiépiscopale, décore la chasuble. — Dans le chœur et le sanctuaire. Au milieu du chœur, en face du trône archiépiscopal, se trouvait autrefois le tombeau du cœur du roi Charles V, dit *le Sage*. C'était un mausolée en forme de carré long, haut de 1 mètre, long de 2^m,33 et large de 1^m,33, en schiste ou marbre noir, couvert dans tout son pourtour de niches et de statuettes sculptées en 1368 par Hennequin, imagier de Liége. Une dalle de marbre soutenait une statue d'albâtre représentant Charles V couché sur le dos et portant dans sa main son cœur, qu'il offrait à la ville de Rouen. Ce tombeau, mutilé par les calvinistes de 1562, fut entièrement démoli par les chanoines en 1737. La table de marbre et la statue, conservées quelque temps, ont complétement disparu aujourd'hui. On avait remplacé cette tombe par une simple inscription gravée sur une plaque de marbre blanc encadrée d'un cercle de cuivre. La Révolution de 1793 prit le cuivre et brisa le marbre. En 1862, l'inscription fut rétablie par les soins de M. l'abbé Cochet, qui a reconnu la présence du cœur le 26 mai 1862. Après une fouille de quelques heures l'on rencontra le caveau muré et préparé par ordre du roi lui-même. Cette cavité, profonde de 0^m,56, longue de 0^m,64 et large de 0^m,47, avait été faite par Perrier, maître maçon de Rouen en 1368. Deux grilles de fer, recouvertes de deux lames de plomb, protégeaient le dépôt du cœur qui était enveloppé dans une boite d'étain épaisse de 0^m,004 et affectant la forme d'un cœur humain. (Voir l'ancien tombeau de Charles V dans les portefeuilles de Gaignières, dans les *Monuments de la monarchie françoise*, de Montfaucon, et dans les *Antiquités anglo-normandes*, de Ducarel.) Tombeau du cœur de Richard Cœur-de-Lion du côté de l'épitre. Ce tombeau se composait d'une dalle portée sur des lions accroupis, sur laquelle était étendue la statue du roi couché sur le dos, portant le sceptre et la couronne et revêtu d'une longue robe serrée à la taille par une ceinture à ferrement orné. Cette image, du xiii° siècle, enfouie par les chanoines de Rouen en 1734, fut retrouvée et exhumée par M. Deville le 31 juillet 1838. Le même antiquaire a reconnu, au-dessous de l'image, le cœur même du roi, enfermé dans deux boîtes en plomb. Sur la seconde, large de 0^m,25, longue de 0^m,16 et haute de 0^m,14, on lisait cette inscription : *Hic jacet cor Ricardi regis Anglorum*. Tombeau de Henri Court-Mantel. Du côté de l'évangile, six léopards portaient une dalle sur laquelle se voyait l'image du roi, inhumé dans la cathédrale en 1184. La statue, longue de 2^m,23, est en pierre de liais. Elle est couchée sur le dos, porte le sceptre et la couronne et est vêtue d'une robe pardessus laquelle est jeté un manteau très-ample et trèslong. Elle est très-mutilée. Enfouie par les chanoines en 1734, elle a été déterrée par M. l'abbé Cochet le 17 octobre 1866. Sous le mausolée on a retrouvé des fragments du coffre de plomb et du cuir de bœuf qui enveloppent les restes du jeune roi. Près de lui avait été inhumé Guillaume Longue-Épée, son oncle, frère de Henri II et fils de l'impératrice Mathilde. Le célèbre duc de Bedford, régent de France, avait été inhumé le 30 septembre 1435 aux pieds de Henri le Jeune. Jusqu'en 1734 il avait eu dans le sanctuaire une tombe en marbre noir, que les calvinistes avaient mutilée en 1562, mais que les chanoines détruisirent complétement en 1734; ils enlevèrent aussi la plaque de cuivre suspendue sur le mausolée et qui donnait les titres et les armes du fameux Lancastre. Il n'en restait plus rien lorsque le 19 octobre 1866 M. l'abbé Cochet découvrit son tombeau, qui était en plomb. Le corps était entièrement enveloppé dans une couche de résine mélangée de mercure, qui paraît avoir été l'embaumement du moyen âge. Dans la chapelle du *Petit-Saint-Romain*, tombeau de Rollon, sarcophage de stuc imitant le marbre de Portor et portant l'effigie du fondateur du duché de Normandie, exécutée au xiii° siècle et abritée sous une arcade moderne. Elle était autrefois près du maître-autel, quand celui-ci occupait la croisée. La tête est couronnée. Son bras gauche soutient un sceptre, sa robe est longue et ses pieds posent sur un chien. L'inscription est du xviii° siècle. Rollon, on le sait, mourut vers 931. Dans la chapelle Sainte-Anne, tombeau de Guillaume Longue-Épée placé sous une arcade du xvii° ou du xviii° siècle. La statue, couchée sur un mausolée en stuc imitant le marbre de Portor, a les mêmes proportions que celle de Rollon. La tête, couronnée, pose sur un coussin soutenu par des anges. La main droite tient un sceptre brisé et la main gauche soutient le manteau; les pieds posent sur un lévrier. Guillaume Longue-Épée mourut en 943; mais la statue est de la fin du xiii° siècle. Au bas de la nef, dans la chapelle Saint-Étienne de la grande église, au-dessous même de la tour de Beurre, se trouvent deux mausolées du commencement du xvii° siècle. Ces tombeaux, refaits en 1842, supportent les statues sépulcrales en marbre de Claude Groulard, premier président du parlement de Normandie, mort en 1607, et de Barbe Guiffard, son épouse, décédée en 1599. Groulard, en costume de président, est à genoux, la tête nue, les mains jointes et dans l'attitude de la prière. Barbe Guiffard est couchée sur le dos, les mains jointes et dans l'attitude du sommeil. Ces statues avaient été primitivement installées aux Célestins de Rouen, dans une chapelle et sur un caveau sépulcral. Les Célestins ayant été supprimés de 1778 à 1780, les images et les cercueils furent portés à l'église de Saint-Aubin-le-Cauf, près de Dieppe. La Révolution vida les sépultures; mais on préserva les statues en les cachant dans une écurie du château. Elles sont restées là jusqu'en 1841, époque à laquelle M. Floquet les découvrit et les fit transporter à Rouen. Installées d'abord au palais de justice, elles en sont sorties pour entrer à la cathédrale en 1864. Sur les deux cent vingt et une sépultures de la cathédrale connues, depuis le x° jusqu'au xix° siècle, il s'en est trouvé cent soixante-douze d'ecclésiastiques et quarante-neuf de laïques. Sur ces ecclésiastiques, il y a cinq cardinaux, dix-neuf archevêques et évêques, et cent quatre-vingts dignitaires du chapitre. Parmi les laïques on compte trois rois, deux ducs de Normandie, trois princes ou princesses, quinze ducs, comtes et seigneurs, et vingt-huit particuliers. Les siècles qui ont donné le plus de morts sont : le xiv°, dix ; le xv°, quarante-trois ; le xvi°, soixante-dix ; le xvii°, quarante et un ; et le xviii°, trente-sept. La nef et les bas côtés ont reçu quarante sépultures; le chœur et ses collatéraux, trente-huit; les bras de croix, vingt; la chapelle de la Sainte-Vierge, cinquante-sept; le sanctuaire, cinq, toutes personnes royales. Parmi les dalles tumulaires il y en a quatre du xiii° siècle et une du xiv° à signaler. Dalle d'Enguerrand d'Étrépagny, grand archidiacre de Rouen en 1270, dans la chapelle de Saint-Pierre et Saint-Paul. Dalle portant la date de 1270 dans le transept nord. Dans la nef, celle d'un chanoine du nom de Pierre. Tombe d'Étienne de Sens, grand archidiacre de Rouen, décédé en 1282, encastrée dans le mur de la chapelle Saint-Étienne, autrefois dans la nef, en face de la chaire. Le personnage est représenté sur la dalle avec la chasuble et le calice; au-dessus sont des anges, et sur les côtés les quatre évangélistes. Dalle de Nichole Gibouin, clerc de la ville de Rouen, décédé en 1321, encastrée dans la chapelle Saint-Étienne. Cette dalle, haute de 3^m,32 et large de 1^m,62, est admirablement décorée. Dans la chapelle des Innocents furent inhumés, en 1357, les trois complices de Charles le Mauvais que le dauphin Charles avait fait décapiter au champ du Pardon en 1356. C'étaient Jean Mallet, sire de Graville, le sire de Maubué et Doublet. En 1628, trois hommes d'Andely, injustement condamnés et mis à mort en 1625, furent réhabilités et inhumés en face de cette chapelle. Leur inscription existe encore. Le xv° et le xvi° siècle ont laissé les tombes de Denis Gastinel, chanoine et l'un des juges de Jeanne d'Arc, mort en 1440; d'Alain Olivier, chanoine, décédé en 1466; de Michel Sarrazin, archidiacre du Vexin, mort en 1505; et de Guillaume Leuvain, chapelain, décédé en 1577. C'est en vain que l'on chercherait aujourd'hui au bas de la nef, où le chapitre leur avait accordé les honneurs de la sépulture pour leurs services rendus à l'église : Jehan, «le machon,» de Chartres, fondeur de la célèbre Georges-d'Amboise, mort le 21 août 1502; Jacques Leroux, l'architecte de la tour de Beurre, et Robert Becquet, l'auteur de la flèche en bois brûlée en 1822, lequel mourut en 1554. Un mémorial a été accordé par le xvii° siècle au bienheureux Maurile, le consécrateur de la cathédrale du xi° siècle, et au cardinal d'Estouteville, dont le cœur fut déposé là en 1483, dans un plat d'argent, que volèrent les calvinistes de 1562, après avoir détruit son mausolée placé au haut de la nef. Parmi les tombes les plus récentes, la chapelle de la Sainte-Vierge renferme celles de Y. de Séraucourt, archidiacre, mort en 1703, et du cardinal Cambacérès, mort en 1818. (Voir les *Tombeaux de la cathédrale de Rouen*, par M. A. Deville, in-8° de 326 pages, orné de 12 gravures.) Dans l'ancien cloître des chanoines qui avoisine la cathédrale on remarque la curieuse dalle de Robert Tousé, mort en 1422, qui montre le défunt nu et rongé de vers depuis les pieds jusqu'à la tête. (Langlois, *Essai sur les danses des morts*, t. II, p. 137, pl. xxxvii.) Cent quarante-huit registres ou volumes, trois cent soixante-quinze liasses en portefeuilles ou cartons, contenant dix mille cinq cents chartes ou titres sur parchemin du xii° siècle à 1789, provenant de l'ancien chapitre de Rouen, au dépôt des archives départementales. == § III. CHAPELLES. — Chapelle Saint-Michel-du-Mont-Gargan, fondée au x° siècle et démolie au commencement de celui-ci. (Voir *Prieurés*.) — Chapelle Sainte-Apolline, existant fort anciennement. Elle a donné son nom à une des portes, qui prit plus tard le nom de *Beauvoisine*. Voisine de la fontaine dite *de la Crosse*, elle dut être absorbée dans le clos des anciens Carmes. Elle est disparue depuis longtemps. — Chapelle Saint-Léonard, existant anciennement près de la porte de ce nom, sur les limites de l'abbaye de Saint-Ouen et de celle de Saint-Amand, qui finit par l'absorber de droit et de fait. En 1760 il en restait encore des traces dont le souvenir même a disparu. — Chapelle Saint-Nicolas, située au bord de la Seine, où elle avait été fondée vers 1100 pour les marins. Depuis longtemps elle ne subsiste plus. — Chapelle Saint-Yves, située au faubourg Saint-Sever, au bas de la rue de ce nom, à l'endroit qu'occupe le n° 4. Elle fut fondée antérieurement au xiiie siècle, puisque les Carmes l'occupèrent de 1261 à 1336. Dépendante de la paroisse Saint-Martin-du-Pont, placée sur la rive opposée de la Seine, elle lui servait cependant de succursale. La dernière construction, qui n'avait rien de remarquable, a disparu vers 1810. — Chapelle Saint-Romain-de-la-Vieille-Tour, du Vieux-Palais ou enfin de la Fierte, à la Haute-Vieille-Tour. Ce fut d'abord la chapelle des ducs de Normandie, dans le château de la Vieille-Tour, bâti par Rollon et démoli par Philippe-Auguste en 1204. Pour quelque temps la chapelle fut transportée au château construit au faubourg Bouvreuil; mais au xvie siècle elle fut reportée dans les bâtiments de la Vieille-Tour; c'est un édicule élevé au-dessus du passage voûté qui traverse les halles, faisant saillie en avant du double escalier. Le rez-de-chaussée, adossé à l'escalier, est percé sur chaque face d'un arc en plein cintre flanqué de chaque côté de deux colonnes, dont une d'angle, supportant un entablement. La chapelle, qui n'est en réalité qu'un portique, est au-dessus et bâtie d'après le même système. Au-dessus, plusieurs étages de motifs d'architecture, percés d'arcades, en retraite les uns sur les autres, servent d'amortissement. C'est là que chaque année, au jour de l'Ascension, un prisonnier choisi par le chapitre levait la châsse de saint Romain et était délivré. — Chapelle de Sainte-Barbe, rue Beauvoisine, n° 18, dépendant autrefois de l'hôpital du Roi, fondé en 1277 dans la rue qui porte encore ce nom. Les Oratoriens l'occupèrent de 1618 à 1635. Elle est devenue un hangar. Longtemps on y a reconnu des murs, des colonnes et des arcades du xiiie siècle. — Chapelle Saint-Philbert ou de Jumièges, rue de la Poterne, n° 21. Elle faisait partie de l'ancien hôtel de Jumièges, situé même rue, n° 26. Les moines et l'abbé de Jumièges y arrivaient à l'aide d'un pont qui traversait la rue. Il est de tradition que cet oratoire fut construit en 1218 sur l'emplacement de la tour d'Alverède, où saint Philbert avait été emprisonné par saint Ouen en 674. — Chapelle Saint-Marc, sur l'emplacement de la place ou clos Saint-Marc. Il paraît qu'il y eut là une chapelle dès le xie siècle, à un endroit où le seigneur du Plessis-Grimould avait été enterré en 1047. En 1228, les Cordeliers l'occupèrent lors de leur arrivée à Rouen; mais elle n'était plus qu'une ruine lorsqu'elle fut rebâtie par Guillaume le Gras, de 1431 à 1435. Le service de Dieu y fut totalement supprimé en 1693. Les notaires apostoliques et ecclésiastiques y réunissaient leur confrérie. Cette chapelle, grande comme une église, ornée d'une rose à son portail et d'une belle verrière à son chevet, subsistait encore en 1821. (Voir la *Description historique des maisons de Rouen*, par M. de la Quérière, t. I, p. 231; t. II, p. 258.) Démolie en 1835. — Chapelle des Saints-Morts, dans le cimetière Saint-Maur, entre la rue Saint-Maur (nos 37 et 39), la rue Crevier et la petite rue Saint-Maur. Le cimetière Saint-Maur ou des Pestiférés, cimetière du xve siècle, possédait autrefois trois chapelles. Celles de Saint-Étienne et de Saint-Nicolas-de-Beauvoir ou de Beauregard ont disparu depuis longtemps. Il ne restait plus à la fin du dernier siècle que celle de Saint-Lazare ou des Trépassés, qui portait aussi le nom *des Saints-Morts*. Ce n'était qu'une construction en bois sans caractère. De belles verrières la décoraient autrefois, parce que les maîtres peintres et tailleurs d'images de Rouen y tenaient leur confrérie. En 1791, M. Carpentier, peintre, sauva les vitraux de la destruction. Après sa mort une partie passa dans les magasins de l'hôtel de ville, d'où le curé de Saint-Romain les tira en 1817 pour les placer dans son église. (M. de la Quérière, *Description des maisons de Rouen*, t. I, p. 231; t. II, p. 258.) — Chapelle du Bec, rue du Bec, nos 19 et 21, appartenant aux moines et à l'abbé du Bec. Construite en pierre et dans le style ogival elle a été détruite en 1839. Elle était dans l'endroit qu'occupe aujourd'hui un établissement de messageries. (M. de la Quérière, *Description historique des maisons de Rouen*, t. I, p. 65; t. II, p. 122.) — Chapelle de Valmont, dans l'hôtel du monastère de ce nom, situé près de Saint-Lô. — Chapelle de Beaubec, dans l'hôtel des moines de l'abbaye de ce nom, également situé près de Saint-Lô. — Chapelle de Notre-Dame-de-Grâce, construite vers 1686 au bas de la rue des Minimes. La Révolution l'a supprimée et démolie. — Chapelles de Saint-Louis et de Saint-Roch, dans l'ancien *Lieu de Santé*. Fondées au xvie siècle pour les pestiférés que l'on transportait à la ferme de l'*Aunay*. (Voir *Hôpitaux*.) ══ S IV. HÔPITAUX, COLLÉGES, SÉMINAIRES. — 1° Hôpitaux. Les anciennes léproseries étaient situées en dehors de l'enceinte de la ville.═ Léproserie du Mont-aux-Malades ou du Mont-des-Lépreux, fondée vers 1131 pour vingt et une paroisses de Rouen. (Voir le *Mont-aux-Malades*.) — Léproserie de Sainte-Marguerite-du-Bourgdeny, fondée pour les paroisses de Saint-Maclou, de Saint-Cande-le-Vieux et de Saint-Paul. — Léproserie de Saint-Claude et de Saint-Christophe, à Darnetal, pour les paroisses de Saint-Vivien, de Saint-Hilaire, de Carville et de Longpaon. — Léproserie de Sainte-Vénisse ou Véronique au Bois-Guillaume pour les paroisses de Saint-Godard, de Saint-Laurent et du Bois-Guillaume. — Léproserie de Saint-Gervais, pour la paroisse de ce nom. — Léproserie de Sainte-Catherine, au pied du mont de ce nom. — Léproserie de Quevilly ou de la Salle-aux-Pucelles, fondée au xve siècle pour les lépreuses nobles. (Voir LE PETIT-QUEVILLY.) — Hôpital Saint-Martin, rue du Grand-Pont, fondé pour l'église et la paroisse de ce nom. Il passait pour le plus ancien de la ville et ne subsistait plus en 1659. — Hôpital de Jéricho ou de Martainville, fondé en 1050 par Guillaume le Conquérant pour vingt-cinq aveugles; en 1582, il fut supprimé et donné aux Capucins, qui s'établirent sur son emplacement. — Hôpital Saint-Jacques, rue Saint-Jacques, fondé vers le XIII° siècle pour les pèlerins. Il fut abandonné en 1247. — Hôpital du Roi, rue de l'Hôpital et rue des Arsins, fondé pour les pèlerins en 1278 par Guillaume de Saane, chanoine de Rouen, augmenté par Philippe le Bel, supprimé en 1566. En 1635, les Oratoriens s'établirent dans ses bâtiments. — Hôpital des Billettes ou de Saint-Jean-sur-Renelle, fondé en 1323; passa aux religieux antonins en 1393; supprimé en 1780, démoli en 1862 avec toute la rue Saint-Antoine. — Hôpital de Saint-Vivien, fondé en 1350 pour treize pauvres; subsista jusqu'à la Révolution. — Hôpital des Bons-Enfants, rue du même nom, fondé en 1358 et supprimé en 1556, rasé en 1863. — Hôpital du Saint-Esprit, fondé en 1478 au pied de la côte Sainte-Catherine, supprimé vers 1500. — Hôpital Sainte-Catherine, fondé en 1518 près de la porte Saint-Hilaire; subsista peu de temps. — Hôpital des Captifs rachetés, fondé en 1730 chez les Trinitaires de la rue de Flandres et supprimé à la fin du XVIII° siècle. — Hôpital des Incurables, situé rue de la Croix-de-Pierre, fondé vers 1653 et supprimé à la Révolution. Il était desservi par des sœurs de Saint-François ou de Sainte-Élisabeth. — Hôpital des prêtres âgés et infirmes, dit aussi le Séminaire Saint-Louis, fondé en 1727 par Mgr de Tressan sur la paroisse Saint-Hilaire, plus tard transporté par le cardinal de la Rochefoucauld près des Carmes déchaussés. La Révolution l'a supprimé; mais on en voit encore la chapelle, rue du Champ-des-Oiseaux, n°º 9 et 11. (Voir *Couvents et communautés*.) — Les hospices existants aujourd'hui sont au nombre de deux : l'hôpital général et l'Hôtel-Dieu ou la Madeleine, la plus ancienne institution hospitalière de la ville. Placé dans l'origine près de la cathédrale et du palais des archevêques, l'Hôtel-Dieu a laissé des vestiges place de la cathédrale et rue de la Madeleine. Il était alors riverain de la Seine. Des bâtiments du XVII° et du XVIII° siècle il subsiste l'établissement du Mont-de-Piété, et sur la place de la Calende une grande façade de pierre couronnée par un fronton courbe qui encadre un cadran soutenu par deux enfants. En 1758, l'hôpital fut transporté à l'extrémité de la rue qui porte aujourd'hui le nom de *rue de Crosne* dans un quartier appelé alors *le Lieu de Santé*. Ce point fut d'abord un *Lieu d'Évent* pour les pestiférés du XVI° et du XVII° siècle. Il était au faubourg Cauchoise, auprès de la ferme de l'Aunay. L'institution pour les maladies contagieuses commença en 1569; mais en 1654 l'établissement fut partagé en trois catégories. On établit les deux hôpitaux de Saint-Roch et de Saint-Louis pour toute espèce de malades. Au centre fut réservé un espace pour les pestiférés. Au milieu du XVIII° siècle on songea à y transporter l'Hôtel-Dieu. De 1749 à 1758 on construisit les grands bâtiments destinés à ce service. L'église, élevée par Lebrument, fut livrée au culte en 1781. Elle avait été dédiée par le cardinal de la Rochefoucauld. (Voir *Église Sainte-Madeleine*.) — Hôpital général, Bureau des Valides ou Grand-Bureau. Commencée dès 1602, cette institution fut régularisée en 1681. Elle a été considérablement accrue depuis ce temps jusqu'à nos jours. C'est une réunion de bâtiments allant de l'époque de Louis XIV au temps actuel. La chapelle, construite de 1785 à 1790 sur le plan de Vauquelin, renferme des sépultures et des inscriptions. — 2° Colléges [1]. — Colléges religieux : Collége de l'Albane, cour de l'Albane, rue des Quatre-Vents, n° 1. Fondé en 1245, pour dix chapelains, par Pierre de Colleniieu, archevêque de Rouen, devenu cardinal et évêque d'Albano, en Italie. Installé dans une cour dépendant de la cathédrale qui prit le nom de *Cour de l'Albane*, dans des bâtiments qui gardent des traces du XIII° siècle. — Collége de Darnetal, rue Saint-Nicolas, n°º 54, 56 et 58, fondé au XIII° siècle pour seize chapelains, et augmenté en 1300 par Guillaume de Flavacourt. Il en reste encore quelques vieux bâtiments au n° 56 de la rue Saint-Nicolas. — Collége du Saint-Esprit ou de Flavacourt, fondé en 1305 par l'archevêque Guillaume de Flavacourt pour six chapelains. — Collége du Pape ou des Clémentins, rue Saint-Nicolas, n° 32, fondé en 1349 par Pierre Roger, ancien archevêque de Rouen, devenu pape d'Avignon sous le nom de Clément V, pour seize chapelains. Il fut augmenté par le cardinal d'Estoutteville et a duré jusqu'à la Révolution. Il en reste quelques bâtiments en pierre et du XVIII° siècle. — Collége des Quatre-Parts, fondé en 1513 pour quatre chapelains et pour des musiciens. Il a duré jusqu'à la Révolution. — Colléges enseignants : Collége des Bons-Enfants, rue des Bons-Enfants, aujourd'hui rues Fontenelle et de l'Hôtel-de-Ville, fondé en 1358 par l'archevêque Guillaume de Flavacourt pour un petit nombre d'étudiants pauvres. Il cessa d'exister comme collége-hôpital en 1556. Les Feuillants s'y installèrent en 1616. — Collége de Saint-Cande-le-Vieux, près de l'église de ce nom. Commencé en 1469, il a été supprimé en 1512. — Collége des Jésuites, rue de Maulévrier. Projeté dès 1569 par le cardinal Charles de Bourbon, il fut définitivement fondé par lui en 1583 dans l'ancien hôtel du Grand-Maulévrier. Exilés en 1595, les Jésuites revinrent en 1604. Au commencement du XVII° siècle, ils élevèrent les belles constructions qui existent aujourd'hui. En 1615, ils utilisèrent les débris du Château-Gaillard, aux Andelys, que le roi leur avait cédés. La première pierre de la chapelle fut posée en 1616 par

---

[1] Par le mot *collége* nous désignons les maisons d'enseignement ainsi que les institutions ecclésiastiques destinées à un service religieux.

la reine Marie de Médicis. Bénite le 24 août 1631, cette chapelle fut consacrée le 21 décembre 1704 par Nicolas Colbert, archevêque de Rouen. (Voir *Jésuites*.) La Compagnie de Jésus ayant été supprimée en France en 1762, ce collège fut confié à des prêtres séculiers. Sous le premier Empire il devint le lycée, ce qu'il est encore aujourd'hui. — Collège de l'Oratoire, rue des Arsins, n° 1, à l'angle de la rue de l'Hôpital. Les Oratoriens s'établirent à Rouen au xvııe siècle et s'installèrent en 1635 dans l'ancien hôpital du Roi; c'est là qu'ils enseignèrent jusqu'à la Révolution. (Voir l'*Oratoire*.) — 3° Séminaires. Grand séminaire archiépiscopal ou séminaire Saint-Vivien, rue Orbe, n° 19, et rue Saint-Vivien, n°s 50 à 60. Fondé en 1658 par l'archevêque François II de Harlay, il fut dirigé par les Eudistes jusqu'à la Révolution. La construction est tout entière du milieu du xvıııe siècle. On y remarque six à huit colonnes d'ordre dorique. L'entrée était rue Saint-Vivien. La chapelle n'existe plus. Les grands bâtiments, construits en pierre, sont affectés à l'industrie. En 1793 et 1794 il servit de prison pour les prêtres insermentés. — Petit séminaire Saint-Nicaise ou des Pauvres-Clercs du diocèse de Rouen, rue Poisson, n° 20. Fondé par Mgr Colbert en 1707; il fut construit successivement de 1726 à 1786, époque où fut terminée la chapelle; deux inscriptions sur cuivre trouvées lors d'une reconstruction de 1860 indiquent qu'une partie du bâtiment fut fondée en 1726 et l'autre en 1752. Le reste doit dater de 1780. La chapelle fut construite par Lucas en 1785. Le célèbre Brunel, auteur du tunnel sous la Tamise, fut élève de cette maison, qui est aujourd'hui le grand séminaire. — Séminaire Joyeuse, rue de Maulévrier, n° 6, aujourd'hui annexe du lycée, fondé en 1615 par le cardinal de Joyeuse pour des boursiers ecclésiastiques. Cette maison, desservie par des Jésuites jusqu'en 1762, où elle passa entre les mains des prêtres séculiers, fut supprimée à la Révolution. Le cardinal de Joyeuse, mort à Avignon en 1615, fut d'abord inhumé chez les Jésuites de Pontoise; puis, en 1779, il fut transporté dans la chapelle de Joyeuse, d'où en 1825 il fut transféré dans celle du lycée. — Séminaire Saint-Louis. (Voir *Hôpitaux*.) — Séminaire Saint-Patrice. (Voir *Communautés*.) = § V. Tours, portes, manoirs, châteaux. — L'enceinte de la cité romaine (voir *Époque romaine*), qui dura jusque sous les ducs et qui existait encore au xie siècle, reçut quelques agrandissements partiels de Guillaume le Conquérant à saint Louis; mais à la fin du xiiie siècle il se fit un agrandissement définitif si grand, qu'il a pu subsister jusqu'à la fin du xvıııe siècle, où les portes furent démolies, les fossés comblés, les murs abattus et les remparts de la guerre transformés en boulevards de la paix. De l'enceinte murée il ne reste que quelques fragments sur les boulevards Beauvoisine, Saint-Hilaire et de Martainville, près de l'hospice général, de la caserne et de la porte Guillaume-Lion. Leur appareil indique encore le xiiie siècle, époque où ils furent construits, et le xvie siècle qui les vit restaurer. — 1° Tours. Parmi les tours nombreuses qui défendaient l'enceinte on ne mentionne ici que celles qui ont disparu de nos jours. — Tour de la Pucelle. C'était l'ancienne tour des Champs, où Jeanne d'Arc fut enfermée. (Voir un dessin de 1780 dans l'*Archæologia*, vol. VII, pl. xix.) Elle était presque entière. Elle fut démolie après 1808. Une vue de cette époque, publiée par la *Revue de la Normandie*, année 1865, la montre dans un grand délabrement. — Tour Bigot, boulevard Bouvreuil et rue Alain-Blanchard, assez voisine du château de Philippe-Auguste et de la tour de la Pucelle. Elle prit le nom de *Tour Bigot* parce qu'elle se trouvait renfermée dans les jardins de l'hôtel de la famille Bigot, l'une des plus puissantes et des plus renommées de Rouen. En 1820, la tour Bigot, construite en pierre, avait encore conservé ses deux étages. Elle a été démolie en 1840, avec l'hôtel de ce nom, pour le percement de la rue Alain-Blanchard. — Tour Guillaume-Lion, voisine de la porte de ce nom, rue des Espagnols; elle avait encore son importance en 1820. On y voyait une salle voûtée, une plate-forme, des canons, etc. Elle a été démolie en 1826. Il n'en reste plus qu'une base de pierre qui paraît du xviie siècle. — Tour aux Normands, rue des Espagnols, n° 6. C'est une construction assez récente, de forme carrée, qui remplace sans doute une tour plus ancienne. — Tour Hayard, rue du Rempart-Martainville, petite tour carrée tombant en ruines que les habitants du quartier appellent *Tour Hayard* ou *Haïard*. — 2° Portes. Les plus belles portes du côté de terre étaient les portes Cauchoise, de Bouvreuil, Beauvoisine, Saint-Hilaire et de Martainville. Celles-ci communiquaient avec le pays de Caux et le Vexin. Vers la Seine il y en avait quatorze, parmi lesquelles celles du Pont, de Saint-Éloi, de Jean-Lequeu et de Guillaume-Lion. Un manuscrit intitulé *Clio Rothomagensis* a gardé le dessin de la plupart d'entre elles[1]. Il ne reste debout que la porte Guillaume-Lion, qui a pris le nom de la tour voisine. Elle est sur le quai Napoléon, à l'extrémité de la rue des Arpents. Construite en pierre de taille en 1747, elle se compose d'un massif rectangulaire dans lequel est percée une grande baie cintrée, sous un fronton. Les pieds-droits sont ornés de trophées dus au ciseau de Leprince. — 3° Châteaux. Le Châtel, construit par Rollon vers 910, sur le bord de la Seine, près de la porte aux Fèvres. Sa place devait être un peu au-dessous de

---

[1] La *Revue de Rouen* en a édité plusieurs, notamment la porte de Martainville avec ses deux tours à toit plat et la porte Saint-Hilaire avec ses deux tours crénelées. (*Revue*, année 1843, 1er semestre; année 1845, 1er semestre.) Toutes deux ont été démolies vers 1710. La porte Jean-Lequeu, qui était une charmante construction du xvie siècle, n'a été détruite que depuis.

la rue aux Ours, à peu près où est aujourd'hui la rue Nationale. L'église Saint-Pierre-du-Châtel fut, dit-on, la chapelle du château. Elle seule aujourd'hui, par son nom, nous en conserve le souvenir. — La Vieille-Tour. La forteresse dite plus tard *de la Vieille-Tour* fut construite vers 945 par le duc Richard Ier. Elle était bâtie au bord de la Seine, et l'on assure que la chapelle des ducs fut l'église de Saint-Cande-le-Vieux[1]. La Vieille-Tour fut démolie en 1204 par Philippe-Auguste. On y substitua des constructions civiles qui ont conservé jusqu'à nous le nom de la forteresse ducale. Les halles de la Vieille-Tour entendirent Rigaud prêcher la dernière croisade de saint Louis. Ce n'est plus aujourd'hui qu'une vaste construction à un seul étage sur rez-de-chaussée, consacrée au commerce. Bâtie au xvie siècle avec beaucoup de simplicité, elle forme les trois côtés d'un quadrilatère. Les ouvertures ont été refaites au xviiie siècle. Au rez-de-chaussée on remarque deux rangs de colonnes rondes qui supportent les halles du premier étage. La chapelle Saint-Romain s'élève sur le palier de l'escalier qui monte à cet étage au nord de l'aile méridionale. (Voir *Chapelle Saint-Romain*.) — La Barbacane ou le Petit-Châtel, motte protégée par des palissades et des terrassements élevés sur le territoire d'Émendreville, aujourd'hui Saint-Sever, en tête du pont de pierre bâti au xiie siècle par l'impératrice Mathilde. Cette forteresse fut prise en 1204 par Philippe-Auguste, et en 1418 par Henri V, qui la reconstruisit en pierre en 1419. Complètement démolie en 1780. — Le Vieux-Château et la tour du Donjon, enclos des Ursulines, rue Morand, rue Jeanne-d'Arc et boulevard Beauvoisine. Le château, qui dominait Rouen vers le nord, fut construit par Philippe-Auguste en 1204, après la conquête de la Normandie. Cédé en 1610 par Henri IV à MM. Faucon de Ris et Morand d'Éterville pour y bâtir leurs hôtels, le Vieux-Castel fut successivement démoli avec ses tours, sauf celle du Donjon, dont Sully avait stipulé la réserve dans le contrat d'aliénation. D'après Duplessis, il ne restait plus en 1740 que trois tours dont une près de la porte Bouvreuil, qui s'appelait *la Tour du Gascon* et qui fut démolie vers 1790. La seconde, vers Cauchoise, était l'ancienne tour des Champs ou de la Pucelle, qui servit de prison à Jeanne d'Arc. Entamée dès 1780, elle a été démolie de 1806 à 1810. Le donjon, qui seul subsiste aujourd'hui, montre tous les caractères du xiiie siècle. C'est une tour circulaire qui, bien que découronnée, est haute de 25 mètres. L'épaisseur des murs est de 3{m},50. La porte d'entrée a été refaite au xvie siècle. Elle est partagée en deux étages formés chacun d'une grande salle circulaire voûtée sur six nervures rayonnantes très-saillantes, qui communiquent entre elles par un escalier pratiqué dans le mur

---

[1] C'est dans la Vieille-Tour qu'Arthur de Bretagne fut enfermé et assassiné par Jean sans Terre, puis jeté dans le fleuve.

et montant jusqu'à la plate-forme. Dans la salle haute est une cheminée très-remarquable. C'est là, selon toutes les vraisemblances, que Jeanne d'Arc subit un interrogatoire en face des instruments de la torture, le 9 mai 1431. Cette tour a été récemment achetée par souscription nationale pour être conservée comme monument historique. La plus ancienne vue que l'on possède du château est de 1525. On a des plans très-exacts publiés de nos jours par M. Ballin. — Fort Sainte-Catherine, sur la côte Sainte-Catherine, aujourd'hui commune de Blosseville-Bonsecours. Tous les historiens de Rouen sont portés à croire que la côte Sainte-Catherine dut toujours être un point fortifié. Lorsque Gosselin le Vicomte fonda l'abbaye en 1030, il dit qu'elle était voisine d'un catelier, «Castellario vicina.» Les armées du xiie siècle campèrent sur cette haute colline. Cependant on ne reporte la construction du premier fort qu'au xive siècle, et ce n'est guère qu'en 1417 qu'il fait son apparition dans l'histoire. Assiégée par les Anglais en 1418, la forteresse se rendit le 30 août, après une héroïque défense. En 1449, elle fut reprise par les Français commandés par Charles VII. Montgommery et ses calvinistes y ajoutèrent un fort en bois et en terre en 1562. Les catholiques royaux reprirent le tout la même année. Henri IV l'assiégea vainement en 1591-1592. Le fort fut démoli en 1598. Il n'en reste aujourd'hui que quelques pans de murs et des fossés larges et profonds que le temps n'a pu combler. On appelle le tout *le Camp de Henri IV et le Fort Sainte-Catherine*. — Vieux-Palais, rue du Vieux-Palais, près de la place Henri IV. Commencé par Henri V, roi d'Angleterre, en 1420, il fut terminé par son successeur en 1443. On y remarquait surtout une tour célèbre connue sous le nom de *Mal-s'y-frotte*. Généralement on croit que cette tour fut démolie en 1706 et que peu de temps après le château fut complètement détruit. Cependant en 1784 M. Turner publia dans l'*Archæologia*, de Londres, vol. VII, pl. xix, une vue complète de ce château anglo-français. L'auteur assure que cette vue, qui lui a été envoyée de Rouen par M. Descamps, donne la forteresse telle qu'elle était en 1780. — Château de la Motte, dans le *Pré de la Bataille*, près de l'avenue du Mont-Riboudet, au bord de la fontaine de Saint-Filleul, manoir à tourelles construit au xvie siècle et remanié vers 1700. A cette époque on refit la chapelle dont il reste l'autel de pierre. — Nid-de-Chien, au pied du mont Sainte-Catherine, à la naissance du vallon de Darnetal et à l'entrée du tunnel du chemin de fer. Manoir en bois construit en 1606 et entouré de murs de brique qui doivent dater du xvie siècle. Ce hameau du Nid-de-Chien est ainsi appelé parce que, dit-on, les ducs de Normandie y avaient leurs chiens de chasse. == § VI. FONTAINES. — Fontaine de la Croix-de-Pierre, place de la Croix-de-Pierre. La fontaine et la place ont pris leur nom d'une croix de pierre plantée dans ce carrefour, à la fin du xii° siècle, pour célébrer la victoire de l'archevêque Gautier de Coutances sur le roi Richard Cœur-de-Lion. L'élégante fontaine qui existe aujourd'hui est une pyramide hexagone de 7 à 8 mètres de hauteur, décorée de trois rangs de niches étagés l'un sur l'autre, en partie remplies de statues actuellement fort grossières. Elle est due en partie à la munificence du cardinal d'Amboise, et commença de couler en 1515. Très-mutilée en 1562 et en 1793, lorsqu'on la surmonta du buste de Marat, elle doit être entièrement reconstruite sous la direction de M. Barthélemy. — Fontaine de la Crosse, au carrefour de la Crosse formé par les rues des Carmes, Beauvoisine, de l'Hôpital et Ganterie. Construite en 1482 par la famille de Louis de Harcourt, évêque de Bayeux et patriarche de Jérusalem. Elle consiste en un massif de pierre adossé à un mur lequel elle se raccorde par deux faces obliques; le tout est décoré de panneaux du style flamboyant. L'amortissement supporte une Notre-Dame-de-Pitié. L'ancienne fontaine, démolie vers 1860, a été reconstruite en 1861 sur le type et le modèle de l'ancienne. — Fontaine de Lisieux, rue de la Savonnerie, n° 4, voisine de l'ancienne église de Saint-Cande-le-Vieux et accolée à l'hôtel de Lisieux, qui fut autrefois la maison des évêques de Lisieux à Rouen. Construite en 1518 dans le style de la Renaissance, elle représente le mont Parnasse, sur lequel s'étagent Apollon, le cheval Pégase, les neuf Muses et la Philosophie aux trois têtes symboliques représentant la Logique, la Physique et la Métaphysique. Dans les fêtes publiques, l'eau jaillissait en minces filets de tous les personnages, aujourd'hui ruinés et dans un déplorable état. — Fontaine de la Grosse-Horloge, à l'angle de la rue de la Grosse-Horloge et des Vergetiers. Établie en 1456, c'était alors une simple aiguille, comme celle de la Croix-de-Pierre, décorée de cinq niches abritant les images de Notre-Dame, de saint Nicaise, de saint Mellon, de saint Romain et de saint Ouen. Mutilée et défigurée par le temps, elle fut rétablie en 1732 aux frais du duc de Montmorency, gouverneur de la province de Normandie, par Defrance, d'après les idées de M. Deboze, de Paris. Elle se compose d'un massif à surface courbe, portant une longue inscription, et surmonté des figures d'Alphée et d'Aréthuse, allusion à l'union de la fontaine Gaalor avec la Seine. — Fontaine de la Pucelle-d'Orléans, place de la Pucelle. Élevée sur un plan triangulaire, à côtés courbes rentrants, elle se compose d'un massif portant une inscription sur chaque face, surmonté d'une pyramide à faces également rentrantes cantonnée d'un dauphin sur chaque arête. Elle est surmontée d'une statue de Jeanne d'Arc. La fontaine a été construite sur les plans de Dubois, et la statue sculptée par Paul Stoldz en 1755. Ce lourd monument remplace une légère coupole, soutenue par trois élégantes colonnes surmontées d'une croix, et qui abritait la statue de l'héroïne. — Fontaine de Sainte-Croix-des-Pelletiers, rue Sainte-Croix-des-Pelletiers, n° 58, contre l'église supprimée de Sainte-Croix : des cariatides accompagnent un écusson entouré de fruits. Elle porte le chiffre de Louis XIII (IL) et la date de 1634. — Fontaine de Saint-Maclou, contre l'église Saint-Maclou, à l'angle de la rue de Damiette et de la rue de Martainville. Elle est formée d'un cartouche de pierre accompagné de deux génies lançant de l'eau et encadré de guirlandes de fruits de l'époque de Henri II. M. Langlois l'attribue à Jean Goujon. — Fontaine du Bailliage, anciennement rue du Bailliage et aujourd'hui place Solférino. Adossée à une maison sculptée qui porte la date de 1618, elle doit être du même temps. — Fontaine de Saint-Cande-le-Jeune, rue aux Ours, n°° 20 et 24. Cette jolie fontaine est de 1709. — Fontaine des Augustins, rue des Grands-Augustins, n°° 16 et 20. Cette fontaine est du xviii° siècle. — Fontaine des Libraires ou de la Cathédrale, rue Saint-Romain, n° 1. Construite en 1743.

= S VII. PALAIS, HÔTELS, MAISONS. — 1° Palais et hôtels. Palais archiépiscopal, rue des Bonnetiers, rue Impériale et rue Saint-Romain. La demeure de l'évêque était autrefois sur les remparts de la cité, où elle dut remplacer l'habitation du gouverneur romain. Tout d'abord ce n'était guère qu'une maison avec cour et jardin. Le premier hôtel connu fut élevé en 1089 par Guillaume de Bonnâme entre le portail des Libraires et le palais actuel. Il est probable qu'il fut reconstruit par Guillaume de Flavacourt, car il en reste encore de belles fenêtres ogivales rayonnantes de la fin du xiii° siècle, qui doivent provenir de cette reconstruction. Cet hôtel fut abandonné à la fin du xv° siècle, après que le cardinal d'Estoutteville eut fait jeter en 1461 les fondements du palais actuel, dont les bâtiments entourent un vaste préau rectangulaire. Le cardinal d'Amboise l'agrandit et le continua surtout dans la partie qui renferme la bibliothèque, les archives et le secrétariat, et qui fait équerre sur les rues Saint-Romain, Impériale et des Bonnetiers. C'est un ensemble de murs percés de fenêtres en croisée, armé de contre-forts de place en place et muni de tourelles demi-saillantes à pans coupés. Les archevêques d'Aubigné, de Tressan et de Saulx-Tavannes modernisèrent le palais, élevèrent la chapelle, approprièrent la salle des États et remplacèrent le portail à tourelles de Guillaume de Flavacourt par la porte actuelle, qui s'ouvre au fond d'un hémicycle dans la rue des Bonnetiers. La salle des États est décorée de quatre tableaux du peintre Hubert Robert. Les rois Louis XII, Louis XV et Louis XVI ont reçu l'hospitalité dans le palais archiépiscopal. — Bureau des Finances ou les Généraux, place de la Cathédrale, n°° 21, 23 et 25, à l'angle de la rue du Petit-Salut.

Construit en 1509 par les libéralités de Georges d'Amboise, ce bel édifice se compose d'un rez-de-chaussée percé de sept arcades surbaissées dont les pilastres et les trumeaux sont ornés de candélabres, de médaillons et de grotesques. La voûte d'entrée porte un écu de France soutenu par des porcs-épics avec la devise de Louis XII. Au-dessus du rez-de-chaussée est un entresol éclairé de petites fenêtres cintrées alternant avec des médaillons formés de couronnes soutenues par des génies. L'étage qui surmonte est percé de sept fenêtres dont les pilastres sont revêtus de grotesques élégamment sculptés. On y remarque aussi deux niches vides que durent remplir des statues. Une tourelle à encorbellement fut abattue en 1827, époque où cet hôtel, qui déjà avait été mutilé en 1823, fut complètement transformé en boutiques. (Voir les *Palais et châteaux de France*, par C. Sauvageot.) — Chambre des comptes de Normandie, rue des Carmes, n° 20, et rue Saint-Romain, n° 1. Cet hôtel, qui formait un grand carré de bâtiments construit vers 1525, a été renouvelé dans plusieurs de ses parties. Le côté qui est sur la rue des Carmes date du siècle dernier. Le côté nord de la cour a été modernisé. Il ne reste plus dans la cour que la façade de l'est et l'aile du midi, qui renferme la chapelle. La façade du bâtiment oriental est formée de deux étages d'égale hauteur, percés chacun de six fenêtres carrées beaucoup plus hautes que larges, séparées par des pilastres de divers ordres à chapiteaux variés et décorés de candélabres accompagnés de groupes de petites figures représentant des sujets mythologiques, entre autres Mars et Vénus, et les Muses jouant des instruments. Le côté méridional, en retour d'équerre, est percé de cinq arcades se dessinant sur le mur, portant sur des colonnes corinthiennes. Un second ordre plus petit surmonte le premier, qui est percé de fenêtres carrées avec traverses formant croix. De ce côté est la chapelle, dont les voûtes sur nervures avec culs-de-lampe forment trois travées dans la nef et deux dans le sanctuaire. Les murs étaient autrefois recouverts de peintures. La porte qui ouvre sur la rue Saint-Romain est un plein cintre dont les montants sont ornés de pilastres chargés de grotesques très-fins. Elle possédait autrefois un heurtoir en fer représentant un grotesque obscène. — Hôtel des Monnaies, rue Herbière, n° 17, et rue Saint-Éloi, n° 30. De tous temps Rouen eut le privilége de battre monnaie. Son hôtel monétaire pourrait bien exister depuis la période carlovingienne, où Charles le Chauve confisqua au profit du trésor royal tous les priviléges monétaires. Les ducs de Normandie eurent un atelier à Rouen, comme les rois capétiens l'ont toujours possédé. L'hôtel date de François Ier, ainsi que l'indique l'écu royal de France, entouré du collier de l'ordre de Saint-Michel et accompagné, à droite et à gauche, de deux FF couronnés. C'est une construction en pierre d'un style sévère, qui renfermait les ateliers et les fourneaux. La façade sur la rue Herbière était en bois et pierre du temps de Louis XIII. Elle a été défigurée en 1823. Celle qui donne sur la rue Saint-Éloi, mieux caractérisée, montre encore quelques baies en plein cintre accompagnées de deux petites baies étroites rectangulaires. — Hôtel de Lisieux, rue de la Savonnerie, n° 4, construction en bois et pierre du XVIe siècle, où l'on reconnaît une tourelle en bois de ce temps. C'était la demeure des évêques de Lisieux lorsqu'ils venaient à Rouen. (Voir *Fontaines*.) — Hôtel du Bec, rue du Bec, n°s 10 et 12. Cet hôtel des moines de l'abbaye du Bec datait du XVe siècle. Il a été démoli en 1816. Il possédait une chapelle qui a été détruite en 1839. — Palais de justice, construit dans les premières années du XVIe siècle. Après maintes délibérations, essais et tentatives, le roi Louis XII, le cardinal d'Amboise et les habitants de Rouen s'accordèrent en 1499 pour placer dans le *Clos aux Juifs* le palais de l'échiquier de Normandie, que l'on venait de déclarer permanent. On commença cette année même par le pignon qui donne sur la rue aux Juifs, lequel subsiste encore, et par la partie qui est vers le Marché-Neuf, portion qui disparut au siècle dernier. On en attribue avec grande vraisemblance le plan à Roullant Leroux, architecte de la cathédrale, qui fut aidé dans son travail par Roger Ango, maître des œuvres de la ville de Rouen. On estime que la partie ancienne du palais a coûté 300,000 livres. La salle commune ou des Pas-Perdus a coûté seule 89,000 livres. Ce palais, très-avancé en 1508 au moment où Louis XII vint le visiter, fut mis en 1514 dans l'état où il était encore en 1830. Il fut complété dans le même style de 1842 à 1852. La cour, aujourd'hui fermée par une grille de fer moderne soutenue par des piliers surmontés d'aiguilles également récentes, était autrefois close par un mur crénelé. On y pénétrait par un petit castellet percé d'une porte ogivale surmontée de l'écu de France soutenu par deux cerfs (aujourd'hui au musée d'antiquités). Des échoppes appuyées contre ce mur et qui encombraient la cour furent transportées en 1821 sur le Marché-Neuf, qui fut créé pour elles. Un escalier extérieur, dont les marches établies sur un plan polygone s'appuyaient sur ce mur ainsi que sur celui du bâtiment de l'ouest, donnait accès à l'extrémité de la salle qui en occupe tout le premier étage. Il fut démoli lorsqu'on refit la grille actuelle. En 1740 on bâtit pour la chambre des requêtes le corps de logis dont la façade donne sur le Marché-Neuf. En 1761 on éleva pour la chambre de la Tournelle le pavillon qui fait l'angle de la rue Saint-Lô. En 1835 on refit pour le tribunal civil l'aile de la rue aux Juifs, le tout dans le style de la fin du XVIIIe siècle. En 1839 on commença à restaurer, sur la façade méridionale dans la cour, tout ce qui est à

Seine-Inférieure.

droite de la tourelle. Ce travail, terminé en 1844, coûta 125,000 francs. Enfin, en vertu d'une loi de 1842, on commença en 1843 tout le côté oriental, où siége la cour impériale, construit dans le style de la partie ancienne et destiné à lui faire pendant. Cette grande entreprise, conduite par M. Grégoire, a coûté 1,150,000 francs dont 100,000 donnés par la ville et 150,000 par le département. L'ensemble se compose aujourd'hui de trois bâtiments en équerre sur les trois côtés d'une cour rectangulaire, symétriquement disposés par rapport à une tourelle saillante sur le milieu du corps de bâtiment central. Deux cours intérieures, dans les constructions nouvelles, éclairent les différentes salles affectées à la cour d'appel. La partie ancienne ne se compose donc que du bâtiment de l'ouest, le plus ancien, et d'un peu plus de la moitié de celui du nord, en y comprenant cinq travées au delà de la tourelle, vers l'est. Le bâtiment de l'ouest est terminé par un pignon à chaque extrémité. Le pignon sur la rue Saint-Lô, soutenu par trois contre-forts ornés, est flanqué de deux tourelles, dont une seule se termine en encorbellement. Leurs toits en pierre, aigus et hexagones, ont leurs bases couvertes de niches remplies de statues. De petites fenêtres en anse de panier et deux rangs de grandes fenêtres sont ouverts dans l'intervalle des contre-forts. Le pignon sur la rue aux Juifs, le premier construit, vers 1500, est, à peu de chose près, semblable au premier, seulement il est plus orné; les fenêtres étant d'ailleurs doubles au premier étage. L'une des tourelles d'angle contient un escalier par lequel on montait dans la salle des Procureurs, qui occupe tout le premier étage. La façade sur le Marché-Neuf est entièrement cachée par les constructions élevées au xviii° siècle. Celle qui donne sur la cour se compose de six travées séparées chacune par un contre-fort orné, comprenant un soubassement fort simple percé de portes ou d'ouvertures en anse de panier qui donnent accès et laissent pénétrer le jour dans la prison ou conciergerie, et un premier étage percé de grandes fenêtres à doubles croisées de pierre. Une balustrade surmonte la corniche interrompue de gargouilles à la base du toit en avant duquel s'élèvent trois hautes lucarnes de pierre ornées de contre-forts et d'arcs-boutants, et terminées par des frontons à crochets. Un escalier droit qui monte au milieu de la façade a remplacé en 1830 celui qui existait à l'extrémité et donne accès, par une grande porte ogive substituée à une fenêtre, dans la salle des Procureurs ou des Pas-Perdus. Cette salle, de 55 mètres de long sur 17 mètres de large, est recouverte par un berceau ogival de bois cachant une charpente sans entraits. Des pendentifs et des rosaces en bois sculpté la décoraient, ainsi que des ornements peints sur le parquet. Vingt niches encadrées de contre-forts et surmontées de hauts pignons à crochets ornent les murs, trois à chaque bout et sept sur chaque côté. Toutes ont perdu leurs statues. Deux fenêtres et deux balcons à jour superposés et en encorbellement décorent l'une des extrémités, tandis que l'autre compte deux étages de fenêtres. Cinq fenêtres à doubles croisées de pierre éclairent la salle sur sa façade ouest. Dans la tourelle de l'angle sud-ouest de cette salle était la chapelle où l'on célébrait la *messe rouge* pour l'ouverture du parlement. Aujourd'hui on l'y célèbre encore pour l'ouverture des cours et tribunaux. On y montre aussi le lieu où fut la table de marbre des procureurs. La façade qui regarde le sud est coupée en deux parties égales par une tourelle octogone à deux étages, dont les fenêtres carrées à meneaux de pierre sont encadrées par des lobes dentelés. Une corniche d'une grande richesse est coiffée d'un toit pyramidal, n'appartenant probablement pas au plan primitif, qui semble avoir dû comprendre une galerie. Le corps de bâtiment à gauche est percé au rez-de-chaussée de cinq ouvertures en cintre surbaissé, passages ou fenêtres, et de cinq grandes fenêtres carrées correspondant au premier étage, divisées par des croisées de pierre, séparées par des contre-forts à pinacles décorés de crochets. Au-dessus de la corniche garnie de gargouilles règne une haute claire-voie qui se combine avec deux immenses lucarnes décorées de frontons, de pinacles et d'arcs-boutants, le tout portant des statues. Le toit qui s'élève en arrière est couronné par une crête de plomb. Le corps de bâtiment à droite, symétrique au premier, n'est ancien que sur trois travées. La façade au nord, sur la rue Saint-Lô, reproduit avec plus de simplicité les dispositions du sud. La tourelle centrale y était remplacée par une petite tourelle polygone en encorbellement sur un contre-fort. Le corps de logis de gauche renferme au premier étage la grand'chambre du parlement de Normandie, où Louis XII en 1508, François Ier en 1517, Henri II en 1550, Charles IX qui s'y fit déclarer majeur en 1563, tinrent leurs lits de justice. C'est aujourd'hui le lieu des séances de la cour d'assises. Cette salle, nouvellement restaurée, est remarquable par une corniche de pierre décorée d'arcatures à jour et par un plafond de bois de chêne composé de caissons polygones, les uns en retraite, les autres en saillie, décorés de grotesques sculptés et de pendentifs dans le style de la Renaissance. Deux des salles du bâtiment à droite de la tourelle renferment des plafonds de bois à compartiments avec rosaces sculptées en saillie dans le style encore gothique. — Hôtels de ville. 1. Ancien hôtel de ville, rue de la Grosse-Horloge, n° 68, et rue Thouret, n° 1. La commune de Rouen paraît avoir commencé vers 1150. D'abord elle eut son hôtel de ville et son beffroi à l'encoignure de la rue de la Grosse-Horloge et de la rue des Vergetiers. A partir de 1220 cet hôtel s'étendit sur l'autre côté de la rue, à l'angle de la rue Massacre et près de l'église de Notre-Dame-de-la-Ronde. Cet édifice, du xiii° siècle, possédait une chapelle, une flèche de bois et une fontaine de pierre. L'hôtel actuel, construit en 1607 par l'architecte Jacques Gabriel, est un bâtiment à deux étages avec lucarnes de pierre. Des pilastres accouplés d'ordre dorique et d'ordre ionique ornent ses façades à bossages décorées de deux grands écussons aux armes de Rouen. L'architecte Le Carpentier dressa en 1757 le plan d'un nouvel hôtel de ville qui devait s'élever sur le Vieux-Marché et qui fut commencé entre les rues Cauchoise et de la Pie. Mais en 1792 il fut vendu et démoli. En 1791 la municipalité cessa d'habiter le vieil hôtel de ville. Retirée d'abord à Saint-Lô, elle alla en 1800 s'installer dans l'ancienne abbaye de Saint-Ouen, où elle est aujourd'hui. (Voir *Abbaye de Saint-Ouen.*) — 2. Beffroi. Sa tour carrée en pierre, munie de contre-forts et percée de grandes fenêtres de style flamboyant, aurait été construite de 1390 à 1397, d'après les archives, le beffroi primitif ayant été rasé en 1382, après l'émeute de « la harelle. » Une inscription sur cuivre, placée à son pied, lui donne la même date. Cette tour, œuvre de Jean de Bayeux, se terminait par une aiguille qui, menaçant ruine, fut descendue en 1711 et remplacée par le campanile qui existe aujourd'hui. — 3. Cloches. Dans ce beffroi sont logées deux cloches du xiii° siècle, fondues par Jehan d'Amiens vers 1260, par ordre des maires de Rouen, Martin Pigache et Rogier Leféron. L'une se nomme *la Cache-Ribaud*, et l'autre *la Rouvel* ou *Rombol*, et plus communément *la Cloche d'argent*. C'est elle qui sonne chaque soir le couvre-feu depuis six cents ans, annonçant aussi les incendies, les fêtes publiques, les émeutes et les invasions. La première *Rouvel* (Rouel) a sonné en 1174 pour le siège de Rouen par Louis le Jeune, Henri Court-Mantel et le comte de Flandre; la nouvelle a sonné pour la harelle, célèbre émeute de 1382, pour l'expulsion des Anglais et l'entrée des Français en 1449. Toutes deux portent des inscriptions du xiii° siècle. — 4. Gros-Horloge. Le bâtiment qui contient aujourd'hui la Grosse-Horloge, ou plutôt le Gros-Horloge, est une construction à cheval sur la rue du même nom, en remplacement d'une des anciennes portes de Rouen, nommée *la porte Massacre* ou *de la Boucherie*. Elle repose sur une voûte en anse de panier, dont l'archivolte moulurée porte à la clef l'écu de la ville. L'intrados est divisé en trois parties par une moulure saillante formant un cercle au centre et deux demi-cercles de chaque côté. Le cercle central est occupé par un berger gardant ses moutons distribués dans les deux lunettes de la naissance de la voûte. Le peuple l'appelle *le berger Rouen* et le regarde comme la personnification de la ville. Le bâtiment de pierre qui surmonte l'arcade et qui contient le mouvement de l'horloge porte de chaque côté un grand cadran qui, exécuté d'abord en 1410 par Olivier Homo, a été refait en 1529. L'horloge est encore celle de 1389, qui est l'œuvre de Jourdain Delestre et de Jehan de Félanis. Les tinterelles ont été fondues par Buret en 1713. Le bâtiment de l'horloge est surmonté d'un toit aigu en ardoise, que couronnaient une crête en plomb et trois épis; celui du centre reproduisait les armes de la ville, tandis que ceux des extrémités représentaient le soleil et la lune. Du côté de la rue des Vergettiers est la fontaine Massacre, qui touche au beffroi. (Voir *Fontaines.*) — Hôtel du Bourg-Theroulde, place de la Pucelle, n° 6, à l'angle de la rue du Panneret. Guillaume le Roux, deuxième du nom, seigneur du Bourg-Theroulde et de Tilly, commença cet hôtel à la fin du xv° siècle. Son fils aîné, Guillaume le Roux, troisième du nom, abbé d'Aumale et du Val-Richer, le termina sous François I*er*. La façade extérieure, sur la place de la Pucelle, très-mutilée par le temps et les hommes, ne possède plus d'ancien que le cintre en anse de panier de la porte. A l'angle de la place et de la rue du Panneret était accrochée autrefois une jolie tourelle de pierre en encorbellement, qui a été démolie en 1824 pour cause d'alignement et de sûreté publique. Vers la même époque on supprima aussi une immense cheminée de cuisine qui se trouvait au côté nord. Les bâtiments de l'hôtel forment un carré long dont les façades du sud et de l'ouest, sur la cour, sont les plus ornées. Le débouché de la voûte d'entrée, dans le bâtiment de l'est, est orné de moulures prismatiques en accolade avec crochets et encadré par deux contre-forts prismatiques sur culs-de-lampe, couverts de grotesques et interrompus chacun par une couronne de feuillages encadrant deux bustes : l'un de François I*er*, l'autre de Henri VIII. Des candélabres amortissent ces contre-forts et portent le chiffre G.L.R. qui est celui de Guillaume le Roux. La façade de l'ouest, la plus ancienne, est à deux étages sous lucarnes, percée à chaque étage de deux grandes fenêtres et d'une petite, et flanquée à gauche d'une tourelle à pans. A droite devait exister également une tourelle d'escalier. Les fenêtres, à croisées de pierre, sont carrées, encadrées de moulures prismatiques. Les lucarnes de pierre, très-importantes, sont accompagnées de contre-forts, de festons et de pinacles. Une crête de plomb couronnait le faîte du toit. Dans le trumeau du premier étage est la salamandre sous l'écu de France. Des bas-reliefs, placés dans les panneaux, sous les fenêtres du premier étage, sous les lucarnes et sous la corniche, représentent des triomphes, une salamandre au milieu d'arbres, un phénix, etc. La tourelle, qui est à quatre étages, a les trois supérieurs couverts de bas-reliefs et est flanquée de contre-forts ornés sur ses angles. Trois bas-reliefs sont sur chaque face, où ils encadrent autant de fenêtres carrées à angles arrondis. Ils représentent des scènes champêtres, telles que la tonte des brebis, un repas de bergers, le jeu de main chaude, une scène galante, des pêcheurs et des moissonneurs. Dans cette tourelle est un cabinet décoré dans le style du xvi° siècle. Le plafond, en bois sculpté, est orné de pendentifs, et les murs, couverts de lambris, encadrent quatre tableaux dans le style du Primatice. Le corps de logis du sud est une galerie dont le soubassement porte les bas-reliefs du *Camp du drap d'or*. Cette galerie se compose d'un socle haut de 2^m,30, sur lequel s'ouvrent six arcades à cintre surbaissé, une porte et six fenêtres, dont les archivoltes sont décorées de moulures, et les montants de candélabres et de grotesques, et dont les étroits trumeaux portent sur des pilastres couverts de grotesques. Au-dessus règne un grand entablement dont la frise est divisée en six panneaux offrant des bas-reliefs symboliques et mystiques d'une très-belle exécution. Les deux premiers sont presque détruits, le troisième est très-maltraité, les autres sont bien conservés. Sur le premier on distingue des figures accompagnant un char surmonté d'un dais soutenu par des colonnes. Le deuxième char, traîné par des animaux mutilés, est accompagné d'une femme élégante et d'un homme portant bannière. Le troisième char, tiré par des bœufs, écrase des personnages. Le quatrième char, traîné par des éléphants, est monté par une femme embouchant une trompette ornée (la Renommée?). On y remarque un crâne, un serpent et des attributs de la Mort. Le cinquième char, attelé de quatre chevaux, est entouré d'hommes qui paraissent des moissonneurs. Le sixième char est traîné par les animaux qui servent d'attributs aux quatre évangélistes. Sur le char est la Trinité; le Père et le Fils soutiennent le livre de l'Évangile que recouvre le Saint-Esprit. Sous les roues sont broyées les hérésies; devant sont des prélats; derrière, un pape et un cardinal. Dans le soubassement sous les cinq fenêtres se trouvent les cinq bas-reliefs dits *du Camp du drap d'or*, représentant l'entrevue de François Ier et de Henri VIII, entre Guines et Ardres, en 1520. Le premier nous montre la ville de Guines, d'où sort le roi Henri VIII. Sur le deuxième, le roi d'Angleterre s'avance au-devant de François Ier. Il est précédé du cardinal Wolsey, accompagné des ducs de Norfolk et de Suffolk. Le troisième offre la rencontre des deux rois, qui se saluent réciproquement. Ils sont sur des chevaux empanachés et entourés de brillants cortéges. Sur le quatrième on voit François Ier allant à la rencontre de Henri VIII. Il est escorté du légat du pape, des cardinaux de Bourbon, de Lorraine et d'Albret. Le cinquième représente la ville d'Ardres, d'où sort le roi François Ier. Chacun de ces bas-reliefs a 0^m,80 de hauteur sur 3^m,33 de largeur. Parmi les grands personnages qui ont habité cette maison, on cite François Ier, lord Shrewsbury, ambassadeur d'Angleterre près de Henri IV, et le cardinal de Florence, légat du pape, tous deux en 1596. (Voir le *Manuscrit des fontaines*; les gravures d'Israël Sylvestre, de Millin, dans ses *Antiquités nationales*, de Montfaucon, dans ses *Monuments de la monarchie françoise*, de Ducarel, dans ses *Antiquités anglo-normandes*; Charles Nodier, dans ses *Voyages pittoresques et romantiques dans l'ancienne France*, et M. de la Quérière, dans sa *Description historique des maisons de Rouen*, t. II, p. 216.) — Hôtel de Fécamp, rue de la Poterne, n° 25. Un ancien hôtel des moines de Fécamp avait été commencé en 1590, près du vieux palais, mais n'a jamais été achevé. La maison actuelle est de 1700 ou environ. On y remarque une grande porte d'entrée surmontée d'un pignon orné de guirlandes de fleurs, une rampe d'escalier en fer, un appartement bien décoré et une colonne de pierre. — Hôtel de Jumiéges, rue de la Poterne, n° 26, construction de 1700 ou environ. Porte avec un fronton à guirlandes. Escalier en bois. Cet hôtel eut pour annexe une chapelle de Saint-Philbert. On y voit de vieux murs de pierre, que l'on dit avoir servi de prison au saint fondateur de l'abbaye de Jumiéges. — Hôtel de Valmont, en face du grand portail de l'abbaye de Saint-Lô; brûlé et abandonné en 1569. Il y avait une chapelle où un religieux de Saint-Lô disait la messe. — Hôtel de Saint-Wandrille, rue Ganterie. Il y avait une chapelle. — Hôtel de Grandmont, près de Saint-Vincent. Dans ces derniers temps il était devenu la *Vieille-Romaine*. — Hôtel de Bondeville, rue de la Prison. — Hôtel de Sainte-Catherine ou de l'abbaye de Sainte-Catherine, rue des Crottes. Il avait été donné au monastère en 1474. — Hôtel du Tot ou cour du Tot, rue des Espagnols, n° 16, dans l'île Notre-Dame, sur la paroisse de Saint-Maclou. Parmi ses priviléges on signale les droits de foire, de colombier et de pêcherie en Seine. Il n'a disparu qu'en 1836. — Hôtel de Raffetot, rue Morand, où a existé aussi l'hôtel de Mathan. — Hôtel Bigot, rue du Moulinet, n° 11, résidence de la famille Bigot, dont le plus célèbre de tous, M. Éméric Bigot, avait réuni une bibliothèque précieuse pour l'histoire de la Normandie. Ce bel hôtel, du xvii° siècle, possédait une chambre magnifique, ornée de lambris et de peintures des maîtres du temps; il a cessé d'exister en 1841. — Hôtel du Patriarche, rue Beffroy, n° 24, ainsi nommé parce que Louis de Harcourt, évêque de Bayeux et patriarche de Jérusalem, l'avait habité vers 1459. Du temps de Farin, c'était encore un des plus beaux hôtels de Rouen. Démoli avant 1820, ce n'est plus aujourd'hui qu'une maison ordinaire. — Hôtel du Bailliage, ancienne rue de ce nom, n°° 15 à 25. Là étaient, jusqu'en 1789, la prison, la salle d'audience et les greffes du bailliage et du présidial. Ce groupe de constructions se composait de maisons en bois fort anciennes. — Hôtel de Maulévrier, devenu le collège des Jésuites en 1583. — Maison de la Barge, rue du Grand-Pont, n° 36.

Cette maison en bois datait de 1458. Elle était appelée *la Barge*, à cause d'une petite barque sculptée sur le couronnement gothique de la porte d'entrée. Le tout a disparu en 1821. — Hôtel des Chapelets, fondé vers 1305 par Guillaume de Flavacourt pour les musiciens de la cathédrale. — Hôtel Carrel, dans le quartier Saint-Sever. M. Carrel, président de la cour des comptes, mort en 1717, avait fait construire à l'extrémité du faubourg Saint-Sever un splendide hôtel avec serres et orangeries. La maison, construite en pierre de Saint-Leu, formait un carré long avec double pavillon. Cette magnifique demeure fut démolie de 1724 à 1725. — Hôtel des Aides, rue Sainte-Croix-des-Pelletiers, n° 20. Dans la cour, sur la façade en bois, trois petites statuettes de l'archange Gabriel, de la sainte Vierge et d'un autre saint. — Hôtel de la Présidence, rue Saint-Lô, n° 42, construction en pierre de Saint-Leu élevée en 1717, qui a coûté 400,000 livres. Bâtiments construits sur les trois côtés d'une cour fermée sur la rue par un mur percé d'une porte monumentale que surmontent deux grandes figures de génies accostant un écu. Devenu l'hôtel des sociétés savantes. — Hôtel des Consuls, rue Nationale, rue des Charrettes et quai de la Bourse, bâti en 1735, en pierre de taille. Grand promenoir voûté au rez-de-chaussée, éclairé par des fenêtres cintrées. Escalier monumental accédant aux appartements du premier étage, encore ornés des boiseries du temps encadrant quelques tableaux, dont l'un, de Lemonnier, représente Louis XVI reçu par les notables de Rouen. — 2° Maisons de Rouen [1]. — Rue de l'Amitié, n° 13, porte en pierre du xviii° siècle; n° 20, architrave en bois du xvi° siècle; n° 32, pilastres en pierre du xvii° siècle. — Rue des Arpents, n°s 13 et 36, pilastres en pierre du xviii° siècle; n°s 17, 19 et 21, saillies en bois du xvi° siècle; n°s 25 et 27, maisons en bois du xvii° siècle; n° 31, trois portes en bois et fenêtres contournées du xvi° siècle. Il y a une enseigne effacée représentant un homme à cheval. M. de la Quérière parle d'une *Assomption* placée dans la cour. N°s 35, 37 et 39, saillies en bois du xvi° siècle; n° 40, pilastres de pierre du xvii° siècle; n° 47, maison en bois avec saillie du xvi° siècle; n° 51, deux pilastres de pierre de 1670; n° 53, pilastres de pierre et bois contournés de 1717; n° 57, maison en bois à trois étages, avec pilastres et saillies du xvii° siècle; n°s 64 et 66, pilastres de pierre et bois contournés de 1700; n°s 65, 67 et 69, porte et pilastres de pierre de 1700 ou environ. Dans cette maison est né le général Fleurus Duvivier, comme l'indique une inscription; n°s 70, 77 et 79, pilastres de pierre du xvii° siècle; n° 71, pilastres de pierre de 1643; n° 88, M. de la Quérière cite, dans cette maison, un escalier intéressant avec distique latin gravé sur bois au xvii° siècle; n°s 89, 91, 92, 94, 116, 131, 133, 135, pilastres de pierre du xvii° siècle; n° 100, maison de bois de 1739; n° 102, porte cochère, pilastres et portes en bois du xvii° siècle, probablement de 1648 : cette maison fut l'ancienne communauté de la congrégation établie en 1648; n° 106, pilastres de pierre de 1700 ou environ. — Rue des Arsins, n°s 4, 5 et 8, pilastres de pierre du xvii° siècle. — Rue des Augustins, n°s 3, 9, 17, 19 et 28, pilastres en pierre du xvii° siècle; n°s 5, 7 et 29, saillies en bois du xvi° siècle; n°s 16 et 20, magasin au sel, construction en pierre du xviii° siècle, ainsi que la fontaine qu'elle renferme, connue sous le nom de *Fontaine des Augustins*; n° 22, hôtel des Augustins, ancien monastère reconstruit au xviii° siècle (voir *Augustins*); n° 23, mascaron et fronton du xviii° siècle; n° 37, pilastres de pierre de 1740. — Rue des Avirons, n° 1, maison de pierre de 1700, pilastres de pierre du xvii° siècle. — Place des Avirons, n° 1, maison en bois du xvii° siècle. — Rue du Bac, n°s 6, 8 et 10, saillies en bois du xvi° siècle; n° 7, pilastres de pierre du xvii° siècle; n°s 12 et 14, deux maisons en bois avec base de pierre; des pilastres doriques, ioniques et corinthiens décorent cette façade, qui doit remonter au temps de Henri IV; n° 28, pilastres de pierre de 1632. Les trois étages sont en pierre et décorés avec une certaine richesse. On remarque un écusson à trois croissants, deux sur un. N° 30, maison également très-sculptée, aussi en pierre et à trois étages. Elle est du même temps et a la Justice pour enseigne. Elle est ornée de fleurs, de mascarons et de reliefs représentant les quatre évangélistes; n°s 20, 29, 31, 33 et 50, pilastres de pierre du xvii° siècle; n° 39, calice en pierre du xvii° siècle; n°s 52, 54 et 64, pilastres en pierre du xvii° siècle; n° 56, pilastres en pierre de 1732; n°s 55, 57, 59, 61, 63, 67, 69 et 76, pilastres en pierre du xvii° siècle; n° 66, saillies en bois du xvi° siècle avec panneaux simulés couverts de sculptures; n° 72, consoles en pierre du xvii° siècle. — Rue du Bailliage, à présent place Solférino. Dans cette rue, presque entièrement détruite, il reste deux maisons portant encore les anciens numéros. N° 6, jolie maison de pierre à deux étages, terminée par une grande et belle lucarne dont l'écusson est effacé. Au premier étage est aussi un écusson effacé; mais au deuxième on lit le chiffre de 1618, date de la maison. Huit jolies lucarnes de pierre du xvii° siècle. — Rue Beauvoisine, n° 18, ancienne chapelle Sainte-Barbe. Murailles et colonnes du xiii° siècle dans la cour. N° 15, grande porte en pierre du xviii° siècle; n°s 43, 52, 56, 109, 113 et 135, pilastres en pierre du xvii°

---

[1] Dans sa *Description historique des maisons de Rouen* publiée en 1821 et en 1841 M. de la Quérière a passé en revue les maisons de Rouen ; mais depuis vingt-cinq ans bien des changements ont eu lieu, à l'occasion surtout des grands travaux entrepris en 1860. Une nouvelle revue était nécessaire. Comme M. de la Quérière, on a suivi l'ordre alphabétique.

siècle; n°⁵ 55 et 62, portes en bois du xvii° siècle; n° 132, maison en bois du xvi° ou du xvii° siècle; n°⁵ 153 et 161, ancien couvent de Bellefonds, fondé en 1648 (voir *Bellefonds*); n° 138, ancien couvent de Sainte-Marie, construit au xvii° siècle et où sont aujourd'hui les musées (voir la *Visitation*); n° 210, porte en pierre du xvii° siècle. — Rue du Bec, n° 1, maison en bois à trois étages. Au bas sont de charmants pilastres de la Renaissance. Il y en a aussi de plus petits à chaque étage. Les fenêtres ont été refaites. N° 12, ancien hôtel de l'abbaye du Bec; n° 15, pilastres de pierre du xvii° siècle. — Rue Bassesse, n° 6, porte en pierre du xvi° siècle; n°⁵ 7, 25, 26 et 30, pilastres de pierre du xvii° siècle; n° 33, maison en pierre et bois *essenté*, avec pilastres de pierre du xvi° siècle. — Rue Beffroy, n° 12, pilastres de pierre du xvii° siècle; n° 20, bel hôtel de pierre avec porte et mascarons du xviii° siècle; n° 22, hôtel de pierre de 1700 ou environ; n° 24, ancien hôtel du Patriarche; n° 33, maison en bois du xvi° siècle; n° 41, fenêtres en bois du xvi° ou du xvii° siècle. — Rue des Béguines, n° 24, ancienne église Saint-Vigor. — Rue du Barbet, n°⁵ 9 et 14, pilastres de pierre du xvii° et du xviii° siècle. — Rue du Bon-Espoir, n° 3, pilastres de pierre du xvii° siècle; n° 10, saillie en bois du xvii° siècle; n° 11, jolie maison de 1622. Elle possède au rez-de-chaussée deux charmantes portes à fronton brisé, en pierre : les ouvertures sont séparées par un pilastre. L'architrave, en bois, est sculpté. Les deux étages sont ornés de bois sculptés et saillants. A l'appui du premier étage on voyait l'Espérance tenant une outre; au-dessous était écrit : BON ESPOIR. C'est de là sans doute que la rue prend son nom. — Rue des Bonnetiers, n° 9, porte en bois du xviii° siècle; n° 19, porte en bois du xvii° siècle; n° 31, saillie en bois du xvi° siècle; n° 37, construction en bois du xvii° siècle; n°⁵ 49, 55, 57 et 67, pilastres de pierre du xvii° siècle. — Rue des Bons-Enfants, n° 41, vieille auberge à galerie en bois de 1618. On l'appelait *le Grand Hôtel*. Le bas-relief en bois a disparu vers 1830. N° 35, maison avec saillie en bois de 1600 ou environ; n° 45, maison de bois à trois saillies et lucarne du xvi° siècle; n°⁵ 55, 57, 96, 106, 108 et 122, pilastres de pierre du xvii° siècle; n° 78, pilastres de pierre du xviii° siècle; n° 100, saillie en bois du xvi° ou du xvii° siècle; n° 99, corniche en bois sculpté du xvii° siècle; n° 130, maison où naquit Fontenelle, le 11 février 1657; n° 131, millésime de 1750 sur bois; n° 144, pilastres de pierre et saillies en bois du xvii° siècle; n° 146, saillies en bois : aux angles, deux statues d'évêques du xvi° siècle, effacées. — Rue des Boucheries-Saint-Ouen, n° 11, saillies en bois du xvii° siècle; n° 12, à l'angle de la rue des Faux, maison de pierre et de bois du xvii° siècle : au bas, pilastres en pierre où sont des statuettes de 1600 environ. — Rue Boudin, n°⁵ 2, 14 et 16, pilastres de pierre du xvii° siècle;

n°⁵ 10 et 12, maison de pierre du xvii° siècle; ornements effacés. — Rue Bourgerue, n° 30, saillie en bois du xvii° siècle. — Rue Bourg-l'Abbé, n° 12, porte en bois du xvi° siècle; n°⁵ 18 et 20, rez-de-chaussée en pierre du xvii° siècle; n° 25, porte et pilastres en pierre de 1623; n° 29, bois contourné de 1632; n° 31, mur de pierre du xvi° siècle, restes de la clôture de l'abbaye de Saint-Ouen. — Rue Boutard, n° 1, deux corniches en bois du xvi° siècle; n° 7, porte du xvi° siècle; n° 9, jolie porte à la maison en pierre du temps de Louis XIII. Elle a deux étages. Le rez-de-chaussée est éclairé par deux fenêtres carrées. Il y en a trois au premier, dont deux sont bouchées, et trois au second, dont deux sont bloquées. La lucarne se compose d'une double fenêtre très-verrée. Cette maison est d'un goût exquis. N° 13, saillies en bois du xvi° siècle; n° 23, maison en pierre du xvii° siècle. — Rue Bouvreuil, n° 4, maison en pierre du temps de Louis XIII. Elle a deux étages. Au rez-de-chaussée sont deux jolies portes en pierre. Des pilastres doriques embrassent les deux étages. Le premier étage est décoré de trois jolis mascarons et de quatre cartouches fleuris dont un porte le millésime de 1.5.2.8 (1628 selon nous ou 1588, et non 1528); n° 14, porte en bois du xvi° ou du xvii° siècle; n° 22, au deuxième étage, fenêtres en pierre du xvii° siècle; n° 30, pignon en bois du xvii° siècle; n° 36, maison en bois à trois étages du xvii° siècle; n° 52, porte en pierre du xvii° siècle. — Place de la Calende, n°⁵ 25, 27, 29 et 31, constructions à frontons de pierre de 1700 ou environ. — Rue des Capucins, n° 4, porte de pierre du xvii° siècle; n° 16, porte de pierre du xviii° siècle; n°⁵ 37 et 40, pilastres de pierre du temps de Louis XIII; n° 49, pilastres de pierre de 1622. — Rue des Carmes, n°⁵ 12 à 20, hôtel de la Cour des comptes de Normandie (voir *Hôtels*); n°⁵ 65 et 67 : M. de la Quérière signale sous ces deux maisons de belles caves en pierre à ogives et colonnes qui paraissent du xiii° siècle. — Rue des Carmélites, n°⁵ 2, 3, 5, 8 et 12, pilastres de pierre du xvii° siècle. — Rue Caron, n° 2, pilastre en pierre du xvii° siècle. — Impasse Caron, n° 2, maison en bois couverte d'essente, avec rez-de-chaussée en pierre présentant des pilastres, une porte et une niche du xvii° siècle. — Place de la Cathédrale, n°⁵ 11, 13 et 15, grande maison en bois à trois étages avec haut pignon décoré de pilastres de la Renaissance, fin du xvi° siècle; n° 17, maison en bois de 1560. Elle a reçu des pilastres corinthiens. Il lui reste une corniche sculptée. N°⁵ 21, 23, 25 et 27, belle maison de pierre de 1509. Ancien bureau des Finances (voir *Palais et hôtels*). — Rue Cauchoise, n° 27, pilastres doriques du xvii° siècle; n°⁵ 33, 69, 79 et 82, pilastres de pierre du xvii° siècle; n°⁵ 45, 47 et 49, maison en bois du xvii° siècle. Sur la clef de la porte cochère est sculpté un cygne, avec la date de 1631. Dans le n° 47 était, en 1821, un joli plancher en stuc très-orné et portant la date de 1668. Nos 68 et 70, maison très-intéressante. La porte et les pilastres sont dans le genre du xvie siècle. Au rez-de-chaussée et au premier étage sont de très-jolis pilastres de pierre surmontés d'un fronton en bois avec tour et tourelles, ce qui représente la porte d'une ville. Au deuxième étage sont des fenêtres en bois, puis un fronton avec pilastres composites et un écusson où se lit le chiffre de 1607, date de la maison. N° 12, hôtel de l'Aigle d'or, vieille auberge où l'on remarque dans la cour une enseigne et des lettres du xviie siècle. On y voit aussi trois marches de pierre, qui ne sont autre chose qu'un *montoir* très-commun à Paris au xviie siècle[1]. — Rue de la Chaîne, n° 1, pilastres en pierre du xviie siècle; nos 4 et 6, maison de pierre du xviiie siècle, avec enfants sculptés; n° 20, maison en bois avec portes, saillies et pignon du xvie siècle. — Rue des Champs, nos 1, 2 et 26, pilastres en pierre du xviie siècle; n° 45, maison en bois et pierre du xviie siècle. — Rue des Champs-Maillets, n° 6, pilastres de pierre de 1683; n° 8, pilastres de pierre du xviie siècle; n° 9, porte en pierre du xviie siècle; n° 10, porte en bois et pilastres de pierre du xviie siècle; n° 23, jolie porte du xviiie siècle; n° 27, très-jolie porte en pierre avec corniche à triglyphes et mascarons du temps de Louis XIV. — Rue du Change, nos 2, 4, 6 et 8, maisons en pierre à un étage décorées de deux rangées d'ornements sculptés et de cartouches de 1600 à 1620. Plusieurs de ces maisons viennent d'être démolies. — Rue du Chaperon, n° 3, pilastres de pierre du xviie siècle. — Rue des Charrettes, nos 14, 16, 42, 44, 81, 93, 95 et 127, pilastres de pierre du xviie siècle; nos 21, 23 et 34, pilastres de pierre du xviiie siècle; n° 85, jolie corniche en bois sculpté de 1640; n° 101, pilastres corinthiens avec chiffres de 1587 et 1616; n° 117, portes en pierre avec pilastres de 1657; n° 136, pilastres de 1778; n° 137, maison en bois du xviie siècle; n° 138, porte en pierre du xviiie siècle. — Rue du Chaudron, nos 13, 18 et 32, pilastres de pierre du xviie siècle; nos 17 et 19, porte et murs de l'Aître de Saint-Maclou, construction en pierre du xvie siècle; n° 21, pilastre de pierre du xviiie siècle. — Rue de la Chèvre, nos 1, 13 et 15, jolie maison en pierre et bois. Au bas sont des pilastres et une porte de pierre du xviie siècle. Sur la porte est sculpté comme enseigne un saint Georges à cheval. — Rue de la Cigogne, n° 3, maison en pierre du xviiie siècle; nos 6, 8, 9, 15 et 18, portes et pilastres du xviie siècle. — Rue des Ciseaux, nos 2, 4 et 6, pilastres de pierre du xviie siècle. — Rue Coignebert, nos 2, 5 et 7, pilastres en pierre du xviie siècle;

n° 9, maison en bois du xviie siècle; n° 23, porte en pierre du xviie siècle. — Rue du Coquet, n° 56, maison avec saillies en bois du xvie siècle. — Rue des Cordeliers, nos 4 à 10, restes du couvent des Cordeliers : murs du xiiie siècle retouchés au xviie; nos 5 et 7, saillies en bois du xvie siècle; n° 9 et 53, pilastres de pierre du xviie siècle; n° 13, maison de bois avec saillies du xvie siècle; n° 29, rez-de-chaussée et premier étage en pierre du xviiie siècle, deuxième et troisième étage en bois sculpté du xviie; n° 49, maison de bois, saillies et pignon du xvie siècle; n° 45, la jolie maison du xvie siècle reproduite par MM. de la Quérière et Langlois n'existe plus. — Rue du Cordier, nos 1 et 4, pilastres de pierre du xviie siècle; n° 11, maison avec cariatides et trophées, 1789; n° 13, hôtel de pierre du xviiie siècle. — Rue de la Croix-de-Fer, nos 1 et 2, pilastres de pierre du xviie siècle; n° 4, dans le fond de la cour est un magnifique hôtel de la Renaissance. On peut appeler cette maison la *Santa Casa*, car on voit représenté sur la cheminée du premier étage l'enlèvement de la maison de la sainte Vierge, que les anges portent de Nazareth à Lorette, en Italie. Les chambranles et les encadrements de la cheminée sont exécutés avec un art et un luxe exquis. Le plafond de la grande salle est peint et décoré dans le style de Louis XII. Cette salle, aujourd'hui occupée par M. l'abbé Colas, renferme un musée céramique et d'art chrétien. Sur la porte on voit sculptés en haut-relief le triomphe de Diane et Hercule déchirant le lion de Némée. (Voir les *Voyages pittoresques et romantiques dans l'ancienne France*, par Taylor et Nodier.) — Rue des Crottes, nos 5, 7 et 9, saillies en bois du xvie siècle; nos 14 et 42, pilastres en pierre du xviie siècle. — Rue de Damiette, nos 2, 9, 14, 16, 17, 21 et 49, saillies en bois du xvie siècle; nos 4, 6, 8, 34 et 55, pilastres en pierre du xviie siècle; nos 5 et 41, maisons en bois de la Renaissance; pilastres en bois aux deux étages; joli pignon étagé; nos 10 et 12, jolie corniche en bois sculpté du xvie siècle; nos 22, 24, 26, 28, 30 et 32, maison en bois avec pignon du xvie siècle; n° 30, hôtel de Senneville, au fond de la cour. A l'entrée, mascaron en pierre du xviiie siècle. Au fond, une superbe construction du xviiie siècle. Les deux côtés sont ornés, mais la façade est magnifique. La maison n'a qu'un étage, les fenêtres et les frontons sont très-décorés. Au-dessus du toit sont deux grands épis en plomb et deux petits. N° 48, maison de 1649. — Rue Dinanderie, n° 1, sculpture du xvie siècle sur bois et image de saint Nicolas; n° 14, chiffre sur bois de 1739; n° 18, maison à trois pilastres de pierre du xviie siècle; nos 20 et 22, porte et pilastres doriques du xviie siècle. Pilastres au premier étage. — Rue des Deux-Anges, n° 10, pilastre en pierre du xviie siècle; n° 20, porte en pierre du xviie siècle. — Place Eau-de-Robec, n° 4, maison en bois à deux saillies du xvie siècle. Sur la porte, qui

---

[1] Dans un travail lu en 1717 à l'ancienne Académie des inscriptions et belles-lettres, M. de Montoir cite les *montoirs* qui se trouvaient « auprès des grandes maisons anciennes » de Paris, « surtout dans la Cité. » (*Hist. de l'Acad. des inscr. et belles-lettres*, t. III, p. 277.)

est une ogive ornée, on voit les images de saint Romain, de Notre-Dame et de saint Augustin; n° 16, rang de fenêtres en pierre du xvii° siècle. — Rue Eau-de-Robec, n° 100, rez-de-chaussée en pierre d'environ 1630; n° 110, maison en pierre et bois avec millésime de 1623 et monogrammes de Jésus et de Marie; n° 111, maison de bois de 1625 avec architrave décorée; n° 114, enseigne de la *Harpe*, d'où est venu le nom de rue de la Harpe; n° 118, millésime sur bois de 1776; n° 134, porte en pierre avec salamandre et chiffre de 1601; n° 138, maison en pierre et bois de 1580 à 1600; n° 158, rez-de-chaussée et premier étage en pierre avec *mascarons* et *vermiculures* de 1660 à 1680; n° 163, millésime sur bois de 1740; n° 186, bas-relief et corniche en pierre du xvii° siècle; n° 187, maison en bois avec saillie du xvi° siècle; n° 223, jolie maison de pierre à deux étages de 1600 à 1630. Elle a conservé des fenêtres du temps. Sur la façade du premier étage sont deux jolis bas-reliefs en pierre. N° 245, maison où naquit Édouard Adam; porte le millésime de 1757. — Rue de l'École, n° 8, entrée de maison de 1700, avec porte sculptée de ce temps; n° 12 *bis*, saillies en bois du xvi° siècle; n° 32, maison de 1700 ou environ; n° 49, porte de pierre du xvii° siècle. — Rue d'Écosse, n° 2, pilastres de pierre du xvii° siècle; n° 10, hôtel de pierre et porte en bois du xviii° siècle. — Rue de l'Écureuil, n° 13, dans le fond de la cour et à côté de la rue de l'Hôtel-de-Ville on voyait une admirable construction de la Renaissance. C'était une galerie regardant l'ouest avec retour d'équerre au nord, faisant face au midi. Cette galerie se composait de six colonnes de pierre, carrées dans leur partie basse, rondes et contournées dans la partie haute. Les chapiteaux étaient composites. Les quatre faces inférieures étaient chargées de feuillages et de motifs de la Renaissance. Au bas de la façade du sud, sur les massifs des entre-colonnements étaient trois sculptures représentant des scènes ou des allégories. On crut y reconnaître la chute de l'homme et la rédemption par le Messie. Ces riches conceptions de pierre, à peine visibles en 1864, démolies en 1865, ont été dessinées par M. Hyacinthe Langlois pour les cartons de la Commission des antiquités. N°ˢ 17 et 18, portes en pierre du xvii° siècle. — Rue Écuyère, n° 1, pilastres de pierre et porte sculptée de 1630; n° 3, 79 et 89, pilastres de pierre du xvii° siècle; n° 7 et 9, pilastres ioniques du xviii° siècle; n° 55, maison à deux saillies de bois du xvi° siècle; n°ˢ 57 et 59, pilastres de pierre et architrave en bois sculpté de 1627; n°ˢ 63 et 73, saillies en bois du xvi° siècle.—Rue d'Elbeuf, n° 45, arcade de pierre de 1732 sur laquelle est écrit: *Prieuré de Saint-Hilaire;* n° 47, porte en pierre avec fronton du xviii° siècle; n° 107, sur une porte cintrée en pierre on lit 1612. — Rue de l'Épée, n° 2, copie des bas-reliefs du *Camp du drap d'or;* n° 8, pilastres de pierre du xvii° siècle supportant une porte où est sculpté comme enseigne un cygne en relief; n° 25, chiffre de M DCC XL (1740); n°ˢ 31 et 50, pilastres de pierre du xvii° siècle. — Rue de l'Épicerie, n°ˢ 1, 7, 17 et 30, pilastres de pierre du xvii° siècle; n° 10, pilastres de pierre de 1673; n° 12, pilastres de pierre avec trois étages en bois de 1670 ou environ; n° 14, saillie en bois du xvi° siècle. Il y a trois images de saints jouant des instruments. On y distingue encore une sainte Cécile et David avec sa harpe. — Rue des Espagnols, n° 2, lion de pierre en saillie, du xvii° siècle: souvenir de la tour Guillaume-Lion, démolie en 1826; n° 15, pilastres de pierre du xvii° siècle; n° 8, porte en bois du xvi° siècle. — Rue Étoupée, n° 4, maison de pierre à deux étages, dite *de la Cité de Jérusalem*, portant la date de 1580. Sous l'appui du premier étage on voit figurer la ville sainte entourée de murs et de tours. A droite et à gauche est un pèlerin pieds nus arrivant aux lieux saints et les saluant avec respect. M. de la Quérière a reproduit cette enseigne. N°ˢ 8 et 42, pilastres de pierre corinthiens avec jolie corniche sculptée du xvii° siècle; n° 47, joli écusson de pierre avec cerisier du xvii° siècle. — Rue du Fardeau, n° 1; la maison qui précède le n° 1 présente de ce côté seulement une jolie construction en pierre de la Renaissance. On y voit six pilastres doriques et une charmante corniche fleurie en pierre, du xvi° siècle; n°ˢ 5, 7, 10, 11 et 15, pilastres de pierre du xviii° siècle; n°ˢ 14, 20 et 22, saillies en bois du xvi° siècle; n° 23, construction en pierre du xiii° et du xvi° siècle (anciens Cordeliers). — Rue Faucon, n° 1, grand hôtel de pierre de 1710 ou environ, avec perron et lions de pierre. — Rue des Faux, n°ˢ 18, 19, 55, 57 et 61, maisons en bois du xvi° siècle ayant pignon sur rue pour la plupart; n°ˢ 45 et 47, pilastres de pierre du xvii° siècle; n° 61, angle de la rue des Boucheries-Saint-Ouen. Maison en bois de 1621 ou 1624 présentant des pilastres de pierre et au premier étage quatre statuettes symboliques sculptées sur bois. — Impasse de Flandres, n°ˢ 8, 10 et 12, portes de pierre du xvii° siècle. — Rue Fleuriguet, n° 4, maison en bois du xvi° siècle. — Rue des Fossés-Louis VIII, n°ˢ 10 et 12, saillies en bois du xvii° siècle; n°ˢ 8, 22, 45, 47, 51 et 85, pilastres de pierre du xvii° siècle; n°ˢ 32, 34, 37 et 39, pilastres de pierre du xviii° siècle; n° 28, pilastres ioniques en pierre avec corniche en bois sculpté de 1660; n°ˢ 71 et 73, maison en bois avec saillies, pignons en essente, du xviii° siècle. — Rue de Fontenay, n° 9, pilastres de pierre du xviii° siècle.— Rue de la Foullerie, n° 2, maison en pierre du xvii° siècle.—Rue des Fourchettes, n° 4, maison en bois à pilastres de pierre de 1668; n° 6, grande maison de pierre du xviii° siècle. —Rue Ganterie, n° 33, maison de pierre du xvii° siècle: au sommet est un fronton du temps; n° 41, millésime de 1735; n°ˢ 52, 53 et 55, maison en bois du xvi°

siècle ; n° 60, au fond de la cour, hôtel du xviii° siècle avec fronton écussonné et pilastres ioniques ; n° 67, maison du temps de Louis XIII avec pilastres en pierre et corniche en bois sculpté. Au milieu sont sculptés trois poissons, genre éperlan. On y lit gravée cette devise : (AIMER DIEV) SVR TOVTES CHOSES ET SON PROCHAIN COMME SOI MEME. N°s 69, 70, 71 et 77, maisons de bois à saillies du xvi° siècle ; n°s 72, 74 et 76, maisons en pierre du xvii° siècle. Les deux dernières surtout sont remarquables. Les fenêtres ont des consoles soignées et sur la façade sont des cartouches décorés de feuillages. Ces maisons ont perdu de belles cheminées. — Rue de la Gerbe-d'Orge, n° 1, sur la poutre transversale de cette maison, de 1617, figure en saillie une gerbe couronnée. Elle sépare en deux le millésime. Sur la porte de la maison, qui est du temps, le chiffre est répété. Il est clair que cette maison a donné son nom à la rue. N° 6, porte et mur en pierre du xvii° siècle ; n° 7, pilastres en pierre du xvii° siècle ; n° 13, maison de bois du xvi° siècle. — Rue Géricault, ancienne rue de l'Aumône. Dans cette rue sont de vieux murs en pierre du xvi° et du xvii° siècle ; n°s 47, 49 et 51, pilastres en pierre du xvii° siècle. — Rue de la Glos, n°s 2, 4, 8, 10, 18, 20, 24 et 32, pilastres de pierre du xvii° et du xviii° siècle. — Rue du Grand-Pont, n°s 23, 31, 35 et 37, pignons et saillies en bois du xvi° siècle ; n° 39 et 41, jolies maisons de pierre de 1600 à 1620. Elles ont deux étages avec pilastres doriques et ioniques. Les fenêtres et les corniches sont de bon effet. Le pignon, en brique et pierre, est rare dans son genre ; n° 40, pilastres de pierre du xvii° siècle ; n°s 41 et 45, maison de pierre et brique d'une jolie forme, mais moins bonne que celle des n°s 39 et 41, probablement de 1670 ; n°s 56, 57, 59, 61, 66, 68, 71 et 75, maisons en bois, pignons et saillies du xvi° siècle ; n° 87, fenêtres et fronton en bois du xvii° siècle. — Rue de la Grande-Mesure, n°s 2 et 4, saillies en bois du xvii° siècle. — Rue du Gril, n° 6, pilastres de pierre du xvi° siècle ; n° 15, maison en bois du xvi° siècle, ayant un mouton pour enseigne. — Rue de la Grosse-Horloge, n° 2 ; c'était autrefois la maison de la communauté des orfèvres de Rouen. Elle était richement décorée, notamment de vitres peintes, dont un panneau est conservé au musée d'antiquités de Rouen. (Voir les *Maisons de Rouen*, de E. de la Quérière, t. II, p. 151, et le *Moyen âge* et la *Renaissance*, article *Orfèvrerie*.) N° 8, maison de pierre du xviii° siècle. Les fenêtres des deux étages sont du temps. La façade est ornée de mascarons, de fleurs et de feuillages ; n°s 23, 53, 87, 93 et 99, saillies en bois et pignons du xvi° siècle ; n° 73, passage d'Étancourt. Cette maison possédait en 1825 une belle galerie couverte de peintures et décorée d'un vaste plafond dont le cuir doré et basané faisait le plus bel ornement de cette pièce remarquable. L'entrée est en pierre et du xvii° siècle. Elle est surmontée d'une statue du xviii° siècle. La cour est fort remarquable et appartient à la Renaissance. De ce temps on voit au nord une galerie soutenue par cinq colonnes corinthiennes en pierre. Au-dessus sont cinq pilastres en bois, puis au sommet une corniche sculptée du xvii° siècle. On appelle cette splendide demeure *la Maison du Gouvernement*. Vers l'escalier est une porte accompagnée d'ouvertures du xviii° siècle. Dans l'angle qui est vers la Grosse-Horloge est une porte du xviii° siècle. Dans la cour sont treize statues de bois placées sur des consoles du xvii° siècle, qui représentent Jupiter, Apollon, Vénus, Mars, Mercure, Diane, Pallas, Junon, Cérès et Bacchus ou l'Amour et Pâris. N° 97, jolie maison de bois à base de pierre contre la Grosse-Horloge. Les pilastres et la porte en bois sont de la Renaissance. Le sommet appartient au xvi° ou au xvii° siècle. N° 105, maison de la Renaissance en bois avec remplissage de terre cuite à reliefs. Démolie en 1860 pour le passage de la rue de l'Impératrice ; dans les magasins de la ville. (Voir les *Maisons de Rouen*, par E. de la Quérière, et les *Palais et châteaux de France*, par M. C. Sauvageot.) N° 129, maison de bois à pignon de la Renaissance. Démolie en 1860 et rééditifée dans le square de la tour Saint-André. (Voir les *Maisons de Rouen*, par E. de la Quérière.) N°s 114, 149, 167 et 169, maisons de bois du xvii° siècle ; n° 139, maison de bois du xvi° siècle avec saillies et pignon très-mutilés ; n° 159, épi en plomb du xvii° siècle ; n° 146, très-jolie maison de bois et pilastres de la Renaissance. — Rue du Halage, n° 20, pilastres en pierre de 1700. — Rue de la Harpe. Son nom lui vient d'une harpe sculptée sur une maison du xvii° siècle, qui porte le n° 6 dans cette rue et le n° 101 dans la rue Eau-de-Robec. N° 1, pilastres de pierre du xvii° siècle. — Rue Herbière, n° 2, pilastres en pierre du xviii° siècle ; n° 17, ancien hôtel des Monnaies (voir ce nom) ; n°s 16, 22 et 18, maisons de pierre du xviii° siècle ; n° 26, saillies en bois du xvi° siècle, barreaux contournés du xvii°. — Cul-de-sac du Hérisson. Maison en pierre et bois de 1736. — Rue de l'Hôpital, n° 1, près de la place Saint-Ouen, magnifique maison de pierre de la Renaissance, sur la porte de laquelle on lit cette devise : DNS MICH ADIVTOR. Cette maison se divise en trois corps de bâtiments : celui du milieu renferme une porte cintrée et quatre pilastres de la Renaissance ; celui de l'ouest a trois pilastres du même temps au rez-de-chaussée, au premier et au deuxième étage ; celui de l'est a aussi trois pilastres, et au-dessus trois pilastres très-hauts ; n° 3, pilastres en pierre de la Renaissance ; n°s 8 et 20, maison en bois avec pignons et saillies du xvi° siècle ; n° 22, porte sculptée en pierre du xviii° siècle. — Place de l'Hôtel-de-Ville, n° 5, maison en bois du xvi° siècle ; n°s 9 et 11, belle maison de pierre avec mascarons du

XVIII° siècle; n° 17, mur avec pilastres doriques du XVIII° siècle; n° 19, maison de pierre du XVIII° siècle; n° 49, pilastres de pierre du XVII° siècle. — Rue des Iroquois, n°ˢ 13, 21, 23 et 25, pilastres de pierre du XVII° et du XVIII° siècle; n° 20, curieuse maison de bois du XVI° siècle recouverte d'essente. Les fenêtres sont garnies d'anciennes ferrures. La porte, les corniches, les pignons sont intéressants. — Rue aux Juifs, n° 9, maison où naquit Jean Jouvenet en 1644. Elle était en bois et du XVI° siècle. (Voir les *Maisons de Rouen*, t. II, p. 184, pl. VI.) N°ˢ 17, 19, 33, 35, 39, 41, 43 et 45, maisons en bois du XVI° siècle dont il ne reste plus que les saillies sculptées; n°ˢ 47 et 49, jolie maison de pierre du temps de Henri III, à trois étages, sous lucarnes. Façade divisée en trois travées par quatre pilastres ioniques de la hauteur des deux étages supérieurs. Ils sont surmontés de vases d'où sortent des fruits en gerbe, accompagnés de moutons tenant bannière, allusion aux armes de Rouen. Les deux fenêtres centrales sont encadrées : celle du premier étage, de deux figures d'hommes assis portant des guirlandes de fruits; celle du deuxième étage, de deux femmes nues debout sur des têtes de béliers, soutenant des cornes d'abondance. Les lucarnes portent des cornes d'abondance sur la courbure de leur fronton. (Voir les *Maisons de Rouen*, par E. de la Quérière, t. I°ʳ, p. 148.) — Rue du Loup, n° 1, saillie du XVI° ou du XVII° siècle. — Rue Malpalu. De curieuses maisons du XVI° siècle se trouvaient autrefois dans cette rue, telles que celles qui portaient pour enseignes le *Grand Pélican* (n° 12), l'*Ile du Brésil* (n° 17), la *Toile d'or* (n° 24). Elles ont été démolies de 1821 à 1837 pour l'ouverture de la rue Royale, aujourd'hui de la République; n° 54, maison de pierre du XVIII° siècle; n° 56, maison en bois de 1649; n° 62, jolie porte en pierre et fronton du XVII° siècle; n° 66, rez-de-chaussée et premier étage en pierre du XVII° siècle; n°ˢ 75, 77, 105 et 109, saillies en bois du XVI° siècle; n°ˢ 90 et 92, angle de la rue Tuvache. Charmante maison de bois du XV° siècle. Ouverture de boutique au rez-de-chaussée, avec porte sur le côté décorée d'un arc en accolade. Série de petites fenêtres sous le poitrail du premier étage. Premier et deuxième étage éclairés par sept fenêtres jointives à traverse. Grenier sous le pignon à grand arc aigu, éclairé par deux fenêtres. Les poitrails sont ornés de moulures prismatiques ainsi que les ouvertures; les montants, de contre-forts à pinacles. Les cornières portent en outre des groupes de figures. (Voir les *Maisons de Rouen*, par M. de la Quérière, t. I°ʳ, pl. VI, et l'*Architecture du V° au XVI° siècle*, par M. J. Guilhabaud.) N° 94, pilastres de pierre et corniche en bois de 1620; n° 100, maison de 1735; n° 101, maison de 1736; n° 106, maison en bois à trois étages du XVIII° siècle. — Rue de la Madeleine, n°ˢ 3 et 19, saillies en bois du XVI° siècle; n° 13, pilastres doriques du XVIII° siècle; n° 27, saillies en bois du XVI° siècle. — Rue Mamuchet, n° 3, construction en pierre du XVIII° siècle; n° 11, pilastres en pierre du XVII° siècle; n° 13, maison en pierre de 1721; n°ˢ 16 et 18, porte, pilastres et premier étage, de 1700 environ. — Rue du Marché, n° 6, construction en pierre de taille du XVIII° siècle. — Rue de la Maréquerie, n°ˢ 4, 6 et 24, pilastres de pierre du XVIII° siècle. — Rue des Marqueurs, n° 6, clos des Marqueurs, un des trois marqueurs chargés en temps de peste de marquer les maisons atteintes de la contagion. — Rue Martainville, n°ˢ 7, 9, 23, 41, 74, 75, 86, 90, 93, 98, 115, 123, 134, 167, 169, 180, 182, 187, 206, 208, 212, 218, 220, 226, 232, 240, pilastres de pierre du XVII° siècle et quelques-uns du XVIII°; n° 35, pilastres ioniques du XVII° siècle, avec architrave en bois sculpté. Au milieu est sculpté un lion entre le chiffre 1663 deux fois répété; n°ˢ 68, 70, 173, 175, 177, saillies en bois du XVI° siècle; n° 88, maison de pierre du temps de Henri IV. Elle a deux étages et des fenêtres de pierre. L'architrave est très-ornée de feuillages. A l'angle de la rue de la Glos se trouve une statuette d'ange. Sur le milieu de la porte est écrit :

> POVR TOVT ESPOIR
> DIEV A MON AYDE.

N° 92, pilastres de pierre et architrave ornée de 1678; n° 96, jolie maison de pierre, trois fenêtres au premier étage avec deux pilastres du XVII° siècle; n° 103, pilastres de pierre de 1714; n°ˢ 119 et 121, pilastres de pierre et architrave ornée de 1633; n° 129, pilastres de pierre de 1723; n° 160, saillie en bois du XVI° siècle. On voyait aux angles deux ou trois statuettes. Il ne reste plus qu'un saint Jean l'Évangéliste. On appelle cette demeure *la Maison des trois Évangélistes*. — Rue Massacre, n°ˢ 2 et 24, pilastres de pierre du XVII° siècle; n°ˢ 6, 8 et 22, maisons de bois à saillies du XVI° siècle. — Rue des Matelas, n°ˢ 2, 11, 15 et 19, pilastres et porte du XVII° siècle; n° 13, construction en bois du XVI° ou du XVII° siècle. — Rue de la Moelle, n°ˢ 1, 2 et 10, pilastres et portes du XVII° siècle. — Rue Monthret, précédemment rue Pince-Dos, n°ˢ 27, 34, 35, 37 et 38, portes et pilastres du XVII° siècle. — Rue Morand, n°ˢ 4 et 6, portes d'hôtel du XVII° siècle. — Rue du Moulinet, n° 5, hôtel de pierre du XVIII° siècle; n° 7, joli hôtel de pierre du temps de Louis XIII, présentant sur la rue deux ailes décorées avec luxe et bon goût, comme le corps du logis principal; n° 11, hôtel Bigot (voir ce nom). — Rue Orbe, appelée aussi *Noble-Rue*, n°ˢ 1, 2, 3, 4, 7, 9, 62, 64 et 90, pilastres de pierre du XVII° siècle; n° 19, ancien séminaire Saint-Vivien (voir *Séminaires*); n° 43 bis, statuette mutilée et architrave du XVI° siècle; n° 46, architrave du XVI° siècle; n° 50, millésime de 1747; n° 83, hôtel de pierre du XVIII° siècle; n° 118, millésime de 1737. — Rue aux Ours, n°ˢ 2, 37, 69 et 85, saillies en bois du XVI° siècle;

nos 18 et 20, maison en bois à pilastres de pierre surmontés d'une corniche en bois sculpté de 1640 à 1650 : on l'appelle *l'Hôtel de Pommereux* ; n° 21, bel hôtel de pierre du XVIIIe siècle ; n° 26, beau médaillon de pierre du XVIIIe siècle, et dans la cour bel hôtel de pierre du même temps ; n° 31, beaux mascarons de pierre du XVIIIe siècle ; n° 38, passage d'Étancourt, où sont une galerie de la Renaissance et des statues du XVIIIe siècle (voir rue de la Grosse-Horloge, n° 73) ; nos 39 et 45, portes, fenêtres et pilastres de pierre du XVIIe siècle ; n° 59, maison à pignon et à deux étages en bois sculpté du XVIe siècle ; n° 61, maison de bois du XVIIe siècle, où est né Boïeldieu en 1775 ; n° 87, jolie maison en pierre de 1700 ou environ ; n° 94, maison en bois découpé, pilastres de pierre, corniche et filets sculptés. — Rue du Panneret, n° 1, maison en bois à saillies du XVIe siècle ; nos 7 et 9, maison de pierre à pilastres ornés du XVIIe siècle ; nos 15 et 17, pilastres de pierre de 1768. — Rue de Paradis, n° 1, pilastres de pierre du XVIIe siècle. — Rue du Pavillon, nos 1, 11, 14 et 20, pilastres de pierre du XVIIIe siècle. — Rue Percière, nos 4, 10 et 33, pilastres de pierre du XVIIe siècle ; n° 14, porte d'un hôtel à deux C ou à deux croissants enlacés. Ce peut être aussi des palmes unies avec des C. Dans la cour sont des pilastres de 1600 ou environ, et sous le passage une jolie fontaine en pierre, surmontée d'une vasque de deux écussons effacés et d'un cimier mutilé. N° 11, jolie maison du XVIe siècle en pierre et à deux étages sur rez-de-chaussée. Chaque étage est percé de quatre fenêtres, dont deux seulement sont encadrées de moulures sous un fronton circulaire. Des médaillons et des mascarons décorent les panneaux, entre et sous les fenêtres. Un pilastre qui monte au centre, décoré d'un vase d'où sortent trois tiges de lis, de mascarons et de cartouches, porte sur l'un la date 1581. (Voir les *Maisons de Rouen*, par M. de la Quérière, t. Ier, p. 171.) Nos 13 et 21, saillies en bois du XVIIe siècle. — Rue du Père-Adam, n° 1, saillie en bois du XVIIe siècle ; n° 15, pilastres de pierre du XVIIe siècle ; n° 19, au fond de la cour, mur de clôture carrée imitant des murs romains ; n° 29, maison de pierre du XVIIIe siècle. — Petite rue Nationale, n° 2, construction en pierre du XVIe siècle. Vieux murs. — Petite rue Saint-Lô, entre le n° 16 et le n° 18, contre-fort de pierre du XIVe siècle de l'église Saint-Lô. — Rue du Petit-Maulévrier, aujourd'hui rue de Joyeuse, n° 1, pilastres de pierre du XVIIe siècle. — Rue du Petit-Prevost. D'un côté de la rue, murs en pierre du XVIIe siècle. — Rue du Petit-Porche, nos 1, 8 et 12, pilastres de pierre du XVIIIe siècle. — Rue du Petit-Salut, nos 3, 5, 6, 7, 17 et 24, pilastres et portes de pierre du XVIIe et du XVIIIe siècle ; n° 13, dans la cour, porte en bois, joli encadrement de porte et escalier en bois du XVIIe siècle. Colonne de pierre du même temps. — Rue de la Pie, n° 4, maison où sont nés Pierre et Thomas Corneille, en 1606 et 1625. Ces maisons, du XVIe siècle, qui subsistaient encore entières en 1820 et même en partie en 1840, ont entièrement disparu. La porte de la maison du grand Corneille est à présent au musée de Rouen. (Voir les *Maisons de Rouen*, par M. de la Quérière, t. II, p. 205.) Nos 7 et 9, portes, fenestrelles et corniche de 1600 ; nos 8 et 17, pilastres de pierre du XVIIe siècle ; n° 10, saillies en bois du XVIe siècle ; n° 21, il y avait là, en 1820, une belle cheminée en pierre du temps de Louis XII et d'Anne de Bretagne. Elle a été transportée à Jumiéges vers 1838, dans la maison d'habitation de M. Caumont, à présent à M. Lepel-Cointet. — Rue de la Planche-Ferrée, nos 2, 5, 11, 13 et 15, pilastres de pierre du XVIIe et du XVIIIe siècle. — Rue Poisson, nos 1, 13 et 15, portes et maisons du XVIIe siècle ; n° 16, saillies en bois du XVIe siècle ; n° 20, séminaire Saint-Nicaise (voir *Séminaires*). — Rue Poitron, n° 21, pilastres en bois du XVIIe siècle. — Rue de la Pomme-d'Or, n° 3, chiffre sur bois de 1717 ; nos 20, 24, 26 et 28, porte et pilastres de pierre du XVIIe siècle. — Rue Porte-aux-Rats, nos 2, 4, 3 et 9, pilastres de pierre de 1675 ; nos 20 et 22, porte et pilastres de pierre du XVIIe siècle ; au n° 34, qui a été démoli, se voyaient deux magnifiques vantaux de portes en bois sculpté du temps de Louis XIV. Deux têtes d'empereurs romains y formaient les médaillons. Ces vantaux ont été transportés dans une maison de l'avenue Montaigne, à Paris. Le salon était orné de peintures de Sacquespée. — Rue Potard, n° 2 et 3, pilastres et portes du XVIIIe siècle. — Rue de la Poterne, n° 25, hôtel de Fécamp ; n° 26, hôtel de Jumiéges (voir *Hôtels*) ; nos 28, 30 et 32, pilastres de pierre de 1668. — Rue Potette, n° 3, maison en bois du XVIe siècle ; nos 6, 8, 12 et 14, pilastres en pierre du XVIIe siècle. — Rue de la Prison, n° 24, porte et moulures en bois du XVIe siècle ; n° 31, grande porte du XVIIIe siècle ; n° 37, pilastres de pierre du XVIIe siècle. — Place de la Pucelle-d'Orléans, n° 5, hôtel du Bourgtheroulde (voir *Hôtels*) ; n° 11, bel hôtel de pierre du XVIIIe siècle ; n° 12, porte en pierre du temps de Louis XIII ; n° 15, maison de bois du XVIIe siècle dont les fenêtres présentent des saillies. — Rue des Quatre-Vents, n° 1, saillies en bois du XVIe siècle ; nos 3 et 5, pilastres de pierre du XVIIe siècle. — Rue Racine, n° 1, maison en bois à pignon du XVIe siècle ; n° 3, pilastres en pierre de 1700 ; n° 12, saillie en bois du XVIe siècle. — Rue des Ramassés. D'un côté on voit de vieux murs de pierre du XVIIe siècle. — Rue des Ravisés, nos 12, 14 et 17, pilastres de pierre du XVIIe siècle ; nos 24 et 26, maison de pierre offrant trois portes, des fenêtres et des pilastres du XVIIe siècle. — Rue de la Roche, nos 20 et 28, pilastres de pierre du XVIIe siècle. — Rue du Roi-Priant, nos 1, 13, 14 et 17, pilastres de pierre du XVIIe siècle. — Rue du Rosier, nos 3, 15, 13 et 25, pilastres de pierre du XVIIe siècle. Sur le n° 25, chiffre de Marie M A .*. — Rue du Ruissel, n°' 1, 3, 4, 13, 16, 20, 21, 23, 25, 27, 34, 75, 80, 81 et 88, pilastres de pierre du xvii° siècle; n° 10, architrave en bois sculpté de 1416; n° 17, maison de 1733; n°' 66 et 94, saillies en bois du xvii° siècle; n° 75, maison en bois de 1688. — Rue du Sacre, n°' 5 et 7, deux maisons en pierre du temps de Louis XIII. Deux portes cochères en bois. Cinq pilastres ioniques, fenêtres ornées et consoles de pierre sculptées aux fenêtres. — Rue Saint-Amand, n°' 2, 6 et 8, restes de l'abbaye de Saint-Amand (voir ce nom). — Rue Saint-Denis, n° 5, maison en bois du xv° siècle; n° 12, maison en pierre de 1700; n°' 13 et 15, maison de bois à saillies du xvi° siècle avec une jolie porte; n° 24, pilastres du xvii° siècle. — Rue Sainte-Croix-des-Pelletiers, n° 54, porte en pierre et corniche en bois sculpté de 1641; n° 57, porte en pierre du xvii° siècle; n° 58, maison de pierre et porte de 1700; n° 67, *Hôtel de Nagu*, du xvi° siècle, porte en bois avec écusson de la famille de Nagu, à qui cette maison appartenait; n°' 68 et 75, pilastres de pierre du temps de Louis XIV. — Rue Sainte-Geneviève-du-Mont, n°' 1 et 11, pilastres de pierre du xvii° siècle. — Place Saint-Éloi, n° 2, saillie en bois du xvii° siècle. Dans la cour sont les derrières de l'hôtel du Bourgtheroulde; n°' 12 et 14, maison de pierre du xvii° siècle. Une des portes est du temps. Un seul fronton décore les deux façades. Au premier étage sont quatre fenêtres en pierre de 1620 ou environ. — Rue Saint-Éloi, n°' 5, 8, 10 et 12, jolie façade en pierre du xvii° siècle; n° 3, pilastres de pierre de 1605; n° 16, jolie façade ornée de six pilastres doriques du xvii° siècle; n° 23, pilastres de pierre de 1790 ou environ; n° 30, ancien hôtel des Monnaies (voir ce nom); n° 32, saillie en bois du xvi° siècle; n° 35, bel hôtel de pierre du xviii° siècle; n° 37, dans la cour, jolie maison en bois sculpté du xvii° siècle. Elle est décorée dans ses portes et ses fenêtres. — Rue Saint-Étienne-des-Tonneliers, n° 1, maison de bois à saillies du xvi° siècle; n° 5, maison en bois sculpté de la Renaissance. Elle est à deux étages, décorée d'arabesques et de panneaux sculptés. La maison à côté est aussi du xvi° siècle; n°' 4, 6, 9, 13, 21 et 23, pilastres de pierre du xvii° et du xviii° siècle; n° 10, maison en bois du xvii° siècle; n° 12, porte en pierre du xviii° siècle; n°' 15, 17 et 19, saillies en bois du xvi° siècle. — Rue Saint-Georges, n° 9, pilastres de pierre du xvii° siècle. — Rue Saint-Hilaire, n° 48, porte de pierre du xvi° siècle, et fontaine du xvii° siècle provenant des anciens Pénitents (voir ce nom); n° 50, porte de pierre du xvii° siècle; n°' 64 et 66, porte de pierre décorée et sculptée; n° 137, millésime de 1673; n° 133, millésime de 1680; n° 153, millésime de 1735. — Rue Saint-Jacques, n° 12, bas-reliefs du xviii° siècle. — Rue Saint-Laurent, n° 2, corniches saillantes et porte en bois du xvi° siècle; n° 20, pilastres en pierre du xvii° siècle. — Rue Saint-Lô, n° 7, mascaron en pierre et porte en bois du xviii° siècle; n°' 13 et 30, pilastres de pierre de la Renaissance; n° 22, porte de pierre de l'ancienne église Saint-Lô, du xvi° siècle; n°' 36 et 46, saillies en bois du xvi° et du xvii° siècle; n° 42, ancien hôtel de la Présidence, aujourd'hui consacré aux sociétés savantes, belle construction du xviii° siècle. La porte d'entrée est remarquable. — Place Saint-Marc, n° 21, pilastres de pierre du xvii° siècle. — Rue Saint-Marc, n° 21, pilastres de pierre de 1721; n°' 23, 24, 26 et 27, pilastres de pierre du xvii° siècle; n°' 28 et 31, pilastres de pierre de 1698. — Rue Saint-Nicaise, n° 1, maison en bois de 1757; n°' 5, 38 et 41, pilastres de pierre du xvii° siècle; n° 9, pilastres et porte en bois du xvii° siècle. — Rue Saint-Nicolas, autrefois rue des Cinq-Cents; n° 8, saillie en bois du xvi° siècle; n° 16, saillie en bois du xvii° siècle; n°' 17, 19, 47, 49, 50 et 83, pilastres en pierre et bois du xvii° siècle; n° 32, bel hôtel de pierre avec balustrades et vermicules de la fin du xviii° siècle. Ancien collège du Pape. — Rue Saint-Patrice, n°' 22, 25, 33 et 46, pilastres de pierre du xvii° siècle; n° 24, porte du presbytère de Saint-Patrice du xvii° siècle; n° 26, porte de pierre du xviii° siècle; n° 36, jolie maison de pierre du temps de Louis XIII. Elle possède un corps sur la rue et un corps d'hôtel au fond de la cour. La façade sur la rue est à deux étages avec lucarnes. Chaque étage est divisé en quatre travées, deux grandes centrales et deux petites extrêmes, par cinq pilastres, encadrant au rez-de-chaussée deux fenêtres étroites. Aux extrémités et au centre, une grande porte à cintre surbaissé et une grande fenêtre. Au premier étage, deux grandes fenêtres entre deux petites. Deux grandes lucarnes correspondent aux fenêtres centrales, et deux œils-de-bœuf aux petites. L'hôtel a une façade remarquable avec trois rangs de pilastres, des ordres dorique, ionique et corinthien. Les fenêtres et les lucarnes sont ornées avec richesse. Les toits des deux bâtiments sont surmontés d'épis en plomb. (Voir les *Maisons de Rouen*, par M. E. de la Quérière, le *Magasin pittoresque* et les *Palais et châteaux de France*, par M. C. Sauvageot.) N°' 42 et 50, portes de pierre du xvii° siècle; n° 48, dans la cour est un bel hôtel de pierre du xvii° siècle. La façade est une œuvre de bon goût. Le fronton et la lucarne sont un travail remarquable. — Rue Saint-Romain, n° 1, maçonnerie en pierre du xiii° siècle; fenêtres du chapitre du xv°, fontaine du xviii°; n°' 2 à 12, la construction inférieure est du xviii° siècle; n°' 3, 5, 50 et 52, saillies et pignon en bois du xvi° siècle; n°' 26 et 80, pilastres de pierre du xvii° siècle; n° 74, jolie maison en bois du xvi° siècle, fenêtres et portes de ce temps : aux angles des statuettes de saint Nicolas, de saint Romain, etc.; n° 80, cette maison contenait autrefois sept bas-reliefs en bois, représentant les sept arts libéraux, qui, en

1576, date de cette maison, étaient la Grammaire, la Rhétorique, la Dialectique, l'Arithmétique, la Musique, la Géométrie, l'Astronomie. Ces bas-reliefs, descendus en 1837 pour cause d'alignement, ont été transportés au musée d'antiquités, où on les a soigneusement réparés. (Voir la *Description des maisons de Rouen*, par M. de la Quérière, t. Ier, p. 238, pl. xiv, xv et xvi.) — Rue Saint-Vincent, n°s 21 et 23, maisons en bois du xvie ou du xviie siècle, décorées de pilastres. — Rue Saint-Vivien, n° 2, maison du xviiie siècle; n°s 8 et 10, maison de pierre du xviie siècle. Pilastres, portes, fenêtres, tout est dans le style Louis XIII. N°s 25, 47, 59, 67, 89, 101 et 140, portes et pilastres de pierre du xviie siècle; n° 41, pilastres, cartouche et mascarons en pierre du xviie siècle : à l'angle est un saint Martin à cheval; n° 81, corniche en bois sculpté soutenue par deux pilastres de pierre de 1623; n° 85, maison de pierre très-soignée avec pilastres, corniches, porte et bas-reliefs du temps de Louis XIII; n° 103, pilastres de pierre du xviie siècle avec enseigne en haut-relief représentant le triomphe de Bacchus. — Rue de la Salamandre, n° 4, porte en bois d'une maison de 1607; n° 6, jolie construction en pierre de 1600 ou environ. Au rez-de-chaussée, la porte et les consoles sont très-soignées. Sur une porte figure en relief une salamandre ou plutôt un cygne assis dans les fleurs, qui paraît être une enseigne. — Rue de la Savonnerie, n° 3, pilastres de pierre et corniche en bois du xviie siècle; n° 6, pilastres de pierre de 1735; n° 8, dans cette maison est une cave de 10 mètres de longueur sur 4 de large et 2 de haut; elle est voûtée avec arcs-doubleaux, n°s 11, 12, 14, 23, 24, 25 et 26, pilastres de pierre du xviie et du xviiie siècle; n° 20, maison en pierre et bois du temps de Louis XIV, c'est l'ancienne maison de Jacques Lelieur; n° 29 et en retour sur la rue de la Tuile, maison en bois et à trois étages sur rez-de-chaussée et sous pignon du xve siècle. Les étages, formant saillie l'un sur l'autre, sont portés sur des soliers à moulures prismatiques et séparés par quatre montants, le tout décoré de contre-forts à pinacles et de figures abritées sous dais. La façade sur la rue de la Tuile est percée au centre de trois travées de trois fenêtres jointives chacune. Les panneaux de colombage, vers l'encoignure, sont percés à chaque étage d'une fenêtre sous fronton accompagnée de contre-forts. Le rez-de-chaussée, en partie garni de pans de bois, en partie percé sur une travée de fenêtres jointives, est en outre éclairé par une suite de petites fenêtres sous le solier du premier étage. Le couronnement consiste en des machicoulis simulés. Ce logis, bien conservé, est aujourd'hui l'une des plus curieuses maisons de Rouen. (Voir les *Maisons de Rouen*, par E. de la Quérière, t. II, p. 215, pl. xix, et les *Monuments anciens et modernes*, de J. Guilhabaud.) N° 41, maison en bois du xvie siècle, à deux étages. Elle se recommande par une jolie porte sculptée et par des corniches et des angles décorés de statuettes. — Rue de la Seille, n° 2, maison en pierre du xviie siècle. Cette maison fut habitée par M. Cideville, l'ami de Voltaire. — Rue Socrate, n° 1, jolis pilastres en bois de la Renaissance, dont six au rez-de-chaussée et autant aux trois étages du dessus; n°s 10, pilastres doriques et porte ionique du xviiie siècle; n°s 33 et 35, pilastres de pierre du xviie siècle. — Rue du Tambour, n°s 2, 4 et 6, pilastres de pierre du xviie et du xviiie siècle. — Rue Thouret, n° 19, maison de pierre du xviiie siècle. Enfants décorant le haut des fenêtres. — Rue Tire-Linceul, n°s 20 et 28, portes et pilastres de pierre du xviie et du xviiie siècle. — Rue de la Tuile, n°s 4 et 4 *bis*, maison en pans de bois, très-simple, avec pignon au centre et partie supérieure d'une tourelle d'escalier, mitoyenne avec la façade latérale de la maison rue de la Savonnerie, n° 29 (voir les *Maisons de Rouen*, par E. de la Quérière, et les *Monuments anciens et modernes*, par J. Guilhabaud); n°s 5, 7, 10 et 12, maisons en bois à pilastres de pierre du xviie siècle. — Rue Tuvache, n° 10, pilastres de pierre de 1670; n° 13, porte et pilastres de pierre de 1700; n° 15, construction en pierre du xviie siècle; n° 19, saillies en bois du xvie siècle. — Rue des Vergetiers, n° 13, maison en bois du xviie siècle dont la façade est caractéristique. Dans la cour est une saillie ornée et deux écussons qui présentent simultanément un amour entouré d'une guirlande de fleurs qui semblent des marguerites et une presse ou pressoir. Au-dessous est un pont sous lequel passe une onde irritée. N° 28, pilastres du xviie siècle; n° 29, architrave ornée du xviie siècle; n° 31, au rez-de-chaussée on voit des pilastres de pierre du xviie siècle, et au premier étage sont des pilastres cannelés. — Rue du Vert-Buisson, n° 14, pilastres de pierre du xviie siècle. — Rue de la Vicomté. C'est une des rues de Rouen qui renferme encore le plus de maisons de bois. Ici presque toutes les habitations ont du caractère ou en ont eu. N°s 8 et 10, double maison en pierre du xviie siècle. Elle a deux étages. La porte, les fenêtres et les lucarnes sont parfaitement du temps. N° 12, maison en pierre du xviie siècle; n°s 14, 27 et 29, maisons en bois du xvie siècle; n°s 23 et 24, pilastres en pierre du xviie siècle; n° 25, maison en bois à deux saillies du xvie siècle; n° 31, maison en bois avec linteau sculpté du xvie siècle; n°s 26 et 28, jolie maison en bois de la Renaissance, avec pilastres à chapiteaux corinthiens; n° 34, façade en pierre du xviiie siècle. Dans la cour est un joli rez-de-chaussée en bois du xvie siècle. Beaucoup de pièces tapissant les murs sont sculptées et décorées de dais et d'arabesques. L'architrave est sculptée avec soin. On remarque neuf piliers fort joliment ornés dans le style du xvie siècle et une jolie galerie de la Renaissance. Deux de ces piliers restent encore, isolés et parfaitement décorés de niches.

N° 39, mascarons en pierre, restes d'anciens ornements; n° 41, en 1865 on a démoli la façade de cette maison, qui était en pierre et du XIII° siècle. Sous cette ancienne demeure, la plus vieille de Rouen, il existait des caves de pierre très-curieuses. Là autrefois fut le siége de la *Vicomté de l'eau*. Dernièrement c'était le poids public. N°° 42, 57 et 65, maisons en bois à saillies et pignon du XVI° siècle; n° 49 et 61, maisons de pierre du XVIII° siècle; n°° 52 et 73, pilastres de pierre du XVIII° siècle; n° 54, jolie maison en bois du XVI° siècle, décorée de sculptures et ayant pignon sur rue; n° 70, porte en bois du XVIII° siècle; n° 80, pilastres de pierre de la Renaissance; n° 85, maison en bois à trois étages avec deux pilastres de pierre de 1635; n° 87 et 89, à l'angle de la rue Saint-Georges, maison du XVIII° siècle, où est une inscription sur marbre noir. Joli balcon de 1745 en pierre et en fer. On lit au milieu, écrit avec des lames de fer : LEFRIAND | SERRVRIER A CONSTRVIT | CE BATIMENT EN 1745. Ce Lefriand était un artiste en fer qui a refait le marteau de la cloche dite *Georges d'Amboise*, que l'on voit encore à Déville. N°° 93, 97 et 99, pilastres du XVII° siècle; n° 103, 107 et 109, maisons en bois du XVI° siècle; n° 105, corniche et saillie en bois du XVI° siècle. — Place du Vieux-Marché, n° 17, là fut une maison en bois avec attributs de la poissonnerie sculptés sur la porte. On y voyait encore en 1841 Neptune, une syrène, des poissons, etc. ; n° 33, maison de pierre du XVIII° siècle. — Rue du Vieux-Palais, n°° 1 et 3, pilastres de pierre du XVII° siècle; n°° 9, 13, 14, 18 et 24, pilastres de pierre du XVII° siècle; n° 30, jolie colonne de pierre du XVI° siècle à l'entrée de la cour, maison en bois avec épis en plomb du XVII° siècle, escalier de la même époque et cadran solaire du XVIII° siècle; n° 31, médaillon en pierre du XVIII° siècle; n° 33, dans la cour, maison en bois du XVII° siècle, ancienne auberge du *Vieux-Palais*; n°° 36 et 38, maison en bois avec porte et saillie de 1580 à 1600. Dans la cour on voit également, circulant autour, une galerie en bois de la même époque. — Rue de la Vigne, n° 15, construction en pierre du XVIII° siècle.

ARRONDISSEMENT D'YVETOT.

CANTON DE CANY.
(Chef-lieu : CANY.)

AUBERVILLE-LA-MANUEL. *Ép. incertaine*. Vaste salle carrée, bien taillée au ciseau et qui paraissait avoir autrefois servi de refuge, découverte en 1830, non loin du rivage de la mer, dans la craie de la falaise. || *Moyen âge*. Église dédiée à saint André, selon les uns, à saint Cosme et à saint Damien, selon les autres. Le chœur, la nef et le clocher, qui sert de portail, sont en grès du XVI° siècle. La chapelle de la Sainte-Vierge seule garde quelques débris du XIII° siècle. Baptistère du XIII° siècle : cuve en pierre supportée par quatre petites colonnes. — Château du XVI° siècle, près de l'église, carré long en silex et en pierre, ayant à chaque extrémité des tourelles en encorbellement. Il était entouré de fossés; deux portes, encore bien conservées, y donnaient accès. L'une est celle de Vénesville, l'autre celle de Saint-Michel, décorée de l'image de l'archange. On montre encore la *prison* et la *cohue*.

BERTHEAUVILLE. *Moyen âge*. L'église, dédiée à Notre-Dame, a été renouvelée au XVIII° et au XIX° siècle; c'est une bâtisse en silex sans intérêt dont la nef a conservé une corniche en bois sculpté de la Renaissance. Le clocher, du XVIII° siècle, possède une cloche de 1750.

BERTREVILLE. *Moyen âge*. Église dédiée à Notre-Dame et à saint Lubin. Plan en croix: Chœur et pignon de l'ouest du XII° siècle. Nef et clocher en grès du XVI° siècle. Transepts faits en 1700. Dans le chœur sont un tabernacle en bois et une statue de sainte Barbe, tous deux de la Renaissance.

BOSVILLE. *Ép. romaine*. Puits, murs et monnaies romaines. Dans le vallon qui est sous l'église, vers 1810, la charrue rencontra un cercueil en plâtre contenant les os d'un enfant, accompagnés de trois monnaies de Faustine et de deux petits bustes en bronze doré. || *Ép. incertaine*. Deux mottes entourées de fossés, vers Flamanvillette. || *Moyen âge*. L'église, dédiée à saint Sanson, avait été primitivement construite au XII° siècle, mais elle n'a gardé de cet âge que le clocher, placé au portail. La nef est en grès du XVI° siècle; le plafond est décoré de peintures du XVII°. Le chœur est de 1662, ainsi que le baptistère. Deux obits : l'un sur pierre de 1701, l'autre sur marbre de 1672. Ce dernier est de François de Rouville, conseiller et aumônier du roi, prieur d'Olisay et curé de Bosville. Chapelle de Saint-Hubert en 1714.

BUTOT-EN-CAUX. *Renaissance.* L'église, dédiée à Notre-Dame, est une construction en grès du XVIe siècle. Elle se compose d'un chœur et d'une nef que surmonte une flèche d'ardoise.

CANOUVILLE. *Ép. romaine. Dolium* en terre cuite, renfermant une urne en plomb remplie d'os brûlés, trouvée près des murailles pendant la démolition des fondations du château, en 1848. ǁ *Moyen âge.* Château qui fut très-puissant. Les fossés, les murailles, qui avaient 5 mètres d'épaisseur, et les derniers débris ont disparu en 1848. ǁ *Renaissance.* L'église, dédiée à Notre-Dame, conserve des traces du XIIIe siècle; mais l'ensemble a été reconstruit en grès au XVIe siècle. Sur un des chapiteaux ornés de l'entrée du chœur on lit : «Commenché l'an MIL Vcc XLIII» (1543). — Dans le cimetière est une dalle tumulaire en grès, portant le millésime de MCCCL (1350). La croix est du temps de Henri IV.

CANY. Formée des deux anciennes paroisses de Cany et de Barville, réunies par ordonnance royale du 3 octobre 1827. — CANY. *Ép. gauloise.* Monnaie de bronze découverte dans la rivière en 1836, conservée au musée de Rouen. Vase trouvé pendant la rectification de la côte de Sasseville en 1863, déposé à la bibliothèque de Fécamp. ǁ *Ép. romaine.* Une ou deux voies devaient traverser Cany : l'une qui allait de Grainville à la mer, et une autre qui devait sortir de Fécamp et se diriger vers le nord de la Gaule. — Le *vicus* antique était sur la rive droite de la Durdent, où sont aujourd'hui le bourg, les halles, le marché, la mairie et les hôtels. Une autre portion se trouvait autour de la chapelle et du vieux château de Caniel. — Les restes d'un édifice romain, de forme quadrangulaire, que l'on considérait comme un fort destiné à défendre le pont, existaient en 1780 au bord de la rivière, suivant M. Guilmeth. — Plusieurs tombeaux en terre cuite, une urne en verre blanc, contenant des os brûlés et une cuiller en argent, furent trouvés à la même époque par M. Reuss, régisseur du château, en creusant les fondements d'une maison sur la route de Vittefleur. De nouvelles découvertes, faites au même endroit en 1790, furent visitées par MM. Pessey et Hourcastremé, qui en publièrent plus tard le récit. Les ouvriers rencontrèrent de douze à quinze tombeaux, dont plusieurs contenaient des cercueils de plomb. Dans chacun d'eux était un vase de terre appelé *lacrymatoire*. Cette fiole était renfermée dans un vase de plomb. Un de ces cercueils contenait une cuiller d'argent. En sus des sarcophages on rencontra une trentaine d'urnes de terre, fermées d'un couvercle. Quelques-unes renfermaient des monnaies; mais on n'a reconnu qu'un Trajan. Au XIXe siècle les découvertes n'ont pas été moins abondantes. M. Cottard, épicier, a rencontré dans son jardin une urne remplie d'os brûlés, des tuiles, des monnaies et un canal antique. M. Fouet, ancien maire, a fait des trouvailles analogues. M. Patrice, en fondant une filature non loin de l'ancien château, démoli en 1697, a recueilli une médaille dorée, une médaille fourrée, une épingle en os et des monnaies du Haut-Empire. Quand M. Hellouin construisit à Caniel une maison et une usine, il ramena du fond du sol force tuiles et briques romaines. En 1836, M. Deville acheta, pour le musée de Rouen, vingt-deux morceaux de verre qu'on lui assura avoir été trouvés à Cany, auprès du moulin. Ces pièces se composaient de débris de fioles, plateaux, coupes et de deux urnes cinéraires. Enfin, il avait été recueilli au même endroit des vases en bronze et un *sympulum* du même métal. En avril et en mai 1849, M. l'abbé Cochet a fait une fouille dans la cour de M. Souday, au bord de la route qui conduit à Vittefleur et à la mer, au-dessous d'une motte énorme assise au pied du coteau; là, on a trouvé un cimetière romain des trois premiers siècles de notre ère, contenant des cendres d'adultes et des squelettes d'enfants. Cinq cercueils d'enfants, en tuiles, dont trois enveloppaient chacun un second cercueil en plomb, renfermaient des vases de terre et de verre, des joujoux en verre, en os, en terre cuite et une statuette de Latone. Dans le voisinage, une sépulture a donné un crâne d'homme verdi par l'oxyde et deux monnaies de billon de Valérien et des Philippe, père et fils. Les cendres rencontrées dans un espace de 12 mètres de longueur sur 5 de largeur n'ont pas donné moins de soixante objets de toute nature : terre, verre, bronze et os. Les vases de verre se composaient d'urnes rondes, carrées ou pomiformes, remplies d'os brûlés; de barillets, qui ont donné la marque du verrier FRO.; de tetines, de fioles à parfums, d'ampoules, de coupes, etc. Il y avait aussi des perles de verre pour collier ou bracelet, des boutons et une ampoule en pâte de verre jaune ayant forme de poire. Les vases de terre étaient des plateaux rouges, des assiettes grises, des trépieds, des cruchons, des pots aux offrandes et aux libations. De plusieurs vases en terre rouge, un seul présentait le nom du potier PRIMUS. Les bronzes se composaient principalement d'un miroir, d'une clef de coffret, d'une pince à épiler, de petites cuillers, d'une fibule émaillée et d'un flacon à deux anses liées ensemble par une chainette. Il n'y avait qu'un moyen bronze de Nerva-Trajan. Les objets d'os étaient un tuyau, un tube percé de trous appelé *sifflet*, un bouton et deux épingles. Tous les objets sortis de cette fouille sont au musée de Rouen. (Voir la *Revue de Rouen*, les *Mém. de la soc. des ant. de Normandie* et la *Normandie souterraine*, où la plupart ont été reproduits.) En cette même année 1849, une seconde fouille, exécutée par M. l'abbé Cochet au hameau de Wiffreville, a fait reconnaître les murs d'une villa au milieu de tuiles et de poteries

de toute espèce. Déjà quelques années auparavant, en traçant la route de Valmont, on avait rencontré des murs et trouvé des médailles romaines. || *Ép. incertaine.* Motte considérable entourée de fossés profonds, au-dessus du cimetière romain et au bord de la route de Vittefleur. || *Moyen âge.* Église dédiée à saint Martin, à trois nefs sans transepts et avec clocher au portail; les collatéraux font le tour du chœur, entièrement en grès. C'est une construction du xvi° siècle, dont quelques parties pourraient même dater du xvii°. Dans cette tour est une cloche de 1631. Baptistère en pierre du xiii° siècle, restes de vitraux de 1615 et de 1669; ce dernier représente saint Adrien, ex-voto placé à la suite d'une épidémie. Gloire de 1700, avec suspension eucharistique. — Chapelle de Caniel, dédiée à saint Gilles. Elle existait dès le xiii° siècle, mais le monument actuel est une construction en grès du temps de Louis XIV. Pèlerinage assez fréquenté. Cette chapelle fut visitée par d'Aubigné en 1713. — Chapelle du Château, placée dans l'enceinte du château actuel; elle a été construite vers 1697. — Chapelle Saint-Thibaud, dépendant d'une ancienne léproserie qui ne subsiste plus depuis longtemps. — Château de Caniel, forteresse destinée à garder le passage de la rivière, existant dès avant le xiii° siècle et depuis longtemps démoli, mais dont on rencontre encore des débris. — Vieux-Château, situé dans le bourg, au bord de la Durdent et à quelques pas des halles. Il a été abandonné et démoli au xvii° siècle. — Château. Très-belle construction en brique et pierre, élevée, dit-on, par Mansard, à la fin du xvii° siècle, pour les Becdelièvre de Cany : entouré d'eau, renfermant un chartrier et une chapelle. Quatre de ses chambres sont tendues de curieuses tapisseries de la fin du xv° siècle ou du commencement du xvi°, probablement originaires de Flandre. Il n'y a pas moins de dix pièces, représentant des allégories inspirées de l'Écriture, des romans et des fabliaux du moyen âge. (Voir la description qu'en a donnée M. Leroy de Cany dans le *Nouvelliste de Rouen* du 11 avril 1860.) — Maison en grès du xvi° siècle, dans la Grande-Rue, naguère occupée par M. Fouet, notaire et maire de Cany. — Halles. Corps de bâtiment formant carré et construit par les seigneurs du lieu, dans les cours du xviii° siècle.
== BARVILLE. *Ép. incertaine.* Motte sur la côte, suivant M. Guilmeth. || *Moyen âge.* Église dédiée à Notre-Dame. Le chœur est moderne, mais la nef et le clocher, placé au portail, sont en grès et du xvi° siècle. On lit sur l'arcade principale l'inscription : «Commencée l'an M V°° XXVII» (1527).
CLAVILLE-SUR-CANY. *Renaissance.* Église dédiée à sainte Honorine. Plan en croix. Construite en grès au temps de Henri IV, sauf le chœur qui est du xviii° siècle.

CRASVILLE-LA-MALLET. *Renaissance.* L'église, dédiée à saint Vaast, a deux nefs; bâtie en grès, au xvi° et au xvii° siècle. La grande nef est de 1608; la nef latérale, au midi, de 1551, ainsi que le clocher. La sacristie est installée dans une chapelle seigneuriale de 1600 ou environ. A la place de l'autel on reconnaît encore un retable représentant la passion du Sauveur. — Croix du cimetière de 1551.
GRAINVILLE-LA-TEINTURIÈRE. Formée des deux anciennes paroisses de Grainville et de Mautheville, réunies par ordonnance royale du 13 mars 1828. — GRAINVILLE. *Ép. romaine.* Position probable du *Gravinum* de la Table Théodosienne, qui place cette station à 10 milles de *Juliobona*, sur la grande voie militaire qui allait de la Loire et de la Seine à *Gesoriacum* ou *Bononia* (Boulogne-sur-Mer)[1]. Voie qui vient de Lillebonne, encore appelée dans les campagnes *la Chaussée des Romains* ou *le Chemin de César*. Dans le bourg elle se nomme *la Ruelle de Rome*. — Monnaies d'argent d'Élagabale et de Julia Sœmias, citées par M. Deville. — Anciennes carrières en grand nombre; on rencontre partout des murailles, des monnaies et des tombeaux. Vases remplis de pièces d'argent. Débris nombreux au lieu dit *le Catelet*. Tradition de cité disparue, de ville aux grains, bâtie par César et détruite par les Sarrasins. || *Moyen âge.* Au xi° siècle, Grainville est donné par les ducs de Normandie aux abbayes de Saint-Wandrille et de Fécamp. — Château. Grand tertre couvert de broussailles et de murs énormes entourés de fossés remplis d'eau, au milieu de la vallée. C'est la base du donjon de l'ancien château où mourut, en 1425, Jean de Béthencourt, roi des Canaries. || *Renaissance.* Église dédiée à Notre-Dame, à trois nefs, couverte en berceau, terminée en abside, construite en brique de 1700 à 1740. Le clocher est une tour carrée de la Renaissance placée au portail avec un sommet moderne. La voussure de l'arcade porte deux bas-reliefs empruntés à l'Apocalypse et représentant, l'un la grande prostituée, l'autre la chute de Babylone. Cloche de «M V°° LXVI» (1566). Dalle tumulaire du xvi° siècle dans le chœur. Jehan de Béthencourt, roi des Canaries, mort dans son château de Grainville, fut inhumé dans le sanctuaire en 1425. — Tradition d'anciennes teintureries d'où le village a tiré son surnom. Dès 1292 il portait dans les chartes le surnom de *Tinctuaria*. Cette industrie a probablement une ori-

---

[1] Le mille romain étant de 2,220 mètres, 10 milles donneraient 22 à 23 kilomètres entre *Juliobona* et *Gravinum*. Cependant, il y a 28 à 29 kilomètres de Lillebonne à Grainville; mais cette différence n'est pas sans exemple dans la géographie ancienne de nos contrées. Ainsi l'Itinéraire d'Antonin indique 10 milles de *Juliobona* à *Caracotinum*; or de Lillebonne à Harfleur il y a 27 kilomètres. Cette dernière indication est celle d'Anville et de Mentelle dans le dernier siècle; du colonel Lapie, de Fortin d'Urban et de MM. Féret et Guilmeth dans celui-ci.

gine plus ancienne encore. — Léproserie et chapelle de Saint-Jacques dont il ne reste plus rien. C'était une petite paroisse sur laquelle un acte de 1292 donne les plus intéressants détails. — Hôpital. Fondation de 1692 faite par Pierre de Becdelièvre, seigneur de Cany. L'oratoire, bâti vers 1700, renferme une curieuse inscription sur marbre donnant l'histoire de l'établissement jusqu'en 1726. — Ancienne maison de bois, décorée de statuettes et de sculptures du xvi° siècle, dans la Grande-Rue. == MAUTHEVILLE-SUR-DURDENT. *Ép. romaine.* Voie de Grainville à Cany au hameau de la Haute-Rue. || *Moyen âge.* L'église, vendue vers 1830, est en grande partie détruite. Il ne reste plus qu'une muraille en tuf percée de cintres romans du xi° siècle.

HOCQUEVILLE ou OCQUEVILLE. *Moyen âge.* Église à deux nefs, dédiée à saint Vaast. Construction en grès du xvi° siècle où il ne reste que deux traces du xiii° : la fenêtre terminale du chœur et la piscine de la chapelle de la Vierge. Poutres à tête de serpent dans la nef latérale située au nord. Clocher, tour carrée en grès de 1600 ou environ, placée au bas du collatéral et terminée par un toit élevé en fer de hache. Sacristie dans une ancienne chapelle seigneuriale de 1661. Le baptistère est du même temps. Bénitier en grès de 1545. Pierre tumulaire d'un chevalier du xiii° siècle. — Croix de cimetière, en grès, de 1545. — Cour d'Ocqueville, ferme entourée de murailles, où le seigneur du lieu tenait ses plaids et rendait la justice. || *Temps modernes.* Château de Catteville, belle construction du règne de Louis XIV, qui appartenait aux Becdelièvre de Cany et qui aujourd'hui est la propriété des Montmorency-Luxembourg. En 1714 il y avait une chapelle au château.

MALLEVILLE-LES-GRÈS. *Moyen âge.* Église dédiée à saint Michel. La plus grande partie de l'édifice est en grès et du xvi° siècle. Au pignon de l'ouest se trouve un fragment du xiii° siècle. Le clocher, au portail, est un corps carré moderne. — La croix du cimetière est de 1554. — Croix en grès, de 1650, sur la ferme de M. Bouic.

OUAINVILLE. *Ép. incertaine.* Motte nommée *les Vieux-Châteaux*, près de l'église, démolie vers 1833. On assure y avoir rencontré des ossements. || *Moyen âge.* Dans l'église, baptistère en pierre du xiii° siècle. || *Ép. moderne.* Église dédiée à saint Maclou. Chœur de 1700, nef de 1746 et clocher de 1781. Sous le chœur caveau sépulcral, visité en 1793. — Croix du cimetière du xvi° siècle. — Manoir fortifié dans les bois de Bellemare, aujourd'hui disparu.

PALUEL. Formée des deux anciennes paroisses de Paluel et de Conteville, réunies vers 1825. — PALUEL. *Ép. romaine.* Monnaies trouvées vers 1840; entrées au musée de Rouen. Entre Vittefleur et Paluel, M. l'abbé Cochet a fouillé, en 1849, au lieu dit *la Rosée*, un édifice romain qui avait été pavé en mosaïque. || *Moyen âge.* L'église, dédiée à saint Martin, renferme quelques fragments du xiii° siècle; le reste a été refait en grès au xvi°. Cette église se compose d'une nef avec deux étroits collatéraux précédant le chœur et d'un clocher au portail. — Chapelle de Janville, dédiée à Notre-Dame, au-dessus de la côte, tout près du château de Janville. Cet édifice, but d'un pèlerinage très-fréquenté, remonte au xiii° siècle, mais a été souvent défiguré. La nef est en grès et du xvi° siècle. Le clocher, au portail, supporté par quatre piliers de grès, est de 1620. L'entrée du chœur est garnie de jolies boiseries de la Renaissance, formant baldaquin. Ce sont d'anciens retables couverts d'images sculptées. La tradition prétend que cette chapelle a été construite pour recevoir une image de la sainte Vierge découverte par un berger. == CONTEVILLE. *Moyen âge.* Église dédiée à saint Pierre. Le chœur, remanié au xvi° siècle, conserve des chapiteaux et des ogives du xiii°. La nef et le clocher sont en grès et de la Renaissance. Maître-autel formé d'une table en pierre. Baptistère en plomb qui semble du xiii° siècle. Dalles tumulaires du xvii° et du xviii° siècle, dans le chœur et dans la nef. Ce sont les tombes des curés et des seigneurs du lieu. — Croix du cimetière de 1551.

SAINT-MARTIN-AUX-BUNEAUX. *Ép. gauloise.* Fragments de vases trouvés aux Petites-Dalles en 1864. || *Ép. romaine.* Tuiles à rebords et débris de poteries recueillis au même endroit pendant les mêmes fouilles. || *Ép. franque.* Sépultures accompagnées d'armes et de vases, découvertes par un mouvement de terrain aux Petites-Dalles, au pied de la côte Saint-Martin, en mai 1864. Des fouilles, exécutées par M. l'abbé Cochet au mois de juin suivant, ont donné quinze fosses creusées dans la craie, contenant des corps orientés dans le sens de la vallée, et presque toutes des vases noirs mérovingiens, un scramasaxe, un couteau et une boucle de fer. On a trouvé de plus un éperon de bronze à pointe et à lanières. Conservés au musée de Rouen. || *Moyen âge.* L'église, sous le vocable de Saint-Martin, garde quelques traces de l'architecture romane du xi° siècle et de l'architecture ogivale du xiii°. Le xvi° siècle a ajouté à la nef primitive un grand vaisseau de grès, placé au côté nord. Ce collatéral fut autrefois orné de belles verrières, dont il reste encore quelques fragments. On y distingue saint Martin, le sacrifice d'Abraham, le veau d'or, le serpent d'airain, etc. Le chœur est moderne. La flèche en bois du clocher a été brûlée en 1869. Baptistère et croix du cimetière du xvi° siècle.

SASSEVILLE. Formée des deux anciennes paroisses de Sasseville et de Flamanvillette, réunies par ordonnance royale du 23 avril 1823. — SASSEVILLE. *Ép. gauloise.* Vases trouvés en 1863 sur la côte de Cany, qui porte le nom de *Côte de Sasseville*. || *Ép. Renaissance.*

L'église, dédiée à Notre-Dame, est une construction en grès du xvi° au xviii° siècle. La base du clocher date de 1583, ainsi que la nef, les poutres sculptées de la charpente et une jolie piscine à double cuvette dans le chœur. Baptistère; cuve élégante décorée de six sujets en bas-reliefs appartenant au xvi° siècle. — La croix du cimetière, la plus belle du diocèse, a 7 mètres de haut et date de 1545. Le fût, en grès, est orné de tous les instruments de la Passion. Au-dessus du chapiteau qui termine la colonne sont d'élégants croisillons au pied desquels se tiennent quatre personnages qui accompagnent les deux larrons crucifiés. A la base du calvaire sont trois belles statues représentant la Foi, l'Espérance et la Charité. ⹀ FLAMANVILLETTE. *Moyen âge.* L'église, dédiée à Notre-Dame, est en grès et du xvi° siècle. Le chœur cependant a gardé des traces du xiii° siècle. — La croix du cimetière, ornée des instruments de la Passion, est de « l'an MIL CCCCC XXX » (1530).

VÉNESVILLE. *Renaissance.* Église dédiée à saint Amand et à saint Mathurin. Le clocher est un corps carré en grès du xvi° siècle. Le chœur et la nef datent du xviii° siècle. Le baptistère, en grès, est de 1570. — Léproserie dont le vocable est inconnu.

VEULETTES. *Ép. gauloise.* Retranchement nommé *le Catelier de Veulettes?* Ce *Catelier*, que le peuple appelle aussi *le Tombeau de Gargantua*, est le reste d'une vaste enceinte, aujourd'hui tombée à la mer. Il en subsiste encore une portion assez considérable, sise au penchant méridional d'un vallon. Il est probable que ce camp ne fut pas moins étendu que ceux de Limes et du Canada. D'après la marche des falaises, on peut estimer qu'il y a quinze siècles cette enceinte avait de 14 à 1,500 mètres. ‖ *Ép. romaine.* Petits bronzes du Bas-Empire recueillis dans le *Catelier de Veulettes* vers 1840; déposés au musée de Rouen. — Petit cercueil en tuiles, du iv° au v° siècle, trouvé à la pointe de Claquedent, en 1851, sous 6 mètres de remblai. Ce sarcophage, long de 0^m,72, large de 0^m,25 et haut de 0^m,27, est conservé chez M. d'Eudeville, maire de Veulettes. ‖ *Ép. incertaine.* Tradition de ville ensevelie sous les sables à l'embouchure de la Durdent. On l'appelle *la grande ville de Durdent*, et l'on prétend en voir les murs à la laisse de la basse mer. On y rencontrerait aussi des troncs d'arbres. On parle également du *port de Claquedent*, détruit par les tempêtes. Ce *hable*, avec ses *kays*, appartenait à l'abbaye de Fécamp; il en est fait mention dans ses archives. ‖ *Période normande.* Tradition d'abbaye, de souterrains et de constructions anciennes autour de l'église. On raconte que l'église et la terre avaient été données à l'abbaye de Saint-Ouen, de Rouen, par un seigneur qui, allant à l'offrande, aurait dit: *Do Veulettam.* ‖ *Moyen âge.* L'église, dédiée à saint Valery, est classée parmi les monuments historiques du département. Cet édifice, entièrement en pierre du pays, appartient à deux époques bien tranchées d'architecture. La nef est romane de la transition du xii° siècle, ainsi que le clocher, tour carrée assise entre chœur et nef. La nef n'a pas de voûte, et elle a possédé des déambulatoires que le xvii° siècle a supprimés. Les arcades et les fenêtres sont d'une grande élégance. Les corniches sont soutenues par des têtes grimaçantes. Le portail et l'arcade du crucifix sont ornés des plus jolis motifs romans. Le chœur, avec ses deux chapelles latérales qui descendent jusqu'aux transepts, appartient au style ogival primitif du commencement du xiii° siècle. Les piliers cantonnés de colonnettes et les faisceaux de colonnettes qui descendent le long des murs supportent des voûtes sur nervures. Des lancettes aiguës l'éclairent. De jolies piscines existent au-dessus de chacun des trois autels. Pierre tumulaire de 1551 et obit ou fondation de la même époque. — Croix du cimetière, œuvre intéressante du xvi° siècle.

VITTEFLEUR. Formée des deux anciennes paroisses de Vittefleur et de Crosville, réunies vers 1824. — VITTEFLEUR. *Ép. romaine.* Le sol de Vittefleur est semé de médailles: murailles et tuiles à rebords fréquemment rencontrées. Mosaïque reconnue sur le chemin de Paluel, au lieu dit *la Rosée*. Une fouille pratiquée en cet endroit par M. l'abbé Cochet, en 1849, fit rencontrer des substructions et des cubes de mosaïque. Une voie devait passer par Vittefleur, conduisant de Cany à la mer. ‖ *Moyen âge.* En 998, Richard de Normandie rend à l'abbaye de Fécamp la terre et l'église de Vittefleur, que ce monastère possédait de toute antiquité. Il est présumable que l'ancien nom du lieu fut *Quitefleda*, qui était celui de la rivière aujourd'hui appelée *Durdent*. — L'église, dédiée à saint Pierre et à saint Paul, a un chœur du xiii° siècle. La nef fut reconstruite en grès en 1741, ainsi que le clocher, placé au portail. — Croix du cimetière, en grès et pierre, du xvii° siècle. Elle porte le millésime de 1647, mais quelques parties paraissent plus anciennes. — Hôtel de la Baronnie, près du presbytère, possédé par les moines de Fécamp. On l'appelait autrefois *Hostel de Vittefleur.* C'est une construction en grès du xvi° siècle, encore flanquée de tourelles et entourée de fossés. On y montre la prison, la cohue et la justice. — D'après la tradition, le bourg aurait été autrefois fortifié et entouré de murailles, et il y aurait existé jadis une abbaye. ⹀ CROSVILLE-SUR-DURDENT. *Ép. gauloise.* Hache en pierre, au musée de Rouen. ‖ *Ép. romaine.* Voie qui allait de Cany à la mer. Peut-être en reconnaîtrait-on la trace dans la rue appelée dans les anciens titres *la Chaussée de Saint-Pierre.* — Tertre élevé, qui fut abattu en 1832 et en 1833, dans une île de la Durdent voisine de l'ancienne église démolie vers 1784. Sa destruction fait rencontrer un édifice romain pavé en mosaïque et sur lequel on avait plus tard, peut-être à l'époque franque, inhumé une vingtaine de cadavres. Un fragment de mosaïque représentant deux jambes d'homme, offert par M. Limare au musée de Rouen, une clef en fer, une petite tête de lion en bronze et des médailles du Haut-Empire sont les seuls objets qu'on ait conservés. — Ancien four à chaux, encore rempli de chaux vive, et grands bronzes d'Antonin et de Faustine découverts près du même édifice en 1849. ‖ *Ép. moderne.* L'ancienne église, dédiée à saint Pierre, était dans la vallée : elle a été abattue en 1784 et transférée au haut de la côte, où elle subsiste encore. Elle est en brique, sans caractère. — Croix de pierre du XVII° siècle, dans l'ancien cimetière. Près de là était une fontaine vénérée, portant le nom de *Saint-Pierre.*

CANTON DE CAUDEBEC-EN-CAUX.

(Chef-lieu : CAUDEBEC-EN-CAUX.)

ANQUETIERVILLE. *Moyen âge.* Église dédiée à Notre-Dame. Le chœur, quoique remanié sous Louis XV, conserve encore quelques traces du XIII° siècle, entre autres une double piscine qui sert d'armoire. La nef, bien que refaite en partie sous Louis XIV, présente encore trois fenêtres de pierre du XVI° siècle. L'une d'elles est décorée de tous les attributs du pèlerin. Dalle tumulaire de 1540, dans le chœur. — L'ancien château, voisin de l'église, est remplacé par un manoir en bois et pierre du XVI° siècle.

CAUDEBEC-EN-CAUX. *Ép. gauloise.* Le *Mont Calidu.* Hache en serpentine, hachettes de bronze et médailles celtiques en or, en argent et en bronze, trouvées sur le *Mont Calidu;* au musée de Rouen. Hache de bronze, appartenant à M. Guéroult, rencontrée sur la même colline. Monnaie recueillie dans le même quartier, citée par MM. Guilmeth et Fallue. Terrassements sur ce plateau, appelé en 1620 *le Calidois* ou *le Calidus,* qui paraissent enceindre la colline. Une vieille voie cavée longeait le coteau. Le *Calidu* est-il gaulois et faut-il attribuer à ce point, évidemment antique, les monnaies celtiques portant l'épigraphe : CALEDV-SENODON, monnaies que quelques numismates attribuent aux Célètes? Bien des motifs semblent militer pour faire de ce point celtique le *Caletum* de la tradition que les historiens du moyen âge assurent avoir été détruit par César. — On parle d'une enceinte fossoyée sur la colline orientale de Caudebec. ‖ *Ép. romaine.* Caudebec est probablement l'ancien *Lotum* mentionné dans l'Itinéraire d'Antonin à 6 milles de *Juliobona* (Lillebonne) et à 13 ou 14 milles de *Rotomagus* (Rouen)[1]. Voie de Lillebonne à Rouen, suivant la Grande-Rue et appelée au moyen âge *la Chaussée, le Chemin du Roi, le Pavement du Roi notre sire.* Tombes par incinération du Haut-Empire, sur la *Côte Saint-Clair,* près de laquelle passe la voie, trouvées en 1852 et 1853. M. Guilmeth y a recueilli des urnes, des cruches rouges et blanches, des vases aux offrandes, une fibule de bronze et trois monnaies du Haut-Empire, dont une était de Nerva-Trajan. Débris antiques sur la *Côte de la Vignette,* qui est voisine. Près de là est le *Mont-Dolent,* indice d'anciennes sépultures. Meules à broyer, Vénus en terre cuite, statuette de bronze et monnaies, dont une d'Auguste, conservées au musée de Rouen. Série de médailles recueillies par M. Lesage. Tuiles à rebords, poterie antique et monnaies romaines, souvent rencontrées sur le *Mont Calidu.* Une meule à broyer en poudingue, trouvée en 1848. Masses de tuiles à rebords, squelettes avec vases en terre rouge, recueillis pendant la construction de la maison de M. Thévenin, en 1858; plusieurs fragments sont en terre rouge, et le fond d'un plateau porte la marque du potier O VADRANI. Il existe aussi des objets en fer : une serpette et un javelot. ‖ *Ép. franque.* Le nom de *Calidum Beccum,* dans des chartes et diplômes de Louis le Débonnaire, en 815, et de Charles le Chauve, en 853. Une charte de Saint-Wandrille, de 1271, parle d'un lieu placé entre Caudebec et Caudebecquet et qui s'appelait alors *Pratum de la Bataille.* — Île de Belcinac. Il n'en reste rien aujourd'hui, on en ignore même complétement la place. La première mention date de 670; la dernière est de 1536, avec réapparition en 1641. Dans cet espace de temps, elle est citée par Thierry III, Guillaume le Conquérant, Philippe le Long et Jean le Bon. Les historiens racontent qu'en 676 Thierry III donna cette île à saint Condé, moine de Fontenelle, qui y établit trois églises, puis céda l'île au monastère de Saint-Wandrille. Elle est ainsi désignée dans un acte du VII° siècle : «Insulam «in fluvio Secanæ sitam quam antiquitas *Lutum* cen-«suit, nunc vero Belcinacam nuncupatam in longitu-«dine per III millia se extendens et in latitudine 1500 «passibus.» Guillaume le Conquérant la désigne à peu près dans les mêmes termes, en 1074 : «Insulam in «Sequana sitam quæ vocatur Belcinaca, quæ incipit a «Calido Becco et extendit usque ad castrum de Wat-«tevilla et ultra.» ‖ *Moyen âge.* L'église de Sainte-Marie de Caudebec avait été consacrée par l'archevêque Eudes Rigaud le 6 août 1267; en 1382 on voulut l'agrandir, ce qu'autorisa Charles VI le 4 décembre 1389; mais en 1425 rien n'était encore commencé.

---

[1] Caudebec est à 13 kilomètres de Lillebonne et à 30 de Rouen, ce qui répond parfaitement aux lieues gauloises. Malgré cela, tout le monde n'a pas été d'accord pour Caudebec. M. Gaillard propose Caillouville; l'abbé Belley, *Logium* ou Caudebecquet, et M. Guilmeth, les deux rives de la Seine, ou plutôt l'île de Belcinac. D'Anville, Duplessis, Rever, Walknaer et Fallue tiennent pour Caudebec.

Cette année-là, Henri VI, roi de France et d'Angleterre, permit de prendre du bois dans ses forêts de Brotonne, du Trait et de Maulévrier, pour fonder l'église «disposée et en avanture de chéoir et aler à «ruine.» La tour fut, en effet, commencée en 1426, comme le prouve l'inscription de la base; mais le corps de l'église ne fut sérieusement entrepris que dans la seconde moitié du xv° siècle, et terminé que dans les vingt premières années du xvi° siècle, sauf quelques additions du xvii° siècle. Le plan en est généralement attribué à Guillaume Letellier, natif de Fontaine-le-Pin, près de Falaise, mort à Caudebec en 1484, et qui, dans son inscription tumulaire, est appelé maître maçon de cette église, et est dit «en avoir» conduit l'œuvre pendant plus de trente ans. Il est déclaré avoir, pendant cet espace de temps, achevé l'O (rosace), les sous-ailes et le bout de la nef, fondé le chœur et les chapelles qui l'entourent. L'église actuelle est à trois nefs, sans transepts, à chevet polygone, avec déambulatoire prolongeant les collatéraux; chapelles rayonnant autour du chœur et flanquant la nef. Clocher vers le bas de la nef et contre le bas côté sud, tenant la place d'une chapelle. Longueur dans œuvre, 56 mètres; largeur, 22; hauteur de la nef sous voûte, 21^m,70; hauteur des bas côtés, 9 mètres; hauteur totale du clocher, depuis la base jusqu'à la croix, 101 mètres. — Extérieur. Le portail principal est entièrement l'œuvre du style gothique du xvi° siècle, avec additions de style gréco-romain. Il présente trois portes sous profondes voussures, sur un plan polygone; la porte principale est ornée de trois rangs de voussures renfermant les images des anges, des apôtres et des martyrs. Le tympan qui représentait le ciel a été effacé à la Révolution. Les petites portes ont chacune quatre rangs de saints et de saintes; celle du nord est consacrée aux sibylles; des fenêtres coloriées remplissent leur tympan. Entre les trois portes sont des contre-forts saillants, le tout garni de niches abritant les images des patriarches et des prophètes de l'Ancien Testament. Cet ensemble supporte une balustrade ornée de cariatides, addition du temps de Henri IV qui fait tort à l'œuvre de Louis XII et de François Ier. La rosace, de style flamboyant très-riche, est encadrée par une voussure portant quarante-quatre niches abritant autant de statues des rois de Juda, que le peuple prend pour des rois de France. Une seconde galerie en lettres gothiques, continuation de celle qui entoure le toit du grand comble, reproduit la devise de Marie: *Pulchra es et decora*. Une statue de la Vierge dut terminer ce pignon. La tour, carrée à la base, percée de fenêtres et soutenue de contre-forts, se termine par une balustrade à jour, et est surmontée d'une pyramide octogone en pierre composée d'une chemise en pierre nue recouverte d'une enveloppe découpée à jour. Cette aiguille aérienne est partagée en trois parties au moyen de trois couronnes de fleurs qui lui donnent l'aspect d'une tiare. La tourelle de l'escalier, fort élégante, s'allie avec les huit clochetons reliés par des arcs-boutants avec la pyramide principale. Dans la tour sonnent encore deux cloches anciennes, l'une de 1552, l'autre de 1624. Les chapelles, interrompues par la tour du clocher, sont percées de fenêtres ogives, et séparées par des contre-forts surmontés d'aiguilles qui reçoivent les arcs-boutants de la nef et se combinent avec une balustrade composée de quatre feuilles découpées à jour. L'une des travées, de chaque côté, est occupée par une porte sous voussure, décorée de niches dont les statues ont disparu. Les tympans avaient autrefois des bas-reliefs qui n'existent plus. La balustrade du grand comble est formée de lettres gothiques dont l'ensemble reproduit l'*Ave Regina*, le *Tota pulchra es*, et d'autres antiennes à la sainte Vierge. Ces lettres de pierre étaient autrefois dorées; aussi l'on appelait la balustrade *la Galerie aux lettres dorées*. La galerie du grand portail portait le nom de *Viri Galilœi*, parce que deux chantres montaient sur la balustrade qui la surmonte pour chanter ce répons, à la rentrée de la procession le jour de l'Ascension. Une aiguille de bois recouverte de plomb et garnie de crochets domine le grand comble au-dessus de l'entrée du chœur; elle fut érigée par les religieux de Saint-Wandrille, en 1491. Il est probable que ce fut par suite d'une querelle entre les paroissiens et les patrons décimateurs. — Intérieur. Vingt arcades supportées par dix-neuf colonnes cylindriques à chapiteaux de feuilles de vigne mettent la nef principale en communication avec les collatéraux, qui sont de largeur inégale. Le chevet du chœur, légèrement incliné, est ainsi marqué par une colonne. Douze de ces colonnes supportaient autrefois douze statues d'apôtres, à présent enfouies. Entre les arcades et les grandes fenêtres de la nef règne une élégante galerie à jour. Toutes les travées et toutes les chapelles sont voûtées sur nervures prismatiques dont les clefs portent les unes des écussons, d'autres des pendentifs; celui de la chapelle absidale consacrée à la sainte Vierge a 4^m,50 de hauteur, et était orné sur ses faces d'écus portant les armes des donateurs, effacées à la Révolution. Dix-neuf chapelles, dont deux servent de sacristies, sont toutes munies d'une piscine avec crédence, et presque toutes ont des verrières; très-peu possèdent des inscriptions. Les verrières principales sont, au chevet du chœur : 1° *Saint Pierre* et *Jésus en croix*. Le donateur de ce vitrail, agenouillé sur un prie-Dieu, n'est autre que Thomas Basin, évêque de Lisieux au xv° siècle et natif de Caudebec. Il est escorté des armes de sa famille et de l'évêché de Lisieux [1].

---

[1] Une note sur ce portrait a paru dans le *Magasin pittoresque* de janvier 1865, dans la *Revue de la Normandie* de mars 1865 et dans les *Procès-verbaux de la Commission des antiq. de la Seine-Inférieure*, t. II, p. 254-56.

2° *Couronnement de la sainte Vierge* et *Saint Paul*; au bas, groupé de donateurs à genoux (xvi° siècle). Rosace du grand portail : mosaïque de verre de couleur. Première fenêtre au-dessus du petit portail nord : *Adoration des mages*, beau vitrail du xvi° siècle; deuxième fenêtre au-dessus du petit portail sud : *Procession du saint sacrement au xvi° siècle*, belle verrière de 1530, avec inscription rimée. Chapelle de la Sainte-Vierge : *Vie de la sainte Vierge*, au nord (1845); légende de la *Vie de saint Nicolas*, *Martyre de sainte Agnès*, *Sainte Catherine*, la *Sainte Vierge*, etc. au sud (xvi° siècle). Côté sud de l'église : chapelle du Saint-Sépulcre, éclairée par trois fenêtres flamboyantes dont les vitraux sont modernes. Fondée au xv° siècle, elle avait un chapelain qu'on appelait *le Prieur de Collemont*, parce que les revenus du bénéfice provenaient surtout de la franche vavassorerie de Collemont à Doudeville. Ces biens furent vendus en 1791. Chapelle Saint-Jean, un *Saint Nicole* et bordures de 1566, avec inscription de ce temps, indiquant que les verrières ont été détruites par les protestants en 1562; chapelle Saint-Nicolas, remplissage colorié, avec *Saint Denis*, *Saint Roch*, *Saint Adrien* et *Saint Sébastien*; chapelle du Saint-Esprit, *Saint Jean-Baptiste*, la *Sainte Vierge*, *Saint Thomas*, apôtre, et la *Trinité*, bordures du xviii° siècle; une inscription apprend que le vitrail, mutilé en 1562, a été réparé en 1566 et en 1758, par Lebrun, verrier de Caudebec[1]. Fenêtre du portail du marché, verrières indéchiffrables restaurées par Lebrun en 1748. Chapelle Saint-Laurent; la voûte, les chapiteaux et la piscine indiquent la fin du xv° siècle. Chapelle Saint-François, *Notre-Seigneur et la Samaritaine*, au sommet la *Transfiguration*, admirable vitrail du xvi° siècle, restauré en 1842; chapelle Saint-Guillaume, *Passage de la mer Rouge*, donné en 1534 et réparé en 1841. Côté nord de l'église : chapelle Saint-Simon et Saint-Jude, *Légende de saint Jean-Baptiste*, avec des légendes rimées au bas de chaque panneau, donnée en 1531; chapelle Saint-Gilles, *Arbre de Jessé*, du xvi° siècle, donateurs agenouillés au bas; chapelle Saint-André, *Saint Denis de Paris*, *Mater Dolorosa*, et deux autres saints inconnus : remplissage du xvi° siècle; chapelle Saint-Crespin, *Saint Crespin*, *Saint Crespinien* et *Saint Mathurin*, offerts par la confrérie de Saint-Crespin; chapelle Saint-Éloi, *Saint Éloi*, *Saint Fiacre*, *Saint Antoine* et *Sainte Barbe*, personnages du xvi° siècle. Fenêtre du portail de la Grande-Rue, *Sainte Catherine* et la *Sainte Vierge*. Chapelle Saint-Michel, *Saint Michel*, *Sainte Catherine*, *Sainte Madeleine* et *Saint Jean*, apôtre, tous personnages du xvi° siècle; les donateurs sont représentés à genoux. — Objets d'art. Outre les douze statues de pierre représentant les apôtres, placées dès 1545 sur les piliers et dans des niches qui ont disparu, le chœur a perdu ses balustrades de cuivre, déjà démolies avant la Révolution, ainsi que le jubé de pierre sur lequel s'élevait un crucifix au pied duquel se tenait Adam recevant le sang du Christ. Tout récemment on a découvert les restes de ce jubé dans la chapelle de la Sainte-Vierge. Une tourelle de pierre découpée à jour et haute de 7 mètres, placée dans le sanctuaire, servait de tabernacle et a été démolie vers 1810. Saint Sépulcre dans la chapelle de ce nom, abrité sous un baldaquin du xvi° siècle. L'image du Sauveur, belle statue de grandeur humaine, est entourée, depuis la Révolution, de sept statues de pierre du xvii° siècle, venant d'un saint Sépulcre de l'abbaye de Jumièges : ce sont la Madeleine, Joseph d'Arimathie, Marie Jacobé, Marie Cléophé, Nicodème et saint Jean, soutenant la Vierge Marie. Tribune ou saillie de pierre supportant le buffet de l'orgue : c'est une large bande sculptée et décorée, en 1559, dans le style de la Renaissance. Sur la porte qui conduit à l'orgue, on voit un médaillon présentant une tête qui paraît être celle de François 1er, mais que l'on dit appartenir à un capitaine de Caudebec, donateur de l'orgue. Quatre socles de statues, sculptés au xvi° siècle, dans la chapelle de la Sainte-Vierge, et un Jonas en albâtre, du xiv° siècle. Couvercle des fonts baptismaux : dôme octogone de chêne sculpté, œuvre de la fin du xvi° siècle : seize sujets sculptés en relief le décorent; huit sont empruntés à l'Ancien Testament et huit au Nouveau. Voici les huit premiers : 1° Adam et Ève dans le paradis mangent le fruit défendu; 2° Caïn et Abel offrent leur sacrifice; 3° Caïn tue Abel; 3° Noé sort de l'arche et sacrifie au Seigneur; 4° le sacrifice d'Abraham; 5° le passage de la mer Rouge; 6° le serpent d'airain élevé sur une croix au milieu des tentes d'Israël; 7° l'arche sainte déposée dans le temple, le pontife porte des pierres pour la construction de l'édifice; 8° sujet inconnu. Les faits empruntés à la loi nouvelle sont : 1° l'adoration des bergers et des mages; 2° la circoncision; 3° le baptême de Notre-Seigneur; 4° Jésus-Christ ouvre les yeux de l'aveugle-né; 5° saint Pierre prêche le baptême et les peuples accourent le recevoir; 6° saint Philippe voyage avec l'eunuque de la reine Candace; 7° saint Paul est baptisé par Ananie; 8° sujet inconnu. Contre-table en bois de la chapelle de la Sainte-Vierge, bonne boiserie de 1636. La sacristie possède de belles boiseries de chêne provenant de l'abbaye de Saint-Wandrille; ce sont les restes des travaux que fit exécuter, en 1680, dom Marc Rivard, prieur de ce monastère. Le buffet d'orgue est un bon travail de la fin de ce même xvii° siècle. Des peintures murales qui ont dû exister et que le badigeon a toutes effacées, il ne reste guère çà et là que quelques fragments, notamment dans la chapelle de Saint-Nicolas et de Saint-Jean-Baptiste. Inscriptions

---

[1] Ce Lebrun peignait sur verre à Caudebec de 1740 à 1760, pour les églises de cette contrée, où l'on rencontre souvent ses œuvres.

sur la porte du clocher, indication de sa fondation en l'an « MIL QVATRE CENS VINGT SIX » (1426). Fondations d'obits du xvi° siècle dans les chapelles de Saint-Jacques et de Saint-Michel. Dalles tumulaires dans le chœur et dans les nefs; une seule est lisible, c'est celle d'un lieutenant du bailli de Caux en la vicomté de Caudebec; cette pierre, qui est dans le chœur, est du xv° siècle. Dalle d'un vicomte de Caudebec dans la chapelle de la Sainte-Vierge. Inscription funéraire du maître maçon de l'église, dans la même chapelle; cette inscription, renouvelée vers 1820, doit être l'imitation d'une ancienne; la voici : « Cy devant git Guillaume Letellier, natif de Fontaine-le-Pins près Fallaize, en son vivant maitre maçon de cette église de Caudebec, qui par l'espace de trente ans et plus en a eu la conduite, pendant lequel temps a achevé l'oo et sous yelles avec le hault de la nef d'icelle église; plus a fondé et élevé tout le cuer et chapelles autour icelle, et levé jusqu'aux premières allées avec la clef pendante de cette presente chapelle. Trespassa le premier jour de septembre l'an mil quatre cent quatre-vingts et quatre. » Lutrin ou aigle de cuivre, œuvre du xvii° siècle, qui fut donné en 1656 par Catherine Cavelet, dont on retrouve sur la base l'inscription et l'anagramme. — Couvents. Les *anciens Capucins*, fondés en 1620, au pied du *Mont Calidu*, sur un terrain donné par Louis XIII; ils subsistèrent jusqu'à la Révolution. Les bâtiments, œuvre du xvii° siècle, existent encore; M. Lamy, qui les possédait naguère, y avait rétabli une chambre de Capucin de Caudebec, meublée comme au temps de la Fronde. Le cloître est en partie détruit. La chapelle, fondée par le duc de Longueville et consacrée sous le vocable de Saint-Louis, le 3 juin 1668, par l'évêque de Finibor, en Irlande, vient de disparaitre en 1861. — Les *Augustines*. Ce couvent de religieuses, filles de la congrégation du bienheureux Fourrier, curé de Mattaincourt (en Lorraine), fut fondé à Caudebec en 1633 et 1643. Les bâtiments, situés place Saint-Pierre, sont une construction en pierre du xvii° siècle; la chapelle, bâtie en 1644 et dédiée à saint Louis, subsiste encore; les fenêtres sont ogivales, comme au xvi° siècle. Depuis 1815, la congrégation est revenue de nouveau occuper son monastère. — Chapelles. Chapelle de Notre-Dame-de-Barre-y-Va; sa fondation remonte à 1260, d'après une inscription moderne. La construction actuelle date de Louis XIV; elle possède pourtant quelques verrières du xvi° siècle et de 1612. Un ermite y aurait établi son oratoire en 1627. A présent c'est un lieu de pèlerinage très-fréquenté, tapissé d'ex-voto offerts surtout par les marins. Chapelle Saint-Pierre-des-Planques dans le cimetière de ce nom; elle a été aliénée à la Révolution. Chapelle Saint-Clair, sur la côte de ce nom, vendue en 1791 et démolie depuis 1830. M. Lesage a conservé dans son album un dessin de ses ruines. Chapelle Saint-Léger, vendue en 1793 et à présent détruite. Chapelle Saint-Julien-le-Pauvre; c'était la chapelle d'un *hospice* ou *maison des pauvres* fondée par Richard de Villequier, en 1205; en 1684 cet hospice fut transféré de la rue des Sorsis dans la rue des Capucins, où il subsiste encore; les constructions en sont modernes; l'ancienne chapelle a été démolie. Chapelle Sainte-Anne-des-Planquettes. Près de la place des Planquettes, était, dit-on, une chapelle qui a disparu; c'était peut-être ce que Duplessis appelle *l'Hôtel des Reclus*. En 1717 l'archevêque d'Aubigné visita les chapelles Saint-Léonard dans la prison et Saint-Louis dans l'hôpital. Croix de pierre en forme de croix de Malte, qui parait remonter au xii° siècle, dite *la Croix des Templiers*, à l'entrée de la propriété de M. Thévenin. Un établissement de Templiers semble avoir existé sur la route de Caudebecquet au xii° siècle. — Murs, tours et portes. Comme beaucoup de villes de France et même d'anciennes cités romaines, Caudebec ne possédait pas d'enceinte murée avant le xiv° siècle; mais les guerres de la fin du xiv° siècle en firent élever. En 1364 Charles V accorda aux habitants de Caudebec un impôt particulier pour « qu'ils puissent « clore, fortifier et remparer nostre dite ville, et pour « ce l'aient commencé à clore et fortifier, pour laquelle « clôture et fortifications qui desjà, si comme on dict, « est bien avancé et en la plus grande partie faicte. » (Voir *la Picardie*, t. VIII, p. 131-140.) De cette clôture à peu près carrée, éperonnée d'une tour ronde à chacun de ses angles, il ne reste aujourd'hui que de vieux murs; elle a complétement disparu à l'ouest, qui est le côté de la Seine; vers le sud il y a encore trace de la tour ronde placée à l'angle du sud-ouest, auprès de la porte de Rouen. Cette tour a été rasée en 1864. Les côtés est et nord ont conservé leurs murs, et les deux tours rondes du sud-est et du nord-est sont encore très-reconnaissables. Le tout est appareillé en pierre de taille dans le style du xiv° siècle sur une épaisseur qui n'est pas moindre de 5 à 6 mètres. Les fossés, en certains endroits, n'offrent pas moins de 10 mètres de profondeur, et une ouverture de 12, 15 ou 20 mètres. Six portes étaient percées dans l'enceinte; trois conduisaient à la Seine : c'étaient la porte de la Rive, la porte de la Poissonnerie et la porte aux Bourres; les trois portes qui communiquaient avec la campagne étaient la porte de Rouen, qui conduisait au centre de la province; la porte de Maulévrier, qui menait au cœur du pays de Caux; et, enfin, la porte de Harfleur, qui conduisait à Harfleur et à la mer. Cette dernière était flanquée de deux tours circulaires dont l'emplacement est encore connu. — Vieilles maisons. Maisons de pierre du xiii° siècle, rue de la Boucherie, n°s 4 et 6 : ces deux maisons accouplées sont percées chacune d'une porte ogive et d'une grande ouverture en arc surbaissé pour boutique au rez-de-chaussée; chacun des deux étages est éclairé par deux fenêtres ogives, à meneau central portant un trèfle de remplissage. Un pignon percé d'une lancette pour éclairer les combles termine chaque façade. Trois gargouilles déversent les eaux des chéneaux. Des potences en fer portant des anneaux sont scellées dans ces façades[1]. Ces deux maisons, au lieu d'être séparées par un mur de refend, ont leurs planchers du premier et du deuxième étage soutenus par une file de piliers octogones. Les poutres du premier étage portent sur des corbeaux datant de la construction primitive, et ceux du deuxième étage sur des chapiteaux. Cette maison, attribuée aux *Templiers*, peut avoir servi de maison commune. Les protestants y ont établi un *prêche* au temps de la Réforme. Maisons du XVIe et du XVIIe siècle. Rue de la Boucherie, nos 32 et 36, deux maisons de bois présentent des arcades du XVIe et du XVIIe siècle. Rue de la Halle, aux nos 25, 27 et 29, trois maisons du XVIe siècle; celle du n° 27 possède encore une porte sculptée à jour et un imposte finement découpé. Rue de la Cordonnerie, n° 8, écussons et sculptures du XVIe siècle. Rue de la Vicomté, n° 35, colonnes en pierre et balcon en bois du XVIIe siècle. Grande-Rue, nos 14 et 16, balcons en bois du temps de Louis XIII; n° 52, porte décorée de clous, du XVIIe siècle; n° 54, porte en bois sculpté et découpé, dans le style du XVIe siècle; n° 72, belle tête en bois décorant un linteau, genre du XVIIe ou du XVIIIe siècle; dans la cour, escalier de pierre du XVIe siècle; n° 37, fenêtres en pierre du XVIIe siècle. — Rues. Quelques-unes rappellent encore par leur nom d'anciens usages, de vieilles corporations ou des institutions disparues. Telles sont les rues du Tripot, où l'on jouait, de Malrepage, de la Boucherie, de la Cordonnerie, de la Cohue, de la Halle et de la Vicomté. — Dalles tumulaires provenant de l'abbaye de Jumiéges. Dans une maison située route d'Yvetot, nos 25 et 27, est un escalier, construit vers 1830, composé de plus de trente marches faites avec des dalles tumulaires provenant de l'abbaye de Jumiéges. Ces dalles, fort richement sculptées, présentent des personnages et des inscriptions du XIIIe siècle; calquées à l'aide de l'estampage, elles ont été reconnues pour provenir des tombes de trois abbés; une seule, portant quatre vers léonins, a donné le nom de l'abbé Jean du Tot, qui gouverna le monastère de 1286 à 1299. Il restait encore des fragments de plusieurs autres pierres. Sur la même route d'Yvetot, au n° 13, un atelier de blanchisserie possède un fragment de dalle tumulaire du XIVe siècle et trois pierres avec inscriptions de religieux de la congrégation de Saint-Maur; l'une est du 2 décembre 1652, l'autre du 6 septembre 1713 et appartient à dom Louis Pollart; la troisième enfin, du 10 août 1718, était celle de dom Nicolas Hommeil : ces deux religieux appartenaient à l'abbaye de Jumiéges. Une dernière pierre avec inscription funéraire se trouve rue Neuve, chez M. Drouet père; c'est celle de dom Guillaume Fiéffé, mort le 17 février 1716. — Pierre d'acquit : grande pierre carrée qui existait encore près de la porte de Harfleur en 1827. Les Jouanne, bourreaux de Normandie, y percevaient le droit de boisselage sur les grains et des droits sur le bois de chauffage.

GUERBAVILLE-LA-MAILLERAYE. *Ép. romaine.* Médaille de bronze de la colonie de Nîmes et monnaie d'or de Julien l'Apostat, trouvées en 1840; conservées au musée de Rouen. Tuiles romaines, suivant M. Fallue. (Pour la partie de la forêt de Brotonne qui regarde la Mailleraye, voir Vatteville.) || *Moyen âge.* L'église, dédiée à saint Mathurin, appartient tout entière au XVIe siècle. Elle est construite en pierre blanche du bassin de la Seine. Le clocher, au portail, est de 1519 ou environ; c'est une tour carrée dans laquelle est pratiquée la double porte ornée, surmontée d'une rosace, qui donne entrée dans l'église. La nef est soutenue par des arcades de mauvais goût. Le chœur, sans grand caractère, est accompagné de deux chapelles du XVIe siècle et précédé de deux autres qui forment comme des bras de croix. Débris de verrières. Joli bénitier en pierre sculpté dans le style de la Renaissance; baptistère du XVIIe siècle; statue en albâtre de la sainte Vierge qui peut remonter au XVe siècle; dalles tumulaires, malheureusement reléguées au bas de l'église; les plus belles appartiennent à des curés de 1512 et de 1587. Belle statue de saint Valentin, du XVIIe siècle, venant de l'abbaye de Jumiéges. Le sanctuaire a été décoré, en 1780, par Jadoulle, sculpteur de Rouen. — Le château de la Mailleraye datait du temps de Louis XIII et de Louis XIV; c'était une œuvre imparfaite et inachevée, dont la cour était fermée par des douves profondes du côté de la plaine, et qui s'élevait sur une terrasse bordée de balustres et dominant la Seine. Cette demeure des de Moy, des Fabert, des Harcourt, des Nagu et des Mortemart, qui avait reçu plusieurs fois des princes et des rois, a été démolie en 1857. Le parc, planté dans le goût de Le Nôtre, a disparu également avec ses arbres séculaires. La chapelle du château est un édifice sans caractère, portant sur son fronton le millésime de 1589. A l'intérieur sont encore les croix de consécration qu'y imprima, le 24 août 1585, messire Jean Lesseley, évêque de Ross, en Écosse, et vicaire général de Rouen, lorsque, à la prière de messire Jean de Moy châtelain de la Mailleraye, il vint dédier cette chapelle. Les fenêtres sont garnies de verrières du XVe et du XVIe siècle provenant des abbayes de Jumiéges et de Saint-

---

[1] Des potences semblables se retrouvent dans les façades de certaines maisons de pierre du midi de la France et en Italie.

Wandrille et qui représentent principalement les apôtres avec les articles du symbole qui leur sont attribués. Le mobilier se compose d'un joli bénitier en pierre de la Renaissance, venant de Jumiéges; d'un christ en ivoire, d'une contre-table en bois du XVIIe siècle, d'un autel en marbre, de stalles dans le genre Louis XIII et d'une tribune pour les châtelaines, sculptée dans le style des derniers Valois. De 1695 à 1789, cette chapelle fut desservie par les pères Capucins, qui y avaient fondé un hospice. Dans le caveau sépulcral, où reposent plusieurs des châtelains de la Mailleraye, des tablettes de marbre attachées au mur conservent les noms de François de Harcourt, marquis de Beuvron, gouverneur de la Normandie, décédé en 1705; du marquis de Nagu et de la Mailleraye, mort en 1777; d'Adélaïde Duhamel, son épouse, décédée en 1826; de Victurnien-Victor de Rochechouart, marquis de Mortemart, pair de France, mort en 1823; de son fils, mort à treize ans, en 1824; et de Louis-Victor-Victurnien de Rochechouart, marquis de Mortemart, décédé en 1834.

LOUVETOT. *Ép. incertaine.* Tradition d'église transférée, la première étant au Vieux-Louvetot. — Enceinte de forme à peu près carrée, à angles arrondis, couvrant à peine un hectare, sur le hameau du Vieux-Louvetot. Les retranchements ont de 4 à 5 mètres de hauteur, et sont sans *vallum*. A l'angle sud-ouest est un tertre élevé de 15 à 20 mètres au-dessus du sol. On pense que ce camp a été occupé par les Espagnols au moment du siège de Caudebec. Anciens retranchements que l'on croit du temps de la Ligue, entre Louvetot, Saint-Gilles et Maulévrier, sur le bord de la forêt. || *Ép. moderne.* Ce lieu tire son nom des loups, fort communs au moyen âge. — L'église, dédiée à Notre-Dame, a été construite en 1740. Le clocher, de style roman, a été élevé en 1861. Il remplace une tour carrée de 1745. — Grange dîmeresse et ancien prieuré dit la *Ferme des Moines*, au Vieux-Louvetot.

MAULÉVRIER. Formée des deux anciennes paroisses de Maulévrier et de Sainte-Gertrude, réunies par ordonnance royale du 16 avril 1823. — MAULÉVRIER. *Ép. gauloise.* Monnaies entrées au musée de Rouen. || *Ép. romaine.* Voie de Caudebec à Arques et à Dieppe. — Restes d'une villa, ferme ou métairie trouvés, de 1832 à 1834, dans la forêt de Maulévrier, au lieu dit *le Trou à Rouzée*, pendant des fouilles dirigées par M. Lesage, de Caudebec. M. Fallue en a publié la description et le plan. Les constructions se composaient de deux corps de bâtiments placés à deux cents pas l'un de l'autre : l'un de 42 mètres sur 20, l'autre de 22 mètres sur 17. En outre, M. Lesage rencontra une masse de débris antiques, tels qu'un pied romain en bronze, long de 192 millimètres (voir une Dissertation de M. A. Deville); une quantité considérable de tuiles à rebords, de faîtières ou de tuyaux d'étuves, et les fragments de plus de deux cents vases, dont plusieurs étaient en terre rouge et à reliefs. Au fond des soucoupes et des plateaux que conserve le musée de Rouen, on lit les noms suivants : ATILIANO, REBVRI, REGINI, VENERA, QVIAISSAM, MILIA, CRACISA, PRVBCVS, CACAVA, TVLL... OFF. Il y avait aussi du verre et surtout du verre de fenêtre. Le fer y était sous forme de clous, d'hipposandales, de clefs, de haches, de couteaux, de chaînes, etc. Il y avait également des fibules, des styles, des épingles et des aiguilles en bronze, une statuette de métal, des meules à broyer, des tablettes à écrire en marbre, des monnaies de bronze d'Antonin et de Commode, une Salonine et un Gordien en argent. || *Ép. incertaine.* Retranchements que l'on pourrait croire antiques, à six cents pas de l'église. Deux ou trois enceintes fossoyées qui pourraient se rattacher au siège de Caudebec, du temps de la Ligue. On en cite une dans la forêt, du côté de Sainte-Gertrude, et deux autres à *Loraille*. || *Moyen âge.* Ruines du vieux château, non loin de l'église et au bord de la forêt. Le donjon, qui est la partie la mieux conservée, n'a pas moins de 18 mètres de hauteur; il porte le nom de *Tour du Diable.* D'après sa construction, on l'attribue au XIIIe siècle. Les fossés qui entouraient la forteresse ne sont pas encore comblés. Il y a quelques années on y a trouvé une très-belle épée. — Église dédiée à saint Léonard; elle conserve quelques traces du XIIe siècle, notamment dans les contre-forts de la nef et dans le baptistère de pierre soutenu par des colonnettes. Le chœur et les transepts ont été reconstruits au XVIe siècle avec la pierre blanche des bords de la Seine. Le clocher, au portail, a été bâti de 1604 à 1612. Verrières du XVIe siècle et saint Sépulcre du même temps, venant de l'église Sainte-Gertrude. Chapelle de Saint-Pierre-des-Bois, vendue et détruite à la Révolution. D'Aubigné l'avait visitée en 1717. = SAINTE-GERTRUDE. *Ép. romaine.* Substructions dans le vallon, suivant M. Lesage. Médailles et vases remplis d'os brûlés, recueillis près de l'église en 1760. Bloc de verre vert, tablette de marbre rougeâtre et fragment d'inscription sur pierre, trouvés en 1844; au musée de Rouen. Tête de statuette de pierre qui semble antique, découverte dans le cimetière en 1851. || *Ép. franque.* Quelques historiens prétendent qu'en 876 les Normands remontant la Seine déposèrent à Sainte-Gertrude, appelée alors *Ansyoth-Moulins*, le corps de sainte Ermantrude, pris dans la Frise, *au pays de Régnier au Long-Col.* || *Moyen âge.* Église sous le vocable de Sainte-Gertrude. Plan en croix, chevet polygone et clocher sur les transepts entre chœur et nef, construit au XVIe siècle en style ogival, avec la pierre du pays. Porte séparée en deux par un trumeau avec tympan à jour, montants décorés de niches à statues.

Nef avec berceau de charpente, éclairée de chaque côté par sept fenêtres à réseau flamboyant. Clocher carré percé d'élégantes fenêtres et surmonté d'une aiguille. Les deux transepts, peu développés, possèdent de belles fenêtres, des voûtes élégantes, des piscines sculptées et des autels de pierre. Le chœur, voûté et terminé en abside à trois pans, est éclairé par cinq belles ogives flamboyantes. Il possède aussi une piscine et un autel de pierre, et de jolis socles de statues. Sur l'un de ces socles, près de l'autel, au sud, est un charmant tabernacle de pierre du xvi° siècle, élégante pyramide hexagone découpée à jour dans toutes ses parties, qui n'a plus que 2 mètres de hauteur, mais qui fut autrefois plus élevée; brisée il y a quarante ans, elle a été soigneusement restaurée par M. Lesage [1]. Cette église, laissée découverte et en ruine pendant plus de trente ans, si bien qu'en 1839 on vendit 80 francs le bois excru dans son enceinte, a été depuis classée comme monument historique départemental, et restaurée par l'État et le département. La duchesse de Berry l'a visitée en 1824. Charles IX et Catherine de Médicis l'avaient visitée en 1563. Une inscription du xvi° siècle, gravée sur le mur, apprend qu'elle a été consacrée en 1519 par l'évêque de Bérite ou Bérycée (*in partibus*). Dalle tumulaire avec images et inscription de 1512, encastrée dans la nef, en 1862, par les soins de M. l'abbé Cochet.

NOTRE-DAME-DE-BLIQUETUIT. *Ép. gauloise.* Pierre située au hameau du Way, près de la route de Pont-Audemer, et autour de laquelle on voit des fées et des géants; citée par M. Fallue. || *Ép. romaine.* Ossements, poteries, monnaies et urnes cinéraires recueillis au lieu dit *Molle-Croûte* (le *Molle-Crofta* du *Monasticon Anglicanum*), suivant M. Guilmeth. Villa romaine au lieu dit le *Château-du-Mort*, suivant M. Fallue. || *Ép. franque.* Cercueils de pierre trouvés en face de l'église. Squelettes sans cercueils, avec des boucles en bronze, des monnaies et des objets en fer, rencontrés ailleurs par M. Marescot. || *Moyen âge.* Église sous le vocable de Notre-Dame. Nef du xi° siècle, appareillée en feuilles de fougère avec contre-forts du xvi° et fenêtres du xvii°. Le clocher, entre chœur et nef, est une tour romane soutenue par des arcades cintrées et couronnée d'une corniche à têtes grimaçantes. Chœur du xiii° siècle, couvert d'une voûte sur nervures terminée par une fenêtre très-ornée. Belle piscine du même temps. Il y eut autrefois un autel de pierre. Il reste encore quelques peintures murales. Baptistère en pierre du xii° siècle. Cette église aurait été seule baptismale pour les paroisses de Guerbaville et de Saint-Nicolas-de-Bliquetuit, suivant la tradition.

SAINT-ARNOULT-SUR-CAUDEBEC. *Ép. romaine.*

Voie de *Juliobona* (Lillebonne) à *Lotum* (Caudebec) et à *Rotomagus* (Rouen). || *Ép. incertaine.* Mare *baigneresse* du nom de Saint-Onuphre, où l'on venait en grand pèlerinage le 19 juin. Ce jour on allumait un feu sur lequel descendait, dit-on, un pigeon blanc. Aujourd'hui comblée. — Murailles et terrassements que l'on dit être les restes du *château de la Pommeraye*, dans la forêt, au triage de la *Pommeraye*. || *Moyen âge.* L'église, sous le vocable de Saint-Arnoult, fut primitivement construite au xiii° siècle; mais de cette époque il ne reste aujourd'hui que le clocher et quelques contre-forts de la nef. Le xvi° siècle a retouché la nef, le chœur et les transepts. Généralement cette église est bâtie en pierre du bassin de la Seine. Belle contre-table en bois de chêne et à colonnes torses du temps de Louis XIII. Vieille croix en pierre du xvi° siècle, sur le bord du chemin de Lillebonne; trois côtés sont sculptés et présentent les images de saint Jean-Baptiste, de saint Jacques le Majeur et de la sainte Vierge, aux pieds de laquelle sont agenouillés les donateurs.

SAINT-AUBIN-DE-CRETOT. *Moyen âge.* Église sous le vocable de Saint-Aubin. Le clocher, entre chœur et nef, est un corps carré roman voûté à l'intérieur, orné à l'extérieur d'une corniche à modillons grimaçants. Le chœur, en pierre, est du xii° siècle, avec corniches et fenêtres fort bien travaillées. Les deux transepts et la nef appartiennent au xvi° siècle. Le transept nord, qui sert de sacristie, possède deux verrières. Le transept du midi, qui forme chapelle seigneuriale, présente une curieuse *Passion* en bois du xiv° ou du xv° siècle; c'est probablement l'ancien retable de l'autel. Le portail, décoré de pilastres et de frontons, est une œuvre capitale. Le pignon, très-mutilé, est criblé de trous de balles qu'il a dû recevoir au temps de la Ligne.

SAINT-GILLES-DE-CRETOT. *Ép. incertaine.* Tradition de déplacement d'église. || *Ép. moderne.* L'église, sous le vocable de Saint-Gilles, présente dans le chœur quelques débris du xvi° siècle, le reste est du xviii°. La nef et le clocher sont modernes.

SAINT-NICOLAS-DE-BLIQUETUIT. *Ép. romaine.* Voie de Caudebec à Pont-Audemer et Brionne, suivie par Guillaume le Conquérant en 1053. — Villas et puits maçonnés, cités par M. Fallue. — Grand bronze de Volusien, recueilli au lieu dit le *Mont-Gobert*, par M. Guéroult, en 1866. || *Moyen âge.* Église sous le vocable de Saint-Nicolas. La nef, primitivement construite au xi° siècle, a été remaniée au xvii°. Le chœur est du temps de Henri IV.

SAINT-NICOLAS-DE-LA-HAYE. *Ép. romaine.* Ossements incinérés contenus dans un grand nombre de vases en terre et en verre, trouvés vers 1775, à la ferme de *Sainte-Marie*. || *Moyen âge.* Église sous le vocable de Saint-Nicolas. Le clocher appartient à la transition du

---

[1] L'état actuel est loin de concorder avec la gravure publiée par Hyacinthe Langlois dans l'*Essai sur l'abbaye de Saint-Wandrille*.

xiii° siècle. Le chœur et les transepts sont de 1631. La nef est du xviii° siècle. — Registre terrier du xviii° siècle à la bibliothèque de Montivilliers.

SAINT-WANDRILLE-RANÇON. Formée des trois anciennes paroisses de Saint-Wandrille, de Rançon et de Goville, réunies le 12 janvier 1825. — SAINT-WANDRILLE. *Ép. gauloise.* Cimetière probablement contemporain de la conquête, trouvé en 1861 sur la *Côte des Caillettes*, au bord de la forêt du Trait et le long de l'ancienne route de Rouen. Il se composait d'une certaine quantité d'urnes en terre grossière et mal cuite, ayant la forme d'un *pot à fleurs*, accompagnées de bois grossiers, le tout au nombre de cinquante à soixante. Avec ces urnes pleines d'os brûlés se trouvaient deux ou trois épées en fer, ployées et dans des fourreaux de métal, ainsi que deux lances aussi en fer. Hache en silex trouvée sur cette même côte des Caillettes, vers 1850. || *Ép. romaine.* Voie de *Lotum* (Caudebec) à *Rotomagus* (Rouen). — Quelques-uns ont placé *Lotum* à Caillouville, hameau de Saint-Wandrille. En 645, quand Wandrégisile arriva à Fontenelle pour y fonder son célèbre monastère, il trouva, d'après la chronique, le pays couvert de ruines antiques et d'édifices renversés par les barbares, qui étaient devenus le repaire des bêtes fauves. || *Ép. franque.* Au vii° siècle ce lieu se nommait *Rotmarias*, du nom d'un seigneur franc appelé Rotmarus, dont la forêt de Roumare rappelle peut-être le souvenir. — Vers 645, Wandrégisile, disciple de saint Colomban, de Luxeuil, y fonda un monastère qui prit le nom de *Fontanella* du petit ruisseau qui l'arrosait. Des murs de grand appareil trouvés par M. l'abbé Cochet en 1861, devant le grand portail de l'ancienne église abbatiale, doivent être les restes d'un édifice primitif et mérovingien, ravagé et détruit par les Normands du ix° siècle. Il ne reste de ce monastère que le *Chronicon Fontanellæ*, manuscrit dont quelques parties remontent au ix° siècle, conservé dans la bibliothèque du Havre. — L'église paroissiale de Saint-Michel, construite au viii° siècle, par Teutsinde et Érinhard, avec les débris du *castrum* romain de *Juliobona*, est entièrement disparue. — Deux grottes ou cellules creusées dans les flancs de la colline, près de la chapelle de Saint-Saturnin ; plusieurs ermites les habitèrent, notamment au ix° siècle. Dans ces grottes, dit-on, vécut un célèbre calligraphe du temps de Charlemagne, nommé Hardwin, mort vers 811. On croit qu'il travailla au *Chronicon Fontanellæ*. (Voir les plans des grottes de Saint-Saturnin dans l'*Architecture monastique*, de M. Albert Lenoir, t. II, p. 8, 9 et 10.) Au hameau de Caudebecquet, dans le flanc de la colline septentrionale et au bord de l'ancienne route de Rouen, est une grotte formée de deux excavations abandonnées dont l'une est entièrement rebouchée, tandis que l'autre est encore ouverte. Cette dernière, taillée dans le roc vif, a 2 mètres de hauteur, 15 mètres de longueur et 4 mètres de largeur. On l'appelle *grotte Milon*, et l'on dit qu'elle fut habitée au ix° siècle par saint Milon, fils de sainte Wisle, abbesse de Logium. L'histoire rapporte que le pieux anachorète fut inhumé devant la porte des religieuses. Des squelettes auraient été trouvés, vers 1845, dans les jardins qui surmontent les grottes. — Abbaye de *Logium*, placée habituellement à Caudebecquet et aux environs de la grotte Milon, fondée en 654 par Balthilde, épouse de Clovis II, et dont sainte Wisse ou Wisle, mère de saint Milon, fut abbesse en 701. En 831, Anségise, abbé de Fontenelle, légua par testament une livre d'argent au monastère de Logium, qui, peu de temps après, fut détruit par les Normands. Épaisses murailles appelées *port et quai de Saint-Wulfran*, à Caudebecquet, à l'endroit où les rivières de Fontenelle et de Rançon se jettent dans la Seine [1]. Saïga en argent de l'heptarchie, dont l'analogue figure dans Ruding (*Annals of the coinage of Great Britain*), trouvé en 1869, lorsque l'on creusait les fondations d'une maison d'école. || *Ép. incertaine.* Fontaine vénérée de Caillouville, placée à 1 kilomètre de l'abbaye de Saint-Wandrille. Il est possible que cette source ait été révérée des païens, mais il est probable qu'à l'époque franque elle servit de baptistère pour les Cauchois infidèles ; les pèlerins s'y baignent encore aujourd'hui. || *Moyen âge, Renaissance et temps modernes.* Église abbatiale. Wandrégisile avait bâti quatre églises au vii° siècle : l'église Saint-Pierre, l'église Saint-Laurent, l'église Saint-Pancrace et l'église Saint-Paul. La principale, celle de Saint-Pierre, avait, dit-on, 230 pieds de long sur 37 de large. Brûlée en 756, elle fut bientôt rétablie. Vers 862, elle fut ruinée par les Normands. Le x° siècle releva l'édifice, qui fut renouvelé par la ferveur du xi°. En 1033, une nouvelle basilique fut consacrée sous le vocable de Saint-Pierre et de Saint-Wandrille. De 1244 à 1247, un incendie réduisit en cendres l'église bâtie par saint Gradulfe et saint Gérard. En 1248, l'abbé Pierre Mauviel commença la grande et belle église dont quelques débris sont parvenus jusqu'à nous. Cette œuvre ne fut terminée que vers 1342 ; la tour et sa flèche ne s'élevèrent qu'en 1331. Le 21 décembre 1631, cette tour tomba d'elle-même et ruina une partie de l'église. La congrégation de Saint-Maur, entrée à Saint-Wandrille en 1636, répara le désastre. De 1641 à 1680, le travail ne cessa pas, et une tour nouvelle fut élevée sous la direction d'Antoine Boynet, habile architecte de Rouen, qui remplaça la flèche par un dôme. En 1680, on décora l'église de

---

[1] Peut-être est-ce là que s'est embarqué ou qu'a débarqué l'apôtre des Frisons. Au x° siècle, d'après M. l'abbé Le Beurrier, cet endroit a dû porter le nom de *portum Logiensem*. C'est là que vers 960 se serait embarqué avec un voleur de reliques, fait mentionné par la *Chronique de Fontenelle*. (D'Achery, *Spicilegium*, t. III, p. 256. Le Beurrier, *Annuaire du département de l'Eure*, année 1862, p. 39.)

belles boiseries qui existent encore dans les églises de Caudebec et d'Yvetot. De 1670 à 1673, Antoine Boynet construisit un jubé, disparu depuis longtemps. Vendue à l'encan comme le reste du monastère, le 17 juin 1792, l'église abbatiale fut détruite de 1792 à 1832, époque où s'arrête à peu près l'œuvre de la démolition. L'église avait 252 pieds de longueur et 70 de hauteur. Le chœur seul avait 108 pieds de long sur 72 de large. Autour du chœur rayonnaient quinze chapelles dont les soubassements subsistent encore. Du côté nord les murs s'élèvent à hauteur d'homme et présentent des piscines du XIIIe siècle. Les nefs ne laissent voir que des murs sans grand caractère, sauf le collatéral nord qui a gardé ses faisceaux de colonnettes et le transept septentrional conservé presque en entier avec la chapelle du Saint-Esprit. C'est une belle construction de la fin du XIIIe siècle. Le chœur et les transepts, fouillés par M. l'abbé Cochet en 1861, ont montré plusieurs caveaux funéraires qui tous avaient été pillés : des cercueils de pierre du XIIIe siècle, des sarcophages de plâtre du XIVe et du XVe, des coffres en bois du XVIe et du XVIIe. Devant la porte et sous la sacristie, on a trouvé des cercueils à entailles du XIIe et du XIIIe siècle. Les objets recueillis dans cette fouille sont des vases à charbon et à encens du XIIIe et du XVIe siècle, des boucles et des anneaux de bronze du XIIIe ou du XIVe, des sandales funèbres, des restes de vêtements et un chapelet avec médaille de saint Benoît du XVIIe siècle. Le cloître est établi sur un carré parfait. L'abbé de la Doublie bâtit, de 1304 à 1342, la galerie du midi, composée de cinq travées voûtées dont les arcades sont fermées par un réseau rayonnant. Le reste a été fait, de 1516 à 1530, par l'abbé Jacques Hommet et le prieur Guillaume Lavieille. Il y a à l'orient sept travées voûtées et six arcades; au nord, sept travées et sept arcades; à l'occident, sept travées et six arcades, toutes remplies par un réseau flamboyant. La porte de communication avec l'église est du XIVe siècle, carrée, sous un tympan abrité sous une voussure portant des statues. Auprès sont une niche et une vierge du XIVe siècle. Une dalle tumulaire du XIIIe siècle s'étend en avant; c'est celle de Jean, bailli de Fontenelle, dont l'inscription en vers léonins est en partie effacée. Dans la galerie du nord est un magnifique *lavabo* en plomb, dans le style de la Renaissance, placé sous un arc dont le tympan est décoré de grotesques, au milieu desquels se voit l'écusson de Louis XII. Dans le pavage, on ne reconnaît que quelques carreaux de pierre indiquant l'année du décès de religieux réformés de Saint-Maur. Le réfectoire est une grande salle, longue de 33 mètres, dont la partie inférieure, construite en style roman du XIIe siècle, est ornée de colonnettes soutenant des arcs entre-croisés. La partie haute date seulement du XVe siècle et est éclairée par huit belles fenêtres de cette époque. Le tout est couvert par un berceau en arc aigu en boiserie du XVIe siècle. Au XVIIe siècle, ce réfectoire fut décoré d'un grand tableau de Daniel Hallé, la *Multiplication des pains*, qui est aujourd'hui dans l'église Saint-Ouen de Rouen. Le monastère fut entièrement renouvelé au XVIIe siècle par la congrégation de Saint-Maur, qui y travailla de 1654 à 1693. Elle fit d'abord le logis des hôtes et celui des infirmes, composé d'un bâtiment de 204 pieds de long sur 34 de large; puis la bibliothèque, les pavillons, le trésor, le chartrier et une grande salle de 120 pieds de long, le tout formant un ensemble de 286 pieds de long sur 40 de large. La grande salle ou promenoir est soutenue par un rang de colonnes doriques et éclairée par deux rangs de larges fenêtres jadis ornées de bordures et de vignettes coloriées. On bâtit ensuite deux étages de quarante chambres chacun, dans la prévision de la réunion à Saint-Wandrille du chapitre général de la congrégation de Saint-Maur. Tous ces grands travaux, qui subsistent encore, sont l'œuvre d'Antoine et d'Emmanuel Boynet, architectes de Rouen au XVIIe siècle. Dans les caves, qui sont magnifiques, existent quelques dalles tumulaires du XIIIe siècle et une inscription funéraire de la congrégation de Saint-Maur, de 1781. Le 17 juin 1792, au district de Caudebec, l'abbaye fut vendue 90,000 livres à une société d'acquéreurs. (Voir les reproductions des ruines dans les *Voyages pittoresques et romantiques dans l'ancienne France* (1820) et dans l'*Essai sur l'abbaye de Saint-Wandrille*, par M. Hyacinthe Langlois (1825). MM. Daguerre et Bouton ont reproduit le cloître dans leur *Diorama*.) — Chapelle Saint-Saturnin. L'ancienne chapelle qu'au VIIe siècle les fondateurs de Fontenelle élevèrent à saint Saturnin de Toulouse sur une colline exposée au midi, fut détruite par les Normands en 862. On attribue à saint Gérard, abbé vers 1030, l'édifice actuel, construit en moellons et appareillé en feuilles de fougère sur un plan en croix; le chœur et les transepts se terminent circulairement avec clocher sur la croisée. L'autel est en pierre, et des bancs, également en pierre, longent les murs. (Voir la *Monographie de la cathédrale de Noyon* et l'*Architecture monastique*, de M. A. Lenoir, t. II, p. 8, 9 et 10). Le peuple appelle le saint patron *saint Atorni* ou *saint Raccourci*. La clôture du parc monastique qui longe la chapelle de Saint-Saturnin se compose de 1,200 toises de murailles élevées en 1686. — Chapelle et fontaine de Caillouville. La chapelle bâtie par les premiers abbés de Fontenelle, renversée par les Normands, fut relevée au Xe siècle. Elle a été reconstruite en 1331. Elle était longue de 104 pieds, et éclairée par des verrières. Louis XI y fit, en 1474, un pèlerinage. Vendue le 6 thermidor an IV, elle a été démolie presque aussitôt. Dans l'église de Saint-Wandrille, on voit encore beaucoup d'images venant de Caillouville, où il y en avait tant qu'il était passé en proverbe populaire de dire : « Tassés comme les saints de Caillouville. » Le saint Christophe seul avait 12 pieds de haut. — La fontaine, qui subsiste encore, est toujours un objet de pèlerinage; elle est partagée en deux parties, la piscine des hommes et celle des femmes. On prétend que l'image de sainte Radegonde est gravée sur la pierre du fond du bassin. — Église paroissiale dédiée à saint Michel. Plan jadis en croix. Transept du sud du XIe siècle, terminé circulairement. Tour carrée du clocher percée de fenêtres romanes, sur la croisée, également du XIe siècle. Chœur du XIIe siècle. Au nord, chapelle de la Vierge du XIIIe siècle, ayant conservé son ancienne peinture figurant un appareil de pierre tracé en ocre rouge. Baptistère également du temps de saint Louis. Nef, séparée des bas côtés par des colonnes de style ionique, du XVIe siècle. 34 statues en pierre, la plupart du moyen âge, et dont une vingtaine proviennent de Caillouville, rangées au bas de l'église et but d'un pèlerinage, accompagnent une jolie croix sculptée du XVIe siècle. A l'entrée du chœur, trois cadres ou reliquaires offrent des ossements ou parties d'ossements, reliques sans authenticité, attribués à trente saints que l'on désigne. = Rançon. *Ép. romaine.* Dolium romain contenant un petit vase noir et des os brûlés, trouvé en mai 1862, devant le portail de l'église. A droite et à gauche étaient des urnes cinéraires du second siècle de l'ère chrétienne. Ce *dolium*, déposé au musée d'antiquités de Rouen, est haut de 61 centimètres et a une circonférence de 1^m,85. Les angles et le col avaient été abattus pour sa destination funéraire.

|| *Ép. incertaine.* Motte entourée d'un fossé vers Saint-Wandrille, au lieu dit *le Gîte.* Dans le fossé est un puits maçonné profond de plus de 6 mètres. || *Moyen âge.* L'église, dédiée à Notre-Dame, est un petit édifice roman du XIe siècle, jadis à trois nefs. Le chœur se termine en abside circulaire. Le clocher, tour carrée, sépare le chœur de la nef. La nef, primitivement romane, a été modifiée sous Louis XIV. Vers 1662, on supprima les deux collatéraux et on refit le portail. Les transepts ont été greffés sur une base romane au XVIe siècle. Les trois autels sont des massifs de pierre contemporains de l'église. Le baptistère est une cuve de pierre du XIIe siècle. Un des transepts renferme un vitrail de 1536. Cette église qui, comme la seigneurie, dépendait de l'abbaye de Saint-Wandrille, possède aux archives départementales un curieux registre de 1741. En 1717, l'archevêque d'Aubigné visita une chapelle de Saint-Jacques située près de Caudebecquet, sur le territoire de Rançon. Elle n'existe plus. = Goville. *Ép. franque.* Chapelle Saint-Amand de *Gothville*, dédiée à saint Amand, de Rodez, dont le diacre Médard avait apporté les reliques dès le VIIe siècle. Là se réunissaient saint Ouen, de Rouen, saint Philibert, de Jumièges, et saint Wandrégisile, de Fontenelle, pour parler des choses de Dieu. Au IXe et au Xe siècle on montrait encore les sièges et les lits de pierre sur lesquels se reposaient ces saints personnages. || *Moyen âge.* L'église, dédiée à saint Amand, fut supprimée à la Révolution. Le clocher existait encore en 1825. Il fut dessiné par M. Lesage dans ses *Monuments de Caudebec et des environs.* Aujourd'hui l'église est entièrement tombée dans la Seine. L'archevêque d'Aubigné l'avait visitée en 1717.

TOUFFREVILLE-LA-CABLE. *Moyen âge.* Église dédiée à saint Ouen et à sainte Madeleine. Le clocher et le chœur sont du temps de saint Louis, mais défigurés au XVIIIe siècle. La nef est du XVIe siècle.

VATTEVILLE-LA-RUE [1]. *Ép. gauloise.* Monnaies d'or trouvées en 1850, chez M. Guéroult, de Caudebec. Pierre fichée, appelée *Petra fixa* dans une charte de 715 délivrée par Dagobert II à saint Bénigne, de Fontenelle. || *Ép. romaine.* Voie de *Breviodurum* (Brionne) à *Lotum* (Caudebec). Le duc Guillaume le Bâtard la suivit en 1053, quand il alla du Contentin à Arques châtier la rébellion de son oncle. Cercueil en pierre du pays trouvé dans le *Champ de la Broche*, près de la *Ferme Féron*, en 1855, par M. Hulin, maire de Vatteville; il avait été visité. Il a la forme d'un parallélipipède long de 2^m,15, haut de 75 centimètres et large de 80 centimètres. Un trou est percé au fond. Terres noires, urnes, tuiles, poteries et médailles trouvées sur la ferme du *Catelier* ou des *Cateliers*. M. Fallue cite un moyen bronze de Germanicus, et M. Deville, un Titus. Tuiles à rebords et murs arasés dans le quartier de la *Maison du Roi.* Vase rempli de médailles antiques, trouvé le long des communaux. Clef de bronze doré, monnaies de bronze de Domitien et de Vespasien, de Gordien, de Dioclétien et de Maximien, possédées par M. Guéroult. || *Ép. franque.* Le *palatium* mérovingien d'Arélaune est généralement placé à Vatteville; on croit en reconnaître une trace dans le nom de *Maison du Roi*, affecté à une métairie possédée par les rois capétiens et même par les derniers Valois. M. Fallue assure en avoir retrouvé la trace sur un espace de 150 pieds carrés. (Voir *Forêt de Brotonne.*) — Sépultures avec vases aux pieds, trouvées en 1854. || *Ép. incertaine.* Marmite de bronze avec anse de fer, découverte en 1859, au lieu dit *le Roule*, au bord de la forêt; elle contenait un chandelier et un pied de lampe aussi en bronze. Motte de terre haute de 10 à 12 mètres, appelée *la Butte à l'Écuyer*, sur le chemin d'Aizier, non loin de la Seine et au bord de la forêt. Sondée en 1838 par M. Charlier, elle n'a rien donné.

---

[1] Cette commune comprend une grande partie de la forêt de Brotonne, qui s'étend aussi sur la commune de Guerbaville-la-Mailleraye. Le détail des antiquités qu'elle renferme est réuni à la fin de l'article.

|| *Moyen âge.* Église dédiée à saint Martin. Plan en croix, nef avec bas côtés, du xvi° siècle. Le chœur, du temps de François Ier, est à chevet pentagone éclairé par sept fenêtres et recouvert de voûtes sur nervures. Le clocher, entre chœur et nef, est une tour carrée en pierre, comme tout le reste de l'église, surmontée jadis, dit-on, d'une flèche de pierre qui a disparu. Les transepts se terminent en abside à trois pans, éclairés par de grandes ogives. La nef et ses collatéraux sont une œuvre de la fin du xvi° siècle. Le grand portail semble avoir été fait sous Henri IV ; il a été lézardé par la foudre, et deux de ses fenêtres sont rebouchées. Tribune de pierre, sculptée dans le style de la Renaissance, destinée à soutenir un orgue. Verrières nombreuses et intéressantes. (Voir leur description dans les *Églises de l'arrondissement d'Yvetot*, par M. l'abbé Cochet, t. Ier, p. 131-136.) Nef ; première vitre : la *Sainte Vierge, Saint Antoine du désert, Saint Jacques de Compostelle*, donnée en 1674 ; deuxième vitre : *Saint Jude, apôtre, et Saint François d'Assise, Notre-Dame-de-Pitié* et les donateurs, donnée en 1607, par Colleaux, procureur au siége présidial de..... Transept sud ; première vitre : *Vie de la sainte Vierge* (son éducation, l'annonciation), donnée en 1521, par «le maistre de la *Roumaine* (navire de Vatteville) et ses bourgeoys» (les armateurs) ; deuxième vitre : *Vie de saint Jean-Baptiste*, donnée en 1528, par Michel Delisle, réparée en 1571 ; troisième vitre, très-mutilée : *Vie du Sauveur* (adoration des mages, ascension de Jésus-Christ, etc.). Transept nord, première vitre : *Vie du Sauveur* (incarnation, circoncision, présentation, fuite en Égypte, éducation de Jésus, etc.) ; troisième vitre : *Légende de saint Martin*, patron de l'église (il coupe son manteau, il est tenté par le diable, il est visité par la sainte Vierge, il célèbre la messe, il guérit un lépreux, il meurt). Chœur, première fenêtre à droite en montant : l'*Ascension de Jésus-Christ* ; deuxième fenêtre : *Sainte Catherine, Saint Nicolas, Sainte Marguerite* ; troisième fenêtre : *Saint Hubert*, avec les donateurs ; quatrième fenêtre (terminale) : la *Sainte Vierge* et *Saint Martin*, donnée en 1607, par un prêtre à genoux ; cinquième fenêtre : *Saint Nicolas* et les donateurs ; sixième fenêtre : la *Transfiguration*, l'*Apparition à saint Thomas* ; septième fenêtre : la *Pentecôte*, la *Samaritaine*, la *Pêche miraculeuse*. — Ruines du vieux château élevées sur un tertre fait de main d'homme et encore entouré de fossés profonds non comblés par le temps. Il avait la forme d'un carré long. De hautes murailles de pierre, percées de fenêtres à plein cintre et munies de contre-forts, subsistent encore. A leur base on remarque un appareil en arête de poisson, ce qui indique le xi° siècle. Près du château ruiné est l'énorme tour du donjon, du xi° au xii° siècle, construite en pierre blanche sur un plan octogone, et assise sur un tertre très-élevé. Les murs, épais de 3 à 4 mètres, sont composés d'un blocage recouvert d'un appareil carré. En 1123 ou 1124, ce château fut pris et en partie détruit par Gautier de Valliquerville, qui tenait pour Henri Ier contre le comte de Meulan, qui tenait pour Guillaume Cliton. — Vieille maison du xvi° siècle qui porte le nom de *Maison du Roi*. Une mare voisine est connue sous le nom de *Mare du Roi*. On pense que c'est là que fut autrefois le *palatium* des rois francs. M. Fallue assure avoir reconnu autour des constructions considérables. Ferme des *Cateliers*, construction du xvi° siècle. Dans le pavage de la cuisine on remarque deux pierres tumulaires venant de Jumiéges, qui portent les inscriptions de dom Nicolas Boulanger, décédé le 13 avril 1747, et de dom Joseph Cochet, mort le 1er décembre 1762, tous deux Bénédictins de la congrégation de Saint-Maur. Maison du xvi° siècle, encore décorée de boiseries et de sculptures de ce temps, dans la rue de Vatteville conduisant à la butte de l'Écuyer. — Image de Notre-Dame, avec la date de 1765, sur un très-vieux chêne de carrefour. == LA FORÊT DE BROTONNE. *Ép. gauloise.* Cavités nommées *le Puits du trésor*, et fosses profondes de 4 à 5 mètres et larges de 10 à 12. *Fontaine de Grainetieu*, qui reparut en 1835 et que l'on disait comblée avec des balles de laine. On en disait autant d'une source nommée *Mare des Molants*. Médailles et beau bracelet en or trouvés près de Brotonne, au triage du *Lendin*, par M. le marquis de Sainte-Marie, en 1821 : le bracelet est conservé à la Bibliothèque nationale. Pierres qui ont un caractère mystérieux, au triage des *Trois-Pierres*. Pierre qui cache un trésor, au Torp. Hachettes en bronze et lingots de cuivre, avec un fourneau fait de tuiles romaines, trouvés en 1820 dans le même quartier. || *Ép. romaine.* En 1837, M. Fallue fit entrevoir les richesses archéologiques que renferme la forêt de Brotonne. En 1838 et 1844, M. Charlier fit trois explorations successives qui ont révélé des monuments d'un grand intérêt. Sur le plan qu'il a dressé et dans le mémoire qu'il a rédigé, M. Fallue signale çà et là de nombreux puits maçonnés, tels que ceux de *Rouet*, de *Lullin*, de *Timare*, de la *Houssaye*, et des noms significatifs tels que ceux de *Catelier*, à Vatteville et au Lendin [1]. Le *Catelier* du Lendin a montré une *villa* avec des salles, des galeries et un hypocauste. D'autres villas furent entrevues aux triages

---

[1] Quoique le Lendin fasse partie du département de l'Eure, cependant on peut le considérer comme une fraction de Brotonne. Les objets qui en proviennent sont d'ailleurs entrés dans le musée de Rouen. Vers 1840, on a recueilli dans la *villa* du Lendin des peintures murales, des poteries en terre rouge à reliefs, portant les noms des potiers RVFI, SVARTI, SENITAM, SINATAS, CASTVS, O SEVERI, SILVANI, ...NIM, et ...IICCI. Parmi les monnaies recueillies, on cite un Auguste et un Trajan en argent, des Marc-Aurèle, des Tétricus, des Posthume, des Dioclétien et des Constantin en bronze.

des *Landes*, des *Buttes de la Londe*, de la *Petite-Houssaye* et de *Sainte-Croix-sur-Aizier*. Partout, en ces divers lieux, on apercevait des murs et des puits, on trouvait des tuiles, des poteries, des mortiers, des stucs, du fer et du bronze. Près de la chapelle du Torp étaient de nombreuses maçonneries ; on y avait également recueilli un vase contenant mille sept cents médailles. Enfin au Torp et à Aizier on avait rencontré des urnes et des restes d'incinérations. De 1838 à 1843, M. Charlier fouilla, à trois reprises différentes, le triage de la *Petite-Houssaye*. Dans la campagne de 1838, il trouva une villa antique composée d'une vingtaine d'appartements ; elle recouvrait un espace de 225 mètres dans tous les sens. Il recueillit des peintures murales, des tuiles noircies et des poutres carbonisées, restes d'un incendie, enfin une médaille de bronze de Constantin le Grand. Le 13 septembre 1838, il rencontra une belle mosaïque de $4^m,50$ de côté, représentant Orphée jouant de la lyre, entouré d'animaux et escorté des quatre saisons de l'année. Cette mosaïque, transportée à Rouen en 1846, a été montée dans le musée d'antiquités en 1862. A 200 mètres de là, M. Charlier a fouillé une butte qui lui a donné des vases brisés et trois cruches de terre remplies d'os brûlés. Les fouilles de 1843 firent découvrir une autre villa, large de 150 mètres et longue de 180, avec salles, galeries, hypocaustes et restes de mosaïques ; on crut même rencontrer des bains. On vida un puits qui était plein de poteries et de bois de cerfs. Enfin on reconnut une clôture murée d'une grande étendue. Des peintures murales, des cubes de mosaïque, des tuiles à rebords et des tuiles faîtières, des fers de chevaux, des médailles de grand, de moyen et de petit module avec effigies de Tibère, Trajan, Adrien, Marc-Aurèle, Antonin, Faustine, Commode, Posthume, Claude le Gothique, Gallien, Salonine, Tétricus et Gordien ; des fibules, des styles, des anneaux, des clefs, des miroirs en bronze, un mascaron de verre portant le nom de AMARANVS, des poteries rouges avec les noms de LIMETII M., GENITORIS, SENITAM, ADVOCISI ; une centaine de statuettes de Vénus Anadyomène en terre blanche, provinrent de cette fouille et furent partagées entre le musée de Rouen et celui de Caen. Deux paires de meules à broyer en poudingue, recueillies en 1861, sont entrées au musée de Rouen. || *Ép. franque.* Quoique l'on ne connaisse pas dans la forêt de Brotonne de monuments que l'on puisse sûrement rapporter à l'époque franque, l'on doit attribuer à ce temps, avec le nom d'Arélaune, tout ce que nos premiers historiens racontent du palais et de la forêt de ce nom. C'est là que s'est réfugié, en 535, Clotaire, roi de Soissons, poursuivi par ses deux frères Childebert et Théodebert. C'est là aussi que s'est retiré, en 599 ou 600, Clotaire II, battu à Dormelles par Thierry et Théodebert. C'est là encore qu'en 603 Berthoald, maire du palais, faillit être surpris par Landry. Enfin, c'est dans cette forêt que chassait, en 679 ou 675, Thierry III, lorsqu'il reçut le Breton saint Condé et lui donna l'île de Belcinac et une partie de la forêt elle-même. Plusieurs croient, et M. Fallue est de ce nombre, que ce fut alors que la forêt quitta le nom d'Arélaune pour prendre celui de Brotonne. On l'appela *Sylva Brittonis*, parce que saint Condé était Breton ; d'où le moyen âge aurait fait *Sylva Brotoniæ*.

VILLEQUIER. Formée des deux anciennes paroisses de Villequier et de Rebec, réunies par ordonnance royale du 3 septembre 1823. — VILLEQUIER. *Ép. gauloise.* Roche naturelle qui a la forme d'une chaire à prêcher, derrière le château moderne de la *Martinière* et au bord du chemin de Saint-Arnoult ; le peuple appelle cette aiguille, un peu plate au sommet, *le Pain-Bénit*. Il assure que sous sa base sont cachés des trésors gardés par des monstres et des femmes blanches. Il ajoute que cette pierre tourne sept fois sur elle-même pendant la nuit de Noël. || *Ép. incertaine.* Enceinte fortifiée nommée les *Catels* ou *Cateliers*. Sur la côte, près du château, il y aurait eu une triple enceinte au hameau de la Guerche, et trois tertres existeraient dans le bois de Bellemare. || *Moyen âge.* Église dédiée à saint Martin. La tour carrée du clocher, posée sur le portail, haute de 33 mètres, est en pierre blanche, couronnée d'une balustrade et surmontée d'une flèche d'ardoise. La porte est une belle ogive séparée par un montant garni de statues ; ce portail, démoli en 1828 pour faire passer un dais, a été rétabli en 1849. Le chœur est une construction du XII° siècle, mais défigurée au XVII° et au XVIII° siècle. La nef est un beau et large vaisseau en pierre blanche, percé de douze fenêtres ogivales qui, presque toutes, ont conservé leurs verrières du temps de François I°'. Au midi sont représentés saint Nicolas, sainte Catherine, saint Eustache, des scènes de la passion du Sauveur, telles que l'entrée dans Jérusalem, la cène, le jardin des Olives, l'*Ecce homo*, etc. verrière donnée en 1525 et 1530, et restaurée en 1611 ; la vie de saint Jean-Baptiste, beau travail de 1518, et l'arbre de Jessé. Au nord sont la légende de la sainte Vierge, la légende de saint Pierre, patron des marins, et enfin un combat naval donné «l'an MIL V°° XXII (1522), par Jehan Busquet, dit Deleau, marin ; Jacques Renault, Robert Busquet et Jehan le Breton.» Cette précieuse représentation de la marine au temps de François I°', de Henri VIII et de Charles-Quint, montre des navires se prenant à l'abordage ; on distingue parfaitement les pavillons de France, d'Angleterre, de Flandre et d'Espagne. Obit de Catherine de Houdetot, fondé en 1554, dans la nef. Inscription latine, gravée sur marbre noir, de Jonas de Villequier, mort en 1638. — Chapelle des *Courdreaux* ou du *Coudray*, depuis longtemps détruite. Chapelle de la Martinière, également disparue, ainsi que le vieux manoir de ce fief, érigé par lettres patentes de 1623. Chapelle du château, moderne; il ne reste rien de celle qui fut fondée en 1289 par Robert de Villequier. — Le château est une grande construction en pierre et brique, du temps de Louis XV. La terre de Villequier fut érigée en baronnie par lettres patentes de Louis XIV, du mois de mars 1712. == RÉDEC. *Moyen âge.* Église dédiée à saint Pierre. Petite construction en pierre blanche entièrement du xvi° siècle. Le clocher, au portail, possède une charmante tourelle d'escalier. Les fenêtres de la nef sont des pleins cintres, celles du chœur des ogives contemporaines. — Manoir près de l'église; quelques parties remontent au xvi° siècle.

CANTON DE DOUDEVILLE.
(Chef-lieu : DOUDEVILLE.)

AMFREVILLE-LES-CHAMPS. *Moyen âge.* Église dédiée à saint Pierre, composée d'un chevet et d'une nef. Quoique remaniée en très-grande partie au xviii° siècle, elle garde des lancettes ogivales au chœur, la porte des Hommes au midi du chœur, un sacraire et une piscine, un fragment de verrière et des restes de peinture murale du xiii° siècle.

BÉNESVILLE. *Moyen âge.* Église dédiée à Notre-Dame et à saint Martin. Quelques traces du xiii° siècle dans le chœur et chapiteau creusé qui sert de bénitier. Le xvi° siècle a refait le chœur en partie et la nef complètement. La charpente en est assez intéressante. Le clocher, au portail, est une lourde tour en grès de 1600 environ. Des verrières décoraient autrefois les fenêtres; il n'en reste plus qu'un débris de «M V^{cc} XL» (1540). — Croix de cimetière de 1627. || *Ép. Renaissance.* Près de l'église, maison en bois du xvi° siècle, dans laquelle est une cheminée en grès avec colonnes torses et à chapiteaux. — Petite chapelle avec autel de pierre au hameau de Mesnil-Testier, dans la maison de M. Bréard. — Gentilhommière en bois au hameau de Boucourt. Auvents, corniches et sommiers sculptés. Escaliers avec rampes de bois très-curieuses. Lambris sculptés. Caves voûtées en moellon. Colombier en brique et grès de même caractère. — M. Duperron, sieur de Bénesville, conseiller au parlement de Rouen, étant mort le 31 janvier 1597, son corps fut porté à Bénesville-en-Caux. Il n'existe plus trace de cette sépulture. (Farin, *Histoire de Rouen*, t. II, p. 151.)

BERVILLE-EN-CAUX. Formée des deux anciennes paroisses de Berville-en-Caux et de Baudri-Bosc, réunies par ordonnance royale du 22 octobre 1823. — BERVILLE. *Moyen âge.* L'église, dédiée à saint Wandrille, vient d'être complètement renouvelée en style roman. Celle qui a disparu avait un portail ogival qui pouvait remonter au xiii° siècle. Le reste était sans caractère.

== BAUDRI-Bosc. *Ép. moderne.* Église dédiée à saint Pierre et à saint Gilles. Bien que construite en 1734, elle tombe en ruines. Litre seigneuriale et bel écusson sculpté sur grès.

BOUDEVILLE. *Moyen âge.* Église dédiée à saint Pierre. Chœur du xiv° siècle, avec fenêtres, colonnes et piscine d'une grande élégance, réparé en grès au xvi° siècle. On lit sur la charpente : «L'an mil V^{cc} XXIII» (1523). Clocher, entre chœur et nef, du xiv° siècle à la base et du xvi° au sommet. Cette église dut subir une catastrophe au xv° siècle, à l'époque anglaise probablement. La nef, remaniée au siècle dernier, porte sur sa charpente l'inscription : «L'an mil CCCC LXXXIX» (1489). Deux jolis socles de statues dans le chœur. — Tradition d'une abbaye. — Un vieux bois s'appelle *le Bosc aux Moines.* — Le château, devenu une ferme, n'a que des traces de son ancienne destination.

BRETTEVILLE-SAINT-LAURENT. Formée des deux anciennes paroisses de Bretteville et de Beauville-la-Cité, réunies vers 1823. — BRETTEVILLE. *Moyen âge.* L'église, dédiée à Notre-Dame, garde quelques traces du xii° siècle. Le reste est moderne. Dans le mur du midi est une ouverture romane rebouchée, qui est peut-être un ancien confessionnal. Jolis bustes de Jésus et de Marie sculptés en marbre au xviii° siècle. — Croix du cimetière de 1620, décorée des instruments de la Passion. == BEAUVILLE-LA-CITÉ. *Ép. romaine.* Tertre factice qui a la forme d'un théâtre rustique, tout couvert de bois. On y remarque des blocs de tuf taillés de main d'homme. Vingt monnaies recueillies dans les fossés. Quatre monnaies romaines : un grand bronze de Crispine, deux moyens bronzes de Constance et un denier d'argent de Gallien, en la possession de M. le docteur Guéroult, de Caudebec. Médailles, tuiles, poteries et constructions antiques trouvées autour de cette éminence et dans les jardins du village. — Voie romaine de *Lotum* (Caudebec) à Arques. — Le surnom de *Cité*, donné à ce village depuis longtemps, fait supposer la tradition d'une station disparue. || *Moyen âge.* L'église est en ruines. On y remarque des tufs du xii° siècle. Le reste indique une construction du temps de Louis XIV. Une croix de grès, restée debout, est du temps de Louis XIII.

CANVILLE-LES-DEUX-ÉGLISES. *Ép. romaine.* Sépultures par incinération des trois premiers siècles trouvées par un laboureur le 14 floréal an xii (4 mai 1804). Elles se composaient de plusieurs vases en terre et en verre, dont quelques-uns contenaient des os brûlés. Un rapport du temps signale surtout un vase en terre grise, une urne en terre rouge et une belle urne carrée en verre présentant au fond des lettres qu'on a déchiffrées ainsi : «LVSTITVTOLIS...LL?» et qui étaient probablement une marque de verrier. || *Ép. franque.* Un des trois doyennés de l'archidiaconé du Petit-Caux. || *Ép. moderne.* Le pays a pris son surnom des deux églises qui y existaient. — L'église Notre-Dame, construction de 1780, a été vendue et démolie à la Révolution. — L'église Saint-Martin, qui subsiste encore, a été rebâtie en 1757 en grès et brique avec clocher au portail. — Chapelle de Sainte-Madeleine de Talleville, dépendant d'une léproserie commune avec Doudeville; chapelle de Saint-Thomas et chapelle de Notre-Dame-des-Gladouins, toutes trois disparues. — *Clos de Cany*, où était le carcan de la haute justice qu'exerçaient les châtelains de Cany. — La prison féodale était dans la Grande-Rue.

DOUDEVILLE. *Ép. gauloise.* Hachette en bronze trouvée en 1840 au milieu d'ossements humains, et monnaie d'or recueillie en 1846, conservées au musée de Rouen. (Lambert, *Mém. de la Soc. des antiq. de Norm.* t. XXV, p. 454, pl. v, fig. 16.) — Hachettes de bronze rencontrées, dit-on, au hameau du Vauthuit. || *Ép. romaine.* Médailles du Bas-Empire, casque en cuivre et large sabre en fer recueillis, suivant M. Guilmeth, en détruisant une motte dans les bois du Fresnay pour le tracé de la route départementale n° 3, qui va de Doudeville à Saint-Valery. — Tuiles à rebords rencontrées au Vauthuit, et en grande abondance au triage du Fourneau, suivant le même. — Urne en terre rouge remplie d'os brûlés, trouvée vers 1851, dans la rue de Bas. Ce vase cinéraire était accompagné de plusieurs autres qui furent brisés. Curieux vase de terre qui paraît antique, trouvé en 1856 par M. Biard dans un herbage voisin. Urne en terre grise, encore munie de son couvercle et remplie d'os brûlés, trouvée par le même M. Biard en 1858 au milieu de tuiles et de poteries. || *Moyen âge.* Église dédiée à Notre-Dame, à deux nefs, au bas de l'une desquelles est placée la tour carrée du clocher. Deux fenêtres du XIII° siècle dans le chœur. L'allée méridionale, qui est d'un seul style, date de 1530 à 1560, où toute l'église a été refaite en grès, d'après le «pourtraict» donné par maistre Jehan Delarue, de Rouen. Le dépôt des archives de la fabrique possède tous les détails de la construction. Il y est question de verrières, qui toutes ont disparu. Caveau sépulcral des Villars, seigneurs de Doudeville, sous le chœur. Quelques auteurs assurent que le célèbre maréchal de Villars, le vainqueur de Denain, y fut déposé en 1734. — Chapelle de Sainte-Madeleine dépendant de l'ancienne léproserie, détruite depuis longtemps. — Chapelle de Saint-Léonard, au château du Fresnay. L'archevêque d'Aubigné l'a visitée en 1714. — Une nouvelle église, sous le vocable de Saint-Léonard, a été élevée au hameau du Vauthuit en 1863. — Chapelle de Saint-Éloi, depuis longtemps disparue. || *Ép. moderne.* Château de Galleville, ancienne propriété du maréchal de Villars, vraisemblablement construit de son temps. En 1714, d'Aubigné visita la chapelle de ce château.

ÉTALLEVILLE. *Ép. moderne.* Église dédiée à saint Gratien, de Toulon, entièrement reconstruite en brique au siècle dernier.

FULTOT. *Moyen âge.* Église dédiée à saint Martin, à deux nefs. Nef avec des tufs du XII° siècle dans son mur du nord. Le reste est entièrement construit en grès du XVI° siècle. — Croix de cimetière en grès, au pied de laquelle on lit : «A et A Simon P. et F. m'ont donné «l'an 1626.» (Adrien et Adrien Simon père et fils m'ont donné l'an 1626.)

GONZEVILLE. *Moyen âge.* Église dédiée à saint Samson, de Dol, à saint Cyr et à sainte Julitte. Chevet avec tufs et contre-forts du XII° siècle. Chœur avec porte de ce temps. Clocher en grès du XVI° siècle. Nef de 1700. Chœur encore plus moderne. || *Ép. Renaissance.* Deux manoirs seigneuriaux devenus des fermes. L'un, voisin de l'église, construit en grès et en brique au XVII° siècle, renferme un escalier en bois sculpté et deux belles cheminées décorées de boiseries. L'autre, plus éloigné de l'église, est une belle construction en bois datée de 1560. Le poitrail principal est orné de sculptures. Les portes sont décorées dans le style de la Renaissance. Les cheminées, en pierre, sont très-curieusement ouvragées.

HARCANVILLE. *Moyen âge.* Église dédiée à saint Jean et à saint Clair. Nef en tuf du XI° siècle, avec un contre-fort du XIII° dans le chœur. Le sanctuaire renfermait une piscine du XIV° siècle. Charpente de la nef refaite «LE PREMIER JOVR D'AVRIL M V° et TROIS», ainsi qu'on lit sur l'une des poutres. Vaisseau principal reconstruit au XVII° siècle et chœur rétabli au XVIII°. Baptistère de pierre de 1640. — Ancienne gentilhommière du XVI° siècle dans la ferme du Mouchel, ayant conservé ses fenêtres de pierre, ses voûtes, ses caves, ses tours, ses meurtrières et ses cheminées sculptées. || *Ép. incertaine.* Motte qui va bientôt disparaître, près de l'église. — Ferme dite *de la Bataille*. Peut-être est-ce le lieu de la rencontre de de Chattes et de Fontaine Martel en juillet 1589.

HAUTOT-SAINT-SULPICE. *Ép. romaine.* Monnaie trouvée vers 1858 au lieu dit *les Cavées*, entre Doudeville et Hautot. || *Ép. incertaine.* Vieilles fondations en grand nombre au hameau du Bois-Gribout, ainsi qu'au lieu dit *Solimare* ou *Sonimare*. || *Moyen âge.* L'église, dédiée à saint Sulpice, a été complétement remaniée pendant ce siècle, sauf quelques contre-forts et une ogive du XII° siècle. Caveau sépulcral dans le chœur. — Maison en bois du XVI° siècle bâtie sur cave dans la ferme du *Bois-Gribout.*

PRETOT-VICQUEMARE. Formée des deux anciennes paroisses de Pretot-la-Taille et de Vicquemare, réunies par ordonnance royale du 31 mars 1825. — PRETOT-LA-TAILLE. *Moyen âge.* Église dédiée à saint Pierre. Nef du XII° siècle, défigurée au XVIII°. Chœur de cette dernière époque. = VICQUEMARE. *Ép. incertaine.*

Deux tertres énormes entourés de fossés profonds dans un taillis placé non loin d'une grande route. On les appelle *les Mottes de Vicquemare* ou *Viguemare*. || *Ép. moderne.* Église dédiée à Notre-Dame et à sainte Foy, tout entière du XVII° siècle. Retable en albâtre du XIV° siècle, reste d'une ancienne *Passion*. Tabernacle en bois de 1650. — En face de l'église de Vicquemare, ancien manoir seigneurial où l'on reconnaît d'étroites fenêtres du XIII° siècle, encadrées de tuf et de moellon. Le rez-de-chaussée est en pierre et l'étage en bois. La salle d'audience a conservé ses ogives.

REUVILLE. *Ép. incertaine.* Tradition des sources du Dun, jadis bouchées avec des balles de laine, dans un vallon entre les deux hameaux de Saboutot et d'Amontot. || *Ép. moderne.* L'église, dédiée à saint Pierre et à saint Paul, a été bâtie en grès et en silex au XVII° et au XVIII° siècle. C'est un pauvre édifice, où il n'y a guère qu'une litre seigneuriale peinte au dedans comme au dehors.

SAINT-LAURENT-EN-CAUX. *Ép. romaine.* Débris au hameau de Calletot, auxquels la tradition donne le nom de *Ville de Beauvais*. || *Ép. incertaine.* Ruines d'un ancien château dont l'origine n'est pas connue, au même hameau de Calletot ou Caltot. || *Moyen âge.* L'église, sous le vocable de Saint-Laurent, vient d'être détruite pour faire place à une construction en style roman. L'ancienne possédait un clocher et un chœur dans le style cintré du XI° siècle. La nef était en grès et du XVI° siècle. — Croix de cimetière en grès, de 1603. — Vieux château près de l'église, disparu depuis longtemps.

TORP-MESNIL. Formée des deux anciennes paroisses du Torp-en-Caux et du Mesnil-Rury, réunies par ordonnance royale du 25 octobre 1826. — LE TORP-EN-CAUX. *Moyen âge.* L'église, dédiée à Notre-Dame, montre au midi de la nef un cintre en tuf du XI° siècle. Le XVI° siècle a refait le reste en grès. On lit sur le portail la date «L.M.V°° XLII» (1542). — Croix de cimetière en grès, du XVI° siècle, décorée des attributs de la Passion. — Croix de grès, du XVII° siècle, sur le chemin qui conduit à Lindebeuf. = LE MESNIL-RURY. *Moyen âge.* L'église, dédiée à sainte Claire et à saint Denis, ne consiste guère qu'en une nef en grès de «M. V°° XXXIIII» (1534). La charpente est en bois sculpté de ce temps. Sur de grossiers bossets on remarque des saints et des anges tenant les instruments de la Passion.

YVECRIQUE. *Ép. moderne.* L'église, dédiée à saint Aubin et à saint René, a été entièrement reconstruite en 1770 par M. d'Acquigny, d'après les plans de M. Thibault, architecte de Rouen. Le chevet a conservé une fenêtre du XIV° siècle. La cloche, où figure François I°ʳ, porte la date de 1520. Inscription de 1700 dans la sacristie. Sous l'autel est un corps tout entier extrait du cimetière de Saint-Calixte le 25 août 1682. Il porte le nom de saint Placide. Près de lui est une fiole romaine en verre dite *Vase de sang*.

CANTON DE FAUVILLE.
(Chef-lieu : FAUVILLE.)

ALVIMARE [1]. *Ép. romaine.* Voie antique de Lillebonne à Grainville. On assure qu'une motte se trouvait autrefois le long de son tracé. || *Moyen âge.* Église dédiée à Notre-Dame, puis à saint Pierre. L'ancienne, qui vient de disparaître, montrait dans sa nef des fenêtres et une corniche du XIII° siècle. Le clocher et les deux transepts étaient une intéressante construction du XVI° siècle, dont les voûtes possédaient des clefs recouvertes de huit écussons seigneuriaux. Le chœur avait été refait en 1654. Rien n'a été conservé. Table de marbre placée en 1645; portant une longue inscription funéraire de membres de la famille Poulain des Blanques, seigneurs du lieu, morts en 1580, 1586, 1592, 1599 et 1621. || *Ép. Renaissance.* Chapelle de Bellengues ou des Blanques, humble construction du XVI° siècle, qui fut fondée en 1518. Dédiée d'abord à sainte Barbe, elle le fut ensuite à sainte Anne. En 1713, l'archevêque d'Aubigné visita la chapelle de Sainte-Anne de Bellengues. Longue épitaphe gravée sur pierre, qui donne la généalogie de 1505 à 1686 des seigneurs de Blanques, fondateurs et possesseurs de la chapelle. Celle-ci est assise dans la cour du manoir de Blanques, curieuse construction civile en pierre de taille, dans le style de la Renaissance. Des fossés profonds et remplis d'eau, des mottes et des tertres couverts de halliers, attestent l'ancienne importance de cette vieille seigneurie. Les broussailles recouvrent les murs arasés d'un donjon. — Croix des Blanques, au hameau du même nom et au bord de la voie ferrée de Rouen au Havre. Elles sont en pierre : l'une est petite et moderne; l'autre, très-haute et fort ancienne, s'élève sur un pied triangulaire qui paraît du XIV° ou du XV° siècle. On dit qu'elles ont été érigées en mémoire d'une bataille où périrent plusieurs chevaliers de la contrée. Elles ont été relevées en 1842 par M. de Rouen, baron d'Alvimare, ancien colonel de l'armée de Condé.

AUZOUVILLE-AUBERBOSC. Formée des deux anciennes paroisses d'Auberbosc et d'Auzouville-sur-Fauville, réunies par ordonnance royale du 2 juillet 1828. — AUBERBOSC. *Moyen âge.* Église dédiée à saint Léger. Nef du XI° siècle, en pierre tuffeuse, avec corniche portée sur corbeaux. Chœur refait et nef remaniée au XVII°

[1] Alvimare vit naître, au VIII° siècle, le bienheureux Hardwin, moine de Fontenelle, qui copia beaucoup de manuscrits et substitua le petit caractère romain aux caractères mérovingiens. C'est à Fontenelle que cette calligraphie prit naissance, et c'est aussi là que mourut Hardwin vers 811. Il est honoré comme saint. (Mabillon, *Annales*, t. II, p. 287.)

siècle. Bon tableau de Bredel, peinture du xviii° siècle.
= AUZOUVILLE. *Moyen âge.* Église dédiée à saint Léger. La nef est une jolie construction en pierre blanche du xvi° siècle, ayant encore ses piscines et ses médaillons de verre peint. Le clocher a été ajouté au portail en 1700, et le chœur reconstruit en 1756. — Le pied de la croix brisée du cimetière porte la date de «l'an V°° XLVI» (1546). Bon tableau de Bredel de 1756, dans le sanctuaire.

BENNETOT. *Ép. moderne.* Église dédiée à saint André et à saint Eutrope, de Saintes, construite depuis deux cents ans en brique et silex. Le clocher, placé au portail, porte la date de 1656. Dans le cimetière on retrouve les fondations de l'édifice primitif. Le célèbre abbé de Vertot y fut baptisé le 25 novembre 1655. Son père était seigneur patron du lieu. Les armes des Vertot, seigneurs du lieu, se voient encore sur le clocher et dans le chœur. — Croix de pierre du cimetière, de 1629. — Manoir qui fut le berceau de l'auteur des *Révolutions romaines.* C'est une curieuse demeure du xvi° siècle, appareillée en mosaïque de pierre blanche et noire, avec fenêtres en pierre décorées de sculptures du temps des derniers Valois. Vieille cheminée dans le style de Henri II. Les deux piliers de l'entrée portaient naguère deux lions de grandeur naturelle.

BERMONVILLE. *Ép. incertaine.* Motte disparue qui se rattachait sans doute à un château féodal. || *Moyen âge.* Église dédiée à Notre-Dame. Clocher entre chœur et nef, tour romane de la transition du xii° siècle. Chœur construit vers 1300, voûté sur nervures, muni de contre-forts et percé de fenêtres caractéristiques. Piscine remarquable. Nef reconstruite au temps de la Fronde. Baptistère en pierre, cuve carrée du xiv° ou du xv° siècle, décorée de personnages symboliques dans des frontons. Au château féodal a succédé une simple gentilhommière du xvi° siècle.

CLIPONVILLE. *Ép. romaine.* Tronçon de voie antique. || *Moyen âge.* L'église, dédiée à saint Martin, appartient à l'ogive primitive du xii° siècle. Le portail de l'ouest, la tour du clocher qui suit la nef, et le chœur avec ses voûtes et sa piscine à double cuvette, sont de cette époque. Une pyramide octogone en pierre fut ajoutée au clocher à l'époque de la Fronde. Les arcs des fenêtres ont été retaillés en 1691, et la nef surtout a été à peu près refondue. Inscription obituaire du xvi° siècle dans la nef. — Anciennes chapelles : l'une sous le vocable de Saint-Nicolas, l'autre sous celui de Notre-Dame-des-Devises, au hameau des Devises. Toutes deux ont disparu. — Plusieurs maisons sont marquées au pignon d'une croix en brique ou en silex, en signe, dit-on, d'allégeance ecclésiastique et féodale. Cliponville appartenait à l'archevêque de Rouen.

CLÉVILLE. *Moyen âge.* Église dédiée à saint Benoît, prieuré de l'Abbaye-aux-Hommes de Caen au xi° siècle. La nef de cette époque subsiste avec sa corniche de têtes grimaçantes. Le chœur, primitivement du xiii° siècle, a été très-modifié en 1623. Chapelle en pierre du xvi° siècle sur le côté méridional. — Manoir ou prieuré possédé par l'Abbaye-aux-Hommes de Caen, devenu une ferme. Ce fut un logis fortifié dont il reste un grand bâtiment du xvi° siècle, et un ensemble de constructions anciennes qu'entouraient des fossés remplis d'eau. La chapelle de Saint-Benoît, qui en dépend, est encore debout avec son autel de pierre et sa crédence du xv° siècle.

ENVRONVILLE. *Ép. romaine.* Conduit d'étuve trouvé en 1824, conservé au musée de Rouen. || *Moyen âge.* Église dédiée à Notre-Dame. Sa construction remonte au xiii° siècle. Il reste au chevet trois fenêtres de ce temps. Celles du chœur ont été remaniées vers 1750. La nef a été rebâtie au xvi° siècle. Le clocher, élevé au portail en 1647, est une tour carrée soutenue par quatre contre-forts et surmontée par une flèche d'ardoise. Tableau de Bredel, peint en 1752, sur l'autel.

FAUVILLE. *Ép. romaine.* Voie de *Juliobona* (Lillebonne) à *Gesoriacum* (Boulogne) par *Gravinum*, portant encore le nom de *Chemin des Romains* et de *Chaussée de Jules César*. Médailles, puits, sépultures et poteries sur son tracé. Collection de médailles trouvées dans le pays, formée par un instituteur. Grand bronze de Domitien, moyens bronzes de Lucile, de Maximin, de Constance et de Constantin, et monnaie d'argent de Valérien, donnés par le même au musée de Rouen. Trois médailles d'argent de Valérien et de Trajan-Dèce recueillies dans un champ par le même en 1847. Puits rebouchés, surtout au lieu dit *le Camp du Py* ou *du Puits*. Grande urne trouvée vers 1806 à la jonction des routes de Rouen à Fécamp et de Fauville à Cany, en creusant la cave d'une auberge qui, à cause de cela et parce que l'urne fut brisée par les ouvriers, prit le nom du *Pot cassé*. On doit voir des voies antiques dans la route dite *Chemin des Chasse-Marées* ou *des Mareyeurs* et dans la voie qui conduit d'Arques à Harfleur et que suivirent, en 1438, les comtes d'Eu et de Dunois, les bâtards d'Orléans et de Bourbon, Lahire et de Broussac, quand ils vinrent reprendre Harfleur sur les Anglais. Une butte voisine de l'église, tertre appelé *la Cour-des-Mottes*, et qui fut à peu près détruite en 1838, pourrait être attribuée aux temps romains. On assure qu'autour on a trouvé des briques, des poteries et des restes gallo-romains. || *Ép. franque.* Un des trois doyennés de l'ancien archidiaconé du Grand-Caux, ce qui tendrait à en prouver l'existence à l'époque mérovingienne. *Moyen âge.* Église dédiée à saint Jean, primitivement romane, reconstruite au xiii° siècle. Le style roman subsiste encore dans quelques contre-forts, dans l'appareil et dans un arc cintré. Le chœur, ayant été frappé par la foudre le jour de Pâques de l'année 1284, fut reconstruit, ainsi qu'une chapelle de Saint-Antoine-du-Désert sur son flanc méridional. La nef, au milieu des remaniements modernes, conserve des traces de la belle époque de l'ogive. Le clocher, placé au portail, a été achevé en 1791. Il était autrefois entre chœur et nef, où il fut frappé de la foudre en 1766. Une des cloches était de 1596. Piscines du XIII° siècle dans le chœur et dans la chapelle latérale. Le 9 septembre 1677, la duchesse de Longueville donna un soleil d'argent ciselé et un ciboire doré. Une statue de saint Jean-Baptiste, du XVI° siècle, existait alors. — Le bourg de Fauville a été brûlé le 19 novembre 1716. — Chapelle de Saint-Adrien, au hameau de Ronfrebosc, devenue un bâtiment de ferme. — Chapelle de Sainte-Geneviève et de Sainte-Véronique, à l'entrée du bourg. La place portait dès 1758 le nom d'*Herbage de Sainte-Véronique*. — Chapelle de Saint-Paul, dépendant de l'ancienne léproserie, située dans les champs, entre Fauville et Ricarville. En 1713 elle reçut la visite de d'Aubigné, archevêque de Rouen.

FOUCART. Jadis nommée *Escales*. — *Ép. romaine*. Voie de *Juliobona* (Lillebonne) à *Gravinum* (Grainville) et à *Gesoriacum* (Boulogne). Entre Foucart et Fauville l'*agger* est bien conservé. ‖ *Moyen âge*. L'église, dédiée à saint Martin, a été presque entièrement refaite au XVI° siècle. De cette époque est la nef en pierre blanche à fenêtres fleurdelisées et le clocher, qui n'est qu'un tronçon au midi du portail. Chœur avec contreforts du XI° siècle et fenêtres du XVII°. Baptistère en pierre du XIII° siècle. Tabernacle en bois du temps de Louis XIII.

HATTENVILLE. Formée des deux anciennes paroisses de Hattenville et d'Équimbosc-le-Val, réunies par ordonnance royale du 13 avril 1823. — HATTENVILLE. *Ép. romaine*. Deux cents médailles en argent, la plupart du Bas-Empire, avec une monnaie consulaire de la famille Æmilia, des monnaies impériales de Domitia, de Julia Titi, d'Émilien, de Paula et de Mariana, toutes pièces rares, et un Antiochus le Grand en argent, trouvés vers 1840. ‖ *Moyen âge*. Église dédiée à saint Pierre. Chœur et clocher du XVI° siècle. La tour, placée au portail, est surmontée d'une pyramide de pierre, qui fut autrefois décorée de trois couronnes de fleurons. Nef très-médiocre composée de lambeaux du XI°, du XVI° et du XVII° siècle. Cloche de 1621. Vieille statue de pierre du chef des apôtres. Pèlerinage célèbre à saint Meen. — Sur le bord du chemin de Hattenville à Bennetot, croix de pierre du XIV° siècle, brisée pendant la Révolution, représentant dans un médaillon le drame du Crucifiement, et au bas le donateur et la donatrice agenouillés. (Voir une gravure dans les ouvrages de MM. L. de Glanville, de Caumont et Cochet.) ═ ÉQUIMBOSC-LE-VAL. *Ép. incertaine*. Terrassements et motte considérable dans une ferme, suivant MM. Guilmeth et L. de Glanville. ‖ *Moyen âge*. L'église, qui était du XVI° siècle, a été démolie en 1840. Elle était dédiée à la sainte Vierge ou à saint Lubin.

HAUTOT-LE-VATOIS, *Moyen âge*. L'église, dédiée à Notre-Dame, fut primitivement construite au XII° siècle. Elle a conservé de ce temps la tour carrée du clocher, transportée naguère au portail avec le soin le plus scrupuleux. La nef, refaite en grande partie en 1773, conserve quelques portions anciennes. Le chœur a été reconstruit sous Louis XIV. Baptistère de 1650. Cloche de 1639. Deux inscriptions tumulaires de curés de 1680 et de 1694, dans le chœur. Deux tableaux de Bredel de 1750. Chapelle placée au nord du chœur, à présent dédiée à sainte Geneviève et autrefois consacrée à Notre-Dame-de-Bon-Espoir. C'est une œuvre de 1630 à 1635, appareillée en pierre dans le style des Médicis, ornée sur les toits d'une crète et d'épis. Le berceau, en feuillet très-fin, est recouvert de peintures reproduisant les emblèmes de la Vierge. Les fenêtres étaient jadis remplies de verrières peintes en camaïeu, représentant des anges musiciens et datées de 1635. Le pavage est en carreaux émaillés, qui recouvrent probablement le caveau sépulcral d'une famille. Deux dalles de marbre portant la date de 1640 sont au pied de l'autel. Les armes et une inscription ont été effacées pendant la Révolution; l'autre inscription sépulcrale, en vers latins, ne donne pas de nom. — Chapelle de Notre-Dame-de-Bon-Espoir, au hameau de Véraval, démolie depuis longtemps. — Colline appelée *le Mont-l'Évêque*, au même hameau de Véraval, souvenir de Guillaume de Véraval, chapelain du Conquérant, qui, en 1107, devint évêque d'Exeter[1].

NORMANVILLE. *Ép. gauloise*. Petite monnaie en or trouvée en 1846 et conservée au musée de Rouen. M. Lambert, qui l'a décrite, l'attribue au Belgium maritime. (*Mém. de la Soc. des antiq. de Norm.* t. XXV, p. 486-535, pl. IV, fig. 9.) ‖ *Ép. romaine*. Tradition d'une ville détruite dans des champs couverts de tuiles, de poteries et de monnaies romaines. — Voie de Lillebonne à Boulogne. *Gravinum* y est placé à tort sur la carte des Gaules. ‖ *Ép. incertaine*. *Tumulus*, que l'on dit être le tombeau d'une armée, assez près de l'église et de la voie antique. On y rencontre du fer oxydé, des cendres et du charbon de bois dans les abatis que l'on y fait depuis 1858. Tradition d'une source que l'on a fait disparaître. Épée longue de 1m,30 trouvée vers 1840. ‖ *Moyen âge*. Église dédiée à saint Ouen et à saint Barthélemy. Le chœur est une élégante construction du XIII° siècle, où l'on remarque une jolie piscine à double cuvette. La nef, refaite en 1833, garde une

---

[1] Étienne Geffray, qui a composé le chant de l'*Antiphonaire* et du *Graduel de Rouen*, de 1728, était curé de Hautot-le-Vatois, où il mourut en 1772.

corniche du xii° siècle. Le clocher est de 1836. Baptistère en pierre du xiii° siècle. — De trois chapelles qui auraient existé on n'en cite guère que deux, celle de Sainte-Marguerite et celle de Saint-Nicolas de Beauquesne, qui aurait dépendu d'une léproserie. — Place d'un ancien château au lieu dit *la Cour de Normanville*.

RICARVILLE. *Moyen âge.* Église dédiée à la sainte Trinité. Portail du xiii° siècle, le midi de la nef a du xvi°. Chœur de 1700. Clocher formé d'une caisse en bois toute moderne. Baptistère en pierre du xiii° siècle. Deux dalles seigneuriales du xvi° siècle. — Base de croix de la Renaissance dans le cimetière.

ROQUEFORT. *Ép. franque?* Le nom que ce village portait dès le xii° et le xiii° siècle (voir le *Regestrum* d'Eudes Rigaud) vient probablement d'une de ces *roques fortes* communes en Normandie au moyen âge. Une motte remparée de silex se voit dans les avenues du château moderne. D'autres forteresses qu'il est également malaisé de dater existent encore. — Motte qui commande plusieurs vallons vers Envronville. — Autre butte au fond d'un petit vallon, fouillée sans succès vers 1835 par M. le marquis Le Ver. Une de ces mottes possède un puits au centre et se nomme *le Catelier*. || *Moyen âge.* Église autrefois dédiée à saint Denis, mais aujourd'hui à Notre-Dame. Il ne subsiste que quelques pierres et quelques contre-forts de l'édifice consacré par Eudes Rigaud le 18 décembre 1256. Tout le reste a été refait dans les deux derniers siècles. Chapelle baptismale à l'entrée de l'église, construction de 1700, remarquable par les torsades de brique qui la décorent[1]. || *Ép. moderne.* Chapelle Le Ver élevée dans le cimetière en style du xiv° siècle. Elle sert de sépulture à deux archéologues modernes : M. le marquis Le Ver et M. le comte de Cossette. — Le château, construction du siècle dernier, renferme une bibliothèque célèbre parmi les savants pour ses volumes rares et ses manuscrits précieux, spécialement en histoire.

SAINTE-MARGUERITE-SUR-FAUVILLE. *Ép. romaine.* Voie de Lillebonne à Grainville-la-Teinturière. || *Moyen âge.* Église sous le vocable de Sainte-Marguerite, extérieurement refaite au temps de Louis XIII et de Louis XV, sauf quelques contre-forts de l'ouest qui peuvent remonter au xi° siècle. Contre-table en bois à colonnes torses des commencements du xvii° siècle. Inscription de 1649. — Croix de cimetière de 1620.

SAINT-PIERRE-L'AVIS. *Moyen âge.* Église sous le vocable de Saint-Pierre, primitivement construite au xii° siècle. Il reste encore de cette époque des contre-forts et des portions d'appareil. Transepts retouchés au xvi° siècle. Chœur en partie rebâti en 1679. Nef refaite en 1710 et clocher sous Louis XIV. — Tradition d'église transférée. On montre encore dans la plaine la place de l'ancienne.

TRÉMAUVILLE-AUX-ALOYAUX. *Moyen âge.* Le nom de *Turmotvilla*, *Turmovilla* ou *Turmothvilla* viendrait d'un seigneur danois du x° siècle, révolté contre le duc Richard Ier et battu par Louis d'Outre-Mer, roi de France. || *Ép. moderne.* L'église, dédiée à saint Riquier, n'a gardé que quelques pierres de la construction primitive. Rebâtie en brique et silex, en partie au xvii° siècle, en partie en 1786.

YÉBLERON. *Ép. romaine.* Urne en verre bleu, contenant des os brûlés et deux fioles de verre, accompagnée de vases funéraires en terre et d'une monnaie de bronze d'Antonin, au revers de Marc-Aurèle, trouvée en 1819, en creusant les fondations d'une maison devant l'église. Anse de bronze d'un coffret, restes d'un vase de bronze, *dolium* en terre cuite et plusieurs vases de verre dont un barillet avec la marque DR en relief sur sa panse, trouvés en 1835, en creusant une citerne près de la même maison. Le tout acheté en 1837 pour le musée départemental de Rouen. || *Moyen âge.* L'église, dédiée à saint Léger, d'Autun, fut entièrement construite au xii° siècle. Le clocher a conservé son caractère primitif. Chœur et nef défigurés. Au côté nord de la tour, le xvi° siècle a ajouté une chapelle devenue une sacristie, mais qui fut autrefois un saint Sépulcre. Elle posséda des verrières, des peintures murales et des armoiries. — Croix de cimetière de 1633. — Pèlerinage célèbre en l'honneur de saint Marcou. || *Ép. incertaine.* Enceinte fossoyée qui ressemble à un camp, suivant M. A. Deville. Seau de bois avec cercles et anse de fer, renfermant trois chandeliers ou porte-lampe de bronze, dont l'un est soutenu par un petit bouc; un fer à cheval, petit, à bords festonnés et à trous étampés; un éperon à pointe carrée, un marteau et un soc de charrue en fer, trouvés en 1844. Peut-être du xiii° au xiv° siècle.

CANTON DE FONTAINE-LE-DUN.
(Chef-lieu : FONTAINE-LE-DUN.)

ANGIENS. Formée des anciennes paroisses d'Angiens et d'Iclon, réunies par ordonnance royale du 22 février 1826. — ANGIENS. *Moyen âge.* Église dédiée à saint Martin et à saint Sébastien, en grande partie renouvelée depuis 1860. Elle se composait de deux nefs en grès construites vers 1614. Le clocher, corps carré en grès, se trouvait au bas du collatéral du nord. Le chœur, renouvelé au xvi° siècle, gardait quelques traces du xii°. Caveau sépulcral de la famille de Clercy dans la chapelle de la Sainte-Vierge. Les cercueils, de plomb, sont bien conservés. En 1651 on plaça sur les murs de la chapelle une longue et pompeuse inscription gravée sur marbre noir, proclamant les titres et hauts faits des Clercy depuis Verneuil et Azincourt jusqu'à Doullens et la Ro-

---
[1] Roquefort était un prieuré-cure dépendant de la Madeleine ou Hôtel-Dieu de Rouen. Un de ses prieurs-curés fut dom Jamart qui, au xviii° siècle, se fit un nom dans l'astronomie.

chelle. — Croix de cimetière en grès de 1633. — Château de Silleron. || *Ép. incertaine.* Grand tertre circulaire près de l'église, connu sous le nom de *la Motte.* = Iclon ou Iquelon. *Moyen âge.* Église dédiée à saint Martin, bâtie en grès, du xvi° siècle, sauf le chœur, qui a été fait sous Louis XIV. Baptistère de 1519. Bénitier en grès paraissant du xiv° siècle. Les retables des deux petits autels sont de la Renaissance. — Le château, construction du temps de Louis XV.

ANGLESQUEVILLE-LA-BRAS-LONG. *Ép. incertaine.* Motte citée comme existant sur cette commune. — Débris dans les champs, au hameau du Bour-Étout. — Tradition de bourg détruit. || *Moyen âge.* Église dédiée à sainte Anne. Plan en croix. Le clocher, entre chœur et nef, est une tour carrée du xiii° siècle, dont la voûte a été refaite au xvi° siècle. Le chœur, quoique retouché sous François Iᵉʳ, a conservé une fenêtre du temps de saint Louis. Le transept nord appartient au xvi° siècle, celui du midi au xviii°. Fragments d'une ancienne *Passion* en albâtre du xiv° siècle. Dalles et inscriptions tumulaires du xiii°, du xiv°, du xv° et du xvii° siècle. Celle du xiii° siècle est illisible; celle du xiv° est «d'Aelis Duval, mère de messire Ricard Duval, qui «trespassa l'an de grâce mil ccc quatre-vingt.» Sur une troisième on lit : «Ci devant git et repose Gosse, vivant «écuyer, lequel trespassa l'an de grâce 1411, le on-«zième jour de février. — Ci devant git et repose Johé, «femme de Gosse, laquelle trespassa l'an de grâce 1400. «Priez Dieu pour eux.» L'homme et la femme, agenouillés devant une croix, vont être présentés à Dieu, l'un par saint Nicolas, l'autre par sainte Catherine. Parmi les inscriptions du xvii° siècle on remarque celle de Nicolas Toustain, sieur de Gaileville, décédé en 1645; celle de Charles Toustain, sieur de Montdurand, gendarme de l'une des compagnies d'ordonnance du roi, mort en 1609, et celle de Catherine de Thiboutot, morte en 1611. — Croix de grès du cimetière de «l'an «MVᶜᶜ XXXV» (1535) entièrement armoriée.

AUTIGNY. *Ép. franque.* Mentionnée en 750 et 755 dans des diplômes de Pepin et de Charlemagne, sous le nom d'*Artiliaco* et d'*Atiliaco.* || *Moyen âge.* Église dédiée à saint Martin. Chevet du xi° siècle. Piscine du xiii°. Chœur en grès du xvii° et nef en brique du xviii°. La flèche d'ardoise qui sert de clocher a été transportée, à l'aide de rouleaux, du haut de la nef au bas en 1787 [1]. Le vieil autel de pierre, qui devait remonter à l'époque romane, a été détruit en 1848.

BOURVILLE. Formée des deux anciennes paroisses de Bourville et de Tonneville, fusionnées le 21 août 1827. — Bourville. *Moyen âge.* Église dédiée à saint Martin.

Plan en croix. Les transepts et l'ancienne tour du clocher sont romans, du xii° siècle. La nef a été refaite avec du grès en 1699, 1723 et 1727. Le chœur, aussi en grès, est du xvii° siècle. Vitraux dans les fenêtres du chœur contenant quatre médaillons représentant les quatre évangélistes, dans le style de Louis XIII. Contre-table en bois, du temps de la Fronde. = Tonneville. *Ép. franque.* L'ancien *Taunacum* réuni à Fontenelle en 705 et le *Vicus de Tounaco* mentionné par la *Chronique de Fontenelle* en 715. || *Moyen âge.* Église dédiée à saint Sixte, selon les uns, à saint Côme et à saint Damien, selon les autres. L'ensemble de l'édifice est moderne, cependant au-dessus du portail on lit le millésime de «M Vᶜᶜ XXXVI» (1536). — Le château qui avoisine l'église est une construction en brique rouge du temps de Louis XV.

BRAMETOT. Formée des deux anciennes paroisses de Brametot et de Grainville-la-Renard, réunies par ordonnance royale du 25 décembre 1822. — Brametot. *Moyen âge.* Église dédiée à saint Denis et à saint Gilles, construite entièrement en grès. Nef du xviii° siècle avec une inscription de «mil Vᶜᶜ XXXII» (1532). Chœur du xvi° siècle. — Croix de cimetière, en grès, de «l'an «MVᶜᶜ L» (1550), dont la base est couverte d'armoiries. = Grainville-la-Renard. Église dédiée à saint Georges, démolie en 1825.

CHAPELLE-SUR-DUN (LA). *Moyen âge.* Église dédiée à Notre-Dame, donnée par Richard II, duc de Normandie, à la collégiale de Saint-Quentin en 1015. Clocher, chœur et chapelle de la Sainte-Vierge en grès, du xvi° siècle. Nef moderne. Contre-table en bois, de 1690. L'autel de pierre a été supprimé en 1849. L'église a été démolie et reconstruite depuis 1864 [1].

CRASVILLE-LA-ROQUEFORT. *Ép. incertaine.* Restes de vieille forteresse auprès d'un château du xvii° siècle, ferté ou roqueforte, qui a donné son nom au village. || *Moyen âge.* Prieuré de l'abbaye de Tiron, près de Chartres, au xiii° siècle. De cette fondation il reste auprès de l'église une cour appelée *le Pâturage de la Prieurée* et une vieille maison en bois du temps de Henri IV. Dans l'église on remarque encore deux dalles tumulaires d'anciens prieurs, avec inscriptions : l'une est du xiii° siècle, l'autre du xvi°. Sur la première on voit gravée en creux l'image d'un prêtre tenant un calice et on lit autour : «Ichi gist Pierre Jourdain, prestre, «jadis prieur d'ichist.....» Sur la seconde le prieur est couché dans l'attitude de la mort. — L'église, dédiée à saint Martin, ne remonte pas au delà du xvi° siècle. La nef et le collatéral du nord, dit *l'Allée des Moines*, sont en grès, du xvi° siècle. Le clocher, en grès et placé au portail, est du xvii° siècle et le chœur du temps de Louis XVI. Le

---

[1] Pareille opération avait eu lieu à Cropus, près d'Auffay, en 1786, et à Crescentino, en Piémont, en 1776. (*Magasin pittoresque*, année 1844, p. 327. — *Les Églises de l'arrondissement de Dieppe*, par M. l'abbé Cochet, t. II, p. 410.)

[1] En 1752, un mémoire concernant l'église de la Chapelle-sur-Dun, au pays de Caux, a été imprimé à Paris; il contenait 35 pages in-folio.

baptistère de pierre est une œuvre mutilée du xiiie siècle. Chapelle de Saint-Martin, construite au xvie siècle, au côté nord du chœur. Deux jolis socles de statues de la Renaissance.

ERMENOUVILLE. Appelée *Ermenonville* et *Arnouville*. — *Moyen âge.* Église dédiée à Notre-Dame, construite tout récemment en brique et en grès du pays, sauf dans une portion de la nef qui remonte à 1759. Au côté méridional, la famille de Clercy a ajouté une chapelle sépulcrale. Le baptistère est une cuve octogone en pierre sculptée dans le style du xve siècle. — La léproserie, connue en 1300 sous le nom de Notre-Dame et qui porta plus tard le nom de Sainte-Véronique, n'existe plus. D'Aubigné l'a visitée en 1714.

FONTAINE-LE-DUN. *Moyen âge.* Appelée dans les pouillés et les chartes *Fontes Duni, Fons in Duno, Fontaine-en-Dun, ecclesia de Fontibus Duni, parochia Sanctæ Mariæ in Fontibus.* — Église dédiée à Notre-Dame, placée sur une hauteur. Plan en croix. Traces du xie et du xiie siècle. Les trois ogives du chevet rebouchées. Clocher entre chœur et nef, du xiie siècle. Transepts vraisemblablement du xiiie siècle. Berceau de la nef avec sculptures du xvie siècle. Baptistère, cuve octogone du xve siècle sculptée sur toutes ses faces. (Voir la gravure dans le *Guide du baigneur à Dieppe* et dans les *Églises de l'arrond. d'Yvetot*, de M. l'abbé Cochet, t. Ier.) Beau tableau du Rosaire du xviie siècle, dans le chœur. Deux peintures du xviiie siècle, auxquelles se rattache une tradition du temps des croisades, dans la chapelle Saint-Michel. Elles représentent une roche derrière laquelle des chrétiens se défendent contre des Sarrasins; d'où leur est venu le nom de *Tourne-Roche*. — Cadran solaire en pierre du xvie siècle, à l'extérieur. — Belle dalle tumulaire en grès sculpté, dans le cimetière. On y voit une croix reproduite en relief et on lit autour : «Ichi gi corpe de Duboc..... qui trespassa «l'an MCCC XXXI» (1331). — Croix de cimetière en grès, placée en «l'an MIL Vcc XLVII» (1547). A son pied sont trois tombes de curés, avec inscriptions de 1643, 1700 et 1705. — Place de l'ancienne léproserie de Saint-Abbon, vulgairement nommée Saint-Aaron, sur le bord du grand chemin qui conduit à Luneray. La chapelle fut démolie en 1824[1]. D'Aubigné l'avait visitée en 1714. — Collection de monnaies romaines et françaises trouvées dans la contrée, chez M. l'abbé Auger, curé doyen de Fontaine.

GAILLARDE (LA). — Voir Notre-Dame-de-la-Gaillarde.

HÉBERVILLE. *Ép. romaine.* Vases en terre rouge et grise et en verre trouvés à l'entrée du village en 1856, en traçant le chemin de grande communication de Fontaine à Doudeville. La plus belle pièce est une urne hexagone en verre vert remplie d'os brûlés, conservée au musée de Neufchâtel. Restes d'une villa trouvés auprès de cette tombe par M. l'abbé Cochet. || *Moyen âge.* Église dédiée à Notre-Dame. L'ancienne a été démolie de 1862 à 1866 et reconstruite en style roman. L'édifice primitif conservait dans son chœur un cintre et des lancettes du xiie siècle. Le reste datait de 1660 et 1770. — Croix de cimetière de 1691.

HOUDETOT. *Ép. franque ou normande.* Motte considérable accompagnée de fossés et de débris de murs, appelée *le Catel de Houdetot*, base sans doute du vieux château qui fut assez célèbre. Un terrier de 1752 mentionne un *chemin Arquais*, vieille voie qui conduisait à Arques.|| *Moyen âge.* Église dédiée à saint Pierre. Chevet en tuf avec ogives du xiiie siècle. Chœur, clocher et nef en grès, de 1690 à 1700. Cadran solaire en pierre, du xvie siècle. Cinq écus d'or du xvie siècle trouvés en 1862: dans la collection de M. le curé de Fontaine-le-Dun.

NOTRE-DAME-DE-LA-GAILLARDE ou simplement **LA GAILLARDE.** *Ép. incertaine.* Anciens puits rebouchés dans la plaine, que l'on dit recéler des trésors. — Légende de fées dansant des rondes. || *Moyen âge.* Église sous le vocable de Notre-Dame. Plan en croix. Le transept nord et le grand portail appartiennent au style ogival primitif du xiie siècle. Le clocher et la nef ont été faits avec du grès «l'an MVcc XIX» (1519). La flèche d'ardoise est de 1639. Le chœur date de Louis XIV. Baptistère de 1620. — Croix du cimetière de 1540. — Chapelle de Sainte-Marguerite-du-Dun, passant pour avoir dépendu d'une ancienne léproserie. Transformée en un bâtiment de ferme, elle possède encore une corniche à têtes grimaçantes et une porte cintrée, décorée dans le style roman du xie siècle. (Voir une gravure dans les *Églises de l'arrondissement d'Yvetot*, par M. l'abbé Cochet, t. Ier.)

SAINT-AUBIN-SUR-MER. Formée des deux anciennes paroisses de Saint-Aubin-sur-Mer et d'Épineville, réunies par ordonnance royale du 31 juillet 1822. — Saint-Aubin-sur-Mer. *Ép. gauloise.* Monnaie en *electrum*, exemplaire de la monnaie d'or des Bajocasses, trouvée en 1859 par un berger et entrée dans le cabinet de M. de Saulcy. || *Ép. romaine.* Vases en terre rouge recueillis en 1850. En 1827, une argilière avait donné une urne remplie d'os brûlés, trouvée au lieu dit *la Cour des Salles.* — En 1824, fouilles exécutées dans le vallon de Saussemare par MM. Sollicoffre et Estancelin. Terre noire à une certaine profondeur remplie de tuiles et de poteries grises, rouges ou noires. Ossements d'hommes et d'animaux. Fragment de vase à reliefs. Marque de potier. Dauphin en bronze ciselé long de 0m,07. Petit bronze de Constantin le Jeune. Deux urnes funéraires, dont une contenait des os

---

[1] Pierre Cochon, auteur de la *Chronique normande*, naquit à Fontaine-le-Dun vers 1380 et y mourut vers 1456. Une inscription sur marbre, placée dans le chœur de l'église, conserve la mémoire de ce chroniqueur.

brûlés. Fibule en bronze. (Voir les *Mém. de la Soc. des antiq. de Norm.* t. Ier, p. 113 à 120.) || *Moyen âge.* Terrassements, murs. Tradition d'abbaye, de souterrains, de cloches enfouies, de trésors cachés, etc. au lieu dit *la Cour des Salles.* — Église sous le vocable de Saint-Aubin. Nef septentrionale en tuf, du XII° siècle, terminée par le chœur. Clocher de style ogival primitif placé au bout de l'allée du midi, qui est en grès, du XVI° siècle. Dalle tumulaire d'un curé de Saint-Aubin en 1307, encastrée dans le bas de la nef. On lit autour de l'image d'un prêtre, gravée en creux : Hic jacet «magister... ecclesiæ beati Albini supra mare qui obiit «anno Domini M. CCC. VII. die veneris post Pascha...» Caveau sous le chœur contenant des cercueils de plomb de la famille de Houdetot au XVII° siècle. == ÉPINEVILLE. *Ép. romaine.* Le nom d'*Épineville* est un indice d'antiquités. Beaucoup d'objets romains, tels que tuiles, meules, poteries et médailles, se trouvent en effet dans ce village. || *Moyen âge.* L'église, dédiée à saint Michel, a été démolie lors de la Révolution.

SAINT-PIERRE-LE-VIEUX. *Ép. romaine.* Passage présumé de la voie romaine de Lillebonne à Boulogne. || *Moyen âge.* Église sous le vocable de Saint-Pierre. Nef en tuf et pierre qui doit remonter au XII° siècle. Chœur du XIII° siècle terminé par une fenêtre magnifique. Clocher élevé au XVI° siècle entre chœur et nef. Piscine du temps de saint Louis, du côté de l'épître. — Chapelle de la Trinité au manoir de Bos-le-Comte, détruite. — Chapelle de Ménillet, d'abord dédiée à sainte Madeleine, puis à Notre-Dame-de-Pitié, détruite en 1820. — Deux autres chapelles, également détruites. — Château datant en partie du XVI° siècle. — Le fief de la Cour-le-Comte fut possédé en 1455 par Charles Desmarets, capitaine de Dieppe, qui en 1433 avait repris cette ville sur les Anglais.

SAINT-PIERRE-LE-VIGER. Formée des deux anciennes paroisses de Saint-Pierre-le-Viger et de Saint-Pierre-le-Petit, fusionnées le 13 août 1823. — SAINT-PIERRE-LE-VIGER. *Moyen âge.* Église sous le vocable de Saint-Pierre. Plan en croix. Nef avec tuf du XII° siècle. Portail percé d'une ogive primitive. Chœur moderne. Clocher construit en grès au XVI° siècle, surmonté d'une flèche d'ardoise et placé sur le transept nord. On le dit construit par les seigneurs du lieu, dont plusieurs reposent dans la chapelle qui est sous la voûte de la tour. == SAINT-PIERRE-LE-PETIT. Église sous le vocable de Saint-Pierre, démolie en 1823.

SOTTEVILLE-SUR-MER. *Ép. gauloise.* Statère en or bombé et lisse d'un côté, avec l'effigie d'un cheval de l'autre, trouvé dans une carrière de grès en 1826. Cette pièce remonte à un siècle avant Jésus-Christ et appartient à la Gaule Belgique. || *Ép. normande.* Le 8 septembre 1015, Richard II confirme aux chanoines de Saint-Quentin, en Vermandois, la propriété de l'église de Sotteville, déjà donnée à Dudon, historien des ducs de Normandie. || *Moyen âge.* Église dédiée à Notre-Dame. Il ne reste plus qu'un pan de mur de celle qui fut dédiée par Eudes Rigaud le 3 des nones de mai 1250. L'édifice actuel, tout en grès, est composé de trois nefs. Le clocher, placé entre chœur et nef, doit être de 1698, ainsi que le chœur. Dalle tumulaire de 1714, dans le chœur, recouvrant les restes d'un capitaine général de la capitainerie de Saint-Aubin. || *Ép. moderne.* Trace d'un sémaphore du premier Empire sur la falaise appelée *le Heurt de Sotteville.*

CANTON D'OURVILLE.

(Chef-lieu : OURVILLE.)

ANVÉVILLE. *Ép. romaine.* Quatre urnes funéraires, dont deux en terre, une en verre et une quatrième en bronze, trouvées en 1844, à 0^m,50 du sol, dans un hallier appelé *la Garenne.* La première contenait des os brûlés et de petits vases pour les offrandes. Le second vase de terre renfermait l'urne en verre, qui était pleine d'os incinérés. L'amphore de métal contenait environ deux cents monnaies de bronze de Nerva, de Trajan, d'Adrien, d'Antonin, de Faustine, de Marc-Aurèle, de Commode et d'Alexandre Sévère. || *Moyen âge.* Ancien château situé au hameau de la Garenne, consistant aujourd'hui en de vieilles fondations couvertes de broussailles, en un vieux donjon à toit aigu et en un parc clos de murs. — Église dédiée à saint Pierre. Farin lui donne le titre d'ancienne collégiale (VI° partie, p. 42). Côté nord de la nef et porte dite *des Vicaires,* du XII° siècle. Grande porte refaite en 1766, ainsi que le côté nord de la nef. Chœur du temps de Louis XVI. Chapelles latérales ajoutées de 1840 à 1844. Boiserie du XVI° siècle dans une chapelle. Farin raconte, dans son *Histoire de Rouen,* que dans la fenêtre principale du chœur on voyait une verrière représentant l'écu des Houdetot entouré du collier de l'ordre de Saint-Michel et de l'écu de France. Autour de la table du maître-autel on lisait : «L'an de grâce 1496 M° Guil. de Sandou-«ville, chanoine, et Pierre de Sandouville, chevalier» (VI° partie, p. 42). Longue inscription rimée de deux cents vers trouvée en démolissant les anciens murs en 1840. Elle relate une fondation de la famille de Sandouville, dont le membre principal fut chanoine de Rouen, protonotaire apostolique, conseiller et maître des requêtes du roi Charles VIII. (Voir cette pièce curieuse dans l'*Inventaire des archives du doyenné de Doudeville,* par M. l'abbé Simon, curé de Doudeville.) Dans le chœur, caveau des seigneurs du lieu : d'abord les Sandouville, qui donnèrent des hommes de robe et d'épée; puis les Houdetot, d'où l'on avait appelé le village Anvéville-Houdetot. Les dalles tumulaires ont en grande partie disparu. On trouve cependant encore les inscriptions de Guillaume et de Pierre de Sandouville (1496), d'Adrien de Houdetot et de ses deux femmes (1677). Dalle d'un curé du xvi⁰ siècle. Fondation d'un greffier de la prévôté d'Yvetot en 1691. Bas-reliefs en pierre et bénitier du xvi⁰ siècle. La table de pierre du maître-autel, donnée par les Sandouville en 1496, a disparu. — Chapelle de Saint-Pierre et de Saint-Martin, aujourd'hui disparue.

AUCOURTEVILLE-SUR-HÉRICOURT. *Ép. Renaissance.* Croix de cimetière dont le fût porte les instruments de la Passion. || *Ép. moderne.* L'église, dédiée à Notre-Dame, a été bâtie au siècle dernier sur les plans de Louis Degouey. La nef est de 1736, le chœur de 1739 et le clocher de 1758.

BEUZEVILLE-LA-GUÉRARD. *Ép. romaine.* Passage de la voie de Lillebonne à Boulogne par Grainville, au hameau de la Cauchie. || *Moyen âge.* Église autrefois dédiée à sainte Anne, aujourd'hui à Notre-Dame. Nef romane du xi⁰ siècle. Chœur ogival du xii⁰ siècle. Clocher sur le portail, construction de 1700. Dalle tumulaire d'un chevalier de 1674 dans la nef.

CARVILLE-LE-POT-DE-FER. Formée des anciennes paroisses de Carville-le-Pot-de-Fer et d'Atmesnil, réunies par ordonnance royale du 5 février 1823. — CARVILLE. *Moyen âge.* Église dédiée à saint Hilaire. Construction du xii⁰ siècle. Le chœur et la nef ont été défigurés dernièrement, mais le corps carré du clocher, entre chœur et nef, a gardé son caractère roman. — Croix de cimetière datée de «l'an MV^{cc}XXII» (1522). — Tradition d'abbaye ou de prieuré, qui provient peut-être de ce que l'abbaye de Valmont présentait à la cure. — Motte surmontée de vieux murs. — Restes d'un château dans la cour qui avoisine l'église. — Tradition d'après laquelle l'église aurait autrefois possédé deux portes : celle des hommes et celle des femmes. == ATMESNIL. *Moyen âge.* L'église, dédiée à la sainte Trinité, est romane du xi⁰ siècle. Le chœur est bien conservé, mais la nef a été grandement altérée au xviii⁰ siècle.

CLEUVILLE. *Ép. incertaine.* Tradition d'une ancienne église au Bois-de-Cleuville. La vaste assiette d'un ancien château y existe dans un taillis, avec sa motte, ses fossés et le donjon. C'est peut-être l'ancien siége de la baronnie de Cleuville[1]. || *Moyen âge.* Église anciennement dédiée à Notre-Dame, aujourd'hui à saint Léger. Le pignon et la corniche de la nef appartiennent au roman du xi⁰ siècle. Le chœur et le clocher ont été refaits au xviii⁰ siècle. Le baptistère et la croix du cimetière semblent appartenir à la Renaissance.

HANOUARD (LE). *Ép. incertaine.* Fontaine vénérée de Saint-Denis. || *Ép. gauloise.* Vingt hachettes de bronze et cinq bracelets ou armilles du même métal décorés de zigzags et de dents de scie trouvés vers 1840, en traçant la route départementale n° 19, d'Yvetot à Cany. Plusieurs de ces objets sont entrés au musée de Rouen. || *Ép. franque.* Cimetière trouvé en 1868 dans un taillis qui recouvre un des vallons qui affluent vers la Durdent. En tirant du caillou du flanc de la colline, des ouvriers ont rencontré des squelettes qu'accompagnaient deux vases en terre, deux plaques de ceinturon en fer et deux scramasaxes, qui sont entrés au musée de Rouen. || *Ép. moderne.* Église dédiée à saint Denis, de Paris, et à sainte Cécile. C'est une construction modeste du xvii⁰ et du xviii⁰ siècle, sans aucun mérite d'art. Le baptistère est une cuve circulaire creusée en 1718 dans une colonne de la Renaissance. Pompeuse inscription latine dans le chœur, gravée sur marbre noir, en souvenir de Jean Poignant, curé du lieu, décédé en 1646[1].

HAUTOT-L'AUVRAY. *Ép. romaine.* Briques, tuiles et poteries dans la plaine de Drosay, auprès de la *Mare d'Anglemare*. || *Moyen âge.* Église dédiée à saint Martin. Chœur appartenant à l'architecture ogivale primitive, surtout par ses contre-forts et ses fenêtres. Clocher, entre chœur et nef, fort belle tour carrée en pierre du pays, du même style. Les transepts ont disparu. La nef, en grès, est une bâtisse de 1700. Sacristie de 1680. Baptistère de 1694. Contre-table en bois, à colonnes torses, du temps de Louis XIII. Deux dalles tumulaires en partie effacées. Contre-table à colonnes creuses de 1648, qui vient de la chapelle des Autels. — Croix de cimetière en grès, de 1626. — Chapelle des Autels ou des Aoustez, dédiée à Notre-Dame, située sur la limite des paroisses de Fultot et de Hautot-l'Auvray, au hameau des Aoustez ou des Autels, construite en grès en 1648. Lieu de pèlerinage assez fréquenté. Dans sa visite de 1717 d'Aubigné l'appelle Notre-Dame-de-Bon-Secours.

HÉRICOURT-EN-CAUX. Formée des deux anciennes paroisses de Saint-Denis-d'Héricourt et de Saint-Riquier, réunies en 1858. — SAINT-DENIS-D'HÉRICOURT. *Ép. romaine.* Murailles, médailles, poteries, tuiles et meules trouvées en abondance sur une longueur de 2 kilomètres, surtout au hameau de Gréaume, où M. le marquis Le Ver plaçait *Gravinum*. Urnes cinéraires, au nombre de trois, rencontrées à Gréaume en 1837. — Fontaine vénérée dite *de Saint-Mellon*[2], au pied d'une colline qui borde la route départementale d'Yvetot à Cany, où le saint évêque de Rouen a peut-

---

[1] Le rédacteur de cette inscription était Pierre Lenoir, vicaire et successeur dudit curé. D'Hozier rapporte que cet ecclésiastique rédigea une *Petite histoire de la maison de Martel*, qui est restée manuscrite.

[2] Saint Mellon, mort en ce lieu le 22 octobre 311, soit dans une maison sur la colline du *Pyeal*, non loin de la fontaine, soit sur une hauteur au hameau du Petit-Vauville, inhumé d'abord à Héricourt, fut plus tard transporté à Rouen.

---

[1] Jehan Talbot, le grand homme de guerre de l'Angleterre au xv⁰ siècle, fut le plus célèbre des barons de Cleuville. (Vallet de Viriville, *Notice sur quelques manuscrits*, p. 2 ; Paris, 1866.)

être donné le baptême. — Fondations importantes dans une prairie voisine de la fontaine et où l'on place un château de saint Mellon, explorées par M. l'abbé Cochet en 1868. Les fouilles ont montré les substructions de deux bâtiments situés à environ 40 mètres l'un de l'autre. L'un mesure 44 mètres sur 18, l'autre 30 mètres sur 15. Les murs, encore élevés de 1 mètre, avec une épaisseur variable de 0^m,30 à 1^m,10, sont en silex, tuf et moellon taillés en petit appareil. Le plus grand bâtiment paraît avoir servi d'habitation; le plus petit semble avoir été la *cella* d'un temple. Des tuiles à rebords ou convexes, des fragments de marbre et de pierre de liais, des poteries grises, noires et rouges, ces dernières avec les noms de potiers : VAPVSO, SEXTINI, SILVANI; des débris de fibules et de miroirs de bronze, des coquilles d'huîtres, des clefs et des clous de fer, des sifflets et des palets en os, des perles côtelées en verre bleu, un fragment de coupe de verre bleu représentant des gladiateurs, ont été recueillis dans les fouilles, ainsi qu'un grand bronze de Marc-Aurèle, un moyen bronze de Vespasien et un petit bronze de Claude II le Gothique. (Voir, sur les fouilles d'Héricourt, le *Bulletin de la Commission d'antiquités de la Seine-Inférieure*, t. Ier, p. 284 et 294; la *Revue de Normandie*, année 1868; la *Note sur les fouilles archéologiques faites à Héricourt-en-Caux*, in-8° de 11 pages; Rouen, 1868.) — Grossière statuette de pierre, probablement romaine, trouvée dans les fondations de la nouvelle église en 1854. ǁ *Ép. incertaine.* Motte circulaire en terre dont il n'est pas aisé d'indiquer l'origine, au pied d'un coteau non loin de l'église de Saint-Riquier, en face de Boscol et au bord de la route départementale n° 32. ǁ *Ép. franque.* Sépultures trouvées en 1853 et en 1857 dans le cimetière qui entoure l'église de Saint-Denis. Elles ont donné un vase en terre blanche à couverte noire, entouré de zigzags, un scramasaxe en fer, une fibule de bronze en forme de main et une agrafe de cuivre dont les ciselures montrent une tête humaine. — Crypte découverte le 12 novembre 1847, à quelques mètres au-dessous de l'église. Plan en croix : longueur, 5^m,90; hauteur, 2^m,25; largeur, 2^m,20. Largeur des bras de la croix, 6^m,50. Taillée dans le roc vif, elle fut recouverte plus tard d'une voûte d'arête en tuf. Dans l'abside, de chaque côté du lieu où fut l'autel, deux trous qui doivent être des sacraires. — Le nom d'*Héricourt*, *Harecort*, *Héricort*, *Hericuria* doit appartenir à l'époque franque. Ce lieu, à la même époque, s'appelait aussi *Vicus sancti Melloni.* ǁ *Moyen âge.* L'église, dédiée à saint Denis, vient d'être reconstruite de 1850 à 1858 en style roman du XIe siècle. L'ancienne était de cette époque, mais très-défigurée. Baptistère, cuve de pierre cantonnée de colonnes du XIIIe siècle. Belle dalle tumulaire de Jehan de Trouville, curé de Saint-Denis, mort en «M.CCC.V» (1305), encastrée dans l'église aux frais du département. Châsse de saint Mellon décorée de médaillons en émail de Limoges du XIVe et du XVe siècle. == SAINT-RIQUIER. *Moyen âge.* Église sous le vocable de Saint-Riquier, du XVIIIe siècle, sauf le pignon de l'ouest, qui est du XIIe. — Croix du cimetière avec deux statues de pierre, du XVIe siècle. — Chapelle de Saint-Gilles-du-Boscol, dans les avenues du château de ce nom, reconstruite il y a cent ans, dépendant d'une ancienne léproserie dont on trouve les restes. L'archevêque d'Aubigné la visita en 1717. — Chapelle de Saint-Martin-de-Gréaume, déjà en ruines en 1781. C'était dans son clos que se tenait la foire aux moutons. — Château du Boscol, situé sur la colline, au milieu de belles avenues, présentant plusieurs parties du XVIe et du XVIIe siècle.

OHERVILLE-AUFFAY. Formée de deux hameaux : Oherville, situé dans la vallée de la Durdent et où se trouve l'église; et Auffay, qui est sur la plaine et qui possède le château. ǁ *Ép. incertaine.* Vieux murs et terrassements profonds que le peuple appelle *le Château*, dans le bois taillis qui couvre la colline où est assise l'église. ǁ *Moyen âge.* Église dédiée à Notre-Dame. Primitivement construite en style roman, elle en conserve encore quelques traces dans la nef. Le clocher, entre chœur et nef, est en grès, du XVIe siècle. Le chœur porte la date de 1626. L'ancien baptistère, en plomb, qui porte une inscription en relief avec la date de 1427, est maintenant au musée d'antiquités de Rouen. — Autour de l'église, constructions arasées, dont on ne peut connaître la destination. — L'ancien manoir, assis sur une motte entourée de fossés, est devenu à la Renaissance un élégant castel en brique rouge et pierre blanche, orné de tourelles, de lucarnes et de crêtes, avec épis sur les toits. Dans une des tourelles est une élégante chapelle où ont dû prier la veuve de Jean Sobieski, roi de Pologne, ses deux fils Alexandre et Constantin, ainsi que le fameux prétendant Charles-Édouard Stuart.

OURVILLE. *Ép. romaine.* Passage de la voie de *Juliobona* (Lillebonne) à *Gravinum* (Grainville). Il est probable que la voie y bifurquait et qu'un embranchement se dirigeait vers Arques et Dieppe. — Fondations antiques, pierres, briques et tuiles sur une hauteur, au lieu dit *les Vieux-Châteaux.* ǁ *Moyen âge.* Église dédiée à Notre-Dame, du XVIe siècle pour le fond, remaniée dans la forme. Le chœur conserve, de ce temps, une fenêtre terminale et une verrière. Un affreux clocher a été ajouté vers 1820 entre chœur et nef. La nef fut mutilée en 1820. Baptistère en pierre supporté par des colonnes du XIIe ou du XIIIe siècle. Jolie image d'albâtre du XIVe ou du XVe siècle dans la chapelle de la Sainte-Vierge.

ROBERTOT. *Moyen âge.* Église dédiée à saint Pierre. Primitivement elle fut construite au XIe siècle, mais elle a été complétement défigurée dans ces derniers temps. Le chœur est de 1600, il renferme un vitrail de cette époque. Le clocher, au portail, est de 1836.

ROUTES. *Ép. gauloise.* Deux ou trois hachettes ou coins en bronze, que les antiquaires appellent *celts*, trouvés en 1859, en arrachant un arbre. || *Ép. moderne.* Église dédiée à saint Martin et à Notre-Dame. Vers 1760 la nef et le chœur croulèrent le même jour. L'église fut alors entièrement reconstruite dans le style du xviii° siècle. Deux dalles tumulaires du temps de Louis XV dans le chœur. L'une d'elles est de Mme de Banastre, décédée en 1736. Baptistère en pierre du Petit-Appeville, joli travail de sculpture du xvi° siècle, placé en 1857. — Ferme appelée *la Fondation* parce qu'elle a été donnée à l'église par les sires de l'Estandard, seigneurs du lieu. Pendant la Révolution elle a servi de refuge à des prêtres.

SAINT-VAAST-DIEPPEDALLE. *Ép. incertaine.* Ancien ruisseau dans le vallon sec qui descend de Saint-Vaast, que le seigneur du Petit-Berménil aurait fait boucher parce que son fils s'y était noyé. || *Ép. romaine.* Débris en grand nombre et constructions antiques dans les terres de labour, près de la croix d'Eaumare. La tradition y place une ancienne ville d'Eaumare, suivant M. Gauger, géomètre à Cany. — Une motte détruite en 1820 aurait existé, suivant le même, dans la propriété de M. Cavelan. — Meule à broyer en poudingue, chaudières, fourchettes, tuiles et poteries trouvées sur la *Côte du Portel* en 1849. || *Moyen âge.* Église sous le vocable de Saint-Vaast, d'Arras, reconstruite en grande partie de 1818 à 1822. Le chevet du chœur garde encore quelques traces du xi° siècle. Le clocher est en grès, de la fin du xvi° siècle et de 1622. Contre-table à colonnes torses du temps de Louis XIII. — Croix de cimetière de 1545. — Chapelle de Lémanville, au hameau de ce nom, dont il ne reste plus d'autre trace que le nom de *la Côte de la Chapelle*.

SOMMESNIL. *Ép. incertaine.* Fontaine autrefois vénérée sous le nom de saint Firmin, martyr d'Amiens, apôtre des Calètes et patron de la paroisse, dans la vallée de la Durdent. On dit que le saint évêque y a baptisé. || *Moyen âge.* Église dédiée à saint Firmin. L'ancienne, qui vient de disparaître totalement pour faire place à un édifice en style roman, avait conservé quelques traces du xiii° siècle. Le xvi° siècle y avait ajouté un clocher en grès. Enfin le xvii° et le xviii° siècle l'avaient complètement remaniée. L'inscription du cœur de Jean Bigot de Sommesnil, décédé en 1645, était dans le chœur. La dalle qui le recouvrait, un instant enlevée de l'église, doit y rentrer prochainement. — L'ancien château a été abattu au xvii° siècle par le président Jean Bigot. D'un projet gigantesque de reconstruction il n'a été exécuté que les communs dans le style Médicis et les deux portes de l'entrée, qui semblent deux vrais arcs de triomphe.

THIOUVILLE-LA-RENARD. *Ép. Renaissance.* Église dédiée à saint Vaast. Chœur du temps de François Ier, avec chevet percé de jolies fenêtres qui ont eu autrefois des verrières. Nef et clocher qui lui sert d'entrée construits en 1785 avec du silex et de la brique. Piscine au bout de l'autel et baptistère sculpté en pierre, de la Renaissance. Deux dalles tumulaires effacées et ancienne pierre d'autel dans le chœur. Un procès-verbal dressé en 1654 par Raoul d'Herbouville déclare que celui-ci a vu dans le chœur de l'église de Thiouville la figure de Raoul d'Herbouville, relevée en buste armé avec sa casaque d'armes fleurdelisée, et aussi le tombeau de Marie de Dampierre, son épouse, morte en 1553.

VEAUVILLE-LES-QUELLES. *Ép. moderne.* Église dédiée à Notre-Dame. L'édifice actuel, entièrement moderne, remplace une construction du xiii° siècle. — Château de Mathonville au hameau du même nom [1].

CANTON DE SAINT-VALERY-EN-CAUX.

(Chef-lieu : Saint-Valery-en-Caux.)

BLOSSEVILLE-ÈS-PLAINS. *Ép. incertaine.* Tuiles et murailles aux *Marettes*. — Tradition d'une croix Dyel, disparue, et de chevaux allant d'eux-mêmes porter à l'église les superbes vitraux qu'elle possède. — Lieu dit *la Cour le Comte*, qui est peut-être le vestige de l'ancienne vicomté de Blosseville, très-puissante au xii° siècle. || *Moyen âge.* Église dédiée à saint Lezin, évêque de Bourges, à trois nefs avec chevet à trois pans, construite entièrement en grès au xvi° siècle. Chapelle latérale au chœur. Clocher, entre chœur et nef, élevé sur une base en tuf, à ogives du xii° siècle. Tradition d'une porte appelée *la Porte anglaise*. Baptistère portant la date de « MIL V^{cc} XIIII » (1514). Des verrières remarquables garnissent les fenêtres. Au chevet, dans la fenêtre centrale, le *Calvaire*. Du côté de l'épître, l'*Annonciation*, datée de « MIL V^{cc} XLVI » (1546). Du côté de l'évangile, la *Légende de saint Martin;* une des scènes les plus curieuses est celle où l'on voit « comment saint « Martin guérit un ladre en le baisant. » Saint Martin, en chape, suivi d'un religieux qui porte sa crosse épiscopale, baise le lépreux coiffé d'une toque rouge, vêtu d'un hoqueton bleu, de chausses violettes, de bottes violettes à revers blancs, et portant une besace pendue à sa ceinture. Dans la chapelle de la Sainte-Vierge, au côté nord du chœur, au-dessus du maître-autel, un saint évêque vêtu de la chape, portant une crosse et un livre; un saint pape tenant dans ses mains sa tête coiffée d'une

---

[1] Lieu probable de naissance du bienheureux Thierry de Mathonville, premier abbé de Saint-Évroult, mort en Chypre en 1059. Orderic Vital dit de lui : « Beatus Theodoricus de Mathonvilla, natione Normannus, ex Calogiensi provincia oriundus. »

tiare, de chaque côté d'une *Mater Dolorosa*. Dans les deux fenêtres latérales, la *Légende de saint Lezin*, évêque de Bourges et patron de la paroisse. Cette légende occupait autrefois quatre fenêtres, dont deux ont disparu : l'une depuis 1781, l'autre depuis 1823. La première montrait saint Lezin gagnant une bataille en employant du canon, dès le vii° siècle; et saint Lezin se mariant pour plaire au roi, puis trouvant son *affidée* ladre. La seconde fenêtre montrait des «prisonniers délivrés au «seul seing de la croix.» Les deux fenêtres qui restent représentent chacune quatre scènes de la légende : 1° le sacre du saint évêque, auquel le roi assiste. «Comment le «roi fait passer notre saint de connetable et de gouver-«neur d'Angers à la dignité d'évêque.» 2° Le saint exorcisant un démoniaque et faisant sortir de sa bouche les «sept péchés mortels pires que sept diables.» 3° Les «boiteux et aveugles garis par saint Lezin.» 4° «Douze «boiteux et aveugles s'en vont garis.» La deuxième fenêtre renferme les scènes suivantes : 1° Saint Lezin «lave les pieds et console la veuve.» 2° Saint Lezin est «importuné d'un aveugle» qui crie à tue-tête dans l'église tandis que le saint prêche. 3° «Aveugle-né gari «par saint Lezin.» Ces deux verrières sont signalées par Levieil dans l'*Art de peindre sur verre*, Ire partie, p. 56; et par Hyacinthe Langlois dans son *Mémoire sur la peinture sur verre*, imprimé en 1823 et réimprimé en 1834. — Poteries acoustiques dans la voûte du clocher et les murs de la nef, qui rendent, dit-on, l'église très-sonore. — Chapelle Notre-Dame-des-Marettes et chapelle Notre-Dame-la-Blanche ou chapelle Blanchet, toutes deux détruites. En 1714 d'Aubigné visita la chapelle des Marettes. — Débris d'un vieux château auprès de l'église.

CAILLEVILLE. *Moyen âge.* Église dédiée à saint Aubin. Le portail et surtout le clocher, placé entre chœur et nef, appartiennent à l'ogive primitive du xii° siècle, ainsi que la nef principale, bien que défigurée. L'allée méridionale est en grès, du xvi° siècle. Tombeau des Dyel de Graville, qui se disent descendants des Dyel, lords d'Angleterre, dans le chœur. L'inscription, du xviii° siècle, a été sciée il y a trois ans. — Croix de pierre du xvi° siècle devant l'église.

DROSAY. *Moyen âge.* Église dédiée à saint Martin. Très-beau portail et chœur du xiii° siècle. Les deux nefs et le clocher au bas de l'une d'elles, en grès du xvi° siècle. Chapelle de la Sainte-Vierge de 1613. Chapelle de Saint-Roch, véritable église du xi° siècle, époque où elle portait le nom de Saint-Denis. Elle a été grandement remaniée au xvii° siècle, où elle changea de vocable. Six paroisses s'y rendent processionnellement en pèlerinage chaque année. L'archevêque d'Aubigné la visita en 1713, lorsqu'elle était sous le vocable de Saint-Denis.

GUEUTTEVILLE-ÈS-PLAINS ou **LES GRÈS.** *Moyen âge.* Église dédiée à saint Samson, évêque de Dol. Chœur avec contre-forts, fenêtres et appareil du xii° siècle. Nef refaite en grès au xvi° siècle, ainsi que l'énorme tour du clocher placée au portail. Une allée méridionale a été ajoutée sous Henri IV ou sous Louis XIII.

INGOUVILLE-ÈS-PLAINS. *Moyen âge.* Église dédiée à saint Lubin. Plan primitif en croix et à une seule nef de l'époque de transition du xii° siècle. Transepts supprimés. Nef du xii° siècle ornée de colonnes à curieux chapiteaux soutenant une voûte sur nervures, dont les tympans sont percés de petites fenêtres. Des arcades ont été ouvertes au-dessous au xvi° siècle pour communiquer avec deux collatéraux bâtis en grès ajoutés à cette époque. Chœur du même temps ayant gardé quelques traces de l'édifice primitif. Sur une de ses colonnes de grès, décorée d'un câble et de coquilles, est l'inscription : «l'an MIL V^{cc} CENS TRENTE QUATRE» (1534). Clocher de la même date. Deux pierres tumulaires du xvi° siècle dans le chœur. Baptistère de «MIL «V^{cc} XLIII» (1543). — Croix de cimetière de 1518.

MANNEVILLE-ÈS-PLAINS. *Ép. romaine.* Aureus de Vespasien pesant 7 grammes et de la plus belle conservation, trouvé en 1863 par un laboureur. ‖ *Moyen âge.* Église dédiée à Notre-Dame. La nef, détruite en 1849, était du xi° siècle. Elle a été remplacée par une construction en style ogival. Le clocher, tombé en 1673, a été refait à neuf en 1850. Le chœur, brûlé en 1840, a été reconstruit en 1842 en style du xiii° siècle, sauf les murs de grès qui sont un reste du xvi°. — Élégant manoir près de l'église, construit en grès et pierre dans le style du xvi° siècle, ancienne résidence des religieuses de Montivilliers qui nommaient à la cure.

MESNIL-DURDENT (LE). Jadis appelé *le Mesnil-Bas*. Commune formée par la fusion des deux anciennes paroisses du Mesnil-Durdent et du Mesnil-Geffroy, réunies vers 1825. — LE MESNIL-DURDENT. *Ép. incertaine.* Mare de Saint-Onuphre, où l'on venait se baigner. On y allumait aussi un feu de carrefour. ‖ *Ép. Renaissance.* Église dédiée à saint Aubin, construite en grès. Chapelle de la Sainte-Vierge, construite vers 1528, date qu'on lit sur une pierre tumulaire. Portail et nef de 1713. Cadran solaire de 1731. — Croix de cimetière de «MIL V^{cc} LVI» (1556). = LE MESNIL-GEFFROY. *Ép. Renaissance.* Église dédiée à saint Ouen, construite en grès. Chœur de 1584 avec fenêtres refaites en 1712. Nef et portail de 1650. Chapelle de la Sainte-Vierge, qui fut seigneuriale, de 1700. — Croix de cimetière de 1650. ‖ *Ép. moderne.* Le château, appartenant au prince de Montmorency, est une élégante construction dans le style de Mansard, entourée de jardins dessinés à la française.

NÉVILLE. *Ép. incertaine.* Tradition de fontaine, d'où la rivière de Saint-Valery prend sa source, bouchée avec des balles de laine, afin de déraciner des superstitions. || *Moyen âge.* Le château, fortifié, existait dès le x° siècle, bâti, dit-on, par Hertel, compagnon de Rollon. Au xiii° siècle il fut la propriété de la famille de Bréauté [1]. Cette forteresse, qui était énorme, a été démolie vers 1820. Les fossés ont été comblés et les murs renversés. Des carreaux émaillés ornés de fleurs de lis ont été trouvés en grand nombre vers 1830. Sceau de cuivre du xiii° siècle portant le nom de « Ricart Delaistre. » — Église dédiée à saint Martin, à trois nefs. Plan en croix. Transepts du xiii° siècle; pour le reste elle a été presque entièrement refaite en grès au xvi°. Le clocher, sur la croisée, brûlé par la foudre le 18 mai 1663, a été rétabli en 1677. Une horloge y avait été placée en 1629. Baptistère de 1614, buffet d'orgues de 1625 et les restes d'une *Passion* peinte du xvi° siècle. Autel en marbre acheté à Péronne en 1815, provenant, dit-on, d'une abbaye de Picardie. Tombeau de Pierre de Bréauté, tué au siége de Bois-le-Duc après un combat demeuré célèbre [2]. Ce chevalier y fut inhumé le 8 mars 1600. Détruit à la Révolution avec les cercueils de plomb des seigneurs. — Chapelle de Saint-Jean-Baptiste, de Plaine-Sevette, en grès, du xvi° siècle. D'Aubigné, qui la visita en 1714, lui donne pour patrons saint Jacques et saint Jean-Baptiste. Trois autres chapelles disparues. — Croix du presbytère rétablie en 1817; croix à la Rose plantée en 1624; croix du sire de Bréauté élevée au xv° siècle, en mémoire d'une victoire remportée sur les Anglais. Aujourd'hui on l'appelle *la Croix Hellouin*, du nom du propriétaire du château. Croix du cimetière élevée en 1582.

PLAINE-SÉVE. *Moyen âge.* Église dédiée à Saint-Jean-Baptiste. Chœur en grès, du xvi° siècle. Dalle tumulaire d'un curé qui peut remonter au xiii° siècle, dans le sanctuaire. Baptistère de 1629. Tradition d'une querelle entre le sire de Bréauté et le sire de Bethencourt pour savoir qui poserait la première pierre de l'église. Ils en vinrent aux mains et s'entre-tuèrent. Le lieu du combat, placé entre Hocqueville et Néville, s'appelle *la Male Journée*.

SAINT-RIQUIER-ÈS-PLAINS. *Ép. moderne.* Église sous le vocable de Saint-Riquier, entièrement en grès du pays, qui doit dater de 1630, date gravée sur ses murs. Deux jolies statues de sainte Catherine et de saint Hermès costumé en chevalier du xvi° siècle.

SAINT-SYLVAIN ou ANGLESQUEVILLE-LES-MURS. *Moyen âge.* Appelée en 1265 *Anglica villa murata*. La forteresse ou manoir fut acheté alors par Richard de Treigos, abbé de Fécamp. Il est devenu un château moderne. — Église sous le vocable de Saint-Sylvain. Chœur et nef du xiii° siècle. Lourd clocher de grès placé au portail au xvii° siècle. Élégante piscine à deux arcades et à double cuvette dans le chœur. Dalles effacées dans le chœur. Baptistère de la Renaissance. — Croix de cimetière datée de « M V°° et XIX » (1519).

SAINT-VALERY-EN-CAUX. *Ép. romaine.* L'ancien nom de Saint-Valery paraît avoir été *Port-Naval* ou *Port-Navarre*. Ce port doit remonter à l'époque romaine, car on trouve des débris de cette période à la *Côte d'Aval* et à la *Côte d'Amont*. Murs, tuiles, monnaies et sépultures trouvés dans les jardins de la *Côte d'Aval*, au moyen âge le quartier Saint-Léger. Javelot rencontré près d'un squelette en 1834 par M. Thinon, avocat, et donné au musée de Rouen. Urnes remplies d'os brûlés, monnaies en or et en bronze recueillies sur la *Côte d'Aval*, aujourd'hui *le Bohême*, à l'angle de la rue des Escrocs et de la rue aux Ânes. Deux monnaies de Trébonien-Galle et de Valérien, au musée d'antiquités. || *Ép. franque.* Cercueil en auge contenant les restes d'un corps avec un fer de lance, un sabre franc et un morceau de fer de lance, trouvé vers 1808 sur la *Côte de Cany*, assez près de la route nationale n° 25. Ces armes ont été envoyées à la Bibliothèque nationale. Une tradition rapporte que saint Léger, exilé à Fécamp au vii° siècle, prêcha dans la chapelle qui porte son nom, et qu'il y « perdit son chapelet. » On y conduit encore les enfants afin qu'ils aient le « pas léger. » || *Ép. incertaine.* Légendes de *gobelins*, de *dames blanches*, de *loups-garous*, de *cheval Bayard*, de rivière disparue après avoir été bouchée avec des balles de laine.—Murs échelonnés de tours qui barraient la vallée et dont la rue des Remparts conserve le souvenir. || *Moyen âge.* Église paroissiale sous le vocable de Saint-Valery, construite en grès au xvi° siècle. Trois nefs communiquant par sept arcades ogivales. Voûtes refaites en 1854. Pas de transept. Tour carrée du clocher placée à l'angle nord du portail occidental. Un des chapiteaux porte l'inscription : « L'an « MIL V°° XXX (1530) fut faict. » Débris de verrières qui durent être fort belles, où l'on reconnaît les restes d'une *Pentecôte*, d'une *Transfiguration* et du *Baptême de Notre-Seigneur*. Litre armoriée encore visible [1]. — Chapelle de Saint-Léger, sur la *Côte d'Aval*, en titre dès le xiii° siècle et à laquelle se rattachent des traditions franques. Supprimée à la Révolution, il n'en reste plus qu'un clocher de grès du xvii° siècle qui sert d'amers aux pêcheurs. Lieu de pèlerinage pour les enfants tardifs à marcher. — Chapelle et léproserie de Climachy, détruite. Dalle tumulaire dans le cimetière qui l'entourait. Ce serait la tombe de M°°° de Bréauté, pieuse infirmière

---

[1] Le 15 mars 1589 eut lieu, au château de Néville, une entrevue entre Claude Groulart, président du parlement, le commandeur de Chattes, gouverneur de Dieppe, de Villars, gouverneur du Havre, et de Tiron, afin d'empêcher la Ligue dans le pays de Caux. On ne put s'entendre.

[2] Une complainte sur cette mort se répète encore à Saint-Valery, et le combat fut illustré en Hollande par une planche gravée dans ce pays.

[1] En 1600 cette église reçut en garde quelques jours le corps de Pierre de Bréauté, chevalier tué par trahison au siége de Bois-le-Duc.

des lépreux, à laquelle la tradition rattache une légende du *Miracle des roses*, semblable à celui de sainte Élisabeth de Hongrie. — Chapelle de Notre-Dame-de-Bon-Port, au cœur de la ville, en grès, de la fin du xvi° siècle ou du commencement du xvii°. Une inscription sur marbre de 1745 qui en provient est conservée au musée de Rouen. C'est la fondation de Nicolas Bonté, prêtre de Saint-Valery et curé du Mesnil-Saint-Germain, près d'Arques. — Ancien couvent des Pénitents, arrivés à Saint-Valery en 1620. Le monastère avec sa chapelle ne furent élevés que vers 1650. Confisqué à la Révolution, le monastère est devenu une caserne et un magasin militaire; constructions en grès. Dans la chapelle, belles balustrades en bois de chêne du milieu du xvii° siècle. Dans le cloître, qui est conservé, étaient les tombes des Pénitents; il ne reste plus que deux inscriptions. — Maison de Henri IV, hôtel de bois situé quai d'Aval, presque en face du port, où l'on prétend que logea Henri IV; c'est une jolie construction du xvi° siècle, encore décorée de sculptures, parmi lesquelles on remarque des images de saints. On lit sur une poutre l'inscription suivante : «L'AN MIL V CENS XXX, «CESTE MESON FVT FAICTE P. GVILLE LADIRÉ.»

SAINTE-COLOMBE. *Moyen âge.* Église sous le vocable de Sainte-Colombe. Clocher placé au portail, tour carrée du xiii° siècle. Quatre têtes couronnées de lierre supportent les nervures de sa voûte. Nef de 1550 et chœur de 1700, le tout en grès. Caveau sépulcral sous le chœur. Ouvert en juillet 1861, il contenait quatre cercueils de la famille de Cuverville : un en bois et trois en plomb. Farin a donné les inscriptions de trois de ces sépultures. On sait par lui que sous Louis XIV on lisait sur des dalles les noms de Françoise de Chencrelles, épouse de Jean de Cuverville, décédée en 1442, et de ses fils Jean, Colin et Nicolas de Cuverville, seigneurs de Sainte-Colombe. Il y avait aussi la tombe d'Anne de la Motte, épouse de Wulfran de Cuverville, morte en 1624. (Farin, *Histoire de Rouen*, V° partie, p. 46.) Une grande dalle fruste du xiii° siècle reste seule : jadis dans le chœur, aujourd'hui dans la nef. ‖ *Ép. incertaine.* Tradition d'un bourg détruit par les guerres et d'une cloche d'argent enterrée dans le cimetière à 60 coudées du clocher.

VEULES. Ancien bourg, dont le nom s'écrit *Wuella, Wellis, Welleis, Veulis, Vetulio, Welles* et *Weulles* du xi° au xiii° siècle. — *Ép. romaine.* Tradition de *cité*, dont la ville de Saint-Valery serait une colonie. — Maçonneries et voie antique qui serait devenue le *Chemin des Chasse-Marée.* Urne cinéraire, monnaies de bronze de Probus et de Constantin, et médailles d'argent de Trajan et d'Otacille, trouvées vers 1830, selon M. A. Deville. ‖ *Ép. franque.* Triens mérovingiens portant le nom de VELLACO et de VELLAO, attribués à Veules par M. A. de Longpérier et autres. — Cimetière découvert en 1862 sur la côte de Dieppe et au bord de la route nationale n° 25. Une douzaine de squelettes ayant été trouvés depuis 1855 dans des fosses de craie creusées dans des carrières de pierre à chaux, M. l'abbé Cochet, en novembre 1862, reconnut trois fosses contenant des vases et des agrafes en fer damasquiné. ‖ *Moyen âge.* Église sous le vocable de Saint-Martin. Une tradition d'abbaye s'y rattache. Église à trois nefs, avec deux chapelles latérales au chœur, entièrement construite en grès au xvi° siècle, sauf la tour monumentale du clocher, élevée au xiii° siècle et conservée entre chœur et nef comme elle fut placée tout d'abord. À l'intérieur elle est soutenue par quatre arcades ogivales portées sur des piliers garnis de colonnes à chapiteaux en crosse. Sa voûte sur nervures est masquée par un plafond. Au dehors, les quatre côtés de la tour sont percés d'ogives primitives longues et élégantes. Tout le reste a été refait au temps de François Ier. Inscriptions : sur le portail : «L'AN MIL V^{cc} XXVII» (1527); dans la nef, sur une poutre de la charpente : «L'AN MIL V^{cc} XXVIII «(1528) fut achevée; merci à Dieu;» sur le berceau de l'aile méridionale : «L'AN MIL V^{cc} XLII» (1542). Belle inscription de 1272 dans la chapelle de la Sainte-Vierge, découverte en 1864 par M. l'abbé Cochet. Elle se compose de treize vers français et indique la fondation de la chapelle de Notre-Dame par Nicole Thomas et sa famille. Statue funèbre couchée sur deux pierres brutes, jadis dans la chapelle Saint-Sébastien, enterrée en 1824. Fondation de Marin de Vettemare, prêtre chapelain de 1655 à 1674. Sa dalle tumulaire est maintenant devant le portail [1]. Un charnier mentionné dès 1623 existait en 1834 sur le porche méridional de cette église. Buffet et jeu d'orgues de 1628. — Église Saint-Nicolas, tombant en ruines depuis cinquante ans. Les murs du chœur qui restent encore indiquent une construction en grès du xvi° siècle. — Croix de cimetière de la Renaissance. — Couvent des Pénitents, fondé en 1617 et achevé vers 1647. Vendu en 1791, il fut défiguré en 1822. Le monastère est devenu un pavillon et la chapelle une grange. — Chapelle du Val. Tradition mystérieuse d'un seigneur renversé par la foudre et égaré en chassant un cerf dans la forêt de Fécamp. Le modeste édifice actuel garde des parties en tuf et un cintre du xii° siècle, ainsi que des ogives du xiii°. Le reste est moderne [2]. La chapelle de Notre-Dame-du-Val, visitée par d'Aubigné en 1713, est placée par lui sur la paroisse de Sotteville. — L'hôpital, connu sous le nom de Saint-André, existait en 1220. Détruit depuis longtemps, son souvenir reste dans le nom de la rue, du carrefour et de la porte de l'Hôpital. — Maison en pierre

---

[1] M. Lebay, mort curé de Veules en 1834, a laissé un manuscrit intitulé : *Particularités sur le bourg de Veules depuis sa fondation.*

[2] Farin, auteur d'une *Histoire de Rouen*, a été prieur de Notre-Dame-du-Val de Veules.

avec tourelles, du xvi° siècle, connue sous le nom de *Presbytère de Saint-Martin*, dans la Grande-Rue. Grandes portes ogivales en grès, aussi du xvi° siècle, dans la même rue. Maisons de l'Octroi et de l'Amirauté. — Moulin de la Mer, mû par la marée, mentionné dès 1235. — Rue aux Juifs, souvenir des banquiers du moyen âge, consumée par un incendie le 6 juillet 1781 et brûlée de nouveau en 1814. — Terrassements du camp tenu en 1747. — Sentier des Lépreux, près de la chapelle du Val.

CANTON DE VALMONT.

(Chef-lieu : VALMONT.)

ANCRETTEVILLE-SUR-MER. *Ép. incertaine*. Deux vases de bronze, renversés la bouche en bas, trouvés près de l'église le 17 novembre 1862. Le vase principal, marmite à trois pieds et à deux oreilles, contenait un objet en argent très-fin et déjà décomposé. L'autre était une chaudière sans pieds ni anse, haute de 0^m,23 et large de 0^m,32. Ces deux pièces culinaires et entièrement noircies par le feu appartiennent probablement au moyen âge. || *Moyen âge*. L'église, dédiée à Saint-Amand, conserve des contre-forts du xii° siècle. Le chœur, les transepts, la nef et le clocher, au portail, ont été en très-grande partie refaits au xviii° siècle.

ANGERVILLE-LA-MARTEL. *Moyen âge*. Église dédiée à Saint-Martin. Nef en brique et pierre, séparée des collatéraux par des cintres portés sur des colonnes minces et rondes. Construction du temps de Henri IV, ainsi que le chœur. Clocher placé au portail. Tour de la fin du xvi° siècle et flèche de pierre des premières années du xvii°, renversée par la foudre en 1772; elle fut relevée en cette même année dont elle porte la date. — Le château, quoique bien modernisé, présente encore quelques parties du temps de la Ligue. — Chapelle de maladrerie connue sous le nom des *Saints-Innocents de la Croix de pierre*. Détruite aujourd'hui.

COLLEVILLE. Formée des deux anciennes paroisses de Colleville et de Vatte-Christ, réunies par ordonnance royale du 8 janvier 1823. — COLLEVILLE. *Ép. gauloise*. Hachette de bronze de forme peu commune dont les analogues sont assez fréquents en Danemark, trouvée vers 1860 par M. Delaporte, de Fécamp. || *Ép. romaine*. Innombrables débris dans le vallon d'Orival. Les terres cultivées conservent des tuiles et des poteries. Dans les bois on aperçoit des murailles qui courent dans tous les sens. On y reconnaît aisément l'intérieur de la grande salle d'une villa détruite par le feu. Un denier d'argent d'Alexandre Sévère y a été recueilli pour le musée de Rouen. Poteries de toutes sortes trouvées en si grand nombre dans une sablière exploitée en 1860 et en 1862 dans le même vallon, qu'on croirait volontiers que ce fut le cimetière de la villa qui porte le nom de *Ville d'Orival*.

Tuile percée de trous avant la cuisson, comme une passoire. || *Ép. franque*. Cercueils et objets mérovingiens trouvés depuis 1855 dans le cimetière et dans l'église, et recueillis par M. le curé de Colleville. Ces découvertes consistent surtout en cercueils de pierre de Saint-Leu, en six scramasaxes avec la double rainure, en quatre lances et en de nombreux couteaux, le tout en fer; en boucles et en plaques de fer damasquiné, en boucles et plaques de ceinturon en bronze, en boucles de lanières, en fibules de bronze, en perles de verre et en vases de terre blanche ou noire. || *Moyen âge*. L'église, dédiée à saint Martin, a été entièrement renouvelée de 1860 à 1862. L'ancienne avait été construite au xi° siècle. Elle gardait trace d'un campanile de pierre placé au portail. Le baptistère était une cuve de pierre du xii° siècle. — Tradition d'église déplacée. — Château de Hougerville, construit en brique rouge avec encadrements et losanges de pierre, en partie de l'époque de Henri III. — Chapelle de Saint-Gilles, jadis près du château, aujourd'hui disparue. — Vieille grange qui a servi de temple protestant sous le régime de l'édit de Nantes, dans la cour du château. Dalle tumulaire de Josias Levannier, gentilhomme réformé, mort vers 1650. — VATTE-CHRIST. *Ép. incertaine*. Traditions et croyances superstitieuses sur la côte dite *le Vasouy*. — Grottes et ermitage dont le dernier solitaire a disparu peu de temps avant la Révolution de 1789. || *Moyen âge*. L'église, dédiée à Notre-Dame, a été démolie pendant la Révolution.

CONTREMOULINS. *Ép. romaine*. Quatre urnes dont trois en terre et une en verre, contenant des os brûlés, trouvées en 1837 et recueillies par M. de Franqueville, qui les possède encore. || *Ép. franque*. Le nom de *Contremoulins* (de *Comitis Molendinis*) semble indiquer la propriété industrielle des anciens comtes de Caux qui résidaient à Fécamp. || *Moyen âge*. Église dédiée à saint Martin. L'ancienne était dans la vallée du Bec-de-Mortagne, près des moulins du Comte. L'église actuelle a été bâtie dans la plaine en 1648. — Chapelle et léproserie dédiées à sainte Marguerite et à saint Michel. La chapelle a été démolie en 1825. Elle avait été visitée par d'Aubigné en 1713. — Château dit *de Franqueville*, construction de l'époque de Louis XV.

CRIQUETOT-LE-MAUCONDUIT. *Moyen âge*. Église dédiée à saint Remy. Le chœur, quoique refait au xviii° siècle, a gardé des traces du xii°. Le clocher est une construction en grès du xvi° siècle. Le reste est du temps de Louis XV. Deux dalles tumulaires : l'une d'un sire de Calletot, de 1500; l'autre de « Joiffrois Mauconduit, «personne de Criquetot qui trépassa l'an de grâce « 1283. » Chapelle de Saint-Antoine, qui fut visitée par d'Aubigné en 1713, aujourd'hui détruite.

ÉCRETTEVILLE-SUR-LA-MER. *Ép. romaine*. Fragments de vases rouges à reliefs recueillis vers 1860 par

M. Pimont, de Valmont, sur les restes présumés d'une villa. ‖ *Moyen âge.* Église dédiée à saint Martin, conservant des traces du xiiᵉ siècle, mais défigurée au xviiᵉ. Verrière du xviᵉ siècle. — Jolie croix de cimetière en pierre dont la base sculptée présente les quatre images de sainte Barbe, de saint Hubert, de saint Jean et de la *Mater Dolorosa*. Le pied porte cette inscription : «L'an «mil Vᶜᶜ XXII (1522), le vi de février, Regnault Burel, «prestre natif de Vinnemerville, vicaire de ce lieu, a «fait faire cette représentation.»

ÉLÉTOT. *Ép. romaine.* Vases en terre rouge et grise, tuiles à rebords, meules à broyer en poudingue et traces d'une villa, trouvés en 1839 au pied de la *Côte des Vegants*. ‖ *Ép. franque.* Cercueils de pierre qui ne renfermaient que des corps, trouvés dans un champ en 1849. Auges, dont une contenait une bague en argent, découvertes postérieurement dans la cour de M. Tronel. ‖ *Ép. moderne.* L'église, dédiée à saint Pierre, est entièrement moderne. Il reste à peine un pan de mur du temps de Louis XIV.

GERPONVILLE. *Ép. gauloise.* Pierre que l'on dit apportée de Jérusalem et à laquelle on attribue le privilége de détourner la foudre et de diviser les orages, dans le bois du Pivallet. — Grande fosse appelée *le Clos-Blanc*, au fond de laquelle est une grande pierre plate semblable à un dolmen[1], au hameau de Vauville. Le peuple assure que pendant la généalogie de la messe de minuit la pierre fait trois fois le tour de la fosse. ‖ *Moyen âge.* L'église, dédiée à Notre-Dame, quoique refaite au temps de Henri IV, conserve quelques vestiges du xiiᵉ siècle. Le clocher, entre chœur et nef, est une construction du xviᵉ siècle. Dalles tumulaires dont les têtes et les mains étaient en marbre, enlevées du chœur et placées dans la nef. Statue de sainte Austreberte, de Pavilly, avec l'âne dévoré par le *Loup Vert*.

LIMPIVILLE. *Ép. moderne.* Église dédiée à Notre-Dame. Clocher de pierre placé au portail, du temps de Louis XIV. Nef de 1758 et chœur de 1778. — Croix de cimetière, curieuse sculpture de grès de la fin du xviᵉ siècle. Le fût, en spirale, porte un groupe où l'on voit, autour du Sauveur, saint Jean, la sainte Vierge, saint Pierre, saint Nicolas et une *Mater Dolorosa*.

RIVILLE. *Moyen âge.* Église dédiée à saint Pierre. Le chœur, consacré par Eudes Rigaud en 1269, bien qu'altéré sous Louis XVI, conserve ses colonnettes, ses voûtes et ses murs primitifs. Nef du xviᵉ siècle, altérée au xviiiᵉ.

SAINT-PIERRE-EN-PORT. *Ép. romaine.* Restes d'une villa découverts en 1860. ‖ *Ép. franque.* Cercueils en auge, probablement francs, trouvés vers 1830 au hameau de Boudeville. ‖ *Ép. incertaine.* Tradition d'un ancien port important signalé par *la Côte du Marché* et *la Côte de l'Eau-Salée*, qui serait peut-être un souvenir de salines. Fondations et murs trouvés partout. ‖ *Moyen âge.* Église sous le vocable de Saint-Pierre. L'ancienne était dans le vallon. La population s'étant portée dans la plaine, au hameau de Boudeville, on y installa une église en 1824. On démolit l'ancienne et la nouvelle pour n'en faire plus qu'une seule, en 1850. Celle-ci a conservé le vieux clocher, jolie construction du xiiiᵉ siècle, transporté pièce par pièce sur la plaine. Le reste de la construction est sans caractère. Le baptistère en plomb, du xiiᵉ siècle, présentant les images de saint Pierre et de saint Paul, patrons de l'église, a été détruit. — Chapelle de Saint-Gervais dans le hameau de Boudeville, dont on montre la place.

SAINTE-HÉLÈNE-BONDEVILLE. Formée des deux anciennes paroisses de Sainte-Hélène et de Bondeville-sur-Fécamp, réunies par ordonnance royale du 19 juillet 1826. — SAINTE-HÉLÈNE. *Ép. romaine.* Poteries et grand bronze de Septime-Sévère trouvés en 1842 sur une propriété de M. Limare, de Rouen. — (Voir, à l'article COLLEVILLE, la découverte d'une villa dans le vallon d'Orival.) Cimetière de cette villa trouvé en 1864 au hameau d'Alventot. En défrichant un taillis placé sur une colline, au lieu dit *le Bout-de-Has*, des ouvriers rencontrèrent des murs et des vases funéraires. Averti de cette découverte, M. l'abbé Cochet vint y pratiquer une fouille. En huit jours il constata la présence de vingt-quatre urnes en terre grise de forme ollaire, renfermant des os brûlés d'adultes. Toutes étaient recouvertes d'une assiette noire ou d'un trépied renversé. Quelques-unes contenaient des vases aux offrandes. Une des *ollas* en terre grise contenait une belle urne ronde en verre verdâtre, des fioles de verre, une coupe de terre rouge avec le nom de DAMINI M. Une autre urne a donné une patère de bronze en forme de coquille. Les autres objets sont une statuette de Latone en terre cuite, une perle de verre incrustée d'émail jaune, une fibule de bronze argenté, une épingle et trois petits palets en os et un moyen bronze de Faustine. Presque tous ces dépôts funéraires avaient été confiés à la terre dans des caisses de bois dont on a trouvé les clous et les serrures. Fragment d'inscription recueilli dans les défrichements. (Voir la gravure de plusieurs de ces objets dans les *Procès-verbaux de la Commission des antiquités de la Seine-Inférieure*, t. II, p. 278-280.) ‖ *Ép. moderne.* L'église, sous le vocable de Sainte-Hélène, a été presque entièrement renouvelée en 1863 et 1864. Deux inscriptions : l'une, sur marbre, de 1688, est relative à des fondations de messes et d'obits; la seconde, sur bois, placée dans le porche, atteste qu'en «l'an M Vᶜᶜ

---

[1] C'est probablement près de la fosse du *Clos-Blanc* que fut livrée, le 14 mars 1416, la bataille dont parle Monstrelet. Le comte d'Armagnac combattit, dans la plaine de Vauville, le comte Dorset, qui venait de quitter Cany. Il lui tua sept ou huit cents Anglais qui furent enterrés «dans une grande fosse.»

« et VIII (1508) fut ralongé le moutier[1]. » Chapelle des Saints-Innocents visitée en 1733 par d'Aubigné, n'existant plus. = BONDEVILLE-SUR-FÉCAMP. *Ép. incertaine.* Motte ou vigie signalée par M. Guilmeth. || *Ép. romaine.* Voie antique de Fécamp à Cany. Habitations signalées par M. de Glanville. || *Moyen âge.* Église autrefois dédiée à saint Pierre et aujourd'hui à saint Clair. Elle garde des traces du XII° siècle, mais les murs ont été retouchés au XVIII°. Le clocher, au portail, a été bâti sous Louis XV. — Joli pied de croix de cimetière, de la Renaissance.

SASSETOT-LE-MAUCONDUIT. *Moyen âge.* L'église, dédiée à Notre-Dame, a été entièrement reconstruite en style roman en 1852. L'ancienne avait conservé une voûte du XIII° siècle, unique reste de l'église consacrée par Eudes Rigaud le 18 juillet 1269. Une allée méridionale en grès, commencée en 1547, avait été terminée en 1647. Le chœur, aussi en grès, datait de Louis XIV. Baptistère en pierre, cuve octogone supportée par une grosse colonne ronde cantonnée de quatre colonnes romanes du XIII° siècle. — Croix de cimetière en grès datée de MDLV (1555)[2]. — Chapelle ou maladrerie de Bruquedalle, fondée le 4 mars 1327 par Michel Mauconduit, seigneur de Criquetot. Cet hospice fut desservi par des frères jusqu'en 1666. Transformé en école en 1725, il a été supprimé par la Révolution. La chapelle, qui subsiste encore, est toute moderne. Chapelle de Saint-Martin de Bruquedalle, visitée par d'Aubigné en 1713. — Le château est une grande construction du temps de Louis XV, habitée tour à tour par les familles Bigot et de Martainville.

SENNEVILLE-SUR-FÉCAMP. *Ép. romaine.* Passage de la voie de Fécamp dans le nord, connu sous le nom de *Chemin de Saint-Vaast*[3]. || *Ép. franque.* Emplacement possible du *Sennam* ou *Sennau* qui en 698 fut donné à l'abbaye de Fontenelle par saint Bénigne. Tradition de pays couvert de forêts, où les ducs et les comtes chassaient. Un d'eux, s'y étant égaré, promit à l'abbaye de Fécamp une cloche qui fut nommée *la Riote*. || *Moyen âge.* L'église, dédiée à saint Vaast, d'Arras, appartient en très-grande partie au XII° et au XIII° siècle. Le chœur est assez bien conservé. La nef a subi des modifications. Les colonnes qui la séparent des collatéraux ont été retaillées au XVI° siècle, et des murs en silex ont remplacé les murailles primitives au XVIII°. Le clocher, placé au portail, est une belle tour de la Renaissance surmontée d'une flèche octogone du temps de Henri IV, le tout en pierre. — Ancienne léproserie dont la chapelle a disparu, au hameau d'Hableville. — Chapelle sur le bord du chemin de Fécamp à Arques, qui porte le nom de *Rue Arquaise* (Vicus Arquensis), aujourd'hui détruite. — La croix Gueroult, près de cette chapelle disparue et au bord de la route nationale n° 25, belle croix sculptée du XIV° siècle, ornée des trois images de saint Jacques, de saint Roch et de saint Vaast. Cette croix a pris le nom d'un berger tué en ce lieu.

SORQUAINVILLE. *Moyen âge.* Église primitivement construite au XI° siècle. Fenêtres remaniées au XVII° siècle. Portail édifié vers 1700. Tour du clocher achevée vers 1725. Jolie piscine du XIII° siècle dans le sanctuaire. — Croix de cimetière en pierre, de la Renaissance.

THEROULDEVILLE. *Moyen âge.* Église dédiée à saint Pierre et à saint Paul. Construction du XVI° et du XVII° siècle, attribuée à tort aux Anglais. Elle est entièrement en pierre de taille. Le chœur, des derniers temps de l'ogive, est voûté et éclairé de fenêtres très-curieuses. La nef, également ogivale, est de 1600. Le clocher, placé sur le portail, se compose d'une belle tour commencée en 1550 et d'une haute pyramide de pierre terminée en 1635, suivant une belle et longue inscription placée sous la voûte. Démontée en 1852, cette flèche a été relevée en 1856. Vitraux un peu effacés. Jolie chapelle de la Renaissance qui sert de sacristie, au côté nord du chœur. On dit que c'est la chapelle sépulcrale des Parmentier, anciens seigneurs du lieu.

THEUVILLE-AUX-MAILLOTS. *Ép. romaine.* Vases antiques en terre rouge, suivant M. A. Deville. || *Ép. Renaissance.* Église dédiée à saint Maclou, d'Aleth, et à saint Eutrope, de Saintes. Chœur du XVI° siècle. Clocher de 1740. Nef plus moderne encore. Deux inscriptions tumulaires sur marbre noir, l'une de 1740 et l'autre de 1788, dans le chœur. — Château construit à la fin du règne de Louis XIV. Toutefois les tourelles qui décorent la grande porte, vers le cimetière, paraissent de la fin du XVI° siècle.

TIERGEVILLE. *Ép. romaine.* Constructions antiques orientées du nord au sud et accompagnées de tuiles à rebords, découvertes en 1815. Urne de verre remplie d'os brûlés et contenant un petit vase noir, trouvée par M. Dufresne, des Ifs, en 1841. Collier en perles de verre et vases funéraires en terre et en verre recueillis pour le musée de Rouen en 1842. Médailles de bronze trouvées au *Mont-de-Grès* en 1849. Tuiles rencontrées en 1856, en défrichant un bois au hameau de Gruville, par M. Dufresne, des Ifs. || *Ép. franque.* Deux cercueils de pierre placés sur le versant de la colline, près du bois de

---

[1] Jean Lepresvost, curé de Sainte-Hélène, mort le 13 novembre 1688, a donné à l'Hôtel-Dieu de Rouen une somme de 55,900 livres, de 1667 à 1697. (Paris, *Histoire de Rouen*, t. II, V° partie, p. 811, en 1713.)

[2] Au XVII° siècle, Sassetot eut pour curé Marin Lepigny, vicaire général, archidiacre du Grand-Caux, prédicateur des rois et diplomate. Sur le baptistère de Sassetot fut régénéré, en 1646, Louis Pisant, l'un des plus savants Bénédictins de Normandie.

[3] L'église de Senneville est dédiée à saint Vaast, et dom Grenier prétend que toutes les églises sous ce vocable sont sur le tracé d'une voie romaine.

Gruville, découverts en 1846. || *Période normande.* Terrassements considérables dans le bois de Gruville, auxquels les habitants du pays donnent le nom de *Vieux-Château*. On y reconnaît les restes d'une ancienne forteresse assise sur une pente de coteau, entourée de fossés et présentant encore la motte d'un donjon avec un puits au milieu. Les murs et les tuiles paraissent du moyen âge. — Anciennes fortifications au *Camp-Carré* et au *Mont-de-Grès*. || *Ép. incertaine.* Chandelier en bronze trouvé en 1842, conservé au musée de Rouen. || *Moyen âge.* Baptistère dans l'église, dont la cuve de pierre date du XIIe siècle. || *Ép. moderne.* Église dédiée à saint Martin. Nef construite en 1745 et 1746. Clocher au portail, du XVIIIe siècle, ainsi que le chœur. — Ancienne chapelle au hameau de Longuerie, devenue aujourd'hui une chaumière. — Suivant une tradition deux anciens hameaux furent autrefois desservis par les curés de Limpiville et de Tiétreville, parce que le curé du lieu refusa de s'y rendre pendant une épidémie. — Deux grottes taillées dans le roc au bois Tranchard. Deux ermites, dont une dotation assurait l'existence, y vécurent.

TIÉTREVILLE. *Ép. romaine.* Cimetière par incinération, des trois premiers siècles, découvert en 1842 au hameau du Buc, placé près de la route nationale n° 26, de Paris à Fécamp. Une fouille organisée dans le village, qui dura plusieurs jours, donna de deux à trois cents vases en terre et en verre, dont un très-grand nombre périrent par l'incurie des travailleurs. En deux jours seulement M. A. Pottier, de Rouen, vit tirer de terre trente-six urnes pleines d'os brûlés, et contenant, dans de petits vases noirs, des objets de métal dont plusieurs furent portés au musée de Rouen. Plus de trente existent encore dans le pays, chez M. Bertel. Les vases de terre consistaient en urnes en forme de pot au feu, en cruches, en bols, en assiettes, en plateaux, en trépieds de couleur grise, blanche, rouge ou noire. Les vases de verre sont ronds comme des bocaux ou forment des fioles. On y a également recueilli des coupes et des ampoules, des perles de verre pour collier, des cuillers en bronze et en argent, et une médaille de bronze de petit module. || *Moyen âge.* Église dédiée à saint Martin et à saint Éloi. L'ancien chœur devait être du XVIe siècle. Il est resté encore une partie du chevet au milieu du renouvellement de 1834. La nef, projetée en 1648, ne fut rebâtie qu'en 1674 et 1700. Le clocher, au portail, est une tour carrée du XVIe siècle surmontée d'une flèche en pierre de 1600 à 1617. Baptistère du XIIIe siècle. — Croix de cimetière, œuvre élégante de 1628, payée 83 livres au nommé Gugu, sculpteur de Rouen. — Maladrerie dont la chapelle, dédiée à saint Gilles, a disparu.

TOUSSAINT. *Ép. antique.* Camp de César. (Voir l'article FÉCAMP). Urnes cinéraires contenant un bronze de Constantin, citées par M. A. Deville. || *Moyen âge.* Église dédiée à Notre-Dame et à Tous les Saints, construite en tuf au XIe siècle. Elle montre encore dans sa nef des traces de ce temps. Le clocher inachevé, sur l'abside, le chœur et les transepts ont été reconstruits en pierre au XVIe siècle. Le transept nord renferme quelques verrières, dont une fut donnée en 1551. Pierre tumulaire de Jehan Legrand, de 1555, et inscription tumulaire sur marbre de Michel Legrand, de 1721, dans le transept sud qu'il fonda. — Croix de cimetière en pierre, de la Renaissance. Le Christ est accompagné de saint Jean et de sa mère. A ses pieds est une inscription illisible où l'on croit distinguer la date de «M V^{cc} LX» (1560).

VALMONT. Formée des anciennes paroisses de Valmont, de Saint-Ouen-au-Bosc, de Rouxmesnil et du Bec-au-Cauchois, réunies par ordonnances royales des 27 novembre 1822 et 31 mars 1825. — VALMONT. *Ép. gauloise.* Hachettes en silex recueillies en 1846 à l'entrée du bourg. || *Ép. romaine.* Débris de vases rouges trouvés sur la propriété de M. Villez en 1854. || *Ép. franque.* Titre d'un des trois doyennés de l'archidiaconé du Grand-Caux. Au XIIIe siècle il contenait soixante-quinze paroisses; soixante-dix-huit au XVIIe siècle, plus Fécamp et son exemption. || *Période normande.* Au Xe siècle, le château devint le siège d'une puissante famille normande. || *Ép. incertaine.* Ancien camp de forme carrée, connu dans le pays sous le nom du *Vieux-Château*, au haut de la côte qui domine le bourg vers le nord-est. On dit qu'il fut occupé en 1472 par le duc de Bourgogne, Charles le Téméraire. || *Moyen âge.* L'abbaye, fondée par Nicolas d'Estoutteville en 1149 selon les uns, en 1169 selon les autres, fut confiée à des Bénédictins de Hambye, monastère du Cotentin. Sa première église fut dédiée le 30 septembre 1170. Eudes Rigaud la visita seize fois de 1248 à 1269. Cette maison reçut la réforme de Saint-Maur en 1754. Elle fut supprimée en 1790 et vendue le 11 juillet 1791. Elle avait duré six cent vingt ans et compté vingt-quatre abbés. La nef de l'église, tombée en 1730, n'avait jamais été relevée. Les moines y entraient par une porte latérale, sous le clocher, jadis entre chœur et nef, où l'on trouve encore des ogives du XVIe siècle. Le chœur, aujourd'hui en ruines, est du XVIe siècle et dans le style de la Renaissance. On doit l'attribuer à l'abbé Jean Ribaud. Il en reste aujourd'hui quatre arcades en plein cintre de chaque côté, avec un rond-point formé de cinq arcades. Au-dessus régnait une galerie de colonnes ioniques combinées avec douze niches où se voyaient les douze apôtres. Une allée ou déambulatoire faisait le tour du chœur, où rayonnaient trois chapelles également du XVIe siècle. Dans le chœur est le caveau sépulcral des Estoutteville, dont la grande dalle et plusieurs autres tombeaux sont transférés dans la chapelle de Six-Heures.

Seine-Inférieure.

Le chœur et la nef étaient autrefois pavés de dalles tumulaires, dont un grand nombre servirent en 1754 à paver la maison des moines. On l'a reconnu en enlevant en 1840 le pavé des salles, qui était composé de tombes d'abbés du XIII° et du XIV° siècle. La chapelle dite *des Fondateurs* renferme d'anciens tombeaux, une foule de débris de tous les âges, entre autres un chapiteau roman représentant le massacre des Innocents. La chapelle absidale consacrée à la sainte Vierge, dite *Chapelle de Six-Heures*, entièrement conservée, fort jolie conception du XVI° siècle, est voûtée sur nervures très-compliquées. Cinq fenêtres flamboyantes l'éclairent; toutes sont remplies de verrières datées de 1552, qui représentent la vie de la sainte Vierge. Le maître-autel est une table de pierre accompagnée d'une piscine. Les parois de la fenêtre qui le surmonte sont sculptées de façon à figurer une chambre avec ses meubles, éclairée par le vitrage même qui éclaire le chevet de la chapelle, le tout servant d'encadrement au groupe de l'*Annonciation* sculpté en ronde bosse dans le goût de Germain Pilon. Les épitaphes et les dalles tumulaires du monastère ont été transportées dans la chapelle de Six-Heures par M. Bataille, ancien propriétaire de l'abbaye. Il ne reste rien des huit tombes d'abbés dont les dessins font partie des portefeuilles de Gaignières sous les n°° 135 à 144. Dalle de marbre de 1772 relatant la translation des restes des Estoutteville, notamment de Robert d'Estoutteville, mort en 1477. Grande dalle d'ardoise, jadis incrustée de lames de cuivre, sur laquelle sont gravées les effigies de Robert d'Estoutteville et de Marguerite de Hotot, son épouse, décédée en 1330. Tombeau de Nicolas d'Estoutteville, fondateur de l'abbaye, du côté de l'épître. Massif rectangulaire de 2 mètres de long sur 1 mètre de haut, portant une statue couchée, de 1^m,65 de long. La façade est décorée d'écussons et des images de saint Benoît et de la sainte Vierge. L'effigie de Nicolas d'Estoutteville couché sur le dos, mains jointes, est revêtue du costume guerrier du XVI° siècle. Ce cénotaphe, en effet, est dû à l'abbé Jean Ribaud, qui le fit exécuter en 1524. Mausolée de Jacques d'Estoutteville et de Louise d'Albret, son épouse, du côté de l'évangile. Les deux effigies de marbre blanc ou d'albâtre sont couchées sur le dos, les mains jointes, le chevalier en costume de guerre, la dame en habits de châtelaine. Sur la face du mausolée sont les six statues, autrefois coloriées, de saint Louis, de sainte Catherine, de saint Adrien, de saint Jean-Baptiste, de sainte Anne et de la sainte Vierge. Ce tombeau est sculpté dans le style du XVI° siècle. (Voir les dessins de l'abbaye de Valmont et de ses tombeaux dans les *Archives de la Commission d'antiquités*, et les gravures dans l'*Essai sur l'abbaye de Saint-Wandrille*, par M. Langlois.) — Le château, d'origine normande très-probablement, occupe la pente d'un contre-fort des collines qui bordent la vallée. Entouré jadis de fossés profonds dont il ne reste plus de vestiges que du côté nord-ouest, il a été en partie démoli et ne consiste qu'en un corps de bâtiment irrégulier du XIV° au XV° siècle, partie en pierre, partie en brique et pierre, avec tours rondes ou carrées, tourelles et machicoulis. Une aile y a été soudée à l'orient à l'époque de la Renaissance. Cette partie, dont la façade a été entièrement modernisée, conserve encore deux lucarnes, dont l'une porte la date de 1550. Ce château, encore très-considérable et très-développé en 1824, fut à cette époque en partie mutilé par M. le comte Hocquart[1]. Depuis 1840 il est devenu la propriété de M. Henry Barbet, ancien pair de France, qui en prend le plus grand soin. Une chambre est tendue d'une toile peinte du XVIII° siècle qui représente la partie ancienne du château, d'ailleurs peu exacte. (Voir les gravures et les lithographies de MM. Fromentin, de Glanville, d'Estaintot et Paul Vasselin.) — L'église paroissiale, aujourd'hui dédiée à saint Nicolas et à saint Martin, le fut d'abord à la sainte Trinité et à Tous les Saints. Elle vient d'être reconstruite en 1860 et 1861, en silex et brique, dans un style ogival moderne. L'ancienne était du XVIII° siècle et n'avait aucun caractère. Elle possédait quelques verrières du XVI° siècle et un baptistère du XIII°, exactement reproduit dans le nouveau, qui est de 1861[2]. == Saint-Ouen-au-Bosc. Église sous le vocable de Saint-Ouen, démolie à la Révolution. == Rouxmesnil. Église dédiée à saint Ouen, supprimée à la Révolution et démolie peu de temps après. == Le Bec-aux-Cauchois. *Ép. incertaine*. Enceinte carrée ayant forme de camp, sur la côte, suivant M. Guilmeth. || *Période normande*. Tertre en partie affaissé, mais dont on reconnaît encore les fossés, restes d'un château normand appelé *Beccum Caletentium*, dans la ferme voisine de l'ancienne église. || *Moyen âge*. L'église, dédiée à saint Gervais et à saint Protais, était romane. Elle a disparu en 1833. || *Ép. moderne*. Château d'Héricy[3], précédemment nommé *Fiquainville*.

VINEMERVILLE. *Moyen âge*. Église dédiée à Notre-Dame. Le clocher garde quelques vestiges du XI° siècle, mais il a été refait au XVI° avec le grès du pays, ainsi

---

[1] Dans une des tours est encore le chartrier, immense collection de laquelle on a détaché, depuis vingt-cinq ans, le contrat d'Adrienne d'Estoutteville et une charte de Guillaume le Conquérant. Ces pièces sont chez M° Marcel, notaire au Havre. François I°° était au château de Valmont en 1532, lors du mariage d'Adrienne d'Estoutteville avec François de Bourbon, comte de Saint-Pol, tué plus tard à la bataille de Saint-Quentin.

[2] Avant la Révolution il existait à Valmont une confrérie de prêtres et de gentilshommes, connue sous le nom de *la Procession générale*, qui portaient le saint sacrement dans tout le pays de Caux, depuis le Havre jusqu'à Dieppe. Cette société, née en 1423, était encore prospère au siècle dernier. Le 8 juin 1660, huit cents prêtres escortèrent à Dieppe le saint sacrement.

[3] G. Cuvier y fut précepteur avant la Révolution. On voit son nom sur les registres des délibérations du Bec en 1792 et 1793.

que le chœur. La nef est de 1657. Verrière de la Renaissance représentant les douze apôtres. Tableau de l'*Assomption* et lambris de 1701, dans le chœur.

YPREVILLE-BIVILLE. Formée des deux anciennes paroisses d'Ypreville et de Biville-la-Martel, réunies par ordonnance royale du 12 janvier 1825. — YPREVILLE. *Moyen âge.* Église dédiée à saint Michel. Nef des derniers temps de l'ogive, rétrécie vers 1760. Clocher, au portail, tour carrée surmontée d'une aiguille de pierre de 1600 à 1645. Chœur reconstruit en 1771, avec quelques traces du xii° siècle. — Chapelle dédiée à Notre-Dame existant en 1141, mais vraisemblablement supprimée vers 1369. — Chapelle appelée *Quasimodo*, à cause d'une procession qui s'y faisait en ce jour, visitée par d'Aubigné, archevêque de Rouen, en 1713, et démolie en 1738. — Chapelle dite *la Chapelle du Loup*, à cause d'une histoire de loup semblable à celle du *loup de Bouteilles*. (Voir ROUX-MESNIL-BOUTEILLES.) — Très-belle cave ou crypte voûtée en pierre avec le plus grand soin, sous une chaumière près de l'église. == BIVILLE-LA-MARTEL. *Moyen âge.* Petite église dédiée à saint Martin, appartenant entièrement au style roman du xi° et du xii° siècle. Les corniches ont encore leurs têtes grimaçantes; le clocher, entre chœur et nef, percé de ses cintres primitifs, s'est écroulé en 1862, par suite de la démolition de la nef. Le portail a été refait au xvii° siècle. Pierres tumulaires des Martel et autres seigneurs du lieu au xvi° et au xvii° siècle, dans le chœur et dans le sanctuaire. Cercueil de plomb avec emplacement pour la tête, trouvé dans le sanctuaire en mai 1870. On suppose que c'est celui d'Anne de Roncherolles, chevalier, décédé en 1604. Les trois autels de l'église sont en pierre et probablement fort anciens. La grande porte en bois est ornée de trente-sept têtes de clou en forme de marteau, armes parlantes des Martel, seigneurs du lieu. (Voir une gravure dans l'*Essai sur la ferronnerie*, de M. Raymond Bordeaux.) — Deux tombeaux en pierre du xiv° siècle, dans le cimetière. La crête de leur toit à deux versants forme une croix terminée par des chapiteaux.

CANTON D'YERVILLE.

(Chef-lieu : YERVILLE.)

ANCRETIÉVILLE-SAINT-VICTOR. Formée des anciennes paroisses d'Ancretiéville-l'Esneval, de Saint-Victor-la-Campagne et de Frettemeule, réunies par ordonnances royales des 27 novembre 1822 et 30 juillet 1823. — ANCRETIÉVILLE ou ANQUETIERVILLE-L'ESNEVAL. Église en ruines sans intérêt. == SAINT-VICTOR-LA-CAMPAGNE. *Moyen âge.* Église sous le vocable de Saint-Victor, refondue au xvii° siècle. Portail et clocher, placé entre chœur et nef, du xi° siècle. Nef du temps de Louis XIV et chœur du temps de Louis XV. || *Ép. moderne.* Château dans le style de Louis XV. == FRETTEMEULE. *Ép. franque.* Nom qui semble d'origine franque, *de Fracta Mola* ou *de Fracto Molendino* dans les cartulaires et les pouillés. M. Leprevost croit y reconnaître le *quatuor molas* qui, en 690, fut donné par saint Wandon à l'abbaye de Fontenelle, dont il était moine. || *Moyen âge.* Église dédiée à saint Pierre et à saint Paul. Traces du xi° siècle. Pignon et nef de 1621, où l'on remania le chœur, qui était du xii° siècle.

AUZOUVILLE-L'ESNEVAL. Formée des deux anciennes paroisses d'Auzouville-l'Esneval et de Saint-Étienne-le-Vieux, réunies par ordonnance royale du 2 avril 1823. — AUZOUVILLE-L'ESNEVAL. *Ép. incertaine.* Motte vaste et élevée qu'entouraient des fossés profonds, au hameau de la Marguerite : détruite en partie en 1848. On n'y a reconnu que des masses de charbon de bois. || *Ép. moderne.* L'église, dédiée à Notre-Dame, est moderne et sans caractère. == SAINT-ÉTIENNE-LE-VIEUX. *Moyen âge.* Église sous le vocable de Saint-Étienne. Au milieu de ses remaniements modernes elle a conservé un contre-fort du xvi° siècle. Deux dalles tumulaires dans le chœur, l'une du xvii° siècle, l'autre de 1781.

BAONS-LE-COMTE. *Ép. gauloise.* Pièces d'argent, au nombre de quatre-vingt-dix-neuf, trouvées dans une cachette vers 1844. L'une de ces pièces est conservée chez M. Thomas, numismate à Rouen. Hachette de pierre polie trouvée en 1865, conservée par M. Henri Quesnel. || *Ép. romaine.* Monnaies, selon M. A. Deville. Passage d'une voie antique que dut suivre en 1053, selon Robert Wace, Guillaume le Conquérant allant du Cotentin à Arques afin de châtier son oncle révolté. || *Période normande.* Légende du duc Richard sans Peur qui pourfend, dans une chapelle, un excommunié qui était sorti de sa bière avec l'intention de l'étouffer. || *Moyen âge.* Église dédiée à saint Romain, de Rouen. Arcade du crucifix et contre-forts de la transition du xii° siècle. Chœur remanié au xvi° siècle. Nef sans caractère, suivie d'un clocher de 1740. Statue en pierre de saint Romain accompagné de la gargouille, qui doit remonter au xiv° siècle, et piscine du xvi° siècle dans le chœur. — Léproserie avec chapelle dédiée à saint Éloi et à sainte Marguerite, aujourd'hui détruite. — Place où se tenait dès le xiii° siècle « la corte du roy « notre sire.» Cette cour, ayant été ravagée pendant la guerre avec les Anglais, fut réparée en 1452 par Jehan Thomas et Guillemin Desheaulx, huchiers à Caudebec-en-Caux.

BOURDAINVILLE. *Ép. romaine.* Passage d'une voie romaine, d'après dom T. Duplessis, qui donne à ce village l'affixe de *la Chaussée*. Pavés, tuiles à rebords en très-grande quantité, coupe en verre qui fut brisée par les ouvriers, trouvés en 1851, en creusant les fondations de la nouvelle église. || *Moyen âge.* Église dédiée à saint Pierre, reconstruite en style ogival de 1851 à 1852. L'ancienne possédait un portail roman du xi° siècle, un vitrail de 1585, un plat de cuivre de la même année et une inscription tumulaire de 1636. Fondation de Nicolas Leroy, official de Fécamp et curé de Pavilly. Le corps de Jordan Cavelier, monnayeur en la monnaie de Rouen en 1585, a été trouvé dans les fondations. — Ancien château, dont il ne reste plus que le souvenir, près de l'église.

CIDEVILLE. *Ép. gauloise.* Une douzaine de hachettes en pierre noire trouvées en 1818 au hameau du Brun-Catel ou du Brun-Château. || *Ép. Renaissance et moderne.* Église dédiée à saint Étienne et à saint Éloi. Nef remaniée en 1763, renfermant quelques débris romans. Chœur construit en 1650. Belles statues en pierre de sainte Catherine et de saint Fiacre, du xvi° siècle. Le dessin du lambris du chœur aurait été donné par Voltaire, ami de M. de Cideville.

CRIQUETOT-SUR-OUVILLE. *Ép. incertaine.* Vieux château dont il ne reste plus que le tertre entouré de fossés remplis d'eau, appelé *la Mare des Mottes*, en face de l'ancienne église. || *Ép. moderne.* L'église, dédiée à saint Martin, est une construction de 1777 et de 1836, élevée en remplacement de l'ancienne, démolie en 1777.

ECTOT-L'AUBER. *Ép. moderne.* Église dédiée à Notre-Dame, composée de morceaux de maçonnerie ajoutés les uns aux autres pendant les deux derniers siècles. Inscription tumulaire de Mme de Boniface, qui en 1659 fonda un salut par dimanche. — Maison de Nazareth ou couvent des Feuillants, fondé au hameau de Bunetot en 1611, par Jacques de Civile, sieur de Dessous-les-Monts, et Marie Larchevêque, son épouse; supprimé et transféré à Rouen en 1621. Les bâtiments sont entièrement détruits.

ECTOT-LES-BAONS. *Moyen âge.* Église dédiée à Notre-Dame, renouvelée de 1856 à 1862. Fenêtre terminale du xiii° siècle dont le réseau vient d'être restauré, et chapiteau sculpté d'une triple figure, image de la Trinité. Clocher du xvi° siècle, tour carrée couronnée d'une flèche octogone en pierre blanche, placé au portail. Inscription sur pierre de 1633 relatant une fondation par un curé de la paroisse, trouvée en 1862 dans la démolition de l'ancien autel de pierre; conservée dans la nouvelle église.

ÉTOUTTEVILLE-SUR-MER. *Ép. franque et normande?* Terrassements énormes que recouvre entièrement le bois des Mottes. Ce doit être l'assiette d'un vieux château fort dont la célèbre famille d'Estoutteville a pris le nom. — Plaine des Batailles, tradition de la fondation d'un prieuré à la suite d'une bataille perdue près de l'église par un sire d'Estoutteville, révolté contre le duc de Normandie, alors roi d'Angleterre. (Voir un manuscrit de 1610 conservé aux archives de la Seine-Inférieure.) || *Moyen âge.* Prieuré clunisite fondé au xii° siècle et soumis à la dépendance de celui de Saint-Pancrace de Lewes, en Sussex, supprimé avant la Révolution. — Ferme qui porte le nom de *Priorée*; un plateau d'étain pour les quêtes. — Église autrefois prieurale dédiée à saint Thomas de Cantorbéry. Chevet du xiii° siècle; tout le reste du xviii°. Un caveau sépulcral doit exister dans le chœur, car Farin (*Histoire de la ville de Rouen*, V° partie, p. 60) annonce avoir vu, au xvii° siècle, trois dalles tumulaires des seigneurs d'Estoutteville : l'une de Marie du Plainbosc, femme de Jean d'Estoutteville, morte en 1280; l'autre, de Jean d'Estoutteville, décédé en 1311; la troisième, de Jean d'Estoutteville, chevalier, mort en 1321. — Manoir seigneurial. Château féodal avec tourelles, au hameau du Plainbosc. C'est une jolie petite construction dans le style de la Renaissance. — Chapelle Saint-Côme, au hameau d'Éteimare. Visitée en 1714 par d'Aubigné, archevêque de Rouen, elle a été entièrement remise à neuf.

FLAMANVILLE-L'ESNEVAL. *Ép. Renaissance.* Maison du xvi° siècle, près de l'église, dont le pignon très élégant est composé d'une marqueterie de pierre blanche, de caillou noir et de briques de plusieurs couleurs. || *Ép. moderne.* Église dédiée à Notre-Dame, composée d'un chœur et d'une nef. Chœur de 1732 avec quelques traces du xvi° siècle, en brique et silex. Nef de même du xviii° et du xix° siècle. Clocher en ardoise entre chœur et nef. Statues étranges de sainte Marguerite, de saint Cyr, de sainte Julitte et de sainte Wilgeforte.

GRÉMONVILLE. *Ép. Renaissance et moderne.* Le château, habité par les Boucherat, les Brétel de Grémonville et les d'Acquigny, est une construction inachevée du temps de Henri IV et de Louis XIII, pleine de grandeur et de caractère.— Église dédiée à saint Pierre, élevée par la piété de M. d'Acquigny de 1774 à 1777. Inscription commémorative de la famille Brétel de Grémonville, de 1630 à 1644. Cette église a été consacrée le 16 novembre 1777 par Mgr de Tressemane de Brunet, évêque de Glandèves. Caveau sépulcral dans le chœur, renfermant les corps des curés et des seigneurs du lieu. Horloge provenant de l'ancienne abbaye de Sausseuse. Sous un magnifique autel de marbre de Carrare est un corps-saint tiré des catacombes de Rome sous le pontificat de Pie VI et envoyé par ce pape à M. d'Acquigny. Près de ce corps est une fiole de verre romaine, saturée de tartre rouge, que l'on dit être du sang. — Prieuré de Saint-Blaise de Luy, au hameau du Gal, visité par d'Aubigné, archevêque de Rouen, en 1714 : à présent détruit et remplacé par une jolie chapelle en style roman.

HEUGLEVILLE-EN-CAUX. *Moyen âge.* Église dédiée à Notre-Dame, presque entièrement refaite en

1754. Clocher en tuf, du XIe siècle, au midi du portail. Inscription en vers marotiques sur pierre, en souvenir de la consécration en 1518 d'une église qui a disparu. — Chapelle Saint-Nicolas de Grosfy, but d'un ancien pèlerinage, vendue et démolie en 1795. Elle avait été quelque temps paroissiale. D'Aubigné, qui la visita en 1714, la place sur la paroisse de Butot.

LINDEBEUF. *Ép. incertaine.* Tradition d'église transférée. || *Moyen âge.* Église dédiée à Notre-Dame, de style roman du XIe siècle. Côté nord de la nef construit en tuf et percé de fenêtres étroites comme des soupiraux. Clocher monumental entre chœur et nef, du XIIe siècle. Le côté méridional de la nef et du chœur, ainsi que le portail, ont été refaits vers 1780. Inscription du XVIe siècle conservant le souvenir d'une dédicace de 1509, dont on ne retrouve pas le motif dans le monument. || *Ép. Renaissance.* Vieux château en partie arasé, mais dont il reste quelques constructions près de l'église.

MOTTEVILLE-LES-DEUX-CLOCHERS. Appelée *Maltavilla* au XIe siècle, et *Mauteville-l'Esneval* au XVIe. L'affixe *les Deux-Clochers* est venu au XVIIe siècle des deux tours de sa collégiale. || *Ép. incertaine.* Tradition d'église transférée. L'ancienne était dans un verger contigu à la station du chemin de fer. — Motte considérable entourée de fossés profonds, percée d'un puits maçonné, dans une ferme au hameau de Bois-Guilbert. || *Moyen âge.* Église dédiée à saint Michel. Chœur et clocher avec arcades et voûtes du XIVe siècle. Le reste a été refait en brique et pierre, de 1616 à 1621, par les Langlois de Motteville, qui fondèrent une collégiale de quatre chanoines. Constituée en 1638, la fondation dura jusqu'en 1790. || *Ép. Renaissance.* Portail de l'ouest, magnifique frontispice couvert d'écussons, de chiffres et de millésimes en relief, flanqué de deux tours carrées construites en brique et pierre dans le style des Médicis. Chapelle de la Vierge ajoutée en 1681. — Château près de l'église, possédé par M. de Germiny, construit dans le style gréco-romain du XVIIe siècle. Il dut être habité par la célèbre Mme de Motteville. — Manoir à la ferme des Belles, avec caves, puits et constructions anciennes, du XVIe siècle. Les archières ou meurtrières sont garnies de boules mobiles en pierre pour le passage d'une flèche ou d'un canon de fusil.

OUVILLE-L'ABBAYE. Formée des anciennes paroisses d'Ouville-l'Abbaye et de Monsbourg, réunies par ordonnance royale du 7 août 1822. — Ouville-l'Abbaye. *Moyen âge.* Abbaye ou prieuré fondé à la fin du XIIe siècle par Guillaume, seigneur d'Ouville, pour des chanoines réguliers. Philippe-Auguste confirma et augmenta les donations. Les chanoines prospérèrent jusqu'en 1589-1594. En 1603 ils furent remplacés par les Feuillants, qui occupèrent la maison jusqu'à la Révolution française. L'habitation des religieux est devenue une maison dont la construction paraît remonter au XVIIe siècle. — L'église prieurale, dédiée à Notre-Dame, a été presque entièrement démolie; c'était un bel édifice ogival du XIIIe siècle, dont il reste encore les quatre piliers qui supportaient le clocher entre chœur et nef, une partie du transept, où subsistent quelques peintures murales, et la porte qui mettait l'église en communication avec le cloître. Elle possédait autrefois de nombreuses sépultures, notamment celles de Guillaume, de Guillebert et de Jean, seigneurs d'Ouville. Dans le chœur étaient les statues sépulcrales de Robert de Pardieu, chevalier, sieur de Boutteville et de Montebourg, décédé le 27 novembre 1418, et de dame Anne du Sel, son épouse. La première existe encore au milieu des ruines; la seconde décore le pignon d'une grange au hameau de Caltot, à Saint-Laurent-en-Caux. Sont disparues : la dalle de marbre qui contenait l'inscription de Louis de Daniel de Boyvin, seigneur et châtelain de Canouville, Cléville, etc. conseiller du roi et trésorier général de France, décédé en 1604, après avoir introduit les Feuillants dans la maison d'Ouville; les tombes ou les épitaphes de J. B. de Monchy, sieur de Guincourt, décédé en 1607; de Jourdaine de Pellevé, dame de Beautot, épouse de François de Pardieu, baron de Boutteville, décédée en 1620; d'Adrien Le Mongnier, sieur de Villequier et de Bernonville, mort en 1664. Le grand puits du cloître, colonnes et chapiteaux du XIIIe siècle. Dans un herbage, cellules, la *salle du Conseil*, murs de clôture, inscription tumulaire de 1668 et *porte de l'Aumône*, où les pauvres se présentaient tous les jours. — Église paroissiale dédiée à saint Martin, en grande partie modernisée. Clocher en brique de 1655. Baptistère de pierre de 1645 et écussons seigneuriaux. == Monsbourg ou Montebourg. Église dédiée à saint Pierre, vendue et presque démolie à la Révolution. Il ne reste que le chœur, qui ne présente pas d'intérêt.

SAINT-MARTIN-AUX-ARBRES. *Moyen âge.* Église sous le vocable de Saint-Martin. Elle se compose d'un chœur et d'une nef surmontée d'un clocher d'ardoise. L'arcade du crucifix, qui sépare le chœur de la nef de l'église, est du XIIIe siècle. Le reste de l'édifice est du XVIIe et du XVIIIe siècle. En 1654 il y avait une confrérie célèbre dite *des Agonisants*.

SAUSSAY (LE). *Moyen âge.* Église dédiée à saint Martin, modernisée depuis deux cents ans. Autel de pierre qui peut remonter au XIIe siècle.

VIBEUF. *Moyen âge.* Église dédiée à saint Martin, renouvelée en 1850. Deux dalles tumulaires du XIIIe siècle, dans le chœur. Sur l'une d'elles est l'inscription d'un curé du lieu. Tradition d'après laquelle les curés de Thibermesnil et de la Fontelaye dépendaient autrefois de Vibeuf. — Ancien manoir du XVIe siècle construit en blocage, garni de tourelles suspendues à ses angles; transformé en maison de ferme.

YERVILLE. Formée des deux anciennes paroisses d'Yerville et de Thibermesnil, réunies par ordonnance royale du 2 octobre 1822. — YERVILLE. *Ép. romaine.* Tuiles à rebords, vases et sépultures par incinération dans la briqueterie de M. Carpentier, au sud du bourg, trouvés de 1865 à 1868. Statuettes en terre cuite de Vénus Anadyomène trouvées en 1867 sous un tertre qui portait une croix, au carrefour des routes de Rouen à Veules et d'Yvetot à Neufchâtel. M. Clérot, de Rouen, en possède plusieurs fragments. || *Moyen âge.* L'église, dédiée à Notre-Dame, avait une fenêtre du XIII° siècle, une autre du XVI° et une inscription de «MIL V°° XX et VIIII» (1529). Le portail datait du même temps. Le clocher avait été élevé en 1776. Il a été remplacé par un édifice sans caractère. = THIBERMESNIL. *Ép. romaine.* Soucoupe et plateau en terre rouge trouvés vers 1858 dans les avenues du château. Vases antiques provenant probablement de tombes par incinération recueillis antérieurement au même lieu. || *Ép. Renaissance.* L'église, dédiée à saint Martin, a été démolie en 1836. — Ailes et pavillons de l'ancien château du XVI° siècle, détruit en partie par la mine en mars 1591, par de Chattes, gouverneur de Dieppe, qui l'avait pris sur le ligueur Goustimesnil de Boisrosé.

CANTON D'YVETOT.

(Chef-lieu : YVETOT.)

ALLOUVILLE-BELLEFOSSE. Formée des deux anciennes paroisses d'Allouville et de Bellefosse, réunies par ordonnance royale du 3 septembre 1823. — ALLOUVILLE. *Antiquités végétales.* Gros chêne ou chêne-chapelle dans le cimetière et presque à la porte de l'église paroissiale. M. Marquis, professeur à Rouen, lui donnait, en 1821, de huit à neuf cents ans d'existence. M. Dubreuil, professeur d'arboriculture au jardin des plantes de la même ville, ne lui donnait, en 1843, que huit cent soixante-dix ans. Sa circonférence moyenne est de 9^m,20. Son élévation ne dépasse guère 18 mètres. Les branches naissent à 3 mètres du sol. En 1696, l'abbé du Détroit, curé d'Allouville et ami du père Ducerceau, en creusa le tronc et y établit une chapelle de Notre-Dame-de-la-Paix, surmontée d'une chambre qui renfermait un lit. La chapelle, la chambre et l'escalier ont été restaurés en 1854 aux frais du département de la Seine-Inférieure, qui a classé cet arbre parmi ses monuments historiques. Le 3 octobre 1854, Mgr Blanquart de Bailleul, archevêque de Rouen, y a officié. — Hêtre et épine faisant partie, en 1789, du labyrinthe dans le jardin du presbytère. Le hêtre, taillé en parasol, pouvait abriter soixante personnes. L'épine avait été transformée en une rotonde planchéiée; un escalier en bois y conduisait. Le cardinal de la Rochefoucauld, archevêque de Rouen, y dîna avec douze personnes en 1781. (Voir le dessin parmi les *Monuments civils et religieux de Caudebec et des environs*, par M. Lesage, de Caudebec.) || *Moyen âge.* Église dédiée à saint Quentin, construite en pierre blanche, en grande partie du XVI° siècle. Porte sculptée dans le chœur avec cette inscription : «Ce cancel a fait faire M. Récusson, curé «de ceans en l'an MIL V°° XXXVIII» (1538). Fenêtres avec quelques débris de verrières où l'on reconnaît la Cène, Jésus au jardin des Olives et la vie de saint Quentin. Deux jolis socles en pierre. Charmante chapelle seigneuriale qui sert aujourd'hui de sacristie, au nord du chœur. Bahut du XVI° siècle. Restes de vitraux dans les grandes fenêtres de la nef. Le clocher, au portail, est une laide construction de 1769. Inscription commémorative de Pierre Blain d'Esnambuc, placée en 1861 et solennellement bénite par l'évêque de la Guadeloupe le 9 septembre 1862. — Château et chapelle de Saint-François, aujourd'hui disparus. — Manoir féodal du XVI° siècle, au hameau de Quenouville ou de Quenonville, où naquit le 9 mars 1585 Pierre Blain d'Esnambuc, qui de 1625 à 1635 devint le fondateur des colonies françaises aux Antilles. = BELLEFOSSE. *Moyen âge.* L'église, dédiée à Notre-Dame et renouvelée au dernier siècle, garde quelques traces du XVI° siècle. Chaire en bois sculpté de 1689. — Manoir féodal dont la motte et les fossés subsistent encore en partie. — Château moderne du temps de Louis XV.

AUTRETOT. *Ép. incertaine.* Motte qui aurait été détruite vers 1830. Tradition d'église transférée. || *Ép. moderne.* L'église, dédiée à Notre-Dame, est du XVIII° et du XIX° siècle. L'ancien chœur, démoli en 1827, était en style roman du XI° siècle. Le clocher, qui était sur la croisée, a été mis au portail la même année[1]. — Prêche élevé après l'édit de Nantes, renversé en 1685 et remplacé par une croix de fer dite *Croix du Prêche*, détruite en 1793.

AUZEBOSC. *Moyen âge.* Église dédiée à saint Jean-Baptiste. Il ne reste rien de celle qui fut consacrée par Eudes Rigaud le 27 septembre 1267. Clocher et transepts du XVI° siècle. Chœur et nef construits au XVIII° siècle par Henri de Biran, curé, qui fut enterré dans le chœur en 1764. Cloche de 1667. Statue de pierre de saint Germain. — Croix de cimetière en pierre du temps de Henri IV. — Tour ronde en pierre, voûtée dans le style du XV° siècle, accompagnée des ruines bien conservées d'un manoir flanqué d'oriels ou tourelles du XVI° siècle en encorbellement. Ce château fut occupé par les ligueurs et les royalistes en avril 1592, au temps de la Sainte-Union catholique. — Château du temps de Louis XV, à côté des ruines.

BOIS-HIMONT (LE). *Ép. incertaine.* Enceinte fos-

---
[1] Le 6 mars 1386, Charles VI accorda 20 francs pour réparer l'église d'Autretot, brûlée par la foudre en 1385. (*Revue des Soc. sav.* II° série, t. III, p. 683.)

soyée, espèce de camp qui fut probablement occupé au temps de la Ligue, pendant le siége de Caudebec. ‖ *Moyen âge.* L'église, dédiée à saint Laurent, est entièrement du XVIII° siècle, sauf un mur du XVI° et une porte du XII°. — Chapelle de Saint-Guillaume-du-Désert, création du XIII° siècle qui a été entièrement refondue de nos jours. Visitée en 1713 par d'Aubigné, archevêque de Rouen. — Tradition suivant laquelle l'image du saint patron, duc et ermite, aurait été trouvée au fond de la vallée. Elle est l'objet d'un pèlerinage pour les bestiaux. On la couvre de rubans et de fleurs.

ÉCRETTEVILLE-LES-BAONS. *Moyen âge.* Restes du *catel* des moines de Fécamp, auxquels la terre avait été donnée par Richard II en 1020. Ce manoir, construit en pierre du XIII° au XVI° siècle, est entouré de fossés. Il reste encore un escalier de pierre, des fenêtres à meneaux, la salle des Audiences, où l'on tenait les plaids et cohues, la grange et la prison. — Église dédiée à saint Blaise et à Notre-Dame. La nef, remise à neuf en 1774, conserve des traces du XIII° siècle. Le clocher, refait au portail en 1826, était une belle tour de pierre entre chœur et nef, surmontée d'une aiguille de pierre que l'on disait «bâtie par les Anglais.» Le chœur est du XVI° siècle. La cloche, qui est de 1510, a été fondue par Gabriel et Jehan Buret. — Anciennes fondations : en 1509, lampe *devant le saint sacrement;* en 1503, cinq messes pour Louis XII et Anne de Bretagne, par Pierre de Callége, leur «maistre d'hostel et grand maistre d'artillerie de Bretagne.» — Croix du Chêne, croix de la Mission et les trois croix d'Iquelon, au hameau de ce nom; toutes détruites. Le pied des trois dernières, qui subsiste encore, semble indiquer le XIII° siècle.

SAINT-CLAIR-SUR-LES-MONTS. *Moyen âge.* Église sous le vocable de Saint-Clair, entièrement construite au XIII° siècle, défigurée au XVI° et surtout au XVIII°. Fenêtre à triple lancette au chevet, montrant dans un chapiteau une triple figure humaine, emblème de la Trinité. Chapelle probablement d'origine seigneuriale faisant saillie sur le côté nord, garnie d'une piscine rustique. Chœur retouché au XVIII° siècle. Nef d'abord remaniée au XVI° siècle et défigurée il y a cent ans.

SAINTE-MARIE-DES-CHAMPS. *Moyen âge.* L'ancienne église, dédiée par l'archevêque Eudes Rigaud le 26 septembre 1262, en partie refaite au XVII° siècle, gardait de son origine l'ogive du portail, le côté nord de la nef et le chœur terminé par une triple fenêtre. — Une nouvelle église en construction depuis 1869 va la remplacer [1].

TOUFFREVILLE-LA-CORBELINE. Formée des deux anciennes paroisses de Touffreville-la-Corbeline et de Vert-Bosc, réunies par ordonnance royale du 4 décembre 1822. — TOUFFREVILLE. *Ép. romaine.* Tuiles à rebords, poteries et meules à broyer trouvées dans les terres labourées vers 1850. ‖ *Ép. incertaine.* Enceinte fortifiée appelée *le Camp de la Salle,* dans le bois de la Salle, à l'extrémité du vallon boisé nommé *le Val de Seine.* Ce camp, de forme ovale, entouré de trois enceintes de fossés, dont les premiers sont très-profonds, protége une motte considérable haute de plus de 12 mètres et entourée de fossés profonds et remplis d'eau, qui figure comme un donjon. Ce camp passe pour avoir été établi par Henri IV pendant sa campagne de 1592 dans le pays de Caux, contre le duc de Parme. ‖ *Moyen âge.* Église dédiée à saint Martin. Tour romane du XII° siècle faisant saillie au midi entre le chœur et la nef. Portail en pierre du XVI° siècle. Chœur et nef du règne de Louis XV. Curieuse image en pierre du XVI° siècle représentant sainte Avoye ou sainte Hedwige emprisonnée dans une tour carrée et recevant un pain des mains de la Vierge. = VERT-BOSC. *Moyen âge.* L'église, dédiée à saint Pierre, a été détruite en 1825. Elle dépendait du prieuré d'Ouville. Salut d'or de Henri V ou de Henri VI d'Angleterre trouvé dans les fondations du chœur [1].

VALLIQUERVILLE. *Ép. romaine.* Vases ayant contenu des ossements brûlés et appartenant aux trois premiers siècles, trouvés en 1865. ‖ *Ép. incertaine.* Tertre revêtu de maçonnerie, espèce de *ferté, fermeté* ou *roqueforte.* — Enceinte fossoyée parfois attribuée aux dernières guerres de Henri IV et du duc de Parme. ‖ *Moyen âge.* Église dédiée à Notre-Dame. Le chœur est un reste de l'édifice consacré par l'archevêque Eudes Rigaud le 14 des calendes d'octobre de l'année 1267. Les croix de consécration existent encore. La base du clocher, placé entre chœur et nef, doit appartenir à la même époque. A la fin du XV° siècle ou au commencement du XVI°, les seigneurs du lieu et les paroissiens la surmontèrent d'une belle tour carrée en pierre blanche supportant une pyramide octogone. L'ensemble, haut de 50 mètres, est accompagné de clochetons, d'arcs-boutants et d'une galerie ornée de sept écussons aux armes des sires de Valliquerville. (Voir les dessins d'André Durand, de M. de Glanville et l'*Abécédaire d'archéologie,* par M. de Caumont.) La nef, refaite sous Louis XIV, a été depuis quelques années refondue dans le style du XVI° siècle [2]. — Chapelle de Saint-Jacques-du-Hay, ven-

---

[1] Antoine Corneille, oncle du grand tragique, a été curé de cette paroisse vers 1619. L'abbé Fossard, prédicateur célèbre du XVIII° siècle, né à Lillebonne en 1710 et mort à Sainte-Marie-des-Champs en 1783, a été inhumé dans l'église de cette dernière paroisse le 28 décembre de la même année.

[1] Pierre-Adrien Détoupin d'Orival, jésuite, que sa compagnie avait chargé en 1728 de continuer l'*Histoire de France* du père E. Daniel, dont il composa les trois derniers volumes, fut inhumé dans le chœur de l'église de Vert-Bosc le 14 septembre 1748.

[2] L'église de Valliquerville contribua pour 80 livres à la rançon de François Ier.

due et détruite à la Révolution. — Chapelle de Saint-Georges-de-la-Lande-de-Récusson transformée en bergerie. — Chapelle de Sainte-Anne et de la Sainte-Vierge dans le manoir seigneurial, détruit comme la chapelle. Ces trois chapelles existaient au xvi° siècle. — Chapelle du xviii° siècle dédiée à saint Mélaine, vendue à la Révolution.

VEAUVILLE-LES-BAONS. *Ép. Renaissance.* Église dédiée à sainte Austreberte, de Pavilly, reconstruite en style roman de 1850 à 1860. La nef et le chœur, qui viennent de disparaître, n'avaient aucun caractère. Le clocher, qui reste au portail, est une belle tour carrée surmontée d'une flèche octogone en pierre, de 1577. En place de clochetons, figurent aux angles les statues des quatre évangélistes. Deux inscriptions tumulaires de la famille de Houdetot garnissaient le pavé du chœur au xvii° siècle : l'une était celle de Jehanne de Houdetot, femme de Jean Martel de Basqueville, morte en 1396; l'autre était celle de Richard de Houdetot, bailli de Rouen et de Caux, mort en 1596. (Voir Farin, *Histoire de la ville de Rouen*, V° partie, p. 47.) — Belle croix de carrefour en pierre, de 1590 à 1600, appelée *la Croix blanche.* Elle est formée d'une colonne d'ordre dorique dont les bras, entourés de rayons, se terminent par des chapiteaux de même ordre. — Chapelle de Saint-Gilles d'Alvinbusc, objet d'un pèlerinage très-fréquenté. Elle existait dès 1473. L'oratoire actuel n'a de remarquable qu'un beau retable en bois, du xvii° siècle. L'archevêque d'Aubigné visita cette chapelle en 1713, ainsi qu'une autre de Saint-Georges au hameau de la Londe.

YVETOT. *Ép. gauloise.* Bracelet en or pesant 59 grains trouvé en 1843 à Yvetot ou aux environs; au musée de Rouen. || *Ép. franque.* Légende fabuleuse du meurtre de Gauthier, sire d'Yvetot, assassiné à Soissons par Clotaire Ier, le 21 mars 534 ou 536[1]. Le nom d'Yvetot est cité pour la première fois dans une charte de Guillaume le Conquérant relative à Saint-Wandrille. — Tiers de sol d'or trouvé vers 1847 et entré dans le musée d'antiquités. || *Moyen âge.* Dalle tumulaire du xiv° siècle trouvée en 1853, en démolissant une maison, près de l'église, qui fit partie de l'ancien château. Sous un bel encadrement ogival sont les effigies d'un homme et d'une femme, anciens seigneurs d'Yvetot. L'inscription, à moitié effacée, doit être lue : CHI GIST DAME JEHA(NNE) DE(VILLEQV)IER, FAME DE MONSEIGNEVR D'IVETOT QVI TRESPASSA[1]. — Collection fort problématique de jetons ou monnaies seigneuriales d'Yvetot, aujourd'hui inconnus, dont M. d'Albon aurait conservé la série en 1767, suivant M. Guilmeth. Le plus ancien remontait à 1358 et les derniers descendaient jusqu'en 1611. Tradition de monnaie des rois d'Yvetot consistant en un morceau de cuir taillé, au centre duquel était un clou de cuivre ou d'argent. — Collégiale de Saint-Jean fondée en 1350 par Jehan III, sire d'Yvetot. Desservie par trois chanoines, elle dura quatre cent quarante ans et fut supprimée en 1790. Il n'en reste plus rien aujourd'hui. — Couvent des Bernardines établi en 1650 par Charles du Bellay, seigneur d'Yvetot, définitivement fondé en 1660. Les religieuses institutrices venues de Bival, près de Neufchâtel, étaient de l'ordre de Citeaux. La maison, supprimée en 1781, est devenue une prison et le tribunal civil. La chapelle, démolie en 1851, a montré cinq ou six squelettes. Il reste encore le nom de *rue du Couvent.* || *Ép. moderne.* Église paroissiale dédiée à saint Pierre, construite dans le style antique. Commencée en 1766, elle fut finie en 1771. Au portail était cette inscription : « Deo viventi « Camillus III. » Il s'agit de Camille III d'Albon, prince d'Yvetot. Autel de marbre venant des Chartreux de Rouen, dans le sanctuaire. Belles boiseries de chêne sculpté du milieu du xvii° siècle et provenant de l'abbaye de Saint-Wandrille, dans la sacristie. Chaire à prêcher, œuvre de Pottier, sculpteur à Rouen au xviii° siècle. — Chapelle du séminaire, construite en 1839 dans le style du xiii° siècle. Monstrance pédiculée surmontée d'une pyramide en cuivre ciselé et doré dans le style du xv° siècle, rapportée des bords du Rhin. — Chapelle de l'hospice commencée en 1845 et finie en 1855, construction dans le style du xiv° siècle. — Halle bâtie vers 1780 par M. Camille d'Albon, qui a fait graver sur le fronton cette inscription : « Gentium com-« modo Camillus III. » — L'ancien château des seigneurs d'Yvetot était situé près de l'église. Il fut détruit en 1793. Des dessins nous le montrent comme étant une construction des deux derniers siècles.

---

[1] Cette histoire paraît avoir été inventée au xv° siècle par les chroniqueurs Nicole Gilles et Robert Gaguin, qui voulurent sans doute s'expliquer l'existence, au moyen âge, d'une souveraineté princière d'Yvetot. De prétendus actes du xiv° et du xv° siècle, où les sires d'Yvetot prendraient le titre de rois, sont signalés par M. Guilmeth.

[1] La lecture : *Chi gist dame Jehanne de la Rivière Bourdet, femme, etc.* qui s'affirme dans un arrêt de 1366, a été proposée dans le journal *le Normand* publié à Rouen en 1869.

SUPPLÉMENT.

ARRONDISSEMENT DE DIEPPE.

CANTON DE BACQUEVILLE.
(Chef-lieu : BACQUEVILLE.)

LUNERAY. La chapelle abandonnée de Saint-Nicolas, construction en grès du xvie siècle, sur le bord du chemin de Bacqueville, fut visitée, en 1714, par l'archevêque d'Aubigné. On lit dans ses procès-verbaux qu'elle était «au manoir de M. de Radiolle.» En 1848, M. l'abbé Cochet a encore vu dans ce même manoir deux portraits des Radiolle, œuvre de Lemarchand, peintre distingué de Dieppe sous Louis XIV.

SAÂNE-SAINT-JUST. *Ép. gauloise.* Belle hachette en silex blanc très-poli, trouvée en 1849 sur la *Côte du Bourg-de-Saâne.*

CANTON DE BELLENCOMBRE.
(Chef-lieu : BELLENCOMBRE.)

COTTÉVRARD. *Moyen âge.* Six bagues en argent doré avec chaton de verre, paraissant du xiiie siècle, trouvées vers 1840, en arrachant un vieux poirier dans la cour du château de Grosmesnil.

BEAUMONT-LE-HARENG. *Temps préhistoriques.* Hachette en silex de l'époque de la pierre non polie, trouvée vers 1868 au Val-Gilles, dans des terrains de transport non remaniés par l'homme; au musée d'antiquités de Rouen. || *Ép. gauloise.* Couteaux en silex également recueillis au Val-Gilles; au musée de Neufchâtel. || *Ép. incertaine.* Vieille fortification à laquelle les habitants donnent le nom de *la Chapelle*, sur la crête d'une colline de ce même Val-Gilles, dans un bois qui porte le nom de *Parquet.* On y voit des pans de murs, des fondations, des pierres, des mortiers, une enceinte circulaire entourée de fossés, etc. Ce doit être une ancienne forteresse de la période carlovingienne ou normande, semblable à celle de Gruville. Dans les alentours on parle d'un puits comblé. Aux environs de la *Mare-aux-Sangsues*, le soc de la charrue heurte des murs. On dit y avoir vu un cercueil de pierre. || *Moyen âge.* Dans l'église, inscription tumulaire et obituaire de Jacques Houssaye, curé du lieu, qui fonda des services vers 1725. Sacristie de 1726.

CRIQUE (LA). *Moyen âge.* Vase en terre contenant un *teurt* ou anneau d'argent et un certain nombre de monnaies du même métal, trouvé en 1870 dans le bois Cormont. Parmi celles qui ont été remises au musée de Rouen, se trouvent des pièces de Charles VI, roi de France, de Henri VI, roi d'Angleterre, et de Jean V, duc de Bretagne.

GRANDES-VENTES (LES). *Ép. gauloise.* Quatre hachettes en pierre polie recueillies vers 1860 aux hameaux des Antipodes et de la Rue-aux-Juifs. M. Garnier, qui a trouvé ces pièces, les a offertes à M. Milet, de Sèvres. *Nucleus* en silex fort remarquable recueilli dans le même quartier. (Voir *Revue de la Normandie*, t. VIII, p. 120, 121, année 1848.)

SÉVIS. *Moyen âge.* Dalle tumulaire de Nicolas des Prés, secrétaire du roi, seigneur et patron du lieu, décédé vers 1618, découverte en 1840, lorsque l'on reconstruisit le chœur de l'église. Cette dalle est maintenant au haut de la nef, où les pieds des fidèles effacent l'inscription et les armoiries. Dans le manoir de Sévis, on remarque des murs du xvie siècle et une cheminée dont la traverse en bois de chêne est ornée de têtes adossées, de figures isolées et de dauphins sculptés en relief vers 1560 ou 1580.

Seine-Inférieure.

CANTON DE DIEPPE.

(Chef-lieu : Dieppe.)

DIEPPE. *Ép. romaine.* Découvertes importantes faites de 1660 à 1682, au *Mondecaux* ou *Mont-de-Caux*. Pot de terre contenant plus de quatre cents monnaies romaines en argent, trouvé en novembre 1632, dans le chemin raviné qui va de Janval à Dieppe. « Des pièces « de monnoye marquées au coing des premiers empe-« reurs de Rome et de quelques impératrices. Il y en « avoit même plusieurs de leurs princes et princesses. » (Manuscrit du prêtre Asseline, intitulé : *Les antiquités et chroniques de Dieppe.*) || *Moyen âge.* Caveau des Guillebert de Rouville, patrons de la chapelle Sainte-Marguerite, dans l'église Saint-Jacques, de la fin du xvi° siècle au commencement du xviii°, trouvé dans cette chapelle en 1868, à 0",25 du sol. Ce caveau, qui n'était guère qu'une fosse de pierre, mesurait 2 mètres de profondeur, 1",87 de longueur et 0",91 de largeur. On y a reconnu un bon nombre d'inhumations : les trois derniers corps étaient dans des cercueils de bois, et le premier dans un cercueil de plomb. Ce sarcophage, long de 1",80, profond de 0",25, était large de 0",30 aux pieds et de 0",52 aux épaules. Sa forme était celle du corps humain, avec empochement circulaire pour la tête. C'était le tombeau du conseiller Jehan Guillebert de Rouville, décédé le 25 octobre 1587, comme le disait une inscription tracée sur le mur. Les mêmes murailles présentaient les armes de la famille Guillebert. L'histoire rapporte que le dernier inhumé le fut en 1710. C'était Pierre Guillebert de Rouville, lieutenant général du bailliage d'Arques et bailli de Dieppe. Tombeaux découverts en 1868 dans l'ancienne chapelle des Longueils, aujourd'hui dite *des Noyés*. Cette chapelle, de la fin du xiii° siècle, avait été dotée par Jean de Longueil, et avait reçu le corps de deux chevaliers de cette famille. La trace de ces sépultures apparut derrière un lambris dans une arcade de pierre placée dans le mur septentrional. M. l'abbé Cochet pratiqua une fouille dans cet enfoncement et y reconnut deux corps, qui avaient été visités, mais qui étaient accompagnés de vases à charbon du xiv° siècle. L'histoire apprend qu'au xvi° siècle on voyait dans cette arcade deux chevaliers agenouillés qui n'étaient autres que Geoffroy Martel, sire de Longueil, tué à la bataille de Poitiers en 1356, et Guillaume de Longueil, son fils, gouverneur de Caen et de Dieppe, tué en 1415 à la bataille d'Azincourt. Le monument ayant été détruit en 1572, M. l'abbé Cochet a placé, en 1869, deux inscriptions commémoratives. En 1870, on restaura dans cette même église la chapelle Saint-André, dite *des Écossais.* Une tradition prétendait que cette chapelle avait été, au xvi° siècle, la sépulture d'un évêque écossais. Voulant s'assurer de ce fait, M. l'abbé Cochet y pratiqua une fouille qui amena la découverte de cinq cercueils en bois, probablement de la fin du xvi° siècle. Ces cinq cercueils intacts, parfaitement contemporains, renfermaient des corps de vieillards, dont quelques-uns avaient été embaumés. Bien qu'aucun objet n'indiquât la dignité des personnages, on a tout lieu de penser que là reposaient quatre des seigneurs écossais députés par le parlement de ce pays pour assister au mariage de Marie Stuart avec François II. L'histoire raconte que quatre sur sept moururent empoisonnés à Dieppe, du 15 septembre au 15 novembre 1558. Ces lords commissaires étaient Robert Reid, évêque d'Orckney (Orcades) et président du parlement d'Écosse; Georges Leslay, comte de Rothes; Gilbert Kennedy, comte de Cassilis, grand trésorier, et James lord Fleming, grand chancelier. (*Vigie de Dieppe*, du 7 juin 1870. *Revue de la Normandie*, année 1868, p. 256-258.) En 1868, on a démoli, à Dieppe, l'ancien couvent des Ursulines. (Voir col. 23.) (*Revue de la Normandie*, année 1868, p. 583.)

CANTON D'ENVERMEU.

(Chef-lieu : Envermeu.)

ENVERMEU. *Moyen âge.* Cachette monétaire trouvée en 1868 près de l'église. Elle se composait de pièces d'argent de Charles VI et des comtes de Flandre du xv° siècle. — La statue sépulcrale d'un chevalier provenant de l'église d'Inerville n'est pas du xvi° siècle, mais du xiv° ou du xv° au plus tard. (*Bulletin de la Commission des antiquités de la Seine-Inférieure*, t. I°", p. 277.)

SAINT-NICOLAS-D'ALIERMONT. *Moyen âge.* Église de Saint-Nicolas : porche en pierre du xiii° siècle, placé au portail nord de l'édifice. C'est un des plus anciens du diocèse.

CANTON D'EU.

(Chef-lieu : Eu.)

INCHEVILLE. *Ép. romaine.* Four à tuiles antiques trouvé en 1871 entre la rivière et la forêt, pendant les travaux du chemin de fer de la Bresle. Les piliers et les fourneaux sont encore visibles; ils demanderaient à être dessinés et étudiés. Autour de ce four on a recueilli des masses de tuiles à rebords.

LONGROY. *Moyen âge.* Cuiller en cuivre du xv° siècle, conduit en terre cuite et ustensiles de ménage recueillis en 1871 au vieux château de Longroy, par M. Dergny, dans les déblais du chemin de fer de la Bresle (le Tréport à Abancourt).

PONTS-ET-MARAIS. *Ép. romaine.* Tombes par incinération du ii° siècle, découvertes près du calvaire de Pons, en 1871, pendant les travaux du chemin de fer de la Bresle. Vases de terre et monnaies romaines provenant de ces sépultures, conservés à Eu. Près de là se trouvait aussi un cimetière par inhumation, d'où provient, dit-on, une boucle en bronze recueillie pour le musée de Rouen. Cette partie est nécessairement plus moderne.

CANTON DE LONGUEVILLE.

(Chef-lieu : LONGUEVILLE.)

DÉNESTANVILLE. *Moyen âge.* Chapelle de Saint-Michel ou du Mont-Saint-Michel, aujourd'hui détruite. L'archevêque d'Aubigné l'a visitée en 1714, et Duplessis la mentionne en 1740.

HEUGLEVILLE-SUR-SCIE. *Moyen âge.* Chapelle avec dîmes, fondée dès le XIe siècle au *Bosmichel*, devenue un ermitage au siècle dernier. Vers 1060, Richard d'Auffay en confirma la possession à l'abbaye de Saint-Évroult. On n'en retrouve pas la trace. — Chapelles de Longthuit et de la Corbière, visitées par l'archevêque d'Aubigné en 1715. Une seule subsiste, celle de la Corbière, qui avoisine le château de Chamacourt. Ce manoir est en brique rouge de la fin du règne de Louis XIV, ainsi que la chapelle. — Chapelle de Saint-François au *Mont-Pinson*, qui a disparu, mais que d'Aubigné, archevêque de Rouen, a visitée en 1714.

LONGUEVILLE. *Moyen âge.* Le clocher de l'église paroissiale, placé sur la croisée, n'est moderne qu'à l'extérieur, dont l'appareil a été renouvelé. A l'intérieur il est roman, comme le côté nord de la nef. L'église, au XIe siècle, se terminait par une abside qui suivait immédiatement le clocher. Le chœur, qui vient de disparaître, était une substitution du XVIe siècle. M. l'abbé Cochet l'a constaté dans une fouille pratiquée dans ce chœur en mai 1871. Cette fouille a fait reconnaître plusieurs sépultures ecclésiastiques du XVIe et du XVIIe siècle. Les prêtres avaient encore leurs ornements. L'un était accompagné d'un vase à l'eau bénite, et l'autre d'un calice de verre.

MUCHEDENT. *Moyen âge.* L'ancien prieuré du Pubel a été placé par erreur sur les Grandes-Ventes. (Voir page 12.) La chapelle et le hameau, bien que voisins des Ventes, sont sur Muchedent, où d'Aubigné place la chapelle qu'il visita en 1716. — Les deux personnages qui recouvrent la plus grande des trois dalles de l'église sont presque effacés. On a peine à lire autour de : «Cy gist «noble homme Regnault, escuyer? seigneur du lieu et «de Heudelimont, lequel décéda le IIe jour d'aoust mil «Ve cinq (1505), et près de luy noble damoiselle Ka-«terine Le Roux, sa femme... laquelle décéda le IIIe jour «de may mil Ve XIIII (1514). Priez Dieu pour leurs «âmes.»

SAINT-CRESPIN. *Moyen âge.* Chapelle de Saint-Jacques et de Sainte-Suzanne, que d'Aubigné visita en 1714, au hameau de Caumont.

CANTON D'OFFRANVILLE.

(Chef-lieu : OFFRANVILLE.)

ARQUES. *Ép. romaine.* Cachette monétaire romaine rencontrée, vers le milieu du XVIIe siècle, dans la forêt d'Arques. Il s'y trouvait plus de cinq cents pièces impériales. Asseline conserva, par curiosité, des Vespasien, des Trajan, des Marc-Aurèle, des Antonin, des Faustine, des Commode et autres souverains. (Voir *Les antiquités et chroniques de la ville de Dieppe*, du prêtre Asseline : introduction.) ‖ *Moyen âge.* Mesure de pierre trouvée à Arques en 1870; au musée de Rouen. — Chapelles de Saint-Julien et de Sainte-Wilgeforte, visitées par l'archevêque d'Aubigné en 1714 ou 1715. — En 1868, les restes du château d'Arques ont été rachetés 60,000 francs par le Gouvernement. (*Revue de la Normandie*, année 1868, p. 642.)

BRAQUEMONT. *Ép. romaine.* Bel anneau d'or, dont le chaton était formé par un onyx en pierre fine, trouvé dans les fouilles que pratiqua M. Feret entre Braquemont (col. 67) et Grèges (col. 74) en 1827, aux frais de la duchesse de Berry. Sur la face était gravée une intaille représentant un oiseau, et autour de la tranche on lisait : VT|TR|AVE|MEA, ce que l'on traduit par ces mots : «Utere ave mea?»

OUVILLE-LA-RIVIÈRE. *Moyen âge.* Saint Sépulcre que la Révolution a dû supprimer dans l'église, dans le transept du midi. Chapelle de Mousseaux au château de Touslesmesnils, visitée par d'Aubigné en 1714.

CANTON DE TÔTES.

(Chef-lieu : TÔTES.)

AUFFAY. *Moyen âge.* Ancienne chapelle, ou ancien cloître du prieuré évidemment détruit par un incendie, rencontré en 1861, pendant la construction d'une sacristie, au nord du chœur de l'église. L'enlèvement des terres a également fait reconnaître un pavage en terre cuite, à vernis vert, et des inhumations allant depuis le XIIIe jusqu'au XVIe siècle. Plusieurs de ces sépultures ont donné des vases à encens du XIIIe et du XIVe siècle, encore remplis de charbon. L'une d'elles, qui était peut-être celle d'un moine, a présenté à la hauteur de la ceinture une boucle circulaire accompagnée de deux anneaux en bronze. Dalle tumulaire de Bénard des Boulours, mort le 1er février 1346, et de sa femme, dont les effigies sont magnifiquement encadrées sous des ogives. — Ossements d'hommes et d'animaux, avec objets en fer, etc. trouvés, en avril 1863, au bois de la Vainvergue. — Sceau en cuivre du XIIIe siècle, représentant une femme tenant une palme, autour de laquelle on lit : ✠ S. JOHANE . DAME . DOVVEDALE (sceau de Jeanne, dame d'Oudale). — Épée espagnole avec inscription, damasquinée.

BERTRIMONT. *Ép. gauloise.* Hachette en pierre polie découverte sur le plateau, du côté de Varvannes, en 1867. || *Moyen âge.* Cachette monétaire qu'on doit attribuer à l'invasion bourguignonne de 1472, trouvée, vers 1868, dans une mare. Ce dépôt, placé dans un vase de terre, se composait de deux cent quatre-vingts pièces d'argent à bas titre, pesant ensemble 810 grammes. Presque toutes étaient des blancs au soleil de Louis XI. Quelques pièces seulement présentaient les armes unies de France et de Dauphiné. (*Bulletin de la Commission des antiquités de la Seine-Inférieure*, t. Ier, 212 et 227. *Revue de la Normandie*, année 1868, t. VIII, p. 186.)

BIVILLE-LA-BAIGNARDE. *Moyen âge.* Chapelle en brique du xviii° siècle entièrement sécularisée, sur le bord du grand chemin qui conduit d'Auffay à Beaunay, au hameau du Fresne. C'est la chapelle de Saint-Léonard du Fresne qui, en 1714, fut visitée par l'archevêque d'Aubigné.

ARRONDISSEMENT DU HAVRE.

CANTON DE BOLBEC.
(Chef-lieu : BOLBEC.)

BOLBEC. *Ép. romaine.* Nouvelles sépultures romaines découvertes à Saint-Martin-du-Vivier en septembre 1871, avec vases de terre et de verre. || *Moyen âge.* Boisseau étalon en cuivre ciselé, longtemps conservé dans les greniers de l'hôtel de ville et vendu en 1815. Cette pièce, du xiv° siècle, avait reçu au xviii° les armes des Harcourt, seigneurs et hauts justiciers de Lillebonne et de Bolbec. Cette mesure, qui contient vingt-quatre pots, a figuré à l'exposition de l'Histoire du Travail, en 1867.

TROUVILLE-EN-CAUX. *Ép. incertaine.* Motte ou tertre haut de 8 à 10 mètres et jadis entouré de fossés comblés par la culture, dans la plaine située à l'ouest de l'église et du château de Trouville, détruit en 1857. Ce tertre ayant été démoli de 1868 à 1870, on n'a rien trouvé à l'intérieur. En juin 1870, M. l'abbé Cochet a sondé le sol du lieu même où avait été ce tumulus; il n'y a rencontré que du charbon de bois et quelques débris de poterie, plutôt du moyen âge que de l'antiquité. Il est porté à penser que c'était là une de ces forteresses en terre et bois communes aux temps carlovingiens. || *Ép. romaine.* Les tombes par incinération rencontrées par M. Fleury en 1857 étaient voisines de l'ancien château et au bord du grand chemin qui va de Lillebonne à la station d'Alvimare. || *Temps modernes.* Le beau château et le parc, digne de Lenôtre, qui étaient l'œuvre des Caillot de Coquereaumont, ont été détruits de 1850 à 1860. = ALIQUERVILLE. *Moyen âge.* Dans l'église, curieux lutrin en bois sur pivot, sculpté à la Renaissance.

CANTON DE CRIQUETOT-LESNEVAL.
(Chef-lieu : CRIQUETOT-LESNEVAL.)

BÉNOUVILLE-SUR-MER. *Moyen âge.* Baptistère en pierre du xiii° siècle, dans l'église primitivement romane. Dans la sacristie on conserve mutilée une inscription obituaire et tumulaire gravée sur marbre noir : c'est celle d'un Nourry de Bénouville, avocat, curé d'Esclavelles, où il mourut le 19 juin 1734. Il est probable qu'il fut, en 1712, le constructeur du très-élégant presbytère d'Esclavelles (canton de Neufchâtel). Il fonda des messes et obits à Bénouville, dont sa famille posséda le patronage jusqu'en 1789, et la terre jusqu'en 1825.

CANTONS DU HAVRE.
(Chef-lieu : LE HAVRE.)

GRAVILLE-SAINTE-HONORINE. *Moyen âge.* Parties basses du donjon et construction ogivale en pierre blanche du xiii° siècle, mises à jour en 1869 par le propriétaire de l'ancien château de Graville. Squelettes, au nombre de vingt, d'hommes, de femmes, de vieillards et d'enfants découverts sous la motte du donjon. Aucun objet d'art n'accompagnait ces corps si profondément ensevelis, qui doivent être ceux de Normands du ix° et du x° siècle. (*Bulletin de la Commission des antiquités de la Seine-Inférieure*, t. Ier, p. 386, 387.)

HAVRE (LE). *Époque gauloise.* En août 1871, M. l'abbé Cochet étant venu visiter le jardin des Dominicains, situé rue des Gobelins, au pied de la *Côte d'Ingouville*, a recueilli dans ce sol plusieurs fragments de poterie gauloise provenant de tombes par incinération d'indigènes contemporains de Jules César. || *Ép. romaine.* Sépultures par incinération trouvées en 1870 par les Dominicains, au pied de la côte d'Ingouville et tout près de l'ancien pavillon Koch, où eut lieu une première découverte en 1839. (Voir col. 24.) La plupart se composaient d'une urne en terre grise de forme ollaire et accompagnée d'un, deux ou trois vases aux offrandes de diverses couleurs. — Beau vase en terre rouge décoré de quatre groupes mythologiques et de feuillages. Ces groupes représentent Vénus et Éros, Anchise et l'Amour, Mars, Vénus. (Voir, dans les *Publications de la Société havraise d'études diverses*, année 1869-1870, p. 63 à 82 et pl. I à IV : une description par M. de Longpérier et une reproduction par M. Devaux; une description et une notice accompagnée de planches par M. Ménant, juge au Havre.) — En 1871, les eaux pluviales ayant déraciné une urne nouvelle, le R. P. Souaillard invita M. l'abbé Cochet à l'exhumer. La fouille, pratiquée le 23 août, a montré deux urnes de forme ollaire en terre grise contenant des os brûlés, un petit vase aux offrandes et une petite fiole de verre à deux anses. || *Moyen âge.* La maison du n° 19 de la rue du Grand-Croissant, maison du XVI° siècle sur laquelle on lisait une inscription latine (voir col. 128), a eu sa façade entièrement renouvelée en 1871. (Voir dans *Le Havre, son passé, son présent, son avenir*, par M. de Coninck, une reproduction de l'ancienne maison du passeur, démolie en 1833, ainsi que les sculptures de son poteau cornier représentant un homme à cheval et un batelier passant un voyageur.)

SAINTE-ADRESSE. *Moyen âge.* Le manoir de Vitanval (voir col. 130), devenu une ferme, est encore entouré d'ondulations de terrain, restes des anciens fossés remplis d'eau qui entouraient la gentilhommière. La maison, bien que mutilée, est presque entièrement du XVI° siècle. La porte, en bois, est une ogive du temps de François Ier, les chambranles de la cheminée sont des colonnes de pierre avec chapiteaux de la Renaissance; le sommet de la cheminée est en brique et tuile avec prismes, base et corniche. On raconte que Charles IX a couché à Vitanval lors du siége du Havre en 1563.

CANTON DE LILLEBONNE.

(Chef-lieu : LILLEBONNE.)

FOLLEVILLE-RADICATEL ou **SAINT-JEAN-DE-FOLLEVILLE.** *Ép. Renaissance.* Cachette monétaire qui date évidemment du temps de la Ligue, trouvée en 1855. Dans un étui en cuivre repoussé on a reconnu trente pièces d'or à l'effigie d'Élisabeth d'Angleterre. La boîte de métal, renfermée dans un vase de terre, avait été cachée sous un poirier. Le vase et l'étui sont au musée de Rouen. (*Bulletin de la Commission des antiquités de la Seine-Inférieure*, t. Ier, p. 277.)

LILLEBONNE. *Ép. romaine.* Nombreuses sépultures par incinération découvertes en 1867 et en 1868. M. Montier-Huet, de Bolbec, ayant fait enlever une épaisse couche de terre de la côte du Catillon, a rencontré tout un cimetière antique. Dans le cours du travail M. Montier n'a pas compté moins de cinquante sépultures et de cent vingt vases en terre, en verre et en bronze qu'il conserve dans un petit cabinet fort important. Parmi les objets en terre cuite, on remarque un *dolium* dont l'embouchure ayant été coupée au-dessous des anses, afin que ce grand vase fût propre à servir de réceptacle funéraire, a pu être rapprochée de la panse; un grand nombre d'urnes grises de forme ollaire; des cruches de toute taille et de toute couleur; des assiettes, des plateaux, des coupes, des tétines ou gotelfes; des lampes, dont une en forme d'animal et l'autre en forme de pied; un bélier et un oiseau, des statuettes de Vénus et de Mercure et un joli vase noir couvert de reliefs et marqué de l'estampille : OF LIBERTI. Des vases et des lampes en terre blanche étaient recouverts d'un vernis métallique de couleur jaune ou verte. Le verre était représenté par des urnes carrées ou circulaires, par des vases à anse ou à suspension, par des fioles à parfums et des fioles dites *lacrymatoires*, par des bâtons tordus, des perles côtelées et des perles de collier; par une espèce de cornue, une grande boule, comme on en voit dans nos jardins, et un verre à boire couvert de reliefs représentant des gladiateurs, avec les noms bien connus de PETRAHES, PRVDES. Le bronze, très-abondant, comprenait un grand croissant, un miroir circulaire, un bon nombre de fibules, dont une, dorée, présente le nom de PATRINVS; des clochettes, des cuillers pour les œufs, un passe-lacet, un bracelet à ressort, des clefs de coffret, des monnaies de Tibère, de Claude, de Néron, d'Adrien, de Trajan, d'Antonin et d'Aurélien. Le fer était représenté par des clous, des serrures, un compas, un poignard, une lampe avec ses chaînes de suspension, une hachette, un ciseau, etc. L'osserie a donné des tubes appelés *sifflets*, un peigne, une cuiller, un manche de couteau avec incrustations, des boutons et des palets, dont trente-six sont sortis d'une seule sépulture. Une des pièces les plus remarquables était un bouton émaillé, du travail le plus fin. (Voir le *Bulletin de la Commission des antiquités de la Seine-Inférieure*, t. Ier, p. 40, 58, 80, 81 et 271; les *Publications de la Société havraise d'études diverses*, année 1868; et Ch. Rœssler, *Exploration des sépultures gallo-romaines du Mesnil-sous-Lillebonne*, in-8° de 22 pages avec gravures; le Havre, Lepelletier, 1868.) — En 1868, M. l'abbé Cochet, ayant pratiqué une fouille au Catillon, a trouvé dix sépultures et quarante-cinq vases de terre et de verre; une des urnes contenait jusqu'à trente-cinq *tali* ou palets en os. — Mosaïque découverte en 1870. Au mois de mars de cette année, M. Pigné, maire de Lillebonne, faisant défoncer un terrain situé à l'angle des routes du

Havre et de Bolbec, y découvrit, sous 50 ou 60 centimètres de remblai seulement, une mosaïque mesurant 8^m,50 de long sur 6^m,80 de large. Ce pavage dut faire autrefois partie d'un important édifice détruit par l'incendie et dont les fondations sont aujourd'hui cachées sous le sol. Des cendres et des charbons, ainsi que les tuiles à rebords et les faîtières, recouvraient la mosaïque sur toute sa surface. Avec ces débris du toit on rencontrait des clous, des peintures murales et des statuettes en terre cuite représentant Latone assise et Vénus Anadyomène. La mosaïque n'est pas historiée dans son entier; la portion qui contient les personnages forme un carré de 5^m,80 sur 5^m,60. La partie simplement ornementée s'étend à l'est, probablement vers l'entrée de la salle. Elle est décorée de cercles rouges entrelacés et imitant assez bien les croix de consécration du moyen âge. La décoration se compose d'abord d'une grande bordure blanche, large de 0^m,35, entourée de lignes noires, encadrant des compartiments de chasses. Ces compartiments, larges de 1^m,20, règnent sur les quatre faces de la mosaïque. La séparation des caissons a lieu vers les angles à l'aide d'une bande composée de losanges alternés de blanc et de rouge. Les sujets représentés sont la chasse au cerf, telle qu'elle se pratiquait dans l'antiquité; la chasse à l'arc, au moyen du cerf privé, et la chasse à courre, à l'aide du cheval lancé dans les forêts. Au nord est le début, ou, si l'on veut, la fin de la chasse, représentée par un sacrifice à Diane, la déesse des chasseurs. La divinité, qui tient un arc à la main, est posée sur un piédestal; devant elle est un autel où un prêtre entretient le feu sacré, deux servants lui apportent les vases, le bois et un jeune cerf destiné au sacrifice. Les chasseurs, arrivant de la chasse ou plutôt prêts à partir, assistent à la cérémonie. Un cheval est sellé et près de lui se tient un homme avec une massue ou épée. L'autre chasseur, vêtu de la braie gauloise, tient d'une main une lance aiguë et de l'autre un chien enchaîné. Le côté ouest représente le départ pour la chasse à l'animal privé. Comme la scène précédente, comme toutes les autres également, celle-ci se passe en forêt. En avant marche un cerf dix cors conduit par un piqueur. Derrière l'animal est un personnage tenant de la main droite un bâton recourbé et de la gauche une massue ou double marteau jeté sur ses épaules. Il est suivi par deux chiens couplés. Derrière les chiens sont deux chasseurs; l'un est monté et l'autre ne l'est pas encore. Tous deux portent à la main un fouet ou *flagellum*. Le côté sud montre la chasse à l'arc. Le cerf privé est en avant, tenu par son piqueur. Derrière lui se tient caché un chasseur l'arc bandé, visant un beau cerf dix cors qui vient visiter le cerf privé. Toutefois ce cerf n'avance qu'avec défiance, ainsi qu'une biche et un daim que l'on aperçoit dans les profondeurs de la forêt. Le côté est représente les incidents de la chasse à courre dans la forêt. On voit trois chasseurs à cheval, dont deux lancés au galop poursuivent un cerf qui se sauve à toutes jambes. Deux chiens suivent l'animal et précèdent les chasseurs. Une bande blanche large de 0^m,27, bordée comme l'autre par des lignes noires de 0^m,03 centimètres, entoure le tableau central, qui est circulaire. Les triangles des angles sont remplis par une corbeille ou grand vase à deux anses sur pied. A droite et à gauche de la corbeille s'allongent des branches de laurier. Au centre de la mosaïque sont deux personnages de grandeur naturelle : homme et femme entièrement nus et qui n'ont pour se protéger qu'une écharpe légère. Celle de la femme est noire et celle de l'homme est rouge. La femme est parée et l'on distingue sur ses bras un bracelet de perles vertes et d'autres perles dans les tresses de ses cheveux. Malheureusement l'homme est très-mutilé et il ne reste guère de lui que les jambes et le haut de la tête, que ceint une couronne de laurier. Il tient d'une main un long bâton, qui est entier; il court après la femme qui fuit devant lui, mais qui, arrivée au bout de ses forces, fléchit le genou et se tourne vers celui qui la poursuit. De la main droite elle laisse échapper une boîte ou tronc circulaire; elle étend la gauche vers l'homme comme pour demander grâce. Ce doit être Apollon poursuivant une nymphe des eaux ou des bois. L'attitude des deux personnages est identique à celle du Thésée et du Minotaure dans le labyrinthe représentés au centre de la mosaïque de Cormerod près Fribourg, découverte en 1830. Les mutilations du groupe central et mythologique doivent être le fait des premiers chrétiens. Deux inscriptions placées au haut et au bas de ce groupe central dans un cartel à queue d'arondes, composées de deux lignes chacune, n'ont aucun rapport au sujet représenté. Elles donnent simplement le nom et les qualités de l'artiste. Elles apprennent que l'auteur de ce beau travail se nommait Titus Senius Felix et qu'il était citoyen de Pouzzoles, en Italie, et disciple d'Amorgus (un maître ou une école célèbre). Voici, du reste, ces deux inscriptions :

T. SEN FILIX C PV
TEOLANVS FEC.
ET AMORGI ou CI
DISCIPVLVS.

Cette belle mosaïque doit dater du second siècle de l'ère chrétienne. Son plan est légèrement incliné, ce qui explique son bel état de conservation. Le propriétaire l'a fait protéger par une construction en brique qui la met à l'abri des injures de l'air et autres éléments de destruction. La Commission des antiquités en a fait prendre un excellent dessin pour ses cartons. La Société havraise d'études diverses en a donné des photographies dans le volume de ses publications pour 1870-1871. Enfin, la Société des antiquaires de Normandie doit la reproduire prochainement dans une planche de ses *Mémoires*. (Voir les *Comptes rendus et Bulletins de l'Académie des inscriptions et belles-lettres pour l'année 1870*, p. 30 à 45.)

NOTRE-DAME-DE-GRAVENCHON. *Ép. gauloise.* Hachette en silex trouvée, vers 1865, par M. de Lillers, dans le parc de son château de Gravenchon.

CANTON DE MONTIVILLIERS.
(Chef-lieu : Montivilliers.)

GONFREVILLE-L'ORCHER. *Ép. gauloise.* Moule de lances trouvé postérieurement à la découverte d'un moule de haches de bronze faite en 1859. (V. col. 140.) Ces deux moules, qui sont chez M. Toutain, avocat et propriétaire à Gonfreville, sont tous deux en métal. (*Revue de la Normandie*, t. VII, p. 445, juillet 1867. *Bulletin de la Commission des antiquités*, t. Ier, p. 268.) || *Ép. Renaissance.* Manoir de Bévilliers ou de Bainvilliers, devenu une ferme, construction en brique et pierre. La façade principale, celle du midi, offre trois étages décorés de pilastres de pierre; chaque étage est percé de trois fenêtres, celle du centre étant double. Une vaste et superbe lucarne carrée, sculptée en pierre et d'un grand effet, domine le tout. L'entrée était précédée d'un portique carré qui a disparu et dont il reste les arrachements. Les linteaux de la porte sont sculptés de trophées empruntés à la guerre, aux arts et à l'amour. La façade du nord est moins ornée. A l'intérieur, les cheminées sont décorées de cariatides. La cave est voûtée et sur l'une des clefs de voûte on voit les lettres L et I, qui sont probablement les initiales du fondateur, et sur l'autre le chiffre MV^{cc}|XX|VIII| (1528). Dans l'appartement abandonné qui servait de chapelle, au premier étage, le centre du pavage en terre cuite est formé par un carré en carreaux de faïence entièrement semblables à ceux de l'ancienne salle faïencée du Havre. L'un des carreaux porte le chiffre de 1536, ce qui donne la date des deux pavages. En avant de la façade du nord, restes de jardins qui furent splendides. | *Temps modernes.* Portraits des comtes de Manneville, gouverneurs de Dieppe au XVIIe et au XVIIIe siècle, dans le château d'Orcher.

OCTEVILLE. — Saint-Barthélemy. L'église, annoncée comme étant disparue (col. 150), existe encore. C'est une construction sans caractère, des deux derniers siècles. En 1713, d'Aubigné visita la chapelle d'Anfriette, à Saint-Barthélemy.

ROUELLES. *Moyen âge.* Le portail de l'église est du XIVe siècle et le chœur du XIIIe. Cet édifice, qui est en croix, présente, enchâssé dans son chevet méridional, un curieux cadran sur pierre du XVIe siècle. Ce cadran est double : un côté marque les heures de la matinée, l'autre celles de l'après-midi; le haut du cadran est décoré de panneaux sculptés à jour et le bas de feuilles de chardon qui entouraient un écusson effacé à la Révolution.

CANTON DE SAINT-ROMAIN-DE-COLBOSC.
(Chef-lieu : Saint-Romain-de-Colbosc.)

SAINT-EUSTACHE-LA-FORÊT. *Ép. Renaissance.* Dans un hameau de Saint-Eustache, voisin de Mélamare, est une maison du XVIe siècle, construite en bois et briques plates moulées à la Renaissance. Ces briques, rouges, sans vernis, décorées d'arabesques et de médaillons, sont appliquées entre les poutres et décorent l'extérieur et l'intérieur des appartements.

ARRONDISSEMENT DE NEUFCHÂTEL.

CANTON D'ARGUEIL.
(Chef-lieu : Argueil.)

BOISGAUTIER (LE). *Moyen âge.* L'église démolie en 1835 avait été reconstruite en grande partie en 1743. Sur une pierre des murs on lisait : «Me I. P. Pr C. B. | M, 1743.» Ce qui voulait dire : «Maître Jean P... «prieur curé du Boisgautier, m'a fait en 1743.» Le portail seul était roman du XIe siècle. Le cintre était orné de têtes aux yeux saillants, aux moustaches prononcées, dont les bouches tenaient des feuillages. Les autres arcades, portées sur des colonnes unies et courtes, présentaient des lapins, des poissons, des porcs, des oiseaux, des têtes humaines, etc. (Voir une note de M. de Stabenrath sur cette église et sa destruction dans la *Revue de Rouen* de 1835, 2e semestre, p. 294, 295.)

BOULAY (LE) (page 158) n'est pas une commune, mais une simple section de la commune de Nolleval, à laquelle il a été réuni par ordonnance royale du 21 juillet 1824.

CROISY-LA-HAYE (col. 159). Croisy et la Haye forment à présent deux communes distinctes. Elles ont été séparées par une loi du 28 juillet 1849.

ROUVRAY-CATILLON. *Moyen âge.* Le musée de Rouen a longtemps possédé, comme venant du château de Rouvray, un petit canon en bronze ciselé du xvi° siècle, long de 0ᵐ,43, sauf le bout qui manquait. Vers la culasse, on voyait en relief un guerrier, le sabre d'une main et de l'autre un bouclier orné d'une tête de gorgone. Vers les tourillons, une Victoire tenait d'une main une palme et de l'autre une couronne.

CANTON DE BLANGY.
(Chef-lieu : BLANGY.)

RIEUX. *Ép. romaine.* Buttes remarquables qui renferment évidemment des constructions romaines, dans la forêt d'Eu, au triage nommé *la Mare-Pavée*.

CANTON DE FORGES-LES-EAUX.
(Chef-lieu : FORGES-LES-EAUX.)

MESNIL-MAUGER (LE). *Ép. gauloise.* Fragment de hache en silex d'un très-beau poli recueilli en 1868, par M. de Trefforest, dans la cour qui précède son château. Trois belles haches de pierre, également très-polies, trouvées au même endroit, en 1869, en faisant la tranchée du chemin de fer. On y a encore recueilli un instrument en silex très-soigné qui ressemble à une flèche. ‖ *Moyen âge.* Les deux vases de bronze du xiv° ou du xv° siècle rencontrés dans la Béthune en 1864 ont été offerts au musée d'antiquités de Rouen en 1871, par M. de Trefforest.

CANTON DE NEUFCHÂTEL-EN-BRAY.
(Chef-lieu : NEUFCHÂTEL-EN-BRAY.)

QUIÈVRECOURT. *Ép. incertaine,* probablement *gauloise.* Fossés fort considérables, ayant encore 4 à 5 mètres d'élévation, à 3 kilomètres de Neufchâtel, sur la route départementale n° 6, qui conduit à Yvetot par Saint-Saëns, dans le bois de la Justice, non loin de l'auberge de *la Grâce de Dieu.* C'est le reste d'une enceinte antique qui se rattache évidemment à la ville de Neufchâtel.

CANTON DE SAINT-SAËNS.
(Chef-lieu : Saint-Saëns.)

SAINT-SAËNS. *Moyen âge.* Reliquaire en forme de bras, qui dut autrefois renfermer un des ossements des bras de saint Saëns. Cette châsse, depuis longtemps hors d'usage, n'a pas moins d'un mètre de hauteur, bien qu'il y manque un doigt; elle est en bois de chêne recouvert d'une lame d'argent, imitant les plis d'une aube parée. Les doigts sont dans l'attitude de la bénédiction. Le revêtement d'argent est bordé de deux côtés par une lame dorée du xiii° siècle comme le reste du reliquaire. Des cabochons et des verroteries de toute couleur décorent le corps et la bordure de la manche, des filigranes encadrent les verroteries et les médaillons. Les médaillons, en émail de Limoges, sont au nombre de neuf. L'un d'eux représente le buste du saint abbé Sidonius, patron et fondateur du monastère. Au milieu du bras on voit, sur un côté, une ouverture destinée à laisser voir la relique, et qui se ferme à l'aide d'une plaque dorée et gravée. Cette gravure représente saint Saëns, crossé et mitré, sous une arcade du xv° siècle. Ce reliquaire, aujourd'hui vide, a été offert en 1871 au musée départemental d'antiquités de Rouen, par M. le curé et par la fabrique de Saint-Saëns.

ARRONDISSEMENT DE ROUEN.

CANTON DE BUCHY.
(Chef-lieu : BUCHY.)

BLAINVILLE-CREVON. *Moyen âge.* L'église paroissiale de Saint-Germain de Blainville, qui a disparu au commencement de ce siècle, lieu de sépulture avant l'existence de la collégiale, qui ne date que du xv° siècle, renfermait les dalles et les statues sépulcrales des châtelains du lieu au xiii° et au xiv° siècle. Les châtelains et châtelaines qui reposaient dans cette église au dernier siècle étaient : 1° Marguerite, dame de Blainville en 1203; 2° Isabelle d'Anotot, dame de Blainville en 1240; 3° Marie, dame de Blainville en 1270; 4° Isabelle de Rarecourt, dame de Blainville en 1283; 5° Istace, fille de monseigneur de Blainville, en 1297; 6° Mouton de Blainville, en 1319; Moutonnet de Blainville, en 1369; 8° Jean de Mauquenchy, seigneur de Blainville, en 1330; 3° Guerard de Blainville, chevalier, seigneur de Mondétour, en 1342. (Farin, *Histoire de Rouen*, t. II, v° partie, p. 42, 43.)

VIEUX-MANOIR (LE). — SAINT-AUBIN-SUR-CAILLY. *Moyen âge*. Dans le chœur de l'église disparue existait, au XVII° et au XVIII° siècle, une grande dalle tumulaire sur laquelle étaient gravés trois personnages. Au milieu était une dame; de chaque côté se tenait un homme : l'un, vêtu d'habits sacerdotaux, avait dans la main un calice. La dame était Jeanne Gastrebosc, femme de Colard de Saint-Aubin, décédée le 14 août 1382. Un des deux hommes était Colard de Saint-Aubin, époux de Jeanne, mort le 2 mars 1394. Enfin, le troisième personnage était leur fils Nicolas de Saint-Aubin, curé du lieu, mort en 1400. (Farin, *Histoire de Rouen*, t. II, v° partie, p. 46.)

CANTON DE CLÈRES.

(Chef-lieu : CLÈRES.)

MONT-CAUVAIRE. Chapelle Saint-Martin, dans la plaine, entre le hameau du Thuit (aujourd'hui *le Bout-des-Rues*) et le bois nommé *la Queue-Vignier*; disparue depuis un siècle. — Chapelle Saint-Roch, au hameau du Coudray, dans le bois de ce nom. Il n'en reste rien aujourd'hui. — Chapelle Saint-Julien, dans le château du Fossé, transformée aujourd'hui en buanderie. Elle avait été reconstruite au commencement du siècle dernier. Elle était en si mauvais état au siècle précédent, que dans la *calende* tenue à Cailly en 1691 on en demanda la démolition à l'archevêque de Rouen. — Chapelle du château du Rombosc, probablement sous le vocable de Saint-Adrien, construction en brique du XVII° siècle, visitée par d'Aubigné en 1714; elle est devenue le bûcher du château.

CANTON D'ELBEUF.

(Chef-lieu : ELBEUF.)

CAUDEBEC-LEZ-ELBEUF. *Ép. romaine*. Vases provenant d'un cimetière par incinération trouvés pendant les travaux communaux entrepris en 1871 pour tracer de nouveaux chemins. Deux en terre blanche, dont l'un a la forme d'un lion couché, sont recouverts d'un vernis verdâtre, chose nouvelle à Caudebec. Au même endroit, qui est voisin de la *Fosse-aux-Moules*, M. Gosselin a recueilli un bracelet gaulois en bronze dans une sépulture gallo-romaine, un joli vase portant en relief cette inscription : GLORIA; une tetine ou guttus et des jetons ou petits palets en os.

LONDE (LA). *Ép. mérovingienne*. Sépultures antiques, probablement mérovingiennes, trouvées vers 1850, dans la forêt de la Londe, au haut de la *Côte des Grès* et au triage de la *Mare-Curée*. Des traditions populaires affirmaient que ce lieu était habité par les fées. (*Bulletin de la Commission des antiquités de la Seine-Inférieure*, t. I°r, p. 203.)

ORIVAL. *Ép. franque*. Au mois d'août 1871, M. l'abbé Cochet a opéré une fouille archéologique dans la portion de la forêt de la Londe qui fait partie du territoire d'Orival, sur le second tunnel du chemin de fer de Serquigny, à trois kilomètres de la station de la Londe, sur une crête de coteau placée entre deux vallons connus sous le nom des *Longs Vallons*. Cette colline abrupte, appelée le *Mont à la Chèvre*, a donné un cercueil en pierre du pays, placé à 0^m,25 du sol. Sa longueur intérieure est de 1^m,83, sa hauteur de 0^m,45, sa largeur à la tête de 0^m,52 et aux pieds de 0^m,20. Le couvercle était légèrement tectiforme. Les terrassiers, qui l'avaient visité un an auparavant, assurent n'y avoir trouvé que des ossements déplacés. Le second cercueil était en plâtre coulé sur place. Il avait contenu un corps dont les os violés étaient encore verdis par l'oxyde de cuivre. Plusieurs fosses entouraient les sarcophages, et bien qu'il n'y ait été trouvé aucun objet d'art, on ne peut hésiter à attribuer cette nécropole à la période franque.

CANTON DU GRAND-COURONNE.

(Chef-lieu : LE GRAND-COURONNE.)

PETIT-COURONNE (LE). *Temps modernes*. Aux deux derniers siècles, la seigneurie de cette paroisse était passée entre les mains d'une famille Haillet qui, à cause de cela, avait pris le nom de Haillet de Couronne. Deux membres de cette famille furent inhumés dans le chœur de l'église, l'un en 1707, l'autre en 1725. Deux inscriptions sur marbre citées par Farin (*Histoire de Rouen*, t. II, v° partie, p. 50) ont été enlevées par la Révolution. Un des derniers descendants de cette famille était J. B. Guillaume Haillet de Couronne, secrétaire très-distingué de l'ancienne académie de Rouen. De 1770 à 1784, il a rédigé l'éloge des académiciens décédés. La Révolution a également fait disparaître de cette église l'inscription du président Carrel, inhumé en 1717 devant la croix du cimetière. C'était lui qui possédait, à l'extrémité du faubourg Saint-Sever, le magnifique hôtel de pierre qui fut démoli en 1705. (Farin, *Histoire de Rouen*, v° partie, p. 50. — Voir col. 456 et 457.)

CANTON DE MAROMME.

(Chef-lieu : MAROMME.)

CANTELEU. *Moyen âge*. Restes d'un pavage en terre vernissée, décoré de fleurs de lis, découverts pendant les travaux de reconstruction du chœur de l'église, en 1867. On a également reconnu les restes de la sépulture des Langlois, seigneurs du lieu, dont les caveaux avaient été visités à la Révolution. (*Bulletin de la Commission des antiquités de la Seine-Inférieure*, t. Ier, p. 193.)

CANTON DE PAVILLY.

(Chef-lieu : Pavilly.)

PAVILLY. *Moyen âge.* Château de Pavilly, jadis situé près des halles actuelles. Il existait dès le viie siècle et fut le séjour d'Amalbert, fondateur d'une abbaye de femmes dirigée par Sainte-Austreberte, à laquelle il confia sa propre fille, qui devint sainte Aurée. En 1091, Thomas de Pavilly, un des descendants d'Amalbert, fonda un monastère de Bénédictins pour remplacer les filles de Sainte-Austreberte. Le château fut presque détruit pendant la guerre de cent ans; aujourd'hui il n'en reste rien. — Château d'Esneval, qui subsiste encore. Construit sur la pointe du coteau qui domine la rivière d'Esne, il date de l'époque normande. Ses châtelains figurèrent à Hastings et en Sicile. Les d'Esneval s'unirent aux Pavilly en 1280, et cette dernière famille se trouva entièrement éteinte. Le château d'Esneval fut fortifié sous Charles V, mais il n'en succomba pas moins sous les coups des Anglais, qui le détruisirent. Robert de Dreux, rentré sous Charles VII, éleva l'édifice actuel de 1469 à 1478. C'est une belle construction en pierre du pays, décorée de quatre tourelles carrées surmontées de toits aigus. Les armes des comtes de Dreux, ses fondateurs, ornent les voûtes. La nouvelle construction ne se fit pas sur l'ancienne : du château primitif on ne conserva qu'une chapelle de Saint-Thomas, qui fut renouvelée au xviie siècle. C'est la chapelle actuelle du château qui, en 1790, reçut dans son caveau Pierre-Robert Le Roux, baron d'Esneval et d'Acquigny, fondateur des églises d'Yvecrique, de Grémonville, d'Acquigny, de la Villette et du Bois-Normand. Le chartrier de ce château est riche en archives. M. Chéruel en a tiré l'histoire de l'ambassade du baron de Prunelé, châtelain d'Esneval, envoyé en Écosse en 1581 et 1586, et de l'ambassade de Bretel de Grémonville à Rome et à Venise, de 1644 à 1648. L'on y pourrait puiser les documents sur l'ambassade de Robert Le Roux d'Esneval en Portugal et en Pologne, en 1693. (Voir l'histoire du château de Pavilly, par M. Chéruel, dans la *Revue de Rouen* de 1845, p. 19-27, et une vue du château, par M. de Jolimont, dans le même recueil, en 1844.) — En 1717, l'archevêque d'Aubigné visita les chapelles de Saint-Remy, près des halles, de la Trinité de la Gouterie, de Saint-Denis, au hameau du Bornage, et de Saint-Laurent. Toutes ces chapelles ont disparu, ainsi que celle de Sainte-Croix, qui existait en 1738.

CANTONS DE ROUEN.

(Chef-lieu : Rouen.)

ROUEN. *Ép. romaine.* L'inscription latine gravée sur un cercueil antique rencontré en 1833 dans la rue Boulland, quartier Saint-Gervais, a été lue par M. Deville (voir col. 360 et 363) :

« . . . . . EVERINI EVERI FILI. »

Au lieu de ces deux noms inconnus aux Latins, il faut lire les deux suivants, dont la latinité est incontestable : « (D. M.) SEVERINI SEVERI FILI. » La borne milliaire trouvée en Normandie en 1638 (voir page 360) et dont les épigraphistes Spon, Sirmond, Tristan, Reinesius, Farin, Moreau de Mautour et de Boze nous ont laissé une lecture que l'on croit incomplète, avant d'être fixée à Rouen, était allée de France en Italie, où elle était entrée au musée ducal de Florence. C'est du duc de Toscane Ferdinand II que M. Émeric Bigot l'obtint vers 1650 et la rapporta en Normandie. Il la fit placer dans le jardin de son hôtel, que l'on croit avoir existé dans la rue de l'Écureuil, paroisse Saint-Laurent. Elle s'y trouvait encore en 1752. L'hôtel ayant été aliéné à la Révolution, on ignore ce que la borne est devenue. — Cimetière et débris antiques trouvés au commencement de 1871, pendant la transformation en un square moderne de l'ancien jardin des moines de Saint-Ouen. Des fouilles pratiquées par M. l'abbé Cochet pendant les mois de mars et d'avril ont fait reconnaître deux dépôts principaux. Le premier est placé entre l'ancien bassin et la porte centrale de l'hôtel de ville. A 2 mètres du sol, M. Cochet a rencontré une véritable *fosse aux moules*. C'était une couche épaisse de détritus humains composée de cendres, de charbons, d'ossements d'animaux, d'écailles d'huîtres, de patelles, de *cardium* et principalement d'une quantité incroyable de moules. Tout le terrain était rempli, sur plus d'un mètre d'épaisseur, de tuiles à rebords, de tuiles faîtières, de poteries de toute couleur, mais surtout de poteries rouges. Dans les débris, M. Cochet a spécialement distingué un poids en pierre avec anneau de fer, une épingle et un palet en os, une cassolette à parfums en bronze, une fibule de bronze émaillé, des monnaies de bronze de Trajan, d'Antonin, de Vespasien, d'Albin et une douzaine de quinaires des bas temps de l'Empire. — Le second dépôt était placé au midi de l'église, entre le portail des *Marmousets* et la petite porte dite *de la Cirerie*. Il s'est rencontré à 3 mètres de profondeur pour continuer jusqu'à 5m,30, où il paraissait finir. A cette profondeur, le sol était rempli de tuiles à rebords et de tuiles faîtières, de poteries de toute couleur, noire, grise et rouge, en terres grossières, en terres fines et en terres sigillées. Des crépis coloriés se montraient au milieu des charbons, ainsi que des défenses de sanglier, des écailles d'huîtres et des coquilles de moules et quatre monnaies de bronze de Trajan, d'Antonin le Pieux et de Clodius Albinus. Une base et un fût de colonne en pierre de Vergelé semblent indiquer un édifice de quelque importance. En cet endroit, sainte Clotilde fit construire en 530 un monastère de femmes, dans les fondements duquel on rencontra les restes d'une église et d'un autel qu'une inscription déclarait avoir été consacrés par le bienheureux Denis, de Paris (iiie siècle). || *Ép. franque. Temps mérovingiens.* Au-dessus de la couche romaine, la même fouille a fait connaître une assise épaisse de 0m,60 à 0m,80, qui contenait des cercueils en pierre du bassin de Paris, remontant évidemment au viie et au viiie siècle. Ces cercueils, au nombre de huit ou dix, étaient presque tous d'un seul morceau, plus étroits aux pieds qu'à la tête, protégés par un couvercle tantôt plat, tantôt tectiforme. Un ou deux étaient percés dans le fond de trous pratiqués pour l'évacuation des matières putrides. Bien que réoccupés à des époques postérieures, quelques-uns ont donné des vases placés aux pieds, des agrafes en fer et en bronze ciselés et cinq perles d'ambre. Des morceaux d'une étoffe de crin, brune et mal tissée, que l'on croit provenir de cilices, un fragment de bâton de coudrier et des restes de cuir pourraient bien appartenir à la période carlovingienne. || *Temps carlovingiens.* Six grands sarcophages déposés à une profondeur de 2 à 2m,60 du sol; grandes auges, lourdes et massives, en pierre du pays et d'un seul morceau. Plus étroites aux pieds qu'à la tête, elles présentent pour le crâne une entaille prise à même la pierre, tantôt carrée, tantôt circulaire. Les couvercles sont massifs et arrondis comme à l'époque romaine. Ces cercueils, qui ne contenaient que des corps sans mobilier, avaient été déposés dans un terrain rempli de débris romains. Deux des précédents cercueils et cinq de ceux-ci sont conservés au musée départemental. || *Moyen âge.* Le moyen âge peut revendiquer deux couches bien distinctes de sépultures : l'une, avec cercueils en maçonnerie; l'autre, sans cercueils, allant de 1250 à 1480. La couche la plus ancienne et par conséquent la plus profonde commençait à 1m,25 pour finir à 2 mètres. Elle se composait de deux étages ou assises de tombeaux. Le fond n'était autre que le sol battu à la masse ou recouvert d'une couche de mortier. Les côtés étaient maçonnés avec du tuf, des pierres de Caen ou du pays, posés de champ, offrant toujours pour la tête une entaille carrée. Dans deux cercueils il s'est trouvé une sculpture romane ornée de billettes du xie siècle et une croix grecque gravée sur une pierre plate. Le couvercle était invariablement formé avec des dalles grossières posées à-plat. Plus de quarante cercueils qui formaient ces deux couches n'ont donné qu'une boucle en fer et des bottines ou chaussures de cuir aux pieds de deux ou trois défunts. Quelques ossements ont présenté une teinte violette. Parmi ces tombes faites de pièces et de morceaux, il s'est rencontré deux ou trois cercueils mérovingiens, enlevés du fond et transportés comme des auges portatives. Dans l'intérieur de ces sarcophages, on avait eu soin de placer vers la tête des chantiers de pierre pour former emboîtement. Le couvercle était non d'une seule pièce, mais formé de plusieurs pierres plates. Dans la dernière couche, la plus rapprochée du sol, puisqu'elle n'en était qu'à un mètre à peine, M. l'abbé Cochet a constaté un *très-grand* nombre de sépultures sans cercueils. Trente ont donné des vases à charbon, vernissés de vert ou de jaune, puis forés après la cuisson, du xiiie au xve siècle. Le plus intéressant et le mieux conservé était un vase en terre blanche, abondamment recouvert d'un vernis verdâtre, ayant forme de seau à l'eau bénite. Il est entré au musée, ainsi que quelques autres provenant de la même fouille. Deux cercueils en plâtre, encore usités à l'époque des premiers Valois, ont été trouvés dans cette couche. A l'inhumation dans ce cimetière étaient attachés de grandes indulgences et des pardons considérables, accordés par Jean XXII, pape d'Avignon au xive siècle. C'est ce qu'atteste une longue inscription gravée sur pierre au xve siècle, trouvée autour de l'église Saint-Ouen en 1846, et aujourd'hui déposée au musée départemental. C'est dans ce cimetière de l'abbaye de Saint-Ouen que le 24 mai 1431 Jeanne d'Arc a fait abjuration en présence du cardinal d'Angleterre, de prélats, d'abbés et de ses juges. C'est là aussi que le 7 juillet 1456 fut lue solennellement la sentence de réhabilitation de l'illustre héroïne. — Les Ponts. Les ponts de Rouen, placés à 130 kilomètres de la mer, sont les premiers que l'on rencontre sur la Seine depuis son embouchure. La première mention qu'on en fait remonte au ixe siècle, au règne de Charles le Chauve. Lothaire, dans sa révolte contre son frère, les fit couper en 840. On croit qu'alors ils étaient en bois. (Voir M. A. Leprevost, *Le roman de Rou*, t. Ier, p. 210, et M. Fallue, *Histoire de l'église de Rouen*, t. Ier, p. 110 et 192.) Le pont de Rouen est mentionné par Richard II en 1025 et par Gosselin le vicomte d'Arques et de Rouen en 1035 : «A ponte «Archas usque ad pontem civitatis.» Les bourgeois de Rouen le détruisirent en 1030, pendant leur révolte contre Robert le Magnifique : «Sequanæ pontem de-«struunt.» (*Norm. nova Chronica.*) M. Rondeaux de Sétry affirme que le pont resta en bois jusqu'au pont de pierre que fit construire, de 1151 à 1167, l'impératrice Mathilde, épouse de Geoffroy Plantagenet. Ce pont était très-élevé et comptait treize arches. Pour le protéger du côté de Saint-Sever, on avait construit une petite forteresse qui prit le nom de *Barbacane* (voir col. 445) et que remplaça en 1419 le *Petit-Château*. Le pont de pierre dura, complet ou entamé, jusqu'au milieu du xvi° siècle. Le temps et les guerres lui firent de cruelles blessures. On cite surtout les désastres de 1204, 1291, 1346, 1358, 1382, 1505, 1515, 1528, 1533, 1542 et 1564. Les piles subsistèrent longtemps à fleur d'eau. Ce n'est que dans ces derniers temps qu'elles ont entièrement disparu. Vers 1618 les échevins de Rouen songèrent à remplacer ce pont par un pont de bois, qui fut décidé et commencé en 1626; on passa dessus en 1630. La ville avait demandé un plan au célèbre Salomon de Caux, ingénieur normand au service de cours étrangères, illustré par la première indication de la vapeur comme force motrice. Salomon de Caux proposa d'abord un pont en maçonnerie, puis un pont en bois. On préféra un pont de bateaux. On conserve aux archives de la ville de Rouen six lettres autographes de Salomon de Caux. (Voir la *Revue des Sociétés savantes*, v° série, t. II, p. 219-236.) Le pont de bateaux fut construit sur les plans du frère Nicolas, religieux Augustin de Paris, et dura deux cent six ans, jusqu'en 1836. Il était porté sur dix-neuf bateaux maintenus par des pilotis placés en amont et en aval, entre lesquels ils montaient et descendaient au gré des flots et de la marée. Quatre bateaux, mobiles littéralement, formaient l'ouverture nécessaire pour faire passer les navires qui remontaient ou descendaient la Seine. Il subit de grandes avaries en 1635, 1669, 1741, 1777 et 1799. (N. Periaux, *Dictionnaire indicateur et historique des rues et places de Rouen*, p. 468-474; in-8°, Rouen, 1870-1871.) En 1834, on y substitua le pont en fil de fer, qui fut livré au public le 1er septembre 1836. Fierville a gravé, au xvii° siècle, trois planches représentant le plan général du pont de bateaux, le plan des quatre bateaux de la passe, le plan et l'élévation d'un des bateaux. Le pont de pierre, qui est à présent le pont principal, fut décrété en 1812 par Napoléon Ier. L'impératrice Marie-Louise en posa la première pierre le 3 septembre 1813. Il a été livré au public en 1829. Il se compose de six grandes arches : trois de chaque côté d'un terre-plein, s'appuyant à l'extrémité de l'île Lacroix, et de deux petites, sur les bas quais, contre les culées. Sa forme est infléchie. Il a coûté dix millions de francs. Sur le terre-plein circulaire fut érigée, le 19 octobre 1834, la statue de bronze de Pierre Corneille, par David d'Angers.

TABLE DES COMMUNES.

A

	Colonnes.
Allouville-Bellefosse	555
Alvimare	514
Ambourville	296
Ambrumesnil	53
Amfreville-la-Mivoie	263
Amfreville-les-Champs	509
Anceaumeville	278
Ancourt	54
Ancourteville-sur-Héricourt	527
Ancretiéville-Saint-Victor	549
Ancretteville-sur-Mer	539
Angerville-Bailleul	115
Angerville-la-Martel	539
Angerville-l'Orcher	97
Angiens	520
Anglesqueville-la-Bras-Long	521
Anglesqueville-l'Esneval	97
Anglesqueville-sur-Saâne	84
Anneville-sur-Scie	47
Anneville-sur-Seine	296
Annouville-Vilménil	115
Anquetierville	485
Anvéville	526
Ardouval	8
Argueil	157
Arques	55, 566
Assigny	26
Aubéguimont	163
Aubermesnil-Beaumais	60
Aubermesnil-les-Érables	174
Auberville-la-Campagne	130
Auberville-la-Manuel	475
Auberville-la-Renault	115
Auffay	84-85, 566
Aumale	163-168
Auppegard	1
Auquemesnil	26
Authieux-Port-Saint-Ouen (Les)	265
Authieux-Ratiéville (Les)	278
Autigny	521
Autretot	556
Auvilliers	234
Auzebosc	556
Auzouville-Auberbosc	514
Auzouville-l'Esneval	550
Auzouville-sur-Ry	287
Auzouville-sur-Saâne	2
Avesnes	26
Avesnes-en-Bray	205
Avremesnil	2

B

	Colonnes.
Bacqueville	2-3
Bailleul-Neuville	221
Baillolet	222
Bailly-en-Rivière	26
Baons-le-Comte	550
Bardouville	298
Barentin	348
Baromesnil	35
Bazinval	175
Beaubec-la-Rosière	192
Beaufresne	168
Beaumont-le-Hareng	8; 561
Beaunay	85
Beaurepaire	97
Beausault	194
Beautot	349
Beauvoir-en-Lyons	157
Bec-de-Mortagne (Le)	115
Belbeuf	265
Bellencombre	8-10
Bellengreville	27
Belleville-en-Caux	86
Belleville-sur-Mer	60
Bellière (La)	195
Belmesnil	47
Bénarville	116
Bénesville	509
Bennetot	515
Bénouville-sur-Mer	97, 568
Bermonville	515
Berneval-le-Grand	60-61
Bernières	91
Bertheauville	475
Bertreville	476
Bertreville-Saint-Ouen	47
Bertrimont	86, 567
Berville-en-Caux	509
Berville-sur-Seine	298
Betteville	349
Beuzeville-la-Grenier	92
Beuzeville-la-Guérard	527
Beuzevillette	92
Bezancourt	205
Bierville	271
Biville-la-Baignarde	86, 568
Biville-la-Rivière	3
Biville-sur-Mer	27
Blacqueville	350
Blainville-Crevon	271-272, 575
Blangy	175-177
Bléville	121
Blosseville-Bonsecours	266-267
Blosseville-ès-Plains	532
Bocasse-Val-Martin (Le)	279
Bois-d'Ennebourg (Le)	287
Boisgautier (Le)	158, 573
Bois-Guilbert (Le)	273
Bois-Guillaume (Le)	287
Bois-Héroult (Le)	273
Bois-Himont (Le)	556
Bois-l'Évêque (Le)	288
Bois-Robert (Le)	48
Boissay	273
Bolbec	93, 567
Bolleville	93
Bondeville. — Voy. Notre-Dame-de-Bondeville.	
Boos	267
Bordeaux-Saint-Clair	97
Bornambusc	116
Bosc-Asselin (Le)	158
Bosc-Bérenger (Le)	256
Bosc-Bordel (Le)	273
Bosc-Édeline (Le)	273
Bosc-Geffroy (Le)	223
Boschyons	206
Bosc-le-Hard (Le)	10
Bosc-Mesnil	256

	Colonnes.
Bosc-Roger (Le)	273
Bosc-Guerard-Saint-Adrien (Le)	279
Bosville	476
Boudeville	510
Bouelles	234
Bouille (La)	332
Boulay (Le)	158
Bourdainville	550
Bourg-Dun (Le)	61-63
Bourville	521
Bouville	350
Brachy	3
Bracquetuit	86
Bradiancourt	256
Brametot	522
Braquemont	63-68, 566
Bréauté	116
Brémontier-Merval	206
Bretteville-la-Chaussée	116
Bretteville-Saint-Laurent	510
Brunville	27
Bruquedalle	158
Buchy	273
Bully	235
Bures	223-225
Butot	350
Butot-en-Caux	477

C

	Colonnes.
Cailleville	533
Cailly	279
Calleville-les-Deux-Églises	86
Campneuseville	177
Cannehan	35
Canouville	477
Canteleu	342, 578
Canville-les-Deux-Églises	510
Cany-Barville	477
Carville-la-Folletière	351
Carville-le-Pot-de-Fer	527
Catelier-Pelletot (Le)	48
Catenay (Le)	274
Caudebec-en-Caux	485-494
Caudebec-lez-Elbeuf	324-326, 577
Caule-Sainte-Beuve (Le)	178
Cauville	139
Cent-Acres	49
Cerlangue (La)	150
Chapelle-du-Bourguay (La)	49
Chapelle-Saint-Ouen (La)	159
Chapelle-sur-Dun (La)	522
Chaussée-Bois-Hulin (La)	49
Cideville	551
Clais	225
Claville-Motteville	280
Claville-sur-Cany	479
Cléon	326
Clères	281
Cleuville	527

	Colonnes.
Cléville	515
Cliponville	515
Colleville	539
Colmesnil-Manneville	68
Compainville	195
Conteville	168
Contremoulins	540
Cottévrard	11, 561
Couronne (Le Grand-)	333
Couronne (Le Petit-)	336
Crasville-la-Mallet	480
Crasville-la-Roquefort	522
Cressy	11
Criel	36
Crique (La)	11, 562
Criquebeuf	105
Criquetot-l'Esneval	98
Criquetot-le-Mauconduit	540
Criquetot-sur-Longueville	49
Criquetot-sur-Ouville	551
Criquiers	168
Critot	257
Croisy-la-Haye	169, 575
Croixdalle	225
Croixmare	351
Cropus	11
Crosville-sur-Scie	50
Cuverville-sur-Étretat	99
Cuverville-sur-Yère	37
Cuy-Saint-Fiacre	208

D

	Colonnes.
Dampierre	27
Dampierre-en-Bray	209
Dancourt	178
Darnetal	289-291
Daubeuf-Serville	117
Dénestanville	50, 565
Derchigny-Graincourt	69
Déville-lez-Rouen	343
Dieppe	13-24, 563
Doudeauville	211
Doudeville	511
Douvrend	27
Drosay	533
Duclair	298-301

E

	Colonnes.
Écalles-Alix	351
Écrainville	117
Écretteville-les-Baons	557
Écretteville-sur-Mer	540
Ectot-l'Auber	551
Ectot-les-Baons	551
Elbeuf	326-328
Elbeuf-en-Bray	211
Elbeuf-sur-Andelle	291
Élétot	541

	Colonnes.
Ellecourt	169
Émanville	351
Envermeu	28-30, 564
Envronville	516
Épinay-sur-Duclair	301
Épouville	140
Éprétot	151
Épreville	105
Épreville-Martainville	291
Ermenouville	523
Ernemont-la-Villette	211
Ernemont-sur-Buchy	274
Esclavelles	236
Eslettes	282
Essarts-Varimpré (Les)	179
Esteville	282
Estoutteville-Écalles	275
Étaimpuis	86
Étainhus	151
Étalleville	512
Étalonde	37
Étoutteville-sur-Mer	551
Étretat	99-100
Eu	37-42
Eurville	87

F

	Colonnes.
Fallencourt	180
Fauville	516
Fécamp	105-111
Ferrières	212
Ferté-Saint-Samson (La)	195
Fesques	237
Feuillie (La)	159
Flamanville-l'Esneval	552
Flamets-Frétils	238
Floques	42
Folletière (La)	352
Folleville-Radicatel	137, 569
Fongueusemare	100
Fontaine-en-Bray	257
Fontaine-la-Mallet	140
Fontaine-le-Bourg	282
Fontaine-le-Dun	523
Fontaine-sur-Vivier	292
Fontelaye (La)	87
Fontenay (Le)	140
Forges-les-Eaux	196
Fossé (Le)	198
Foucarmont	181-184
Foucart	517
Fréauville	226
Freneuse	328
Fresles	238
Fresnaye (La)	130
Fresnay-le-Long	87
Fresne-le-Plan	268
Fresnoy-Folny	226
Fresquienne	352

TABLE DES COMMUNES.

	Colonnes.
Freulleville	30
Fréville	352
Frichemesnil	283
Froberville	111
Fry	160
Fultot	512

G

	Colonnes.
Gaillarde (La)	523
Gaillefontaine	198
Gainneville	141
Gancourt-Saint-Étienne	212
Ganzeville	111
Gerponville	541
Gerville	112
Glicourt	30
Goderville	118
Gommerville	152
Gonfreville-Caillot	118
Gonfreville-l'Orcher	128, 140, 573
Gonnetot	4
Gonneville-la-Malet	101
Gonneville-les-Hameaux	87
Gonzeville	512
Gouchaupré	30
Goupillières	352
Gournay-en-Bray	213-218
Gouy	268
Graimbouville	152
Grainville-la-Teinturière	480
Grainville-sur-Ry	292
Grainville-Imoville	118
Grandcamp	131
Grand-Couronne (Le)	333
Grandcourt	227
Grandes-Ventes (Les)	12, 562
Grand-Quevilly (Le)	333
Graville-Sᵗᵉ-Honorine	121-124, 568
Graval	239
Grèges	70
Grémonville	552
Greny	31
Greuville	4
Grigneuseville	12
Gruchet-le-Valasse	94
Gruchet-Saint-Siméon	4
Grugny	283
Grumesnil	199
Guerbaville-la-Mailleraye	494
Guerville	183
Gueures	4
Gueutteville	352
Gueutteville-ès-Plains	533
Guilmécourt	31

H

	Colonnes.
Haie (La)	159, 575
Hallotière (La)	160
Hanouard (Le)	527
Harcanville	512
Harfleur	142-146
Hattenville	517
Haucourt	199
Haudricourt	169
Haussez	200
Hautot-l'Auvray	528
Hautot-le-Vatois	518
Hautot-Saint-Sulpice	512
Hautot-sur-Mer	70
Hautot-sur-Seine	334
Havre (Le)	124-129, 568
Héberville	523
Hénouville	301
Héricourt-en-Caux	528
Hermanville	4
Hermeville	101
Héron (Le)	292
Héronchelles	275
Heugleville-en-Caux	552
Heugleville-sur-Scie	50, 565
Heuqueville	101
Heurtauville	302
Hocqueville. — Voy. Ocqueville.	
Hodeng-au-Bosc	183
Hodeng-Hodenger	160
Houdetot	523
Houlme (Le)	343
Houppeville	343
Houquetot	119
Houssaye-Bérenger (La)	283

I

	Colonnes.
Ifs (Les)	31
Illois	170
Imbleville	87
Incheville	42, 564
Ingouville-ès-Plains	534
Intraville	31
Isneauville	292

J

	Colonnes.
Jumiéges	303-312

L

	Colonnes.
Lamberville	5
Lammerville	5
Landes Vieilles et Neuves (Les)	184
Lanquetot	94
Lestanville	5
Lillebonne	131-136, 569-573
Limésy	353
Limpiville	541
Lindebeuf	553
Lintot (Bolbec)	95
Lintot (Dieppe)	50
Loges (Les)	112
Londe (La)	329, 577
Londinières	228-230
Longmesnil	201
Longueil	72
Longuerue	276
Longueville	50, 565
Longroy	43, 564
Louvetot	495
Lucy	239
Luneray	5, 561

M

	Colonnes.
Malaunay	344
Malleville-les-Grès	481
Manéglise	146
Manéhouville	51
Maniquerville	113
Manneville-ès-Plains	534
Manneville-le-Goupil	119
Mannevillette	146
Maromme	344
Marques	170
Martigny	73
Martin-Église	73
Massy	240
Mathonville	257
Maucomble	257
Maulévrier	495
Mauny	312
Mauquenchy	201
Mélamare	136
Melleville	43
Ménerval	218
Ménonval	241
Mentheville	120
Mésangueville	160
Mesnières	241
Mesnil-Durdent (Le)	534
Mesnil-Esnard (Le)	268
Mesnil-Follemprise (Le)	12
Mesnil-Lieubray (Le)	161
Mesnil-Mauger (Le)	201, 575
Mesnil-Panneville (Le)	353
Mesnil-Raoul (Le)	268
Mesnil-Réaume (Le)	43
Mesnil-sous-Jumiéges (Le)	313
Meulers	31
Millebosc	43
Mirville	120
Molagnies	219
Monchaux-Soreng	185
Monchy-sur-Eu	43
Mont-Cauvaire	283, 577
Mont-de-l'If	354
Montérollier	257
Montigny	345
Montivilliers	146-149
Montmain (Le)	268

	Colonnes.
Montreuil-en-Caux	88
Mont-Roty	219
Mont-Saint-Aignan	345
Monville	284
Morgny-la-Pommeraye	276
Mortemer-sur-Eaulne	243
Morville	161
Motteville-les-Deux-Clochers	553
Moulineaux	334
Muchedent	52, 565

N

Nesle-Hodeng	243-245
Nesle-Normandeuse	186
Neuf-Bosc (Le)	258
Neufchâtel-en-Bray	245-250
Neufmarché	219-221
Neuville-Champ-d'Oisel (La)	269
Neuville-Ferrières	250
Neuville-le-Pollet	24
Néville	534
Nointot	95
Nolleval	161, 574
Normanville	518
Norville	136
Notre-Dame-d'Aliermont	31
Notre-Dame-de-Bliquetuit	497
Notre-Dame-de-Bondeville	341
Notre-Dame-de-Franqueville	269
Notre-Dame-de-Gravenchon	136, 573
Notre-Dame-de-la-Gaillarde	524
Notre-Dame-du-Bec	149
Notre-Dame-du-Parc	52
Nullemont	171

O

Ocqueville	481
Octeville	149, 574
Offranville	75
Oherville	530
Oissel	335
Omonville-en-Caux	7
Orival	329, 577
Ouainville	481
Oudalle	152
Ourville	530
Ouville-l'Abbaye	553
Ouville-la-Rivière	75, 566

P

Paluel	481
Parc-d'Anxtot (Le)	95
Pavilly	355, 579
Penly	31
Petit-Couronne (Le)	336, 578
Petit-Quevilly (Le)	337
Petitville	437

	Colonnes.
Pierrecourt	186
Pierrefiques	101
Pierreval	276
Pissy-Poville	346
Plaine-Séve	535
Pommereux	202
Pommeréval	12
Ponts-et-Marais	43, 564
Poterie (La)	101
Préaux	293
Pretot-Vicquemare	512
Preuseville	230
Puisenval	230

Q

Quevillon	313
Quévreville-la-Poterie	270
Quiberville-sur-Mer	76
Quièvrecourt	250, 576
Quincampoix	284

R

Raffetot	95
Rainfreville	7
Réalcamp	187
Rebets	276
Remuée (La)	152
Rétonval	187
Reuville	513
Ricarville (Envermeu)	31
Ricarville (Fauville)	519
Richemont	188
Rieux	188, 575
Riville	541
Robertot	530
Rocquemont	258
Rogerville	153
Rolleville	150
Roncherolles-en-Bray	202
Roncherolles-sur-Vivier	294
Ronchois	171
Roquefort	519
Rosay	12
Rouelles	150, 574
Rouen	357-476, 580-584
Roumare	347
Routes	531
Rouville	95
Rouvray-Catillon	203, 575
Roux-Mesnil-Bouteilles	77
Royville	7
Rue-Saint-Pierre (La)	285
Ry	294

S

Saâne-Saint-Just	7, 561
Sahurs	338

	Colonnes.
Sainneville	153
Saint-Aignan-sur-Ry	277
Saint-André-sur-Cailly	285
Saint-Antoine-la-Forêt	137
Saint-Arnoult	497
Saint-Aubin-Celloville	270
Saint-Aubin-de-Cretot	498
Saint-Aubin-Épinay	270
Saint-Aubin-Jouxte-Boulleng	330
Saint-Aubin-le-Cauf	32
Saint-Aubin-Routot	153
Saint-Aubin-sur-Mer	524
Saint-Aubin-sur-Scie	79
Saint-Clair-sur-les-Monts	557
Saint-Crespin	52, 565
Saint-Denis-d'Aclon	80
Saint-Denis-le-Thiboult	294
Saint-Denis-sur-Scie	88
Saint-Étienne-du-Rouvray	339
Saint-Eustache-la-Forêt	154, 574
Saint-Georges-sur-Fontaine	286
Saint-Germain-des-Essourds	277
Saint-Germain-d'Étables	52
Saint-Germain-sous-Cailly	286
Saint-Germain-sur-Éaulne	253
Saint-Gilles-de-Cretot	498
Saint-Gilles-de-la-Neuville	154
Saint-Hellier	13
Saint-Honoré	53
Saint-Jacques-d'Aliermont	32
Saint-Jacques-sur-Darnetal	295
Saint-Jean-de-Folleville. — Voir Folleville-Radicatel.	
Saint-Jean-la-Neuville	96
Saint-Jean-du-Cardonnay	347
Saint-Jouin-sur-Mer	102
Saint-Laurent-de-Brèvedent	154
Saint-Laurent-en-Caux	513
Saint-Léger-aux-Bois	189
Saint-Léger-du-Bourg-Denis	295
Saint-Léonard	113
Saint-Lucien	102
Saint-Maclou-de-Folleville	88
Saint-Maclou-la-Brière	120
Saint-Mards	7
Saint-Martin-aux-Arbres	554
Saint-Martin-aux-Bois	190
Saint-Martin-aux-Buneaux	482
Saint-Martin-de-Boscherville	315-320
Saint-Martin-du-Bec	103
Saint-Martin-du-Manoir	150
Saint-Martin-du-Vivier	295
Saint-Martin-en-Campagne	32
Saint-Martin-le-Gaillard	43
Saint-Martin-l'Ortier	253
Saint-Martin-Omonville	259
Saint-Maurice-d'Ételan	138
Saint-Michel-d'Halescourt	203
Saint-Nicolas-d'Aliermont	33, 564
Saint-Nicolas-de-Bliquetuit	498

TABLE DES COMMUNES. 589

	Colonnes.
Saint-Nicolas-de-la-Haye	498
Saint-Nicolas-de-la-Taille	138
Saint-Ouen-du-Breuil	357
Saint-Ouen-le-Mauger	7
Saint-Ouen-sous-Bailly	34
Saint-Paër	320
Saint-Pierre-Bénouville	89
Saint-Pierre-de-Franqueville	271
Saint-Pierre-de-Manneville	340
Saint-Pierre-des-Jonquières	231
Saint-Pierre-de-Varengeville	320
Saint-Pierre-en-Port	541
Saint-Pierre-en-Val	44
Saint-Pierre-l'Avis	519
Saint-Pierre-lez-Elbeuf	331
Saint-Pierre-le-Vieux	525
Saint-Pierre-le-Viger	525
Saint-Quentin-au-Bosc	34
Saint-Remy-Bosc-Rocourt	44
Saint-Riquier-en-Rivière	190
Saint-Riquier-ès-Plains	535
Saint-Romain-de-Colbosc	154
Saint-Saëns	260-263, 576
Saint-Saire	254
Saint-Sauveur-d'Émalleville	120
Saint-Sylvain	535
Saint-Vaast-d'Équiqueville	34
Saint-Vaast-Dieppedalle	531
Saint-Vaast-du-Val	89
Saint-Valery-en-Caux	536
Saint-Valery-sous-Bures	231
Saint-Victor-l'Abbaye	89
Saint-Vigor-d'Imonville	155
Saint-Vincent-Crasmesnil	155
Saint-Wandrille-Rançon	499-504
Sainte-Adresse	129, 569
Sainte-Agathe-d'Aliermont	230
Sainte-Austreberte	356
Sainte-Beuve-en-Rivière	251
Sainte-Colombe	537
Sainte-Croix-sur-Buchy	277
Sainte-Foy	52
Sainte-Geneviève-du-Petit-Beaunay	88
Sainte-Geneviève-en-Bray	259
Sainte-Hélène-Bondeville	542
Sainte-Marguerite-lez-Aumale	171-173
Sainte-Marguerite-sur-Duclair	314
Sainte-Marguerite-sur-Fauville	519
Sainte-Marguerite-sur-Mer	80
Sainte-Marie-au-Bosc	103
Sainte-Marie-des-Champs	557
Sandouville	155
Sanvic	130
Sassetot-le-Mal-Gardé	8

	Colonnes.
Sassetot-le-Mauconduit	543
Sasseville	482
Sauchay	35
Saumont-la-Poterie	204
Sauqueville	82
Saussay (Le)	554
Sausseusemare-en-Caux	121
Senneville-sur-Fécamp	543
Sept-Meules	45
Serqueux	204
Servaville-Salmonville	295
Sévis	13, 562
Sierville	286
Sigy	162
Smermesnil	233
Sommery	263
Sommesnil	531
Sorquainville	544
Sotteville-lez-Rouen	340
Sotteville-sous-le-Val	331
Sotteville-sur-Mer	525

T

	Colonnes.
Tancarville	156
Therouldeville	544
Theuville-aux-Maillots	544
Thiédeville-sur-Saâne	90
Thil-Manneville (Le)	8
Thil-Riberpré (Le)	204
Thiouville-la-Renard	532
Tiergeville	544
Tiétreville	545
Tilleul (Le)	103
Tocqueville-en-Caux	8
Tocqueville-les-Murs	121
Tocqueville-sur-Eu ou sur Criel	45
Torcy-le-Grand	53
Torcy-le-Petit	53
Torp-Mesnil	513
Tôtes	90
Touffreville-la-Câble	504
Touffreville-la-Corbeline	558
Touffreville-sur-Eu ou sur Criel	45
Tourville-Igneauville	114
Tourville-la-Chapelle	35
Tourville-la-Rivière	331
Tourville-sur-Arques	82
Toussaint	545
Trait (Le)	321
Trémauville-aux-Aloyaux	520
Tréport (Le)	45-47
Trinité-du-Mont (La)	139
Triquerville	139

	Colonnes.
Trois-Perres (Les)	157
Trouville-en-Caux	96, 567
Turretot	104

V

Val-de-la-Haye (Le)	341
Valliquerville	558
Valmont	546
Varengeville-sur-Mer	83
Varneville-Bretteville	91
Varvannes	92
Vassonville	92
Vaticrville	255
Vattetot-sous-Beaumont	121
Vattetot-sur-Mer	114
Vatteville-la-Rue	504-508
Vaupalière (La)	348
Veauville-les-Baons	559
Veauville-les-Quelles	532
Vénostanville	8
Vénesville	483
Ventes (Les Grandes-)	12
Ventes-Saint-Remy (Les)	264
Vergetot-Coudray	104
Veules	537
Veulettes	483
Vibeuf	554
Vieux-Manoir (Le)	277, 577
Vieux-Rouen (Le)	173
Vieux-Rue (La)	296
Villainville	104
Villequier	508
Villers-Écalles	322
Villers-sous-Foucarmont	191
Villy-le-Bas ou Val-du-Roi	47
Vinemerville	548
Virville	121
Vittefleur	484
Wanchy-Capval	233

Y

Yainville	323
Yébleron	520
Yerville	555
Ymare	271
Yport	114
Ypreville-Biville	549
Yquebeuf-Collemare	287
Yvecrique	513
Yvetot	559
Yville-sur-Seine	323

Seine-Inférieure.

TABLE

DES NOMS DE LIEU ROMAINS, FRANCS ET DU MOYEN ÂGE;

DES COMMUNES SUPPRIMÉES;

DES HAMEAUX ET DES LIEUX-DITS DE LA SEINE-INFÉRIEURE CITÉS DANS CE LIVRE[1].

A

	Colonnes.
Abancourt	204
Ac (Château d')	271
Adancourt	169
Aencuria	54
Aiencort	54
Alge	217
Aliquerville	96, 567
Altafagus	84
Altifagus	84
Alventot	542
Alvinbusc	559
Amontot	512
Ancretiéville-l'Esneval	549
Angerivilla	28
Anglemare	518
Anglesqueville-les-Murs	535
Anglica Villa	84
Angreville	28
Ansoltot	95
Antifer	103
Antipodes (Les)	562
Anxtot	95
Aoustez (Les)	528
Appavilla	71
Appeville-le-Petit	71
Aqueux (Le Mont)	36
Arcas	56
Archelles	59
Archellis	59
Arches	56
Arelaune	504, 506, 507
Arnouville	522
Arquéville	96
Artiliaco	521
Atiliaco	521
Atmesnil	527

	Colonnes.
Auberbosc	514
Auberville-sur-Eaulne	30
Auberville-sur-Yère	44
Auchy	171
Aucum	37
Auffay (Château d')	530
Auga	37
Augeville	11
Augum	37
Aulage	254
Aunay (L')	212, 326
Austa	37
Autels (Les)	528
Authieux-sur-Bellencombre (Les)	10
Authieux-sur-Buchy (Les)	277
Authieux-sur-Clères (Les)	278
Auvricher	141
Auzouville-sur-Fauville	514

B

	Colonnes.
Babeau (La)	183
Babylone	151
Baigneville	106
Baile (Le), à Arques	57
Baile (Le), à Criel	36
Bailleul	115
Bailleul-sur-Eaulne	221
Bailloletum	223
Bailly-en-Campagne	227
Bainvilliers	141, 574
Barques	171
Barre-y-va	421
Basset (Le)	326
Bataille (Ferme de la)	512
Baudry-Bosc	509
Beaubec-la-Ville	192

	Colonnes.
Beaubéquet	12
Beaucamp	154
Beaulieu	208, 293
Beaumais	60
Beaumesnil	102
Beaumetz	160
Beaumont-Beuzemouchel	259
Beauquesne	518
Beauvais	3
Beauvais (Ville de)	510
Bec (Le)	127
Bébec	508
Bec-aux-Caucbois (Le)	545
Bec-Crespin (Le)	103
Beccum Caletensium	548
Beccum Moritaniæ	103
Beccum Vauquelini	103
Bec-de-Mortemer (Le)	103
Becquet (Le)	216
Bec-Vauquelin (Le)	103
Bel (Le Grand et le Petit)	275, 277
Belcinaca	486
Belinac (Île de)	486
Bellefosse	556
Bellemaison (La)	351
Bellemare	481, 508
Bellengues	514
Belles (Le Manoir des)	556
Bellevue	258
Bellosanne	207
Belloye (La)	179
Bénouville-sur-Saâne	89
Berchegny	69
Bernesault	79
Berneval-le-Petit	61
Bertheville	14
Bertinevallis	61

[1] Les noms latins sont en italique.

	Colonnes.
Bertreville-sous-Venise	47
Bethencourt	179
Benville	88
Beuvreuil	210
Beuzemouchel	91
Beuzeville-la-Giffard	8
Bévilliers	141, 574
Bielleville	95
Biennais	87
Bihorel	352, 380
Bival	245
Biville-le-Martel	548
Blanc-Mesnil	81
Blanques (Les)	514
Bliquetuit	497, 498
Bohème (Le)	535
Bois-Cormont (Le)	562
Bois de la Justice	576
Bois-Gonnor (Le)	279
Bois-Gribout (Le)	512
Bois-Guilbert (Le)	553
Bois-Hulin (Le)	49
Bois-l'Abbé (Le)	38, 48
Bois-l'Évêque (Le)	343
Bois-Robin (Le)	163, 167
Boissay	230
Bolard (Le)	178
Bondeville	341
Bondeville-sur-Fécamp	541
Bonne-Nouvelle (Dieppe)	15, 19
Bonnerue	225
Bonnetot	91
Bon-Port (Notre-Dame-de-)	538
Bon-Secours	266
Bordelli	97
Bosc aux Moines	510
Bosc-Isambert	279
Boscol	529
Boscomerlet	85
Bosc-Rocourt	44
Boscum Putcorum	168
Bos-des-Puits	168
Bos-le-Comte	525
Bos-Mélet (Le)	85
Bos-Michel (Le)	565
Bosvie	3
Bouafiles	174
Boucourt	509
Boudeville	138
Boulay (Le)	158, 575
Boulevey	285
Bourbelle	186
Bour-Étout	520
Bourg-Baudoin (Le)	108-110
Bourg-de-Saâne (Le)	7
Bourguay (Le)	49
Bouricourt	212
Bout-du-Gard (Le)	324
Bouteillerie (La)	91
Bouteilles	77-79

	Colonnes.
Bout-Levé	285
Brachemont	68
Brais	21
Branchemont	68
Brémont	259
Bretagne (La)	169
Bretèque (La)	331
Brétizel	173
Bretteville-du-Petit-Caux	92
Breuil (Le)	357
Brinevallis	61
Brisegaret	148
Britenevalle	60
Broche (La)	504
Brotoniæ Sylva	508
Brotonne (Forêt de)	506-508
Brumesnil (Le)	54
Brun-Catel	354, 550
Brun-Château	354, 550
Bruneval	102
Bruquedalle	543
Buc (Le)	543
Buglise	139
Buleux (Les)	174
Burettes	225
Butte-à-l'Écuyer (La)	504
Butte-aux-Sarrasins (La)	121, 124
Butte de Nolent (La)	80

C

Caboterie (La)	301
Caillettes (Côte des)	498
Caillouville	500, 502
Calcia	347
Caledu	131, 485
Calète (Cité)	131
Calètes	131
Caletum	135, 485
Calidois (Le)	485
Calidu	131, 485
Calidum Beccum	486
Callenges (Les)	223
Callengeville	223
Calliaco Vico	286
Caltot	502
Campania in Caleto	120
Camp-Carré (Le)	545
Camp-Comtois (Le)	176
Camp-Dolent (Le)	141
Camp de Py ou du Puits (Le)	516
Camp-Soudain (Le)	241
Camp-Souverain (Le)	261, 264
Campuley	209
Canada	105
Canivet	173, 174
Canteleu	6
Caprimont	80
Caput Caleti	121
Capval	234

	Colonnes.
Caracotinum	121, 123, 142
Carcuit	87
Cardonnoy	173
Carouges	259
Carreaux (Les)	206
Carville (Darnetal)	289
Catelier (Varengeville), 321; (Vatteville), 504, 505; (Veulettes), 483.	
Catillon (Barentin), 348; (Lillebonne), 134, 135, 136, 570; (Rouvray), 203.	
Catteville (Hocqueville)	481
Cauchie	526
Caude-Becquet	499
Caude-Coste	26
Caude-Côte	14, 18, 19
Caumont	87, 565
Celloville	270
Chaire-de-Gargantua (La)	321
Chamacourt	565
Champ-du-Trésor (Le)	353
Chantereine	36
Chapelle (La)	336, 561
Chapelle de Bénouville (La)	89
Chapitre (Le)	137
Charlesmesnil	51
Château-Fouet (Le)	330
Château-Gaillard (Le)	98
Château-Hubauld (Le)	171, 173
Château-du-Mort (Le)	497
Châtelets (Les)	112
Chauchée (La)	116, 347
Chef-de-Caux (Le)	129, 130
Chef-de-l'Eau (Le)	275
Chiffreville	36
Cidetot	334
Clair-Ruissel	198
Claque	150
Claquedent	483
Climachy	536
Clos-Blanc (Le)	541
Collemare	287
Collemont	488
Colleno	280
Collimbes	124
Colmoulins	146, 149
Comitis Molendinis (De)	540
Conihout	303
Conteville	482
Corberie (La)	45
Corbière (La)	565
Cordelleville	282
Cormont (Bois)	362
Cornet (Le)	189
Cottentray	205
Coudray (Le)	104
Coudroy	323
Coupigny	170
Courcelles-Ranson	201

TABLE DES FORMES ANCIENNES.

	Colonnes.
Cour-de-Normanville (La)	518
Cour des Salles (La)	524
Courdreaux (Les)	508, 577
Cour-le-Comte (La)	525, 532
Courval	221, 284
Crespeville	49
Cressenium	11
Cretin	121, 123
Cretot	118
Crève-Cœur	284
Crevon	272
Crisciaco	11
Croisset	342, 343
Croisy-sur-Andelle	159
Croix-Bréauté (La)	535
Croix-des-Trois-Frères (La)	223
Croix-Gueroult (La)	543
Croix-Hellouin (La)	525
Crosville-sur-Durdent	484
Culverti villa	37
Curborius	36, 45
Curia gigantis	321

D

Dalles (Les)	482
Darsigney	69
Dersigny	69
Désert (Le)	556
Déville	288
Devises (Les)	515
Dieppedalle	343
Dijeon	163
Draincourt	245
Draqueville	89
Dreulles	11
Driencourt	245
Dunum	62
Durdent (Ville de)	483

E

Éaumare	551
Éawy (Forêt d')	260
Ebrardi mansionile	162
Ebremou	29
Ebresmou	29
Écales-sur-Buchy	275
Écales-sur-Villers	322
Écotigny	228
Écrépintot	102
Écuquetot	104
Edremau	29
Élencourt	54
Encourt	54
Épinay (Fécamp)	111
Épinay (Londinières)	228
Épinay (Sainte-Beuve)	251
Épinay (Saint-Pierre-d')	15, 21
Épinay-sur-Aubette	271

	Colonnes.
Épinette (Côte de l')	204
Épinette (Notre-Dame de l')	181, 182
Épineville	524
Épinoy	186
Épivent	98
Épreville-sur-Ry	291
Équimbosc-le-Val	517
Équiqueville	34
Érables (Les)	174, 175
Ercheny	69
Ermenonville	522
Ernoldi Mons	274
Ersigny	69
Escales (Foucart)	517
Esneval	579
Essartis (Les)	183, 187
Éteimare	551
Ételan	138
Étimare	253
Étran	74
Étrimont	226
Evrardi Abbatia	162
Extincto puteo (De)	87

F

Faisières (Les)	113
Fayel (Le)	197
Ferrières (Les)	212
Ferté-en-Bray (La)	195
Filières	152
Flamanville (Eu)	46
Flamanvillette	482
Follemprise	12
Folny	227
Fondation (Ferme de la)	531
Fons in Duno	523
Fontaine (La)	321
Fontaine (Le Petit-)	177
Fontaine-au-Mogne	257
Fontaine-Châtel	277
Fontaine-du-Houx	205
Fontaine-du-Puits (La)	194
Fontaine-en-Dun	522
Fontaine-le-Houx (La)	205
Fontaine-Martel	93
Fontanella	499
Fontenelle	499, 503
Fontes Duni	523
Forestière (La)	352
Forgettes (Les)	196
Forterelle (La)	349
Forteville	89
Fossa Giraldi	122
Fossatum Regis	238
Fosse-aux-Moules (La)	325
Fossé (Le)	577
Fossé-du-Roy	168, 238
Frambosc	353
Franqueville	540

	Colonnes.
Franville (Le)	75
Fréfossé	109
Fresnay (Le)	511
Fresnaye (La) (Saint-Hellier), 13; (Bosc-Roger), 274.	
Fresne (Le)	568
Fretiaco	238
Fretils	238
Frettemeule	549
Fromantel (Le Haut-)	181, 182

G

Gal (Le)	552
Galleville	511
Garenne (La)	526
Gauriaco	4
Gemedico	303
Gemeliaco	303
Gemmeticum	303
Genetay	319
Gemeias	303
Giraldi Fossa	122
Gite (Le)	503
Gouberville	133
Gourel (Le)	3, 4
Gournay (Notre-Dame de)	141
Goustimesnil	132
Gousseauville	43
Gouville	281
Graincourt	69
Grainneticu	506
Grainville-l'Alouette	118
Grainville-la-Renard	522
Grammont	378
Grand-Marché (Le)	190
Grandmont	354
Grandval (Le)	100
Gravenchon	136, 137
Gravinum	528
Gréaume	528, 529
Greencourt	69
Gregium	70
Grémontmesnil	176
Gressus	4
Gressus villa	4
Grippont-Castel	194
Grosfy	552
Grosmesnil	154, 561
Grotte Milon (La)	499
Gruville	544
Guerche (La)	508
Guillerville	94
Guimerville	184

H

Hableville	543
Haia Archiarum	55
Hallais (Le)	234

	Colonnes.	
Hallate (La)	122
Hambures	228
Hannivel	339
Hardouville	554
Harelle (La)	302
Hartauville	302
Hattenaux	176
Haut-Fromentel (Le)	366
Hay (Le)	558
Haye (La)	206
Hayons (Les)	237
Herbouville	7
Herteley (Le)	116
Hesdin	12
Hesmy	230
Heurtauville	302
Heuze (La)	10
Hève (La)	129
Hodeng	245
Hodengel	160
Hogues (Les)	113
Hosdinium	184
Hotot-sur-Dieppe	70
Hougerville	529
Houssaye (La Grande et la Petite)	506
Hybouville	30

I

Iclon	520
Icport	114
Ifs (Les)	114
Ifs-sur-Caudebec (Les)	350
Igneauville	114
Île-Dieu (L')	287
Imoville	119
Inerville	27, 30
Ingouville (Havre)	124, 126, 569
Innocents-sur-Bellencombre (Les)	11
Iquelon	5, 20
Isnelli villa	84
Isnelville	84
Itius Portus	114
Ivetot	559

J

Janval	15, 19
Janville	481
Jardin (Le)	78
Jolibois	86
Jonquières (Les)	232
Juliabona	135
Juliobona	131

L

Lande de Récusson (La)	558
Lémanville	531
Lendin (Le)	506

	Colonnes.
Leuqueue (La)	233
Leure	123, 129
Liffremont	201
Lignemare	233
Lihu (Le)	260
Limes (Cité de)	63, 65
Lincourt	245
Lœilly	27
Loge (La)	274
Loge (La Grande-)	274
Logium	485, 499
Loiselière	152
Londe (La)	559
Longpaon	289
Longe Petentis villa	289
Longthuit	565
Longuerie	544
Longum Pedanum	289
Lotum	485, 499
Louvetot	12
Louvicamp	200
Luciacum	239
Luliobona	131
Luneraco	6
Lutum	486
Luy	552

M

Machonville	78
Mailhommais	272
Mailleraye (La)	494
Maintru	332
Maison du Roi (La)	504, 506
Male-Journée (La)	535
Maltavilla	553
Malvoisine	292
Manneville (Château de)	68, 69
Marais-Normand (Le)	43
Marbeuf	339
Marderie	180
Mare-aux-Bœufs (La)	324
Mare-aux-Sangsues	562
Mare-Curée	577
Mare d'Anglemare (La)	528
Mare du Roi (La)	505
Mare-Pavée (La)	188, 575
Marettes (Chapelle des)	532, 533
Marettes (Les)	228
Marigny	210
Martainville	291
Martincamp	236
Martineium	73
Martini Ecclesia	73
Martinière (La)	508
Mathonville (Château de)	532
Maucomble	117
Maupertus	111
Mauray	259
Mauteville-l'Esneval	552

	Colonnes.
Meilleraye (La)	287
Menillot (Le) (Cailly), 279 ; (St-Pierre-le-Vieux), 525.	
Ménouval	241
Merval	207
Mesmoulins	114
Mesnil-Allard (Le)	189
Mesnil-aux-Moines (Le)	3, 12
Mesnil-Bas (Le)	534
Mesnil-Besnard (Le)	260
Mesnil-David (Le)	170
Mesnil-Durécu (Le)	353
Mesnil-Geffroy (Le)	534
Mesnil-Godefroy (Le)	285
Mesnil-Rury (Le)	513
Mesnil-sous-Lillebonne (Le)	135
Mesnil-Testier (Le)	549
Mesnil-Varin (Le)	300
Mi-chès-Camps (Saint-Pierre-)	199
Milon (La Grotte)	499
Minon (Le)	39
Miromesnil (Tourville), 83 ; (Mesnières), 242.	
Molants (Mare des)	506
Molle-Crofta	497
Molle-Croûte	497
Monasterium Hoolerii	258
Monchy-le-Preux ou le Perreux	178
Monsbourg	554
Mont-Calidu	485
Mont-à-Fourques (Le)	196
Montagny	161
Mont-à-la-Chèvre	578
Mont-aux-Fourches (Le)	196
Mont-aux-Malades (Le)	345
Mont-Blanc (Le)	39
Mont-de-Caux (Le)	563
Mont-Détour (Le)	276
Mont-des-Grès (Le)	545
Mont-des-Lépreux (Le)	345
Mont-Dolent (Le)	485
Montebourg	554
Mont-Gobert	498
Mont-Grippon	194
Mont-Haguet	265
Mont-Hognet	258
Mont-l'Évêque	518
Mont-Louvet (Le)	208
Mont-Pinson	565
Mont-Ricard (Le)	246
Mont-Saint-Michel	565
Mont-Sainte-Catherine (Le)	264
Monts-Louvets (Les)	208
Moriacum	4
Morienne	173
Mortagne (Camp de)	42
Mottes (Bois des), 550 ; (Mare des), 551.	
Muette (La)	292
Murailles (Les)	241

TABLE DES FORMES ANCIENNES.

N

	Colonnes.
Neiges (Les)	123
Neufmesnil	75
Neuville	222
Neuville-Gouvion	168
Neuvillette	27
Nogent	249
Nolent (Butte de)	80, 81
Notre-Dame-de-Bon-Port	297
Notre-Dame-de-Gournay	141
Notre-Dame-de-la-Gaillarde	514
Notre-Dame-de-la-Paix	339
Notre-Dame-de-l'Épinette	181
Notre-Dame-des-Champs	344
Notre-Dame-des-Neiges	123
Notre-Dame-d'Étables	52
Notre-Dame-de-Varengeville	320
Novientum	250
Noyers	199

O

Obermare	155
Obermesnil	60
Osmonville	260
Oufranville	75
Oufrainville	75
Orcher	141
Orival-sous-Bellencombre	13
Ormesnil-en-Bray	171
Oscelle (L'île d')	336
Oscellus	336
Osmoy	231
Ou	37

P

Pallecheul	74
Panneville	353
Parcanville (Le)	126
Parcus	95
Parfondeval	233
Parquet (Le)	278, 348, 561
Pauliaco vico	355
Payennière (La)	140
Pelletot	49
Perduville	256
Petit-Appeville (Le)	71
Petit-Berménil (Le)	530
Petit-Vauville (Le)	528
Petites-Dalles (Les)	482
Petræ Vallis	276
Petra Fixa	101, 504
Pibeuf	286
Pierre (La)	89
Pierrement (Le)	169, 200
Pierrepont	228
Pierre-sur-Yère (La)	227
Pierreville	3
Pitié	525

	Colonnes.
Plainbosc (Le)	551
Plaine-Sevette	535
Planques (Les)	491
Planquettes (Les)	491
Plessis (Le)	279
Pollet de Dieppe (Le)	15, 20 à 23
Pommeraye (La), 276; (Château de la), 497.	
Pommereval	12
Pont-de-Coq	204
Pont-Trancard (Le)	55
Port-Mort	238
Port-Naval (Le)	535
Port-Navarre (Le)	535
Port-Saint-Ouen (Le)	265
Port-Saint-Wulfran (Le)	510
Portville	71
Pougard (Le)	1
Pouhierville	71
Pourville	71
Poville	346
Pré de la Bataille	374, 446
Pubel (Le)	12, 565
Pubeuf	286
Puchervin	180
Puys	25
Pyval	528
Py-Vallet	347

Q

Quasimodo	548
Quatre-Mares	340, 363
Quenonville	555
Quenouville	555
Quesnoye (Le)	191
Queue-du-Hellet (La)	254
Queue-du-Mont (La)	239
Queue-Viguier	577
Quévreville-le-Milon	295
Quitefleda	484

R

Radicâtel	137, 569
Raimbertot	140
Rambures	210
Ratier-Castel	137
Ratiéville	277
Ratuma	357, 358
Ratumacos	357, 358
Rausedo	12
Réaulté	149
Réauté	149
Rençon	503
Renfeugères	342
Renéville	105
Repainville	251
Repentigny-le-Temple	223
Riberpré	204

	Colonnes.
Ribeuf	54
Rivière-Bourdet (La)	314
Robert-le-Diable	334
Roche-Orival	330
Rodomas	357
Rodomi	357
Rodomo	357
Roem	357
Roen	357
Rombosc (Le)	577
Romo	357
Ronchay (Le)	6
Roncherolles	96
Ronfrebosc	516
Rosée (La)	481, 484
Rosière (La)	193
Rothomagi	357
Rothomago	357
Rothomagum	357
Rothomagus	357
Rothomo	357
Rotmarias	499
Rotom	357
Rotomaci	357
Rotomagi	357
Rotomago	357
Rotomagum	357
Rotomagus	357
Rotomalis	357
Rotomam	357
Rottom civitas	357
Rotuma	357
Rotumo	357
Rouan	357
Rougecamp	37
Roule (Le)	289, 504
Roumacus	357
Routot	154
Rouxmesnil (Valmont)	548
Rue-aux-Juifs (La)	562

S

Saboutot	512
Saint-Aaron	523
Saint-Abbon	523
Saint-Adrien-du-Bos-Guerard	279
Saint-Aignan	26, 345
Saint-Aubin-de-Corval ou de Courval	221
Saint-Aubin-de-la-Botte	153
Saint-Aubin-des-Cercueils	153
Saint-Aubin-la-Rivière	270
Saint-Aubin-sur-Cailly	278, 577
Saint-Auct	327, 328
Saint-Antoine-de-Gratmont	354
Saint-Arnould-sur-Ry	272
Saint-Barthélemy	150, 574
Saint-Blaise-de-Luy	552
Saint-Cathald	32, 33, 69

	Colonnes.		Colonnes.		Colonnes.
Saint-Clair-sur-Étretat	98	Saint-Sylvestre	131	Thuit (Le)	577
Saint-Clair-sur-Gournay	218	Saint-Victor-la-Campagne	549	Thuringe	266
Saint-Denis-Chef-de-Caux	129	Saint-Vincent-de-Nogent	249	Tonneville	521
Saint-Denis-d'Héricourt	528	Saint-Vincent-d'Obermare	155	Torniole (La)	60, 101
Saint-Denis-du-Val	63	Saint-Wulfran	500	Torp (Le)	506
Saint-Dignefort	141, 142	Sainte-Anne-de-la-Fontaine	321	Torp-en-Caux (Le)	513
Saint-Étienne-de-la-Maladrerie	58	Sainte-Austreberte-de-Pavilly	355	*Toscarias*	90
Saint-Étienne-des-Prés	213	Sainte-Barbe-de-Croisset	342	Tostes	90
Saint-Étienne-le-Vieux	549	Sainte-Beuve-aux-Champs	178	Tot (Le)	140, 282
Saint-Fiacre	208	Sainte-Croix-du-Bois-du-Parc	46	Touffreville	226
S'-Georges-de-Boscherville	315-320	Sainte-Croix-sur-Aizier	506	Tourpes	225
Saint-Georges-de-Gravenchon	137	Sainte-Foy-la-Giffard	52	Touslesmesnils	76, 566
Saint-Germain-des-Essourds	277	Sainte-Gertrude	496	Trefforest	202, 575
Saint-Germain-sous-Torcy	52	Sainte-Honorine	136	Trinité-des-Jonquières (La)	231
Saint-Gilles-de-Repainville	290	Sainte-Marguerite-d'Auchy ou lez Aumale	171 à 173	*Tristisvilla*	32
Saint-Gilles-de-Varengeville	321	Sainte-Marguerite-de-Bellosanne	208	*Turmothvilla*	520
Saint-Guillaume-du-Désert	556	Sainte-Marguerite-de-Caprimont	80	*Turmotvilla*	520
Saint-Hellier	349	Sainte-Marguerite-du-Dun	504	Turmoville	520
Saint-Jean-d'Abbetot	151	Sainte-Marie (Ferme de)	498		
Saint-Jean-de-Folleville	137, 570	Sainte-Vaubourg	341	**U**	
Saint-Jean-des-Essarts	151	Saints-Innocents de la Croix de pierre (Les)	539	Uggate	325, 326
Saint-Jean-sur-Cailly	286	Salle (Bois de la)	557		
Saint-Julien-des-Chartreux	338	Salles (Cour des)	524	**V**	
Saint-Just	7	Salmonville-la-Rivière	277		
Saint-Laurent-d'Envermeu	29, 30	Salmonville-la-Sauvage	296	*Vada*	320
Saint-Laurent-en-Lyons	157	*Sancta Fides de Bosco*	52	Vagants (Côte des)	540
Saint-Laurian	295	*Sancti Salvatoris in Campania*	120	Vainvergue	566
Saint-Leger	536	Sannau	543	Val (Chapelle du)	538
Saint-Léonard-du-Fresne	568	*Sarcophagi*	204	Valasse (La)	94
Saint-Martin-au-Bos	42	Sauchay-le-Bas	35	Val-aux-Grès (Le)	93
Saint-Martin-de-Bruquedalle	543	Sauchay-le-Haut	35	Val-Babeuf (Le)	111
Saint-Martin-de-Gréaume	529	Saussemare	524	Val-d'Aunoy (Le)	188, 191
Saint-Martin-du-Plessis	275	Sausseussemare-en-Bray	238	Val-des-Comtes (Le)	31
Saint-Maurice	199	Sceaux	175	Val-des-Leux (Le)	313
Saint-Michel-du-Haisel	155	Selloville	270	Val-de-Seine (Le)	557
Saint-Nicolas-du-Bec	331	Sennan	543	Val-du-Roi (Le)	47
Saint-Nicolas-de-Grosfy	552	Serville	117	Val-Gilles (Le)	561
Saint-Nicolas-des-Rendus	35	Sidetot	354	Val-Hullin (Le)	155
Saint-Nicolas-de-Veules	538	Sollimare	512	Val-Martin (Le)	279
Saint-Nicolas-de-Vertbois	285	Sonnimare	512	Val-Miellé (Le)	118
Saint-Ouen-au-Bosc	548	Soquence	314, 339	Valouine (La)	232
Saint-Ouen-Prend-en-Bourse	698	Soreng	185	*Varenna*	268
Saint-Ouen-sur-Bellencombre	11	Sorengs (Les)	237	Varenne	268
Saint-Ouen-sur-Brachy	3	*Sylva Britonis*	508	Varengeville-la-Chaussée	321
Saint-Philbert-du-Torp	302	*Sylva Brotoniæ*	508	Varengeville-sur-Duclair	321
Saint-Pierre-d'Épinay	15, 20			Vargemont	69
Saint-Pierre-du-Liéroult	331	**T**		Varimpré	179, 180
Saint-Pierre-mi-chès-Camps	199			Varneville-les-Grès	91
Saint-Pierre-le-Petit	525	Taillis (Le)	300	Varvot (Le)	3
Saint-Remy-d'Aliermont	32	Talleville	510	Vasouy (Le)	540
Saint-Remy-en-Rivière	178, 179	*Taunacum*	521	Vassonville	32
Saint-Riquier-d'Héricourt	529	Tendos	283	Vattechrist	540
Saint-Roch-de-Drosay	533	Tennemare	128	Vauchel (Le)	101, 103, 104
Saint-Roch-du-Havre	126	Teuville	102	Vaucotte	103
Saint-Samson	196	Thibermesnil	544	Vaudreville	51
Saint-Saturnin	502	Thiboutot	113	Vaurouy (Le)	300
Saint-Sauveur-la-Campagne	120	Thil-en-Bray (Le)	204	Vanthuit (Le)	511, 512
Saint-Sulpice-de-Bellengreville	27			Vauville	541
Saint-Sulpice-sur-Yère	44			*Vellaco*	537
Saint-Supplix	150				

TABLE DES FORMES ANCIENNES.

	Colonnes.
Vellao	537
Ventes-d'Éawy (Les)	12
Véraval	5, 10
Vertus (Les)	79, 80
Vetera Domus	278
Veteres Domos	278
Vetulio	537
Vetus Domus	278
Vetus Rothomagus	173
Veulettam	485
Veulis	537
Vicogne (La)	183
Vicquemare	512
Vicus de Taunaco	521
Vicus Sancti Melloni	529

	Colonnes.
Vieux (Les)	320
Vieux-Biville (Le)	27
Vieux-Louvetot (Le)	495
Vieux-Neufchâtel (Le)	251
Vignette (La)	314
Villare	147
Villedieu-la-Montagne	200
Villers-Chambellan	322
Villers-sur-Aumale	169
Villy-le-Bas	26
Vimel (Le)	193
Vimont	276
Vintlana	240
Vintlane	240
Viquemare	512

	Colonnes.
Virlaicum	47
Vitanval	130, 569

W

	Colonnes.
Wardes	221
Wargemont	69
Wées	320
Welleis	537
Welles	537
Weulles	537
Wifs	320
Wis	320
Wuella	537
Wny	93

TABLE ALPHABÉTIQUE DES MATIÈRES.

A

Abbayes (Anciennes) : Arques, 59 ; Auchy ou Aumale, 171 ; Beaubec, 192 ; Bellozanne, 207 ; Bival, 245 ; Bondeville, 341 ; Bonne-Nouvelle-lez-Rouen, 376 ; Bourg-Dun (le), 62 ; Brémontier-en-Bray, 260 ; Calleville-les-Deux-Églises, 86 ; Clair-Ruissel, 198 ; Duclair, 299 ; Eu, 39 ; Fécamp, 106 ; Fontenelle ou Saint-Wandrille, 499-503 ; Foucarmont, 182 ; Gravelines ou Dames anglaises de Rouen, 376 ; Graville, 122 ; Jumiéges, 303-312 ; *Logium*, 300 ; Longueville, 50 ; Montérollier, 258 ; Montivilliers, 147 ; Ouville-l'Abbaye, 553 ; Pavilly, 355 ; Saint-Amand de Rouen, 374 ; Saint-Aubin-sur-Gournay, 218 ; Sainte-Brigitte de Rouen, 376 ; Sainte-Claire de Rouen, 375 ; Sainte-Catherine-du-Mont de Rouen, 375 ; Sainte-Trinité-du-Mont de Rouen, 375 ; Saint-Georges de Bocherville, 315-320 ; Saint-Ouen de Rouen, 374, 410-416, Saint-Saëns, 261, 262 ; Saint-Saire, 254 ; Saint-Victor-l'Abbaye, 89 ; Saint-Wandrille ou Fontenelle, 497-503 ; Septmeules, 45 ; Sigy, 162 ; Tréport (le), 46 ; Valasse (le), 94 ; Valmont, 546 ; Yvetot, 560.

Abbayes (Traditions d') : Avremesnil, 2 ; Boudeville, 510 ; Carville-le-Pot-de-Fer, 517 ; Chaussée (la), 49 ; Criel, 36 ; Fesques, 257 ; Glicourt, 30 ; Hermanville, 45 ; Limésy, 353 ; Manéglise, 146 ; Rolleville, 150 ; Saint-Aubin-sur-Mer, 525 ; Saint-Étienne-du-Rouvray, 339 ; Saint-Mards, 7 ; Thil-Manneville (le), 3 ; Varengeville-sur-Mer, 83 ; Vittefleur, 484.

Abbé (Terres de l') : Bosc-Bérenger, 256.

Abbés : de Fécamp, leurs tombeaux, xiv° siècle, 107 ; de Jumiéges, leurs dalles et sépultures du xi° au xv° siècle, 309, 310 ; de Saint-Ouen de Rouen, leurs dalles et tombeaux, du xiii° et du xiv° siècle, 414, 415.

Abjuration de la princesse de Condé en 1596, Rouen, 390.

Abside de l'église Saint-Gervais de Rouen, temps antiques, 365.

Absides romanes du xi° siècle : Barentin, 369 ; Bec-de-Montagne, 115 ; Bénouville-sur-Mer, 97 ; Bernières, 91 ; Caudebec-lez-Elbeuf, 376 ; Éprétot, 132 ; Étran, 74 ; Fécamp, 106 ; Ferté-en-Bray (la), 195 ; Fontaine-le-Bourg, 283 ; Graimbouville, 150 ; Houquetot, 119 ; Jumiéges, 308 ; Londe (la), 329 ; Longueville, 565 ; Petit-Quevilly (chapelle de Saint-Julien), 338 ; Rançon, 503 ; Rouen : (Grammont), 378 ; (Saint-Paul), 394 ; (Saint-Ouen), 374, 410 ; Saint-Jean-d'Abbetot, 151 ;

Saint-Martin-de-Boscherville, 316 ; Saint-Vigor-d'Imonville, 155 ; Saint-Wandrille, 503 ; Saint-Wandrille (chapelle de Saint-Saturnin), 502 ; Sainte-Marguerite-sur-Mer, 81 ; Virville, 121 ; Yainville, 323.

Acquigny (Famille Le Roux d'Esneval d'), sa sépulture à Pavilly, 355, 356.

Acquigny (M. R. E. Le Roux d'Esneval d'), fondateur des églises d'Yvecrique, 513, et de Grémonville, 552 ; son tombeau à Pavilly, 579.

Agate-onyx, Douvrend, 24.

Agnès Sorel, son manoir au Mesnil-sous-Jumiéges, 313 ; son tombeau à Jumiéges, 310 ; son inscription, 310.

Agonisants (Confrérie des) Saint-Martin-aux-Arbres, 554.

Agrafes franques en bronze, fer damasquiné, etc. : Dieppe, 24 ; Douvrend, 28 ; Elbeuf, 376 ; Envermeu, 29 ; Jumiéges, 326 ; Lamberville, 5 ; Londinières, 229 ; Mont-Cauvaire, 284 ; Montivilliers, 147 ; Ouville-la-Rivière, 76 ; Parfondeval, 231 ; Rouen, 373, 581 ; Veules, 538. (Voir *Boucles* et *Plaques de ceinturon*.)

Aiguières antiques : Lillebonne, 134.

Aiguilles en bronze : romaines, Maulévrier, 495 ; — franques, Douvrend, 24, 28 ; Envermeu, 25 ; Londinières, 229.

Aissantes : Port-Mort, 238 ; Rouen, 467.

Aître de Saint-Maclou de Rouen, 408.

Alavoine, architecte de la flèche de Notre-Dame de Rouen, 418, 419, 424.

Albâtre (Retables d') : xiv° siècle, Saint-Denis-sur-Scie, 88 ; Vicquemare, 513. (Voir *Retables*.)

Albon (Camille d') : Yvetot, 560.

Alènes franques en fer : Londinières, 229 ; Parfondeval, 231.

Amalbert du Pavilly, 355 ; sa statue sépulcrale, 356.

Amand (Saint), évêque d'Utrecht, à Rouen, 374.

Ambassadeurs écossais empoisonnés à Dieppe, 564.

Amboise (Cardinaux d') : 1499-1508, fondent le palais de justice, 450 ; 1501, donnent la cloche dite *de Georges d'Amboise*, 420 ; 1501, embellissent le manoir de Déville, 443 ; 1507, élèvent la tour de Beurre de Notre-Dame de Rouen, 420 ; 1507-1530, le grand portail de Notre-Dame de Rouen, 417 ; 1509, le bureau des finances de Normandie, 449 ; 1515, la fontaine de la Croix-de-Pierre à Rouen, 446, 447 ; 1520-1525, leurs tombeaux, 433, 434 ; 1520, leurs caveaux, 434 ; 1525-1541, leurs statues sépulcrales, 433 ; 1538, donnent le toit de la chapelle de la Sainte-Vierge de Notre-Dame, 425.

Ambre (Perles d') : Gouville, 284; Jumiéges, 310; Martin-Église, 73; Nesle-Hodeng, 244; Rouen, 581; Saint-Aubin-sur-Scie, 79; Sommery, 263.

Ambre natif : Incheville, 42.

Amphithéâtre de Rouen comblé par saint Romain, 373.

Amphores romaines : Caudebec-lez-Elbeuf, 324; Rouen, 361, 370.

Amyot (Jacques), abbé de Bellozanne, 207.

Anagramme : Caudebec-en-Caux, 491.

Anastase (Tiers de sol d'or d') : Nesle-Hodeng, 244.

Anfernet de Bures (L'abbé d'), confesseur de la foi : Roumare, 348.

Anglais constructeurs d'églises (Tradition d') : Écretteville-les-Baons, 551; Harfleur, 143; Therouldeville, 544.

Anglaises (Dames), religieuses à Rouen, 376.

Ango (Jehan) : sa maison à Dieppe, 32; son manoir à Varengeville-sur-Mer, 84; son tombeau à Dieppe, 17.

Ango (Roger), architecte du palais de justice de Rouen, 450.

Angons francs : Envermeu, 29; Gouy, 247.

Anguier (Les frères), sculpteurs, 40, 44.

Anne d'Autriche, son vœu à Notre-Dame-de-la-Paix, à Sahurs, 339.

Anneau pastoral des archevêques de Rouen, présenté par l'abbesse de Saint-Amand, 375.

Anneaux de bronze : romains, Brotonne, 507; Caudebec-lez-Elbeuf, 324; Monville, 284; Preuseville, 230; Sotteville-lez-Rouen, 340; — francs, Caudebec-lez-Elbeuf, 325; Londinières, 229; Nesle-Hodeng, 244; Parfondeval, 231; Saint-Vincent-de-Nogent, 249.

Anneaux de la ceinture des religieux : Auffay, 566; Saint-Wandrille, 501.

Anneaux-bagues du moyen âge : xiiie siècle, Cottévrard, 561; — xve siècle, Crique (la), 562.

Annonciades : Fécamp, 109; Rouen, 385.

Ansbert (Saint), ses reliques à la Vaupalière, 347.

Anségise, abbé de Fontenelle, son testament, 254, 500.

Anségise, comte de Caux, Fécamp, 106.

Antéfixe, mérovingien, Lillebonne, 135.

Antiphoniers, manuscrits, xviiie siècle, Belmesnil, 47.

Antonins (Religieux), Rouen, 380.

Apollon (Statuette d'), Lillebonne, 132; son image en mosaïque, Lillebonne, 571.

Apôtres (Images d') : en bois, xvie siècle, Sainte-Beuve-en-Rivière, 251; Vattetot-sous-Beaumont, 121; — en peinture, xiiie siècle, Saint-Jean-d'Abbetot, 151; xvie siècle, Angerville-Bailleul, 125; — en pierre, xve siècle? Saint-Ouen de Rouen, 413, 414; 1545, Caudebec-en-Caux, 488; — en verrières, xve siècle, Notre-Dame-de-Rouen, 421; xvie siècle, chapelle du château de la Mailleraye, 495.

Aqueducs : romains, Étretat, 99; Lillebonne, 132; Rouen, 368; — de 1533, Dieppe, 23.

Arbre des Fées : Vieux (les), 320.

Arbre du Baron : Ecotigny, 228.

Arbre où Rollon a suspendu ses bracelets : Roumare, 348.

Arbre-chapelle : Allouville, 555.

Arbres de Jessé : en pierre, xvie siècle, Notre-Dame de Rouen, 417; — en verrière, xvie siècle, Ancourt, 54; Canteleu, 343; Caudebec-en-Caux, 489; Elbeuf, 327; 328; Rouen : 1535 (Saint-Godard) 379; xvie siècle (Saint-Maclou), 407; (Saint-Vincent), 403; Villequier, 508.

Arbres sous-marins : Beaubec-la-Rosière, 193; Havre (le), 124; Veulettes, 483.

Arcades sépulcrales des abbés de Saint-Ouen : xive siècle, Rouen, 405.

Archevêques de Rouen (Saints) représentés dans les verrières de la chapelle de Notre-Dame, à la cathédrale, xxe siècle, 427.

Archières garnies de boules mobiles percées, xvie siècle : Motteville-les-Deux-Clochers, 553; Sainte-Marguerite-sur-Duclair, 315.

Architectes : xiiie siècle, Davy (Jehan), Notre-Dame de Rouen, 422, 423; Durand, Rouen, 425; Enguerrand ou Ingelram, Rouen, 417; — xve siècle, Berneval (Alexandre) et son fils, Saint-Ouen de Rouen, 414; Gal (Denis), Saint-Laurent de Rouen, 393; Lebrun (Jehan), Rouen, 419; Le Roux (Jacques et Roullant), Rouen, 420, 422; Lescot (Jehan), Rouen, 419; Letellier (Guillaume), Caudebec-en-Caux, 487, 491; Pontif (Guillaume), Rouen, 419, 420, 422, 423, 428; Robin (Pierre), Saint-Maclou de Rouen, 403; Salvart (Jehan), Notre-Dame de Rouen, 416, 424, 425; — xvie siècle, Ango (Roger), Rouen, 450; Bédiou (Nicolas), Arques, 57; Bellarmato (Hiéronimo), Havre (le), 125; Chardon (Robert), Fécamp, 106; Delarue (Jean), Doudeville, 511; Duchemin (Nicolas), Havre (le), 124; Gringoire, Rouen, 407; Leprevost (Jacques), Rouen, 393; Le Roux (Roullant), 417, 424, 450; Le Roy, château d'Eu, 41; Letellier (Guillaume), Caudebec-en-Caux, 487, 491; Touchet (Guillaume), Rouen, 401, 432; — xviie siècle, Boynet (Antoine et Emmanuel), Saint-Wandrille, 500, 501, 502; Gabriel (Jacques), Rouen, 453; Mansard, Cany, 479; — xviiie siècle, Boze (de), Rouen, 447; Caumont (François-Pierre), Rouen, 385; Defrance, Fécamp, 108; Rouen, 374, 447; De Goney (Louis), Ancourteville-sur-Héricourt, 527; Dubois, Rouen, 447; Le Brument, Rouen, 374, 395; Lecarpentier, Rouen, 430, 453; Lucas, Rouen, 443; Patte, Bolbec, 93; Thibault, Yvecrique, 503; Touchet, Rouen, 401; Vauquelin, Rouen, 442?; — xixe siècle, Alavoine, Notre-Dame de Rouen, 417, 419; Grégoire, Rouen, 450; Barthélemy, Rouen, 434.

Archives : Aumale, abbaye et ville, 166, 172; Beaubec, abbaye, 193; Bellozanne, abbaye, 208; Bival, abbaye, 245; Elbeuf, 328; Foucarmont, abbaye, 183; Houlme (le), 344; Jumiéges, abbaye, 312; Mortemer-sur-Eaulne, prieuré, 243; Neufchâtel-en-Bray, Bernardines, 248; Offranville, 438; Rouen : le chapitre de Notre-Dame, 438; les Chartreux, 338; Saint-Maclou, 408; Saint-Aubin-sur-Gournay, abbaye, 208; Sainte-Vaubourg, commanderie, au Val-de-la-Haye, 341; Saint-Georges de Boscherville, 319; Saint-Gilles, prieuré, à Saint-Aubin-Jouxte-Boulleng, 330; Saint-Saëns, abbaye, 262; Sigy, prieuré, 263.

Ardoises avec inscriptions tumulaires du xviie et du xviiie siècle : Montivilliers, 148.

Arélaune (Forêt d'), 506, 507, 508.

Arélaune (Palais mérovingien d') : Vatteville et Brotonne, 504, 505, 507, 508.

Armes parlantes des Martel : Biville-le-Martel, 549.

TABLE ALPHABÉTIQUE DES MATIÈRES.

Arsenal de la marine, au Havre, 127.
Arthur de Bretagne : Bouille (la), 332 ; Rouen, 377.
Arthur, roi de la Grande-Bretagne : Harfleur, 142.
Arts libéraux (Maison des) : 1576, Rouen, 472, 473.
Ascia, figurée sur le cippe tumulaire de Rouen, 361.
Asseline, chroniqueur dieppois, 72.
Atelier monétaire de Rouen sous les Francs, les Normands et au moyen âge, 372.
Ateliers d'outils de pierre : Blangy, 175 ; Fréauville, 226 ; Londinières, 228.
Attributs de la Mort dans le cimetière de Saint-Maclou de Rouen, 409.
Auberges anciennes : Bouville, 350 ; Croixmare, 351 ; Écrainville, 118 ; Fécamp, 111 ; Rouen, 476, 479.
Aubevoie (Alba via) : Rouen, 359.
Aubigné (Mgr d'), archevêque de Rouen, au château de Manneville, 69 ; à Rouen, son tombeau, 434.
Augustines : Caudebec-en-Caux, 491 ; Gournay-en-Bray, 217.
Augustins déchaussés : Rouen, 385.
Augustins (Grands-) : Rouen, 381.
Aumônières (Fermoirs de bourses ou d') : Envermeu, 39.
Aure ou Aurée (Sainte), Pavilly, 355.
Austreberte (Sainte), fonde le monastère de Pavilly, 355 ; lave le linge de l'abbaye de Jumiéges, 356 ; sa mort, 355 ; son tombeau, 355 ; sa chapelle à Pavilly, 356 ; sa fontaine à Sainte-Austreberte, 356, et à Pavilly, 356.
Autel du Vœu, 1637, Rouen, 430.
Autel païen en pierre de liais consacré à Vénus, Mars, etc. : Roncherolles-en-Bray, 262.
Autels chrétiens en bois avec baldaquins, XVIe siècle : Authieux-Ratiéville (les), 278 ; Bois-Hulin (le), 49 ; Catenay (le), 274 ; Coupigny, 170 ; Doudeauville, 211 ; Iclon, 521 ; Janville (Paluel), 482 ; la Prée, 260 ; Longroy, 44, Mont-de-l'If, 354 ; Muchedent, 52 ; Pommereux, 202 ; Saint-Ouen-sur-Brachy, 3. (Voir *Baldaquins*.)
Autels chrétiens en marbre : XVIIe siècle, Fécamp, 108 ; chapelle du château de la Mailleraye, 1617, Montivilliers, 147 ; Néville, 525 ; — XVIIIe siècle, Belbeuf, 266 ; Canteleu (Sainte-Barbe-de-Croisset), 352 ; Derchigny, 69 ; Grémonville, 552 ; Rouen (Notre-Dame), 430 ; (Saint-Éloi), 397 ; (Saint-Maclou), 407 ; (Saint-Vincent), 403 ; Yvetot, 560.
Autels chrétiens en pierre : XIe et XIIe siècle, Autigny, 521 ; Biville-le-Martel, 549 ; Écalles-Alix, 351 ; Émanville, 351 ; Loiselière, 152 ; Notre-Dame-de-Bliquetuit, 497 ; Rançon, 503 ; Sainte-Marguerite-sur-Mer, 80 ; Sauchay-le-Bas, 34 ; Yainville, 323 ; — XIIIe siècle, Catillon, 203 ; Conteville, 482 ; Grosmesnil, 199 ; Roux-Mesnil-Bouteilles, 77 ; Saussay (le), 554 ; Thil-Riberpré (le), 284 ; — XVe siècle, 1496, Anvéville-sur-Héricourt, 526 ; Blainville, 272 ; Sauchay-le-Haut, 34 ; — XVIe siècle, Bénesville, 509 ; Berville-sur-Seine, 298 ; Blangy, 177 ; Chapelle-sur-Dun (la), 522 ; Clères, 281 ; Cléville, 516 ; Ectot-les-Baons, 551 ; Ételan, 138 ; Fresquienne, 352 ; Gouchaupré, 30 ; Guilmécourt, 31 ; Jumiéges, 312 ; Sainte-Gertrude, 497 ; Saint-Jean-d'Abbetot, 547 ; — XVIIe siècle, 1666, Foucarmont, 182 ; 1605, Saint-Vincent-Cramesnil, 155.
Avitien (Saint), évêque de Rouen, 365 ; son tombeau, 365.

B

Bacchus (Statuettes antiques de), Bolbec, 93 ; Lillebonne, 132.
Bague antique en argent avec denier de Macrin : Saint-Riquier-en-Rivière, 190.
Bagues en or, argent, cuivre, etc. : romaines, Braquemont, 64 ; Loges (les), 112 ; Saint-Riquier-en-Rivière, 190 ; — franques, Avesnes-en-Bray, 205 ; Bezancourt, 205 ; Dieppe, 24 ; Douvrend, 28 ; Élétot, 541 ; Envermeu, 39 ; Hénouville, 301 ; Londinières, 229 ; Nesle-Hodeng, 244 ; Neufchâtel-en-Bray, 246 ; Parfondeval, 231 ; Pierrefiques, 101 ; Sainte-Marguerite-sur-Mer, 80, 81 ; Saint-Vincent-de-Nogent, 249 ; — moyen âge, Cottévrard, 561 ; Crique (la), 562 ; Neufchâtel-en-Bray, 248.
Baile ou Bel : Arques, 57 ; Criel, 33 ; Estouteville-Écalles, 275 ; Sainte-Croix-sur-Buchy, 277.
Bailleul (Jean de), roi d'Écosse : Bailleul-Neuville, 222.
Bailliage (Le), Rouen, 456.
Bains romains : Brotonne, 407 ; Etretat, 99 ; Lillebonne, 132 ; Sainte-Adresse, 229 ; Sainte-Marguerite-sur-Mer, 80.
Balances : romaines, Arques, 55 ; Cailly, 281 ; Dieppe, 15 ; — franques, Envermeu, 29.
Baldaquins d'autel : en bois, XVIe siècle, Authieux-Ratiéville (les), 278 ; Bois-Hulin (le), 49 ; Brémontier, 240 ; Catenay (le), 274 ; Coupigny, 170 ; Doudeauville, 211 ; Fontaine-en-Bray, 257 ; Iclon, 521 ; Janville, à Paluel, 482 ; la Prée, 260 ; Longroy, 44 ; Mont-de-l'If, 350 ; Muchedent, 52 ; Pommereux, 202 ; Saint-Ouen-sur-Brachy, 3 ; — en marbre, XVIIIe siècle, Fécamp, 108 ; Rouen (Saint-Maclou), 407 ; (Saint-Patrice), 401 ; (Saint-Vincent), 403.
Baldaquins pour le saint sacrement : XVIe siècle, Villers-sur-Aumale, 170.
Balles sur les églises (Tracés de) : Blangy, 177 ; Saint-Aubin-de-Cretot, 498.
Balustrade aux lettres dorées : Caudebec-en-Caux, 487, 488.
Balustrades : de bois, XVIIe siècle, Arques, 58 ; Beausault, 195 ; Saint-Valery-en-Caux, 527 ; — de cuivre, XVIe siècle, Caudebec-en-Caux, 490 ; 1534-1541, Rouen (Notre-Dame), 427 ; leur destruction en 1793, Rouen, 427 ; — de pierre, de la Renaissance, Arques, 57 ; Dieppe, 16, 18 ; Fécamp, 107.
Bancs : de pierre dans les églises du XIe siècle, Port-Mort, 238 ; Saint-Wandrille (chapelle de Saint-Saturnin), 502 ; — de bois, XVIe siècle, Pommereux, 202 ; Rouen (Saint-Vincent), 403 ; — seigneuriaux, chapelle du château d'Ételan, 138 ; chapelle de la Mailleraye, 425 ; Mesnil-sous-Jumiéges, 313 ; Saint-Maclou de Folleville, 89 ; — de confrérie, 1556, Trait (le), 322 ; 1651, Belbeuf, 266.
Baptême de Rollon (912) et de saint Olave, roi de Norvége (1013), à Rouen, 373.
Baptême par immersion : Rouen, 373.
Baptistère dans une colonne de pierre de la Renaissance, au Hanouard, 528.
Baptistères en pierre : XIIIe siècle, Anceaumeville, 278 ; Aubermesnil-Beaumais, 61 ; Auberville-la-Manuel, 475 ; Belbeuf, 265 ; Bellencombre, 9 ; Bénouville-sur-Mer.

568; Bois-d'Ennebourg (le), 287; Boissay, 273; Bréauté, 116; Brémontier-Merval, 206; Cany, 479; Colleville, 540; Claville-Motteville, 281; Crasville-la-Roquefort, 523; Critot, 257; Cuy-Saint-Fiacre, 208; Émanville, 352; Épouville, 140; Épreville-Martainville, 291; Fontaine-le-Bourg, 283; Foucart, 517; Fresnay-le-Long, 87; Ganzeville, 111; Gerville, 112; Gonfreville-Caillot, 121; Gonneville-la-Mallet, 101; Grumesnil, 199; Haucourt-lez-Mailly, 199; Hodeng-Hodenger, 160; Héricourt-en-Caux, 529; Ifs-sur-Londinières (les), 31; Loges (les), 112; Manéhouville, 51; Maniquerville, 113; Mesnil-David (le), 170; Mesnil-sous-Jumiéges (le), 313; Mont-de-l'If (le), 354; Mortemer-sur-Eaulne, 243; Moulineaux, 335; Nesle-Hodeng, 244; Neuville-Champ-d'Oisel (la), 267; Normanville, 519; Notre-Dame-de-Bliquetuit, 497; Noyers, 199; Nullemont, 170; Ouainville, 480; Ourville, 530; Osmoy, 232; Pissy-Poville, 346; Pommerval, 12; Quiberville-sur-Mer, 76; Quincampoix, 285; Rançon, 503; Ricarville, 519; Rocquemont, 259; Rolleville, 150; Ronchois, 171; Saint-Aubin-Celloville, 170; Saint-Aubin-Épinay, 270; Saint-Clair-sur-Étretat, 98; Saint-Honoré, 53; Saint-Martin-du-Bec, 103; Saint-Martin-du-Manoir, 150; Saint-Samson, 196; Saint-Wandrille, 503; Sassetot-le-Mauconduit, 543; Saussenzemare, 121; Smermesnil, 232; Soreng, 186; Tiergeville, 545; Tiétreville, 543; Trouville-en-Caux, 96; Valmont, 548; Vattetot-sous-Beaumont, 121; Vieux-Rue (le), 296; — xiv° siècle, Angerville-l'Orcher, 97; Bermonville, 515; Villedieu-la-Montagne, 200; — xv° siècle, Beuzeville-la-Giffart, 8; Ermenouville, 523; Eu (collége), 41; Fontaine-le-Dun, 523; Longueil, 72; 1427, Oherville, 530; Rouville, 95; 1477, Saint-Remy-en-Rivière, 178; Sierville, 286; — xvi° siècle (avec dates), 1509, Iclon, 521; 1543, Étalonde, 37; Ingouville-ès-Plains, 534; 1552, Longroy, 43; 1569, Martigny, 75; Vénesville, 483; 1600, Authieux-Port-Saint-Ouen (les), 265; — xvi° siècle (sans dates), Ancourt, 54; Authieux-sur-Buchy (les), 277; Bois-Hulin (le), 49; Bois-Robert (le), 48; Bruneval, 103; Caudebec-en-Caux, 490; Cleuville, 527; Criel, 36; Crosville-sur-Scie, 50; Dancourt, 178; Dénestanville, 50; Écales-Villers, 322; Fry, 160; Gonfreville-l'Orcher, 141; Graincourt, 69; Grainville-l'Alouette, 119; Gréges, 70; Harfleur, 143; Havre (musée du), 129; Hénouville, 302; Mannevillette, 146; Mésangueville, 161; Monchaux, 185; Petit-Appeville (le), 71; Quevillon, 314; Routes, 530; Saint-Aubin-sur-Scie, 19; Sainte-Agathe-d'Aliermont, 231; Sainte-Marguerite-sur-Mer, 81; Saint-Martin-aux-Buneaux, 482; Saint-Ouen-sur-Brachy, 3; Saint-Sylvain, 526; Sasseville, 463; Sauqueville, 82; Tourville-sur-Arques, 82; Val-de-la-Haye (le), 341; Vaupalière (la), 348; — xvii° siècle (avec dates), 1607, Raffetot, 95; 1614, Néville, 535; 1621, la Gaillarde, 524; 1629, Pleine-Séve, 535; 1640, Harcanville, 512; 1650, Hautot-le-Vatois, 518; 1652, Saint-Pierre-de-Franqueville, 271; 1655, Ouville-l'Abbaye, 554; 1662, Bosville, 476; 1674, Nesle-Normandeuse, 186; 1694, Hautot-l'Auvray, 528; — xvii° siècle (sans dates), Beauvoir-en-Lyons, 157; Canehan, 36; Fresquienne, 352; Hocqueville, 481; Guerbaville-la-Mailleraye, 474; — xviii° siècle, 1718, Hanouard (le), 518; 1773, Bru-

quedalle, 159; Elbeuf (Saint-Étienne), 327; Morville, 151.
Baptistères en plomb : xiii° siècle, Conteville, 482; Saint-Pierre-en-Port, 542; 1427, Oherville, 530.
Baptistères primitifs : Caillouville, à Saint-Wandrille, 500; Héricourt-en-Caux, 528; Rouen, 374.
Baptistères (Couvercles de) : xvi° siècle, Bures, 224; Caudebec-en-Caux, 490; Monchaux, 185; Rouen, Saint-Romain (venant de Saint-Étienne-des-Tonneliers), 396.
Barbacane (La) : Rouen, 445; Gournay-en-Bray, 216.
Barillets romains en verre : Barentin, 349; Cany, 478; Eslettes, 282; Loges (les), 112; Neuville-le-Pollet, 25; Rouen, 362, 371; Turretot, 104.
Barrages littoraux : Bruneval, 102; Étretat, 100; Fécamp, 110; Harfleur, 140; Oudale, 152; Saint-Valery-en-Caux, 536; Yport, 114.
Barré (Le Père), minime, fondateur des sœurs de la Providence à Rouen, 387.
Barre-y-Va (Chapelle de Notre-Dame de), à Caudebec-en-Caux, 491.
Basin (Thomas), évêque de Lisieux, son portrait à Caudebec, 488; sa famille à Lanquetot, 95.
Bas-reliefs antiques : Lillebonne, 153.
Bas-reliefs chrétiens en marbre, albâtre, bois, pierre, etc. : xi° siècle, Fécamp, 107; Saint-Georges de Boscherville, 317, 318; — xiii° siècle, Rouen (Notre-Dame), grand portail, 389, 418, 421; Saint-Georges de Boscherville, 317, 318; — xiv° siècle, Petit-Quevilly (le), 337; Rouen (Notre-Dame), portail de la Calende, 422; portail des Libraires, 422; Saint-Denis-sur-Scie, 88; Ymare, 271; — xv° siècle, Catenay (le), 274; Ifs-sur-Londinières (les), 31; Rouen (Saint-Maclou), 405; (Saint-Ouen), 412; Saint-Martin-Osmonville, 260; Sauchay, 35; — xvi° siècle, Angerville-Bailleul, 115; Arques, 58; Baillolet, 223; Bellière (la), 195; Bois-l'Évêque, 288; Bradiancourt, 257; Brémontier, 241; Bully, 236; Bures, 224; Caudebec-en-Caux, 490; Cretot, 118; Dieppe, 17, 18; Fécamp, 107, 108; Folny, 227; Grainville-la-Teinturière, 480; Havre (le), 129; Héron (le), 292; Ifs-sur-Londinières (les), 31; Londe (la), 329; Massy, 240; Mesnil-Panneville, 354; Mesnil-sous-Jumiéges (le), 313; Nesle-en-Bray, 244; Quévreville-la-Poterie, 270; Rouen : hôtel du Bourgtheroulde, 454, 455, 456; des maisons, 462, 463, 467, 472, 473; (Saint-Romain), 396; (Saint-Vincent), 401; Sainte-Austreberte, 357; Torcy-le-Petit, 53; Touffreville-la-Corbeline, 558; Tourville-la-Chapelle, 35; Tréport (le), 44; — xvii° siècle, Auvilliers, 234; Rouen (Bonne-Nouvelle), 377; — xviii° siècle, 1763, Elbeuf, 327; Rouen : 1777 (Notre-Dame), 430; 1781 (la Madeleine), 395.
Bas-reliefs de l'ancienne abbaye de Bellozanne : xviii° siècle, à Argueil, 157; à Brémontier-Merval, 207; à Gournay-en-Bray, 216; à Sainte-Marguerite-de-Bellozanne, 208.
Bas-reliefs de l'hôtel du Bourgtheroulde : xvi° siècle, pastorales, 456; symboliques, 455; du Camp de drap d'or, 455, 456.
Bas-reliefs du Camp du drap d'or : xvi° siècle, Rouen, 455, 456.
Bassins du Havre, 124, 127.
Bastille, à Dieppe, 22.
Baston (L'abbé), 285.

TABLE ALPHABÉTIQUE DES MATIÈRES.

Bataille (Champs de—) : d'Arques, 59, 60; de Rouen, 374; (croix en pierre en souvenir de —) Alvimare, 514; (ferme de la —) Doudeville, 512; (pré de la —) Caudebec-en-Caux, Rouen, 374.

Batailles d'Arques en 1589, 59; d'Étouteville-sur-Mer, 551; de Viauville, en 1416, à Gerponville, 540.

Bateaux de Bouille au xvi⁰ siècle : la Bouille, 333.

Bateaux enfouis : Havre (le), 124; Montivilliers, 144.

Bâton de verre tordu antique : Lillebonne, 571.

Bâtons de coudrier dans les tombes du moyen âge : Rouen, 580.

Bec (Hôtel de l'abbé du) : Rouen, 450, 459.

Bec-de-Lièvre (Les), fondateurs de l'église des Carmes déchaussés (aujourd'hui Saint-Romain de Rouen), 384, 396; y reposent, 383; leurs tombeaux à Saint-Godard, 399; (portrait d'un) Boos, 267.

Becquet (Robert), architecte de la flèche de bois de Notre-Dame de Rouen en 1544, 423; sa tombe, 438.

Bedford (Duc de), régent, protecteur des Carmes de Rouen, 381; des Célestins, 382; son tombeau à Notre-Dame de Rouen, 436; son cercueil en plomb, 433; son embaumement, 436.

Bédiou (Nicolas), architecte à Arques, 57.

Beffroi de Rouen en 1390 et 1711, 433.

Béguines : Rouen, 380.

Béhuchet (Nicolas), amiral, 140.

Belcinac (Île de), son existence à l'époque franque, 486; sa donation à saint Condé, 486; sa disparition et sa réapparition, 486, 508.

Bellefonds (M. et Mᵐᵉ de) : Rouen, 386.

Bellefonds (Monastère de) : Rouen, 386.

Bénédictines : Rouen, 380.

Bénédictines de Bellefonds, 386.

Bénitier dans un chapiteau de marbre antique : Sainte-Beuve-en-Rivière, 251.

Bénitiers : xIIIᵉ siècle, Mesnil-sous-Jumiéges (le), 313;—xIVᵉ siècle, Iclon, 521;— xvIᵉ siècle (avec dates) 1545, Hocqueville, 181; 1563, Étalonde, 37; 1571, Dieppe, 18; 1574, Boissay; 1600, Rouville, 350;—(sans dates) Ancourt, 54; Beuvreuil, 210; Enyermeu, 30; Ételan, 138; Fécamp, 108; Guerbaville-la-Mailleraye, 494; Gouchaupré, 30; Harfleur, 143; Quevillon, 314; Rebets, 276; Saint-Lucien, 162; Sierville, 286; Tourville-sur-Arques, 82; — xvIIᵉ siècle, 1670, Saint-Martin-en-Campagne, 33; — xvIIIᵉ siècle, Morville, 161; 1773, Bruquedalle, 158.

Bénitiers dans des chapiteaux du moyen âge : xIᵉ siècle, Graincourt, 63; Havre (le), 126; — xIIIᵉ siècle, Bénesville, 509.

Bénitiers dans des mesures de pierre. (Voir *Mesures*.)

Berceau en bois de la salle des Pas-Perdus, à Rouen, xvIᵉ siècle, 451.

Berceaux, bossets, corniches, etc. : xvᵉ siècle, Rouen, (Grands-Carmes), 389; Saint-Wandrille, 501; — xvIᵉ siècle, Bouville, 390; Clères, 281; Guimerville, 184; Mesnil-Rury, 513; Monchaux, 185; Rouen (Saint-André-aux-Fèvres), 392; (Sainte-Croix-des-Pelletiers), 392; (Saint-Godard), 396; Vattetot-sous-Beaumont, 120; — xvIᵉ Douvrend, 28; Machedent, 52; Rouen (Béguines), 380; — xvIIIᵉ siècle, Rouen (Saint-Romain), 396.

Berger Rouen (Le) : Rouen, 454.

Berite ou Berycée (évêque de) : Sainte-Gertrude, 497.

Bernardines : 1140, Bival, 245; 1154, Bondeville, 341; 1634, Arques, 59; 1650, Yvetot, 560; 1652, Neufchâtel-en-Bray, 248.

Berneval (Alexandre de) et son fils, architectes de Saint-Ouen de Rouen au xvᵉ siècle, 414; leurs dalles tumulaires, Rouen, 414.

Berry (La duchesse de), à Arques, 60; à Braquemont, 66, 566; à Rouen, 419; à Sainte-Gertrude, 497.

Bertin (Les), peintres et sculpteurs, Fallencourt, 180; Sainte-Foy, 52.

Béthencourt (Jean de), navigateur, roi des Canaries; son château et sa tombe, Grainville-la-Teinturière, 480; sa naissance, Saint-Martin-le-Gaillard, 44.

Beurre (Tour de), à Notre-Dame de Rouen, 420.

Bibliothèques : Dieppe, 23; Havre (le), 122, 128; Montivilliers, 149; du chapitre de Notre-Dame de Rouen en 1425, 431; son escalier en 1478, 31; du trésor de Croixmare, 351.

Bicêtre, maison de correction à Rouen, 380.

Bigot (La famille) : Rouen, 456, 581; Sommesnil, 531.

Billettes : Harfleur, 144; Rouen, 381.

Bisellia romains : Lillebonne, 132.

Blain d'Esnambuse, fondateur des Antilles françaises; son berceau et son inscription commémorative à Allouville-Bellefosse, 556.

Blainville (M. de), naturaliste, à Arques, 59.

Blanche de Castille (La reine), à la Bouille, 332; à Saint-Aignan, 345.

Blanche d'Évreux (La reine), à Bellozanne, 208; son cœur à Gournay, 215.

Bohier (Antoine), abbé de Fécamp, 107, 108; abbé de Saint-Ouen de Rouen, continue l'église, 410; construit le cloître, 412; ses armes, 414.

Boiseries : xvIᵉ siècle, Anvéville, 526; Fresquienne, 352; Gonzeville, 512; Houppeville, 344; Quiévrecourt, 251; Rouen (Saint-Amand), 375; (Saint-Vincent), 403; Ry, 294; — xvIIᵉ siècle, Mesnières (venant de l'abbaye de Préaux), 242; Rouen (Saint-Ouen), 416; Saint-Valery-en-Caux, 537; Saint-Wandrille, 501; Yvetot (venant de Saint-Wandrille), 560.

Bois-Rosé (Goustemesnil de) : Fécamp, 110; Graimbouville, 152; Thibermesnil, 555.

Boisseau-étalon, xIVᵉ siècle, Bolbec, 567.

Boîte à miroir antique : Saint-Jean-de-Folleville, 137.

Boîte d'étain pour le cœur de Charles V, à Rouen, 1380, 435.

Boîte en cuivre estampé : xvIᵉ siècle, Folleville-Radicatel, 569.

Boîte en plomb pour le cœur de Richard Cœur de Lion, à Rouen, 1199, 436.

Bon-Pasteur : Rouen, 388.

Borne milliaire de Tétricus : Rouen, 360, 580.

Bornes de pierre armoriées, dans la forêt, au Val-de-la-Haye, 341.

Bottines de cuir de moines ou d'abbés : Jumiéges, 309; Rouen, 581; Saint-Wandrille, 501.

Bouc romain en bronze : Harfleur, 142.

Boucles de ceinturon en bronze et fer de l'époque franque : Aubermesnil-les-Érables, 174; Avesnes-en-Bray, 205; Baillolet, 223; Bézancourt, 205; Bois-Robert (le), 48;

Colleville, 484; Douvrend, 24, 28; Écrainville, 117; Envermeu, 29; Eslettes, 282; Étretat, 99; Foucarmont, 180; Grandcourt, 227; Graval, 259; Jumiéges, 310; Lamberville, 5; Londinières, 229; Lucy, 239; Mont-Cauvaire, 284, 310; Montérollier, 258; Montivilliers, 147; Monville, 284; Nesle-Hodeng, 244; Nesle-Normandeuse, 186; Neufchâtel-en-Bray, 246; Neuville-Ferrières, 250; Notre-Dame-de-Bliquetuit, 497; Parfondeval, 231; Ponts-et-Marais, 565; Rebets, 276; Rouen, 373, 581; Saint-Aubin-sur-Scie, 79; Sainte-Marguerite-sur-Mer, 80, 81; Saint-Martin-aux-Buneaux, 482; Saint-Vincent-de-Nogent, 249; Sigy, 162; Sommery, 263; Ventes-Saint-Remy (les), 244.
Boucles de religieux du moyen âge : Auffay, 566; Rouen, 581; Saint-Wandrille, 501.
Boucles d'oreilles franques en or, argent et bronze : Avesnes-en-Bray, 205; Douvrend, 22, 28; Envermeu, 29; Fesques, 337; Londinières, 229; Montérollier, 258; Nesle-Hodeng, 244; Neufchâtel-en-Bray, 246; Parfondeval, 23.
Boucliers francs : Envermeu, 29; Londinières, 229; Nesle-Hodeng, 244.
Boulainvilliers (Tombeau des) : Saint-Saire, 255.
Boules de verre romaines : Cany, 478; Lillebonne, 570; Rouen, 371.
Boules franques en verre ou cristal : Douvrend, 28; Envermeu, 29; Londinières, 229.
Boules mobiles dans les archivres : Motteville-les-Deux-Clochers, 557; Sainte-Marguerite-sur-Duclair, 315.
Boulets de fer, à Fontaine-le-Bourg, 283.
Boulets de pierre : Harfleur, 146; Vieux-Manoir (le), 278.
Bourdon de Notre-Dame de Rouen, 419.
Bourg fortifié : Ferté-en-Bray (la), 196; Vittefleur, 484.
Bourgtheroulde (Hôtel du), à Rouen, xvi° siècle, 454, 455.
Bourses ou aumônières franques (Fermoirs de) en fer, bronze et or : Envermeu, 29; Nesle-Hondeng, 244.
Bouteillers (Grands) de Normandie, 118.
Bouterolles de crosse : Jumiéges, 310.
Boutons romains, en bronze émaillé : Lillebonne, 570; — en os : Lillebonne, 570; — francs, en bronze : Londinières, 229; Neufchâtel-en-Bray, 246; — en mosaïque : Envermeu, 29.
Bracelets gaulois, en or : Brotonne, 506; Haussez, 210; Yvetot, 559; — en bronze : Caudebec-lez-Elbeuf, 577; Hanouard (le), 527; — romains en or : Cailly, 280; Yquebeuf, 287; — en bronze : Lillebonne, 570; Saint-Vaast-d'Équiqueville, 34; — en jais : Sotteville-lez-Rouen, 340; — en verre : Tourville-la-Rivière, 331; — francs, en argent, bronze et perles : Avesnes-en-Bray, 205; Caudebec-lez-Elbeuf, 325; Douvrend, 28; Envermeu, 29; Jumiéges, 310; Londinières, 229; Mont-Cauvaire, 310; Nesle-Hodeng, 244.
Brandons : Braquemont, 68.
Bras (Reliquaire en forme de) : Saint-Saëns, 576.
Bréauté (Pierre de), 1600, sa mort, Néville, 535; sa complainte, Néville, 535; son service funèbre, Saint-Valery-en-Caux, 536; sa croix, Néville, 535.
Bredel, peintre, 1750 : Hautot-la-Vatois, 518; 1752, Envronville, 516; 1756, Auzouville, 515; Auberbosc, 515.
Briques moulées de la Renaissance, à Saint-Eustache-la-Forêt, 574.

Brunel, ingénieur du tunnel sous la Tamise : Rouen, 464.
Bureau des finances de Normandie : 1509, Rouen, 448, 449.
Buret (Les), fondeurs de cloches : Écretteville-les-Baons, 557.
Bustes antiques en bronze doré : Bosville, 476; — en bronze, de Silène, à Épinay-Sainte-Beuve, 252; — du xvii° siècle, en marbre, de Jésus et de Marie, à Bretteville-Saint-Laurent, 510; — de Henri IV, à Arques, 58.
Bustes de François Ier et de Henri VIII : xvi° siècle, Rouen, 454.
Buttes : à l'Écuyer, Vatteville, 504; aux Sarrasins, Graville-Sainte-Honorine, 122. (Voir *Mottes*.)

C

Cache-Ribaud (La), cloche du beffroi de Rouen, xiii° siècle, 453.
Cachet d'oculiste romain : Rouen, 363.
Cachette de 8,664 pièces d'or à Rouen, 384.
Cachette de vases antiques : en argent, Saint-Jouin, 102; — en bronze, Bailly-en-Rivière, 26; Saint-Martin-en-Campagne, 32.
Cachettes monétaires : gauloises, Baons-le-Comte, 520; Braquemont, 67; Esclavelles, 236, 237; Hénouville, 301; Limésy, 350; — romaines, Amfreville-la-Mivoie, 363, 364; Anvéville, 526; Arques, 566; Bosc-le-Hard (le), 10; Bourg-Dun (le), 62; Braquemont, 67; Brotonne, 567; Cailly, 280; Dampierre-en-Bray, 209; Derchigny-Graincourt, 69; Dieppe, 563; Épinay-Sainte-Beuve, 252; Esclavelles, 327; Eu, 39; Fresnay-le-Long, 226; Fresnoy-Folny, 226; Gonfreville-l'Orcher, 141; Hattenville, 517; Neuville-Ferrières, 250; Neuville-le-Pollet, 25; Perduville, 256; Pourville, 71; Rouen, 363, 364, 365; Saint-Martin-en-Campagne, 32; Saint-Remy-en-Rivière, 179; Sommery, 263; Vatteville, 504; — franques, Cerlangue (la), 150, 151; Imbleville, 88; Lucy, 239; — normandes, Rouen, 373; — françaises, xiv° siècle, Brémontier-Merval, 208; — xv° siècle, Beaubec-la-Rosière, 192; Bertrimont, 86, 567; Crique (la), 562; Envermeu, 564; Tréport (le), 47; — xvi° siècle, Folleville-Radicatel, 569.
Cachots : xvi° siècle, Aumale, 166; Havre (le), 127.
Cadran de la Grosse-Horloge de Rouen, 1410-1529, 454.
Cadrans solaires en pierre : xvi° siècle, Fontaine-le-Dun, 523; Houdetot, 524; Rouelles, 574; — xvii° siècle, Rouen, 386; 1731, Mesnil-Durdent (le), 534.
Cadre en bois : xvi° siècle, Quiévrecourt, 251.
Cages de bois : xvi° siècle, Aumale, 166, 167.
Cages de fer : xvi° siècle, Aumale, 166, 167.
Caisses ou coffrets funèbres : gaulois, Sainte-Beuve-en-Rivière, 251; — romains, Cany, 478; Rosière (la), 251; Sainte-Hélène, 542. (Voir *Coffrets*.)
Calende (Portail de la), à Notre-Dame de Rouen, 421, 422.
Calète, ville gauloise, 485.
Caletum, ville gauloise des Calètes, 485.
Calices en plomb : Jumiéges, 310; — en verre, Longueville, 565.
Callége (P. de), grand maître de l'artillerie, Écretteville-les-Baons, 557.
Calvaires : Mont-Cauvaire, 284; — en bois, xiv° siècle,

TABLE ALPHABÉTIQUE DES MATIÈRES.

Saint-Maurice, 199; — xviiᵉ siècle, Capucins de Rouen, 382; Manéglise, 146; — xviiiᵉ siècle, de mission, à Harfleur, 143.

Calvinistes de 1562, mutilateurs d'églises et violateurs de tombeaux, 18, 394, 395, 417, 431, 432, 435, 436, 438.

Cambacérès (Le cardinal), archevêque de Rouen, son tombeau à Rouen, 438.

Campanile du beffroi de Rouen, 1711, 453.

Campaniles, campanars ou clochers à pignon et tinterelles : xiᵉ et xiiᵉ siècle, Auzouville-sur-Saâne, 2; Bénarville, 116; Bouelles, 235; Colleville, 540; Mont-de-l'If, 354; Sainte-Geneviève du Petit-Beaunay, 88; Soreng, 185;— xiiiᵉ siècle, Hardouville, 364; — xviiᵉ siècle, Hodeng-au-Bosc, 184.

Camp de drap d'or (Bas-reliefs du), 455, 456.

Camp Dolent : Gonfreville-l'Orcher, 140.

Camps anciens ou enceintes fortifiées, camps dits *de César* : à Braquemont, 63, 64, 65, 66, 67; à Fécamp, 105, 108; à Sandouville, 155.

Camps indéterminés : Aumale, 168; Bec-aux-Cauchois (le), 548; Blosseville-Bonsecours, 266; Bois-Himont (le), 556; Criquetot-l'Esneval, 98; Douvrend, 27, 28; Étretat, 100; Gouy, 268; Heugleville-sur-Scie, 50; Incheville, 42; Jumièges, 303; Louvetot, 495; Quiévrecourt, 575; Saint-Aubin-Celloville, 270; Sainte-Geneviève-en-Bray, 251; Saint-Nicolas-de-la-Taille, 138; Saint-Ouen-du-Breuil, 357; Saint-Ouen-sous-Bailly, 34; Saint-Pierre-de-Varengeville, 321; Tiergeville, 545; Touffreville-la-Corbeline, 558; Toussaint, 545; Valliquerville, 558; Valmont, 546; Varneville-Bretteville, 91, 92; Veulettes, 483; Villequier, 508; — xviiᵉ siècle, Fonguensemare, 101; — xviiiᵉ siècle, Saint-Aubin-sur-Scie, 86; Veules, 539.

Camps de Henri IV : Blangy, 177; Blosseville-Bonsecours, 266; Touffreville-la-Corbeline, 558.

Camp-Souverain (Abbaye du) : Saint-Saëns, 261.

Canada (Camp du), à Fécamp, 105.

Canal (Tradition de) : Orival, 330.

Canal antique : Cany, 478.

Canaux projetés ou exécutés par Vauban : Havre (le), 124; Yainville, 323.

Canons d'autel en argent, xviiᵉ siècle, au Cardonnoy, à Sainte-Marguerite-lez-Aumale, 173.

Canons en fer : xvᵉ siècle, Dieppe et Eu, 24; Tancarville, 156; Harfleur, 145; — xviᵉ siècle, en cuivre, Esclavelles, 237; Rouvray-Câtillon, 575; — xviiᵉ siècle, en fonte de fer, Cuverville-sur-Étretat, 99, 100; Étretat, 100.

Cantelles (Les) : Rouen, 385.

Capitole : Cailly, 279.

Capotes (Couvent des) : Rouen, 388.

Capucin (Chambre de) : Caudebec-en-Caux, 490.

Capucins : Caudebec-en-Caux, 431; Dieppe, 76; Eu, 41; Gournay-en-Bray, 217; Harfleur, 144; Havre (le), 126; Mailleraye (la), 495; Rouen, 382; Sotteville-lez-Rouen, 341.

Caracotinum, ville romaine, 142, 143.

Carausius, ses monnaies et son séjour à Rouen, 344, 367.

Carmélites : Dieppe, 20; Rouen, 384.

Carmes (Grands) : Rouen, 379.

Carmes (Petits ou déchaussés) : Dieppe, 20; Rouen, 385.

Carolles de cuivre de 1534, à Notre-Dame de Rouen, 427.

Carpentier, architecte : xviiiᵉ siècle, Rouen, 434.

Carpentier, peintre : Rouen, 440.

Carreaux émaillés du moyen âge : Auffay, 85, Bailleul-sur-Eaulne, 222; Beauvoir-en-Lyons, 158; Berville-sur-Seine, 298; Boos, 267; Bosc-Roger, 274; Brémontier-en-Bray, 240; Chapelle-Saint-Ouen (la), 159; Canteleu, 578, 579; Clères, 281; Criel, 36; Dieppe, 22, 24; Esclavelles, 237; Ételan, 138; Étran, 174; Fesques, 238; Feuillie (la), 160; Fréauville, 226; Freneuse, 238; Fresles, 238; Grumesnil, 199; Havre (le), 126, 128, 129; Hermanville, 5; Loges (les), 112; Molagnies, 219; Moulineaux, 335; Neufchâtel, 247; Neuville-le-Pollet, 25; Néville, 535; Roux-Mesnil-Bouteilles, 27, 28; Saint-Hellier, 13; Saint-Jean-d'Abbetot, 151; Saint-Sulpice-sur-Yère, 44; Vatierville, 256; Villedieu-la-Montagne, 240; Wanchy, 233.

Carreaux faïencés : 1536, château de Bévilliers, à Gonfreville-l'Orcher, 573; Havre (le), 128.

Carrelage des murs au moyen âge : Boos, 267; Gancourt-Saint-Étienne, 213; Hautot-le-Vatois, 518; Mesnières, 241; Moulineaux, 335; Saint-Georges-de-Boscherville, 317; Saint-Pierre-de-Varengeville, 321; Saint-Wandrille, 503.

Carrières anciennes : Fécamp (Pétreval), 166; Grainville-la-Teinturière, 480; Mauny (le Val-des-Leux), 303; Port-Saint-Ouen, 265; Sainte-Marie-au-Bosc, 103; Saint-Jouin, 102; Saint-Vigor (le Val-Hullin), 155.

Carrières aux ossements humains : Écrainville, 117.

Cartulaires : de Bouteilles, 78; de Cressy, 11; de Jumièges, 312; de Saint-Maclou de Rouen, 408; de Sigy, 163.

Cas réservés, 141.

Casques antiques : Braquemont, 67; Dieppe, 24; Doudeville, 511; Rouen, 368.

Cassolettes romaines en bronze : Rouen, 581.

Castrum romain de Lillebonne, 133.

Cateliers : Blosseville-Bonsecours, 266; Brotonne, 506; Catelier (le), 48; Cuverville-sur-Étretat, 99; Eu, 39; Foucarmont, 181; Gonfreville-l'Orcher, 240; Mauny, 312; Radicatel, 138; Roquefort, 519; Saint-Jean-de-Folleville, 137; Saint-Nicolas-de-la-Taille, 138; Saint-Pierre-de-Varengeville, 321; Sept-Meules, 45; Torcy-le-Grand, 53; Varengeville-sur-Mer, 83; Vatteville, 504; Veulettes, 483; Villequier, 508.

Cateliers (Camp et ville des), à Saint-Pierre-de-Varengeville, 321.

Catherine (Sainte), ses reliques à Rouen, 375; la côte, le fort et l'abbaye de son nom à Rouen, 375.

Caux (Salomon de) : Rouen, 585.

Caveau des cardinaux d'Amboise et de l'archevêque d'Aubigné, à Notre-Dame de Rouen, 434.

Caveau du cœur du roi Charles V, à Notre-Dame de Rouen, 435.

Caveau du maréchal de Villars, à Doudeville, 511.

Caveaux sépulcraux (féodaux ou ecclésiastiques) : Angerville-Bailleul, 115; Angiens, 520; Anvéville, 526; Aumale, 166; Avesnes, 28; Bec-de-Mortagne (le), 115; Bellencombre, 6; Belmesnil, 47; Bernières, 91; Beuzeville-la-Grenier, 92; Bouville, 350; Cailly, 280; Canteleu, 342; Cidetot, 354; Clères, 281; Croixmare,

Seine-Inférieure.

359; Dénestanville, 50; Doudeville, 511; Étouteville-sur-Mer, 552; Eu, 40; Fontenay (le), 140; Grémonville, 532; Haucourt, 199; Hautot-le-Vatois, 518; Hautot-Saint-Sulpice, 512; Longuerue, 276; Longueville, 51; Mailleraye (chapelle du château de la), 495; Merval, 227; Mesnières, 241; Montivilliers, 147, 148; Motteville, 43; Ouainville, 431; Pavilly, 356; Pierrecourt, 187; Rouen (Carmes déchaussés, 385; (Jésuites), 383; (Notre-Dame), 434, 435; (Saint-Patrice), 401; (Saint-Romain), 396; Sahurs, 338; Saint-Aubin-le-Cauf, 32; Saint-Aubin-sur-Mer, 525; Sainte-Colombe, 537; Saint-Étienne-du-Rouvray, 339, 340; Sainte-Marguerite-d'Auchy ou lez-Aumale, 172; Saint-Léger-aux-Bois, 190; Saint-Martin-de-Boscherville, 318; Saint-Martin-du-Bec, 103; Saint-Sulpice-sur-Yère, 64; Saint-Wandrille, 501; Valmont, 546; Ventes-Saint-Remy (les), 264; Villers-sous-Foucarmont, 191; Villy-le-Haut, 26; Yville, 323.

Caves: XIII° siècle, Duclair, 300; Mont-Saint-Aignan, 346; Rouen, 372, 460; de la Vicomté, 475; — XVI° siècle, Bazinval, 175; Bénesville, 509; Clères, 281; Jumièges, 309; Harcanville, 512; Molagnies, 219; Saint-Martin-de-Boscherville, 319; Saint-Riquier-en-Rivière, 191; Saint-Vandrille, 501; Ypreville-Biville, 549.

Célestins: Rouen, 382.

Cella romaine: Bracquemont, 67; Caudebec-lez-Elbeuf, 323; Héricourt-en-Caux, 529; Sainte-Marguerite-sur-Mer, 80.

Cellule de Saint-Philbert: Jumièges, 308.

Cent-Quatre (Les): Harfleur, 143, 145.

Cercueil de marbre de saint Romain, évêque de Rouen: Rouen, 373, 394.

Cercueil de pierre de sainte Honorine, à Graville, 122, 123.

Cercueil de plomb du duc de Bedfort, régent de France: Rouen, 436.

Cercueils chrétiens — en plomb: Augiens, 521; Aumale, 173; Bernières, 91; Biville-le-Martel, 549; Cailly, 280; Cidetot, 356; Dénestanville, 50; Dieppe, 18, 29, 563; Foucarmont, 183; Merval, 207; Néville, 535; Rouen (cathédrale), XII° siècle, 436; XV° siècle, 436; (666; (Jésuites), 383; (Saint-Patrice), 401; Saint-Aubin-sur-Mer, 525; XVI° et XVII° siècle, Sainte-Colombe, 537; 1510, Saint-Léger-aux-Bois, 190; Saint-Martin-du-Bec, 102; Saint-Quentin, 34; — en plâtre, Bordeaux-Saint-Clair, 98; Londinières, 229; Massy, 240; Mesnières, 241; Rouen (Saint-Ouen), 582; Saint-Saëns, 261; Saint-Wandrille, 504; — en bois, XVI° siècle, Dieppe; XVI° et XVII° siècle, Saint-Wandrille, 501.

Cercueils d'enfants romains: Cany, 477, 478; Veulettes, 483.

Cercueils en pierre du moyen âge, XI°, XII° et XIII° siècle: Ancourt, 54; Braquemont, 68; Dieppe, 24; Étran, 74; Fécamp, 111; Hautot-sur-Mer, 71; Jumièges, 309, 310; Martin-Église, 74; Mont-aux-Malades (le), 346; Quiberville, 76; Rouen (Sainte-Catherine), 375; (Saint-Ouen, 331; Roux-Mesnil-Bouteilles, 77, 78; Saint-Aubin-Routot, 153; Saint-Ouen-du-Breuil, 337; Saint-Wandrille, 500; Tréport (le), 46; Villers-Écalles, 322.

Cercueils en pierre indéterminés: Auberville-la-Campagne, 136; Avesnes-en-Bray, 215; Beaumont-le-Hareng, 562; Cléon, 526; Cretot, 118; Harfleur, 142; Houppeville, 343; Lillebonne, 136; Sahurs, 339; Saint-Aubin-des-Cercueils, 153; Saint-Léonard, 113; Villers-Écalles, 322; Yport, 114.

Cercueils francs en pierre: Amfreville-la-Mi-Voie, 265; Anceaumeville, 278; Aubermesnil-les-Érables, 174; Authieux-Ratiéville (les), 278; Avesnes-en-Bray, 205; Beaussault, 194; Biville-sur-Mer, 27; Bec-de-Mortagne, 116; Blangy, 176; Bordeaux-Saint-Clair, 98; Canteleu, 342; Caudebec-lez-Elbeuf, 325; Clères, 281; Colleville, 540; Dancourt, 178; Daubeuf-Serville, 117; Déville, 343; Dieppe, 15; Douvrend, 28; Elbeuf, 326; Élétot, 541; Eslettes, 28; Étalonde, 37; Fontaine-en-Bray, 257; Fresles, 238; Gancourt-Saint-Étienne, 213; Gouville, 281; Grand-Couronne (le), 333; Graval, 239; Haudricourt, 169; Havre (le), 129; Hénouville, 301; Hodeng-au-Bosc, 133; Houppeville, 343; Isneauville, 292; Lamberville, 5; Limésy, 353; Lillebonne, 134, 135; Mauny, 313; Mont-Cauvaire, 284; Monville, 284; Montivilliers, 146, 147; Morgny-la-Pommeraye, 276; Neuville-Ferrières, 250; Oissel, 335; Orival, 329, 578; Ouville-la-Rivière, 75; Pavilly, 355; Pierrefiques, 100; Pourville, 71; Rebets, 276; Rogerville, 153; Rouen, 373; — (mérovingiens), 580; — (carlovingiens), 581; Saint-André-sur-Cailly, 285; Saint-Aubin-des-Cercueils, 153; Saint-Aubin-Épinay, 270; Saint-Denis-le-Thiboult, 292; Saint-Étienne-du-Rouvray, 339; Sainte-Geneviève-en-Bray, 259; Sainte-Marguerite-sur-Mer, 81; Saint-Léonard, 113; Saint-Martin-aux-Bois. 190; Saint-Pierre-en-Port, 552; Saint-Remy-Bosc-Rocourt, 44; Saint-Valery-en-Caux, 536; Sept-Meules, 45; Sigy, 162; Sommery, 244; Tiergeville, 544; Tourville-la-Rivière, 331; Tréport (le), 46; Vatteville, 504; Villers-sur-Aumale, 169; — en plâtre, Beaunay, 85; Caudebec-lez-Elbeuf, 325; Dampierre-en-Bray, 209, 210; Hénouville, 301; Montreuil-en-Caux, 88; Orival, 578; Ouville-la-Rivière, 75; Sept-Meules, 45.

Cercueils romains en pierre: Auberville-la-Campagne, 130; Fécamp, 105; Graville, 122; Lillebonne, 134; Rouen, 360, 362, 363, 367, 368; Sotteville-lez-Rouen, 340; Vatteville, 504; — en plomb, Cany, 477, 478; Darnetal, 289; Rouen, 361, 362, 363, 364; Sotteville-lez-Rouen, 340; — en marbre, Rouen, 363; — en bois, Rouen, 362; — en plâtre, Bosville, 476; Rouen, 368; — en tuiles, Cany, 477, 478; Veulettes, 483.

Cerf antique (Chasse du): Lillebonne, 570, 571.

Cerf d'Anségise, à Fécamp, 106.

Cerf romain — en bronze: Bézancourt, 205; (bois de), Épinay, 252.

Chaîne du port du Havre, 127.

Chaînettes franques, en bronze et en fer: Aubermesnil-les-Érables, 174; Avesnes-en-Bray, 205; Elbeuf, 326; Envermeu, 29; Gouville, 281; Londinières, 229; Quèvreville-la-Poterie, 270.

Chair musculaire romaine: Lillebonne, 134.

Chaire archiépiscopale de Notre-Dame de Rouen, XV° siècle, 430, 431.

Chaire de Bourdaloue, à Assigny (venant d'Eu), 26.

Chaire de Saint-Pierre (Images de la), XII° siècle, Flamets-Frétils, 258; XIII° siècle, Nesle-Hodeng, 244; XVI° siècle, Montagny, 162.

Chaires: XVI° siècle, Rosière (le). Saint-Marclou-de-Folleville, 89; 1620, Dieppe (venant de Saint-Jean de Rouen), 17; 1621, Saint-Maclou de Rouen, 407; 1646, Saint-Aubin-Jouxte-Boulleng, 330; 1689, Bellefosse, 556; — xviie siècle, Assigny (venant de Saint-Pierre d'Eu), 26; Frichemesnil, 283; Dampierre-en-Bray, 120; Saint-Patrice de Rouen, 401; Saint-Nicaise de Rouen, 378; Saint-Martin-du-Manoir, 150; Saint-Pierre-de-Franqueville, 271; — xviiie siècle, Bellozanne, 208; Gournay-en-Bray, 216; Petit-Couronne, 337; Yvetot, 560.

Chaise de Gargantua, à Saint-Pierre-de-Varengeville, 321.

Chambre-aux-Clercs, à Saint-Ouen de Rouen, xie siècle, 374.

Chambre de Guillemette d'Assy, xvie siècle, à Rouen, 375.

Chambre de la Tournelle, au palais de justice de Rouen, xvie siècle, 450.

Chambre des comptes de la Normandie, 1525, 449.

Chambre de Voltaire chez M. de Cideville, à Launay, 320.

Champagne (Philippe de), tableau, à Notre-Dame de Rouen, 427.

Champart (Robert), abbé de Jumiéges, évêque de Londres, archevêque de Cantorbéry, 304; son tombeau à Jumiéges, 309.

Champ de bataille (Le) : Bouille (la), 333.

Champ-du-Trésor, à Limésy, 353.

Chandeliers de bronze (probablement du moyen âge) : Arques, 55; Bosc-Geffroy, 223; Loges (les), 113; Rieux, 188; Vatteville, 304; Tiétreville, 545; Yébleron, 299.

Chantrerie : Bordeaux-Saint-Clair, 98.

Chapelet de moine dans une sépulture de Saint-Wandrille, 301.

Chapelet de saint Léger perdu à Saint-Valery-en-Caux, 536.

Chapelet de verre du xvie siècle : Lucy, 239.

Chapelle dans un chêne : Allouville, 555.

Chapelle de la Fierte (Ancienne), à Rouen, xvie siècle, 349.

Chapelle des ducs de Normandie, à Rouen, 389.

Chapelle des Écossais, à Dieppe, 543.

Chapelle de Saint-Saturnin, à Saint-Wandrille, x^e ou xie siècle, 502.

Chapelle de Six-Heures, à Valmont, xvie siècle, 547.

Chapelle du Loup et de Quasimodo, à Ypreville-Biville, 549.

Chapelle sépulcrale, xixe siècle, Roquefort, 519.

Chapelle taillée dans le roc (Saint-Adrien), à Belbeuf, 266.

Chapelles détruites : Allouville-Bellefosse, 556; Angerville-la-Martel, 539; Anvéville, 526; Arques, 58, 566; Aubermesnil-les-Érables, 175; Auberville-la-Campagne, 130; Auffay, 85; Aumale, 164, 167; Authieux-Port-Saint-Ouen (les), 265; Baons-le-Comte (les), 550; Beaubec-la-Rosière, 192; Beaussault, 195; Bec-de-Mortagne, 116; Bertreville-Saint-Ouen, 48; Bertrimont, 86; Bézancourt, 206; Biville-la-Martel, 568; Blainville-Crevon, 272; Bléville, 121; Blosseville-Bonsecours, 266; Blosseville-ès-Plains, 533; Bosc-Roger, 274; Bosville, 476; Bouafles, 174; Bourg-Dun (le), 63; Bouville, 360; Bréauté, 116; Buchy, 274; Cany, 479; Canville-les-Deux-Églises, 511; Candebec-en-Caux, 491, 492; Cléon, 326; Clères, 215; Cliponville, 515; Colleville, 340; Colmesnil-Manneville, 69; Conteville, 168; Contremoulins, 540; Cottévrard, 11; Croisy-la-Haye, 159; Criel, 136; Criquetot-le-Mauconduit, 540; Criquiers, 168, 169; Croixmare, 351; Cuverville-sur-Étretat, 99; Dampierre-en-Bray, 210; Dénestanville, 565; Déville,

343; Dieppe, 18, 19, 20; Doudeville, 511; Duclair, 300; Écrainville, 118; Elbeuf, 328-330; Émanville, 352; Ermenouville, 523; Essarts-Varimpré (les), 186; Étran, 75; Étretat, 99, 100; Eu, 39, 40, 41; Fauville, 517; Fécamp, 108, 109; Ferrières, 212; Fontaine-le-Dun, 523; Forges-les-Eaux, 191; Foucarmont, 182; Freneuse, 373; Froberville, 111; Gaillefontaine, 198; Gommerville, 152; Gouville, 503; Graincourt, 69; Grainville-la-Teinturière, 48; Harfleur, 144; Haucourt, 200; Haudricourt, 169; Hautot-le-Vatois, 518; Hautot-sur-Mer, 70, 71; Héricourt-en-Caux, 530; Heurteauville, 302, Heugleville-sur-Scie, 365; Hocqueville, 481; Hugleville-en-Caux, 553; Jumiéges, 312; Lammerville, 5; Lillebonne, 135; Limésy, 353; Loges (les), 112; Longueil, 73; Maulévrier, 496; Ménerval, 209; Mesnières, 242; Mesnil-sur-Lillebonne (le), 186; Monchaux, 185; Monchy-le-Preux, 234; Montérollier, 258; Mont-Cauvaire, 577; Mont-Roty, 219; Neufchâtel-en-Bray, 249; Neuville-Ferrières, 250, Neuville-le-Pollet, 25; Néville, 535; Normanville, 519; Notre-Dame-d'Aliermont, 91; Notre-Dame-de-Gravenchon, 137; Octeville, 574; Ouville-la-Rivière, 75, 76; Pavilly, 579; Pierrecourt, 187; Poterie (la), 102; Rançon, 503; Rouen (Capucins), 382; (Carmélites), 384; (Feuillants), 384; (Mathurins), 386; (Nouvelles-Catholiques), 387; (Oratoire), 387; (Pénitents), 384; (Saint-Gilles de Répainville), 395; (Saint-Michel-du-Mont-Gargan), 376; (Visitandines), 385; diverses, 438, 439, 440, 450, 456, 458; Rue Saint-Pierre (la), 285; Saint-Crespin, 565; Saint-Denis-le Thiboult, 294, 295; Saint-Léger-du-Bourg-Denis, 295; Saint-Ouen-du-Breuil, 357; Saint-Pierre-en-Port, 542; Saint-Pierre-le-Vieux, 525; Saint-Remy-d'Aliermont, 32; Saint-Remy-en-Rivière, 179; Saint-Riquier-en-Rivière, 191; Saint-Saëns, 262, 263; Saint-Thomas-la-Chaussée, 348; Saint-Vaast-Dieppedalle, 531; Saint-Valery-en-Caux, 536, 537; Saint-Wandrille (Caillouville), 502; Sainte-Hélène-Bondeville, 543; Sainte-Marguerite-sur-Mer, 81; Senneville-sur-Fécamp, 544; Smermesnil, 233; Tancarville, 156; Tiergeville, 545; Tiétreville, 545; Tréport (le), 46; Val-de-la-Haye, 341; Valliquerville, 569; Veauville-les-Baons, 559; Villequier, 503, 509; Yport, 114; Ypreville-Biville, 549; Yvetot, 560.

Chapelles existantes (avec dates), x^e et xie siècle, Saint-Saturnin, à Saint-Wandrille, 502; xie siècle, Sainte-Austreberte, à Pavilly, 356; xie et xiie siècle, Saint-Pierre-mi-chès-Camps, à Grumesnil, 199; xie-xive siècle, Notre-Dame-de-Salut, à Fécamp, 108; xie siècle, Gournay-en-Bray, 216; xiie siècle, Petit-Quevilly (Saint-Julien des Chartreux), 337; xiie-xvie siècle, Saint-Martin-du-Bos, à Incheville, 143; Notre-Dame-du-Val, à Veules, 538; xiiie siècle, Notre-Dame-du-Cardonnoy, à Aumale, 173; xiiie siècle, Saint-Guillaume-du-Désert, au Bois-Himont, 557; Montagny, 162; Villers-sous-Foucarmont, 191; xive-xvie siècle, Saint-Julien, au Tréport, 46; xive siècle, Flainville, au Bourg-Dun, 63; xive siècle, Mesnil-Panneville (Saint-Antoine de Gratmont), 354; 1499, château de Mesnières, 242; 1589, château de la Mailleraye, 494; xvie siècle, Notre-Dame-de-la-Paix, à Sahurs, 338; xvie siècle, château d'Ételan, à Saint-Maurice-d'Ételan, 138; château d'Auffay, à Oherville, 530;

château de Miromesnil, à Tourville-sur-Arques, 83; xvi° siècle, Saint-Gorgon, à Saint-Martin-de-Boscherville, 319; château de Martainville-sur-Ry, 291; Alvimare (les Blanques ou Bellangues), 514; Saint-Hellier, à Barentin, 349; Notre-Dame-de-Janville, à Paluel, 482; Héricourt-en-Caux (le Boscol), 530; 1622, chapelle du collége, à Eu, 41; 1657, Notre-Dame-des-Vertus, à Saint-Aubin-sur-Scie, 79; 1658, Notre-Dame-des-Autels, à Hautot-l'Auvray, 528; 1696; Notre-Dame-de-la-Paix, dans le chêne d'Allouville, 555; 1698, de Saint-Laurent, à Eu, 41; xvii° siècle, Canteleu (Croisset), 342; Belbeuf (Saint-Adrien), 266; Cany (Saint-Gilles de Caniel), 479; Notre-Dame-de-Bon-Port, à Saint-Valery-en-Caux, 535; Saint-Pierre de Varengeville, (Saint-Gilles), 321; 1717, Anneville-sur-Seine, 297; 1742, Essarts-Varimpré (les), 180; 1756', Roumare, 348; 1775, Criel (Chantereine), 36; 1787, Jumièges, 312; 1790, Bazinval, 175; — (sans dates), Auffay (le Bos-Melet), 85; Beaunay, 85; Bosc-Guerard-Saint-Adrien (le) (Saint-Adrien), 279; Caudebec-en-Caux (Barre-y-Va), 491; Doudeauville, 211; Doudeville, 511; Étouttevillesur-Mer, 552; Fontaine-Châtel, 277; Gaillefontaine, 198; Grainville-la-Teinturière, 481; Grémonville, 552; Havre (le), 125, 126, 127; Haudricourt, 169; Limésy, 353; Mesnil-Panneville (Mesnil), 353; Monchaux-Soreng, 186; Quévreville-la-Milon, 295; Roncherolles-en-Bray, 203; Rouen, 1600 à 1636 (Minimes), 384; 1667 (Gravelines), 376; xvii° siècle (Jésuites), 382, 383; (Saint-Maclou, Divin-Cœur), 404; 1723-1735 (Saint-Yon), 388; 1785 (hôpital général), 442; 1785 (séminaire Saint-Nicaise), 433; xviii° siècle (Saint-Sacrement), 387; Saint-Denis-le-Thiboult (Saint-Laurian), 295; Saint-Jean-du-Cardonnay, 348; Saint-Pierre-lez-Elbeuf (Saint-Nicolas), 331; Saint-Pierre-de-Varengeville (Sainte-Anne), 321; Saint-Valery-sous-Bures, 232; Sainte-Marguerite-d'Auchy, 173; Sassetot-le-Mauconduit, 543; Serville, 117; Sierville, 168; Veauville-les-Baons, 559; Yvetot, 560.

Chapelles sécularisées et transformées : Auffay (Clos-Jacquet), 85; Beauvoir-en-Lyons, 137; Bénesville, 503; Berville-sur-Seine, 298; xviii° siècle, Biville-la-Baignarde, 568; xi° siècle, Bolbec, 93; Bosc-Guérard-Saint-Adrien (le), 274; Bouafles, 174; xiii° siècle, Clères 282; xv° siècle, Cléville, 516; Cuy-Saint-Fiacre, 208; xiii° siècle, Envermeu (Brais), 30; xvii° siècle, Esclavelle, 237; xvi° siècle, Foucarmont (Notre-Dame-de-l'Épine), 182; Fresquienne, 352; xiv° siècle, Froberville (Maupertuis), 111; Gonfreville-l'Orcher, 141; (Bévilliers), 573; Graville, 123; Imbleville, 88; Limésy, 333; xvi° siècle, Luneray, 67, 561; xi° siècle, Mélamare, 136; Mont-Cauvaire, 577; xvi° siècle, Moulineaux (Caradas), 335; Neufchâtel-en-Bray (Sainte-Radegonde), 248; Neuville-Champ-d'Oissel (la), 269; xi° siècle, Notre-Dame-de-la-Gaillarde (Sainte-Marguerite-du-Dun), 524; xvi° siècle, Saint-Aubin-Jouxte-Boulleng, 330; Saint-Denis-sur-Scie, 88; xi° siècle, Saint-Romain-de-Colbosc, 155; xvi° siècle, Varengeville-sur-Mer, 83.

Chapiteau avec aigle : Rouen, 365.

Chapiteaux antiques : en marbre, Sainte-Beuve-en-Rivière, 251; — en pierre, Rouen, 362; Saint-Vincent-de-Nogent, 249.

Chapiteaux francs et mérovingiens : Duclair, 299; Étretat. 100; Lillebonne, 135; Rouen, 265.

Chapiteaux romans : Duclair, 239; Gournay-en-Bray, 215; Graville-Sainte-Honorine, 123; Montivilliers, 147; Osmoy, 231; Saint-Georges de Boscherville, 317.

Chardon (Robert), architecte : Fécamp, 107.

Charlemagne à Rouen, 373.

Charles V, roi de France, aide l'église Saint-Ouen, 410; son mausolée, son caveau, son cœur à Notre-Dame de Rouen, 435; son inscription, 435.

Charles IX à Criquetot, 99; à Jumièges, 304; à Sainte-Adresse, 569; à Sainte-Gertrude, 497.

Charles le Mauvais, roi de Navarre, ses complices à Rouen, 437.

Charles le Téméraire, duc de Bourgogne : Arques, 57; Blangy, 176; Criquiers, 169; Haucourt, 199; Monchaux, 185; Rouen, 390; Saint-Saëns, 261; Valmont. 546.

Charles Stuart le Prétendant, à Oherville-Auffay, 530.

Charniers, à Rouen (Saint-Maclou), 409; à Veules, 538.

Charrue romaine en fer : Roncherolles-en-Bray, 202.

Chartreux : Petit-Quevilly, 338; Rouen, 381; Saint-Étienne-du-Rouvray, 339.

Chartriers : Cany, 479; Pavilly, 579; Rouen (Saint-Ouen), 412; Valmont, 548.

Chasse au cerf antique : Lillebonne, 371, 372.

Châsses : 1750, Belbeuf, 265; Gournay-en-Bray (saint Hildevert), 216; Héricourt-en-Caux (saint Mellon), xiv° siècle, avec émaux, 530; Pavilly (sainte Austreberte et sainte Julienne), 356; xvii° siècle, Martainville-sur-Ry, 292; Rouen, de sainte Catherine, 375; xii° siècle, de saint Sever, en bois, enrichie de lames d'argent estampé, au musée d'antiquités, 432; xiii° siècle, de saint Romain, autrefois des saints Apôtres, en cuivre doré, à la cathédrale, 431, 432; Saint-Saëns (de saint Saëns), xii° et xv° siècle, en chêne, revêtu de lames d'argent et orné d'émaux, 576.

Château d'Arques, racheté par le Gouvernement, 566.

Châteaux détruits et traditions de châteaux disparus : Allouville, 556; Ancourt, 54, 55; Anquetierville, 485; Aubermesnil-les-Érables, 175; Auffay, 85; Aulage, 254; Aumale, 164; Auzebosc, 556; Avesnes, 24; Avremesnil, 2; Bacqueville, 3; Bailleul-sur-Eaulne, 222; Beaubec-la-Rosière, 194; Beaumont-le-Harenc, 561; Beaurepaire, 97; Beausault, 194; Beauvoir-en-Lyons, 175; Bec-aux-Cauchois (le), 548; Bec-de-Mortagne (le), 185; Bellefosse, 556; Bermonville, 515; Berneval-le-Grand, 60; Bezancourt, 205; Blainville, 171; Blangy, 176; Bléville, 121; Blosseville-ès-Plans, 533; Bolbec (Fontaine-Martel), 93; Boos, 267; Bosc-le-Hard (le), 10. 11; Bondeville, 510; Bouelles, 235; Bourdainville, 451; Bourg-de-Saâne (le), 7; Bouville, 350; Bully, 236; Bures, 224; Cailly, 279, 280; Cany et Caniel, 479; Canouville, 477; Charles-Mesnil (Mesnil-Haquet), 51; Cidetot (Brun-Catel), 351; Cleuville, 526 Colmesnil-Manneville, 68, 69; Crasville-le-Roquefort, 522; Criquebeuf, 115; Cuverville-sur-Étretat, 99; Criquetot-sur-Ouville, 551; Croixmare, 357; Darnetal (le Roule), 289; Dénestanville, 50; Déville-sur-Yère, 228; Écotigny, 228; Écretteville-les-Baons, 557; Elbeuf-en-Bray, 211; Envermeu, 30; Étouttevillesur-Mer, 551; Étretat

(Fréfossé), 100; Fécamp, 108-110; Ferrières, 212; Ferté-en-Bray (la), 145; Feuillie (la), 160; Fontaine-le-Bourg, 285; Forges-les-Eaux, 197; Fresles, 239; Fresquienne, 352; Gaillefontaine, 193; Gervillé, 112; Gonneville-la-Malet, 101; Gournay-en-Bray, 213, 214; Gousseauville, 47; Grainville-la-Teinturière, 481; Grandcourt, 227; Graville, 122; Guerbaville-la-Maillerave, 496; Guerville, 283; Guilmécourt, 31; Hardouville, 354; Haucourt, 199; Hautot-sur-Mer, 70; Hénouville (le Bellay), 302; Heugleville-sur-Scie, 50; Houlme (le), 343; Houppeville, 344; Limésy, 353; Lindebeuf, 553; Loges (les), 112; Longroy, 43, 544; Manéhouville, 51; Maniquerville, 113; Maulévrier, 496; Ménouval, 241; Mesmoulins, 114; Mesnil-Lieubray (le), 161; Monchaux, 185; Montérollier, 258; Montivilliers, 149; Montmain, 269; Monville, 284; Moulineaux (château de Robert le Diable), 334; Neufbosc, 258; Neufchâtel-en-Bray, 245, 246; Neuville-Ferrières, 250; Néville, 534; Nolleval, 161; Normanville, 519; Notre-Dame-de-Gravenchon (château de Gravenchon), 137; Oherville, 530; Oissel, 336; Orival (château Fouet), 329; Ouainville, 481; Ourville, 530; Ouville-la-Rivière, 76; Pavilly, 529; Pelletot, 49; Pierrecourt, 186; Pierrepont, 228; Pommerval, 12; Rouen (le Châtel, la Vieille-Tour, le Château de 1204, le Vieux-Palais de 1420), 444-446; (le fort Sainte-Catherine), 446; Rouvray-Catillon, 163; Sahurs, 338; Saint-Arnoult-sur-Caudebec, 498; Saint-Aubin-sur-Scie (le Jardin), 71; Saint-Denis-le-Thiboult, 294; Saint-Laurent-en-Caux (Calletot), 513; Saint-Léger-aux-Bois, 190; Saint-Léonard (les Hogues), 113; Saint-Martin-de-Boscherville (Genétey), 319; Saint-Martin-le-Gaillard, 44; Saint-Nicolas-d'Aliermont, 33; Saint-Ouen-sous-Bailly, 34; Saint-Pierre-de-Varengeville, 321; Saint-Riquier-en-Rivière, 191; Saint-Romain-de-Colbosc (Catiau-Robert), 154; Saint-Saëns, 261; Saint-Saire, 255; Saint-Victor-l'Abbaye, 89; Sainte-Marguerite-d'Auchy ou lez-Aumale (château Hubauld), 171, 172; Saumont-la-Poterie, 204; Sommesnil, 531; Thibermesnil, 555; Tiergeville, 545; Tilleul (le) (Fréfossé), 104; Tocqueville-sur-Criel, 45; Tôtes, 91; Triqueville, 139; Trouville-en-Caux, 96; Varneville-Bretteville, 91; Vatteville, 505; Vieux-Rouen (le), 173; Villers-Chambellan, 522; Wanchy, 233; Wardes, 221; Yvetot, 560.

Châteaux en ruines: xi° au xv° siècle, Arques, 56; xi° au xiii° siècle, Bellencombre, 9, 10; xi° siècle, Criel (le Baile), 36; xi° au xii° siècle, Mortemer-sur-Eaulne, 243; xi°, xiii°, xv° et xvi° siècle, Tancarville, 156; xii° et xiii° siècle, Lillebonne, 135; xii° siècle, Mateputenam, 174; xii° siècle, Maulévrier, 496; xii° siècle, Neufmarché, 219, 220; xii° siècle, Trait (le), 321; xii° et xiii° siècle, Vatteville, 505; xii° siècle, Vieux-Rouen (Brétizel), 174; xiii° siècle, Beausault, 194; xiii° siècle, Clères, 281; xiii° siècle, Cuverville-sur-Yère, 37; xiii° siècle, Longueil, 72; xiii° siècle, Préaux, 293; xiii° siècle, Saint-Germain-sous-Cailly, 286; xiii° siècle, Saint-Léonard (les Hogues), 113; xvi° siècle, Auzebosc, 554; xvi° siècle, Hermanville, 415.

Châteaux existants: 1204, Rouen (le donjon), 145; xiii° siècle, Ambourville, 296; Beuvreuil, 211; xiv°, xv° et xvi° siècle, Valmont, 547, 548; 1433, Dieppe, 21; 1491, Imbleville, 88; xv° et xvi° siècle, Martainville-sur-Ry, 291; Mesnil-Lieubray (le) (Normanville), 161; Mesnières, 242; Pavilly (Esneval), 574; Saint-Maurice-d'Ételan (Ételan), 133; 1504, Elbeuf-en-Bray, 211; 1528, Gonfreville-l'Orcher (Bévilliers), 141, 523; 1530, Varengeville-sur-Mer (manoir d'Ango), 84; 1560-1588, Bully (château du Flot), 236; 1578, Eu, 41; xvi° et xvii° siècle, Angerville-Bailleul, 115; Angerville-la-Martel, 539; Archelles, 59; Argueil, 151; Assigny, 26; Auberville-la-Manuel, 475; Auvilliers, 234; Beaunay, 85; Clères, 281; Colleville (Hougerville), 540; Crasville-le-Roquefort, 592; Criel (Briançon), 36; Dampierre, 27; Duclair (le Taillis), 300; Esclavelles, 237; Godervillé, 118; Graimbouville (Goustimesnil), 132; Grémonville, 552; Héricourt-en-Caux (Boscol), 530; Heuze (la), 10; Isneauville, 293; Mirville, 120; Montigny, 345; Neuville-Ferrières, 250; Oherville (château d'Auffay), 530; Pierre (la), 89; Rouen (la Motte), 446; Roumare, 348; Sainte-Adresse (Vitanval), 131; Saint-Aubin-sur-Scie (Miromesnil), 83; Saint-Germain-sur-Eaulne, 253; Saint-Léger-aux-Bois, 190; Saint-Martin-du-Bec (le Bec), 103; Saint-Martin-du-Manoir, 150; Saint-Pierre-le-Vieux, 525; Serville, 117; Theuville-aux-Maillots, 544; Tourville-Igneauville (les Ifs), 114; Vieux-Rouen (le), 174; xvii° siècle, 1604, Ganzeville, 112; 1616, Bosguerard-Saint-Adrien (le Bostheronlde), 279; 1629, Merval, 207; 1630, Hénouville (le Bellay), 302; Anneville-sur-Scie (cheminée tournante et grand hôtel), 297; Cany, 479; Esteville, 282; Gonfreville-l'Orcher (Orcher), 141; Harfleur, 144; Hocqueville (Catteville), 481; Hybouville, 31; Limésy, 353; Mesnil-Geffroy (le), 534; Motteville-les-Deux-Clochers, 553; Pissy-Poville, 346; Quevillon (la Rivière-Bourdet), 314; Raffetot (Baclair), 95; Rieux, 189; Rouen (le Nid-de-Chien), 446; Rouvray-Catillon, 203; Saint-Germain-sous-Cailly, 286; Saint-Jean-du-Cardonnay, 348; Saint-Pierre-de-Franqueville, 271; Sommesnil, 531; Thibermesnil, 555; Wardes, 221; xviii° siècle, Ancourt (le Pont-Trancard), 55; Aumale (le Bois-Robin), 167; Auzebosc, 556; Belbeuf, 266; Bellefosse, 556; Bénouville-sur-Mer, 97; Claville-Motteville, 281; Contremoulins, 540; Criel (Chantereine), 36; Croixmare (Beauvoir), 351; Cuverville-sur-Étretat, 99; Doudeville (Galleville), 511; Elbeuf, 328; Ernemont-sur-Buchy, 275; Gommerville (Fibières), 152; Grand-Quevilly (le), 334; Héron (le), 242; Iclon, 521; Londe (la), 329; Mauny, 313; Panneville, 354; Renfeugères, 352; Roquefort, 514; Saint-Aubin-le-Cauf, 32; Saint-Germain-sur-Eaulne, 253; Saint-Remy-en-Campagne, 44; Saint-Victor-la-Campagne, 549; Sassetot-le-Mauconduit, 543; Sauchay, 35; Silleron, 521; Theuville-aux-Maillots, 544; Tilleul (le) (Fréfossé), 104; Tonneville, 522; Tôtes, 91; Valmont (Héricy), 548; Veauville-les-Quelles (Mathonville), 532; Vaurouy (le), 301; Villequier, 518; Yville, 323.

Chattes (Le commandeur de), ses combats, 63, 70, 91, 555; son tombeau à Dieppe, 18, 19.

Chaudières de cuivre : gauloises, Tilleul (le), 103; — romaines, Bailly-en-Rivière, 26; Saint-Jouin-sur-Mer, 102; — du moyen âge, Écretteville-sur-la-Mer, 540; Etretat, 100; Mortemer-sur-Eaulne, 243; Saint-Vaast-Dieppedalle, 531.

Chaussée Brunehaut : Criquiers, 168.

Chaussée de Jules César : Fauville, 516.
Chaussées : Ancourt, 54; Bréauté, 116; Bretteville-la-Chaussée, 116; Chaussée-Bois-Hulin (la), 49; Caudebec-en-Caux, 486; Crosville-sur-Durdent, 482; Fauville, 516; Feuillie (la), 159; Gournay-en-Bray, 214; Montivilliers, 146; Saint-Thomas-la-Chaussée, 347.
Chef de Saint-Denis de Paris, à Sainte-Adresse, 129; à Sanvic, 129.
Chemin des Morts, à Bailly-en-Rivière, 26.
Cheminées : romaines, Saint-Saëns, 261; — du moyen âge, xie siècle, Bénouville-sur-Mer, 97; xiiie siècle, Beuvreuil, 211; xive siècle, Anneville-sur-Seine, 297; xvie siècle, Avremesnil (venant du manoir d'Ango), 75; Bénesville, 509; Bully (château du Flot), 235; Clères, 281; Gonfreville-l'Orcher (Béviliers), 573; Gonzeville, 512; Harcanville, 512; Havre (le) (en faïence), 129; Hénouville, 302; Montivilliers (Reaulté), 149; Rouen, 375; Sainte-Adresse (Vitanval), 569; Sévis, 562; xviie siècle, Berville-sur-Seine, 298; Quevillon, 314.
Chemins arquois : Baons-le-Comte, 550; Houdetot, 524; Pissy-Poville, 346.
Chemins de César, des Romains, des Mareyeurs ou des Chassemarées : Ancourt, 54; Fauville, 514; Grainville-la-Teinturière, 480; Veules, 527.
Chemins des Fées : Bocasse-Val-Martin, 279; Braquemont, 64; Chaussée-Bois-Hulin (la), 49; Varneville-les-Grès, 91.
Chêne à l'âne : Jumièges, 312.
Chêne à Leu : Roumare, 347.
Chêne-chapelle d'Allouville, 555.
Chêne de Notre-Dame, à Vatteville, 506.
Chêne de Rollon : Roumare, 347.
Chevaux (Squelettes de), Envermeu, 29; (ossements de), Rouen, 368; (harnais de), Envermeu, 29.
Chevaux (Pèlerinages pour les) : Saint-Martin-l'Ortier, 254; Tocqueville-sur-Criel, 45.
Chevaux romains en terre cuite : Rouen, 363.
Childemarque, abbesse, 112.
Chilpéric (Le roi), à Rouen, 373.
Choiseul-Gouffier (M. de), 63.
Chrétienté (Doyenné de la) : Saint-Maclou de Rouen, 409.
Christ rendant du sang, 146.
Christianisme (son introduction à Rouen), 365.
Christophe (Saint) : Caillouville, 503; Harfleur, 143.
Cideville (M. de), ami de Voltaire : Rouen, 474.
Cilices : Rouen, 581.
Cimetière de l'abbaye de Saint-Ouen, où Jeanne d'Arc a abjuré, 582 : fouillé en 1871, 580, 581, 582.
Cimetière de l'Aître Saint-Maclou, à Rouen, 418.
Cimetière piratique ou scandinave? : Graville, 566.
Cimetières chrétiens du moyen âge : Fécamp, 111; Gancourt-Saint-Étienne, 213; Gournay-en-Bray, 217; Havre (le), 126; Montivilliers, 148; Rouen (Sainte-Catherine), 375; (Saint-Ouen), 581, 582.
Cimetières communs à plusieurs paroisses : Saint-Étienne-le-Vieux (à Gancourt-Saint-Étienne), 213; Saint-Remy-d'Aliermont (à Saint-Jacques-d'Aliermont), 32.
Cimetières des pestiférés : Havre (le), 126; Rouen, 440.
Cimetières dits des Huguenots : Anneville-sur-Seine, 297; Mesnil-Follemprise, 12.
Cimetières francs (généralement mérovingiens) : Amfreville-la-Mivoie, 245; Arguoil, 157; Aubermesnil-les-Érables, 174; Avesnes-en-Bray, 205; Bailleul, 223; Barentin, 350; Beausault, 194; Bec-de-Mortagne, 116; Bellencombre, 9; Bezancourt, 205; Biville-sur-Mer, 27; Blangy, 176; Bois-Robert (le), 48; Canteleu, 342; Caudebec-lez-Elbeuf, 335; Clais, 225; Clères, 281; Colleville, 540; Criel, 36; Dampierre-en-Bray, 209; Déville, 343; Dieppe, 15; Életot, 541; Eslettes, 282; Étalonde, 37; Étretat, 99; Eu, 38; Fleuzy-près-Aumale, 163; Fontaine-en-Bray, 257; Fontaine-le-Bourg, 283; Foucarmont, 181; Gancourt-Saint-Étienne, 213; Grand-Couronne (le), 333; Grandcourt, 227; Gousseauville, 43; Gouville, 281; Hanouard (le), 528; Haudricourt, 169; Hautot-sur-Mer, 70, 71; Hénouville, 301; Héronchelles, 275; Hodeng-au-Bosc, 184; Lamberville, 5; Lillebonne, 35; Londe (la), 578; Londinières, 228, 229; Lucy, 239; Martin-Église, 73; Mesnières, 241; Mont-Cauvaire, 284; Montérollier, 258; Montivilliers, 146, 147; Monville, 284; Moulineaux, 334; Morgny-la-Pommeraye, 276; Neufchâtel-en-Bray, 246; Nesle-Hodeng, 244; Nesle-Normandeuse, 186; Neuville-Champ-d'Oisel (la), 269; Neuville-Ferrières, 256; Notre-Dame-de-Bliquetuit, 497; Oissel, 335; Orival (Elbeuf), 578; Orival (Saint-Hellier), 13; Ouville-la-Rivière, 75; Parfondeval, 231; Pourville, 71; Quevillon, 314; Quévreville-la-Poterie, 270; Rosay, 12; Rouen, 373, 581; Saint-Aubin-Épinay, 270; Saint-Aubin-sur-Scie, 79; Saint-Étienne-du-Rouvray, 339; Saint-Martin-au-Bosc, 190; Saint-Martin-aux-Buneaux, 482; Saint-Remy-Rocourt, 45; Saint-Riquier-en-Rivière, 140; Saint-Valery-en-Caux, 536; Saint-Vincent-de-Nogent, 269; Sainte-Geneviève-en-Bray, 259; Sainte-Marguerite-sur-Mer, 80, 81; Sept-Meules, 45; Sigy, 162; Sommery, 263, 264; Tiergeville, 544; Tréport (le), 46; Vatteville, 505; Veules, 538; Villainville, 104; Villers-sur Aumale, 169.
Cimetières francs (carlovingiens) : Dieppe, 15; Rouen, 581.
Cimetières gaulois (à incinération) : Ancourt, 54; Bouelles, 234; Cany-Sasseville, 482; Caudebec-lez-Elbeuf, 324; Essarts-Varimpré (les), 179; Havre (le), 568; Moulineaux, 334; Rouen, 368; Saint-Remy-en-Rivière, 178, 179; Saint-Vincent-de-Nogent, 249; Saint-Wandrille-Rançon, 499; Sainte-Beuve-en-Rivière, 251; Sommery, 263.
Cimetières romains (à incinération) : Ancourt, 54; Anglesqueville-l'Esneval, 97; Anvéville, 526; Barentin, 348; Bolbec, 93; Bosville, 476; Braquemont, 67, 68; Bréauté, 116; Cailly, 286; Cany, 477, 478; Canouville, 477; Canville-les-Deux-Églises, 510; Caudebec-en-Caux, 486; Caudebec-lez-Elbeuf, 325; Cauville, 139; Cerlangue (la), 150; Contremoulins, 540; Dieppe, 14; 15; Doudeville, 511; Eslettes, 202; Etretat, 99; Eu, 39; Fauville, 516; Fécamp, 105, 106; Fontenay (le), 240; Grainville-l'Alouette, 119; Graville-Sainte-Honorine, 121, 122; Havre (le), 124, 568, 569; Héberville, 524; Héricourt-en-Caux, 528; Lillebonne, 134, 569, 570; Loges (les), 112; Luneray, 5, 6; Manneville-la-Goupil, 119; Mesnil-sous-Lillebonne, 135, 136; Neuville-le-Pollet, 24, 25; Notre-Dame-de-Bliquetuit, 497; Osmoy, 232; Ponts-et-Marais, 564; Rançon, 503; Rosière (la), 193; Rouen, 361, 362, 363, 364; Rose-Mesnil-Bouteilles, 77; Saint-Aubin-sur-Mer, 524; Saint-

Denis-le-Thiboult, 294; Saint-Jean-de-Folleville, 137; Saint-Jouin, 182; Saint-Léonard, 113; Saint-Martin-de-Boscherville, 315; Saint-Martin-en-Campagne, 32; Saint-Maurice-d'Ételan, 380; Saint-Nicolas-de-la-Haye, 498; Saint-Vaast-d'Équiqueville, 34; Saint-Valery-en-Caux, 536; Sainte-Hélène-Bondeville, 542; Thibermesnil, 555; Tiergeville, 544; Tiétreville, 545; Tilleul (le), 103; Toussaint, 545, 546; Tourville-la-Rivière, 331; Trouville-en-Caux, 96; Valliquerville, 558; Veules, 537; Yébleron, 520; Yerville, 555.

Cimetières romains (à inhumation) : Cany, 477, 478; Eslettes, 202; Incheville, 42; Lillebonne, 134; Muchedent, 52; Rouen, 360, 362, 363, 367, 368; Sotteville-lez-Rouen, 340; Vatteville, 504; Veulettes, 483.

Cipolin (Marbre) au jubé de Notre-Dame de Rouen, 430.

Ciseaux en fer : romains, Lillebonne, 570; — francs, Envermeu, 29; Parfondeval, 231; Sainte-Marguerite-sur-Mer, 80, 81.

Citadelle du Havre; 127.

Cité (Lieux dits la) : Braquemont (la cité de Limes), 63-69; Bretteville-Saint-Laurent (Beauville-la-Cité), 510; Cottévrard (la cité de Dreulles), 56; Criel, 36; Grainville-la-Teinturière, 480; Veules, 537.

Cité de Jérusalem (Enseigne de la) : 1580, Rouen, 464.

Cité de Limes, 63-69.

Cité de Rouen, son enceinte, ses monuments, sa description, 358, 359, 360, 361, 362, 363, 364, 355, 369.

Cité des Calètes, 131.

Cité des Vélocasses, 365.

Clefs : romaines, Brotonne, 507; Bos-Guérard (Saint-Adrien), 279; Cany, 478; Héricourt-en-Caux, 529; Lillebonne, 571; Sainte-Beuve-en-Rivière (Épinay), 253; Vatteville, 504; — franques, Écrainville, 117; Envermeu, 29; Maulévrier, 496; Neufchâtel-en-Bray, 246; — du moyen âge, Mortemer-sur-Eaulne, 243.

Clément (Robert), évêque d'Hippone : Rouen, 381.

Clercy (Famille de) : Angiens, 526.

Clérot (M.), antiquaire de Rouen : Vieux-Manoir, 278.

Cloche d'argent (La), à Rouen, XIIIe siècle, 453.

Cloche de Georges d'Amboise, à Notre-Dame de Rouen, 421.

Clochers : XIe siècle, Bailleul-Neuville, 271; Beaubec-la-Rosière, 192; Biville-la-Martel, 549; Bretteville-la-Chaussée, 117; Carville-le-Pot-de-Fer, 507; Caudebec-lez-Elbeuf, 326; Clais, 225; Criquetot-l'Esneval, 109; Duclair, 299; Écrainville, 118; Fécamp (Notre-Dame-de-Salut), 108; Fontaine-la-Mallet, 140; Fontenay (le), 140; Goufreville-l'Orcher, 141; Gourel (la), 4; Graville-Sainte-Honorine, 123; Héron (le) 292; Heugleville-en-Caux, 558; Hodeng-en-Bray, 245; Jumièges, 303; Lanquetot, 94; Limésy, 353; Mannevillette, 146; Montivilliers, 147; Neufchâtel-en-Bray, 247; Neufmarché, 220; Notre-Dame-de-Bliquetuit, 497; Ouville-la-Rivière, 76; Puisenval, 230; Rançon, 503; Rouen (Sainte-Catherine-du-Mont), 385; Roumare, 348; Saint-Arnould-sur-Caudebec, 498; Saint-Aubin-de-Cretot, 498; Saint-Georges de Boscherville, 316; Saint-Jean-d'Abbetot, 151; Saint-Jean-du-Cardonnay, 348; Saint-Laurent-en-Caux, 513; Saint-Léonard, 113; Saint-Martin-Omonville, 359; Saint-Saëns, 261; Saint-Saturnin, à Saint-Wandrille, 502; Saint-Victor-la-Campagne, 549; Saint-Wandrille, 503; Sainte-Foy, 52; Sanvic, 131; Touffreville-la-Corbeline, 558; Vaupalière (la), 348; Wauchy, 233; Yainville, 323; — XIIe siècle, Angerville-l'Orcher, 97; Auffay, 85; Avremesnil, 2; Beaunay, 85; Beausault, 194; Bermonville, 91; Bosville, 476; Bouville, 350; Beuzeville-la-Grenier, 92; Bléville, 121; Blosseville-ès-Plains, 532; Boschyons, 206; Bourville, 522; Colleville, 533; Cléville, 515; Croixmare, 351; Dampierre-en-Bray, 214; Ecalles-Alix, 351; Émanville, 351; Épouville, 140; Fécamp, 116; Fontaine-le-Dun, 523; Fréville, 351; Graimbouville, 152; Gournay-en-Bray, 214; Hautot-l'Auvray, 528; Hautot-le-Vatois, 518; Hermanville, 4; Héron (le), 292; Houquetot, 119; Lamberville, 5; Lintot, 95; Longmesnil, 201; Manéglise, 144; Ménerval, 218; Montivilliers, 647; Notre-Dame-de-Gravenchon, 136; Osmoy, 231; Rouen (la tour de Saint-Romain, à Notre-Dame), 419; Ry, 212; Sainneville-sur-Seine, 153; Saint-Aignan-sur-Ry, 277; Saint-Laurent-de-Brèvedent, 154; Saint-Mards, 7; Saint-Nicolas-de-la-Haye, 498; Saint-Saire, 254; Sainte-Beuve-en-Rivière, 251; Sainte-Marie-au-Bosc, 103; Sierville, 286; Vatierville, 255. 256; Vattetot-sur-Mer, 114; Villedieu-la-Montagne, 201; Virville, 121; Yébleron, 520; Yville, 323; — XIIIe siècle, Anglesqueville-la-Bras-Long, 521; Bourg-Dun (le), 62; Bures, 224; Cailly, 280; Étretat, 100; Fresles, 238; Grand-Couronne (le), 338; Isneauville, 293; Lammerville, 5; Mélamare, 136; Monchaux, 185; Nesle-en-Bray, 244; Octeville, 149; Pavilly, 355; Quiévrecourt, 251; Raffetot, 95; Rouen (tour centrale de Notre-Dame), 423, 424; Saint-Michel-d'Halescourt, 203; Sommery, 264; Thil-Riberpré (le), 204; Saint-Aubin-sur-Mer, 525; Saint-Pierre-en-Port, 542; Saint-Wandrille, 503; Sainte-Colombe, 537; Veules, 538; — XIVe siècle, Dieppe (la tour du Vieux-Saint-Remy), 17; Rouen (la tour centrale de Saint-Ouen), 413; — XVe siècle, 1426 à 1530, Caudebec-en-Caux (la tour), 487; Havre (le), 126; Rouen (Notre-Dame), 1445-1470 (haut de la tour Saint-Romain), 419; 1487 (tour de Beurre), 419, 420; 1492-1502, Saint-Laurent, 393, 394; — XVe-XVIe siècle (Saint-Maclou), 404; (Saint-Herbland), 389; (Saint-Ouen), 413; (Saint-Vivien), 399, 400; — XVIe siècle (avec dates) : 1511, Saint-Vaast-du-Val, 89; 1512, Darnetal (Carville), 289; 1519, Guerbaville-la-Mailleraye, 494; 1519, Notre-Dame-de-la-Gaillarde, 524; 1522, Ingouville-ès-Plains, 534; 1544, Rouen (Saint-Martin-du-Pont), 551; Crasville-la-Mallet, 280; 1559, Gonneville-les-Hameaux, 87; 1566, Grainville-la-Teinturière, 480; 1577, Fresquienne, 359; 1577, Veauville-les-Baons, 559; 1580, Hautot-sur-Mer, 70; 1583, Sasseville, 483; 1600, Bénesville, 509; 1600, Hocqueville, 480; 1600, Rouen (Sainte-Marie-la-Petite), 391; — (sans dates) : Alvimare, 514; Angerville-Bailleul, 145; Angerville-la-Martel, 529; Anneville-sur-Scie, 47; Anneville-sur-Seine, 287; Auberville-la-Renault, 115; Aumale, 165; Auzebosc, 556; Berville, 479; Bébec, 509; Bec-de-Mortagne, 116; Berville-sur-Seine, 298; Blangy, 176; Bois-Guillaume (le), 288; Bois-Guilbert (le), 273; Bosc-Geffroy, 223; Bouille (la), 332; Cantelou, 342; Cany, 478; Cerlangue (la), 151; Cottévrard, 11; Criquebeuf-sur-Mer, 105; Criquetot-le-Mauconduit, 540; Darnetal (Long-Paon), 290; Dieppe (Saint-Jacques), 16; Ectotles-Baons, 551; Elbeuf (Saint-Jean), 327; Envermeu,

30; Épinay-sur-Duclair, 301; Épretot, 151; Fallencourt, 180; Fécamp (Saint-Étienne), 108; Foucarmont, 182; Gainneville, 142; Ganzeville, 111; Gerponville, 511; Gonzeville, 512; Grand-Quevilly (le), 333; Gueutteville-ès-Plains, 533; Hattenville, 517; Harfleur, 143; Havre (le) (Notre-Dame), 126; Hénouville, 302; Lillebonne, 135; Mentheville, 120; Mesnil-Esnard (le), 268; Muchedent, 51; Neufchâtel-en-Bray, 202; Norville, 136; Offranville, 75; Paluel, 482; Petit-Appeville (le), 71; Rétonval, 187; Rogerville, 153; Roncherolles-en-Bray, 203; Rouen : (Notre-Dame-de-la-Ronde), 389; (Saint-André-aux-Fèvres), 392; (Saint-Cande-le-Jeune), 391; (Saint-Cande-le-Vieux), 389; (Saint-Denis), 391; (Saint-Éloi), 387; (Saint-Martin-du-Pont), 389; (Saint-Martin-sur-Renelle), 391; (Saint-Nicolas), 389; (Saint-Pierre-du-Châtel), 392; Rouville, 95; Mont-Saint-Aignan (le), 345; Saint-Aubin-Jouxte-Boulleng, 330; Saint-Étienne-du-Rouvray, 331; Saint-Jean-de-la-Neuville, 95; Saint-Léger-aux-Bois, 189; Saint-Maurice-d'Ételan, 138; Saint-Paër, 320; Saint-Pierre-le-Vieux, 325; Saint-Pierre-le-Viger, 325; Sainte-Adresse, 130; Sainte-Marguerite-sur-Duclair, 314; Senneville-sur-Fécamp, 544; Servaville-Salmonville, 296; Tiétreville, 345; Tourville-la-Rivière, 331; Toussaint, 546; Valliquerville, 558; Vatteville, 505; Villequier, 508; Vinemerville, 549; Ypreville-Biville, 549; — xvii° siècle (avec dates) : 1604, Maulévrier, 496; 1605-1633, Arques, 57; 1612, Rouen (Saint-Godard), 398, 399; Notre-Dame de Janville, à Paluel, 482; 1621, Motteville-les-Deux-Clochers, 553; 1640, Dieppe (Saint-Remy), 18; 1647, Envronville, 516; 1656, Bennetot, 515; 1659, Rouen (Saint-Vincent), 401, 402; 1698, Sotteville-sur-Mer, 526; — (sans dates) : Crasville-la-Roquefort, 522; Croisy-la-Haye, 159; Gerville, 112; Pierrecourt, 187; Rouen (Saint-Patrice), 400; Saint-Sylvain, 536; Saint-Valery-en-Caux (Saint-Léger), 536; Saint-Wandrille, 501, 504.

Clochers transportés sur des rouleaux : xviii° siècle, Autigny, 522; Cropus, 521.

Cloches : xiii° siècle, au beffroi de Rouen, 453; 1501, Fréauville, 226; 1501, Rouen (Georges-d'Amboise), 421; 1507, Bures, 1510, Écretteville-les-Baons, 557; 1510, Dieppe, 16; 1520, Floques, 42; 1521, Yvecrique, 513; 1523, Villy-Val-du-Roy, 47; 1524, Harfleur, 1526, Melleville, 63; 1536, Bellencombre, 60; 1552, Caudebec-en-Caux, 488; 1565, Serville, 17; 1572, Aulage, 254; 1589, Incheville, 32; 1584, Sainte-Agathe-d'Aliermont, 231; 1596, Fauville, 517; 1607, Sept-Meules, 45; 1607, Longueville, 51; 1621, Hattenville, 517; 1624, Caudebec-en-Caux, 488; 1631, Cany, 479; 1639, Hautot-le-Vatois, 518; 1646, Braquetuit, 84; 1646, Bures, 224; 1660, les Ifs, 30; 1666, Saint-Ouen de Rouen (venant de Jumièges), 413; 1667, Auzebosc, 554; 1700, Saint-Ouen de Rouen, 413; 1780, Bertheauville, 476; 1762, Aumale, 165.

Cloches cachées avec des trésors : Fallencourt, 181; Foucarmont, 182.

Cloches de Notre-Dame de Rouen, 419-420.

Cloches du beffroi de Rouen, 453.

Clochettes romaines en fer et bronze : Barentin, 349; Lillebonne, 520; Loges (les), 112.

Clodion, sculpteur : Rouen, 430.

Cloîtres : xii° siècle, Valasse (le), 94; — xiii° siècle, Rouen (le chapitre de Notre-Dame), 421, 438; (les Dominicains), 579; Ouville-l'Abbaye, 554; Saint-Georges de Boscherville, 317, 318, 319; — (en bois) : Bival (à Nesle-Hodeng), 245; (en bois), Beaulieu (au Bois-l'Évêque), 289; — xiv°-xv° siècle, Saint-Wandrille, 501; — xv° siècle, Jumièges, 309; Rouen (les Emmurées), 378; (Saint-Ouen), 374, 412; — xvi° siècle, Auffay, 85, 566; Montivilliers (cimetière), 148; Rouen (cimetière de l'Aître de Saint-Maclou), 408, 409, 410; — xvii° siècle : Clair-Ruissel (à Gaillefontaine), 119; Fécamp, 110; Caudebec-en-Caux (les Capucins), 491; Havre (le) (les Pénitents), 125; Rouen (les Visitandines), 385; Saint-Valery-en-Caux (les Pénitents), 537; 1700, Dieppe (les Carmélites), 20; 1701, Canteleu (les Pénitents de Croisset), 342; — xviii° siècle : Rouen (Saint-Louis), 387; (Bonne-Nouvelle), 377; (les Chartreux), 381; (les Grands-Augustins), 320.

Clos aux Juifs : Rouen, 450.

Clos des Galères : Harfleur, 145.

Clos des Marqueurs : Rouen, 468.

Clotilde (Sainte) fonde un monastère à Rouen, 373, 374, 581.

Clôture en fer avec porte, de 1479-1484 : Rouen, 428.

Clôtures de chapelles de Saint-Maclou de Rouen, 407; des églises de Dieppe, 17; de Fécamp, 107; d'Eu, 40.

Clôtures monastiques : Beaulieu, 288; Bival, 245; Bondeville, 342; Jumièges, 309; Rouen (Chartreux), 381; (Saint-Ouen), 374; Saint-Georges de Boscherville, 309; Saint-Wandrille, 502.

Clous héraldiques : Biville-la-Martel, 549.

Clous romains : Épinay (Sainte-Beuve-en-Rivière), 255; Héricourt-en-Caux, 529; Lillebonne, 570, 571; Maulévrier, 496; Rouen, 363; — francs : Nesle-Hodeng, 244.

Cœur de Jean Bigot : Sommesnil, 531.

Cœur du cardinal de Fréauville : Rouen, 379.

Cœur du cardinal d'Estouteville : Rouen, 338.

Cœur du roi Charles V : Notre-Dame de Rouen, 435; son mausolée, son histoire, 435.

Cœur du roi Richard Cœur de Lion : Notre-Dame de Rouen, 1435, 1436.

Cœurs en cuivre : Saint-Saire, 261; — en marbre : Pavilly, 356; — en plomb : Pavilly, 356; Saint-Laurent de Brèvedent, 154.

Coffres en bois de trésors d'églises : Beausault, 195; Flamets, 238; Quiévrecourt, 251.

Coffrets francs décorés de cuivre et d'os : Envermeu, 29.

Coffrets romains en bois : Cany, 478; Sainte-Hélène, 542; Yébleron, 520.

Cohues : Auberville-la-Manuel, 475; Bouteilles, 78; Caudebec-en-Caux, 493; Écretteville-les-Baons, 557; Manny, 313; Petit-Appeville (le), 71; Pissy-Pôville, 346; Vittefleur, 484.

Colbert (Jac. Nic.), archevêque de Rouen, 382, 396.

Collége des notaires apostoliques : Rouen, 439.

Colléges enseignants : Dieppe, 1614, Oratoire, 23; Eu, 1622, Jésuites, 41, 42; 1620, Offranville, 75; Rouen, 1358; Bons-Enfants, 442; 1469, Saint-Cande-le-Vieux, 442; 1583-1604, Jésuites, 382, 442, 443; 1635, Oratoire, 443.

Colléges, institutions ecclésiastiques : Rouen, 1245, de

TABLE ALPHABÉTIQUE DES MATIÈRES. 613

l'Albane, 442; 1300, de Darnetal, 442; 1305, du Saint-Esprit, 442; 1349, du Pape ou des Clémentins, 442; 1513, des Quatre-Parts, 442.

Collégiales : Anvéville, 526; Aumale, 172; Blainville-Crevon, 272; Bordeaux-Saint-Clair, 98; Charles-Mesnil, 52; Eu, 39; Ferté-en-Bray (la), 195; Gournay-en-Bray, 7; Motteville-les-Deux-Clochers, 553; Ouville-l'Abbaye, 553, 554; Rouen : (la Madeleine), 377; (Notre-Dame-de-la-Ronde), 389; (Saint-Georges ou le Saint-Sépulcre), 395; (Saint-Lô), 377; Sainte-Foy, 52; Sauqueville, 82; Yvetot, 560.

Colombier (Droit de) : Rouen, 456.

Colombiers : xvi° siècle, Bénesville, 509; Boos, 267; Bos-Guerard-Saint-Adrien, 279; Bouelles, 253; Dampierre-en-Bray, 210; Fontenay (le Tot), 140; Mesnil-Lieubray. (Normanville), 161; Roncherolles-en-Bray, 202; Rouvray-Catillon, 203; Sainte-Marguerite-sur-Mer, 84; 1629, Merval, 207; 1668, Quevillon, 314; xvii° siècle, Anneville-sur-Seine, 297.

Collier franc en bronze : Nesle-Hodeng, 244.

Collier romain en or : Cailly, 280.

Colliers francs en perles de verre, pâte de verre, ambre, etc. : Douvrend, 24, 28; Envermeu, 29; Lamberville, 5; Londinières, 129; Martin-Église, 74; Nesle-Hodeng, 244; Saint-Aubin-sur-Scie, 29; Sainte-Marguerite-sur-Mer, 80, 81; Tiergeville, 544.

Colliers romains en perles de verre, ambre, etc. : Auberville-la-Campagne, 130; Incheville, 42; Rouen, 362; Tiétreville, 545.

Colonne romaine creusée servant de cercueil : Rouen, 373.

Colonnes commémoratives : Arques, 160; Val-de-la-Haye, 341.

Colonnes de la Renaissance à l'Aître de Saint-Maclou de Rouen, 408, 409.

Colonnes mérovingiennes en marbre : Duclair, 299.

Colonnes romaines : Arques, 55; Rouen, 367, 368, 370; 371, 372, 381.

Combat naval dans les vitraux de Villequier, 508.

Combats : 1055, Mortemer-sur-Eaulne, 243; xii° siècle, Étoutteville-sur-Mer, 551; 1416, Viauville, à Gerponville, 540; sous Charles VII, Ferrières, 202; Charles-Mesnil, à Manéhouville, 51; 1589, Arques, 58, 59; 1589, Bourg-Dun (le), 68; 1589, Grèges, 70; 1589, Offranville, 75; 1589, Ouville-la-Rivière, 76; 1649, Bouille (la), 335.

Commanderies de l'ordre de Malte : Repentigny-le-Temple, à Mont-Roty, 219; Saint-Antoine de Gratmont, au Mesnil-Panneville, 353, 354; Sainte-Vaubourg, au Val-de-la-Haye, 341; Villedieu-la-Montagne, à Haucourt, 200.

Communautés de prêtres : Havre (le), 126; Rouen (Saint-Patrice), 388.

Compas romain en fer : Lillebonne, 570.

Comptes de Normandie (Chambre des), 1525, Rouen, 449.

Conciles : de 584 à 992, Rouen, 373; 1070 et 1080, Lillebonne, 135; 1160, Neufmarché; 1305, Déville, 343.

Condé (Princesse de) abjure à Rouen, 390.

Condé (Saint), abbé de Belcinac, 508.

Conduits d'eau antiques : en bois, Sainte-Marguerite-sur-Mer, 845; — en pierre : Rouen, 370; — en plomb : Étretat, 99; — en terre cuite : Fresnoy-Folny, 226.

Conduits de chaleur antiques : Envronville, 514; Fontenay (le), 140; Havre (le), 128; Rouen, 366; 367, 371; Sainte-Adresse, 129.

Conduits en terre cuite du moyen âge : Duclair, 300; Longroy, 564.

Confessionnaux : xi° siècle, Martin-Église, 74; — xii° siècle, Bailleul-sur-Eaulne, 222; Bretteville-Saint-Laurent, 510; — xiii° siècle, Saint-Vincent-Crasmesnil, 155; Villers-Écalles, 322; — xvii° siècle, Notre-Dame de Gournay, 141; — xviii° siècle, Saint-Maclou de Rouen, 407.

Confréries : de la Passion, à Sainte-Patrice de Rouen, 401; des Agonisants, à Saint-Martin-aux-Arbres, 554; de Sainte-Cécile ou des Musiciens, à Notre-Dame de Rouen, 429.

Congrégation de Notre-Dame (Les filles de la) : Rouen. 387.

Conquets-Hue-de-Gournay : Doudeauville, 211; Ferrières, 212; Gancourt-Saint-Étienne, 212; Gournay-en-Bray, 214.

Constantia castra, 155.

Consuls (Hôtel des) : 1735, Rouen, 457.

Contre-tables en bois, pierre, marbre, etc. : xvi° siècle, Mont-de-l'If, 354; Prée (la), 260; Valmont, 547; Veauville-les-Baons (Alvinbusc), 559; — xvii° siècle (avec dates), 1605, Montivilliers, 147; 1605, Saint-Vincent-Crasmesnil, 155; 1630, Saint-Martin-l'Hortier, 254; 1633, Harfleur, 143; 1636, Caudebec-en-Caux, 490; 1639, Bosc-Bordel, 273; 1648, Fry, 160; 1648, Hautot-l'Auvray (Notre-Dame-des-Autels), 528; 1652, Saint-Pierre-de-Franqueville, 271; 1662, Rouen (Saint-Nicaise), 398; 1666, Saint-Nicolas-de-la-Taille, 139; 1670, Canteleu (Sainte-Barbe-de-Croisset), 342; 1676, Dieppe (Saint-Remy), 18; 1686, Martainville-sur-Ry, 292; 1690, Chapelle-sur-Dun (la), 522; 1700, Thil-Riberpré (le), 204; — xvii° siècle (sans dates) : Abancourt, 204; Barques, 171; Belbeuf (Saint-Adrien), 266; Bezancourt, 205; Bosc-Roger, 273; Bourville, 522; Cailly, 280; Calleville-les-Deux-Églises, 86; Caule-Sainte-Beuve, 178; Chapelle-Saint-Ouen, 150; Claville-Motteville, 281; Fécamp, 108; Fesques, 238; Flammets, 238; Gaillefontaine, 198; Saint-Germain-sur-Eaulne, 253; Gonfreville-l'Orcher, 141; Gournay-en-Bray, 216; Gouville, 281; Graville, 122; Guerbaville-la-Mailleraye (chapelle du château), 495; Hautot-l'Auvray, 528; Loges (les), 112; Ménerval, 218; Mont-de-l'If, 354; Ormesnil-en-Bray, 171; Ouville-la-Rivière (venant des Capucins de Dieppe), 76?; Paluel (Notre-Dame-de-Janville), 482; Saint-Pierre-en-Val, 44; Pommereux, 162; Ponts-et-Marais, 43; Quiévrecourt, 281; Rétonval, 188; Rouen (Notre-Dame), 427; Saburs, 338; Saint-Arnould-sur-Caudebec, 498; Saint-Lucien, 142; Saint-Maurice, 199; Sainte-Marguerite-sur-Fauville, 519; Saint-Michel d'Halescourt, 203; Saint-Saëns, 262; Saint-Vaast-Dieppedalle, 531; — xviii° siècle, Boulay (le), 158; Bouville, 350; Rouen (Saint-Maclou), 407; Saint-Vivien (venant des Cordeliers), 400.

Coquille de la Méditerranée : Lillebonne, 134.

Coquinvilliers (Nic. de), évêque de Véria : Blangy, 177; Bully, 236; Freneuse, 328; Triquerville, 139; son tombeau à Rouen, 381.

Corde du puits de Saint-Éloi : Rouen, 397.
Cordelières : Gournay-en-Bray, 217; Neufchâtel-en-Bray, 249; Rouen, 376.
Cordeliers : Rouen, 379.
Corneille (Ant.), curé de Sainte-Marie-des-Champs, 558.
Corneille (Maison des deux) : Rouen, 470; la porte de leur maison, Rouen, 470; leur maison de campagne au Petit-Couronne, 337; sépulture de la famille à Rouen, 388.
Corneille (Pierre), au presbytère d'Hénouville, 302.
Corps conservé : Saint-Léger-aux-Bois, 190.
Corps saints : Grémonville, 552; Yvecrique, 513, 514.
Coudrier (Bâtons de) : Rouen, 581.
Coupe romaine en argent : Lillebonne, 134.
Coupe romaine en verre, à reliefs de gladiateurs : Lillebonne, 571.
Coupes franques en verre : Bourdainville, 550; Nesle-Hodeng, 244.
Coupes romaines en verre, à reliefs de courses de char : Héricourt-en-Caux, 529; Trouville-en-Caux, 96.
Couplets antiques en fer : Rouen, 363.
Coupoles : Rouen, 1680 (Saint-Romain), 396; 1781 (Sainte-Madeleine), 345.
Cour de l'Albane : Rouen, 442.
Cour des Libraires : Rouen, 422.
Cour-d'Ocqueville, à Grainville-la-Teinturière, 481; Cour le Comte, à Blosseville, 532; Cour le Comte, à Saint-Pierre-le-Viger, 525; Cour le Comte, à Baons-le-Comte, 550.
Cousin (Jean) : Rouen, 401, 433.
Coutances (Évêché de), à Rouen, 377.
Couteau de la Trinité, à Fécamp, 106, 108.
Couteau gaulois en fer : Essarts-Varimpré (les), 179.
Couteaux de pierre : à Beaumont-le-Harenc, 361; à Fréauville, 326.
Couteaux francs en fer : Aubermesnil-les-Érables, 171; Avesnes-en-Bray, 205; Baillolet, 223; Colleville, 540; Daubeuf-Serville, 117; Douvrend, 24, 28; Elbeuf, 326; Envermeu, 29; Eslettes, 282; Fontaine-le-Bourg, 283; Foucarmont, 181; Jumièges, 310; Lamberville, 59; Londinières, 229; Lucy, 239; Mont-Cauvaire (le), 254; Monville, 284; Nesle-Hodeng, 244; Neufchâtel-en-Bray, 246; Neuville-Ferrières, 250; Ouville-la-Rivière, 76; Parfondeval, 231; Rebets, 276; Rouen, 573; Saint-Aubin-sur-Scie, 79; Saint-Martin-aux-Buneaux, 482; Sainte-Marguerite-sur-Mer, 80, 81; Sigy, 162.
Coutume de Bouteilles, 78.
Couvercles de baptistères : xvi⁰ siècle, Bures, 224; Caudebec-en-Caux, 490; Monchaux, 185; Rouen (Saint-Romain, venant de Saint-Étienne-des-Tonneliers), 396.
Couvre-feu sonné à Rouen, 453.
Crémaillère de château : xvi⁰ siècle, Martainville, 291.
Crépines (Les) : Rouen, 386.
Crépis coloriés romains : Rouen, 366, 367, 368, 371.
Crêtes en plomb : xvi⁰ et xvii⁰ siècle, Hautot-le-Vatois, 318; Oherville-Aufflay, 530; Rouen, 452, 454.
Croix à la Dame : Hautot-sur-Mer, 71.
Croix de Bréauté : Néville, 535.
Croix de cimetière, de chemin, de carrefour, etc. en tuf, pierre ou grès : xii⁰ siècle, Bouteilles, 78; Caudebec-en-Caux, 492; Longmesnil, 201; Saint-Martin-le-Gaillard, 44; Saint-Ouen-sous-Bailly, 34; Sotteville-sous-le-Val,

333; — xiii⁰ siècle, Beuzevillette, 93; Mesnil-sous-Lillebonne (le), 136; Yville, 323; — xiv⁰ siècle, Alvimare, 524; Graville, 123; Hattenville, 517; Senneville-sur-Fécamp, 544; — xv⁰ siècle, Alvimare, 514; — xvi⁰ siècle (avec dates), 1510, Petit-Appeville (le), 71; 1518, Ingouville-ès-Plains, 534; 1519, Saint-Sylvain, 536; 1520, Hautot-sur-Mer, 71; 1520, Thil-Manneville (le), 8; 1522, Carville-le-Pot-de-Fer, 527; 1524, Neuville-le-Pollet, 75; 1525, Arques, 58; 1528, Saint-Romain-de-Colbosc, 154; 1530, Flamanvillette, 483; 1535, Anglesqueville-la-Bras-Long, 52; 1535, Martin-Église, 74; 1540, Notre-Dame-de-la-Gaillarde, 524; 1540, Saint-Honoré, 53; 1545, Hocqueville, 481; 1545, Saint-Vaast-Dieppedalle, 531; 1546, Pourville, 72; 1547, Fontaine-le-Dun, 523; 1550, Brametot, 522; 1550, Claville-Motteville, 281; 1550, Crique (la), 11; 1551, Conteville, 482; 1551, Goupillières, 352; 1554, Malleville-les-Grès, 481; 1555, Mont-de-l'If, 354; 1556, Saint-Valery-sous-Bures, 232; Sassetot-le-Mauconduit, 553; 1557, Bures, 224; 1560, Butot, 350; 1560, Imbleville, 88; 1560, Ouville-la-Rivière, 76; 1560, Toussaint, 546; 1566, Auzonville-Auberbosc, 515; 1582, Néville, 535; 1589, Montivilliers, 148; 1571, Saint-Étienne-du-Rouvray, 1600, Bouelles, 235; 1600, Canouville, 477; 1600, Feuillie (la), 160; 1600, Illois, 176; 1600, Saint-Vaast-d'Équiqueville, 34; 1600, Servaville-Salmonville, 296; 1600, Veauville-les-Baons, 559; — xvi⁰ siècle (sans dates), Ambourville, 296; Ancourteville-Héricourt, 527; Anneville-sur-Seine, 297; Bacqueville, 3; Beaubec-la-Rosière, 192; Berville-sur-Seine, 298; Blacqueville, 350; Bondeville, 543; Boschyons, 246; Bouville, 350; Cailleville, 533; Cleuville, 527; Coupigny, 170; Cropus, 11; Cuy-Saint-Fiacre, 208; Dampierre-en-Bray, 210; Déville, 343; Écretteville-les-Baons, 559; Écretteville-sur-Mer, 541; Envermeu, 30; Épinay-sur-Duclair, 301; Fontaine-en-Bray, 257; Fréville, 352; Ganzeville, 111; Hardouville, 354; Hermeville, 101; Intraville, 31; Limpiville, 540; Loges (les), 112; Londe (la), 329; Montivilliers, 258; Nesle-Hodeng, 245; Neuville-Champ-d'Oisel (la), 269; Oudalle, 152; Ouainville, 481; Pissy-Poville, 346; Quevillon, 354; Quincampoix, 285; Saint-André-sur-Cailly, 284; Saint-Arnould-sur-Caudebec, 498; Saint-Germain-des-Essourds, 277; Saint-Jacques-sur-Darnetal, 295; Saint-Jean-du-Cardonnay, 348; Saint-Léger-du-Bourg-Denis, 295; Saint-Martin-aux-Buneaux, 243; Saint-Martin-en-Campagne, 23; Saint-Martin-Omonville, 260; Saint-Ouen-sous-Bailly, 34; Saint-Riquier-d'Héricourt, 530; Saint-Wandrille, 503; Sainte-Austreberte, 357; Sainte-Beuve-en-Rivière, 251; Sainte-Marguerite-sur-Duclair, 315; Sasseville (très-remarquable), 483; Sauqueville, 82; Sorquainville, 546; Torp-en-Caux (le), 513; Tourville-Igneauville, 114; Veulettes, 484; Veules, 538; — xvii⁰ siècle (avec dates), 1602, Quiberville, 76; 1603, Saint-Laurent-en-Caux, 513; 1606, Bornembusc, 116; 1608, Saint-Aubin-Celloville, 270; 1612, Tourville-la-Chapelle, 35; 1618, Tréport (le), 47; 1620, Bretteville-Saint-Laurent, 510; 1620, Sainte-Marguerite-sur-Fauville, 519; 1624, Néville, 525; 1626, Fultot, 512; 1626, Hautot-l'Auvray, 528; 1627, Bénesville, 509; 1628, Tiétreville, 545; 1629, Bosc-Roger (le), 274; 1633, Augiens, 521; 1633.

Yébleron, 520; 1647, Vittefleur, 484; 1650, Malleville-les-Grès, 480; 1651, Mesnil-Geffroy (le), 534; 1652, Hautot-sur-Mer, 71; 1657, Saint-Aubin-sur-Scie, 80; 1687, Ymare, 271; 1664, Villers-Écalles, 322; Héberville, 524; — xvII° siècle (sans dates), Auzebosc, 556; Bierville, 271; Crosville-sur-Durdent, 485; Elbeuf-en-Bray, 211; Ernemont-la-Villette, 212; Fréville, 352; Houssaye-Bérenger (la), 283; Lintot, 50; Remuée (la), 152; Saint-Pierre-de-Varengeville, 321; Sainte-Croix-sur-Buchy, 277; Torp-en-Caux (le), 543; Tourville-la-Rivière, 330; Trouville-en-Caux, 96.

Croix de clocher en fer : xvII° siècle, Barentin, 349.

Croix de consécration ou de dédicace : Aumale, 207; Berville-sur-Seine, 298; Catenay (le), 274; Caudebec-lez-Elbeuf, 326; Chapelle-Saint-Ouen (la), 159; Écalles-Villers, 322; Eurville, 87; Grand-Couronne (le), 333; Grugny, 283; Hautot-sur-Seine, 334; Mailleraye (chapelle du château de la), 494; Maintru, 232; Merval, 207; Pavilly, 356; Petit-Quevilly (le), 337; Préaux, 189; Saint-Léger-aux-Bois, 189; Valliquerville, 558; Villers-sous-Foucarmont, 191.

Croix de la Bonnelieue, à Saint-Étienne-du-Rouvray, 339.

Croix de la Mission, à Écretteville-les-Baons, 557.

Croix de l'église Saint-Sauveur présentée à Jeanne d'Arc sur son bûcher, 1431 : Rouen, 388.

Croix-de-Pierre (Place et fontaine de la) : xII°-xvI° siècle, Rouen, 446, 447.

Croix de prêche en 1685, Autretot, 556; Dieppe, 21; Saint-Jouin-sur-Mer, 102; Sanvic, 130.

Croix donnée par l'impératrice Mathilde à l'abbaye du Valasse, 94.

Croix du Chêne, à Écretteville-les-Baons, 557.

Croix Dyel (La), à Blosseville-ès-Plains, 532.

Croix élevée sur l'emplacement du bûcher de Jeanne d'Arc : Rouen, 447, 448.

Croix émaillées : xiv° siècle, Hesmy, 230; — xv° siècle, Torcy-le-Grand, 53.

Croix en plomb, dites *d'absolution* ou *de préservation*, placées sur la poitrine des morts du xi°, du xII° et du xIII° siècle : Bouteilles, 77, 78; Quiberville, 76.

Croix franque? en cuivre, à Orival, 329.

Croix hosannaire : xvi° siècle, Saint-Jean-du-Cardonnay, 348.

Croix plantée au vII° siècle à la Vaupalière, 347.

Croix processionnelles : xII° siècle, Rosière (la), 193; Valasse (le), 94; — xiv° siècle, Hesmy, 230; — xv° siècle, Torcy-le-Grand, 53; 1663, Anneville-sur-Scie, 297.

Croix sur les maisons en signe d'aumône ou d'allégeance ecclésiastique et féodale, 515.

Croix tumulaires du xII° siècle, dans le cimetière de Gancourt-Saint-Étienne, 213.

Crosse (Fontaine de la) : 1482, Rouen, 447.

Crosses d'abbé, en plomb et cuivre : xi°, xII°, xIII° siècle, Jumièges, 309, 319; — d'abbesse, en cuivre : xiv° siècle, Rouen (Saint-Amand), 375.

Croÿ (Le cardinal de), son tombeau à Notre-Dame de Rouen, 434.

Crypte à ossements, à Crainville, 117.

Crypte et confession primitive : Héricourt, 529.

Cryptes : à Eu, 40; à Fécamp, 107; à Molagnies, 219; à Saint-Jean-d'Abbetot, 151; à Saint-Saire, 254, 255; à Sauchay-le-Bas, 35; à Ypreville? 549.

Cryptes : de Saint-Gervais de Rouen, 345; de Saint-Godard de Rouen, 398.

Cuillers en cuivre du moyen âge : Loges (les), 113; Longroy, 564.

Cuillers romaines en or? Preuseville, 230; — en argent, Cany, 477, 478; Lillebonne, 134; Loges (les), 112; Neuville-le-Pollet; — en bronze, Lillebonne, 570; Mesnil-sous-Lillebonne (le), 268; — en os, Lillebonne, 570; Villers-Écalles, 322.

Cuir de bœuf tanné pour ensevelissement : xII° et xIII° siècle, Saint-Georges de Boscherville, 318; Notre-Dame de Rouen, 386.

Cure-dents francs : Caudebec-lez-Elbeuf, 325; Neufchâtel-en-Bray, 246.

Cure-oreilles francs : Caudebec-lez-Elbeuf, 325; Neufchâtel-en-Bray, 246.

Cuvier (G.), précepteur au Bec-aux-Cauchois, 548.

D

Dalle tumulaire de Jehan de Bailleul, roi d'Écosse, 1321-1329, à Bailleul-sur-Eaulne, 222.

Dalle tumulaire d'un réformé de 1650 : Colleville, 540.

Dalle tumulaire en marbre commémorative des fondateurs de l'abbaye du Tréport, 1777, 46.

Dalle tumulaire en marbre noir du vénérable abbé J. B. de la Salle, inhumé en 1719 à Saint-Sever de Rouen, 395.

Dalle tumulaire en schiste ou ardoise avec incrustations de cuivre : Valmont, 547.

Dalle tumulaire en schiste ou marbre du cœur d'Agnès Sorel, 1449, Jumièges, 310, 311.

Dalles indéterminées : Blainville-Crevon, 272; Boschyons, 206; Fresne-le-Plan, 268; Ganzeville, 111; Gonfreville-l'Orcher, 241; Hautot-l'Auvray, 528; Londe (la), 329; Maniquerville, 113; Mésangueville, 141; Notre-Dame-de-Franqueville, 270; Saint-Denis-le-Thiboult, 295; Saint-Sylvain, 525; Saint-Vaast-d'Équiqueville, 34; Saint-Valery-en-Caux, 536, 537; Thil-Manneville (le), 8.

Dalles tumulaires de Notre-Dame de Rouen : xIII°, xiv°, xv°, xvi°, xvII°, xvIII° et xix° siècle, 334-338.

Dalles tumulaires de Saint-Ouen de Rouen, leur nombre, leurs dessins, leur dispersion, 416.

Dalles tumulaires des religieux de la congrégation de Saint-Maur : xvII° et xvIII° siècle, Caudebec-en-Caux, 494; Duclair, 300; Jumièges, 311; Saint-Wandrille, 300; Vatteville, 506.

Dalles tumulaires encastrées dans les murs des églises comme moyen de conservation : Arques, 58; Auffay, 85; Harfleur, 143; Martin-Église, 74; Mont-aux-Malades (le), 346; Rouen (Notre-Dame), 437; (Saint-Ouen) 414; (Saint-Vincent), 403.

Dalles tumulaires en pierre et marbre : xIII° siècle (avec dates), 1207, Longueville, 50; 1260, Mesnières, 241; 1270, Rouen (Notre-Dame), 437; 1273, Rouen (Saint-Ouen), 414; 1280, Étoutteville-sur-Mer, 552; 1282, Rouen (Notre-Dame), 437; 1283, Criquetot-le-Mauconduit, 540; 1288, Quevillon, 314; 1290, Imbleville, 88; 1291, Smermesnil (venant de l'abbaye de Foucar-

41.

mont), 233; 1293, Catillon, 203; 1293, Mont-aux-Malades (le), 346; 1296, Auzouville (venant de l'abbaye de l'Isle-Dieu), 287; 1296, Préaux (venant du prieuré de Beaulieu), 288, 293; 1300, Saint-Martin-en-Campagne, 33; — XIIIe siècle (sans dates), Anglesqueville-la-Bras-Long, 554; Beautot, 349; Bertreville-Saint-Ouen, 48; Biennais, 87; Caudebec-en-Caux (venant de l'abbaye de Jumiéges), 493; Cauville, 139; Crasvilla-Roquefort, 521; Croixmare, 551; Duclair, 300; Fécamp, 107; Harfleur, 146; Havre (le) (venant de Leure), 126; Hocqueville, 481; Jumiéges, 310, 312; Longueville, 50; Notre-Dame-de-Franqueville, 270; Rouen (Dominicains), 379; Saint-Aignan-sur-Ry, 277; Saint-André-sur-Cailly, 286; Saint-Wandrille, 501; Sainte-Colombe, 537; Sainte-Geneviève-en-Bray, 259; Sainte-Marguerite-sur-Duclair, 314; Vibeuf, 554; — XIVe siècle (avec dates), 1302, Rouen (Saint-Ouen), 414; 1303, Fresnoy-Folny, 227; 1303, Longueville, 50; 1303, Saint-Just, 7; 1304, Imbleville, 88; 1305, Héricourt-en-Caux, 529, 540; 1307, Saint-Aubin-sur-Mer, 535; 1311, Étoutteville-sur-Mer, 552; 1315, Havre (le) (venant de Leure), 126, 129; 1320, Étoutteville-sur-Mer, 552; 1321-1329, Bailleul-sur-Eaulne, 222; 1331, Rouen (Notre-Dame), 437; 1329, Auzouville-sur-Ry (venant de l'Isle-Dieu), 287; 1330, Préaux (venant du prieuré de Beaulieu), 288, 293; 1331, Fontaine-le-Dun, 523; 1333, Pissy-Poville, 346; 1339, Longueville, 50, 51; 1341, Préaux (venant du prieuré de Beaulieu), 288, 293; 1343, Quiberville, 76; 1344, Longueville, 50, 51; 1346, Auffay, 85; 1350, Canouville, 477; 1352, Saint-Hellier, 13; 1378, Rouen (Saint-Vivien), 403; 1379, Havre (le) (venant de Leure), 129; 1380, Anglesqueville-la-Bras-Long, 521; 1386, Bellencombre, 9; 1389, Mont-aux-Malades (le), 346; 1392, Rouen (Saint-Ouen), 414, 415; 1400, Anglesqueville-la-Bras-Long, 521; 1400, Saint-Aubin-sur-Cailly, 577; — XIVe siècle (sans dates), Beaunay, 85; Bornambusc, 116; Cottévrard, 11; Envermeu, 30, 564; Graville-Sainte-Honorine, 123, 124; Harfleur, 146; Inerville, 30, 564; Londinières, 229; Longueville, 50, 51; Montivilliers, 147; Rogerville, 155; Rouen (Chartreux), 381; (Dominicains), 379; Ry, 294; Saint-Saëns, 242; Saint-Vaast-d'Équiqueville, 34; Saint-Victor-l'Abbaye, 90; Valmont, 546, 547; Vaupalière (la), 348; Vénestanville, 8; Yvetot, 559, 560; — XVe siècle (avec dates), 1411, Anglesqueville-la-Bras-Long, 521; 1421, Rouen (Saint-Ouen), 414, 415; 1430, Rouen (Saint-Ouen), 414, 415; 1431, Jumiéges, 311; 1438, Rouen (Saint-Ouen), 414, 415; 1439, Bosc-Bérenger, 256; 1440, Rouen (Saint-Ouen), 414, 415; 1449, Jumiéges, 310; 1449, Torcy-le-Grand, 53; 1466, Martin-Église, 74; 1470, Rouen (Saint-Hilaire), 354; 1480, Bellencombre, 9; 1484, Blaqueville, 350; 1488, Jumiéges (venant des Vieux), 310, 319; 1490, Harfleur, 143; 1490, Pelletot, 9; 1496, Anvéville, 526; 1496, Rouen (Saint-Hilaire), 354; 1498, Jumiéges, 310; 1500, Criquetot-le-Mauconduit, 540; — XVe siècle (sans dates), Biville-la-Baignarde, 86; Caudebec-en-Caux, 491; Cauville, 139; Gerponville, 541; Graville-Sainte-Honorine, 124; Mesnil-Panneville (chapelle Saint-Antoine de Gratmont), 354; Nesle-en-Bray, 244; Notre-Dame-du-Bec, 149; Pavilly, 356; Rouen (Grammont), 378; (Saint-Maclou), 394; Sainte-Geneviève-du-Petit-Beaunay, 88; Valmont, 546, 547; — XVIe siècle (avec dates), 1502, Bondeville, 342; 1504, Croisy-la-Haye, 159; 1504, Mesnières, 241, 242; 1505, Muchedent, 52, 565; 1507, Mauny, 313; 1511, Panneville, 353; 1512, Guerbaville-la-Maillerave, 494; 1512, Sainte-Gertrude, 497; 1514, Muchedent, 565; 1514, Vieux-Manoir (le), 278; 1515, Mesnières, 241, 242; 1520, Beausault, 194; 1521, Bellencombre, 9; 1522, Rouen (Notre-Dame), 438; 1529, Bos-Guerard-Saint-Adrien, 279; 1530, Gancourt-Saint-Étienne, 213; 1530, Mirville, 120; 1532, Manéhouville, 51; 1533, Mont-Cauvaire (le), 284; 1535, Saint-Martin-de-Boscherville, 318; 1538, Rouen (Saint-Sever), 395; 1540, Anquetierville, 485; 1540, Havre (le) (venant de Leure), 129; 1540, Jumiéges, 312; 1541, Héronchelles, 275; 1541, Ménéhouville, 51; 1542, Saint-Martin-Omonville, 260; 1543, Anneville-sur-Scie, 47; 1547, Gonneville-les-Hameaux, 87; 1550, Muchedent, 52; 1550, Veulettes, 484; 1555, Toussaint, 546; 1556, Crosville-sur-Scie, 50; 1556, Vénestanville, 50; 1556, Villers-sous-Foucarmont, 191; 1560, Pelletot, 49; 1563, Harfleur, 143; 1564, Gancourt-Saint-Étienne, 213; 1574, Beuzeville-la-Guerard, 527; 1581, Bouille (la), 322; 1581, Guerbaville-la-Maillerave, 494; 1585, Fallencourt, 180; 1587, Rouen (Saint-Hilaire), 694; 1589, Harfleur, 147; 1589, Saint-Léger-du-Bourg-Denis, 295; 1592, Chef-de-l'Eau (le), 275; 1592, Varneville-Bretteville, 92; 1599, Rainfreville, 7; 1600, Bosc-Roger (le), 274; — XVIe siècle (sans dates), Ambourville, 296, Annouville, 115; Anvéville, 526; Arques, 57, 58; Aumale, 167; Beuzeville-la-Grenier, 92; Biville-la-Martel, 569; Bornambusc, 116; Bosc-le-Hard (le), 10; Braquetuit, 84; Cailly, 280; Caudebec-en-Caux, 49; Crasville-la-Roquefort, 522; Critot, 257; Cuy-Saint-Fiacre, 208; Dampierre-en-Bray, 210; Darnetal, 290; Fontaine-en-Bray, 257; Freneuse, 329; Fresnay-le-Long, 87; Fry, 160; Gerponville, 541; Grainville-la-Teinturière, 480; Grumesnil, 199; Haucourt, 199; Haudricourt, 169; Jumiéges, 310, 312; Lignemare, 233; Londinières, 229; Longueville, 50, 51; Malaunay, 345; Martin-Église, 74; Merval, 207; Mesnil-Lieubray (le), 161; Montivilliers, 147, 148; Neuville-sur-Eaulne, 222; Notre-Dame-du-Bec, 149; Pissy-Poville, 345; Poville, 347; Puisenval, 230; Ricarville, 519; Rieux, 189; Saint-Michel-d'Halescourt, 203; Saint-Remy-en-Rivière, 178; Saint-Saëns, 261; Saint-Sulpice-sur-Yère, 44; Saint-Vaast-d'Équiqueville, 34; Sainte-Geneviève-en-Bray, 259; Sauchay, 34; Saumont-la-Poterie, 204; Thiouville-la-Renard, 532; Villers-sous-Foucarmont, 191; Villers-sur-Aumale, 170; — XVIIe siècle (avec dates), 1601, Bailly-en-Rivière, 27; 1604, Biville-la-Martel, 549; 1604, Ouville-l'Abbaye, 504; 1611, Anglesqueville-la-Bras-Long, 521; 1612, Berville-sur-Seine, 298; 1614, Muchedent, 52; 1617, Sauqueville, 82; 1618, Sévis, 562; 1620, Ouville-l'Abbaye, 504; 1624, Arques, 57, 58; 1626, Clères, 280; 1628, Rouen (Notre-Dame), 438; 1631, Bretteville-la-Chaussée, 117; 1632, Criel, 36; 1635, Hautot-le-Vatois, 518; 1636, Sauqueville, 88; 1637, Villy-Val-du-Roy, 47; 1638, Ménéhouville, 51; 1647, Grandcamp, 131; 1645, Sommesnil, 531; 1646, Anglesqueville-la-Bras-Long, 321; 1649, Écalles-Villers, 322; 1656, Bondeville, 342; 1658, Ponts-et-Marais, 43; 1665, Duclair, 300; 1664, Ouville-l'Abbaye, 564; 1674, Veules, 538; 1677, Anvéville, 526; 1688, Arques (venant d'Archelles), 58, 59; 1691, Anvéville, 526; 1692, Jumiéges, 310; — xvii° siècle (sans dates), Anglesqueville-la-Bras-Long, 521; Bertreville-Saint-Ouen, 48; Cailleville, 533; Chapelle-Saint-Ouen (la), 159; Conteville, 382; Écalles-Villers, 322; Fontaine-en-Bray, 257; Frichemesnil, 283; Grèges, 70; Hénouville, 302; Jumiéges, 310; Maintru, 233; Martin-Église, 74; Merval, 207; Pavilly, 366; Rouen (Grammont), 378; (Gravelines), 376; (Saint-Éloi), 397; (Saint-Hilaire), 394; (Saint-Patrice), 401; Saint-Étienne-le-Vieux, 550; Saint-Germain-des-Essourds, 277; Saint-Saire, 254; — xviii° siècle (avec dates), Notre-Dame-de-Franqueville, 276; 1712, Bosc-Roger (le), 256; 1714, Sotteville-sur-Mer, 526; 1718, Triquerville, 139; 1719, Rouen (Saint-Sever), 395; 1723, Anccaumeville, 278; 1727, Saint-Martin-le-Gaillard, 44; 1729, Sauqueville, 82; 1735, Bois-Héroult (le), 273; 1738, Imoville (venant de Grainville-l'Alouette, 119; 1739, Duclair, 300; 1740, Duclair, 300; 1743, Étalondes, 37; 1747, Roncherolles-en-Bray, 203; 1758, Grainville-Imoville, 119, 1762, Neuf-Bosc, 258; 1763, Ferrières, 212; 1770, Grainville-sur-Ry, 292; 1771, Luneray (Canteleu), 6, 7; 1772, Valmont, 547; 1775, Villers-sous-Foucarmont, 191; 1776, Bosc-Mesnil, 256; 1777, Tréport (le), 46; 1778, Renfeugères, 352; 1779, Villers-sous-Foucarmont, 191; 1781, Saint-Étienne-le-Vieux, 556; 1786, Ferrières, 212.

Dalles tumulaires en terre cuite : xii° siècle, Jumiéges, 309, 310; — xiii° siècle, Hermanville, 5; — xvi° siècle, Fresles, 238; — xvi° siècle, Pierrecourt, 187; — xvi° siècle, Saint-Sulpice-sur-Yère, 44; xvi°-xvii° siècle, Sainte-Geneviève, 259; xvii° siècle, Chapelle-Saint-Ouen (la), 159; — xvii° siècle, Fesques, 237, 238; — xvii° siècle, Soreng, 186; — xvii° siècle, Villedieu-la-Montagne, 210.

Dalles tumulaires provenant de l'abbaye de Jumiéges, transportées à Caudebec-en-Caux, 493; à Duclair, 300; à Jumiéges, 311.

Dalles tumulaires sciées par morceaux : Cailleville, 533; Gournay-en-Bray, 216; Plaine-Séve, 535; Valmont, 547.

Damasquinures : Avesnes-en-Bray, 205; Étretat, 99; Londinières, 229; Neufchâtel-en-Bray, 246; Ouville-la-Rivière, 76; Parfondeval, 231; Saint-Aubin-sur-Scie, 79; Sainte-Marguerite-sur-Mer, 81; Ventes-Saint-Remy (les), 264; Veules, 538.

Danse des morts : Montivilliers, 148; Rouen (Saint-Maclou), 418, 419.

Danse macabre : Montivilliers, 148; Rouen (Saint-Maclou), 418, 419.

Danses des fées. (Voir *Fées*.)

Dauphin en bronze romain : Saint-Aubin-sur-Mer, 524.

David d'Angers, sculpteur : Rouen, 584.

Davy (Jehan), architecte de Notre-Dame, xiii° siècle, 426.

Dédicaces ou consécrations d'églises : xi° siècle, avant 1050, Saint-Jean-d'Abbetot, 151; vers 1060, Saint-Georges de Boscherville, 315; 1063, Notre-Dame de Rouen, 416; 1067, Jumiéges, 305; — xii° siècle, 1126, Saint-Ouen de Rouen, 410; 1168, Bures, 224; 1170, Osmoy, 232; — xiii° siècle, 1202, Gournay-en-Bray, 215; 1249, Rouen (les Cordeliers), 379; 1250, Sotteville-sur-Mer, 526; 1252, Trouville-en-Caux, 96; 1256, Roquefort, 519; 1262, Sainte-Marie-des-Champs, 557; 1267, Auzebosc, 556; 1267, Caudebec-en-Caux, 486; 1267, Sainte-Agathe-d'Aliermont, 231; 1267, Tancarville, 156; 1267, Valliquerville, 558; 1268, Saint-Nicolas de Leure (le Havre), 126; 1269, Riville, 561; 1269, Sassetot-le-Mauconduit, 543; 1279, Rouen (les Dominicains), 379; 1297, autel de Lignemare, 233; milieu du xiii°, Croixdalle, 226; — xv° siècle, 1467, Saint-Saëns, 262; 1473, Pavilly, 355; 1476, Saint-Martin-le-Blanc, 259; 1479, Rouen (les Emmurées), 378; 1482, Grandcourt, 227; 1492, Gouchanpré, 30, 31; 1496, Rouen (Saint-Étienne-la-Grande-Église), 420; 1499, Mesnières (chapelle du château), 242; — xvi° siècle, 1509, Lindebeuf, 553; 1510, Pierrepont, 228; 1511, Trinité-du-Mont (la), 139; 1512, Vassonville, 92; 1516, Gainneville, 142; 1516, Rogerville, 153; 1517, Bois-Hulin (le), 49; 1517, Lillebonne, 135; 1518, Bourgay (le), 49; 1518, Hugleville-en-Caux, 553; 1519, Sainte-Gertrude, 497; 1521, Rouen (Saint-Maclou), 404; 1522, Saint-Michel-d'Halescourt, 203; 1523, Bully, 236; 1526, Freneuse, 326; 1529, Douvrend, 28; 1530, Blangy (un autel), 177; 1533, Rouen (Saint-Étienne-des-Tonneliers), 393; 1533 (Sainte-Croix-des-Pelletiers), 392; 1539, Triquerville, 139; 1544, Aumale (le cimetière), 166; 1545, Mesnières (chapelle du château), 242; 1553, Rouen (Saint-Lô), 391; 1556, Rouen (Saint-Vincent), 401; 1585, la Mailleraye (chapelle du château), 494; 1589, Esteville, 282; — xvii° siècle, 1651, Rouen (les Carmélites), 384; 1656, (les Minimes), 384; 1667 (les Gravelines), 376; 1669 (Sainte-Croix-des-Pelletiers), 392; 1670, Martainville-sur-Ry, 292; 1687, Rouen (les Carmes ou Saint-Romain), 396; — xviii° siècle, 1704, Rouen (les Jésuites ou le lycée), 382; 1732, Canteleu (les Pénitents de Croisset), 342; 1775, Grémonville, 532; 1781, Rouen (Sainte-Madeleine), 392. (Voir *Croix de consécration*.)

Deffends (Les), anciennes fortifications : Maucomble, 257.

Defrance, architecte : xvii° siècle, Fécamp, 108; Rouen (Saint-Ouen), 374; (les Gravelines), 396.

Degré de la Librairie (Le), à Notre-Dame de Rouen, 481.

Delacourt, prédicateur du xvii° siècle : Vergetot, 104.

Delarue, curé-médecin de Celloville, 270.

Deniers francs et normands frappés ou trouvés à Rouen, 372, 373.

Denis (Saint) de Paris, à Rouen, 374, 581.

Desmarets (Charles) bat les Anglais à Charlesmesnil, 51; son château à Bures, 224, 225.

Desolbeaux sculpte l'arbre de Jessé du portail de Notre-Dame de Rouen en 1525, 417.

Devises pieuses sur les murs du Refuge, à Rouen, 386.

Devises sur les murs des maisons d'Arques, 59; de Rouen, 459, 465, 466, 468.

Diane (Statuette de) : Harfleur, 142.

Diane de Poitiers, sa statue à Notre-Dame, 433; élève le tombeau de Louis de Brezé à Notre-Dame de Rouen, 332, 333.

Doliums romains en terre cuite : Barentin, 349; Cailly,

280 ; Canouville, 477 ; Cauville, 139 ; Cerlangue (la), 150 ; Dampierre-en-Bray, 209 ; Graville-Sainte-Honorine, 122 ; Elbeuf, 326 ; Havre (le) (musée), 128 ; Lillebonne, 570 ; Loges (les), 112 ; Quincampoix, 284 ; Rançon, 503 ; Saint-Denis-le-Thiboult, 294 ; Saint-Jean-de-Folleville, 137 ; Saint-Maurice-d'Ételan, 138 ; Tilleul (le), 103 ; Villers-Écalles, 322 ; Yébleron, 520.

Dômes : à Dieppe, 16, 20 ; à Hénouville, 302 ; à Rouen (Saint-Yon), 388 ; à Saint-Wandrille, 500.

Dominicaines à Aumale, 164 ; à Rouen, 378, 386.

Dominicains à Rouen, 378, 379.

Donjons : Anvéville, 526 ; 1040 ; Arques, 56 ; — XIIIᵉ siècle, Beausault, 194 ; Beauvoir-en-Lyons, 157 ; 1050, Gaillefontaine, 198 ; Grainville-la-Teinturière, 486 ; Grandcourt, 227 ; — XIᵉ siècle, Graville - Sainte - Honorine, 568 ; — XIIᵉ siècle, Lillebonne, 135 ; — XIIIᵉ siècle, Maulévrier, 496 ; — XIIᵉ siècle, Mortemer-sur-Eaulne, 243 ; — 1119, Neufchâtel-en-Bray, 247 ; 1204, Rouen, 445, 446 ; — XIIᵉ siècle, Tancarville, 156 ; Tiétreville, 545 ; — XIIᵉ siècle, Vatteville, 505.

Doyen du chapitre de Notre-Dame de Rouen, sa maison à Saint-Vaast-d'Équiqueville, 34.

Doyennés anciens : Aumale, 163 ; Bacqueville, 2 ; Brachy, 3 ; Bures, 224 ; Cailly, 280 ; Canville-les-Deux-Églises, 510 ; Chrétienté (de la), à Rouen, 404 ; Envermeu, 29 ; Eu, 39 ; Fauville, 516 ; Foucarmont, 181 ; Longueville, 50 ; Neufchâtel-en-Bray, 246 ; Pavilly, 355 ; Rouen (voir Chrétienté), 404 ; Ry, 294 ; Saint-Georges de Boscherville, 315 ; Saint-Romain-de-Colbosc, 154 ; Valmont, 546.

Draperies anciennes à Monchaux, 185.

Drogon de Trubleville, chanoine de Rouen au XIIᵉ siècle, donne la châsse de saint Sever à Notre-Dame de Rouen, 431 ; sa dalle tumulaire à Longueville, 50.

Duchemin (Nicolas), architecte, construit Notre-Dame du Havre en 1574, 124.

Dudon de Saint-Quentin, historien : Avremesnil, 2 ; Sottenville-sur-Mer, 526.

Duel judiciaire à Rouen en 1047, 397.

Dufay (Gilles), son cercueil de plomb aux Jésuites de Rouen, 383.

Durdent (La ville de), 483.

Dyel (Les) : Cailleville, 333.

E

Eaux minérales : XIVᵉ et XVᵉ siècle, Forges-les-Eaux, 197 ; 1685, Gournay-en-Bray, 217 ; 1755, Aumale, 167, 168.

Ecce homo : Eu, 40 ; Mesnières, 242 ; Villequier, 568.

Échiquier de Normandie : Rouen, 450.

Écho célèbre de Genetey : Saint-Martin-de-Boscherville, 319.

Écoles (Fondations d') : 1723, Courcelles-Rançon, 201 ; 1731, Neuville-Ferrières, 250 ; 1767, Boulay (le), 158.

Édifices romains : Caudebec-lez-Elbeuf, 525 ; Hénouville, 301 ; Saint-André-sur-Cailly, 385.

Édouard le Confesseur à Jumiéges, 304.

Église construite par saint Victrice : Saint-Gervais-de-Rouen, 365.

Église tombée en mer : Sainte-Adresse, 130.

Églises avec débris romains : Courcelles-Rançon, 201 ; Étretat, 100 ; Treffonest, 202 ; Saint-Martin-l'Ortier, 253.

Églises brûlées par les Normands : Saint-Wandrille, 499, 500.

Églises carlovingiennes : Jumiéges, 304, 305 ; Villy-le-Bas, 47.

Églises en bois : VIᵉ siècle, Rouen (Saint-Martin-sur-Renelle), 390 ; XVIᵉ siècle, Ventes-Saint-Remy (les), 265 ; XVIIIᵉ siècle, Launay, 212.

Églises en ruines restaurées : Petit-Appeville (le), 71 ; Sainte-Gertrude, 497.

Églises mérovingiennes : Lillebonne (Saint-Denis), 135 ; Rouen (Saint-Gervais), 365 ; VIᵉ siècle (Saint-Martin-sur-Renelle), 390 ; VIIᵉ siècle, Saint-Wandrille, 499, 500.

Églises monastiques, au nombre de trois : Belcinac, 486 ; Jumiéges, 303, 304 ; Pavilly, 355 ; Saint-Wandrille, 500.

Églises monumentales ou caractérisées, où il existe des parties intéressantes : XIᵉ siècle, Angerville-l'Orcher, 97 ; Bailleul-Neuville, 222, 225 ; Bellencombre, 9 ; Bourg-Dun (le), 62 ; Bures, 224 ; Capval, 234 ; Clais, 225 ; Duclair, 299 ; Drosay, 533 ; Écrainville, 117 ; Étretat, 100 ; Fréville, 352 ; Gourel (le), 4 ; Gournay-en-Bray, 214, 215 ; Graimbouville, 152 ; Graville-Sainte-Honorine, 222, 223 ; Héron (le), 292 ; Jumiéges, 305-311 ; Lindebeuf, 553 ; Mannevillette, 146 ; Mesnil-Mauger (le), 262 ; Mont-aux-Malades (le), 345 ; Montivilliers, 147 ; Neufmarché, 220 ; Notre-Dame-de-Bliquetuit, 497 ; Osmoy, 232 ; Pavilly, 355 ; Rançon, 503 ; Rouen (Saint-Ouen), 410 (Saint-Paul), 395 ; Saint-Georges de Boscherville, 315 ; Saint-Jean-d'Abbetot, 151 ; Saint-Jean-du-Cardonnay, 347 ; Saint-Lucien, 162 ; Saint-Saëns, 262 ; Saint-Viger-d'Imonville, 155 ; Sainte-Marguerite-sur-Mer, 81 ; Sotteville-sous-le-Val, 331 ; Vaupalière (la), 338 ; Veulettes, 484 ; Yainville, 323 ; — XIIᵉ siècle, Angerville-l'Orcher, 97 ; Auffay, 84 ; Assigny, 26 ; Bellencombre (l'ancien prieuré), 9 ; Bernières, 94 ; Bures, 224 ; Cannehan, 35 ; Cliponville, 515 ; Courcelles-Rançon, 201 ; Eponville, 140 ; Étainhus, 151 ; Eu, 39, 40 ; Fécamp, 107, 109 ; Fontaine-le-Dun, 523 ; Gueurres, 4 ; Hermanville, 4 ; Houquetot, 119 ; Lindebeuf, 553 ; Lintot, 95 ; Longmesnil, 201 ; Manéglise, 146 ; Méneval, 218 ; Mont-aux-Malades (le), 345 ; Osmoy, 232 ; Petit-Quevilly (le) (chapelle Saint-Julien), 337 ; Rosay, 13 ; Roumare, 347 ; Sainneville-sur-Seine, 153 ; Saint-Laurent-de-Brèvedent, 154 ; Saint-Mards, 7 ; Tourville-la-Chapelle, 35 ; Villedieu-la-Montagne, 200 ; Virville, 121 ; — XIIIᵉ siècle, Auffay, 84 ; Bailleul-Neuville, 221, 222 ; Bardouville, 298 ; Beaubec-la-Rosière (chapelle Sainte-Ursule), 92 ; Bellière (la), 195 ; Blangy, 176 ; Bosc-Bordel (le), 273 ; Bourg-Dun (le), 62 ; Bouville, 350 ; Bully, 225 ; Croixdalle, 226 ; Dieppe (Saint-Jacques), 16, 17 ; Elbeuf-en-Bray, 24 ; Étretat, 201 ; Eu, 39, 40 ; Fécamp, 104, 107 ; Fontaine-le-Dun, 523 ; Fresles, 238 ; Gaillefontaine, 198 ; Gainneville, 142 ; Gournay-en-Bray, 214, 215 ; Grand-Couronne (le), 333 ; Grandcourt, 227 ; Graville-Sainte-Honorine, 123, 124 ; Grumesnil, 197 ; Guetteville, 352, 353 ; Hardouville, 355 ; Ingouville-ès-Plains, 534 ; Monchaux, 185 ; Moulineaux, 335 ; Nesle-en-Bray, 244 ; Neufchâtel-en-Bray, 247 ; Neuville-Champ-d'Oisel (la), 269 ; Notre-Dame-d'Aliermont, 81 ; Notre-Dame-de-Gravenchon, 136, 137 ; Nullemont, 171 ; Octeville, 149 ; Pavilly, 355 ; Pierreval, 276 ; Pissy-Poville,

TABLE ALPHABÉTIQUE DES MATIÈRES. 619

346; Pommereux, 202; Richemont, 188; Rouen (Notre-Dame), 416-430; Saint-Clair-sur-les-Monts, 557; Saint-Lucien, 162; Saint-Martin-le-Gaillard, 44; Saint-Nicolas-d'Aliermont, 33; Saint-Pierre-le-Vieux, 525; Saint-Saëns, 262; Saint-Saire, 254; Saint-Sylvain, 526; Saint-Wandrille, 500; Sainte-Agathe-d'Aliermont, 231; Sainte-Beuve-en-Rivière, 251; Sainte-Geneviève-en-Bray, 259; Senneville-sur-Fécamp, 543; Sigy, 162, 163; Touffreville-sur-Criel, 45; Veulettes, 484; Vieux-Rue (la), 296; Villedieu-la-Montagne, 206; — xive siècle, Boudeville, 510; Dieppe (Saint-Jacques), 16, 17; Fécamp, 16, 17; Rouen (Notre-Dame), 421, 422, 423, 427; (Saint-Ouen), 410; — xve siècle, Auzebosc, 515; Blainville-Crevon, 272; Eu, 39, 40; Rouen (Saint-Maclou), 402; (Saint-Ouen), 412 (Saint-Vivien), 399; — xvie siècle, 1538, Allouville, 556; Ambrumesnil, 53; Ancourt, 54; Angerville-la-Martel, 537; Anneville-sur-Seine, 297; Arques, 57, 58; Auberville-la-Manuel, 475; 1508-1610, Aumale, 165; Aupegard, 1; Auquemesnil, 26; Authieux-Port-Saint-Ouen (les), 265; Avesnes, 26; Bébec, 509; Belbeuf, 265; Bénesville, 479; Berville-sur-Seine, 298; Beuzeville-la-Grenier, 92; Biville-sur-Mer, 27; Blosseville-ès-Plains, 532; Bocasse-Val-Martin (le), 279; Bois-Guillaume (le), 288; Bcos, 267; Bos-Guerard-Saint-Adrien (le), 279; Bosc-Mesnil, 256; Bosc-Roger, 274; Bosville, 476; Bondeville, 510; Bourg-Dun (le), 62; 1532, Brometot, 522; Bully, 235; Butot-en-Caux, 477; 1543, Canouville, 477; Canteleu, 342; Cany, 479; 1426-1530, Caudebec-en-Caux, 484-491; Caudebec-lez-Elbeuf, 325; Cerlangue (la), 151; Chapelle-sur-Dun (la), 522; Cléon, 326; Criel, 36; Darnetal (Carville), 289; (Longpaon), 290; Dieppe (Saint-Jacques), 16, 17; (Saint-Remy), 17, 18; Doudeville, 511; Drosay, 533; Elbeuf (Saint-Étienne), 327; (Saint-Jean), 325; Envermeu, 31; Fallencourt, 517; Fécamp (Saint-Étienne), 108; Feuillie (la), 159; Foucart, 517; Freneuse, 328; Frichemesnil, 283; Gonnetot, 4; Grandcourt, 227; Grand-Quevilly (le), 333; Grandes-Ventes (les), 12; Greuville, 4; Gruchet-le-Valasse, 94; Gainneville, 142; Guerbaville-la-Mailleraye, 594; Harfleur, 163; Havre (le), 7; 1574 (Notre-Dame), 124, 125; 1542 (Saint-François), 125; Hénouville, 301; Hocqueville, 481; Houppeville, 344; Isneauville, 293; 1517, Lillebonne, 135; Loges (les), 112; 1531, Longueil, 72; Luneray, 6; Mannevilette, 146; Marques, 170; Maulévrier, 496; Ménerval, 218; Monchaux, 185; Montivilliers, 147; Neuville-le-Pollet, 25; Néville, 535; Norville, 136; Nullemont, 171; Octeville, 149; 1517-1616, Offranville, 75; Paluel, 482; Parc-d'Anxtot (le), 95; Petit-Quevilly (le), 337; Pommerval, 12; Retonval, 487; Richemont, 188; Rouen (Notre-Dame), 416-438; (Saint-Godard), 398; 1432-1520 (Saint-Maclou), 403, 404, 405; (Saint-Nicaise), 397; 1318-1545 (Saint-Ouen), 410, 416; 1555 (Saint-Patrice), 401; 1511-1556 (Saint-Vincent), 401; (Saint-Vivien), 379; Royville, 7; Saint-Aignan, 345; Saint-Étienne-du-Rouvray, 339; Saint-Eustache-la-Forêt, 154; 1589, Saint-Jouin, 102; Saint-Léger-aux-Bois, 189; Saint-Léger-du-Bourg-Denis, 295; Saint-Martin-en-Campagne, 33; Saint-Martin-le-Gaillard, 44; Saint-Maurice-d'Ételan, 138; Saint-Nicolas-d'Aliermont, 33; Saint-Pierre-de-Manneville, 340; Saint-Sulpice-sur-Yère, 44; Saint-Vaast-d'Équiqueville, 34; Saint-Valery-en-Caux, 526; Saint-Vigor-d'Imonville, 155; 1519, Sainte-Gertrude, 496; Sotteville-sur-Mer. 526; Thérouldeville, 544; Tocqueville-les-Murs, 121; Torcy-le-Grand, 53; Toussaint, 546; Tréport (le), 46; Trinité-du-Mont (la), 139; Valmont, 546-547; Vatteville, 505; Veules, 538; Villequier, 508; Villers-sous-Foucarmont, 195; Villers-sur-Aumale, 169; — xviie siècle, Authieux-Ratiéville (les), 278; Dieppe (Saint-Remy), 17, 18; Eu, 1622 (le collége), 41; Épreville-sur-Ry, 291; Gournay (Notre-Dame de), 141; 1660. Launay, 321; 1670, Martainville-sur-Ry, 291; 1621. Motteville-les-Deux-Clochers, 553; Rouen, 1600-1656 (Minimes ou Saint-Sacrement), 384; 1614-1704 (les Jésuites ou le lycée), 382, 385; 1676 (Saint-Romain). 396; 1630, Saint-Riquier-ès-Plains, 535; Saint-Saire. 254; — xviiie siècle, 1774, Bolbec, 93; 1757, Canville-les-Deux-Églises, 511; 1784, Crosville-sur-Durdent, 485; 1740, Grainville-la-Teinturière, 480; 1774, Grémonville, 552; Rouen, 1781 (Sainte-Madeleine), 394; 1735 (Saint-Yon), 388; 1787, Vergetot, 104; 1741, Vittefleur, 484; 1770, Yvecrique, 513; 1760-1771, Yvetot, 560.

Églises démolies et détruites: Abancourt, 204; Alges, 218; Ancrétiéville-l'Esneval, 529; Angreville, 28; Anxot. 95; Archelles, 59; Auberville-sur-Eaulne, 30; Aulage. 25; Baigneville, 116; Beaubec, 192; Bailly-en-Campagne, 227; Beaucamp, 154; Beaumetz, 60; Beaulieu. 288; Beauville-la-Cité, 519; Bec-aux-Cauchois (le). 508; Becquet (le), 226; Bellozanne, 208; Bival, 245; Biville-la-Martel, 546; Blainville-Crevon, 272, 576; Blanc-Mesnil, 81; Blangy, 176; Bois-Gautier (le), 158. 574; Bondeville, 342; Bonnetot, 91; Bourbelle, 186; Bourgay (le), 49; Bouteilles, 77; Bruneval, 103; Burettes, 225; Calleville-les-Deux-Églises, 86; Canville-les-Deux-Églises, 511; Cent-Acres, 49; Charles-Mesnil, 52; Cidetot, 354; Clair-Ruissel, 159; Coudray (le), 104; Crasmesnil, 155; Criel, 36; Crespeville, 49; Cretot. 118; Crevon, 272; Crosville-sur-Durdent, 484, 485; Déville-sur-Yères, 228; Dieppe, 17; Écultot, 101; Épineville, 525; Espinoy, 186; Envermeu (Saint-Laurent), 30; Équimbosc-le-Val, 518; Équiqueville, 34; Esclavelles, 237; Eslettes, 282; Étran, 74; Eu, 41; Fallencourt, 180; Fécamp, 108, 109; Flainville, 63; Follettière (la), 352; Fongueusemare, 100; Fontaine-Châtel (la), 277; Forges-les-Eaux, 197; Fossé (le), 198; Foucarmont, 182, 183; Franquevillette, 267; Fresnay-le-Long, 87; Goupillières, 352; Gournay-en-Bray, 216; Gouville, 281; Goville, 503; Grainville-l'Alouette, 119; Grainville-la-Renard, 592; Grosmesnil, 155; Guillerville, 94; Guilmecourt, 31; Herteley (le), 116; Hybouville, 30; Igneauville, 114; Ifs-sur-Caudebec (les), 352; Jumiéges, 304, 305, 306; Lestanville, 5; Leuilly, 87; Lillebonne (Saint-Denis), 135; Louvicamp, 202; Malaunay, 344; Mautheville-sur-Durdent, 484; Mesmoulins, 114; Monchy-le-Preux, 178; Mont-aux-Malades (le), 346; Montivilliers, 148; Mortemer-sur-Eaulne, 243; Neufchâtel-en-Bray, 248; Neufmarché, 221; Notre-Dame-des-Champs, 344; Ormesnil-sur-Cailly, 260; Osmonville, 260; Ouville-l'Abbaye, 354; Parfondeval, 232; Pibœuf, 286; Pierre-sur-Seie (la), 89; Pierre-sur-Yères (la), 228; Pommeraye (la), 276; Ponts-et-Marais, 43;

Pourville, 71; Poville, 347; Pretot, 152; Quévreville-la-Milon, 295; Raimbertot, 140; Ratiéville, 275; Riberpré, 204; Ribeuf, 56; Ricarville, 31; Rouen (les Béguines), 380; (les Carmélites), 384; (les Carmes), 380; (les Dominicains), 379; (les Feuillants), 384; (Notre-Dame-de-la-Ronde), 389; (les Pénitents), 384; (Saint-Amand), 375, 389, (Saint-André-aux-Fèvres), 392; (Saint-André-de-la-Ville), 392; (Saint-Cande-le-Vieux), 388; (Saint-Gilles-de-Répainville), 395; (Saint-Herbland), 389; (Saint-Lô), 391; (Saint-Martin-du-Pont), 388; (Saint-Martin-sur-Renelle), 390; (Saint-Nicolas), 389; (Saint-Michel), 389; (Saint-Pierre-l'Honoré), 390; (Saint-Pierre-le-Portier), 389; (Saint-Sauveur), 388; (Sainte-Catherine-du-Mont), 375; Routot, 154; Roux-Mesnil, 77; Rouxmesnil, 548; Saint-Arnould-sur-Ry, 272; Saint-Aubin-sur-Cailly, 278, 577; Saint-Aubin-sur-Gournay, 218; Saint-Clair-sur-Gournay, 218; Saint-Denis-du-Val, 63; Saint-Georges-de-Gravenchon, 137; Saint-Germain-d'Étables, 53; Saint-Germain-sous-Cailly, 286; Saint-Gilles-de-la-Neuville, 154; Saint-Jean-des-Essarts, 151; Saint-Jean-sur-Cailly, 284; Saint-Martin-de-Boscherville, 315; Saint-Michel-du-Haisel, 155; Saint-Nicolas-du-Vert-Bois, 285; Saint-Ouen-au-Bosc, 548; Saint-Pierre-Bénouville, 89; Saint-Pierre-de-Varengeville, 320; Saint-Pierre-le-Petit, 525; Saint-Quentin-au-Bosc, 34; Saint-Remy-en-Rivière, 179; Saint-Sulpice-de-Bellengreville, 27; Saint-Supplix, 150; Saint-Thomas-la-Chaussée, 347; Saint-Valery-sous-Bures, 232; Saint-Vincent-de-Nogent, 250; Saint-Wandrille, 501; Salmonville-la-Rivière, 277; Salmonville-la-Sauvage, 296; Sauqueville, 82; Tendos, 283; Tennemare, 118; Thibermesnil, 555; Trinité-des-Jonquières (la), 231; Tourville-Igneauville, 114; Vattechist, 540; Vaudreville, 51; Vaurouy (le), 301; Vertbosc (le), 558; Veules (Saint-Nicolas), 528; Vieux (les), 324; Villers-Chambellan, 322; Vilmesnil, 115; Wardes, 221.

Églises supprimées, transformées ou sécularisées : Auberville-sur-Yères, 60; Dieppe, xiv° siècle (le vieux Saint-Remy); Épinay-Sainte-Beuve, 253; Fécamp, xi° siècle, (Saint-Ouen), 109; Follemprise, 12; Inerville, 27; Parfondeval, 231; Rouen, xiv° siècle (les Augustins), 380; xvii° siècle (Bellefonds), 386; xiii° et xvii° siècle (Bonne-Nouvelle), 377; xv° siècle (les Célestins), 382; (les Clarisses), 376; xv° siècle (les Emmurées), 378; xii° siècle (Grammont), 378; xvi° siècle (Saint-Cande-le-Jeune), 391; xvi° siècle (Saint-Denis), 391; xvi° siècle (Saint-Étienne-des-Tonneliers), 393; xiv° siècle (Saint-Georges), 393; xv°-xvi° siècle (Saint-Laurent), 393; xvi° siècle (Saint-Vigor), 391; xvi° siècle (Sainte-Croix-des-Pelletiers), 392; xvi° siècle (Sainte-Marie-la-Petite), 391; Vimont, 276.

Églises taillées dans le roc : Belbeuf (Saint-Adrien), 265; Canteleu (Pénitents de Croisset), 342; Orival, 338.

Églises transférées et déplacées ou traditions d'églises transférées : Amfreville-la-Mivoie, 265; Autretot, 556; Beaubec, 194; Bernières, 91; Blanc-Mesnil, 81; Boissay, 273; Cleuville, 527; Colleville, 540; Contremoîlins, 540; Crosville-sur-Durdent, 484, 485; Derchigny, 69; Ernemont-sur-Buchy, 274; Étretat, 100; Fontaine-en-Bray, 257; Froberville, 111; Ganzeville, 111; Gonneville-la-Malet, 101; Lindebeuf, 553; Louvetot, 475; Manneville-le-Goupil, 119; Mirville, 120; Monchy, 43; Motteville-les-Deux-Clochers, 553; Nointot, 95; Rétonval, 188; Quiberville, 78; Oudalle, 152; Saint-Michel-d'Halescourt, 203; Saint-Gilles-de-la-Neuville, 154; Saint-Pierre-en-Port, 545; Saint-Pierre-Lavis, 520; Saint-Léger-aux-Bois, 189; Saint-Maclou-la-Brère, 120; Saint-Maurice-d'Ételan, 138; Sainte-Adresse, 130; Sainte-Geneviève-en-Bray, 259; Sept-Meules, 145; Varengeville-sur-Mer, 83.

Embaumement des corps au moyen âge : Rouen, 436.

Emmeline, fondatrice de l'abbaye de Saint-Amand de Rouen, 370.

Emmurées (Les) : Rouen, 578.

Émail antique : Barentin, 349; Bolbec, 93; Cany, 478; Envermeu, 20; Saint-Jean-de-Folleville, 137.

Émaux du moyen âge : xiii° siècle, Héricourt-en-Caux (châsse), 510; Fresles, xiii° siècle (instrument de paix), 239; Saint-Saëns, xiii° siècle (châsse), 576.

Enguerrand de Marigny : Rouen, 375.

Enceinte romaine de Rouen, 365, 366, 367.

Enceintes antiques ou camps : Aumale, 164, 165; Beaubec-la-Rosière, 194; Bec-aux-Cauchois (le), 548; Bois-Himont (le), 556; Blangy, 176; Bouelles, 235; Braquemont, 63-67; Caudebec-en-Caux, 485; Équimbosc-le-Val, 518; Fécamp, 105, 110; Ferté-en-Bray (la), 196; Forges-les-Eaux, 196; Gouy, 268; Harfleur, 142, 143; Jumiéges, 303; Louvetot, 495; Maulévrier, 496; Mont-Cauvaire (le), 284; Neufchâtel-en-Bray, 249; Nesle-Normandeuse, 186; Quiévrecourt, 576; Rebets, 276; Roncherolles-en-Bray, 203; Saint-Germain-sous-Cailly, 286; Saint-Martin-Omonville, 240; Saint-Pierre-de-Varengeville, 321; Sainte-Geneviève-en-Bray, 259; Tiergeville, 545; Touffreville-la-Corbeline, 558; Valmont, 546; Valliquerville, 558; Varneville-les-Grès, 91; Vatierville, 256; Veulettes, 482; Villequier, 508; Yébleron, 520; Yville, 523. (Voir Camps.)

Encensoir : xvi° siècle, Saint-Martin-l'Ortier, 254.

Énervés (Statues et tombeaux des) : xiii° siècle, Jumiéges, 310.

Enseignes de maisons : Dieppe, 23; Rouen, 457, 458, 459, 464, 465, 467, 468, 472, 473, 476.

Enseignes de pèlerinage : Saint-Gorgon, à Saint-Martin-de-Boscherville, 319.

Entailles circulaires ou carrées pour la tête dans les cercueils de pierre : carlovingiens, Jumiéges, 309; Rouen, 881; — capétiens, Bouteilles, 277; Rouen, 581.

Épée espagnole du xvi° siècle : Auffay, 566.

Épées en fer du moyen âge : Maulévrier, 496; Saint-Martin-de-Boscherville, 518.

Épées franques en fer : Douvrend, 28; Envermeu, 29; Fontaine-en-Bray, 257; Graval, 239; Lamberville, 5; Londinières, 229; Martin-Église, 73; Nesle-Hodeng, 186; Rouen, 373; Saint-Aubin-sur-Mer, 79; Sommery, 263.

Épées gauloises : en bronze, Moulineaux, 332; Oissel, 335; Rouen, 358; — en fer, avec fourreaux de métal, Bouelles, 234; Heurteauville, 302; Saint-Wandrille, 499.

Épées romaines en fer, avec fourreaux de métal, dont quelques-unes sont ployées : Bouelles, 234; Eslettes, 282; Montivilliers, 144; Moulineaux, 334.

Éperons du moyen âge : Mortemer-sur-Eaulne, 243; Yébleron, 520.
Éperons francs : en bronze, Saint-Martin-aux-Buneaux, 482; — en fer, Envermeu, 29.
Épinay, indices d'antiquités : Dieppe, 15.
Épine-salle : Allouville, 555.
Épines servant de limites : Vieux-Rue (la), 296.
Épingles à cheveux en or ou avec tête d'or : Nesle-Hodeng, 244; Ventes-Saint-Remy (les), 264.
Épingles antiques : à tête d'ivoire, Fesques, 337; — à tête d'or, Ventes-Saint-Remy (les), 264; — en bronze et en os, Cany, 478; Caudebec-lez-Elbeuf, 324; Jumiéges, 310; Lillebonne, 133; Maulévrier, 496; Rouen, 363, 368, 369, 371; Sainte-Hélène-Bondeville, 542; Sotteville-lez-Rouen, 340.
Épingles franques en bronze : Douvrend, 28.
Épis en plomb d'églises ou de maisons : Berville-sur-Seine, 318; Esclavelles, 237; Eu, 42; Hautot-le-Vatois, 518; Oherville (château d'Auffay), 531; Quevillon (la Rivière-Bourdet), 314; Rouen, 383, 391, 454, 472; Tourville-Igneauville (les Ifs), 114.
Épis en terre cuite : Saint-Saëns, 262.
Épistolier ms, XVIIe siècle : Goderville, 118.
Éponge romaine : Lillebonne, 134.
Ermentrude (Sainte), à Sainte-Gertrude, 496.
Ermitages : Aumale, 167, 168; Belbeuf (Saint-Adrien), 266; Bordeaux-en-Caux, 98; Bouille (la), 333; Caudebec-en-Caux, 491; Heugleville-sur-Scie (le Bosmichel), 565; Loges (les), 112; Neufchâtel-en-Bray (Saint-Antoine), 249; Orival, 330; Pont-Mort, 238; Richemont, 188; Tiergeville, 545; Vattechrist, 540; Saint-Wandrille, 499, 500.
Ermites : Sainte-Marie-au-Bosc, 103.
Escalier de la bibliothèque du chapitre de Notre-Dame de Rouen, 1478-1480, 431.
Escalier de la flèche de Notre-Dame de Rouen, 424.
Escalier de pierre du Mont-Sainte-Catherine de Rouen, 1512, 375.
Escalier du beffroi de la cathédrale de Rouen, 419.
Escaliers de pierre de l'hôtel de ville de Rouen, XVIIe siècle, 374.
Escaliers d'orgues : XVIe siècle, Arques, 57; Montivilliers, 147; Rouen (Saint-Maclou), 407.
Esneval (Famille d'), son château, sa sépulture à Pavilly, 355, 519.
Estouteville (Famille d'), son château à Valmont, 547, 548; ses tombeaux à Valmont, 547, 548.
Estouteville (Le cardinal d'), archevêque de Rouen : continue l'église Saint-Ouen, 410; construit le jubé de cette abbaye, 410; fait faire les stalles de Notre-Dame de Rouen en 1457, 430, 431; son cœur et son mausolée, 428.
Étangs desséchés : Bellozanne, 207; Cuy-Saint-Fiacre, 208; Elbeuf-en-Bray, 211; Port-Mort, 238.
Étienne-la-Grande-Église (Saint-), à Notre-Dame de Rouen, 420, 426.
Étoffes de crin : Rouen, 581.
Étuves antiques : Dieppe, 14; Envronville, 514; Fontenay (le), 140; Havre (le), 128; Maulévrier, 496; Sainte-Adresse, 129.
Eu (Les comtes d'), leurs tombeaux : à Eu, 40; à Foucarmont, 83; au Tréport, 46.

Eudes Rigand, archevêque de Rouen, à Déville, 343; sur l'Aliermont, 33; son tombeau à Rouen, 434.
Eudistes : Rouen, 443.
Eusèbe, évêque de Rouen, 365.
Évangéliaire ms, XVIIe siècle : Goderville, 118.
Évêché de Coutances, à Rouen, 377.
Évêché de Lillebonne, 135.
Évêché métropolitain de Rouen, 365.
Évêques de Coutances inhumés à Saint-Lô de Rouen, 377.
Évêques in partibus inhumés à Rouen : Augustins, 385; Dominicains, 377.
Évent (Lieu de l') : Rouen, 441.
Exemptions : de Coutances, 377; de Fécamp, 395; de Lisieux, 389; de Montivilliers, 147.

F

Fabri (Jean), évêque de Démétriade, son tombeau aux Augustins de Rouen, 381.
Fabrique d'acier : Harfleur, 145, 146.
Fabrique de hachettes gauloises en bronze : Brotonne, 506; Gonfreville-l'Orcher, 573.
Fabrique d'outils de pierre : Aubermesnil-les-Érables, 174; Blangy, 175; Fréauville, 226; Londinières, 228.
Faïence : XVIe siècle, Havre (le), 128; Gonfreville-l'Orcher, 573.
Farin, historien de Rouen : Saint-Godard de Rouen, 399; prieur du Val, Veules, 528.
Faubourgs romains de Rouen, 369.
Fauchard, mérovingien : Nesle-Hodeng, 244.
Faucon de Ris (Les), quatre premiers présidents du parlement de Normandie (1628 à 1691), leur sépulture aux Carmes, 388.
Fauconneaux : XVe siècle, Harfleur, 144; — XVIe siècle, Dieppe, 24.
Fées, apparitions, danses et chemins des fées : Beautot, 349; Bec-de-Mortagne, 115; Bourg-Dun (le), 62; Braquemont, 67; Forges-les-Eaux, 196; Notre-Dame-de-Bliquetuit, 497; Notre-Dame-de-la-Gaillarde, 524; Rouen, 340; Val-Martin (le), 279; Varneville-Bretteville, 9; Saint-Valery-en-Caux, 536.
Fer (Moulin de) : Cuy-Saint-Fiacre, 209; Saint-Saëns, 261, 265.
Fermoirs de bourse francs : Nesle-Hodeng, 244.
Fermoirs du moyen âge : Jumiéges, 310.
Ferrières anciennes et forges anciennes : Beaussault, 134; Bellencombre, 9; Bosc-le-Hard (le), 10; Cuy-Saint-Fiacre, 209; Ferrières, 212; Forges-les-Eaux, 196; Montreuil-en-Caux, 88; Nolléval, 161; Saint-Léonard, 113; Saint-Maclou-de-Folleville, 88; Saint-Saëns, 260, 262; Vattetot-sur-Mer, 114.
Ferrures antiques : Caudebec-lez-Elbeuf, 325; Épinay-Sainte-Beuve, 252, 253.
Fers à cheval à la porte des églises : Saint-Martin-l'Ortier, 254.
Fers à cheval du moyen âge : Yébleron, 520.
Fers de chevaux : Brotonne, 507.
Feuillants (Les) : 1611, à Ouville-l'Abbaye, 551; 1616, à Rouen, 384.
Feux de Saint-Jean, de Saint-Onuphre et autres saints : Barentin, 340; Bernières, 92; Fossé (le), 138; Her-

manville, 5; Mesnières, 242; Mesnil-Durdent, 534; Saint-Arnould-sur-Caudebec, 498; Sainte-Austreberte, 356; Smermesnil, 233; Triquerville, 139.

Fibules franques : Aubermesnil-les-Érables, 174, 175; Avesnes-en-Bray, 205; Bois-Robert (le), 48; Caudebec-lez-Elbeuf, 325; Colleville, 540; Douvrend, 28; Envermeu, 29; Héronchelles, 275; Jumiéges, 310; Londinières, 229; Lucy, 239; Neufchâtel-en-Bray, 246; Neuville-Ferrières, 250; Nesle-Hodeng, 244; Parfondeval, 231; Quévreville-la-Poterie, 270; Rouen, 373; Sainte-Marguerite-sur-Mer, 80, 81.

Fibules franques ansées en bronze avec chaînettes : Aubermesnil-les-Érables, 174, 175; Quévreville-la-Poterie, 270.

Fibules franques en or : Avesnes-en-Bray, 205; Caudebec-lez-Elbeuf, 325; Nesle-Hodeng, 244; Parfondeval, 231; Sigy, 162; Sommery, 263, 264.

Fibules gauloises en fer : Caudebec-lez-Elbeuf, 324; Essarts-Varimpré (lez), 179; Moulineaux, 334.

Fibules romaines : — en bronze émaillé, Barentin, 349; Bolbec, 93; Cany, 478; Londinières, 227; Saint-Jean-de-Folleville, 137; — en bronze sans émail, Barentin, 348; Brotonne, 507; Caudebec-en-Caux, 486; Colleville, 540; Étretat, 100; Fécamp, 106; Héricourt-en-Caux, 529; Jumiéges, 310; Maulévrier, 496; Mesnil-sous-Lillebonne (le), 136; Montivilliers, 146; Saint-Aubin-sur-Mer, 524; Sainte-Hélène-Bondeville, 542.

Fierte (La) ou châsse de saint Romain : XIIIᵉ siècle, Rouen, 431, 439; — (privilége de la), Rouen, 439; — XVIᵉ siècle (chapelle ou édicule de la), Rouen, 439.

Figuier d'Orcher (Le), 140.

Filles de la Congrégation de Notre-Dame : Rouen, 387.

Filles de Saint-Joseph : Gournay-en-Bray, 217; Rouen, 386.

Filles-Dieu : Rouen, 380.

Filles du Saint-Sacrement : Rouen, 387.

Filleul (Fontaine de Saint-) : Rouen, 374.

Fils d'or francs : Envermeu, 29.

Finances de Normandie (Bureau des), 1529, à Rouen, 448, 449.

Finibor (Évêque de) : Rouen, 376.

Flacon de bronze antique avec chaînettes : Cany, 478.

Flavacourt (Guill. de), archevêque de Rouen : Deville, 343; érige une paroisse à Dieppe en 1282, 16; son tombeau à Notre-Dame de Rouen, 434.

Flèche en bois de l'hôtel de ville de Rouen, XIIIᵉ siècle, 453.

Flèche en fer fondu de Notre-Dame de Rouen, 424.

Flèches de bronze gauloises : Bezancourt, 205.

Flèches de fer du moyen âge : Mortemer-sur-Eaulne, 243.

Flèches de fer franques : Dieppe, 24; Douvrend, 28; Envermeu, 29; Londinières, 229.

Flèches d'églises en bois et plomb : 1491, Caudebec-en-Caux, 488; Étretat, 100; Eu, 40; Fécamp, 106; Gournay-en-Bray, 216; Jumiéges, 306; Rouen, XVᵉ siècle (Saint-Herbland), 389; 1520 (Saint-Maclou), 404; 1544 (Notre-Dame), 424.

Flèches d'églises en pierre : XIIᵉ siècle, Montivilliers, 147; — XVᵉ siècle, Notre-Dame-de-Gravenchon, 136; (Saint-Vivien), 400; Valliquerville, 558; Vattetot-sur-Mer, 114; — XVIᵉ siècle, Angerville-la-Martel, 539; Caudebec-en-Caux, 487; Cerlangue (la), 151; Écretteville-les-Baons, 557; Ectot-les-Baons, 551; Gainneville, 142; Ganzeville, 111; Gonfreville-l'Orcher, 141; Harfleur, 143; Hattenville, 517; Lillebonne, 135; Norville, 136; Rogerville, 153; Rouen (Notre-Dame-de-la-Ronde), 389; (Saint-André-aux-Fèvres), 392; (Saint-Martin-sur-Renelle), 370; Saint-Maurice-d'Ételan, 138; Sennevillesur-Fécamp, 544; Tiétreville, 545; Valliquerville, 558; — 1577, Veauville-les-Baons, 559; — XVIIᵉ siècle, Angerville-Bailleul, 115; Annouville-Vilmesnil, 115; Auberville-la-Renault, 115; Cliponville, 515; Criquebeuf, 105; Gerville, 112; Mentheville, 120; Rouville, 95; — 1550-1635, Theroulldeville, 544; Tocqueville-les-Murs, 121; Ypreville, 549.

Flèches de pierre gauloises : Fréauville, 226; Londinières, 228; Mesnil-Mauger (le), 575.

Fondation (Ferme de la) : Routes, 530.

Fondeurs de cloches : 1686-1700, Aubert (Jehan) de Lisieux, Rouen (Notre-Dame), 419; (Saint-Ouen), 413; 1664, Chauvel (les), Rouen (Saint-Ouen), 413; XIIIᵉ siècle, Damiens (Jehan), Rouen (le Beffroi), 453; 1501, Lemachon (Jean) de Chartres, Rouen (Notre-Dame), 420. (Voir *Cloches*.)

Fondeurs de cuivre des grilles du chœur de Notre-Dame de Rouen, 421.

Fontaine de Saint-Filleul : Rouen, 374.

Fontaine du Temps, XVIIIᵉ siècle : Bolbec, 94.

Fontaine-Martel, le chef des ligueurs cauchois : Bourg-Dun (le), 63; Clères, 281; Grèges, 70; Offranville, 75.

Fontaine romaine : Sainte-Marguerite-sur-Mer, 80.

Fontaines publiques : XVIIᵉ siècle, Bolbec, 93; 1533-1558, Dieppe, 23; 1600, Fontaine-le-Bourg, 283; 1781, Gournay-en-Bray, 217; XVIIᵉ siècle, Graville-Sainte-Honorine, 125; Rouen, 405, 444, 448; 1482 (de la Crosse), 447; 1515 (de la Croix-de-Pierre), 446, 447; 1518, de Lisieux, 447; XVIᵉ siècle, de Saint-Maclou, 405, 448; 1618, du Bailliage, 448; 1632, de Sainte-Croix-des-Pelletiers, 448; XVIIᵉ siècle, des Pénitents, 384; 1709, 1709, de Saint-Cande-le-Jeune, 448; 1456-1732, de la Grosse-Horloge, 447; 1743, des Libraires ou de la Cathédrale, 448; 1755, de la Pucelle d'Orléans, 447, 448; XVIIIᵉ siècle, des Augustins, 448.

Fontaines rebouchées : Brotonne, 506; Néville, 534; Reuville, 513; Saint-Valery-en-Caux, 536.

Fontaines sacrées : Bellengreville, 27; Biennais, 87; Brotonne, 506; Charles-Mesnil, 51; Crosville-sur-Durdent, 485; Guy-Saint-Fiacre, 485; Déville, 343; Étretat, 100; Fécamp, 105; Foucarmont, 183; Fossé (le), 138; Hanouard (le), 427; Héricourt-en-Caux, 528; Bermonville, 4; Morville, 120; Nolleval, 161; Pavilly, 356; Ponts, 3; Ponts-et-Marais, 43; Rolleville, 150; Rouen, 374; Rouvray-Catillon, 203; Saint-Hellier, 13; Saint-Germain-des-Essourds, 277; Saint-Saëns, 261, 263; Saint-Wandrille, 500, 503; Sainte-Austreberte, 356; Sommesnil, 531; Torcy-le-Grand, 53; Trefforest, 202; Triquerville, 139. (Voir *Sources*.)

Fontenelle (Abbaye de), 499.

Fontenelle, sa maison natale à Rouen, 459.

Fonts baptismaux. (Voir *Baptistères*.)

Forces en fer gauloises : Essarts-Varimpré (les), 179.

Forces en fer romaines ou franques. (Voir *Ciseaux*.)

Forêts anciennes défrichées : Long-Boël, 267, 269; Senneville-sur-Fécamp, 543.
Forges (Maître de) : Beausault, 194.
Forges anciennes. (Voir *Ferrières*.)
Forges révolutionnaires dans l'église Saint-Ouen de Rouen, 311, 416.
Fort de Sainte-Catherine, à Rouen, 375, 445.
Forteresses et fortifications : xi° siècle, Aumale, 164; xiv° siècle, Blangy, 126; Caudebec-en-Caux, 492; xiv° et xv° siècle, Dieppe, 21, 22; xiii° siècle, Eu, 42; Fécamp, 108, 110; Forté-en-Bray (la), 195, 196; xi° siècle, Gournay-en-Bray, 213, 214; xiv° et xvi° siècle, Harfleur, 144; Montivilliers, 248; xi° siècle, Neufchâtel-en-Bray, 246, 247; xiii°, xiv° et xvi° siècle, Rouen, 358, 375, 443.
Fossard (L'abbé), prédicateur célèbre, sa naissance et sa mort : Sainte-Marie-des-Champs, 557.
Fosse de Graville (La), 128.
Fosse (Grande) druidique à Gerponville, 541; sépulture d'une armée anglaise, 541.
Fossé Castresse : Criquiers, 169.
Fossé du Roy : Conteville, 168; Flamets-Frétils, 238; Illois, 170.
Fosses : Bois-l'Évêque, 289; Brotonne, 506; Essarts-Varimpré (les), 179; Goderville, 118; Jumiéges, 303; Saint-Martin-de-Boscherville, 318.
Fosses fouillées : Essarts-Varimpré (les), 179.
Fossés de Rouen, 358.
Fossés-limites : Bénouville-sur-Mer, 97; Boos, 367; Conteville, 168; Criquiers, 169; Flamets-Frétils, 238; Jumiéges, 303; Yainville, 323.
Fossés Saint-Philbert : Yainville, 323.
Fouet ou *flagellum* antique : Lillebonne, 571.
Fouilles chrétiennes du moyen âge : Auffay, 84; Beaulieu (au Bois-l'Évêque), 289; Bouteilles, 77, 78; Dieppe, 19, 563, 564; Étran, 74; Étretat, 99, 100; Longueville, 565; Martin-Église, 74; Rouen, 580, 581, 582; (à Notre-Dame, pour la recherche du cœur de Richard Cœur de Lion), 436; (*ibid.* pour la recherche du cœur du roi Charles V), 435; (*ibid.* pour la recherche du roi Henri Court-Mantel et du duc de Bedford), 435, 436; Roux-Mesnil, 77, 78; Saint-Georges de Boscherville, 318; Saint-Wandrille, 543.
Fouilles gauloises : Braquemont, 63-67; Caudebec-lez-Elbeuf, 324; Essarts-Varimpré (les), 179, 180; Sainte-Beuve-en-Rivière, 251; Saint-Remy-en-Rivière, 179.
Fouilles franques : Aubermesnil-les-Érables, 174; Avesnes-en-Bray, 205; Biville-sur-Mer, 28; Blangy, 176; Criel, 36; Dieppe, 15; Douvrend, 28; Envermeu, 29; Étretat, 99, 100; Lamberville, 5; Martin-Église, 74; Montérollier, 257; Montivilliers, 146; Nesle-Hodeng, 244; Neufchâtel-en-Bray, 246; Ouville-la-Rivière, 76; Parfondeval, 231; Pourville, 71; Quévreville-la-Poterie, 270; Rouen, 580, 581, 582; Saint-Aubin-sur-Scie, 74; Saint-Martin-aux-Buneaux, 481; Sainte-Marguerite-sur-Mer, 80, 81; Sigy, 162; Sommery, 263, 264; Vatteville, 504; Ventes-Saint-Remy (les), 264.
Fouilles indéterminées : Belleville-sur-Mer, 60; Conteville, 168; Rouen, 375; Trouville-en-Caux, 567; Vatierville, 567.
Fouilles romaines : Barentin, 348, 349; Bordeaux-Saint-Clair, 98; Braquemont, 63-67; Bréauté, 110; Brotonne, 506, 507; Canteleu, 342; Cany, 477, 478, 479; Caudebec-lez-Elbeuf, 324, 325; Dieppe, 13, 14; Épinay-Sainte-Beuve, 252, 258; Essarts-Varimpré (les), 180; Étretat, 79, 100; Eu, 38, 39; Fécamp, 105, 106; Fontenay (le), 140; Grainville-l'Alouette, 118; Grandcourt, 227; Gréges, 70; Harfleur, 142; Héberville, 524; Héricourt-en-Caux, 529; Incheville, 42, 564; Lendin (le), 506; Lillebonne, 131, 132, 133, 134, 570; Limésy, 343; Loges (les), 112; Manneville-la-Goupil, 119; Maulévrier, 495, 496; Mesnières, 241; Mesnil-sous-Lillebonne (le), 136; Montérollier, 257; Montivilliers, 257; Paluel, 481; Rosière (la), 193; Saint-André-sur-Cailly, 285; Saint-Aubin-sur-Mer, 524; Saint-Martin-en-Campagne, 32, 33; Sainte-Hélène-Bondeville, 542; Sainte-Marguerite-sur-Mer, 80, 81; Tiétreville, 545; Tilleul (le), 103; Tourville-la-Rivière, 331; Ventes-Saint-Remy (les), 264; Vittefleur, 484.
Four à tuiles romaines : Incheville, 564.
Fours à chaux antiques : Crosville-sur-Durdent, 485; Saint-Aubin-sur-Scie, 79.
Fours à potier : du xii°-xiii° siècle, Duclair, 300; du xiii°-xiv° siècle, Mélamare, 136.
Fourches patibulaires : Bures, 225; Canville-les-Deux-Églises, 511; Darnetal, 289; Ferté-Saint-Samson (la), 196; Londinières, 129; Montivilliers, 148; Rosière (la), 193.
Fourchettes de fer dites *des Moines* : Jumiéges, 310.
Francisques. (Voir *Haches de fer franques*.)
François 1ᵉʳ au camp du drap d'or : Rouen, 455.
François 1ᵉʳ à Bléville, 121; à l'hôtel du Bourgtheroulde de Rouen, 455; au château de Valmont, 548; au manoir d'Ango, à Varengeville-sur-Mer, 88.
François 1ᵉʳ, fondateur du Havre, 125.
François 1ᵉʳ, sa rançon : Valliquerville, 558.
François 1ᵉʳ (La tour), au Havre, 127.
François (Saint-), couvent de Rouen, 386.
Fréauville (Le cardinal de), son cœur aux Dominicains de Rouen, 379.
Fréauville (Thomas et Nicolas de), évêques, 226.
Frères des Écoles chrétiennes : Rouen, 388.
Frères Saint-Yon : Rouen, 388.
Fuseau romain en ivoire : Sotteville-lez-Rouen, 340.

G

Gabriel (Jacques), architecte, 1607 : Rouen, 453.
Gabrielle d'Estrées à Bures, 224, 225.
Gaignières (Collection) : Charles-Mesnil, 51, 52; Valmont, 457; Villers-Chambellay, 322.
Galères (Clos et tour des) : Harfleur, 145.
Galerie aux lettres dorées : xvi° siècle, Caudebec-en-Caux, 488.
Galerie de la maison du Gouvernement : xvi° et xvii° siècle, Rouen, 465, 466.
Galerie des Cerfs : Mesnières, 242.
Galerie du Camp du drap d'or, xvi° siècle, à l'hôtel du Bourgtheroulde à Rouen, 445.
Galerie du manoir d'Ango : 1542, Varengeville-sur-Mer, 84.
Galerie du *Viri Galilæi* : Caudebec-en-Caux, 488.
Galeries d'une maison de la Renaissance à Rouen, 463.

Galeries du cloître de l'Aitre Saint-Maclou de Rouen : 1526-1529, 1640, 408, 409.

Gallemant (Jacques), curé d'Aumale, 164.

Gargantua : (son cheval), Fresles, 239; (son petit doigt), Varengeville-sur-Mer, 83; (son siége), Tancarville, 156; (sa chaise), Saint-Pierre-de-Varengeville, 321; (son tombeau), Veulettes, 483.

Géant Foucard (Le), à Foucarmont, 181, 182.

Généraux (Les) : 1509, Rouen, 448.

Geoffroy, archevêque d'York, inhumé à Grammont : Rouen, 378.

Georges-d'Amboise (La cloche dite) : (sa fonte, sa destruction), Rouen, 420, 429; son marteau, Rouen, 475; Déville, 343.

Georges d'Amboise (Les cardinaux). (Voir *Amboise*.)

Germain l'Écossais (Saint) : (son voyage), Essarts-Varimpré (les), 180; (son martyre), Sainte-Marguerite-d'Auchy, 171; (sa sépulture et son tombeau), Vieux-Rouen (le), 173.

Germer (Saint), fondateur de Pentalle et de Flay, né à Wardes, 221.

Gervin (Saint), abbé de Saint-Riquier : Incheville, 42, 43.

Gibet : Clères, 281; Londinières, 229. (Voir *Fourches patibulaires*.)

Girouettes : château des Ifs, 114.

Glaces de Venise : Martainville, 291.

Gladiateur (Statue de) : Lillebonne, 132.

Gladiateurs (Coupe à reliefs de) : Lillebonne, 570.

Gloires : 1700, Cany, 479; Rouen, 1750 (Saint-Vincent), 403; 1775 (Saint-Maclou), 407.

Gobelets romains en verre bleu : Rouen, 369; Sigy, 142.

Godard (Saint), évêque de Rouen : sa sépulture à Saint-Godard de Rouen, 398; sa crypte, 399.

Godescard, hagiographe, né à Rocquemont, 257.

Gosselin, vicomte d'Arques et de Rouen, sa charte de 1030, Dieppe, 13; époux d'Emmeline, fondatrice de Saint-Amand de Rouen, 375; fondateur de l'abbaye de la Trinité-du-Mont de Rouen, depuis Sainte-Catherine, Rouen, 375, 376; Blosseville-Bonsecours, 266.

Goujon (Jean), sculpte les portes de l'église Saint-Maclou de Rouen, 405, 407; fait le tombeau de Louis de Brézé à Notre-Dame, 433; fait la statue du cardinal d'Amboise, 434.

Grammont (Le prieuré de) : Rouen, 378.

Grammontains (Les) : Rouen, 378.

Granges dîmeresses : xiiie siècle, Betteville, 349; xiie siècle, Bival, 245; xiiie siècle, Fonguensemare, 101; Lamberville, 5; Londinières, 229; Mont-Roty, 219; Louvetot, 495; Osmoy, 232; xiiie siècle, Sierville, 286; xiiie siècle, Val-de-la-Haye, 341; Varengeville-sur-Mer, 83.

Gravinum, ville romaine, 480, 528.

Gravelines ou Dames anglaises : Rouen, 376.

Grenier à sel : xvie siècle, Bouille (la), 333.

Grilles de fer forgé pour le chœur de l'église Saint-Ouen de Rouen, 1747, 425.

Grilles de fer pour le cœur du roi Charles V à Notre-Dame de Rouen, 1380, 426.

Grilles romaines en fer : Caudebec-lez-Elbeuf. 325; Épinay, 252; Rouen, 368.

Gringoire (Pierre), architecte : xvie siècle, Saint-Maclou de Rouen, 407.

Grippon (Mont et catel) : Rosière (la), 194.

Grisailles : xiiie siècle, Notre-Dame de Rouen, 429.

Grosse-Horloge (bâtiment et horloge) : Rouen, 453, 455.

Grosse-Horloge (Fontaine de la) : 1456, 1732, Rouen, 447.

Grotte découverte aux Authieux-Port-Saint-Ouen, 265.

Grotte Milon, à Saint-Wandrille, 499, 500.

Grottes d'ermites : à Fontenelle, Saint-Wandrille, 499, 500; à Orival, 320; à Tiergeville, 545.

Groulard (Claude) et sa femme, leurs tombeaux aux Célestins de Rouen, 382; à Saint-Aubin-le-Cauf, 32; à Notre-Dame de Rouen, 437.

Guadeloupe (Évêque de la) : Allouville, 556.

Guadeloupe (Notre-Dame-de-la-), à Sainte-Croix-des-Pelletiers de Rouen, 392.

Guérite du guetteur au clocher de Gournay, 216.

Gués anciens : Dieppe, 14, 15; Vieux (les), 320.

Gugu, sculpteur : 1628, Tiétreville, 545.

Guillaume le Conquérant fonde le prieuré de Bonne-Nouvelle à Rouen, 376; tient un concile ou assemblée à Oissel, 336; à Lillebonne en 1065, 1070 et 1080, 135; meurt au prieuré de Saint-Gervais de Rouen, 376, 395; sa statue, xiiie ou xive siècle, à Saint-Victor-l'Abbaye, 90.

Guillaume Longue-Épée, son tombeau, xiiie siècle, à Notre-Dame de Rouen, 429.

Guises (Tombeaux des), à Aumale, 172; à Eu, 41.

Guitmar (Saint), abbé de Jumiéges et de Saint-Riquier : Brémontier, 206.

H

Hache de fer gauloise : Essarts-Varimpré (les), 179.

Haches et hachettes de fer franques : Aubermesnil-les-Érables, 174; Blangy, 176; Douvrend, 24, 28; Envermeu, 29; Eslettes, 282; Gouy, 268; Londinières, 229; Mesnières, 241; Monville, 284; Nesle-Hodeng, 244; Neufchâtel-en-Bray, 246; Parfondeval, 233; Rouen, 373; Sommery, 264; Sigy, 162.

Haches et hachettes de fer romaines : Caudebec-lez-Elbeuf, 324; Lillebonne, 570; Maulévrier, 396; Rosière (la), 193; Yainville, 323.

Haches ou hachettes de pierre ébauchées : Baillolet, 223; Grandcourt, 227.

Haches ou hachettes de pierre, préhistoriques ou archéolitiques : Arques, 55; Beaumont-le-Harenc, 561; Bully, 235; Sotteville-lez-Rouen, 340.

Haches ou hachettes de pierre polie ou néolithiques : Aubermesnil-les-Érables, 174; Aulage, 254; Aumale, 163; Auquemesnil, 26; Baillolet, 223; Baons-le-Comte (les), 550; Bellencombre, 9; Bellengreville, 27; Bertrimont, 567; Blangy, 175; Boos, 267; Bondeville, 341; Bosc-Geffroy, 223; Bouille (la), 333; Braquemont, 24; Brémontier-Merval, 216; Bully, 235; Caudebec-en-Caux, 485; Caudebec-lez-Elbeuf, 324; Cideville, 551; Clais, 551; Claville-Motteville, 281; Clères, 281; Crosville-sur-Durdent, 484; Dieppe, 24; Duclair, 299; Elbeuf, 326; Essarts-Varimpré (les), 179; Eu, 38; Fallencourt, 180; Fesques, 237; Foucarmont, 181; Fréauville, 226; Grandcourt, 227; Grandes-Ventes (les), 562; Graval, 239; Landes (les) Vieilles et Neuves, 184; Limésy, 353; Londinières, 228; Luneray, 24; Ménonval, 241; Men-

theville, 120; Mesnil-David (le), 170; Mesnil-Lieubray (le), 161, 575; Mont-aux-Malades (le), 345; Montivilliers, 146; Mont-Roty (le), 213; Mortemer-sur-Eaulne, 243; Nesle-Hodeng, 245; Nesle-Normandeuse, 186; Neufchâtel-en-Bray, 246; Neufmarché, 221; Neuville-Champ-d'Oisel (la), 269; Neuville-sur-Eaulne, 222; Notre-Dame-de-Gravenchon, 573; Pavilly, 355; Poterie (la), 101; Preuseville, 230; Richemont, 188; Rieux, 188; Rouen, 358, 369; Saâne-Saint-Just, 561; Saint-Aubin-Épinay, 270; Saint-Crespin, 52; Saint-Germain-d'Étables, 52; Saint-Jacques-d'Aliermont, 32; Saint-Martin-en-Campagne, 32; Saint-Nicolas-d'Aliermont, 33; Saint-Saëns, 260; Saint-Saire, 254; Saint-Valery-sous-Bures, 23; Saint-Wandrille-Rançon, 499; Sainte-Adresse, 129; Sainte-Foy, 52; Sainte-Marguerite-sur-Duclair, 314; Sommery, 263; Sotteville-lez-Rouen, 340; Tréport (le), 45; Valmont, 546; Villers-sous-Foucarmont, 191; Wanchy-Capval; 233.
Haches ou hachettes en bronze : Aubermesnil-les-Érables, 174; Bellencombre, 9; Bezancourt, 205; Brotonne, 506; Caudebec-en-Caux, 485; Caudebec-lez-Elbeuf, 324; Clères, 281; Colleville, 539; Dieppe, 14, 15; Doudeville, 511; Essarts-Varimpré (les), 174; Fécamp, 105; Fesques, 237; Feuillie (la), 159; Gonfreville-l'Orcher, 140; Hanouard (le), 527; Harfleur, 142; Havre (le), 128; Heurtauville, 302; Jumiéges, 310; Montivilliers, 146; Roumare, 347; Rouen, 368; Routes, 531; Saint-Valery-sous-Bures, 231; Sainte-Adresse, 129; Tilleul (le), 103; Tourville-la-Chapelle, 24, 35; Val-de-la-Haye (le), 341; Yport, 114.
Haillet de Couronne, académicien : Petit-Couronne (le), 578.
Hallé (Daniel), peintre : Saint-Wandrille, 502.
Halles : xv° siècle, Bouille (la); xviii° siècle, Cany, 499; xviii° siècle, Foucarmont, 183; xvi° et xvii° siècle, Rouen, 445; 1780, Yvetot, 560.
Harcourt (Le marquis d'), son portrait en 1699 : Freneuse, 329.
Hardwin, calligraphe célèbre, à Saint-Wandrille, 499; né à Almivare, 514.
Harelle (La), émeute de Rouen en 1381-1382, 453.
Harelle de Heurteauville (La), 302.
Harlay Ier, archevêque de Rouen (1653), inhumé à Notre-Dame, 434.
Harlay II, archevêque de Rouen (1666), bénit la cloche de Jumiéges, 413.
Harold, roi d'Angleterre, à Jumiéges, 304; son serment à Sainte-Marguerite-sur-Duclair, 315.
Haussez (Le baron d'), sa sépulture aux Ventes-Saint-Remy, 264.
Hennequin d'Anvers, sculpte les stalles de Notre-Dame de Rouen (1457-1469), 431.
Hennequin de Liége, sculpte le tombeau de Charles V à Notre-Dame de Rouen (1380), 435.
Henri Ier, roi d'Angleterre, inhumé à Bonne-Nouvelle de Rouen, 377.
Henri II Plantagenet, roi d'Angleterre, fonde la léproserie de Rouen au Mont-aux-Malades, 345; fonde la salle aux Puelles au Petit-Quevilly, 337.
Henri IV, roi de France : à Arques, 58, 59, 60; à Clères, 281; à Saint-Jean-du-Cardonnay, 348; à Saint-Valery-en-Caux, 527; à Torcy, 53; à la tour de Carville (Darnetal), 390; devant Caudebec-en-Caux, Touffreville-la-Corbeline, 558; blessé à Aumale, 165, 167, 169; reçoit l'ordre de la Jarretière à Saint-Ouen de Rouen, 416.
Henri VIII, roi d'Angleterre, au camp du drap d'or à Rouen, 455.
Hercule (Statuettes d') : Lillebonne, 132; Rouen, 372; Tancarville, 136.
Héric, historien de Charles le Chauve, 277.
Hêtre-parasol : Allouville, 555.
Heurtoir en fer : xvi° siècle, Rouen, 449.
Hildevert (Saint), ses reliques à Gournay-en-Bray, 264.
Hipposandales : Caudebec-lez-Elbeuf, 324; Maulévrier, 496; Saint-Saëns, 260.
Honorine (Sainte), le lieu de son martyre, Mélamare, 136; le lieu de sa sépulture, Graville-Sainte-Honorine, 122; son sarcophage, 122.
Hôpital de Jéricho, à Rouen, 441.
Hôpital de Saint-Antoine, à Rouen, 381.
Hôpital des Mathurins, à Rouen, 386.
Hôpital du Roi, à Rouen, 441.
Hôpital général de Rouen, 441, 442.
Hôpitaux anciens : Arques, 164; Blangy, 177; Caudebec-en-Caux, 432; Criel, 36, 37; Dieppe, 23; Duclair, 300; Ernemont-sur-Buchy, 275; Eu, 41; Fécamp, 109; Foucarmont, 182; Grainville-la-Teinturière, 48; Harfleur, 143; Havre (le), 127; Monchaux, 185; Montivilliers, 148; Nesle-en-Bray, 245; Neufchâtel-en-Bray, 248; Neufmarché, 221; Pavilly, 356; Port-Saint-Ouen (le), 265; Rouen, 377, 381, 386, 440, 441, 442; Tréport (le), 46; Veules, 538.
Horloge (curieuse), à Saint-Ouen de Rouen, 444.
Horloge (Fontaine de la Grosse-) : Rouen, 447.
Horloge, à Rouen (1389 et 1410), 454.
Horlogerie sur l'Aliermont, 33.
Horlogers : 1389, Jourdain de Lestre et Jehan de Félanis, Rouen, 454; 1410, Olivier Homo, Rouen, 454; 1667, Ant. Baysse, Fécamp, 33.
Horloges : xvii° siècle, Auffay, 85; 1667, Fécamp, 108; 1775, Grémonville (venant de l'abbaye de Sausseuse), 552; Nesle-Hodeng (venant de l'abbaye de Bival), 245; 1629, Néville, 525; Rouen, 1389, 1410, 454; 1496, 1697 (Saint-Maclou), 407.
Hospices de Capucins : au Havre, 123; à la Mailleraye, 495.
Hostie (Chute d'une) : Rouen (Saint-Georges), 393.
Hostie (Histoire du juif et de l') : Rouen (Saint-Éloi), 397.
Hôtel de la présidence, 1717, 459.
Hôtel des aides et finances de Normandie, 457.
Hôtel des consuls à Rouen, 1735, 457.
Hôtel des monnaies à Rouen, son antiquité, 449; son état actuel, xvi° siècle, 449, 450.
Hôtel du Bourgtheroulde à Rouen, xv° et xvi° siècle, 455.
Hôtels de ville : xvi° siècle, Aumale, 166; Blangy, 176; xvi° siècle, Harfleur, 145; xvi° siècle, Havre (le), 128; Rouen, xii° siècle, 452; xiii° siècle, 453; 1607, 453; 1757, 453; 1791, 453; 1803, 453, 374; 1563, Tréport (le), 47.
Hôtels-Dieu : à Dieppe, 20; à Eu, 41; à Rouen (de la Madeleine), 377, 441, 442.
Hôtels ecclésiastiques de Rouen : de l'archevêque, 448; de l'évêque de Lisieux, 447; des abbés du Bec, 450; de

Fécamp, 456; de Jumiéges, 456; de Valmont, 456; de Saint-Wandrille, 456; de Sainte-Catherine-du-Mont, 456; de l'abbesse de Bondeville, 456; du prieur de Grammont, 456.

Hôtels particuliers curieux et remarquables : Arques, 29; Blangy, 177; Dieppe, 23; Neuville-le-Pollet, 25; Rouen : (Bailliage), 556; (Bigot), 456; (Carrel), 457; (des Chapelets), 457; (Mathan), 387; (de Raffetot), 456; (du Tot), 456; Tréport (le), 47.

Houdetot (Famille des), ses sépultures à Anvéville, 526, 527; à Saint-Aubin-sur-Mer, 525; à Veauville-les-Baons, 559.

Hubert (Robert), peintre : xviiie siècle, Rouen, 448.

Huchiers de 1452 : Jehan Thomas et Guillemin Desheaulx, à Baons-le-Comte, 550.

Huchiers du xve siècle qui travaillaient aux stalles de Notre-Dame de Rouen, 431.

Huchiers, hucherie. (Voir *Sculpteurs*.)

Huiles saintes (Privilége des) : Saint-Maclou de Rouen, 404.

Hypocaustes romains : Bordeaux-Saint-Clair, 98; Lillebonne, 132; Rouen, 366, 369, 371; Saint-André-sur-Cailly, 285; Sainte-Marguerite-sur-Mer, 80.

I

Ifs dans les cimetières : Offranville, 75; Sainte-Croix-sur-Buchy, 277; Trois-Pierres (les), 158.

Île d'Oissel, 336.

Île du Brésil, enseigne de maison : Rouen, 469.

Îles de Rouen, 358.

Imagiers du xvie siècle : Rouen (Notre-Dame), 1525, Desolbeaux, Theroulde, 417; 1560, Nicolas Quesnel, 425.

Incendies antiques : Brotonne, 507; Caudebec-lez-Elbeuf, 325; Lillebonne, 569, 570; Rouen, 580, 581; Sainte-Beuve-en-Rivière (Épinay), 253.

Incendies de Charles le Téméraire : Arques, 57; Blangy, 176; Criquiers, 169; Haucourt, 199; Monchaux, 185; Rouen, 390; Saint-Saëns, 261; Valmont, 546. (Voir *Charles le Téméraire*.)

Incendies d'églises : Angerville-la-Martel, 539; Auffay, 566; Aumale, 172; 1305, Autretot, 556; Avremesnil, 2; 1692, Bailly-en-Rivière, 26; 1765; Bolbec, 93; Cailly, 280; 1694, Dieppe (Saint-Jacques), 16; (Saint-Remy), 18; Épinay-sur-Duclair, 301; 1748, Étretat, 100; 1426, 1475, Eu, 40; Fréauville, 516, 517; 1724, Foucarmont, 282; Haye (la), 595; 1787, Graville, 123; Manneville-ès-Plains, 524; Massy, 241; 1693, Montérollier, 258; Néville, 535; 1685, Réalcamp, 187; Rouen, (Notre-Dame), 417, 424; (Saint-Amand), 375; (Saint-Laurent), 387; (Saint-Lô), 391; (Saint-Maclou), 403; (Saint-Ouen), 375, 410; 1756, Villers-sous-Foucarmont, 191; Saint-Wandrille, 510.

Incendies de la flèche de Notre-Dame de Rouen, 1544 et 1822, 424.

Incendies de villes, bourgs et villages : Aumale, 164; Blangy, 176; 1765; Bolbec, 93; 1426 et 1475, Eu, 40; Fauville, 517; Lunesy, 353; Rétonval, 188; Rouen, 368; Veules, 539.

Incinérations gauloises : Ancourt, 54; Bouelles, 234; Cany, 477; Caudebec-lez-Elbeuf, 324; Essarts-Varimpré (les), 179; Havre (le), 568; Moulineaux, 334; Rouen, 358; Saint-Remy-en-Rivière, 178, 179; Saint-Vincent-de-Nogent, 249; Saint-Wandrille, 499; Sainte-Beuve-en-Rivière, 25; Sommery, 263.

Incinérations romaines : Ancourt, 54; Anglesqueville-l'Esneval, 97; Anvéville, 526; Barentin, 348; Blangy, 176; Bolbec, 93, 567; Bordeaux-Saint-Clair, 98; Bouteilles, 77; Braquemont, 68; Bréauté, 116; Brotonne, 507; Cailly, 280; Canouville, 477; Canville-les-Deux-Églises, 510; Cany, 477, 478; Caudebec-en-Caux, 486; Caudebec-lez-Elbeuf, 324, 325, 577; Cauville, 139; Cerlangue (la), 150; Contremoulins, 540; Dampierre-en-Bray, 209; Dieppe, 14, 15; Doudeville, 511; Elbeuf, 326; Eslettes, 282; Étretat, 99; Eu, 38, 40; Fauville, 516; Fécamp, 105, 106; Fesques, 237; Fontenay (le), 140; Grainville-Imoville, 149; Graville-Sainte-Honorine, 121, 122; Havre (le), 124, 568, 569; Héberville, 524; Hénouville, 301; Incheville, 564; Lillebonne, 134, 569, 570; Loges (les), 112; Limésy, 56; Manneville-la-Goupil, 119; Mesnil-sous-Lillebonne (le), 135, 136, 569; Monville, 284; Mortemer-sur-Eaulne, 243; Moulineaux, 334; Neuville-le-Pollet, 24, 25; Notre-Dame-de-Bliquetuit, 497; Osmoy, 238; Ponts-et-Marais, 564, 565; Poville, 347; Quincampoix, 284; Rançon, 503; Rouen, 361, 362, 372; Rosière (la), 193; Saint-Aubin-sur-Mer, 524; Saint-Denis-le-Thiboult, 249; Saint-Jean-de-Folleville, 137; Saint-Léonard, 113; Saint-Martin-de-Boscherville, 315; Saint-Martin-en-Campagne, 32, 33; Saint-Maurice-d'Ételan, 138; Saint-Nicolas-de-la-Haye, 498; Saint-Saire, 254; Saint-Vaast-d'Équiqueville, 34; Saint-Valery-en-Caux, 536; Saint-Wandrille, 503; Sainte-Gertrude, 496; Sainte-Hélène-Bondeville, 542; Tancarville, 156; Thibermesnil, 555; Tiergeville, 544; Tiétreville, 545; Tilleul (le), 103; Tourville-la-Rivière, 331; Toussaint, 545, 546; Trouville-en-Caux, 96, 567; Turretot, 104; Valliquerville, 558; Veules, 537; Yébleron, 520; Yerville, 555.

Innocents des Andelys (Les) (1625-1628) inhumés à Notre-Dame de Rouen.

Inscription antique fausse : Sainte-Adresse, 129, 130.

Inscription (xe siècle) du prince Robert à Fécamp, 106.

Inscriptions antiques : Braquemont, 566; Caudebec-lez-Elbeuf, 324; Eslettes, 282; Lillebonne, 133, 134, 135, 570, 571, 572; Mesnil-sous-Lillebonne (le), 135; Montérollier, 257; Rouen, 360, 361, 368, 371, 580; Saint-André-sur-Cailly, 285; Sainte-Gertrude, 496; Sainte-Hélène-Bondeville, 542.

Inscriptions commémoratives d'événements ou d'édifices, de constructions, de dédicaces, d'érections, de fondations, etc. : xiie siècle, 1168, Bures, 224; 1170, Osmoy, 231; Rouen (châsse de saint Sever au musée), 433; (cœur de Richard Cœur de Lion à Notre-Dame), 436; — xiiie siècle, 1272, Veules, 1297, Lignemare, 233; Rouen (Notre-Dame), 425; (les cloches du beffroi communal), 453; — xve siècle, 1410, Belleville-en-Caux, 86; 1426, Caudebec-en-Caux, 487; 1433, Manneville-la-Goupil, 120; 1467, Saint-Saëns, 262; 1473, Pavilly, 355; 1476, Saint-Martin-Omonville, 259; 1477, Saint-Remy-en-Rivière, 178; 1482, Grandcourt, 227; 1491, Neufchâtel-en-Bray, 247; 1492, Cannehan, 36; 1496, Anvéville, 526; — xvie siècle, 1508, Sainte-Hélène-Bondeville, 549; 1509, Lindebeuf, 553; 1509, Saint-

Vaast-du-Val, 89; 1510, Pierrepont, 228; 1511, Trinité-du-Mont (la), 139; 1511, Saint-Vaast-du-Val, 89; 1511, Tôtes, 90; 1512, Vassonville, 92; 1516, Caudebec-en-Caux, 487; 1516, Gainneville, 142; 1516, Rogerville, 153; Bois-Hulin (le), 49; 1518, Chapelle-du-Bourgay (la), 49; 1518, Draqueville, 89; 1518, Hugleville-en-Caux, 553; 1518, Marques, 170; 1519, Sainte-Gertrude, 497; 1520, Boccace-Val-Martin (le), 279; 1522, Écretteville-sur-Mer, 541; 1522, Villequier, 508; 1523, Bully, 236; 1527, Berville-en-Caux, 479; 1527, Campneuseville, 178; 1527, Veules, 538; 1528, Soreng, 186; 1528, Veules, 538; 1529, Douvrend, 28; 1529, Yerville, 555; 1530, Blangy, 177; 1530, Triquerville, 139; 1530, Saint-Valery-en-Caux, 536, 537; 1535, Landes Vieilles et Neuves (les), 184; 1532, Brametot, 522; 1533, Rouen (Saint-Étienne-des-Tonneliers), 393; 1534, Ingouville-ès-Plains, 534; 1536, Trait (le), 322; 1538, Allouville, 556; 1538, Rouen (Saint-Sever), 395; 1540, Nullemont, 171; 1541, Parc-d'Anxtot (le), 95; 1542, Veules, 528; 1543, Canouville, 477; 1544, Mesnières, 242; 1546, Villers-sur-Aumale, 170; 1547, Bertreville-Saint-Ouen, 48; 1548, Londinières, 229; 1550, Brametot, 522; 1550, Canouville, 477; 1550, Goupillières, 359; 1553, Manéglise, 146; 1553, Rouen (Saint-Lô), 391; 1555, Mont-de-l'If (le), 354; 1560, Toussaint, 566; 1566, Grainville-la-Teinturière, 480; 1568, Belleville-en-Caux, 86; 1577, Fresquienne, 352; 1578, Rouen (Saint-Hilaire), 394; 1579, Bretteville-du-Petit-Caux, 92; 1582, Longueville, 51; 1585, Saint-Eustache-la-Forêt, 154; 1587, Bully, 236; 1587, Dieppe, 513; 1589, Touffreville-sur-Cailly, 282; — xvi° siècle (sans dates), Havre (le), 124, 569; Maromme, 344; Moulineaux, 335; Saint-Martin-le-Gaillard, 44; — xvii° siècle, 1618, Arques, 53; 1618, Saint-Victor-l'Abbaye, 90; 1619, Rouen (les Dominicains), 379; 1621, Rouen (les Dominicains), 379; 1625, Montivilliers, 147, 148; 1628, Saint-Saëns, 262; 1630, Bertreville-Saint-Ouen, 48; 1635, Therouldeville, 544; 1638, Villequier, 508; 1644, Grémonville, 552; 1646, Hanouard (le), 528; 1646, Rouen (les Feuillants), 384; 1648 (Grammont), 378; 1651, Angiens, 520; 1651, Belbeuf, 266; 1651, Rouen (Grammont), 378; 1654, Saint-Supplix, 150; 1656, Caudebec-en-Caux, 491; 1661, Fécamp, 108; 1661, Roumare, 348; 1670, Martainville, 291, 292; 1685, Aumale, 166; 1686, Mauquenchy, 203; — xvii° siècle (sans dates), Arques, 58; Rouen (Notre-Dame), 438; — xviii° siècle, 1711, Rouen (les Visitandines), 385; 1725, Courcelles-Ranson, 209; 1726, Grainville-la-Teinturière, 481; 1731, Rouen (les Crépines), 386; 1740, Rouen (Grammont), 378; 1747, Boulay (le), 158; 1770, Serqueux, 204; 1772, Valmont, 547; 1777, Tréport (le), 46; 1780, Beaubec, 152; 1780, Gournay-en-Bray, 217; — xviii° siècle (sans dates), Eu, 40; Rouen (Notre-Dame), 436; — xix° siècle, Auffay, 366, Arques, 59, 60; Dieppe, 563.

Inscriptions commémoratives du niveau de l'eau dans les inondations : Berville-sur-Seine, 298; Blangy, 177; Rouen (Grammont), 378.

Inscriptions de droit romain sur un château du xvi° siècle : Serville, 117.

Inscriptions françaises rimées ou latines en vers léonins : xiii° siècle, Saint-Wandrille, 501; 1272, Veules, 538; 1273, Rouen (Saint-Ouen), 414; — xv° siècle, 1476, Monville, 284; 1496 (de deux cents vers), Anvéville, 526; — xvi° siècle, 1510, Tôtes, 90; 1511, Panneville, 353; 1518, Hugleville-en-Caux, 553; 1519, Chaussée-Bois-Hulin (la), 49; 1552, Fresne-le-Plan, 268; 1583, Guilmécourt, 31; — xvi° siècle (sans dates), Auquemesnil, 26; Authieux-Port-Saint-Ouen (les), 263; Caudebec-en-Caux, 489; Envermeu, 30; Eu, 40; Neufchâtel-en-Bray, 248; Rouen (Saint-Éloi), 397; — xvii° siècle (avec dates), 1654, Saint-Saire, 245; 1657, Ymare, 271; — xvii° siècle (sans dates), Envermeu, 30; Eu, 40; 1757, Isneauville, 293.

Inscriptions funéraires gravées sur les murs de l'église de Bouafles, xvii° et xviii° siècle, 174.

Inscriptions obituaires sur pierre des religieux Bénédictins, Franciscains, etc. : Havre (le) (Pénitents), 125, 126; Jumièges (Bénédictins), 311, 300, 494, 506; Saint-Wandrille (Bénédictins), 502; Saint-Valery-en-Caux (Pénitents), 537.

Inscriptions sur des maisons en pierre, en bois, etc. : Aumale, 166; 1618, Arques, 59; Havre (le), 128; 1491, Imbleville, 88; 1433, Manneville-la-Goupil, 120; Montheville, 120; Rouen, 459, 465, 466, 468, 475; 1530, Saint-Valery-en-Caux, 537.

Inscriptions sur plomb au xvii° et au xviii° siècle pour indiquer la fondation d'églises, monastères, chapelles, etc. : Rouen (Crépines), 386; (Dominicains), 387; (Visitandines), 385; Saint-Supplix, 150.

Inscriptions tumulaires en latin, en français et en anglais aux Gravelines ou Dames anglaises de Rouen, 376.

Inscriptions tumulaires et obituaires : x° siècle, Fécamp, 106; — xiii° siècle (avec dates), 1207, Longueville, 51; 1270, Rouen (Notre-Dame), 437; 1273, Rouen (Saint-Ouen), 414; 1282, Rouen (Notre-Dame), 437; 1283, Criquetot-le-Mauconduit, 540; 1290, Imbleville, 88; 1290, Préaux (venant de Beaulieu), 293; 1292, Smermesnil (venant de Foucarmont), 233; 1293, Mont-aux-Malades (le), 346; 1293, Rouvray-Catillon, 203; 1296, Auzouville-sur-Ry (venant de l'Isle-Dieu), 287; 1299, Caudebec-en-Caux (venant de Jumièges), 311, 493; — xiii°siècle(sans dates), Anglesqueville-la-Bras-Long, 521; — Crasville-la-Roquefort, 522; Croixmare, 351; Havre (le) (venant de Leure), 126; Jumièges, 312; Saint-Wandrille, 50; — xiv° siècle (avec dates), 1302, Rouen (Saint-Ouen), 414, 415; 1303, Longueville, 50; 1304, Imbleville, 88; 1305, Héricourt-en-Caux, 529, 530; 1307, Saint-Aubin-sur-Mer, 525; 1315, Havre (le) (venant de Leure), 126; 1321, Rouen (Notre-Dame), 437; 1326, Pavilly, 347; 1329, Auzouville-sur-Ry (venant de l'Isle-Dieu), 287; 1330, Préaux (venant de Beaulieu), 293; 1331, Fontaine-le-Dun, 523; 1336, Rouen (les Dominicains), 379; 1340, Rouen (les Dominicains), 379; 1339, Longueville, 51; 1341, Préaux (venant de Beaulieu), 293, 294; 1344, Longueville, 50; 1346, Auffay, 85, 566; 1379, Havre (le) (venant de Leure), 126; 1380, Anglesqueville-la-Bras-Long, 521; 1389, Mont-aux-Malades (le), 346; 1392, Rouen (Saint-Ouen), 415; 1396, Veauville-les-Baons, 559; 1400, Anglesqueville-la-Bras-Long, 521; — xiv° siècle (sans dates), Anglesqueville-la-Bras-Long, 521; Beaulieu, 289; Graville, 124; Londinières, 229; Préaux, 294; Vaupalière (la), 348; Yvetot, 560; — xv° siècle (avec dates), 1411, Anglesqueville-la-Bras-Long, 521; 1418, Ouville-l'Abbaye, 554; 1421, Rouen (Saint-Ouen), 415, 1431, Jumiéges, 311; 1439, Bosc-Bérenger, 256; 1440, Rouen (Notre-Dame), 438; 1440, Rouen (Saint-Ouen), 415; 1449, Jumiéges, 310; 1455, Lanquetot, 95; 1466, Martin-Église, 73; 1466, Rouen (Notre-Dame), 438; 1470, Rouen (Saint-Hilaire), 394; 1477, Valmont, 558; 1484, Blacqueville, 350; 1487, Blangy, 177; 1494, Auffay, 85; 1496, Anvéville, 526; 1496, Rouen (Saint-Hilaire), 394; 1498, Jumiéges (venant des Vieux), 311; 1500, Criquetot-le-Mauconduit, 540; — xv° siècle (sans dates), Rouen (Emmurées), 378; Vaupalière (la), 348; — xvi° siècle (avec dates), 1501, Gouy, 268; 1502, Bondeville, 342; 1506, Clères, 150; 1510, Raffetot, 95; 1510, Saint-Léger-aux-Bois, 190; 1512, Sainte-Gertrude, 497; 1513, Auffay, 85; 1513, Baillolet, 223; 1513, Londinières, 229; 1516, Caudebec-en-Caux, 491; 1517, Clais, 225; 1520, Beausault, 194; 1522, Rouen (Notre-Dame), 428; 1528, Aubermesnil-Beaumais, 60; 1528, Poville, 347; 1531, Rouen (Notre-Dame), 438; 1532, Saint-André-sur-Cailly, 286; 1535, Saint-Georges de Boscherville, 318; 1536, Varneville-Bretteville, 92; 1537, Guimerville, 184; 1538, Longueville, 31; 1539, Sainte-Marguerite-sur-Duclair, 314; 1540, Clais, 225; 1540, Jumiéges, 312; 1542, Londinières, 229; 1545, Bois-Héroult (le), 273; 1551, Veulettes, 484; 1554, Villequier, 508; 1555, Longueville, 51; 1555, Mont-de-l'If (le), 354; 1555, Toussaint, 546; 1556, Dénestanville, 50; 1557, Fresnoy-Foluy, 226; 1557, Gaillefontaine, 198; 1570, Fresnaye (la), 131; 1574, Havre (le), 125; 1575, Gaillefontaine, 198; 1578, Longueville, 51; 1581, Lignemare, 233; 1585, Fresles, 239; 1587, Rouen (Saint-Hilaire), 395; 1588, Ferté-Saint-Samson (la), 196; 1596, Veauville-les-Baons, 559; 1597, Osmoy, 232; 1599, Havre (le), 129; 1600, Sainte-Geneviève-en-Bray, 259; — xvi° siècle (sans dates), Alvimare, 514; Anvéville, 526; Arques, 57, 58; Auzouville-sur-Ry, 287; Berville-sur-Seine, 298; Beuvreuil, 210; Blacqueville, 350; Cliponville, 515; Crasville-la-Roquefort, 522; Étaimpuis, 87; Envermeu, 30; Douvrend, 28; Guilmécourt, 31; Hautot-sur-Mer (venant du Petit-Appeville), 70, 71; Ingouville-ès-Plains, 534; Jumiéges, 312; Lillebonne, 133; Londinières, 229; Malaunay, 344; Mailleraye (château de la), 242; Mesangueville, 161; Mesnil-sous-Lillebonne (le), 135; Neuville-le-Pollet, 25; Offranville, 75; Puisenval, 230; Rouen (Emmurées), 378; (Notre-Dame), 437, 438; (Saint-Éloi), 397; (Saint-Hilaire), 394; (Saint-Maclou, aître), 408; (Saint-Maclou, église), 408; (Saint-Ouen), 414, 415; Saint-Aubin-le-Cauf, 32; — xvii° siècle (avec dates), 1601, Auffay, 85; 1604, Ouville-l'Abbaye, 554; 1610, Ferté-en-Bray (la), 196; 1612, Beausault, 195; 1618, Mesangueville, 161; 1618, Saint-Saëns, 262; 1618, Sévis, 562; 1620, Beaunay, 85; 1620, Ouville-l'Abbaye, 554; 1621, Offranville, 75; 1622, Smermesnil, 232; 1624, Smermesnil, 233; 1625, Saint-Saëns, 262; 1625, Smermesnil, 233; 1625, Londinières, 228; 1626, Clères, 281; 1627, Thil-Riberpré (le), 204; 1628, Saint-Saëns, 262; 1633, Chapelle-Saint-Ouen (la), 159;

1633, Ectot-les-Baons, 551; 1636, Bourdainville, 551; 1637, Londinières, 229; 1638, Vergetot, 104; 1638, Villequier, 508; 1640, Varengeville-sur-Mer, 84; 1644, Bosc-Bérenger (le), 256; 1644, Grémonville, 552; 1646, Hanouard (le), 58; 1648, Capval, 234; 1648, Doudeville, 211; 1648, Saint-Ouen-du-Breuil, 357; 1649, Sainte-Marguerite-sur-Fauville, 519; 1650, Duclair, 300; 1651, Augiens, 520; 1658, Fresnay-le-Long, 226; 1658, Sainte-Agathe-d'Aliermont, 231; 1659, Bondeville, 342; 1659, Ectot-l'Auber, 551; 1661, Bezancourt, 205; 1661, Bois-l'Évêque (le), 288; 1661, Londinières, 229; 1661, Saint-Jean-du-Cardonnay, 348; 1664, Bouville, 350; 1664, Ouville-l'Abbaye, 354; 1667, Neufbosc, 258; 1669, Sainte-Marguerite-sur-Duclair, 305; 1672, Bosville, 476; 1673, Saint-Pierre-de-Varengeville, 321; 1674, Veules, 538; 1680, Hautot-le-Vatois, 518; 1686, Croisy-la-Haye, 159; 1688, Arques, 59; 1688, Sainte-Hélène-Bondeville, 542; 1692, Jumiéges, 311; 1694, Hautot-le-Vatois, 518; — xvii° siècle (sans dates), Alvimare, 514; Anglesqueville-la-Bras-Long, 521; Anneville-sur-Scie, 47; Arques, 57, 58; Bardouville, 354; Belbeuf, 266; Bouricourt, 213; Cailleville, 523; Caudebec-en-Caux (venant de Jumiéges), 493; Douvrend, 28; Envermeu, 29; Frichemesnil, 383; Haussez, 241; Hautot-le-Vatois, 518; Hautot-sur-Mer, 71; Houssaye-Bérenger (la), 283; Mailleraye (chapelle du château de la), 495; Neuville-le-Pollet, 25; Offranville, 75; Pavilly, 356; Rouen (Emmurées), 378; (Gravelines), 376; (Notre-Dame), 437, 438; (Saint-Éloi), 397; (Saint-Hilaire), 394; (Saint-Maclou), 408; (Saint-Patrice), 401; Saint-Aignan, 345; Saint-Pierre-de-Franqueville, 271; Saint-Pierre-de-Varengeville, 321; Saint-Saire, 288; Torcy-le-Petit, 53; — xviii° siècle, 1702, Bosville, 476; 1707, Petit-Couronne (le), 578; 1710, Saint-Pierre-de-Franqueville, 271; 1712, Bosc-Bérenger, 256; 1718, Fry, 160; 1719, Rouen (Saint-Sever), 395; 1720, Fresne-le-Plan, 268; 1721, Toussaint, 546; 1725, Beaumont-le-Harenc, 561; 1725, Petit-Couronne (le), 578; 1727, Bellière (la), 195; 1731, Neuville-Ferrières, 250; 1732, Bénouville-sur-Mer, 197, 568; 1736, Mauny, 313; 1737, Follencourt, 180; 1740, Theuville-aux-Maillots, 544; 1743, Étalondes, 37; 1745, Criquiers, 169; 1745, Saint-Valery-en-Caux, 537; 1744, Hodenger, 160; 1749, Roncherolles-en-Bray, 203; 1750, Mesnil-Lieubray (le), 161; 1751, Isneauville, 293, 271; 1759, Yville, 323; 1760, Vaurouy (le), 301; 1760, Yvecrique, 513; 1762, Montérollier, 258; 1762, Neufbosc, 258; 1764, Ernemont-la-Villette, 212; 1766, Ernemont-la-Villette, 212; 1770, Hodeng-en-Bray, 245; 1772, Valmont, 558; 1776, Bosc-Mesnil, 256; 1777, Saint-Martin-le-Gaillard, 44; 1777, Tréport (le), 46; 1778, Renfeugères, 352; 1778, Vaurouy (le), 301; 1781, Saint-Waudrille, 502; 1784, Ernemont-la-Villette, 212; 1786, Vaurouy (le), 301; 1788, Theuville-aux-Maillots, 544; — xviii° siècle (sans dates), Angerville-Bailleul, 115; Bardouville, 354; Caudebec-en-Caux (venant de Jumiéges), 493, 494; Mailleraye (chapelle du château de la), 495; Montérollier, 258; Morgny-la-Pommeraye, 276; Pavilly, 356; Prée (la), 260; Rétonval, 188; Rouen (Emmurées), 378; (Gravelines), 376; (Notre-Dame), 437, 438 Saint-Au-

bin-le-Cauf, 32; Saint-Saëns (venant de la Prée), 262; Saint-Saire, 255; Vatteville (venant de Jumiéges), 506.
Inscriptions tumulaires ou obituaires de Notre-Dame de Rouen : xiie, xiiie, xive, xve, xvie, xviie, xviiie et xixe siècle, 430-438.
Inscriptions tumulaires sur ardoises des religieuses de Montivilliers au xviie et au xviiie siècle, 148.
Inscriptions tumulaires sur plomb des Ursulines du Havre au xviie et au xviiie siècle, 127.
Instruments aratoires romains : Petit-Couronne (le), 337; Boucherolles-en-Bray, 212.
Instruments de justice ou de torture : Esclavelles, 237.
Intaille antique : Blangy, 176; Estettes, 282.
Ivoire (Christ en) : chapelle du château de la Mailleraye, 495.

J

Jacobins : Rouen, 378, 379.
Jadoulle, sculpteur : 1780, Guerbaville-la-Mailleraye, 494; 1781, Rouen (Sainte-Madeleine), 395, 396.
Jamard (Dom), astronome : Roquefort, 519.
Javelot gaulois en bronze : Heurtauville, 302.
Javelots en fer probablement romains : Caudebec-en-Caux, 486; Saint-Martin-de-Boscherville, 315; Saint-Valery-en-Caux, 536.
Javelots gaulois en fer : Saint-Wandrille, 499.
Jean sans Terre : à Moulineaux, 335; à Orival, 329.
Jean XXII, pape : Rouen, 582.
Jeanne d'Arc : 1431, abjure au cimetière de Saint-Ouen de Rouen, 582; 1431, reçoit la croix de Saint-Sauveur de Rouen, 388; est brûlée à Rouen, 447; 1456, est réhabilitée à Saint-Ouen, 416, 582; sa croix et sa fontaine à Rouen, 447, 448; sa statue, 447.
Jehan d'Amiens, fondeur de cloches du xiiie siècle : Rouen, 433.
Jessé (Arbres de). (Voir *Arbres de Jessé*.)
Jésuites : Eu (collége), 41; Rouen (collége), 382; (noviciat), 382.
Jetons des rois d'Yvetot, 560.
Jonas en albâtre : Caudebec-en-Caux, 490.
Joseph (Filles de Saint-) : Rouen, 386.
Joseph, historien de Charles le Chauve, 277.
Jouets d'enfants romains : Cany, 478.
Journal du curé du Vaurouy : xviiie siècle, Vaurouy (le), 301.
Jouvenet (Jean), peintre : 1713, Montérollier, 258; maison où il est né, à Rouen, 467.
Jouvenet, peintre : 1661, Tourville-la-Rivière, 331.
Joyeuse (Le cardinal de) : 1614, fonde un collége à Dieppe, 22; 1615, fonde un séminaire à Rouen, 443; son tombeau à Rouen, 443.
Jubés détruits : Aumale, 165, 166; Bures, 224; Dieppe, 18; Caudebec-en-Caux, 490; Fécamp, 109; Gournay-en-Bray, 216; Rouen (Notre-Dame), 429; (Saint-Laurent), 393, 394; (Saint-Maclou), 407; (Saint-Ouen), 410, 416.
Jubés existants : xvie siècle, Arques, 57; — xvie siècle, Moulineaux, 335; 1774-1777, Rouen (Notre-Dame), 430.
Jugement dernier (Bas-reliefs du) : xive siècle, Rouen (Notre-Dame), 423; — xve siècle (Saint-Maclou), 405; — xvie siècle (Saint-Vincent), 401; Dieppe (Saint-Jacques), 16.
Juifs (Clos aux) : Rouen, 450.
Juifs (Inhumation des) : Fécamp, 111.
Juifs (Rues aux) : Fécamp, 111; Montivilliers, 149; Rouen, 450; Veules, 539.
Julien l'Hospitalier (Saint) : sa légende (xiiie siècle), à Notre-Dame de Rouen, 427.

K

Kergariou (Le baron de), préfet, 285.
Knox (Jean), prêche à Dieppe en 1559, 19.

L

Labyrinthe : Allouville, 555.
Lacrymatoires : Cany, 477, 478; Lillebonne, 571.
Lacticines : Rouen, 420.
Laitier dans les voies romaines : Rouen, 360.
Lalbitre (Pierre), sculpteur : 1589, Montivilliers, 148.
Lambris en bois sculpté : xvie siècle, Arques, 57; Ételan, 138; Houlme (le), 344; Pommerval, 92; Rouen (Saint-Vincent), 403; Saint-Martin-sous-Bellencombre, 10; Saint-Vaast-d'Équiqueville, 34; Sahurs, 338, 339; Tourville-sur-Arques, 88; — xviie siècle, Caudebec-en-Caux (venant de Saint-Wandrille), 450; Mesnières (venant de l'abbaye de Préaux), 242; Yvetot (venant de Saint-Wandrille), 560; — xviiie siècle, Argueil (venant de Bellozanne), 207. (Voir *Boiseries*.)
Lampe votive en argent à Notre-Dame de Rouen en 1637, 426.
Lampes d'églises (Fondation ou donation de) : Bertreville-Saint-Ouen, 48; 1666, Dampierre-en-Bray, 210; 1510, Écretteville-les-Baons, 557; 1686, Mauquenchy, 202; 1637, Rouen (Notre-Dame), 426.
Lampes romaines en bronze et en fer : Blangy, 176; Bosc-Geffroy, 223; Dénestanville, 50; Lillebonne, 133, 570; (en fer avec chaînettes), Lillebonne, 570; Luneray, 6; Rouen, 371; Saint-Vaast-d'Équiqueville, 35.
Lampes romaines en terre cuite : Lillebonne, 570; Luneray, 6; Rouen, 371; Saint-Pierre-de-Varengeville, 321.
Lances en fer franques ou mérovingiennes : Blangy, 176; Colleville, 540; Douvrend, 24, 28; Envermeu, 29; Estettes, 282; Grand-Couronne (le), 333; Grandcourt, 227; Lamberville, 5; Londinières, 229; Lucy, 239; Martin-Église, 73; Mortemer, 243; Nesle-Hodeng, 244; Nesle-Normandeuse, 186; Neufchâtel-en-Bray, 246; Neuville-Ferrière, 250; Parfondeval, 239; Saint-Riquier-en-Rivière, 190; Sandouville, 155; Sommery, 263, 264.
Lances en fer, probablement romaines : Rouen, 368; Saint-Valery-en-Caux, 536.
Lances gauloises en bronze (Moule de) : Gonfreville-l'Orcher, 573.
Lances gauloises en fer : Moulineaux, 334; Saint-Wandrille, 499.
Landon (Saint) : Saint-Saëns, 261.
Lanterne ou phare, 82.
Lanternes d'églises : xie siècle, Jumiéges, 306, 307; Mon-

tivilliers, 147; Saint-Georges de Boscherville, 395; — xii° siècle, Fécamp, 106; — xiii° siècle, Étretat, 100; Rouen (Notre-Dame), 424; Veules, 538; — xv° siècle, (Rouen), Saint-Maclou, 404.

Latone en terre cuite (Statuettes de) : Barentin, 349; Braquemont, 68; Cany, 478; Eu, 38; Lillebonne, 571; Luneray, 6; Sainte-Hélène-Bondeville, 542.

Laurent (Saint), archevêque de Dublin, mort à Eu, 39; son tombeau, sa chapelle, son église à Eu, 39, 40, 41.

Lavabo en plomb : xvi° siècle, Saint-Wandrille, 501; — en pierre, xvi° siècle, Rouen (Emmurées), 378.

Lebeuf (L'abbé) : Bourg-Dun (le), 63; Oissel. 336; Vieux-Manoir (le), 278.

Leblanc, évêque de Joppé, 342.

Lebosqué (Jean), architecte : Harfleur, 143.

Lebrument, architecte rouennais du xviii° siècle, 374.

Lebrun, verrier à Caudebec-en-Caux au xviii° siècle, 489.

Le Camus, évêque de Belley, 1648 : Rouen, 387.

Lefriand, serrurier, artiste en fer : Rouen, 1747, auteur présumé des balustrades de Saint-Ouen, 416; 1745, sa maison, 475.

Légende du royaume d'Yvetot, 559.

Légendes des saints représentées sur verre : xiii° siècle, Rouen, de la Passion, 428; de saint Julien l'Hospitalier, 427; de saint Nicolas, 429; de saint Romain, 428; de saint Sever, 428; du patriarche Joseph, 428; — xiv° siècle, à Saint-Saëns, de saint Louis, 262; — xv° siècle, Blosseville-ès-Plains, de saint Lezin, 532; — xvi° siècle, Caudebec-en-Caux, de saint Jean-Baptiste, 489; Darnetal, de Job, 290; Elbeuf (Saint-Étienne), de saint Étienne, 327; de saint Eustache, 328; de saint Roch, 327; du chef de saint Jean-Baptiste, 327; Rouen (Saint-Patrice), de Job, 401; de saint Eustache, 401; de saint Faron et de saint Fiacre, 401; de saint Patrice, 401; (Saint-Godard), de saint Romain, 399; Valmont, de la Sainte-Vierge, 547; Vatteville, de saint Jean-Baptiste, 505; de saint Martin, 505.

Légendes des saints figurées sur pierre : Rouen (Notre-Dame), xiii° siècle, saint Étienne, 418; saint Jean-Baptiste, 418; (Saint-Ouen), xv° siècle, la sainte Vierge, 402.

Légendes et traditions locales : Aumale, 173; Bacqueville, 3; Bâons-le-Comte, 550; Bouteilles, 77; Bruneval, 102; Daubeuf-le-Sec, 117; Esclavelles, 237; Essarts-Varimpré (les), 180; Étretat, 100; Foucarmont, 181, 182; Grainville-Imoville, 119; Pierrefiques, 101; Saumont-la-Poterie, 204; Varengeville-sur-Mer, 83; Veules, 538. (Voir *Traditions*.)

Legendre (L'abbé), curé d'Hénouville, ami de Corneille, jardinier de Louis XIII, 302.

Léger (Saint) : son exil à Fécamp, 108, 109; son voyage à Saint-Valery-en-Caux, 526; sa chapelle à Saint-Valery-en-Caux, 536.

Lelieur (Jacques), auteur du livre des *Fontaines de Rouen*, sa maison, 473.

Lemachon (Jean), de Chartres, fond la cloche de Georges d'Amboise en 1501, 420; sa tombe à Notre-Dame, 438.

Lemonnier, peintre, 457.

Le Nôtre à Mesnières, 243.

Lepigny (Marin) : xvi° siècle, Sassetot-le-Mauconduit, 543.

Lépreux en 1710 : Dieppe, 19.

Lépreux (Sentiers des) : Criquebeuf-en-Caux, 105; Saint-Jouin-sur-Mer, 102; Veules, 539.

Leprevost (Aug.), antiquaire, fouille Saint-André-sur-Cailly, 285; est inhumé à la Vaupalière, 348.

Leprince, peintre et doreur rouennais du xviii° siècle : (Saint-Maclou), 407; (Saint-Vincent), 403.

Léproseries ou maladreries : Arques, 58; Auberville-la-Campagne, 130; Auffay, 185; Aumale, 164; Auvilliers, 234; Baons-le-Comte, 550; Bec-de-Mortagne, 116; Bois-Guillaume (le), 288, 440; Bosc-Bérenger (le), 256; Bréauté, 116; Canville-les-Deux-Églises, 511; Cany, 479; Contremoulins, 540; Criel, 36; Darnetal, 440; Dieppe, 19; Doudeville, 511; Duclair, 300; Ermenouville, 523; Étretat, 100; Eu, 40, 41; Fauville, 517; Fécamp, 109; Fontaine-le-Dun, 523; Foucarmont, 182; Froberville, 105; Gaillefontaine, 481; Gournay-en-Bray, 216, 217; Grainville-la-Teinturière, 481; Grand-Couronne (le), 333; Grandcourt, 228; Guilmécourt, 31; Harfleur, 144; Héricourt-en-Caux, 530; Jumiéges, 300, 312; Lillebonne, 135; Longueville, 51; Manneville-la-Goupil, 120; Mont-aux-Malades (le), 345, 346, 440; Montivilliers, 148; Neufchâtel-en-Bray, 249; Neufmarché, 220; Neuville-Champ-d'Oisel (la), 269; Normanville, 519; Notre-Dame-de-la-Guillarde, 524; Pavilly, 356; Petit-Quevilly (le), 440; Rouen, 440; (Bois-Guillaume), 440; (Darnetal), 440; (Mont-aux-Malades), 440; Petit-Quevilly, 440; Saint-Clair-sur-Étretat, 98; Saint-Denis-sur-Scie, 88; Saint-Gilles-de-la-Neuville, 154; Saint-Jouin-sur-Mer, 102; Saint-Martin-en-Campagne, 33; Saint-Romain-de-Colbosc, 154, 155; Saint-Saëns, 262; Saint-Valery-en-Caux, 536, 537; Saint-Vincent-Crasmesnil, 155; Sainte-Foy, 52; Sassetot-le-Mauconduit, 543; Senneville-sur-Fécamp, 544; Tiétreville, 545; Tilleul (le), 104; Tréport (le), 46; Vénesville, 483; Vieux-Rouen (le), 173, 174.

Leroux (Nicolas), abbé de Jumiéges, 1431; sa dalle : Jumiéges, 311.

Leroux (Roullant), construit le palais de justice de Rouen, 1500, 450; donne le plan du tombeau des d'Amboise, 434.

Leroux du Bourgtheroulde (Les), fondateurs de l'hôtel du Bourgtheroulde à Rouen, 454, 455.

Lesselay (Jehan), évêque de Ross : (1589) Maillcraye (la), 494; inhumé aux Augustins de Rouen? 381.

Lesselin (Denis), sculpteur de l'Aître Saint-Maclou, 1526, 29; Rouen, 410.

Lestrange (Guillaume de), archevêque de Rouen : son tombeau aux Chartreux de Rouen, 380.

Letellier (Guillaume), architecte de l'église de Caudebec-en-Caux, 487, 491.

Leufroy (Saint), à Cailly, 280; à Saint-Saëns, 519.

Lezin (Saint), sa légende dans les vitraux de Blosseville-ès-Plains, 532.

Libraires (Cour des) : Rouen, 422; (portail des), 380, Rouen, 422; (portes en bois de la cour des), xv° siècle, 422.

Librairie ou bibliothèque du chapitre de Notre-Dame de Rouen, xv° siècle, 431.

Librairie (Le degré de la) : xv° siècle, Rouen, 431.

Lieu de santé à Rouen, 441.

Ligue (Guerres de la) : Arques, 58, 59, 60; Aumale, 167;

Auzebosc, 556; Bourg-Dun (le), 63; Fécamp, 110; Gouy, 268; Grèges, 70; Harfleur, 143; Louvetot, 495; Maulévrier, 496; Néville, 535; Offranville, 75; Ouville-la-Rivière, 76; Rouen, 378, 381; Saint-Aubin-de-Cretot, 498; Thibermesnil, 555; Tôtes, 91; Touffreville-la-Corbeline, 558; Valliquerville, 558.

Limites territoriales : Bénouville-sur-Mer (les fossés), 97; Boos, 367; Conteville (le fossé du Roy), 168; Criquiers (le fossé Castresse), 169; Flamets-Frétils (le fossé du Roy), 238; Illois (le fossé du Roy), 170; Jumiéges (les fossés Saint-Philbert), 303; Penly (le val des Comtes), 31; Vieux-Rue (la) (épines des dîmages), 296; Yainville (fossés Saint-Philbert), 323. (Voir *Fossés-limites*.)

Lion romain en bronze : Londinières, 228.

Lisieux (Fontaine de) : 1518, Rouen, 447; (hôtel de), xvi° siècle, Rouen, 450.

Lit de fer pour cercueil de plomb : 1660, Jésuites de Rouen, 383.

Litres seigneuriales et armoriées dans les églises : Anneville-sur-Scie, 297; Baudribosc, 510; Berville-sur-Seine, 298; Épreville-Martainville, 291; Gaillefontaine, 198; Grugny, 283; Maintru, 232; Reuville, 513; Sahurs, 298.

Lits de justice des rois de France à Rouen, 452.

Lô (Saint) : ses reliques à Rouen, 377; monastère de ce nom à Rouen, 377.

Logis du Roi au Havre, 128.

Longuerue (L'abbé Dufour de): Longuerue, 276; son portrait à Longuerue, 276.

Longueville (La duchesse de) : 1646, nomme une cloche à Braquetuit, 86; 1650, se réfugie au château de Dieppe, 20, 21; 1650, tombe dans la Scie à Pourville, 72; 1650-1660, donne la charpente de l'église de Gournay-en-Bray, 214; donne un soleil d'argent à Fauville, 517; à la Ferté-Saint-Samson, 195; son fils abbé de Saint-Georges, 315.

Lotum, ville romaine, 485, 499.

Louis (Saint-), monastère de ce nom à Rouen, 380, 387.

Louis d'Outremer, prisonnier à Rouen, 373.

Louis le Débonnaire à Rouen, 373.

Louis IX fonde à Rouen les Béguines, 380; les Cordeliers, 379; les Dominicains, 37; les Emmurées, 278; donne un vitrail à Moulineaux, 335; sa légende dans les vitraux de Saint-Saëns, 262.

Louis XII fonde et visite le Palais de justice de Rouen, 450.

Louis XIII aux eaux de Forges, 1632, 197.

Loup : de Bouteilles, 77; (chapelle du), Ypreville, 549.

Lutrin en cuivre avec aigle, 1656; Caudebec-en-Caux, 491.

Lutrins d'églises en bois : xvi° siècle, Aliquerville, 567; Authieux-sur-Buchy (les), 277; Blacqueville, 350; Bosc-Asselin (le), 158; Hallotière (la), 160; Petit-Couronne (le), 337; Pommereux, 212; — xviii° siècle, Bellozanne, 208.

M

Magasin à sel de Rouen, 401.

Maintenon (Mme de) : Rouen, 387.

Maire de Rouen : 1378, Saint-Vincent, 403.

Maison de campagne du grand Corneille au Petit-Couronne, 337.

Maison du Roi à Vatteville, 504, 506.

Maison en bois et terre cuite moulée : Rouen, 466; Saint-Eustache-la-Forêt, 574.

Maisons anciennes en bois ou en pierre, remarquables par le travail : xiii° siècle, Caudebec-en-Caux, 493; Fécamp, 110; Gancourt-Saint-Étienne, 213; Graville-Sainte-Honorine, 123; Jumiéges, 309; Neufmarché, 221; Neuville-Ferrières, 250; Saint-Vaast-d'Équiqueville, 34; — xv° siècle, Yville, 323; — xvi° siècle, Aumale, 167; Bénesville, 509; Berville-sur-Seine, 298; Blangy, 177; Bures, 225; Cany, 479; Crasville-la-Roquefort, 522; Dieppe, 22, 23; Flamanville-l'Esneval, 552; Fécamp, 111; Gonfreville-l'Orcher, 573; Grainville-la-Teinturière, 481; Harfleur, 145; Hautot-Saint-Sulpice, 512; Havre (le), 128, 569; Hermanville, 121; Montivilliers, 148; Neufchâtel-en-Bray, 249; Neuville-le-Pollet, 25; Rouen, 375, 457 à 476; Saint-Eustache-la-Forêt, 574; Saint-Valery-en-Caux, 537; Tréport (le), 47; Vatteville, 508; Veules, 538, 539; Vittefleur, 484; — xvii° siècle, Bouille (la), 333; Fécamp, 111.

Maisons du Halleur et du Sauveur : Graville-Sainte-Honorine, 123.

Maisons romaines : Bordeaux-Saint-Clair, 98; Héricourt-en-Caux, 529; Mauny, 312; Rouen, 366, 367, 368; Saint-Saëns, 260; Ventes-Saint-Remy (les), 264.

Male-Journée (la) : combat entre les sires de Bréauté et de Béthencourt, 535.

Malte (Commanderies de l'ordre de) : Mesnil-Panneville (Saint-Antoine de Gratmont), 354; Val-de-la-Haye (Sainte-Vaubourg), 341; Haucourt (Villedieu-la-Montagne), 200.

Malte (Commandeur de) : xv° siècle, à Saint-Antoine de Gratmont, 354.

Manches de couteaux romains en os avec incrustation : Lillebonne, 570.

Manneville (Portraits des) : château d'Orcher, 574.

Manoirs anciens : xiii° siècle, Ambourville, 296; Betteville, 349; Bois-Guillaume (le), 288; Boos, 267; Écretteville-les-Baons, 557; Saint-Martin-de-Boscherville, 319; — xiv° siècle, Mesnil-sous-Jumiéges (le), 313; — xv° siècle, Hénouville, 302; Molagnies, 219; Yville, 323; — xvi° siècle, Altouville, 556; Alvimare, 513; Anglesqueville-les-Murs, 533, 536; Anneville-sur-Seine, 297; Anquetierville, 485; Beaufresne, 168; Bébec, 509; Bénesville, 507; Bennetot, 515; Bermonville, 515; Berville-sur-Seine, 298; Bois-Guillaume (le), 288; Bois-l'Évêque (le), 288; Bos-Guerard-Saint-Adrien (le), 279; Blangy, 177; 1563, Bully (le Flot), 235; Bures, 224, 225; Campneuseville, 178; Canteleu, 343; Cléville, 516; Dampierre-en-Bray, 210; Déville, 343; Duclair, 300; Écretteville-les-Baons, 557; Ernemont-sur-Buchy, 275; Étouteville-sur-Mer, 552; Fontelaye (la), 87; Fréville, 352; Gonfreville-l'Orcher (Béviliers), 573; Gonzeville, 512; Harcanville, 512; Haucourt, 199; Héron (Malvoisine), 292; Hérouchelles, 275; Heugleville-sur-Scie, 565; Lillebonne (le Catillon), 136; Luneray, 561; Manneville-ès-Plains, 534; Montivilliers, 149; Motteville-les-Deux-Clochers, 553; Moulineaux, 355; Oissel, 336; Ouville-la-Rivière, 76; Pierre (la), 88; Rolleville, 150; Rouen (le Nid-de-

Chien), 446; Roux-Mesnil-Bouteilles, 77; Sahurs, 338; Saint-Étienne-du-Rouvray, 339; Sainte-Adresse (Vitanval), 130, 569; Sainte-Marguerite-sur-Duclair, 315; Sévis, 562; Val-Martin (le), 279; Varengeville-sur-Mer, 84; Vibeuf, 554; Vicquemare, 513; Villedieu-la-Montagne, 260; Villers-sous-Foucarmont, 191; Vittefleur, 484; — xvii° siècle, Bezancourt, 205; 1612, Bos-Guerard-Saint-Adrien (le), 279; Canteleu, 343; Clais, 326; Fontenay (la), 140; Hardouville, 354; 1602, Saint-Valery-sous-Bures (la Valouine), 233; Vaupalière (la), 348.

Mansard, architecte : Cany, 479.

Marbre (Colonnes de) antique : Duclair, 299; — xvii° siècle, Gournay-en-Bray, 216.

Marbre blanc : (statue de) Lillebonne, 131; (tête de) Lillebonne, 135; Rouen, 371.

Marbres antiques : Dieppe (musée), 24; Eu, 38; Héricourt-en-Caux, 529; Lillebonne, 133; Mauquenchy, 201; Rouen, 371; Saint-Germain-sur-Eaulne, 253; Sainte-Beuve-Épinay, 251; Sainte-Gertrude, 496; Sainte-Marguerite-sur-Mer, 24, 81.

Marché (xiii° siècle) : Fécamp, 110.

Marconf (Saint), sa fontaine à Rouen, 378.

Mare du Roi à Vatteville, 506.

Maréchal hérédital de Normandie, 141.

Mares anciennes : Brotonne, 506; Beauvoir-en-Lyons, 158; Croixdalle, 226; Essarts-Varimpré (les), 180; Houssaye-Bérenger (la), 283; Mont-Saint-Aignan, 346; Neuville-Champ-d'Oisel (la), 269; Rieux, 188.

Mares baigneresses : Bernières, 91; Biville-la-Baignarde, 86; Mesnil-Durdent (le), 534; Mont-Saint-Aignan, 346.

Mares merveilleuses et légendaires : Croixdalle, 225; Déville, 346; Saint-Jacques-d'Aliermont, 32.

Marcyeurs (Chemin des) : Sainte-Geneviève-en-Bray, 259; Veules, 527.

Margelles de puits : xiii° siècle, Boos, 267; — xvi° siècle, Anneville-sur-Seine, 297; — xvi° siècle, Oissel, 336.

Marigny (Enguerrand de) : Rouen, 375.

Marins : de Vatteville, 505; de Villequier, 508.

Marmite en fonte indéterminée : Duclair, 300.

Marmite gauloise en fer : Essarts-Varimpré (les), 179.

Marmites en bronze du moyen âge : Écretteville-sur-Mer, 539; Loges (les), 113.

Marmites en bronze indéterminées : Lillebonne, 133; Saint-Nicolas-de-la-Taille, 139; Saint-Pierre-lez-Elbeuf, 326; Tourville-la-Chapelle, 25; Val-de-la-Haye (le), 341.

Marques de maisons en temps de peste : Rouen, 468.

Marques de potiers. (Voir *Potiers*.)

Marques de verriers. (Voir *Verriers*.)

Marteau en fer du moyen âge : Yébleron, 520.

Marteau en fer de la cloche Georges-d'Amboise : Rouen, 475; Déville, 343.

Marteau en pierre : Biville-sur-Mer, 27.

Martel (Les) : Biville-la-Martel, 459.

Martyrium : Rouen, 365.

Mascarons en bronze : Rouen (Saint-Maclou), 405.

Massonnaye (Georges de la), évêque d'Hippone : Rouen (Augustins), 381.

Mater Dolorosa : 1567, Butot, 350; 1600, Fontaine-le-Bourg, 283; xv° siècle, Rouen, 447.

Mathilde (La reine) fonde Bonne-Nouvelle de Rouen, 376.

Mathilde (L'impératrice) fonde l'abbaye du Valasse, 94;

donne une croix processionnelle, 94; reconstruit l'abbaye de Saint-Saëns, 261; construit le pont de Rouen, 388; repose à Bonne-Nouvelle, 377; sa statue à Saint-Ouen, 412.

Mathonville (Le bienheureux Thierry de) : sa naissance à Veauville-les-Quelles, 532.

Mathurins : Rouen, 386.

Maupeou (Le chevalier) : Martin-Camp, 236.

Maurille, archevêque de Rouen (Mémorial de) : Notre-Dame, 438.

Mausolée de l'abbé d'Orléans-Longueville, 1694 : Saint-Martin-de-Boscherville, 315.

Mausolées du xvii° siècle détruits : Saint-Martin-de-Boscherville, 315; Riberpré, 204.

Mausolées du xvii° siècle existants : Saint-Martin-du-Bec, 103.

Médaille commémorative : 1693, Montérollier, 258.

Médaille de Saint-Benoît : xvii° siècle, Neufchâtel-en-Bray, 248; Saint-Wandrille, 501.

Médailles révolutionnaires faites avec le métal de la cloche Georges-d'Amboise, 420.

Médaillon romain en or de Vérus : Rouen, 372.

Médaillons en verre peints de la Renaissance représentant les travaux des douze mois : Montigny, 345.

Mellon (Saint), premier évêque de Rouen, 365; renverse les idoles, 368; élève l'église de Saint-Sauveur, 391; construit la cathédrale, 416; son baptistère à Héricourt, 528; sa fontaine à Héricourt, 528, 529; son tombeau à Rouen, 365.

Menottes dans l'église d'Esclavelles, 237.

Mercure : (en argent) Saint-Jouin, 162; (en bronze) Épinay-Sainte-Beuve, 252; Rouen, 367; (en terre cuite) Lillebonne, 570; Rouen, 348.

Mérovée marié à Rouen en 576, 390.

Messe rouge : Rouen, 452.

Messes de Saint-Grégoire : Lillebonne, 135; Saint-Pierre-de-Franqueville, 271.

Messes fondées pour Louis XII et Anne de Bretagne en 1503 : Écretteville-les-Baons, 537.

Mesure en bois et cuivre du xiv° siècle : Bolbec, 567.

Mesures (Privilège des poids et) : Arques, 57.

Mesures de pierre à Arques, 566; à Jumiéges, 318.

Mesures de pierre servant de bénitier : Bailleul-sur-Eaulne (quadruple), 222; Merval (double), 207; Réalcamp, 187; Rétonval, 187; Saint-Léger-aux-Bois, 190.

Métropole de la seconde Lyonnaise : Rouen, 365.

Meule à broyer en silex : Foucarmont, 115.

Meules à broyer (Fabrique de) : Saint-Léonard, 113; Saint-Saëns, 260.

Meules à broyer en poudingue, etc. : Anglesqueville-l'Esneval, 97; Arques, 24, 56; Aubermesnil-les-Érables, 175; Belleville-en-Caux, 94; Brachy, 3; Brotonne, 507; Bruneval, 102; Bully, 235; Caudebec-en-Caux, 486; Caudebec-lez-Elbeuf, 324; Cauville, 139; Clères, 281; Croixdalle, 285; Élétot, 541; Épouville, 140; Essarts-Varimpré (les), 179; Épinay-Sainte-Beuve, 252; Esclavelles, 237; Eu, 39; Fécamp, 105; Fesques, 237; Fougueusemare, 100; Fontaine-le-Bourg, 283; Foucarmont, 181; Guerville, 183; Havre (le), 124, 129; Héricourt-en-Caux, 528; Houssaye-Bérenger (la), 283; Illois, 170; Lillebonne, 133; Limésy, 353; Loges (les), 112; Londe (la), 329; Maulévrier, 496; Ménonval, 240; Mesnil-David (le), 170; Mout-Cauvaire, 283; Montivilliers, 149; Neufchâtel-en-Bray, 246; Osmoy, 232; Preuseville, 230; Petit-Appeville, 24; Réalcamp, 187; Rouen, 369, 370, 371; Rouvray-Catillon, 203; Saint-Aubin-Celloville, 270; Saint-Jouin-sur-Mer, 102; Saint-Léonard, 113; Saint-Martin-en-Campagne, 32; Saint-Martin-l'Ortier, 253; Saint-Pierre-de-Varengeville, 321; Saint-Saëns, 260; Saint-Vaast-Dieppedalle, 531; Sigy, 162; Sotteville-lez-Rouen, 243; Touffreville-la-Corbeline, 558; Trefforest, 212; Varneville-Bretteville, 91; Villers-sous-Foucarmont, 191.

Michel, évêque de Mégare : Saint-Saëns, 262.

Milon (Saint) : sa grotte, 499, 500; son tombeau, 500.

Mines de fer : Bellencombre, 9; Bosc-le-Hard, 10; Forges-les-Eaux, 196; Montreuil-en-Caux, 88; Saint-Léonard, 113; Saint-Saëns, 260. (Voir *Forges* et *Ferrières*.)

Minimes : Dieppe, 20; Rouen, 383.

Miracle du précieux sang : Saint-Maclou-la-Brière, 120.

Miroirs romains : (en argent) Rouen, 365; (en bronze) Barentin, 349; Brotonne, 507; Cany, 478; Caudebec-lez-Elbeuf, 324; Dieppe, 24; Fécamp, 106; Héricourt-en-Caux, 529; Lillebonne, 134, 570; Saint-Jean-de-Folleville, 137.

Miromesnil (Hue de) : son château et sa sépulture à Tourville-sur-Arques, 83.

Missel anglo-saxon : x° siècle, Jumiéges, 309.

Modèle de l'église Saint-Maclou de Rouen en bois et pâte de papier (xvi° siècle), 408.

Monastères de Rouen dont il est resté des parties caractéristiques ou monumentales : xvii° siècle, Annonciades, 385, 386; xiv°, xviii° siècle, Augustins (Grands), 380, 381; xvii° siècle, Augustins (Petits ou déchaussés), 385; xvii°, xviii° siècle, Bon-Pasteur, 388; xviii° siècle, Carmes déchaussés, 385; xvii° siècle, Capucins, 382; xvi° siècle, Célestins, 382; xiii° siècle, Cordeliers, 379; xv°, xvi° siècle, Emmurées, 378; xii°, xvii° siècle, Grammont, 378; xvii° siècle, Gravelines, 376; xvii°, xviii° siècle, Jésuites (collége), 382; xvii° siècle, Jésuites (noviciat), 383; xvi° siècle, Minimes, 384; xvi°, xvii° siècle, Pénitents, 384; xvii° siècle, Refuge (le), 386; xiii° siècle, Saint-Amand, 375; xviii° siècle, Saint-François, 386; xvii° siècle, Saint-Joseph, 387; xvii°, xviii° siècle, Saint-Louis, 387; xvii°, xviii° siècle, Saint-Yon, 388; xvii° siècle, Ursulines, 384; xvii° siècle, Visitandines (premier et deuxième monastère) 385.

Monétaires francs (Noms des) : Cailly? 280; Jumiéges, 303, 304; Rouen, 372; Pavilly? 355; Veules? 537.

Monnaie d'Antiochus le Grand : Hattenville, 517.

Monnaie de Théodebert Ier, roi d'Austrasie : Nesle-Hodeng, 244.

Monnaies (Atelier ou hôtel des), à Rouen, xvi° siècle, 449.

Monnaies anglo-saxonnes, Saint-Wandrille, 500.

Monnaies coupées : Nesle-Hodeng, 244.

Monnaies des rois d'Yvetot, 561; avec du cuir, 560.

Monnaies françaises, anglaises ou anglo-françaises en or ou argent : Bellozanne, 208; Bertrimont, 86, 567; Crique (la), 562; Envermeu, 564; Étran, 74; Fécamp, 110; Folleville-Radicatel, 569; Houdetot, 524; Neuville-Champ-d'Oisel (la), 269; Vert-Bosc (le), 558.

Monnaies franques : frappées à Rouen, 373; trouvées à Rouen, 370, 373.

Monnaies franques frappées : à Cailly? 280; à Jumiéges, 303, 304; à Pavilly? 355; à Rouen, 373; à Veules? 537.

Monnaies franques, mérovingiennes ou carlovingiennes en or et argent : Arques, 36; Aubermesnil-les-Érables, 174; Cailly, 280; Cerlangue (la), 150, 151; Douvrend, 28; Envermeu, 29; Gaillefontaine, 138; Imbleville, 88; Jumiéges, 304; Lillebonne, 135; Lucy, 239; Nesle-Hodeng, 244; Rouen, 372, 373; Sotteville-lez-Rouen, 340; Yvetot, 559.

Monnaies gauloises en or, argent, bronze, potin et plomb : Baons-le-Comte, 550; Bellencombre, 9; Bois-d'Ennebourg (le), 287; Bois-Guillaume (le), 287; Bosc-Édeline (le), 273; Bos-Guerard-Saint-Adrien (le), 279; Bourg-Dun (le), 62; Braquemont (Limes), 24, 47; Brotonne, 566; Bully, 235; Cailly, 279; Cany, 477; Caudebec-en-Caux, 485; Caudebec-lez-Elbeuf, 324; Criel, 36; Doudeville, 511; Elbeuf, 326; Envermeu, 29; Épinay-Sainte-Beuve, 251, 252; Esclavelles, 237; Eu, 38; Fallencourt, 180; Fécamp, 105; Fesques, 237; Gournay-en-Bray, 201; Hénouville, 301; Lillebonne, 131; Limésy, 353; Lucy, 239; Mannevillette, 146; Martin-Église, 73; Maulévrier, 495; Mesnil-David (le), 170; Montivilliers, 146, 149; Mortemer-sur-Eaulne, 243; Neufchâtel-en-Bray, 245, 246; Normanville, 518; Pavilly, 355; Rolleville, 150; Roncherolles-en-Bray, 202; Rouen, 358, 371; Saint-André-sur-Cailly, 285; Saint-Aubin-sur-Mer, 524; Sainte-Beuve-en-Rivière (Épinay), 252; Saint-Aubin-sur-Mer, 524; Saint-Martin-du-Manoir, 150; Saint-Saëns, 260; Saint-Saire, 256; Sandouville, 155; Sommery, 263; Sotteville-sur-Mer, 525; Vatierville, 255; Vatteville, 504; Yébleron, 520; Yquebeuf, 287.

Monnaies gauloises de la ville de Rouen ou des Vélocasses : Épinay-Sainte-Beuve, 252; Neufchâtel-en-Bray, 246; Rouen, 358.

Monnaies normandes : Épouville, 160; Lillebonne, 135; Rouen, 373; Sotteville-lez-Rouen, 340.

Monnaies romaines consulaires en argent : Bordeaux-Saint-Clair, 98; Fontenay (le), 140; Hattenville, 517; Limésy, 353; Montérollier, 257; Montivilliers, 249; Neuville-Ferrières, 250.

Monnaies romaines impériales en or, argent et bronze : Amfreville-la-Mivoie, 263, 264; Ancourt, 54; Annéville-sur-Seine, 297; Anvéville, 526; Arques, 55, 56, 566; Aubermesnil-les-Érables, 174; Bully, 26, 510; Bellengreville, 27; Bézancourt, 205; Blangy, 125; Blosseville-Bonsecours, 266; Bois-Guillaume (le), 287; Bosc-Geffroy (le), 233; Bosc-le-Hard (le), 10; Bourg-Dun (le), 62; Bordeaux-Saint-Clair, 98; Bosville, 476; Braquemont, 67; Brotonne, 506, 507; Bruneval, 102; Bures, 223; Cailly, 280; Canteleu, 342; Cany, 477, 478, 479; Catelier-Pelletot (le), 68; Caudebec-en-Caux, 486; Caudebec-lez-Elbeuf, 324; Clères, 281; Colleville, 539, 540; Cottévrard, 11; Criquetot-l'Esneval, 98; Croixdalle, 225; Crosville-sur-Durdent, 485; Cuverville-sur-Étretat, 99; Dampierre-en-Bray, 209; Darnetal, 285; Deschigny-Graincourt, 69; Dieppe, 14, 563; Doudeville, 511; Douvrend, 27; Duclair, 299; Écotigny, 228; Elbeuf, 326; Elbeuf-en-Bray, 211; Envermeu, 29;

Épinay-Sainte-Beuve, 252; Esclavelles, 237; Eslettes, 282; Étretat, 99; Eu, 38; Fallencourt, 180; Fauville, 516; Fécamp, 105, 106; Fesques, 237; Fontaine-le-Bourg, 283; Fontaine-sur-Vivier, 292; Fontenay (le), 150; Forges-les-Eaux, 196; Foucarmont, 181; Fresnoy-Folny, 226; Gainneville, 142; Gonfreville-l'Orcher, 141; Gourel (le), 4; Graimbouville, 152; Grainville-la-Teinturière, 480; Guerbaville-la-Mailleraye, 495; Harfleur, 142; Hattenville, 517; Hautot-Saint-Sulpice, 512; Héricourt-en-Caux, 529; Imbleville, 87; Incheville, 42; Jumiéges, 303, 310; Lanquetot, 94; Lendin (le), 506; Lillebonne, 133, 134, 570; Limésy, 353; Londinières, 228, 229; Longueville, 50; Lucy, 239; Luneray, 6; Manneville-ès-Plains, 534; Manneville-la-Goupil, 129; Martin-Église, 73; Maulévrier, 496; Mauquenchy, 201; Monchaux, 185; Mont-aux-Malades, 345; Mont-Cauvaire, 283; Montérollier, 257; Montivilliers, 149; Monville, 284; Mortemer-sur-Eaulne, 243; Neufchâtel-en-Bray, 244; Neufmarché, 219; Nesle-Hodeng, 244; Neuville-Champ-d'Oisel (la), 269; Neuville-le-Pollet, 24; Notre-Dame-de-Bliquetuit, 497; Notre-Dame-de-Gravenchon, 136; Osmoy, 232; Paluel, 481; Pavilly, 355; Perduville, 256; Petit-Couronne (le), 337; Petit-Quevilly (le), 337; Ponts-et-Marais, 545; Pavilly, 346; Preuseville, 230; Quévreville-la-Poterie, 270; Réalcamp, 187; Rétonval, 188; Rieux, 188; Roncherolles-en-Bray, 202; Rosière (la), 193; Rouen, 361, 362, 363, 364, 365, 366, 367, 368, 369, 370, 371, 372, 580, 581; Rouvray-Catillon, 203; Saâne-Saint-Just, 7; Sainneville-sur-Seine, 153; Saint-André-sur-Cailly, 285, 286; Saint-Aubin-sur-Mer, 524; Sainte-Beuve-en-Rivière, 252, 253; Sainte-Gertrude, 496; Sainte-Hélène-Bondeville, 542; Saint-Étienne-du-Rouvray, 339; Sainte-Marguerite-sur-Mer, 80, 81; Saint-Germain-sur-Eaulne, 259; Saint-Jean-de-Folleville, 137; Saint-Jouin-sur-Mer, 112; Saint-Martin-en-Campagne, 32; Saint-Martin-Omonville, 259; Saint-Nicolas-d'Aliermont, 33; Saint-Nicolas-de-Bliquetuit, 498; Saint-Nicolas-de-la-Taille, 139; Saint-Pierre-de-Varengeville, 321; Saint-Remy-en-Rivière, 179; Saint-Riquier-en-Rivière, 190; Saint-Saëns, 260; Saint-Saire, 254, 259; Saint-Valery-en-Caux, 536; Saint-Valery-sous-Bures, 230; Saint-Vincent-de-Nogent, 249, 250; Sauchay, 34; Sommery, 263; Sotteville-lez-Rouen, 340; Thiédeville-sur-Saâne, 90, 21; Tiergeville, 564; Tiétreville, 545; Tourville-la-Rivière, 331; Toussaint, 546; Tréport (le), 46; Turretot, 104; Val-Martin (le), 279; Vatteville, 504; Veules, 537; Veulettes, 483; Vieux-Rouen (le), 173; Vittefleur, 464; Yquebeuf, 287.

Monnaies romaines trouvées à Rouen : leur série, leurs lacunes, remarques à ce sujet, 364.

Monnoyeur à la Monnaie de Rouen en 1585 : Bourdainville, 551.

Monnoyeurs (Chapiteau des) : XIe siècle, Saint-Georges de Boscherville, 316.

Monnoyeurs (Faux) : Loges (les), 112, 113.

Monstrance en cuivre : XVe siècle, Yvetot, 560.

Mont-Gargan à Rouen, 376.

Montier (Grand et Petit) : Calleville-les-Deux-Églises, 86.

Montoir : Rouen, 461.

Montpensier (Mlle de) : Criel, 37; Eu, 46; Forges-les-Eaux, 197.

Mors de chevaux francs : Envermeu, 29.

Mosaïques romaines : Brotonne, 507; Crosville-sur-Durdent, 485; Lillebonne, 133, 370; Paluel, 481, 490; Saint-André-sur-Cailly, 285; Saint-Jean-de-Folleville, 137; Sainte-Marguerite-sur-Mer, 80; Vittefleur, 484.

Mosaïste romain (Nom d'un) de Pouzzoles : Lillebonne, 571.

Mottes, buttes, tertres, tumuli, etc. : Alvimare, 514; Ancourt, 54, 55; Angiens, 520; Anglesqueville-la-Bras-Long, 521; Auberville-la-Renault, 116; Auffay, 85; Auppegard, 1; Autretot, 556; Auvilliers, 234; Auzouville-l'Esneval, 550; Barville, 479; Bec-aux-Cauchois (le), 548; Bec-de-Mortagne (le), 115; Beaumont-le-Harenc, 259; Beaunay, 85; Beauville-la-Cité, 510; Beauvoir-en-Lyons, 157; Bellefosse, 556; Bermonville, 515; Bertrimont, 86; Blangy, 177; Bolbec, 93; Bornambusc, 116; Bosc-Geffroy, 233; Bosville, 476; Boudeville, 543; Bréauté, 116; Bretteville-la-Chaussée, 116; Bures, 225; Cailly, 280; Cany, 478, 479; Carville-le-Pot-de-Fer, 507; Catelier-Pelletot (le), 48; Clais, 225; Cleuville, 527; Conteville, 168; Cottévrard, 11; Crasville-la-Roquefort, 522; Cretot, 118; Criqueboeuf, 105; Criquetot-l'Esneval, 98; Criquetot-sur-Ouville, 551; Croixmare, 151; Crosville-sur-Durdent, 484; Dancourt, 178; Dénestanville, 50; Dieppe, 15; Doudeville, 511; Envermeu, 30; Épreville, 140; Équimbosc-le-Val, 518; Essarts-Varimpré (les), 179, 180; Fallencourt, 280; Fauville, 516; Ferté-en-Bray (la), 195; Forges-les-Eaux, 196; Froberville, 111; Gaillefontaine, 198; Gonfreville-Caillot, 118; Grainville-la-Teinturière, 480; Grandcourt, 227; Graville-Sainte-Honorine, 122, 123, 568; Guilmecourt, 31; Harcanville, 512; Héricourt-en-Caux, 529; Héron (le), 292; Heuqueville, 100; Houdetot, 524; Manéhouville, 52; Maniquerville, 113; Mélamare, 136; Melleville, 43; Mirville, 121; Montérollier, 258; Mont-Main (le), 269; Motteville-les-Deux-Clochers, 553; Neufbosc, 258; Notre-Dame-de-Gravenchon, 136; Notre-Dame-du-Bec, 149; Offranville, 75; Oberville-Auffay, 530; Ouainville, 481; Oudalle, 152; Pelletot, 49; Pommerval, 12; Rançon, 503; Ricarville, 31; Roncherolles-en-Bray, 203; Roquefort, 519; Rouville (Hallebosc), 95, 96; Rouvray-Catillon, 203; Saâne-Saint-Just, 7; Saint-Aubin-Routot, 153; Saint-Denis-le-Thiboult, 294; Sainte-Croix-sur-Buchy, 277; Sainte-Marguerite-d'Auchy, 171, 172; Saint-Jean-de-Folleville, 137; Saint-Jouin-sur-Mer, 102; Saint-Maclou-de-Folleville, 88; Saint-Remy-en-Rivière, 179; Saint-Vaast-Dieppedalle, 531; Saint-Vaast-d'Équiqueville, 34; Saint-Victor-l'Abbaye, 89; Tiergeville, 545; Tocqueville-sur-Criel, 45; Touffreville-la-Corbeline, 558; Trouville-en-Caux, 567; Valliquerville, 558; Varengeville-sur-Mer, 83; Vatierville, 23; Vatteville, 504; Vicquemare, 513; Villequier, 508; Wanchy-Capval, 233.

Motteville (Mme de) : son château à Motteville-les-Deux-Clochers, 553.

Moule de lances gauloises : Gonfreville-l'Orcher, 573.

Moule de pierre : XVIe siècle, Freneuse, 329.

Moulin à poudre, où naquit le maréchal Pelissier : Maromme, 344.

Moulin aux armures : Blangy, 175.

Moulin à vent avec légende : Aubermesnil-les-Érables, 175.

TABLE ALPHABÉTIQUE DES MATIÈRES.   635

Moulin de la fonte : Saint-Saëns, 242.
Moulin de la mer ou à marée : Veules, 539.
Moulin du fer : Cuy-Saint-Fiacre, 209.
Moulins à eau disparus : Auberville-la-Renault, 115 ; Grainville-l'Alouette, 119.
Moulins anciens à eau : Sept-Meules, 45 ; Contremoulins 540.
Mouton de Blainville (Les), leur château, leurs dalles : Blainville, 272.
Mur mérovingien de la prison de Saint-Philbert à Rouen, 373.
Mur romain en petit appareil à Rouen, 363.
Muraille militaire de Rouen, 360, 367, 368.
Murs romains chaînés de briques pour les édifices de Rouen, 366, 368, 370, 371, 372.
Murs romains de Rouen, 358, 359, 360, 365, 367, 368.
Musées : Dieppe, 23, 24 ; Havre (le), 128 ; Jumiéges, 310 ; Montivilliers, 148 ; Rouen, 385.
Muses (Les) sculptées : Rouen, 447, 449.
Musique : instruments de musique du moyen âge sculptés sur un chapiteau roman à Saint-Georges de Boscherville, 317, 318.
Mystères de la Passion à Saint-Patrice de Rouen, 401.

N

Napoléon 1er décrète le pont de Rouen en 1812, 584 ; colonne commémorative du passage de ses cendres au Val-de-la-Haye, 341.
Navigateurs dieppois (Ex-voto des) : Dieppe, 17.
Nazareth (Maison de) : Ectot-l'Auber, 551.
Nefs ensevelies dans la vase : Havre (le), 124 ; Montivilliers, 146.
Niches laraires : Caudebec-lez-Elbeuf, 325 ; Épinay-Sainte-Beuve, 252.
Nicolle (L'abbé), né à Poville, 347.
Nid-de-Chien (Le), chenil des ducs de Normandie : Rouen, 446.
Normands : leurs stations à Graville, 122 ; à Oissel, 336 ; leurs ravages à Duclair, 299 ; à Fécamp, 106 ; à Jumiéges, 304 ; à Pavilly, 355 ; à Saint-Wandrille, 500 ; leur descente à Rouen, 373 ; leurs sépultures à Graville, 122, 568.
Notaires apostoliques, leur collège et leur chapelle : Rouen, 439.
Nouvelles-Catholiques : Rouen, 386.
Noviciat des Jésuites : Rouen, 383.

O

Oculiste romain (Cachet d') : Rouen, 361.
Ogier le Danois : Rouen, 373.
Oissel (Ile d'), dissertation sur elle : 336.
Olave (Saint), roi de Norwége, baptisé à Rouen, 373.
Onyx (Agate) : Douvrend, 24.
Oraison funèbre du sire de l'Estandart à Neufchâtel-en-Bray, 1694, 236.
Oratoire : Dieppe, 22 ; Rouen, 387.
Oratoires (Quarante) en l'honneur de la sainte Vierge chez les Ursulines de Rouen, 384.

Ordre de la Jarretière conféré à Henri IV dans Saint-Ouen de Rouen, 1596, 416.
Ordre de Saint-Michel distribué à Saint-Ouen de Rouen par Henri II, 1558, 416.
Orfévres de Rouen, leur maison : xvie siècle, 465.
Orgues (Buffets ou jeux d') : xvie siècle (avec dates) : 1515-1661, Rouen (Saint-Vivien), 400 ; 1528 (Saint-Maclou), 407 ; 1558, Fécamp, 108 ; 1558, Gournay-en-Bray, 216 ; — xvie siècle (sans dates), Aumale (venant de Séry), 166 ; Caudebec-en-Caux, 494 ; Elbeuf (Saint-Étienne), 327 ; Harfleur, 143 ; — xviie siècle (avec dates), 1625, Néville, 535 ; 1628, Veules, 538 ; 1630, Havre (le), 124 ; 1630, Rouen (Saint-Ouen), 416 ; 1634 (Saint-Nicaise), 397 ; 1640, Foucarmont, 182 ; 1660-1761, Rouen (Notre-Dame), 431 ; 1660 (Saint-Patrice), 401 ; — xviie siècle (sans dates), Bacqueville (venant de Saint-Denis de Rouen), 3 ; Montivilliers, 147 ; — xviiie siècle, 1737, Dieppe (Saint-Remy), 18 ; 1767, Rouen (Saint-Éloi), 397 ; — xviiie siècle (Saint-Vincent), 403.
Orgues (Escalier des) : 1518, Rouen (Saint-Maclou), 407 ; xvie siècle, Montivilliers, 147.
Orgues (Tribune des) : 1559, Caudebec-en-Caux, 490 ; xvie siècle, Montivilliers, 147 ; 1780, Rouen (Sainte-Madeleine), 395.
Oriels ou tourelles à encorbellement, xvie siècle, Auberville-la-Manuel, 475 ; Auzebosc, 556 ; Rouen, 449, 454.
Orphée jouant de la lyre dans la mosaïque de Brotonne, 507.
Os (Cuillers en) romaines : Écalles-Villers, 320 ; Lillebonne, 570 ; — (épingles en) romaines, Caudebec-lez-Elbeuf, 324 ; Fesques, 327 ; Lillebonne, 133 ; Rouen, 369, 580 ; — (jouets en) romains, Cany, 478 ; Rouen, 367 ; — (palets en) Caudebec-lez-Elbeuf, 577 ; Héricourt-en-Caux, 525 ; Lillebonne, 570 ; Manneville-la-Goupil, 119 ; Rouen, 580 ; Sainte-Hélène-Bondeville, 642 ; — (peignes en) romains, Lillebonne, 570 ; — franc, Parfondeval, 231 ; — (plaquettes en) romaines, Dieppe, 24 ; Épinay, 253 ; — franques, Envermeu, 29 ; — (sifflets, tuyaux, tubes en), Cany, 478 ; Caudebec-lez-Elbeuf, 324 ; Héricourt-en-Caux, 529 ; Lillebonne, 570.
Osserie antique : Bolbec, 93 ; Lillebonne, 570 ; Rouen, 369.
Ossuaires chrétiens : Rouen (Saint-Maclou), 409. (Voir Charniers.)
Ouen (Saint), évêque de Rouen, fonde un monastère à Rouen, 373, 374 ; à Fécamp, 106 ; son passage à Fécamp, 109 ; ses entrevues à Goville avec saint Philbert et saint Wandrille, 503 ; il emprisonne saint Philbert, 373, 439, 456 ; il juge un différend de l'abbaye de Duclair, 299 ; son tombeau à Rouen, 374 ; ses reliques à Darnetal, 289, 290 ; sa statue du xive siècle, 412 ; l'église qui porte son nom à Rouen, 410-416.
Ouragan du 25 juin 1683 : ses ravages à Rouen (Notre-Dame), 419, 431 ; (Saint-André-aux-Fèvres), 392 ; (Saint-Laurent), 394 ; (Saint-Michel), 390.

P

Paille brûlée : Rouen, 368.
Pain-Bénit, pierre druidique : Villequier, 508.

Paix (Instrument de) : xiii° siècle, Fresles, 339.
Palais archiépiscopal de Rouen : sur les remparts de la cité, 448; remplace le palais du gouverneur, 448; reconstruit en 1089, 448; à la fin du xiii° siècle, 468; il en reste des traces, 448; le palais actuel construit en 1461 par le cardinal d'Estouteville, 448; agrandi par Georges d'Amboise, 448; modernisé au xviii° siècle, 448.
Palais de Bedford ou Joyeux-Repos : Rouen, 362.
Palais de justice de Rouen, xvi° siècle, 450.
Palais franc à Vatteville, 504, 505.
Palatium des rois francs : Vatteville, 504, 505.
Palets en os romains : Caudebec-lez-Elbeuf, 577; Héricourt-en-Caux, 521; Lillebonne, 570; Manneville-la-Goupil, 119; Sainte-Hélène-Bondeville, 542.
Pan (Statuette de) : Foucarmont, 181.
Paradis (Lieux dits le), anciens cimetières francs ou chrétiens : Nesle-Hodeng, 244; Sommery, 263.
Parnasse (Le) représenté à la fontaine de Lisieux : 1518, Rouen, 447.
Parquet (le), place publique : Vieux-Manoir (le), 278.
Pas de l'ange (le) : Fécamp, 107.
Pas de Saint-Laurent de Dublin, à Eu, 38.
Pas-Perdus (Salle des) : xvi° siècle, Rouen, 450, 451.
Passe-lacet romain : Lillebonne, 570.
Passion (Mystères de la) : Saint-Patrice de Rouen, 401.
Passions en bois, en albâtre, en marbre, en pierre, etc. : xiv°, xv° et xvi° siècle, Ambourville, 296; Anglesqueville-la-Bras-Long, 521; Angreville, 28; Bellière (la), 195; Blainville-Crevon, 272; Bois-l'Évêque (le), 288; Crasville-la-Mallet, 480; Doudeauville, 211; Draqueville, 89; Étretat, 100; Fresles, 239; Fresquienne, 352; Gaillefontaine, 198; Néville, 535; Rouen (les Pénitents), 384; Saint-Aubin-de-Cretot, 498; Saint-Denis-sur-Scie, 88; Sainte-Beuve-en-Rivière, 251; Saint-Georges de Boscherville, 318; Saint-Martin-Omonville, 260; Saint-Valery-sous-Bures, 231; Touffreville-sur-Cailly, 282; Trait (le), 322; Vatierville, 256; Vicquemare, 513.
Passoires romaines en bronze : Braquemont (Limes), 24, 67; — en terre cuite, Epinay-Sainte-Beuve, 253; — franques en bronze, Neufchâtel-en-Bray, 246.
Patère romaine en bronze : Sainte-Hélène-Bondeville, 542.
Patriarche (Hôtel du) : Rouen, 456, 459.
Patte, architecte de l'église de Bolbec, 93.
Pavage romain en dalles : Étretat, 100; Rouen, 366, 368; Saint-André-sur-Cailly, 285.
Pavé romain en marbre avec Mercure gravé : Saint-André-sur-Cailly, 285.
Peignes en os : romain, Lillebonne, 570; — franc, Parfondeval, 231.
Peintres : Bassan (le), Neufchâtel-en-Bray, 248; Bertin (Nicolas), Sainte-Foy, 52; Boulogne (Jean), Neufchâtel-en-Bray, 248; Bredel, Auzouville-Auberbosc, 515; Envronville, 516; Gournay-en-Bray, 216; Champaigne (Philippe de), Rouen, 427; Hallé (Daniel), Saint-Wandrille, 502; Hubert (Robert), Rouen, 448; Jouvenet, 1662, Tourville-la-Rivière, 332; Jouvenet (Jean), 1713, Montérollier, 258; Lemarchand (Guillaume), Dieppe, 18; Luneray, 561; Lemonnier, Rouen, 457; Pierre, Rouen, 399; Restout, Rouen, 396; Sacquespée,

Neuville-Champ-d'Oisel (la), 269; Rosay, 13; Rouen, 470; Séez (Jacques de), Rouen, 407; Vincent, Rouen, 396.
Peintres verriers des églises de Rouen : xv° siècle, Jean de Senlis, à Notre-Dame, 426; Jean Chevalier, à Saint-Laurent, 393; xvi° siècle, Jean Cousin, 401; Jacques de Séez, 407; xv°-xvi° siècle (Saint-Maclou), 407. (Voir *Verriers*.)
Peintures murales d'églises : Amfreville-les-Champs, 509; Aumale, 165, 166; Blainville-Crevon, 272; Brémontier-Merval, 207; Caudebec-en-Caux, 490; Douvrend, 28; Esclavelles, 237; Fontaine-en-Bray, 257; Fresles, 238, 239; Gonfreville-l'Orcher (Saint-Dignefort), 141; Hautot-le-Vatois, 518; Jumiéges, 307; Montivilliers, 147; Moulineaux, 235; Notre-Dame-de-Bliquetuit, 497; Petit-Quevilly (chapelle Saint-Julien), 338; Rouen (Saint-Ouen), 415, 416; Saint-Denis-le-Thiboult, 295; Saint-Jean-d'Abbetot, 153; Saint-Lucien, 162; Saint-Martin-de-Boscherville, 319; Saint-Maurice-d'Ételan (chapelle du château d'Ételan), 138; Saint-Romain-de-Colbosc, 155; Yébleron, 520.
Peintures murales romaines : Brotonne, 566, 567; Lillebonne, 570; Rouen, 363, 366.
Pèlerinages : Anceaumeville, 278; Aumale, 173; Bacqueville, 3; Barentin, 349; Belbeuf, 266; Blosseville-Bonsecours, 267; Bois-Himont, 557; Bos-Guerard-Saint-Adrien, 279; Caudebec-en-Caux, 491; Croixdalle, 226; Cuy-Saint-Fiacre, 208; Doudeville, 211; Drosay, 533; Fécamp, 108; Gournay-en-Bray, 216; Grugny, 283; Hattenville, 517; Hautot-l'Auvray, 528; Hugleville-en-Caux, 553; Jumiéges, 312; Mesnil-Panneville (le), 554; Mont-Roty, 219; Notre-Dame-de-Cuverville, 37; Notre-Dame-de-Gournay, 141; Nullemont, 171; Orival, 13; Paluel, 482; Roncherolles-en-Bray, 209; Rouen (Saint-Godard), 432; Rouvray-Catillon, 205; Saint-Arnoult-sur-Caudebec, 498; Saint-Aubin-sur-Scie, 482; Sainte-Austreberte, 356; Saint-Hellier, 13; Saint-Léger-du-Bourg-Denis, 295; Saint-Martin-de-Boscherville, 319; Saint-Martin-l'Ortier, 254; Saint-Pierre-de-Varengeville, 321; Saint-Saëns, 261; Saint-Valery-en-Caux, 536; Saint-Wandrille, 503; Veauville-les-Baons, 559; Yébleron, 520.
Pélissier (Le maréchal) né à Maromme, 444.
Pendant d'oreilles romain en or : Rouen, 371.
Pendentifs remarquables : à Caudebec-en-Caux, 488; au Tréport, 46.
Pénitents : Aumale, 162; Canteleu (Croisset), 342; Havre (le), 125; Neufchâtel-en-Bray, 248, 249; Rouen, 384; Veules, 538; Saint-Valery-en-Caux, 527.
Penthièvre (Le duc de) relève les tombeaux de Foucarmont, 183; son mémorial à Eu, 40, 41; ses bienfaits à Criel, 37.
Pepin le Bref à Rouen, 373; délivre un diplôme à l'abbaye de Sept-Meules, 45.
Pères de la Mort à Rouen, 385.
Perles bleues côtelées : Héricourt, 519; Lillebonne, 570; Rosière (la), 193.
Perles en verre jaune ou noir du xvi° et du xvii° siècle : Aubermesnil-les-Érables, 175.
Perles franques en silex : Envermeu, 29.
Perles franques en verre, pâte de verre et ambre : Avesnes-

en-Bray, 225; Bois-Robert (le), 48; Caudebec-en-Caux, 325; Colleville, 540; Douvrend, 24, 28; Envermeu, 29; Graville, 281; Incheville, 42; Jumiéges, 310; Lamberville, 5; Londinières, 229; Martin-Église, 42; Mont-Cauvaire, 284; Neufchâtel-en-Bray, 244, 246; Nesle-Hodeng, 244; Rouen, 581; Saint-Aubin-sur-Scie, 79; Sainte-Marguerite-sur-Mer, 80, 81; Sommery, 263, 264; Ventes-Saint-Remy (les), 264.

Perles gauloises : (en silex), Bouelles, 234; — (en os), Bouelles, 234.

Perles hémisphériques franques en pâte de verre : Londinières, 229.

Perles romaines en verre, pâte de verre et ambre : Auberville-la-Campagne, 130; Bolbec, 93; Cany, 478; Foucarmont, 181; Lillebonne, 570; Rosière (la), 193; Rouen, 362; Sainte-Hélène-Bondeville, 542; Tierceville, 344; Tiétreville, 545.

Peste (Hameaux réunis à cause de la) : Boschyons, 206; Tierceville, 545.

Pestes (Curés dévoués pendant les) : Boschyons, 206; Tierceville, 595.

Pestes et pestiférés : Belbeuf (Saint-Adrien), 266; Bos-Guérard-Saint-Adrien, 279; Cany, 479; Gournay, 217; Havre (le), 126; Rouen, 266, 358, 359, 360, 440; Saint-Saëns, 262.

Pestiférés (Cimetière des) : Fresles, 239; Gournay-en-Bray, 217; Havre (le), 126; Rouen, 440.

Petits-Pères : Rouen, 385.

Phares : d'Ailly, 82; de la Hève, 130; à Dieppe, 82; au Havre, 82.

Philbert (Saint), fondateur et premier abbé de Jumiéges, 303, 304; sa cellule à Jumiéges, 308; ses entrevues à Goville avec saint Ouen et saint Wandrille, 503, 504; est emprisonné à Rouen par saint Ouen, 373; fonde l'abbaye de Pavilly, 355; fonde l'abbaye de Montivilliers, 147; a une querelle avec l'abbaye de Duclair, 299; sa chapelle à Rouen, 439.

Pied romain en bronze : Maulévrier, 495.

Pierre druidique servant de tombeau à l'antiquaire H. Langlois : Petit-Couronne (le), 336.

Pierre vénérée : Eu, 38.

Pierre-gante : Tancarville, 156.

Pierres à affiler : franques, Envermeu, 29; Londinières, 229; — indéterminées, Tréport (le), 46.

Pierres à feu franques : Douvrend, 24, 28; Envermeu, 29; Lamberville, 5; Londinières, 229.

Pierres d'acquit : Caudebec-en-Caux, 494; Tancarville, 156.

Pierres druidiques : Belbeuf, 265; Bezancourt, 265; Brotonne, 506; Darnetal, 289; Dieppe, 14; Eu, 38; Gerponville, 541; Montivilliers, 146; Mont-Main (le), 269; Mortemer-sur-Eaulne, 243; Notre-Dame-de-Bliquetuit, 497; Petit-Couronne (le), 336; Saint-Aubin-le-Cauf 32, Saint-Pierre-de-Varengeville, 321; Saint-Pierre-en-Val, 44; Tancarville, 156; Vatteville, 503; Ymare, 271.

Pierres fichées : Pierrefiques, 101; Vatteville, 504.

Pierres fleurdelisées servant de limites aux forêts : Petit-Couronne (le), 337.

Pigeon de Saint-Onuphre à Saint-Arnoult-sur-Caudebec, 498.

Pilon (Germain), sculpteur : Eu, 40; Valmont, 547.

Pilori de Jumiéges, poteau en fer, 309.

Pilotis (Murs construits sur) : Rouen, 370, 371.

Pirogues enfouies : Havre (le), 124; Montivilliers, 146.

Pisant (Dom Louis), né à Sassetot-le-Mauconduit, 543.

Piscines antiques : Étretat, 99; Sainte-Adresse, 129.

Piscines d'églises : xiiie siècle, Amfreville-les-Champs, 509; Anquetierville, 485; Aumale (Notre-Dame-du-Gardonnoy), 173; Autigny, 520; Beaubec-la-Rosière, 192; Bénarville, 116; Brachy, 3; Braquetuit, 86; Brémontier-en-Bray, 240; Bures, 224; Claville-Motteville, 280; Cliponville, 515; Émanville, 351; Éprétot, 151; Eurville, 87; Fresles, 238; Fauville, 517; Gaillefontaine, 198; Hesmy, 230; Hocqueville, 481; Imbleville, 87; Jumiéges, 307; Lamberville, 5; Mesnil-sous-Jumiéges (le), 313; Neuville-sur-Eaulne, 222; Notre-Dame-de-Bliquetuit, 497; Normanville, 508; Nullemont, 171; Penly, 41; Saint-Aubin-sur-Scie, 79; Saint-Clair-sur-les-Monts, 557; Sainte-Agathe-d'Aliermont, 231; Saint-Georges de Boscherville, 317; Saint-Pierre-le-Vieux, 525; Saint-Sylvain, 536; Saint-Wandrille, 501; Sorquainville, 544; Touffreville-Éstéville, 282; Touffreville-sur-Criel, 45; Turretot, 104; Veulettes, 484; Vieux-Rue (la), 296; Villedieu-la-Montagne, 200; Yville, 323; — xive siècle, Bermonville, 515; Boudeville, 510; Harcanville, 512; Rouen (Notre-Dame), 429; (Saint-Ouen), 414; — xvie siècle, Anneville-sur-Seine, 297; Arques, 54; Aumale, 173; Auzouville-Auberbosc, 515; Baons-le-Comte, 550; Berville-sur-Seine, 298; Bois-Guillaume (le), 288; Bosc-Mesnil, 156; Blainville-Crevon, 272; Canteleu, 342; Caudebec-en-Caux, 488, 489; Cerlangue (la), 151; Épouville, 140; Ételan (chapelle du château d'), 138; 1577, Fresquienne, 352; Gonfreville-l'Orcher, 141; Petit-Quevilly (le), 337; Rouen (Notre-Dame), 421; Saburs, 338; Saint-Aubin-Jouxte-Boulleng, 330; Saint-Étienne-du-Rouvray, 339; Sainte-Gertrude, 497; Sainte-Eustache-la-Forêt, 154; Saint-Léger-au-Bois, 189; Sasseville, 483; Thiouville-la-Renard, 552; Tréport (le), 46; Valmont, 547.

Placide (Saint), son corps : Yvecrique, 514.

Plafonds : de la grande salle du palais de justice à Rouen, 452; de l'hôtel du Bourgtheroulde, 455.

Plans : de l'église de Caudebec-en-Caux, 487; de l'abbaye de Bival, 245; de l'abbaye de Fécamp, 109; de l'abbaye de Montivilliers, 148 de l'abbaye de Neufchâtel, 248.

Plans en relief : de la cité de Limes, à Braquemont, 24; de la villa romaine de Sainte-Marguerite-sur-Mer, 24, 80, 81.

Plaques de bronze antiques : Caudebec-lez-Elbeuf, 324; Saint-André-sur-Cailly, 285.

Plaques et contre-plaques de ceinturon franc en bronze ciselé : Envermeu, 29; Eslettes, 282; Étretat, 99; Foucarmont, 181; Londinières, 229; Lucy, 239; Mont-Cauvaire, 244; Montérollier, 258; Neufchâtel-en-Bray, 246; Nesle-Hodeng, 264; Orival, 323; Parfondeval, 231; Rouen, 373, 581; Saint-Étienne-du-Rouvray, 339.

Plaques et contre-plaques franques de ceinturon en fer damasquiné : Avesnes-en-Bray, 205; Bois-Robert (le), 48; Colleville, 540; Dampierre-en-Bray, 209; Eslettes, 282; Étretat, 99; Hanouard (le), 528; Hénouville, 301; Lon-

Seine-Inférieure.

dinières, 229; Mont-Cauvaire, 284; Montérollier, 258; Neufchâtel, 246; Nesle-Hodeng, 245; Saint-Aubin-sur-Scie, 29; Sommery, 263; Ventes-Saint-Remy (les), 264; Veules, 538.

Plaquettes romaines en os : Dieppe, 24; Sainte-Beuve-en-Rivière (Épinay), 253.

Plateau romain en argent orné de reliefs : Lillebonne, 135.

Plateaux d'étain pour la quête : Boudeville, 551; Étoutteville-sur-Mer, 552.

Plateaux francs en bronze : Douvrend, 24, 28; Envermeu, 29; Nesle-Hodeng, 244.

Plateaux romains en bronze : Bailly-en-Rivière, 26; Sainte-Beuve-en-Rivière (Épinay), 252; Saint-Martin-en-Campagne, 32.

Plateaux romains : en verre coloré, Bolbec, 93; — en verre blanc, Barentin, 348.

Plâtre (Cercueils en). (Voir *Cercueils*.)

Pleurs (Jean des), évêque, 1322; Saint-Michel-d'Halescourt, 203.

Plomb (Baptistères en) : XIII° siècle, Saint-Pierre-en-Port, 542; 1427, Oherville, 530.

Plomb (Canaux en) : Étretat, 99.

Plomb (Cercueils en). (Voir *Cercueils*.)

Plomb (Cœurs en) : Saint-Laurent-de-Brévedent, 154.

Plomb (Épis en) : Esclavelles, 237. (Voir *Épis*.)

Plomb (Flèches d'églises en) : Caudebec-en-Caux, 488; Étretat, 100; Fécamp, 107; Gournay-en-Bray, 216; Jumiéges, 306; Rouen (Notre-Dame), 421. (Voir *Flèches*.)

Plomb (Inscriptions chrétiennes sur) : Havre (le), 127.

Plomb (Lingot romain en) : Lillebonne, 133.

Plomb (Plaque en) à reliefs : Heurtauville, 302.

Plomb (Scellement antique en) : Arques, 55.

Plomb (Urnes en) : Bolbec, 13, Canouville, 477; Lillebonne, 134; Mesnil-sous-Lillebonne (le), 136; Saint-Maurice-d'Ételan, 138.

Plomb (Vases antiques en) : Cany, 477.

Poids et mesures (Privilége des) : pour la Normandie, Arques, 57; pour la ville de Rouen, Saint-Vincent, 401.

Poids romains en pierre : Rouen, 580; Saint-Saëns, 241.

Poignard romain en fer : Lillebonne, 570.

Poignards gaulois en bronze : Bezancourt, 205; Londinières, 228.

Poire romaine en verre jaune : Cany, 478.

Poisson en ambre : Jumiéges, 310.

Poissonniers de Rouen, donateurs d'un vitrail du XIII° siècle à Notre-Dame de Rouen, 427.

Pont d'Henri IV : Aumale, 167.

Pontif (Guillaume), architecte du XV° siècle : travaille pour Notre-Dame de Rouen, 419; 1464-1484, fait la cour des Libraires, 423; 1477, construit la *librairie* ou bibliothèque du chapitre, 423; 1478, construit l'escalier de la bibliothèque de Notre-Dame, 431; fonde la tour de Beurre, 420; 1479, renouvelle les claires-voies, 418.

Pontifical anglo-saxon : X° siècle, Jumiéges, 309.

Ponts de Rouen (Les) : IX° siècle, 582; X° siècle, 582; XI° siècle, 582; XII° siècle, 582; les désastres, 583; 1626, pont de bateaux, 583; 1836, pont de fer, 584; 1812-1829, nouveau pont de pierre, 584.

Porches en pierre et en bois, détruits ou existants : XII° siècle, Fécamp, 106; XIII° siècle, Saint-Nicolas-d'Aliermont, 564; XV° siècle, 1470, Saint-Mards, 8; 1492, Fresquienne, 352; Rouen (Saint-Laurent), 394; (Saint-Maclou), 404; (Saint-Ouen), 412; (Saint-Vivien), 399; XVI° siècle, Arques, 57; Aumale, 298; Beuvreuil, 210; Bois-Héroult, 273; Bosc-Bordel, 273; Bouville, 350; 1527, Bully, 236; Canteleu, 342; Darnetal (Longpaon), 290; Épinay-sur-Duclair, 301; Gouy, 268; Harfleur, 143; Haussez, 201; Hodeng-Hodenger, 160; Marques, 170; Montivilliers, 147; Neufbosc, 258; 1547, Rebets, 276; Rouen (Saint-Ouen), 412; (Saint-Vincent) 401; Ry, 294; Sainte-Hélène-Bondeville, 543; Saint-Paër, 320; Saint-Pierre-de-Varengeville, 321; Tourville-la-Chapelle, 55; Tréport (le), 46; Vaupalière (la), 348; Veules, 538; Vieux-Rue (la), 296; Wanchy, 233; XVII° siècle, 1608, Auppegard, 17; Rouen (Augustins), 381; Saint-Jean-du-Cardonnay, 347; XVIII° siècle, 1740, Fry, 160; 1772, Sainte-Marguerite-sur-Duclair, 315; 1781, Rouen (Sainte-Madeleine), 394.

Portails à plein cintre roman : XI° et XII° siècles, Berville-en-Caux, 509; Bois-Gautier (le), 573, 574; Bourdainville, 551; Bréauté, 116; Clères, 281; Émalleville, 120; Étretat, 100; Héron (le), 292; Jumiéges, 305, 311; Mathonville, 257; Mesnil-Raoult (le), 268; Montivilliers, 147; Neufmarché, 220, 221; Notre-Dame-de-la-Gaillarde, 524; Osmoy, 232; Rebets, 274; Rocquemont, 259; Saint-Georges de Boscherville, 315; Saint-Lucien, 162; Saint-Martin-Omonville, 259; Veulettes, 484; Villainville, 104; — à ogive, XII° et XIII° siècle; — Anvéville, 526; Barentin, 271; Baissay, 273; Cailleville, 533; Cliponville, 515; Drosay, 533; Éprétot, 152; Eu, 39, 40; Gournay-en-Bray, 214; Gouy, 268; Grand-Couronne (le), 333; Manéglise, 146; Notre-Dame-de-la-Gaillarde, 524; Ricarville, 518; Rouen (Notre-Dame), 417, 418, 421; Saint-Antoine-la-Forêt, 137; Sainte-Beuve-en-Rivière, 251; Sainte-Marie-des-Champs, 557; Saint-Gilles-de-la-Neuville, 151; Saint-Pierre-le-Viger, 525; Saint-Saire, 254; Saint-Vincent-Crasmesnil, 255; Sierville, 286; Soreng, 186; — XIV° siècle, Criel, 36; Rouen (Augustins), 381; (Notre-Dame), 421, 422; (Saint-Georges), 393; (Saint-Lô), 391; (Saint-Ouen), 411; XV° siècle, Blainville-Crevon, 272; Rouen (Clarisses), 376; (Saint-Maclou), 404, 405; (Saint-Ouen), 412; — XVI° siècle, Anneville-sur-Scie, 297; Bosc-Roger, 274; Caudebec-en-Caux, 487; Darnetal (Longpaon), 290; Duclair, 300; Épinay-sur-Duclair, 301; Fécamp (Saint-Etienne), 208; Gonzeville, 511, 1509; Guerbaville-la-Mailleraye, 494; Harfleur, 142; Lillebonne, 135; Mont-aux-Malades (le), 365; Montivilliers, 147; Neufchâtel-en-Bray, 247; Rouen (Pénitents), 384; (Notre-Dame), 417, 418; (Saint-Éloi), 396; (Saint-Étienne-des-Tonneliers), 392; (Saint-Georges), 393; (Saint-Godard), 398; (Saint-Vincent), 401; Saint-Aignan, 345; Saint-Aubin-de-Cretot, 498; 1519, Sainte-Gertrude, 496; Saint-Pierre-de-Manneville, 340; 1548, Torp-Mesnil (le), 513; Touffreville-la-Corbeline, 558; Trait (le), 322; Vatteville, 505; XVII° siècle, 1605-1640, Dieppe (Saint-Remy), 17; 1631, Harfleur, 143; 1605-1638, Havre (le) (Notre-Dame), 125; 1621, Motteville-les-Deux-Clochers, 553; 1656, Rouen (Bonne-Nouvelle), 377; XVIII° siècle, Rouen, 1781 (Sainte-Madeleine), 394.

Porte anglaise : Bosseville-ès-Plains, 532.

Porte Césarine : Lillebonne, 133.
Porte-Christs : xviii° siècle, Bouville, 350 ; Elbeuf (Saint-Étienne), 327 ; Rouen (Saint-Maclou), 407.
Porte-cierges de consécration, Chapelle-Saint-Ouen (la), 459.
Porte de l'abbaye d'Auchy à Aumale, 172.
Porte de la maison des deux Corneille au musée de Rouen, 470.
Porte de l'Aumône : Ouville-l'Abbaye, 554.
Porte des Vicaires : Anvéville, 526.
Porte en fer du xv° siècle à Notre-Dame de Rouen, 428.
Porte en pierre du palais de justice de Rouen, 450.
Porte Guillaume-Lion : 1747, Rouen, 444.
Porte Massacre : Rouen, 454, 455.
Portes de la ville de Rouen, 444, 454.
Portes de Notre-Dame de Rouen avec leurs ferrures du xiii° siècle, 421, 422, 423.
Portes des hommes : Amfreville-les-Champs, 509 ; Carville-le-Pot-de-Fer, 527.
Portes des villes : Arques, 57 ; Aumale, 492 ; Dieppe, 21, 22 ; Eu, 42 ; Harfleur, 144, 145 ; Havre (le), 127 ; Montivilliers, 147 ; Neufmarché, 220.
Portes du château de Sommesnil : xvii° siècle, 532.
Portes en bois sculpté : églises ou maisons, xvi° siècle, Bois-Robert (le), 48 ; Chapelle-Saint-Ouen (la), 159 ; Havre (le), 529 ; Martainville, 391 ; Rebets, 276 ; Rouen (Saint-André-aux-Fèvres), 392 ; (Saint-Pierre-du-Châtel), 392 ; (Saint-Sever), 392 ; Sainte-Adresse, 569.
Portes en bois de l'église Saint-Maclou, sculptées par Jean Goujon : Rouen, 405.
Portes en fer, du xiii° siècle, du chœur de Notre-Dame de Rouen : au musée, 429.
Ports anciens : Berneval, 61 ; Claquedent, 483 ; Dieppe, 21 ; Harfleur, 145 ; Havre (le), 127 ; Saint-Pierre-en-Port, 542 ; Saint-Valery-en-Caux (port Navarre), 536 ; Saint-Wandrille (port Saint-Wulfran), 500.
Potence en fer pour lampes à Notre-Dame de Rouen, 450, 451.
Poteries acoustiques : Blosseville-ès-Plains, 533 ; Saint-Martin-de-Boscherville (Genetey), 319 ; Sotteville-lez-Rouen, 340. (Voir *Vases*.)
Poteries anciennes : Brémontier, 240 ; Mélamarre, 136 ; Poterie (la), 101 ; Saint-Saëns, 262 ; Saumont-la-Poterie, 204.
Pothin de Ferrières, archevêque de Philadelphie, né à Ferrières, 212 ; consacre Mesnières, 242 ; élève la tour de Beurre à Rouen, 420 ; son tombeau aux Carmes, 380.
Potiers romains (Marques de) : Blangy, 175 ; Brotonne, 506, 507 ; Cany, 478 ; Caudebec-en-Caux, 486 ; Caudebec-lez-Elbeuf, 324, 325 ; Dieppe, 15 ; Épinay, 252, 253 ; Fécamp, 106 ; Harfleur, 142 ; Héricourt-en-Caux, 529 ; Lendin (le), 506 ; Lillebonne, 135, 570 ; Loges (les), 112 ; Maulévrier, 496 ; Neuville-le-Pollet, 25 ; Rouen, 361, 369, 371, 372 ; Saint-Aubin-sur-Mer, 524 ; Sainte-Beuve-en-Rivière, 252, 253 ; Sainte-Hélène-Bondeville, 542 ; Saint-Martin-en-Campagne, 32 ; Sotteville-lez-Rouen, 340.
Poudre (Moulin à) : Maromme, 344.
Poutres et corniches sculptées des églises au xvi° et au xvii° siècle : Aubéguimont, 163 ; Beausault, 194 ; Belbeuf, 265 ; Bénesville, 509 ; Bertheauville, 476 ; Bezan-

court, 205 ; Bouafflés, 178 ; 1573, Boudeville, 510 ; Bouville, 350 ; Brémontier-Merval, 206 ; 1527, Campneuseville, 178 ; Coupigny, 170 ; Dampierre-en-Bray, 210 ; Ellecourt, 169 ; Fontaine-le-Dun, 523 ; 1515, Fossé (le), 198 ; 1503, Hurcanville, 512 ; Haussez, 100 ; Hocqueville, 481 ; Hodeng-Hodenger, 160 ; Marques, 170 ; Ménerval, 218 ; 1521, Mesnil-Raoult (le), 268 ; Mesnil-Rury (le), 513 ; Montérollier, 258 ; Nullemont, 171 ; Pommereux, 202 ; 1686, Réalcamp, 187 ; Rétonval, 187 ; 1541, Richemont, 188 ; 1532, Rocquemont, 259 ; Roncherolles-en-Bray, 203 ; 1534, Rue-Saint-Pierre (la), 185 ; Ry, 294 ; Saint-Denis-le-Thiboult, 295 ; Saint-Léger-aux-Bois, 190 ; Saint-Paër, 320 ; Sasseville, 483 ; 1528-1542, Veules, 538 ; Villers-sur-Aumale, 169, 170.
Prêches anciens : Autretot, 556 ; Boissay-sur-Eaulne, 230 ; Caudebec-en-Caux, 493 ; Colleville, 540 ; Criquetot-l'Esneval, 99 ; Dieppe, 20, 21 ; Grand-Quevilly (le), 334 ; Luneray, 6 ; Martin-Église, 74 ; Saint-Jouin, 102 ; Sanvic, 130.
Prêches (Croix de). (Voir *Croix*.)
Précieux sang à Fécamp : sa fontaine, 105 ; sa légende, 106 ; son reliquaire, 107 ; à Saint-Maclou-la-Brière, 120.
Précieux-Sang (Monastère du) : Rouen, 386.
Précordius ressuscité par saint Mellon, 406.
Pré-de-la-Bataille : Caudebec-en-Caux, 468 ; Rouen, 374.
Prédicateur (Chambre du) : Dieppe (Saint-Jacques), 17.
Presbytère d'Hénouville chanté par Corneille, 302.
Presbytères remarquables : xiii° siècle, Neuville-Ferrières, 250 ; 1433, Manneville-la-Goupil, 120 ; 1632, Hénouville, 302 ; 1712, Esclavelles, 237, 568 ; Pourville, 71, 72.
Prétextat (Saint), évêque de Rouen, assassiné à Rouen, 373.
Prétoires : xvi° siècle, Aumale, 166 ; Bouille (la), 333.
Prieurés anciens ou traditions de prieurés : Ambrumesnil (Ribeuf), 53, 54 ; Ardouval, 8 ; Arques (Saint-Étienne), 58 ; Auffay, 84, 85, 566 ; Authieux-Port-Saint-Ouen (les), 265 ; Bacqueville, 3 ; Beauvoir-en-Lyons (Saint-Laurent-en-Lyons), 157 ; Belbeuf (Saint-Adrien), 266 ; Bellencombre (Toussaint), 9 ; Bois-l'Évêque (Beaulieu), 288 ; Bolbec (Val-aux-Grès), 93 ; Bondeville, 341 ; Brémontier-en-Bray, 240 ; Bures, 224 ; Caudebec-en-Caux (Collemont), 489 ; Clères (Saint-Sylvestre), 282 ; Cléville, 515, 516 ; Crasville-la-Roquefort, 522 ; Cressy, 11 ; Criquiers (le Pierrement), 169 ; Croisy-la-Haye, 157 ; Cuverville-sur-Yère (Rougecamp), 37 ; Guy-Saint-Fiacre (Saint-Fiacre), 208 ; Dieppe (Caude-Côte), 19 ; Elbeuf (Bénédictines), 328 ; Envermeu (Saint-Laurent), 29, 30 ; Étoutteville-sur-Mer, 552 ; Fécamp (Notre-Dame-du-Bourg-Beaudoin), 108, 109 ; Frétils, 238 ; Grandes-Ventes (les) (le Pubel), 12 ; Grand-Couronne (le), 333 ; Graville, 122, 123 ; Gonfreville-l'Orcher (Saint-Dignefort), 141 ; Grémonville (Saint-Blaise-de-Luy), 552 ; Haucourt (le Pierrement), 200 ; Incheville (Saint-Martin-au-Bos), 42 ; Longueil, 73 ; Longueville, 50 ; Louvetot, 495 ; Mesnil-Follemprise (le), 12 ; Mont-aux-Malades (le), 346 ; Mortemer-sur-Eaulne, 254 ; Muchedent (le Pubel), 565 ; Neufchâtel-en-Bray, 248 ; Neufmarché, 221 ; Oissel, 336 ; Ouville-l'Abbaye, 553 ;

Pavilly, 355; Petit-Quevilly (Saint-Julien), 338; Quévreville-la-Poterie, 270; Ribeuf, 53, 54; Rouen (Bonne-Nouvelle), 376; (Emmurées), 378; (Grammont), 378; (Sainte-Madeleine), 377; (Saint-Gervais), 376, 395; (Saint-Hilaire), 384; (Saint-Lô), 377; (Saint-Michel-du-Mont-Gargan), 376; (Saint-Paul), 395; (les Templiers), 377; Roquefort, 519; Saâne-Saint-Just (bourg de Saâne), 7; Saint-Aubin-Jouxte-Boulleng (Saint-Gilles), 330; Saint-Saëns, 260; Saint-Vigor-d'Imonville (le Val-Hullin), 155; Sauchay (les Rendus), 35; Sigy, 172; Vattetot-sur-Mer, 114; Veules (Notre-Dame-du-Val), 538; Wanchy, 233.

Prison de Saint-Philbert à Rouen, 371.
Prison des Princes au Havre, 127.
Prisons des prêtres pendant la Révolution : Mesnières, 243; Rouen, 343.
Prisons ecclésiastiques ou de l'officialité : Montivilliers, 146; Rouen, 423.
Prisons féodales : Auberville-la-Manuel, 475; Aumale, 166, 167; Canville-les-Deux-Églises, 511; Caudebec-en-Caux, 492; Écrotteville-les-Baons, 554; Ferté (la), 196; Gonzeville, 112; Graval, 239; Montivilliers, 148; Oissel, 336; Pissy-Poville, 346; Sierville, 286; Vittefleur, 485.
Procession du saint sacrement au xvi° siècle : Caudebec-en-Caux, 489.
Procession générale du saint sacrement : 1423, Valmont, 548.
Protonotaire apostolique : xv° siècle, Anvéville, 521.
Providence (Sœurs de la) : Rouen, 387.
Puits anciens : Beaumont-le-Harenc, 562; Beaurepaire, 97; Beauvoir-en-Lyons, 157, 158; Bézancourt, 205, 206; Boos, 267; Braquemont, 64; Brotonne, 506, 507; Criquiers, 168; Étretat, 100; Fallencourt, 181; Fauville, 516; Hardouville, 354; Houppeville, 243; Houssaye-Bérenger (la), 283; Luneray, 6; Mauny, 313; Notre-Dame-de-la-Gaillarde, 524; Petit-Couronne (le), 336; Pierrecourt, 186; Quevillon, 314; Retonval, 188; Roquefort, 509; Rouville, 96; Saint-Denis-le-Thiboult, 294; Saint-Jouin-sur-Mer, 102; Saint-Mards, 7; Saint-Nicolas-de-Bliquetuit, 498; Saint-Riquier-en-Rivière, 191; Saumont-la-Poterie, 204; Serqueux, 204; Thiédeville, 90.
Puits de cloîtres : Bival, 245; Jumiéges, 309; Ouville-l'Abbaye, 554; Rouen (Emmurées), 378.
Puits de Saint-Éloi : Rouen, 397.
Puits des Saints : Rouen (Saint-Marcou), 378; Saint-Saire, 254.
Puits du xvi° siècle : Oissel, 336.
Puits romains : Caudebec-lez-Elbeuf, 324; Lillebonne, 132; Rouen, 370.

Q

Quai Saint-Wulfran à Saint-Wandrille, 500.
Quesnel (Nicolas), imagier de Rouen, 1520, 425.
Quinaire en or d'Anastase : Nesle-Hodeng, 244; Quévreville-la-Poterie, 270.
Quintanadoine de Brétigny (Jean de), introducteur du Carmel, inhumé aux Carmélites de Rouen, 384.

R

Radegonde (Sainte) : son image à Saint-Wandrille, 503; son prieuré à Neufchâtel, 248.
Rats détruits à Jumiéges par saint Valentin, 311.
Raudin, sculpteur à Arques : xvi° siècle, 58.
Récollets : Rouen, 387, 651.
Réfectoires monastiques : xii° siècle, Saint-Wandrille, 501; xviii° siècle, Saint-Ouen de Rouen, 374.
Refuge (Le), communauté religieuse à Rouen, 386.
Réhabilitation de Jeanne d'Arc à Rouen, 416, 582.
Reid (Robert), évêque des Orcades, inhumé à Dieppe, 63, 544.
Reliquaire de saint Cande sauvé des flammes (Vitrail du), 391.
Reliquaire ou ossuaire de l'Aître Saint-Maclou de Rouen, 419.
Reliquaires à Saint-Wandrille, 508; à Pavilly, 336. (Voir Châsses.)
Reliques des saints abbés et moines de Saint-Wandrille, 507, 508.
Reliques de saint Amand de Rodez, à Goville, 503; de saint Ausbert de Rouen, à la Vaupalière, 348; de saint Cande de Mäestricht, à Rouen, 391; de sainte Catherine d'Alexandrie, à Rouen, 375; de sainte Hermentrude, à Sainte-Gertrude, 496; de saint Hildevent de Meaux, à Gournay-en-Bray, 215; de saint Ouen de Rouen, à Darnetal, 289.
Réserve eucharistique avec suspension : xvi° siècle, Vilers-sur-Aumale, 170; xviii° siècle, Cany, 479; Rouen (Saint-Maclou), 407; (Saint-Vivien), 403.
Restes de bancs de pierre : à Port-Mort, 288; à Saint-Wandrille, 502.
Restout, peintre : Rouen, 346.
Retable en terre cuite, de 1584 : Rouen, 421.
Retables en bois, albâtre, marbre, pierre, etc., du xiii°, xiv°, xv° et xvi° siècle : Ambourville, 296; Angreville, 28; Aumale, 166; Authieux-Retiéville (les), 278; Blainville-Crevon, 272; Bocasse (le), 279; Bois-Hulin (le), 49; Bois-l'Évêque (le), 288; Brémontier, 240; Catenay (le), 274; Coupigny, 170; Crasville-la-Mallet, 480; Doudeauville, 211; Draqueville, 89; Étretat, 100; Fontaine-en-Bray, 257; Fresles, 239; Fresquienne, 352; Gaillefontaine, 198; Illois, 521; Montde-l'If, 350; Muchedent, 52; Néville, 525; Longroy, 43; Paluel (Janville), 482; Pommereux, 202; Prée (la), 260; Saint-Aubin-de-Cretot, 498; Saint-Denis-sur-Scie, 88; Sainte-Beuve-en-Rivière, 251; Saint-Georges de Boscherville, 318; Saint-Martin-Omonville, 260; Saint-Ouen-sur-Brachy, 3; Saint-Valery-sous-Bures, 231; Touffreville-sous-Cailly, 282; Trait (le), 322; Vatierville, 256; Veauville-les-Baons, 559; Vicquemare, 512.
Ribaudains en bronze : xvi° siècle, Esclavelles, 237.
Ribert (Saint), apôtre du vii° siècle, baptise à Charlesmesnil, 51; à Quiévrecourt, 250; à Torcy-le-Grand, 53; — meurt à Montérollier, 258; ses fontaines, 51, 53, 250.
Rivières bouchées ou disparues : Auberville-la-Renault, 115; Bolbec, 93; Brotonne, 506; Daubeuf-le-Sec, 117; Étretat, 100; Grainville-l'Alouette, 119; Néville, 524; Reuville, 513; Saint-Valery-en-Caux, 536.

TABLE ALPHABÉTIQUE DES MATIÈRES.

Robert Clément, évêque d'Hippone : Pavilly, 355; Rouen (Emmurées), 378; inhumé aux Augustines de Rouen, 381.

Rochefoucauld (Le cardinal de la) : consacre l'église Sainte-Madeleine de Rouen, 394; reconstruit la maison des prêtres infirmes, 441.

Rochefoucauld-Randan (Charles de la), inhumé à Rouen en 1598, 434.

Roger (Pierre), archevêque de Rouen : fonde le collège du Pape ou des Clémentins, 442; protége les Carmes de Rouen, 381.

Rois de France à Rouen, 373.

Rois francs dans la forêt de Brotonne, 507, 508.

Rollon : son arrivée à Rouen, 373; son baptême, 373; bâtit le Châtel, 444; va au-devant des reliques de saint Ouen à Darnetal, 289; son tombeau à Notre-Dame de Rouen, 438.

Romain (Saint), évêque de Rouen : détruit les temples et l'amphithéâtre de cette ville, 373; son manoir et sa mare à Déville, 343; est inhumé dans la crypte de Saint-Godard, 398; son corps est enlevé, 398; son sarcophage placé dans l'église Saint-Romain, 396; sa légende sur verre à Saint-Godard, 399; sa châsse ou fierte à Notre-Dame, 431; privilége de la fierte, 439; la chapelle de la fierte, 439.

Ronsard, abbé de Bellozanne, 207.

Roquefortes, à Grasville-la-Roquefort, 522; à Roquefort, 519; à Valliquerville, 558.

Roquette (Ile de la) : Rouen, 358, 388.

Rosaces de Saint-Ouen (Les) tracées par les architectes, 412, 414.

Rosaire (Tableaux du) : xviie siècle, Ferrières, 212; Fontaine-le-Dun, 523; Pommereux, 202.

Rose (La), couvent de chartreux à Rouen, 381.

Roth, dieu topique de Rothomagus : Rouen, 368.

Rouge-Mare (La), lieu de bataille en 953 : Rouen, 374.

Roussel Marc d'Argent (L'abbé) : fonde et élève l'église de Saint-Ouen de Rouen en 1318, 410; son tombeau dans cette église, 415.

Royaume d'Yvetot, 559.

Ruelle de Rome à Arques, 56.

Rue de Rome à Grainville-la-Teinturière, 480.

Rue Césarine à Lillebonne, 133.

Rues : d'Arques, 57, 59; d'Aumale, 167; de Caudebec-en-Caux, 493; de Harfleur, 145; de Montivilliers, 149; de Rouen, 457, 476.

S

Sabres francs ou scramasaxes en fer : Amfreville-la-Mivoie, 265; Aubermesnil-les-Érables, 174; Avesnes-en-Bray, 206; Baillolet, 223; Barentin, 347; Caudebec-lez-Elbeuf, 325; Colleville, 540; Dampierre-en-Bray, 208; Dieppe, 24; Douvrend, 28; Duclair, 299; Elbeuf, 326; Envermeu, 29; Eslettes, 293; Étretat, 99; Foucarmont, 181; Hanouard (le), 528; Havre (le), 129; Hodeng-au-Bosc, 184; Isneauville, 293; Jumiéges, 310; Lamberville, 5; Martin-Église, 73; Mesnières, 240; Mont-Cauvaire, 284; Montérollier, 258; Monville, 284; Neufchâtel-en-Bray, 246; Neuville-Ferrières, 250; Oissel, 336; Orival, 329; Ouville-la-Rivière, 76; Parfondeval, 231;

Rouen, 373; Saint-Aubin-sur-Scie, 79; Sainte-Marguerite-sur-Mer, 81; Saint-Martin-aux-Buneaux, 482; Saint-Riquier-en-Rivière, 190; Saint-Valery-en-Caux, 536; Sigy, 162; Sommery, 263, 264; Sotteville-lez-Rouen, 340; Ventes Saint-Remy (les), 264.

Sabres francs coupés : Ventes-Saint-Remy (les), 264.

Sachets (Les), monastère : Rouen, 381.

Sacquespée, peintre : xviie siècle, Neuville-Champ-d'Oisel (la), 269; Rosay, 13; Rouen (les Maisons), 470.

Sacraires : viie siècle, crypte de Saint-Gervais de Rouen, 365; viiie siècle, crypte d'Héricourt-en-Caux, 529; xiiie siècle, Amfreville-les-Champs, 509; xive siècle, Mesnil-sous-Jumiéges (le), 313.

Sacrement (Filles du Saint-) : Rouen, 387.

Sacristies : xiiie siècle, Rouen (Notre-Dame), 424; xve siècle (Saint-Ouen), 413; xvie siècle, Fécamp, 106; Rouen (Saint-Maclou), 407; xviie siècle, Rouen (Saint-André-aux-Fèvres), 392; (Saint-Éloi), 397; (Saint-Godard), 399; (Saint-Hilaire), 398; 1678, Grand-Couronne (le), 333; 1686, Hautot-l'Auvray, 528; 1726, Beaumont-le-Harenc, 561; 1737, Rouen (Saint-Maclou), 407.

Saëns (Saint) : sa présence à Jumiéges, 304; fonde le monastère de son nom, 261, 262; son tombeau, sa fontaine, 261, 262; son reliquaire en forme de bras, 576.

Saïga anglo-saxon : Saint-Wandrille, 500.

Saint-Joseph (Filles de) : Gournay-en-Bray, 217; Rouen, 386.

Saints-Sépulcres. (Voir *Sépulcres*.)

Saire (Saint) : son ermitage, son tombeau, 254.

Salines : Bouteilles, 77, 78; Criel, 36; Dieppe, 25; Montivilliers, 149; Neuville-le-Pollet, 26; Saint-Pierre-en-Port, 542.

Salle aux Puelles ou Pucelles : Petit-Quevilly (le), 440.

Salle de l'Inquisition à Jumiéges, 309.

Salle des États à l'archevêché de Rouen, 448.

Salle des Gardes de Charles VII à Jumiéges, 308.

Salle des Pas-Perdus à Rouen, 450, 451.

Salle des Procureurs à Rouen, 450, 451.

Salle faïencée au Havre, 128.

Salle (J.-B. de la) : fonde les frères des Écoles chrétiennes à Saint-Yon de Rouen, 388; est inhumé à Saint-Sever de Rouen, 388; transféré à Saint-Yon en 1734, 388; exhumé en 1838, 388; sa dalle tumulaire à Saint-Sever, 395.

Salles capitulaires : xiie siècle, Saint-Georges de Boscherville, 318; Valasse (le), 94; xiiie siècle, Beaulieu, 289; Bival, 245; Bondeville, 342; Saint-Victor-l'Abbaye, 89; xve siècle, Rouen (les Emmurées), 378.

Salles romaines pavées : Saint-André-sur-Cailly, 285.

Salomon de Caux : Rouen, 583.

Salut d'or anglo-français : Vert-Bosc (le), 558.

Salut du dimanche, fondé en 1659 : Ectot-l'Auber, 551.

Salvart (Jehan), architecte de Notre-Dame de Rouen au xve siècle, 423, 424.

Sandales funèbres des moines de Saint-Wandrille, xive au xviie siècle : Saint-Wandrille, 501.

Sarrasins (Butte aux) : Graville, 122.

Sarrasins (Tradition de) : Grainville-la-Teinturière, 480; Graville-Sainte-Honorine, 122.

Saule séculaire : Bellozanne, 208.

Sceau de léproserie, xive siècle : Duclair, 300.

Sceaux d'argent : xvi° siècle, Gaillefontaine, 199; Rosière (la), 192.
Sceaux matrices : xiii° siècle, Auffay, 566; Néville, 335; xiv° siècle, Duclair, 300.
Scie d'Harfleur (la), 145.
Scramasaxes francs. (Voir *Sabres*.)
Sculpteurs : xiv° siècle, Hennequin de Liége, Rouen (Notre-Dame), 435; xv° siècle, Chennevière, Rouen (Notre-Dame), 431; Desheaux (Guillemin), Baons-le-Comte, 550; Desvignes, Rouen (Notre-Dame), 431; Hennequin d'Anvers, Rouen (Notre-Dame), 437; Lefrançois et l'Hostelier, Rouen (Notre-Dame), 412; Pol Mosselman, Rouen (Notre-Dame), 431; Thomas (Jehan), Baons-le-Comte, 550; Philippot Viart, Rouen (Notre-Dame), 431; xvi° siècle, Castille (Nicolas), Rouen (Notre-Dame), 417; (Saint-Maclou), 407; Cousin (Jean), Rouen (Notre-Dame), 433; (Saint-Patrice), 101; Desolbeaux (Pierre), Rouen (Notre-Dame), 117; Goujon (Jean), Rouen (Notre-Dame), 433; (Saint-Maclou), 405, 407; Lalbitre, Montivilliers, 148; Lesselin (Denis), Rouen (Saint-Maclou), 410; Pilon (Germain), Eu, 49; Valmont, 547; Quesnel (Nicolas), Rouen (Notre-Dame), 433; (Saint-Maclou), 407; Raudin, Arques, 58; Theroulde (Jean), Rouen (Notre-Dame), 417; (Saint-Maclou), xvii° siècle, Anguier frères, Eu, 40; 1621, Duvivier, Rouen (Saint-Maclou), 407; Guerpin, Dieppe, 17; 1698, Gugu, Tiétreville, 645; Saniths, Fécamp, 107; Vigé et Geffin Adam, Dieppe, 18; — xviii° siècle, Cahais, Rouen, 409; Carpentier, Rouen, 407; Clodion, Rouen, 430; Jadoulle, Mailleraye (la), 497; Rouen, 396; Lecomte, Rouen, 430; Pottier, Yvetot, 560; Stoldz (Paul), Rouen, 448; xix° siècle, David d'Angers, Rouen, 584.
Sculpteurs des stalles de Notre-Dame de Rouen (1457-1469), 430, 431.
Sculpteurs du cloître Saint-Maclou de Rouen (xvi° siècle), 400.
Sculpteurs du tombeau des cardinaux d'Amboise (xvi° siècle) : Rouen, 434.
Sceau en bois du moyen âge : Yébleron, 520.
Sceau romain en bronze : Caudebec-lez-Elbeuf, 326.
Seaux francs : Douvrend, 24, 28; Envermeu, 29; Nesle-Hodeng, 244.
Séguier (Le chancelier) en Normandie, 1639; Bouille (la), 333.
Sel (Droits du) : Rouen, 401.
Sémaphore du premier Empire : Sotteville-sur-Mer, 526.
Séminaires : xvii° siècle, Havre (le), 126; Rouen, 1655; Joyeuse, 443; 1658, archiépiscopal ou de Saint-Vivien, 443; 1707, de Saint-Nicaise ou des pauvres clercs, 443.
Sentes lépreuses ou sentiers des Lépreux : Criquebeuf-en-Caux, 105; Saint-Jouin-sur-Mer, 102; Veules, 539.
Sépulcres (Saints-) existants ou détruits : Auppegard, 1; Aumale, 165; Blangy, 176; Bourg-Dun (le), 62; Bures, 214; Caudebec-en-Caux, 490; Dieppe, 16; Eu, 40; Jumiéges, 490; Maulévrier, 496; Ouville-la-Rivière, 566; Rouen (Saint-Ouen), 414; Saint-Ouen-sous-Bailly, 34; Sierville, 286; Tréport (le), 46; Yébleron, 520.
Sépultures de la cathédrale : ecclésiastiques et laïques, 437, 438.

Serpette en fer : Caudebec-en-Caux, 486.
Serrures romaines : Lillebonne, 570; Sainte-Hélène-Bondeville, 542; Sotteville-lez-Rouen, 340.
Sever (Saint) : sa châsse, du xii° siècle, au musée d'antiquités, 432.
Sibylles : au portail de Notre-Dame de Rouen, 419; au tombeau des d'Amboise, 1520; Rouen (Notre-Dame), 434; dans les verrières de Saint-Ouen de Rouen, 415; (porche ou passage des), Dieppe (Saint-Jacques), 16; (portail des), Darnetal (Longpaon), 290; — (peintes en 1611 dans la chapelle Saint-Gorgou de Genetey, à Saint-Martin-de-Boscherville, 319.
Siéges de pierre dans les églises : Bures, 224; Saint-Jean-d'Abbetot, 151.
Siéges de pierre des saints Ouen, Philbert et Wandrégisile : Goville, 503, 504.
Sifflets (ou tubes en os dits) : Cany, 478; Caudebec-lez-Elbeuf, 324; Héricourt-en-Caux, 529; Lillebonne, 135; 570. (Voir *Os*.)
Sigebert, roi d'Austrasie, à Rouen, 373.
Silène (Buste de) en bronze : Épinay, 252.
Silex contenant des monnaies gauloises : Bosc-Édeline, 273; Hénouville, 301; — romaines : Fresnoy-Folny, 226; Neuville-Champ-d'Oisel (la), 269; Neuville-Ferrières, 250.
Silex taillés (Fabriques de) : Blangy, 175; Braquemont, 67; Fréauville, 226; Londinières, 228.
Siméon (Saint), moine du Sinaï : xi° siècle, vient à Rouen, 374; apporte les reliques de sainte Catherine d'Alexandrie, 375; sa fontaine à Déville, 343.
Simon (Richard) : son presbytère à Bolleville, 94; son inscription commémorative à Dieppe, 17.
Soc de charrue du moyen âge : Yébleron, 520.
Soc de charrue romaine : Roncherolles-en-Bray, 202.
Sœurs d'Ernemont ou Capotes : Ernemont-sur-Buchy, 275; Rouen, 388.
Sœurs de la Providence : Rouen, 387.
Sœurs grises : Rouen, 387.
Soleil d'argent donné par la duchesse de Longueville à l'église de Fauville, 517.
Sonnerie de cent quatre coups à Harfleur, 145.
Sore ou Sourie (Jacques), corsaire du xvi° siècle : Flocques, 42.
Soupiraux de maisons romaines : Saint-Saëns, 261.
Sources dites *Royale, Reinette, Cardinale* : Forges-les-Eaux, 197.
Sources intermittentes ou disparues : Bézancourt, 205, 206; Brotonne, 506; Daubeuf-le-Sec, 117; Étaimpuis, 87; Étretat, 110; Grainville-l'Alouette, 119; Néville, 534; Saint-Vaast-Dieppedalle, 531; Saint-Valery-en-Caux, 536.
Sources sacrées ou vénérées. (Voir *Fontaines sacrées*.)
Souterrains : Aumale, 164; Beausault, 194; Beauvoir-en-Lyons, 157; Bec-de-Mortagne (le), 115; Blangy, 176; Bouelles, 235; Cailly, 280; Feuillie (la), 160; Gaillefontaine, 198; Harfleur, 142; Pierrepont, 228; Roncherolles-en-Bray, 203; Saint-Aubin-sur-Mer, 524; Tancarville, 156; Veulettes, 483; Villers-sous-Foucarmont, 191, 192.
Souterrains-refuges : Auberville-la-Manuel, 475; Écrainville, 117.

TABLE ALPHABÉTIQUE DES MATIÈRES.

Squelettes indéterminés : Auffay, 566; Bradiancourt, 257; Caudebec-en-Caux, 486; Criquiers, 168; Crosville-sur-Durdent, 485; Dampierre-en-Bray, 209; Doudeville, 511; Épinay, 252; Écrainville, 117; Essarts-Varimpré (les), 180; Étretat, 100; Gournay-en-Bray, 213; Graville-Sainte-Honorine, 122, 568; Havre (le), 124; Mathonville, 257; Mesnil-Esnard (le), 268; Molagnies, 209; Neuville-Champ-d'Oisel (la), 260; Notre-Dame-de-Bliquetuit, 497; Onainville, 481; Oudalle, 152; Preuseville, 230; Quevillon, 313; 314; Roncherolles-en-Bray, 202; Rouen, 368; Saint-Aubin-sur-Mer, 524; Saint-Martin-Omonville, 260; Saint-Saire, 255; Saint-Wandrille-Rançon, 500.

Stalles de Notre-Dame de Rouen (1457-1469) : leurs auteurs, leur description, leur histoire, 430, 431.

Stalles remarquables : xive siècle, Tréport (le), 46; xve siècle, Blainville-Crevon, 273; Rouen (Notre-Dame), 430, 431; Saint-Sulpice-sur-Yère (venant de l'abbaye du Tréport), 44; Tocqueville-sur-Criel (venant du Tréport), 45; xvie siècle, Aubermesnil-les-Érables, 175; Boos, 267; Estouteville-Écalles, 275; Pommereux, 170; Préaux (venant de Beaulieu), 293; Saint-Jean-de-la-Neuville (venant de Montivilliers), 96; xviie siècle, Flamets-Frétils (venant de Bival), 338, 345; Foucarmont, 182; Rouen, 1661 (Saint-Patrice), 401; (Saint-Ouen), 406; xviiie siècle, Fécamp, 108; Neuville-Champ-d'Oisel (la) (venant des Andelys), 269; Petit-Couronne (le), 337; Réalcamp, 187; Rouen, 1725 (Saint-Vincent), 403; 1726 (Saint-Maclou), 407; (Saint-Nicaise), 398.

Stations romaines : Arques (Archelles), 55; Aumale (Digeon), 163; Bretteville-Saint-Laurent (Beauville-la-Cité), 510; Brotonne, 506-508; Cany, 478; Cottévrard (Dreulles), 11; Dieppe, 14, 15; Étretat, 99; Fécamp, 105; Grandes-Ventes (les) (Hesdin), 12; Jumiéges, 303; Lendin (le), 506; Maulévrier, 493; Roncherolles-en-Bray (Liffremont), 201, 202; Sainte-Adresse, 129; Saint-André-sur-Cailly, 285; Sainte-Beuve-en-Rivière (Épinay), 251; Sainte-Marguerite-sur-Mer, 80; Saint-Wandrille, 499; Thiédeville, 90.

Statue antique en bronze : Lillebonne, 132.

Statue antique en marbre blanc : Lillebonne, 132.

Statue commémorative de Guillaume le Conquérant : xiiie au xive siècle, à Saint-Victor-l'Abbaye, 309.

Statue commémorative en bronze de Pierre Corneille à Rouen, 584.

Statue commémorative en pierre de Jeanne d'Arc à Rouen, 1755, 449.

Statue contemporaine de Diane de Poitiers, 1531 : Rouen (Notre-Dame), 433.

Statue d'argent offerte par Anne d'Autriche à Notre-Dame-de-la-Paix, à Sahurs, en 1638, 338.

Statue sépulcrale disparue du roi Charles V : Rouen, 435.

Statues commémoratives de Duguesclin et du bâtard de Dunois au château de Longueville : xviie siècle, Longueville, 51.

Statues commémoratives des fondateurs ou bienfaiteurs de Saint-Ouen de Rouen : Clotaire Ier, les ducs normands Richard Ier et Richard II, l'impératrice Mathilde, Charles de Valois, Philippe le Long et sa femme, xive siècle, 412.

Statues commémoratives en bronze de Bernardin de Saint-Pierre et de Casimir Delavigne au Havre, 128.

Statues d'anges en marbre de la Renaissance, venant de Fécamp : Goderville, 118.

Statues de saint Côme et de saint Damien en costumes de docteurs de la faculté de médecine (xviie siècle) : Saint-Vincent-Crasmesnil, 155; Villedieu, 200.

Statues des églises : xiiie siècle, Beaumont-le-Hareng, 8; Duclair, 300; Orival (Saint-Hellier), 3; Rouen (Notre-Dame), 417; Sainte-Marguerite-sur-Duclair, 314; xive siècle, Baons-le-Comte, 550; Martin-Église, 74; Rouen (Notre-Dame), 417, 426, 429; — (en albâtre, de 1350, à Notre-Dame), 429; (Saint-Ouen), 412; Saint-Wandrille, 501; xve siècle (albâtre), Guerbaville-la-Mailleraye, 494; Neufchâtel-en-Bray, 248; Rouen (Notre-Dame), 417, 425; (Saint-Ouen), 410, 412; Saint-Saire, 255; xvie siècle, Arques, 58; Auzebosc, 556; Avesnes-en-Bray, 205; Beautot, 349; Bellière (la), 195; Bertreville, 476; Blainville-Crevon, 272; Blosseville-Bonsecours, 267; Boissay, 273; Bouelles, 235; Bures, 224; Butot, 350; Caillouville (Saint-Wandrille), 502, 503; Cideville, 551; Clères, 281; Critot, 257; Étaimpuis, 87; Eu, 40; Flamanville-l'Esneval, 552; Flamets-Frétils, 238; Fontaine-en-Bray, 257; Fresles, 238, 239; Fry, 160; Gerponville, 541; Gonfreville-l'Orcher, 141; Guerbaville-la-Mailleraye, 494; Guilmécourt, 31; Lucy, 239; Mannevillette, 146; Mathonville, 257; Mesnières (chapelle du château), 242; Mesnil-Panneville (le), 354; Mesnil-sous-Jumiéges, 313; Nullemont, 170; Quévreville-la-Poterie, 270; Rétonval, 188; Rouen (Notre-Dame), 425; Saint-Aubin-le-Cauf, 32; Sainte-Croix-sur-Buchy, 277; Saint-Georges de Boscherville, 319; Saint-Riquier-ès-Plains, 535; Saint-Wandrille, 501; Sasseville, 483; Tourville-sur-Arques, 83; Val-de-la-Haye (le), 341; Vatteville, 517; Rouen (Bonne-Nouvelle), 377; (Saint-Ouen), 416; Villedieu-la-Montagne, 200; xviie siècle, Rouen (Jésuites), 383; 1777 (Notre-Dame), 430.

Statues fleuries : Bois-Himont (le), 557.

Statues mystérieuses ou miraculeuses : Aumale (Notre-Dame-du-Cardonnoy), 173; Bois-Himont (le), (Saint-Guillaume-du-Désert), 557; Foucarmont (Notre-Dame-de-l'Épinette), 182; Paluel (Notre-Dame-de-Janville), 482.

Statues ornementales de la maison du Gouvernement à Rouen, 466.

Statues sépulcrales de Claude Groulard et de Barbe Guiffard, xviie siècle, à Notre-Dame de Rouen, 437.

Statues sépulcrales des abbés de Fécamp et de Saint-Ouen de Rouen, 107, 415.

Statues sépulcrales des Brezé, xve et xvie siècle, à Notre-Dame de Rouen, 432.

Statues sépulcrales des cardinaux d'Amboise, xvie siècle, à Notre-Dame de Rouen, 433, 434.

Statues sépulcrales des ducs de Normandie Rollon et Guillaume Longue-Épée, xiiie siècle, à Notre-Dame de Rouen, 436.

Statues sépulcrales des Énervés de Jumiéges, xiiie siècle, 310.

Statues sépulcrales des rois anglo-normands Henri le Jeune, dit *Court-Mantel*, et Richard Cœur de Lion à Notre-Dame de Rouen, 435, 436.

Statues sépulcrales enfouies : Rouen (Notre-Dame), 436 ; Veules, 538.

Statues sépulcrales existantes ou disparues : XIII° siècle, Blainville-Crevon, 576, 577; Foucarmont, 183 ; Jumiéges, 310; Pavilly, 356; Mesnil-Mauger (venant de Louvicamp), 202; Rouen (Notre-Dame, Henri Court-Mantel), 436; (Notre-Dame, Richard Cœur de Lion), 435, 436; (Notre-Dame, Rollon), 436; (Notre-Dame, Guillaume Longue-Épée), 436; (Notre-Dame, l'archevêque Maurice), 435 ; Saint-Georges de Boscherville, 318; XIV° siècle, Beaubec, 192; Dieppe, 563; Envermeu? 564; Fécamp (trois abbés), 107; Foucarmont, 183; Rouen (Notre-Dame, le roi Charles V), 435; (Saint-Ouen, deux abbés), 415; XV° siècle, Dieppe, 563; Envermeu? 564; Foucarmont, 183; Jumiéges, 310; 1418, Ouville-l'Abbaye, 554; Rouen (Notre-Dame, Pierre de Brezé), 433; XVI° siècle, Beuvreuil, 210; Dieppe (Saint-Remy), 18; Guimerville, 184; 1555, Mont-de-l'If, 354; Rouen (Notre-Dame, cardinaux d'Amboise), 433, 434; (Notre-Dame, Louis de Brezé), 432; Valmont, 547; XVII° siècle, Dieppe (Saint-Remy), 18; 1627, Riberpré, 204; Rouen, (Notre-Dame, Groulard et sa femme), 437; (Saint-Godard, Becdelièvre), 399; — indéterminées, Veules, 538.

Statuette antique en pierre : Caudebec-lez-Elbeuf, 325.

Statuettes antiques en bronze : Bacchus, Lillebonne, 132; Diane, Harfleur, 142; Esclave, Caudebec-lez-Elbeuf, 324; Gladiateur, Lillebonne, 132; Hercule, Lillebonne, 132; Rouen, 372; Tancarville, 156; Mars, Caudebec-lez-Elbeuf, 324; Mercure, Caudebec-lez-Elbeuf, 324; Rouen, 367; Mercure, Sainte-Beuve-en-Rivière (Épinay), 252; Midas, Lillebonne, 132; Minerve, Caudebec-lez-Elbeuf, 324; Apollon, Lillebonne, 132; Pan, Foucarmont, 181; Silène, Sainte-Beuve (Épinay), 252.

Statuettes antiques en bronze indéterminées : Caudebec-en-Caux, 486; Mesnil-Esnard (le), 268; Rouen, 369, 371.

Statuettes antiques en fer indéterminées : Maulévrier, 496; Neufchâtel-en-Bray, 258.

Statuettes antiques en terre cuite : Bacchus, Bolbec, 93; Latone, Barentin, 347; Cany, 478; Caudebec-lez-Elbeuf, 324; Dieppe, 24; Eu, 38; Lillebonne, 570, 571; Luneray, 6; Mirville, 120; Sainte-Hélène-Bondeville, 542; Mercure, Roumare, 347; Vénus, Barentin, 349; Bolbec, 93; Brotonne, 507; Caudebec-en-Caux, 486; Caudebec-lez-Elbeuf, 324; Dieppe, 24; Eu, 38; Lillebonne, 570, 571; Mirville, 120; Yerville, 555.

Statuettes en pierre du XII° siècle : Elbeuf, 327.

Statuettes en pierre indéterminées : Héricourt-en-Caux, 529.

Statuettes en terre cuite indéterminées : Clères, 281.

Strigiles antiques en bronze : Lillebonne, 134.

Strozzi (Les), à Sainte-Geneviève-en-Bray, 259.

Styles en bronze : romains, Brotonne, 507; Foucarmont, 181; Maulévrier, 496; Sainte-Beuve-en-Rivière (Épinay), 252; Saint-Saire, 254; — francs, Envermeu, 29; Grandcourt, 333; Lucy, 239; Nesle-Hodeng, 244; Parfondeval, 231.

Suburbium romain de Rouen, 369.

Sury, curé-médecin de Celloville, 270.

Suspension eucharistique : Cany, 479; Fécamp, 108; Rouen (Saint-Maclou), 407; (Saint-Vincent), 403; Villers-sur-Aumale, 170.

Sylvestre (Mathieu), évêque d'Hippone, inhumé aux Grands-Augustins de Rouen, 38.

Sympulum : Cany, 478.

T

Tabernacle pivotant : XVII° siècle, Marques, 171.

Tabernacles en bois : XVI° siècle, Auquemesnil, 26; Bertreville, 476; Bures, 224; — XVII° siècle, Flamets, 238; Foucard, 517; 1650, Vicquemare, 513.

Tabernacles en pierre : Caudebec-en-Caux, 494; Sainte-Gertrude, 496.

Tableau historique et commémoratif : Grand-Couronne (le), 340.

Tableaux d'églises : XVII° siècle, Auzouville-Auberbosc, 515; XVII° et XVIII° siècle, Bosc-Roger (le), 274; XVII° et XVIII° siècle, Fontaine-le-Dun, 522; XVII° et XVIII° siècle, Freneuse, 328; XVI° siècle, Neufchâtel-en-Bray, 248; XVII° siècle, Neuville-Champ-d'Oisel (la), 269; XVI° siècle, Préaux, 293; Rouen, XVII° siècle (Notre-Dame), 427; XVII° et XVIII° siècle (Sainte-Madeleine), 395; XVII° siècle, Saint-Étienne-du-Rouvray, 339; 1600, Saint-Pierre-de-Manneville, 340; XVII° siècle, Saint-Wandrille, 5; XVII° et XVIII° siècle, Tourville-la-Rivière, 332; XVIII° siècle, Valmont, 548; 1701, Vinemerville, 549. (Voir *Peintres*.)

Tableaux : de la salle des États, à Rouen, 448; des prieurs consuls, 457.

Table de marbre des procureurs à Rouen, 452.

Table de pierre de date incertaine : Ymare, 271.

Tablettes à écrire en schiste ou en marbre : Barentin, 348; Fécamp, 106; Maulévrier, 496; Saint-André-sur-Cailly, 285; Sainte-Beuve-en-Rivière (Épinay), 253.

Talbot (Jehan), baron de Cleuville, 527; défend la Bastille de Dieppe, 22; inhume son fils, en 1438, à Saint-Ouen de Rouen, 415.

Tali ou palets romains en os : Caudebec-lez-Elbeuf, 577; Lillebonne, 570.

Tapisseries : d'Aubusson, château de Martainville, 291; château de Saint-Maurice-d'Ételan, 138; — des Flandres (XV° siècle), Cany, 479.

Tapisseries de haute lisse : Rouen (Saint-Vincent), 403.

Teinte violette des ossements anciens : Rouen, 581.

Teintureries anciennes : Grainville-la-Teinturière, 480.

Temple de Roth à Rouen, 368, 391.

Temples et *cella* antiques : Braquemont (cité de Limes), 67; Caudebec-lez-Elbeuf, 325; Eu, 38; Héricourt-en-Caux, 529; Roncherolles-en-Bray, 202; Sainte-Marguerite-sur-Mer, 80; Turretot? 104; Vieux-Rouen (le), 173.

Temples païens détruits à Rouen par les évêques, 373.

Templier représenté dans un vitrail à Hautot-sur-Seine, 334.

Templiers (Maisons et possessions des) : Caudebec-en-Caux, 492, 493; Criquiers, 169; Mesnil-Pannneville (Saint-Antoine-de-Gratmont), 354; Mont-Rôti (Repentigny-le-Temple), 219; Neufchâtel-en-Bray, 249; Poterie (la), 102; Rouen, 377; Saint-Martin-de-Boscherville

(Genetey), 329; Tréport (le), 46, 47; Val-de-la-Haye (Sainte-Vaubourg), 341; Villedieu-la-Montagne, 160.

Temps (Fontaine du) à Bolbec, xviii° siècle, 93.

Terrassements indéterminés: Belleville-sur-Mer, 60; Blosseville-Bonsecours, 266; Estoutteville-Écalles (Petit-Bel), 275; Étoutteville-sur-Mer, 551; Houlme (le), 343; Oudalle, 152; Sainte-Croix-sur-Buchy (Grand-Bel), 275; Saint-Étienne-du-Rouvray, 340; Yainville, 323.

Terre cuite (Retable en), 1584, Rouen (Notre-Dame), 421.

Terres noires, indices d'antiquités : Tiédeville-sur-Saâne, 90.

Terriers (Registres) : Houdetot, 524; Martainville, 291; Rançon, 303; Saint-Nicolas-de-la-Haye, 499.

Tertres. (Voir *Mottes*.)

Têtes d'empereurs romains : xviii° siècle, Rouen, 470.

Têtes de statues : en bronze, Lillebonne, 132; — en marbre, Lillebonne, 132; Rouen, 371.

Tetines ou gotelfes : Cany, 478; Caudebec-lez-Elbeuf, 577; Lillebonne, 570; Moulineaux, 334.

Théâtres antiques : Beauville-la-Cité? 510; Eu? 38; Lillebonne, 131; Saint-André-sur-Cailly, 285. (Voir *Amphithéâtre*.)

Théodebert Ier (Monnaie d'argent de) : Nesle-Hodeng, 244.

Theroulde (Jehan), sculpteur (xvi° siècle) : Rouen (Saint-Laurent), 394.

Thomas de Cantorbéry (Saint), son souvenir au Mont-aux-Malades, 346.

Tiers de sol d'or : d'Anastase, Nesle-Hodeng, 244; — mérovingiens, Arques, 56; Lucy, 239, 240; Rouen, 372; Yvetot, 559; — (atelier de), Cailly, 280; Jumiéges, 304; Pavilly, 355; Rouen, 372; Veules, 537.

Tirelires en silex : gauloises, Bosc-Édeline, 273; Hénouville, 301; — romaines, Fresnoy-Folny, 226; Neuville-Champ-d'Oisel (la), 269; Neuville-Ferrières, 250.

Toitures en plomb : Fécamp, 107; Jumiéges, 306; Rouen (Notre-Dame, la nef), 421; (Notre-Dame, chapelle de la Sainte-Vierge), 425. (Voir *Plomb*.)

Tombeau de Jean de Bailleul, roi d'Écosse : xiv° siècle, Bailleul-sur-Eaulne, 222.

Tombeau de l'abbé d'Orléans-Longueville (disparu) : Saint-Martin-de-Boscherville, 315.

Tombeau de l'archevêque Maurice : xiii° siècle, Rouen (Notre-Dame), 435.

Tombeau de sainte Austreberte révélé par un ange : Pavilly, 355.

Tombeau de saint Germain l'Écossais : Vieux-Rouen (le), 173.

Tombeau de saint Laurent, archevêque de Dublin : xiii° siècle, Eu, 40.

Tombeau de saint Romain, évêque de Rouen : vii° siècle, Rouen, 373, 396.

Tombeau des Romé du Bec-Crespin à Saint-Martin-du-Bec, 103.

Tombeau du bienheureux Guillaume de Dijon : xi° siècle, Fécamp, 108.

Tombeau du prince Robert : x° siècle, Fécamp, 102.

Tombeau du roi Charles V à Notre-Dame de Rouen (disparu), 435.

Tombeau du xvi° siècle à Saint-Éloi de Rouen, 397.

Tombeaux avec statues et sculptures : xvi° siècle, Guimerville, 184; xvii° siècle, Riberpré, 204.

Tombeaux de Claude Groulard et de Barbe Guiffard : xvii° siècle, Rouen, 437.

Tombeaux de Pierre et de Louis de Brezé (1465 et 1531) à Notre-Dame de Rouen, 432.

Tombeaux des abbés de Fécamp : xi° et xiv° siècle, Fécamp, 107, 108.

Tombeaux des Becdelièvre, xvii° siècle, à Saint-Godard de Rouen, 399.

Tombeaux des cardinaux d'Amboise (1520-1525) à Notre-Dame de Rouen, 433, 434.

Tombeaux des comtes d'Eu : à Eu, 40; à Foucarmont, 183; au Tréport, 46.

Tombeaux des ducs de Normandie : à Fécamp (Richard Ier et Richard II), x° siècle, 100, 107; à Rouen (Notre-Dame) (Rollon et Guillaume Longue-Épée), x° et xiii° siècle, 428, 429, 436.

Tombeaux des Estoutteville à Valmont, 547.

Tombeaux des gouverneurs de Dieppe, xvi° et xvii° siècle, à Saint-Remy de Dieppe, 18.

Tombeaux des Longueil à Saint-Jacques de Dieppe, 563.

Tombeaux des saints Mellon et Avitien, évêques de Rouen : v° siècle, Rouen, 365.

Tombeaux des Tancarville à Saint-Georges de Boscherville, 318, 319.

Tombeaux : d'une abbesse de Saint-Amand de Rouen, 375; d'un abbé de Sainte-Catherine-du-Mont de Rouen, 375.

Tombeaux en *arcosolia* : v° siècle, Rouen (Saint-Gervais), 365; xi° siècle, Gourel (le), 4; xiii° siècle, Mirville, 120; Rouen (Notre-Dame), 435; xvi° siècle, Beuvreuil, 210; indéterminés, Ponts-et-Marais, 13.

Tombeaux extérieurs du xiv° siècle dans le cimetière de Biville-la-Martel, 549.

Touchet (Guillaume), architecte de Saint-Vincent de Rouen, xvi° siècle, 401.

Tour aux Normands : Rouen, 444.

Tour Bigot : Rouen, 444.

Tour de Beurre à Notre-Dame de Rouen (1483-1517), 417; sa construction et sa description, 420; sa cloche, 421.

Tour de la Pucelle, où Jeanne d'Arc fut enfermée : Rouen, 444.

Tour des Castillans : Sainte-Adresse, 130.

Tour des Galères : Harfleur, 145.

Tour des Mailly : xvi° siècle, Saint-Léger-aux-Bois, 190.

Tour du Diable : Maulévrier, 496.

Tour du donjon de Rouen ou la grosse tour, xiii° siècle, 445.

Tour François Ier : le Havre, 127.

Tour Guillaume-Lion : Rouen, 444.

Tour Hayard : Rouen, 444.

Tour Hue : Gournay-en-Bray, 213.

Tour *Mal-s'y-frotte* : xv° siècle, Rouen, 446.

Tour Saint-Romain à Notre-Dame de Rouen (xii° siècle, 1465-1470), 417; sa description, 419; ses cloches, 419.

Tourbières : Rosière (la), 193.

Tourelles et oriels : Rouen, xvi° siècle (hôtel du Bourgtheroulde), 454; (bureau des finances), 449; (palais de justice), 452; (Saint-Amand), 375.

Tournelle (Chambre de la) : Rouen, 450, 452.

Tours du portail dans les églises anciennes : xi° siècle, Graville-Sainte-Honorine, 123; Jumiéges, 105; Montivilliers, 146; — xii° siècle, Fécamp, 109; Gournay-en-Bray, 214; xii° et xiii° siècle, Rouen (Notre-Dame), 416; xiv° et xv° siècle (Saint-Ouen), 411.

Tours-forteresses : Aumale, 164; Auzebosc, 556; Blangy, 176; Caudebec-en-Caux, 492; Dieppe, 19, 21, 22; Eu, 42; Étretat, 100; Fécamp, 110; Gournay-en-Bray, 213, 214; Harfleur, 144, 145; Havre (le), 127; Mortemer, 243; Neufmarché, 219; Rouen, 375, 443-446; Saint-Léger-aux-Bois, 190; Saint-Valery-en-Caux, 536; Tréport (le), 47.

Tours rondes et carrées de l'enceinte romaine de Rouen, 358.

Tousé (Robert), 1522, sa dalle tumulaire : Rouen, 438.

Traditions et légendes : Anglesqueville-la-Bras-Long, 521; Beaubec-la-Rosière, 194; Beuvreuil, 211; Blosseville-ès-Plains, 522; Boissay-sur-Eaulne, 230; Bourbelle, 186; Bruneval, 102; Bures, 224, 225; Calleville-les-Deux-Églises, 86; Carville-le-Pot-de-Fer, 527; Criquebeuf-sur-Mer, 105; Criquiers, 168; Dampierre-en-Bray, 200; Daubeuf-Serville, 117; Essarts-Varimpré (les), 180; Étretat, 100; Fallencourt, 180; Fécamp, 105, 106, 107; Fontaine-en-Bray, 257; Fontaine-le-Dun, 523; Gonzeville, 112; Gerponville, 480; Grainville-Imouville, 119; Grainville-la-Teinturière, 480; Graville-Sainte-Honorine, 122, 123; Harfleur, 142; Havre (le), 124; Jumiéges, 303, 304, 311; Limésy, 358; Mauquenchy, 201; Ménouval, 241; Mortemer-sur-Eaulne, 243; Néville, 535; Normanville, 518; Notre-Dame-de-la-Gaillarde, 524; Oudalle, 152; Paluel, 482; Pierrefiques, 101; Pleine-Sève, 535; Port-Mort, 230; Quiberville, 76; Neuville, 513; Roncherolles-en-Bray, 202; Rouen, 375, 395, 422; Saint-Aubin-des-Cercueils, 153, 154; Saint-Aubin-sur-Mer, 525; Sainte-Adresse, 129; Saint-Austreberte, 356; Sainte-Colombe, 537; Sainte-Marie-au-Bosc, 203; Saint-Laurent-en-Caux, 513; Saint-Léonard, 114; Saint-Martin-Omonville, 260; Saint-Pierre-en-Port, 562; Saint-Saire, 256; Saint-Vaast-Dieppedalle, 521; Saint-Valery-en-Caux, 536; Senneville-sur-Fécamp, 543; Varengeville-sur-Mer, 83; Vatierville, 256; Veulettes, 483; Veules, 537, 538; Vieux-Rouen (le), 173; Yvetot, 559.

Translation des cimetières de Rouen, xviii° siècle, 408.

Translation des reliques de saint Ouen, x° siècle : Darnetal, 289.

Trépassement : de la sainte Vierge, à Fécamp, 107; à Saint-Ouen de Rouen, 412; — de saint Benoît, à Fécamp, 107.

Trépassés (Prière pour les) : Gournay-en-Bray, 216.

Trépied romain en bronze : Épinay, 252.

Trésor de Croixmare, sa bibliothèque : Croixmare, 251.

Trésorier de Croixmare, ses privilèges, 351.

Trésors cachés : Fallencourt, 181; Foucarmont, 182; Jumiéges, 303; Limésy, 353; Rouen, 375; Sainte-Colombe, 537.

Trésors (Coffres des) : Beausault, 195; Flamets, 238; Quiévrecourt, 251.

Trésors d'églises : Croixmare, 351; xvi° siècle, Dieppe (Saint-Jacques), 17; (Saint-Remy), 17, 18; Rouen, xiii° siècle (Notre-Dame), 431; xvi° siècle (Saint-Maclou), 407; (Saint-Vivien), 400.

Trésor des châsses de Notre-Dame de Rouen, 431.

Tribunes d'orgues : en pierre, du xvi° siècle, Caudebec-en-Caux, 190; Montivilliers, 147; Vatteville, 505.

Trinitaires ou Mathurins : Rouen, 386.

Trinité (Image de la), tête à trois fronts : xiii° siècle, Ectot-les-Baons, 551; Saint-Clair-sur-les-Monts, 555; xvi° siècle, Tourville-sur-Arques, 82, 83; Varengeville-sur-Mer.

Troncs d'arbres enfouis : Beaubec-la-Rosière, 193; Havre (le), 124.

Trône archiépiscopal à Notre-Dame de Rouen (1457-1804), 431.

Trous au fond des cercueils de pierre : Rouen, 581; Vatteville, 504.

Trous dans les cercueils des saints : Graville-Sainte-Honorine, 122.

Trous fameux : Jumiéges, 303.

Tubes en os percés de trous, appelés *sifflets* : Cany, 478; Caudebec-lez-Elbeuf, 324; Héricourt-en-Caux, 529; Lillebonne, 135, 570. (Voir *Os* et *Sifflets*.)

Tuguria gaulois : Braquemont, 66.

Tuile romaine percée de trous : Colleville. 540.

Tuileries antiques : Brémontier, 240; Incheville, 564.

Tumuli. (Voir *Tertres.*)

Tuyaux d'étuves : Envronville, 514; Fontenay (le), 140; Havre (le), 128; Maulévrier, 496; Rouen, 371; Sainte-Adresse, 129. (Voir *Étuves.*)

U

Urnes gauloises en terre cuite. (Voir *Cimetières gaulois* et *Incinérations gauloises.*)

Urnes romaines en plomb. (Voir *Plomb.*)

Urnes romaines en terre cuite. (Voir *Cimetières romains* et *Incinérations romaines.*)

Urnes romaines en verre : Auvéville, 506; Barentin, 348; Bolbec, 93, 567; Braquemont, 67, 68; Bréauté, 116; Cany, 477, 478; Canville-les-Deux-Églises, 510; Cauville, 139; Contremoulins, 540; Dampierre-en-Bray, 209; Elbeuf, 326; Eslettes, 282; Étretat, 99; Grainville-l'Alouette, 119; Héberville, 524; Hénouville, 301; Lillebonne, 135, 570; Loges (les), 112; Luneray, 5, 6; Mannevilla-la-Goupil, 119; Mesnil-sous-Lillebonne (le), 135, 136; Neuville-le-Pollet, 25; Quincampoix, 284; Rouen, 380; Roux-Mesnil-Bouteilles, 77; Saint-Denis-le-Thiboult, 294; Sainte-Hélène-Bondeville, 542; Sainte-Marguerite-sur-Mer, 81; Saint-Maurice-d'Ételan, 138; Tiergeville, 544; Tiétreville, 545; Tilleul (le), 103; Trouville-en-Caux, 96; Yébleron, 520.

Ursulines : Dieppe, 23, 564; Eu, 41; Gournay-en-Bray, 217; Havre (le), 126; Rouen, 384.

Ursulines de Rouen à la Nouvelle-Orléans, 384.

V

Val de la Jatte à Rouen, 386.

Valois (Charles de), fonde l'église actuelle de Saint-Ouen de Rouen au xiv° siècle, 410; sa statue au midi de cette église, 412.

Vandrégésile. (Voir *Wandrégésile* et *Wandrille.*)

Varenne (L'abbaye de), 258.

Varin (Toussaint), archevêque de Thessalonique, consacre

TABLE ALPHABÉTIQUE DES MATIÈRES.

les églises de Pierrepont en 1510, 228; de Gainneville en 1516, 112; de Rogerville en 1516, 153; de Lillebonne en 1517, 135.

Vase antique en bronze en forme de buste: Lillebonne, 134.

Vase antique en verre en forme de dauphin: Lillebonne, 134.

Vase de sang des catacombes romaines: Grémonville, 552; Yvecrique, 514.

Vase de verre romain à reliefs de chars: Trouville-en-Caux, 96.

Vase de verre romain à reliefs de gladiateurs: Lillebonne, 570.

Vase hispano-mauresque: xve siècle, Goderville, 118.

Vases acoustiques: Blosseville-ès-Plains, 533; Fry, 160; Saint-Martin-de-Boscherville (Genetey), 319; Saumont-la-Poterie, 204; Sotteville-lez-Rouen, 341.

Vases argentés et plaqués: Bailly-en-Rivière, 26.

Vases à reliefs en terre rouge: Havre (le), 569.

Vases chrétiens ou du moyen âge pour charbon, encens ou eau bénite: Ancourt, 55; Auffay, 566; Braquemont, 68; Beaulieu, 289; Bois-l'Évêque, 289; xiiie à xvie siècle, Bouteilles, 77, 78; Cléon, 326; Dieppe, 19, 563; Étran, 74; Fallencourt, 180; Fécamp, 111; Goderville, 118; Graville-Sainte-Honorine, 126; Havre (le) (Leure), 126; Havre (le) (musée), 129; Hermanville, 5; xiiie à xvie siècle, Jumiéges, 310; xive-xve siècle, Limésy, 353; Londinières, 229, 230; Longueville, 565; Lucy, 240; Martin-Église, 74; xiiie siècle, Massy, 240; xiiie siècle, Mesnières, 242; Neufchâtel-en-Bray, 248; Pissy-Poville, 346; Rouen, 579, 582; xiiie à xvie siècle, Sainte-Marguerite-d'Auchy ou lez Aumale, 172; xiiie siècle, Saint-Martin-en-Campagne, 33; xiiie à xvie siècle, Saint-Wandrille, 521; Roux-Mesnil-Bouteilles, 77, 78; Tréport (le), 46; Yainville, 323.

Vases d'argent: Saint-Jouin, 102.

Vases de bronze du moyen âge: xive ou xve siècle, Étretat, 100; Trefforest, 202, 575.

Vases du moyen âge non funéraires: xiiie siècle, Mesnières, 242; Bertrimont, 567; Crique (la), 562; xvie siècle, Folleville-Radicatel, 569.

Vases francs ou mérovingiens: Aubermesnil-les-Érables, 174; Avesnes-en-Bray, 205; Baillolet, 222; Beausault, 194; Bezancourt, 205; Blangy, 176; Canteleu, 342; Caudebec-lez-Elbeuf, 325; Clères, 251; Colleville, 540; Dampierre-en-Bray, 209; Daubeuf-Serville, 117; Dieppe, 15, 24; Douvrend, 24, 28; Envermeu, 29; Eslettes, 282; Étretat, 99; Gaillefontaine, 198; Gouville, 281; Grandcourt, 227; Hanouard (le), 528; Isneauville, 292; Londinières, 229; Lucy, 239; Martin-Église, 74; Mesnières, 241; Mont-Cauvaire, 284; Montérollier, 258; Monville, 284; Moulineaux, 334; Nesle-Hodeng, 244; Nesle-Normandeuse, 186; Neufchâtel-en-Bray, 246; Neuville-Champ-d'Oisel (la), 269; Neuville-Ferrières, 250; Orival, 329; Parfondeval, 231; Quévreville-la-Poterie, 270; Rouen, 373, 581; Saint-Étienne-du-Rouvray, 339; Sainte-Marguerite-sur-Mer, 24, 81; Saint-Martin-aux-Buneaux, 482; Saint-Vincent-de-Nogent, 249; Sommery, 263; Vatteville, 504; Ventes-Saint-Remy (les), 264; Veules, 538.

Vases gaulois en bronze: Essarts-Varimpré (les), 179; Heurtauville, 302.

Vases gaulois en terre cuite: Aucourt, 54; Bouelles, 234; Braquemont, 66; Cany, 477; Caudebec-lez-Elbeuf, 324; Dieppe, 24; Essarts-Varimpré (les), 179; Foucarmont, 181; Havre (le), 568; Moulineaux, 334; Rouen, 358; Sainte-Beuve, 251; Saint-Martin-aux-Buneaux, 482; Saint-Remy-en-Rivière, 178, 179; Saint-Saëns, 260; Saint-Vincent-de-Nogent, 249; Saint-Wandrille-Rançon, 499; Sasseville, 482; Sommery, 263.

Vases romains avec inscriptions: Lillebonne, 570; Rouen, 361; Trouville-en-Caux, 96.

Vases romains en bronze: Anvéville, 526; Bailly-en-Rivière, 26; Bosc-le-Hard (le), 20; Cany, 478; Dampierre-en-Bray, 209; Épouville, 140; Eu, 39; Grandcourt, 227; Incheville, 42; Lillebonne, 134; Monville, 284; Mortemer-sur-Eaulne, 243; Neuville-le-Pollet, 25; Sainte-Beuve-en-Rivière (Épinay), 252; Saint-Jean-de-Folleville, 137; Saint-Martin-en-Campagne, 32; Saint-Saëns, 261; Yébleron, 520.

Vases romains en terre cuite et en verre: Anglesqueville-l'Esneval, 97; Anvéville, 526; Barentin, 248; Blangy, 175; Bolbec, 93, 567; Bordeaux-Saint-Clair, 98; Bosc-le-Hard (le), 10; Bouelles, 234; Bouteilles, 77; Bréauté, 116; Brotonne, 506, 507; Bruneval, 102; Buchy, 235; Cailly, 280; Cany, 477, 478; Canville-les-Deux-Églises, 510; Caudebec-en-Caux, 486; Caudebec-lez-Elbeuf, 324, 577; Cauville, 139; Darnetal, 289; Dieppe, 14, 15, 24; Doudeville, 511; Elbeuf, 326; Épinay (Sainte-Beuve), 252, 253; Eslettes, 282; Essarts-Varimpré (les), 179; Étretat, 99; Eu, 39; Fauville, 514; Fécamp, 105, 106; Fontenay (le), 140; Foucarmont, 181; Gueutteville, 352; Grainville-Imoville, 119; Graville-Sainte-Honorine, 121, 122; Harfleur, 142; Havre (le), 124, 128, 569; Héberville, 523, 524; Héricourt-en-Caux, 518, 519; Illois, 170; Lendin (le), 506; Lillebonne, 133, 134, 570; Loges (les), 112; Londinières, 228, 229; Luneray, 5, 6; Manneville-la-Goupil, 119; Maulévrier, 496; Monville, 284; Moulineaux, 334; Neuville-le-Pollet, 25; Neuville-sur-Eaulne, 222; Oudalle, 152; Perduville, 256; Ponts-et-Marais, 563, 564; Poville, 346, 347; Preuseville, 230; Quiévrecourt, 256; Rançon, 503; Rosière (la), 193; Rouen, 361, 362, 363, 364, 365, 366, 367, 368, 369, 370, 371, 372; Sahurs, 338; Saint-Aubin-sur-Mer, 524; Sainte-Gertrude, 496; Sainte-Hélène-Bondeville, 542; Sainte-Marguerite-sur-Mer, 80; Saint-Léonard, 113; Saint-Maurice-d'Ételan, 133; Saint-Martin-de-Boscherville, 315; Saint-Martin-en-Campagne, 32; Saint-Nicolas-de-la-Haye, 498; Sandouville, 156; Sausseusemare, 121; Sigy, 162; Smermesnil, 232; Tancarville, 156; Theuville-aux-Maillots, 544; Thibermesnil, 555; Thiédeville, 90; Tiergeville, 544; Tiétreville, 545; Tilleul (le), 103; Toussaint, 545; Trait (le), 321; Trouville-en-Caux, 96; Tourville-la-Rivière, 331; Valliquerville, 541; Vatteville, 506; Veules, 527; Vieux-Rouen (le), 173; Yébleron, 520; Yerville, 555.

Végétaux curieux: Allouville (chêne-chapelle), 555; Allouville (épine-salle, hêtre-parasol), 555; Dieppe (poirier), 23; Saint-Paër (chêne ou arbre des fées), 320.

Vénus (Autel de), Roncherolles-en-Bray, 202.

Vénus (Statuettes de) en terre cuite: Barentin, 349, Bolbec, 93; Brotonne, 507; Caudebec-en-Caux, 486; Caudebec-lez-Elbeuf, 324; Dieppe (musée), 24; Eu, 38; Lillebonne, 570, 571; Mirville, 120; Yerville, 555.

Véraval (Guillaume de), évêque d'Exeter: Hautot-le-Vatois, 578.

Vernis métallique, jaune ou vert, sur des vases romains: Bolbec, 567; Caudebec-lez-Elbeuf, 577; Lillebonne, 70.

Verre de fenêtre antique: Maulévrier, 496.

Verre romain colorié: Bolbec, 93.

Verreries ou fabriques de verre du moyen âge et des temps modernes: xv° siècle, Beauvoir-en-Lyons, 158; 1365-1644, Bézancourt, 205, 206; 1594, Bully, 256; 1634, Caule-Saint-Beuve, 178; xvi° siècle, Conteville, 168; 1456, Croixdalle (le Hellet), 226; xviii° siècle, Essarts-Varimpré (les) [existante], 180; 1776, Grandcourt 227; 1769, Guerville (la grande vallée ou la Vicogne) [existante], 183; 1623, Guimerville (le Courval) [existante], 184; Maucomble, 257; 1623, Monchy-le-Preux (Val-au-Bourg), 178; 1776, Nesle-Normandeuse (Romesnil) [existante], 186; 1687, Neufmarché, 221; xvii° siècle, Réalcamp (les Essartis), 187; 1475, Rétonval (existante), 188; 1728, Rieux (le Cornet), 189; 1429, Saint-Martin-aux-Bois, 190; 1457, Saint-Riquier-en-Rivière (Val-d'Aulnoy ou Val-Dannoy) [existante], 191; 1629, Saint-Saëns (le Lihu)), 262.

Verrières (Chapelle des Belles-), xiii° siècle, à Notre-Dame de Rouen, 429.

Verriers romains (Marques de): Brotonne, 507; Canville-les-Deux-Églises, 510; Cany, 478; Estettes, 282; Eu, 38; Loges (les), 112; Neuville-le-Pollet, 25; Quincampoix, 284; Rouen, 371; Turretot, 104; Yébleron, 520.

Vertot (L'abbé de), né et baptisé à Bennetot, 515; curé de Fréville, 352; de Saint-Paër, 320.

Vertus représentées sur le tombeau des de Brezé et des d'Amboise, 433.

Vêtements des moines: Saint-Wandrille, 501.

Vêtements sacerdotaux: Jumiéges, 309; Longueville, 565.

Viart (Philippot), fait les stalles de Notre-Dame de Rouen (1459), 431.

Vicomté de l'eau de Rouen, 475.

Vicomtés: Blosseville-ès-Plains, 522; Caudebec-en-Caux, 493; Fécamp, 100; Rouen, 475.

Victrice (Saint), évêque de Rouen: ses fondations, 365; construit la crypte et l'église Saint-Gervais de Rouen, 365; fonde un monastère, 374; construit la deuxième cathédrale, 416.

Vieille-Tour (La): Rouen, 445; (halles de la), 445; (chapelle de la), 445.

Vieux-Palais construit par Henri V en 1420, 446.

Vignes et vignobles: Bouteilles, 79; Cuverville-sur-Yère, 37; Freneuse, 329; Graval, 231; Guerville, 183; Gouy, 268; Hénouville, 302; Jumiéges, 312; Orcher, 141; Pierrecourt, 187.

Villars (Le maréchal de), son caveau à Doudeville, 511.

Villas romaines: Blangy, 175; Bordeaux-Saint-Clair, 98; Braquemont, 67, 68; Brotonne, 506, 507; Cany, 477, 478, 479; Croixdalle, 225; Dampierre-en-Bray, 209; Derchigny-Graincourt, 69; Écretteville-sur-Mer, 541; Élétot, 541; Épinay (Sainte-Beuve-en-Rivière), 252; Étretat, 100; Eu, 38; Fongueusemare, 100; Forges-les-Eaux, 196, 197; Foucarmont, 181; Fresnoy-Folny, 226; Gonfreville-l'Orcher, 141; Grandcourt, 227; Gréges, 70; Harfleur, 142; Héberville, 524; Héricourt-en-Caux, 529; Lendin (le), 506; Lillebonne, 133, 134; Limésy, 353; Londinières, 228; Maulévrier, 495, 496; Mesnières, 241; Montérollier, 257; Notre-Dame-de-Bliquetuit, 497; Poville, 346; Preuseville, 230; Rieux, 188; Roncherolles-en-Bray, 202; Saint-André-sur-Cailly, 285; Sainte-Marguerite-sur-Mer, 80; Saint-Germain-sur-Eaulne, 253; Saint-Jean-de-Folleville, 137; Saint-Martin-l'Hortier, 253; Saint-Nicolas-de-Bliquetuit, 498; Saint-Pierre-en-Port, 542; Saint-Saëns, 260; Triquerville, 139; Turretot, 104; Ventes-Saint-Remy (les), 264.

Villes détruites (Tradition de): Anglesqueville-la-Bras-Long (Bour-Étout), 521; Aumale (Dijeon), 163; Beaubec-la-Rosière, 194; Beauville-la-Cité, à Bretteville-Saint-Laurent, 510; Bourbelle, 186; Colleville (Orival), 539, 540; Cottévrard (Dreulles), 11; Criquiers, 168; Dampierre-en-Bray, 209; Épinay, à Sainte-Beuve-en-Rivière, 251; Épineville, à Saint-Aubin-sur-Mer, 525; Grainville-la-Teinturière, 480; Grandes-Ventes (les) (Hesdin), 12; Havre (le) (Leure), 124; Limésy, 353; Mauquenchy, 200; Mortemer-sur-Eaulne, 243; Normanville, 518; Rétonval, 188; Richemont, 188; Roncherolles-en-Bray (Liffremont), 202; Saint-André-sur-Cailly, 285; Sainte-Colombe, 537; Saint-Laurent-en-Caux, 513; Saint-Maclou-de-Folleville, 88; Saint-Vaast-Dieppedalle (Éaumare), 533; Saint-Wandrille-Rançon, 499; Thiédeville, 90; Varneville-les-Grès, 91; Veules, 537, 538; Veulettes, 483; Vieux-Neufchâtel (le), à Épinay, 251; Vieux-Rouen (le), à Roncherolles-en-Bray, 202.

Villes romaines: *Augusta* (Eu), 37, 38; *Caracotinum* (Harfleur), 121; *Gravinum* (Grainville-la-Teinturière), 480; *Juliobona* (Lillebonne), 134, 135; *Lotum* (Caudebec-en-Caux), 485, 486; *Rotomagus* (Rouen), 357, 365; *Uggate* (Caudebec-lez-Elbeuf), 324, 325.

Vincent de Paul (Saint), lettres de lui: Neufchâtel-en-Bray, 246.

Vincent, peintre, xviii° siècle: Rouen (Sainte-Madeleine), 396.

Vintlane (Abbaye de), 240.

Visitandines: Dieppe, *Corrections et additions*, 651; Rouen (premier monastère), 385; (deuxième monastère), 385.

Vitrail de la Conception et du moine Théophile: Rouen, 390.

Vitrail de l'Assomption de l'église Saint-André-aux-Fèvres porté à Saint-Denis en France (xvi° siècle), 392.

Vitrail des reliques de saint Cande à Rouen (xvi° siècle), 391.

Vitrail de Thomas Basin, évêque de Lisieux, à Caudebec-en-Caux, 488.

Vitraux achetés à Rouen en 1802 et transportés en Angleterre, 389, 392.

Vitraux d'églises existants ou détruits (avec dates): xiii° siècle, Amfreville-les-Champs, 509; Grand-Couronne (le), 333; Hautot-sur-Seine, 324; Moulineaux, 335; Rouen (Notre-Dame), 427, 428, 429; (Saint-Sacrement ou Ursulines). 387; — xiv° siècle, Bailleul-Neuville, 122; Fécamp, 109; Poville (disparus), 347; Rouen (Saint-Ouen), 415; Saint-Saëns, 262; Saint-

TABLE ALPHABÉTIQUE DES MATIÈRES. 649

Saire, 255; — xv° siècle, Blosseville-ès-Plains, 532; Doudeauville, 221; Fécamp, 107, 108; Rouen (Notre-Dame), 427; (Saint-Maclou), 405, 406; (Saint-Ouen), 415; — xvi° siècle, Allouville-Bellefosse, 556; Ambourville, 296; Ambrumesnil, 53; Ancourt, 54; Anneville-sur-Seine, 297; Anvéville, 526; Arques, 57; Aumale, 166; Auppegard, 1; Authieux-Port-Saint-Ouen (les), 245; 1555, Avesnes, 20; Belmesnil, 47; 1540, Bénesville, 509; Berville-sur-Seine, 298; Biville-la-Baignarde, 86; Biville-sur-Mer, 27; 1546, Blosseville-ès-Plains, 532; Bolleville, 94; 1585, Bourdainville, 551; Bourville, 522; 1551, 1554, Buchy, 274; 1535, Bully, 235; Butot, 350; Canteleu, 342; Caudebec-en-Caux, 488, 489, 491; Caudebec-lez-Elbeuf, 326; Cauville, 139; 1537, Cléon, 326; Darnetal (Longpaon), 250; Déville, 343; Doudeville, 511; Douvrend, 27; Duclair, 300; Écrettevillesur-Mer, 541; Elbeuf (Saint-Étienne), 317; (Saint-Jean), 327; Ellecourt, 169; Fallencourt, 180; Fécamp (l'abbaye), 107, 108, 1599, Gouy, 268; Grandes-Ventes (les), 12; Guimerville, 484; Haussez, 200; Houlme (le), 343; 1545, Houppeville, 344; Isneauville, 293; 1529, 1576, Jumiéges, 312, Lintot, 50, 95; Lillebonne, 135; Longueil, 72; Mailleraye (chapelle du château de la), 494; Maulévrier, 496; Mesnières, 242; 1528, Monchaux, 185; Monville, 284; Moulineaux, 335; Offranville, 75; Ourville, 253; Petitville, 137; Pierrecourt, 187; Quiévrecourt, 251; 1536, Rançon, 503; Rieux, 189; Rosay, 13; Rouen (Notre-Dame), 421, 428, 429, 439, 440; (Saint-Éloi), 397; (Saint-Gervais), 395; 1535, 1555 (Saint-Godard), 399; (Saint-Maclou), 405, 406, 407; 1555 (Saint-Nicaise), 397; (Saint-Patrice), 400; (Saint-Romain), 396; (Saint-Sever), 388; (Saint-Vincent), 402, 403; Saint-Aubin-de-Cretot, 498; 1510, Sainte-Marguerite-sur-Duclair, 304; 1599, Saint-Georges de Boscherville, 317; Saint-Léger-du-Bourg-Denis, 295; Saint-Mards, 8; Saint-Martin-aux-Buneaux, 482; Saint-Maurice-d'Ételan (chapelle du château), 138; Saint-Pierre-Bénouville, 89; Saint-Pierre-de-Manneville, 340; Saint-Riquier-en-Rivière, 191; Saint-Saëns, 262; Saint-Valery-en-Caux, 326; Saint-Wandrille, 502; 1528, Soreng, 186; Therouldeville, 544; Tilleul (le), 104; Tourville-sur-Arques, 83; 1550, Toussaint, 546; Val-Martin (le), 279; 1552, Valmont, 547, 548; Vatteville, 505; Villequier, 508; 1528, Villers-sur-Aumale, 185; Vinemerville, 549; — xvii° siècle, 1615, Angerville-Bailleul, 115; Bourville, 522; Cany, 479; Darnetal (Longpaon), 250; 1636, Hautot-le-Vatois, 518; 1606, Radicatel, 137; 1607, Raffetot, 95; 1600, Robertot, 531; Rouen, 1610 (Minimes ou Saint-Sacrement), 384; 1624, 1625, (Saint-Patrice), 500; 1613, Saint-Aubin-Celloville, 270; 1626, 1646, Saint-Aubin-Jouxte-Boulleng, 330; 1624, Saint-Martin-du-Vivier, 295; 1655, Saint-Saire, 255; Saint-Wandrille, 502; Vatteville, 505; — xviii° siècle, Caudebec-en-Caux, 489, 491.

Vitraux indéterminés et disparus : Boissay-sur-Eaulne, 330; Rouen (Saint-André-aux-Fèvres), 392; (Saint-Cande-le-Jeune), 391, 392; (Saint-Cande-le-Vieux), 389; (Saint-Denis), 391; (Sainte-Croix-des-Pelletiers), 353; (Saint-Georges), 393; (Saint-Jean), 390; (Saint-Martin-sur-Renelle), 390; (Saint-Michel), 390; (Saint-Nicolas-le-Painteur), 389; (Saint-Pierre-du-Châtel), 392; (Saint-Pierre-l'Honoré), 391; (Saint-Pierre-le-Portier), 389; (Saint-Vigor), 391; Yébleron, 520.

Vitraux volés : Blosseville-ès-Plains, 532; Montigny, 345.
Vœu (Autel du) en 1637 : Rouen (Notre-Dame), 430.
Voleur de reliques : Saint-Wandrille, 500.
Voltaire (M. de) : à Cideville, 551; à Déville, 344; au château de la Rivière-Bourdet à Quevillon,
Vomer de charrue romaine : Roncherolles-en-Bray, 202.
Voie mérovingienne : Aliermont, 33.
Voie romaine (sa composition à Rouen), 360.
Voies romaines : Alvimare, 514; Ancourt, 54; Arques, 52; Auberville-la-Campagne, 131; Baons-le-Comte, 550; Beauville-la-Cité, 510; Bellengreville, 27; Beuzeville-la-Grenier, 92; Beuzeville-la-Guerard, 527; Blangy, 176; Bolbec, 93; Bordeaux-Saint-Clair, 97, 98; Bornambusc, 126; Boudeville, 543; Bourdainville, 550; Bréauté, 116; Bretteville-la-Chaussée, 116; Cailly, 279; Cany, 477; Caudebec-en-Caux, 485, 486; Caudebec-lez-Elbeuf, 325; Chaussée-Bois-Hulin (la), 49; Clais, 225; Cliponville, 525; Conteville, 168; Cottévrard, 11; Criquiers, 168; Cropus, 11; Crosville-sur-Durdent, 486; Darnetal, 289; Dieppe, 14; Elbeuf, 326; Étretat, 99; Eu, 38; Fauville, 516; Fécamp, 105; Fontaine-le-Bourg, 283; Foucard, 517; Fresnay-le-Long (le), 130; Fréville, 352; Guimerville, 142; Goderville, 118; Gonfreville-l'Orcher, 140; Gournay-en-Bray, 213; Grainville-la-Teinturière 480; Grand-Couronne (le), 333; Gruchet-le-Valasse, 94; Harfleur, 142; Hautot-sur-Mer, 70, 71; Incheville, 42; Lillebonne, 134; Lintot, 25; Loges (les), 112; Londinières, 228; Lucy, 239; Maniquerville, 113; Maromme, 344; Martin-Église, 73; Maulévrier, 495; Mautheville-sur-Durdent, 481; Mélamare, 136; Mesnil-sous-Lillebonne (le), 135; Mont-aux-Malades, 345; Mont-Main, 269; Neufmarché, 219; Neuville-Champ-d'Oisel (la), 269; Normanville, 518; Notre-Dame-de-Gravenchon, 136; Orival, 329; Ourville, 530; Pavilly, 355; Petitville, 137; Remuée (la), 152; Roncherolle-en-Bray, 202; Rouen, 359, 360, 369, 371; Saint-Antoine-la-Forêt, 137; Saint-Arnoult-sur-Caudebec, 498; Saint-Aubin-des-Cercueils, 153; Sainte-Adresse, 129; Saint-Étienne-du-Rouvray, 339; Sainte-Foy, 52; Sainte-Marguerite-sur-Fauville, 519; Saint-Jean-de-Folleville, 137; Saint-Léonard, 113; Saint-Maclou-de-Folleville, 89; Saint-Nicolas-d'Aliermont, 33; Saint-Nicolas-de-Bliquetait, 498; Saint-Pierre-de-Franqueville, 340; Saint-Pierre-de-Varengeville, 321; Saint-Pierre-le-Vieux, 525; Saint-Romain-de-Colbosc, 154; Saint-Thomas-la-Chaussée, 347; Saint-Wandrille-Rançon, 499; Senneville-sur-Fécamp, 543; Sotteville-lez-Rouen, 340; Trinité-du-Mont (la), 139; Trouville-en-Caux, 96; Varneville-Bretteville, 91; Vatteville, 504; Vaupalière (la), 348; Veules, 537; Vieux (les), 320; Vittefleur, 485; Wanchy-Capval, 233.
Vrilles ou alènes franques en fer : Envermeu, 29.

W

Wandrégésile, fonde le monastère de Fontenelle en 645, 499; ses entrevues à Goville avec saint Ouen et saint Philbert, 503, 504; fonde l'oratoire de Vintiane, 240.

Wandrille (Saint), premier abbé de Fontenelle. (Voir *Wandrégésile*.)

Waninge (Saint), comte de Caux, fonde le monastère de Fécamp, 106; sa maison prétendue, 110.

Waratton, maire du palais, donne à saint Wandrégésile l'oratoire de Vintlane, 240; donne à saint Philbert le monastère de Montivilliers, 147.

Wilgeforte (Sainte) : sa chapelle à Arques, 58; honorée à Arques, 58; à Flamanville-l'Esneval, 552.

Wisle (Sainte), abbesse de *Logium*, 500.

Wulfran, moine de Fontenelle, archevêque de Sens, apôtre de la Frise, 500; quai et port de son nom à Saint-Wandrille, 500.

Wysse (Sainte), abbesse de *Logium*, 500.

Y

Yon (Frères de Saint-) : Rouen, 388.

Z

Zodiaque de pierre du xie siècle : Graville-Sainte-Honorine, 123.

CORRECTIONS ET ADDITIONS.

Colonne 7, ligne 47, au lieu de : SAINTS-MARDS, lisez : SAINT-MARDS.

Colonne 9, ligne 43, au lieu de : 1306, lisez : 1386.

Colonne 18, ligne 11, au lieu de : fort d'ouest, lisez : port d'ouest.

Colonne 20, ligne 51, après le paragraphe IX, ajoutez : X. Les Visitandines ou la Visitation de Sainte-Marie au faubourg du Pollet. Ces religieuses arrivèrent de Rouen à Dieppe en 1640. Elles s'installèrent au Pollet en 1643, dans des constructions dont il n'est resté qu'une très-faible partie. Leur enclos s'est transformé en un quartier d'infanterie et en une caserne construite vers 1830.

Colonne 28, ligne 19, au lieu de : boule de cuivre, lisez : boule de cristal.

Colonne 37, ligne 50, au lieu de : s'élève, lisez : s'éleva.

Colonne 61, ligne 20, au mot *Dapifer*, ajoutez : ou sénéchal.

Colonne 110, ligne 19, au lieu de : *Cap Fugnet*, lisez : *Cap Fagnet*.

Colonne 135, ligne 5, au lieu de : *Juliobona*, lisez : *Juliabona*.

Colonne 158, ligne 27, au lieu de : BOS-CASSELIN, lisez : BOSC-ASSELIN.

Colonne 177, ligne 51, au lieu de : Mouchy, lisez : Monchy.

Colonne 178, ligne 7, au lieu de : Mouchy-le-Preux, lisez : Monchy-le-Preux.

Colonne 198, ligne 42, au lieu de : titre seigneurial, lisez : litre seigneuriale.

Colonne 304, lignes 35 et 36, au lieu de : AUSONIUS et de NECTARIUS, lisez : AVSONIVS et NECTARIVS.

Colonne 317, ligne 48, au lieu de : xiiie, lisez : xie.

Colonne 338, ligne 9, au lieu de : voûtés, lisez : voûté.

Colonne 340, ligne 48, au lieu de : MOXIUS, lisez : MOXIVS.

Colonne 361, ligne 22, au lieu de : MOXIUS, lisez : MOXIVS.

Colonne 361, ligne 23, au lieu de : BURDO, lisez : BVRDO.

Colonne 363, ligne 42, au lieu de : Taburet, lisez : Tabouret.

Colonne 384, dernière ligne, avant les Carmes déchaussés : les Récollets de Rouen. Ces religieux Franciscains arrivèrent dans cette ville en 1621, ils y furent agréés en 1630. En 1631, ils établirent leur monastère au lieu dit *la Bouverie*, dans le quartier Bouvreuil, aujourd'hui rue du Champ-des-Oiseaux, n° 36. Leur première chapelle fut fondée en 1633 et bénite en 1635. Leur église, élevée successivement, fut consacrée en 1658 par Jean de Malveau, évêque d'Aulonne[1]. Église et chapelle ont disparu; il ne reste plus aujourd'hui que le corps du bâtiment construit au xviie siècle, où l'on remarque une partie du cloître. En 1825, les sœurs de la Providence s'installèrent dans cette maison, qu'elles quittèrent vers 1857. C'est aujourd'hui l'établissement hydrothérapique du docteur Bottentuit. Un souvenir cher aux érudits se rattache à cette maison : c'est là que le père Arthur Dumoustier a composé son *Neustria pia*, imprimé à Rouen en 1663.

Colonne 385, ligne 52, au lieu de : Me Cantel, lisez : M. Cantel.

Colonne 422, ligne dernière, au lieu de : 1380, lisez : 1280.

---

[1] Ce même Jean de Malveau, en 1658, consacra le maître-autel de l'abbaye de Bondeville.

Colonne 426, ligne 44, au lieu de : Olisay, lisez : Alisay.
Colonne 438, ligne 30, au lieu de : 1422, lisez : 1522.
Colonne 496, ligne 29, au lieu de : *Loraille,* lisez : *Louraille.*
Colonne 512, ligne 21, au lieu de : poitrail, lisez : portail.
Colonne 529, ligne 18, au lieu de : gladiateurs, lisez : courses de chars.
Colonne 541, ligne 13, au lieu de : *Vegants,* lisez : *Vagants.*
Colonne 552, ligne 53, au lieu de : HEUGLEVILLE, lisez : HUGLEVILLE.
Colonne 573, ligne 11, au lieu de : flèches, lisez : lances.

www.ingramcontent.com/pod-product-compliance
Lightning Source LLC
Chambersburg PA
CBHW070904170426
43202CB00012B/2181